Vossius
Sachenrechtsbereinigungsgesetz

Sachenrechts-bereinigungsgesetz

Kommentar

von

Dr. Oliver Vossius

Notar a. D.,
Geschäftsführer
der Landesnotarkammer Bayern

C.H. BECK'SCHE VERLAGSBUCHHANDLUNG
MÜNCHEN 1995

Die Deutsche Bibliothek – CIP-Einheitsaufnahme

Vossius, Oliver:
Sachenrechtsbereinigungsgesetz : Kommentar / von
Oliver Vossius. – München : Beck, 1995
 ISBN 3 406 39017 X

ISBN 3 406 39017 X

Satz und Druck der C. H. Beck'schen Buchdruckerei, Nördlingen

Vorwort

Mit dem Sachenrechtsbereinigungsgesetz (SachenRBerG) erfüllt der Gesetzgeber einen Auftrag der Vertragsparteien des Einigungsvertrags. Die verschiedenen Formen des Gebäudeeigentums und anderer Tatbestände der Nutzung fremden Grunds für bauliche Investitionen sollen mit dem SachenRBerG in die Institutionen des westdeutschen Sachenrechts überführt werden. Das Bundesministerium der Justiz hält eine Ausgangszahl von 350 000 Fälle (250 000 Eigenheime, 90 000 Wirtschaftsgebäude, 10 000 städtebauliche Überbauungen mit einem Vielfachen an betroffenen Wohneinheiten) für realistisch (BT-Drucks. 12/5992, S. 95). Mittelbar betrifft das Gesetz aufgrund der Verweisung im Erholungsnutzungsrechtsgesetz auch die Datschen, die in Ausübung eines Nutzungsrechts nach dem ZGB errichtet wurden; deren Zahl dürfte ebenfalls in die Tausende gehen.

Mögen diese Zahlen auch durch viele Komplettierungen seit Inkrafttreten des 2. Vermögensrechtsänderungsgesetzes am 22. 7. 1992 gemindert sein, so bleibt die praktische Bedeutung des SachenRBerG groß. Eine Vielzahl von Erbbaurechtsbestellungen wird darüber hinaus sehr viel Material für die Weiterentwicklung dieses Rechtsinstituts durch Kautelarpraxis und Rechtsprechung liefern. Etwas zynisch könnte man von einem „Großversuch" sprechen.

Der vorliegende Kommentar soll den Notaren, Grundbuchämtern, Gerichten und Rechtsanwälten helfen, die gestellte Aufgabe zu meistern. Weniger die wissenschaftliche Durchdringung ist beabsichtigt, Hauptziel ist der ausgewogene Vertrag als Mittel des Ausgleichs der widerstreitenden Interessen. Das Werk verbindet daher vielfach die „klassische" Kommentierung mit Formularen, Beispielen und Hinweisen für den beratenden oder vermittelnden Notar. Das Manuskript selbst ist auf dem Stand 27. 7. 1994.

An dieser Stelle darf ich einer Vielzahl von Personen und Institutionen für zahlreiche Hinweise, Informationen und Anregungen danken.

Diesen Dank verbinde ich mit der Bitte um Vergebung an die betroffenen Nutzer und Grundstückseigentümer. Autor dieses Buchs ist ein „Westjurist" jüngerer Generation, der immer wieder über seine Unkenntnis der sozialen Realität im anderen – für meine Altersgenossen so fernen – Teil Deutschlands erschrickt. Mögen meine Irrtümer nicht so groß sein, als daß der Leser mein Ringen um die gerechte Lösung nicht mehr erkenne.

München, 28. Juli 1994   Oliver Vossius

Inhaltsverzeichnis

Literaturverzeichnis XIII
Einleitung 1

Kapitel 1. Gegenstände der Sachenrechtsbereinigung

Vorbemerkung vor §§ 1 ff. 26
§ 1 Betroffene Rechtsverhältnisse 27
§ 2 Nicht einbezogene Rechtsverhältnisse 38

Kapitel 2. Nutzung fremder Grundstücke durch den Bau oder den Erwerb von Gebäuden

Abschnitt 1. Allgemeine Bestimmungen

Unterabschnitt 1. Grundsätze

§ 3 Regelungsinstrumente und Regelungsziele 44

Unterabschnitt 2. Anwendungsbereich

§ 4 Bauliche Nutzungen 49
§ 5 Erwerb oder Bau von Eigenheimen 50
§ 6 Staatlicher oder genossenschaftlicher Wohnungsbau 55
§ 7 Andere bauliche Nutzungen 57
§ 8 Zeitliche Begrenzung 61

Unterabschnitt 3. Begriffsbestimmungen

§ 9   Nutzer 63
§ 10 Billigung staatlicher Stellen 70
§ 11 Komplexer Wohnungsbau oder Siedlungsbau 74
§ 12 Bebauung 76
§ 13 Abtrennbare, selbständig nutzbare Teilfläche 81

Unterabschnitt 4. Erbbaurecht und Ankauf

§ 14 Berechtigte und Verpflichtete 83
§ 15 Verhältnis der Ansprüche 93
§ 16 Ausübung des Wahlrechts 98
§ 17 Pfleger für Grundstückseigentümer und Inhaber dinglicher Rechte 101
§ 18 Aufgebotsverfahren gegen den Nutzer 103

Unterabschnitt 5. Bodenwertermittlung

§ 19 Grundsätze 105
§ 20 Verkehrswertermittlung in besonderen Fällen 111

Unterabschnitt 6. Erfaßte Flächen

Vorbemerkung vor §§ 21 ff. 116
§ 21 Vermessene Flächen 118

VII

Inhalt

§ 22	Genossenschaftlich genutzte Flächen	119
§ 23	Unvermessene volkseigene Grundstücke	120
§ 24	Wohn-, Gewerbe- und Industriebauten ohne Klärung der Eigentumsverhältnisse	121
§ 25	Andere Flächen	124
§ 26	Übergroße Flächen für den Eigenheimbau	124
§ 27	Restflächen	128

Unterabschnitt 7. Einwendungen und Einreden

Vorbemerkung vor §§ 28 ff.		131
§ 28	Anderweitige Verfahren und Entscheidungen	135
§ 29	Nicht mehr nutzbare Gebäude und nicht ausgeübte Nutzungen	137
§ 30	Unredlicher Erwerb	142
§ 31	Geringe Restnutzungsdauer	153

Abschnitt 2. Bestellung von Erbbaurechten

Unterabschnitt 1. Gesetzliche Ansprüche auf Erbbaurechtsbestellung

Vorbemerkung vor §§ 32 ff.		157
§ 32	Grundsatz	162

Unterabschnitt 2. Gesetzliche Ansprüche wegen dinglicher Rechte

Vorbemerkung vor §§ 33 ff.		165
§ 33	Verpflichtung zum Rangrücktritt	165
§ 34	Regelungen bei bestehendem Gebäudeeigentum	168
§ 35	Dienstbarkeit, Nießbrauch, Wohnungsrecht	170
§ 36	Hypothek, Grundschuld, Rentenschuld, Reallast	173
§ 37	Anspruch auf Befreiung von dinglicher Haftung	181

Unterabschnitt 3. Überlassungsverträge

§ 38	Bestellung eines Erbbaurechts für einen Überlassungsvertrag	183

Unterabschnitt 4. Besondere Gestaltungen

Vorbemerkung vor §§ 39, 40		187
§ 39	Mehrere Erbbaurechte auf einem Grundstück, Gesamterbbaurechte, Nachbarerbbaurechte	188
§ 40	Wohnungserbbaurecht	199
§ 41	Bestimmung des Bauwerks	208

Unterabschnitt 5. Gesetzlicher und vertragsmäßiger Inhalt des Erbbaurechts

§ 42	Bestimmungen zum Inhalt des Erbbaurechts	210

Unterabschnitt 6. Bestimmungen zum Vertragsinhalt

Vorbemerkung vor §§ 43 ff.		217
§ 43	Regelmäßiger Zins	222
§ 44	Fälligkeit des Anspruches auf den Erbbauzins	222
§ 45	Verzinsung bei Überlassungsverträgen	227
§ 46	Zinsanpassung an veränderte Verhältnisse	230
§ 47	Zinsanpassung an Nutzungsänderungen	239
§ 48	Zinserhöhung nach Veräußerung	245
§ 49	Zustimmungsvorbehalt	252
§ 50	Zinsanpassung wegen abweichender Grundstücksgröße	254

Inhaltsverzeichnis **Inhalt**

§ 51	Eingangsphase	256
§ 52	Sicherung des Erbbauzinses	259
§ 53	Dauer des Erbbaurechts	270
§ 54	Vertraglich zulässige bauliche Nutzung	274
§ 55	Nutzungsbefugnis des Erbbauberechtigten Grundstücksteilung	280
§ 56	Errichtung und Unterhaltung des Gebäudes, Heimfall	282
§ 57	Ankaufsrecht	286
§ 58	Öffentliche Lasten	289

Unterabschnitt 7. Folgen der Erbbaurechtsbestellung

| § 59 | Erlöschen des Gebäudeeigentums und des Nutzungsrechts | 291 |
| § 60 | Anwendbarkeit der Verordnung über das Erbbaurecht, Kosten und Gewährleistung | 293 |

Abschnitt 3. Gesetzliches Ankaufsrecht

Unterabschnitt 1. Gesetzliche Ansprüche auf Vertragsschluß

| Vorbemerkung vor §§ 61 ff. | | 298 |
| § 61 | Grundsatz | 301 |

Unterabschnitt 2. Gesetzliche Ansprüche wegen dinglicher Rechte

Vorbemerkung vor §§ 62 ff.		303
§ 62	Dienstbarkeit, Nießbrauch, Wohnungsrecht	304
§ 63	Hypothek, Grundschuld, Rentenschuld, Reallast	305
§ 64	Ansprüche gegen den Grundstückseigentümer	308

Unterabschnitt 3. Bestimmungen zum Inhalt des Vertrages

§ 65	Kaufgegenstand	313
§ 66	Teilflächen	314
§ 67	Begründung von Wohnungs- oder Teileigentum	316
§ 68	Regelmäßiger Preis	320
§ 69	Preisanhebung bei kurzer Restnutzungsdauer des Gebäudes	324
§ 70	Preisbemessung nach dem ungeteilten Bodenwert	327
§ 71	Nachzahlungsverpflichtungen	330
§ 72	Ausgleich wegen abweichender Grundstücksgröße	335
§ 73	Preisbemessung im Wohnungsbau	338
§ 74	Preisbemessung bei Überlassungsverträgen	346

Unterabschnitt 4. Folgen des Ankaufs

Vorbemerkung vor §§ 75 ff.		350
§ 75	Gefahr, Lasten	350
§ 76	Gewährleistung	352
§ 77	Kosten des Vertrags	353
§ 78	Rechtsfolgen des Erwerbs des Grundstückseigentums durch den Nutzer	353

Unterabschnitt 5. Leistungsstörungen

Vorbemerkung vor §§ 79, 80		359
§ 79	Durchsetzung des Erfüllungsanspruchs	360
§ 80	Rechte aus § 326 des Bürgerlichen Gesetzbuchs	364

IX

Inhalt

Unterabschnitt 6. Besondere Bestimmungen für den Hinzuerwerb des Gebäudes durch den Grundstückseigentümer

Vorbemerkung vor §§ 81 ff.		366
§ 81	Voraussetzungen, Kaufgegenstand, Preisbestimmung	369
§ 82	Übernahmeverlangen des Grundstückseigentümers	375
§ 83	Ende des Besitzrechts, Härteklausel	379
§ 84	Rechte des Nutzers bei Zahlungsverzug	382

Abschnitt 4. Verfahrensvorschriften

Unterabschnitt 1. Feststellung von Nutzungs- und Grundstücksgrenzen

§ 85	Unvermessene Flächen	384
§ 86	Bodenordnungsverfahren	386

Unterabschnitt 2. Notarielles Vermittlungsverfahren

Vorbemerkung vor §§ 87 ff.		388
§ 87	Antragsgrundsatz	397
§ 88	Sachliche und örtliche Zuständigkeit	398
§ 89	Verfahrensart	405
§ 90	Inhalt des Antrages	413
§ 91	Akteneinsicht und Anforderung von Abschriften durch den Notar	421
§ 92	Ladung zum Termin	423
§ 93	Erörterung	431
§ 94	Aussetzung des Verfahrens	434
§ 95	Einstellung des Verfahrens	438
§ 96	Verfahren bei Säumnis eines Beteiligten	440
§ 97	Ermittlungen des Notars	447
§ 98	Vermittlungsvorschlag des Notars	454
§ 99	Abschlußprotokoll über Streitpunkte	458
§ 100	Kosten	460
§ 101	Kostenpflicht	465
§ 102	Prozeßkostenhilfe	467

Unterabschnitt 3. Gerichtliches Verfahren

Vorbemerkung vor §§ 103 ff.		470
§ 103	Allgemeine Vorschriften	471
§ 104	Verfahrensvoraussetzungen	473
§ 105	Inhalt der Klageschrift	477
§ 106	Entscheidung	478
§ 107	Kosten	485
§ 108	Feststellung der Anspruchsberechtigung	486

Abschnitt 5. Nutzungstausch

§ 109	Tauschvertrag über Grundstücke	490

Abschnitt 6. Nutzungsrechte für ausländische Staaten

§ 110	Vorrang völkerrechtlicher Abreden	494

Abschnitt 7. Rechtsfolgen nach Wiederherstellung des öffentlichen Glaubens des Grundbuchs

§ 111	Gutgläubiger lastenfreier Erwerb	496

Kapitel 3. Alte Erbbaurechte

§ 112 Umwandlung alter Erbbaurechte 499

Kapitel 4. Rechte aus Miteigentum nach § 459 des Zivilgesetzbuchs der Deutschen Demokratischen Republik

§ 113 Berichtigungsanspruch 503
§ 114 Aufgebotsverfahren 507
§ 115 Ankaufsrecht bei Auflösung der Gemeinschaft 509

Kapitel 5. Ansprüche auf Bestellung von Grunddienstbarkeiten

§ 116 Bestellung einer Dienstbarkeit................................ 511
§ 117 Einwendungen des Grundstückseigentümers 513
§ 118 Entgelt 515
§ 119 Fortbestehende Rechte, andere Ansprüche 517

Kapitel 6. Schlußvorschriften

Abschnitt 1. Behördliche Prüfung der Teilung

§ 120 Genehmigungen nach dem Baugesetzbuch 519

Abschnitt 2. Rückübertragung von Grundstücken und dinglichen Rechten

§ 121 Ansprüche nach Abschluß eines Kaufvertrags 522
§ 122 Entsprechende Anwendung des Sachenrechtsbereinigungsgesetzes 528

Abschnitt 3. Übergangsregelung

§ 123 Härteklausel bei niedrigen Grundstückswerten 529

Sachverzeichnis... 533

Verzeichnis der abgekürzt zitierten Literatur

Battis/Krautzberger/Löhr, BauGB 4. Aufl. 1994 (Battis/Krautzberger/Löhr, BauGB)
Walter Böhringer, Besonderheiten des Liegenschaftsrechts in den neuen Bundesländern, 1993 (Böhringer, Besonderheiten)
Michael Bohrer, Das Berufsrecht der Notare, 1991 (Bohrer, Berufsrecht)
Boruttau/Egly/Sigloch, Grunderwerbsteuer, 12. Aufl. 1986 (Boruttau/Egly/Sigloch, GrESt)
Fieberg/Reichenbach/Messerschmidt/Schmidt-Räntsch, Gesetz zur Regelung offener Vermögensfragen (Fieberg/Reichenbach/Messerschmidt/Schmidt-Räntsch, VermG)
Walter Habscheid, Freiwillige Gerichtsbarkeit, 7. Aufl. 1983 (Habscheid, FG)
Haegele/Schöner/Stöber, Grundbuchrecht, 10. Aufl. 1993 (Haegele/Schöner/Stöber, Grundbuchrecht)
Klaus Heuer, Grundzüge des Bodenrechts der DDR 1949–1990, 1991 (Heuer, Grundzüge)
Horn, Das Zivil- und Wirtschaftsrecht im neuen Bundesgebiet, 2. Aufl. 1993 (Horn, Wirtschaftsrecht)
Horber/Demharter, Grundbuchordnung, 20. Aufl. 1993 (Horber/Demharter)
Keidel/Kuntze/Winkler, Freiwillige Gerichtsbarkeit Teil A, 13. Aufl. 1992 (Keidel/Kuntze/Winkler-Bearbeiter)
Gerrit Langenfeld, Vertragsgestaltung – Methode – Verfahren – Vertragstypen, 1991 (Langenfeld, Vertragsgestaltung)
Moser-Merdian/Flik/Schmidtbauer, Das Grundbuchverfahren in den neuen Bundesländern, Band 1 2. Aufl. 1993 (Moser-Merdian/Flik/Schmidtbauer, Grundbuchverfahren)
Münchner Vertragshandbuch, 3. Aufl., 1992–1993 (Münchner Vertragshandbuch-Bearbeiter, Band ...)
v. Oefele/Winkler, Handbuch des Erbbaurechts, 1987 (Oefele/Winkler, Handbuch)
Palandt, Bürgerliches Gesetzbuch, 53. Aufl. 1994 (Palandt-Bearbeiter)
Schmidt, Einkommensteuergesetz, 12. Aufl. 1993 (Schmidt-Bearbeiter, EStG)
Seybold/Hornig, Bundesnotarordnung, 5. Aufl. 1976 (Seybold/Hornig)
Simon/Cors/Troll, Handbuch der Grundstückswertermittlung, 3. Aufl. 1992 (Simon/Cors/Troll, Handbuch)
Staudinger, Kommentar zum Bürgerlichen Gesetzbuch, 12. Aufl. (Staudinger-Bearbeiter)
Thomas-Putzo, ZPO mit Gerichtsverfassungsgesetz, 18. Aufl. 1993 (Thomas-Putzo)
Zeller/Stöber, Zwangsversteigerungsgesetz, 14. Aufl., 1993 (Zeller/Stöber, ZVG)
Zöller, Zivilprozeßordnung, 18. Aufl. 1993 (Zöller-Bearbeiter)

Kommentar zum Sachenrechtsbereinigungsgesetz

Einleitung

Übersicht

	Rdz.		Rdz.
I. Problemstellung des Gesetzgebers	1	1. Verhältnis zum Bürgerlichen Gesetzbuch	65
1. Rechtstatsächlicher Befund	1	a) Allgemeines	65
2. Aushöhlung des Privateigentums	2	b) Sonderfälle	70
3. System von Nutzungszuweisungen	6	2. Verhältnis zum Schuldrechtsänderungsgesetz	80
4. Vollzugsdefizite	9	a) Allgemeines	81
II. Zwecke der Sachenrechtsbereinigung	15	b) Übergangsrecht	86
1. Notwendigkeit und Ausmaß der Sachenrechtsbereinigung	15	c) Aufbau des Schuldrechtsänderungsgesetzes	87
		d) Regelungsgrundsätze ...	88
2. Bisherige Maßnahmen zur Sachenrechtsbereinigung ..	19	e) Regelungsgegenstände und -verfahren	94
3. Entstehung des SachenRBerG	33	3. Verhältnis zum Registerverfahrensbeschleunigungsgesetz	107
4. Grundkonzeption des SachenRBerG	41	a) Allgemeines	107
a) Erfaßte Sachverhalte ...	41	b) Regelungsgegenstände ..	110
b) Grundprinzipien	42	4. Verhältnis zum Vermögensgesetz	128
c) Rechtstechnische Verwirklichung	54	5. Verhältnis zum Vermögenszuordnungsgesetz	137
III. Verhältnis des SachenRBerG zu anderen Rechtsnormen	65	6. Verhältnis zu den Vorschriften zur Abwicklung der Bodenreform	141
		7. Verhältnis zur Grundstücksverkehrsordnung	145

I. Problemstellung des Gesetzgebers

1. Rechtstatsächlicher Befund

Rechtstatsächlicher Befund im Grundstücksrecht des Beitrittsgebiets ist, daß die Errichtung von Gebäuden und baulichen Anlagen weithin nicht mit der Inhaberschaft des Eigentums am Grundstück verbunden war, sondern aufgrund Entscheidungen staatlicher Stellen erfolgte. **1**

2. Aushöhlung des Privateigentums

2 a) Privateigentum an Grund und Boden spielte in der DDR nur eine untergeordnete Rolle. Hierin drückte sich eine Tendenz des sozialistischen Systems aus, das Privateigentum durch ein System der öffentlich-rechtlichen Nutzungszuweisung zu überlagern und damit schrittweise in die Bedeutungslosigkeit zu drängen (Begr. BR-Drucks. 515/93, S. 50). In der Dogmatik des ZGB wurde das Privateigentum nicht mehr als vornehmstes dingliches Recht geführt, sondern als einer der möglichen Rechtstitel zur Verwirklichung des Bodennutzungsrechts als zentralem Institut (näher *Heuer*, Grundzüge, Rdz. 45; ähnlich auch *Stürner*, JZ 1993, 1074/1075 f.).

3 Das Privateigentum an Grund und Boden erhielt in mehreren Schritten einen anderen Stellenwert. Insbesondere sollte ihm Ausnahmecharakter gegenüber dem Regelfall des vergesellschafteten Grund und Bodens zukommen.

4 b) Den Anfang der hierauf gerichteten Maßnahmen bildete die Verstaatlichung wesentlicher Teile der Wirtschaft und die Bodenreform unter Leitung der sowjetischen Besatzungsmacht unmittelbar nach Kriegsende. Weiter wurde das Privateigentum an landwirtschaftlichen Grundstücken durch das umfassende Bodennutzungsrecht der landwirtschaftlichen Produktionsgenossenschaften überlagert (Begr. BR-Drucks. 515/93, S. 51).

5 c) Das verbliebene Privateigentum wurde in seiner Nutzung erheblich beschränkt. Die Veräußerung unterlag den rigiden Genehmigungsvorbehalten der Grundstücksverkehrsverordnung vom 15. 12. 1977, GBl. I, 1978, S. 73 sowie den entsprechenden Vorläufervorschriften (näher hierzu *Heuer*, Grundzüge, Rdz. 105). Der Kaufpreis war aufgrund gesetzlicher Preisbestimmungen der freien Vereinbarung entzogen (§ 305 ZGB-DDR, Preisanordnung Nr. 415 vom 6. 5. 1955, GBl. I, S. 330; hierzu *Heuer*, Grundzüge, Rdz. 107). Eine Nutzung des Grundstücks durch Vermietung oder Verpachtung unterlag der strengen Mietpreisbindung und dem Kontrahierungszwang zum Abschluß von Pachtverträgen mit der landwirtschaftlichen Produktionsgenossenschaft (Begr. BR-Drucks. 515/93, S. 51). In späteren Jahren griff die Rechtspraxis der DDR anstelle entgeltlicher Pachtverträge zunehmend zu unentgeltlichen Nutzungsverträgen; das ZGB sah das Rechtsinstitut der Pacht schließlich gar nicht mehr vor (Begr. BR-Drucks. 515/93, S. 51 f.).

3. System von Nutzungszuweisungen

6 a) Die Zurückdrängung des Privateigentums hätte zum völligen Erliegen der Bautätigkeit von Privatleuten und Genossenschaften geführt. Mangels Effizienz der staatlichen Zentralverwaltungswirtschaft konnte aber im Interesse der Wohnungsversorgung der DDR hierauf nicht verzichtet werden. Die Ideologie stand somit unter dem Zwang der Anpassung an die Realität. Nach vorgeblich sowjetischem Muster (*Heuer*, Grundzüge, Rdz. 5) fügten Gesetzgebung und Rechtslehre entgegen §§ 93, 94 BGB ein Institut selbständigen Eigentums am Gebäude als weitere Form des Eigentums dem *numerus* *clausus* der Sachenrechte hinzu. Rechtliche Grundlage des Gebäudeeigentums bildete die Verleihung von Nutzungsrechten an volkseigenen Grundstücken, zuerst durch Gesetz vom 21. 4. 1954, GBl. I, S. 445 (*Heuer*, Grundzüge, Rdz. 46). Das Nutzungsrecht als „Recht am Grundstück" ermöglichte auf dem dogmatischen Fundament des BGB (§ 95) die Trennung von Grundstücks- und Gebäudeeigentum (*Heuer*, Grundzüge, Rdz. 48; *Böhringer*, Besonderheiten, Rdz. 480–483).

b) Die primär ideologische Prägung dieses Instituts zeigt sich neben den hierfür geltenden Verfügungs- und Nutzungsbeschränkungen vor allem daran, daß dieses Gebäudeeigentum nicht aufgrund Rechtsgeschäfts, sondern aufgrund staatlichen Hoheitsakts in Form der Verleihung einer staatlichen Nutzungsbefugnis entstand und somit im verwaltungsverfahrensrechtlichen Weg wieder entzogen werden konnte (zum Verfahren ausführlich *Böhringer*, Besonderheiten, Rdz. 495–506). Letztlich griff die sozialistische Ideologie mithin auf feudalistische Modelle der Verleihung von Regalien zurück.

c) Mit dem Nutzungsrecht der LPG ging man einen Schritt weiter und etablierte ein Nutzungsrecht und Gebäudeeigentum, das bei Einbringung in die LPG kraft Gesetzes entstand (*Böhringer*, Besonderheiten, 507–510).

4. Vollzugsdefizite

a) Die Durchführung der Sachenrechtsbereinigung wäre einfach, wenn sich die Rechtspraxis der DDR strikt an ihre eigenen Vorgaben gehalten hätte. Leider war dies nicht der Fall. Folgende Vollzugsdefizite sind festzustellen (vgl. auch *Stürner*, JZ 1993, 1074/1076f.):

– Das Vermessungswesen in der DDR wurde in erheblichem Umfang vernachlässigt. Damit sind auch die vorhandenen Liegenschaftskataster veraltet.

– Im Fall einer großflächigen Überbauung hätten zunächst die betroffenen Grundstücke nach § 14 des Aufbaugesetzes vom 6. 9. 1950 (GBl. S. 965) enteignet werden müssen. Sodann hätten Rechtsträgerschaften an diesen Flächen (vgl. § 7 Abs. 2 Nr. 2) begründet oder den bauenden Genossenschaften Nutzungsrechte verliehen werden müssen. Dessen ungeachtet kam es in zahlreichen Fällen in erheblichem Umfang zu Bebauungen ohne Klärung der Eigentumsverhältnisse. Folge dieser Nachlässigkeiten sind willkürliche Überbauungen, die die Verkehrsfähigkeit und Beleihbarkeit der betreffenden Gebäude erheblich beeinträchtigen (Begr. BR-Drucks. 515/93, S. 124).

– Fremde Grundstücke wurden für Bebauungen nicht nur aufgrund verliehener oder zugewiesener Nutzungsrechte, sondern teils aufgrund unmittelbarer gesetzlicher Regelung außerhalb des ZGB, aufgrund von Musterstatuten für die landwirtschaftlichen Produktionsgenossenschaften und teils aufgrund schlichten, zwar oft rechtswidrigen, jedoch üblichen Verwaltungshandelns in Anspruch genommen (Begr. BR-Drucks. 515/93, S. 54). Die einzelnen Fallgruppen sind kaum noch systematisch faßbar (§ 1 Rdz. 8–13).

Aus diesen Gründen verbietet sich eine Bodenrechtsüberleitung durch An-

Einleitung

knüpfung an vorgefundene Rechtsformen (ausführlich *Czub/Rövekamp*, OV-spezial 2/94, S. 2/4 ff.).

14 b) Die Gründe für die festzustellenden Vollzugsdefizite liegen im wesentlichen in folgendem:

Die sozialistische Gesellschaft der DDR war ihrem Verständnis nach keine Rechtsgesellschaft. Das Recht, insbesondere das Sachenrecht war bei der Zuordnung von Wirtschaftgütern kein vorrangiges Ordnungsprinzip. Demgemäß wurden den Institutionen des Rechtssystems (Katasterämter, Liegenschaftsdienste) nicht in dem Maße volkswirtschaftliche Ressourcen zugeteilt wie der gesamtwirtschaftlich bevorzugten Rüstungs- und Schwerindustrie.

II. Zwecke der Sachenrechtsbereinigung

1. Notwendigkeit und Ausmaß der Sachenrechtsbereinigung

15 a) Die Anpassung der im Beitrittsgebiet anzutreffenden Nutzungstatbestände an das Sachenrecht des BGB und seiner Nebengesetze erfolgt aufgrund der Umstellung der Rechts- und Wirtschaftsordnung. Die damit verbundene Rechtsvereinheitlichung liegt im Interesse der Rechtssicherheit (Begr. BR-Drucks. 515/93, S. 59). Die für Nutzungsrechte geltenden Verfügungsbeschränkungen und die Widerruflichkeit der Rechtsposition selbst hindert die Beleihbarkeit und Fungibilität der aufgrund Nutzungsrechts errichteten Gebäude (Begr., aaO).

16 Diesbezügliche Nachteile haben sich vor allem bei der Finanzierung von Instandsetzung und Modernisierung der vorhandenen Wohn- und Gewerbebauten gezeigt.

17 b) Der Gesetzgeber schätzt das zu bewältigende Volumen auf etwa 300 000 Fälle (Begr. BR-Drucks. 515/93, S. 95). Die Schätzungsgrundlagen dürften relativ unsicher sein, zumal unbekannt ist, in wieviel Fällen bereits Einigungen unter den Beteiligten auf privatrechtlicher Grundlage erzielt worden sind. *Strobel* (NJW 1993, 2484/2490) errechnet daraus ein Wertvolumen von 15 Mrd. DM, von dem im Ergebnis 10 Mrd. DM den Nutzern zufließen sollen (basierend auf der um durch Zahlungsziele und Skonti modifizierten Halbteilung der Bodenwerte).

18 c) Die Sachenrechtsbereinigung stellt nicht nur die Notare vor große Aufgaben, sondern bringt auch für die Verwaltungsbehörden der neuen Bundesländer (insbesondere die Ämter für offene Vermögensfragen, die Landwirtschaftsämter, Vermessungs-, Sonderungs- und Baubehörden) erhebliche Mehrbelastungen mit sich. Betroffen sind auch Grundstückssachverständige und Vermessungsingenieure. Die erforderlichen Verwaltungsentscheidungen zum Vollzug des SachenRBerG, insbesondere die Teilungsgenehmigung nach § 120 werden zu Engpässen führen (wie hier *Strobel*, aaO).

2. Bisherige Maßnahmen zur Sachenrechtsbereinigung

a) Bereits der Gesetzgeber des Einigungsvertrages war sich bewußt, daß die verschiedenartigen Nutzungstatbestände in der Rechtswirklichkeit der DDR gravierende wirtschafts- und sozialpolitische Bedeutung hatten. Doch schon aus Zeitgründen mußten die dem BGB fremden Rechtsgestaltungen für eine Übergangszeit übernommen werden, um Rechtssicherheit und Rechtsfrieden im Beitrittsgebiet zu wahren (Begr. BR-Drucks. 515/93, S. 61). 19

b) Allerdings bestand im Sommer 1990 noch kein umfassender Überblick über die tatsächliche Lage und das Ausmaß von Vollzugsdefiziten in diesem Bereich (so auch *Stürner*, JZ 1993, 1074/1076). Dementsprechend wurden im Einigungsvertrag die Institute des Gebäudeeigentums, der Nutzungsrechte und der Miteigentumsanteile nach § 459 ZGB mit ihrem bisherigen Inhalt und Rang übernommen, allerdings versehen mit Vorbehalten für deren spätere Anpassung und Bereinigung (Art. 233 §§ 3, 4, 5, 8 EGBGB – Anlage I Kapitel III Sachgebiet B Abschnitt II Nr. 1 zum Einigungsvertrag vom 31. 8. 1990, BGBl. I, S. 885/945 f.; hierzu *Rohde*, DNotZ 1991, 186/189 ff.). Damit war die Verkehrs- und Beleihungsfähigkeit dieser Rechte noch nicht gesichert. 20

c) Die daher erforderliche Gesetzgebung zum Recht der deutschen Einheit im Gefolge des Einigungsvertrages läßt sich als Produkt eines kontinuierlichen Lernprozesses begreifen. Denn die Vollzugsdefizite der DDR wurden erst im Zuge des Aufbaus einer leistungsfähigen und an rechtsstaatlichen Grundsätzen ausgerichteten Verwaltung erkannt. 21

Im Vordergrund der rechtspolitischen Diskussion der Monate nach dem 3. 10. 1990 stand neben der primär politisch bestimmten Diskussion über die Berechtigung des Prinzips „Rückgabe vor Entschädigung" des Vermögensgesetzes vor allem die Umsetzung der in Art. 21 und 22 des Einigungsvertrages vorgenommenen Zuordnung des volkseigenen Vermögens auf die verschiedenen Rechtssubjekte des öffentlichen Rechts im föderativen System. Da die Verwirklichung der in Art. 21 ff. des Einigungsvertrages vorgesehenen Vermögenszuordnung ohne korrespondierende Verfahrensvorschriften nicht möglich war, wurde als Artikel 7 des Gesetzes zur Beseitigung von Hemmnissen bei der Privatisierung von Unternehmen und zur Förderung von Investitionen (Hemmnissebeseitigungsgesetz) vom 22. 3. 1991 das Gesetz über die Feststellung der Zuordnung von ehemals volkseigenem Vermögen (Vermögenszuordnungsgesetz – VZOG) beschlossen (BGBl. I, 766/784 ff.). 22

d) Hatte der Gesetzgeber des Privatisierungshemmnissebeseitigungsgesetzes die Probleme der deutschen Einheit noch primär unter unternehmenspolitischen (investitionsorientiertem) Blickwinkel zu lösen versucht, so nahm er mit dem Gesetz zur Änderung des Vermögensgesetzes und anderer Vorschriften (Zweites Vermögensrechtsänderungsgesetz – 2. VermRÄndG) vom 14. 7. 1992 (BGBl. I, 1257) einen Perspektivenwechsel vor. 23

Nunmehr wurde versucht, unter sozialverträglichen Bedingungen die einzelnen Vermögensgegenstände der DDR, insbesondere den Grundbesitz, marktfähig zu machen. Den inzwischen bekanntgewordenen vermessungs- 24 technischen Defiziten der DDR versuchte man mit dem Instrument des Zuordnungsplans nach § 2 Abs. 2a mit 2c VZOG in der Fassung von Art. 9 des 2. VermRÄndG (BGBl. I, 1281f.) zu steuern.

25   Zur Bekämpfung gesellschaftspolitisch unerwünschter Auswüchse (sog. Häuserkämpfe) diente das mit Art. 8 dieses Gesetzes (BGBl. I, 1275f.) eingeführte Moratorium nach Art. 233 § 2a EGBGB (hierzu *Märker/Lübbers*, VIZ 1993, 291–295; *Stürner*, JZ 1993, 1074/1077; ausführlich *Böhringer*, Besonderheiten Rdz. 640–642). Hierdurch wurde das Recht der in der Vorschrift genannten Nutzer zum Besitz ihres Gebäudes (gegebenenfalls samt Umgriff) nach § 986 BGB bis zum 31. 12. 1994 geschützt (einmalige Verlängerungsmöglichkeit nach Art. 233 § 2a Abs. 1 Satz 2 Halbsatz 2 EGBGB). Weiter wurden Sonderregelungen für das Gebäudeeigentum ohne dingliches Nutzungsrecht (betreffend vor allem die Gebäude und Anlagen landwirtschaftlicher Produktionsgenossenschaften (Art. 233 § 2b EGBGB; hierzu *Böhringer*, OV-spezial 4/93 und *ders.*, Besonderheiten, Rdz. 509–524, 643–645) und Regeln für Umfang und Wegfall des Nutzungsrechts (Art. 233 § 4 Abs. 3–5 EGBGB) getroffen.

26   e) Nach der Konzeption des 2. VermRÄndG verbleiben neben den Grundproblemen der Fungibilität und Beleihbarkeit noch zwei Fragenkreise ungelöst.

27   Zum einen läßt sich bei der Feststellung von Gebäudeeigentum in erheblichem Umfang ein negativer Kompetenzkonflikt zwischen Grundbuchämtern nach Art. 233 § 2b Abs. 2 und den Oberfinanzdirektionen nach Art. 233 § 2b Abs. 3 EGBGB i. V. m. dem VZOG feststellen (näher dazu *Moser-Merdian/Flik/Schmidtbauer*, Grundbuchverfahren, Rdz. 193; *Hügel*, MittBayNot 1993, 196/198f.; *ders.*, DtZ 1994, 144f.; *Böhringer*, Besonderheiten, Rdz. 486–488, 509–524, 643–645).

28   Zum anderen wird die Zwangsversteigerung eines im Beitrittsgebietes belegenen Grundstücks dadurch mindestens erschwert, daß dessen Belastung mit einem Nutzungsrecht nach § 74a Abs. 5 ZVG berücksichtigt werden muß, diese aber zumeist aus dem Grundbuch nicht ersichtlich ist (näher *Vossius*, MittBayNot 1994, 10/13 sowie unten Rdz. 113, 117).

29   Sozialpolitische Gefahren drohen weiter aus dem Umstand, daß der Grundstückseigentümer bzw. der Restitutionsberechtigte ein erhebliches Interesse an der Erlangung eines möglichst lastenfreien Grundstücks haben muß, solange er davon ausgehen kann, daß eine ihm sonst zu leistende Entschädigung nur einen Bruchteil des Grundstückswerts ausmachen würde. Allein der Verlauf der Diskussion über die Eckwerte des Entschädigungsgesetzes gibt Anlaß zu dieser Sorge.

30   f) Weitere Schritte zur Neuordnung der Grundstücksverhältnisse im Beitrittsgebiet enthält das „Gesetz über Maßnahmen zur Bewältigung der finanziellen Erblasten im Zusammenhang mit der Herstellung der Einheit Deutschlands, zur langfristigen Sicherung des Aufbaus in den neuen Ländern, zur Neuordnung des bundesstaatlichen Finanzausgleichs und zur Entlastung der öffentlichen Haushalte (Gesetz zur Umsetzung des Föderalen Konsolidierungsprogramms – FKPG)" vom 23. 6. 1993, BGBl. I, 944. Dieses Artikelgesetz enthält folgende wohnungswirtschaftlich bedeutsame Regelungen:

(1) Gesetz über Altschuldenhilfen für Kommunale Wohnungsunternehmen, Wohnungsgenossenschaften und private Vermieter in dem in Artikel 3 des Einigungsvertrages genannten Gebiet (Altschuldenhilfe-Gesetz), BGBl. I, S. 986, zuletzt geändert durch Gesetz vom 6. Juni 1994, BGBl. I, 1184/ 1193 (hierzu *Hegele/Biehler,* VIZ 1993, 465 sowie Arbeitshilfe des Bundesministeriums für Raumordnung, Bauwesen und Städtebau, VIZ 1993, 491).

(2) Gesetz zur Regelung vermögensrechtlicher Angelegenheiten der Wohnungsgenossenschaften und zur Änderung des Artikels 22 Abs. 4 und der Protokollnotiz Nr. 13 des Einigungsvertrages (Wohnungsgenossenschafts-Vermögensgesetz) i. d. F. der Bekanntmachung vom 26. 6. 1994, BGBl. I, S. 1437 (hierzu *Söfker,* VIZ 1993, 378–382).

(3) Gesetz über die Errichtung eines Erblastentilgungsfonds (Erblastentilgungsfonds-Gesetz – ELFG), BGBl. I, S. 985.

Bedeutsam im Vorgriff auf die Sachenrechtsbereinigung ist insbesondere 31 das Wohnungsgenossenschafts-Vermögensgesetz, durch das das Eigentum an dem von Wohnungsgenossenschaften für Wohnzwecke genutzten, ehemals volkseigenen Grund und Boden (vgl. § 1 Abs. 2 des Gesetzes) auf diese kraft Gesetzes (§ 1 Abs. 1 Satz 1 des Gesetzes) übergeht und das Ausgleichszahlungen festsetzt. Das Wohnungsgenossenschafts-Vermögensgesetz ist somit besonderes Gesetz im Sinne des § 1 Abs. 2 und 3 SachenRBerG (§ 1 Rdz. 27f. und 65–68, § 6 Rdz. 1, 5).

g) U. a. als verfahrensrechtliches Vorschaltgesetz für die Sachenrechtsbe- 32 reinigung von großer Bedeutung ist das Registerverfahrensbeschleunigungsgesetz vom 20. 12. 1993, BGBl. I, 2182 (dazu unten Rdz. 107).

3. Entstehung des SachenRBerG

a) Mit dem Sachenrechtsbereinigungsgesetz werden die verschiedenen 33 Nutzungstatbestände der DDR in die Rechtsformen des Bürgerlichen Gesetzbuchs und der Verordnung über das Erbbaurecht überführt. Das Gesetzgebungsvorhaben ist von langer Hand vorbereitet. Zunächst haben die befaßten Referate des Bundesministeriums für Justiz umfangreiche rechtstatsächliche Untersuchungen im Beitrittsgebiet vorgenommen. Dennoch – oder vielleicht gerade deshalb – ist das Gesetz offen für weitere der Bereinigung bedürftige Fallkonstellationen (sog. „unentdeckte Fälle", vgl. hierzu Begr. BR-Drucks. 515/93, S. 65f. sowie § 1 Rdz. 8–13).

b) Erste Festlegungen enthielt das Eckwertepapier der Bundesregierung zur 34 Sachenrechtsbereinigung vom November 1992 (abgedruckt in OV-spezial 22/92, S. 1–2), welches durch das Arbeitspapier des BMJ vom Dezember 1992 (OV-spezial 24/92, S. 6–8) bereits weitgehend konkretisiert werden konnte.

c) Die daraus entwickelte gesetzliche Lösung wurde Ende 1992 als Diskus- 35 sionsentwurf vorgestellt (Veröffentlichung des Textes in OV-spezial 5/93, S. 1–15, zur Begründung vgl. *Ludgeri,* OV-spezial 6/93, S. 1–4) und mit den Länderjustizverwaltungen intensiv diskutiert. Eine Beteiligung der Verbände (DIHT, Verbände der Kreditwirtschaft und Notarkammern) folgte ab März 1993.

36 d) Die hieraus gewonnenen Anregungen wurden in den Entwurf weiter eingearbeitet, der mit Stand 28. 4. 1993 der Öffentlichkeit als Referentenentwurf vorgestellt werden konnte (hierzu VI in OV-spezial 9/93). Weitere Anregungen zum Entwurf wurden ständig berücksichtigt.

37 e) Am 20. Juli 1993 wurde der Entwurf im Bundeskabinett verabschiedet (BMJ in Recht, Juli/August 1993, S. 67–69). Unter dem 13. 8. 1993 konnte der Entwurf als Entwurf der Bundesregierung dem Bundesrat nach Art. 76 Abs. 2 GG vorgelegt werden (BR-Drucks. 515/93). Nach Beschlußfassung im Bundesrat am 24. 9. 1993 brachte die Bundesregierung den Entwurf am 27. 10. 1993 im Deutschen Bundestag ein (BT-Drucks. 12/5992). Ab Januar 1994 war der Entwurf Gegenstand mehrerer Anhörungen und Sitzungen des insoweit federführenden Rechtsausschusses des Deutschen Bundestags (BT-Drucks. 12/7245). Der Entwurf wurde am 28. 4. 1994 vom Deutschen Bundestag mir den Stimmen der CDU/CSU/F.D.P.-Koalition verabschiedet (Protokoll der 225. Sitzung S. 19441–19469). Der Bundesrat lehnte in seiner Sitzung vom 20. 5. 1994 die Vorlage des Bundestags ab und empfahl die Anrufung des Vermittlungsausschusses (BR-Drucks. 364/94). Hintergrund dieses Vorgehens waren Bestrebungen, über die Probleme der „hängenden Kaufverträge" (§§ 1 Abs. 1 Nr. 1d), 3 Abs. 3, 121) eine Änderung der Stichtagsregelung in § 4 Abs. 2 VermG zu erreichen. Daneben war die Abgrenzung zwischen Schuldrechtsanpassung und Sachenrechtsbereinigung bei den sog. Überlassungsverträgen (§ 1 Rdz. 34–37) umstritten.

Der Vermittlungsausschuß gelangte nach mehreren ergebnislos verlaufenen Sitzungen erst am 29. 6. 1994 unter dem Eindruck der Erfolge der PDS in den neuen Ländern in den Europa-, Kommunal und Landtagswahlen zu einer Einigung im Sinne einer Einzelfallregelung (jetziger § 121 Abs. 2). Das Gesetz wurde daraufhin vom Bundestag am 30. 6. 1994 und vom Bundesrat am 8. 7. 1994 verabschiedet. Die Verkündung des am 21. 9. 1994 ausgefertigten Gesetzes im Bundesgesetzblatt erfolgte unter dem 28. 9. 1994 (BGBl. I S. 2457).

38 f) Die im Laufe der Entstehung vorgenommenen Änderungen waren im wesentlichen technischer Natur. Politische Streitpunkte bildeten allenfalls die Einräumung eines Ankaufsrechts für gewerbliche Nutzer, das Maß an Vergünstigungen für Wohnungsbauunternehmen, des Abschlages vom Erbbauzins in der Eingangsphase (§ 51) und die vorgesehene Regelgröße von 500 qm für Eigenheime (§ 26 Abs. 1). Die Übertragung des Vermittlungsverfahrens auf die Notare als Organe der vorsorgenden Rechtspflege stieß auf im wesentlichen verteilungspolitisch motivierte Bedenken einzelner Verbände der Anwaltschaft (instruktiv hierzu *Strobel*, NJW 1993, 2909/2913 unter Hinweis auf „Hunderttausende von Fällen mit einem Milliardenhonorar").

39 Im Hinblick auf den massiven Druck von Interessengruppen beachtenswert ist diesbezüglich auch der im Bundesrat eingebrachte Änderungsantrag des Landes Sachsen-Anhalt BT-Drucks. 12/5992, S. 199 re. Sp. f., der ebenso wie die korrespondierende Stellungnahme des Deutschen Anwaltvereins an den Rechtsausschuß des Deutschen Bundestags vom Januar 1994 auf falsche Zahlen über die Erledigungsquote außergerichtlicher Streitigkeiten durch Rechtsanwälte gestützt ist (näher hierzu *Wasilewski et al.*, Streitverhütung durch Rechtsanwälte, 1990, S. 36 einerseits und 72 andererseits). An diesen Antrag, den der DAV unter dem 25.4. in rechtstechnisch untauglicher

Weise zu formulieren suchte, schloß sich ein aus taktischen Gründen erst wenige Tage vor Abschluß der Beratungen im Rechtsausschuß des Bundestages eingebrachter Antrag eines Ausschußmitglieds an, der neben dem Vermittlungsverfahren ein „anwaltliches Vertragshilfeverfahren" einführen wollte (§§ 103a ff.).
Dieser Vorstoß scheiterte u. a. auch deshalb, weil die Vorschläge auf das System des SachenRBerG nicht hinreichend abgestimmt waren.

Die Grundkonzeption des Entwurfs blieb jedoch unverändert, was angesichts der sozialpolitischen Dimension des Vorhabens die Qualität der im Bundesministerium der Justiz geleisteten Arbeit deutlich macht. 40

4. Grundkonzeption des SachenRBerG

a) Erfaßte Sachverhalte

Das SachenRBerG ist auf folgende Sachverhalte anwendbar: 41
– Bebauung fremder Grundstücke,
– Befristung alter Erbbaurechte,
– Auflösung von Miteigentümergemeinschaften nach § 459 ZGB,
– Sicherung nicht gesicherter Mitbenutzungen,
(vgl. Begr. BR-Drucks. 515/93, S. 53 ff., 60 f.; *Czub/Rövekamp*, OV-spezial 2/94, S. 2–7).

b) Grundprinzipien

Hierbei folgt das Gesetz folgenden Prinzipien (kritisch hierzu *Stürner*, JZ 42 1993, 1074/1077 ff.):

(1) Auf Dauer angelegte bauliche Investitionen genießen unabhängig vom 43 Grad ihrer rechtlichen Absicherung Bestandsschutz (Begr. BR-Drucks. 515/93, S. 62).
Dieser Grundsatz folgt aus Art. 3 Abs. 1 GG. In der DDR war es vom Zufall abhängig (insbesondere von der Region und der Nähe des Nutzers zum SED-System), ob dem Nutzer eine rechtliche Absicherung in Übereinstimmung mit den Vorschriften der DDR gewährt wurde oder nicht. Es wäre unerträglich, bei der Sachenrechtsbereinigung das zwar rechtswidrige, aber systemimmanente und typische Verwaltungshandeln der staatlichen Stellen der DDR außer Betracht zu lassen.
Das Gesetz bekennt sich mithin zu einer Nachzeichnung nach rechtsstaatlichen Grundsätzen (*Czub/Rövekamp*, OV-spezial 2/94, S. 2/4–5).

(2) Die in der DDR begründeten Rechte und Besitzstände werden entspre- 44 chend ihrer wirtschaftlichen Bedeutung anerkannt (Begr. BR-Drucks. 515/93, S. 62 f.).
Dieser Grundsatz folgt aus der Übernahme dieser Besitzstände durch den Einigungsvertrag als vermögenswerte Recht im Sinne des Art. 14 Abs. 1 GG. Die Sachenrechtsbereinigung darf hiernach weder zu einem Rechtsgewinn noch zu einem Rechtsverlust führen. Bedeutung hat dies insbesondere bei der Bestimmung der von Erbbaurecht oder Ankaufsrecht erfaßten Flächen (§§ 21 ff.).

Einleitung

45 (3) Bei der Sachenrechtsbereinigung werden die nach heutigen Verhältnissen ermittelten Bodenwerte zwischen Grundstückseigentümer und Nutzer im Verhältnis 50:50 aufgeteilt (Begr. BR-Drucks. 515/93, S. 63f.).

46 Das Gesetz knüpft nicht an die durch das Preisrecht der DDR verzerrten damaligen Bodenwerte, sondern an Bodenwerte zu heutigen Marktpreisen an. Korrekturen werden aus wirtschaftlichen Gründen hinsichtlich eventueller Abbruchkosten, aus politischen Gründen bei Bebauung im komplexen Wohnungsbau vorgenommen (§§ 19f., zum Begriff § 11). Bei der Bemessung von Erbbauzins bzw. Kaufpreis wird die Hälfte des so ermittelten Werts in Ansatz gebracht.

47 Das Gesetz folgt dieser salomonischen Lösung aus mehreren Gründen: zum einen lassen sich auch die jeweiligen Extrempositionen rechtfertigen (Begr. BR-Drucks. 515/93, S. 63f.). Zum anderen haben sich durch den Übergang zur Marktwirtschaft Bodenwerte gebildet, mit deren Höhe keine der beiden Seiten rechnen durfte. Der Gewinn kommt somit sowohl für den Grundstückseigentümer als auch für den Nutzer unerwartet. Sowohl dieser Gesichtspunkt als auch der von der Begründung nicht herangezogene Rechtsgedanke des § 984 BGB sprechen für die Gerechtigkeit der gefundenen Lösung.

48 Leider ist das an sich überzeugende Prinzip durch die Regelungen über die Absenkung des Erbbauzinses in der Eingangsphase (§ 51) und die Erbbauzinsermäßigung bzw. Kaufpreisbemessung beim komplexen Wohnungsbau (§§ 20 Abs. 2, 73) aus politischen Gründen verzerrt (hierzu § 20 Rdz. 5–7, § 51 Rdz. 1–5).

49 (4) Der Inhalt der zur Wahl gestellten Ansprüche muß wirtschaftlich gleichwertig sein (Begr. BR-Drucks. 515/93, S. 64).

50 Dieses Prinzip ist leider ebenfalls nicht durchgängig verwirklicht. Wenn man von gleichbleibenden oder nur mäßig steigenden Grundstückspreisen im nächsten Jahrzehnt ausgeht, so besteht eine wirtschaftlich eindeutig vorteilhaftere Lösung für den Nutzer darin, die Bestellung eines Erbbaurechts mit Ankaufsrecht nach § 57 zu verlangen und das Ankaufsrecht nach Auslaufen der Zinsermäßigung in der Eingangsphase (§ 51) auszuüben. Die Vorteile liegen im Erlangen eines Stundungsvorteils in Höhe der Differenz zwischen dem Erbbauzins nach § 51 und dem für den Kaufpreis zu erzielenden Kapitalmarktzins, der den Vorteil in § 68 Abs. 2 überkompensiert.

51 (5) Auf seiten der Nutzer entstehende Härten sind auszugleichen (Begr. BR-Drucks. 515/93, S. 64)

Ausdruck dieses Gedankens sind insbesondere in Regelungen in §§ 51, 57, 68 Abs. 2, 123.

52 (6) Die Sachenrechtsbereinigung soll einen Interessenausgleich für die Zukunft herbeiführen, nicht jedoch in der Vergangenheit erlittenes Unrecht ausgleichen (Begr. BR-Drucks. 515/93, S. 64f.)

53 Das SachenRBerG vermeidet daher Wertungswidersprüche zum Vermögensgesetz (vgl. insbesondere § 30). Es bleibt abzuwarten, ob eine andere Stellung des von der Sachenrechtsbereinigung betroffenen nicht enteigneten Grundstückseigentümers gegenüber dem entschädigungsberechtigten enteigneten Grundstückseigentümer künftig Wertungswidersprüche aufwirft. Problematisch erschiene dies vor allem im Hinblick darauf, daß gerade in den im komplexen Wohnungs-. und Siedlungsbau bebauten Gebieten je nach Gutdünken örtlicher Behörden teils enteignet, teils nicht enteignet wurde.

c) Rechtstechnische Verwirklichung

Das SachenRBerG entscheidet sich gegen eine Umwandlung bestehender Nutzungsrechte und Nutzungstatbestände kraft Gesetzes (Surrogationslösung). Hauptgründe hierfür sind die Schwierigkeiten der Surrogationslösung bei der erforderlichen Wertermittlung, die vermessungstechnischen Vollzugsdefizite, drohende Überlastung der Grundbuchämter und die fehlende Möglichkeit der Berücksichtigung von Besonderheiten des Einzelfalls (Begr. BR-Drucks. 515/93, S. 68 ff.). 54

Ebenfalls wegen fehlender Kapazitäten in der öffentlichen Verwaltung läßt das Gesetz auch ein öffentlich-rechtliches Zuweisungsverfahren entsprechend § 64 LwAnpG oder dem VZOG außer Betracht. 55

Statt dessen gewährt das Gesetz im Grundsatz dem Nutzer ein Wahlrecht zwischen einem Anspruch auf Bestellung eines Erbbaurechts oder auf Ankauf des erfaßten Grundstücks (Anspruchslösung). Nur ausnahmsweise ist die Prärogative dem Grundstückseigentümer übertragen (z. B. §§ 15 Abs. 4, 16 Abs. 3, 81 ff.). Der Inhalt der hiernach abzuschließenden Verträge ist gesetzlich vorgegeben, aber dispositiv. Auf diese Weise sind flexible Regelungen ohne Zeitdruck und übergroße Belastung der Grundbuchämter möglich (Begr. BR-Drucks. 515/93, S. 70). 56

Das Gesetz setzt hierbei zunächst auf die Einigungsbereitschaft der Beteiligten. Ist diese nicht oder nicht in vollem Umfang gegeben, so schaltet es als nächsten Schritt ein notarielles Vermittlungsverfahren ein (§§ 87 ff.). Dieses Verfahren der streitigen freiwilligen Gerichtsbarkeit ist Sachurteilsvoraussetzung für eine Klage auf Abschluß eines der zu beanspruchenden Verträge im Verfahren der streitigen Gerichtsbarkeit (Sonderregeln hierfür in §§ 103 ff.). 57

Die gesetzgeberische Konzeption ist unter methodischen Gesichtspunkten nicht unproblematisch. Das Gesetz kombiniert mit der Begründung von Ansprüchen einerseits und der inhaltlichen Fixierung von Vertragsinhalten andererseits das dezisionistisch orientierte aktionenrechtliche Denken mit dem typologisch ausgerichteten Ansatz der Kautelarjurisprudenz (vertieft zu diesen Unterschieden *Langenfeld*, Vertragsgestaltung, Rdz. 1–6, 15–22, 31–86 sowie § 42 Rdz. 13–36). Besonders deutlich werden die Grenzen dieses Ansatzes in §§ 40 und 67, wo der Gesetzgeber ersichtlich vor der Aufgabe kapituliert, inhaltliche Vorgaben für eine Gemeinschaftsordnung nach dem WEG zu formulieren. 58

Das Gesetz sucht diese Schwierigkeiten mit Hilfe des Verfahrensrechts zu überwinden. Es stellt die inhaltlichen Vorgaben nicht nur zur Disposition der Beteiligten (§ 3 Abs. 1 Satz 2), sondern über den Willen der Beteiligten hinaus als notardispositives Recht (§ 42 Rdz. 13–36) zur Disposition des Notars im Beurkundungs- oder im Vermittlungsverfahren (§ 93 Abs. 3 59

Einleitung

Satz 2) bzw. in begrenztem Umfang entgegen § 308 Abs. 1 ZPO zur Disposition des Gerichts (§ 106 Abs. 1).

60 Dieses Vorgehen ist im Ansatz richtig. Allerdings hat der Gesetzgeber nicht den dogmatisch konsequenten Weg beschritten, für die Verwirklichung der Ansprüche nach dem SachenRBerG keine Leistungsklage, sondern eine materiellrechtliche Gestaltungsklage vorzusehen. Hierdurch zu befürchtenden prozessualen Schwierigkeiten sollte der Notar durch möglichst detaillierte Vorgaben im Abschlußprotokoll nach § 99 vorbeugen.

61 Rechtspolitisch ist das SachenRBerG ein Gesetz zur Reparatur von im Beitrittsgebiet vorgefundenen Vollzugsdefiziten. Es dient nicht dazu, die Einführung des deutschrechtlichen Grundsatzes „*wer säht, der mäht*" anstelle des römischen „*superficies solo cedit*" vorzubereiten (so aber die Befürchtung von *Strobel*, NJW 1993, 2484/2490), sondern, die Geltung des letzteren Rechtssatzes und die Grundbuchpublizität im Beitrittsgebiet wiederherzustellen. Das SachenRBerG führt das Beitrittsgebiet wieder einen Schritt näher an die kontinentaleuropäische Rechtstradition heran. Daß es im Ergebnis den Schwächeren vor dem Stärkeren schützt, zeigt die von germanistischer Seite oft bestrittene Wertneutralität des römischrechtlichen Prinzips.

62 *Stürner* bemängelt an der Grundkonzeption des SachenRBerG die Prämisse, die Sachenrechtsbereinigung lasse sich losgelöst vom historischen Erwerbsgrund des Nutzungstatbestands und damit unter Außerachtlassung der Restitutionsproblematik durchführen (JZ 1993, 1074/1077).

63 Damit entsteht die Gefahr von Wertungswidersprüchen, wie in folgendem Fall (*Stürner*, JZ 1993, 1074/1079): Hat der Nutzer mit Billigung staatlicher Stellen, aber ohne verliehenes bzw. zugewiesenes Nutzungsrecht, auf enteignetem und zu restituierendem Grund gebaut, enthält er lediglich Wertersatz (§ 7 Abs. 1 und 2 VermG) und ein Vorkaufsrecht nach § 20a VermG. Zum Verhältnis zwischen dem SachenRBerG und dem VermG allgemein siehe unten Rdz. 128–136. War der Grund hingegen nicht enteignet oder ist er nicht zu restituieren, hat er die Rechtsposition aus der Sachenrechtsbereinigung. Der Unterschied liegt nur im Fehlen eines Formalakts. Ähnlich liegen Fälle, in denen es darauf ankam, ob ein Datschenbesitzer die Billigung staatlicher Stellen zum Ausbau zum Eigenheim erhalten konnte (aaO, S. 1080).

64 Diese Kritik ist überspitzt. Es kann nicht angehen, um des *fiat iustitia, pereat mundus* willen nun auch Enteignungsentscheidungen der DDR aufzurollen. Eine erneute Diskussion der Wertentscheidungen des VermG ist nach Erledigung eines Großteils der Restitutionsanträge nicht mehr möglich. Dem Gesetzgeber der Sachenrechtsbereinigung ist zuzubilligen, daß er klüger geworden ist. Im übrigen kann Auswüchsen über die Einrede unredlichen Erwerbs des Nutzungstatbestands nach § 30 begegnet werden.

III. Verhältnis des SachenRBerG zu anderen Rechtsnormen

1. Verhältnis zum Bürgerlichen Gesetzbuch

a) Allgemeines

Mit dem Sachenrechtsbereinigungsgesetz wird ein gesetzliches Schuldverhältnis (§ 241 BGB) zwischen dem Grundstückseigentümer und dem Nutzer begründet. Auf dieses Rechtsverhältnis sind die Regelungen des Bürgerlichen Rechts (insbesondere der Allgemeine Teil des BGB und das Allgemeine Schuldrecht) anwendbar, soweit das SachenRBerG keine spezielleren Regelungen enthält (z. B. §§ 14 Abs. 2 und 3, 16). 65

Die subsidiäre Geltung der ErbbauVO ordnet das Gesetz in § 60 Abs. 1 ausdrücklich an. Folge der getroffenen Regelung ist allerdings nicht, daß vertragliche Vereinbarungen nach § 134 BGB verboten und nichtig wären, wonach z. B. dem Grundstückseigentümer über § 56 Abs. 4 hinaus ein Heimfallrecht nach § 2 Nr. 4 ErbbauVO eingeräumt würde oder im Fall des Erlöschens des Erbbaurechts durch Zeitablauf bzw. Heimfall die Entschädigungspflicht des Grundstückseigentümers nach §§ 27 Abs. 1 Satz 1, 32 Abs. 1 Satz 1 ErbbauVO in den Grenzen der ErbbauVO modifiziert bzw. abbedungen würde. 66

Im Fall des Ankaufs gilt für das Kaufrecht des BGB entsprechendes. 67

Grundsätzlich nicht anwendbar sind die Regeln des Eigentümer-Besitzer-Verhältnisses oder des Bereicherungsrechts. Sowohl das Moratorium nach Art. 233 § 2a EGBGB als auch das SachenRBerG selbst geben dem Nutzer ein Recht zum Besitz (§ 986 BGB) bzw. einen rechtlichen Grund für das Behaltendürfen im Sinne des § 812 Abs. 1 Satz 1 BGB. Insbesondere ist während der Laufzeit des Moratoriums ein Nutzungsentgelt oder Verwendungsersatz nur auf einvernehmlicher Grundlage geschuldet, Art. 233 § 2a Abs. 3 EGBGB. Auch insoweit ist jedoch eine anderweitige gesetzliche Regelung vorbehalten, Art. 233 § 2a Abs. 8, welche das SachenRBerG beispielsweise mit §§ 12 Abs. 2 Satz 4–5, 44 Abs. 2 (siehe § 44 Rdz. 4–23), 75 Abs. 2 trifft. 68

Zum Anwendungsbereich des Moratoriums weiter *Jäckle,* OV-spezial 20/93, S. 4–6. 69

b) Sonderfälle

Es verbleiben jedoch weitere Fälle, die im Hinblick auf das Verhältnis zwischen Grundstückseigentümer und Nutzer Probleme aufwerfen können. 70
(1) Der Grundstückseigentümer beantragt im Hinblick auf § 44 Abs. 2 Nr. 1 ein Vermittlungsverfahren, jedoch kann zum Termin wegen einer Verfahrensflut erst später geladen werden.
(2) Mangels ausreichender Gutachterkapazitäten kann der Grundstückseigentümer erst mit Verzögerung ein Angebot im Sinne des § 44 Abs. 2 Nr. 2 abgeben.
(3) Der Nutzer entscheidet sich für den Ankauf, verzögert aber das Verfahren bis zur Beurkundung des Kaufvertrages.

Einleitung

(4) Der Nutzer gerät mit der Kaufpreiszahlung in Verzug (bzw. der Grundstückseigentümer in den Fällen der §§ 81 ff.).

(5) Der Nutzer hat vor Ankauf auf das Grundstück Verwendungen vorgenommen, die den Grundstückswert erhöhen (z. B. Altlastensanierung).

(6) Der Nutzer macht im Fall des § 81 Verwendungen auf das Bauwerk.

(7) Der Nutzer kontaminiert in rechtswidriger Weise schuldhaft das Grundstück mit umweltgefährdenden Stoffen.

71 Bei der Lösung dieser Fälle ist davon auszugehen, daß der Gesetzgeber nicht nur eine von Art. 233 § 2a Abs. 8 abweichende Regelung durch die genannten Bestimmungen des SachenRBerG getroffen hat, sondern zugleich auch die Regelungen des Bürgerlichen Rechts über Leistungsstörungen anwendbar sind. Hiernach gilt:

72 (1) Der Grundstückseigentümer kann in den Fällen 1 mit 3 seine Ansprüche auf entgangenen Erbbauzins oder Zinsverlust wegen Nichtzahlung des Kaufpreises unter den Voraussetzungen des § 284 BGB als Verzugsschaden nach § 286 BGB geltend machen. Die Regelungen des BGB über Verzug bleiben von Art. 233 § 2a Abs. 1 Satz 3, Abs. 3 trotz Abs. 1 Satz 4, Abs. 8 deshalb unberührt, weil Art. 233 § 2a Abs. 3 EGBGB nur echte Ansprüche auf Nutzungsentschädigung erfaßt (Ansprüche nach §§ 987, 988, 812 i. V. m. 818 Abs. 1 BGB), nicht jedoch Schadensersatzansprüche.

73 Der Wahlberechtigte kann bereits dann in Verzug geraten, wenn die Frist des § 16 Abs. 2 verstrichen ist und der andere Teil ihn gemäß § 284 Abs. 1 BGB mahnt. Eine Mahnung vor Ablauf der Frist des § 16 Abs. 2 ist wirkungslos, da die Leistung (Ausübung des Wahlrechts) nicht fällig ist (*Palandt-Heinrichs*, § 284 Rdz. 16). Die mit der Mahnung gesetzte Frist kann kürzer sein als die Nachfrist nach § 16 Abs. 3 Satz 2.

74 Zur Rechtslage bei der Haftung des „nicht-so-berechtigten Besitzers" siehe *Palandt-Bassenge*, Rdz. 9 vor §§ 987–993.

75 Denkbar sind weiter Schadensersatzansprüche nach § 823 Abs. 2 BGB i. V. m. § 263 StGB oder nach § 826 BGB.

76 (2) Bei Verwendungen des Nutzers auf das Grundstück (Fall 5) bzw. im Fall des § 81 auf das Bauwerk (Fall 6) kommt eine Lösung unter Heranziehung der Rechtsprechung des BGH WM 1970, 1366/1367 und WM 1971, 1268/1270 zur analogen Anwendung der §§ 987 ff. BGB (hierzu *Palandt-Bassenge*, Rdz. 3 vor §§ 987–993) oder über die Grundsätze der §§ 946 ff. in Verbindung mit §§ 812 ff. BGB (zum Einwand der aufgedrängten Bereicherung *Palandt-Bassenge*, § 951 Rdz. 19) in Betracht. Grundgedanke dieser Analogie ist, daß der berechtigte Besitzer nicht schlechter stehen darf als der unberechtigte Besitzer. Maßgebend ist hierbei auch die Wertung des § 19 Abs. 2–4: Kosten, die vom Bodenwert in Abzug zu bringen wären, dürfen den Grundstückseigentümer nicht bereichern, wenn der Nutzer ihre Entstehung durch eigene Aufwendungen vermeidet.

77 Sachgerecht erscheint demnach folgende Lösung:
Verwendungen auf das Grundstück (Fall 5) erhöhen dessen Bodenwert und damit den vom Nutzer zu zahlenden Erbbauzins bzw. Kaufpreis, sofern sie als Abbruchkosten nach § 19 Abs. 2 Satz 3 Nr. 2 abzuziehen

wären (siehe § 19 Rdz. 11–13). Hierdurch ist der Grundstückseigentümer ungerechtfertigt bereichert (§ 812 Abs. 1 Satz 1 Fall 1), soweit der Nutzer diese Verwendungen nicht zur Beseitigung von ihm verursachter rechtswidriger (nicht notwendigerweise auch verschuldeter) Zustände macht (Gedanke des § 19 Abs. 4 Satz 2).

Der Nutzer kann die Zahlung von Kaufpreis und Erbbauzins in diesem Fall daher ganz oder teilweise verweigern. Entsprechendes gilt für den nach § 31 zu zahlenden Mietzins.

Verwendungen auf das Gebäude (Fall 6) werden über den nach § 81 Abs. 2 mit 4 zu bemessenden Kaufpreis ausgeglichen, der eine Spezialregelung auch für diesen Fall enthält.

(3) Im Fall 4 stehen dem Grundstückseigentümer bzw. Nutzer zum einen die Ansprüchen aus dem Gesichtspunkt des Verzugs (wie oben Rdz. 72) zu, § 286 BGB. Daneben hat er Ansprüche nach den §§ 79 und 80 bzw. 84, vgl. die Kommentierung dieser Vorschriften. Insofern trifft das Gesetz eine Sonderregelung. **78**

Die in §§ 79, 80 bzw. 84 bestimmten Rechte treten nur an die Stelle der in § 326 BGB bestimmten Rechte und Ansprüche. Schadensersatzansprüche aus Verschulden bei Vertragsverhandlungen, positiver Vertragsverletzung oder Deliktsrecht bleiben ebenso wie der Anspruch auf Ersatz eines bis zur Ausübung der Rechte nach § 80 bzw. § 84 Abs. 2 bereits eingetretenen Verzugsschadens nach § 286 BGB bestehen (*Palandt-Heinrichs*, Einf. 2 vor § 346; BGHZ 88, 46/49).

(4) Anwendbar sind auch während der Laufzeit des Moratoriums die Vorschriften über das Recht der unerlaubten Handlung (Fall 7), §§ 823ff. BGB samt weiteren Schadensersatzansprüchen in Spezialgesetzen. Der Nutzer im Fall 7 schuldet dem Grundstückseigentümer Schadensersatz aufgrund Eigentumsverletzung: bei Ankauf des kontaminierten Grundstücks beträgt der Schaden 50% des Wertverlusts des Grundstücks, bei Bestellung eines Erbbaurechts oder im Fall des § 31 ist Naturalrestitution geschuldet, der Erbbauzins wird nach dem Bodenwert im nicht kontaminierten Zustand errechnet. Im Fall des § 81 schuldet der Nutzer ebenfalls Naturalrestitution. **79**

2. Verhältnis zum Schuldrechtsänderungsgesetz

Literatur: VI in OV-spezial 21/93, S. 3–5; *Leutheusser-Schnarrenberger,* DtZ 1993, 322–325; *Czub/Rövekamp,* OV-spezial 2/94, S. 2ff. und 3/94, S. 4ff.; *Schmidt-Räntsch,* DtZ 1994, 82–86. Text des Referentenentwurfs in OV-spezial 22/93, S. 3–7 und 23/93, S. 3–5. Text des Regierungsentwurfs BR-Drucks. 26/94 auch in OV-spezial 2/94, S. 10–17; zum Gesetzesbeschluß des Deutschen Bundestags vom 23. 06. 1994, BR-Drucks. 647/94 *Rövekamp,* Ov-spezial 13/94, 2–3. **80**

a) Allgemeines

Das SachenRBerG schützt bauliche Investitionen ab einer gewissen Dauer (vgl. §§ 31, 53 Abs. 3) und einem gewissen Umfang (vgl. § 12). Andere, weniger auf Dauer und Existenzsicherung angelegte Formen der Bodennut- **81**

Einleitung

zung in der Rechtswirklichkeit der DDR sind Gegenstand des Schuldrechtsänderungsgesetzes (ausführlich zur Abgrenzung *Czub/Rövekamp*, OV-spezial 2/94, S. 2–10).

82 Durch dieses Gesetz sollen nach dem Recht der DDR begründete schuldrechtliche Grundstücksnutzungen aufgrund von Miet-, Pacht-, Überlassungs- und Nutzungsverträgen verschiedenster Art (Begr. BR-Drucks. 26/94, S. 64) in BGB-konforme Gestaltungen überführt werden. Weiterer Regelungsgegenstand sind die Nutzungsrechte an Grundstücken zu Erholungszwecken sowie das Eigentum landwirtschaftlicher Produktionsgenossenschaften an Anpflanzungen und die Rechtsverhältnisse an Meliorationsanlagen.

83 Auch im Rahmen des SchuldRÄndG erfolgt die Anpassung im Hinblick darauf, daß in der Rechtspraxis der DDR vielfach keine Vertragsfreiheit bei der Begründung derartiger Nutzungen bestand (ausführlich Begr. BR-Drucks. 26/94, S. 64–66), insbesondere auch nicht im Hinblick auf das Entgelt und das Kündigungsrecht des Grundstückseigentümers.

84 Nach Schätzungen des BMJ sind etwa 1 Million Verträge an die Vorschriften des BGB anzupassen (Begr. BR-Drucks. 26/94, S. 69).

85 Das Inkrafttreten des SchuldRÄndG ist zum 1. 1. 1995 vorgesehen (Stellungnahme des Bundesrats und Gegenäußerung der Bundesregierung in BT-Drucks. 12/7135; Gesetzesbeschluß des Deutschen Bundestags vom 23. 6. 94, BR-Drucks. 647/94), Bekanntmachung in BGBl. I, 1994, S. 2538.

b) Übergangsrecht

86 Aufgrund des Einigungsvertrages wurden zunächst Übergangsregelungen geschaffen, um den Besitz des Nutzers einstweilen zu gewährleisten und die Frage des anwendbaren Rechts vorläufig zu klären (vgl. Art. 232 §§ 1ff. EGBGB). Weitere Regelungen enthalten das Moratorium des 2. VermRÄndG (Art. 233 § 2a EGBGB) und das Registerverfahrensbeschleunigungsgesetz zur Wirksamkeit vom Verwalter geschlossener Verträge (Art. 232 § 1a EGBGB), zum Umfang des Anpassungsvorbehalts in Art. 232 § 4 Abs. 1 EGBGB sowie das sog. Vertragsmoratorium bezüglich der Kündigung eines Nutzungsvertrags nach §§ 312ff. ZGB (Art. 232 § 4a Abs. 1 EGBGB) und des LPG abgeleiteten Besitzrechts des Bodennutzers (Art. 232 § 4a Abs. 2 und 3 EGBGB).

c) Aufbau des Schuldrechtsänderungsgesetzes

87 Das Schuldrechtsänderungsgesetz ist in folgende Einzelgesetze gegliedert:
 (1) Schuldrechtsanpassungsgesetz (SchuldRAnpG – Artikel 1) für Nutzungen nach §§ 312ff. ZGB, aufgrund von Überlassungsverträgen oder für Bebauungen aufgrund von Miet-, Pacht- oder anderen Nutzungsverträgen mit Dritten.
 (2) Erholungsnutzungsrechtsgesetz (ErholNutzG – Artikel 2) für verliehene Nutzungsrechte an Grundstücken zur Erholung.
 (3) Anpflanzungseigentumsgesetz (AnpflEigentG – Artikel 3) zur Regelung

Einleitung

der Entschädigung für den Eigentumsverlust an selbständigen Anpflanzungen.
(4) Meliorationsanlagengesetz (MeAnlG – Artikel 4) zur Regelung der Rechtsverhältnisse an Meliorationsanlagen.

d) Regelungsgrundsätze

Die Schuldrechtsanpassung geht von folgenden Grundsätzen aus (Eckwerte, hierzu Begr. BR-Drucks. 26/94, S. 75–81): **88**

(1) Die bestehende vertragliche Bindung zwischen Nutzer und Grundstückseigentümer wird anerkannt. Vielmehr erfolgt nur eine gesetzliche Anpassung des Vertragsinhalts an das BGB, insbesondere zu den Fragen des Entgelts und der Kündigungsmöglichkeiten. **89**

(2) Die gesetzliche Anpassung des Vertragsinhalts erfolgt aufgrund einer typisierten Interessenabwägung nach der Art der jeweiligen Bodennutzung. **90**

Im Gegensatz der Sachenrechtsbereinigung greift das SchuldRÄndG somit auf den Surrogationsgedanken zurück (vgl. § 6 Abs. 1 SchuldRAnpG), wohl auch im Hinblick darauf, daß im Bereich des Miet- und Pachtrechts das Notariat als streitverhütende Instanz derzeit nicht in nennenswertem Umfang tätig ist. Eine Vertragshilfe durch die Rechtsprechung nach den Grundsätzen über den Wegfall bzw. die Änderung der Geschäftsgrundlage wird nicht für ausreichend erachtet. **91**

Die vorgefundenen Verträge werden mithin in Miet- und Pachtverträge nach dem BGB umgewandelt, deren Inhalt durch Sonderregelungen modifiziert. Pachtrecht ist aber nur anwendbar, soweit der Nutzer nach dem Inhalt des vorgefundenen Rechtsverhältnisses zur Fruchtziehung berechtigt war (Begr. BR-Drucks. 26/94, S. 83). **92**

Hierbei setzt das Gesetz folgende Schwerpunkte: **93**

a) Besitzschutz
Für eine Übergangszeit ist dem Nutzer der Besitz des Grundstücks zu erhalten (Mindestbesitzschutz: § 7 SchuldRAnpG, Art. 232 § 4a EGBGB).

b) Entschädigung
War der Nutzer nach dem Recht der DDR zur Vornahme baulicher Investitionen berechtigt, so ist ihm bei Herausgabe des Grundstücks der Wert dieser Verwendungen zu ersetzen. Die Höhe der Entschädigung orientiert sich am Bereicherungsrecht (§§ 11 ff. SchuldRAnpG).

c) Übergang zur Entgeltlichkeit
Das Nutzer hat ab Inkrafttreten des SchuldRÄndG für die Nutzung ein ortsübliches Entgelt zu entrichten, dessen Höhe zum Teil durch die Preisvorgaben des § 11 Abs. 2–7 MHG und die Nutzungsentgeltverordnung vom 22. 7. 1993 (BGBl. I, 1339) nach oben hin begrenzt wird (§§ 20, 35, 42 Abs. 3, 47, 51 SchuldRAnpG; §§ 3–5 ErholNutzG).

d) Kündigungsschutz
Das Schuldrechtsanpassungsgesetz beinhaltet aus politischen Gründen einen außerordentlich weitgehenden Schutz des Nutzers vor Kündi-

Einleitung

gung (§§ 23, 38, 42 Abs. 2, 49 SchuldRAnpG) oder Verkauf (§ 57 SchuldRAnpG). Das ohne jede Interessenabwägung angeordnete Kündigungsverbot für den Datschennutzer, der am 3. 10. 1990 das 60. Lebensjahr vollendet hatte (§ 23 Abs. 5 SchuldRAnpG), sucht im deutschen Rechtssystem seinesgleichen und dürfte die zwischen Rechtstechnik und Satire bestehenden Grenzen bereits überschritten haben.

e) Regelungsgegenstände und -verfahren

94   Das Schuldrechtsänderungsgesetz regelt folgende Fallgruppen wie folgt (vgl. Begr. BR-Drucks. 26/94, S. 68–73):

95   (1) Nutzung von Bodenflächen zur Erholung nach §§ 312ff. ZGB, § 2 Abs. 2 EGZGB (§ 1 Abs. 1 Nr. 1 SchuldRAnpG):
Gesetzliche Umwandlung in Miet- und Pachtverträge, § 6 Abs. 1 SchuldRAnpG, gegebenenfalls unter gesetzlichem Vertragseintritt des Grundstückseigentümers zur Überwindung unterbrochener Besitzrechtsketten (§ 8 SchuldRAnpG). Anspruch auf ortsübliches Entgelt (§§ 20, 35 SchuldRAnpG). Kündigung und Kündigungsschutz (§§ 7, 16, 23–25, 30–31, 38–40, 49, 57 SchuldRAnpG), Sachenrechtslage und Entschädigung bei Beendigung des Nutzungsrechtsverhältnisses (§§ 12–15, 27, 41, 48 Abs. 2 SchuldRAnpG)

96   (2) Überlassungsverträge nach Art. 232 § 1a EGBGB zu Wohn- oder gewerblichen Zwecken (z. B. nach § 6 der Verordnung zur Sicherung von Vermögenswerten vom 17. 7. 1952 (GBl. S. 615), § 1 Abs. 1 Nr. 2 SchuldRAnpG:
wie oben (1).

97   (3) Andere Überlassungsverträge ohne erhebliche bauliche Investition des Nutzers, §§ 1 Abs. 1 Nr. 2, 2 Abs. 1 Nr. 2 SchuldRAnpG:
Fortsetzung als unbefristete Verträge gegen ortsübliches Entgelt nach Maßgabe von §§ 34ff. bzw. 42 SchuldRAnpG.

98   (4) Neubau aufgrund eines Miet-, Pacht- oder anderen Nutzungsvertrags (auch Wohnhäuser), § 1 Abs. 1 Nr. 3 SchuldRAnpG:
Sofern mit dem Neubau bis zum Ablauf des 2. Oktober 1990 zumindest begonnen wurde:
Umwandlung nach §§ 6ff. SchuldRAnpG, Inhaltsanpassung nach §§ 43ff. SchuldRAnpG (Recht des Nutzers zur Gebrauchsüberlassung an Dritte, §§ 46, 54; ortsübliches Entgelt, §§ 47, 51; Um- und Ausbauten nach §§ 48 Abs. 1, 54 möglich; Kündigungsschutz, §§ 49, 52–53).

99   (5) Nutzung von Bodenflächen zur Erholung aufgrund verliehener Nutzungsrechte nach § 2 Abs. 1 des Gesetzes über die Verleihung von Nutzungsrechten an volkseigenen Grundstücken vom 14. 12. 1970 (GBl. I, S. 372) bzw. aufgrund der internen Hinweise zum Nutzungsrechtsgesetz vom 31. 12. 1986 oder nach § 287 ZGB, § 1 ErholNutzG:
Wechselseitiger Anspruch (§ 2 ErholNutzG) auf Begründung eines Erbbaurechts auf 30 Jahre (§ 6 ErholNutzG) zu einem Erbbauzins von grundsätzlich 4% p. a. des Bodenwerts des unbebauten Grundstücks (§§ 3–5 ErholNutzG). Heimfallmöglichkeit bei Nutzungsänderungen

(§ 7 ErholNutzG). Für die Einzelheiten der Erbbaurechtsbestellung ist auf das SachenRBerG verwiesen (§ 8 ErholNutzG). Insoweit gelten §§ 18–60, 85–108 SachenRBerG mit Ausnahme des § 58 (Vorbem. vor §§ 32 ff., Rdz. 31–37).

(6) Anpflanzungen landwirtschaftlicher Produktionsgenossenschaften aufgrund ihres (zwischenzeitlich weggefallenen) gesetzlichen Bodennutzungsrechts, § 1 AnpflEigentG: **100**
 Soweit Anpflanzungen dem Zweck eines Gebäudes zu dienen bestimmt sind, unterfallen sie den für das Gebäude geltenden Regelungen (SachenRBerG, SchuldRAnpG, ErholNutzG). Im übrigen gilt nach dem AnpflEigentG: konstitutiver Eigentumserwerb des Grundstückseigentümers mit Inkrafttreten des Gesetzes (§ 2 AnpflEigentG); Entschädigungsanspruch und Wegnahmerecht des Nutzers (§§ 3, 4 AnpflEigentG); Ersetzungsbefugnis des Grundstückseigentümers durch Angebot eines Pachtvertrages über die Restnutzungsdauer, längstens 15 Jahre (§ 5 AnpflEigentG), bei Härtefällen Anspruch des Nutzers auf entsprechenden Pachtvertrag (§ 6 AnpflEigentG).

Da die maximale Pachtdauer zu kurz bemessen sein kann (z. B. bei Reb- oder Obstkulturen), kann das Verlangen eines Pachtvertrages nach § 5 AnpflEigentG anstelle der Entschädigung rechtsmißbräuchlich sein (§ 242 BGB), wenn infolge kurzer Pachtdauer erhebliche Investitionen sich nicht amortisieren können und der Nutzer dadurch in seiner wirtschaftlichen Existenz gefährdet wird. In diesem Fall kann der Grundstückseigentümer den Entschädigungsanspruch nur durch Angebot eines Pachtvertrages mit einer längeren Dauer als der in § 5 AnpflEigentG bestimmten abwenden. **101**

(7) Rechtsverhältnisse an mit dem Erdboden verbundenen Beregnungs- und anderen Bewässerungs- sowie Entwässerungsanlagen, die der Verbesserung der land- und forstwirtschaftlichen Bodennutzung dienen (Meliorationsanlagen), §§ 1, 2 MeAnlG: **102**
 Bei Bewässerungsanlagen besteht grundsätzlich ein Anspruch des Grundstückseigentümers auf Bestellung einer beschränkten persönlichen Dienstbarkeit zur Sicherung der Ausübung des Rechts, Das Eigentum an der Anlage selbst fällt zum 1. 1. 1997 an den Grundstückseigentümer (§§ 3–11 MeAnlG). Bei Entwässerungsanlagen geht das Eigentum mit Inkrafttreten des Gesetzes auf den Grundstückseigentümer über, der Nutzer hat bis zum 31. 12. 1999 ein Durchleitungsrecht (§§ 12–14 MeAnlG).

Soweit Meliorationsanlagen bauliche Anlagen sind (vgl. § 12 Rdz. 7), besteht ein Recht des Grundstücks- und des Anlageneigentümers auf Ankauf der Funktionsfläche des Grundstücks zum vollen Bodenwert (§ 15 MeAnlG). **103**

Nicht unter das SchuldRÄndG fallen einerseits Kleingärten, andererseits die Gebäude und baulichen Anlagen samt Nebenanlagen, die vom sachlichen Anwendungsbereich des SachenRBerG erfaßt sind (vgl. § 2 SchuldRAnpG). **104**

Für Kleingärten gilt seit dem Beitritt das Bundeskleingartengesetz (Art. 232 § 4 Abs. 3 EGBGB). Anwendbar sind jedoch die Bestimmungen **105**

19

Einleitung

des SchuldRAnpG über den Vertragseintritt zur Überwindung einer unterbrochenen Besitzrechtskette (§ 20 b BundeskleingartenG, eingefügt aufgrund des SchuldRÄndG).

106 Weder von der Schuldrechtsanpassung (§ 2 Abs. 2 SchuldRAnpG) noch von der Sachenrechtsbereinigung (§ 2 Abs. 1 Nr. 2 SachenRBerG) erfaßt werden Nutzungsverträge nach § 71 des Vertragsgesetzes der DDR, es sei denn, bei der Nutzung handelt es sich um die in § 2 Abs. 1 Nr. 2 SachenRBerG genannte.

3. Verhältnis zum Registerverfahrensbeschleunigungsgesetz

a) Allgemeines

107 Das Gesetz zur Vereinfachung und Beschleunigung registerrechtlicher und anderer Verfahren (Registerverfahrensbeschleunigungsgesetz – RegVBG) vom 20. 12. 1993, BGBl. I, 2182 (mit Ausnahme des geänderten Art. 233 § 13 EGBGB in Kraft seit 25. 12. 1993) soll zum einen die Rechtsgrundlage für die Umstellung der öffentlichen Register (Grundbuch, Handels-, Vereins- und Genossenschaftsregister) auf EDV schaffen. Zum anderen soll es den Vollzug des SachenRBerG durch Schaffung der entsprechenden Verfahrensvorschriften erleichtern (näher hierzu *Bundesministerium der Justiz*, Recht Juli/August 1993, S. 65–67; *Schmidt-Räntsch*, VIZ 1993, 433 ff.; *Vossius*, MittBayNot 1994, 10 ff.; *Böhringer*, DtZ 1994, 50 ff.; *v. Drygalski*, OV-spezial 5/94, S. 8–12).

108 Insofern ist das RegVBG das verfahrensrechtliche Vorschaltgesetz zum SachenRBerG mit dem gemeinsamen Ziel der Wiederherstellung geordneter Eigentumsverhältnisse sowohl in sachenrechtlicher als auch in vermessungstechnischer Hinsicht und der Registerpublizität im Beitrittsgebiet (vgl. Begr. des Regierungsentwurfs BT-Drucks. 12/5553, S. 1).

109 Das Gesetz greift in folgende Problembereiche ein (vgl. Begr., aaO):
– Vermögenszuordnung;
– Eigentumsfragen;
– Grundbuchwesen;
– Vermessungsfragen.

b) Regelungsgegenstände

110 Für das Beitrittsgebiet und den Vollzug des SachenRBerG bedeutsam sind folgende Regelungen des RegVBG:

111 (1) Grundbuchverfahrensrecht
Zuständigkeitsregelungen und Verfahren bei Anlegung von Gebäudegrundbuchblättern, § 144 GBO (Art. 1 Nr. 39 RegVBG, BGBl. I, 2191) sowie Art. 233 §§ 2c und 4 Abs. 1 Sätze 2–3 EGBGB (Art. 13 Nr. 3d), f) RegVBG, BGBl. I, 2213).

112 (2) Registerpublizität
Grundbuchbereinigungsgesetz (GBBerG – Art. 2 RegVBG, BGBl. I, 2192) zur Umstellung wertbeständiger Rechte (z. B. Roggen- oder Feingoldgrundpfandrecht, §§ 1–4 GBBerG), zum Erlöschen von persönlich

beschränkten dinglichen Rechten (§§ 5–6 GBBerG), zur Wiederherstellung der Registerpublizität bei Mitbenutzungs- und ähnlichen Rechten (§§ 8, 9 GBBerG) und zur Ablösung geringwertiger Grundpfandrechte durch Hinterlegung (§ 10 GBBerG).

Wiederherstellen der Registerpublizität bei Gebäudeeigentum durch Ermöglichung gutgläubig lastenfreien Grundstückserwerbs nach dem 31. 12. 1996 durch Art. 231 § 5 Abs. 3–5 EGBGB (Art. 13 Nr. 1a) RegVBG, BGBl. I, 2211) sowie durch Art. 233 §§ 2c, 4 Abs. 1 Satz 3, 4 Abs. 2 Satz 1, 4 Abs. 4, 5 Abs. 2, 8 Satz 2 EGBGB (Art. 13 Nr. 3d), f), g), h) RegVBG, BGBl. I, 2213f.). 113

Von besonderer Bedeutung ist hier der Vermerk nach Art. 233 § 2c Abs. 2 EGBGB zur Sicherung der Ansprüche von Nutzern aufgrund des Moratoriums nach Art. 233 § 2a EGBGB nach dem Sachenrechtsbereinigungsgesetz (Gesetz nach Art. 233 § 3 Abs. 2 EGBGB). Dieser Vermerk schließt nicht nur den gutgläubig nutzungstatbestandsfreien Erwerb aus, sondern begründet darüber hinaus die Kenntnis des Berechtigten von Rechten, die unter Verstoß gegen das Belastungsverbot des Moratoriums nach Art. 233 § 2a Abs. 3 Satz 2 EGBGB eingetragen wurden. Der Vermerk nach Art. 233 § 2c Abs. 2 EGBGB ist daher insbesondere im Hinblick auf §§ 36 Abs. 1 Satz 2 Nr. 2, 63 Abs. 2, 64 Abs. 1 SachenRBerG von Bedeutung. 114

Die Eintragung des Vermerks erfolgt infolge der Verweisung auf §§ 883ff. BGB in Art. 233 § 2c EGBGB aufgrund einer Bewilligung des Grundstückseigentümers bzw. Verfügungsberechtigten oder aufgrund einstweiliger Verfügung (§ 885 BGB). 115

Zu Einzelfragen des Vermerks siehe *Vossius*, MittBayNot 1994, 10/12f. und *Böhringer*, DtZ 1994, 50/54. 116

(3) Vollstreckungsrecht 117
Eine Beschlagnahme des Grundstücks nach dem 31. 12. 1996 erfaßt auch das Gebäudeeigentum (§ 9a EGZVG, Art. 12 RegVBG, BGBl. I, 2210f.). Vgl. hierzu auch die versteigerungsrechtlichen Konsequenzen der Registerpublizität in Art. 233 § 4 Abs. 4 und § 5 Abs. 2 Satz 3 EGBGB in der Fassung des RegVBG (BGBl. I, 2213f.).

(4) Heilungs- und Überleitungsvorschriften 118
Mängel von Überlassungsverträgen staatlicher Organe der DDR oder staatlicher Verwalter, Art. 232 § 1a neu EGBGB (Art. 13 Nr. 2a) RegVBG, BGBl. I, 2212).

Gesetzliche Auseinandersetzung der zur ehelichen Vermögensgemeinschaft gehörenden körperlichen Gegenstände (nicht Rechte oder Verbindlichkeiten!) zu gleichen Bruchteilen nach Art. 234 § 4a EGBGB (Art. 13 Nr. 4 RegVBG, BGBl. I, 2215) i. V. m. § 14 GBBerG (BGBl. I, 2196). Bei Grundstücken besteht 6 Monate ab Inkrafttreten des Gesetzes das Recht, durch Antrag auf Grundbuchberichtigung andere Quoten zu bestimmen (nach Fristablauf ist nur noch eine Übertragung von Miteigentumsbruchteilen oder die Einräumung von Gesamthandseigentum in Gesellschaft Bürgerlichen Rechts statthaft). 119

Die gesetzliche Auseinandersetzung ist nicht unproblematisch (in die- 120 sem Sinne auch *Trittel,* OV-spezial 1/94, S. 6f.; zum ganzen auch *Böhringer,* OV-spezial 3/94, S. 13–14; *ders.,* RPfleger 1994, 282–284). Der Einigungsvertrag (Anlage I Sachgebiet B Abschnitt 2 Nr. 1) hat mit Art. 234 § 4 Abs. 4 EGBGB die Anwendbarkeit von § 39 FGB-DDR für die Auseinandersetzung des bis zum Wirksamwerden des Beitritts erworbenen gemeinschaftlichen Eigentums und Vermögens angeordnet. Nach dieser Vorschrift ist die Halbteilung nicht zwingend vorgegeben (vgl. § 39 Abs. 1 Satz 3, Abs. 2 FGB-DDR). Insbesondere in den Fällen, in denen ein Ehepartner weder durch Erwerbstätigkeit noch durch Arbeit im Haushalt einen angemessenen Beitrag zur Schaffung des gemeinschaftlichen Vermögens geleistet hat, wird dem anderen durch Art. 234 § 4a EGBGB eine vermögenswerte Rechtsposition entschädigungslos entzogen (Art. 14 GG).

121 (5) Sachwalterschaft bei unbekannten Beteiligten
Gesetzlicher Vertreter des unbekannten Grundstückseigentümers nach Art. 233 § 2 Abs. 3 EGBGB (Art. 13 Nr. 3a) RegVBG, BGBl. I, 2213).

122 Veräußerungs- und Belastungsbefugnis für gesetzliche Vertreter des Grundstückseigentümers nach § 11b VermG bzw. Art. 233 § 2 Abs. 3 EGBGB oder des für den Eigentümer eines im Beitrittsgebiets belegenen Grundstücks bestellten Pflegers nach § 7 GBBerG (BGBl. I, 2193f.; Voraussetzung: vormundschaftliche Genehmigung nach aufgebotsähnlichem Verfahren).

123 Erweiterung der gesetzlichen Verfügungsbefugnis über noch nicht zugeordnetes, in Rechtsträgerschaft stehendes Vermögen nach dem VZOG § 8 VZOG, Art. 16 Nr. 12 RegVBG, BGBl. I, 2228).

124 Leider wurde die Frage der Sachwalterschaft für unbekannte Berechtigte nicht zentral im Recht der Pflegschaft (vergleichbar §§ 17, 18 SachenRBerG) geregelt. Somit ist eine schwierige Gemengelage verschiedenartiger Normen über Vertretung und Verfügungsbefugnis entstanden (vgl. daneben noch § 6 Abs. 1a Satz 2, 11b VermG und Art. 233 § 10 EGBGB). Die Anwendbarkeit der Vorschriften und ihr Verhältnis untereinander bestimmt sich nach dem Grundsatz des Vorrangs des spezielleren Gesetzes. D.h.: zunächst ist die entsprechende Vorschrift heranzuziehen, die speziell für die einschlägige Rechtsmaterie gilt. Vorfragen (z. B. Vermögenszuordnung innerhalb eines Verfahrens nach dem SachenRBerG) sind gesondert anzuknüpfen (d. h.: § 8 VZOG wäre trotz §§ 16, 17 SachenRBerG anwendbar). Soweit eine solche besteht, regelt diese die Sachwalterschaft für unbekannte Berechtigte abschließend. Bei Lücken kann u. U. auf andere Sachwaltervorschriften zurückgegriffen werden, wenn deren Tatbestandsvoraussetzungen erfüllt sind.

125 (6) Vermessungsverfahren
Gesetz über die Sonderung unvermessener und überbauter Grundstücke nach der Karte (Bodensonderungsgesetz – BoSoG), Art. 14 RegVBG, BGBl. I, 2215) zur vermessungstechnischen Klärung ungeklärter Eigentumsverhältnisse, insbesondere bei großflächigen Überbauungen und ungetrennten Hofräumen (hierzu § 1 Rdz. 16–19) durch Bildung neuer Grundstücke im Rechtssinne aufgrund einer Planvermessung (Sonde-

rung) in einem öffentlichrechtlichen Verfahren. Hierbei stellt die Sonderungsbehörde (§ 10 BoSoG: Gemeinde bzw. Vermessungsamt) einen Sonderungsplan auf, dessen Verbindlichkeit sodann durch den Sonderungsbescheid festgestellt wird (§ 7 Abs. 1 BoSoG). Mit Bestandskraft des Sonderungsbescheids haben die Grundstücke den im Sonderungsplan bezeichneten Umfang (§ 13 Abs. 1 Satz 1 BoSoG).

Das BoSoG ist für die Umsetzung des SachenRBerG von entscheidender Bedeutung. Der Vollzug des SachenRBerG ist entscheidend von der Beseitigung vermessungstechnischer Defizite der DDR abhängig, um Nutzungsrechtsgrenzen mit Grundstücksgrenzen in Übereinstimmung zu bringen. Es steht zu befürchten, daß in diesem Bereich mangels hinreichender Planungs- und Vermessungskapazitäten Engpässe auftreten. **126**

Weiter birgt der Vollzug des BoSoG die Gefahr unklarer Grenzverläufe in der Rechtswirklichkeit und daher die Gefahr zunehmender Abmarkungsstreitigkeiten (§§ 919, 920 BGB; hierzu *Vossius*, MittBayNot 1994, 10/14). Der Gefahr derartiger Prozesse sollte dadurch begegnet werden, daß die Bildung eines Grundstücks im Bodensonderungsverfahren solange aus dem Grundbuch ersichtlich ist, bis die endgültige Einmessung in der Natur (Schlußvermessung) vollzogen ist. **127**

4. Verhältnis zum Vermögensgesetz (VermG) i. d. F. der Bekanntmachung vom 3. 8. 1992 (BGBl. I, 1446), zuletzt geändert durch Art. 2 § 3 des Sachenrechtsänderungsgesetzes

a) Siehe zunächst § 3 Rdz. 10–31, § 13 Rdz. 4–9, § 30 Rdz. 2–8 und § 121 Rdz. 2 sowie *Stürner*, JZ 1993, 1074/1079 ff. Zum Verhältnis zwischen Zivilrecht und VermG im allgemeinen *Hermann*, OV-spezial 20/93, S. 1–2. **128**

b) Zu den Grundprinzipien des Sachenrechtsbereinigungsgesetzes gehört die Neutralität des privatrechtlichen Rechtsverhältnisses der Sachenrechtsbereinigung gegenüber den Vorgaben des Restitutionsrechts (insoweit kritisch *Stürner*, aaO). Besonders deutlich wird dies im Fall der §§ 38 Abs. 2, 74 Abs. 2 (vgl. § 38 Rdz. 17). **129**

c) Eine Brücke zwischen VermG und SachenRBerG bildet § 30, der zur Vermeidung von Wertungswidersprüchen die Berufung auf Unredlichkeit des Erwerbs des Nutzungstatbestands im Verfahren der Sachenrechtsbereinigung nur dann zuläßt, wenn eine solche im Verfahren nach dem VermG innerhalb der Fristen des § 30a VermG geltendgemacht wurde (§ 30 Abs. 2), hierzu § 30 Rdz. 6, 9–10. **130**

Im Grundsatz ist hiernach die Restitution ausgeschlossen, soweit Dritte am Vermögensgegenstand in redlicher Weise dingliche Nutzungsrechte erworben haben, § 4 Abs. 2 Satz 1 VermG. Voraussetzung hierfür ist zum einen ein dingliches Nutzungsrecht (hierzu § 1 Rdz. 21–30); schuldrechtliche oder faktische Nutzungstatbestände hindern die Restitution jedoch nicht (*Böhringer*, Besonderheiten, Rdz. 638). **131**

Dies gilt aber nicht durchgängig, soweit die vom Nutzungsrecht erfaßte Fläche (§§ 21 ff.) hinter der Grundstücksgröße zurückbleibt. Schon aus Gründen der Verfahrensökonomie ist jedenfalls in den Fällen, in denen dem **132**

Einleitung

Grundstückseigentümer eine Restfläche nach § 13 verbleibt, die Restitution an den Eigentümer ohne Aufhebung des Nutzungsrechts sinnvoll. Zweckmäßig ist hier die Auflage an den Restitutionsberechtigten, die Ansprüche des Nutzers nach dem SachenRBerG zu erfüllen.

133 d) Vorfragen des Vermögensgesetzes sind im Rahmen der Sachenrechtsbereinigung dann von Bedeutung, wenn entweder
 – ein Nutzungstatbestand in staatliche Verwaltung übernommen und das Gebäude an einen Dritten (Genossenschaft etc.) veräußert wurde (z. B. entsprechend § 289 Abs. 2 ZGB) oder
 – ein Nutzungstatbestand dem Berechtigten entsprechend § 290 Abs. 1 ZGB entzogen wurde (hierzu auch § 122 SachenRBerG)
(zum ganzen *Bundesamt für offene Vermögensfragen*, Rundbrief Nr. 13 vom 12. 1. 1994 sub D. VII. 1). Insoweit ist unter den Voraussetzungen des Vermögensgesetzes nach Auffassung des Bundesamts die Restitution eines Nutzungsrechts (sofern Gebäudeeigentum entstanden ist) oder nach § 3 Abs. 1a VermG die Begründung eines Erbbaurechts als des Rechts, was dem früheren am ehesten entspricht, möglich.

134 Diese Ansicht trifft mit folgender Modifikation zu. Recht im Sinne des § 3 Abs. 1a VermG sind die Ansprüche nach dem Sachenrechtsbereinigungsgesetz, welche entsprechend § 14 Abs. 2 Sachenrechtsbereinigungsgesetz auch vom Verfügungsberechtigten auf den Restitutionsberechtigten durch Entscheidung des Amts für offene Vermögensfragen übertragen werden können. Diese Lösung vermeidet insbesondere die ansonsten zeitraubende Anlegung von Gebäudegrundbüchern nach Art. 233 § 2b EGBGB.

135 e) Von Bedeutung für die Sachenrechtsbereinigung ist auch § 20a VermG i. d. F. des RegVBG (BGBl. I, 2224). Nach dieser Vorschrift kann der Restitutionsberechtigte die Einräumung eines (dinglichen) Vorkaufsrechts durch das Amt für offene Vermögensfragen am Nutzungstatbestand verlangen. Wird nun für den Nutzer ein Erbbaurecht bestellt, so gilt § 34 Abs. 1 Satz 2 bzw. § 35. Im Fall des Ankaufs kommt es unter den Voraussetzungen des § 78 Abs. 2 zur Einräumung eines Vorkaufsrechts am Grundstück (samt Gebäude).

136 f) Im Rahmen der Lastenfreistellung/Rangbeschaffung können außerhalb des Grundbuchs entstehende Sicherungshypotheken nach §§ 34 Abs. 2 Satz 2 VermG, 1287 Satz 2 BGB eine Rolle spielen. Bedeutung hat dies, wenn der Restitutionsanspruch unter Rückverpfändung abgetreten war (näher *Frenz*, OV-spezial 2/94, S. 2).

5. Verhältnis zum Vermögenszuordnungsgesetz (VZOG) i. d. F. der Bekanntmachung vom 3. 8. 1992 (BGBl. I, 1464), zuletzt geändert durch Art. 16 des RegVBG vom 20. 12. 1993 (BGBl. I, 2225)

137 In zahlreichen Fällen wird im Grundbuch von der Sachenrechtsbereinigung unterliegenden Grundstücken anstelle eines Grundstückseigentümers noch eine Rechtsträgerschaft eingetragen sein (hierzu *Heuer*, Grundzüge, Rdz. 8–15).

138 Auch diese Grundstücke unterliegen der Sachenrechtsbereinigung. Jedoch bedarf der Grundbuchvollzug in der Regel der vorgehenden Eintragung des

nach Art. 21, 22 Einigungsvertrag bzw. nach dem Treuhandgesetz berechtigten Grundstückseigentümers. Das insoweit durchführende Feststellungsverfahren nach dem VZOG (hierzu im einzelnen *Moser-Merdian/Flik/ Schmidtbauer,* Grundbuchverfahren, Rdz. 176–189; *Horn,* Wirtschaftsrecht, § 12 Rdz. 7 ff.) ist durch § 8 VZOG i. d. F. von Art. 16 des RegVBG (BGBl. I, 2228) nunmehr in den meisten Fällen überflüssig. § 8 VZOG schafft eine gesetzliche Verfügungsbefugnis der Gemeinde, der Treuhandanstalt und subsidiär des Bundes, aufgrund derer die vorgenannten Rechtssubjekte auch zur Durchführung der Sachenrechtsbereinigung berechtigt sind (näher hierzu *Böhringer,* MittBayNot 1994, 18–20). Beruft sich der Verfügungsberechtigte auf die Notwendigkeit der Vermögenszuordnung, ist das Vermittlungsverfahren wegen deren Vorgreiflichkeit auszusetzen.

Kommunalaufsichtliche Genehmigungen sind weder zur Veräußerung **139** noch zur Belastung erforderlich, § 8 Abs. 1a Satz 1 VZOG (so die hM, vgl. nur *Moser-Merdian/Flik/Schmidtbauer,* Grundbuchverfahren, Rdz. 185, aA zu Unrecht LG Stendal vom 30. 11. 1993 – 22 T 89/93).

Passiv legitimiert für die Sachenrechtsbereinigung ist allerdings auch der **140** wirkliche Berechtigte nach Art. 21, 22 Einigungsvertrag, in den Fällen des Art. 22 Abs. 1 Satz 1 Einigungsvertrag der Bund als Treuhänder. Dennoch sollte die öffentliche Hand von ihrer erweiterten Verfügungsbefugnis nach § 8 VZOG im Interesse der Rückführung der genutzten Grundstücke in den Rechts- und Wirtschaftsverkehr Gebrauch machen.

6. Verhältnis zu den Vorschriften zur Abwicklung der Bodenreform

Die Vorschriften des Art. 233 §§ 11 ff. EGBGB i. d. F. des RegVBG vom **141** 20. 12. 1993 (BGBl. I, 2214 f.; hierzu *Vossius,* MittBayNot 1994, 10/14 f.; *Böhringer,* DtZ 1994, 50/55; *ders.,* OV-spezial 5/94, S. 13–15; Checkliste bei *Faßbender,* VIZ 1994, 340–342) zur Abwicklung der Bodenreform gehen den Bestimmungen des SachenRBerG vor.

Die Durchführung der Sachenrechtsbereinigung führt zu Anträgen auf **142** Eintragungen in das Grundbuch. Eintragungsanträge vor dem 31. 12. 1996 lösen bei Bodenreformgrundstücken das Widerspruchsrecht nach Art. 233 § 13 Abs. 1 EGBGB aus mit der Folge, daß der Nutzer seine Ansprüche gegen denjenigen richten kann und muß, der endgültig Eigentümer des Grundstücks bleibt bzw. wird.

Kommt es zwischen dem Buch-Eigentümer nach Art. 233 § 11 EGBGB **143** und dem Zuteilungsberechtigten nach Art. 233 § 12 EGBGB zu keiner Einigung, so steht dem Nutzer zur Verwirklichung seiner Ansprüche der Weg offen, den Buch-Eigentümer auf Erfüllung der Ansprüche nach dem SachenRBerG und den Zuteilungsberechtigten auf Duldung und Beseitigung der Vormerkung (§ 886 BGB) in Anspruch zu nehmen. Recht im Sinne des § 886 BGB ist hierbei der Nutzungstatbestand.

Zu Problemen beim Grundbuchvollzug im Zuge der Abwicklung der **144** Bodenreform siehe nur BG Dresden – Besonderer Zivilsenat, MittBayNot 1992, 270; LG Leipzig, MittBayNot 1993, 295; LG Stendal, DNotI-Report 14/1993, S. 5 f.; *Schmidt-Räntsch,* DtZ 1992, 314; *Gollasch/ Kroeger,* VIZ 1992,

Einleitung

421; *Bundesministerium der Justiz,* Grundbuch-Info 2, November 1993, S. 7–9; *Keller,* MittBayNot 1993, 70; *ders.,* RPfleger 1993, 317; *ders.,* VIZ 1993, 190; *Böhringer,* MittBayNot 1992, 369; *ders.,* OV-Spezial 19/92, S. 3–6; *ders.,* Rpfleger 1993, 89; *ders.,* RPfleger 1993, 183; *ders.,* VIZ 1993, 195; *Tremmel,* RPfleger 1993, 177.

7. Verhältnis zur Grundstücksverkehrsordnung i. d. F. der Bekanntmachung vom 20. 12. 1993, BGBl. I, 2221

145 Die allgemeinen Bestimmungen der GVO (grundlegend zu den verschiedenen Fassungen *Schmidt-Räntsch,* OV-spezial 7/94, S. 3–9) gelten auch im Rahmen der Sachenrechtsbereinigung. Der Erwerb des Grundstücks und die Bestellung eines Erbbaurechts an diesem fallen unter § 2 Abs. 1 Satz 1 Nr. 1 und 2 GVO, sofern kein Ausnahmetatbestand des Abs. 1 Satz 2–3 gegeben ist (hierzu *Vossius,* MittBayNot 1994, 10/16 f.; *Trittel,* OV-spezial 4/94, S. 9–11; *Frenz,* DtZ 1994, 56–61).

Kapitel 1. Gegenstände der Sachenrechtsbereinigung

Übersicht

	Rdz.
1. Aufbau des Gesetzes	1
2. Prüfungsschema	2

Vorbemerkung vor §§ 1 ff.

1. Aufbau des Gesetzes

Das SachenRBerG ist formal in 6 Kapitel gegliedert. Kapitel 1 enthält allgemeine Vorschriften zum sachlichen Anwendungsbereich, Kapitel 2 regelt die Sachenrechtsbereinigung durch Bestellung von Erbbaurechten und Ankauf. Kapitel 3 mit 5 enthalten Sonderregelungen für Spezialprobleme wie alte Erbbaurechte, Miteigentum nach § 459 ZGB und ungesicherte Mitbenutzungsrechte. Kapitel 6 enthält gemeinsame Schlußvorschriften. **1**

2. Prüfungsschema

Der Schwerpunkt des Gesetzes liegt auf den Ansprüchen des 2. Kapitels. **2**
Im Rahmen ihrer Prüfung empfiehlt sich die Beachtung folgender Reihenfolge:
(1) Grundvoraussetzungen **3**
    a) Sachlicher Anwendungsbereich:
        aa) nach Art des Nutzungstatbestands: §§ 1–2, 3 Abs. 3, 4–7, 121,
        bb) nach erfaßter Grundstücksfläche: §§ 21 ff.
    b) Persönlicher Anwendungsbereich: § 9
    c) zeitlicher Anwendungsbereich: §§ 8, 5 Abs. 3, 12 Abs. 2
(2) Allgemeine Voraussetzungen des Anspruchs: §§ 14–16, 61 Abs. 2 **4**
(3) Einwendungen und Einreden: §§ 28–31, 53 Abs. 3, 109, 110, 111, 123 **5**
(4) Besondere Anspruchsvoraussetzungen: **6**
    a) Anspruch auf Erbbaurechtsbestellung: § 32
        aa) Inhalt des Rechts: §§ 42–58 i. V. m. §§ 19 f.
        bb) Belastungen: §§ 33–37
        cc) Sonderfälle: §§ 38–41
        dd) Rechtsfolgen: §§ 59–60
    b) Anspruch auf Ankauf: § 61
        aa) Inhalt des Kaufvertrages: §§ 65–77 i. V. m. §§ 19 f.
        bb) Belastungen: §§ 62–64
        cc) Rechtsfolgen: §§ 78–80
    c) Anspruch auf Ankauf des Gebäudes: §§ 81–84
    d) Anspruch auf Grundstückstausch: § 109

§ 1 Kapitel 1. Gegenstände der Sachenrechtsbereinigung

7 (5) Verfahren der Rechtsverwirklichung
   a) private Einigung der Beteiligten
   b) Vorbereitung: §§ 85; 86 i. V. m. dem BoSoG vom 20. 12. 1993, BGBl. I, 2215
   c) notarielles Vermittlungsverfahren: §§ 87–102
      aa) Antrag: §§ 87, 90
      bb) Zuständigkeit: § 88
      cc) Verfahren: §§ 89, 91–95, 97–99
      dd) Säumnis: § 96
      ee) Kosten: §§ 100–102
   d) gerichtliches Verfahren: §§ 103–108.
8 (6) Hilfsnormen
   a) Zweck des Verfahrens: § 3
   b) Legaldefinitionen: §§ 10–13
   c) Herstellung der Aktiv- und Passivlegitimation: §§ 17, 18
   d) Öffentlich-rechtliche Teilungsgenehmigung: § 120
9 Hieraus ergibt sich folgender systematischer Aufbau:
Materiellrechtliche Vorschriften:
– Allgemeiner Teil: §§ 1–31, 110, 121
– Besonderer Teil:
   = Ansprüche auf Erbbaurechtsbestellung: §§ 32–60
   = Ansprüche auf Ankauf: §§ 61–84, 109, 123
   = Sonderfälle: §§ 112–119, 121.
Verfahrensvorschriften: §§ 85–108, 120.

§ 1 Betroffene Rechtsverhältnisse

(1) **Dieses Gesetz regelt Rechtsverhältnisse an Grundstücken in dem in Artikel 3 des Einigungsvertrages genannten Gebiet (Beitrittsgebiet),**
1. **a) an denen Nutzungsrechte verliehen oder zugewiesen wurden,**
   b) auf denen vom Eigentum am Grundstück getrenntes selbständiges Eigentum an Gebäuden oder an baulichen Anlagen entstanden ist, oder
   c) die mit Billigung staatlicher Stellen von einem anderen als dem Grundstückseigentümer für bauliche Zwecke in Anspruch genommen wurden, oder
   d) auf denen nach einem nicht mehr erfüllten Kaufvertrag ein vom Eigentum am Grundstück getrenntes selbständiges Eigentum am Gebäude oder an einer baulichen Anlage entstehen sollte,
2. **die mit Erbbaurechten, deren Inhalt gemäß § 5 Abs. 2 des Einführungsgesetzes zum Zivilgesetzbuch der Deutschen Demokratischen Republik umgestaltet wurde, belastet sind,**
3. **an denen nach § 459 des Zivilgesetzbuchs der Deutschen Demokratischen Republik kraft Gesetzes ein Miteigentumsanteil besteht oder**
4. **auf denen andere natürliche oder juristische Personen als der Grundstückseigentümer bauliche Erschließungs-, Entsorgungs oder Versorgungsanlagen, die nicht durch ein mit Zustimmung des Grundstückseigentümers begründetes Mitbenutzungsrecht gesichert sind, errichtet haben.**

§ 1. Betroffene Rechtsverhältnisse 1–3 **§ 1**

(2) Ist das Eigentum an einem Grundstück dem Nutzer nach Maßgabe besonderer Gesetze zugewiesen worden oder zu übertragen, finden die Bestimmungen dieses Gesetzes keine Anwendung.

(3) Die Übertragung des Eigentums an einem für den staatlichen oder genossenschaftlichen Wohnungsbau verwendeten Grundstück auf die Kommune erfolgt nach dem Einigungsvertrag und dem Vermögenszuordnungsgesetz und auf ein in § 9 Abs. 2 Nr. 2 genanntes Wohnungsunternehmen nach dem Wohnungsgenossenschafts-Vermögensgesetz, wenn das Eigentum am Grundstück
1. durch Inanspruchnahmeentscheidung nach dem Aufbaugesetz vom 6. September 1950 (GBl. Nr. 104 S. 965) und die zu seinem Vollzug erlassenen Vorschriften oder
2. durch bestandskräftigen Beschluß über den Entzug des Eigentumsrechts nach dem Baulandgesetz vom 15. Juni 1984 (GBl. I Nr. 17 S. 201) und die zu seinem Vollzug erlassenen Vorschriften
entzogen worden ist oder in sonstiger Weise Volkseigentum am Grundstück entstanden war. Grundbucheintragungen, die abweichende Eigentumsverhältnisse ausweisen, sind unbeachtlich.

Übersicht

	Rdz.		Rdz.
I. Allgemeines	1	aa) Nutzung aufgrund echten Gebäudeeigentums des Nutzers	21
1. Gesetzestechnik	1		
2. Unentdeckte Fälle	8		
3. Prüfungsschritte bei Anwendung des SachenRBerG	14	bb) Nutzung aufgrund abgeleiteten Rechts	31
II. Grundstück im Beitrittsgebiet	15	cc) Nutzung aufgrund faktischer Verhältnisse	43
1. Grundstück	15	b) Erbbaurechte	51
2. Ungetrennte Hofräume	16	c) Miteigentumsanteile	53
III. Sachlicher Anwendungsbereich des SachenRBerG	20	d) Erschließungsanlagen	54
1. Positivliste	20	2. Negativliste 1	61
a) Nutzungstatbestände	20	IV. Beweislast	69

I. Allgemeines

1. Gesetzestechnik

a) Wegen der Vielzahl der Fallgruppen bedient sich der Gesetzgeber bei der Lösung der Frage, ob ein Nutzungstatbestand vom SachenRBerG erfaßt ist, eines Systems hintereinander geschalteter Filter. **1**

b) Allein anhand § 1 ist daher die Anwendbarkeit des SachenRBerG nicht abschließend zu ermitteln, sondern nur eine erste „Grobsortierung" vorzunehmen. § 1 nimmt in Abs. 1 eine erste Wertung der Rechtspositionen vor. § 1 Abs. 1 und § 2 schließen bestimmte Fallgruppen aus. **2**

§ 3 ermöglicht eine teleologische Eingrenzung des Anwendungsbereichs des SachenRBerG. **3**

4   Regelbeispiele enthalten dann die §§ 4ff.; mit ihnen wird der sachliche Anwendungsbereich des SachenRBerG weiter konkretisiert.
5   Den zeitlichen Geltungsbereich bestimmt § 8.
6   Der persönliche Anwendungsbereich des SachenRBerG wird schließlich in § 9 näher beschrieben.
7   §§ 10–13 enthalten weitere wesentliche Legaldefinitionen.

2. Unentdeckte Fälle

8   a) Die Fallgruppen der §§ 1 Abs. 1, 4ff., 110, 112ff. SachenRBerG sind aufgrund eingehender rechtstatsächlicher Untersuchungen des Bundesministeriums der Justiz im Beitrittsgebiet zusammengestellt. Dennoch ist nicht ausgeschlossen, daß aufgrund der uneinheitlichen Verwaltungspraxis der DDR noch weitere, im SachenRBerG nicht unmittelbar geregelte Nutzungstatbestände bestehen („unentdeckte Fälle").

9   b) Taucht ein Nutzungstatbestand auf, der im Zusammenspiel von § 1 Abs. 1 und §§ 4ff. nicht unmittelbar geregelt ist, so kommt die Anwendung des SachenRBerG auf diese Situation in Betracht, wenn der Inhalt der Rechtsposition des Nutzers den Fallgruppen des § 1 Abs. 1 i. V. m. §§ 4ff. und nicht den Fällen der §§ 1 Abs. 2, 2 vergleichbar ist.

10 Maßgebend bei der Beurteilung ist hierbei vor allem der Gesetzeszweck: die Sachenrechtsbereinigung will zwar Ungleichbehandlung infolge der unterschiedlichen Vollzugspraxis innerhalb der DDR ausgleichen, eine Erweiterung der dem Nutzer durch DDR-Recht verliehenen Rechtsposition ist jedoch nicht beabsichtigt (Einl. Rdz. 44). Insbesondere sind die in § 3 niedergelegten Regelungsziele mit heranzuziehen (grundsätzlich zur Abgrenzung *Czub/Rövekamp*, OV-spezial 2/94, S. 2–7).

11 c) Wesentliche Kriterien der Abgrenzung sind im einzelnen,
   – ob der Nutzer in gleicher Weise wie bei den der Sachenrechtsbereinigung unterliegenden Sachverhalten schutzbedürftig ist,
   – der Grad der „Verdinglichung" des Nutzungstatbestands, d. h. in erster Linie, ob der Ausschluß des Grundstückseigentümers auf Dauer bezweckt ist,
   – unter welchen Voraussetzungen der Besitz nach den Rechtsvorschriften der DDR entziehbar war,
   – welche Kosten und Lasten von wem getragen werden sollten,
   – ob eine Nutzungsentschädigung zu zahlen ist,
   – oder eine Sicherheit gestellt werden mußte (z. B. durch Hinterlegung eines Geldbetrages).

12 d) Bei den unentdeckten Fällen handelt es sich um einen offenen Tatbestand; d. h. es kann nicht abstrakt festgestellt werden, daß ein bestimmter Sachverhalt dann unter die Sachenrechtsbereinigung fällt, wenn genau definierte Merkmale zutreffen. Es kommt vielmehr darauf an, in welchem Maße das zu beurteilende Rechtsverhältnis oder der zu beurteilende Tatbestand in Anbetracht der o. g. Kriterien als „schuldrechtlich" oder als „dinglich" zu qualifizieren ist. Eine exakte Abgrenzung läßt sich nicht vornehmen, Unschärfe in einem gewissen Bereich ist hinzunehmen. Insoweit kommt es

§ 1. Betroffene Rechtsverhältnisse

letztlich entscheidend auf die wertende Beurteilung der Schutzbedürftigkeit des Nutzers an, wobei insbesondere darauf abzuheben ist, ob der Nutzer auf den Fortbestand seiner Rechtsposition unter Ausschluß des Grundstückseigentümers vertrauen durfte. Beispiel für einen unentdeckten Fall wären die erst durch den Rechtsausschuß des Bundestags aufgenommenen Eigenheime auf kohlehaltigen Siedlungsflächen (§ 5 Abs. 1 Nr. 3f); hierzu unten Rdz. 41 f.) gewesen.

e) Ausgeschlossen durch § 2 Abs. 1 Nr. 2 ist aber die Annahme unentdeckter Fälle im Rahmen von Nutzungstatbeständen nach § 71 des Vertragsgesetzes, welche von der Sachenrechtsbereinigung nur im Fall des § 7 Abs. 2 Nr. 6 (hierzu Begr. BR-Drucks. 515/93, S. 59) und von der Schuldrechtsbereinigung gar nicht (vgl. § 2 Abs. 2 SchuldRAnpG) erfaßt sind. **13**

3. Prüfungsschritte bei Anwendung des SachenRBerG

Die Prüfung, ob ein unter das SachenRBerG fallender Sachverhalt gegeben ist, umfaßt daher zunächst die folgenden drei Prüfungsschritte. **14**
(1) Abs. 1 Halbsatz 1: das SachenRBerG betrifft nur Grundstücke im Beitrittsgebiet, § 1 Abs. 1 Halbsatz 1.
(2) Sachlicher Anwendungsbereich:
  – Positivliste nach 1 Abs. 1 Halbsatz 2 Nr. 1 mit 4 i. V. m. §§ 4ff., 110, 112ff.
  – Negativlisten nach § 1 Abs. 2 und § 2.
(3) Persönlicher Anwendungsbereich, § 9.
(4) Zeitlicher Anwendungsbereich, § 8.
(5) Einreden und Einwendungen, §§ 28ff.

II. Grundstück im Beitrittsgebiet

1. Grundstück

Das SachenRBerG ist anwendbar auf Grundstücke im Sinne des Bürgerlichen Rechts (§ 873 Abs. 1 BGB, § 2 Abs. 2 GBO; hierzu *Palandt-Bassenge*, Überblick vor § 873 Rdz. 1). Materiell- und formellrechtlich unterliegt der Sachenrechtsbereinigung somit ein räumlich abgegrenzter Teil der Erdoberfläche, der im Bestandsverzeichnis eines Grundbuchblatts unter einer bestimmten Nummer oder nach § 3 Abs. 3 GBO gebucht ist. **15**

2. Ungetrennte Hofräume

Grundstücke im Sinne des § 1 Abs. 1 Halbsatz 1 sind auch sog. ungetrennte Hofräume, sofern sie unter ihrer Gebäudesteuerrollen-Nummer im Grundbuch eingetragen sind (Art. 2 der Preußischen Verordnung betreffend das Grundstückswesen vom 13. 11. 1899 (GS S. 519); wie hier BezG Erfurt – bes. Zivilsenat, DNotZ 1992, 804/807 = DtZ 1992, 296 mit zust. Anm. **16**

§ 1 17–23   Kapitel 1. Gegenstände der Sachenrechtsbereinigung

Frenz, DNotZ 1992, S. 808–810; *Schmidt-Räntsch,* VIZ 1992, 163f. (abl. Anm. zur Vorinstanz BezG Erfurt, VIZ 1992, 163); *Ufer,* DNotZ 1992, 777–779; wie hier in einem vergleichbaren Fall (Rittergut) bereits RG JW 1927, 44f.; aA zu Unrecht *Böhringer,* DtZ 1991, 272/276f. (Miteigentum ähnlich den im süddeutschen Raum verbreiteten Wegteilflächen); wie hier jetzt *ders.,* DtZ 1994, 100f.).

17 Das Liegenschaftskataster ersetzen nach § 1 der Verordnung über die grundbuchmäßige Behandlung von Anteilen an ungetrennten Hofräumen (Hofraumverordnung – HofV) vom 24. 9. 1993 (BGBl. I, 1658 = OV-spezial 19/93, S. 14) auch
– der Einheitswertbescheid für dieses Grundstück,
– der Grundsteuerbescheid für dieses Grundstück,
– der Grunderwerbsteuerbescheid für dieses Grundstück,
– der Bescheid über Abwassergebühren für dieses Grundstück nach dem jeweiligen Landes-Kommunalabgabengesetz,
in dieser Reihenfolge.

18 Erforderlich zum grundbuchmäßigen Vollzug des SachenRBerG ist nur die Ergänzung des Grundbuchs nach § 2 Abs. 1 HofV, welche anläßlich der Vornahme einer anderweitigen Eintragung von Amts wegen nachzuholen ist, § 2 Abs. 2 HofV.

19 Zu ungetrennten Hofräumen siehe auch *Horn,* Wirtschaftsrecht, § 11 Rdz. 70; *Bundesministerium der Justiz,* Grundbuch-Info 2, November 1993, S. 44–48; *Schmidt-Räntsch,* ZIP 1993, 1917–1919; *Böhringer,* VIZ 1994, 63–66.

III. Sachlicher Anwendungsbereich des SachenRBerG

1. Positivliste, § 1 Abs. 1 Halbsatz 2 Nr. 1 mit 4

a) Nutzungstatbestände, Abs. 1 Nr. 1 und 2

20 Folgende Fallgruppen fallen unter den Voraussetzungen der §§ 4ff. unter die Sachenrechtsbereinigung.

21 aa) Nutzung aufgrund echten Gebäudeeigentums des Nutzers im Sinne von Art. 233 § 3 Abs. 1 EGBGB unter dem Vorbehalt des Art. 233 § 3 Abs. 2 EGBGB (zu den einzelnen Fallgruppen ausführlich *Böhringer,* Besonderheiten, Rdz. 484–494).

22 (1) für Eigenheimbau verliehene oder zugewiesene Nutzungsrechte (§§ 287 bis 290, 291 bis 294 ZGB; *Böhringer,* aaO).
Erfaßte Gebäude: Eigenheime nach § 5 Abs. 1 Nr. 2, Gebäude nach § 7 Abs. 2 Nr. 1 und 3 Alt. 1.
Muster einer Urkunde über die Verleihung eines Nutzungsrechts in *Fieberg/Reichenbach/Messerschmidt/Schmidt-Räntsch,* VermG Anh. II 3.

23 (2) Gebäudeeigentum nach § 27 LPG-Gesetz vom 2. 7. 1982 (GBl. I, 443).
Hierzu *Böhringer,* Besonderheiten, Rdz. 507–524). Gebäudeeigentum im Sinne des § 27 LPG-G 1982 entstand auch an Gebäuden, die vor dem

§ 1. Betroffene Rechtsverhältnisse

Inkrafttreten des Gesetzes (Verkündung am 12. 7. 1982) errichtet wurden, nach § 13 LPG-Gesetz vom 3. Juni 1959 (GBl. I, 577).
Erfaßte Gebäude: Gebäude nach § 7 Abs. 2 Nr. 5.
Derzeit besteht Gebäudeeigentum ohne Recht zur Nutzung des **24** Grundstücks (*Böhringer*, Besonderheiten, Rdz. 643).
Gebäudeeigentum im Sinne des § 13 LPG-G 1959 bzw. des § 27 LPG-G **25** 1982 besteht auch an Gebäulichkeiten, die als Inventarbeitrag in eine LPG eingebracht wurden (BGHZ 120, 357/359 = NJW 1993, 860, dort auch zu den Ansprüchen der ausscheidenden bzw. bereits vorher ausgeschiedenen LPG-Mitglieder nach § 47 bzw. § 44 Abs. 1 Nr. 1 LwAnpG; zum ganzen auch *Zirker*, VIZ 1993, 338–344; *Nies*, VIZ 1993, 369–373; *Wilhelms*, VIZ 1994, S. 332–338). Zu LPG-Gebäudeeigentum in der notariellen Praxis und im Grundbuchverkehr *Hügel*, MittBayNot 1993, 196 sowie *ders.*, DtZ 1994, 144.
(3) Bebauung eines Grundstücks in Rechtsträgerschaft. **26**
Sie erfolgte entweder durch Genossenschaften mit gewerblichem oder handwerklichem Gegenstand (Konsum, Genossenschaftskassen, PGH) aufgrund übertragener Rechtsträgerschaft,
oder durch Vereinigungen, die nicht unter § 2 Abs. 2 Nr. 1 fallen, die Grundstücke als Rechtsträger bebaut haben.
Zur Rechtsträgerschaft und zum Rechtsträgerwechsel *Heuer*, Grundzüge, Rdz. 8–15.
Erfaßte Gebäude: Gebäude nach § 7 Abs. 2 Nr. 2 und Nr. 3 Alt. 2.
(4) Nutzungsrechte für Arbeiterwohnungsbaugenossenschaften zum genos- **27** senschaftlichen Wohnungsbau auf volkseigenen Grundstücken nach § 7 der Verordnung vom 21. November 1963 (GBl. I, S. 109) sowie nach § 15 der VO über die Umbildung gemeinnütziger und sonstiger Wohnungsbaugenossenschaften vom 14. Mai 1957 i. d. F. der ÄnderungsVO vom 17. Juli 1958 (GBl. I, S. 602).
Zum ganzen *Böhringer*, Besonderheiten, Rdz. 530–532.
Erfaßte Gebäude: diese Gruppe von Nutzungstatbeständen fällt nicht **28** unter die Sachenrechtsbereinigung; die Regelung erfolgt durch das Wohnungsgenossenschafts-Vermögensgesetz, Fall des § 1 Abs. 2 und 3 (siehe unten Rdz. 65–68).
(5) Nutzungsrechte nach § 1 des Gesetzes über Verleihung von Nutzungs- **29** rechten an volkseigenen Grundstücken vom 14. Dezember 1970 (GBl. I, S. 372).
Hierzu auch *Kassebohm*, VIZ 1993, 425/426 f.
Erfaßte Gebäude: Eigenheime nach § 5 Abs. 1 Nr. 2, Gebäude nach § 7 Abs. 2 Nr. 1.
(6) Nutzungsrechte für ausländische Staaten, § 110. **30**
Siehe dort sowie *Böhringer*, Besonderheiten, Rdz. 535–538.
bb) Nutzung aufgrund abgeleiteten Rechts **31**
(1) Eigenheime mit Nebengebäuden (Hauswirtschaftsgebäude) auf den land- **32** wirtschaftlichen Produktionsgenossenschaften zugewiesenen Flächen nach den Musterstatuten (Nr. 67 des Musterstatuts für den Typ I und Nr. 69 des Musterstatuts für den Typ III vom 9. April 1959).

§ 1 33–39 Kapitel 1. Gegenstände der Sachenrechtsbereinigung

Zwar besteht evtl. Gebäudeeigentum der LPG, nicht aber ein solches des Nutzers, sofern ihm kein Nutzungsrecht verliehen oder zugewiesen wurde (hierzu *Böhringer*, Besonderheiten, Rdz. 525–529).
Erfaßte Gebäude: Eigenheime nach § 5 Abs. 1 Nr. 3 a).

33 (2) Nutzung mit Billigung der Vorstände landwirtschaftlicher Produktionsgenossenschaften aufgrund Ableitung vom Nutzungsrecht der LPG nach § 18 LPG-Gesetz 1982, wenn mit dem Bau die LPG begonnen hatte und der Bau oder das Gebäude erst später auf den Nutzer übertragen wurde (§ 2 Abs. 2 der Eigenheimverordnung vom 31. August 1978 (GBl. I, 425). Gleiches gilt für das Handeln von anderen Betrieben (siehe oben Rdz. 8–13).
Erfaßte Gebäude: Eigenheime nach § 5 Abs. 1 Nr. 3 b).

34 (3) Bebauung aufgrund von Überlassungsverträgen.
Überlassungsverträge sind Verträge zwischen dem Nutzer und dem staatlichen Verwalter eines sog. Westgrundstücks nach Muster des Ministeriums der Finanzen der DDR. Eine Legaldefinition enthält die Heilungsvorschrift des Art. 232 § 1a EGBGB (hierzu Einl. Rdz. 118; hierzu auch *ei*, OV-spezial 7/94, S. 2–3).

35 Muster eines Überlassungsvertrags bei *Fieberg/Reichenbach/Messerschmidt/Schmidt-Räntsch*, VermG, Anh. II 1.

36 Diese Verträge stehen zwischen schuldrechtlichen und verdinglichten Nutzungstatbeständen. Die Laufzeit betrug üblicherweise 20–30 Jahre, vereinzelt wurden sie auf Lebenszeit geschlossen. Ein Betrag in Höhe des nach dem Preisrecht der DDR im Fall des Kaufs zu zahlenden Kaufpreises war bei Übergabe zu hinterlegen. Ein Nutzungsentgelt war nicht zu entrichten, wohl aber waren Kosten und Lasten des Grundstücks zu tragen. Die Möglichkeit des Grunderwerbs nach Ablauf der Vertragszeit wurde dem Nutzer unverbindlich in Aussicht gestellt. Die Bebauung des Grundstücks mit einem Wohngebäude war gestattet.

37 Erfaßte Gebäude: Das SachenRBerG ist nur bei Eigenheimen nach § 5 Abs. 1 Nr. 3 c) oder Investitionen nach § 12 Abs. 1 anwendbar; ansonsten unterliegen Überlassungsverträge der Schuldrechtsbereinigung nach §§ 1 Abs. 1 Nr. 2, 2 Abs. 1 Nr. 2 SchuldRAnpG (insbesondere also, wenn es sich nicht um Eigenheime handelt).

38 (4) Überlassung von Bauland von landwirtschaftlichen Produktionsgenossenschaften an Gemeinden, an andere staatliche Organe, sozialistische Betriebe und Einrichtungen nach § 18 Abs. 2 Buchstabe h) LPG-Gesetz 1982, Bebauung durch die Überlassungsnehmer zumeist nicht aufgrund verliehener oder zugewiesener Nutzungsrechte, sondern aufgrund von Nutzungsverträgen.
Erfaßte Gebäude: Eigenheime nach § 5 Abs. 1 Nr. 3 d), sonstige Bauwerke fallen nicht unter die Sachenrechtsbereinigung (§§ 1 Abs. 1 Nr. 2, 2 Abs. 1 Nr. 2 SchuldRAnpG).

39 (5) Bebauung aufgrund von Nutzungsverträgen.
Nutzungsverträge wurden von Privateigentümern und v. a. staatlichen Verwaltern von Grundstücken, deren Überführung in Volkseigentum unterblieben war, mit den Betrieben der Wohnungswirtschaft oder den

§ 1. Betroffene Rechtsverhältnisse

Arbeiterwohnungsbaugenossenschaften geschlossen. Bei Bebauung im staatlichen Wohnungsbau entstand am Gebäude kraft Gesetzes Volkseigentum (§ 459 Abs. 1 Satz 1 ZGB). Bei der Bebauung privater Grundstücke durch Wohnungsbaugenossenschaften entstand kraft Gesetzes ein der Werterhöhung entsprechender Miteigentumsanteil am Grundstück (§ 459 Abs. 4 ZGB). Die Nutzung des Grundstücks ist vom Fortbestand des Nutzungsvertrags abhängig, dieser ist jedenfalls mit der Aufhebung der staatlichen Verwaltung fraglich geworden.

Erfaßte Gebäude: Gebäude nach §§ 6 Nr. 1, 7 Abs. 2 Nr. 4 hins. des Eigentums am Gebäude nach § 459 Abs. 1 Satz 1 ZGB. Für das Eigentum am Grundstück gelten §§ 113 ff.

(6) Bebauung aufgrund Bodenbenutzungsschein (§ 5 Abs. 1 Nr. 3 f).

Diese Fallgruppe betrifft Eigenheime, die mit Billigung staatlicher Stellen auf vormals volkseigenen, kohlehaltigen Siedlungsflächen, für die Bodenbenutzungsscheine nach den Ausführungsverordnungen zur Bodenreform ausgestellt worden sind (insbesondere Ausführungsverordnung Nr. 8 zur Bodenreform in Brandenburg vom 24. 10. 1945, VO-Blatt der Provinzialverwaltung Mark Brandenburg 1945 Nr. 2 S. 34).

Hiernach waren kohlehaltige Flächen bei der Bodenreform nicht an Neubauern auszugeben, sondern im staatlichen Bodenfonds zu belassen. Sie wurden später volkseigene Grundstücke, in der Regel in Rechtsträgerschaft der Bergbaubetriebe. Soweit Flächen in absehbarer Zeit nicht zum Kohleabbau anstanden, wurden dort Siedlerstellen errichtet. Den Siedlern wurden Bodenbenutzungsscheine ausgestellt. Zugleich wurden die Nutzer in einer besonderen Nutznießerkartei eingetragen. Die Siedlerstellen durften bebaut werden; demgemäß sind den Siedlern Bauzustimmungen erteilt worden (BT-Drucks. 12/7425, S. 62).

cc) Nutzung aufgrund faktischer Verhältnisse

(1) unechte Datschen.

Unechte Datschen sind zu Wohnhäusern umgebaute Garten- und Wochenendhäuser, die auf Flächen errichtet wurden, die Bürgern durch Vertrag zur Erholung überlassen wurden (Laubengrundstücke nach §§ 312–315 ZGB), sofern der Umbau zu Wohnhäusern mit staatlicher Genehmigung (Billigung staatlicher Stellen nach § 10) erfolgte, ohne daß der Überlassende dieser Nutzung widersprochen hätte (hierzu *Böhringer*, Besonderheiten, Rdz. 485 und § 5 Rdz. 19–22: Grundstückseigentümer trägt Beweislast für Widerspruch des Überlassenden: (Urteile des OGH NJ 1988, 161 und NJ 1990, 224).

Erfaßte Gebäude: Eigenheime nach § 5 Abs. 1 Nr. 3 e) (§ 5 Rdz. 19–22; vgl. zur Abgrenzung auch § 2 Abs. 1 Nr. 1 SchuldRAnpG.

(2) hängende Fälle.

Zugrunde liegt die Bebauung volkseigener oder genossenschaftlicher Flächen mit Billigung staatlicher Stellen, häufig aufgrund Baugenehmigung zum Bau eines Einfamilienhauses nach § 3 Eigenheimverordnung vom 31. August 1978 (GBl. I, 425). Meist erfolgte keine Begründung von Nutzungsrechten, da solches nicht erzwingbar war. Im LPG-Bereich erfolgte die Flächenzuweisung oft nur aufgrund einer Entscheidung des

LPG-Vorsitzenden ohne Beachtung der Verordnung vom 9. September 1976, GBl. I, 426.

46 Voraussetzungen eines „hängenden Falls" sind: Eigenheim, Baugenehmigung oder Zustimmung nach § 3 EigenheimVO oder andere Billigung staatlicher Stellen (§ 10), kein verliehenes oder zugewiesenes Nutzungsrecht, was aber nach DDR-Vorschriften vorgesehen war.

Die „hängenden Fälle" werden vom SachenRBerG nur unter den Voraussetzungen des § 5 Abs. 1 Nr. 3g) erfaßt. Insbesondere sind nur die Fälle erfaßt, in denen nach den Rechtsvorschriften der DDR ein Nutzungsrecht zu bestellen war. Nicht hierunter fallen Bebauungen auf der Grundlage von Miet- und Pachtverträgen nach einer Zuweisung eines verfallenen Gebäudes oder einer Freifläche gemäß den Wohn- und Gewerberaumlenkungsverordnungen der DDR (BT-Drucks. 12/7425, S. 62). Auf diese Fälle sind §§ 43 ff. SchuldRAnpG anwendbar.

47 Eine hiermit verwandte Fallgruppe sind die Bauwerke nach § 7 Abs. 2 Nr. 6 (dazu unten Rdz. 49).

Die Grundstücksfläche kann bei hängenden Fällen nach dem Gesetzeswortlaut auch im Privateigentum stehen. Insoweit aber ist eine teleologische Reduktion der Vorschrift angebracht: dem SachenRBerG unterfallen nur „hängende Fälle" auf (vormals) volkseigenen oder genossenschaftlich genutzten Flächen, nicht auf in Privateigentum stehenden Grundstücken. Bei Privatgrundstücken bedurfte es in der Regel eines Nutzungs- oder Überlassungsvertrags. In Privateigentum können von „hängenden Fällen" betroffene Grundstücke allenfalls aufgrund Restitution nach dem Vermögensgesetz übergegangen sein oder übergehen.

48 (3) „hängende Kaufverträge", Abs. 1 Nr. 1d).
Siehe § 3 Rdz. 10–31.

49 (4) Überbauung ohne Klärung der Eigentumsverhältnisse.
Es handelt sich um den Bau oft ganzer Stadtteile aufgrund Entscheidungen örtlicher Partei- oder Staatsfunktionäre ohne Klärung der Eigentumsverhältnisse an Grund und Boden. Zumeist liegen hochkomplexe Überbauungssituationen vor.
Erfaßte Gebäude: Gebäude nach § 6 Nr. 2, § 7 Abs. 2 Nr. 7.

50 (5) Bebauung durch HO/PGH
Diese Fallgruppe betrifft die Genossenschaften (Konsum, Genossenschaftskassen, PGH), die nicht unter das TreuhandG fallen. Die Grundstücke, auf deren ihre Gebäude aufstehen, gehören vorbehaltlich des VermG zum Finanzvermögen des Bundes, Art. 22 Abs. 1 Einigungsvertrag.
Erfaßte Gebäude: Das SachenRBerG ist nur im Fall von § 7 Abs. 2 Nr. 6 anwendbar.

b) Erbbaurechte, § 1 Abs. 1 Nr. 2

51 Nr. 2 betrifft Erbbaurechte, die unter § 5 Abs. 2 EGZGB-DDR vom 19. Juni 1975 (GBl. I, 517) fallen. Siehe hierzu Kommentierung zu § 112.

52 Für Heimstätten nach dem Reichsheimstättengesetz vom 10. Mai 1920

§ 1. Betroffene Rechtsverhältnisse   53–60 § 1

galten nach § 5 Abs. 3 EGZGB die Vorschriften der §§ 295 ff. ZGB über das persönliche Eigentum. Insoweit bedarf es der Anwendung des SachenRBerG nicht.

c) Miteigentumsanteile, § 1 Abs. 1 Nr. 3

Nach § 459 ZGB-DDR entstandene Miteigentumsanteile. Siehe *Kassebohm*, VIZ 1993, 425/426 f.; *Böhringer*, Besonderheiten, Rdz. 539–554 und die Kommentierung zu §§ 113 ff.   53

d) Erschließungsanlagen, § 1 Abs. 1 Nr. 4

Erschließungs- Entsorgungs- und Versorgungsanlagen auf fremden Grundstück, die nicht durch ein mit Zustimmung des Grundstückseigentümers begründetes Mitbenutzungsrecht gesichert sind (hierzu *Böhringer*, Besonderheiten, Rdz. 646–678). Gegenstand der Regelung durch Mitbenutzungsrechte können sein: Wege, Zufahrten, Leitungen für Strom, Gas, Wasser, Abwasser, Fernwärme, Telefon. Im einzelnen siehe bei §§ 116 ff.   54

Mitbenutzungsrechte konnten nach §§ 321, 322 ZGB bestellt werden zur „vorübergehenden oder dauernden Mitbenutzung eines Grundstücks in bestimmter Weise (wie Lagerung von Baumaterial, Aufstellung von Gerüsten, Einräumung von Wegerechten und Überfahrtrechten)", § 321 Abs. 1 Satz 1 ZGB. Nach Abs. 1 Satz 2 der Vorschrift konnte auch das Unterlassen bestimmter Handlungen durch den Nutzungsberechtigten Inhalt des Mitbenutzungsrechts sein.   55

Die dauernde Mitbenutzung bedurfte eines schriftlichen Vertrags und der Zustimmung des Grundstückseigentümers des betroffenen Grundstücks. Die vorübergehende Mitbenutzung bedurfte der Zustimmung des Grundstückseigentümers nur bei Beeinträchtigung seiner Rechte, § 321 Abs. 1 Satz 3 und 4 ZGB. Nach Maßgabe des Abs. 2 konnte ein Mitbenutzungsrecht erzwungen werden.   56

Wege und Überfahrtrechte waren nach Maßgabe des § 322 ZGB in das Grundbuch eintragbar. In jedem Fall wirkten Mitbenutzungsrechte nach §§ 321, 322 ZGB auch ohne Eintragung für und gegen Rechtsnachfolger in Eigentum, Nutzungs- und Mitbenutzungsberechtigung.   57

Mitbenutzungsrechte, die mit Zustimmung des Grundstückseigentümers begründet wurden (im Fall des § 321 Abs. 2 ZGB steht die gerichtliche Entscheidung der Zustimmung gleich, vgl. § 129 ZPO-DDR vom 19. Juni 1975, GBl. I, 533), genießen bereits nach Art. 233 § 5 EGBGB Bestandsschutz auch ohne Eintragung in das Grundbuch, vorbehaltlich landesgesetzlichen Eintragungszwangs nach Art. 233 § 5 Abs. 4 EGBGB.   58

In den anderen Fällen, in denen zumeist aufgrund DDR-typischer Vollzugsdefizite die Begründung von Mitbenutzungsrechten unterblieben ist, findet eine Absicherung errichteter Erschließungs- und Entsorgungsanlagen durch Dienstbarkeiten im Wege der Sachenrechtsbereinigung statt, § 1 Abs. 1 Nr. 4 i. V. m. §§ 116 ff. Anlagen, die nicht der Erschließungs- und Entsorgung dienen, oder Unterlassungsansprüche genießen keinen dinglich gesicherten Rechtsschutz.   59

Das SachenRBerG ist nicht anwendbar auf die bereits nach § 321 Abs. 4   60

§ 1 61–68 Kapitel 1. Gegenstände der Sachenrechtsbereinigung

ZGB ausgenommenen Mitbenutzungen, soweit die Fortgeltung der entsprechenden Rechtsgrundlagen durch den Einigungsvertrag vorgesehen ist. Vgl. insoweit die Kommentierung zu § 119 sowie § 2 Abs. 1 Nr. 5 (§ 2 Rdz. 15).

2. Negativliste 1, Abs. 2 und 3

61 Folgende Fallgruppen fallen nicht unter das SachenRBerG:
62 – Bebauung nach Überführung in Volkseigentum durch Organe des staatlichen oder genossenschaftlichen Wohnungsbaus (Art. 22 Abs. 4 Einigungsvertrag und Nr. 13 der Protokollerklärung).
63 – Zuordnung des Grundstückseigentums zum Nutzer nach § 11 Abs. 2 Satz 2 des Treuhandgesetzes vom 17. Juni 1990 (GBl. I, S. 300) und der 5. Durchführungsverordnung zum Treuhandgesetz vom 12. 9. 1990 (GBl. I, S. 1466).

Unter das SachenRBerG fällt nur die Bebauung privater Grundstücke (§ 7 Abs. 2 Nr. 7b).

64 – Zuordnung des Grundstückseigentums zum Nutzer nach dem Vermögenszuordnungsgesetz in der Fassung des Registerverfahrensbeschleunigungsgesetzes vom 20. 12. 1993, BGBl. I, S. 2182/2225 (Einl. Rdz. 137–140).
65 – Nutzungsrechte für Arbeiterwohnungsbaugenossenschaften zum genossenschaftlichen Wohnungsbau auf volkseigenen Grundstücken nach § 7 der Verordnung vom 21. November 1963 (GBl. I, S. 109) und § 15 der VO vom 14. 5. 1957 i. d. F. der ÄnderungsVO vom 17. 7. 1958 (GBl. I, S. 602).

Die Regelung dieser Nutzungsrechte erfolgt durch besonderes Gesetz, das Wohnungsgenossenschafts-Vermögensgesetz vom 23. 6. 1993 (BGBl. I, 944/989) i. d. F. der Bekanntmachung vom 26. 6. 1994, BGBl. I, 1437; hierzu *Söfker,* VIZ 1993, 378–382).

66 Diese an sich durch Abs. 2 erfaßte Fallgruppe wird durch Abs. 3 im Hinblick auf ihre praktische Bedeutung nochmals behandelt. Erfaßt sind nur Sachverhalte, in denen das Eigentum an den betroffenen Grundstücken entsprechend den jeweils geltenden Rechtsvorschriften der DDR (Aufbaugesetz/Baulandgesetz) in Volkseigentum übergegangen ist und das Eigentum somit nach Art. 22 Abs. 4 Satz 3 Einigungsvertrag den Kommunen und im Umfang von § 1 Wohnungsgenossenschafts-Vermögensgesetz den Wohnungsgenossenschaften zusteht (BT-Drucks. 12/7425, S. 59).
67 Abs. 3 Satz 2 erklärt eine abweichende Grundbucheintragung ausdrücklich für unmaßgeblich. Dies betrifft insbesondere Bescheide über die Heranziehung von in Aufbaugebieten belegenen Grundstücken nach § 3 Abs. 1 der Durchführungsverordnung vom 7. 6. 1951 (GBl. Nr. 69 S. 552), soweit sie vor dem Inkrafttreten des Entschädigungsgesetzes vom 25. 4. 1960 (GBl. I Nr. 26 S. 257) ergingen. Diese Entscheidungen wurden wegen Unklarheit ihrer Rechtsnatur nur in Abteilung II des Grundbuchs vermerkt. Eine Berichtigung von Abt. I erfolgte trotz § 16 Abs. 2 Satz 1 Entschädigungsgesetz 1960 oftmals nicht (BT-Drucks. 12/7425, S. 59).
68 Unberührt bleiben jedoch die Vorschriften der §§ 891–893 BGB über den gutgläubigen Erwerb vom eingetragenen Nichtberechtigten. Abs. 3 Satz 2 betrifft nur die Heranziehung des Grundstücks zur Sachenrechtsbereini-

gung. Der gute Glaube wird aber zumeist schon durch die Eintragung in Abt. II zerstört sein.

IV. Beweislast

Beweispflichtig für das Vorliegen der Voraussetzungen des Abs. 1 (Positivliste) ist der Nutzer, für das Vorliegen der Voraussetzungen des Abs. 2 und 3 (Negativliste 1) der Grundstückseigentümer.

69

§ 2 Nicht einbezogene Rechtsverhältnisse

(1) Dieses Gesetz ist nicht anzuwenden, wenn der Nutzer das Grundstück
1. am 2. Oktober 1990 aufgrund eines Vertrages oder eines verliehenen Nutzungsrechts zur Erholung, Freizeitgestaltung oder kleingärtnerischen Bewirtschaftung oder als Standort für ein persönlichen, jedoch nicht Wohnzwecken dienendes Gebäude genutzt hat,
2. aufgrund eines Miet- oder Pacht- oder sonstigen Nutzungsvertrages zu anderen als den in Nummer 1 genannten Zwecken bebaut hat, es sei denn, daß der Nutzer auf vertraglicher Grundlage eine bauliche Investition vorgenommen hat,
   a) die in den §§ 5 bis 7 bezeichnet ist oder
   b) zu deren Absicherung nach den Rechtsvorschriften der Deutschen Demokratischen Republik das Grundstück hätte als Bauland bereitgestellt werden und eine der in § 3 Abs. 2 Satz 1 bezeichneten Rechtspositionen begründet werden müssen,
3. mit Anlagen zur Verbesserung der land- und forstwirtschaftlichen Bodennutzung (wie Anlagen zur Beregnung, Drainagen) bebaut hat,
4. mit Gebäuden, die öffentlichen Zwecken gewidmet sind und bestimmten Verwaltungsaufgaben dienen (insbesondere Dienstgebäude, Universitäten, Schulen), oder mit dem Gemeingebrauch gewidmeten Anlagen bebaut hat, es sei denn, daß die Grundstücke im komplexen Wohnungsbau oder Siedlungsbau verwendet wurden oder in einem anderen nach einer einheitlichen Bebauungskonzeption überbauten Gebiet liegen, oder
5. aufgrund öffentlich-rechtlicher Bestimmungen der Deutschen Demokratischen Republik, die nach dem Einigungsvertrag fortgelten, bebaut hat.
Satz 1 Nr. 1 ist entsprechend anzuwenden auf die von den in § 459 Abs. 1 Satz 1 des Zivilgesetzbuchs der Deutschen Demokratischen Republik bezeichneten juristischen Personen auf vertraglich genutzten Grundstücken zur Erholung, Freizeitgestaltung oder kleingärtnerischen Bewirtschaftung errichteten Gebäude, wenn diese allein zur persönlichen Nutzung durch Betriebsangehörige oder Dritte bestimmt waren. Dies gilt auch für Gebäude und bauliche Anlagen, die innerhalb einer Ferienhaus- oder Wochenendhaus- oder anderen Erholungszwecken dienenden Siedlung belegen sind und dieser als gemeinschaftliche Einrichtung dienen oder gedient haben.

(2) Dieses Gesetz gilt ferner nicht, wenn der Nutzer
1. eine Partei, eine mit ihr verbundene Massenorganisation oder eine juristische Person im Sinne der §§ 20a und 20b des Parteiengesetzes der Deutschen Demokratischen Republik ist, oder
2. ein Unternehmen oder ein Rechtsnachfolger eines Unternehmens ist, das bis

§ 2 1–4   Kapitel 1. Gegenstände der Sachenrechtsbereinigung

zum 31. März 1990 oder zu einem früheren Zeitpunkt zum Bereich „Kommerzielle Koordinierung" gehört hat.

(3) **Die Bestimmungen über die Ansprüche eines Mitglieds einer landwirtschaftlichen Produktionsgenossenschaft oder des Nachfolgeunternehmens nach §§ 43 bis 50 und 64 b des Landwirtschaftsanpassungsgesetzes gehen den Regelungen dieses Gesetzes vor.**

Übersicht

	Rdz.		Rdz.
1. Negativliste 2	1	2. Negativliste 3	16
a) Datschen	2	a) Parteivermögen	16
b) Entsprechende Anwendung	5	b) KoKo-Vermögen	18
c) Pachtgrundstücke	6	3. Einbringung in LPG	20
d) Drainagen u. ä.	10	4. Beweislast	21
e) Gemeinbedarfsflächen	11		
f) Stromleitungen u. ä.	15		

1. Negativliste 2, Abs. 1

1   Von der Anwendbarkeit des SachenRBerG sind weiter folgende Bereiche der Schuldrechtsänderung ausgenommen, wobei die Formulierung an die der Tatbestände der Schuldrechtsanpassung angeglichen ist:

a) Datschen, Abs. 1 Satz 1 Nr. 1

2   Nutzung von Grundstücken zur Erholung, Freizeitgestaltung und kleingärtnerischen Bewirtschaftung nach §§ 312 ff. ZGB: § 1 Abs. 2 Nr. 1 – sog. „Datschen" (hierzu *Böhringer*, Besonderheiten, Rdz. 555–566). Grund hierfür ist die geringere Schutzbedürftigkeit des Nutzers, vgl. § 296 Abs. 1 Satz 1 ZGB: „Wochenendhäuser und andere Baulichkeiten, die der Erholung, Freizeitgestaltung oder ähnlichen persönlichen Bedürfnissen der Bürger dienen".

3   Zu den „unechten Datschen" siehe jedoch § 1 Rdz. 44. Die Rechtsfragen der „Datschen" einschließlich der zum Teil mit erheblichem Aufwand errichteten luxuriösen Freizeitbungalows privilegierter DDR-Kader sollen nach dem Willen des Gesetzgebers in der sog. Schuldrechtsbereinigung geregelt werden, vgl. Art. 232 § 4 Abs. 1 Satz 2 EGBGB (Begr. BR-Drucks. 515/93 S. 98 f.) und § 1 Abs. 1 Nr. 1 SchuldRAnpG.

4   In Einzelfällen sind – zumeist vor Inkrafttreten des ZGB am 1. Januar 1976 – Nutzungsrechte für Freizeitbungalows verliehen oder zugewiesen worden. Die Gesetzesbegründung will diese Fälle von der Sachenrechtsbereinigung ausnehmen. Diese Auffassung trifft zu. Eine Einbeziehung dieser Fälle in die Sachenrechtsbereinigung scheitert, sofern der Bungalow nicht vor dem 3. 10. 1990 mit Billigung staatlicher Stellen zur „unechten Datsche" ausgebaut wurde, an der erheblich geringeren Schutzbedürftigkeit, vgl. auch § 5 Abs. 1 EGZGB.

Die vorgenommene Abgrenzung ist insofern problematisch, als diejenigen Datschenbesitzer, die wegen besserer „Beziehungen" zu DDR-Zeit leichter zu Baumaterial kamen, nunmehr nochmals bevorzugt werden (dem sollte

§ 2. Nicht einbezogene Rechtsverhältnisse

der Änderungsantrag der Gruppe PDS/Linke Liste begegnen, vgl. BT-Drucks. 12/7425, S. 59). Unzuträglichkeiten in diesem Bereich kann jedoch hinreichend über § 30 begegnet werden (vgl. § 30 Rdz. 19).

b) Entsprechende Anwendung, Abs. 1 Satz 2 und 3

Von den Betrieben errichtete Wochenendhäuser und Bungalows einschließlich der Gemeinschaftseinrichtungen fallen ebenfalls nicht unter die Sachenrechtsbereinigung, wohl aber Ferienheime und Hotels. Die Abgrenzung wird im Einzelfall schwierig sein, da es letztlich auf bauartbedingte Besonderheiten ankommt.

c) Pachtgrundstücke, Abs. 1 Satz 1 Nr. 2

Die Nutzung von Grundstücken aufgrund von Miet- oder Pachtverträgen oder aufgrund sonstiger Nutzungsverträge, insbesondere aufgrund von Nutzungsverträgen nach § 71 des Vertragsgesetzes der DDR vom 25. März 1982 (GBl. I, 293) fällt nicht unter die Sachenrechtsbereinigung, und zwar grundsätzlich auch bei Bebauung des Grundstücks durch den Nutzer: § 2 Abs. 1 Nr. 2 Halbsatz 1. Insoweit sind Art. 232 §§ 2 und 3 EGBGB anwendbar.

Ausnahmen enthält Abs. 1 Nr. 2 Halbsatz 2 für den Fall der Vornahme baulicher Investitionen auf vertraglicher Grundlage. Abs. 1 Nr. 2a) stellt die Anwendbarkeit der §§ 5 mit 7 sicher, insbesondere also die Gebäude nach § 7 Abs. 2 Nr. 6 und in den „hängenden Fällen" nach § 5 Abs. 2g) (siehe oben § 1 Rdz. 45–46). Abs. 1 Nr. 2b) liefert eine Generalklausel für unentdeckte Fälle im Sinne des § 3 Abs. 2 Satz 2 (§ 1 Rdz. 8–13; BT-Drucks. 12/7425, S. 60).

Ansonsten unterliegen die in Abs. 1 Nr. 2 genannten Fälle der Schuldrechtsbereinigung, § 1 Abs. 1 Nr. 3 SchuldRAnpG, mit Ausnahme der Nutzungsverträge nach § 71 VertragsG (§ 2 Abs. 2 SchuldRAnpG).

Grund für die Aufwertung der Rechtsposition von (selbständigen) Handwerkern und Gewerbetreibenden durch § 7 Abs. 2 Nr. 6 ist der so bezweckte Ausgleich für die ideologisch motivierte Behinderung selbständiger handwerklicher oder gewerblicher Tätigkeit in der DDR; diesem Personenkreis blieb der Zugang zu den „besseren" Nutzungsrechten bis zum Erlaß des sog. Modrow-Gesetzes vom 7. März 1990 (GBl. I, S. 157, dort § 1) verwehrt. Grund für die Hereinnahme der hängenden Fälle in die Sachenrechtsbereinigung ist der Ausgleich der außerordentlich unterschiedlichen Praxis der Vergabe von Nutzungsrechten nach §§ 287 ff. ZGB in der Verwaltungspraxis der DDR.

d) Drainagen u. ä., Abs. 1 Satz 1 Nr. 3

Bebauung mit Anlagen zur Verbesserung der land- und forstwirtschaftlichen Bodennutzung: diese Anlagen sind im Hinblick darauf ausdrücklich ausgenommen, daß sie die Erfordernisse der Legaldefinition an Bauwerke in § 12 Abs. 3 an sich erfüllen würden. Jedoch möchte der Gesetzgeber verhindern, daß über die Sachenrechtsbereinigung die gesetzliche Wertung des

Landwirtschaftsanpassungsgesetzes unterlaufen würde (BR-Drucks. 515/92 S. 100). Ein Ausgleich für den Nutzer dieser Anlagen (Beregnungs- und Drainageanlagen) soll jedoch im Wege der Schuldrechtsbereinigung nach dem MeAnlG erfolgen (§§ 1, 2 MEAnlG; hierzu Einl. Rdz. 102–103).

e) Gemeinbedarfsflächen, Abs. 1 Satz 1 Nr. 4

11 Die Einbeziehung von Gemeinbedarfsflächen und Gebäuden für öffentliche Zwecke in die Sachenrechtsbereinigung gehörte zu den rechtlich schwierigsten Teilen der Gesetzgebungsarbeit, und zwar insbesondere im Hinblick auf hierdurch aufgeworfene Fragen der Gesetzgebungskompetenz. Der Rechtsausschuß des Deutschen Bundestags hat demgemäß empfohlen, die Regelung des rückständigen Grunderwerbs einer noch zu schaffenden gesetzlichen Regelung zu überlassen (BT-Drucks. 12/7425, S. 60).

12 Aus der Sachenrechtsbereinigung ausgenommen ist somit zum einen die Inanspruchnahme von Grundstücken für den Gemeingebrauch, d. h. nicht im Interesse der Investitionen einzelner Nutzer, sondern im Interesse des Wohls der Allgemeinheit. Zutreffen wird dies zumeist auf Straßen, Gehwege und öffentliche Grünflächen sowie Kinderspielplätze. Die Inanspruchnahme dieser Flächen richtet sich als Maßnahme im Über-Unterordnungsverhältnis zwischen Staat und Bürger nach öffentlichrechtlichen Grundsätzen. Eine Gesetzgebungskompetenz des Bundes wäre hier demgemäß nicht nach Art. 74 Nr. 1 GG, sondern allenfalls in Teilbereichen nach Art. 74 Nr. 14 GG eröffnet.

13 Entsprechend den Beratungsempfehlungen des Rechtsausschusses sind weiter auch die Rechtsverhältnisse an öffentlichen Gebäuden aus der Sachenrechtsbereinigung ausgenommen. Dieser Bereich weist erheblich größere Sachnähe zum Enteignungs- und Entschädigungsrecht auf als zu einem zivilrechtlichen Interessenausgleich. Ein Bodenwert wäre nur fiktiv bestimmbar (BT-Drucks. 12/7425, S. 60).

14 Anderes gilt nur, wenn die Rechtsverhältnisse an allen betroffenen Grundstücken in einem öffentlich-rechtlichen Bodensonderungsverfahren neu geordnet werden. In dieses Verfahren müssen auch die in Abs. 1 Nr. 4 genannten Gebäude und Anlagen einbezogen werden. Hier kann auch die Sachenrechtsbereinigung einen Maßstab für den Interessenausgleich liefern (vgl. § 20 Abs. 3–5). Deshalb ist in den in Abs. 1 Nr. 4 Halbsatz 2 genannten Fällen das SachenRBerG anwendbar, wobei das Gesetz als wichtigen Anwendungsfall der Bodensonderung den komplexen Wohnungs- und Siedlungsbau (§ 11) nennt. Das SachenRBerG postuliert (Begr. BR-Drucks. 515/ 93 S. 100) hier eine praktikable, aber verfassungsrechtlich nicht unbedenkliche Gesetzgebungskompetenz des Bundes für Straßen, auch wenn diese der landesgesetzlichen Regelungskompetenz unterfallen. Dies geschieht im Interesse einer zügigen und einheitlichen Bodensonderung. Letztlich läßt sich die Gesetzgebungskompetenz des Bundes in diesem Bereich nur aus dem unabweisbaren Sachzusammenhang mit dem Bürgerlichen Recht (Art. 74 Nr. 1 GG) herleiten.

§ 2. Nicht einbezogene Rechtsverhältnisse 15–19 § 2

f) Stromleitungen u. ä., Abs. 1 Satz 1 Nr. 5 i. V. m. § 119

Bebauung aufgrund nach dem Einigungsvertrag fortgeltender öffentlich-rechtlicher Bestimmungen der Deutschen Demokratischen Republik: z. B. Mitbenutzungsrechte nach §§ 29 Abs. 1 mit 3, 30, 31, 48 und 69 Abs. 4 Energieverordnung vom 1. Juni 1988 (GBl. I S. 89) für Energiefortleitungsanlagen. An sich fällt dieser Fall bereits unter § 1 Abs. 2. Die Beibehaltung der Nr. 5 ist ein Redaktionsversehen bei Aufnahme des § 1 Abs. 2 in den Regierungsentwurf. 15

2. Negativliste 3, Abs. 2

a) Parteivermögen, Abs. 2 Nr. 1

Nutzung durch Parteien oder mit ihr verbundener Massenorganisationen oder juristische Personen im Sinne der §§ 20a und 20b des Parteiengesetzes der Deutschen Demokratischen Republik (Blockparteien, FDBG, FDJ, Gesellschaft für Sport und Technik, Gesellschaft für Deutsch-Sowjetische Freundschaft usw.). 16

Grund hierfür ist die Wertentscheidung des Gesetzgebers, daß die Inhaberschaft bezüglich des Vermögens dieser Organisationen insgesamt im Lichte rechtsstaatlicher Prinzipien des Grundgesetzes zu überprüfen ist. In der Herausnahme dieser Fälle aus dem SachenRBerG zeigt sich besonders klar das Bestreben, eine Erweiterung der nach DDR-Recht bestehenden Rechtspositionen nach Möglichkeit zu vermeiden (Einl. Rdz. 44). 17

b) KoKo-Vermögen, Abs. 2 Nr. 2

Der Nutzer ist dem Bereich der Kommerziellen Koordinierung zuzuordnen (vgl. § 6 des Finanzbereinigungsgesetzes-DDR vom 22. 4. 1993 (BGBl. I S. 463). Rechtsnachfolger sind hierbei sowohl Gesamtrechtsnachfolger als auch unredliche Einzelrechtsnachfolger in den betreffenden Vermögensgegenstand. 18

Grund hierfür ist die Entscheidung, den Bereich KoKo als Zentraltatbestand des SED-Unrechts insgesamt aufzulösen, damit nicht bestehende Strukturen weiterhin durch den belasteten Personenkreis mit den im Bereich KoKo üblichen, nicht an rechtsstaatlichen Grundsätzen orientierten Geschäftspraktiken aufrechterhalten werden können.

Indiz für KoKo-Zugehörigkeit ist die Beteiligung einer Kapitalgesellschaft oder ihr nahestehender Personen, die Geschäfte zur Devisenbeschaffung durch Waffenhandel, Verkauf von Kunstgegenständen und Antiquitäten, Erwirtschaftung von Zwangsvertreterprovisionen, Beschaffung von Embargowerten nach der COCOM-Liste, Einfuhr von Konsumgütern des gehobenen Bedarfs für privilegierte Kader etc. abwickelte. Im Bereich KoKo bestanden bereits vor der Wende in der DDR Unternehmen in den Rechtsformen des westlichen Gesellschaftsrechts, zumeist als GmbH. 19

3. Einbringung in LPG, Abs. 3

20 Vorrang von §§ 43 bis 50, 64b LwAnpG. Hinsichtlich der von den LPG-Mitgliedern eingebrachten Wirtschaftsgebäude sieht das LwAnpG eine Rückübereignungspflicht vor, die durch das SachenRBerG nicht berührt werden soll. Die Rückübereignung an das Mitglied führt in der Regel bereits zu einer Sachenrechtsbereinigung, da der Empfänger zumeist bereits Eigentümer des zugehörigen Grund und Bodens ist (vgl. auch § 109). Die Rückübereignung erfolgt nach genossenschaftsrechtlichen Grundsätzen. Das das SachenRBerG beherrschende Prinzip der Halbteilung der Bodenwerte (Einl. Rdz. 45–48) paßt auf diese Fälle nicht.

4. Beweislast

21 Insoweit gelten die allgemeinen Grundsätze (§ 1 Rdz. 69). Beweispflichtig für die Voraussetzungen des § 2 ist der Grundstückseigentümer.

Kapitel 2. Nutzung fremder Grundstücke durch den Bau oder den Erwerb von Gebäuden

Abschnitt 1. Allgemeine Bestimmungen

Unterabschnitt 1. Grundsätze

§ 3 Regelungsinstrumente und Regelungsziele

(1) In den in § 1 Abs. 1 Nr. 1 bezeichneten Fällen können Grundstückseigentümer und Nutzer (Beteiligte) zur Bereinigung der Rechtsverhältnisse an den Grundstücken Ansprüche auf Bestellung von Erbbaurechten oder auf Ankauf der Grundstücke oder der Gebäude nach Maßgabe dieses Kapitels geltend machen. Die Beteiligten können von den gesetzlichen Bestimmungen über den Vertragsinhalt abweichende Vereinbarungen treffen.

(2) Die Bereinigung erfolgt zur
1. Anpassung der nach dem Recht der Deutschen Demokratischen Republik bestellten Nutzungsrechte an das Bürgerliche Gesetzbuch und seine Nebengesetze,
2. Absicherung aufgrund von Rechtsträgerschaften vorgenommener baulicher Investitionen, soweit den Nutzern nicht das Eigentum an den Grundstücken zugewiesen worden ist, und
3. Regelung der Rechte am Grundstück beim Auseinanderfallen von Grundstücks- und Gebäudeeigentum.

Nach Absatz 1 sind auch die Rechtsverhältnisse zu bereinigen, denen bauliche Investitionen zugrunde liegen, zu deren Absicherung nach den Rechtsvorschriften der Deutschen Demokratischen Republik eine in Satz 1 bezeichnete Rechtsposition vorgesehen war, auch wenn die Absicherung nicht erfolgt ist.

(3) Nach diesem Gesetz sind auch die Fälle zu bereinigen, in denen der Nutzer ein Gebäude oder eine bauliche Anlage gekauft hat, die Bestellung eines Nutzungsrechts aber ausgeblieben und selbständiges, vom Eigentum am Grundstück getrenntes Eigentum am Gebäude nicht entstanden ist, wenn der Nutzer auf Grund des Vertrags Besitz am Grundstück erlangt hat oder den Besitz ausgeübt hat. Dies gilt nicht, wenn der Vertrag
1. wegen einer Pflichtverletzung des Käufers nicht erfüllt worden ist,
2. wegen Versagung einer erforderlichen Genehmigung aus anderen als den in § 6 der Verordnung über die Anmeldung vermögensrechtlicher Ansprüche in der Fassung der Bekanntmachung vom 11. Oktober 1990 (BGBl. I, S. 2162) genannten Gründen nicht durchgeführt werden konnte oder
3. nach dem 18. Oktober 1989 abgeschlossen worden ist und das Grundstück nach den Vorschriften des Vermögensgesetzes an den Grundstückseigentümer zurückzuübertragen ist oder zurückübertragen wurde; für diese Fälle gilt § 121.

Übersicht

	Rdz.		Rdz.
I. Allgemeines	1	1. Allgemeines	10
II. Kein zwingendes Recht	5	2. Voraussetzungen	16
III. Gesetzeszweck	7	3. Einrede	21
IV. „Hängende Kaufverträge"	10		

I. Allgemeines

1 Mit dem Zweiten Kapitel geht das Gesetz von der Regelung der Voraussetzungen der Sachenrechtsbereinigung über zur Bestimmung ihrer Rechtsfolgen, d. h. der durch das SachenRBerG begründeten Ansprüche.

2 Die Vorschrift ist Ausdruck der gesetzgeberischen Grundentscheidung für die Sachenrechtsbereinigung durch ein System schuldrechtlicher gesetzlicher Ansprüche im Verhältnis Nutzer-Grundstückseigentümer.

3 Das Gesetz entscheidet sich damit gegen die Lösung durch dingliche Surrogation etwa dergestalt, daß *ex lege* an die Stelle bisheriger Nutzungstatbestände im Wege der Grundbuchberichtigung ein Erbbaurecht mit gesetzlich fixiertem Inhalt tritt und nur über Einzelfragen des Rechtsinhalts (z. B. Höhe des Erbbauzinses) noch eine Einigung der Beteiligten herbeigeführt werden muß. Mit diesem Lösungsansatz wäre allenfalls die Überführung des echten Gebäudeeigentums in Erbbaurechte zu bewerkstelligen gewesen. Schon insoweit erscheinen aber Zweifel angebracht, ob das Konzept einer dinglichen Surrogation wirklich alle Fallgestaltungen befriedigend zu lösen vermag.

4 Der Entscheidung des Gesetzgebers für die Anspruchslösung ist daher trotz der Kritik, die sie im Gesetzgebungsverfahren erfahren hat, uneingeschränkt zuzustimmen. Zwar ist mit der Feststellung und Verwirklichung der Ansprüche nach dem SachenRBerG im Vergleich zu einer Surrogationslösung erheblicher Mehraufwand verbunden. Andererseits ermöglicht nur die Anspruchslösung die Regelung der zahlreichen atypischen und pathologischen Nutzungstatbestände im Sinne einer Gleichbehandlung der betroffenen Nutzer. Zudem vermeidet die Anspruchslösung das massenhafte Entstehen dinglicher Rechte an Grundstücken außerhalb des Grundbuchs und entspricht daher nicht zuletzt den Interessen des Rechtsverkehrs.

II. Kein zwingendes Recht, Abs. 1 Satz 2

5 Die Vorschriften des SachenRBerG sind nicht zwingend in dem Sinne, daß eine Abweichung in einem Kauf- oder Erbbaurechtsbestellungsvertrag, einem Vermittlungsvorschlag bzw. Abschlußprotokoll nach §§ 98 Abs. 1 und 2, 99, 96 Abs. 3–4 (vgl. § 93 Abs. 3 Satz 2) oder einem Urteil im gerichtlichen Verfahren nach §§ 103 ff. (vgl. § 106 Abs. 1) nichtig nach § 134 BGB wäre. Der Inhaber des Anspruchs darf jedoch nur eine solche Regelung

§ 3. Regelungsinstrumente und Regelungsziele

verlangen, die dem gesetzlichen Normalbild der Sachenrechtsbereinigung entspricht. Im übrigen gilt der Grundsatz: *volenti non fit iniuria*.

Darüber hinaus eröffnen §§ 93 Abs. 3 Satz 2, 106 Abs. 1 dem Notar bzw. Richter die Möglichkeit abweichender Bestimmungen von Amts wegen, wenn die naturgemäß schematischen und pauschalen Lösungen des SachenRBerG in bestimmten Fallkonstellationen nicht „passen" sollten (notardispositives Recht, § 42 Rdz. 13–36).

III. Gesetzeszweck, Abs. 2

Abs. 2 normiert in Satz 1 allgemein die Zwecke der Sachenrechtsbereinigung. In Satz 2 werden ausdrücklich die sog. „hängenden Fälle" in den sachlichen Anwendungsbereich des Gesetzes einbezogen, im Hinblick auf die im Vertrauen auf eine gesicherte Rechtsposition getätigten Investitionen des Nutzers.

Die Vorschrift des Abs. 2 hat Bedeutung vor allem im Rahmen der wertenden Entscheidung, ob ein nicht unmittelbar im Regelbeispielkatalog der §§ 4 ff. geregelter Fall unter die Sachenrechtsbereinigung fällt (Begr. BR-Drucks. 515/93, S. 101; zu den „unentdeckten Fällen" § 1 Rdz. 8–13). Im Grundsatz ist die Restitution ausgeschlossen, soweit Dritte am Vermögensgegenstand in redlicher Weise dingliche Nutzungsrechte erworben haben, § 4 Abs. 2 Satz 1 VermG. Voraussetzung hierfür ist zum einen ein dingliches Nutzungsrecht (hierzu § 1 Rdz. 21–30); schuldrechtliche oder faktische Nutzungstatbestände hindern die Restitution nicht (*Böhringer*, Besonderheiten, Rdz. 638).

Dies gilt aber nicht durchgängig, soweit die vom Nutzungsrecht erfaßte Fläche (§§ 21 ff.) hinter der Grundstücksgröße zurückbleibt. Schon aus Gründen der Verfahrensökonomie ist jedenfalls in den Fällen, in denen dem Grundstückseigentümer eine Restfläche nach § 13 verbleibt, die Restitution an den Eigentümer ohne Aufhebung des Nutzungsrechts sinnvoll. Zweckmäßig ist hier die Auflage an den Restitutionsberechtigten, die Ansprüche des Nutzers nach dem SachenRBerG zu erfüllen (Einl. Rdz. 132).

IV. „Hängende Kaufverträge", Abs. 3

1. Allgemeines

a) Abs. 3 wurde aufgrund der Anregungen des Bundesrats (BT-Drucks. 12/5992, S. 188) und der Gegenäußerung der Bundesregierung (aaO, S. 204) ins Gesetz aufgenommen. Im Gesetzgebungsverfahren war diese Vorschrift Hauptgrund für die Anrufung des Vermittlungsausschusses. Durch die Vorschrift sollen bestimmte Gruppen von Kaufverträgen über Gebäude in die Sachenrechtsbereinigung einbezogen werden. Das BMJ geht von etwa 10 000 Fällen aus.

b) In erster Linie bezieht sich die Vorschrift auf ehemals volkseigene Eigenheime, deren Verkauf an DDR-Bürger aufgrund des Gesetzes über den Verkauf volkseigener Eigenheime, Miteigentumsanteile und Gebäude für Erholungszwecke vom 19. 12. 1973 (GBl. I, S. 578) im Grundsatz möglich war. Im Zuge der Durchführung des Kaufs war für den Käufer ein Gebäudegrundbuchblatt anzulegen, erst mit Eintragung als Gebäudeeigentümer erwarb der Käufer persönliches Eigentum (§ 1 Abs. 3 Satz 2 des o. g. Gesetzes). Nach § 2 dieses Gesetzes war dem Käufer für den zum Gebäude gehörigen volkseigenen Grund und Boden ein Nutzungsrecht zu verleihen.

12 · c) Weitere Rechtsgrundlagen für den Erwerb volkseigener Gebäude sind
– das Gesetz vom 15. 9. 1954 (GBl. I, S. 784) und
– das Gesetz vom 7. 3. 1990 (GBl. I, S. 157), das sog. Modrow-Gesetz (hierzu *Böhringer*, Besonderheiten, Rdz. 533–534).

13 d) Soweit derartige Käufe ordnungsgemäß vollzogen wurden, unterliegt der Erwerber als Gebäudeeigentümer und Inhaber eines Nutzungsrechts zweifelsfrei dem SachenRBerG. § 3 Abs. 3 stellt dies auch für die Fälle klar, in denen Kaufverträge aufgrund unterbliebenen Verwaltungshandelns der DDR nicht vollständig vollzogen wurden, die Redlichkeit des Erwerbers jedoch schutzwürdig erscheint. Insoweit sind die Käufer den Nutzern in sog. „hängenden Fällen" vergleichbar (§ 1 Rdz. 8–12, 45–47).

14 e) Allerdings ist gerade in Fällen des Erwerbs sog. Modrow-Häuser die Wahrscheinlichkeit groß, daß die Einrede des Grundstückseigentümers nach § 30 durchgreift.

15 f) Jedoch schützt die Vorschrift keine bauliche Investition wie § 3 Abs. 2 Nr. 2, sondern eine durch Kaufvertrag begründete Besitz- und Nutzungsberechtigung, also das Vertrauen auf den Erhalt der Gegenleistung für die Zahlung des Kaufpreises. Wegen des abweichenden Schutzzwecks bedarf die Fallgruppe der „hängenden Kaufverträge" der gesonderten Regelung im Rahmen des § 3. Einen vergleichbaren Fall regelt aber § 5 Abs. 1 Nr. 3b).

2. Voraussetzungen, Abs. 3 Satz 1

16 Tatbestandsvoraussetzungen des „hängenden Kaufvertrags" sind:
17 – Kaufvertrag: d. h. ein nach dem Zivilrecht der DDR als Kauf zu qualifizierendes Rechtsgeschäft. Wesentlich erscheint die Beachtung des DDR-Preisrechts. Gemischte Schenkungen können auch nicht mit ihrem kaufrechtlichen Teil berücksichtigt werden.
18 – Kaufvertrag über ein Gebäude oder bauliche Anlage. Das Gebäude kann ein Eigenheim sein, muß es aber nicht. Schon nach den genannten DDR-Gesetzen konnten auch andere volkseigene Gebäude oder baulichen Anlagen veräußert werden.
19 – keine Begründung eines Nutzungsrechts und von selbständigem Gebäudeeigentum, obwohl nach der Rechtsgrundlage für den Kaufvertrag dieses vorgesehen war.
20 – der Nutzer muß aufgrund des Vertrags den Besitz am Gebäude erlangt oder ihn ausgeübt haben. Erforderlich ist unmittelbarer Eigenbesitz. D. h. auch der Mieter, der das Gebäude gekauft hat, muß die Umwandlung des

§ 3. Regelungsinstrumente und Regelungsziele

Fremdbesitzes in Eigenbesitz nachweisbar vorgenommen haben, z. B. durch Einstellen der Mietzinszahlung.

3. Einrede, Abs. 3 Satz 2

Der Käufer ist nicht schutzwürdig, wenn die in Satz 2 bezeichneten Voraussetzungen vorliegen. 21

a) Nach Nr. 1 gilt dies im Fall einer Pflichtverletzung des Käufers. Die objektive Pflichtverletzung ist ausreichend, Verschulden oder Widerrechtlichkeit sind nicht notwendig. Pflichtverletzungen sind z. B. falsche Angaben beim Vertragsschluß oder Zahlungsverzug (BT-Druck. 12/5992, S. 205). 22

b) Nr. 2 betrifft Verträge, die wegen Versagens einer staatlichen Genehmigung nicht durchgeführt werden konnten. In Betracht kommt hier neben der Genehmigung nach § 49 Abs. 3 Buchst. b) der DDR-Kommunalverfassung (eine Veräußerung von Gebäuden ist auch dann Veräußerung eines grundstücksgleichen Rechts, wenn aufgrund der Veräußerung Gebäudeeigentum begründet werden soll) vor allem die Versagung der Genehmigung nach § 2 Grundstücksverkehrsverordnung vom 15. 12. 1977 (GBl. 1978 I, S. 73) aus den Gründen des § 3 GVVO. 23

Ausgenommen ist die Versagung der Genehmigung nach § 6 Abs. 1 der Verordnung über die Anmeldung vermögensrechtlicher Ansprüche (AnmVO) bzw. die Aussetzung des Genehmigungsverfahrens nach § 6 Abs. 2 AnmVO. § 6 AnmVO ist aufgrund des 2. VermRÄndG ab 22. 7. 1992 entfallen, insoweit gilt die Fassung vor diesem Stichtag. Hiernach war die Genehmigung nach der damaligen GVVO zu versagen, wenn ein Grundstück in staatlicher oder treuhänderischer Verwaltung betroffen war und die Zustimmung des Grundstückseigentümers nicht vorlag. Das Genehmigungsverfahren war auszusetzen, wenn die Eigentumsverhältnisse ungeklärt sind. Hauptanwendungsfall ist die Geltendmachung von Restitutionsansprüchen innerhalb der Ausschlußfristen der AnmVO (13. 10. 1990 bzw. 31. 3. 1991, § 6 Abs. 2 Satz 3 AnmVO). 24

D. h.: die Versagung der Genehmigung nach der GVO (derzeit i. d. F. des RegVBG vom 20. 12. 1993, BGBl. I, 2221) bzw. der GVVO infolge der Anmeldung eines Restitutionsanspruchs nach den Stichtagen in § 6 Abs. 2 Satz 3 AnmVO, aber innerhalb der Ausschlußfrist des § 30a VermG i. d. F. des 2. VermRÄndG, steht der Durchführung der Sachenrechtsbereinigung nicht entgegen. 25

Die AnmVO sichert zwar die Durchsetzung der Restitutionsansprüche nach dem VermG, hindert die Sachenrechtsbereinigung weiterhin dann nicht, wenn der Kaufvertrag vor dem 19. 10. 1989 abgeschlossen war (insoweit bleibt aber die Einrede nach § 30 unberührt). Nähere Regelungen für das Verhältnis zwischen Nutzer und Restitutionsberechtigtem hinsichtlich des Grundstücks trifft § 121. 26

c) Nr. 3 ordnet in Verbindung mit § 121 für die Fälle, in denen der Kaufvertrag nach dem 18. 10. 1989 abgeschlossen wurde, den Vorrang der Restitution vor der Sachenrechtsbereinigung an. Insoweit schließt sich die Rege- 27 lung an Nr. 3 b) und 13 d) der Gemeinsamen Erklärung der Bundesrepublik Deutschland und der Deutschen Demokratischen Republik zur Regelung offener Vermögensfragen vom 15. 6. 1990 (Anlage III des Einigungsvertrages) an. Hiernach gilt für das Verhältnis zwischen Restitution und Sachenrechtsbereinigung zunächst folgendes:

28 (1) Ein Vertragsschluß über das Gebäude oder die bauliche Anlage vor dem 19. 10. 1989 schließt die Restitution des Grundstücks vorbehaltlich §§ 4, 5 VermG nicht aus. Die Sachenrechtsbereinigung vollzieht sich zwischen Nutzer und Restitutionsberechtigtem.

Grundgedanke ist, daß der Käufer wegen der Nachlässigkeit der DDR-Behörden nicht schlechter stehen darf als der Käufer eines Gebäudes auf nicht zu restituierendem Grund. Im Verhältnis zum Restitutionsberechtigten schafft die Gebäudenutzung durch den Käufer nach erfolgter Enteignung kein weiteres spezifisches Teilungsunrecht (§ 1 VermG).

29 (2) Ein Vertragsschluß über das Gebäude oder die bauliche Anlage nach dem 18. 10. 1989 schließt die Restitution des Gebäudes oder der baulichen Anlage neben der des Grundstücks nicht mehr aus. Der Erwerb in der Krise der sozialistischen Eigentums- und Sozialordnung verdient keinen Schutz vor dem Rückgewährinteresse des Grundstückseigentümers (BT-Drucks. 12/5992, S. 206 unter Hinweis auf die Begründung zum Vermögensgesetz BT-Drucks. 11/7831 S. 5 und die Gegenäußerung der Bundesregierung zur Stellungnahme des Bundesrates zum Regierungsentwurf des 2. VermRÄndG, BT-Drucks. 12/2695, S. 28).

30 In diesen Fällen würde sich der Restitutionsanspruch selbst gegen den Nutzer aufgrund eines nach dem 18. 10. 1989 verliehenem Nutzungsrechts durchsetzen. Ein hängender Kaufvertrag kann keine bessere Rechtsposition begründen.

31 (3) Von der unter (2) bezeichneten Fallgruppe macht § 121 Abs. 1 und 2 auf Replik des Nutzers hin eine Ausnahme. Siehe § 121 Rdz. 4–13.

Unterabschnitt 2. Anwendungsbereich

§ 4 Bauliche Nutzungen

Die Bestimmungen dieses Kapitels sind anzuwenden auf
1. den Erwerb oder den Bau eines Eigenheims durch oder für natürliche Personen (§ 5),
2. den staatlichen oder genossenschaftlichen Wohnungsbau (§ 6),
3. den Bau von Wohngebäuden durch landwirtschaftliche Produktionsgenossenschaften sowie die Errichtung gewerblicher, landwirtschaftlicher oder öffentlichen Zwecken dienender Gebäude (§ 7) und
4. die von der Deutschen Demokratischen Republik an ausländische Staaten verliehenen Nutzungsrechte (§ 110).

§ 5. Erwerb oder Bau von Eigenheimen § 5

Übersicht

Rdz.
1. Allgemeines 1
2. Inhalt der Regelung 2

1. Allgemeines

§ 4 bestimmt den sachlichen Anwendungsbereich des SachenRBerG näher. 1
Vorausgesetzt ist hierbei der in § 1 Abs. 1 bestimmte Kreis von Gebäuden und
baulichen Anlagen, der durch § 1 Abs. 2, §§ 2 und 3 i. V. m. § 121 sowie
§§ 5 ff. näher eingegrenzt wird.

2. Inhalt der Regelung

Nr. 1 beschränkt die Durchführung der Sachenrechtsbereinigung im Fall 2
der Eigenheime auf Gebäude, die von einer natürlichen Person errichtet oder
erworben wurden („durch") oder „für" eine natürliche Person errichtet wurden
(vgl. nur § 5 Abs. 1 Nr. 3 b) oder die Errichtung komplexer Wohnbauten
durch Hauptauftraggeber nach § 6 Nr. 1 i. V. m. § 10 a). Die sprachlich mögliche
Fallgruppe des Erwerbs „für" eine natürliche Person ist durch das Merkmal
des Baus für eine natürliche Person bereits abgedeckt. Gemeint sind
insbesondere (BT-Drucks. 12/7425, S. 61) Erwerbe nach den Verkaufsgesetzen
der DDR
– vom 15. 9. 1954 (GBl. I, S. 784),
– vom 19. 12. 1973 (GBl. I, S. 578) und
– vom 7. 3. 1990 (GBl. I, S. 157 – sog. Modrow-Gesetz),
soweit diese Verträge erfüllt worden sind (andernfalls §§ 3 Abs. 3, 121).
Derzeitige Inhaberschaft des Nutzungsrechts oder Nutzung durch eine 3
natürliche Person ist nicht erforderlich.
Zu Nr. 2 ist der sachliche Anwendungsbereich des SachenRBerG in §§ 6, 11 4
näher umschrieben, hins. Nr. 3 und 4 in §§ 7 bzw. 110. Ausländischer Staat
im Sinne des § 110 ist auch die Bundesrepublik Deutschland, da die Vorschrift
aus der völkerrechtlichen Perspektive der ehemaligen DDR auszulegen ist.

§ 5 Erwerb oder Bau von Eigenheimen

(1) **Auf den Erwerb oder den Bau von Eigenheimen ist dieses Gesetz anzuwenden, wenn**
1. nach den Gesetzen der Deutschen Demokratischen Republik über den Verkauf volkseigener Gebäude vom 15. September 1954 (GBl. I Nr. 81 S. 784, vom 19. Dezember 1973 (GBl. I Nr. 58 S. 578) und vom 7. März 1990 (GBl. I Nr. 18 S. 157) Eigenheime verkauft worden sind und selbständiges Eigentum an den Gebäuden entstanden ist,
2. Nutzungsrechte verliehen oder zugewiesen wurden (§§ 287, 291 des Zivilgesetzbuchs der Deutschen Demokratischen Republik) oder
3. Grundstücke mit Billigung staatlicher Stellen in Besitz genommen und mit einem Eigenheim bebaut worden sind. Dies ist insbesondere der Fall, wenn

§ 5 1 Kapitel 2. Nutzung fremder Grundstücke

a) Wohn- und Stallgebäude für die persönliche Hauswirtschaft auf zugewiesenen, ehemals genossenschaftlich genutzten Grundstücken nach den Musterstatuten für die landwirtschaftlichen Produktionsgenossenschaften errichtet wurden,
b) Eigenheime von einem Betrieb oder einer Produktionsgenossenschaft errichtet und anschließend auf einen Bürger übertragen wurden,
c) Bebauungen mit oder an Eigenheimen aufgrund von Überlassungsverträgen erfolgten,
d) Eigenheime aufgrund von Nutzungsverträgen auf Flächen gebaut wurden, die Gemeinden oder anderen staatlichen Stellen von einer landwirtschaftlichen Produktionsgenossenschaft als Bauland übertragen wurden,
e) als Wohnhäuser geeignete und hierzu dienende Gebäude aufgrund eines Vertrages zur Nutzung von Bodenflächen zur Erholung (§§ 312 bis 315 des Zivilgesetzbuchs der Deutschen Demokratischen Republik) mit Billigung staatlicher Stellen errichtet wurden, es sei denn, daß der Überlassende dieser Nutzung widersprochen hatte, oder
f) Eigenheime auf vormals volkseigenen, kohlehaltigen Siedlungsflächen, für die Bodenbenutzungsscheine nach den Ausführungsverordnungen zur Bodenreform ausgestellt wurden, mit Billigung staatlicher Stellen errichtet worden sind oder
g) Eigenheime aufgrund einer die bauliche Nutzung des fremden Grundstücks gestattenden Zustimmung nach der Eigenheimverordnung der Deutschen Demokratischen Republik vom 31. August 1978 (GBl. I Nr. 40, S. 425) oder einer anderen Billigung staatlicher Stellen errichtet wurden, die Verleihung oder Zuweisung eines Nutzungsrechts jedoch ausblieb, die nach den Rechtsvorschriften der Deutschen Demokratischen Republik für diese Art der Bebauung vorgeschrieben war.

(2) Eigenheime sind Gebäude, die für den Wohnbedarf bestimmt sind und eine oder zwei Wohnungen enthalten. Die Bestimmungen über Eigenheime gelten auch für mit Billigung staatlicher Stellen errichtete Nebengebäude (wie Werkstätten, Lagerräume).

(3) Gebäude, die bis zum Ablauf des 2. Oktober 1990 von den Nutzern zur persönlichen Erholung, Freizeitgestaltung oder zu kleingärtnerischen Zwecken genutzt wurden, sind auch im Falle einer späteren Nutzungsänderung keine Eigenheime. Eine Nutzung im Sinne des Satzes 1 liegt auch vor, wenn der Nutzer in dem Gebäude zwar zeitweise gewohnt, dort jedoch nicht seinen Lebensmittelpunkt hatte.

Übersicht

	Rdz.		Rdz.
1. Allgemeines	1	a) Grundfälle	11
2. Eigenheim	2	b) Regelbeispiele	14
3. Anwendungsbereich	11	4. Beweislast	25

1. Allgemeines

1 In § 5 wird der in § 1 bereits vorläufig bestimmte sachliche Anwendungsbereich des SachenRBerG für die Fallgruppe der Eigenheime durch Regelbeispiele weiter konkretisiert. Hierbei folgt das Gesetz folgender Systematik:

§ 5. Erwerb oder Bau von Eigenheimen　　　　　　2–7 § 5

in § 5 werden Eigenheime behandelt, in § 6 Fälle des (komplexen) Wohnungsbaus. § 7 behandelt schließlich Gebäude und sonstige bauliche Anlagen (§ 12 Abs. 3) von landwirtschaftlichen Produktionsgenossenschaften sowie Bebauungen mit land-, forstwirtschaftlich, gewerblich oder für öffentliche Zwecke genutzten Gebäuden.

2. Eigenheim, Abs. 2 und 3

a) Unter den Begriff „Eigenheim" fallen ohne weiteres folgende Gebäude: 2
- freistehende Einfamilienhäuser;
- Einfamilien-Doppelhaushälften bzw. Reihenhäuser, soweit diese zu den angrenzenden Gebäuden hin abgeschlossen sind und aufgrund der Bauausführung wie ein Einfamilienhaus genutzt werden;
- Zweifamilienhäuser.

Der Begriff des Eigenheims, der somit dem des § 9 Abs. 1 des 2. Wohnungsbaugesetzes entspricht, ist in Abs. 2 sodann erweitert, in Abs. 3 eingegrenzt.   3

b) Abs. 2 Satz 1 wiederholt den Inhalt von § 9 Abs. 1 2. WoBauG und stellt an die zweite Wohnung keine anderen Anforderungen als § 9 Abs. 3 2. WoBauG (gleichwertige oder Einliegerwohnung). Die Eigenheimdefinition des 2. WoBauG entspricht im übrigen der von § 1 Abs. 2 der DDR-Durchführungsbestimmung zur Verordnung über den Neubau, die Modernisierung und Instandsetzung von Eigenheimen vom 18. August 1987, GBl. I, S. 215.   4

In Abs. 2 Satz 2 geht das SachenRBerG über das 2. WoBauG hinaus und trägt damit den Besonderheiten der Genehmigungspraxis der DDR Rechnung, die im Rahmen des Eigenheimbaus auch die Bebauung mit einem Werkstattgebäude oder einer kleinen Lagerhalle zuließ, wenn dieses Bauwerk ein Nebengebäude war oder das Gebäude weiterhin im wesentlichen Wohnzwecken diente, § 1 Abs. 4 Nr. 4 der oben genannten Durchführungsbestimmung. Wann ein „Nebengebäude" im Sinne von Abs. 2 Satz 2 vorliegt, kann nur im Einzelfall bestimmt werden. Anhaltspunkte hierfür liefert § 14 Baunutzungsverordnung.   5

c) Abs. 3 schließt entsprechend § 1 Abs. 2 Nr. 1 die sog. „Datschen" im Fall einer Nutzungsänderung nach dem 2. Oktober 1990 vom Anwendungsbereich des SachenRBerG aus. Die in Abs. 3 genannten Fälle sind Gegenstand der Schuldrechtsbereinigung nach Art. 232 § 4 Abs. 1 Satz 2 EGBGB. Unter das SachenRBerG fallen nur die in Abs. 1 Nr. 3 Buchst. e) genannten „unechten Datschen".   6

Die Abgrenzung zwischen „Eigenheim" und „Datsche" bzw. Laube ist im Einzelfall vorzunehmen. Kriterien hierfür sind die Wohnfläche, die Bauausführung (Wärmeisolierung, Standfestigkeit, Dauerhaftigkeit), vorhandene Anschlüsse an Strom, Gas, Wasser, Kanal, Heizungsanlage, Sanitäreinrichtungen, Unterkellerung, u. U. aber auch die Größe des Grundstücks: die Einhaltung oder Überschreitung der Regelgröße von 500 qm spricht für ein Eigenheim, sofern keine besonderen Umstände vorliegen (privilegierte Kader etc.).   7

8 Abs. 3 Satz 2 versucht eine weitere Konkretisierung des Begriffes der Nutzung zur persönlichen Erholung. Gerade bei Rentnern dürfte die Zeit des Bewohnens der „Datsche" im Verhältnis zum Kalenderjahr erheblich gewesen sein (vgl. Begr. BR-Drucks. 515/93, S. 104f.). Mit dem Abstellen auf den Lebensmittelpunkt wird in erster Linie auf die tatsächlichen Verhältnisse abgestellt (Begr. aaO). Die melderechtliche Lage kann allenfalls Indizien liefern. Neben dem zeitlichen Ausmaß des Bewohnens im Verhältnis zu Abwesenheitszeiten spielen soziale Gesichtspunkte wie Mitgliedschaften in Organisationen, ausgeübte Freizeitbeschäftigungen („Fußballverein") hier eine Rolle.

9 Entsprechend § 8 Nr. 2 muß mit den baulichen Maßnahmen, die mit Billigung staatlicher Stellen zum Zwecke der Umwandlung einer „Datsche" in ein Eigenheim vorgenommen werden mußten, vor den dort genannten Zeitpunkten begonnen worden sein.

10 d) Bei der Subsumtion unter den Begriff des „Eigenheims" dürfen keine Maßstäbe aus den alten Bundesländern unbesehen auf die Verhältnisse im Beitrittsgebiet übertragen werden. Vielmehr kann die Definition des Eigenheims nur im Kontext der Bausituation der früheren DDR gefunden werden. Dies betrifft vor allem die Bauausführung (insbesondere die Wärme- und Schallisolierung). Hier ist zum einen der chronische Mangel an geeignetem Baumaterial, zum anderen die typische Bauweise im Wege der Selbst- und Nachbarschaftshilfe zu berücksichtigen.

3. Anwendungsbereich, Abs. 1

a) Grundfälle

11 Zur Einbeziehung der Fälle des Abs. 1 Nr. 1 siehe oben § 4 Rdz. 2.

12 Nach Abs. 1 Nr. 2 ist das SachenRBerG stets anwendbar, wenn ein Eigenheim aufgrund eines verliehenen oder zugewiesenen Nutzungsrechts errichtet wurde oder wird (§ 8 Nr. 1). Vgl. hierzu § 1 Rdz. 22–25, 29.

13 Abs. 1 Nr. 3 Satz 2 enthält keine derartige abschließende Regelung, sondern konkretisiert die Voraussetzung in Satz 1, wonach das Grundstück mit Billigung staatlicher Stellen (§ 10) in Besitz genommen und mit einem Eigenheim bebaut worden sein soll. Diese allgemeine Regel ist für sich der juristischen Subsumtion kaum zugänglich und wird daher durch die Regelbeispiele in Buchst. a) mit f) umschrieben. Die Gesetzesbegründung (BR-Drucks. 515/93, S. 102) hält es für denkbar, daß es noch weitere „unentdeckte" Fallgruppen (§ 1 Rdz. 8–13) gibt, die zu den empirisch ermittelten Regelbeispielen hinzutreten. Ob diese Fallgruppen vom SachenRBerG erfaßt werden, ist aufgrund wertender Entscheidung anhand der oben § 1 Rdz. 11–12 niedergelegten Kriterien zu bestimmen.

b) Regelbeispiele

14 Als Regelbeispiele genannt werden in Abs. 1 Satz 2 folgende Fallgruppen:

15 Buchst. a): Wohn- und Stallgebäude für die persönliche Hauswirtschaft nach den Musterstatuten für die LPGen, näher hierzu § 1 Rdz. 32. Der Be-

§ 5. Erwerb oder Bau von Eigenheimen 16–24 § 5

griff „Hauswirtschaftsgebäude" im Referentenentwurf wurde im Regierungsentwurf aufgegeben. Hierdurch ist klargestellt, daß nicht nur in das Wohngebäude integrierte Stallungen, sondern auch selbständige Stallgebäude erfaßt sind (§ 5 Abs. 2 Satz 2). Entscheidend bleibt die Zweckbestimmung für die persönliche Hauswirtschaft, d. h. Größe und Nutzung muß auf die Bedürfnisse der Bewirtschaftung der zur persönlichen Bewirtschaftung durch das LPG-Mitglied zugewiesenen kleineren Flächen ausgerichtet sein.

Buchst. b): Eigenheimbau durch Betrieb oder LPG und Übertragung auf einen „Bürger" (= natürliche Person und DDR-Bürger), vgl. § 1 Rdz. 33. **16**

Buchst. c): siehe § 1 Rdz. 34–37. **17**

Buchst. d): siehe § 1 Rdz. 38–40. **18**

Buchst, e): sog. „unechte Datschen", hierzu § 1 Rdz. 44. Das SachenRBerG stellt nicht mehr wie noch der Referentenentwurf zusätzlich auch auf die Zustimmung des Überlassenden zur Wohnbebauung ab, was den rechtlichen Bestimmungen der DDR und ihrer Auslegung durch das Oberste Gericht (§ 1 Rdz. 44) entsprochen hätte. Ein Grund hierfür, den Nutzer über den Rechtsstand am 2. 10. 1990 hinaus zu begünstigen, wäre an sich nicht ersichtlich und wird auch sonst vom SachenRBerG nicht bezweckt. **19**

Im Gegensatz zum Referentenentwurf, der ausdrücklich die Zustimmung des Überlassenden zu dieser Nutzung verlangte, wurde im Regierungsentwurf aufgrund offenbar rein politischer Entscheidungen darauf abgestellt, daß der Überlassende dieser Nutzung nicht widersprochen haben sollte. Die Beweislast hierfür liegt demgemäß beim Grundstückseigentümer. **20**

Der Widerspruch muß zudem im zeitlichen Zusammenhang mit der Begründung der vertragswidrigen Nutzung erhoben worden sein. Allerdings steht dem Überlassenden der Nachweis offen, daß ihm die Nutzung zunächst nicht bekannt war; dann muß der Widerspruch unverzüglich (ohne schuldhaftes Zögern) erhoben worden sein. Unter diesen Voraussetzungen ist auch ein zu berücksichtigender Widerspruch nach Ablauf des 2. 10. 1990 zumindest theoretisch vorstellbar. **21**

Diese Beweislastumkehr (vgl. Begr. BR-Drucks. 515/93, S. 103 f.) zu Lasten des Grundstückseigentümers wird in zahlreichen Fällen zur Begründung dinglicher Rechte führen, was an sich mit der Zielsetzung des SachenRBerG, nicht über die Gewähr von Bestandsschutz hinauszugehen, in Widerspruch steht. Ob angesichts der Möglichkeit, die Zustimmung des Überlassenden als konkludent erteilt anzunehmen, sofern dieser Kenntnis von der Art der Nutzung hatte, diese erhebliche Beweiserleichterung zugunsten des Nutzers rechtspolitisch geboten ist, erscheint zweifelhaft. Jedenfalls in den Fällen, in denen Nutzungsverträge kurz vor der Ausreise des Überlassenden in die BRD geschlossen wurden oder werden mußten, erscheint die Beweislastumkehr auch verfassungsrechtlich nicht unproblematisch. **22**

Buchst. f): siehe § 1 Rdz. 41 f. **23**

Buchst. g): sog. „hängenden Fälle", vgl. § 1 Rdz. 45–47. Wesentliche Voraussetzung ist hier das Vorliegen der Zustimmung nach § 3 der Eigenheimverordnung oder einer anderen (vergleichbaren) Billigung staatlicher Stellen **24** im Sinne des § 10. Hierunter fällt die im Zusammenhang mit hängenden Fällen häufige „Zuweisung" von Flächen zur Bebauung mit Eigenheimen durch Entscheid des jeweiligen LPG-Vorsitzenden unter Hinwegsetzung über die hierfür geltenden rechtlichen Bestimmungen (Verordnung über die Bereitstellung von genossenschaftlich genutzten Bodenflächen zur Errichtung von Eigenheimen auf dem Lande vom 9. September 1976, GBl. I, S. 426; vgl. hierzu Begr. BR-Drucks. 515/93, S. 55 und 104).

4. Beweislast

25 Der Nutzer trägt die volle Beweislast für das Vorliegen der Voraussetzungen des § 5 Abs. 1 (vorbehaltlich der oben Rdz. 19–22 dargestellten Besonderheiten des Abs. 1 Nr. 3e)), wobei ihm durch Abs. 2 der Beweis erleichtert wird. Im Gegensatz zu Abs. 2 ist für die Voraussetzungen des Abs. 3 entsprechend den Beweisregeln zu § 1 Abs. 2 der Grundstückseigentümer darlegungs- und beweispflichtig, der Nutzer hat allerdings darzulegen und zu beweisen, daß er seinen Lebensmittelpunkt in der „Datsche" hatte.

§ 6 Staatlicher oder genossenschaftlicher Wohnungsbau

Auf den staatlichen oder genossenschaftlichen Wohnungsbau findet dieses Kapitel Anwendung, wenn
1. staatliche Investitionsauftraggeber oder ehemals volkseigene Betriebe der Wohnungswirtschaft mit privaten Grundstückseigentümern oder staatlichen Verwaltern Nutzungsverträge, die die Bebauung des Grundstücks gestattet haben, abgeschlossen und die Grundstücke bebaut haben oder
2. Grundstücke mit Billigung staatlicher Stellen ohne eine der Bebauung entsprechende Regelung der Eigentumsverhältnisse mit Gebäuden bebaut worden sind.

Übersicht

	Rdz.		Rdz.
1. Allgemeines	1	a) Zuordnung vormals volkseigener Grundstücke	5
2. Persönlicher Anwendungsbereich	2	b) Nutzungsverträge	6
3. „Komplexer Wohnungsbau"	4	c) Bebauung ohne Klärung der Eigentumsverhältnisse	8
4. Sachlicher Anwendungsbereich	5		

1. Allgemeines

1 Der Sachenrechtsbereinigung unterliegt staatlicher oder genossenschaftlicher Wohnungsbau soweit, als Gebäude ganz oder teilweise auf in Privateigentum stehenden Grundstücken errichtet wurden (Begr. BR-Drucks. 515/93, S. 105). Zur Abgrenzung vom Regelungsbereich des Wohnungsgenossenschafts-Vermögensgesetzes siehe § 1 Rdz. 27 und 65–68.

§ 6. Staatlicher oder genossenschaftlicher Wohnungsbau

2. Persönlicher Anwendungsbereich

a) Dem SachenRBerG unterfällt sowohl eine Bebauung durch volkseigene Betriebe der Wohnungswirtschaft oder Genossenschaften selbst als auch der sog. Ersterwerb der Gebäude von sog. Investitionsauftraggebern (Hauptauftraggebern, vgl. hierzu § 9 Rdz. 28–30 sowie § 11 der Ersten Durchführungsbestimmung zur Verordnung über die Vorbereitung von Investitionen vom 10. Dezember 1985, GBl. I, S. 393). Auch ersterwerbende VEB KVW bzw. Wohnungsbaugenossenschaften sind Nutzer im Sinne von § 9 Abs. 1 Nr. 5 und § 9 Abs. 2 Nr. 2 (Begr. BR-Drucks. 515/93, S. 105).

b) Zum Teil wurden möglicherweise Gebäude nicht durch VEB der kommunalen Wohnungswirtschaft errichtet, sondern durch die betreffenden Kommunen selbst. Grund hierfür war in der Regel, daß die Gemeinde wegen ihrer geringen Größe keinen eigenen volkseigenen Betrieb unterhalten sollte. Rechtsträger dieser Anlagen ist – soweit überhaupt nach § 459 Abs. 1 Satz 1 ZGB Gebäudegrundbuchblätter angelegt wurden – unmittelbar der Rat der Gemeinde. Auch insoweit ist der Anwendungsbereich des SachenRBerG eröffnet; die Fälle sind nicht nach dem Entschädigungsgesetz zu behandeln. Es besteht kein Grund, an diese allein auf Zweckmäßigkeitserwägungen beruhende Praxis der DDR andere Rechtsfolgen anzuknüpfen.

3. „Komplexer Wohnungsbau"

Der noch im Regierungsentwurf enthaltene Begriff des komplexen Wohnungsbaus wurde gestrichen, seine Tatbestandsvoraussetzungen sind also für § 6 nicht mehr erforderlich. Siehe hierzu § 11 mit Anm.

4. Sachlicher Anwendungsbereich

a) Zuordnung vormals volkseigener Grundstücke

Aufgrund Protokollerklärung Nr. 13 zu Art. 22 Abs. 4 des Einigungsvertrags sind die Gemeinden verpflichtet, die vormals volkseigenen von Wohnungsbaugenossenschaften genutzten Bodenflächen in das Eigentum der Nutzer zu überführen. Bereits § 1 Abs. 2 stellt klar, daß diese Fälle nicht unter das SachenRBerG fallen, sondern Gegenstand des Wohnungsgenossenschafts-Vermögensgesetzes i. d. F. der Bekanntmachung vom 26. 6. 1994, BGBl. I, 1437 sind (§ 1 Rdz. 27, 65–68; hierzu Arbeitshilfe zum Gesetzesvollzug, Infodienst Kommunal Nr. 79 vom 27. 8. 1993 = VIZ 1993, 541–544, insbesondere Ziff. 6.3).

b) Nutzungsverträge, Nr. 1

Nutzungsverträge mit privaten Grundstückseigentümern oder staatlichen Verwaltern wurden in der Praxis der DDR dann geschlossen, wenn der betreffende Grundbesitz nicht enteignet werden konnte oder sollte. Betroffen hiervon ist insbesondere ausländisches Grundvermögen (§ 4 der Verord-

§ 7   Kapitel 2. Nutzung fremder Grundstücke

nung über die Verwaltung und den Schutz ausländischen Eigentums in der DDR vom 6. September 1951, GBl. I, 839). An den in Ausübung des Nutzungsvertrags errichteten Gebäuden entstand selbständiges Gebäudeeigentum nach § 459 Abs. 1 Satz 1 ZGB, das nach Art. 233 § 8 EGBGB fortbesteht, auch wenn das vertragliche Nutzungsrecht zwischenzeitlich entfallen sein sollte. Im Hinblick auf den weggefallenen rechtlichen Grund für das Gebäudeeigentum sind die vorgenommenen baulichen Investitionen über § 951 BGB hinaus zu sichern (Begr. BR-Drucks. 515/93, S. 105).

7   Im Fall enteigneter Grundstücke bestimmen sich die Rechtsfolgen der Verwendung im (komplexen, § 11) Wohnungsbau ausschließlich nach dem Vermögens- und dem Entschädigungsgesetz. In der Regel wird eine Restitution nach § 5 Abs. 1 Buchst. c) VermG ausgeschlossen sein.

c) Bebauung ohne Klärung der Eigentumsverhältnisse, Nr. 2

8   In oft erheblichem Ausmaß (z. B. Erfurt, Potsdam) sind in Privateigentum stehende Grundstücke ohne Rücksicht auf Lage und Grenzen mit Gebäuden bebaut worden. Sofern dies mit Billigung staatlicher Stellen erfolgte (§ 10), werden auch diese Fälle in die Sachenrechtsbereinigung mit einbezogen.

§ 7 Andere bauliche Nutzungen

(1) **Dieses Kapitel regelt auch die bauliche Nutzung fremder Grundstücke für land-, forstwirtschaftlich, gewerblich (einschließlich industriell) genutzte oder öffentlichen Zwecken dienende Gebäude sowie für Wohnhäuser, die durch landwirtschaftliche Produktionsgenossenschaften errichtet oder erworben worden sind.**

(2) **Eine bauliche Nutzung im Sinne des Absatzes 1 liegt insbesondere dann vor, wenn**
1. **Genossenschaften mit gewerblichem oder handwerklichem Geschäftsgegenstand Nutzungsrechte auf volkseigenen Grundstücken verliehen worden sind,**
2. **den in Nummer 1 bezeichneten Genossenschaften Rechtsträgerschaften an Grundstücken übertragen worden sind, sie die Grundstücke bebaut und sie den Bau ganz oder überwiegend mit eigenen Mitteln finanziert haben,**
3. **Vereinigungen Nutzungsrechte verliehen worden sind oder sie Grundstücke als Rechtsträger bebaut und den Bau ganz oder überwiegend mit eigenen Mitteln finanziert haben,**
4. **vormals im Register der volkseigenen Wirtschaft eingetragene oder einzutragende Betriebe oder staatliche Stellen mit privaten Grundstückseigentümern oder staatlichen Verwaltern Nutzungsverträge geschlossen haben, die die Bebauung der Grundstücke gestattet haben, und sie die Grundstücke bebaut haben,**
5. **landwirtschaftliche Produktionsgenossenschaften ihrem vormaligen gesetzlich begründeten genossenschaftlichen Bodennutzungsrecht unterliegende Grundstücke bebaut oder auf ihnen stehende Gebäude erworben haben,**
6. **Handwerker oder Gewerbetreibende für die Ausübung ihres Berufes genutzte, vormals volkseigene Grundstücke mit Billigung staatlicher Stellen mit einem Gebäude oder einer baulichen Anlage bebaut haben oder**
7. **a) staatliche Stellen fremde, in Privateigentum stehende Grundstücke**

§ 7. Andere bauliche Nutzungen 1–3 § 7

aa) mit Gebäuden oder baulichen Anlagen bebaut haben, die nicht öffentlichen Zwecken gewidmet sind und nicht unmittelbar Verwaltungsaufgaben dienen oder
bb) für den Bau von Gebäuden, baulichen Anlagen, Verkehrsflächen und für Zwecke des Gemeingebrauchs verwendet haben, wenn diese im komplexen Wohnungsbau oder im Siedlungsbau (§ 11) belegen sind,
b) vormals volkseigene Betriebe im Sinne der Nummer 4 oder Genossenschaften im Sinne der Nummer 1 fremde, in Privateigentum stehende Grundstücke mit betrieblich genutzten Gebäuden oder baulichen Anlagen ohne eine der Bebauung entsprechende Regelung der Eigentumsverhältnisse oder ohne vertragliche Berechtigung bebaut haben.

Übersicht

	Rdz.
1. Allgemeines	1
2. Regelbeispiele	3
3. Beweislast	19

1. Allgemeines

§ 7 regelt die verbleibenden, der Sachenrechtsbereinigung unterliegenden Fallgruppen. Diese sind in Abs. 1 zunächst nur allgemein umschrieben und werden sodann durch die Regelbeispiele in Abs. 2 konkretisiert. Die Vorschrift ist in ihrer Struktur § 5 vergleichbar. Betroffen sind hierbei (Abs. 1) als Fallgruppen (Begr. BR-Drucks. 515/93, S. 105) **1**
– der Bau und der Erwerb von Wohn- und Wirtschaftsgebäuden durch landwirtschaftliche Produktionsgenossenschaften und
– die Bebauung eines Grundstücks mit land-, forstwirtschaftlich, gewerblich genutzten oder öffentlichen Zwecken dienenden Gebäuden (im Sinne des § 12 Abs. 1 und 3).

Soweit keine Nutzungsrechte verliehen oder zugewiesen worden sind (Abs. 2 Nr. 1), ist eine Bebauung der Grundstücke Voraussetzung für die Schutzwürdigkeit getätigter Investitionen unter dem SachenRBerG. Hierbei kommt es nicht auf die Fertigstellung des Gebäudes an, sondern auf den Baubeginn, § 8 Nr. 3. **2**

2. Regelbeispiele, Abs. 2

a) Abs. 2 Nr. 1

Erfaßt ist die Bebauung durch Genossenschaften mit gewerblichem oder handwerklichen Geschäftsgegenstand (Konsumgenossenschaften, PGH, nicht jedoch LPG) aufgrund eines verliehenen Nutzungsrechts an volkseigenen Grundstücken. Gemeint sind hier Nutzungsrechte nach § 1 des Gesetzes über die Verleihung von Nutzungsrechten an volkseigenen Grundstücken vom 14. November 1970 (§ 1 Rdz. 29). Hierdurch entstand Gebäudeeigentum, das nach Art. 22 Abs. 1 Einigungsvertrag nunmehr der Treuhandverwaltung durch den Bund (Bundesvermögensverwaltung) unterliegt. **3**

b) Abs. 2 Nr. 2

4 Erfaßt ist die Bebauung durch eine Genossenschaft im Sinne der Nummer 1 (also keine LPG) aufgrund Übertragung einer Rechtsträgerschaft an dem (notwendigerweise volkseigenen) Grundstück. Rechtsgrundlage hierfür konnte z. B. § 2 Abs. 1 Buchst. c) der Anordnung über die Rechtsträgerschaft an volkseigenen Grundstücken vom 7. Juli 1969 (GBl. S. 433) sein. Die Rechtsträgerschaft ist spätestens mit Wirksamwerden des Beitritts der DDR zur Bundesrepublik Deutschland erloschen, die Grundstücke sind Finanzvermögen des Bundes nach Art. 22 Abs. 1 des Einigungsvertrages. Zur Übertragung der Rechtsträgerschaft siehe § 1 Rdz. 26.

5 Entsprechend der DDR-Rechtslage, wonach die Verleihung eines Nutzungsrechts entsprechend Abs. 2 Nr. 1 nur dann in Betracht kam, wenn der Bau ganz oder überwiegend aus eigenen Mitteln der Genossenschaft finanziert wurde, ordnet Nr. 2 dies auch bei übertragener Rechtsträgerschaft an (anders noch der Regierungsentwurf). Die Finanzierung aus nicht rückzahlbaren Zuwendungen aus dem Staatshaushalt fällt nicht unter die Sachenrechtsbereinigung (BT-Drucks. 12/7425, S. 63).

6 Im Grundsatz ist auch bei übertragener Rechtsträgerschaft die Restitution ausgeschlossen, soweit Dritte (Erwerber der Rechtsträgerschaft) am Vermögensgegenstand in redlicher Weise dingliche Nutzungsrechte erworben haben, § 4 Abs. 2 Satz 1 VermG. Voraussetzung hierfür ist zum einen ein dingliches Nutzungsrecht (hierzu § 1 Rdz. 21–30); schuldrechtliche oder faktische Nutzungstatbestände hindern die Restitution nicht (*Böhringer*, Besonderheiten, Rdz. 638).

7 Dies gilt aber nicht durchgängig, soweit die vom Nutzungsrecht erfaßte Fläche (§§ 21 ff.) hinter der Grundstücksgröße zurückbleibt. Schon aus Gründen der Verfahrensökonomie ist jedenfalls in den Fällen, in denen dem Grundstückseigentümer eine Restfläche nach § 13 verbleibt, die Restitution an den Eigentümer ohne Aufhebung des Nutzungsrechts sinnvoll. Zweckmäßig ist hier die Auflage an den Restitutionsberechtigten, die Ansprüche des Nutzers nach dem SachenRBerG zu erfüllen (Einl. Rdz. 132).

c) Abs. 2 Nr. 3

8 Nach der Verordnung über die Gründung und die Tätigkeit von Vereinigungen vom 6. November 1975 war die Gründung rechtsfähiger Vereine in der DDR grundsätzlich möglich, wenngleich die praktische Bedeutung dieser Bestimmung unklar ist. Soweit derartige Vereinigungen keine Parteien oder (mit Parteien verbundenen) Massenorganisationen im Sinne von § 2 Abs. 2 Nr. 1 sind, unterliegen Gebäude, die diese als Rechtsträger des Grundstücks oder in Ausübung eines verliehenen Nutzungsrechts errichtet haben, der Sachenrechtsbereinigung.

9 Zur Finanzierung der baulichen Investitionen aus (zumindest überwiegend) eigenen Mitteln siehe oben Rdz. 5.

10 Eine Legaldefinition der Vereinigung in diesem Sinne enthält § 9 Abs. 3 Satz 2.

§ 7. Andere bauliche Nutzungen

d) Abs. 2 Nr. 4

Wie im Fall des § 6 Nr. 1, so entstand auch bei Bebauung eines in Privateigentum stehenden Grundstücks durch einen VEB oder staatliche Stellen aufgrund eines Nutzungsvertrages mit dem Grundstückseigentümer oder dem staatlichen Verwalter kraft Gesetzes Gebäudeeigentum nach § 459 Abs. 1 Satz 1 ZGB. Siehe auch § 1 Rdz. 39, 40.

e) Abs. 2 Nr. 5

Errichtung oder Erwerb von Gebäuden durch landwirtschaftliche Produktionsgenossenschaften auf Grundstücken, die ihrem gesetzlichen Bodennutzungsrecht nach § 18 Abs. 1 des LPG-Gesetzes vom 2. Juli 1982 unterliegen. An errichteten Gebäuden entstand ohnehin nach § 27 Satz 1 des LPG-Gesetzes 1982 Gebäudeeigentum, ebenso wie an eingebrachten Wirtschaftsgebäuden nach § 13 Abs. 1 des LPG-Gesetzes 1959. Siehe § 1 Rdz. 23–25.

Nach Erlöschen des Bodennutzungsrechts durch das Gesetz vom 28. Juni 1990 (GBl. I, S. 483) besteht das Gebäudeeigentum zwar fort, das Recht zur Nutzung des Grundstücks ist jedoch seither nicht gesichert (vgl. auch *Böhringer,* Besonderheiten, Rdz. 211). Daher bedarf dieser Fall der gesetzlichen Regelung durch das SachenRBerG (Begr. BR-Drucks. 515/93, S. 106).

f) Abs. 2 Nr. 6

Durch Handwerker und Gewerbetreibende wurden Grundstücke in der Regel aufgrund schuldrechtlicher Verträge bebaut, zum Teil nur aufgrund der Billigung staatlicher Stellen (§ 10). Dies entsprach der bewußten Ungleichbehandlung privater Unternehmer gegenüber den volkseigenen Betrieben (vgl. Nr. 4 und Begr. BR-Drucks. 515/93, S. 59 sowie § 2 Rdz. 9). § 1 des Gesetzes über den Verkauf volkseigener Gebäude vom 7. März 1990 ermöglichte den Nutzern eine Verdinglichung ihrer Rechtsposition. Diese Möglichkeit soll über den Zeitpunkt des Beitritts hinaus durch die Sachenrechtsbereinigung gewährleistet bleiben. Näher hierzu § 1 Rdz. 50.

g) Abs. 2 Nr. 7

Die Regelung ist im Rechtsausschuß des Bundestags in Konsequenz des neugefaßten § 2 Abs. 1 Nr. 4 (§ 2 Rdz. 11 ff.) neu gefaßt worden. Gegenstand der Sachenrechtsbereinigung sind
– dem Finanzvermögen der öffentlichen Hand (Art. 22 Einigungsvertrag) zuzurechnende Gebäude und bauliche Anlagen,
– andere Gebäude und bauliche Anlagen im Verwaltungsgebrauch oder für Zwecke des Gemeingebrauchs, soweit sie in einem Gebiet (Standort, § 11 Rdz. 5 f.) des komplexen Wohnungsbaus oder Siedlungsbaus liegen (BT-Drucks. 12/7425, S. 63) liegen.

Die Einbeziehung der ersten Fallgruppe in die Sachenrechtsbereinigung rechtfertigt sich aus der ihr zugrundeliegenden wirtschaftlichen Betätigung der öffentlichen Hand. Für die zweite Fallgruppe folgt dies aus dem Sachzusammenhang mit der Bodensonderung.

§ 8 1   Kapitel 2. Nutzung fremder Grundstücke

17   Dem Verwaltungsgebrauch dienen auch Einrichtungen der Daseinsfürsorge (Kindergärten, Schulen und dergl.).

18   Voraussetzung ist hier nicht eine Billigung staatlicher Stellen, sondern die „Bebauung" des privaten Grundstücks ohne eine der Bebauung entsprechende Regelung der Eigentumsverhältnisse. Typischer Fall wird die Überbauung mehrerer Grundstücke sein. Demgemäß spricht auch die amtliche Begründung im Gegensatz zum Gesetzeswortlaut des Regierungsentwurfs und in Übereinstimmung mit dem Wortlaut des Referentenentwurfs auch von „Überbauung" (Begr. BR-Drucks. 515/93, S. 107 zu Buchstabe a)).

3. Beweislast

19   Die Beweislast für das Vorliegen der Voraussetzungen obliegt in vollem Umfang dem Nutzer.

§ 8 Zeitliche Begrenzung

Die Bestimmungen dieses Kapitels sind nur anzuwenden, wenn der Bau oder Erwerb des Gebäudes oder der baulichen Anlage nach dem 8. Mai 1945 erfolgt ist und
1. selbständiges Eigentum an einem Gebäude oder an einer baulichen Anlage entstanden ist,
2. ein Nutzungsrecht bis zum Ablauf des 30. Juni 1990 zugewiesen oder bis zum Ablauf des 2. Oktober 1990 verliehen worden ist oder
3. auf den Flächen, die dem aufgehobenen gesetzlichen Bodennutzungsrecht der landwirtschaftlichen Produktionsgenossenschaften unterlagen, bis zum Ablauf des 30. Juni 1990, auf allen anderen Flächen bis zum Ablauf des 2. Oktober 1990, mit dem Bau eines Gebäudes oder einer baulichen Anlage begonnen worden ist.

Übersicht

	Rdz.		Rdz.
1. Allgemeines	1	b) Nutzungsrechte	5
2. Entsprechende Anwendung	2	c) Baubeginn	7
3. Anfangszeitpunkt	3	5. Beweislast	9
4. Endzeitpunkt	4		
a) selbständiges Gebäudeeigentum	4		

1. Allgemeines

1   Die Vorschrift regelt den zeitlichen Geltungsbereich des SachenRBerG. Im Gegensatz zum Referentenentwurf sind für Bebauungen aufgrund von Überlassungsverträgen keine Sonderregelungen mehr vorgesehen. Unabhängig hiervon bleibt das Moratorium nach Art. 233 § 2a EGBGB, hinter dem die ansonsten nach dem 2. Oktober 1990 in zahlreichen Fallgruppen der Sachenrechtsbereinigung zur Anwendung kommenden Regelungen des Ei-

§ 8. Zeitliche Begrenzung 2–6 § 8

gentümer-Besitzer-Verhältnisses (§§ 985 ff. BGB) zurücktreten. Soweit das Moratorium eine der Sachenrechtsbereinigung unterliegende Fallgruppe nicht erfaßt, gibt das SachenRBerG selbst dem Nutzer bis zur Erfüllung seiner Ansprüche ein Recht zum Besitz im Sinne des § 986 BGB (zur teleologischen Reduktion dieses Rechts und des Rechts zum Besitz aus dem Moratorium siehe Einl. Rdz. 72–75 und § 44 Rdz. 4–23).

2. Entsprechende Anwendung

§ 8 gilt entsprechend in den Fällen, in denen kein Gebäude neu gebaut wird, sondern das SachenRBerG auf den Ausbau eines vorhandenen Gebäudes anwendbar ist. Maßgebend ist dann der Beginn der Baumaßnahmen, die der Überführung des Gebäudes in ein der Sachenrechtsbereinigung unterliegendes dienten. Betroffen hiervon sind insbesondere die Fälle der „unechten Datschen" (vgl. § 1 Rdz. 44 und § 5 Rdz. 19–22). 2

3. Anfangszeitpunkt

§ 8 Halbsatz 1 stellt klar, daß nur die aufgrund der Bodenordnung des sozialistischen Staates entstandenen Sachverhalte vom Sachenrechtsbereinigungsgesetz erfaßt sind (BT-Drucks. 12/7425, S. 64). Diese Entwicklung begann unmittelbar im Anschluß an das Kriegsende (vgl. etwa SMAD-Befehl Nr. 209 vom 7. 9. 1945), so daß der 9. 5. 1945 als Anfangszeitpunkt gerechtfertigt ist. 3

4. Endzeitpunkt

a) selbständiges Gebäudeeigentum, Nr. 1

Nr. 1 erfaßt das selbständige Gebäudeeigentum, soweit es ohne Verleihung oder Zuweisung von Nutzungsrechten entstanden ist. Betroffen ist vor allem das Gebäudeeigentum nach § 27 LPG-Gesetz 1982, Art. 233 § 2 b EGBGB, soweit es der Zusammenführung nach dem Wohnungsgenossenschafts-Vermögensgesetz nicht unterliegt. Betroffen sind nach der Gesetzesbegründung (BT-Drucks. 12/7425, S. 64) vor allem auch Bauten landwirtschaftlicher Produktionsgenossenschaften zwischen dem 1. 7. 90 und dem 2. 10. 1990 je einschließlich. 4

b) Nutzungsrechte, Nr. 2

Unabhängig davon, ob mit dem Bau eines Gebäudes oder einer baulichen Anlage im Sinne des § 12 Abs. 3 begonnen wurde, ist das SachenRBerG auf vor dem 1. Juli 1990 zugewiesene oder vor dem 3. Oktober 1990 verliehene und im Einigungsvertrag anerkannte Nutzungsrechte ohne zeitliche Begrenzung anwendbar. 5

Die hiermit vorgenommene Unterscheidung zwischen „Zuweisung" und „Verleihung" eines Nutzungsrechts knüpft an die Terminologie der DDR- 6

§ 9   Kapitel 2. Nutzung fremder Grundstücke

Rechtssprache (Begr. BR-Drucks. 515/93, S. 53f.) an, ist aber ersichtlich von keiner praktischen Bedeutung. Offenbar wurde der Begriff der „Zuweisung" vor allem im Zusammenhang mit Handlungen in Ausübung des Bodennutzungsrechts der LPG gebraucht (vgl. etwa *Heuer,* Grundzüge, Rdz. 46 ff. einerseits und Rdz. 54 ff. andererseits). Die terminologische Unterscheidung in § 8 Nr. 2 trägt der Aufhebung des Bodennutzungsrechts der LPG mit Ablauf des 30. Juni 1990 Rechnung.

c) Baubeginn, Nr. 3

7   aa) Soweit mit Ablauf des 2. Oktober 1990 kein Nutzungsrecht bestand, kann die Rechtspraxis der DDR Bebauung nur insoweit legitimieren, wie diese selbst Bestand hatte, Nr. 3. Eine zeitliche Grenze hierfür bildet die Wiederherstellung der Eigentümerrechte mit Wirksamwerden des Beitritts, im Fall des Bodennutzungsrechts der landwirtschaftliche Produktionsgenossenschaften die Aufhebung desselben mit Wirkung zum 1. Juli 1990 (betrifft Fälle der § 5 Nr. 3 a), b), d), § 7 Abs. 1 Nr. 1 und Abs. 2 Nr. 5). In den Fällen der Nr. 3 ist somit erforderlich, daß mit dem Bau eines Gebäudes vor den genannten Zeitpunkten begonnen wurde.

8   bb) Der Baubeginn ist im SachenRBerG nicht legal definiert. Nach der Verkehrsanschauung dürfte hierunter der Aushub der Baugrube bzw. das Anlagen von Fundamenten zu verstehen sein. Bauvorbereitungsarbeiten, wie z. B. Vermessungsarbeiten oder Baugrunduntersuchungen reichen nicht aus. Maßstab kann hier etwa der „Beginn der Erdarbeiten" nach § 3 Abs. 2 Nr. 1 Makler- und Bauträgerverordnung sein.

5. Beweislast

9   Die Beweislast für das Vorliegen der zeitlichen Voraussetzungen des SachenRBerG trägt in vollem Umfang der Nutzer.

Unterabschnitt 3. Begriffsbestimmungen

§ 9 Nutzer

(1) **Nutzer** im Sinne dieses Gesetzes sind natürliche oder juristische Personen des privaten und des öffentlichen Rechts in nachstehender Reihenfolge
1. der im Grundbuch eingetragene Eigentümer eines Gebäudes,
2. der Inhaber eines verliehenen oder zugewiesenen Nutzungsrechts,
3. der Eigentümer des Gebäudes oder der baulichen Anlage, wenn außerhalb des Grundbuchs selbständiges, vom Eigentum am Grundstück unabhängiges Eigentum entstanden ist,
4. der aus einem Überlassungsvertrag berechtigte Nutzer,
5. derjenige, der mit Billigung staatlicher Stellen ein Gebäude oder eine bauliche Anlage errichtet hat,
6. derjenige, der ein Gebäude oder eine bauliche Anlage gekauft hat, wenn die Bestellung eines Nutzungsrechts ausgeblieben und selbständiges, vom Eigentum am Grundstück getrenntes Eigentum am Gebäude nicht entstanden ist,

§ 9. Nutzer §9

7. der in § 121 bezeichnete Käufer eines Grundstücks, eines Gebäudes oder einer baulichen Anlage,
oder deren Rechtsnachfolger. Satz 1 ist nicht anzuwenden, wenn eine andere Person rechtskräftig als Nutzer festgestellt und in dem Rechtsstreit dem Grundstückseigentümer der Streit verkündet worden ist.

(2) Rechtsnachfolger sind auch
1. Käufer eines Gebäudes oder einer baulichen Anlage, wenn der Kaufvertrag bis zum Ablauf des 2. Oktober 1990 abgeschlossen wurde und nach den Rechtsvorschriften der Deutschen Demokratischen Republik selbständiges Gebäudeeigentum nicht entstanden war,
2. die aus den volkseigenen Betrieben der Wohnungswirtschaft oder Arbeiterwohnungsbaugenossenschaften, gemeinnützigen Wohnungsbaugenossenschaften und sonstigen Wohnungsgenossenschaften, denen Gebäude oder Gebäudeteile nach Durchführung eines Investitionsvorhabens des staatlichen oder genossenschaftlichen Wohnungsbaus zur Nutzung sowie zur selbständigen Bewirtschaftung und Verwaltung übertragen worden waren, hervorgegangenen kommunalen Wohnungsgesellschaften, Wohnungsunternehmen sowie Wohnungsgenossenschaften und die Kommunen oder
3. Genossenschaften mit gewerblichem oder handwerklichem Geschäftsgegenstand sowie Vereinigungen nach Absatz 3, wenn sie als Investitionsauftraggeber den Bau von Gebäuden oder baulichen Anlagen, die ihnen von staatlichen Hauptauftraggebern nach Errichtung zur Nutzung sowie zur selbständigen Bewirtschaftung und Verwaltung zur Verfügung gestellt worden sind, ganz oder überwiegend mit eigenen Mitteln finanziert haben.

(3) Landwirtschaftliche Produktionsgenossenschaften im Sinne dieses Kapitels sind auch die in § 46 des Gesetzes über die landwirtschaftlichen Produktionsgenossenschaften vom 2. Juli 1982 – LPG-Gesetz – (GBl. I Nr. 25 S. 443), das zuletzt durch das Gesetz über die Änderung oder Aufhebung von Gesetzen der Deutschen Demokratischen Republik vom 28. Juni 1990 (GBl. I Nr. 38 S. 483) geändert worden ist, bezeichneten Genossenschaften und rechtsfähigen Kooperationsbeziehungen sowie die durch Umwandlung, Zusammenschluß oder Teilung entstandenen Nachfolgeunternehmen. Vereinigungen im Sinne dieses Kapitels sind auch gesellschaftliche Organisationen nach § 18 Abs. 4 des Zivilgesetzbuchs der Deutschen Demokratischen Republik, die als rechtsfähige Vereine nach den §§ 21 und 22 des Bürgerlichen Gesetzbuchs fortbestehen und nicht Parteien, mit ihnen verbundene Organisationen, juristische Personen oder Massenorganisationen nach § 2 Abs. 2 Nr. 1 sind.

(4) Auf die Ausübung der in diesem Kapitel begründeten Ansprüche durch Ehegatten sind in den Fällen des Absatzes 1 Nr. 4 und 5 die Bestimmungen über das gemeinschaftliche Eigentum der Ehegatten in Artikel 234 § 4a des Einführungsgesetzes zum Bürgerlichen Gesetzbuche entsprechend anzuwenden, wenn der Vertragsschluß oder die Bebauung des Grundstücks vor Ablauf des 2. Oktober 1990 und während der Ehe erfolgte.

Übersicht

	Rdz.		Rdz.
1. Allgemeines	1	a) Kauf von Nutzungstatbeständen	21
2. Grundstückseigentümer	4	b) Wohnungsbau	28
3. Nutzer	5	c) Genossenschaften und Vereinigungen	31
4. Sonstige Sonderrechtsnachfolger	20		

§ 9 1–9   Kapitel 2. Nutzung fremder Grundstücke

	Rdz.		Rdz.
5. Landwirtschaftliche Produktionsgenossenschaften	32	7. Rechtsnachfolge und Halbteilungsgrundsatz	40
6. Eheliche Vermögensgemeinschaft	33		

1. Allgemeines

1 § 9 regelt den persönlichen Anwendungsbereich des SachenRBerG.

2 In erster Linie schließt § 9 Mieter des Gebäudes oder andere Personen, denen das Gebäude ganz oder teilweise zum vorübergehenden Gebrauch überlassen ist, von der Anwendung des SachenRBerG aus. Aktiv und passiv legitimiert nach diesem Gesetz sind nur der Grundstückseigentümer und die in § 9 legal definierten Nutzer. Hierzu stellt Abs. 1 klar, daß auch juristische Personen und auch solche des öffentlichen Rechts (Gemeinden, Universitäten, Bundesländer, Bund, Treuhandanstalt) als Nutzer im Sinne des SachenRBerG in Betracht kommen.

3 Das Gesetz unterscheidet hierbei zwischen den Nutzern und ihren Rechtsnachfolgern selbst (Abs. 1) und bestimmten „pathologischen" Sonderrechtsnachfolgern (Abs. 2 und 3).

2. Grundstückseigentümer

4 Für die Beteiligten auf Eigentümerseite enthält das Gesetz keine besondere Bestimmung. Es kommt vielmehr allein auf die zivilrechtliche Eigentümerstellung oder die Verfügungsbefugnis, z. B. nach § 8 VZOG (Einl. Rdz. 137–140) an. Auch dann, wenn der Bund, ein Land oder eine sonstige Körperschaft oder Anstand des öffentlichen Rechts Eigentümer des Grundstücks ist, kann dieses der Sachenrechtsbereinigung unterliegen. Eine Ausnahme enthält nur § 1 Abs. 2 für den Anwendungsbereich von Art. 22 Abs. 4 Einigungsvertrag i. V. m. der Protokollerklärung Nr. 13.

3. Nutzer, Abs. 1

5 Das Gesetz unterstellt hierbei eine bestimmte Rangfolge der einzelnen Nutzungstatbestände je nach dem Grad der Verdinglichung der Rechtsposition des Nutzers.

6 a) Im einzelnen beziehen sich die Nummern des Abs. 1 auf Berechtigte aus folgenden Rechtspositionen:

7 Nr. 1: eingetragenes Gebäudeeigentum (§ 1 Rdz. 21): eingetragener Gebäudeeigentümer.

8 Nr. 2: verliehenes oder zugewiesenes Nutzungsrecht (§ 1 Rdz. 22, 29): Inhaber des Nutzungsrechts. Bedeutung hat Nr. 2 vor allem in Fällen, wenn mit dem Bau des Gebäudes noch nicht begonnen wurde.

9 Nr. 3: selbständiges Gebäudeeigentum außerhalb des Grundbuchs, z. B. nach § 27 LPG-Gesetz 1982 oder § 459 Abs. 1 Satz 1 ZGB (§ 1 Rdz. 23–25, 39): Eigentümer des Gebäudes.

§ 9. Nutzer

Nr. 4: Überlassungsverträge (§ 1 Rdz. 34–37): Berechtigter aus dem Überlassungsvertrag.

Nr. 5: Billigung staatlicher Stellen: Gemeint sind in erster Linie die sog. „hängenden Fälle" (Begr. BR-Drucks. 515/93, S. 108; hierzu § 1 Rdz. 45–47). In diesen Fällen ist der Errichter des Gebäudes oder der baulichen Anlage nach Maßgabe der tatsächlichen Verhältnisse als Nutzer anzusehen.

Nr. 6: hängende Gebäudekaufverträge im Sinne des § 3 Abs. 3 (§ 3 Rdz. 10–31).

Nr. 7: hängende Gebäudekaufverträge im Sinne des § 121 (§ 121 Rdz. 4–13).

b) Unter Abs. 1 fallen auch die Gesamtrechtsnachfolger der in Nr. 1 mit 5 genannten Berechtigten sowie Sonderrechtsnachfolger, die das Gebäude entsprechend den gesetzlichen Bestimmungen der DDR (vor Ablauf des 2. 10. 1992) bzw. des BGB (ab dem 3. 10. 1990) erworben haben. Gesamtrechtsnachfolge kann bei natürlichen Personen durch Erbfall, Erbschafts- oder Erbteilserwerb oder Begründung der Gütergemeinschaft eintreten, bei Personen- und Kapitalgesellschaften auch durch Strukturänderungen wie Verschmelzung, Spaltung nach dem SpTrUG bzw. dem UmwG oder Formwechsel (Umwandlung).

Die Einbringung des Wohnungsbestands der vormaligen VEB Gebäudewirtschaft in kommunale Wohnungsgesellschaften privaten Rechts (AG, GmbH) oder die Teilung bzw. Umwandlung landwirtschaftlicher Produktionsgenossenschaften nach §§ 4 ff., 23 ff. Landwirtschaftsanpassungsgesetz ist gesondert in Abs. 2 Nr. 2 und 3 i. V. m. Abs. 3 geregelt.

Maßgebend für die Rechtsnachfolge ist in erster Linie die Eintragung in öffentliche Register (Grundbuch, Handelsregister) bzw. die Aussage öffentlicher und privater Urkunden (Nutzungsrechtsurkunde, Erbschein, Überlassungs- oder Nutzungsvertrag).

In den Fällen des Abs. 1 Nr. 1 und 2 ist zunächst der Inhalt des Grundbuchs maßgebend, sofern kein Rechtserwerb außerhalb des Grundbuchs stattgefunden hat. Solange der Grundstückseigentümer die Unrichtigkeit des Grundbuchs nicht kennt, kann er mit befreiender Wirkung an den eingetragenen Nutzer bzw. den Inhaber des Nutzungsrechts gemäß Nutzungsrechtsurkunde leisten.

c) Denkbar ist jedoch, daß ein Berechtigter von seiner Rechtsposition keinen Gebrauch gemacht hat und diese ihm nicht etwa entzogen, sondern das Grundstück einem Dritten faktisch zugewiesen wurde (Begr. BR-Drucks. 515/93, S. 108). In diesem Fall geht Abs. 1 Satz 2 davon aus, daß diese Frage im Streit zwischen den Prätendenten zu klären ist. Im Fall der Streitverkündung an den Grundstückseigentümer gelten §§ 74, 68 ZPO. § 108 Abs. 3 läßt diese Streitverkündung ausdrücklich zu (an sich ergibt sich ihre Zulässigkeit nicht aus § 72 ZPO; § 108 Rdz. 19). § 9 Abs. 1 Satz 2 geht nur nach seinem Wortlaut, nicht jedoch nach seinem Zweck über die Interventionswirkung der Streitverkündung (§ 108 Rdz. 19) hinaus. Rechte dritter Nutzungsprätendenten bleiben jedoch unberührt.

Sonderrechtsnachfolge tritt ein durch wirksame vertragliche Übertragung der Nutzungsrechtsposition (zu den Wirksamkeitsvoraussetzungen siehe unten Abs. 2).

4. Sonstige Sonderrechtsnachfolger, Abs. 2

20 Bestimmte Sonderrechtsnachfolger des Berechtigten nach Abs. 1 sieht in „pathologischen" Fällen das SachenRBerG auch unter weiteren Voraussetzungen des Abs. 2 als Nutzer an. Im einzelnen gilt:

a) Kauf von Nutzungstatbeständen, Abs. 2 Nr. 1 a)

21 Gebäudeeigentum konnte nur entstehen bzw. erworben werden, wenn eine Rechtsvorschrift dies ausdrücklich vorsah. Gleichwohl wurden in der Rechtswirklichkeit der DDR solche rechtlich unselbständigen Gebäude verkauft. Nach BGB-Begriffen würde es sich hierbei um einen Kauf der Nutzungsrechtsposition handeln (Rechtskauf). Gedacht waren sie als Kauf einer unbeweglichen Sache (Gebäude).

22 Für volkseigene Betriebe war der Abschluß derartiger Verträge durch § 1 Abs. 3 der Verordnung über den Verkauf und Kauf volkseigener unbeweglicher Grundmittel durch Betriebe der volkseigenen Wirtschaft vom 21. August 1968 (GBl. I, 797) zugelassen. Doch auch außerhalb der volkseigenen Wirtschaft kamen diese Verträge offenbar vor, nach Auffassung der Begründung mit zunehmender Tendenz (Begr. BR-Drucks. 515/93, S. 108).

23 Es kann dahinstehen, ob nach der Rechtsauffassung der DDR derartige Verträge objektiv unmöglich und daher nichtig waren (§ 68 Abs. 1 Nr. 3 ZGB) oder ob sie für wirksam angesehen werden konnten, da nach der Verkehrsanschauung der DDR, die das private Grundeigentum aus ideologischen Gründen geringschätzte, das Gebäude evtl. als Scheinbestandteil des Grundstücks und somit als selbständig verkehrsfähige bewegliche Sache anzusehen war. Jedenfalls respektiert das SachenRBerG die jahrelange unbeanstandete Praxis der DDR.

24 Vor dem Inkrafttreten des 2. Vermögensrechtsänderungsgesetzes bestand insoweit erhebliche Rechtsunsicherheit, als unklar war, ob das Eigentum an Gebäuden oder baulichen Anlagen im Sinne des Art. 233 § 2b Abs. 1 EGBGB nach den Regeln für bewegliche Sachen (§§ 929 ff. BGB) oder für Liegenschaften (§§ 873, 925 BGB) zu übertragen war. Praktisch wurde diese Frage vor allem im Bereich des selbständigen Gebäudeeigentums landwirtschaftlicher Produktionsgenossenschaften nach Wegfall deren umfassenden Nutzungsrechts. Betroffen sind daneben auch Gebäude von Arbeiter-Wohnungsbaugenossenschaften und gemeinnützigen Wohnungsgenossenschaften auf ehemals volkseigenen Grundstücken.

25 Das SachenRBerG entscheidet allerdings nicht die Frage, ob die Übereignung dieser Gebäude oder baulichen Anlagen nach dem Immobiliarsachenrecht erfolgt oder nicht. Insoweit gilt: Für Nutzungstatbestände, die unter Art. 233 § 4 und § 8 EGBGB fallen, sind jedenfalls ab dem 3. 10. 1990 die Vorschriften des BGB über unbewegliche Sachen anzuwenden mit der Maßgabe, daß es einer Eintragung dann nicht bedarf, wenn das Nutzungsrecht nicht im Grundbuch vermerkt war. Schuldrechtliche Verträge, durch die sich jemand verpflichtet, ein derartiges Nutzungsrecht zu veräußern oder zu erwerben, bedürfen der Form des § 313 BGB; ein

Formmangel kann erst mit Anlegung eines Gebäudegrundbuchblatts und Eintragung des Erwerbers als Gebäudeeigentümer geheilt werden.

Unabhängig hiervon kann der Erwerber eines solchen Gebäudes oder einer solchen baulichen Anlage die Durchführung der Sachenrechtsbereinigung beanspruchen. Denn das SachenRBerG läßt die Inhaberschaft eines Anspruchs auf Übereignung, in welcher Form auch immer, ausreichen. Der Grundstückseigentümer kann an den Inhaber der obligatorischen Rechtsposition mit befreiender Wirkung leisten. Leistet er in Unkenntnis des bestehenden Vertrages an den Rechtsvorgänger, so wird er dennoch von seiner Leistungspflicht frei (Gedanke des § 407 BGB). Dem Grundstückseigentümer ist im übrigen nicht zumutbar, an einen Berechtigten zu leisten, der seine Rechtsinhaberschaft nur mit einem privatschriftlichen Kaufvertrag nachweisen kann. Regelmäßig wird er auf der Zustimmung des Verkäufers bestehen dürfen.

§ 9 Abs. 2 Nr. 1 erfaßt nur Verträge, die vor Ablauf des 2. 10. 1990 geschlossen wurden. Auf weitere gesetzliche Regelungen verzichtet das Gesetz. In diesen Fällen gelten die Regelungen des BGB mit der Möglichkeit, einen versehentlich vorgenommenen Sachkauf in einen Rechtskauf umzudeuten und umgekehrt, § 140 BGB. Ausdrückliche vertragliche Regelungen über die Inhaberschaft des Nutzungstatbestands und seine Geltendmachung (etwa einschließlich besonderer Gewährleistung) gehen jedoch dem SachenRBerG vor, insoweit kommt eine Rechtsnachfolge nach Abs. 1 in Betracht.

b) Wohnungsbau, Abs. 2 Nr. 2

Nr. 2 trägt den Besonderheiten der Nutzungsverhältnisse im staatlichen oder genossenschaftlichen (komplexen, § 11) Wohnungsbau Rechnung (§ 6 Rdz. 2–4). In der Regel führten volkseigene Betriebe der Wohnungswirtschaft oder Wohnungsgenossenschaften Baumaßnahmen nicht selbst durch. Dies geschah auf der Grundlage staatlicher Investitionsentscheidungen durch sog. „Hauptauftraggeber komplexer Wohnungsbau" (HAG = Investitionsauftraggeber im Sinne von § 6 Nr. 1). Nach Fertigstellung der Gebäude oder Gebäudeteile wurden diese den Betrieben der volkseigenen Wohnungswirtschaft oder Wohnungsgenossenschaften zur eigenen Bewirtschaftung zur Verfügung gestellt. Liegen diese Voraussetzungen vor, so sind die jeweiligen Wohnungsgenossenschaften bzw. die Rechtsnachfolger der VEB der Wohnungswirtschaft (Art. 22 Abs. 4 Einigungsvertrag) Nutzer im Sinne des SachenRBerG.

Das Wort „kommunal" in Nr. 2 bezieht sich nur auf das unmittelbar folgende Hauptwort „Wohnungsgesellschaften" (arg. ausdrückliche Nennung der Kommunen). Die Veräußerung der Anteile an solchen Unternehmen an private Dritte ist somit unschädlich. Hierfür spricht auch die Entstehungsgeschichte des Wortlauts, der gegenüber der insoweit eindeutigen Fassung des Regierungsentwurfs nur eine sprachliche Klarstellung vornehmen will (BT-Drucks. 12/7425, S. 64).

Zur eigenen Bewirtschaftung sind Gebäude dann zur Verfügung gestellt, wenn diese vom Bewirtschaftenden als wirtschaftlicher Eigentümer genutzt werden, dieser also jedenfalls die wesentlichen, wenn nicht alle Kosten, Lasten und Gefahren trägt sowie die Nutzungen zieht. Unschädlich ist, wenn die Tilgung der Altschulden – wie zumeist – aus öffentlichen Haushalten erfolgte, da die Mieteinnahmen hierfür ohnehin nicht ausreichten (vgl. *Scholz/Leciejewski*, Rechtsgutachten zur Problematik früherer „Kreditverträge" in der ehemaligen DDR im Bereich des Wohnungsbaus, 1991, S. 4, 11, 69, 74f.). Die Einhaltung einer Form war nicht erforderlich, es genügt die Einräumung des Besitzes.

c) Genossenschaften und Vereinigungen, Abs. 2 Nr. 3 und Abs. 3

31 Die vorgenommenen Begriffsbestimmungen zielen auf § 7 Abs. 2 Nr. 3 und nehmen über die Verweisung auf Abs. 3 Satz 2 die in § 2 Abs. 2 Nr. 1 genannten Vereinigungen ausdrücklich aus. Im übrigen gilt das zu Rdz. 28–30 gesagte entsprechend.

5. Landwirtschaftliche Produktionsgenossenschaften, Abs. 3

32 Insoweit enthält die Vorschrift nur eine Klarstellung hinsichtlich des Begriffs der landwirtschaftlichen Produktionsgenossenschaft.

6. Eheliche Vermögensgemeinschaft, Abs. 4

33 Abs. 4 verhält sich zur allgemeinen Regel in Art. 234 § 4a EGBGB wie folgt:

34 (1) Nach der allgemeinen Regel ist bei den Ehegatten, die nicht nach Art. 234 § 4 Abs. 2 Satz 1 EGBGB in den Güterstand der ehelichen Vermögensgemeinschaft nach DDR-FGB zurück optiert haben, das „gemeinschaftliche Eigentum" (Art. 234 § 4a Abs. 1 Satz 1 EGBGB) kraft Gesetzes zu Miteigentum zu gleichen Anteilen auseinandergesetzt. Innerhalb von 6 Monaten ab Inkrafttreten des RegVBG, d. h. bis zum Ablauf des 24. 6. 1994, konnten die betroffenen Ehegatten für Grundstücke und grundstücksgleiche Rechte (d. h. auch Gebäudeeigentum im Sinne von Art. 233 §§ 2b, 4 und 8 EGBGB) durch (übereinstimmende) Erklärung gegenüber dem Grundbuchamt, die nicht der Form des § 29 GBO bedurfte, andere Bruchteile bestimmen (Art. 234 § 4a Abs. 1 Satz 2–4 EGBGB). Mißbräuche zur Vollstreckungsvereitelung sollten ausgeschlossen sein (Art. 234 § 4a Abs. 1 Satz 2 EGBGB).

35 (2) Einer gesonderten Regelung für die in Abs. 1 Nr. 1 mit 3 genannten Nutzer bedarf es somit nicht mehr, insoweit ergibt sich die Berechtigung bereits aus Art. 234 § 4a Abs. 1 EGBGB.

Für das Grundbuchverfahren gilt § 14 GBBerG vom 20. 12. 1993, BGBl. I, 2192/2196 i. V. m. §§ 82, 82a Satz 1 GBO.

36 (3) § 9 Abs. 4 und Art. 234 § 4a EGBGB gelten nicht für die Ehegatten, die wirksam in den Güterstand der ehelichen Vermögensgemeinschaft zurück optiert haben. Für diese gilt nach Art. 234 § 4a Abs. 2 EGBGB das Recht der Gütergemeinschaft bei gemeinsamer Verwaltung des Gesamt-

guts, im Fall der Scheidung sind §§ 39, 40 FGB nach Maßgabe des Art. 234 § 4 EGBGB anwendbar.

(4) § 9 Abs. 4 gilt nur für die Nutzungstatbestände nach Abs. 1 Nr. 4 und 5, die nicht zum Erwerb echten Gebäudeeigentums geführt haben. Denn die Auseinandersetzungsregel des Art. 234 § 4a EGBGB ist auf „gemeinschaftliches Eigentum", d. h. ein Sachherrschaftsrecht an körperlichen Gegenständen, begrenzt und enthält keine Regelung, wie die gemeinschaftliche Innehabung schuldrechtlicher Rechtspositionen auseinanderzusetzen ist. Eine solche ist wegen des damit verbundenen Eingriffs in Rechte Dritter (weiterer Beteiligter am Rechtsverhältnis) auch gar nicht möglich. 37

(5) Weder Art. 234 § 4a EGBGB noch § 9 Abs. 4 sind auf Berechtigungsverhältnisse bei hängenden Kaufverträgen anwendbar. Insoweit maßgebend sind die Vereinbarungen im Kaufvertrag. Soweit Erwerb zum ehelichen Vermögen erfolgte, ist mit Eigentumsumschreibung eine Auseinandersetzung zweckmäßig, aber nicht notwendig (kein Vollzugshindernis beim Grundbuchamt !). Eine analoge Anwendung des Art. 234 § 4a EGBGB kommt nicht in Betracht, allenfalls im Rahmen ergänzender Vertragsauslegung. 38

c) § 9 Abs. 4 läßt die Regeln des Güterrechts für die Auseinandersetzung des ehelichen Vermögens unberührt, vgl. §§ 39, 40 FGB. Wird die Ehe nach dem Zeitpunkt nach Abs. 4 geschieden, ohne daß hinsichtlich des Nutzungsrechts eine Auseinandersetzung entsprechend § 299 Abs. 2 Nr. 2 ZGB stattgefunden hat, so hat der Grundstückseigentümer an beide Ehegatten gemeinschaftlich (zur gesamten Hand) zu leisten. Die erforderliche Vermögensauseinandersetzung betrifft dann deren Innenverhältnis. 39

7. Rechtsnachfolge und Halbteilungsgrundsatz

Da das SachenRBerG spekulative Geschäfte des Nutzers mit dem ihm zufallenden Bodenwert verhindern will, führt auch die nach dem 2. 10. 1990 eingetretene Rechtsnachfolge unter Lebenden unter bestimmten Voraussetzungen zum Entzug des dem Nutzer über den Halbteilungsgrundsatz zufließenden Bodenwertanteils (§§ 48, 71). Insoweit bedarf der Begriff des Rechtsnachfolgers der Einschränkung nach § 29 Abs. 4, § 47 Abs. 3, § 70 Abs. 4. 40

§ 10 Billigung staatlicher Stellen

(1) Billigung staatlicher Stellen ist jede Handlung, insbesondere von Verwaltungsstellen, Vorständen landwirtschaftlicher Produktionsgenossenschaften oder sonstigen Organen, die nach in der Deutschen Demokratischen Republik üblicher Staats- oder Verwaltungspraxis die bauliche Nutzung fremder Grundstücke vor Klärung der Eigentumsverhältnisse oder ohne Bestellung eines Nutzungsrechts ausdrücklich anordnete oder gestattete. Dies gilt auch, wenn die zu beachtenden Rechtsvorschriften nicht eingehalten worden sind.

(2) Ist für die bauliche Maßnahme eine Bauzustimmung oder Baugenehmigung erteilt worden, ist zugunsten des Nutzers zu vermuten, daß die bauliche Nutzung des Grundstücks mit Billigung staatlicher Stellen erfolgt ist. Das gleiche gilt, wenn in einem Zeitraum von fünf Jahren nach Fertigstellung des Gebäudes vor Ablauf des 2. Oktober 1990 eine behördliche Verfügung zum Abriß nicht ergangen ist.

Übersicht

	Rdz.
1. Allgemeines, Bedeutung der Vorschrift	1
2. „Billigung"	2
a) „Handlung"	4
b) „nach in der DDR üblicher Staats- oder Verwaltungspraxis"	6
c) „vor Klärung der Eigentumsverhältnisse"	7
d) „ohne Bestellung eines Nutzungsrechts	8
e) Abs. 1 Satz 23	9
f) Verfahren der Billigung, Zuständigkeit	10
g) staatliche Stellen	11
3. Beweislast	14

1. Allgemeines, Bedeutung der Vorschrift

1 Zweck der Sachenrechtsbereinigung ist bei der Überführung von Nutzungstatbeständen in das sachenrechtliche System des BGB auch der Ausgleich höchst unterschiedlicher Vollzugsstände in der DDR. Die DDR war kein Rechtsstaat, die Zuweisung oder Verleihung von Nutzungsrechten war mangels entsprechenden Rechtswegs nicht erzwingbar. Würde das SachenRBerG dieser Sachlage nicht Rechnung tragen, hätte die Sachenrechtsbereinigung im Ergebnis zur Folge, daß hierdurch diejenigen Schichten in gleichheitswidriger Weise begünstigt würden, die bereits unter der Herrschaft der SED über bessere Chancen verfügten, eine gefestigte Rechtsposition zu erlangen.

2. „Billigung"

2 Das Gesetz knüpft die zu regelnden Nutzungstatbestände nicht nur an die bloße Faktizität, sondern zusätzlich noch an einen billigenden Willensakt bestimmter Organe. Hierbei löst sich das SachenRBerG in Anbetracht der Verhältnisse in der DDR jedoch von in rechtsstaatlichen Kategorien gedachtem Verwaltungshandeln (Handeln durch formell und materiell rechtmäßigen bzw. bestandskräftigen Verwaltungsakt). Statt dessen knüpft das Gesetz die Rechtsfolgen an den Begriff der „Billigung staatlicher Stellen", der in Abs. 1 legal definiert wird.

3 Billigung ist hiernach eine Handlung, die nach in der Deutschen Demokratischen Republik üblicher Verwaltungspraxis die bauliche Nutzung fremder Grundstücke vor Klärung der Eigentumsverhältnisse oder ohne Bestellung eines Nutzungsrechts anordnete oder gestattete.

§ 10. Billigung staatlicher Stellen

a) „Handlung"

Ein Unterlassen oder Dulden reicht nicht aus. Vielmehr ist ein aktiver 4 Willensakt erforderlich. Jedoch ist auch konkludentes Handeln möglich, wenn aus einem gesamten Handlungszusammenhang heraus erkennbar ist, daß die Bebauung ausdrücklich gestattet bzw. angeordnet ist. In der Handlung muß zugleich der Wille zur Regelung erkennbar sein (entsprechend dem Regelungsbegriff in § 35 VwVfG), d. h. der Wille, daß mit der Handlung Rechtsfolgen verbunden sind. Vom Willen der billigenden Stelle muß insbesondere die Bebauung in der vom SachenRBerG vorausgesetzten Art und Weise gedeckt sein; diese Voraussetzung hat vor allem Bedeutung für die sog. unechten Datschen (§ 1 Rdz. 44, § 5 Rdz. 19–22).

In den meisten Fällen wird die Billigung in der Baugenehmigung liegen, 5 Abs. 2 Satz 1. Im Fall des Abs. 2 Satz 2 stellt das Gesetz ausnahmsweise den Fall der Duldung oder des Unterlassens der Handlung gleich.

b) „nach in der DDR üblicher Staats- oder Verwaltungspraxis"

Die Einschränkung schließt nur völlig atypische Gestaltungen aus. Die 6 Üblichkeit in der DDR ist nach der Wertung des Gesetzes in den in §§ 5 ff. als Regelbeispiele genannten Fällen zugunsten des Nutzers zu vermuten. In der DDR üblich ist eine Staats- oder Verwaltungspraxis auch dann, wenn sie nur in bestimmten Regionen (Bezirk, Kreis, Gemeinde, LPG) üblich war.

c) „vor Klärung der Eigentumsverhältnisse"

Der billigenden Stelle muß bewußt gewesen sein, daß die Bebauung trotz 7 ungeklärter Eigentumsverhältnisse erfolgen sollte. Der Begriff ist deckungsgleich mit der Formulierung in §§ 6 Nr. 2, 7 Abs. 2 Nr. 7 Buchst. b); in den letztgenannten Vorschriften stand im Referentenentwurf eine mit § 10 Abs. 1 Satz 1 deckungsgleiche Formulierung, die nur sprachlich klargestellt wurde. Ein Wille, die Eigentumsverhältnisse jedenfalls irgendwann einmal zu klären, ist nicht erforderlich. Allerdings ist das Bewußtsein der Klärungsbedürftigkeit zugunsten des Nutzers zu vermuten.

d) „ohne Bestellung eines Nutzungsrechts"

Diese Voraussetzung liegt zum einen dann vor, wenn die Bestellung eines 8 Nutzungsrechts endgültig nicht vorgesehen war. Eine Billigung staatlicher Stellen kann jedoch auch dann vorliegen, wenn die Bestellung eines Nutzungsrechts bei der Billigung zwar beabsichtigt war, später dann aber unterblieben ist.

e) Abs. 1 Satz 2

Insoweit stellt das Gesetz nur klar, daß es auf die Einhaltung der nach dem 9 Recht der DDR einschlägigen Normen nicht ankommt.

f) Verfahren der Billigung, Zuständigkeit

10   § 10 Abs. 1 stellt keine Anforderungen an das Verfahren der Billigung, insbesondere ist auch die Einhaltung der DDR-Rechtsvorschriften für Baugenehmigungen nicht nötig. Die Anhörung des Grundstückseigentümers oder eine bestimmte Form ist nicht vorgesehen. Erforderlich ist jedoch eine „ausdrückliche" Anordnung oder Gestattung. Die stillschweigende Gewährung besonderer Vorteile durch hierfür unzuständige Organe reicht nicht aus (BT-Drucks. 12/7425, S. 65).

g) staatliche Stellen

11   Allerdings beschränkt Abs. 1 den Kreis der zur Billigung befugten Organe auf „staatliche Stellen", wobei als Regelbeispiele Verwaltungsstellen (insbesondere die Räte der Gemeinden, Kreise und Bezirke sowie die staatlichen Verwalter), Vorstände landwirtschaftlicher Produktionsgenossenschaften und sonstige Organe, insbesondere auch Parteiorgane (vorzugsweise Gliederungen der SED; Handlungen anderer Blockparteien der Nationalen Front dürften in der Regel nicht der in der DDR üblichen Staats- oder Verwaltungspraxis entsprechen) genannt sind.

12   Aus der Nennung von Verwaltungsstellen einerseits und LPG-Vorständen andererseits ergibt sich, daß volkseigene Betriebe (mit Ausnahme der VEB Kommunale Wohnungswirtschaft in ihrer Eigenschaft als staatliche Verwalter) nicht als staatlich zu qualifizieren sind. Im übrigen wäre insoweit die Anwendung des SachenRBerG ohnehin durch die vorrangigen Vorschriften des TreuhandG, der 5. DVO und des VZOG ausgeschlossen. Als staatliche Stellen kommen jedoch auch die Vertretungsorgane der Betriebe in Betracht, die nach dem Willen der Vertragsschließenden des Einigungsvertrags (Art. 21, 22) in das Vermögen der Gemeinden, der Länder oder des Bundes übergehen sollten (z. B. andere kommunale Betriebe als VEB-KWV und weitere).

13   Möglich erscheint auch eine Billigung durch Organe der Nationalen Volksarmee oder von parteinahen Massenorganisationen (falls übliche Verwaltungspraxis). Eine Billigung durch den Bereich MfS-KoKo scheitert jedoch an der Wertung des Gesetzgebers, die bereits § 2 Abs. 2 Nr. 2 zugrundeliegt (§ 2 Rdz. 18–19).

3. Beweislast, Abs. 2

14   a) Im Bestreitensfall hat der Nutzer den Tatbestand der Billigung staatlicher Stellen zu beweisen (zu tatsächlichen Vermutungen im Rahmen der Voraussetzungen des Abs. 1 siehe oben Rdz. 6–7). Insbesondere dann, wenn die Billigung nicht in schriftlicher Form erfolgte, wird der Nutzer auf Zeugenbeweis angewiesen sein. Es steht zu erwarten, daß die benannten Zeugen zur umfassenden Aussage oftmals nicht bereit sein werden, da sie – zu Recht oder zu Unrecht – befürchten, für ihr Tun in der Vergangenheit zur Verantwortung gezogen zu werden.

15   b) Das Gesetz trägt diesen Schwierigkeiten durch das Aufstellen von Ver-

§ 11. Komplexer Wohnungsbau oder Siedlungsbau § 11

mutungen in § 10 Abs. 2 Rechnung. Nach Abs. 2 Satz 1 wird vermutet, daß in der Baugenehmigung oder Bauzustimmung zugleich die Billigung staatlicher Stellen im Sinne des Abs. 1 liegt. Die entsprechende Verwaltungsmaßnahme muß allerdings im Verfahren nach der Verordnung über die Verantwortung der Räte der Gemeinden, Stadtbezirke, Städte und Kreise bei der Errichtung von Bauwerken der Bevölkerung vom 8. November 1982 (GBl. I, S. 433) oder Vorkäufervorschriften getroffen worden sein. Dem Grundstückseigentümer steht hierbei der Beweis offen, die vom Nutzer vorgewiesene Baugenehmigung sei in einer Weise mangelhaft, die die Nichtigkeit der Entscheidung schon nach DDR-Rechtsgrundsätzen zur Folge gehabt hätte. Dem Nutzer könnte dann allerdings die Vermutung nach Abs. 2 Satz 2 zur Seite stehen.

c) Abs. 2 Satz 2 erweitert die Vermutungswirkung des Satzes 1 auf die Fälle des § 11 Abs. 3 der o. g. Verordnung. Hiernach waren „Schwarzbauten" dann in ihrem Bestand geschützt, wenn nicht binnen fünf Jahren nach Fertigstellung des Bauwerks eine behördliche Abrißverfügung ergangen war. In diesem Fall hat der Nutzer zu beweisen, daß diese Frist verstrichen ist: maßgebend für den Fristbeginn ist der Zeitpunkt der Fertigstellung der baulichen Maßnahme. Ausreichend ist hierbei, daß das Bauwerk in einem Zustand versetzt war, in dem es nach der Verkehrsauffassung vor der Wende in der DDR als mit dem zum dauernden Aufenthalt von Personen notwendigen (nicht unbedingt wünschenswerten) Wohnstandard ausgestattet worden war. Einen Anschein hierfür liefert insbesondere die Tatsache des Bezugs, so daß in den meisten Fällen der Nachweis des Bezugstermins ausreichen wird. 16

d) Allerdings sind im Rahmen der fünfjährigen Wartefrist Zeiträume nach dem 2. 10. 1990 nicht berücksichtigungsfähig. Denn ein schutzwürdiges Vertrauen darauf, daß Behörden unter der Geltung des Grundgesetzes baurechtswidrige Zustände dulden, besteht nicht (Begr. BR-Drucks. 515/93, S. 110). Somit sind Schwarzbauten, die nach dem 3. 10. 1985 bezugsfertig waren, nicht durch die Vermutung des Abs. 2 Satz 2 geschützt. Der Nutzer hat den vollen Beweis nach Abs. 1, Abs. 2 Satz 1 zu erbringen. 17

§ 11 Komplexer Wohnungsbau oder Siedlungsbau

(1) **Komplexer Wohnungsbau im Sinne dieses Gesetzes sind Wohngebiete für den staatlichen oder genossenschaftlichen Wohnungsbau, die entsprechend den Rechtsvorschriften der Deutschen Demokratischen Republik im Zeitraum vom 7. Oktober 1949 bis zum Ablauf des 2. Oktober 1990 nach einer einheitlichen Bebauungskonzeption oder einem Bebauungsplan für die Gesamtbebauung des jeweiligen Bauvorhabens (Standort) vorbereitet und gebaut worden sind. Wohngebiete im Sinne des Satzes 1 sind insbesondere großflächige Wohnanlagen in randstädtischen oder innerstädtischen Lagen sowie Wohnanlagen an Einzelstandorten in städtischen oder dörflichen Lagen jeweils einschließlich Nebenanlagen, Versorgungseinrichtungen und Infrastruktur.**

(2) **Siedlungsbau im Sinne dieses Gesetzes sind Wohngebiete für den Eigenheimbau, die entsprechend den Rechtsvorschriften der Deutschen Demokratischen Republik in dem in Absatz 1 genannten Zeitraum nach einer einheitli-**

§ 11 1–4 Kapitel 2. Nutzung fremder Grundstücke

chen Bebauungskonzeption oder einem Bebauungsplan für die Gesamtbebauung des jeweiligen Bauvorhabens (Standort) vorbereitet und neu bebaut worden sind.

Übersicht

	Rdz.		Rdz.
1. Allgemeines	1	b) Standort	5
2. Einzelfragen	4	c) Modernisierung	6
a) Wohnungs- und Siedlungsbau	4		

1. Allgemeines

1 Das SachenRBerG setzt im Gegensatz zu § 5 Abs. 1 Buchst. c) VermG den aus der DDR-Terminologie übernommenen Begriff des komplexen Wohnungsbaus und Siedlungsbaus nicht voraus, sondern gibt eine Legaldefinition. Diese geht jedoch über die bisherigen Lösungsversuche der Literatur nicht hinaus (so auch *Jäckle*, OV-spezial 13/94, S. 3–6).

2 Die Bedeutung des Begriffs ist bis heute unklar. Die Literatur hat eine Definition zum Teil kaum versucht (vgl. *Brunner* in „Rechtshandbuch Vermögen und Investitionen in der ehemaligen DDR", Syst. Darst. Teil I Rdz. 64; *Barkam* in „Vermögen in der ehemaligen DDR", § 5 VermG Rdz. 11; ausführlich aber *Supranowitz*, VIZ 1993, 234–241). Letztlich dürfte unter komplexem Wohnungs- und Siedlungsbau schon nach der Literatur zu § 5 VermG eine Bebauung aufgrund eines Gesamtkonzepts zu verstehen sein, aufgrund dessen auf zahlreichen einzelnen Grundstücken neben zumeist mehreren Wohngebäuden auch Straßen und andere Erschließungsanlagen sowie Versorgungseinrichtungen (Geschäfte, Kindertagesstätten, Schulen, Freizeiteinrichtungen, andere öffentliche Einrichtungen) errichtet wurden mit der Folge, daß die ursprünglichen Grundstücksgrenzen ihre Bedeutung verloren haben (wie hier die ausführliche Definition von *Fieberg/Reichenbach* in *Fieberg/Reichenbach/Messerschmidt/Schmidt-Räntsch,* VermG, § 5 Rdz. 24–25).

3 Die in § 11 gegebene Definition hat auch für das BoSoG und das VermG Bedeutung, da sie am Begriffsinhalt selbst nichts ändert.

2. Einzelfragen

a) Wohnungs- und Siedlungsbau

4 Die Begriffe unterscheiden sich nur danach, ob eine Bebauung mit Eigenheimen (Abs. 2 i. V. m. § 5 Abs. 2 und 3) oder Mehrfamilienhäusern (Abs. 1) vorgenommen wurde.

§ 12. Bebauung § 12

b) Standort

§ 11 gibt in Abs. 1 und 2 zugleich eine Definition der von der einheitlichen Konzeption für die Gesamtbebauung betroffenen Grundstücke (Standort).

Auch unbebaute Grundstücke oder die Schließung von Baulücken durch Neubauten können Standort eines komplexen Wohnungs- oder Siedlungsbaus sein, wenn sie planmäßig und faktisch in eine komplexe Wohnanlage einbezogen worden sind.

c) Modernisierung

Kein komplexer Wohnungsbau sind die Baumaßnahmen nach § 7 Abs. 1 VermG i. V. m. dem BMF-Schreiben vom 4. 9. 1992, insbesondere also Um- und Ausbau, Modernisierung, Instandsetzung einschließlich Rekonstruktion. Dies gilt auch für komplexe Rekonstruktionen mit einem Kostenaufwand von mehr als 30% eines vergleichbaren Neubaus, der aber möglicherweise nach § 5 Abs. 1 Buchst. a) VermG nicht zu restituieren ist (zum ganzen *Bundesamt für offene Vermögensfragen*, Rundbrief Nr. 13 vom 12. 1. 1994, sub. D. VII. 2.). Die Legaldefinition schließt diesen Bereich schon ihrem Wortlaut nach aus (BT-Drucks. 12/7425, S. 66).

§ 12 Bebauung

(1) Bebauungen im Sinne dieses Kapitels sind die Errichtung von Gebäuden sowie bauliche Maßnahmen an bestehenden Gebäuden, wenn
1. schwere Bauschäden vorlagen und die Nutzbarkeit des Gebäudes wiederhergestellt wurde (Rekonstruktion) oder
2. die Nutzungsart des Gebäudes verändert wurde
und die baulichen Maßnahmen nach ihrem Umfang und Aufwand einer Neuerrichtung entsprechen.

(2) Hat der Nutzer das Grundstück aufgrund eines Überlassungsvertrages vom staatlichen Verwalter erhalten, sind
1. Aus- und Umbauten, durch die die Wohn- oder Nutzfläche des Gebäudes um mehr als 50 vom Hundert vergrößert wurde, oder
2. Aufwendungen für bauliche Investitionen, deren Wert die Hälfte des Sachwerts des Gebäudes ohne Berücksichtigung der baulichen Investitionen des Nutzers zum Zeitpunkt der Vornahme der Aufwendungen überstiegen,
baulichen Maßnahmen im Sinne des Absatzes 1 gleichzustellen; für die Zeit vom Abschluß des Überlassungsvertrages bis zum Ablauf des 2. Oktober 1990 sind jährlich
a) zwei vom Hundert des Gebäuderestwerts in den ersten fünf Jahren nach dem Vertragsschluß,
b) einhalb vom Hundert des Gebäuderestwerts in den folgenden Jahren
für nicht nachweisbare bauliche Investitionen des Nutzers zusätzlich zu den nachgewiesenen Aufwendungen in Ansatz zu bringen. Frühere Investitionen des Nutzers sind mit ihrem Restwert zu berücksichtigen. Ist der Zeitpunkt der Aufwendungen nicht festzustellen, ist der 2. Oktober 1990 als Wertermittlungsstichtag zugrunde zu legen. Hat der Nutzer nach Ablauf des 2. Oktober 1990 notwendige Verwendungen vorgenommen, sind die dadurch entstandenen Aufwendungen dem nach Satz 1 Nr. 2 zu ermittelten Wert seiner

baulichen Investitionen hinzuzurechnen. Satz 4 ist nicht anzuwenden, wenn mit den Arbeiten nach dem 20. Juli 1993 begonnen wurde.

(3) **Der Bebauung eines Grundstücks mit einem Gebäude steht die Errichtung oder die bauliche Maßnahme an einer baulichen Anlage im Sinne des Satzes 2 gleich.** Bauliche Anlagen sind alle Bauwerke, die nicht Gebäude sind, wenn
1. deren bestimmungsgemäßer Gebrauch durch den Nutzer einen Ausschluß des Grundstückseigentümers von Besitz und Nutzung des Grundstücks voraussetzt,
2. die zur bestimmungsgemäßen Nutzung der baulichen Anlage erforderliche Fläche (Funktionsfläche) sich so über das gesamte Grundstück erstreckt, daß die Restfläche nicht baulich oder wirtschaftlich nutzbar ist, oder
3. die Funktionsfläche der baulichen Anlage nach den baurechtlichen Bestimmungen selbständig baulich nutzbar ist und vom Grundstück abgetrennt werden kann.

Übersicht

	Rdz.		Rdz.
1. Allgemeines	1	4. Besonderheiten bei Überlassungs-	
2. Bebauung	4	verträgen	13
3. Rekonstruktion	10		

1. Allgemeines

1   Der Normalfall (Errichtung eines Gebäudes aufgrund eines Nutzungstatbestands, § 11 Abs. 1 Satz 1 Halbsatz 1 Fall 1) ist unproblematisch. In zahlreichen Fällen wurden jedoch durch Nutzer bestehende Gebäude wiederhergestellt, erweitert oder umgebaut oder andere Bauwerke errichtet. Für diese Fälle ist zu regeln, welche Überschreitung welcher Schwellenwerte zur Anwendung des SachenRBerG führt.

2   Abs. 1 enthält hierbei Vorschriften für alle Nutzungstatbestände, während Abs. 2 nur für Überlassungsverträge mit dem staatlichen Verwalter gilt. In Abs. 3 wird für das SachenRBerG der Begriff des Gebäudes und der baulichen Anlage legal definiert.

3   Der Nutzer ist beweispflichtig für sämtliche Voraussetzungen der Abs. 1–3 mit Ausnahme des Baubeginns nach dem 20. Juli 1993 im Fall des Abs. 2 Satz 5.

2. Bebauung, Abs. 1 und 3

4   Das Gesetz setzt als Oberbegriff den der Bebauung voraus. Gegenstand der Bebauung sind Gebäude und bauliche Anlagen. Die Begriffe sind hierbei in Übereinstimmung mit dem Baurecht des Bundes auszulegen, mit Ausnahme des Begriffs der baulichen Anlage, die in Abs. 3 Satz 2 einschränkend legal definiert wird.

5   a) Eine Bebauung ist hiernach in Übereinstimmung mit dem Begriff der baulichen Anlage in § 29 Satz 1 BauGB bzw. den vorausgesetzten Begriff des

§ 12. Bebauung 6–9 § 12

Bauwerks eine in einer auf Dauer gedachten Weise künstlich mit dem Erdboden verbundene Anlage (BVerwGE 44, 59/62; *Battis/Krautzberger/Löhr,* BauGB, § 29 Rdz. 9f.; aA Begr. BR-Drucks. 515/93, S. 111, die den Begriff der Bebauung auf die Errichtung eines Gebäudes beschränken will). Gebäude sind Bauwerke, die durch räumliche Umfriedung Menschen oder Sachen Schutz gewähren (BGH DB 1972, 2298). Bauliche Anlagen sind Bauwerke, die keine Gebäude sind. Vom SachenRBerG werden sie nur unter den Voraussetzungen des Abs. 3 Satz 2 erfaßt, nach dessen Intention nur bestimmte schutzwürdige weitere Investitionen der Sachenrechtsbereinigung zugänglich sein sollen.

b) Keine Bauwerke sind die in § 29 Satz 3 BauGB genannten „anderen Vorhaben" wie Aufschüttungen und Abgrabungen oder Ausschachtungen und Ablagerungen. Auch einfache, d. h. unbefestigte Lagerplätze sind keine baulichen Anlagen (*Battis/Krautzberger/Löhr,* BauGB, § 29 Rdz. 27). Bauliche Anlagen im Sinne des Baurechts sind hingegen großflächige Werbetafeln (*Battis/Krautzberger/Löhr,* BauGB, § 29 Rdz. 15 m. weit. Nachw.), sie werden aber zumeist nicht die zusätzlichen Voraussetzungen des Abs. 3 Satz 2 erfüllen. Ebenso erfaßt können sein befestigte Lagerplätze oder Sportanlagen. 6

c) Abs. 3 versucht nach der amtlichen Begründung eine Abgrenzung zwischen erfaßten und nicht erfaßten Bauwerken danach, ob zu ihrer Sicherung entweder der Grund erworben wird oder im Fall der Errichtung auf fremden Grund üblicherweise Erbbaurechte bestellt werden oder Dienstbarkeiten ausreichen. Im letzteren Fall sollen die Vorschriften des SachenRBerG nicht anwendbar sein. Zu beachten ist jedoch die Sondervorschrift des § 2 Abs. 1 Nr. 3 (vgl. § 2 Rdz. 10). Anpflanzungen etc., die nach § 27 LPG-Gesetz 1982 Gegenstand selbständigen Eigentums der LPG sein konnten, sind ebenfalls von vornherein nicht erfaßt (keine Bauwerke), sondern Gegenstand des Meliorationsanlagengesetzes (hierzu Einl. Rdz. 102–103). 7

Methodisch ist dieser Ansatz wegen des fließenden Übergangs zwischen Dienstbarkeit und Erbbaurecht nicht unproblematisch. Letztlich wird die in der notariellen Vertragspraxis dokumentierte Verkehrsanschauung maßgeblich sein, wobei es entscheidend auf Art, Größe und Dauerhaftigkeit der Anlage ankommt. Hierbei ist die Verkehrsanschauung auch der alten Bundesländer heranzuziehen; Sonderregeln für das Beitrittsgebiet sind, soweit sie bestehen, nicht von ausschlaggebender Bedeutung. Das Gesetz stellt hier entscheidend auf Mitbenutzungsrechte des Grundstückseigentümers (Abs. 3 Nr. 1), das Maß der Inanspruchnahme des Grundstücks (Abs. 3 Nr. 2) oder die selbständige bauliche Nutzbarkeit der Funktionsfläche im Sinne des § 13 ab (Abs. 3 Nr. 3). Das Kriterium in Nr. 1 erscheint einleuchtend, die Kriterien nach Nr. 2 und 3 sind schwer zu handhaben. 8

Nach der Verkehrsanschauung typischerweise nicht erfaßt sind z. B. auch Trafostationen, Strommasten, Werbeanlagen, Straßen- und Wegeflächen, Rohre zur Ver- und Entsorgung (Sicherung üblicherweise durch Dienstbarkeit), selbst wenn der Grundstückseigentümer nicht zur Mitbenutzung berechtigt ist (Nr. 1) oder die Straßenfläche abtrennbar ist (Nr. 3). 9

§ 12 10–15 Kapitel 2. Nutzung fremder Grundstücke

3. Rekonstruktion, Abs. 1

10 Nach § 27 LPG-Gesetz 1982 und § 13 LPG-Gesetz 1959 führten bloße Aus- und Umbauten an anderen Gebäuden nicht zur Entstehung und zum Erwerb von Gebäudeeigentum. Anders verhält es sich dann, wenn der Nutzer einem Neubau vergleichbare Investitionen vorgenommen hat, die zur Entstehung von Gebäudeeigentum nach § 27 LPG-Gesetz 1982 geführt hätten oder – außerhalb des Bereichs landwirtschaftlicher Produktionsgenossenschaften – durch ein Nutzungsrecht hätten abgesichert werden können bzw. müssen.

11 Das Gesetz regelt in Abs. 1 Nr. 1 und 2 entsprechende Fälle. Ob diese vorliegen, ist im wesentlichen Tatfrage. Dies gilt insbesondere für die Frage, ob Rekonstruktionsmaßnahmen einer „Neuerrichtung entsprechen". Hierbei ist auf das Ausmaß der Arbeiten abzustellen, d. h. insbesondere auf Kosten und bautechnischen Aufwand. Jedenfalls wird in der Regel eine komplette Entkernung ausreichen, eine bloße Fassadensanierung oder Dachreparatur genügen nicht. In der Regel kann von einer Rekonstruktion nur gesprochen werden, wenn das betreffende Gebäude eine unbewohnbare Ruine war.

12 Der Zeitpunkt für die Vornahme der baulichen Maßnahmen bestimmt sich nach § 8.

4. Besonderheiten bei Überlassungsverträgen, Abs. 2

13 Die Errichtung von Neubauten durch Überlassungsnehmer ist bereits von Abs. 1 erfaßt. Abs. 2 erhält Sonderregelungen für den Aus- und Umbau (Satz 1 Nr. 1) oder sonstige bauliche Investitionen (Satz 1 Nr. 2). Der in Nr. 1 geregelte Fall ist in Nr. 2 enthalten und nur wegen der leichteren Entscheidbarkeit im Streitfall (Begr. BR-Drucks. 515/93, S. 111) gesondert geregelt.

14 a) Die Vorschrift trägt den Besonderheiten der sog. Überlassungsverträge Rechnung (§ 1 Rdz. 34–37). Diese Verträge stehen zwischen schuldrechtlichen und verdinglichten Nutzungstatbeständen (vgl. allgemein zur Abgrenzung § 1 Rdz. 8–13). Wegen der zumeist unverbindlich in Aussicht gestellten Möglichkeit, das Grundstück nach Ablauf der Vertragsdauer zu erwerben, haben die Überlassungsnehmer oft wie ein Grundstückseigentümer Verwendungen in das aufstehende Gebäude vorgenommen oder Neubauten errichtet. Die zeitliche Schranke der Berücksichtigungsfähigkeit dieser Investitionsmaßnahmen (§ 8 Nr. 3) ist für notwendige Verwendungen des Überlassungsnehmers in § 12 Abs. 2 Satz 4 und 5 modifiziert. In diesen speziellen Fall können (notwendige) Verwendungen noch nach dem Wirksamwerden des Beitritts nach Abs. 2 in Ansatz gebracht werden. Die zeitliche Grenze in Satz 5 bezeichnet den Tag des Erlöschens des Vertrauensschutzes (Beschluß des Bundeskabinetts über den Regierungsentwurf).

15 b) Abs. 2 Satz 4 stellt eine Billigkeitsregelung zugunsten des Nutzers dar und ist keiner Erweiterung zugänglich. An sich wäre die Berücksichtigung nach dem Beitritt vorgenommener Verwendungen im Rahmen der Sachen-

§ 12. Bebauung

rechtsbereinigung systemfremd, da ab dem 3. 10. 1990 kein Vertrauen auf die Anerkennung vorgenommener baulicher Investitionen durch das Sachenrecht mehr bestand (BT-Drucks. 12/5992, S. 207f.). Die Ausnahme von diesem Grundsatz für notwendige Verwendungen, denen sich der Nutzer nicht entziehen konnte, stellt eine Härteregelung dar.

Der Begriff der notwendigen Verwendungen bestimmt sich nach § 994 **16** BGB. Paradefälle sind die Sanierung und Reparatur eines defekten und daher undichten Daches (so auch BT-Drucks. 12/5992, S. 208) oder Maßnahmen zur Bekämpfung aufsteigender Feuchtigkeit. Bloßer Modernisierungsaufwand (z. B. Einbau einer Zentralheizung) ist nicht notwendig in diesem Sinne (Begr., aaO).

c) Die Subsumtion unter Abs. 2 Satz 1 Nr. 1 zeichnet sich durch Praktikabilität aus. Die Wohn- und Nutzfläche des Gebäudes ist entsprechend §§ 42ff. der II. Berechnungsverordnung festzustellen und so leicht durch Sachverständigengutachten ermittelbar (Begr. BR-Drucks. 515/93, S. 111). **17**

d) Abs. 2 Satz 1 Nr. 2 birgt für den Nutzer Beweisprobleme. Im Interesse **18** des Nutzers wird nicht nach Nr. 3.8 der Wertermittlungsrichtlinien verfahren; hiernach müßte der jetzige Restwert der Investitionen mit dem jetzigen Wert des Objekts ohne Investition verglichen werden. Der beitrittsbedingte Wertzuwachs einerseits und der größere Wertverzehr der Investitionen andererseits würden den Nutzer benachteiligen. Andererseits würde die Festsetzung des Wertes nach den Ansätzen in den Überlassungsverträgen den Grundstückseigentümer benachteiligen (Begr. BR-Drucks. 515/93, S. 111). Daher nimmt Abs. 2 Satz 1 Nr. 2 einen Wertvergleich zwischen dem Sachwert des Gebäudes (§§ 21ff. WertermittlungsVO) zum heutigen Wert und dem Wert der Aufwendungen zum Zeitpunkt ihrer Vornahme vor (Begr. BR-Drucks. 515/93, S. 111).

Zusätzlich sieht Abs. 2 Satz 1 Halbsatz 2 eine weitere Pauschalierung der **19** Wertsteigerung aufgrund nicht nachweisbarer baulicher Investitionen im Wege einer Fiktion zugunsten des Nutzers vor. Hierbei ergibt sich folgende Rechnung:

Abschluß des Überlassungsvertrags: 2. 1. 1982
Wert der nachweisbaren Investitionen im Jahr 1982: 100
fiktive Erhöhung: 10 (Jahre 1982 mit 1986)
                 1,5 (Jahre 1987 mit 1989)
                 0,375 (1.1.–30. 9. 1990).

Summe: 111,875.

e) Zumeist werden die Investitionsmaßnahmen sich schon wegen der **20** Knappheit von Baumaterial in der DDR über einen längeren Zeitraum (mehrere Jahre) erstreckt haben und auch schon vor Abschluß des Überlassungsvertrags vorgenommen worden sein (frühere Investitionen des Nutzers im Sinne des Abs. 2 Satz 2). In diesem Fall sind einzelne Investitionen mit ihren jeweiligen Restwerten zu berücksichtigen (Abs. 2 Satz 2). Ausreichend für Abs. 2 Satz 1 Nr. 2 ist hierbei, daß im gesamten Investitionszeitraum die Summe der zu einem bestimmten Zeitpunkt vorhandenen Investitionen die Schwelle von 50% des Sachwerts des Gebäudes überschritten haben. Das muß nicht notwendigerweise im Zeitpunkt der letzten Investition der Fall gewesen sein.

§ 13 1 Kapitel 2. Nutzung fremder Grundstücke

21 Folgendes Beispiel dient der Illustration; 10% Wertverzehr pro Jahr werden zugrundegelegt, der Überlassungsvertrag wird im Jahr 5 abgeschlossen:

Jahr	0	5	10	15
Investition in DM	100	300	100	50
Summen	100	**350**	250	100

Entscheidend ist somit, ob der Aufwand von 350 im Jahr 5 die Hälfte des aktuellen Sachwerts übersteigt.

22 Dem Interesse des Grundstückseigentümers, für den noch vorhandenen Restwert seines Gebäudes und der von ihm herrührenden Grundstückseinrichtungen einen angemessenen Gegenwert zu erhalten, wird durch § 45 bzw. § 74 gewahrt.

23 f) Stichtag der Wertermittlung ist der Zeitpunkt ihrer Vornahme, frühestens jedoch die Erlangung des Besitzes aufgrund Überlassungsvertrags vom staatlichen Verwalter (arg. Abs. 2 Satz 1 Halbsatz 1 und Satz 2). Abs. 2 Satz 3 sieht als fiktiven Wertermittlungsstichtag den 2. 10. 1990 vor, wenn der Zeitpunkt der Aufwendungen nicht festzustellen ist.

§ 13 Abtrennbare, selbständig nutzbare Teilfläche

(1) **Eine Teilfläche ist abtrennbar, wenn sie nach Vermessung vom Stammgrundstück abgeschrieben werden kann.**

(2) **Eine Teilfläche ist selbständig baulich nutzbar, wenn sie gegenwärtig oder nach der in absehbarer Zeit zu erwartenden städtebaulichen Entwicklung bebaut werden kann. Sie ist auch dann selbständig baulich nutzbar, wenn sie zusammen mit einem anderen Grundstück oder mit einer von einem solchen Grundstück abtrennbaren Teilfläche ein erstmals selbständig bebaubares Grundstück ergibt.**

(3) **Abtrennbarkeit und selbständige bauliche Nutzbarkeit sind gegeben, wenn eine Teilungsgenehmigung nach § 120 erteilt worden ist.**

Übersicht

	Rdz.		Rdz.
1. Allgemeines	1	3. Selbständige bauliche Nutzbarkeit	3
2. Abtrennbarkeit	2	4. Beweislast	11

1. Allgemeines

1 § 13 enthält insgesamt 2 Legaldefinitionen, die vor allem in den Eigenheimfällen von Bedeutung sind. Die Vorschrift ist sowohl für § 12 Abs. 3 Satz 2 Nr. 3, als auch für § 26 von Belang. Nach letzterer Vorschrift kann der Grundstückseigentümer über die Regelgröße hinausgehende Flächen herausverlangen oder deren Übernahme zum vollen Bodenwert idR dann verlangen kann, wenn diese „abtrennbar" und „selbständig baulich nutzbar" sind.

§ 13. Abtrennbare, selbständig nutzbare Teilfläche

2. Abtrennbarkeit, Abs. 1

Hinsichtlich der Abtrennbarkeit wird in Abs. 1 primär auf die faktische Möglichkeit abgestellt, die Fläche als selbständiges Grundstück (Flurstück) vom Stammgrundstück abzuschreiben. Dies ist nahezu stets möglich (so auch Begr. BR-Drucks. 515/93, S. 112). Nicht erforderlich ist das Fortbestehen der Teilfläche als Grundstück im Rechtssinne, die Möglichkeit der Zuschreibung zu einem Nachbargrundstück ohne Vergabe einer eigenen Flurstücknummer (Zuflurstück) reicht aus (zum Zuflurstück *Palandt-Bassenge,* Vor § 873 Rdz. 1).

3. Selbständige bauliche Nutzbarkeit, Abs. 2

Für die selbständige bauliche Nutzbarkeit ist abzustellen auf die Festsetzungen eines etwa bestehenden Bebauungsplans, in Ermangelung eines solchen auf die §§ 29 bis 38 BauGB in Verbindung mit der Baunutzungsverordnung. Nutzbarkeit zur Bebauung mit einem Gebäude, etwa zur Wohnbebauung, ist nicht erforderlich. Die Nutzbarkeit durch Bebauung mit einem Bauwerk reicht aus, vgl. auch § 12 Abs. 3 Satz 2 Nr. 3.

a) Im Normalfall liegen die Voraussetzungen des Abs. 2 dann vor, wenn die abgeschriebene Teilfläche einen neuen „Bauplatz" ergibt. Satz 2 erweitert diesen Fall durch Einräumung der Möglichkeit, die selbständige bauliche Nutzbarkeit erst in Verbindung mit einem Nachbargrundstück oder der abtrennbaren (Abs. 1) Teilfläche eines Nachbargrundstücks herzustellen. Rechtstechnisch geschieht dies durch
– Vereinigung mit dem Nachbargrundstück bzw. einer Teilfläche aus diesem.
– Zuschreibung des Nachbargrundstücks bzw. einer Teilfläche desselben zum abgetrennten Grundstücksteil des von der Sachenrechtsbereinigung betroffenen Grundstücks.
– Zuschreibung zum Nachbargrundstück bzw. zu einer Teilfläche desselben.

b) Von § 13 Abs. 2 Satz 2 nicht erfaßt sein soll die letztgenannte Möglichkeit der Herstellung selbständiger baulicher Nutzbarkeit durch ganze oder teilweise Zuschreibung zum Nachbargrundstück (Begr. BR-Drucks. 515/93, S. 112). Hieraus schließt die Gesetzesbegründung (aaO), daß der Nutzer die Abschreibung übergroßer Flächen nach § 26 Abs. 1 nur zu dulden bzw. Erbbauzins und Kaufpreis für diese Flächen nur dann nach §§ 43 Abs. 2 Nr. 1 b), 70 Abs. 3 zu zahlen hat, wenn die betreffenden Flächen bereits für sich selbständig baulich nutzbar sind und diese Eigenschaft erst nicht in Verbindung mit einem Nachbargrundstück erlangen.

Diese Auffassung ist abzulehnen. Denn § 13 Abs. 2 Satz 2 gilt seinem Wortlaut und Sinn und Zweck nach nicht nur zugunsten des Nutzers, sondern auch zugunsten des Grundstückseigentümers. Die Voraussetzungen des § 13 sind auch in diesem Fall erfüllt, denn Abs. 2 setzt nicht voraus, daß die nach § 26 Abs. 1 aufzulassende Teilfläche ein selbständiges Flurstück ist.

§ 14   Kapitel 2. Nutzung fremder Grundstücke

Erforderlich ist nur die rechtliche Möglichkeit, das Nachbargrundstück bzw. eine Teilfläche hieraus der Fläche nach § 26 Abs. 1 zuzuschreiben und eventuell das entstehende Grundstück mit der Restfläche des Nachbargrundstücks rechtlich zu vereinigen. Ist diese Möglichkeit gegeben, so ist kein Grund ersichtlich, warum nicht aus Gründen der Praktikabilität die Zuschreibung der „überschüssigen Teilfläche" nach § 26 Abs. 1 zum Nachbargrundstück vorgenommen werden kann, sondern statt dessen das Nachbargrundstück der Teilfläche zugeschrieben werden muß.

8   c) Abs. 2 Satz 2 ist seinem Sinn und Zweck nach jedoch nur anwendbar, wenn die bauliche Nutzbarkeit des Nachbargrundstücks durch den Nutzer des Grundstücks bzw. die bauliche Nutzbarkeit des Trennstücks durch den Nutzer des Nachbargrundstücks auf Dauer rechtlich gesichert ist (Erwerb, Erbbaurecht, Dienstbarkeit).

9   Ist auch nach §§ 28 ff. BauGB eine selbständige bauliche Nutzbarkeit nicht gegeben, so reicht aus, wenn diese nach der „in absehbaren Zeit zu erwartenden städtebaulichen Entwicklung" gegeben sein wird. Insoweit ist entsprechend § 4 Abs. 2 der Wertermittlungsverordnung (hins. Bauerwartungsland) abzustellen auf
– die Ausweisungen in einem Flächennutzungsplan,
– das Verhalten der Gemeinde in vergleichbaren Fällen,
– die allgemeine städtebauliche Entwicklung.

10   Zu letzterem wird ein Beweis durch Sachverständigengutachten möglich sein, da sich zu derartigen Fragen wegen der damit verbundenen Bezugsfälle schaffenden öffentlichen Festlegung Zeugen aus dem Bereich der Kommunalverwaltung in der Regel kaum finden werden.

4. Beweislast

11   Abs. 3 erleichtert dem Grundstückseigentümer den von ihm nach Abs. 1 und 2 zu führenden Beweis, indem es die Abtrennbarkeit und selbständige bauliche Nutzbarkeit des Trennstücks bei Vorliegen einer entsprechenden Teilungsgenehmigung nach § 19 BauGB i. V. m. § 120 SachenRBerG fingiert. Dies gilt unabhängig von etwaigen Nebenbestimmungen der Genehmigung (insbesondere Auflagen).

12   Wegen der Unwiderleglichkeit der Beweisregel in Abs. 3 wird dem Nutzer in aller Regel die erforderliche Befugnis für Widerspruch und Anfechtungsklage gegen diese Genehmigung zuzubilligen sein, § 42 Abs. 2 VwGO.

Unterabschnitt 4. Erbbaurecht und Ankauf

§ 14 Berechtigte und Verpflichtete

(1) **Durch die in diesem Kapitel begründeten Ansprüche werden der jeweilige Nutzer und Grundstückseigentümer berechtigt und verpflichtet. Kommen nach § 9 Abs. 1 Satz 1 mehrere Personen als Nutzer in Betracht, ist im Verhältnis zueinander derjenige Nutzer, der eine Bebauung nach § 12 vorgenommen hat.**

§ 14. Berechtigte und Verpflichtete § 14

(2) Die begründeten Ansprüche können nur mit dem Eigentum am Grundstück oder dem selbständigen Eigentum am Gebäude, dem Nutzungsrecht, den Rechten des Nutzers aus einem Überlassungsvertrag oder dem Besitz an dem mit Billigung staatlicher Stellen vom Nutzer errichteten oder erworbenen Gebäude übertragen werden, es sei denn, daß die Abtretung zu dem Zweck erfolgt, Grundstücke entsprechend der Bebauung zu bilden und an diesen Erbbaurechte zu bestellen oder die Grundstücke an den Nutzer zu veräußern.

(3) Ein Vertrag, aus dem ein Teil verpflichtet wird, die Ansprüche auf Bestellung eines Erbbaurechts oder zum Ankauf des Grundstücks oder eines Gebäudes oder einer baulichen Anlage zu übertragen, bedarf vom 1. Oktober 1994 an der notariellen Beurkundung. Ein ohne Beobachtung der Form geschlossener Vertrag wird seinem ganzen Inhalt nach gültig, wenn
1. der Erwerber als neuer Eigentümer des Grundstücks oder Gebäudes in das Grundbuch eingetragen wird,
2. ein die Rechte des Erwerbers sichernder Vermerk nach Artikel 233 § 2c Abs. 2 des Einführungsgesetzes zum Bürgerlichen Gesetzbuche oder nach § 92 Abs. 5 in das Grundbuch eingetragen wird oder
3. die in diesem Gesetz für den Grundstückseigentümer oder den Nutzer begründeten Ansprüche erfüllt worden sind.

Übersicht

	Rdz.
I. Allgemeines	1
1. Sachenrechtsbereinigungs-Rechtsverhältnis	1
2. Rechtsnatur der Ansprüche nach dem SachenRBerG	2
II. Beteiligte	3
1. Rechtsnachfolge	3
2. Innenverhältnis von Nutzern	10
3. Mehrere Nutzer oder Grundstückseigentümer im Außenverhältnis	13
4. Verfahrensrecht	18
a) Einfache Streitgenossenschaft	18
b) Notwendige Streitgenossenschaft	19
c) Streitgenossenschaft im Vermittlungsverfahren	20
d) Parteiwechsel	22

	Rdz.
III. Übertragung von Ansprüchen	23
1. Anwendungsbereich	23
2. Gestaltung der Abtretung	24
IV. Formvorschrift	28
1. Formzweck	28
2. Umfang des Formerfordernisses	29
3. Heilung des Formverstoßes	31
V. Wirkung von Verfügungsbeschränkungen	34
1. Konkurs, Gesamtvollstreckung	34
2. Testamentsvollstreckung	35
3. Nachlaßverwaltung	36
4. Nacherbfolge	37
VI. Erlöschen von Ansprüchen nach dem SachenRBerG	42
1. Allgemeines	42
2. Beispielsfälle	45

I. Allgemeines

1. Sachenrechtsbereinigungs-Rechtsverhältnis

1   Durch das SachenRBerG wird das bestehende und durch den Einigungsvertrag anerkannte Rechtsverhältnis zwischen Grundstückseigentümer und Nutzer nicht geschaffen, sondern nur modifiziert. Dies ergibt sich aus Art. 233 §§ 2b Abs. 8, 3 Abs. 2 und 8 Satz 1 EGBGB für die dort genannten Nutzungsrechte. Für die übrigen im SachenRBerG geregelten Nutzungstatbestände folgt dies aus einer an Art. 3 Abs. 1 GG orientierten Auslegung des Bereinigungsvorbehalts im EGBGB in der Fassung von Anlage I zum Einigungsvertrag.

2. Rechtsnatur der Ansprüche nach dem SachenRBerG

2   Diese Feststellung hat auch Konsequenzen für die Rechtsnatur der Ansprüche nach dem SachenRBerG. Bei diesen handelt es sich somit nicht um rein schuldrechtliche Ansprüche, sondern um Ansprüche, die aus einem dinglichem Recht (Eigentum, Rechte nach Art. 233 EGBGB) bzw. einer verdinglichten Nutzungsposition resultieren. Somit unterliegen die Ansprüche nach dem SachenRBerG den allgemeinen Regeln für dingliche Ansprüche. Das heißt insbesondere, daß Ansprüche nach dem SachenRBerG sind nicht selbständig, sondern nur zusammen mit der zugrundeliegenden dinglichen Rechtsposition bzw. dem entsprechenden Nutzungstatbestand übertragbar sind, § 399 Alt. 1 BGB (*Palandt-Bassenge,* Einl. vor § 854 Rdz. 10; BGHZ 49, 263/265). Dies stellen § 14 Abs. 1 Satz 1 und Abs. 2 klar.

II. Beteiligte

1. Rechtsnachfolge, Abs. 1 Satz 1

3   a) Die Ansprüche und Verpflichtungen nach dem SachenRBerG (Sachenrechtsbereinigungsverhältnis) fließen unmittelbar aus dem Inhalt des Eigentums bzw. des Nutzungstatbestands. Schon hieraus ergibt sich, daß hiermit verknüpfte Rechte und Pflichten unmittelbar auf Rechtsnachfolger des Grundstückseigentümers/Nutzers übergehen. Das Gesetz stellt klar, daß insoweit vorbehaltlich § 111e ein gutgläubig lastenfreier Erwerb nicht stattfinden kann. Die Anwendung der §§ 892, 893 BGB ist insoweit eingeschränkt. Zur Wirkung von Verfügungsbeschränkungen auf Seiten des Grundstückseigentümers/Nutzers siehe unten Rdz. 34–41.

4   b) Die Sachenrechtsbereinigung kann vorbehaltlich § 3 Abs. 3 Satz 2 Nr. 2 und 3, § 30 und § 94 Abs. 1 Nr. 1 auch im Verhältnis zwischen Nutzer und Verfügungsberechtigtem durchgeführt werden (siehe auch Einl. Rdz. 138). Der Restitutionsberechtigte hat das erzielte Ergebnis grundsätzlich zu übernehmen, soweit ihm gegenüber die Ansprüche nach dem SachenRBerG geltend gemacht werden könnten. Zur nachträglichen Geltendmachung von Einreden und Einwendungen siehe Vorbem. vor §§ 28, Rdz. 27–29.

§ 14. Berechtigte und Verpflichtete 5–9 § 14

Mit Bestandskraft des Bescheids über Rückübertragung tritt der Restitu- 5
tionsberechtigte kraft Gesetzes in das auf Beurkundung hin gerichtete Verfahren vor dem Notar ein, das mit dem Ersuchen auf Vornahme der Amtshandlung eingeleitet, damit anhängig und mit Endvollzug der Urkunde abgeschlossen ist (Parteiwechsel kraft Gesetzes; dazu auch unten Rdz. 22).
§§ 265, 325 ZPO gelten nicht, da kein gutgläubig „bereinigungsfreier" Erwerb vorgesehen ist. Vor Vollzug einer Vereinbarung ist der Restitutionsberechtigte jedoch an das bislang erzielte Verfahrensergebnis nicht gebunden. Diese Grundsätze gelten auch für den Eintritt in ein nach § 94 Abs. 1 Nr. 1 ausgesetztes oder im Hinblick auf das Bekanntwerden des Restitutionsverfahrens dann auszusetzendes Vermittlungsverfahren (Wiederaufnahme durch den Restitutionsberechtigten oder den Nutzer nach Eintritt der Bestandskraft des Rückübertragungsbescheids, jedoch ohne Bindung an das bisherige Verfahrensergebnis).

Allerdings wird dem Vollzug einer im Zuge der Sachenrechtsbereinigung 6
getroffenen Vereinbarung zwischen Nutzer und Verfügungsberechtigtem im Grundbuch das Erfordernis der Genehmigung nach § 2 Abs. 1 Satz 1 Nr. 1 bzw. 2 GVO i. d. F. vom 20. 12. 1993 (BGBl. I, 2221) entgegenstehen, soweit der Restitutionsberechtigte dem Ergebnis des Verfahrens nicht zugestimmt hat oder die Genehmigung nach der GVO aufgrund eines Investitionsvorrangbescheides nach § 11 Abs. 1 InVorG nicht erforderlich ist.

Der Verfügungsberechtigte kann im Außenverhältnis die dem Grund- 7
stückseigentümer nach dem SachenRBerG zustehenden Rechte nach freier Entscheidung geltend machen. Im Innenverhältnis ist er bis zum Erlaß des Restitutionsbescheids dem potentiellen Restitutionsberechtigten bei der Durchführung der Sachenrechtsbereinigung nach den Grundsätzen der (zumeist öffentlichrechtlichen) Geschäftsführung ohne Auftrag entsprechend §§ 677ff. BGB verpflichtet, sofern nichts anderes vereinbart ist. In der Zeit zwischen Erlaß des Restitutionsbescheids und dessen Bestandskraft gilt gegenüber dem im Bescheid benannten Restitutionsberechtigten Auftragsrecht, d. h. der Verfügungsberechtigte unterliegt den Weisungen des Auftraggebers, es sei denn, der Bescheid ist durch Dritte angefochten.

Im Ergebnis empfiehlt es sich, die Sachenrechtsbereinigung im Verhältnis 8
zwischen Verfügungsberechtigten und Nutzer wenn überhaupt unter Beteiligung aller bekannten Restitutionsberechtigten durchzuführen. Empfehlenswert ist dies in der Regel jedoch nicht. Ausnahmen kommen dann in Betracht, wenn das Interesse des Nutzers an schneller Beleihbarkeit der von ihm errichteten Gebäude außer Verhältnis zur voraussichtlichen Dauer des Restitutionsverfahrens steht (insbesondere in Fällen möglicherweise komplexen Wohnungsbaus mit erheblichem Renovierungsbedarf und Verwaltungsrechtsstreit über Fragen des § 5 Abs. 1 Buchst. c) VermG).

c) Beabsichtigt der Nutzer investive Maßnahmen i. S. d. § 3 InVorG, so 9
kann er die Erteilung eines Investitionsvorrangbescheids nach §§ 4ff. InVorG beantragen und mit dem Verfügungsberechtigten einen investiven Kauf- oder Erbbaurechtsvertrag über das Grundstück nach § 8 InVorG schließen. Die Durchführung der Sachenrechtsbereinigung ist dann nicht mehr notwendig.

2. Innenverhältnis von Nutzern, Abs. 1 Satz 2

10 a) Die Vorschrift regelt die Berechtigung mehrerer Nutzer zur Geltendmachung der Ansprüche nach dem SachenRBerG. Das Gesetz setzt hierbei voraus, daß die Vornahme einer Bebauung durch den Rechtsvorgänger eines Nutzungsprätendenten dem Rechtsnachfolger zugute kommt. Mit den Worten „im Verhältnis zueinander" stellt das Gesetz klar, daß hier nur das Innenverhältnis mehrerer Nutzer bestimmt ist. Das Außenverhältnis der Nutzer ist damit noch nicht geregelt (vgl. unten Rdz. 13–17).

11 b) Die Berechtigung der Nutzer nach § 9 Abs. 1 Satz 2 ist, falls es nicht zu einer Einigung kommt, durch Feststellungsklage (§§ 108 Abs. 1 und 3 SachenRBerG i. V. m. 256 ZPO) zu klären. Ein Vermittlungsverfahren findet nicht statt. Kommt es nicht zu einer Streitverkündung an den Grundstückseigentümer nach §§ 108 Abs. 3, 9 Abs. 1 Satz 2, so wirkt ein im Prätendentenstreit zwischen Nutzern ergangenes rechtskräftiges Urteil nur zwischen diesen. Streitverkündung an den Grundstückseigentümer ist somit ratsam, dessen Beitritt zum Verfahren jedoch schon aus Kostengründen nicht zwingend erforderlich (näher § 108 Rdz. 18).

12 c) § 14 Abs. 1 Satz 2 wird ergänzt durch die Sonderregel des § 9 Abs. 4 für Ehegatten; diese Vorschrift geht vor, auch wenn nur ein Ehegatte oder dessen Rechtsvorgänger eine Bebauung im Sinne des § 12 vorgenommen hatte.

3. Mehrere Nutzer oder Grundstückseigentümer im Außenverhältnis

13 a) Das Sachenrechtsbereinigungsgesetz regelt nicht, in welchem Schuldverhältnis mehrere Grundstückseigentümer einem oder mehreren Nutzern bzw. mehrere Nutzer einem oder mehreren Grundstückseigentümern gegenüber stehen. Insoweit gelten die allgemeinen Grundsätze. Es ist danach zu differenzieren, ob eine teilbare oder eine unteilbare Leistung geschuldet wird.

14 b) Teilbar ist die Leistung nach dem SachenRBerG, wenn sie sich auf rechtliche selbständige Erbbaurechte (auch Erbbaurechte nach § 39 Abs. 1, 2 (u. U.) oder 3) oder den Ankauf realer Grundstücks(teil-)flächen richtet. In diesem Fall gelten die Regelungen des § 420 BGB über Teilschuldner und Teilgläubiger.

15 c) Eine unteilbare Leistung liegt vor, wenn die Begründung von Wohnungs- und Teilerbbaurechten nach § 40 bzw. Wohnungs- und Teileigentum nach § 67 geltend gemacht wird. Denn in diesen Fällen kann der Grundstückseigentümer nur an eine Mehrheit von Nutzern gemeinschaftlich leisten. Unteilbare Leistung ist auch der Anspruch auf Ankauf einer Teilfläche oder auf Bestellung eines Erbbaurechts, wenn die erfaßte Fläche nach §§ 21 ff. auf einem Grundstück oder mehreren Grundstücken liegt, die im Eigentum von mehr als einer Person stehen (Gesamterbbaurecht nach § 39 Abs. 2 an Grundstücken verschiedener Eigentümer, Anspruch bzgl. eines Grundstücks in Bruchteilsgemeinschaft). Unteilbar ist weiter die Leistung an mehrere Nutzungsberechtigte bezüglich eines einheitlichen Nutzungstatbestandes (z. B. im Fall des § 9 Abs. 4 oder bei Innehabung eines Nutzungsrechts in Miteigentum zu Bruchteilen nach § 40 Abs. 1 Nr. 1 und 2).

§ 14. Berechtigte und Verpflichtete

In Fällen unteilbarer Leistung gelten die Regelungen der §§ 421 ff., 432 **16**
BGB. Der Grundstückseigentümer kann somit z. B. nicht nach § 428 BGB
mit befreiender Wirkung an einen von mehreren Nutzern leisten, der den
Anspruch nach § 40 geltend macht (etwa durch Bestellung eines Erbbaurechts
zugunsten dieses Nutzers, der im Innenverhältnis zur Aufteilung verpflichtet
wäre). Er hat daher ein Leistungsverweigerungsrecht, bis sämtliche betroffenen Nutzer zur Mitwirkung bereit sind.

d) Schließlich kommt eine Berechtigung bzw. Verpflichtung nach den **17**
Grundsätzen der Gesamthand in Betracht. Sie ist gegeben bei Berechtigungen
in Gesellschaft bürgerlichen Rechts, ehelicher Vermögensgemeinschaft, Gütergemeinschaft und Erbengemeinschaft.

4. Verfahrensrecht

a) Einfache Streitgenossenschaft

Teilschuldner und Gesamtschuldner, Teilgläubiger und Gesamtgläubiger **18**
sind im Vermittlungs- und im gerichtlichen Verfahren grundsätzlich einfache
Streitgenossen nach §§ 59–61, 63 ZPO. Im Fall der Gesamtschuldner- oder
-gläubigerschaft ist Verfahrensverbindung ratsam, im Fall der Teilschuldner-
oder -gläubigerschaft nicht zwingend.

b) Notwendige Streitgenossenschaft

Unter den Voraussetzungen des § 62 ZPO, d. h. bei Aktiv- oder bei Passiv- **19**
prozessen einer Gesamthand über dingliche Rechtsänderungen sind mehrere
Beteiligte notwendige Streitgenossen (z. B. Erbengemeinschaft). Keine notwendigen Streitgenossen sind die Nutzer im Fall der §§ 40, 67, da der Streit
anders als im Fall BGH NJW-RR 1991, 333 um die Begründung einer Gemeinschaft nach dem WEG geht, nicht um Erklärungen einer bestehenden
Gemeinschaft der Wohnungseigentümer bzw. Wohnungserbbauberechtigten. Notwendige Streitgenossen sind hingegen die Bruchteilseigentümer eines Grundstücks bzw. die Bruchteilsnutzer unselbständiger nicht abgeschlossener Einheiten (also nicht im Fall des § 40 Abs. 1), z. B. also im gesetzlichen
Güterstand lebende Ehegatten.

c) Streitgenossenschaft im Vermittlungsverfahren

Im Fall einfacher Streitgenossenschaft empfiehlt sich in der Regel die Verbindung mehrerer Vermittlungsverfahren (§ 89 Rdz. 21–24). **20**

Im Fall notwendiger Streitgenossenschaft ist auch das Vermittlungsverfah- **21**
ren grundsätzlich mit allen Beteiligten durchzuführen, es sei denn, passiv
Beteiligte haben ihre Unterwerfung unter das Verfahrensergebnis erklärt
(*Thomas-Putzo*, § 62 Rdz. 11–14; *Zöller-Vollkommer*, § 62 Rdz. 18; BGH NJW
1992, 1101/1102; BGH NJW-RR 1991, 333/334). Möglich ist dies auch durch
Erteilung einer entsprechenden Vollmacht mit Auftrag. Im Fall des Widerrufs
der Vollmacht oder im Fall der Nichtbeteiligung entfällt die Verfahrensführungsbefugnis und die Sachlegitimation des am Verfahren beteiligten Teils.
Zur Säumnis bei notwendiger Streitgenossenschaft siehe § 96 Rdz. 17.

d) Parteiwechsel

22 aa) Bei Veräußerung des Grundstücks finden die §§ 265, 325 ZPO keine Anwendung, soweit ein Vermerk nach Art. 233 § 2c EGBGB oder nach § 92 Abs. 5 in das Grundbuch eingetragen worden ist. Die Veräußerung ist dann entsprechend § 883 Abs. 2 BGB dem Erwerber des Grundstücks gegenüber unwirksam.

bb) Bei Veräußerung des Gebäudes oder des Nutzungstatbestands gilt entsprechendes, sofern ein Vermerk nach § 92 Abs. 5 Satz 3 im Gebäudegrundbuch eingetragen wurde. Andernfalls gelten die allgemeinen Regeln des Parteiwechsels, §§ 265, 325 ZPO.

III. Übertragung von Ansprüchen, Abs. 2

1. Anwendungsbereich

23 Die Vorschrift enthält letztlich nur eine Klarstellung, welche sich als unmittelbare Folge der Rechtsnatur der Ansprüche nach dem SachenRBerG ergibt (vgl. oben Rdz. 2 und § 3 Rdz. 2). Die Materialien (Begr. BR-Drucks. 515/93, S. 113) wollen hingegen in irriger Weise eine Akzessorietät zwischen dinglichem Recht und Anspruch nach dem SachenRBerG begründen und zitieren hierfür § 1153 Abs. 2 BGB. Die Gesetzesbegründung übersieht hierbei, daß dann hinsichtlich der nicht im Einigungsvertrag geregelten Nutzungstatbestände die Begründung von Ansprüchen nach dem SachenRBerG sich nicht aus dem Inhalt der betreffenden Nutzungstatbestände ergäbe.

2. Gestaltung der Abtretung

24 a) Im Unterschied zu dinglichen Rechten, deren Ansprüche allenfalls zur Ausübung überlassen werden können, läßt Abs. 2 Halbsatz 2 allerdings eine Abtretung im beschränktem Umfang zu. Die Gesetzesmaterialien (Begr. BR-Drucks. 515/93, S. 113) haben hierbei nur den Fall vor Augen, daß erst der Bebauung entsprechende Grundstücke gebildet werden müssen, die dann verkauft bzw. mit Erbbaurechten belastet werden können. Dies sei insbesondere im komplexen Wohnungs- und Siedlungsbau der Fall, wobei die Abtretung nur an eine Gebietskörperschaft oder einen anderen Träger der Umlegung zur Erleichterung der Sachenrechtsbereinigung denkbar sei.

25 b) Die Abtretung der Ansprüche nach Abs. 2 Halbsatz 2 führt in den genannten Fällen zu einer treuhänderischen Stellung des Zessionars im Verhältnis zu den übrigen Nutzern. Zur Durchführung einer privaten Umlegung (§ 24 Rdz. 4–6) kann sie möglicherweise von Vorteil sein.

26 Der gestaltende Notar muß hierbei jedoch stets im Auge haben, daß das der Abtretung zugrundeliegende Schuldverhältnis (Geschäftsbesorgungs- und Treuhandvertrag) der detaillierten vertraglichen Regelung bedarf. Neben dem genauen Inhalt des Auftrags (Umlegungsplan und -kriterien) sind Regelungen der Vergütung des Treuhänders, Mitwirkung der übrigen Nutzer bei der Planung (Informations- und Einsichtsrechte, Zustimmungsvorbehalte), Dauer und Kündigung des Auftrags sowie Herausgabe- und Aufwendungsersatzansprüche unumgänglich. Insbesondere ist eine dingliche Sicherung der übrigen Nutzer im Verhältnis zum Zessionar kaum möglich. Vor allem in der Insolvenz des Treuhänders ist dies von Nachteil.

In der Regel, d. h. soweit es sich nicht um ein Massenverfahren handelt, wird es daher vorzuziehen sein, daß die Nutzer selbst am Verfahren der Sachenrechtsbereinigung als Inhaber von Ansprüchen beteiligt sind oder sich über einen bloßen Verfahrensbevollmächtigten beteiligen. Letzteres erscheint auch im Rahmen von größeren Umlegungsverfahren im komplexen Wohnungs- und Siedlungsbau als in der Regel praktikabel.

IV. Formvorschrift, Abs. 3

1. Formzweck

Die Formvorschrift ist Spiegelbild der aufgrund des Gleichheitssatzes gebotenen Gleichbehandlung aller Nutzungstatbestände des SachenRBerG. Denn die Verpflichtung zur Übertragung von Gebäudeeigentum bedarf der notariellen Beurkundung, § 313 Satz 1 BGB i. V. m. Art. 233 § 2b Abs. 5 und § 4 Abs. 1 EGBGB. Soweit nur ein durch das Moratorium nach Art. 233 § 2a EGBGB geschützter Tatbestand oder gar ein hiervon nicht erfaßter Anwendungsfall des SachenRBerG vorliegt, treffen die mit der Formvorschrift des § 313 Satz 1 BGB verfolgten Zwecke (Warnfunktion, Beweisfunktion, Gültigkeitsgewähr, Belehrungsfunktion) ebenfalls zu. Daher ordnet Abs. 3 Satz 1 ebenfalls die notarielle Beurkundung solcher auf die Übertragung nicht grundstücksgleicher Nutzungstatbestände gerichteter Verträge an (Begr. BR-Drucks. 515/93, S. 113 f.).

2. Umfang des Formerfordernisses

a) Im Gegensatz zu § 313 Satz 1 BGB bedarf der Form nur die Verpflichtung zur Übertragung, nicht die Verpflichtung zum Erwerb. Die Gesetzesbegründung verkennt nicht (aaO), daß nach § 313 Satz 1 auch die Erwerbspflicht formbedürftig ist, schweigt aber zum Fehlen einer entsprechenden Regelung. Insoweit dürfte ein Redaktionsversehen vorliegen, so daß diese Lücke insoweit durch entsprechende Anwendung des § 313 Satz 1 BGB zu schließen ist. Denn der Erwerber, der vom Grundstückseigentümer nach § 16 Abs. 2 und 3 zum Erwerb des Grundstücks oder eines Erbbaurechts gezwungen werden kann, bedarf in gleicher Weise des Schutzes.

b) Formbedürftig sind auch Gesellschaftsverträge, welche zum Zwecke des Erwerbs eines Nutzungstatbestands geschlossen wurden. Gleiches gilt für Aufträge zur Durchführung der Sachenrechtsbereinigung insbesondere in Umlegungssachen, wenn mit dem Auftrag entsprechende Übertragungs- oder Erwerbspflichten verbunden sind (oben Rdz. 24). Auf die entsprechende Rechtslage zu Geschäftsbesorgungs- und Treuhandverträgen bei Bauherren-, Erwerbermodellen und geschlossenen Immobilienfonds, gleich ob in Form der GbR oder der Personenhandelsgesellschaft, wird verwiesen. Hier wie dort sind auch isolierte Vollmachten nichtig, wenn der ihnen zugrundeliegende Auftrag formbedürftig wäre (BGH DNotZ 1985, 295; 1990, 658; BGH DB 1992, 1925).

3. Heilung des Formverstoßes

31 a) Abs. 3 Satz 2 enthält eine Heilungsvorschrift, die §§ 313 Satz 2, 518 Abs. 2 BGB nachgebildet ist (Begr. BR-Drucks. 515/93, S. 114). Die Heilungstatbestände nach Nr. 1 und 3 entsprechen dieser Analogie in vollem Umfang. Mißglückt ist die Vorschrift der Nr. 2, soweit sie auf den Vermerk nach § 92 Abs. 5 abstellt.

32 b) Die Heilung nach Eintragung des Eröffnungsvermerks im Vermittlungsverfahren nach § 92 Abs. 5 ist verfehlt. Zum einen setzt die Eintragung dieses Vermerks nur die Anhängigkeit des Verfahrens voraus, die Aktivlegitimation des Nutzers ist im Zeitpunkt der Eintragung zumeist nur glaubhaft gemacht (§ 92 Rdz. 30–32). Auch der Rechtsverkehr, zu dessen Schutz die Heilungsvorschrift dient, knüpft an den Eröffnungsvermerk keinen guten Glauben hinsichtlich der Person des Berechtigten, es wird nur der gute Glaube des Rechtsverkehrs an die Nichtanhängigkeit eines Vermittlungsverfahrens zerstört und die Wirkung des Verfahrensergebnisses für und gegen Rechtsnachfolger auf Seiten der Verfahrensbeteiligten erreicht (ähnlich dem Rechtshängigkeitsvermerk nach §§ 265, 266, 325 ZPO). Unklar ist zudem, ob eine Heilung im Fall der Löschung des Vermerks aufgrund Antragsrücknahme oder Einstellung des Verfahrens nach § 95 Bestand hat oder rückwirkend entfällt.

33 c) Zu dem wie eine Vormerkung wirkenden und nur aufgrund Bewilligung oder einstweiliger Verfügung eintragungsfähigen Vermerk nach Art. 233 § 2c Abs. 2 EGBGB (eingefügt durch das RegVBG vom 20. 12. 1993, BGBl. I, 2182/2213) siehe *Vossius*, MittBayNot 1994, 10/12f.

V. Wirkung von Verfügungsbeschränkungen

1. Konkurs, Gesamtvollstreckung

34 Ansprüche nach dem SachenRBerG sind im Konkurs bzw. der Gesamtvollstreckung über das Vermögen ihres Schuldners vorweg zu befriedigen, § 43 KO, § 12 Abs. 1 Gesamtvollstreckungsordnung, da sie nur Ausdruck einer bei Verfahrenseröffnung vorhandenen dinglichen Rechtsposition sind. Die Anfechtung der Verschaffung einer Nutzungsposition bleibt allerdings bei Vorliegen der entsprechenden Voraussetzungen vorbehalten.

§ 14. Berechtigte und Verpflichtete 35–41 § 14

2. Testamentsvollstreckung

Ist der Nutzer oder der Grundstückseigentümer in seiner Verfügungsbefugnis durch Testamentsvollstreckung beschränkt, so unterliegt die Verfolgung bzw. Erfüllung der Ansprüche nach dem SachenRBerG dann der Testamentsvollstreckung, wenn das Grundstückseigentum bzw. der Nutzungstatbestand ihr unterliegt. Macht der Testamentsvollstrecker als Partei kraft Amts für den Nutzer die Ansprüche nach dem SachenRBerG geltend, so erstreckt sich die Testamentsvollstreckung entsprechend § 2041 BGB (hierzu zuletzt BayObLG MittBayNot 1992, 148/149 mit weiteren Nachweisen) auf das begründete Erbbaurecht bzw. das angekaufte Grundstück; der Testamentsvollstreckervermerk nach § 52 GBO ist von Amts wegen am Surrogat einzutragen. 35

3. Nachlaßverwaltung

Es gilt das zur Testamentsvollstreckung gesagte. 36

4. Nacherbfolge

Sind Nutzer oder Grundstückseigentümer in ihrer Verfügungsbefugnis 37 hinsichtlich der Nutzungsposition bzw. des Grundstücks durch Anordnung einer Nacherbfolge beschränkt, so gilt:
a) Auf Seiten des Grundstückseigentümers ist der Verkauf des Grundstücks oder die Bestellung eines Erbbaurechts eine Verfügung, die nach § 2113 Abs. 1 BGB der Zustimmung des Nacherben bedarf, sofern der Vorerbe von dieser Beschränkung nicht befreit ist. Allerdings hat der Nutzer entsprechend § 3 Abs. 1 Satz 1 grundsätzlich einen Anspruch auf Zustimmung gegen den Nacherben. 38
Ist jedoch die Nutzungsrechtsposition durch den Grundstückseigentümer- 39 Vorerben entgegen § 2113 BGB eingeräumt, so ist auch eine Verfügung zur Durchführung der Sachenrechtsbereinigung dem Nacherben gegenüber unwirksam.
b) Auf Seiten des Nutzers unterliegt die Ausübung des Wahlrechts nach 40 §§ 15, 16, die Geltendmachung von Ansprüchen nach dem SachenRBerG und der Erwerb des Grundstücks bzw. Erbbaurechts nicht der Zustimmung des Nacherben (auch der Erwerb einer Sache oder eines Rechts ist keine Verfügung, *Palandt-Heinrichs,* Überblick vor § 104 Rdz. 16).
Das Erlöschen des Nutzungsrechts nach § 59 ist ebenfalls keine Verfü- 41 gung, sondern gesetzliche Rechtsfolge der Erbbaurechtsbestellung nach dem SachenRBerG. Nach § 78 erlischt zwar das Nutzungsrecht im Fall der Vereinigung von Grundstücks- und Gebäudeeigentum nicht automatisch, jedoch besteht insoweit ein absolutes Verfügungsverbot und eine Verpflichtung zur Aufgabe des Rechts. Der Nacherbe ist jedenfalls entsprechend, wenn nicht unmittelbar aus § 78 Abs. 2 verpflichtet, die Zustimmung zur Aufhebung des Rechts zu erteilen. Der Nacherbe des Nutzers ist durch die nach § 2111

BGB angeordnete Surrogation hinreichend geschützt (vgl. auch § 78 Abs. 2).

VI. Erlöschen von Ansprüchen nach dem SachenRBerG

1. Allgemeines

42 Für das Erlöschen der Ansprüche nach §§ 32 ff. bzw. §§ 61 ff. SachenRBerG gelten die Vorschriften des allgemeinen Schuldrechts. Die Ansprüche erlöschen insbesondere durch Erfüllung (§ 362 BGB) oder Erfüllungssurrogate, insbesondere auch die Leistung an Erfüllungs Statt (§ 364 Abs. 1 BGB).

43 Die Leistung an einen Dritten befreit den Schuldner nur unter den Voraussetzungen des § 14 Abs. 2 und 3 i. V. m. §§ 407–409 BGB.

44 Grundsätzlich gilt: Bei Leistung an einen Nichtberechtigten wird der Schuldner nicht von seiner Verpflichtung gegenüber dem Berechtigten frei, an die Stelle seiner primären Leistungspflicht tritt aber u. U. ein Sekundäranspruch.

2. Beispielsfälle

45 (1) Der Grundstückseigentümer verkauft nach §§ 61 ff. an den Schein-Nutzer:
Der Anspruch des wirklichen Nutzers bleibt bestehen. Mit Erfüllung des Kaufvertrags ist jedoch die Leistung durch den bisherigen Grundstückseigentümer unmöglich geworden. Schuldner der Ansprüche nach dem SachenRBerG ist aber nunmehr der neue Grundstückseigentümer (= der Schein-Nutzer). Der wirkliche Nutzer kann gegen den Schein-Nutzer vorgehen.

46 (2) Der Grundstückseigentümer bestellt dem Schein-Nutzer nach §§ 32 ff. ein Erbbaurecht:
Der Anspruch des wirklichen Nutzers bleibt bestehen, die Leistung durch den Grundstückseigentümer ist jedoch wegen Vergabe der ersten Rangstelle ohne Zustimmung des Schein-Nutzers als Erbbauberechtigten unmöglich geworden. Zwei Lösungen sind denkbar:
a) Dem wirklichen Nutzer steht hier analog § 281 BGB ein Anspruch auf Abtretung der Ansprüche auf Rückgewähr des Erbbaurechts nach § 812 Abs. 1 Satz 1 Fall 1 BGB zu.
b) Der Schein-Nutzer als Erbbauberechtigter ist nach § 33 zum Rangrücktritt bzw. nach §§ 62 Abs. 2, 63 Abs. 1 zur Lastenfreistellung verpflichtet.
Letztere Alternative ist vorzugswürdig, da jedenfalls der Anspruch nach § 33 gutglaubensfest ist.

47 (3) Der Grundstückseigentümer kauft das Gebäude nach §§ 81 ff. vom Schein-Nutzer:
Gutgläubiger Erwerb ist nur möglich, soweit ein Gebäudegrundbuch angelegt wurde. Ansonsten gelten die Bestimmungen über den Erwerb

§ 15. Verhältnis der Ansprüche 1 § 15

vom Nichtberechtigten. Insoweit sind die §§ 932 ff. BGB jedenfalls dann unanwendbar, wenn es sich (wie in den Fällen der Sachenrechtsbereinigung) um einen verdinglichten Nutzungstatbestand auf schuldrechtlicher Grundlage handelt. Der Anspruch des Grundstückseigentümers gegen den wirklichen Nutzer nach §§ 81 ff. bleibt unberührt. Der Kaufvertrag mit dem Schein-Nutzer ist wegen dessen Unvermögens rückabzuwickeln (§§ 440 Abs. 1, 325 BGB).

§ 15 Verhältnis der Ansprüche

(1) **Der Nutzer kann wählen, ob er die Bestellung eines Erbbaurechts verlangen oder das Grundstück ankaufen will.**

(2) **Die gesetzlichen Ansprüche des Nutzers beschränken sich auf den Ankauf des Grundstücks, wenn der nach § 19 in Ansatz zu bringende Bodenwert des Grundstücks nicht mehr als 100 000 Deutsche Mark oder im Falle der Bebauung mit einem Eigenheim nicht mehr als 30 000 Deutsche Mark beträgt.**

(3) **Ist der Grundstückseigentümer eine juristische Person, die nach ihrem Statut ihr Grundvermögen nicht veräußern darf, so kann er den Nutzer auf die Bestellung eines Erbbaurechts verweisen. Satz 1 ist nicht anzuwenden, wenn das Grundstück im komplexen Wohnungsbau- oder Siedlungsbau bebaut oder für gewerbliche Zwecke in Anspruch genommen wurde, die Grenzen der Bebauung die Grundstücksgrenzen überschreiten und zur Absicherung der Bebauung neue Grundstücke gebildet werden müssen.**

(4) **Der Grundstückseigentümer kann ein vom Nutzer errichtetes oder erworbenes Wirtschaftsgebäude oder eine bauliche Anlage ankaufen oder, sofern selbständiges Gebäudeeigentum nicht besteht, die aus der baulichen Investition begründeten Rechte des Nutzers ablösen, wenn die in § 81 Abs. 1 bezeichneten Voraussetzungen vorliegen. Macht der Grundstückseigentümer von seinem Recht aus Satz 1 Gebrauch, so sind die in Abs. 1 bezeichneten Ansprüche des Nutzers ausgeschlossen.**

Übersicht

	Rdz.		Rdz.
I. Allgemeines	1	4. Umgekehrtes Ankaufsrecht	16
II. Wahlschuld	4	5. Leistungsstörungen	17
1. Ausübungserklärung	5	a) Unmöglichkeit	18
2. Beschränkung auf Ankauf	8	b) Verzug	20
3. Kirchenprivileg	15		

I. Allgemeines

Die Vorschrift ist Ausdruck der gesetzlichen Wertung, nach der den Interessen des Nutzers Vorrang vor denen des Grundstückseigentümers gebührt. Grund hierfür soll der Erhalt der vom Nutzer durch bauliche Investitionen geschaffenen Werte sein, also das deutschrechtliche Prinzip *„wer sät, der mäht".* 1

2 Von § 15 unberührt bleibt die Härteregelung in § 123.

3 Die Begründung von Ankaufsrechten auch bei land-, forstwirtschaftlicher und auch gewerblicher Nutzung war politisch nicht unumstritten. Die Bundesregierung beharrte entgegen der ursprünglichen Stellungnahme des Bundesrats (BT-Drucks. 12/5992, S. 189) auf der Gleichbehandlung aller in der DDR begründeten Nutzungstatbestände (BT-Drucks. 12/5992, S. 209). Der Lösung des Gesetzes ist zuzugeben, daß letztendlich bei komplexen Überbauungssituationen oft nur der Ankauf zur dauernden Herstellung übersichtlicher Grundstücksverhältnisse führen wird (§ 39 Rdz. 10–11, so auch BT-Drucks., S. 209).

II. Wahlschuld, Abs. 1

4 Die Vorschrift sieht demgemäß in Abs. 1 als Grundsatz eine echte Wahlschuld und keine Ersetzungsbefugnis des Grundstückseigentümers vor. Die Entscheidung für die Wahlschuld hat Rechtsfolgen im Fall von Leistungsstörungen bei der Erfüllung der Ansprüche (siehe unten Rdz. 17–33). Ausnahmen (gesetzliche Konkretisierung des Anspruchsziels) enthalten die Abs. 2 mit 4.

1. Ausübungserklärung

5 a) Die Ausübung des Wahlrechts nach Abs. 1 erfolgt durch einseitige, empfangsbedürftige rechtsgestaltende Willenserklärung (*PalandtHeinrichs,* § 262 Rdz. 1). Erklärung durch schlüssiges Verhalten ist möglich, z. B. durch Verlangen nach Erbbaurechtsbestellung oder Ankauf. In der Geltendmachung der entsprechenden Ansprüche nach dem SachenRBerG oder in der Bezeichnung des gewünschten Vertrags nach § 90 Abs. 1 Nr. 4 durch den zur Wahl Berechtigten (§ 16 Abs. 1 oder Abs. 3 Satz 3) liegt zugleich die Ausübung des Wahlrechts, es sei denn, der Erklärende hat sich die Wahl ausdrücklich vorbehalten, was bis zur Erfüllung seiner Ansprüche möglich ist (vorbehaltlich einer Fristsetzung nach § 16).

6 b) Die Ausübungserklärung ist somit bedingungs- und befristungsfeindlich, soweit nicht der Eintritt der Bedingung ausschließlich vom Verhalten des Erklärungsempfängers abhängt (*Palandt-Heinrichs,* Einf. vor § 158 Rdz. 13). Unschädlich ist weiter die Beilegung von Rechtsbedingungen, also z. B. die Wahl eines Erbbaurechts unter der Bedingung, daß die Voraussetzungen des Abs. 2 nicht vorliegen.

7 c) Für die Wirksamkeit der Ausübungserklärung gelten die allgemeinen Vorschriften. Insbesondere ist die Erklärung (nicht hingegen die Fristversäumung nach § 16) anfechtbar unter den Voraussetzungen der §§ 119 ff. BGB. Bloße Motivirrtümer (z. B. Irrtum über die Höhe des Grundstückswerts und daher des geschuldeten Kaufpreises) sind allerdings unbeachtlich (näher hierzu *Palandt-Heinrichs,* § 119 Rdz. 29).

§ 15. Verhältnis der Ansprüche

2. Beschränkung auf Ankauf, Abs. 2

a) Abs. 2 beschränkt die Rechte des Nutzers auf Ankauf bei Geringwertigkeit des Grundstücks (vgl. auch § 61 Abs. 2 und für Wohnungs- und Teileigentum § 67 Abs. 2). Grund hierfür ist die gesetzliche Wertung, daß in diesen Fällen der mit der Bestellung eines Erbbaurechts verbundene Aufwand angesichts eines jährlichen Erbbauzinses maximal (§ 46 Abs. 1 Nr. 1) 7000 bzw. 2100 DM jährlich (im Normalfall für den Eigenheimer 600 DM/Jahr) nicht gerechtfertigt und die mit dem Ankauf verbundene finanzielle Belastung dem Nutzer zumutbar ist (Belastung für Eigenheimnutzer entspricht höchstens der bei der Anschaffung eines Neuwagens der unteren Mittelklasse).

Die Grenzwerte für andere Objekte als Eigenheimgrundstücke wurden erst im Regierungsentwurf auf 100 000 DM heraufgesetzt.

b) Die Parteien sind nicht gehindert, auch in diesen Fällen Erbbaurechte zu bestellen, § 3 Abs. 1 Satz 2.

c) In der Praxis wird sich der Bodenwert meist erst nach Ausübung des Wahlrechts herausstellen, z. B. aufgrund eines im Vermittlungsverfahren erstellten Gutachtens. Die Risiken, die mit der Ausübung des Wahlrechts bei geringwertigen Grundstücken verbunden sind, verteilt das Gesetz wie folgt:
(1) Vor Vertragsschluß besteht ein Leistungsverweigerungsrecht des Grundstückseigentümers bzw. des Nutzers, sofern der Anspruch auf Bestellung eines Erbbaurechts gerichtet ist. Derjenige, der sich auf das Leistungsverweigerungsrecht nach § 15 Abs. 2 beruft, trägt für sein Vorliegen die Beweislast.
(2) Nach Beurkundung des Erbbaurechtsbestellungsvertrags ist grundsätzlich ein Anfechtungsrecht des Grundstückseigentümers entfallen, da sein Irrtum über die Kalkulationsgrundlagen grundsätzlich als Motivirrtum unbeachtlich ist (Ausnahme: § 119 Abs. 2 BGB). Möglich ist aber ein vertraglicher Rücktrittsvorbehalt sowie die Anwendung der Grundsätze über den Wegfall bzw. die grundlegende Veränderung der Geschäftsgrundlage, sofern der Grundstückseigentümer beweisen kann, daß dann Ankauf erfolgt wäre.

Lösungsrechte des Nutzers vom Vertrag bestehen nach Vertragsschluß ebenfalls grundsätzlich nicht; er muß sich an der getroffenen Wahl festhalten lassen. Auch Ansprüche nach § 812 Abs. 1 Satz 1 Fall 1 BGB kommen nicht in Betracht, da der wirksame Vertrag einen hinreichenden rechtlichen Grund (causa) für die Leistung des vertraglich geschuldeten Gegenstands darstellt.

3. Kirchenprivileg, Abs. 3:

Das Recht des Nutzers ist in den Fällen des Abs. 3 Satz 1 auf die Bestellung eines Erbbaurechts beschränkt. Die Vorschrift kommt zumeist bei Kirchen und Stiftungen zum Tragen. Das kirchliche Recht läßt zwar auch die Veräußerung von Grundstücken bei damit im Zusammenhang stehendem Erwerb eines Ersatzobjekts zu, eine auf die Beschaffung eines solchen Objekts gerichtete Verpflichtung sieht das SachenRBerG jedoch nicht vor. Die Veräußerungspflicht besteht jedoch nach Abs. 3 Satz 2 im komplexen Wohnungs- und Siedlungsbau (§ 11) entsprechend den Wertungen von § 5 VermG, da in diesen Fällen die Sachenrechtsbereinigung oft genug nur im Wege des Ankaufs erfolgen kann, damit der Bebauung entsprechende Grundstücke gebildet werden können.

4. Umgekehrtes Ankaufsrecht, Abs. 4

16 Abs. 4 verweist auf den Fall des § 81. Unter den Voraussetzungen dieser Vorschrift wird in Abs. 4 Satz 1 den (zumeist betrieblichen) Interessen des Grundstückseigentümers der Vorrang vor denen des Nutzers eingeräumt und in Abweichung von der Grundregel des Abs. 1 dem Grundstückseigentümer ein Recht zum Erwerb des Wirtschaftsgebäudes bzw. der baulichen Anlage des Nutzers gegeben. Zu den Voraussetzungen im einzelnen siehe § 81 Rdz. 2–27. Sachlogisch zwingend ist der korrespondierende Ausschluß der Ansprüche des Nutzers in Abs. 4 Satz 2.

5. Leistungsstörungen

17 Die Entscheidung des Gesetzgebers für eine Wahlschuld und gegen eine Ersetzungsbefugnis hat Bedeutung im Fall von Leistungsstörungen bei der Erfüllung der Ansprüche nach dem SachenRBerG.

a) Unmöglichkeit

18 Anfängliche Unmöglichkeit ist nicht denkbar, da stets ein Grundstück bzw. ein Nutzungstatbestand vorhanden ist.

19 Nachträgliche Unmöglichkeit ist selbst bei Veräußerung des Grundstücks nicht denkbar, da die gesetzlichen Ansprüche nach dem SachenRBerG auf Rechtsnachfolger im Eigentum des Grundstücks/neue Inhaber des Nutzungsrechts übergehen (vorbehaltlich § 111).

b) Verzug

20 In der Praxis denkbar sind bis zum 31. 12. 1996 allenfalls zwei Leistungsstörungsfälle:

21 aa) Dem Grundstückseigentümer gelingt die Lastenfreistellung (bei Verkauf) bzw. die Rangbeschaffung (bei Bestellung eines Erbbaurechts) trotz Mahnung nicht.

22 bb) Der Nutzer zahlt im Fall des Ankaufs den Kaufpreis trotz Mahnung nicht (zum Verzug des Grundstückseigentümers im Fall der §§ 81 ff. siehe Kommentierung zu § 84 und Einl. Rdz. 78).

23 Beide Fälle begründen zunächst nur Verzug, keine (endgültige) Unmöglichkeit der Leistung.

24 Ausgangspunkt für die Lösung ist § 263 Abs. 2 BGB: Mit der Ausübung des Wahlrechts hat sich das Schuldverhältnis hat sich auf die gewählte Leistung hin konkretisiert, so daß dem Gläubiger ein Anspruch auf die andere Leistung grundsätzlich nicht mehr zusteht.

Lösung zu Fall aa): 25
Der Nutzer kann gegen den Grundstückseigentümer nach § 326 vorgehen (Nachfrist setzen).

Wählt er Schadensersatz wegen Nichterfüllung, so kann ihm der Grund- 26
stückseigentümer im Wege der Naturalrestitution (§ 249 BGB) die jeweils nicht gewählte Leistung, also im Fall des Ankaufs die Bestellung eines Erbbaurechts oder im Fall des Erbbaurechts den Ankauf anbieten. Grundsätzlich wird der Nutzer aufgrund seiner Schadensminderungspflicht dann gehalten sein, ein Angebot des Grundstückseigentümers, der das Ankaufsverlangen nicht erfüllen kann, auf Bestellung eines Erbbaurechts mit Ankaufsrecht nach § 57 zum jetzigen Bodenwert (entgegen § 57 Abs. 2 Satz 2 nicht zum seinerzeitigen Bodenwert, da Ankauf auch zum jetzigen Bodenwert erfolgt wäre) anzunehmen.

Fehlt ein entsprechendes Angebot des Grundstückseigentümers, hat der 27
Nutzer ein Recht auf die andere (nicht gewählte) Leistung nach dem Grundsatz der Naturalrestitution (§ 249 Satz 1 BGB), und zwar jedenfalls dann, wenn der Nutzer die Leistungsstörung nicht zu vertreten hatte (Gedanke des § 242 im Rahmen des § 249 Satz 1 BGB: der Nutzer hätte möglicherweise dann ohnehin die andere Leistung gewählt).

Eine mögliche Lösung im Fall des Nichtvertretenmüssens des Nutzers 28
könne auch in der Einräumung eines nachträglichen *ius variandi* nach § 242 BGB liegen: der Nutzer kann dann nach § 242 auf die nicht gewählte Leistung übergehen, wenn die gewählte Leistung bis zum Ablauf einer Nachfrist nicht erbracht wird (so *Palandt-Thomas*, § 265 Rdz. 4 für den Fall nachträglicher Unmöglichkeit nach der Ausübung des Wahlrechts).

Wählt Nutzer anstelle von Schadensersatz den Rücktritt vom Vertrag, so 29
gilt die Lösung zu Fall bb).

Lösung zu bb): 30
Die Rechtsfolgen der Nichtzahlung des Kaufpreises regelt das SachenR-BerG abschließend in §§ 79 und 80 (bzw. § 84 für den Fall des Zahlungsverzugs des Grundstückseigentümers).

Nach § 80 hat der Grundstückseigentümer nach fruchtlosem Ablauf einer 31
gesetzten Nachfrist die Wahl zwischen der Einräumung eines Erbbaurechts und dem Ankauf des Gebäudes entsprechend §§ 81 ff. Der Anspruch des Nutzers auf Erbbaurechtsbestellung ist im übrigen bereits mit der Ausübung seines Wahlrechts erloschen, § 263 Abs. 2 BGB.

Das Nutzungsrecht bleibt nach Maßgabe von Art. 233 §§ 2 ff. EGBGB 32
und vorbehaltlich §§ 79 Abs. 3 Satz 2, 80 Satz 2 Nr. 1 i. V. m. § 59 bestehen, jedenfalls also bis zum Auslaufen des Moratoriums, unter Umständen mit dem Risiko des Untergangs durch Veräußerung nach Wiederherstellung der insoweitigen Grundbuchpublizität durch Art. 231 § 5 Abs. 3–5, Art. 233 § 4 Abs. 2 Satz 1, Abs. 4, § 5 Abs. 2 Satz 1 und 3 EGBGB i. d. F. des Registerverfahrensbeschleunigungsgesetz (vgl. auch Art. 233 §§ 2c, 8 Satz 2 EGBGB) sowie nach § 111.

Im übrigen wird auf die Kommentierung zu §§ 79, 80 verwiesen. 33

§ 16 Ausübung des Wahlrechts

(1) **Die Wahl erfolgt durch schriftliche Erklärung gegenüber dem anderen Teil. Mit der Erklärung erlischt das Wahlrecht.**

(2) **Auf Verlangen des Grundstückseigentümers hat der Nutzer innerhalb einer Frist von fünf Monaten die Erklärung über seine Wahl abzugeben.**

(3) Gibt der Nutzer eine Erklärung nicht ab, kann der Grundstückseigentümer eine angemessene Nachfrist setzen. Eine Nachfrist von einem Monat ist angemessen, wenn nicht besondere Umstände eine längere Nachfrist erfordern. Mit dem Ablauf der Nachfrist geht das Wahlrecht auf den Grundstückseigentümer über, wenn nicht der Nutzer rechtzeitig die Wahl vornimmt.

Übersicht

	Rdz.		Rdz.
1. Allgemeines	1	d) Wirkung	9
2. Ausübungserklärung	4	e) Ausübungserklärung ohne Wahlrecht	11
a) Schriftform	4		
b) Rechtsnatur	5	3. Fristsetzung	12
c) Personenmehrheit	6	4. Nachfrist	14

1. Allgemeines

1 Die Vorschrift stellt im Unterschied zu §§ 262 ff. BGB im Interesse der Rechtssicherheit und -klarheit konkrete Anforderungen an Form und Frist für die Ausübung des Wahlrechts.

2 Nach der Konzeption des Gesetzes wird das Verfahren der Sachenrechtsbereinigung mit der Ausübung des Wahlrechts durch den Nutzer nach § 16 Abs. 1 eingeleitet. Der Grundstückseigentümer kann nach Maßgabe der Abs. 2 und 3 die diesbezügliche Initiative an sich ziehen. Soweit keine Einigung über die Bedingungen des anzuschließenden Kauf- oder Erbbaurechtsvertrages erzielt wird, schließt sich das Vermittlungsverfahren nach §§ 87 ff. an, gegebenenfalls kommt es auch zur gerichtlichen Klärung (§§ 103 ff.).

3 In der Praxis sollte das Verfahren nach dem Sachenrechtsbereinigungsgesetz mit Verhandlungen zwischen den Beteiligten begonnen werden, wobei der Nutzer in der Regel bestrebt sein wird, sich die Alternative Kauf oder Erbbaurecht möglichst lange offenzuhalten. Zu verhandeln ist somit über den Inhalt beider Verträge. Kommt es zu einer Einigung, ist mit Wirksamkeit des abgeschlossenen Vertrages das Wahlrecht ausgeübt.

2. Ausübungserklärung

a) Schriftform, Abs. 1 Satz 1

4 Zu Recht knüpft Abs. 1 Satz 1 die Wirksamkeit der Ausübung des Wahlrechts an die Schriftform. Die Beurkundung ist nicht erforderlich, da die auf Verschaffung dinglicher Rechte an Grundstücken gerichteten Ansprüche

§ 16. Ausübung des Wahlrechts   5–10   § 16

kraft Gesetzes bereits entstanden sind, die Ausübung des Wahlrechts auch dem Laien möglich ist und Wahlrechte auch in anderen Fällen (z. B. § 326 Abs. 1 Satz 2 BGB) formfrei ausgeübt werden können (Begr. BR-Drucks. 515/93, S. 115).

b) Rechtsnatur

Die Erklärung nach § 16 Abs. 1 ist einseitige, empfangsbedürftige Willenserklärung, für die die allgemeinen Vorschriften gelten (§ 15 Rdz. 5–7). Vollmachtlose Vertretung ist grundsätzlich unzulässig (§ 180 BGB), erteilte Vollmachten sind unverzüglich nachzuweisen (für den Rechtsanwalt: Prozeßvollmacht dem Schreiben beifügen). Die Erklärung ist allen Grundstückseigentümern gegenüber zugangsbedürftig. Dies kann im Einzelfall schwierige Probleme aufwerfen (Auslandszustellung). Die Erklärung hat rechtsgestaltenden Charakter, ist also bedingungs- und befristungsfeindlich. 5

c) Personenmehrheit

Steht das Wahlrecht einer Personenmehrheit zu, so richtet sich die Zuständigkeit für die Ausübung des Rechts nach den Regeln dieser Gemeinschaft. Mehrere von einander unabhängige Nutzer selbständiger, abtrennbarer Teilflächen (§ 13) üben ihr Wahlrecht von einander unabhängig aus. 6

Bei Nutzern als Berechtigten nach § 432 BGB (§ 14 Rdz. 16) wirkt die Erklärung eines Berechtigten für und gegen alle Nutzer. Berechtigte nach Bruchteilen oder nach § 9 Abs. 4 können das Wahlrecht in der Regel nur gemeinsam ausüben. Für Erbengemeinschaften gilt vorbehaltlich des Rechts zur Vornahme von Notmaßnahmen entsprechendes. 7

Ist das Wahlrecht einer Personenmehrheit gegenüber zu erklären, so richten sich Zugangserfordernisse nach den allgemeinen Regeln. Grundstückseigentümern in Bruchteilsgemeinschaft muß die Erklärung sämtlich zugehen. Bei Gesamthandsgemeinschaften kommt es auf die jeweiligen Regelungen für die Empfangszuständigkeit an. 8

d) Wirkung, Abs. 1 Satz 2

Die abgegebene Erklärung ist von erheblicher Tragweite. Der Nutzer hat insbesondere im Fall einer Entscheidung für den Ankauf die Finanzierungfrage sorgfältig zu prüfen. Dies gilt vor allem im Hinblick auf § 16 Abs. 1 Satz 2. Der Übergang von der Entscheidung für den Ankauf auf eine Erbbaurechtsbestellung ist nach wirksam vorgenommener Wahl nur mit Zustimmung des Grundstückseigentümers möglich. 9

Das Gesetz läßt in Übereinstimmung mit den Grundsätzen des Allgemeinen Schuldrechts bereits mit wirksamer Wahlrechtserklärung, nicht erst mit der Erfüllung der Ansprüche nach dem SachenRBerG Konkretisierung des Leistungsgegenstands eintreten. Dies entspricht den Belangen der Rechtsklarheit, den anderenfalls bestünden erhebliche Zweifel, nach welchen Anspruchsgrundlagen in der Zeit zwischen der Ausübung des Wahlrechts und dem Bewirken der geschuldeten Leistung (= Grundbuch- 10

§ 17   Kapitel 2. Nutzung fremder Grundstücke

eintragung des Rechtserwerbs) gezogene Nutzungen und gemachte Verwendungen zu beurteilen sind.

e) Ausübungserklärung ohne Wahlrecht

11   Die Ausübung des Wahlrechts ist obsolet, soweit ein Fall der §§ 15 Abs. 2 und Abs. 3 Satz 1, 61 Abs. 2 Nr. 1, 81 Abs. 1 i. V. m. 15 Abs. 3 Satz 2 vorliegt. In diesen Fällen ist eine auf das nicht vorgesehene Anspruchsziel gerichtete Erklärung unwirksam.

3. Fristsetzung, Abs. 2

12   Abs. 2 gibt dem Grundstückseigentümer den Anspruch gegen den Nutzer auf Abgabe einer verbindlichen Erklärung nach Abs. 1. Die Frist ist erheblich länger bemessen als im insoweit vergleichbaren Fall des Vorkaufsrechts (§ 510 Abs. 2 BGB), um dem Nutzer hinreichende Zeit zur Prüfung seiner finanziellen Verhältnisse zu geben. Die Aufforderungserklärung nach Abs. 2 ist einseitige, empfangsbedürftige geschäftsähnliche Handlung (vergleichbar der Mahnung nach § 284 Abs. 1 BGB).

13   Eine Form muß nicht eingehalten werden, die Aufforderung ist jedoch bedingungs- und befristungsfeindlich.

4. Nachfrist, Abs. 3

14   Für den Fall, daß der Nutzer trotz Aufforderung nach Abs. 2 keine Erklärung nach Abs. 1 abgibt, folgt das SachenRBerG in Abs. 3 Satz 1 der Konzeption des § 264 Abs. 2 BGB. Als angemessen sieht das Gesetz in der Regel eine Nachfrist von mindestens einem Monat Dauer an. Nach deren Ablauf geht das Wahlrecht auf den Grundstückseigentümer über (Abs. 3 Satz 3).

15   Besondere Umstände für eine längere Frist im Sinne des Abs. 3 Satz 2 können dann vorliegen, wenn eine umfangreiche Nutzergemeinschaft (etwa mit Beteiligten im Ausland) mehr Zeit zur Willensbildung im Innenverhältnis benötigt.

16   Nach dem Wortlaut des Abs. 3 Satz 1 kann die Nachfrist erst gesetzt werden, wenn der Nutzer innerhalb der Frist des § 16 Abs. 2 keine Erklärung abgibt. Die Setzung der Nachfrist vor Ablauf der Frist des § 16 Abs. 2, z. B. also zugleich mit der Aufforderung nach Abs. 2, ist somit unzulässig.

§ 17 Pfleger für Grundstückseigentümer und Inhaber dinglicher Rechte

(1) Zur Verfolgung der Ansprüche des Nutzers ist auf dessen Antrag für den Grundstückseigentümer oder den Inhaber eines eingetragenen dinglichen Rechts ein Pfleger zu bestellen, wenn
1. nach den Eintragungen im Grundbuch das Eigentum oder das dingliche Recht an der mit einem Nutzungsrecht belasteten oder bebauten Fläche einer bestimmten Person nicht zugeordnet werden kann,

§ 17. Pfleger für Grundstückseigentümer

2. die Person des Berechtigten unbekannt ist,
3. der Aufenthaltsort des abwesenden Berechtigten unbekannt ist oder dessen Aufenthalt zwar bekannt, der Berechtigte jedoch an der Besorgung seiner Angelegenheiten verhindert ist,
4. die Beteiligung in Gesamthandsgemeinschaften, Miteigentümergemeinschaften nach Bruchteilen oder gleichartigen Berechtigungen an einem dinglichen Recht unbekannt ist und die Berechtigten einen gemeinsamen Vertreter nicht bestellt haben oder
5. das Grundstück herrenlos ist.

(2) Für die Bestellung und die Tätigkeit des Pflegers sind die Vorschriften des Bürgerlichen Gesetzbuchs über die Pflegschaft entsprechend anzuwenden. Zuständig für die Bestellung des Pflegers ist das Vormundschaftsgericht, in dessen Bezirk das Grundstück ganz oder zum größten Teil belegen ist.

(3) Der nach § 11b Abs. 1 des Vermögensgesetzes oder Artikel 233 § 2 Abs. 3 des Einführungsgesetzes zum Bürgerlichen Gesetzbuche bestellte Vertreter nimmt auch die Aufgaben eines Pflegers nach diesem Kapitel wahr. Er kann den Grundstückseigentümer jedoch nicht vertreten bei einem Vertragsschluß zwischen diesem und
1. ihm selbst, seinem Ehegatten oder einem seiner Verwandten in gerader Linie,
2. einer Gebietskörperschaft oder einer von ihr beherrschten juristischen Person, wenn der Vertreter bei dieser als Organ oder gegen Entgelt beschäftigt ist, oder
3. einer anderen juristischen Person des öffentlichen oder privaten Rechts, wenn der Vertreter bei dieser als Mitglied des Vorstands, Aufsichtsrats oder eines gleichartigen Organs tätig oder gegen Entgelt beschäftigt ist.
Der Vertreter ist für den Abschluß von Erbbaurechtsverträgen oder Kaufverträgen über das Grundstück oder das Gebäude von den Beschränkungen des § 181 des Bürgerlichen Gesetzbuchs nicht befreit. Für die Erteilung der Genehmigung nach § 1821 des Bürgerlichen Gesetzbuchs ist statt des Landkreises das Vormundschaftsgericht zuständig.

Übersicht

	Rdz.		Rdz.
1. Allgemeines	1	3. Pflegerbestellung	6
2. Fallgruppen	5	4. Gesetzliche Pfleger	7

1. Allgemeines

a) Das Gesetz schafft eine besondere Regelung im Bereich des Pflegschafts- 1 rechts, da infolge zum Teil Jahrzehnte zurückreichender Vollzugsdefizite im Liegenschaftswesen der ehemaligen DDR vielfach betroffene Flächen nicht vermessen, Liegenschaftskarten nicht fortgeführt, erforderliche Umschreibungen im Grundbuch nicht vorgenommen und daher viele Grundstückseigentümer bzw dinglich Berechtigte oder ihr gegenwärtiger Aufenthaltsort nicht bekannt sind (Begr. BR-Drucks. 515/93, S. 116). Hiervon droht eine jahrelange Blockierung der Sachenrechtsbereinigung.

b) Die Vorschrift enthält eine Spezialregelung, die die allgemeinen Regeln 2 des bürgerlichen Rechts nicht verdrängt, sondern überlagert. Insbesondere bleiben von § 17 unberührt die gesetzlichen Regelungen der Pflegschaft nach §§ 1909 ff. BGB, die gesetzliche Vertretung minderjähriger Kinder durch ihre Eltern nach § 1629 BGB und die gesetzliche Vertretung altrechtlicher Personenzusammenschlüsse durch die Gemeinde nach Art. 233 § 10 EGBGB (im letzteren Fall gilt Abs. 3 Satz 2 bzw. § 1795 BGB entsprechend).

3   c) Ebenfalls nicht ausgeschlossen ist die Bestellung eines Pflegers für unbekannte Nutzer, sofern der Grundstückseigentümer nicht den ihm in der Regel vorteilhafteren Weg des Aufgebots nach § 18 wählt.

4   Zur Stellung des Pflegers als Zustellungsbevollmächtigter, insbesondere nach §§ 174, 175, 213 ZPO siehe § 88 Rdz. 34–36.

2. Fallgruppen, Abs. 1

5   Die Fallgruppen der Nrn. 1 bis 4 tragen den Besonderheiten der grundstücksrechtlichen Situation im Beitrittsgebiet Rechnung. Unter Nr. 1 fallen neben den sog. ungetrennten Hofräumen (Begr. BR-Drucks. 515/93, S. 116; § 1 Rdz. 16–19) vor allem fehlende Fortführungen von Berechtigungswechseln in den Abteilungen 1 mit 3 des Grundbuchs. Die Fallgruppen der Nr. 2 mit 4 entsprechen den allgemeinen Vorschriften über Pflegschaften, wobei Nr. 4 eine Ergänzung von Nr. 2 darstellt. Nr. 5 entspricht § 58 ZPO.

3. Pflegerbestellung, Abs. 2

6   Da § 17 für Bestellung, Rechte und Pflichten des Pflegers keine Besonderheiten kennt, verweist Abs. 2 insoweit auf die allgemeinen Bestimmungen des BGB und des FGG.

4. Gesetzlicher Pfleger, Abs. 3

7   Im Interesse der Entlastung der freiwilligen Gerichtsbarkeit des Beitrittsgebiets ordnet Abs. 3 Satz 1 an, daß die durch die Gemeinden bestellten gesetzlichen Vertreter nach § 11 b Vermögensgesetz bzw. Art. 233 § 2 Abs. 3 EGBGB in der Fassung des Registerverfahrensbeschleunigungsgesetzes zugleich als Pfleger im Sinne des § 17 gelten. Im Regelfall nehmen diese Pfleger Angelegenheiten der laufenden Verwaltung vor, eine Interessenkollision steht nicht zu befürchten, so daß die genannten Vorschriften insoweit keine ausdrücklichen Einschränkungen enthalten. Daher sieht Abs. 3 Satz 2 mit 4 eine den §§ 1795 BGB, 20 VwVfG nachgebildete Regelung vor.

8   Hiernach ist z.B der Ankauf eines Grundstücks durch die kommunale Wohnungsbau-GmbH als Nutzer nach § 6 dann unzulässig, wenn auf der anderen Seite der Bürgermeister als gesetzlicher Vertreter des abwesenden Grundstückseigentümers handelt (Begr. BR-Drucks. 515/93, S. 117). In diesem Fall bedarf es der Bestellung eines (Ergänzungs-)Pflegers nach § 17 Abs. 1 Nr. 2, Abs. 2 für den unbekannten Grundstückseigentümer. Weiter erforderlich ist die Genehmigung nach § 1821 BGB, für deren Erteilung auch im Fall des Abs. 3 Satz 1 im Hinblick auf den Sachzusammenhang mit Abs. 2 das Vormundschaftsgericht zuständig ist, Abs. 3 Satz 4.

§ 18 Aufgebotsverfahren gegen den Nutzer

(1) Liegen die in § 17 Abs. 1 Nr. 1, 2 oder 3 (erste Alternative) bezeichneten Umstände in der Person des Nutzers vor, ist der Grundstückseigentümer berechtigt, den Nutzer mit seinen Rechten am Grundstück und am Gebäude, seinen vertraglichen Ansprüchen gegen den Grundstückseigentümer und seinen Ansprüchen aus diesem Kapitel im Wege des Aufgebotsverfahrens auszuschließen.

(2) Das Aufgebotsverfahren ist nur zulässig, wenn der Nutzer den Besitz verloren oder zehn Jahre nicht ausgeübt hat und, wenn für den Nutzer ein Recht am Grundstück oder selbständiges Gebäudeeigentum eingetragen worden ist, zehn Jahre seit der letzten sich auf das Recht des Nutzers beziehenden Eintragung in das Grundbuch verstrichen sind.

(3) Für das Aufgebotsverfahren sind die Vorschriften der §§ 983 bis 986 der Zivilprozeßordnung entsprechend anzuwenden.

(4) Mit dem Ausschlußurteil erlöschen die in Absatz 1 bezeichneten Ansprüche. Das Gebäudeeigentum und das Nutzungsrecht gehen auf den Grundstückseigentümer über. Der Nutzer kann von dem Grundstückseigentümer entsprechend § 818 des Bürgerlichen Gesetzbuchs eine Vergütung in Geld für den Rechtsverlust verlangen.

Übersicht

	Rdz.		Rdz.
1. Verhältnis zur Pflegschaft	1	3. Verfahren	8
2. Voraussetzungen	7	4. Rechtsfolgen	9

1. Verhältnis zur Pflegschaft, Abs. 1

a) Die Sachenrechtsbereinigung kann dann nicht durchgeführt werden, wenn das Nutzungsrecht keinem Berechtigten zugeordnet werden kann oder der Berechtigte bzw. sein Aufenthalt unbekannt ist. Abs. 1 eröffnet daher dem Grundstückseigentümer die Möglichkeit, unbekannte Nutzer im Wege des Aufgebots mit ihren Rechten auszuschließen und auf einen Wertersatzanspruch nach bereicherungsrechtlichen Grundsätzen (Abs. 4 Satz 3) zu verweisen. 1

b) Alternativ steht dem Grundstückseigentümer die Möglichkeit offen, einen Antrag auf Bestellung eines Pflegers zu stellen. Ein Pfleger muß hingegen dann bestellt werden, wenn der Nutzer und sein Aufenthaltsort zwar bekannt sind, er aber an der Besorgung seiner Angelegenheiten verhindert ist (§ 17 Abs. 1 Nr. 3 (zweite Alternative). 2

c) Die Begründung will die Alternative der Pflegerbestellung offenbar ansonsten ausschließen, da ein Vertragsschluß durch den Pfleger für den unbekannten Nutzer erhebliche finanzielle Folgen mit sich bringen kann und dem Grundstückseigentümer Zahlungsansprüche gegen einen Unbekannten nichts nützen (Begr. BR-Drucks. 515/93, S. 117). Dieser Einwand trägt jedoch nur bedingt. 3

Zum einen kann die Pflegerbestellung deshalb erforderlich sein, weil der 4

§ 18 5–9 Kapitel 2. Nutzung fremder Grundstücke

Grundstückseigentümer im Interesse klarer Verhältnisse und der Verwertbarkeit seines eigenen Grundstücks nach § 16 Abs. 2 und 3 vorgehen will. Auch dieses Interesse hat das Recht zu berücksichtigen.

5   Zum anderen kann der Pfleger durchaus zur wirtschaftlich sinnvollen Ausübung des Wahlrechts in der Lage sein. Maßgeblich ist die Möglichkeit, die Kosten des Erwerbs bzw. den Erbbauzins durch Mieteinnahmen aus dem betreffenden Objekts zu finanzieren; gerade im Hinblick auf die durch die Halbteilung der Bodenwerte niedrigen Anschaffungskosten erscheint dies realistisch.

6   Schließlich ist der Auffassung der Begründung entgegenzuhalten, daß im Hinblick auf die eng gefaßten Voraussetzungen des Aufgebots nach Abs. 2 es durchaus Fälle geben kann, in denen ein Aufgebotsantrag unbegründet wäre, jedoch dennoch das betroffene Grundstück mangels durchgeführter Sachenrechtsbereinigung für den Grundstückseigentümer unverwertbar ist. Die schnelle Rückführung dieser Grundstücke in den normalen Rechtsverkehr ist jedoch Zweck des SachenRBerG.

2. Voraussetzungen, Abs. 2

7   Im Interesse des Grundstückseigentümers übernimmt das Gesetz nicht die an sich auch für grundstücksgleiche Rechte geltende Regelung in § 927 BGB (30-jährige Frist), sondern die Zehnjahresfrist für die Ersitzung beweglicher Sachen in § 937 Abs. 1 BGB.

3. Verfahren, Abs. 3

8   Die Vorschriften für das Aufgebot zum Zwecke der Ausschließung des unbekannten Inhabers eines Grundpfandrechts (§§ 1170, 1171 BGB, 983–986 ZPO) sind entsprechend anzuwenden.

4. Rechtsfolgen, Abs. 4

9   Mit dem Ausschlußurteil erlöschen die Ansprüche des Nutzers (Abs. 4 Satz 1). Das Nutzungsrecht geht, eventuell belastet mit Rechten Dritter, auf den Grundstückseigentümer über (Satz 2). Dem Nutzer verbleibt nach Satz 3 ein schuldrechtlicher Anspruch auf Wertersatz (§ 818 Abs. 2 BGB) nach bereicherungsrechtlichen Grundsätzen. Der Inhalt dieses Anspruchs entspricht dem in § 114 Abs. 3 Satz 2 bestimmten Bereicherungsanspruch (näher insoweit § 114 Rdz. 18–21).

Unterabschnitt 5. Bodenwertermittlung

§ 19 Grundsätze

(1) Erbbauzins und Ankaufspreis sind nach dem Bodenwert in dem Zeitpunkt zu bestimmen, in dem ein Angebot zum Vertragsschluß nach diesem Kapitel abgegeben wird.

(2) Der Bodenwert bestimmt sich nach dem um die Abzugsbeträge nach Satz 3 verminderten Wert eines baureifen Grundstücks. Der Wert eines baureifen Grundstücks ist, vorbehaltlich der Regelung in § 20, der Verkehrswert im Sinne des § 194 des Baugesetzbuchs, der sich ergeben würde, wenn das Grundstück unbebaut wäre. Der Wert des baureifen Grundstücks ist zu vermindern um
1. einen nach Absatz 3 zu bemessenden Abzug für die Erhöhung des Werts des baureifen Grundstücks durch Aufwendungen zur Erschließung, zur Vermessung und für andere Kosten der Baureifmachung des Grundstücks, es sei denn, daß der Grundstückseigentümer diese Kosten getragen hat oder das Grundstück bereits während der Dauer seines Besitzes erschlossen und vermessen war, und
2. die gewöhnlichen Kosten des Abbruchs eines aufstehenden Gebäudes oder einer baulichen Anlage, wenn ein alsbaldiger Abbruch erforderlich und zu erwarten ist, soweit diese Kosten im gewöhnlichen Geschäftsverkehr berücksichtigt werden.

(3) Der Abzug nach Absatz 2 Satz 3 Nr. 1 beträgt
1. 25 DM/m^2 in Gemeinden mit mehr als 100 000 Einwohnern,
2. 15 DM/m^2 in Gemeinden mit mehr als 10 000 bis zu 100 000 Einwohnern und
3. 10 DM/m^2 in Gemeinden bis zu 10 000 Einwohnern.

Als Bodenwert ist jedoch mindestens der Wert zugrunde zu legen, der sich für das Grundstück im Entwicklungszustand des Rohbaulandes ergeben würde.

(4) Der Abzug nach Absatz 2 Satz 3 Nr. 2 darf nicht zu einer Minderung des Bodenwerts unter das Doppelte des in § 82 Abs. 5 bestimmten Entschädigungswerts führen. Der Abzug ist nicht vorzunehmen, wenn die Erforderlichkeit alsbaldigen Abbruchs auf unterlassener Instandhaltung des Gebäudes oder der baulichen Anlage durch den Nutzer beruht oder der Nutzer sich vertraglich zum Abbruch verpflichtet hat.

(5) Soweit für das Grundstück Bodenrichtwerte nach § 196 des Baugesetzbuchs vorliegen, soll der Wert des baureifen Grundstücks hiernach bestimmt werden. Jeder Beteiligte kann eine hiervon abweichende Bestimmung verlangen, wenn
1. Anhaltspunkte dafür vorliegen, daß die Bodenrichtwerte nicht den tatsächlichen Marktverhältnissen entsprechen, oder
2. aufgrund untypischer Lage oder Beschaffenheit des Grundstücks die Bodenrichtwerte als Ermittlungsgrundlage ungeeignet sind.

§ 19 1–6   Kapitel 2. Nutzung fremder Grundstücke

Übersicht

	Rdz.		Rdz.
I. Allgemeines	1	5. Erleichterung	18
II. Verkehrswertprinzip	4	6. Maßgeblicher Zeitpunkt	19
1. Grundsatz	4	III. Beweislast	23
2. Ausnahme	7		
3. Replik	14	IV. Prüfungspflicht des Notars	26

I. Allgemeines

1   §§ 19 und 20 enthalten die Grundsätze der Bodenwertermittlung nach dem SachenRBerG. Die Bedeutung des Bodenwerts stellen § 19 Abs. 1 und Abs. 2 Satz 1 nochmals klar: der Bodenwert ist infolge des Halbteilungsgrundsatzes die entscheidende Rechengröße für die Bemessung des Erbbauzinses bzw. des Kaufpreises. Weiter spielen die Vorschriften der §§ 19 f. im Rahmen der Ankaufsrechte nach §§ 57, 81 und 115 sowie der Umwandlung alter Erbbaurechte nach § 112 eine Rolle.

2   Das Gesetz entscheidet sich im Grundsatz gegen die wertmäßige Erfassung eines Bodenwertanteils beim Nutzer unter Vornahme eines korrespondierenden Abzugs beim Grundstückseigentümer (vgl. BT-Drucks. 12/5992, S. 189 und 209 ff.) und setzt (fiktiv) den Bodenwert an, den das Grundstück hätte, wenn es nicht bebaut wäre, Abs. 2 Satz 2.

3   Der Einfluß der Bebauung auf den Bodenwert wird nur dann berücksichtigt, wenn dies nach allgemeiner Verkehrsauffassung von Einfluß auf die Preisbildung ist (Abs. 2 Satz 3). Sonstige Erhöhungen des Bodenwerts aufgrund der vom Nutzer vorgenommenen Bebauung berücksichtigt das Gesetz aus Praktikabilitätsgründen und mangels Vergleichbarkeit der Werte in einer sozialistischen Planwirtschaft und einer Marktwirtschaft nicht (BT-Drucks. 12/5992 S. 210).

II. Verkehrswertprinzip

1. Grundsatz, Abs. 1, Abs. 2 Satz 1 und Abs. 5

4   Nach Abs. 1 i. V. m. Abs. 2 Sätze 1 und 2 ist der (notwendigerweise fiktive) Verkehrswert des unbebauten Grundstücks maßgeblich, d. h. der Marktpreis (Ausnahme: ertragswertorientierte Verkehrswertbestimmung nach § 20 Abs. 1 und 2 in den Fällen des staatlichen genossenschaftlichen oder komplexen Wohnungsbaus oder Siedlungsbaus). Das ist der in Abs. 2 Satz 1 legal definierte Bodenwert.

5   Insoweit knüpft die Regelung an den mit Abs. 2 Satz 2 ausdrücklich in Bezug genommenen § 194 BauGB und §§ 13, 14, 15 Abs. 2 der Wertermittlungsverordnung (WertV) vom 6. 12. 1988 (BGBl. I, 2209) an (Begr. BR-Drucks. 515/93, S. 118). Heranzuziehen sind auch die Wertermittlungsrichtlinien vom 11. 6. 1991 (WertR 91), BAnz Nr. 182a und die Ergänzenden

§ 19. Grundsätze 7–9 § 19

Hinweise zu den WertR 1991 für das Gebiet der neuen Länder vom 17. 3. 1992, BAnz Nr. 86a (beide abgedruckt in *Simon/Cors/Troll*, Handbuch, Abschnitt B. Anh. 3 und 4).

Da das Grundstück als fiktiv unbebautes zu bewerten ist, ist nur eine **6** Bewertung nach dem Vergleichswert- oder Ertragswertverfahren denkbar. Mangels Bewertung des Gebäudes scheidet eine Bewertung des Grundstücks im Sachwertverfahren aus (zum ganzen *Simon/Cors/Troll*, Handbuch, Abschnitt B.1 Rdz. 8ff., dort Rdz. 13ff. auch zur Wertermittlung in den neuen Bundesländern). Üblich ist die Wertermittlung im Vergleichswertverfahren nach §§ 13, 14 WertV (*Simon/Cors/Troll*, aaO, Abschn. B.2 Rdz. 1). Abzustellen ist hierbei auf den unmittelbaren (Abs. 2) und mittelbaren Preisvergleich (Abs. 3). Zu Besonderheiten der Bodenwertermittlung in den neuen Bundesländern *Simon/Cors/Troll*, Handbuch, Abschn. B.2 Rdz. 19–27; ein Abzug für den Wert des Nutzungsrechts (hierzu *Simon/Cors/Troll*, Handbuch, Abschn. B.5 Rdz. 61–66) kommt im Rahmen der §§ 19, 20 jedoch nicht in Betracht, da das Grundstück nicht als bebautes zu bewerten ist.

2. Ausnahme, Abs. 2 Satz 3

Von diesen Grundsätzen macht Abs. 2 Satz 3 zwei Ausnahmen. **7**

a) Abzug nach Abs. 2 Satz 3 Nr. 1, Abs. 3

Die an den festgestellten Verkehrswert anknüpfende Halbteilung der Bo- **8** denwerte führt dann zu sachwidrigen Ergebnissen, wenn der Nutzer, sein Rechtsvorgänger oder ein Dritter (z. B. Gemeinde) im Hinblick auf das Bauvorhaben des Nutzers Vermessungsarbeiten und Erschließungsmaßnahmen vorgenommen hat (Begr., BT-Drucks. 12/5992, S. 210). Demgemäß ist dieser Aufwand nach Abs. 2 Satz 3 Nr. 1 abzuziehen, soweit er nicht vom Grundstückseigentümer selbst getragen worden ist oder soweit das Grundstück nicht bereits während der Besitzzeit des Grundstückseigentümers (auch mittelbarer (Eigen-) Besitz nach §§ 868ff. BGB, nicht aber bloßer Fremdbesitz) erschlossen und vermessen war.

Der abzugsfähige Vermessungs- und Erschließungsaufwand ist nicht in **9** Höhe der seinerzeit entstandenen Kosten abzuziehen. Auch insoweit muß konsequenterweise das Verkehrswertprinzip zum Tragen kommen. Abzugsfähig ist nur die durch Vermessung und Erschließung eingetretene Erhöhung des Bodenwerts, die deshalb von einem Käufer im gewöhnlichen Geschäftsverkehr als Mehrpreis bezahlt wird, weil das Grundstück im entsprechenden Ausmaß bzw. Mehrausmaß vermessen und erschlossen ist. Hierbei ist zweckmäßigerweise ein Vergleich mit nicht erschlossenem Bauland in ähnlicher Lage anzustellen (vgl. Begr. BR-Drucks. 515/93, S. 122). Bei der Bestimmung des anteiligen Aufwands sind die Verhältnisse des Gebiets einzubeziehen, mit welchem das fragliche Grundstück in vermessungstechnischer bzw. erschließungsplanerischer Beziehung steht (z. B. Neubau- oder Siedlungsgebiet).

10 Der nach Abs. 2 Satz 3 Nr. 1 vorzunehmende Abzug wird in Absatz 3 aus Gründen der Vereinfachung pauschaliert nach der Bevölkerungszahl der Gemeinde, in der das Grundstück belegen ist. Maßgebend ist die Bevölkerungszahl im Zeitpunkt nach Abs. 1.

b) Abzug nach Abs. 2 Satz 3 Nr. 2

11 Nach Abs. 2 Satz 3 Nr. 2 sind weiter bestimmte Abbruchkosten für auf dem Grundstück aufstehende Gebäude oder bauliche Anlagen (§ 12 Abs. 3) abzugsfähig. Voraussetzung für den Abzug ist zum einen die Berücksichtigung im gewöhnlichen Geschäftsverkehr. Dies ist z. B. dann der Fall, wenn aus der auf dem Grundstück vorhandenen Bebauung kein dem Bodenwert angemessener Ertrag erzielt werden kann, insbesondere bei Bebauung mit alten Gewerbe- und Industriebauten (Begr. BR-Drucks. 515/93, S. 119). Zum anderen setzt Nr. 2 voraus, daß der Abbruch sowohl erforderlich als auch zu erwarten war. An letzterem wird es zumeist fehlen, wenn die Bauwerke auf längere Zeit hinaus von einem Dritten (Mieter) genutzt werden, der nicht zur Aufgabe seiner Rechtsposition bereit ist.

12 Der Wertabschlag nach Abs. 2 Satz 3 Nr. 2 kompensiert die durch den Übergang zur Marktwirtschaft eingetretene Bodenwertsteigerung (Begr., aaO).

13 Der Abzug von Abbruchkosten kann erhebliche Ausmaße erreichen, insbesondere wenn Kosten für die Beseitigung von Bodenkontaminationen (Altlasten) hinzukommen. Diese zählen grundsätzlich mit zu den Abbruchkosten, da sie zur Herstellung eines unbebauten, aber baureifen Grundstücks erforderlich sind.

3. Replik, Abs. 2 Satz 3 Nr. 1 2. Satzteil, Abs. 3 Satz 2, Abs. 4

14 a) Eine Ausnahme vom Abzug nach Abs. 2 Satz 3 Nr. 1 macht Abs. 2 Satz 3 Nr. 1 2. Satzteil dem Grunde nach dann, wenn und soweit das Grundstück während der Besitzzeit des Grundstückseigentümers vermessen und erschlossen war oder der Grundstückseigentümer diese Kosten getragen hatte. Denn diese Werterhöhung darf dem Nutzer nur im Rahmen der Halbteilung der Bodenwerte zugute kommen.

15 b) In den Fällen des Abs. 2 Satz 3 Nr. 1 i. V. m. Abs. 3 Satz 1 enthält Abs. 3 Satz 2 eine Untergrenze. Der Wert des Grundstücks im Entwicklungszustand des Rohbaulands ergibt sich aus § 4 Abs. 3 der Wertermittlungsverordnung und ist insbesondere in Gemeinden unter 10 000 Einwohnern wegen der dort idR niedrigeren Bodenwerte von Bedeutung (BT-Drucks. 12/7425, S. 67).

16 c) Eine entsprechende Untergrenze (Zweifaches der Entschädigung nach dem Entschädigungsgesetz, § 82 Abs. 5) sieht in den Fällen des Abs. 2 Satz 3 Nr. 2 Abs. 4 Satz 1 vor. Der Grundstückseigentümer soll somit mindestens das erhalten, was ihm im Fall entschädigungsloser Enteignung durch Behörden der DDR jetzt zustünde (BT-Drucks. 12/7425, S. 67).

17 d) Abs. 4 Satz 2 schließt den Abzug in den Fällen von Abs. 2 Satz 3 Nr. 2 dem Grunde nach aus, in denen der Abbruch auf unterlassener Instandhaltung durch den Nutzer beruht oder der Nutzer vertraglich zum Abbruch

§ 19. Grundsätze

verpflichtet ist. Eine vertragliche Verpflichtung im Verhältnis zu Dritten, z. B. Kaufinteressenten des Nutzers nach Vollzug des ausgeübten Ankaufsrechts reicht aus. Sonst wäre der Nutzer ungerechtfertigt wegen eigener Versäumnisse und entgegen vertraglicher Absprachen entlastet (Begr., BR-Drucks. 515/93, S. 119). Auf unterlassender Instandhaltung beruht auch eine vom Nutzer vorgenommene oder sonst veranlaßte oder geduldete Bodenkontamination, sofern diese im Widerspruch zu den im Zeitpunkt der Kontamination geltenden einschlägigen Vorschriften oder der entsprechenden Rechtspraxis des DDR-Umweltrechts stand.

4. Erleichterung, Abs. 5

Eine Erleichterung für die Bodenwertermittlung im Einzelfall bringt Abs. 5 mit der hiernach vorgesehenen Regelbestimmung des Verkehrswerts nach den Bodenrichtwerten nach § 196 BauGB (Abs. 5 Satz 1). Im Hinblick darauf, daß die Kaufpreissammlung des Gutachterausschusses retrospektiv ist, selektiv sein kann und daher in ihrem Erkenntniswert notwendigerweise begrenzt sein muß (Begr. BR-Drucks. 515/93, S. 119), steht den Beteiligten die Möglichkeit abweichender Bodenwertermittlung offen. Näher zu Bodenrichtwerten *Simon/Cors/Troll*, Handbuch, Abschn. B.2 Rdz. 5 ff. und Ergänzende WertR 1991 zu 2.3.3 der WertR (Verwendung von Bodenleitwerten anstelle von Bodenrichtwerten).

5. Maßgeblicher Zeitpunkt, Abs. 1

a) Die Gesetzesbegründung (BR-Drucks. 515/93, S. 118) entscheidet sich insoweit gegen die Regelungsalternativen eines gesetzlichen Stichtags wegen damit verbundener Zufälligkeiten einerseits und der Maßgeblichkeit des Zeitpunkts des Vertragsschlusses bzw. der Rechtskraft eines hierzu verurteilenden Urteils wegen der damit verbundenen Manipulationsmöglichkeiten andererseits. Unter Hinweis auf § 85 Abs. 2 Nr. 3 BauGB stellt das Gesetz in Abs. 1 auf den „Zeitpunkt des Vertragsangebots" ab. Damit soll jede Seite in die Lage versetzt werden, „den für die Wertermittlung maßgebenden Zeitpunkt festzulegen, indem sie der anderen Seite ein Angebot macht" (Begr., aaO).

b) Doch der Wortlaut der Vorschrift ist mißglückt: zum einen führt die strenge Wortlautauslegung in die Irre, da ein vollwirksames Angebot bereits Angaben zu Erbbauzins bzw. Kaufpreis voraussetzt, wobei der zugrundezulegende Bodenwert noch gar nicht zutreffend ermittelt sein kann. Weiter ist die Vorschrift bei strenger Wortlautauslegung unpraktikabel, da sie ein Angebot in beurkundeter Form (§§ 11 Abs. 2 ErbbauVO, 313 Satz 1 BGB) voraussetzt. Hierdurch wird der Anbietende mit Notarkosten belastet, obwohl bereits absehbar ist, daß das Angebot in der vorliegender Form mit großer Wahrscheinlichkeit gar nicht angenommen werden muß (vgl. insoweit auch § 32 Rdz. 11–14).

Schließlich ist der Grundstückseigentümer nur in den Fällen der §§ 15 Abs. 2, 3 Satz 1, 16 Abs. 3 zu einem Angebot berechtigt. Der Hinweis der Begründung auf § 85 Abs. 2 Nr. 3 BauGB geht deshalb fehl, da eine für das

Verhältnis zwischen dem Bürger und einem auf rechtsstaatliche Grundsätze verpflichteten Träger öffentlicher Gewalt konzipierte Regelung nicht unbesehen auf das gleichgeordnete Verhältnis zweier Rechtssubjekte des Privatrechts übertragen werden kann.

22 c) Die Vorschrift bedarf daher einer an ihrem Sinn und Zweck orientierten, teils erweiternden, teils einschränkenden (teleologischen) Auslegung. Das Grundanliegen der Gesetzesbegründung verdient hierbei volle Billigung. Maßgeblicher Zeitpunkt ist somit das früheste folgender Ereignisse:
- Ausübung des Wahlrechts nach § 16 Abs. 1;
- Ablauf von fünf Monaten nach einem Verlangen des Grundstückseigentümers nach § 16 Abs. 2;
- Anhängigkeit eines Antrags nach § 87;
- Zugang eines formwirksamen Angebots auf Abschluß eines Erbbaurechtsbestellungs- oder Kaufvertrages;
- Geltendmachung eines Anspruchs nach §§ 32, 61, sofern dieser besteht.

III. Beweislast

23 Für die Höhe des Bodenwerts ist grundsätzlich derjenige beweispflichtig, der Gläubiger des Anspruchs ist, zu deren Berechnung der Bodenwert benötigt wird. Dies ist somit zumeist der Grundstückseigentümer als Gläubiger des Erbbauzins- oder Kaufpreisanspruchs, der Nutzer in den Fällen des § 81.

24 Der Nutzer ist beweispflichtig für den abzugsfähigen Vermessungs- und Erschließungsaufwand nach Abs. 2 Satz 3 Nr. 1 und 2, dem Grundstückseigentümer obliegt hingegen der Beweis für die Replik nach Abs. 2 Satz 3 Nr. 1 Halbsatz 2, Abs. 3 Satz 2, Abs. 4.

25 Der Beweis wird grundsätzlich durch Sachverständigengutachten bzw. durch amtliche Auskunft geführt, sofern nicht eine amtliche Auskunft des Gutachterausschusses vorliegt, Abs. 5 Satz 1. Hiergegen ist der Gegenbeweis nach Abs. 5 Satz 2 zulässig, der demjenigen obliegt, der eine von den Bodenrichtwerten abweichende Bodenwertermittlung begehrt.

IV. Prüfungspflicht des Notars

26 Die Anwendung der Wertermittlungsvorschriften ist letztlich eine Frage des Sachverständigenbeweises. Für den Notar gilt auch im Vermittlungsverfahren nach §§ 87 ff. der Grundsatz, daß er schon im Hinblick auf seine Pflicht zur Unparteilichkeit (§§ 2 Abs. 1 Satz 2 VONot, 14 Abs. 1 BNotO) zur Einmischung in die Wertfindung durch die Beteiligten nicht befugt ist. Im Rahmen seiner Belehrungspflicht wird er aber jedenfalls gehalten sein, die Beteiligten auf die Möglichkeit hinzuweisen, den Bodenwert durch amtliche Auskunft des Gutachterausschusses bzw. durch Gutachten eines Sachverständigen zu ermitteln.

27 Zur Überprüfung der Auskunft bzw. des Gutachtens ist er nicht verpflichtet, allenfalls zu einem Hinweis auf Abs. 5 Satz 2 berechtigt. Diesbezüglichen Beweisanträgen oder Anträgen auf ein Gegengutachten hat er

§ 20. Bodenwertermittlung in besonderen Fällen § 20

nach § 97 Abs. 2 nur dann stattzugeben, wenn substantiiert und schlüssig Tatsachen vorgetragen werden, aus denen sich ergibt, daß die Voraussetzungen des Abs. 5 Satz 2 vorliegen oder das vorliegende in das Verfahren eingeführte Gutachten in seinem Beweiswert beschränkt ist.

§ 20 Bodenwertermittlung in besonderen Fällen

(1) Bei der Bemessung des Bodenwerts eines Grundstücks, das vor dem Ablauf des 2. Oktober 1990 im staatlichen oder genossenschaftlichen Wohnungsbau verwendet worden ist, ist nicht die im Gebiet baurechtlich zulässige Nutzung des Grundstücks, sondern die auf dem betreffenden Grundstück vorhandene Bebauung und Nutzung maßgeblich.

(2) § 19 Abs. 2 bis 4 ist auf die Grundstücke nicht anzuwenden, die im komplexen Wohnungsbau oder Siedlungsbau bebaut und für
1. den staatlichen oder genossenschaftlichen Wohnungsbau,
2. den Bau von Gebäuden oder baulichen Anlagen, die öffentlichen Zwecken gewidmet sind und unmittelbar Verwaltungsaufgaben dienen, oder
3. die Errichtung der im Gebiet belegenen Maßnahmen der Infrastruktur
verwendet worden sind. Der Bodenwert dieser Grundstücke ist in der Weise zu bestimmen, daß von dem nach § 19 Abs. 2 Satz 2 ermittelten Wert des baureifen Grundstücks ein Betrag von einem Drittel für die Maßnahmen zur Baureifmachung des Grundstücks und anderer Maßnahmen zur Entwicklung des Gebiets sowie wegen der eingeschränkten oder aufgrund der öffentlichen Zweckbindung nicht vorhandenen Ertragsfähigkeit des Grundstücks abzuziehen ist.

(3) In den Verfahren zur Bodenneuordnung nach § 5 des Bodensonderungsgesetzes ist für die Bestimmung der nach § 15 Abs. 1 jenes Gesetzes zu leistenden Entschädigungen der Bodenwert der Grundstücke im Plangebiet nach § 8 des Bodensonderungsgesetzes nach dem durchschnittlichen Bodenwert aller im Gebiet belegenen Grundstücke zu ermitteln. Für die Bemessung der Entschädigung für dem Rechtsverlust ist § 68 entsprechend anzuwenden.

(4) Ein im Plangebiet belegenes nicht bebautes und selbständig baulich nutzbares Grundstück oder eine in gleicher Weise nutzbare Grundstücksteilfläche ist in die Ermittlung des durchschnittlichen Bodenwerts nach Absatz 3 nicht einzubeziehen, sondern gesondert zu bewerten. Die Entschädigung für dieses Grundstück oder für diese Teilfläche ist nach § 15 Abs. 2 des Bodensonderungsgesetzes zu bestimmen.

(5) Die den Erwerbern durch den Ansatz eines durchschnittlichen Bodenwerts nach Absatz 3 Satz 1 entstehenden Vor- und Nachteile sind zum Ausgleich zu bringen. Vor- und Nachteile sind nach dem Verhältnis zwischen dem durchschnittlichen Bodenwert und dem Bodenwert, der sich nach den §§ 19 und 20 ergeben würde, in dem Zeitpunkt zu bemessen, in dem der Sonderungsbescheid bestandskräftig geworden ist. Die Abgabe hat der Träger der Sonderungsbehörde von denjenigen zu erheben, die durch die gebietsbezogene Bodenwertbestimmung und die darauf bezogene Bemessung der Beträge für Entschädigungsleistungen nach § 15 Abs. 1 des Bodensonderungsgesetzes Vorteile erlangt haben. Die Einnahme aus der Abgabe ist als Ausgleich an diejenigen auszukehren, die dadurch Nachteile erlitten haben. Über Abgaben- und Ausgleichsleistungen kann auch außerhalb des Sonderungsbescheids entschieden werden. Diese sind spätestens ein Jahr nach Eintritt der Bestandskraft des Sonderungsbescheids festzusetzen und einen Monat nach Bekanntgabe des Bescheids fällig.

(6) Liegt das Grundstück in einem städtebaulichen Sanierungsgebiet oder Entwicklungsbereich, bleiben § 153 Abs. 1 und § 169 Abs. 4 des Baugesetzbuchs unberührt.

Übersicht

	Rdz.		Rdz.
1. Allgemeines	1	3. Besonderheiten bei Bodensonderung	8
2. Wohnungsbau	2	a) Pauschalierung	9
a) Staatlicher und genossenschaftlicher Wohnungsbau	2	b) Ausnahme	12
b) Komplexer Wohnungsbau und Siedlungsbau	5	c) Ausgleich	13
		4. Sanierungsgewinn	17
		5. Beweislast	18

1. Allgemeines

1 § 20 ist eine in sich heterogene Sammlung von Ausnahmen vom Prinzip der Verkehrswertbestimmung nach § 19 Abs. 1 und Abs. 2. Gemeinsam ist den in den einzelnen Absätzen der Vorschrift behandelten Fällen nur der Gedanke, daß bei Vorliegen der dort genannten Voraussetzungen die Bemessung des Werts nach dem Maßstab eines vergleichbaren unbebauten Grundstücks nicht sachgerecht wäre. Dies gilt insbesondere dann, wenn der Wert des Grundstücks aufgrund einer in Ausübung einer Nutzungsbefugnis vorgenommenen Bebauung geringer ist als der des unbebauten Grundstücks. Damit liegt den Fällen des § 20 ein anderes Grundprinzip zugrunde als im Rahmen des § 19 Abs. 2 Satz 3 Nr. 1, der einen Wertabschlag infolge einer durch die Bebauung eingetretenen Werterhöhung vorsieht.

2. Wohnungsbau, Abs. 1 und Abs. 2

a) Staatlicher und genossenschaftlicher Wohnungsbau

2 Abs. 1 betrifft mit Ablauf des 2. 10. 1990 im staatlichen und genossenschaftlichen Wohnungsbau verwendete Grundstücke. Für komplexen Wohnungsbau und Siedlungsbau gilt zusätzlich Abs. 2. Nach der allgemeinen Regel des Abs. 1 ist der Bodenwert nach der vorgenommenen, nicht nach der zulässigen Bebauung zu bestimmen. Eine höchstmögliche Geschoßflächenzahl ist damit ohne Belang. Diese konkrete Bodenwertbemessung rechtfertigt sich aus der Überlegung, daß die Grundstücke wegen der bestehenden Zweckbindung (z. B. auch Zweckentfremdungsverbote) keiner höherwertigen Nutzung zugeführt werden können (BT-Drucks. 12/7425, S. 67).

3 Im Gegensatz zur ursprünglichen Fassung des Regierungsentwurfs ist jedoch der Mietertrag der Gebäude bei der Bemessung des Bodenwerts ohne Belang. Zu recht hat der Rechtsausschuß des Deutschen Bundestags anderen Vorstellungen im Hinblick auf die Streitträchtigkeit dieser Lösungen eine Absage erteilt (BT-Drucks. 12/7425, S. 68). Die Benachteiligung der Grundstückseigentümer im staatlichen oder genossenschaftlichen Wohnungsbau

§ 20. Bodenwertermittlung in besonderen Fällen

genutzter Grundstücke wäre verfassungsrechtlich bedenklich und letztlich nur politisch motiviert. Der aus dem Grundstücken erzielbare Mietzins ist durch die Grundmietenverordnung festgelegt, insoweit bestünde die Gefahr staatlicher Subventionsleistungen an Mieter auf Kosten Dritter (der Grundstückseigentümer). Ein sachlicher Grund hierfür ist nicht erkennbar, zumal der betroffene Grundstückseigentümer auf die Nutzung wenig bis keinen Einfluß hatte.

Der Begriff des „Gebiets" in Abs. 1 und 2 Satz 2 ist identisch mit dem des „Standorts" in § 11.

b) Komplexer Wohnungsbau und Siedlungsbau

Die Ausnahmevorschrift des Abs. 2 kommt nur dem komplexen Wohnungsbau und Siedlungsbau (§ 11) zugute, auf den die Voraussetzungen des Abs. 2 Satz 1 Nr. 1 mit 3 zutreffen.

Während der Regierungsentwurf noch eine an den Eckwerten des Entschädigungsgesetzes orientierte Bodenwertbemessung vorsah, nimmt das Gesetz in Abweichung von § 19 Abs. 2 Satz 3 einen pauschalierten Abzug in Höhe von 1/3 des sich nach § 19 Abs. 2 Satz 2 (in Verbindung mit § 20 Abs. 1) ergebenden Bodenwerts vor, Abs. 2 Satz 2. Grund für diesen in der Regel höheren Abzug sind die vergleichsweise hohen Erschließungsinvestitionen des Staats und der wesentlich geringere Wert der für Zwecke des Gemeingebrauchs genutzten Grundstücke im Vergleich zu im Gebiet belegenen unbebauten, baureifen Grundstücke (BT-Drucks. 12/7425, S. 68). Die Pauschalierung ist zudem praktikabel. Ferner werden durch die Neufassung des Abs. 2 Wertungswidersprüche vermieden, da enteignete Grundstückseigentümer nach dem Bodenwert des unbebauten Grundstücks entschädigt werden, nicht enteignete dagegen schlechter gestellt wären.

Zum Begriff „Gebiet" siehe oben Rdz. 4.

3. Besonderheiten bei Bodensonderung

Die Regelung stellt den Gleichlauf zwischen der Ausgleichszahlung nach dem Bodensonderungsgesetz (vgl. Abs. 2 Satz 2, §§ 15 Abs. 1 und 22 BoSoG vom 20. 12. 1993 (BGBl. I, 2215), § 68 SachenRBerG) und der Gegenleistung nach dem SachenRBerG her. Beide Fälle sollen nach einheitlichen Kriterien gelöst werden. Hierbei ist zwischen der Ebene der Grundstückseigentümer (Pauschalierung nach Abs. 3) und der Ebene der Nutzer (Vorteilsausgleich nach Abs. 5) zu unterscheiden.

a) Pauschalierung, Abs. 3

Abs. 3 sieht im Interesse der Gleichbehandlung der Betroffenen und der Vereinfachung des Verfahrens eine pauschalierte Bodenwertbestimmung nach Durchschnittswerten aller im Plangebiet nach § 8 BoSoG belegenen Grundstücke vor. Die Pauschalierungsregelung trägt dem Umstand Rechnung, daß sonst der Wert eines Grundstücks zufallsabhängig wäre. Eine derartige Bewertung würde das einheitliche planerische Bebauungskonzept

§ 20 10–16 Kapitel 2. Nutzung fremder Grundstücke

außer acht lassen und wäre mithin gleichheitswidrig. Zudem wäre die Ermittlung der einzelnen Bodenwerte außerordentlich aufwendig (Begr. BR-Drucks. 515/93, S. 121).

10 Die Wertermittlung erfolgt somit nach Abs. 3 Satz 1 in der Weise, daß der Bodenwert aller in die Bebauungskonzeption einbezogenen Grundstücke so ermittelt wird, als ob diese ein einheitliches Flurstück wären. Sodann ist der Gesamtwert auf die einzelnen Grundstücke im Verhältnis ihrer Größe zu verteilen.

11 Für die Höhe der zu leistenden Ausgleichszahlung gilt § 68, Abs. 3 Satz 2.

b) Ausnahme, Abs. 4

12 Eine Ausnahme hiervon enthält Abs. 4 für nicht bebaute, selbständig nutzbare Grundstücke (§ 13). Zumeist wird es in derartigen Fällen bereits an einer Einbeziehung in das Plangebiet nach Abs. 3 Satz 1 i. V. m. § 8 BoSoG fehlen. Abs. 4 stellt klar, daß derartige Grundstücke nicht unter die Bodenwertpauschalierung fallen. Die Gesetzesbegründung nennt als Beispiele sog. Baulückengrundstücke (Begr. BR-Drucks. 515/93, S. 121).

c) Ausgleich, Abs. 5

13 Die Pauschalierung nach Abs. 3 Satz 1 führt im Rahmen der Sachenrechtsbereinigung zur gebotenen Gleichbehandlung zwischen den Grundstückseigentümern im betroffenen Gebiet. Auf Seiten der Nutzer tritt jedoch eine Verzerrung ein, da der zu zahlende Kaufpreis/Erbbauzins je nach Art und Maß der zulässigen baulichen Nutzung zu hoch oder zu niedrig sein kann. Es bedarf somit eines internen Lastenausgleichs unter den Nutzern des betroffenen Gebiets.

14 Das SachenRBerG übernimmt die Regelung von § 15 Abs. 5 BoSoG vom 20. 12. 1993 (BGBl. I, 2215) nicht, da ein voller Vorteilsausgleich durch eine auf bloße Flächen bezogene Zahlungspflicht nicht erreicht werden kann. Statt dessen sehen Abs. 5 Sätze 1–2 vom Träger der Bodensonderung (in der Regel: Gemeinde) festzusetzende und zu erhebende Ausgleichszahlungen von den bevorteilten Erwerbern vor. In die Bemessung der Abgabe fließt nach Abs. 5 Satz 3 die Höhe der Entschädigungsleistung nach § 15 Abs. 1 BoSoG ein. Dem Bodensonderungsträger obliegen andererseits die Zahlungen an die benachteiligten Erwerber. Die Bestimmung der einzelnen Bodenwerte ist somit nur verschoben auf den Zeitpunkt der Bestandskraft (Abs. 5 Satz 2) des Sonderungsbescheids.

15 Das Verfahren der Erhebung der Ausgleichszahlungen ist in Abs. 5 Sätze 3–5 näher geregelt. Es ist vergleichbar der Regelung in § 64 Abs. 1 BauGB, wo die Gemeinde als „Umlegungskasse" fungiert (so *Battis/Krautzberger/Löhr*, BauGB, § 64 Rdz. 1). Dennoch können mangels ausdrücklicher Bestimmung die Bestimmungen des BauGB nicht lückenfüllend herangezogen werden. Anzuwenden sind die Bestimmungen des jeweiligen Landesverwaltungsverfahrens, -zustellungs- und -vollstreckungsgesetzes, in Betracht kommt daneben die entsprechende Anwendung von Vorschriften der Abgabenordnung (insbesondere die Regelungen über Stundung und Erlaß).

16 Die Regelung in Abs. 5 ist ungeachtet ihrer systematischen Stellung somit

Vorbemerkung vor §§ 21 ff. **1 Vor § 21**

dem öffentlichen Abgabenrecht zuzurechnen, der Ausgleichsanspruch des benachteiligten Nutzers ist ebenfalls öffentlichrechtlich. Der Rechtsweg zu den Verwaltungsgerichten ist eröffnet, § 40 Abs. 1 Satz 1 VwGO.

4. Sanierungsgewinn, Abs. 6

Nach §§ 153 Abs. 1, 154 Abs. 1, 169 Abs. 4 BauGB ist die Werterhöhung, **17** die auf die Aussicht auf Sanierung oder Entwicklung im förmlich festgelegten städtebaulichen Sanierungsgebiet oder Entwicklungsbereich eintritt, an die Gemeinde abzuführen (Planungsgewinn). Diese Werterhöhung kommt dem Grundstückseigentümer zugute, der im Gegenzug mit dem Ausgleichsbetrag nach Abs. 5 belastet wird. Die sanierungsbedingte Werterhöhung nach Abs. 6 mindert daher den Ausgleichsanspruch nach Abs. 5.

5. Beweislast

Für einen Wertabschlag nach § 20 ist derjenige beweispflichtig, dem er **18** zugutekommt. Der Beweis für Ausnahmen (z. B. Abs. 3) obliegt hingegen dem, der sich auf ihr Vorliegen beruft.

Unterabschnitt 6. Erfaßte Flächen

Vorbemerkung vor §§ 21 ff.

Übersicht

	Rdz.		Rdz.
1. Allgemeines	1	4. Kritik	9
2. Aufbau des Unterabschnitts	2	5. Sicherung öffentlicher Belange	13
3. Verfahrensrecht	7		

1. Allgemeines

Eines der Hauptprobleme der Sachenrechtsbereinigung liegt im vermessungstechnischen und liegenschaftsrechtlichen Vollzugsdefizit der DDR. Typischerweise stimmen die Grenzen der Nutzungsbefugnis nicht mit der Grundstücksgrenze überein. Eine Regelung zur Überführung der Nutzungstatbestände der DDR-Rechtswirklichkeit in den Ordnungsrahmen des BGB-Sachenrechts muß Lösungen für die Festlegung des Ausübungsbereichs eines Erbbaurechts bzw. die Größe der Ankaufsfläche bereitstellen. Diesem Zweck dienen die in §§ 21 ff. enthaltenen Regelungen, durch welche bestimmt wird, auf welche Flächen sich die Ansprüche nach dem SachenR-BerG erstrecken.

2. Aufbau des Unterabschnitts

2 Das Gesetz geht von folgenden Fallgruppen aus:
3 Gesetzlicher Normalfall ist die (wahrscheinlich eher seltene) Übereinstimmung zwischen den Grenzen des Grundstücks und des Nutzungsrechts. In diesem Fall erstrecken sich die Ansprüche nach dem SachenRBerG auf das gesamte Grundstück, § 21.
4 Im übrigen behandelt das Gesetz die Fallgruppen der Bebauung genossenschaftlich genutzter Flächen (§ 22), unvermessener volkseigener Grundstücke (§ 23) sowie komplexer Bebauungen ohne Klärung der Eigentumsverhältnisse (§ 24). Eine generalklauselartige Auffangvorschrift enthält § 25.
5 In jedem Fall kann die erfaßte Fläche nicht über die im Liegenschaftskataster dokumentierten Grenzen der vom Nutzer bebauten bzw. genutzten Grundstücke hinausreichen, auch wenn die Einbeziehung weiterer Flächen aufgrund Vorgaben des öffentlichen Baurechts (Abstandsflächen, Maß der baulichen Nutzung) an sich für die Zulässigkeit einer Bebauung erforderlich wäre.
6 Weitere Korrekturen ermöglicht das System von Leistungsverweigerungsrechten, Übernahmepflichten und Ansprüchen auf flankierende Sicherung der Erschließung in §§ 26, 27.

3. Verfahrensrecht

7 Soweit Vermessungen durchzuführen sind, gilt hierfür nach §§ 85, 86:
(1) Der Sachenrechtsbereinigung vorgelagert sind öffentlich-rechtliche Bodenordnungsverfahren nach dem FlurbereinigungsG, nach §§ 53–64b LwAnpG, nach §§ 45–84 BauGB und § 5 BoSoG. Die Ergebnisse dieser Verfahren werden für das SachenRBerG übernommen, § 86.
(2) Mit Rang danach entscheidet die privatrechtliche Einigung der Beteiligten, § 85 Abs. 2.
(3) Nachrangig ist die Flächenbestimmung nach dem BoSoG.
8 Konkurrenzen zwischen dem Vermittlungsverfahren und den Verfahren der Bodenordnung nach öffentlichem Recht werden durch §§ 94 Abs. 2 Nr. 1, 95 verhindert. Zur parallelen Durchführung eines Bodenordnungs- und eines Beurkundungsverfahrens siehe § 86 Rdz. 10.

4. Kritik

9 a) Der Vollzug des SachenRBerG wird in weiten Bereichen zur Teilung, Vereinigung und Bestandteilszuschreibung von Grundstücken führen müssen. In der Praxis dürften sich hier Probleme auf zwei Ebenen stellen. Zum einen steht zu befürchten, daß erforderliche Genehmigungen (§§ 19 BauGB, 120 SachenRBerG, Vorschriften des Bauordnungsrechts über Grundstücksteilung) zu einem entscheidenden Hemmnis bei der Rückführung der betroffenen Grundstücke in den Grundstücksmarkt werden.
10 b) Zum anderen werden aufgrund der Masse der Fälle die Verfahren nach

§ 21. Vermessene Flächen   1–3   § 21

dem BoSoG vom 20. 12. 1993 (BGBl. I, 2215) bzw. Grundstücksvermessungen in der Natur erhebliche Zeit in Anspruch nehmen.

c) Letzteres Problem erscheint mit den Mitteln der Auflassungs- und Erbbaurechtsbestellungsvormerkung, der Aufteilung in Wohnungs- und Teileigentum bzw. in Wohnungs- und Teilerbbaurechte (§§ 40, 67) lösbar. In umfangreicheren Fällen bietet sich die Durchführung einer privaten Umlegung an (hierzu § 24 Rdz. 4–6). **11**

d) Bürokratische Hürden bei der Grundstücksteilung können letztlich jedoch nur überwunden werden, wenn die Behörden die vertraglich erfaßte Fläche im Sinne der §§ 21 ff. ohne größere eigene Ermittlungen als Ausübungsfläche des Nutzungstatbestands im Sinne des § 120 Nr. 1–4 ansehen. **12**

5. Sicherung öffentlicher Belange

Die Teilung eines Grundstücks entsprechend den Vorgaben des SachenRBerG wird oft nur erreichbar sein, wenn die Erschließung und bauliche Nutzung der entstehenden Teilflächen nach öffentlichem Baurecht rechtlich gesichert ist. Nach § 242 BGB (Verbot unzulässiger Rechtsausübung – kein *venire contra factum proprium*) werden die Beteiligten daher oft gehalten sein, über § 27 Abs. 2 und 3 hinaus derartige Tatbestände durch Begründung von Baulasten oder Bestellung von Grund- und beschränkt persönlichen Dienstbarkeiten zu sichern (z. B. Abstandsflächenübernahme, Grenzanbaurechte, Gerüst- und Leiterrechte, bauliche Nutzungsbeschränkungen und dergleichen). **13**

Eine nicht abschließende Sonderregelung insoweit enthält § 27 Abs. 2 und 3. **14**

§ 21 Vermessene Flächen

Die Ansprüche auf Bestellung eines Erbbaurechts oder den Ankauf erstrecken sich auf das Grundstück insgesamt, wenn dessen Grenzen im Liegenschaftskataster nachgewiesen sind (vermessenes Grundstück) und die Nutzungsbefugnis aus einem Nutzungsrecht oder einem Vertrag mit den Grenzen des Grundstücks übereinstimmt. Im übrigen sind die §§ 22 bis 27 anzuwenden.

Von den Ansprüchen nach dem SachenRBerG erfaßt ist das ganze Grundstück, wenn **1**
– dessen Grenzen im Liegenschaftskataster nachgewiesen sind und
– ein Nutzungsrecht verliehen wurde (für zugewiesene Nutzungsrechte gilt in der Regel § 22) oder
– ein Nutzungsvertrag zur Nutzung des ganzen Grundstücks berechtigte (Nutzungsverträge mit der Gemeinde nach § 22 Abs. 1: siehe § 22 Rdz. 2–3).

Die Vorschrift knüpft an den Regelfall der auf volkseigenen Grundstücken verliehenen Nutzungsrechte an. **2**

Der Grundstückseigentümer hat jedoch auch in den Fällen des § 21 die **3**

119

Möglichkeit, sich auf § 26 zu berufen. In Betracht kommt die Anwendung des § 26 etwa in Fällen der Verleihung von Nutzungsrechten an Flächen weit über der Regelgröße an privilegierte DDR-Kader. Geographisch hiervon betroffen ist vor allem das Umfeld von Berlin.

§ 22 Genossenschaftlich genutzte Flächen

(1) Soweit ein Nutzungsrecht für den Eigenheimbau zugewiesen worden ist oder ein Eigenheim von oder mit Billigung der landwirtschaftlichen Produktionsgenossenschaft oder aufgrund Nutzungsvertrages mit der Gemeinde errichtet worden ist, beziehen sich die gesetzlichen Ansprüche nach den §§ 32 und 61 auf die Fläche,
1. auf die sich nach der ehemaligen Liegenschaftsdokumentation das Nutzungsrecht erstreckt,
2. die in den Nutzungsverträgen mit den Gemeinden bezeichnet ist, soweit die Fläche für den Bau des Hauses überlassen worden ist, oder
3. die durch die landwirtschaftliche Produktionsgenossenschaft oder die Gemeinde dem Nutzer für den Bau des Eigenheimes oder im Zusammenhang mit dem Bau zugewiesen worden ist.

(2) Absatz 1 ist auf andere Bebauungen genossenschaftlich genutzter Flächen entsprechend anzuwenden, soweit die Errichtung des Gebäudes oder der baulichen Anlage aufgrund zugewiesenen Nutzungsrechts erfolgte.

(3) Die Ansprüche des Nutzers beschränken sich auf die Funktionsfläche (§ 12 Abs. 3 Satz 2 Nr. 2) des Gebäudes oder der baulichen Anlage, wenn die Bebauung aufgrund des aufgehobenen gesetzlichen Nutzungsrechts der landwirtschaftlichen Produktionsgenossenschaften vorgenommen worden ist oder durch Einbringung des Bauwerks in die landwirtschaftliche Produktionsgenossenschaft selbständiges Gebäudeeigentum entstanden ist. Handelt es sich um Betriebsgebäude, so sind die Flächen einzubeziehen, die für die zweckentsprechende Nutzung des Gebäudes im Betrieb des Nutzers notwendig sind.

Übersicht

	Rdz.		Rdz.
1. Eigenheimbau	2	3. Andere Bebauung aufgrund gesetzlichen Nutzungsrechts	7
2. Andere Bebauung aufgrund zugewiesenen Nutzungsrechts	6		

1 Die Vorschrift regelt in ihren drei Absätzen drei verschiedene Grundfälle:

1. Eigenheimbau, Abs. 1

2 Abs. 1 bezieht sich auf Eigenheime
– aufgrund (von der LPG) zugewiesenen Nutzungsrechts oder
– aufgrund Billigung der LPG oder
– aufgrund Nutzungsvertrages mit der Gemeinde.

3 Erfaßt sind die Fälle des § 5 Abs. 1 Nr. 2 Fall 2, Nr. 3a), b), c). Die anderen Fälle des Eigenheimbaus (insbesondere aufgrund Überlassungsvertrages,

§ 23. Unvermessene volkseigene Grundstücke § 23

als unechte Datschen oder die hängenden Fälle) sind nicht in § 22, sondern in §§ 25–27 geregelt.

Für die Bestimmung der erfaßten Fläche stellt das Gesetz in Nrn. 1 mit 3 **4** eine Rangfolge auf, die an die Rechtswirklichkeit der DDR anknüpft (Begr. BR-Drucks. 515/93, S. 123). Auch insoweit ist das Korrektiv des § 26 zu beachten.

Zum Begriff der Liegenschaftsdokumentation vgl. *Moser-Merdian/Flik/* **5** *Schmidtbauer,* Grundbuchverfahren, Rdz. 82–90.

2. Andere Bebauung aufgrund zugewiesenen Nutzungsrechts, Abs. 2

Abs. 2 erklärt die Bestimmungsregel des Abs. 1 (Nr. 1 mit 3) auf andere **6** Bebauungen genossenschaftlich genutzter Flächen entsprechend anwendbar, soweit die Bebauung aufgrund zugewiesenen Nutzungsrechts erfolgte. Gemeint sind die Fälle der §§ 1 Abs. 1 Nr. 1 a) i. V. m. 7 Abs. 1.

3. Andere Bebauung aufgrund gesetzlichen Nutzungsrechts, Abs. 3

Abs. 3 erfaßt die Errichtung von Bauwerken, die nicht Eigenheime sind **7** und aufgrund des vormaligen gesetzlichen Nutzungsrechts der LPG errichtet wurden oder an denen infolge Einbringung in die LPG Gebäudeeigentum entstanden ist. Betroffen sind die Fälle des § 7 Abs. 2 Nr. 5.

In diesem Fall ist nur die sog. Funktionsfläche im Sinne des § 12 Abs. 3 **8** Nr. 2 von den Ansprüchen nach dem SachenRBerG erfaßt. Grund hierfür ist, daß das SachenRBerG hier nur die bauliche Investition schützen will (Begr. BR-Drucks. 515/93, S. 73); andernfalls ginge das Gesetz über das an Rechtsposition hinaus, was die DDR dem Nutzer gewährte und würde die gesetzliche Wertentscheidung mißachten, die mit der Aufhebung des Bodennutzungsrechts der LPG zugunsten des Privateigentums getroffen wurde (Begr. BR-Drucks. 515/93, S. 123; Einl. Rdz. 44). Die Gesetzesbegründung betont zu Recht (aaO, S. 123), daß bei der regelmäßigen Nutzung betroffener Gebäude innerhalb eines Betriebes die für die zweckentsprechende Nutzung des Gebäudes innerhalb dieses Betriebes notwendigen Flächen mit in die erfaßte Funktionsfläche einzubeziehen sind.

§ 23 Unvermessene volkseigene Grundstücke

Soweit Nutzungsrechte auf unvermessenen, vormals volkseigenen Grundstücken verliehen wurden, sind die Grenzen in folgender Reihenfolge zu bestimmen nach
1. einem Bescheid über die Vermögenszuordnung, soweit ein solcher ergangen ist und über die Grenzen der Nutzungsrechte Aufschluß gibt,
2. Vereinbarungen in Nutzungsverträgen oder
3. dem für ein Gebäude der entsprechenden Art zweckentsprechenden, ortsüblichen Umfang oder der Funktionsfläche der baulichen Anlage.

§ 24 Kapitel 2. Nutzung fremder Grundstücke

1   Nutzungsrechte auf unvermessenen vormals volkseigenen Grundstücken werfen in der Sachenrechtsbereinigung deshalb Probleme auf, weil diese meist nur auf die Gebäudegrundfläche beschränkt verliehen wurden. § 23 zielt daher auf Gleichbehandlung dieser Nutzer mit den Nutzern nicht volkseigener Flächen ab. Erfaßt sind Fälle der §§ 5 Abs. 1 Nr. 2, 7 Abs. 2 Nr. 1.

2   Nach der in § 23 Nr. 1 mit 3 aufgestellten Rangfolge sind in erster Linie die Ergebnisse eines Verfahrens nach dem Vermögenszuordnungsgesetz der Sachenrechtsbereinigung zugrundezulegen (Nr. 1). Das Gesetz geht davon aus, daß, soweit der Bescheid über die Grenzen des Nutzungsrechts Auskunft gibt, diese zutreffend ermittelt sind (Begr. BR-Drucks. 515/93, S. 123).

3   In zweiter Linie (Nr. 2) maßgeblich sind die Bestimmungen in Nutzungsverträgen, durch die auf die Gebäudefläche beschränkt zugewiesene Nutzungsrechte erweitert werden konnten (vgl. Nr. 75, 76 der COLIDO-Grundbuchanweisung vom 27. 10. 1987, Begr. BR-Drucks. 515/93, S. 123 f.).

4   Subsidiär stellt Nr. 3 auf den Maßstab der Ortsüblichkeit und der Funktionsfläche ab (Art. 233 § 4 Abs. 3 Satz 3 EGBGB, § 12 Abs. 3 Nr. 2 SachenRBerG). Auch dieser Maßstab bedarf der Korrektur, insbesondere in Gebieten, in denen an privilegierte Kader generell größere Grundstücksflächen zur Nutzung vergeben wurden (§ 21 Rdz. 3).

§ 24 Wohn-, Gewerbe- und Industriebauten ohne Klärung der Eigentumsverhältnisse

(1) Soweit im komplexen Wohnungsbau oder Siedlungsbau oder durch gewerbliche (einschließlich industrielle) Vorhaben Bebauungen ohne Klärung der Eigentumsverhältnisse über Grundstücksgrenzen hinweg vorgenommen worden sind, erstrecken sich die Ansprüche nach diesem Kapitel in folgender Reihenfolge auf die Flächen,
1. deren Grenzen in Aufteilungs- oder Vermessungsunterlagen als Grundstücksgrenzen bis zum Ablauf des 2. Oktober 1990 ausgewiesen worden sind,
2. die entsprechend den Festsetzungen in einem Zuordnungsplan für die in dem Gebiet belegenen vormals volkseigenen Grundstücke für die zweckentsprechende Nutzung der zugeordneten Grundstücke erforderlich sind oder
3. die für eine zweckentsprechende Nutzung einer Bebauung der entsprechenden Art ortsüblich sind.

(2) Entstehen durch die Bestellung von Erbbaurechten oder den Ankauf von Grundstücksteilen Restflächen, die für den Grundstückseigentümer nicht in angemessenem Umfang baulich oder wirtschaftlich nutzbar sind, so kann dieser von der Gemeinde den Ankauf der Restflächen verlangen. Der Kaufpreis ist nach den §§ 19, 20 und 68 zu bestimmen. Der Anspruch nach Satz 1 kann nicht vor dem 1. Januar 2000 geltend gemacht werden. Eine Bereinigung dieser Rechtsverhältnisse durch Enteignung, Umlegung oder Bodenneuordnung bleibt unberührt.

§ 24. Wohn-, Gewerbe- und Industriebauten 1–4 § 24

Übersicht

	Rdz.		Rdz.
1. Allgemeines	1	3. Bebauung ohne Klärung der Eigentumsverhältnisse	7
2. Privatrechtliche Umlegung	4	4. Restflächen	11

1. Allgemeines

a) Die Vorschrift betrifft einen der schwierigsten Bereiche der Sachenrechtsbereinigung, die Regelung der großflächigen Überbauungen im komplexen Wohnungsbau oder Siedlungsbau ohne Klärung der Eigentumsverhältnisse. In diesem Bereich stellen sich die Probleme wegen der Vollzugsdefizite der DDR in besonderer Schärfe, da die entstandenen Bebauungseinheiten dem Rechtsverkehr faktisch entzogen und daher weder veräußerbar noch beleihbar sind. **1**

b) Die Gesetzesbegründung geht davon aus, daß die Lösung komplexer Überbauungssituationen im Regelfall in einem Bodenneuordnungsverfahren aufgrund des Bodensonderungsgesetzes vom 20. 12. 1993 (BGBl. I, 2215) erfolgen wird (Begr. BR-Drucks. 515/93, S. 124). Eine Lösung auf zivilrechtlicher Grundlage über die Sachenrechtsbereinigung soll hiernach „nur in Fällen möglich sein, in denen durch die Nutzer nur noch wenige Grundstücke in dem überbauten Gebiet hinzuerworben werden müssen und es keiner Umlegung im Hinblick auf die jetzt vorhandene Bebauung bedarf" (Begr., aaO). Dennoch habe die „Regelung in § 24 ... Bedeutung nur für die Fälle", in denen es mangels personeller und sachlicher Kapazitäten nicht zur Bodenneuordnung kommt. **2**

Die Richtigkeit dieser Vermutung des Gesetzgebers wird sich weisen. Zweifel sind angebracht, ob sich aufgrund der erforderlichen, aber nicht immer vorhandenen planerischen „man-power" für ein Bodenneuordnungsverfahren das prognostizierte Regel-Ausnahme-Verhältnis nicht umkehren wird. Zudem wird ein Träger der Bodensonderung gut daran tun, vor Eintritt in die Planungskonzeption sich des – nur zivilrechtlich erreichbaren – Konsenses der betroffenen Nutzer und Grundstückseigentümer zu versichern. Zivilrechtliche Vorfragen wie zu ermittelnde Erbfolgen etc. werden die Durchführung des öffentlich-rechtlichen Verfahrens weiter erschweren. Ressourcenknappheit im öffentlichen Bauplanungsrecht ist jedoch geeignet, die Einigungsbereitschaft der Beteiligten im zivilrechtlichen Bereich zu fördern. **3**

2. Privatrechtliche Umlegung

a) In den genannten Situationen bietet sich an, unter Beachtung der Prinzipien des SachenRBerG eine Bereinigung nach dem Modell einer privatrechtlichen Umlegung (eines mehrseitigen Grundstückstausches, zu Teil mit erst noch zu bestimmenden Ersatzflächen) zu versuchen. Nach dieser Konzeption legen die Beteiligten ihre Grundstücke bzw. Nutzungstatbestände (Ein- **4** lagegrundstücke, Einlagenutzungstatbestände) schuldrechtlich (eine Einbringung ist nicht erforderlich) in einen gemeinsamen Fonds ein, aus dem sie im entsprechenden Wertverhältnis Grundstücke bzw. Erbbaurechte, evtl. auch Sondereigentumsrechte bzw. Wohnungs- und Teilerbbaurechte erhalten (Ersatzgrundstücke, Ersatzerbbaurechte).

5 b) Die Festlegung der Werte der Einlage- und der Ersatzrechte obliegt zweckmäßigerweise einem Schiedsgutachtergremium bzw. einem privaten Planungsbüro, das in einem mehrseitigen formbedürftigen Umlegungsvertrag (Verpflichtungsgeschäft 1. Stufe) aller Beteiligten berufen wird. Nach Ergebnis des Schiedsgutachtens werden sodann Erbbaurechtsbestellungen, Auflassungen oder konkrete Auflassungsverpflichtungen beurkundet (Verpflichtungsgeschäft 2. Stufe, Erfüllungsgeschäft 1. Stufe). Soweit noch Ersatzgrundstücke zu bilden sind, kann entweder eine Vermessung in privatem Auftrag oder ein Bodensonderungsverfahren in die Wege geleitet werden. Den Abschluß bildet eine Messungsanerkennung und Auflassung bzw. ein Sonderungsbescheid (Erfüllungsgeschäft 2. Stufe).

6 c) Notwendige Bedingung für das Gelingen einer privaten Umlegung ist neben dem entsprechenden planerischen know-how die kontinuierliche Betreuung durch einen möglichst ortsnahen Notar.

3. Bebauung ohne Klärung der Eigentumsverhältnisse, Abs. 1

7 Abs. 1 enthält eine Reihenfolge für die Bestimmung der erfaßten Flächen.
8 a) Abs. 1 Nr. 1 stellt auf eventuell vor dem 3. 10. 1990 vorhandene Aufteilungs- und Vermessungsunterlagen ab, d. h. auf den Fall, in dem die Teilung der Grundstücke entsprechend der Bebauung vor dem Beitritt in die Wege geleitet war (Begr. BR-Drucks. 515/93, S. 124).

9 b) In zweiter Linie maßgebend sind Festlegungen eines Zuordnungsplans nach § 2 Abs. 2a und 2b Vermögenszuordnungsgesetz (Nr. 2).

10 c) Soweit es – oft genug – an den Voraussetzungen der Nr. 1 und 2 fehlen wird, kommt es schließlich auf das Kriterium der Ortsüblichkeit an, Nr. 3. Hiernach sind Grundstücksgrenzen zum einen nach dem Maßstab vergleichbarer Bebauungen zu bilden, wobei möglichst auf Einhaltung bauordnungsrechtlich erforderlicher Grenzabstände bzw. auf die Übernahme von Abstandsflächen (Vorbem. vor §§ 21 ff., Rdz. 13–14) geachtet werden sollte.

4. Restflächen, Abs. 2

11 a) Soweit durch den Ankauf von Teilflächen dem Grundstückseigentümer nicht mehr verwertbare Restflächen verbleiben, sieht Abs. 2 vor, daß in Gebieten nach Abs. 1 dem Grundstückseigentümer entsprechend dem Übernahmeverlangen nach §§ 143 Abs. 5, 168 BauGB das Recht auf Ankauf dieser Flächen durch die Gemeinde zusteht. Die Gemeinde hat dann die Möglichkeit, diese Flächen nach Satz 4 durch Umlegung oder Grenzregelung wieder nutzbar zu machen (Begr. BR-Drucks. 515/93, S. 125).

12 b) Der Kaufpreis bestimmt sich in diesem Fall nach den allgemeinen Grundsätzen der §§ 19, 20 und 68, insbesondere nach § 20 Abs. 1. Wegen

der finanziellen Belastung für die Gemeinden enthält Abs. 2 Satz 3 eine Suspendierung des Ankaufsanspruchs bis zum 31. 12. 1999.

c) Abs. 2 enthält eine reine Auffangregelung für Notfälle. Der Nutzer, der die Übernahme dieser Flächen verweigert, sollte bedenken, daß ihn die Gemeinde künftig genau hierzu mit den Mitteln des öffentlichen Baurechts zwingen kann. Satz 4 öffnet Abs. 2 zudem ausdrücklich für künftige baurechtliche Maßnahmen (Begr. BR-Drucks. 515/93, S. 125). Eine Einigung mit dem Grundstückseigentümer über die Übernahme dieser Flächen durch den Nutzer liegt daher im allseitigen Interesse. 13

§ 25 Andere Flächen

Ergibt sich der Umfang der Flächen, auf die sich die Ansprüche des Nutzers erstrecken, nicht aus den vorstehenden Bestimmungen, so ist Artikel 233 § 4 Abs. 3 Satz 3 des Einführungsgesetzes zum Bürgerlichen Gesetzbuche entsprechend anzuwenden.

In den nicht in §§ 21 mit 24 geregelten Fällen greift die Auffangvorschrift des § 25. Diese stellt mit der Verweisung auf Art. 233 § 4 Abs. 3 Satz 3 EGBGB letztlich auf den Maßstab der Ortsüblichkeit ab, bei Eigenheimen also auf die Regelgröße von 500 qm. Hinsichtlich der Eigenheime ist damit das in § 26 vorgezeichnete Ergebnis bereits vorweggenommen. 1

Mit dem Maßstab des für „Gebäude der errichteten Art zweckentsprechenden ortsüblichen Umfangs" wird sowohl auf die tatsächlichen Verhältnisse als auch auf das ortsübliche Maß der baulichen Nutzung nach der BaunutzungsVO abgestellt. Maßstab für die Ortsüblichkeit ist die Grundflächen- und Geschoßflächenzahl im betroffenen Gebiet (vgl. hierzu §§ 16 ff. BauNVO); mit Hilfe dieser Größen kann aufgrund der bekannten Grund- und Geschoßfläche des Gebäudes auf die notwendige Grundstücksgröße rückgeschlossen werden. In jedem Fall ist die erfaßte Fläche durch die Grenzen des bebauten Grundstücks selbst nach oben limitiert. 2

§ 26 Übergroße Flächen für den Eigenheimbau

(1) **Ist dem Nutzer ein Nutzungsrecht verliehen oder zugewiesen worden, das die für den Eigenheimbau vorgesehene Regelgröße von 500 Quadratmetern übersteigt, so können der Nutzer oder der Grundstückseigentümer verlangen, daß die Fläche, auf die sich die Nutzungsbefugnis des Erbbauberechtigten (§ 55) erstreckt oder die Gegenstand des Kaufvertrages (§ 65) ist, im Vertrag nach Satz 3 abweichend vom Umfang des Nutzungsrechts bestimmt wird. Das gleiche gilt, wenn der Anspruch des Nutzers nach den §§ 21 bis 23 sich auf eine über die Regelgröße hinausgehende Fläche erstreckt. Die Ansprüche aus den Sätzen 1 und 2 können nur geltend gemacht werden, soweit**
1. **eine über die Regelgröße von 500 Quadratmetern hinausgehende Fläche abtrennbar und selbständig baulich nutzbar oder**
2. **eine über die Größe von 1000 Quadratmetern hinausgehenden Fläche abtrennbar und angemessen wirtschaftlich nutzbar ist.**

(2) **Macht der Grundstückseigentümer den in Absatz 1 bestimmten Anspruch geltend, kann der Nutzer von dem Grundstückseigentümer die Über-**

§ 26 1, 2   Kapitel 2. Nutzung fremder Grundstücke

nahme der abzuschreibenden Teilfläche gegen Entschädigung nach dem Zeitwert für die aufstehenden Gebäude, Anlagen und Anpflanzungen verlangen, soweit der Nutzer diese erworben oder in anderer Weise veranlaßt hat. In anderen Fällen hat der Grundstückseigentümer in dem Umfang Entschädigung für die Gebäude, Anlagen und Anpflanzungen zu leisten, wie der Wert seines Grundstücks im Zeitpunkt der Räumung der abzuschreibenden Teilfläche noch erhöht ist. Der Grundstückseigentümer kann nach Bestellung des Erbbaurechts oder dem Ankauf durch den Nutzer von diesem die Räumung der in Absatz 1 bezeichneten Teilfläche gegen eine Entschädigung nach den Sätzen 1 und 2 verlangen.

(3) Der Nutzer darf der Begrenzung seiner Ansprüche nach Absatz 1 widersprechen, wenn diese zu einer unzumutbaren Härte führte. Eine solche Härte liegt insbesondere dann vor, wenn
1. die abzutrennende Teilfläche mit einem Bauwerk (Gebäude oder bauliche Anlage) bebaut worden ist, das
   a) den Wert der Nutzung des Eigenheims wesentlich erhöht oder
   b) für den vom Nutzer ausgeübten Beruf unentbehrlich ist und für das in der Nähe mit einem für den Nutzer zumutbaren Aufwand kein Ersatz bereitgestellt werden kann, oder
2. durch die Abtrennung ein ungünstig geschnittenes und im Wert besonders vermindertes Grundstück entstehen würde.

Auf Flächen, die über eine Gesamtgröße von 1000 Quadratmetern hinausgehen, ist Satz 1 in der Regel nicht anzuwenden.

(4) Der Nutzer kann den Anspruch des Grundstückseigentümers nach Absatz 1 abwenden, indem er diesem ein nach Lage, Bodenbeschaffenheit und Größe gleichwertiges Grundstück zur Verfügung stellt.

(5) Die Absätze 1 bis 4 sind entsprechend anzuwenden, wenn die Befugnis des Nutzers auf einem Vertrag beruht.

Übersicht

	Rdz.		Rdz.
1. Allgemeines	1	4. Übernahme abgetrennter Flächen	11
2. Grenzbestimmung	5	5. Härteklausel	17
3. Abtrennung	7	6. Ersetzungsbefugnis	20

1. Allgemeines

1 Im Fall der Bebauung von Grundstücken mit Eigenheimen sahen die Rechtsvorschriften der DDR eine Regelgrundstücksgröße von 500 qm vor, § 7 Satz 2 Eigenheimverordnung vom 31. 8. 1978, GBl. I, S. 425 und § 2 Bereitstellungsverordnung vom 9. 9. 1976, GBl. I, S. 426. Größere Einheiten kommen jedoch durchaus vor, vor allem im Raum um Berlin. Ursache für das Überschreiten der Regelgröße war zumeist die hervorgehobene berufliche oder politische Position des Nutzers.

2 Im Hinblick auf die Vermeidung nicht gerechtfertigter Vorteile für den Nutzer unterhalb der Schwelle des § 30 sieht Abs. 1 der Vorschrift für den Grundstückseigentümer und den Nutzer ein Recht auf Begrenzung mit der

§ 26. Übergroße Flächen für den Eigenheimbau   3–8 § 26

Folge der Abtrennung über die Regelgröße hinausgehender Flächen vor. Inhaber des Anspruchs sind somit beide; im Unterschied zum Regierungsentwurf kann auch der Nutzer, um den Rechtsfolgen nach §§ 43 Abs. 2 Nr. 1 Buchst. b), 70 Abs. 3 zu entgehen, den Anspruch geltend machen und das Verwertungsrisiko hinsichtlich der Restfläche dem Grundstückseigentümer zuweisen (BT-Drucks. 12/7425, S. 69).

Abs. 2 regelt die Rechtsfolgen des Begrenzungsverlangens des Grundstückseigentümers, Abs. 3 gibt dem Nutzer eine Einrede gegen den Anspruch nach Abs. 1 in Härtefällen, Abs. 4 eine Ersetzungsbefugnis des Nutzers als Schuldner des Anspruchs nach Abs. 1. 3

Die Vorschrift des § 26 Abs. 1 gilt nicht für jedwede Art von Nutzungstatbeständen, sondern nur für verliehene oder zugewiesene Nutzungsrechte. Nach Abs. 5 gilt entsprechendes für die Nutzung aufgrund von Nutzungs- oder Überlassungsverträgen. Zugleich bringt Abs. 5 zum Ausdruck, daß § 26 unabhängig von etwaigen vertraglichen Abreden in Nutzungs- oder Überlassungsverträgen über die erfaßte Fläche anwendbar ist. 4

2. Grenzbestimmung

Die Vorschrift enthält keine Regelung dazu, wie die Grenze zwischen den dem Nutzer verbleibenden und den abzutrennenden Grundstücksflächen zu ziehen ist. Insoweit gelten die allgemeinen Regeln der §§ 226, 242 BGB (evtl. auch §§ 1020, 1023 BGB). Auch der Notar ist nach § 93 Abs. 3 Satz 2 zu entsprechenden Vorschlägen befugt. Entscheidend ist, ob durch die gezogene Grenze einerseits die abzutrennende Fläche für den Grundstückseigentümer nutzbar im Sinne des Abs. 1 wird, andererseits ob aufgrund des Zuschnitts der verbleibenden Fläche kein Härtefall nach Abs. 3 entsteht. 5

Insoweit sind die Beteiligten gegebenenfalls zur Sicherung öffentlicher Belange (Erschließung, Abstandsflächen u. s. w.) durch Dienstbarkeit bzw. Baulast verpflichtet (Vorbem. vor §§ 21 ff., Rdz. 13–14). 6

3. Abtrennung, Abs. 1

a) Ein Anspruch auf Abtrennung über 1000 qm hinausgehender Flächen steht dem Grundstückseigentümer oder dem Nutzer nach Abs. 1 Satz 3 Nr. 2 bereits dann zu, wenn die betreffende Fläche abtrennbar (§ 13 Abs. 1 und 3) und selbständig wirtschaftlich – nicht notwendigerweise baulich – nutzbar ist. In Betracht kommt nicht nur landwirtschaftliche Nutzung, sondern auch die Eigennutzung als Garten- und Freizeitgrundstück, denn auch diese Nutzung ist „wirtschaftlich" in dem Sinne, daß sie Aufwendungen für ein Ersatzgrundstück erspart. Grund für die geringen Anforderungen an den Anspruch des Grundstückseigentümers ist die erhebliche Überschreitung der gesetzlichen Regelgröße und die fehlende Rechtfertigung dafür, daß der Nutzer die mit einem solchen Grundstück verbundenen Annehmlichkeiten behalten können soll (Begr. BR-Drucks. 515/93, S. 125 f.). 7

b) Bei einer Grundstücksgröße zwischen 500 und 1000 qm kann die Abtrennung nach Abs. 1 Satz 3 Nr. 1 nur dann verlangt werden, wenn die 8 betreffende Fläche abtrennbar und selbständig baulich nutzbar ist (§ 13 Abs. 1 mit 3). Die Begründung verweist darauf, daß Nutzungsrechte mit einer Größe von 600 bis 700 qm häufig seien; ein Zurückschneiden auf die Regelgröße sei hier nur vertretbar, wenn dem Grundstückseigentümer hierdurch wesentliche Vorteile dadurch entstehen, daß die abtrennbare Fläche selbständig oder im Verbund mit Nachbargrundstücken (§ 13 Rdz. 4–10) bebaut werden kann (Begr. BR-Drucks. 515/93, S. 125).

9   c) Bei der Prüfung der Nutzbarkeit sind die Ansprüche des Grundstückseigentümers nach § 27 Abs. 2 und 3 zu berücksichtigen. Die Bebaubarkeit kann somit nicht ohne weiteres mit der Begründung verneint werden, die Erschließung sei nicht gesichert.

10   d) Zu Messungskosten siehe §§ 55 Abs. 2 und 77, insbesondere § 55 Rdz. 10–12.

4. Übernahme abgetrennter Flächen, Abs. 2

11   a) Infolge des Begrenzungsverlangens des Grundstückseigentümers wird die nach Abs. 1 abtrennbare Fläche vom Nutzungsrecht frei. Abs. 2 Satz 1 gibt demgemäß dem Nutzer einen Anspruch gegen den Grundstückseigentümer auf Übernahme der abzutrennenden Flächen gegen Entschädigung für die darauf befindlichen Gebäude, Anlagen (i. S. d. § 315 Abs. 2 ZGB, nicht nur bauliche Anlagen nach § 12 Abs. 3, BT-Drucks. 12/599, S. 208) und Anpflanzungen, soweit diese dem Nutzer zuzurechnen sind.

12   b) Nach Abs. 2 Satz 2 ist der Grundstückseigentümer „in anderen Fällen", das heißt bei Geltendmachung des Anspruchs nach Abs. 1 durch den Nutzer (BT-Drucks. 12/7425, S. 69), nur zur Herausgabe der Bereicherung verpflichtet.

13   c) Abs. 2 Satz 3 stellt die Räumungspflicht des Nutzers nach Geltendmachung des Anspruchs nach Abs. 1, Zug um Zug gegen Zahlung der Entschädigung nach Abs. 2 Sätze 1 und 2, klar. An sich ergeben sich die Rechtsfolgen des Begrenzungsverlangens nach Abs. 1 aus den §§ 985 ff. BGB. Denn das Begrenzungsverlangen des Grundstückseigentümers führt jedenfalls mit Erfüllung der insoweit konnexen (§ 273 BGB) Gegenansprüche des Nutzers nach dem SachenRBerG zum Wegfall dessen Rechts zum Besitz der betreffenden abtrennbaren Teilfläche (§ 896 BGB).

14   d) Grundsätze des Eigentümer-Besitzer-Verhältnisses gelten neben der in Abs. 2 Satz 1 bestimmten Entschädigungspflicht (Sonderregel zu § 998) hinsichtlich bis zur Räumung der fraglichen Flächen aus ihnen gezogener Nutzungen (§§ 987, 988, 990, 993 BGB), hinsichtlich ihnen zugefügter Schäden (§§ 989, 990 BGB) und bezüglich auf die Flächen gemachter Verwendungen (§§ 994–996, 999–1003).

15   Unberührt bleibt auch das Recht des Nutzers, anstelle der Entschädigung nach Abs. 2 Sätze 1 oder 2 von seinem Wegnahmerecht nach § 997 Gebrauch zu machen.

16   Die Entschädigung ist in Höhe des Zeitwerts der übernommenen Bebauungen und Anpflanzungen zu leisten. Insoweit gelten die vergleichbaren Vorschriften des Mietrechts (§ 547a Abs. 2 BGB). Nicht gerechtfertigt und

daher nicht vorgesehen ist eine Entschädigung für den Bodenwertanteil (Begr. BR-Drucks. 515/93, S. 126).

5. Härteklausel, Abs. 3

Die Abtrennung nach Abs. 1 kann für den Nutzer zur Zerschlagung wirtschaftlicher Einheiten oder zu trennungsbedingten erheblichen Wertminderungen seines verbleibenden Grundstücks/Erbbaurechts führen. Abs. 3 gibt dem Nutzer daher unter den Voraussetzungen des Abs. 3 Satz 2 ein Leistungsverweigerungsrecht (Einrede). 17

Nach Abs. 3 Satz 3 ist die Härteklausel auf über das Doppelte der Regelgröße hinausgehende Flächen in der Regel nicht anzuwenden, da insoweit der Nutzer ohnehin nicht auf eine DDR-typische Verwaltungspraxis vertrauen durfte. 18

Liegen die Voraussetzungen der Härteklausel des Abs. 3 vor, so kommt es zwar nicht zur Abtrennung der fraglichen Flächen, wohl aber schuldet der Nutzer für diese Grundstücksteile das volle übliche Entgelt als Erbbauzins bzw. Kaufpreis, §§ 43 Abs. 2 Satz 1 Nr. 1 b), 70 Abs. 3. 19

6. Ersetzungsbefugnis, Abs. 4

Das Begrenzungsverlangen des Grundstückseigentümers wäre dann unverhältnismäßig, wenn ihm ein vergleichbares anderes Grundstück zur Verfügung gestellt werden könne. Abs. 4 gibt dem Nutzer eine entsprechende Ersetzungsbefugnis in Ansehung des Begrenzungsverlangens nach Abs. 1. 20

Die Voraussetzungen des Abs. 4 werden allerdings dann zumeist nicht vorliegen, wenn dem Grundstückseigentümer ein Nachbargrundstück gehört, mit dem zusammen er das abzutrennende Grundstück nutzen kann. Denn dann wird ein Vergleichsgrundstück mit entsprechenden Vorteilen kaum zu finden sein. 21

§ 27 Restflächen

(1) **Die Ansprüche nach den §§ 32 und 61 erfassen auch Restflächen. Restflächen sind Grundstücksteile, auf die sich der Anspruch des Nutzers nach den §§ 21 bis 23 und 25 nicht erstreckt, wenn diese nicht in angemessenem Umfang baulich oder wirtschaftlich nutzbar sind. Der Nutzer oder der Grundstückseigentümer ist berechtigt, eine Einbeziehung der Restflächen in den Erbbaurechts- oder Grundstückskaufvertrag zu verlangen, wenn hierdurch ein nach Lage, Form und Größe zweckmäßig gestaltetes Erbbaurecht oder Grundstück entsteht. Der Nutzer kann die Einbeziehung der Restflächen in den Erbbaurechts- oder Grundstückskaufvertrag verweigern, wenn sich dadurch eine für ihn unzumutbare Mehrbelastung ergäbe.**

(2) **Ist für eine dem Grundstückseigentümer verbleibende Fläche die zur ordnungsgemäßen Nutzung notwendige Verbindung zu einem öffentlichen Weg nicht vorhanden, kann der Grundstückseigentümer vom Nutzer die Bestellung eines Wege- oder Leitungsrechts und zu dessen Sicherung die Über-**

nahme einer Baulast gegenüber der Bauaufsichtsbehörde sowie die Bewilligung einer an rangbereiter Stelle in das Grundbuch einzutragenden Grunddienstbarkeit verlangen. Der Grundstückseigentümer ist zur Löschung der Grunddienstbarkeit verpflichtet, sobald eine anderweitige Erschließung der ihm verbleibenden Fläche hergestellt werden kann. Für die Zeit bis zur Herstellung dieser Erschließung ist § 117 Abs. 2 entsprechend anzuwenden.

(3) Kann ein Wege- oder Leitungsrecht nach Absatz 2 aus tatsächlichen Gründen nicht begründet werden, so hat der Grundstückseigentümer gegen den Nachbarn den in § 917 Abs. 1 des Bürgerlichen Gesetzbuchs bezeichneten Anspruch auf Duldung eines Notwegs. § 918 Abs. 1 des Bürgerlichen Gesetzbuchs ist nicht anzuwenden, wenn das Restgrundstück wegen Abschreibung der mit dem Nutzungsrecht belasteten oder der bebauten und dem Nutzer zuzuordnenden Teilfläche die Verbindung zum öffentlichen Weg verliert.

(4) Für die in § 24 bezeichneten Bebauungen gelten die dort genannten besonderen Regelungen.

Übersicht

	Rdz.		Rdz.
1. Allgemeines	1	3. Sicherung der Erschließung	5
2. Einbeziehung	4	4. Notwegerecht	11

1. Allgemeines

1 § 27 Abs. 1 enthält eine Regelung für die Flächen, die einerseits von §§ 21 mit 23, 25 nicht erfaßt sind, andererseits nicht in angemessenem Umfang baulich oder wirtschaftlich nutzbar sind (sog. Restflächen), vgl. die Legaldefinition in Abs. 1 Satz 2.

2 § 27 ist, wie Abs. 4 ausdrücklich klarstellt, in den Fällen des § 24 nicht anwendbar. Im komplexen Wohnungs- und Siedlungsbau werden die mit Restflächen verbundenen Probleme ausschließlich im Wege des Ankaufsverlangens nach § 24 Abs. 2 gelöst.

3 Weiter gibt die Vorschrift dem Grundstückseigentümer Ansprüche zur Sicherung der Erschließung der abzutrennenden Flächen (Abs. 2–3).

2. Einbeziehung, Abs. 1

4 Mit Ausnahme von § 24 Abs. 2 bezieht das SachenRBerG Restflächen mit in die erfaßten Flächen ein, Abs. 1 Satz 1 in Verbindung mit Satz 3. Der Nutzer kann die Einbeziehung nach Abs. 1 Satz 4 nur verweigern, soweit die Übernahme der Restflächen zu einer ihm unzumutbaren Mehrbelastung führen würde. Im Hinblick darauf, daß bei Restflächen im Gegensatz zu Flächen nach § 26 Abs. 3 ebenfalls eine Halbteilung der Bodenwerte stattfindet, dürfte der Anwendungsbereich der Einrede nach Abs. 1 Satz 4 begrenzt sein.

3. Sicherung der Erschließung, Abs. 2

a) Die Vorschrift will Härten vermeiden, die dem Grundstückseigentümer daraus erwachsen können, daß ihm zwar Flächen verbleiben, diese aber durch die Fläche des Nutzers von der Erschließung abgeschnitten sind. Betroffen hiervon dürften vor allem Nutzungstatbestände im ländlichen Raum sein (Begr. BR-Drucks. 515/93, S. 127).

Abs. 2 gibt dem Grundstückseigentümer einen Anspruch gegen den Nutzer auf diejenigen Sicherungsrechte, die nach dem Baurecht des jeweiligen Bundeslandes zur Gewährung hinreichender Erschließung erforderlich sind. Im Regelfall soll die Bestellung einer Baulast und einer Grunddienstbarkeit ausreichen (Begr., aaO). Vom Wortlaut nicht erfaßt, aber ebenfalls nach dem Sinn und Zweck der Vorschrift Inhalt des Anspruchs ist auch die zusätzliche Bestellung einer beschränkt persönlichen Dienstbarkeit zugunsten des Trägers der zuständigen Bauaufsichtsbehörde zur Sicherung der Erschließung nach dem Vorbild der Bayerischen Bauordnung.

b) Die Eintragung der Dienstbarkeit in das Grundbuch hat an rangbereiter Stelle zu erfolgen, Abs. 2 Satz 1 (siehe hierzu auch § 35 Rdz. 12). Schon im Hinblick auf drohenden Rechtsverlust in der Zwangsversteigerung notwendig ist die Absicherung an möglichst guter Rangstelle, d. h. jedenfalls im Rang vor Rechten in Abteilung III des Grundbuchs und (im Fall der §§ 32 ff.) im Rang vor einer Erbbauzinsreallast. In der Regel wird daher der Nutzer bzw. der Erbbauberechtigte verpflichtet sein, einen Rangrücktritt der Berechtigten auch der nach §§ 34 bis 36 am Erbbaurecht bzw. nach § 63 am Grundstück zur Eintragung gelangenden bzw. bestehen bleibenden Rechte herbeizuführen.

c) Die Kosten der Bestellung und Rangbeschaffung erforderlicher Baulasten bzw. Dienstbarkeiten gehören zu den Vertragskosten, §§ 60 Abs. 2, 77. Sie unterliegen somit der Kostenteilung.

d) Abs. 2 Satz 2 gibt dem Nutzer einen Anspruch auf Löschung der Grunddienstbarkeit, sobald eine anderweitige Erschließung hergestellt werden kann. In der Übergangszeit ist der Grundstückseigentümer zur Mitbenutzung des Grundstücks des Nutzers entsprechend § 117 Abs. 2 berechtigt (§ 117 Rdz. 11–12). Abs. 2 Satz 2 ist letztlich Ausfluß des Rechtsgedankens des § 1019 BGB. Voraussetzung des Löschungsanspruchs ist eine annähernd gleichwertige Erschließung. Der Grundstückseigentümer muß sich z. B. hinsichtlich seiner Zufahrt nicht auf komplizierte Umwege einlassen, oft wird auch eine Verlegung der Garage wirtschaftlich nicht zumutbar sein. Die Begründung hält den Grundstückseigentümer für verpflichtet, sich um eine anderweitige Erschließung zu bemühen (Begr. BR-Drucks. 515/93, S. 127). Diese Verpflichtung besteht nicht generell, sondern nur unter den Einschränkungen des § 242 BGB (Verbot unzulässiger Rechtsausübung).

Unter Abs. 2 Satz 2 entsprechenden Voraussetzungen besteht auch Anspruch auf Aufgabe einer beschränkt persönlichen Dienstbarkeit oder einer Baulast.

4. Notwegerecht, Abs. 3

11 a) Abs. 3 Satz 1 gibt dem Grundstückseigentümer in den Fällen, in denen eine Erschließung des Grundstücks des Eigentümers über das Grundstück des Nutzers nicht möglich ist (z. B. zu geringe Straßenbreite, geschlossene Bauweise, vgl. Begr. BR-Drucks. 515/93, S. 127), einen Anspruch entsprechend § 917 Abs. 1 BGB gegen den (an der Sachenrechtsbereinigung nicht beteiligten) Nachbarn auf Duldung eines Notwegs.

12 b) Abs. 3 Satz 2 stellt im Hinblick auf § 918 Abs. 1 BGB klar, daß dieser Anspruch nicht deshalb ausgeschlossen ist, weil das Restgrundstück infolge der Sachenrechtsbereinigung seine Verbindung zu einem öffentlichen Weg verliert. Denn insofern erfolgt die Teilung nicht willkürlich, sondern ist aufgrund der faktischen Verhältnisse vorgegeben (Begr., aaO).

13 c) Die Verweisung auf das Recht des Notwegs in Abs. 3 Satz 1 ist Rechtsfolgeverweisung. Abs. 3 Satz 1 regelt nur die Tatbestandsvoraussetzungen des Notwegs abweichend von §§ 917 Abs. 1, 918 Abs. 1 BGB. Auf der Rechtsfolgeseite anwendbar ist somit § 917 Abs. 2, der dem zur Duldung des Notwegs verpflichteten Nachbarn einen Anspruch auf Notwegerente gibt. Eine andere Auffassung würde die Sachenrechtsbereinigung zu Lasten Dritter stattfinden lassen. Schuldner der Rente ist der Grundstückseigentümer, eine Überwälzung auf den Nutzer ist grundsätzlich nicht möglich, es sei denn, dieser hat die Erschließung des Grundstücks des Eigentümers über sein Grundstück in von ihm zu vertretender Weise unmöglich gemacht (z. B. Baumaßnahmen über das nach §§ 8 Nr. 2, 11 Abs. 2 Satz 4 zulässige hinaus). Letzterenfalls hat der Grundstückseigentümer gegen den Nutzer einen Rückgriffsanspruch nach § 812 Abs. 1 Satz 1 Fall 2 BGB (Bereicherung in sonstiger Weise durch Eingriff in das Eigentum).

Unterabschnitt 7. Einwendungen und Einreden

Vorbemerkung vor §§ 28 ff.

Übersicht

	Rdz.		Rdz.
1. Allgemeines	1	b) Mehrheit von Beteiligten	13
2. Weitere Einwendungen und Einreden	2	aa) Fallgruppen	13
3. Sonderfälle	7	bb) Einreden bei Mehrheit von Beteiligten	15
a) Mehrheit von Nutzungstatbeständen, Gebäuden oder Grundstücken	7	cc) Verfahrensrecht	25
		4. Zeitpunkt der Geltendmachung	27

Vorbemerkung vor §§ 28 ff.   1–8 **Vor § 28**

1. Allgemeines

In den Vorschriften des 7. Unterabschnitts versucht das Gesetz, Einreden (§§ 29–31) und Einwendungen (§ 28) zusammenzufassen, die die Durchführung der Sachenrechtsbereinigung hindern können. Diese Zusammenstellung ist jedoch nicht abschließend.   1

2. Weitere Einwendungen und Einreden

a) Die Geltendmachung weiterer Einwendungen und Einreden durch Beteiligte wird durch §§ 28 ff. nicht ausgeschlossen. Unberührt bleiben somit insbesondere die Vorschriften über Verzug, Unmöglichkeit, Gläubigerverzug, Erfüllung und Erfüllungssurrogate, Verwirkung, unzulässige Rechtsausübung, Stundung sowie das Zurückbehaltungsrecht nach § 273 BGB.   2

b) Einreden und Einwendungen sind im SachenRBerG weiter enthalten in § 110 (Vorrang völkerrechtlicher Vereinbarungen der DDR), in § 111 (Einrede gutgläubig lastenfreien Erwerbs), in § 123 (Härteklausel) im Fall des Ankaufsverlangens des Grundstückseigentümers und in § 53 Abs. 3 im Fall des Verlangens einer Erbbaurechtsbestellung. Jedenfalls § 123 gehört systematisch in den 3. Abschnitt des 2. Kapitels (§§ 61 ff.). Einreden enthalten ferner § 15 Abs. 2 und 3.   3

Weitere Einreden enthalten die Bestimmungen des 2. und 3. Abschnitts im Rahmen der näheren Ausgestaltung des Erbbaurechts bzw. Kaufvertrags (z. B. §§ 34 Abs. 2 Satz 2, 35 Satz 2, 36 Abs. 1 Satz 1).   4

Eine echte Einrede, die rechtssystematisch zu §§ 28 ff. gehören würde, enthält schließlich § 81 Abs. 1 Nr. 4. Während § 81 Abs. 1 Nr. 1–3 den Anspruch des Grundstückseigentümers auf Ankauf des Gebäudes und der baulichen Anlagen an die Begründetheit der Einwendungen und Einreden nach §§ 28 Nr. 2, 29 und 31 knüpfen, kann der selbständige Anspruch nach § 81 Abs. 1 Nr. 4 dem Anspruch des Nutzers nach §§ 32 ff. und §§ 61 ff. einredeweise entgegengesetzt werden (zum Verfahrensrecht siehe § 81 Rdz. 44–46).   5

Als weitere Einrede kann einem auf Bestellung eines Erbbaurechts oder Ankauf von Grundstück bzw. Gebäude gerichteten Begehren ein Anspruch auf Nutzungstausch nach § 109 Abs. 1 entgegengehalten werden, wenn dieser Tausch sich zwischen derselben Beteiligten vollziehen würde.   6

3. Sonderfälle

a) Mehrheit von Nutzungstatbeständen, Gebäuden oder Grundstücken

aa) Nur im Idealfall beziehen sich Einwendungen und Einreden auf ein und dasselbe Gebäude und ein- und dasselbe Grundstück. Folgende weitere Fallgestaltungen sind denkbar: 7

(1) Bei gleichen Beteiligten trifft auf einen Nutzungstatbestand eine Einwendung oder Einrede zu, auf den anderen nicht. Z. B.: nur 1 Flurstück unterliegt § 28 oder nur ein Gebäude erfüllt die Voraussetzungen des § 29   8

oder 31; der Nutzer hat einen Nutzungstatbestand von einem betroffenen Grundstückseigentümer redlich erworben, vom anderen nicht (§ 30).

9 (2) Auf ein Gebäude oder eine bauliche Anlage innerhalb eines einem Nutzungstatbestand unterliegenden Komplexes von Bauwerken trifft eine Einrede (z. B. § 29 oder 31) zu, auf das andere nicht.

10 bb) Bei der Lösung ist zu differenzieren. Mehrere Nutzungstatbestände bzw. ein Nutzungstatbestand auf mehreren Grundstücken verschiedener Eigentümer unterliegen einem unterschiedlichem Schicksal im Rahmen der §§ 28 ff. Etwas anderes gilt allenfalls dann, wenn die unterschiedliche Behandlung der einzelnen Nutzungstatbestände dazu führen würde, daß die vom Anspruch nach dem SachenRBerG erfaßte Fläche nicht mehr selbständig baulich nutzbar (§ 13 Abs. 2 und 3) wäre. In diesem Fall erfaßt die Einwendung bzw. Einrede die wirtschaftliche Einheit der Nutzungstatbestände insgesamt (Durchgriff).

11 Bei verschiedenen Bauwerken aufgrund eines Nutzungstatbestands kommt es ebenfalls darauf an, ob ihre jeweilige Funktionsfläche (§ 12 Abs. 3 Nr. 2) abtrennbar und selbständig baulich nutzbar im Sinne des § 13 ist. Solange dies der Fall ist, hindert die Einwendung und Einrede die Durchführung der Sachenrechtsbereinigung nur teilweise. Ansonsten greift auch sie auf den Nutzungstatbestand insgesamt durch.

12 Zu den Rechtsfolgen siehe § 81.

b) Mehrheit von Beteiligten

13 aa) Fallgruppen. Vgl. zunächst § 14 Rdz. 10–17.
14 Zu einer Mehrheit von Beteiligten in der Sachenrechtsbereinigung kann es in folgenden Fällen kommen:
– Ehepartner (vgl. § 9 Abs. 4);
– mehrere unabhängige Nutzer eines Grundstücks (z. B. § 39 Abs. 1);
– mehrere von einander abhängige Nutzer eines Grundstücks (z. B. §§ 40 Abs. 1 und 2, 66 Abs. 2 i. V. m. 67);
– überbaute Grundstücke mit mehreren Eigentümern (z. B. § 39 Abs. 2 und 3).
– Verbindung mehrerer Verfahren nach dem SachenRBerG.

15 bb) Einreden bei Mehrheit von Beteiligten.
In diesen Fällen können Einwendungen und Einreden von einzelnen Beteiligten gegen andere oder alle Beteiligten der Gegenpartei erhoben werden, wobei fraglich ist, ob die Einwendungen nur das Rechtsverhältnis zwischen dem Einwendenden und dem Einwendungsgegner betreffen oder sich auf Rechtsverhältnisse zwischen anderen Beteiligten auswirken.

Zur Lösung bedarf es der Differenzierung:

16 (1) Grundstücksbezogene Einwendungen (§ 28) betreffen immer das jeweilige Grundstück unabhängig von der Zahl der beteiligten Nutzer. Die Einwendung nach § 28 gegen einen Nutzer führt daher auch zur Einstellung eines Vermittlungsverfahrens eines anderen selbständigen Nutzers nach § 95 Abs. 1 Nr. 2.

17 (2) Gebäudebezogene Einreden (§§ 29, 31) betreffen das jeweilige Gebäude. Sie wirken sich dann auf die übrigen Nutzer aus, wenn die Einrede auch

Vorbemerkung vor §§ 28 ff.   18–22 **Vor § 28**

gegenüber ihnen erhoben wurde. Begünstigt ist nur der Grundstückseigentümer, der die Einrede erhoben hat.

a) Ist nur ein von einem Nutzer genutzter in sich abgeschlossener Gebäudeteil von der Einrede nach § 31 betroffen, so kommt die Begründung von Wohnungs- und Teilerbbaurechten mit der Zuweisung der von der Einrede erfaßten Einheit an den Eigentümer der betreffenden Funktionsfläche in Betracht (z. B. bei zusammenhängenden Siedlungshäusern etc.), daneben auch die Begründung von Wohnungs- und Teileigentum nach § 67 mit entsprechender Zuweisung.   **18**

b) Im Fall der Einrede des § 29 wird in der Regel auch die Begründung von Wohnungs- und Teileigentum bzw. Wohnungs- und Teilerbbaurechten nicht mehr möglich sein, sofern der Eigentümer der Funktionsfläche, auf der sich der von § 29 betroffene Gebäudeteil befindet, diesen nicht mehr wiederaufbaut (hierzu ist er nicht verpflichtet). In diesem Fall greift die Einrede nach § 29 auch hinsichtlich des zwar selbständigen, nicht abtrennbaren, aber noch nutzbaren Gebäudeteils durch, muß allerdings dann auch gegenüber dem Nutzer desselben erhoben werden. Der Nutzer des noch intakten Teils ist aber zum Wiederaufbau des gesamten Gebäudes berechtigt und kann der Einrede somit über § 29 Abs. 1 Nr. 1 die Grundlage entziehen.   **19**

Ist die Abtrennung oder Wiederherstellung des von der Einrede erfaßten Gebäudeteils nicht möglich oder nimmt sie der Nutzer nicht vor, kann der Grundstückseigentümer gegenüber dem Anspruch dieses Nutzer Unmöglichkeit der Leistung einwenden mit der Folge, daß die primäre Leistungspflicht erlischt. Da der Grundstückseigentümer die Unmöglichkeit in aller Regel nicht zu vertreten hat, ist er dem Nutzer seines Grundstücks nur zur Herausgabe von Ersatzleistungen oder Ersatzansprüchen nach § 281 BGB verpflichtet. Im Ergebnis schuldet dann der Grundstückseigentümer den Substanzwert (Zeitwert) des Gebäudes, welcher je nach Gebäudeart nach dem Sachwert- oder Ertragswertverfahren zu ermitteln ist, höchstens jedoch das Zweifache des kapitalisierten fiktiven regelmäßigen Erbbauzinses nach § 43 (mit Ausnahme von § 43 Abs. 2 Nr. 1 b); zur Kapitalisierung vgl. Anlage 9 a zu § 13 BewG) ohne Zuschlag für mögliche Erbbauzinserhöhungen.   **20**

(3) Personenbezogene Einreden (§ 30) wirken nur im Verhältnis zwischen dem Grundstückseigentümer, der die Einrede zulässigerweise erhoben hat und dem Nutzer, gegenüber dem sie begründet ist. Am Verfahren der Sachenrechtsbereinigung nehmen diese Beteiligten nicht mehr teil, sofern die Sachenrechtsbereinigung im übrigen durchführbar ist (z. B. aufgrund möglicher Abtrennung der von der Einrede nach § 30 betroffenen erfaßten Fläche).   **21**

Ist ein Gebäudeteil von der Einrede erfaßt (z. B. der Grundstückseigentümer eines überbauten Grundstücks hat gegen den Nutzer mit der Einrede Erfolg oder der Grundstückseigentümer hat gegen einen von mehreren Nutzern mit der Einrede Erfolg), so ist der die Einrede erhe-   **22** bende Grundstückseigentümer dennoch verpflichtet, an der Begründung von Wohnungs- und Teileigentum bzw. -erbbaurechten nach §§ 40, 67 mitzuwirken und gegebenenfalls die Herstellung der Abgeschlossenheit durch die übrigen (redlichen) Nutzer zu dulden (§ 40 Abs. 4 analog).

23 Die Sachenrechtsbereinigung ist insgesamt nicht mehr durchführbar, wenn die Abgeschlossenheit nicht hergestellt wird oder werden kann (Einwendung der Unmöglichkeit der Leistung, Rechtsfolgen oben Rdz. 20).

24 (4) Mehrere Nutzer einer in sich abgeschlossenen und nicht weiter unterteilbaren Einheit (selbständiges Gebäude, Reihenhaus oder Wohnung) gelten im Rahmen der §§ 28ff. als ein Nutzer. Dies gilt insbesondere für Ehegatten oder Erbengemeinschaften (vgl. § 9 Abs. 4) D. h.: Im Fall des § 30 reicht es für die Wirksamkeit der Einrede gegen alle Nutzer aus, wenn nur einer von mehreren Nutzern bzw. deren Rechtsvorgängern bei der Verleihung/Zuweisung des Nutzungsrechts bzw. bei der Erlangung des Besitzes am Grundstück unredlich gewesen ist; diese können die Einrede auch nicht durch Unterteilung eines bislang einheitlich genutzten Gebäudes abwenden.

25 cc) Verfahrensrecht. Verbundene Beurkundungs- Vermittlungs oder Gerichtsverfahren nach dem SachenRBerG sind zu trennen, soweit einzelne Beteiligte aufgrund erhobener Einwendungen oder Einreden nicht mehr zur Durchführung der Sachenrechtsbereinigung verpflichtet sind.

26 Ansonsten siehe § 94 Abs. 2 Nr. 2.

4. Zeitpunkt der Geltendmachung

27 Einwendungen und Einreden können grundsätzlich nur bis zum Abschluß des Verfahrens (= Eintragung des Erbbaurechts oder des Eigentumswechsels in das Grundbuch bzw. Rechtskraft eines hierauf gerichteten Urteils nach §§ 106, 108) erhoben werden.

28 Für die Einwendung nach § 28 gilt dieser Grundsatz ausnahmslos. Nach wirksamer Durchführung der Sachenrechtsbereinigung ist das Bodenneuordnungsverfahren oder das Verfahren nach § 64 LwAnpG mit den neuen Beteiligten fortzusetzen.

29 Unberührt bleibt hingegen die Berufung auf § 813 Abs. 1 BGB bei Erfüllung der Ansprüche nach dem SachenRBerG trotz bestehender, aber nicht erhobener (dauernder) Einreden nach §§ 29–31. Dieser Rückforderungsanspruch ist jedoch in den Fällen des § 814 BGB ausgeschlossen. Praktisch wird dies dann, wenn der Grundstückseigentümer später erfährt, daß der Nutzer das Nutzungsrecht vom Rechtsvorgänger des Grundstückseigentümers nicht redlich erworben hatte.

§ 28 Anderweitige Verfahren und Entscheidungen

Die Beteiligten können Ansprüche nach diesem Kapitel nicht verfolgen, wenn
1. für das Gebiet, in dem das Grundstück belegen ist, ein Bodenneuordnungsverfahren nach dem Bodensonderungsgesetz eingeleitet worden ist, in dem über einen Ausgleich des Grundstückseigentümers für einen Rechtsverlust entschieden wird, oder
2. in einem Verfahren auf Zusammenführung des Grundstücks- und Gebäudeeigentums nach § 64 des Landwirtschaftsanpassungsgesetzes Anordnungen zur Durchführung eines freiwilligen Landtausches oder eines Bodenordnungsverfahrens ergangen sind.

Nummer 2 ist nicht anzuwenden, wenn das Verfahren ohne einen Landtausch oder eine bestandskräftige Entscheidung zur Feststellung und Neuordnung der Eigentumsverhältnisse beendet worden ist.

Übersicht

	Rdz.		Rdz.
1. Allgemeines	1	3. Landwirtschaftsrechtliche Verfahren	4
2. Bauplanungsrechtliche Verfahren	3	4. Verfahrensrecht	6
		5. Mehrheit von Nutzungstatbeständen	7

1. Allgemeines

§ 28 enthält keine Einrede, sondern eine Einwendung. Sie ist sowohl im Vermittlungsverfahren (§§ 87 ff.) als auch im gerichtlichen Verfahren (§§ 103 ff.) von Amts wegen zu berücksichtigen. Allerdings besteht keine Nachforschungs- bzw. Überprüfungspflicht des Notars bzw. des Gerichts. Auf die Angaben in gestellten Anträgen ist grundsätzlich Verlaß. 1

Die Vorschrift begründet einen Nachrang des privatrechtlichen Verfahrens der Sachenrechtsbereinigung gegenüber vergleichbaren bodenrechtlichen Verfahren des öffentlichen Rechts. Die Beachtung der Vorschrift, die im öffentlichen Interesse liegt, wird über §§ 90 Abs. 3 Nr. 3, 4, 95 gesichert. 2

2. Bauplanungsrechtliche Verfahren, Nr. 1

In erster Linie bezieht sich die Vorschrift auf das Umlegungsverfahren nach § 51 BauGB oder die Bodensonderung aufgrund des BoSoG vom 20. 12. 1993 (BGBl. I, 2215; Begr. BR-Drucks. 515/93, S. 74). Eingeleitet ist das Verfahren, wenn der zuständige Planungsträger (zumeist die Gemeinde) die Durchführung des Verfahrens beschlossen hat. Eine Kundgabe nach außen, etwa durch Verwaltungsakt, Allgemeinverfügung oder Satzung ist nicht erforderlich. Erforderlich ist nur der definitive Beschluß des zuständigen Entscheidungsorgans (zumeist Gemeinderat). 3

3. Landwirtschaftsrechtliche Verfahren, Nr. 2

4   Für ländliche Gebiete stellt das Gesetz den Beteiligten die Durchführung der Sachenrechtsbereinigung und das Verfahren nach § 64 LwAnpG zur Wahl (Begr., aaO). Insoweit bedarf es der Anordnung eines gesetzlichen Vorrangs eines noch nicht abgeschlossenen Verfahrens des freiwilligen Landtausches bzw. der Bodenneuordnung nach § 64 LwAnpG im Interesse der Rechtssicherheit nur, soweit das landwirtschaftsrechtliche Verfahren mit entsprechenden Anordnungen abgeschlossen ist. Allerdings können auch diese Anordnungen durch Rücknahme der verfahrenseinleitenden Anträge vor Eintritt der Bestandskraft bzw. Durchführung des Landtausches gegenstandslos werden. Daher sieht Satz 2 der Vorschrift vor, daß unter diesen Voraussetzungen das Verfahren der Sachenrechtsbereinigung weiter betrieben werden kann.

5   Weitere mögliche Rechtsfolge dieser Einwendungen ist ein Ankaufsrecht des Grundstückseigentümers nach § 81 Abs. 1 Nr. 1.

4. Verfahrensrecht

6   Im Vermittlungsverfahren begründet § 28 ein Verfahrenshindernis, das zur Einstellung führt. Eine Klage im gerichtlichen Verfahren ist allerdings nicht etwa mangels Rechtsschutzbedürfnisses unzulässig, sondern nur unbegründet. Demgemäß ist für das gerichtliche Verfahren keine § 90 Abs. 3 Nr. 3 und 4 entsprechende Mitteilungspflicht vorgesehen. § 28 betrifft die Geltendmachung der materiellrechtlichen Ansprüche nach dem SachenRBerG, schneidet aber den prozessualen Rechtsschutzanspruch nicht ab. Wird die Einwendung erhoben, empfiehlt sich zur Vermeidung unnötiger Kosten die Klagerücknahme. Ist schon ein Urteil ergangen, ohne daß § 28 berücksichtigt wurde, muß zur Vermeidung dessen Rechtskraft ein Rechtsmittel eingelegt werden.

Nach Eintritt der Rechtskraft ist eine Vollstreckungsgegenklage nur eingeschränkt (§ 767 Abs. 2 ZPO) möglich.

5. Mehrheit von Nutzungstatbeständen

7   Zur Mehrheit von Nutzungstatbeständen, Gebäuden und Beteiligten siehe Vorbem. vor §§ 28 ff., Rdz. 7–26.

§ 29 Nicht mehr nutzbare Gebäude und nicht ausgeübte Nutzungen

(1) Der Grundstückseigentümer kann die Bestellung des Erbbaurechts oder den Verkauf des Grundstücks an den Nutzer verweigern, wenn das Gebäude oder die bauliche Anlage
1. nicht mehr nutzbar und mit einer Rekonstruktion durch den Nutzer nicht mehr zu rechnen ist, oder

§ 29. Nicht mehr nutzbare Gebäude   § 29

2. nicht mehr genutzt wird und mit einem Gebrauch durch den Nutzer nicht mehr zu rechnen ist.

Ist die Nutzung für mindestens ein Jahr aufgegeben worden, so ist zu vermuten, daß eine Nutzung auch in Zukunft nicht stattfinden wird.

(2) Ist ein Nutzungsrecht bestellt worden, steht dem Grundstückseigentümer die in Absatz 1 bezeichnete Einrede nur dann zu, wenn
1. die in Absatz 1 bezeichneten Voraussetzungen vorliegen oder der Nutzer das Grundstück nicht bebaut hat und
2. nach den persönlichen oder wirtschaftlichen Verhältnissen des Nutzers nur eine Verwertung durch Veräußerung zu erwarten ist oder das Gebäude oder die bauliche Anlage, für die das Nutzungsrecht bestellt wurde, an anderer Stelle errichtet wurde.

(3) Der Grundstückseigentümer kann die Einreden aus den Absätzen 1 und 2 auch gegenüber dem Rechtsnachfolger des Nutzers erheben, wenn
1. der Nutzer bei Abschluß des der Veräußerung zugrunde liegenden Vertrages das Grundstück nicht bebaut hatte oder das Gebäude oder die bauliche Anlage nicht mehr nutzbar war,
2. das Eigentum am Gebäude aufgrund eines nach dem 20. Juli 1993 abgeschlossenen Vertrages übertragen worden ist und
3. der Rechtsnachfolger das Grundstück nicht bebaut oder das Gebäude oder die bauliche Anlage nicht wiederhergestellt hat.

Hat der Rechtsnachfolger des Nutzers das Grundstück bebaut, so kann der Grundstückseigentümer die Bestellung eines Erbbaurechts oder den Ankauf des Grundstücks nicht verweigern. In diesem Fall bestimmen sich der Erbbauzins nach § 47 Abs. 3 und der Ankaufspreis nach § 70 Abs. 4.

(4) Die Absätze 1 und 2 sind nicht anzuwenden, wenn
1. das Gebäude oder die bauliche Anlage noch nutzbar ist,
2. als Teil eines Unternehmens veräußert wird und
3. der Erwerber das Gebäude oder die bauliche Anlage nutzt und das Geschäft des Veräußerers fortführt.

Satz 1 ist auf Veräußerungen von Unternehmen oder Unternehmensteilen durch einen Verwalter im Wege eines Verfahrens nach der Gesamtvollstreckungsordnung entsprechend anzuwenden.

(5) Erhebt der Grundstückseigentümer die in den Absätzen 1 und 2 bezeichnete Einrede, kann der Nutzer vom Grundstückseigentümer den Ankauf des Gebäudes oder der baulichen Anlage oder die Ablösung der aus der baulichen Investition begründeten Rechte nach § 81 Abs. 1 Satz 1 Nr. 2 verlangen. Der Grundstückseigentümer kann den Anspruch des Nutzers aus Satz 1 abwenden, indem er das Grundstück oder die Teilfläche, auf die sich die Ansprüche nach diesem Kapitel erstrecken, zu einem Verkauf mit dem Gebäude oder der baulichen Anlage bereitstellt. § 79 Abs. 1, 2 Satz 2 und Abs. 3 ist entsprechend anzuwenden. Eine Versteigerung ist entsprechend den §§ 180 bis 185 des Gesetzes über die Zwangsversteigerung und die Zwangsverwaltung vorzunehmen.

Übersicht

	Rdz.		Rdz.
1. Allgemeines	1	5. Replik	20
2. Grundfall	3	6. Beweislast	22
3. Sonderregeln für Nutzungsrechte	5	7. Umgehungsmöglichkeiten	26
4. Rechtsfolgen der Einrede	15	8. Mehrheit von Nutzungstatbeständen	27

1. Allgemeines

1 § 29 trägt dem Grundgedanken der SachenRBerG Rechnung, das dem Nutzer ein Äquivalent für seine Investitionen in Bauwerke gewähren will. Konsequentermaßen versagt ihm das Gesetz diesen Anspruch dann, wenn er unter den in § 29 bezeichneten Voraussetzungen von seiner Rechtsposition keinen Gebrauch gemacht hat (Begr. BR-Drucks. 515/93, S. 74). Im Gegensatz zu § 28 ist § 29 eine echte Einrede. Sie ist weder im Vermittlungsverfahren noch im gerichtlichen Verfahren von Amts wegen zu beachten. Ein Hinweis des Notars oder des Gerichts auf diese Einrede erscheint nur ausnahmsweise unter den Voraussetzungen des § 139 ZPO angebracht. Allerdings kann der Notar sein Wissen verwerten, wenn er als Kenner der Verhältnisse positiv weiß, daß die Voraussetzungen des § 29 vorliegen.

2 Die Vorschrift enthält in Abs. 1 eine allgemeine Regelung. Abs. 2 ist eine Sondervorschrift für Nutzungsrechte. Abs. 3 erweitert die Einrede auf (Sonder-)Rechtsnachfolger des Nutzers. Eine Replik des Nutzers sieht Abs. 4 vor. Als Rechtsfolge der Einrede begründet Abs. 5 Satz 1 einen Sekundäranspruch des Nutzers, gegen den dem Grundstückseigentümer nach Abs. 2 Sätze 2 ff. eine Ersetzungsbefugnis eingeräumt ist.

2. Grundfall, Abs. 1

3 a) In den Fällen des Abs. 1 Nr. 1 hätte kein Nutzungsrecht eingeräumt werden dürfen bzw. ein Nutzungsrecht entzogen werden müssen. Eine Beteiligung am Bodenwert desjenigen, der nach DDR-Vorschriften nicht Inhaber eines Nutzungsrechts hätte werden bzw. bleiben können, ist nicht zu rechtfertigen (Begr. BR-Drucks. 515/93, S. 128).

4 b) Die nach Abs. 1 Nr. 2 vorzunehmende Prognose kann im Einzelfall schwierig sein. Möglich erscheint sie, wenn sich der Nutzer in der Liquidation oder der Gesamtvollstreckung befindet und eine Verwirklichung des Nutzungszwecks durch ihn oder einen Rechtsnachfolger ausgeschlossen werden kann (Begr. BR-Drucks. 515/93, S. 74). In den anderen, weniger eindeutigen Fällen hilft die Vermutung des Satzes 2, die auf die deutschrechtliche Regel von „Jahr und Tag" der Nichtnutzung abstellt. Die Vermutung steht jedoch dem Gegenbeweis durch den Nutzer offen.

3. Sonderregeln für Nutzungsrechte, Abs. 2

5 a) Da ein Nutzungsrecht nach seiner durch Bundesrecht anerkannten (Art. 233 § 4 Abs. 3 Satz 2 EGBGB) Ausgestaltung im Recht der DDR auch Grundlage eines Neubaus sein konnte (vgl. auch § 8 Nr. 1), muß die Einrede des § 29 insoweit an strengere Voraussetzungen gebunden sein. Nach Abs. 2 kann daher der Grundstückseigentümer die Durchführung der Sachenrechtsbereinigung nur verweigern, wenn Umstände vorliegen, die nach DDR-Recht den Entzug des Nutzungsrechts zur Folge gehabt hätten (Begr. BR-Drucks. 515/93, S. 128).

Abs. 2 gilt für „bestellte" Nutzungsrechte. Hiermit sind sowohl verliehene als auch zugewiesene Nutzungsrechte gemeint (§ 1 Rdz. 22, 29).

b) Voraussetzungen für das Leistungsverweigerungsrecht sind hiernach nach Satz 1 Nr. 1 sowohl die Voraussetzungen des Abs. 1 (bzw. die Nichtbebauung des Grundstücks durch den Nutzer) als auch nach Satz 1 Nr. 2 die wirtschaftliche Zweckverfehlung in der Person des Nutzers. Das Gesetz geht davon aus, daß die Verleihung oder Zuweisung eines Nutzungsrechts dann ihren Zweck verfehlt, wenn

– entweder der Nutzer das Grundstück nicht selbst bebauen kann (wegen Behinderung, Krankheit, Insolvenz, vgl. Begr. BR-Drucks. 515/93, S. 128) und daher eine Verwertung des Nutzungsrechts nur durch Veräußerung in Betracht kommt,

– oder aufgrund späterer Änderung der Planung das aufgrund des Nutzungsrechts zu errichtende Gebäude an anderer Stelle errichtet wurde, ohne daß es zu einer Berichtigung der Nutzungsrechtsurkunde kam. In diesem Fall unterliegt nur das tatsächlich errichtete Gebäude der Sachenrechtsbereinigung, nicht etwa auch das Grundstück, an dem es hätte errichtet werden sollen. Eine solche Doppelbereinigung zugunsten des Nutzers schließt § 29 Abs. 2 Satz 1 Nr. 2 Fall 2 aus (Begr. BR-Drucks. 515/93, S. 129).

c) Die ergänzende Regelung in Abs. 3 erstreckt die Einrede auf Rechtsnachfolger des Nutzers zur Vermeidung von Umgehungsgeschäften im Hinblick auf Abs. 2 Satz 1 Nr. 2 Fall 1 durch Verkauf ein einen Dritten, der nach seinen persönlichen und wirtschaftlichen Umständen zur einer Bebauung des Grundstücks in der Lage ist.

Abs. 3 gilt für alle Arten von Nutzungstatbeständen. Das Gesetz sieht zur Beweiserleichterung für den Grundstückseigentümer einen einredebehafteten Erwerb ohne Möglichkeit der Berufung auf guten Glauben des Erwerbers vor.

Dem Gedanken des Vertrauensschutzes wird hier durch die Einschränkungen der Einrede in Abs. 3 Satz 1 Nr. 1 mit 3 Rechnung getragen, wobei Nr. 2 auf den Tag der Verabschiedung des Entwurfs des SachenRBerG durch die Bundesregierung abstellt.

Im Fall der Bebauung des Grundstücks durch den Rechtsnachfolger des Nutzers, was wegen § 8 Nr. 3 nur bei Übertragung von Gebäudeeigentum oder verliehenen/zugewiesenen Nutzungsrechten denkbar ist, schließt Abs. 3 Satz 2 die Geltendmachung der Einrede aus. Abs. 3 Satz 3 trägt den Interessen des Grundstückseigentümers jedoch durch eine Erbbauzins-/Kaufpreisbestimmung ohne Beachtung des Halbteilungsgrundsatzes Rechnung.

d) Unberührt bleibt die Möglichkeit des Grundstückseigentümers, die Einrede nach § 29 Abs. 2 Satz 1 einem bösgläubigen Rechtsnachfolger des Nutzers entgegenzusetzen. Dies ergibt sich aus § 826 BGB.

4. Rechtsfolgen der Einrede, Abs. 5

15 a) Die Erhebung der Einrede des § 29 führt dazu, daß mangels eines Rechtes zum Besitz der Grundstückseigentümer vom Nutzer die Herausgabe des Grundstücks verlangen kann. Soweit der Nutzer bauliche Investitionen vorgenommen hat, würde dies zu einer Bereicherung des Grundstückseigentümers auf Kosten des Nutzers führen. Daher gibt Abs. 5 Satz 1 dem Nutzer ein Recht auf Ankauf des Bauwerks Bebauung (Gebäude, bauliche Anlage oder Ablösung der Rechte aus der baulichen Investition) entsprechend § 81 Abs. 1 Nr. 2 durch den Grundstückseigentümer.

16 Die Vorschrift in Satz 1 ist Rechtsgrund-, nicht Rechtsfolgeverweisung: d. h. nach § 81 Abs. 1 muß die Bebauung vom Nutzer selbst bzw. dessen Rechtsvorgänger als Nutzer vorgenommen worden sein. Für den Kaufpreis gelten § 81 Abs. 2 mit 4 (§ 82 Rdz. 28–40).

17 b) Die Ankaufsverpflichtung kann dem Grundstückseigentümer die Erhebung der Einrede im wirtschaftlichen Ergebnis zunichte machen. Abs. 5 Sätze 2 mit 4 gewährt ihm daher eine Ersetzungsbefugnis in der Weise, daß er vom Nutzer anstelle des Ankaufs die Duldung der Zwangsversteigerung des Grundstücks und des Gebäudes verlangen kann.

18 Die Versteigerung erfolgt nach den Regeln der Teilungsversteigerung unter Beachtung der in Abs. 3 Satz 3 in Bezug genommenen Vorschriften des § 79 Abs. 1, Abs. 2 Satz 2, Abs. 3 (§ 79 Rdz. 5–8, 11–19).

19 c) Der Versteigerungserlös wird nach Abzug der Verfahrenskosten im Verhältnis Grundstückswert und Kaufpreis nach § 81 zwischen Grundstückseigentümer und Nutzer geteilt. Der Fall, in dem der Erlös des bebauten Grundstücks im Hinblick auf Freimachungskosten geringer ist als der des nicht bebauten, ist deshalb nicht problematisch, da dann bereits das Ankaufsrecht des Nutzers nach Abs. 3 Satz 1 wegen § 81 Abs. 3 den Grundstückseigentümer wirtschaftlich nicht belastet. Gleiches gilt in der Regel auch im Fall des § 81 Abs. 4.

5. Replik, Abs. 4

20 Die Einrede nach Abs. 1 und 2 gilt nach Abs. 4 nicht bei Veräußerungen von Anlagevermögen, wenn ein Unternehmen oder ein Unternehmensteil veräußert wird. In diesem Fall gebietet unter den in Abs. 4 bestimmten Voraussetzungen der Zweck der Erhaltung von Arbeitsplätzen und der immateriellen Unternehmenswerte die Anwendung des Halbteilungsgrundsatzes. Erforderlich ist insbesondere die „Fortführung des Geschäfts", Abs. 4 Satz 1 Nr. 3. Hierunter ist die Fortsetzung der bisherigen Tätigkeit des Unternehmens bzw. Unternehmensteils zu verstehen. Dies ist jedenfalls dann nicht mehr der Fall, wenn die Voraussetzungen des § 8 Abs. 4 KStG vorliegen.

21 Der Vorschrift liegt derselbe Rechtsgedanke zugrunde wie in § 71 Abs. 1 Satz 2, der auch im Rahmen des § 48 anwendbar ist. Zweck des Abs. 4 i. V. m. Abs. 3 ist die Vermeidung spekulativer Geschäfte mit „leeren Rechtstiteln" (BT-Drucks. 12/7425, S. 70).

6. Beweislast

a) Der Grundstückseigentümer hat für die Voraussetzungen der Einrede 22
nach Abs. 1 mit 3 Satz 1 die volle Beweislast. Beweismittel sind Zeugen und
Sachverständigengutachten, daneben auch Urkunden und amtliche Auskünfte (z. B. Auskunft der Einwohnermeldestelle über den Wohnsitz des Nutzers).

b) Eine Beweiserleichterung gewährt ihm das Gesetz nur mit der Vermu- 23
tung des Abs. 1 Satz 2, die der Nutzer zu widerlegen hat. Ist der bauliche Zustand der Gebäude und baulichen Anlagen so schlecht, daß eine Nutzung in nennenswertem Umfang füglicherweise nicht mehr erwartet werden kann, so besteht ein Beweis des ersten Anscheins zugunsten des Grundstückseigentümers dafür, daß eine Nutzung nicht mehr stattfindet und auch in der Vergangenheit (Abs. 1 Satz 2) nicht stattgefunden hat.

c) Der Nutzer ist verpflichtet, die zum Beweis der Einrede notwendigen 24
Feststellungen zu dulden. Hierzu gehört auch eine Gestattung vorgehender Besichtigung des Objekts durch den Grundstückseigentümer und seine Beauftragten (z. B. Bausachverständige). Die Weigerung des Nutzers insoweit geht als Beweisvereitelung zu seinen Lasten.

d) Der Beweis für die Repliken nach Abs. 3 Satz 2, Abs. 4 obliegt dem 25
Nutzer bzw. dessen Rechtsnachfolger.

7. Umgehungsmöglichkeiten

Der Nutzer kann die Begründetheit der Einrede dadurch abwenden, daß er 26
die Nutzung bis zur Bestellung des Erbbaurechts bzw. zum Ankauf fortsetzt und erst danach aufgibt. In diesem Fall muß er im Fall der Weiterveräußerung des Erbbaurechts bzw. des Grundstücks mit einer Erbbauzinserhöhung nach § 48 bzw. einer Kaufpreiserhöhung nach § 71 rechnen. In jedem Fall hat er einen für die Aufgabe der Nutzung sprechenden Anscheinsbeweis zu widerlegen.

8. Mehrheit von Nutzungstatbeständen

Zur Mehrheit von Nutzungstatbeständen, Gebäuden und Beteiligten siehe 27
Vorbem. vor §§ 28 ff., Rdz. 7–26.

§ 30 Unredlicher Erwerb

(1) **Der Grundstückseigentümer kann die Bestellung eines Erbbaurechts oder den Verkauf verweigern, wenn der Nutzer bei der Bestellung des Nutzungsrechts oder, falls ein Nutzungsrecht nicht bestellt wurde, der Nutzer bei der Erlangung des Besitzes am Grundstück unredlich im Sinne des § 4 des Vermögensgesetzes gewesen ist. Ist ein Nutzungsrecht begründet worden, kann der Grundstückseigentümer die Einrede nach Satz 1 nur dann erheben, wenn er auch die Aufhebung des Nutzungsrechts beantragt.**

(2) **Der Grundstückseigentümer, der die Aufhebung des Nutzungsrechts nicht innerhalb der gesetzlichen Ausschlußfristen beantragt hat, ist zur Erhebung der in Absatz 1 Satz 1 bezeichneten Einrede nicht berechtigt.**

(3) **Die in Absatz 1 Satz 1 bezeichnete Einrede ist ausgeschlossen, wenn das Grundstück dem Gemeingebrauch gewidmet wurde oder im komplexen Wohnungsbau oder Siedlungsbau verwendet wurde.** Hatte die für die Entscheidung über den Entzug des Eigentumsrechts zuständige staatliche Stelle vor Baubeginn der Inanspruchnahme des Grundstücks widersprochen, so sind der Erbbauzins nach den für die jeweilige Nutzung üblichen Zinssätzen und der Ankaufspreis nach dem ungeteilten Bodenwert zu bestimmen. § 51 ist nicht anzuwenden.

Übersicht

	Rdz.		Rdz.
I. Allgemeines	1	b) § 4 Abs. 3 b) VermG	31
1. Zweck der Vorschrift	1	c) § 4 Abs. 3 c) VermG	41
2. Verhältnis zu § 4 VermG	2	3. Fiktion der Unredlichkeit	49
3. Ausschlußfrist	9	III. Rechtsfolgen der Einrede	56
II. Unredlichkeit	11	IV. Komplexer Wohnungsbau und	
1. Allgemeines	11	Siedlungsbau	60
2. Fallgruppen des § 4 Abs. 3 VermG	22	V. Beweislast	62
a) § 4 Abs. 3 a) VermG	23	VI. Mehrheit von Nutzungstatbeständen	65

I. Allgemeines

1. Zweck der Vorschrift

1 Sinn der echten Einrede des § 30 ist die Vermeidung von Wertungswidersprüchen zu § 4 VermG. Aufgrund entsprechender Erwägungen sollen sowohl nach dem VermG als auch nach dem SachenRBerG unredliche Besitzer bzw. Erwerber von Nutzungsrechten von den nach dem SachenRBerG begründeten Ansprüchen ausgeschlossen werden (Begr. BR-Drucks. 515/93, S. 129).

2. Verhältnis zu § 4 VermG

2 a) Das Verfahren nach dem Vermögensgesetz ist gegenüber der Einrede des § 30 vorrangig. Hiernach ist im Fall der Unredlichkeit des Erwerbs des Nutzungsrechts nicht nur die Restitution des belasteten Grundstücks zulässig (§§ 3 Abs. 1, 4 Abs. 2 und 3 VermG), sondern zudem auch die Aufhebung des Nutzungsrechts durch Entscheidung des Amts für offene Vermögensfragen (§ 16 Abs. 3 VermG). Das Vermögensgesetz ist jedoch nur auf enteignete oder unter staatliche Verwaltung gestellte Grundstücke anwendbar. Andere Nutzungstatbestände, insbesondere Überbauungen oder Bebauungen aufgrund des gesetzlichen Bodennutzungsrechts der landwirtschaftlichen Produktionsgenossenschaften, sind vom VermG nicht erfaßt. Nach zutreffender

§ 30. Unredlicher Erwerb   3–8 § 30

Ansicht des Gesetzgebers (Begr. BR-Drucks. 515/93, S. 130) sind diese Fälle jedoch nicht anders zu behandeln.

b) Aus dem Ziel der Gleichbehandlung aller dem SachenRBerG und dem VermG unterliegenden Fälle folgt weiter, daß die Erhebung der Einrede nach § 30 nur dann statthaft sein kann, wenn auch die Aufhebung eines unredlich erworbenen Nutzungsrechts beantragt worden ist (Abs. 1 Satz 2). Sonst entstünde eine „Hängepartie" mit dem Ergebnis, daß einerseits der Grundstückseigentümer die Erfüllung der Ansprüche des Nutzers nach dem SachenRBerG verweigern kann, andererseits ein nicht bereinigungsfähiges Nutzungsrecht weiter bestehen bliebe (Begr. BR-Drucks. 515/93, S. 130; kritisch hierzu *Strobel*, NJW 1993, 2484/2290, der die Begünstigung „linientreuer" Nutzer durch die Erschwerung der Einrede des Grundstückseigentümers befürchtet). 3

c) Ein ausdrücklicher Antrag auf Aufhebung eines Nutzungsrechts ist denkgesetzlich nur möglich, wenn der Grundstückseigentümer vom Bestehen des Nutzungsrechts weiß. In zahlreichen Fällen wird es daher an einem ausdrücklichen Antrag fehlen. Dieser Antrag ist jedoch in der Regel durch Auslegung des allgemeinen Restitutionsantrags aus diesem zu entnehmen. 4

Weiter hat nach § 16 Abs. 3 Satz 1 VermG die Aufhebung des Nutzungsrechts bei Unredlichkeit automatisch mit dem Bescheid gemäß § 33 Abs. 3 VermG zu erfolgen. Im übrigen ist der Antrag auf Restitution bzw. Aufhebung der staatlichen Verwaltung in aller Regel nicht nur auf Eigentumsverschaffung, sondern zugleich auch auf Verschaffung zumindest mittelbaren Eigenbesitzes gerichtet und schließt daher das Begehren nach Aufhebung unredlich erworbener Nutzungsrechte mit ein. 5

Enthält der Restitutionsbescheid zu letzterem nichts, so hat die Behörde über den Verfahrensgegenstand nicht in vollem Umfang entschieden. Es bedarf der Ergänzung des (Teil-)Bescheids nach § 33 Abs. 3 VermG durch einen weiteren Verwaltungsakt. Anträge auf Aufhebung des Nutzungsrechts sind daher auch nach Ablauf der in § 30a VermG bestimmten Fristen als Anträge auf Erlaß eines Ergänzungsbescheids bzw. auf ausdrückliche Berücksichtigung im Restitutionsbescheid statthaft, sofern nur der Restitutionsantrag selbst fristgerecht gestellt wurde. Im übrigen folgt dies auch aus dem Wortlaut des § 30a VermG, der die Ausschlußfrist nur für Restitutionsansprüche nach §§ 3 und 6 VermG anordnet. 6

d) Der Gleichlauf zwischen SachenRBerG und VermG wird weiter durch § 30 Abs. 3 gewährleistet. Denn in den Fällen des § 5 Abs. 1b) und c) VermG ist die Restitution ebenfalls ausgeschlossen, ohne daß es auf die Redlichkeit des Erwerbs ankäme. Eine andere Lösung würde zur Zerschlagung erheblicher wirtschaftlicher Werte führen, bei Gemeinbedarfsflächen wäre die Einrede aufgrund fortbestehender öffentlichrechtlicher Widmung ohnehin wirtschaftlich sinnlos. 7

e) Im Rahmen der Restitution führt Unredlichkeit des Nutzers zur Aufhebung des Nutzungsrechts im Bescheid über die Rückübertragung, §§ 16 Abs. 3, 33 Abs. 3 VermG. Das Amt für offene Vermögensfragen ersucht das Grundbuchamt nach § 34 VermG um Vornahme der entsprechenden Eintragung. Zugleich erlischt etwa bestehendes Gebäudeeigentum, das Gebäude wird Bestandteil des Grundstücks (hierzu *Böhringer*, Besonderheiten, 8

145

Rdz. 549 f.). Die Sachenrechtsbereinigung wäre obsolet. Infolgedessen betrifft § 30 nicht nur den Fall, daß die Bebauung ohne Verleihung/Zuweisung eines Nutzungsrechts erfolgte (oben Rdz. 2), sondern gerade auch den Fall, wo im Restitutionsverfahren der Grundstückseigentümer ausdrücklich oder konkludent die Aufhebung des Nutzungsrechts beantragt hat, diese ihm aber nicht gewährt wurde. Die diesbezügliche Entscheidung im öffentlich-rechtlichen Verfahren entfaltet keine Bindungswirkung im privatrechtlichen Verhältnis zwischen Grundstückseigentümer und Nutzer.

3. Ausschlußfrist, Abs. 2

9 Aufgrund des durch Art. 2 § 5 Nr. 2e SachenRÄndG eingefügten Art. 233 § 4 Abs. 5 (neu) EGBGB ist der Grundstückseigentümer bis zum 31. 12. 1996 zu einem Antrag auf gerichtliche Aufhebung des Nutzungsrechts wegen unredlichen Erwerbs berechtigt, soweit er hierzu nicht bereits nach dem Vermögensgesetz berechtigt ist oder gewesen wäre, Art. 233 § 4 Abs. 5 Satz 3 EGBGB. Ist diese Ausschlußfrist verstrichen, so soll aus den o. g. Erwägungen auch die Einrede nicht mehr statthaft sein.

10 Damit stellt das Gesetz den Inhaber eines Nutzungsrechts besser als den sonstigen Nutzer. Diesem kann mangels Aufhebbarkeit seiner Rechtsposition nach § 16 Abs. 3 VermG die Einrede des § 30 unbegrenzt entgegengesetzt werden.

II. Unredlichkeit

1. Allgemeines

11 Zentraler Begriff des § 30 ist „unredlich". Es steht zu erwarten, daß sich hierauf ein Großteil des Vorbringens der betroffenen Grundstückseigentümer konzentrieren wird, wobei nur in einem geringen Teil der Fälle der Nutzer tatsächlich als unredlich anzusehen sein wird.

12 a) Unredlichkeit „des Nutzers" schließt nicht aus, daß die Einrede auch dem Rechtsnachfolger des Nutzers entgegengesetzt werden kann. Insoweit besteht kein Gutglaubensschutz, insbesondere auch nicht über § 892 BGB im Fall der Anlegung eines Gebäudegrundbuchblatts.

13 b) Die Unredlichkeit muß „bei der Bestellung des Nutzungsrechts" gegeben sein. Voraussetzung ist demnach Unredlichkeit bei Wirksamwerden der Verleihung bzw. Zuweisung des Nutzungsrechts, also bei Bekanntgabe der entsprechenden Entscheidung staatlicher Stellen. Ist kein Nutzungsrecht bestellt worden, so kommt es auf den Zeitpunkt der Erlangung des Besitzes am Grundstück an. Besitz in diesem Sinne ist Eigenbesitz, (auch gestufter) mittelbarer Besitz reicht aus, bloßer Fremdbesitz hingegen nicht. Diese zeitliche Fixierung schließt nicht aus, daß in die Entscheidung über das Vorliegen von Unredlichkeit auch Umstände einbezogen werden können, die sich erst später verwirklicht haben, aber im fraglichen Zeitpunkt bereits im Keim angelegt waren (z. B. Vermessung des Nutzungsrechts entgegen der üblichen

Praxis, bevorzugte Erteilung einer rechtswidrigen Baugenehmigung). Auf die Redlichkeit des Nutzers im Zeitpunkt der Durchführung der Sachenrechtsbereinigung kommt es nicht an (jedenfalls im Rahmen des Sachen-RBerG unzutreffend VG Meiningen, VIZ 1993, 210–212).

c) Der Begriff der Unredlichkeit ist identisch mit dem in § 4 VermG. Die Verweisung auf § 4 VermG ist Rechtsgrundverweisung (vgl. Begr. BR-Drucks. 515/93, S. 129), so daß auch die Voraussetzungen der fingierten Unredlichkeit (§ 4 Abs. 2 Satz 2 VermG) hier entsprechend gelten. **14**

d) Unredlichkeit außerhalb des Anwendungsbereichs von § 4 Abs. 2 Satz 2 VermG, also im Sinne des § 4 Abs. 2 Satz 1, Abs. 3 VermG ist gekennzeichnet durch eine sittlich anstößige Manipulation beim Erwerbsvorgang, die sich sowohl auf die Erwerbshandlung als solche als auch auf die Erwerbshintergründe beziehen kann. Erforderlich ist weiter nicht nur das objektive Vorliegen dieser Umstände, sondern auch ein subjektives Element (vgl. *Fieberg/Reichenbach/Messerschmidt/Schmidt-Räntsch*, VermG, § 4 Rdz. 80–84). **15**

Der Begriff der Unredlichkeit ist zu unterscheiden vom Begriff der Bösgläubigkeit im Sinne von §§ 892, 893, 932ff. BGB. Letztgenannte Vorschriften schützen den guten Glauben an den Erwerb vom Berechtigten, um den es hier meist nicht geht, da der Verfügende als Berechtigter gehandelt hat (*Fieberg/Reichenbach/Messerschmidt/Schmidt-Räntsch*, VermG, § 4 Rdz. 82). **16**

Der Begriff der Redlichkeit soll hingegen das Vertrauen desjenigen auf den Fortbestand der in der DDR formell bestehenden Rechtslage schützen, der sich, gemessen an dieser Rechtslage, korrekt verhalten hat. Hieraus folgt z. B., daß das alleinige Wissen, daß Verfügungen über Grundstücke durch staatliche Stellen ohne Wissen und Wollen des Berechtigten erfolgten, noch keine Unredlichkeit begründet (*Fieberg/Reichenbach/Messerschmidt/ Schmidt-Räntsch*, VermG, § 4 Rdz. 83; BVerwG VIZ 1993, 250, *Göhring*, DtZ 1991, 401 ff.; *Wittmer*, OV-spezial 1/92, S. 4/5; aA noch KG DtZ 1991, 191/192). **17**

Die Prüfung des unbestimmten Rechtsbegriffs der Unredlichkeit hat eine objektive und eine subjektive Ebene. Objektiv ist Unredlichkeit dann einmal indiziert, wenn der Erwerb bzw. seine Begleitumstände vom seinerzeit üblichen in einer Weise abweichen, welche den Schluß zuläßt, ohne diese Abweichung hätte jedenfalls zu dieser Zeit der betreffende Erwerber diesen Nutzungstatbestand nicht erworben (Kurzformel: „es ging nicht mit rechten Dingen zu"). Unredlichkeit kann daneben auch durch objektive Umstände, die in der Person des Erwerbers liegen, indiziert sein. **18**

Beispiel: In einer Datschensiedlung haben nur wenige Nutzer mit Billigung staatlicher Stellen Eigenheime errichtet. Der Mehrzahl wurde dieses verwehrt. **19**

Schließlich ist erforderlich, daß der Erwerber die Umstände, aus denen sich die Unredlichkeit ergibt, kannte oder kennen mußte. Ausreichend ist hierbei Kenntnis oder Kennenmüssen der zugrundeliegenden Tatsachen, ein Schluß auf die sittliche Verwerflichkeit des Erwerbs aufgrund dieser Umstände ist nicht erforderlich (vgl. *Palandt-Heinrichs*, § 138 Rdz. 8 a. E. u. a. unter Hinweis auf RGZ 120, 144/148 unten). Die festgestellten objektiven **20**

§ 30 21–27   Kapitel 2. Nutzung fremder Grundstücke

Umstände ermöglichen abhängig von ihrer Augenfälligkeit und Schwere einen Schluß auf das Kennen bzw. Kennenmüssen seitens des Erwerbers.

21   Prüfungsschema zum redlichen Erwerb nach § 4 Abs. 2 bei *Fieberg/Reichenbach/Messerschmidt/Schmidt-Räntsch,* VermG, § 4 Rdz. 151.

2. Fallgruppen des § 4 Abs. 3 VermG

22   Das Gesetz präzisiert den unbestimmten Rechtsbegriff der Unredlichkeit in § 4 Abs. 3 VermG mittels dreier Fallgruppen (Rechtsprechungsübersicht bei *Messerschmidt,* NJW 1993, 2490/2495 f.):

a) § 4 Abs. 3 a) VermG

23   Voraussetzung ist, daß der Erwerber (Nutzer) wußte oder hätte wissen müssen (§ 122 Abs. 2 BGB), daß der Erwerb des Nutzungsrechts bzw. des Besitzes nicht in Einklang mit den seinerzeit geltenden allgemeinen Rechtsvorschriften und Verfahrensgrundsätzen der Deutschen Demokratischen Republik und einer ordnungsgemäßen Verwaltungspraxis stand.

24   Diese Legaldefinition läßt sich auf die Kurzformel bringen, daß Unredlichkeit dann gegeben ist, wenn der Erwerber (Nutzer) wußte oder hätte wissen müssen, daß es beim Erwerb des Nutzungsrechts bzw. des Besitzes „nicht mit rechten Dingen zugegangen ist" (*Fieberg/Reichenbach/Messerschmidt/Schmidt-Räntsch,* VermG, § 4 Rdz. 85; BVerwG ZIP 1994, 488/491). Dies gilt auch für Umstände, unter denen bauliche Investitionen bestimmter Nutzer mit Billigung staatlicher Stellen erfolgten. Betroffen sind somit illegitime Bevorzugungen, insbesondere also günstige Gelegenheiten für „verdiente Genossen" (ähnlich der Begriff „unlautere Machenschaften in § 1 Abs. 1 VermG, hierzu KreisG Suhl, VIZ 1993, 75–77; BVerwG VIZ 1994, 27–29; VG Magdeburg VIZ 1994, 29–30; VG Berlin, VIZ 1994, 30).

25   Subjektiv ist auf Seiten des Nutzers positive Kenntnis oder fahrlässige Unkenntnis der genannten Umstände erforderlich (BVerwG ZIP 1994, 488/491).

26   Die Anwendung dieser Vorschrift ist insoweit problematisch, als zahlreiche der Sachenrechtsbereinigung unterfallende Nutzungstatbestände mit der formellen Rechtslage der DDR nicht im Einklang standen, aber auf ständiger Verwaltungsübung beruhten. Diese Rechtswidrigkeit allein, die im Fall der Restitution nach dem VermG beachtlich wäre, begründet keine Einrede nach § 30 SachenRBerG. Insoweit bedarf die Verweisung auf § 4 VermG der teleologischen Reduktion. Eine vorschnelle Übertragung restitutionsrechtlicher Grundsätze auf die Sachenrechtsbereinigung hätte zur Folge, daß Nutzer mit den entsprechenden Verbindungen jetzt bevorteilt wären, da sie leichter auf die Einhaltung der formellen Rechtslage der DDR dringen konnten.

27   Entscheidungserheblich ist vielmehr im Rahmen des SachenRBerG nicht, ob der erlangte Nutzungstatbestand illegal, sondern ob er illegitim ist. Illegitim ist ein Nutzungstatbestand jedoch nicht ausschließlich bei einer Abweichung von der formellen Rechtsordnung der DDR. Indizien für objektive Unredlichkeit können daher in einem auffallenden Abweichen von einer –

auch nur lokal und im Zeitpunkt des Erwerbs – geübten Verwaltungspraxis sein (z. B. erhebliches Überschreiten der Regelgröße von Eigenheimgrundstücken, Verleihung eines Nutzungsrechts bzw. Anlegung von Gebäudegrundbüchern in einer Region und zu einer Zeit, wo solches nicht oder nicht mehr üblich war, Unregelmäßigkeiten bei der Erteilung der Baugenehmigung).

Ein Nutzungserwerb ist schon aus dem Grund als illegitim anzusehen, wenn er sich als eine auf DDR-Recht beruhende Bevorzugung von Staats- und Parteifunktionären darstellt. Denn schon die (zumeist gegebene) Kenntnis von der Rechtsgrundlage für diese Bevorzugung (z. B. bei der Wohnraumversorgung) macht den Erwerb sittlich verwerflich und damit unredlich. Ob der betroffene Funktionär als Bürger denselben Nutzungstatbestand hätte erhalten können, ist unerheblich (so zu Recht *Fieberg/Reichenbach/Messerschmidt/Schmidt-Räntsch*, VermG, § 4 Rdz. 85/96). Das bloße Wissen, daß der Verwalter Vermögenswerte Republikflüchtiger veräußert, schadet hingegen nicht (BVerwG VIZ 1994, 350 f.). 28

Typischer Anwendungsfall des § 4 Abs. 3 a) VermG sind rechtsstaatlich bedenkliche Verwaltungsanweisungen zu den Vergabekriterien für Nutzungsrechte an volkseigenen Eigenheimen. Ein Beispiel hierfür sind hier die Vergabekriterien des Oberbürgermeisters der Stadt Dresden vom 2. 5. 1986 (vgl. Antwort der Bundesregierung auf Anfrage des Abgeordneten *Hörster*, BT-Drucks. 12/5574), nach denen Anfragen „normaler" Bürger grundsätzlich nicht zu registrieren waren und Eigenheime vielmehr an bestimmte Personengruppen (Sportler, Wissenschaftler, Kulturschaffende, leitende Kader, hochgestellte kirchliche Würdenträger) bevorzugt zu vermitteln waren (zum ganzen *Eisold*, OV-spezial 20/93, S. 2–3). 29

Eine Bevorzugung von Ärzten im ländlichen Raum bei der Wohnungsvergabe zur Verbesserung der medizinischen Versorgung fällt jedoch nicht unter § 4 Abs. 3 a) VermG (BVerwG ZIP 1994, 488/491 f.). 30

b) § 4 Abs. 3 b) VermG

Voraussetzung dieser Fallgruppe ist, daß der Erwerber (Nutzer) einen bestimmten Nutzungstatbestand zu einer bestimmten Zeit bzw. zu bestimmten Bedingungen durch Korruption oder Ausnutzung einer persönlichen Machtstellung erlangt hat. 31

Diese Formel läßt sich auf den Kernsatz reduzieren, daß mit dem zurechenbaren Gebrauch unlauterer Mittel durch den Erwerber Einfluß genommen wurde (*Fieberg/Reichenbach/Messerschmidt/Schmidt-Räntsch*, VermG, § 4 Rdz. 87). 32

Das Gesetz nennt als Regelbeispiele unlauterer Mittel Korruption und die Ausnutzung einer persönlichen Machtstellung. Korruption ist nicht nur die Vorteilsgewährung oder Bestechung im Sinne der §§ 333, 334 StGB, sondern jede sittlich mißbilligenswerte Zuwendung. Das Ausnutzen einer persönlichen Machtstellung muß nicht notwendigerweise ausdrücklich erfolgt sein. Es genügt dann die bloße Innehabung einer Machtstellung durch den Erwerber, wenn diesem im Ergebnis ein Mehr gewährt worden ist als andere Erwerber nach dem gewöhnlichen Lauf der Dinge bekommen hätte (bloßes 33

Innehaben einer Machtstellung allein reicht jedoch nicht aus, so VG Dresden, VIZ 1993, 265–266).

34 Eine Machtstellung ergibt sich idR nicht aus der Tatsache der Ausübung eines bestimmten Berufs (z. B. Arzt), sondern aus politischen oder persönlichen Beziehungen im Beziehungsgeflecht der früheren Nomenklatura der DDR (VG Greifswald, VIZ 1993, 266/268).

35 Erforderlich ist weiter, daß der Einsatz unlauterer Mittel aus Eigennutz erfolgt ist (nach *Fieberg/Reichenbach/Messerschmidt/Schmidt-Räntsch*, VermG, § 4 Rdz. 89 ist „eigennützige Absicht" erforderlich). Absicht im Sinne einer überschießenden Innentendenz dürfte aber vom Wortlaut des § 4 Abs. 3b) VermG nicht mehr gedeckt sein, ausreichend ist bedingter Vorsatz, so *Fieberg/Reichenbach/Messerschmidt/Schmidt-Räntsch,* VermG, § 4 Rdz. 90). Auf zumindest bedingten Vorsatz kann aber aus objektiven Umständen rückgeschlossen werden, insbesondere wenn der Erwerber aufgrund seiner Machtstellung wußte, daß er um Vorteile nicht lang zu bitten brauchte und ihm tatsächlich Vorteile im Vergleich zu anderen potentiellen Erwerbern gewährt wurden.

36 Ausreichend für die Annahme der Unredlichkeit wäre z. B. die Kumulation folgender Umstände:

Erwerber (Nutzer) war Offizier des MfS. Aus den Akten ergibt sich, daß die Kaderposition zumindest in Umrissen der staatlichen Stelle im Sinne des § 10 Abs. 1 bekannt war. Dem Erwerber wurde ein Grundstück von 750 qm zur Verfügung gestellt, während Normalsterbliche keine oder nur Hausgrundstücke mit der Regelgröße erhielten.

37 Nicht ausreichend ist die bloße Ausübung eines Mangelberufs (für Ärzte BVerwG ZIP 1994, 488/490).

38 Nicht erforderlich ist der Gebrauch unlauterer Mittel durch den Erwerber (Nutzer) selbst. Ausreichend ist, daß der Gebrauch unlauterer Mittel durch Dritte ihm zugerechnet werden kann. Die Zurechenbarkeit ist gegeben, wenn der Erwerber hiervon wußte oder hätte wissen müssen. Ein derartiger Fall ist z. B. dann gegeben, wenn der zuständige Parteisekretär mit Wissen des ihm unterstellten Erwerbers auf eine LPG eingewirkt hat mit dem Ziel, dem Erwerber ein vom üblichen abweichendes Nutzungsrecht zuzuweisen.

39 Lineare Kausalität zwischen dem Einsatz unlauterer Mittel und der Erlangung des Nutzungstatbestands ist nicht erforderlich. Ausreichend ist nur ein „Einwirken", d. h. eine Einflußnahme auf irgendeine mit dem Verwaltungsverfahren befaßte Stelle. Ein Nachweis, daß diese Einflußnahme für den Erfolg ursächlich war, ist nicht erforderlich.

40 Im Rahmen des § 4 Abs. 3b) VermG kommt es nicht darauf an, ob die erlangte Rechtsposition vom üblichen abwich. Ausreichend ist nur ein Einwirken auf den Zeitpunkt oder die Bedingungen des Erwerbs. Im Unterschied zur Fallgruppe des § 4 Abs. 3a) VermG ist ein Abweichen des Nutzungsrechts vom Üblichen nicht erforderlich. Eine derartige Abweichung wird allerdings in der Regel den Vorsatz des eigennützigen Handelns indizieren.

c) § 4 Abs. 3 c) VermG

Voraussetzung dieser Fallgruppe ist, daß sich der Erwerber (Nutzer) eine 41
von ihm oder einem Dritten herbeigeführte Zwangslage oder Täuschung des
ehemaligen Grundstückseigentümers zu Nutze gemacht hat.

Die Voraussetzung der „Zwangslage" oder der „Täuschung" verweisen 42
auf die entsprechenden Fallkonstellationen in §§ 123, 138 BGB. Gemeint
sind vor allem die Fälle, in denen die Erteilung einer Ausreisegenehmigung,
die Zusicherung der Nichtverfolgung vorgeblicher politischer Straftaten
oder die Gewährung von Straferlassen für den betroffenen Grundstückseigentümer oder ihm nahestehende Personen von der Einwilligung in die
Begründung eines Nutzungstatbestands abhängig gemacht wurden (*Fieberg/
Reichenbach/Messerschmidt/Schmidt-Räntsch*, VermG, § 4 Rdz. 91) oder dem
Grundstückseigentümer gegenüber behauptet wurde, nur so könne er Repressalien von sich oder einem Dritten abwenden.

Erfaßt sind auch Fälle, in denen dem Grundstückseigentümer Vorteile in 43
Aussicht gestellt wurden, die er nur durch Einräumung des Nutzungstatbestands erhalten könne (z. B. Zulassung von Angehörigen zum Besuch der
EOS oder zum Studium).

Schon nach dem Wortlaut ist nicht erforderlich, daß der Erwerber (Nut- 44
zer) selbst die Zwangslage herbeigeführt oder die Täuschung begangen hat.
Im Gegensatz zu § 123 Abs. 2 BGB verlangt die Vorschrift dann keine
Kenntnis oder Kennenmüssen des Erwerbers, wohl aber ein „sich zu Nutze
machen" (dazu unten Rdz. 47–48).

Ausreichend ist, daß der Erwerb des Nutzungstatbestands von der 45
Zwangslage bzw. der Täuschung „beeinflußt war". Damit ist keine Kausalität im Sinne der *condicio-sine-qua-non*-Formel vorausgesetzt (hierzu näher *Palandt-Heinrichs*, Vorbem. vor § 249 Rdz. 57). Ausreichend und erforderlich
ist eine Beeinflussung, d. h. eine Mitursächlichkeit ohne die Notwendigkeit,
daß bei Hinwegdenken des Einflusses der Erfolg entfiele. Damit sind die
Anforderungen an die „Beeinflussung" erheblich geringer als an die adäquate
Verursachung im Sinne des Schadensersatzrechts (näher hierzu *Palandt-Heinrichs*, aaO, Rdz. 58–61).

Nur wenn es zum Erwerb des Nutzungstatbestands definitiv auch ohne 46
das mißbilligenswerte Mittel gekommen wäre , ist ein Fall des § 4 Abs. 3 c)
VermG mangels „Beeinflussung" nicht gegeben, wohl aber kann der Vorgang von § 4 Abs. 3 a) VermG erfaßt sein (*Fieberg/Reichenbach/Messerschmidt/
Schmidt-Räntsch*, VermG, § 4 Rdz. 92).

Erforderlich ist weiter, daß sich der Erwerber (Nutzer) des Nutzungstat- 47
bestands die Zwangslage oder Täuschung des Grundstückseigentümers „zu
Nutze gemacht" hat. Damit ist mehr als bloße Kausalität gemeint, auch
mehr als der mit jedem Erwerb verbundene rechtliche und wirtschaftliche
Vorteil (BVerwG ZIP 1994, 488/490). Erforderlich ist vielmehr ein spezifischer Vorteil, der etwa in im Vergleich zum Ortsüblichen besonders günstigen Konditionen liegen kann, z. B. hinsichtlich des Entgelts oder der Grundstücksgröße (*Fieberg/Reichenbach/Messerschmidt/Schmidt-Räntsch*, VermG, § 4
Rdz. 93; VG Greifswald, VIZ 1993, 266/269; VG Leipzig, VIZ 1993, 560).

Das Merkmal des sich „zu Nutze Machens" beinhaltet insoweit ein vor- 48 sätzliches Handeln des Erwerbers (zu weitgehend *Fieberg/Reichenbach/Messerschmidt/Schmidt-Räntsch,* VermG, § 4 Rdz. 94, die den Vorsatz auf § 4 Abs. 3 c) VermG insgesamt einschließlich der Ursächlichkeit der Zwangslage bzw. der Täuschung für den Veräußerungsentschluß beziehen). Bedingter Vorsatz reicht aus. Der Erwerber (Nutzer) muß somit zumindest billigend in Kauf nehmen, daß er einen spezifischen Vorteil nur deshalb erhält, weil der Veräußerer sich in einer vom Normalfall abweichenden Lage befindet. Genaue Kenntnis der Zwangslage oder der Täuschung ist nicht erforderlich. Im Unterschied zu § 4 Abs. 3a) VermG muß der Erwerber somit Vorsatz bezüglich dessen haben, daß es beim Erwerb „nicht mit rechten Dingen zugegangen ist". Ausreichend ist das billigende Inkaufnehmen, daß mit dem Grundstückseigentümer „etwas nicht in Ordnung war".

3. Fiktion der Unredlichkeit, § 4 Abs. 2 Satz 2 VermG

49 a) Da § 30 Abs. 1 Satz 1 eine Rechtsgrundverweisung auf § 4 VermG insgesamt enthält, ist „Unredlichkeit" im Sinne dieser Einrede auch im Fall des § 4 Abs. 2 Satz 2 VermG gegeben (fingierte Unredlichkeit). Ohne daß es auf eine Unredlichkeit im Sinne des § 4 Abs. 3 VermG in concreto ankäme, ist somit der Erwerb eines Nutzungsrechts bzw. die Erlangung des Besitzes am Grundstück nach dem 18. Oktober 1989 angreifbar, soweit nicht die Voraussetzungen des § 4 Abs. 2 Satz 2 Buchst. a) – c) VermG gegeben sind. Diese Fallgruppe ist der Konkursanfechtung nach § 30 KO vergleichbar (so *Fieberg/Reichenbach/Messerschmidt/Schmidt-Räntsch,* VermG, § 4 Rdz. 98).

50 b) Die Wertung des § 4 Abs. 2 Satz 2 VermG, wonach Rechtserwerbe nach dem ab diesem Tag absehbaren Zusammenbruch des SED-Regimes geringeren Bestandsschutz genießen (*Fieberg/Reichenbach/Messerschmidt/Schmidt-Räntsch,* VermG, § 4 Rdz. 98–101), trifft auch auf den Schutz baulicher Investitionen nach dem SachenRBerG zu. Schutzwürdig ist nur

51 – die Besitzerlangung oder die Verleihung/Zuweisung eines Nutzungsrechts aufgrund eines vor dem 19. 10. 1989 gestellten schriftlich Antrags oder sonst aktenkundiger Anbahnung (§ 4 Abs. 2 Satz 2 Buchst. a VermG);

52 – der Erwerb eines Nutzungsrechts nach § 4 Abs. 2 des Gesetzes über den Verkauf volkseigener Gebäude vom 7. 3. 1990 (GBl. I, 157; § 4 Abs. 2 Satz 2 Buchst. b) VermG, näher hierzu *Fieberg/Reichenbach/Messerschmidt/ Schmidt-Räntsch,* VermG, § 4 Rdz. 130–134; zum Erwerb sog. Modrow-Häuser auch *Böhringer,* Besonderheiten, Rdz. 533–534);

53 – die Vornahme werterhöhender oder substanzerhaltender Investitionen in einem wesentlichen Umfang vor dem 19. 10. 1989 (§ 4 Abs. 2 Satz 2 Buchst. c) VermG, hierzu *Fieberg/Reichenbach/Messerschmidt/Schmidt-Räntsch,* VermG, § 4 Rdz. 135–150), wobei dieses Merkmal übereinstimmend mit den Kriterien des § 12 auszulegen ist, so daß im Ergebnis der maßgebliche Zeitpunkt der baulichen Investitionen bei Erwerb des Nutzungsrechts/Erlangung des Besitzes ab dem 19. 10. 1989 auf die Zeit vor diesem Stichtag vorverlegt wird (Abweichung von § 8).

54 c) § 30 hat in den sog. Komplettierungsfällen (Hinzuerwerb des Grundstücks zum Nutzungsrecht, hierzu *Fieberg/Reichenbach/Messerschmidt/Schmidt-*

Räntsch, VermG, § 4 Rdz. 105–108, 112–114, 123) dann praktische Bedeutung, wenn das Nutzungsrecht selbst nicht redlich erworben wurde. War das Nutzungsrecht redlich, das Grundstück unredlich erworben, ist die Sachenrechtsbereinigung durchzuführen. Waren Grundstück und Nutzungsrecht nicht redlich erworben, kommt beides zur Restitution.

d) Zu der damit zusammenhängenden Problematik der „hängenden Kaufverträge" siehe § 3 Rdz. 23–31 und § 121 Rdz. 4–13.

III. Rechtsfolgen der Einrede

Wird die Einrede mit Erfolg erhoben, so bleibt der Nutzer im Streitfall bis zur Entscheidung nach §§ 106, 108 und zur Aufhebung des Nutzungsrechts durch gerichtliche Entscheidung nach Art. 233 § 4 Abs. 5 EGBGB, im Fall des § 16 Abs. 3 Satz 5 VermG möglicherweise verlängert um 6 Monate nach Art. 233 § 4 Abs. 5 Satz 8 EGBGB zum Besitz des Gebäudes und der erfaßten Grundstücksfläche berechtigt.

Verlangt der Nutzer Ankauf, dann steht dem Grundstückseigentümer für die Zwischenzeit nach Art. 233 § 2a Abs. 1 Satz 4 EGBGB auch kein Anspruch auf Nutzungsentschädigung zu (vgl. Einl. Rdz. 68–69). Wohn aber kann sich ein solcher Anspruch aus dem Gesichtspunkt des Verzugs ergeben, § 286 Abs. 2 BGB (§ 44 Rdz. 19–23).

Die weiteren Rechtsfolgen (dingliche Rechtslage hinsichtlich des Gebäudes oder der baulichen Anlage, Wertersatzanspruch des Nutzers) regelt Art. 233 § 4 Abs. 5 Satz 4 mit 7 EGBGB (zum dort bestimmten Entschädigungsanspruch § 26 Rdz. 13–16).

Grundpfandrechte am Gebäude setzen sich an diesem Wertersatzanspruch fort (Art. 233 § 4 Abs. 5 Satz 7 EGBGB – entsprechend § 1287 Satz 1 BGB). Hinsichtlich vorgenommener Verwendungen steht der unredliche Nutzer dem unrechtmäßigen Besitzer (§ 996 BGB) gleich (BT-Drucks. 12/5992, S. 210 f.). Mangels eines schutzwürdigen Vertrauens ist der Grundstückseigentümer nur zum Ausgleich der bei Aufhebung des Nutzungsrechts vorgenommenen Wertsteigerung verpflichtet. Die Anwendung der Grundsätze zur aufgedrängten Bereicherung *(Palandt-Bassenge,* § 951 Rdz. 19) bleibt vorbehalten (Einrede nach §§ 823 Abs. 1, 1004, 242 BGB gegen den Wertsatzanspruch oder Verweisung des Nutzers auf ein Wegnahmerecht entsprechend § 1001 Satz 2 BGB).

IV. Komplexer Wohnungsbau und Siedlungsbau

Entsprechend § 5 VermG ist die Einrede nach § 30 auch dann ausgeschlossen, wenn das betreffende Grundstück dem Gemeingebrauch gewidmet oder im komplexen Wohnungsbau und Siedlungsbau (§ 11) verwendet wurde, Abs. 3 Satz 1. Rechtfertigung hierfür ist, daß diese Form der Inanspruchnahme von Grundstücken nach dem Rechtsverständnis der DDR unbedenklich zulässig war (BT-Drucks. 12/7425, S. 70).

§ 31 Kapitel 2. Nutzung fremder Grundstücke

61 Anderes gilt jedoch dann, wenn die für die Entscheidung über Anträge auf Entzug des Eigentums zuständigen staatlichen Stellen der DDR (Räte der Kreise, § 8 der DurchführungsVO zum Baulandgesetz vom 15. 6. 1984, GBl. I, S. 205) der Inanspruchnahme des Grundstücks ausdrücklich widersprochen hatten. Vor allem nach der Wende sind in der DDR derartige Anordnungen ergangen und den Investitionshauptauftraggebern zugestellt worden. In diesen Fällen führt die Einrede nach Abs. 3 Sätze 2 und 3 jedoch nicht zur völligen Versagung der Sachenrechtsbereinigung, sondern nur zur Aufgabe des Halbteilungsgrundsatzes (BT-Drucks. 12/7425, S. 71). Nach Abs. 3 Satz 3 findet auch keine Ermäßigung des Erbbauzinses in der Eingangsphase (§ 51) statt; gleiches gilt (Redaktionsversehen) für das Kaufpreiskonto nach § 68 Abs. 2.

V. Beweislast

62 Der Beweis für das Vorliegen der Voraussetzungen des § 30 Abs. 1 obliegt im Grundsatz dem Grundstückseigentümer, und zwar auch im Fall des Abs. 1 Satz 2 für die Aufhebung des Nutzungsrechts. Zu Beweiserleichterungen siehe oben Rdz. 18, 20, 27, 35, 39.

63 Der Nutzer ist beweispflichtig für die Ausschlußtatbestände der Abs. 2 und 3 sowie für das Vorliegen der Voraussetzungen des § 4 Abs. 2 Satz 2 Buchst. a) – c) VermG.

64 Gegebenenfalls obliegt dem Nutzer, einen ersten Anschein der Unredlichkeit nach § 4 Abs. 3 VermG zu widerlegen. Ein solcher Anschein ist gegeben, wenn eine bauliche Nutzung in signifikanter Weise vom üblichen abweicht (z. B. hinsichtlich erfaßter Fläche, Größe des Gebäudes, Bauausführung) oder wenn der Nutzer eine gesellschaftlich-politische Position in der DDR bekleidete (Parteien, Massenorganisationen, Kirchen etc.), die mit gewissem Einfluß auf Verwaltungsentscheidungen verbunden war.

VI. Mehrheit von Nutzungstatbeständen

65 Zur Mehrheit von Nutzungstatbeständen, Gebäuden und Beteiligten siehe Vorbem. vor §§ 28 ff., Rdz. 7–26.

§ 31 Geringe Restnutzungsdauer

(1) **Der Grundstückseigentümer kann den Abschluß eines Erbbaurechtsvertrages oder eines Grundstückskaufvertrages verweigern, wenn das vom Nutzer errichtete Gebäude oder die bauliche Anlage öffentlichen Zwecken dient oder land-, forstwirtschaftlich oder gewerblich genutzt wird, dem Nutzer ein Nutzungsrecht nicht bestellt wurde und die Restnutzungsdauer des Gebäudes oder der baulichen Anlage in dem Zeitpunkt, in dem der Nutzer Ansprüche nach diesem Kapitel geltend macht, weniger als 25 Jahre beträgt.**

§ 31. Geringe Restnutzungsdauer § 31

(2) Der Nutzer kann in diesem Fall vom Grundstückseigentümer den Abschluß eines Mietvertrages über die erforderliche Funktionsfläche (§ 12 Abs. 3 Satz 2 Nr. 2) verlangen, dessen Laufzeit nach der Restnutzungsdauer des Gebäudes zu bemessen ist.

(3) Der Zins ist nach der Hälfte des ortsüblichen Entgelts zu bemessen, wenn für ein Erbbaurecht der regelmäßige Zinssatz nach § 43 in Ansatz zu bringen wäre; andernfalls ist der Zins nach dem ortsüblichen Entgelt zu bestimmen. Die §§ 47, 51 und 54 sind entsprechend anzuwenden.

(4) Jede Vertragspartei kann eine Anpassung des Zinses verlangen, wenn
1. zehn Jahre seit dem Beginn der Zinszahlungspflicht oder bei späteren Anpassungen drei Jahre seit der letzten Zinsanpassung vergangen sind und
2. der ortsübliche Zins sich seit der letzten Anpassung um mehr als zehn vom Hundert verändert hat.

Das Anpassungsverlangen ist gegenüber dem anderen Teil schriftlich geltend zu machen und zu begründen. Der angepaßte Zins wird von dem Beginn des dritten Kalendermonats an geschuldet, der auf den Zugang des Anpassungsverlangens folgt.

(5) Nach Beendigung des Mietverhältnisses kann der Nutzer vom Grundstückseigentümer den Ankauf oder, wenn selbständiges Gebäudeeigentum nicht begründet worden ist, Wertersatz für das Gebäude oder die bauliche Anlage verlangen. Der Grundstückseigentümer kann den Anspruch dadurch abwenden, daß er dem Nutzer die Verlängerung des Mietvertrages für die restliche Standdauer des Gebäudes oder der baulichen Anlage anbietet; § 27 Abs. 4 der Verordnung über das Erbbaurecht ist entsprechend anzuwenden. Ist das Gebäude oder die bauliche Anlage nicht mehr nutzbar, bestimmen sich die Ansprüche des Grundstückseigentümers gegen den Nutzer nach § 82.

Übersicht

	Rdz.		Rdz.
1. Allgemeines	1	5. Weitere Rechtsfolgen	18
2. Einrede	2	6. Mehrheit von Nutzungstatbeständen	19
3. Mietvertrag	7		
4. Inhalt des Mietvertrags	13		

1. Allgemeines

§ 31 enthält eine echte Einrede für den Fall einer geringen Restnutzungsdauer. Das Gesetz verweigert dem Nutzer die dingliche Sicherung aus zwei Gründen. Zum einen stünde der mit einer Erbbaurechtsbestellung verbundene Aufwand außer Verhältnis zu dessen Laufzeit. Zudem wäre dieses Recht aufgrund der üblichen Amortisationszeit von Tilgungsdarlehen nicht mehr beleihbar. Zum anderen rechtfertigt der wegen der kurzen Restnutzungsdauer geringe Bodenwertanteil des Nutzers kein Ankaufsrecht (Begr. BR-Drucks. 515/93, S. 75, 130).

2. Einrede, Abs. 1

2 Die Vorschrift gilt nur für Gebäude und bauliche Anlagen, die öffentlichen Zwecken dienen (z. B. Behörde, Kindertagesstätte, Schule) oder land-, forstwirtschaftlich oder betrieblich genutzt wird. Nicht unter § 31 fallen Wohnbauten und landwirtschaftliche Wohnbauten; letztere auch dann nicht, wenn sie sowohl Wohn- als auch Wirtschaftsgebäude sind.

3 In letzterem Fall führt die Erhebung der Einrede dazu, daß entweder
- eine Grundstücksteilung durchzuführen ist (falls zulässig) oder
- Wohnungs- und Teileigentum bzw. Wohnungs- und Teilerbbaurechte begründet werden müssen (§§ 40, 67) (falls nach § 3 Abs. 2 und 3, § 7 WEG die Abgeschlossenheit gegeben ist) oder
- schuldrechtliche (durch Vormerkung gesicherte) Rückübertragungsansprüche begründet werden.

4 Hinsichtlich der dem Nutzer nicht auf Dauer verbleibenden Gebäudeteile besteht der Anspruch auf Abschluß eines Mietvertrags nach Abs. 2.

5 Die Gesetzesbegründung (aaO, S. 75) rechtfertigt die für Wohngebäude gemachte Ausnahme mit dem Gedanken des Investitionsschutzes und sozial- und wohnungspolitischen Aspekten sowie damit, daß oft zufallsabhängig war, ob den Nutzern von Wohngebäuden Nutzungsrechte verliehen wurden.

6 Weitere Voraussetzung des Abs. 1 ist das Fehlen eines verliehenen oder zugewiesenen Nutzungsrechts sowie eine Restnutzungsdauer des Gebäudes bzw. der baulichen Anlage (§ 12 Abs. 3) von weniger als 25 Jahren im Zeitpunkt der Geltendmachung von Ansprüchen nach dem SachenRBerG. Bei Überschreiten dieser Nutzungsdauer besteht für die erfaßten Gebäude Anspruch auf einen Nutzungsvertrag nach § 53 Abs. 3.

3. Mietvertrag, Abs. 2

7 Abs. 2 gibt dem Nutzer eine Replik, gerichtet auf den ersatzweisen Abschluß eines Mietvertrags über die Funktionsfläche (§ 12 Abs. 3 Satz 2 Nr. 2) des betroffenen Gebäude(teils) oder der betroffenen baulichen Anlage.

8 Der Inhalt des Mietvertrags wird in den Abs. 3 mit 5 näher bestimmt (unten Rdz. 13–17).

9 Im übrigen gilt das Bürgerliche Gesetzbuch, d. h. es sind die insbesondere auch die Bestimmungen des BGB über die Grundstücksmiete (z. B. §§ 551 Abs. 2, 556 Abs. 2, 559–563, 571 f., 576 ff. BGB) – bei baulichen Anlagen nur diese, bei Gebäuden auch (§ 580 BGB) die Bestimmungen des BGB über die Raummiete (z. B. § 554a BGB) anwendbar. Die besonderen Bestimmungen über die Wohnraummiete (z. B. §§ 549 Abs. 2, 554 Abs. 2, 557 Abs. 2 und 3, 564a BGB) gelten nicht.

10 Erforderlich ist in der Regel Schriftform des Mietvertrags, § 566 BGB.

11 In der Vertragspraxis werden zumeist kurze Mietverträge ausreichen. Notwendiger Inhalt des Mietvertrags ist nach Abs. 2 nur die Bezeichnung von Mieter und Vermieter, die Bestimmung der Mietsache, des Mietzinses einschließlich Betriebskosten und der Mietdauer.

§ 31. Geringe Restnutzungsdauer

Der Mietvertrag kann auch Inhalt eines Vermittlungsvorschlags im notariellen Vermittlungsverfahren nach §§ 98 oder 96 Abs. 1 bzw. – soweit keine Einigung erzielt ist – eines Abschlußprotokolls nach § 99 sein. Eine Beurkundung des Mietvertrages ist nicht erforderlich, sofern er nicht mit anderen beurkundungspflichtigen Verträgen in Zusammenhang steht. Die Beurkundungspflicht ergibt sich insbesondere auch nicht aus § 98 Abs. 2, der auf Erbbaurechtsbestellung bzw. Ankauf (§§ 11 ErbbauVO, 313 BGB) zugeschnitten ist. Die Beurkundung ist jedoch schon wegen der Möglichkeit der Zwangsvollstreckungsunterwerfung hinsichtlich des Mietzinses (§ 794 Abs. 1 Ziff. 5 ZPO) ratsam und im übrigen im Vermittlungsverfahren nicht mit gesonderten Kosten verbunden (§ 100 Abs. 1). Eine Beurkundung auch des Mietvertrags ist hingegen in den Fällen des § 96 Abs. 3 Satz 1 aus Beweisgründen zwingend erforderlich.

4. Inhalt des Mietvertrags, Abs. 3–5

a) Wegen der Ähnlichkeit des zu regelnden Sachverhalts mit der Situation der Bestellung eines Erbbaurechts (Begr. BR-Drucks. 515/93, S. 130 f.) gelten nach Abs. 3 für den Mietzins die Vorschriften über den Erbbauzins nach §§ 43, 47, 51, 54 entsprechend.

b) Die Fälligkeit des Mietzinses ergibt sich aus §§ 551 Abs. 2, 580 BGB. Mietzins im Sinne des Abs. 3 ist nur die Grundmiete, sonstige Kosten (Nebenkosten) hat der Mieter ebenfalls zu tragen. Insoweit enthält das Gesetz eine Lücke, die durch analoge Anwendung des § 58 zu schließen ist. Erfaßt sind alle nach der 2. Berechnungsverordnung zum WoBauG umlagefähigen Nebenkosten, nicht also die außerordentlichen öffentlichen Lasten.

c) Kosten der Unterhaltung und Reparatur des Gebäudes trägt im Grundsatz der Grundstückseigentümer. Da jedoch der Mieter nach dem Rechtsgedanken des § 31 nicht besser stehen soll als er als Erbbauberechtigter stünde, besteht keine Verpflichtung des Grundstückseigentümers nach § 536 BGB, die Mietsache während der gesamten Mietzeit im hiernach geschuldeten Zustand zu erhalten. Dies wird schon aufgrund der kurzen Restnutzungsdauer nach § 31 Abs. 1 ein Ding der Unmöglichkeit sein.

d) Der Mietzins kann nach Maßgabe des Abs. 4 an Änderungen des ortsüblichen Zinses angepaßt werden. Im Hinblick auf währungsrechtliche Probleme (§ 3 Satz 1 WährungsG) sind hiervon nur Mietverhältnisse mit mehr als 10 Jahren Laufzeit betroffen. Ein Anpassungsverlangen ist jedoch auch dann zulässig, wenn es vor Ablauf von 10 Jahren gestellt, aber mit Beginn des 11. Jahres nach Abs. 4 Satz 3 wirksam wird (anders BGH ZMR 1993, 453 zum abweichenden Wortlaut von § 2 Abs. 1 Nr. 1, Abs. 2 Satz 1 MHG).

e) Das Mietverhältnis endet nach Ablauf der im Vertrag bestimmten Mietdauer. Wie jedes Dauerschuldverhältnis, so ist die vorzeitige Kündigung aus wichtigem Grund statthaft (Rechtsgedanke der §§ 626, 723, 242 BGB: *Palandt-Heinrichs,* Einl. vor § 241 Rdz. 18 und 20 mit weiteren Nachweisen). Für den Fall der Nichtzahlung des Mietzinses ergibt sich das Recht der fristlosen Kündigung aus dem anwendbaren § 554 Abs. 1 Nr. 2 BGB. Anwendbar sind ferner die Bestimmungen über die außerordentliche Kündigung nach §§ 542, 544, 553 BGB. Ansonsten setzt eine fristlose Kündigung voraus, daß Tatsachen vorliegen, die unter Berücksichtigung aller Umstände und unter Abwägung der beiderseitigen Interessen die Fortsetzung des Vertrages für den Kündigenden unzumutbar machen (*Palandt-Heinrichs,* Rdz. 19, vgl. dort auch zu den weiteren Voraussetzungen der Kündigung).

5. Weitere Rechtsfolgen:

18 Weitere Rechtsfolge der Einrede ist die Möglichkeit eines Ankaufsrechts des Grundstückseigentümers nach § 81 Abs. 1 Nr. 3 i. V. m. Abs. 2 Satz 4.

6. Mehrheit von Nutzungstatbeständen

19 Zur Mehrheit von Nutzungstatbeständen, Gebäuden und Beteiligten siehe Vorbem. vor §§ 28 ff., Rdz. 7–26.

Abschnitt 2. Bestellung von Erbbaurechten

Unterabschnitt 1. Gesetzliche Ansprüche auf Erbbaurechtsbestellung

Vorbemerkung vor §§ 32 ff.

Übersicht

	Rdz.		Rdz.
I. Allgemeines	1	II. Bestellung des Erbbaurechts und Grundbuchvollzug	11
1. Aufbau des Abschnitts	1	III. Entsprechende Anwendung	31
2. Gestaltungsspielraum des Notars	9	IV. Aufbau des Erbbaurechtsvertrages	38

I. Allgemeines

1. Aufbau des Abschnitts

1 Der 2. Abschnitt des SachenRBerG knüpft an §§ 15 ff. an und enthält Vorschriften zur Bestellung von Erbbaurechten einschließlich des dinglichen und schuldrechtlichen Inhalts des entsprechenden Erbbaurechtsvertrags.

2 Die Vorschriften dieses Abschnitts gehen den Bestimmungen der Erbbau-VO zwar vor (§ 60 Abs. 1), schließen ihre Anwendbarkeit in aller Regel jedoch nicht aus.

3 Der 2. Abschnitt des SachenRBerG ist wie folgt aufgebaut:

§ 32 enthält den grundsätzlichen Anspruch auf Bestellung eines Erbbaurechts mit dem Inhalt des SachenRBerG.

§§ 33–37 regeln Fragen der Beschaffung des Erstrangs für das Erbbaurecht im Hinblick auf bestehende Vorlasten am Erbbaugrundstück.

§§ 39–41 enthalten Sondervorschriften zu § 1 ErbbauVO hinsichtlich des Belastungsgegenstands, der Bestimmung des Bauwerks und der Aufteilung in Wohnungs- und Teilerbbaurecht.

Der Vertragsinhalt wird mit der einleitenden Grundregel in § 42 und den §§ 43–58, 60 bestimmt. Hierbei trennt das Gesetz im Aufbau nicht zwischen Regelungen des dinglichen Inhalts (§§ 49, 53–56), nur schuldrechtlichen Vereinbarungen (§§ 43–48, 50–52, 57, 60 Abs. 2) und Vereinbarungen mit Mischcharakter (§ 58). Die schuldrechtlichen Bestimmungen ergänzt die Sondervorschrift des § 38 für Erbbaurechte bei Bestehen eines Überlassungsvertrages.

Rechtsfolgen des Erbbaurechts für den Nutzungstatbestand, insbesondere bestehendes Gebäudeeigentum enthält § 59.

2. Gestaltungsspielraum des Notars

Für den Inhalt des Erbbaurechtsvertrags werden im übrigen keine Vorgaben gemacht. Auch Ansprüche der Beteiligten auf Aufnahme weiterer Regelungen bestehen nicht. Insoweit gilt das allgemeine Zivilrecht als notardispositives Recht (hierzu § 42 Rdz. 13–36) mit der Maßgabe, daß der Notar den Vertrag unter Beachtung anerkannter kautelarjuristischer Grundsätze und unter Ausnutzung eines nicht überprüfbaren Beurteilungsspielraums gestaltet, § 93 Abs. 3 Satz 2.

Von Bedeutung ist dieser Gestaltungsspielraum insbesondere im Zusammenhang mit Vereinbarungen über
– Heimfallrechte,
– Zwangsvollstreckungsunterwerfung des Erbbauberechtigten wegen des Erbbauzinses,
– Zustimmungsvorbehalte.

II. Bestellung des Erbbaurechts und Grundbuchvollzug

Bei der Begründung eines Erbbaurechts nach dem SachenRBerG empfiehlt sich (vorbehaltlich §§ 87 ff.) folgendes Vorgehen:

(1) Grundstückseigentümer und Nutzer einigen sich (unter erstmaliger Information des Notars und aufgrund dessen Beratung) über die wesentlichen Vertragsgrundlagen, insbesondere die erfaßte Fläche, die Erbbauzeit und die Höhe des Erbbauzinses. Zweckmäßig ist die Fertigung eines ersten Vertragsentwurfs durch den Notar als Grundlage der weiteren Verhandlungen und Schritte.

(2) Mit dinglich Berechtigten, deren Rangrücktritt erforderlich ist oder die Rechte am Gebäudeeigentum innehaben, werden Vorgespräche über die wechselseitigen Rechte und Ansprüche nach §§ 33–37 geführt.

14 (3) Sodann wird der Erbbaurechtsbestellungsvertrag beurkundet (= „Bestellung des Erbbaurechts" im Sinne des SachenRBerG, vgl. aber § 59 Rdz. 5–7).

15 (4) Aufgrund des erteilten Vollzugsauftrags holt der Urkundsnotar die erforderlichen Erklärungen zur Rangbeschaffung des Erbbaurechts ein.

16 (5) Weiter beantragt der Notar für die Beteiligten die etwa erforderlichen Genehmigungen, z. B. nach § 120 Abs. 2 SachenRBerG und § 2 Abs. 1 Satz 1 Nr. 2 GVO.

17 (6) Bei Bodenreformgrundstücken überwacht der Notar die Durchführung des Verfahrens nach Art. 233 §§ 11 ff. EGBGB i. d. F. des RegVBG vom 20. 12. 1993 (BGBl. I, 2214 f.); hierzu Einl. Rdz. 141–144.

18 (7) Steuerfragen
a) Verkehrsteuern
aa) Grunderwerbsteuer
Die Begründung eines Erbbaurechts unterliegt nach § 1 Abs. 1 Nr. 1 i. V. m. § 2 Abs. 2 Nr. 1 GrEStG der Grunderwerbsteuer (näher *Oefele/ Winkler*, Handbuch, Rdz. 9.38). Die Steuerpflicht entfällt nur unter den allgemeinen Voraussetzungen der §§ 3 ff. GrEStG.

19 Unter den besonderen Umständen der Sachenrechtsbereinigung begegnet dieses Ergebnis Bedenken, da bei wirtschaftlicher Betrachtung der Nutzer nichts neues erwirbt, sondern nur ein bereits erworbenes Wirtschaftsgut verändert wird. Daher ist, wenn schon der Erwerb nicht von GrESt freigestellt ist, auf das „Eintauschen" eines Nutzungstatbestands gegen ein Erbbaurecht (vgl. § 59) § 1 Abs. 7 GrEStG entsprechend anwendbar mit der Folge, daß Grunderwerbsteuer nur dann anfällt, soweit z. B. die vom Erbbaurecht erfaßte Fläche größer ist als die vom Nutzungsrecht erfaßte (z. B. im Fall des § 26 Abs. 3).

20 Zum Grundbuchvollzug notwendig ist eine Unbedenklichkeitsbescheinigung der zuständigen Grunderwerbsteuerstelle, § 22 GrEStG.

21 Bemessungsgrundlage für die Grunderwerbsteuer ist im übrigen die Summe des nach § 13 BewG kapitalisierten Erbbauzinses und der etwa zu erbringenden sonstigen Leistungen (*Boruttau/Egly/Sigloch*, GrESt, § 9 Rdz. 534 f.). Eine Erbbauzinserhöhungsverpflichtung (§§ 46 ff.) führt jedoch nicht zur vorläufigen Veranlagung oder Steuernacherhebung (*Boruttau/Egly/Sigloch*, GrESt, Rdz. 85 und 537).

22 bb) Umsatzsteuer
Auch wenn der Grundstückseigentümer Unternehmer im Sinne des § 2 UStG ist, unterliegt die Begründung eines Erbbaurechts nur bei Ausübung der Mehrwertsteueroption der Umsatzsteuer, § 4 Nr. 9a UStG i. V. m. § 9 Abs. 1 und 2 UStG. In Betracht kommt der Verzicht auf Umsatzsteuerfreiheit bei gewerblich genutzten Gebäuden.

23 b) Ertragsteuern
Auf Seiten des Grundstückseigentümers ist die Begründung eines Erbbaurechts nach dem SachenRBerG an einem zum Betriebsvermögen gehörenden Grundstück schon deshalb keine Entnahme, da hierdurch eine passivierungspflichtige betriebliche Verbindlichkeit erfüllt wird (Bilanzverkürzung; vgl. allgemein zur Entnahme bei Erbbaurechtsbestellung *Oefele/Winkler*, Handbuch, Rdz. 9.71; *Schmidt-Heinicke*, EStG, § 4 Rdz. 59 „Erbbaurecht").

Vereinnahmter Erbbauzins ist beim Grundstückseigentümer Betriebseinnahme oder Einnahme aus Vermietung und Verpachtung nach §§ 15 Abs. 1 Nr. 1, 21 Abs. 3 bzw. § 21 Abs. 1 Nr. 1 EStG. Kosten der Bestellung des Erbbaurechts (vgl. § 60 Abs. 2) sind beim Grundstückseigentümer Betriebsausgaben bzw. Werbungskosten. 24

Vom Erbbauberechtigten übernommene Erschließungskosten sind entgegen den allgemeinen Regeln grundsätzlich kein zusätzliches Entgelt für die Nutzung des Grundstücks (vgl. hierzu *Oefele/Winkler,* Handbuch, Rdz. 9.76; BFH vom 8. 12. 1988 – IV R 33/87, BStBl. 1989-II-407; für Einkünfte aus Vermietung und Verpachtung einschränkend allerdings BFH vom 21. 11. 1989 – IX R 170/85, BStBl. 1991-II-310 und vom 23. 4. 1991 – IX R 86/89, BStBl. 1991-II-712). Die Erschließungskosten werden zumeist schon kraft öffentlichen Rechts dem Nutzer und nicht dem Grundstückseigentümer obliegen, so daß sie allenfalls bei ersterem als nachträgliche Anschaffungskosten des Gebäudes zu erfassen sind. 25

Gezahlte Erbbauzinsen können für den Erbbauberechtigten bei entsprechender Nutzung Betriebsausgaben sein. 26

Anschaffungskosten des Erbbauberechtigten sind zum einen die von ihm als Nutzer bereits aufgewendeten Beträge. Vom Erbbauberechtigten bezahlte Erschließungskosten und sonstige Vertragskosten sind aktive Rechnungsabgrenzungsposten (BFH BStBl. 1989-II-407/408) bzw. Anschaffungskosten (*Schmidt-Schmidt,* EStG, § 5 Rdz. 31 „Erbbaurecht"). U. U. können Erschließungskosten als Erhaltungsaufwand voll abzugsfähig sein, sofern sie sich nicht als anschaffungsnaher Aufwand (Abschn. 157 EStR) darstellen. Die Anschaffungsnähe ist allerdings im Hinblick auf den Erwerb des ursprünglichen Nutzungstatbestands zu beurteilen, da wirtschaftlich die Begründung des Erbbaurechts keine neue Anschaffung, sondern nur ein Tausch ist. 27

Entsprechendes gilt bei Fremdnutzung des Erbbaurechts (Vermietung). 28

Der eigennutzende Erbbauberechtigte kann grundsätzlich Sonderausgabenabzug nach § 10e EStG in Anspruch nehmen. Vorkosten nach § 10e Abs. 6 werden allerdings daran scheitern, daß der Erbbauberechtigte schon als Nutzer wirtschaftlicher Eigentümer des Gebäudes war. Im Hinblick hierauf kann auch der Zeitraum nach § 10e Abs. 1 Satz 1 verkürzt sein. Die Inanspruchnahme des Sonderausgabenabzugs nach § 10e EStG ist im Hinblick auf damit verbundenen Objektverbrauch nicht immer sinnvoll. 29

(8) Nach auflagenfreiem Vorliegen aller erforderlichen Erklärungen zur Rangbeschaffung, Eingang notwendigen öffentlichrechtlichen Genehmigungen und der steuerlichen Unbedenklichkeitsbescheinigung kann der Erbbaurechtsvertrag samt eventuellen Belastungserstreckungen dem Grundbuchamt vorgelegt werden. Mit Eintragung des Erbbaurechts im Grundbuch unter Anlegung des Erbbaugrundbuchs (§§ 14–17 ErbbauVO, zu Besonderheiten beim Nachbarerbbaurecht § 39 Rdz. 67–70) ist das Erbbaurecht im Sinne des SachenRBerG „entstanden", §§ 11 Abs. 1 ErbbauVO, 873 Abs. 1 BGB. 30

Vor § 32 ff.   31–38   Kapitel 2. Nutzung fremder Grundstücke

III. Entsprechende Anwendung

31 Die Bestimmungen des SachenRBerG über das Erbbaurecht (einschließlich der Bestimmungen über Wertermittlung, erfaßte Flächen und Einwendungen und Einreden nach §§ 28 ff.) gelten mit Ausnahme des § 57 entsprechend für das nach dem ErholNutzG zu bestellende Erbbaurecht (hierzu Einl. Rdz. 99). Folgende Maßgaben sind demnach zu beachten:

32 (1) Der Erbbauzins beträgt 4% des nach § 19 SachenRBerG ermittelten Verkehrswerts und ist entsprechend § 44 Abs. 2 SachenRBerG fällig, § 3 ErholNutzG.

33 (2) Die Zinsanpassung erfolgt nach § 46 SachenRBerG, § 4 ErholNutzG. Maßstab ist somit die allgemeine Lebenshaltung nach § 46 Satz 4 Nr. 3 (§ 46 Rdz. 35–36).

34 (3) Nach § 5 ErholNutzG findet eine Erbbauzinsermäßigung in der Eingangsphase entsprechend § 51 statt.

35 (4) Die Erbbauzeit beträgt 30 Jahre, § 6 ErholNutzG.

36 (5) Grundsätzlich ist die Nutzung bei Strafe des Heimfalls nur zu persönlichen Zwecken i. S. v. § 1 Abs. 1 Nr. 1 SchuldRAnpG zulässig, § 7 ErholNutzG.

37 (6) Es gelten die Vorschriften über erfaßte Flächen (§§ 21–27), Einwendungen und Einreden (§§ 28–31), das notarielle Vermittlungsverfahren (§§ 87–102) und das gerichtliche Verfahren (§§ 103–108); Begr. BR-Drucks. 26/94, S. 220.

IV. Aufbau des Erbbaurechtsvertrags

38 Für den Erbbaurechtsvertrag empfiehlt sich folgender Aufbau (Formulierungsvorschläge siehe bei den angegebenen Rdz.):

Urkundeneingang

Teil A: Sachstand
§ 1 Grundbuchstand des Grundstücks
§ 2 Angaben zum Nutzungstatbestand
§ 3 Angaben zur zulässigen bzw. ausgeübten Nutzung

Teil B: Erbbaurechtsbestellung zu folgenden Bedingung:
§ 4 Bestellungsverpflichtung
§ 5 Ausübungsfläche, §§ 39, 55 (§ 39 Rdz. 15, § 50 Rdz. 8)
§ 6 Zweckbestimmung, §§ 41, 54 (§ 54 Rdz. 23, § 55 Rdz. 6)
§ 7 Dauer, § 53
§ 8 Bau- und Unterhaltungsverpflichtung, § 56 (§ 56 Rdz. 15)
§ 9 Besichtigungsrecht, § 56 (§ 56 Rdz. 15)
§ 10 Versicherungen (§ 56 Rdz. 28)
§ 11 Lastentragung, § 58 (§ 58 Rdz. 10)
§ 12 Veräußerungs- und Belastungszustimmung, § 49 (§ 49 Rdz. 5)
§ 13 Heimfall, § 56 (§ 56 Rdz. 25)

§ 32. Grundsatz § 32

§ 14 Entschädigung bei Heimfall oder Zeitablauf (§ 42 Rdz. 40, § 45 Rdz. 19)
§ 15 Ankaufsrecht, § 57 (§ 57 Rdz. 17)
Teil C: Schuldrechtliche Vereinbarungen
§ 16 Erbbauzins, §§ 43–45, 51 (§ 44 Rdz. 25, § 45 Rdz. 18)
§ 17 Vereinbarung nach § 9 Abs. 3 ErbbauVO (§ 52 Rdz. 43)
§ 18 Erbbauzinserhöhung und -herabsetzung, §§ 46–48, 50 (§ 46 Rdz. 20, 25, 30, 32, 36; § 47 Rdz. 39–41, § 48 Rdz. 38, § 50 Rdz. 10)
§ 19 Zwangsvollstreckungsunterwerfung (§ 44 Rdz. 26)
§ 20 Besitz- und Lastenübergang, § 58 (§ 58 Rdz. 11)
§ 21 Gewährleistung, § 60
§ 22 Rechtsnachfolge (§ 47 Rdz. 42)
§ 23 Weitere Verpflichtungen (§ 39 Rdz. 21)
Teil D: Verfahrenserklärungen
§ 24 Grundbucherklärungen (Bestellung des Erbbaurechts, der Erbbauzinsreallast, der Erhöhungs- und Inhaltsänderungsvormerkung, Zustimmungen für Löschungen und Rangrücktritte), Erklärungen im Hinblick auf § 59 (§ 47 Rdz. 43, § 52 Rdz. 67–74, vgl. auch Vorbem. vor §§ 81 ff., Rdz. 4, 8, 11, 13)
§ 25 Kosten, Steuern
§ 26 Abschriften
§ 27 Vollzugsermächtigung
§ 28 Salvatorische Klausel
§ 29 Belehrungen
Schlußvermerk
Anlagen (Pläne etc.)

§ 32 Grundsatz

Der Nutzer kann vom Grundstückseigentümer die Annahme eines Angebots auf Bestellung eines Erbbaurechts verlangen, wenn der Inhalt des Angebots den §§ 43 bis 58 entspricht. Dasselbe Recht steht dem Grundstückseigentümer gegen den Nutzer zu, wenn dieser eine entsprechende Wahl getroffen hat oder das Wahlrecht auf den Grundstückseigentümer übergegangen ist.

Übersicht

	Rdz.		Rdz.
1. Allgemeines	1	4. Anspruchsinhalt, Tenorierungsfragen	4
2. Verhältnis zum Wahlrecht	2		
3. Ansprüche des Grundstückseigentümers	3		

1. Allgemeines

§ 32 enthält die Grundnorm für den 2. Abschnitt des Besonderen Teils des materiellen Sachenrechtsbereinigungsrechts (vgl. zur Systematik Vorbem. vor §§ 1 ff. Rdz. 9) und enthält den gesetzlichen Anspruch des Nutzers gegen den Grundstückseigentümer (Satz 1) bzw. des Grundstückseigentümers gegen den Nutzer (Satz 2) auf Bestellung eines Erbbaurechts (zum Anspruchsinhalt unten Rdz. 4–14).

2. Verhältnis zum Wahlrecht

2 Der Anspruch nach Satz 1 setzt nicht voraus, daß der Nutzer sein Wahlrecht nach § 15 Abs. 1 ausgeübt hat. Der Nutzer kann somit bis zur Erfüllung seines Anspruchs nach Satz 1 (= Zustandekommen des schuldrechtlichen Vertrages, gerichtet auf Erbbaurechtsbestellung durch Angebot und Annahme, §§ 145 ff. BGB) noch von seinem Wahlrecht Gebrauch machen und auf Ankauf des Grundstücks übergehen, soweit der Grundstückseigentümer das Wahlrecht des Nutzers nicht zwischenzeitlich nach § 16 Abs. 2 und 3 zum Erlöschen gebracht hat.

3. Ansprüche des Grundstückseigentümers

3 Der Grundstückseigentümer hat nur unter den Voraussetzungen des Satzes 2 (Ausübung des Wahlrechts durch den Nutzer nach § 16 Abs. 1 oder Übergang des Wahlrechts auf den Grundstückseigentümer nach § 16 Abs. 2 und 3) einen eigenen Anspruch auf Erbbaurechtsbestellung. Ist das Wahlrecht auf den Grundstückseigentümer übergegangen, so kann dieser den Anspruch auf Erbbaurechtsbestellung ebenfalls geltend machen, ohne zuerst sein Wahlrecht auszuüben. Zum nachträglichen Übergang auf ein Ankaufsverlangen vor Abschluß des schuldrechtlichen Vertrags siehe oben.

4. Anspruchsinhalt, Tenorierungsfragen

4 a) Nach der Konstruktion des Gesetzes richtet sich der Anspruch auf Annahme eines Angebots auf Bestellung eines Erbbaurechts. Die Gesetzesbegründung (Begr. BR-Drucks. 515/93, S. 131) beruft sich auf eine angebliche Praxis, wonach regelmäßig eine Seite ein Vertragsangebot vorlege und die andere Seite zur Annahme auffordere und zitiert hierfür das Urteil des BGH in NJW 1984, 479 f.

5 Folgt man der strengen Wortlautauslegung des § 32, so wäre ein Klageantrag bzw. Urteilstenor nach § 32 wie folgt zu fassen:

„Der Beklagte wird verurteilt, das Angebot des Klägers auf Bestellung eines Erbbaurecht zu Urkunde des Notars ... in ... vom ... UR.Nr. ... anzunehmen."

6 b) Diese Konstruktion ist mit dem Sinn und Zweck des SachenRBerG unvereinbar und kann nicht überzeugen. Die von der Gesetzesbegründung angeführten Argumente sind nicht stichhaltig.

7 Erbbaurechtsbestellungen in getrennten Angebots- und Annahmeurkunden sind in der Praxis die Ausnahme, die Beurkundung eines einheitlichen Vertrages ist die Regel.

8 Die von der Gesetzesbegründung zitierte Entscheidung des BGH ist zudem nicht einschlägig, sie betrifft die Formulierung des Klageantrags für den Fall, daß aus einem Vorvertrag auf Abschluß des Hauptvertrags geklagt wird. Der BGH hat die Klage auf Annahme eines Angebots nur dann für statthaft gehalten, wenn „der in Aussicht genommene Hauptvertrag in dem Vorvertrag inhaltlich bereits vollständig ausformuliert worden ist" (BGH NJW 1984, 479/480). Hiervon kann schon wegen der Unsicherheiten von erfaßter Fläche, Verkehrswert und Laufzeit des Erbbaurechts, also der *essentialia negotii,* bei Durchführung der Sachenrechtsbereinigung nicht die Rede sein.

Schließlich ist die gewählte Konstruktion, wie die Gesetzesbegründung selbst erkennt (Begr. BR-Drucks. 515/93, S. 131 f.), unpraktikabel. Es verwirft die Alternative, zunächst den Gegner zur Abgabe eines Angebots aufzufordern, als umständlich, da mit der Verurteilung der Vertrag noch nicht zustandekommt und zudem das Risiko, „eine Fülle von Angeboten beurkunden lassen zu müssen", nur auf die andere Seite verlagert wird. Damit ist erkannt, daß der Gesetzeswortlaut den Anspruchsteller zu einem umständlichen, langwierigen und kostentreibenden Vorgehen zwingen kann, da er sein Angebot durch Nachträge u. U. mehrfach so abändern muß, bis es dem Gericht „paßt".

Die Gesetzesbegründung ist der Auffassung, daß praktische Schwierigkeiten aufgrund der Vorarbeiten im Vermittlungsverfahren (Vermittlungsvorschlag nach § 98 Abs. 1 oder Abschlußprotokoll nach § 99) und der im Entwurf vorgesehenen Klage auf Vertragsschluß nach § 106 (Begr. BR-Drucks. 515/93, S. 132) auszuräumen sind. Dies erscheint zweifelhaft, denn zum einen kann die klagende Seite sich gerade nicht den ihr nicht günstig erscheinenden Vermittlungsvorschlag des Notars zu eigen machen, zum anderen enthält das Abschlußprotokoll nur das, worüber sich die Parteien geeinigt haben, was recht wenig sein kann. Es ist nicht zu erwarten, daß die genannten Unterlagen stets einem hinreichend konkreten Vorvertrag im Sinne des BGH (NJW 1984, 479/480) entsprechen. Zudem ist anstelle einer Klage auf Annahme eines mit der Klageschrift erklärten Angebots eine Klage auf Abgabe eines Angebots sowohl zulässig als auch praktikabel (§ 105 Rdz. 1–5).

c) § 32 ist daher teleologisch auszulegen dahingehend, daß der Anspruch zumindest auch auf Bestellung eines Erbbaurechts mit einem näher zu bezeichnenden Inhalt gerichtet werden kann. Es erstaunt, daß die Gesetzesbegründung diese einfachere Alternative noch nicht einmal diskutiert.

Folgt man der hier vertretenen Ansicht, so gilt: Stellt sich im Verfahren heraus, daß der Inhalt des begehrten Erbbaurechts der Modifikation bedarf, so ist keine Nachtragsbeurkundung außerhalb des Gerichtsverfahrens erforderlich wie nach der Auffassung der Gesetzesbegründung, eine Klageänderung (§ 263 ZPO) evtl. aufgrund richterlichen Hinweises (§ 139 ZPO) reicht vielmehr aus. Klageantrag und Urteilstenor sind nach der hier vertretenen Ansicht demgemäß zu richten auf Verurteilung des Beklagten zum Abschluß eines Erbbaurechtsbestellungsvertrages mit dem Inhalt des näher zu bezeichnenden Vermittlungsvorschlags bzw. Abschlußprotokolls und eventuellen weiteren Maßgaben.

Die hier vertretene Ansicht ermöglicht, nach Herbeiführung einer entsprechenden Klageänderung noch im Termin zur mündlichen Verhandlung zu einer Erledigung des Verfahrens durch stattgebendes Urteil zu kommen. Unverzüglich nach Rechtskraft des der Klage stattgebenden Urteils (§ 147 BGB) hat der Kläger das im Urteil als abgegeben fingierte Angebot des Beklagten (§ 894 ZPO) zu notarieller Urkunde anzunehmen (§ 105 Rdz. 1–5; § 106 Rdz. 21–25).

d) Formulierungsvorschlag

14 Im Regelfall sind daher Klageantrag und Urteilstenor wie folgt zu fassen:

„Der Beklagte wird verurteilt, am Grundstück (nähere Bezeichnung) ein Erbbaurecht zu den Bedingungen des Vermittlungsvorschlags des Notars ... in ... vom ... UR.Nr. ... (evtl. sowie nach Maßgabe folgender weiterer Bestimmungen) zu bestellen."

Anlage zu Klageschrift bzw. Urteil ist der in Bezug genommene Vermittlungsvorschlag.

Unterabschnitt 2. Gesetzliche Ansprüche wegen dinglicher Rechte

Vorbemerkung vor §§ 33 ff.

1 Mit §§ 33 ff. werden Dritte in die Sachenrechtsbereinigung einbezogen. Die Beteiligung dinglich Berechtigter an Grundstück und Nutzungstatbestand ist notwendig, um die erforderliche erste Rangstelle des Erbbaurechts zu erreichen (§ 10 ErbbauVO, § 33). Zugleich soll der mit dem Rangrücktritt hinter das Erbbaurecht etwa verbundene Rechtsverlust dinglich Berechtigter am Grundstück ausgeglichen werden (§§ 34–37). Schließlich ist die Überleitung dinglicher Rechte am Nutzungsrecht in dingliche Rechte am Erbbaurecht zu gewährleisten (§ 34 Abs. 1 Satz 2).

2 Das Gesetz regelt das Schicksal dinglicher Rechte (gesetzliche Pfandrechte, Sicherungsübereignung) an Gebäuden nicht, an denen zwar kein selbständiges Gebäudeeigentum entstanden ist, die aber bloße Scheinbestandteile (§ 95 BGB) des Grundstücks sind. Insoweit werden Nutzer und dinglich Berechtigter auf das zwischen ihnen bestehende Vertragsverhältnis verwiesen. Ergänzende Vertragsauslegung wird zumeist zu einem Anspruch des dinglich Berechtigten auf Bestellung eines dinglichen Rechts (z. B. eines Grundpfandrechts) am Erbbaurecht führen. Die hiermit verbundenen Fragen sind aber nicht Gegenstand des SachenRBerG, brauchen also insbesondere auch nicht im Vermittlungsverfahren gelöst zu werden.

3 Zur verfahrensmäßigen Verwirklichung der §§ 33 ff. dienen die Vorschriften der §§ 17, 90 Abs. 1 Nr. 3, 92 Abs. 2, 93 Abs. 4, 100 Abs. 3 bzw. 106 Abs. 3.

4 Das Gesetz enthält in § 33 die Verpflichtung zum Rangrücktritt, denen in §§ 34–37 abgestufte Gegenansprüche der dinglich Berechtigten zum Ausgleich für eventuelle Rechtsverluste gegenübergestellt werden. Hierbei differenziert das Gesetz danach, ob selbständiges Gebäudeeigentum entstanden ist (§ 34) oder nicht (§§ 35–37).

§ 33 Verpflichtung zum Rangrücktritt

Die Inhaber dinglicher Rechte am Grundstück sind nach Maßgabe der nachfolgenden Bestimmungen auf Verlangen des Nutzers verpflichtet, im Rang hinter das Erbbaurecht zurückzutreten.

Übersicht

	Rdz.		Rdz.
1. Allgemeines	1	3. Dingliche Rechte	5
2. Zeitpunkt der Rangbeschaffung	4	4. Entsprechende Anwendung	11
		5. Rechtsfolgen von Verstößen	14

1. Allgemeines

a) Nach § 10 Abs. 1 Satz 1 ErbbauVO kann ein Erbbaurecht nur zur ausschließend ersten Rangstelle bestellt werden. Hiervon macht auch das SachenRBerG nur in § 39 Abs. 1 eine Ausnahme für weitere Erbbaurechte aufgrund dieses Gesetzes. Grund hierfür ist der weitgehende Schutz des Erbbaurechts in § 25 ErbbauVO und die Gewährleistung seiner Beleihbarkeit (*Palandt-Bassenge*, § 10 ErbbauVO Rdz. 1; *Oefele/Winkler*, Handbuch, Rdz. 2.93–95). 1

b) Die erste Rangstelle steht jedoch dann nicht zur Verfügung, wenn das Grundstück bereits belastet ist. Nach der Grundkonzeption der ErbbauVO besteht insoweit kein Anspruch des Grundstückseigentümers gegen den dinglich Berechtigten auf Rangrücktritt hinter das Erbbaurecht, es sei denn, anderes ist zwischen ihm und dem dinglich Berechtigten schuldrechtlich vereinbart (Sicherung gegebenenfalls durch Rangvorbehalt nach § 881 BGB). Da ohne Rangrücktritt die Sachenrechtsbereinigung durch Erbbaurechtsbestellung scheitern würde, gewährt § 33 im Grundsatz dem Nutzer (nicht dem Grundstückseigentümer) einen Anspruch auf Rangrücktritt. Für den Rangrücktritt selbst gilt § 880 BGB. 2

c) Damit stellt das Gesetz zugleich klar, daß die Rangbeschaffung Sache des Nutzers, nicht des Grundstückseigentümers ist. Verzug oder Unmöglichkeit der Erfüllung des Anspruchs nach § 33 hat der Grundstückseigentümer somit nicht zu vertreten. Der Nutzer hat seine Ansprüche, gegebenenfalls nach vorgehender Pflegerbestellung nach § 17, selbst durchzusetzen. 3

2. Zeitpunkt der Rangbeschaffung

Nach heute allgemeiner Ansicht reicht aus, wenn die erforderliche erste Rangstelle des Erbbaurechts zugleich mit dessen Eintragung beschafft wird, also die erforderlichen Grundbucherklärungen mit der Einigung über die Bestellung des Erbbaurechts vorgelegt oder bis zum Vollzug nachgereicht werden (*Oefele/Winkler*, Handbuch, Rdz. 2.96). 4

3. Dingliche Rechte

5 a) Dingliche Rechte im Sinne des § 33 sind nur rangfähige Rechte im Sinne des § 879 BGB, da sich § 10 Abs. 1 Satz 1 ErbbauVO nur auf diese bezieht (*Oefele/Winkler*, Handbuch, Rdz. 2.97–105). Im Rang ausweichen müssen somit Dienstbarkeit, Nießbrauch, dingliches Vorkaufsrecht, Reallast, Grundpfandrecht, Erbbaurecht (außerhalb des Geltungsbereichs von § 39 Abs. 1), Vormerkung (§ 883 Abs. 3 BGB).

6 b) Im Rang zurücktreten müssen weiter die über Art. 233 EGBGB in ihrem Bestand anerkannten dinglichen Rechte nach den Vorschriften der DDR, wie das Gebäudeeigentum oder ein Mitbenutzungsrecht. Aus Art. 231 § 5 Abs. 3 mit 5, Art. 233 §§ 2c, 4 Abs. 1 Satz 3, 4 Abs. 2 Satz 1, 4 Abs. 4, 5 Abs. 2, 8 Satz 2 EGBGB in der Fassung des RegVBG vom 20. 12. 1993 (BGBl. I, 2182/2211 ff.) folgt, daß jedenfalls nach Ablauf der Stichtage zur Wiederherstellung der vollen Registerpublizität nicht eingetragene Rechte nicht mehr berücksichtigt werden müssen. Soweit die Registerpublizität noch nicht wiederhergestellt ist, ist auch insoweit ein Rangrücktritt der betreffenden Rechte erforderlich, zweckmäßigerweise zugleich mit ihrer Eintragung im Grundbuch.

7 c) Das Grundbuchamt kann jedoch den Antrag auf Eintragung eines Erbbaurechts nur dann mit Zwischenverfügung beanstanden, wenn es positive Kenntnis vom Bestehen eines rangbesseren dinglichen Rechts außerhalb des Grundbuchs hat.

8 d) Nicht ausweichen müssen Verfügungsbeschränkungen des Grundstückseigentümers wie der Zwangsversteigerungs-, Umlegungs- und Sanierungsvermerk, ebenso eingetragene Widersprüche gegen die Richtigkeit des Grundbuchs nach § 899 BGB (*Oefele/Winkler*, Handbuch, Rdz. 2107). Der Nacherbenvermerk hindert die Eintragung des Erbbaurechts nicht, wenn der Nacherbe zustimmt (so die hM, vgl. *Oefele/Winkler*, Handbuch, Rdz. 2.109, 2.150-152: stimmt der Nacherbe nicht zu, so ist das Erbbaurecht wegen Verstoßes gegen § 1 Abs. 4 Satz 1 ErbbauVO u. U. nichtig). Für den Testamentsvollstreckervermerk gilt entsprechendes.

9 e) Keines Rangrücktritts bedarf es bei Rechten, die schon nach allgemeinen Vorschriften (§ 10 Abs. 1 Satz 2, Abs. 2 ErbbauVO) dem Erbbaurecht im Rang vorgehen dürfen, also etwa Überbau- und Notwegerenten, altrechtliche Dienstbarkeiten, gesetzliche Vorkaufsrechte und öffentliche Lasten (zum ganzen *Oefele/Winkler*, Handbuch, Rdz. 2.111-116).

10 f) Kein dingliches Recht ist der Miteigentumsanteil nach § 459 ZGB (Eigentum hat keinen Rang).

4. Entsprechende Anwendung

11 Der Rangrücktritt des dinglich Berechtigten ist u. U. nur vollziehbar, wenn der Grundstückseigentümer (§ 880 Abs. 2 Satz 2 BGB) oder ein Dritter (§§ 880 Abs. 3, 876 BGB) zustimmt. Ebenso bedarf die Bestellung eines Erbbaurechts der Zustimmung des Berechtigten einer eingetragenen Verfügungsbeschränkung.

§ 34. Regelungen bei bestehendem Gebäudeeigentum § 34

Seinem Sinn und Zweck nach ist § 33 auf diese Fälle analog anwendbar, so 12
daß dem Nutzer unmittelbar ein Anspruch auf Erteilung dieser Zustimmung
zusteht. Dies erscheint schon deshalb gerechtfertigt, als das Erbbaurecht
ohnehin nur Surrogat des Nutzungstatbestands ist, die Verfügung des
Grundstückseigentümers also der Erfüllung einer Verbindlichkeit nach dem
gesetzlichen Schuldverhältnis des SachenRBerG dient, das der Berechtigte
der Verfügungsbeschränkung gegen sich gelten lassen muß.

Verfügungsbeschränkungen nach dem Bauplanungsrecht sind ohnedies 13
mit Eintragung des Erbbaurechts an diesem einzutragen, soweit das öffentlichrechtliche Verfahren, zu dessen Sicherung sie dienen, noch nicht abgeschlossen ist.

5. Rechtsfolgen von Verstößen

Ein Verstoß gegen § 10 ErbbauVO macht das Erbbaurecht inhaltlich un- 14
zulässig und führt zur Amtslöschung nach § 53 Abs. 1 Satz 2 GBO. Bei
Nachreichung der ausstehenden Rangbeschaffungserklärung ist es sodann
neu und rangrichtig einzutragen, der bloße Nachvollzug des Rangrücktritts
reicht nicht aus (*Oefele/Winkler,* Handbuch, Rdz. 2.118–120).

Stellt sich nach Eintragung des Erbbaurechts das Bestehen eines rangbesse- 15
ren, aber mangels Eintragung nicht berücksichtigten Rechts heraus, so bedarf es im Gegensatz zur allgemeinen Regel der Neueintragung eines Erbbaurechts nicht, da im Zuge der Eintragung des nicht berücksichtigten
Rechts die Vorschriften der §§ 33–35 nachträglich zur Anwendung kommen.

§ 34 Regelungen bei bestehendem Gebäudeeigentum

(1) Soweit selbständiges Gebäudeeigentum besteht, können die Inhaber
dinglicher Rechte am Grundstück eine Belastung des Erbbaurechts nicht verlangen. Belastungen des Gebäudes bestehen am Erbbaurecht fort.

(2) Erstreckt sich die Nutzungsbefugnis aus dem zu bestellenden Erbbaurecht auf eine Teilfläche des Grundstücks, so kann der Inhaber des dinglichen
Rechts vom Grundstückseigentümer die Abschreibung des mit dem Erbbaurecht belasteten Grundstücksteils verlangen. Dieser Anspruch kann gegenüber
dem Verlangen des Nutzers auf Rangrücktritt einredeweise geltend gemacht
werden.

(3) Der Inhaber kann vom Grundstückseigentümer Ersatz der durch die
Abschreibung entstandenen Kosten verlangen. Die Kosten sind den Kosten für
die Vertragsdurchführung zuzurechnen. § 60 Abs. 2 ist entsprechend anzuwenden.

Übersicht

	Rdz.		Rdz.
1. Allgemeines	1	b) Ausgleich	4
2. Regelungsinhalt	3	c) Surrogation	12
a) Grundsatz	3		

§ 34 1–6 Kapitel 2. Nutzung fremder Grundstücke

1. Allgemeines

1 § 8 Abs. 2 Grundstücksvollstreckungsverordnung der DDR vom 6. 6. 1990 (GBl. I, S. 288) ließ bei Zwangsvollstreckung in das Grundstück selbständige Eigentumsrechte eines Dritten unberührt. Dies gilt jedenfalls insoweit, als dingliche Nutzungsrechte bestehen, da insoweit die von den Nutzern errichteten Gebäude, Anlagen und Anpflanzungen Gegenstand selbständigen (Gebäude-)Eigentums sind (§§ 288 Abs. 4, 292 Abs. 3 ZGB). Zu den Fällen selbständigen Gebäudeeigentums § 1 Rdz. 21–30.

2 Das SachenRBerG respektiert die im DDR-Recht vorgefundene Differenzierung durch jeweils unterschiedliche Regelungen (Begr. BR-Drucks. 515/93, S. 132), jedoch nur für die Fälle selbständigen Gebäudeeigentums. Ob der Kreis selbständiger Eigentumsrechte Dritter im Sinne von § 8 Abs. 2 Grundstücksvollstreckungsverordnung etwa weiter zu ziehen ist, insbesondere also auch Bauten aufgrund von zeitlich begrenzten Nutzungs- oder Überlassungsverträgen erfaßt (vgl. § 95 Abs. 1 Satz 1 BGB), bleibt somit offen.

2. Regelungsinhalt

a) Grundsatz, Abs. 1 Satz 1

3 Im Grundsatz gewährt das Gesetz den Inhabern dinglicher Rechte am Grundstück nach Abs. 1 Satz 1 keinen Ausgleich für den erlittenen Rangverlust, da ihnen aufgrund der DDR-Vollstreckungsvorschriften hinsichtlich des Gebäudeeigentums ohnehin kein Erstrang zukam (Begr. BR-Drucks. 515/93, S. 76).

b) Ausgleich, Abs. 2 und 3

4 Erstreckt sich das selbständige Gebäudeeigentum nur auf eine Teilfläche (z. B.: Belastung von 500 qm bei einem Ackergrundstück von 1 ha), so führt § 33 zum Rangverlust des dinglich Berechtigten auf der Gesamtfläche des Grundstücks. Dies ist weder erforderlich noch zumutbar. Abs. 2 will es daher dem dinglich Berechtigten ermöglichen, auf der nicht erfaßten Fläche sein Recht im bisherigen Rang behalten zu können. Daher gewährt Abs. 2 dem dinglich Berechtigten in Satz 1 einen Anspruch gegen den Grundstückseigentümer auf Durchführung einer Grundstücksteilung. Hierdurch entsteht ein Gesamtrecht, welches am nicht betroffenen Grundstück im bisherigen Rang und am Erbbaugrundstück im Nachrang lastet.

5 Abs. 2 Satz 2 stellt klar, daß der dinglich Berechtigte den Anspruch nach Abs. 2 Satz 1 auch dem Rangrücktrittsverlangen des Nutzers als Einrede entgegensetzen kann. Abs. 2 Satz 2 läßt somit im Hinblick auf § 33 einen Einwendungsdurchgriff zu.

6 Die erforderliche Vermessung und Grundstücksteilung würde dann den Vollzug der Sachenrechtsbereinigung außerordentlich verzögern, denn nach Abs. 2 Satz 2 hat der dinglich Berechtigte ein Leistungsverweigerungsrecht gegen den Anspruch aus § 33. Grundstückseigentümer und Nutzer können dieses Leistungsverweigerungsrecht aber auch dadurch abwenden, daß sie den Anspruch des dinglich Berechtigten auf pfandfreie Abschreibung der vom Erbbaurecht nicht erfaßten Restfläche durch Eintragung einer entsprechenden Vormerkung nach § 883 Abs. 1 BGB, gerichtet auf (Teil-)Aufhebung des Erbbaurechts am nicht erfaßten Grundstücksteil nach § 26 ErbbauVO, durch Vormerkung sichern, welche in der Zwangsversteigerung des Grundstücks nach § 48 ZVG wie der Vollzug der Pfandfreigabe selbst wirkt. Würde der dinglich Berechtigte sich nicht damit begnügen, sondern auf der Grundstücksteilung bestehen, so stünde seiner Einrede die Replik unzulässiger Rechtsausübung entgegen.

Ist die Teilung unmöglich, z. B. wegen bestandskräftiger Versagung der erforderlichen Teilungsgenehmigung, so kann der Anspruch entsprechend § 281 BGB auf die Begründung von Wohnungs- und Teilerbbaurechten mit entsprechender Belastungsregelung gerichtet werden (vgl. § 40). Voraussetzung hierfür ist allerdings, daß auch die nicht erfaßte freizugebende Fläche mit einem sondereigentumsfähigen Gebäude bebaut ist. Nicht zulässig ist Aufteilung in Wohnungs- und Teileigentum und die Belastung einer Einheit mit einem Erbbaurecht, § 1 Abs. 1 ErbbauVO (*Oefele/Winkler,* Handbuch, Rdz. 2.90). 7

Der Anspruch des dinglich Berechtigten nach Satz 1 und die Einrede nach Satz 2 bestehen nicht, soweit die nicht erfaßte Fläche nicht zur Ausübungsfläche des Rechts gehört. Hat z. B. der Nachbar nur an der vom Nutzungsrecht erfaßten Fläche ein durch Dienstbarkeit gesichertes Zufahrtsrecht, so kann er schon im Hinblick auf § 1026 nicht nach Abs. 2 vorgehen (Replik des § 242 BGB: *dolo facit, qui petit, quod statim redditurus est*). 8

Nach Abs. 3 Satz 1 hat im Außenverhältnis zum dinglich Berechtigten der Grundstückseigentümer die durch die Abschreibung nach Abs. 2 entstandenen Kosten des dinglich Berechtigten zu tragen. Erstattungsfähig sind nur notwendige Kosten wie Notarkosten, Grundbuchgebühren und Kosten der gerichtlichen Rechtsverfolgung, nicht jedoch betriebsinterne Verwaltungskosten. Insbesondere gestattet Abs. 3 keinen Ersatz pauschaler Bearbeitungsgebühren von Kreditinstituten. 9

Da durch die den Nutzungsgrenzen entsprechende Grundstücksteilung sowohl dem Nutzer als auch dem Grundstückseigentümer Vorteile erwachsen, sehen Abs. 3 Sätze 2 und 3 insoweit einen internen Kostenausgleich nach dem Maßstab der Kostenteilung im Erbbaurechtsbestellungsvertrag vor (§ 60 Rdz. 12–14). 10

Abs. 3 gilt entsprechend, wenn wegen Unmöglichkeit der Grundstücksteilung Wohnungs- und Teilerbbaurechte gebildet werden müssen. 11

c) Surrogation, Abs. 1 Satz 2

Systematisch nicht in den Regelungskontext des § 34 gehört die Surrogationsvorschrift in Abs. 1 Satz 2 für Belastungen des selbständigen Gebäudeeigentums. Diese entstehen entsprechend § 1287 Satz 2 BGB kraft Gesetzes am Erbbaurecht im bisherigen Rang, insbesondere also im Rang vor dem Erbbauzins. Ihre Eintragung erfolgt bei Anlegung des Erbbaugrundbuchs 12

§ 35 1–5　　　　　　　　　　　Kapitel 2. Nutzung fremder Grundstücke

im Wege der Grundbuchberichtigung nach § 894 BGB. Rangprobleme des Erbbauzinses können durch die Vereinbarung dessen Bestehenbleibens in der Zwangsversteigerung nach § 9 Abs. 3 ErbbauVO aufgefangen werden (hierzu § 52 Rdz. 22–27).

§ 35 Dienstbarkeit, Nießbrauch, Wohnungsrecht

Soweit selbständiges Gebäudeeigentum nicht besteht, können die Inhaber solcher dinglichen Rechte, die einen Anspruch auf Zahlung oder Befriedigung aus dem Grundstück nicht gewähren, eine der Belastung des Grundstücks entsprechende Belastung des Erbbaurechts verlangen, wenn diese zur Ausübung ihres Rechts erforderlich ist. Macht der jeweilige Erbbauberechtigte die in den §§ 27, 28 der Verordnung über das Erbbaurecht bestimmten Ansprüche geltend, so darf er die Zwangsversteigerung des Grundstücks nur unter der Bedingung des Bestehenbleibens dieser Rechte am Grundstück betreiben.

Übersicht

	Rdz.		Rdz.
1. Allgemeines	1	3. Rechtsfolgen	10
2. Anwendungsbereich	3	4. Vollstreckungsschutz	14

1. Allgemeines

1　§ 35 gilt wie § 36 für alle Nutzungstatbestände außer dem in § 34 abschließend geregelten Gebäudeeigentum. Im Gegensatz zu den Fällen des Gebäudeeigentums sind die Inhaber dinglicher Rechte nicht nur zum Rangrücktritt hinter das Erbbaurecht verpflichtet (§ 33), sondern können eine weitere dingliche Sicherung am Erbbaurecht verlangen (§ 35 Satz 1). Dies folgt aus der vom Gesetzgeber zugrundegelegten enge Auslegung von § 8 Abs. 2 Grundstücksvollstreckungsverordnung (§ 34 Rdz. 1).

2　Bei den in § 35 genannten Rechten wird oft der Berechtigte nicht freiwillig zum Verzicht auf seine Rechtsposition bereit sein (z. B. bei Dienstbarkeiten). Daher ist der Lösungsweg der Vorschrift durchaus von praktischer Bedeutung.

2. Anwendungsbereich

3　a) § 35 gilt für „dingliche Rechte, die einen Anspruch auf Zahlung oder Befriedigung aus dem Grundstück nicht gewähren". Dies sind alle dinglichen Rechte mit Ausnahme der Grundpfandrechte und Reallasten (vgl. §§ 1105 Abs. 1, 1113 Abs. 1, 1147, 1191 Abs. 1, 1192 Abs. 1, 1199, 1200 Abs. 1 BGB).

4　Erfaßt sind dingliche Rechte am Grundstück, nicht etwa Rechtspositionen am Nutzungsrecht (insoweit siehe Vorbem. vor §§ 33 ff., Rdz. 2).

5　Betroffen sind somit Dienstbarkeit, Nießbrauch, dingliches Vorkaufsrecht, Erbbaurecht (außerhalb des Geltungsbereichs von § 39 Abs. 1), Vor-

§ 35. Dienstbarkeit, Nießbrauch, Wohnungsrecht

merkung (§ 883 Abs. 3 BGB), nicht jedoch die Vormerkung, die auf Begründung, Löschung, Belastung oder Übertragung eines Rechtes im Sinne des § 36 gerichtet ist (z. B. Vormerkung auf Bauhandwerkersicherungshypothek nach § 648 BGB, Löschungs- oder Rückgewährvormerkung bzgl. Grundpfandrecht). Betroffen sind weiter Gebäudeeigentum und Mitbenutzungsrecht.

b) Kein dingliches Recht ist der Miteigentumsanteil nach § 459 ZGB.

c) Zu Verfügungsbeschränkungen des Grundstückseigentümers wie Zwangsversteigerungs-, Umlegungs- und Sanierungsvermerk, eingetragenen Widersprüche gegen die Richtigkeit des Grundbuchs nach § 899 BGB, Nacherben- und Testamentsvollstreckervermerk siehe § 33 Rdz. 8.

d) Weder unter § 35 noch unter § 36 fallen Rechte, die schon nach allgemeinen Vorschriften (§ 10 Abs. 1 Satz 2, Abs. 2 ErbbauVO) dem Erbbaurecht im Rang vorgehen dürfen, also etwa Überbau- und Notwegerenten, altrechtliche Dienstbarkeiten, gesetzliche Vorkaufsrechte und öffentliche Lasten (§ 33 Rdz. 9).

e) Nicht anwendbar ist § 35 auf Vormerkungen, die einen Anspruch auf Übertragung des Eigentums am Grundstück sichern. Da der Rechtsnachfolger nicht gutgläubig sachenrechtsbereinigungsfrei erwerben kann (vorbehaltlich § 111), steht ihm auch kein Anspruch auf Belastung des Erbbaurechts zu. Im übrigen ist das Eigentum kein dingliches Recht im Sinne des § 35. Selbst wenn die Vormerkung Ansprüche auf Übertragung von Grundstücksflächen für öffentliche Zwecke sichert und hierdurch auch ein Teil der Erbbaurechtsfläche in Anspruch genommen würde, kann der Berechtigte dem Anspruch auf Rangrücktritt nach § 33 die Einrede des § 35 nicht entgegensetzen. Erklärt sich der Erbbauberechtigte nicht freiwillig zum Abschluß eines entsprechenden schuldrechtlichen Abtretungsvertrages bereit, bleibt insoweit nur ein öffentlichrechtliches Enteignungsverfahren.

3. Rechtsfolgen

a) Die Inhaber der genannten dinglichen Rechte bzw. die Berechtigten der genannten Verfügungsbeschränkungen können vom Nutzer Zug um Zug (§ 273 Abs. 1 BGB) gegen Abgabe des Rangrücktritts nach § 33 die Einräumung einer entsprechenden Belastung am neu entstehenden Erbbaurecht verlangen.

b) Die Begründung dieser Belastung erfolgt zweckmäßigerweise im Wege der Nachverpfändung (Pfanderstreckung) unter Bezugnahme auf die bei den Grundakten des Grundstücks befindliche Bewilligung. Diese ist einfacher und kostengünstiger als die Neubestellung.

c) Anspruchsziel ist die „entsprechende Belastung" des Erbbaurechts, d. h. es muß das Rangverhältnis unter den dinglichen Rechten am Grundstück bei der Belastung des Erbbaurechts gewahrt bleiben. Die für den Grundstückseigentümer einzutragende Erbbauzinsreallast samt Sicherung der Erbbauzinserhöhung (§ 52) geht den nach § 35 Satz 1 einzutragenden Rechten im Rang nach (vgl. auch § 52 Abs. 1: „rangbereiter Stelle"). Dies erscheint gerechtfertigt, denn auch die Verwertung des Grundstückseigentums selbst durch den

§ 36 Kapitel 2. Nutzung fremder Grundstücke

Grundstückseigentümer ist durch die bestehenden Belastungen bereits eingeschränkt, bei Vorrang des Erbbauzinses würde der Grundstückseigentümer gegenüber den dinglich Berechtigten bevorzugt. Der Rangverlust des Erbbauzinses wird relativiert durch die Möglichkeit, das Bestehenbleiben des Erbbauzinses in der Zwangsversteigerung zum Inhalt des Erbbaurechts zu bestimmen (§ 9 Abs. 3 ErbbauVO), so daß allenfalls der Rangverlust hinsichtlich des rückständigen Erbbauzinses droht (hierzu § 52 Rdz. 18–31).

13   d) Im Fall von Verfügungsbeschränkungen besteht analog § 33 ein Anspruch des Erbbauzinsgläubigers auf Zustimmung zur nachrangigen Belastung (z. B. durch Nacherben oder Testamentsvollstrecker, § 33 Rdz. 11–12).

4. Vollstreckungsschutz, Satz 2

14   a) Der Rangrücktritt hinter das Erbbaurecht nach § 33 führt dann zum Rechtsverlust des dinglich Berechtigten, wenn der Erbbauberechtigte wegen seiner Entschädigungsforderung für das Bauwerk nach §§ 27 Abs. 1, 32 Abs. 1 ErbbauVO aus der Rangstelle des Erbbaurechts (§ 28 ErbbauVO) die Zwangsvollstreckung in das Grundstück betreibt, §§ 29, 33 Abs. 1 Satz 3 ErbbauVO. Insoweit bedürfen die Inhaber der mit Satz 1 erfaßten Rechtspositionen einer besonderen zusätzlichen Sicherung (Begr. BR-Drucks. 515/93, S. 133).

15   b) Satz 2 begründet demgemäß eine gesetzliche Verpflichtung des Erbbauberechtigten, die Zwangsversteigerung des Grundstücks nur nach Maßgabe des § 59 ZVG unter der Bedingung des Bestehenbleibens der am Grundstück eingetragenen nachrangigen Rechte im Sinne des § 35 Satz 1 zu betreiben. Die Versteigerung unter dieser Bedingung führt nicht zum Erlöschen dieser Rechte nach §§ 52 Abs. 1 Satz 2, 91 Abs. 1 ZVG. Ein Doppelausgebot nach § 59 Abs. 2 ZVG erfolgt nicht.

16   c) Der gesetzliche Anspruch auf entsprechende Antragstellung nach Satz 2 ist zwar nur schuldrechtlicher Natur. Er ist jedoch zugleich auch ein der Versteigerung ohne Bedingung des Bestehenbleibens entgegenstehendes Recht im Sinne des § 37 Nr. 5 ZVG mit der Folge, daß dem dinglich Berechtigten die Drittwiderspruchsklage nach § 771 ZPO zur Verfügung steht (verbunden mit einem Antrag auf einstweilige Einstellung der unbedingten Zwangsversteigerung nach §§ 771 Abs. 3, 769, 770 ZPO). Eine Berücksichtigung des Anspruchs von Amts wegen nach § 37 Nr. 5 ZVG erfolgt nicht, da der Anspruch, selbst wenn sein Bestehen nach Grundbuchlage wahrscheinlich sein dürfte, zwischenzeitlich erloschen sein könnte (z. B. wegen Gegenstandslosigkeit des Rechts, Erlaß etc.).

§ 36 Hypothek, Grundschuld, Rentenschuld, Reallast

(1) **Soweit selbständiges Gebäudeeigentum nicht besteht, können die Inhaber solcher dinglichen Rechte, die Ansprüche auf Zahlung oder Befriedigung aus dem Grundstück gewähren, den Rangrücktritt hinter das Erbbaurecht verweigern, es sei denn, daß der Nutzer ihnen eine Belastung des Erbbaurechts**

§ 36. Hypothek, Grundschuld, Rentenschuld, Reallast 1, 2 § 36

mit einem dinglichen Recht an gleicher Rangstelle wie am Grundstück und in Höhe des Betrages bewilligt, der dem Verhältnis des Werts des Erbbaurechts zu dem Wert des belasteten Grundstücks nach den für die Wertermittlung maßgebenden Grundsätzen entspricht. Das in Satz 1 bestimmte Recht besteht nicht, wenn
1. der Antrag auf Eintragung der Belastung nach dem 21. Juli 1992 beim Grundbuchamt einging und dem Inhaber des dinglichen Rechts bekannt war, daß der Grundstückseigentümer vorsätzlich seiner Verpflichtung aus Artikel 233 § 2a Abs. 3 Satz 2 des Einführungsgesetzes zum Bürgerlichen Gesetzbuche zuwiderhandelte, das vom Nutzer bebaute Grundstück nicht zu belasten, oder
2. das vom Nutzer errichtete oder erworbene Gebäude oder dessen bauliche Anlage und die hierfür in Anspruch genommene Fläche nach den vertraglichen Regelungen nicht zum Haftungsverband gehören sollten oder deren Nichtzugehörigkeit zum Haftungsverband für den Inhaber des dinglichen Rechts bei dessen Begründung oder Erwerb erkennbar war.

Ist ein Darlehen für den Betrieb des Grundstückseigentümers gewährt worden, ist zu vermuten, daß ein vom Nutzer errichtetes oder erworbenes Eigenheim und die ihm zuzuordnende Fläche nicht als Sicherheit für das Darlehen dienen sollten.

(2) Der Nutzer ist berechtigt, das dingliche Recht nach Absatz 1 Satz 1 durch eine dem Umfang des Rechts entsprechende Befriedigung des Gläubigers zum nächstmöglichen Kündigungstermin abzulösen.

Übersicht

	Rdz.		Rdz.
1. Allgemeines	1	5. Replik	25
2. Erfaßte Rechte	3	a) Verstoß gegen Belastungsverbot des Moratoriums	26
3. Absicherung am Erbbaurecht	4	b) Nichtzugehörigkeit zum Haftungsverband	33
4. Bewertungsfragen	20		
a) Absicherung	4	c) Auskunftsanspruch	35
b) Einzutragendes Recht	5	6. Ablösungsrecht	36
c) Rangstelle	6	7. Besonderheiten bei Grundschulden (Sicherungsabrede)	42
d) Betrag des einzutragenden Rechts	7	8. Beweislast	45

1. Allgemeines

§ 36 gilt wie § 35 für alle Nutzungstatbestände außer dem in § 34 abschließend geregelten Gebäudeeigentum. Im Gegensatz zu den Fällen des Gebäudeeigentums sind die dinglich Berechtigten zum Rangrücktritt hinter das Erbbaurecht (§ 33) nur gegen Einräumung einer zusätzlichen Sicherheit am Erbbaurecht verpflichtet. Dies folgt aus der vom Gesetzgeber zugrundegelegten Auslegung von § 8 Abs. 2 Grundstücksvollstreckungsverordnung (§ 34 Rdz. 1). **1**

Der vom Gesetz vorgegebene Weg ist nicht unbedingt praktikabel. Wenn irgend möglich, so sollte auf die lastenfreie Erbbaurechtsverschaffung hingewirkt werden. Die Rechtsfolge des § 36 ist für den Berechtigten des dingli- **2** chen Rechts zwar nicht rechtlich, aber doch faktisch unbefriedigend, da er für seine Forderung zwei Einzelsicherheiten von zwei verschiedenen Sicherungsgebern erhält, was den Aufwand der Sicherheitenverwaltung verdoppelt. Schon aus diesem Grunde wird er oft geneigt sein, sich mit den vom Grundstückseigentümer gestellten Sicherheiten zu begnügen. Der Grundstückseigentümer hat im Hinblick auf § 37 kein wirtschaftliches Interesse an der Durchführung des § 36 Abs. 1 Satz 1. Letztlich scheint die Vorschrift eher als Auffangregelung für die Fälle zu verstehen sein, in denen die lastenfreie Erbbaurechtsbestellung an mangelnder Zahlungsfähigkeit des Grundstückseigentümers scheitert.

2. Erfaßte Rechte

3   § 36 gilt für die Reallast, Hypothek, Grundschuld, Rentenschuld, das Pfandrecht an diesen Rechten sowie für Vormerkungen, die Ansprüche auf Begründung, Übertragung, Belastung, inhaltliche Änderung oder Aufhebung dieser Rechte sichern. Auch Grundpfandrechte nach dem Recht der DDR (Aufbauhypotheken oder -grundschulden) fallen unter die Vorschrift.

3. Absicherung am Erbbaurecht, Abs. 1 Satz 1

a) Absicherung

4   Ähnlich wie im Fall des § 35 sind die Berechtigten der genannten Rechte zum Rangrücktritt nur Zug um Zug gegen Absicherung am Erbbaurecht verpflichtet. Ihr Gegenanspruch zum Anspruch nach § 33 richtet sich auf Bestellung eines Rechts am Erbbaurecht.

b) Einzutragendes Recht

5   Einzutragen ist das entsprechende dingliche Recht. Anstelle von Rechten nach DDR-Vorschriften sind die entsprechenden BGB-Rechte zu bestellen, zumeist also Sicherungshypotheken nach § 1184 BGB (bei Aufbauhypothek und Aufbaugrundschuld). Der Wert von Goldmark-, Reichsmark- oder Roggenrechten ist entsprechend §§ 1–4 GBBerG (Art. 2 des RegVBG vom 20. 12. 1993, BGBl. I, 2182/2192) umzustellen, soweit nicht nach § 10 GBBerG verfahren wird.

c) Rangstelle

6   Die Rangstelle des einzutragenden Rechts hat der am Grundstück zu entsprechen. Rechte aufgrund Verbindlichkeiten des Nutzers oder Rechte des Grundstückseigentümers, die nicht als Inhalt des Erbbaurechts bestellt sind, gehen im Rang nach.

§ 36. Hypothek, Grundschuld, Rentenschuld, Reallast

d) Betrag des einzutragenden Rechts

Der Betrag des einzutragenden Rechts würde nach dem insoweit unzureichenden Gesetzeswortlaut (dazu unten Rdz. 10) wie folgt ermittelt:

$$\frac{\text{Wert des Erbbaurechts}}{\text{Wert des Grundstücks}} = \frac{\text{Betrag des einzutragenden Rechts}}{\text{Betrag des eingetragenen Rechts}}$$

Das Gesetz enthält keine Aussage dazu, ob ein einzutragendes Grundpfandrecht am Erbbaurecht als Einzelrecht oder als Gesamtrecht bezüglich des am Grundstück lastenden Rechts einzutragen ist. Gegen die Eintragung als Gesamtrecht spricht, daß so der Berechtigte wegen der Gesamthaft von Grundstück und Erbbaurecht mehr erhielte, als ihm zustünde (vgl. §§ 1132, 1172 ff. BGB).

Dem Sinn und Zweck der Sachenrechtsbereinigung, durch die kein Beteiligter besser gestellt werden soll, als er nach DDR-Rechtsvorschriften stand, entspricht nur die Begründung von Einzelrechten (Einl. Rdz. 44, vgl. auch Begr. BR-Drucks. 515/93, S. 76). Daß Einzelrechte begründet werden sollen, ergibt sich auch daraus, daß andernfalls die Teilung des Rechts am Grundstück in ein Einzel- und ein Gesamtrecht sowie das Rangverhältnis zwischen diesen Rechten im Gesetz geregelt werden müßte. Zum Schicksal dann entstehender Eigentümerrechte vgl. unten Rdz. 16–19.

Nach dem Gesetzeswortlaut würde die Eintragung eines zusätzlichen Einzelrechts dazu führen, daß dessen Gläubiger betragsmäßig mehr hätte als vorher. Dies liefe den Zwecken der Sachenrechtsbereinigung zuwider. Insbesondere ergäbe sich ein Wertungswiderspruch zu § 63 Abs. 3, der eine Verteilung des Rechts entsprechend § 1132 Abs. 2 BGB vorsieht (siehe § 63 Rdz. 11–15).

Dies führt dazu, daß der dinglich Berechtigte nach Abs. 1 Satz 1 nur Anspruch auf zwei Einzelrechte hat, deren Gesamtbetrag dem Wert des Rechts vor Erbbaurechtsbestellung entspricht. Das Ergebnis der Dreisatzrechnung nach Satz 1 bedarf somit der Korrektur mittels eines zweiten Dreisatzes:

Betrag des neuen Rechts am Erbbaurecht = Betrag des Rechts nach Satz 1 * (Betrag des alten Rechts : Summe der Beträge der Rechte nach Satz 1)

Betrag des neuen Rechts am Grundstück = Betrag des alten Rechts ./. Betrag des neuen Rechts am Erbbaurecht

Anstelle der zwei Dreisatzrechnungen ergibt sich der Betrag des am Erbbaurechts einzutragenden Rechts als positive Lösung folgender gemischtquadratischer Gleichung:

$$(B - x)/x = W/w$$

wobei B den Betrag des eingetragenen Rechts, W den Grundstückswert, w den Wert des Erbbaurechts und x den gesuchten Betrag des am Erbbaurecht einzutragenden Rechts bezeichnet.

Rechenbeispiel:
Wert des Erbbaurechts: 120;
Wert des Grundstücks: 200,
Betrag des Rechts: 50.

Nach dem Gesetzeswortlaut ergäbe sich ein am Erbbaurecht einzutragendes Recht mit dem Betrag von 30. Aufgrund der zweiten Dreisatzrechnung sind am Erbbaurecht jedoch nur 18,75 einzutragen.

16 Das Recht am Grundstück bleibt zunächst in Höhe von 50 erhalten. Das Gesetz sieht insoweit keine Löschung vor. Bei Eintragung als Einzelrecht entsteht im Fall akzessorischer Rechte, vor allem also der Hypothek, somit beim Recht am Grundstück ein nachrangiges Eigentümerrecht, § 1163 Abs. 1 BGB. Der Grundschuldgläubiger ist wegen Übersicherung zur anteiligen Rückgewähr der Grundschuld am Grundstück verpflichtet. Entsprechendes gilt für Reallasten.

17 In Höhe von nachrangigen 18,75 steht somit die bislang am Grundstück eingetragene Hypothek von 50 dem Grundstückseigentümer zu, im Fall einer Grundschuld hat er insoweit einen Rückgewähranspruch gegen den Grundschuldgläubiger wahlweise auf Löschung, Abtretung oder Verzicht. Bei Reallasten besteht zumindest ein Bereicherungsanspruch des Grundstückseigentümers gegen den Reallastberechtigten auf Löschung eines nachrangigen Teilbetrages.

18 Soweit weitere Rechte Dritter im Rang nach dem betreffenden Recht im Sinne des § 36 eingetragen sind, würde das Behalten und Verwerten dieser Eigentümerrechtsposition die nach § 33 ohnehin geschmälerte Rechtsposition der nachrangigen Berechtigten weiter verschlechtern. Daher steht auch den nachrangigen Berechtigten im Sinne der §§ 35, 36 ein Anspruch auf Löschung überschießender Eigentümerrechte zu, der dem Anspruch auf Rangrücktritt nach § 33 entgegengesetzt werden kann, § 273 BGB. Anspruchsgrundlage ist die entsprechende Anwendung der §§ 35, 36, der auf die Verschaffung „entsprechender" bzw. „gleichrangiger" Belastungen gerichtet ist.

19 Bestehen im Beispielsfall weitere nachrangige Rechte, so ist der Grundstückseigentümer diesen Berechtigten gegenüber zur Löschung des nachrangigen überschießenden Teilbetrages am Grundstück verpflichtet, so daß im o. g. Beispiel im Endeffekt das Grundstück mit einem Recht zu 31,25, das Erbbaurecht mit einem Recht zu 18,75 belastet ist.

4. Bewertungsfragen

20 a) Die Wert des Grundstücks und des Erbbaurechts sind nach allgemeinen Grundsätzen der Wertermittlung zu bestimmen (Begr. BR-Drucks. 515/93, S. 133f.).

21 Für die Bestimmung des Grundstückswerts gilt nur die WertV, die §§ 19–20 SachenRBerG kommen nicht zur Anwendung.

22 b) Das Verfahren der Wertermittlung wird dadurch jedoch nicht komplizierter, da auch die §§ 19f. auf dem nach allgemeinen Grundsätzen zu berechnenden Verkehrswert aufbauen. Zur Vermeidung unnötiger Kosten empfiehlt es sich somit, entweder auch hier auf Bodenrichtwerte zurückzugreifen (vgl. § 19 Abs. 5) oder einen Gutachter im Rahmen des allgemeinen Schätzungsauftrags um Offenlegung der jeweiligen Werte nach allgemeinen Grundsätzen und nach §§ 19–20 zu ersuchen.

§ 36. Hypothek, Grundschuld, Rentenschuld, Reallast   23–29   § 36

c) Die Wertbestimmung erfolgt nicht nach Beleihungsgrundsätzen (Begr., aaO; *Oefele/Winkler*, Handbuch, Rdz. 5.122).   23

d) Nach Auffassung der Begründung ist jedoch der Bodenwertanteil (zu dessen Ermittlung *Simon/Cors/Troll*, Handbuch, Abschnitt B.2. Rdz. 67 ff.) des Erbbaurechts bei diesem nicht anzusetzen und demgemäß auch nicht vom Grundstückswert abzuziehen, da sonst der Nutzer unverhältnismäßig mit Rechten für dritte Rechnung belastet würde (Begr. BR-Drucks. 515/93, S. 134 und S. 76 unter Hinweis auf § 55 Abs. 3 FlurbereinigungsG). Dieser Auffassung ist zu folgen, denn die anteilige Aufteilung nach § 36 Abs. 1 Satz 1 kann nur dann Sinn machen, wenn das Grundstück als nicht mit einem Erbbaurecht belastet bewertet wird. Das Erbbaurecht ist hingegen nur in Höhe des Gebäudewerts in den Haftungsverband mit einzubeziehen, da es diesem vor Durchführung der Sachenrechtsbereinigung auch nur insoweit unterfiel (Begr. BR-Drucks. 515/93, S. 76). Berechnungsbeispiel bei *Simon/Cors/Troll*, Handbuch, Abschnitt B.2. Rdz. 73, wobei hier der Bodenwert außer Ansatz bleibt.   24

5. Replik, Abs. 1 Sätze 2 und 3

Die in Abs. 1 Satz 1 bestimmte anteilige dingliche Haftung des Nutzers bedarf weiterer Beschränkung. Abs. 1 Satz 2 gewährt dem Nutzer zwei Repliken gegen die Einrede der dinglich Berechtigten nach Abs. 1 Satz 1.   25

a) Verstoß gegen Belastungsverbot des Moratoriums

Nach Abs. 1 Satz 2 Nr. 1 ist der Nutzer zur Leistungsverweigerung berechtigt, wenn dem Inhaber des bestellten dinglichen Rechts bekannt war, daß der Grundstückseigentümer vorsätzlich gegen die Nichtbelastungsverpflichtung des Moratoriums verstoßen hat (Art. 233 § 2a Abs. 3 Satz 2 EGBGB).   26

Erforderlich ist also in objektiver Hinsicht die Belastung des Grundstücks mit einem Recht im Sinne des § 36 nach Inkrafttreten des Moratoriums am 22. 7. 1992 (entscheidend ist, ob die auf Eintragung gerichtete Erklärung des Grundstückseigentümers vor oder nach diesem Zeitpunkt durch Einreichung beim Grundbuchamt unter Stellung eines Eintragungsantrags bindend geworden ist, § 873 Abs. 2 BGB).   27

In subjektiver Hinsicht ist Vorsatz auf Seiten des Grundstückseigentümers notwendig. Eventualvorsatz reicht aus, die Absicht, den Nutzer zu schädigen, ist hingegen nicht erforderlich. Bei Handeln durch Vertreter gilt zwar § 166 Abs. 1 BGB, allerdings reicht der Vorsatz des Grundstückseigentümers, der sich eines Vertreters in mittelbarer Täterschaft bedient, aus.   28

Auf Seiten des Grundpfandgläubigers ist sowohl hinsichtlich des objektiven Verstoßes gegen Art. 233 § 2b Abs. 3 Satz 2 EGBGB als auch hinsichtlich des hierauf gerichteten Vorsatzes des Grundstückseigentümers Kenntnis erforderlich; bloßes Kennenmüssen reicht nicht aus. Entscheidend ist die Kenntnis des im Grundbuch eingetragenen Gläubigers, so daß hinsichtlich dieser Replik gutgläubiger Erwerb möglich ist. Die Eintragung eines Vermerks nach Art. 233 § 2c Abs. 2 EGBGB schließt gutgläubigen Erwerb allerdings in aller Regel aus (siehe sogleich Rdz. 30).   29

§ 36 Kapitel 2. Nutzung fremder Grundstücke

30   Erforderlich und ausreichend für eine begründete Replik ist das Wissen des dinglich Berechtigten, daß der Grundstückseigentümer wußte, daß eine Nutzung im Sinne des Moratoriums stattfand. Diese Kenntnis ist bei Eintragung des Vermerks nach Art. 233 § 2c Abs. 2 EGBGB im Zeitpunkt der Bestellung des Rechts gegeben, und zwar auch dann, wenn der dinglich Berechtigte keine Einsicht in das Grundbuch genommen hat (letzteres begründet grundsätzlich *dolus eventualis*).

31   Die subjektiven Voraussetzungen müssen spätestens bei der Eintragung des Rechts vorgelegen haben, spätere Kenntnis des Berechtigten vom Verstoß gegen das Belastungsverbot schadet nicht mehr.

32   Infolge der mit dem Nachweis der subjektiven Voraussetzungen verbundenen Schwierigkeiten dürfte die Replik nach Abs. 1 Satz 2 Nr. 1 nur in Ausnahmefällen zum Erfolg führen. So dürfte bei der Belastung des Grundstücks mit Rechten zugunsten dem Grundstückseigentümer nahestehenden Personen ohne greifbares kausales Schuldverhältnis der Schluß von objektiven Umständen, unter denen die Belastung erfolgte, auf die subjektiven Voraussetzungen zulässig sein. Bei Belastungen mit Rechten zugunsten von Kreditinstituten wird deren Kenntnis zumindest vom objektiven Verstoß aber dann nachweisbar sein, wenn vor Eintragung des Rechts aufgrund einer Begehung durch einen Schätzer der Bank die baulichen Verhältnisse bekannt waren.

b) Nichtzugehörigkeit zum Haftungsverband

33   Nach Abs. 1 Satz 2 Nr. 2 ist der Nutzer zur Leistungsverweigerung berechtigt, wenn das Gebäude des Nutzers und die hierfür in Anspruch genommene Fläche nicht zum Haftungsverband gehören sollte und dies für den Inhaber des dinglichen Rechts bei dessen Begründung erkennbar war. Dies setzt das Bestehen einer entsprechenden schuldrechtlichen Abrede zwischen Grundstückseigentümer und dinglich Berechtigtem (Begr. BR-Drucks. 515/93, S. 77) oder zumindest die Erkennbarkeit eines entsprechenden Vorbehalts des Grundstückseigentümers für letzteren voraus. Ausreichend ist die Abrede, ein bestimmtes Gebäude im Fall der Zwangsvollstreckung nicht zu verwerten.

34   Derartige Abreden pflegen in Darlehensverträgen zumeist nur selten getroffen zu werden. Abs. 1 Satz 3 begründet daher eine Vermutung für die Fälle, in denen ein Kredit für den Betrieb des Grundstückseigentümers dinglich gesichert werden sollte, auf dem Pfandgrundstück aber (auch) ein Eigenheim (§ 5 Abs. 2) für den Nutzer aufsteht. Die Vermutung nach Abs. 1 Satz 3 begründet auch ohne ausdrückliche schuldrechtliche Abrede bzw. entsprechenden Vorbehalt bis zum Beweis des Gegenteils die objektive Nichtzugehörigkeit zum Haftungsverband im Sinne von Abs. 1 Satz 2 Nr. 2, nicht jedoch die insoweitige Erkennbarkeit für den dinglich Berechtigten. Diese ist z. B. dann nachgewiesen, wenn feststeht, daß der Nutzer das Eigenheim bewohnte und eine Rückfrage unschwer möglich war. Daß der dingliche Berechtigte das Grundstück nicht in Augenschein genommen hatte, entlastet ihn im Rahmen der Replik nach Abs. 1 Satz 2 Nr. 2 nicht.

§ 36. Hypothek, Grundschuld, Rentenschuld, Reallast 35–42 § 36

c) **Auskunftsanspruch**

Der Grundstückseigentümer ist verpflichtet, dem Nutzer die zur Geltendmachung seiner Repliken erforderlichen Auskünfte zu erteilen sowie Unterlagen zur Verfügung zu stellen. 35

6. Ablösungsrecht, Abs. 2

a) Der Nutzer kann die Einrede des dinglich Berechtigten nach Abs. 1 Satz 1 durch Ablösung des Rechts in Höhe des sich nach Abs. 1 Satz 1 ergebenden Betrages (siehe oben Rdz. 11–15) abwenden. 36

Dieses Ablösungsrecht ergänzt die allgemeinen Vorschriften (§§ 1150, 268 BGB), welche daneben anwendbar bleiben. Abs. 2 führt im Regelfall zu einem vorverlagerten Ablösungsrecht, da der Erbbauberechtigte nicht bis zum Beginn der Zwangsvollstreckung zuwarten muß (anders dann, wenn vorher kein Kündigungstermin lag). 37

Bei Reallasten wird es zumeist an einer Kündigungsmöglichkeit fehlen (z. B. bei der Absicherung von Leibrenten oder dauernden Lasten), so daß dem Erbbauberechtigten insoweit nur das Ablösungsrecht nach § 268 BGB helfen kann. 38

b) Der Anspruch des Gläubigers umfaßt neben der anteiligen Hauptsache nur die bis zum nächstmöglichen Kündigungstermin angefallenen (und noch nicht verjährten; hierzu § 37 Rdz. 7) Zinsen (bei außerordentlicher Kündigung durch den Gläubiger u. U. auch anteilige Vorfälligkeitsentschädigung). Tilgungsleistungen des Grundstückseigentümers werden verhältnismäßig auf beide dingliche Rechte verrechnet, § 366 Abs. 2 BGB entsprechend, eine anderweitige Leistungsbestimmung ist insoweit unwirksam, als sie sich zum Nachteil des Nutzers auswirkt. Nächstmöglicher Kündigungstermin ist sowohl ein ordentlicher Kündigungstermin als auch eine ausgesprochene außerordentliche Kündigung (z. B. durch den dinglich Berechtigten zur Einleitung von Zwangsmaßnahmen). Es gelten §§ 609a, 610 BGB für Darlehen. 39

c) Ein Nachteil für den Gläubiger ist mit dem Ablösungsrecht nach Abs. 2 nicht verbunden, da vorzeitige Rücknahme von Darlehen nicht verlangt werden kann (Begr. BR-Drucks. 515/93, S. 135). Das Ablösungsrecht wird verstärkt durch den Anspruch des Nutzers gegen den Grundstückseigentümer nach § 37. 40

d) Der Grundstückseigentümer ist dem Nutzer insoweit zu Auskunft und Vorlage von Unterlagen (Darlehensverträge etc.) verpflichtet. 41

7. Besonderheiten bei Grundschulden (Sicherungsabrede)

a) Hat der Nutzer Grundschulden zu übernehmen, so bedarf es einer Vereinbarung zwischen ihm und dem Grundschuldgläubiger über den Sicherungszweck (Zweckbestimmung). Würde der Nutzer der bestehenden Zweckbestimmung im Wege der Schuldmitübernahme beitreten, so bliebe das Erbbaurecht so lange dinglich verhaftet, bis die Zweckbestimmung endgültig entfallen und der Rückgewähranspruch entstanden und fällig ist. 42

Wann dies der Fall ist, entzöge sich der Beeinflussung durch den Nutzer. Auch das Ablösungsrecht nach Abs. 2 hilft wenig, da ein durch Grundschuld gesicherter laufender Kontokorrent bei Eintreten eines Kündigungstermins höher sein kann als bei Bestellung des Erbbaurechts.

43 b) Dieses Ergebnis widerspricht den Zwecken der Sachenrechtsbereinigung, wonach dem Grundpfandgläubiger nur das Haftungssubstrat für die bestehenden Kredite erhalten bleiben soll, nicht hingegen für künftige. Der Nutzer ist daher nur verpflichtet, die im Zeitpunkt der Bestellung der Grundschuld auf dem Erbbaurecht bestehenden und ihm vom Gläubiger bekanntzugebenden Verbindlichkeiten in die Sicherungsabrede aufzunehmen. Eine Neuvalutierung bedarf somit seiner Zustimmung, bei Rückführung dieser Verbindlichkeiten steht dem Nutzer ein Anspruch auf Rückgewähr zu. Dies gilt auch für einen durch Grundschuld gesicherten Kontokorrent; hier darf die Inanspruchnahme des Erbbauberechtigten nicht über den Saldo am Stichtag hinausgehen.

44 Der jeweils zur tragende Saldo ist so zu ermitteln, daß der Gesamtsaldo am Stichtag auf die Grundpfandrechte im Verhältnis ihrer Beträge (siehe oben Rdz. 11–15) aufgeteilt. In entsprechendem Ausmaß führen geleistete Tilgungen durch den persönlichen Schuldner zu einem Rückgewähranspruch des Erbbauberechtigten hinsichtlich der auf dem Erbbaurecht lastenden Grundschuld. Das Recht des Erbbauberechtigten zur Leistung auf die am Erbbaurecht lastende Grundschuld bleibt unberührt.

8. Beweislast

45 Der Beweis für die Einrede nach Abs. 1 Satz 1 obliegt in vollem Umfang dem dinglich Berechtigten, einschließlich der anzusetzenden Grundstückswerte. Insoweit steht ihm als Annex der Einrede ein Betretungsrecht des belasteten Grundstücks und Gebäudes zum Zwecke der Schätzung zu. Der Nutzer trägt die Beweislast für die Voraussetzungen der Repliken nach Abs. 1 Satz 2 und des Ablösungsrechts nach Abs. 2, erleichtert durch die Vermutung nach Abs. 1 Satz 3 und seine Auskunfts- und Vorlageansprüche gegen den Grundstückseigentümer (oben Rdz. 35 und 41).

§ 37 Anspruch auf Befreiung von dinglicher Haftung

Der Nutzer kann vom Grundstückseigentümer Befreiung von einer dinglichen Haftung verlangen, die er nach § 36 Abs. 1 zu übernehmen hat. Ist eine grundpfandrechtlich gesicherte Kreditschuld noch nicht ablösbar, so hat der Grundstückseigentümer dem Nutzer statt der Befreiung auf Verlangen Sicherheit zu leisten.

Übersicht

	Rdz.
1. Allgemeines	1
2. Befreiungsanspruch	3
3. Sicherheitsleistung	6

§ 37. Anspruch auf Befreiung 1–7 § 37

1. Allgemeines

§ 37 ergänzt das Ablösungsrecht nach § 36 Abs. 2 durch Einräumung von 1
Ansprüchen des Nutzers gegen den Grundstückseigentümer. Das SachenR-
BerG geht hierbei davon aus, daß der Grundstückseigentümer nicht zur
Verschaffung eines bis auf die Erbbauzinsreallast lastenfreien Erbbaurechts
verpflichtet ist; das folgt aus §§ 35, 36. Anstelle eines Lastenfreistellungsan-
spruchs gewährt das Gesetz dem Nutzer vielmehr einen Anspruch auf Befreiung bzw. Sicherheitsleistung.

Letztlich bezweckt die Vorschrift, die Beteiligten zur Verschaffung von 2
Erbbaurechten frei von Belastungen anzuhalten, die nach § 36 Abs. 1 zu
übernehmen wären (§ 36 Rdz. 3).

2. Befreiungsanspruch, Satz 1

a) Satz 1 ist wegen Satz 2 nicht als genereller Anspruch auf lastenfreie 3
Erbbaurechtsbegründung zu verstehen. Dies folgt schon aus dem Wortlaut
(„dingliche Haftung" statt „dingliches Recht"). Ohnehin besteht der Anspruch nur dann, soweit ein Recht nach § 36 Abs. 1 zu übernehmen ist.

b) Ist eine „Kreditschuld" gesichert (zum Begriff siehe unten Rdz. 8), be- 4
steht der Anspruch auf Befreiung von der nach § 36 Abs. 1 Satz 1 zu übernehmenden Haftung nur dann, wenn und soweit die durch das dingliche
Recht gesicherte Verbindlichkeit in der Hauptsache fällig ist oder vom
Schuldner fällig gestellt werden kann (vgl. „ablösbar" in Satz 2, d. h. im
Sinne des § 36 Abs. 2 ablösbar). Voraussetzung ist also, daß die zugrundeliegende Verbindlichkeit durch Kündigung oder Zeitablauf fällig gestellt ist
oder durch den Grundstückseigentümer bzw. den persönlichen Schuldner
fällig gestellt werden kann (§ 36 Rdz. 39).

c) Inhalt des Anspruchs nach Satz 1 ist die Aufhebung (Löschung) des 5
dinglichen Rechts. Eine Übertragung auf den Erbbauberechtigten kann auch
bei Grundpfandrechten nicht verlangt werden; der Anspruch richtet sich nur
auf Befreiung, nicht auf Rückgewähr, da an den Erbbauberechtigten nichts
„zurückzugewähren" ist.

3. Sicherheitsleistung, Satz 2

a) Ist die durch das dingliche Recht gesicherte Verbindlichkeit noch nicht 6
„ablösbar" im Sinne des § 36 Abs. 2, d. h. ist sie weder in der Hauptsache
fällig noch kann sie durch den Grundstückseigentümer/persönlichen Schuldner fällig gestellt werden, so hat der Erbbauberechtigte gegen den Grundstückseigentümer nur einen Anspruch auf Sicherheitsleistung.

b) Für die Erfüllung des Anspruchs auf Sicherheitsleistung gelten die allge- 7
meinen Vorschriften der §§ 232 ff. BGB. Die Sicherheitsleistung umfaßt der
Höhe nach den am maßgeblichen Stichtag (§ 36 Rdz. 39) geschuldeten
Hauptsachebetrag einschließlich Zinsen und Kosten inkl. Vorfälligkeitsentschädigung (§ 36 Rdz. 39) bis zur Grenze der Verjährung (zur Hemmung der

§ 38   Kapitel 2. Nutzung fremder Grundstücke

Verjährung dinglicher Grundschuldzinsen bis zum Eintritt des Sicherungsfalls BGH WM 1985, 953/954; BGH ZIP 1993, 257/258 mit Anm. *Reithmann*, DNotI-Report 6/1993, Seite 6f.; unerheblich ist die Möglichkeit des Schuldners, sich auf die Verjährung schuldrechtlicher Zinsansprüche bei der Verwertung der Sicherheit zu berufen, BGH WM 1993, 2041 ff.).

8   c) „Kreditschuld" im Sinne des § 37 Satz 2 ist dem Wortlaut nach nur eine Forderung, deren Rechtsgrund in einem Darlehensverhältnis nach § 607 BGB bzw. einem Girovertrag u. ä. wurzelt. Dieser Wortlaut ist zu eng und primär auf § 36 Abs. 2 bezogen, wie ein Vergleich mit § 64 Abs. 2 Satz 2 zeigt. Über seinen Wortlaut hinaus besteht der Anspruch auf Sicherheitsleistung nach § 37 Satz 2 entsprechend § 64 Abs. 2 Satz 2 daher immer dann, wenn die durch ein Recht im Sinne des § 36 Abs. 1 gesicherte Forderung noch nicht fällig ist oder werden kann (z. B. auch bei Ansprüchen auf Hinauszahlungen an weichende Geschwister, Zahlung von Vertragsstrafen und dergleichen).

Unterabschnitt 3. Überlassungsverträge

§ 38 Bestellung eines Erbbaurechts für einen Überlassungsvertrag

(1) Ist dem Nutzer das Grundstück aufgrund eines Überlassungsvertrages übergeben worden, so kann der Grundstückseigentümer vom Nutzer verlangen, daß dieser auf seine vertraglichen Ansprüche für Werterhöhungen des Grundstücks verzichtet und die zur Absicherung dieser Forderung eingetragene Hypothek aufgibt. Der Nutzer hat den Grundstückseigentümer freizustellen, wenn er den Anspruch auf Wertersatz und die Hypothek an einen Dritten abgetreten hat.

(2) Der Grundstückseigentümer hat dem Nutzer die Beträge zu erstatten, die der staatliche Verwalter aus den vom Nutzer eingezahlten Beträgen zur Ablösung von Verbindlichkeiten des Grundstückseigentümers und Grundpfandrechten, die zu deren Sicherung bestellt wurden, verwendet hat. Der Aufwendungsersatzanspruch des Nutzers nach Satz 1 gilt als erloschen, soweit aus der Zahlung des Nutzers Verbindlichkeiten und Grundpfandrechte getilgt wurden, die der Grundstückseigentümer nach § 16 Abs. 2 Satz 2, Abs. 5 bis 7 in Verbindung mit § 18 Abs. 2 des Vermögensgesetzes nicht übernehmen müßte, wenn diese im Falle der Aufhebung oder der Beendigung der staatlichen Verwaltung noch fortbestanden hätten. Satz 2 ist auf eine zur Absicherung des Aufwendungsersatzanspruchs des Nutzers eingetragene Hypothek entsprechend anzuwenden. Auf Abtretungen, die nach Ablauf des 31. Dezember 1996 erfolgen, sind die §§ 892 und 1157 Satz 2 des Bürgerlichen Gesetzbuchs entsprechend anzuwenden.

(3) Soweit Ansprüche und Rechte nach Absatz 2 Satz 2 und 3 erlöschen, ist § 16 Abs. 9 Satz 3 des Vermögensgesetzes entsprechend anzuwenden.

(4) Der Nutzer ist berechtigt, die hinterlegten Beträge mit Ausnahme der aufgelaufenen Zinsen zurückzufordern. Der Grundstückseigentümer kann vom Nutzer die Zustimmung zur Auszahlung der aufgelaufenen Zinsen verlangen.

§ 38. Bestellung eines Erbbaur. für einen Überlassungsvertrag 1–5 § 38

Übersicht

	Rdz.		Rdz.
1. Allgemeines	1	c) Rückforderung bei Hinterlegung	21
2. Inhalt der Regelung	2	3. Beweislast	23
a) Werterhöhung	2		
b) Ablösung	9		

1. Allgemeines

§ 38 gilt nur für die Nutzung aufgrund von Überlassungsverträgen (hierzu §1 Rdz. 34–37). **1**

Die Rechtspraxis der DDR sah in sog. Überlassungsverträgen (hierzu die Vertragsmuster bei *Fieberg/Reichenbach,* Enteignung und offene Vermögensfragen in der ehemaligen DDR, Band 2, 2. Aufl., Nr. 3. 5. 11.1 bzw. *Fieberg/ Reichenbach/Messerschmidt/Schmidt-Räntsch,* VermG, Anh II 1) großenteils Verpflichtungen der Grundstückseigentümer vor, bei Beendigung der Nutzung vom Nutzer vorgenommene Werterhöhungen des Grundstücks an den Nutzer auszukehren (§ 10 der Vertragsmuster des Ministeriums der Finanzen der DDR). Zur Sicherung dieses Anspruchs wurde eine (Höchstbetragssicherungs-)Hypothek zugunsten des Nutzers bestellt und eingetragen (Begr. BR-Drucks. 515/93, S. 135). Der Nutzer konnte somit Verwendungen auf das Grundstück in gesicherter Weise tätigen. **2**

Sofern das Grundstück unter staatlicher Verwaltung stand, wurden im Fall entgeltlicher Überlassung vom Nutzer erbrachte Geldleistungen nach den Bestimmungen der üblichen Überlassungsverträge zur Ablösung grundpfandrechtlich gesicherter Verbindlichkeiten des Grundstückseigentümers verwendet (Begr. BR-Drucks. 515/93, S. 136 unter Hinweis auf § 5 Abs. 2 des Vertragsmusters des Ministeriums der Finanzen der DDR). **3**

§ 38 will im Rahmen der Lastenfreistellung des Grundstücks einen Interessenausgleich zwischen Grundstückseigentümer und Nutzer unter Berücksichtigung der Besonderheiten der Überlassungsverträge herbeiführen. **4**

2. Inhalt der Regelung

a) Werterhöhung, Abs. 1

Mit Bestellung des Erbbaurechts entfällt der Anspruch des Nutzers auf Ersatz der Werterhöhung, demgemäß auch die durch die eingetragene Hypothek gesicherte Forderung (Begr. BR-Drucks. 515/93, S. 135). Folglich sieht das Gesetz in Abs. 1 schon vor Eintragung des Erbbaurechts einen Anspruch des Grundstückseigentümers gegen den Nutzer auf Verzicht auf diese Forderung (Erlaß, § 397 Abs. 1 BGB) und Aufgabe der eingetragenen Hypothek (§§ 875, 1163 Abs. 1 Satz 2, 1177 Abs. 1 BGB) vor. Erforderlich ist somit eine löschungsfähige Quittung des Hypothekengläubigers, mit welcher der Grundstückseigentümer die Grundbuchberichtigung (Vermerk des Entstehens einer Eigentümergrundschuld) betreiben kann. Der gesetzliche Löschungsanspruch nachrangiger Berechtigter nach § 1179a BGB bleibt unberührt. **5**

6 Ist der Anspruch nach Satz 1 vor Entstehung des Erbbaurechts nicht geltend gemacht worden, so erlischt der Anspruch des Nutzers auf Verwendungsersatz mit Eintragung des Erbbaurechts infolge Umschaffung (Novation) des bisherigen Nutzungstatbestands (Überlassungsvertrag) in einen neuen (Erbbaurecht). Das Grundbuch des Grundstücks ist auf Antrag zu berichtigen. Mangels Unrichtigkeitsnachweises nach § 22 Abs. 1 GBO in der Form des § 29 Abs. 1 GBO ist idR die Berichtigungsbewilligung des Nutzers erforderlich, die gegebenenfalls im Prozeßwege zu beschaffen ist (Klage auf Abgabe einer Willenserklärung nach § 894 ZPO, nach Eintragung des Erbbaurechts im Grundbuch sind §§ 87 ff., 103 ff. ohnehin unanwendbar).

7 Steht die Hypothek einem Dritten zu oder ist sie mit dem Recht eines Dritten belastet (Abtretung, Verpfändung, Pfändung des gesicherten Anspruchs), so richtet sich der Anspruch des Grundstückseigentümers gegen den Nutzer auf Lastenfreistellung, Abs. 1 Satz 2. Der Nutzer wird im Innenverhältnis zum Zessionar diesen zumeist eine gleichwertige Sicherheit am Erbbaurecht zu verschaffen haben.

8 Dritter im Sinne des Abs. 1 Satz 2 ist nicht ein Sachwalter des Nutzers (Verwalter nach der GesO, Testamentsvollstrecker, Nachlaßverwalter usw.).

b) Ablösung, Abs. 2 und 3

9 aa) Soweit vom Nutzer bezahlte Beträge zur Ablösung von Verbindlichkeiten des Grundstückseigentümers und diese sichernden Grundpfandrechten verwendet wurden, hat der Nutzer gegen den Grundstückseigentümer einen Anspruch auf Aufwendungsersatz, Abs. 2 Satz 1. Diese Beträge sind dem Grundstückseigentümer zugute gekommen und werden nicht mit einer Gegenleistungspflicht des Nutzers verrechnet (Begr. BR-Drucks. 515/93, S. 136). Vertragliche Vereinbarungen über eine (eventuell verzinsliche) Stundung und Verrechnung gegen den Erbbauzinsanspruch des Grundstückseigentümers sind jedoch denkbar.

10 bb) In Abweichung von der Konzeption des Regierungsentwurfs besteht der Aufwendungsersatzanspruch des Nutzers jedoch insoweit nicht („gilt als erloschen"), als Verbindlichkeiten und entsprechende Grundpfandrechte vom Grundstückseigentümer nach den Vorschriften des Vermögensgesetzes (§§ 16 Abs. 2 Satz 2, Abs. 5 bis 7 i. V. m. 18 Abs. 2 VermG) nicht zu übernehmen wären.

11 Diese Einrede besteht in folgenden Fällen, in denen eine Verbindlichkeit bzw. ein Grundpfandrecht vom Grundstückseigentümer nicht oder nur eingeschränkt zu übernehmen ist:

12 – Tilgungsabschlag nach §§ 16 Abs. 5 Satz 1, 18 Abs. 2 VermG (hierzu näher *Rühl*, Alte Rechte bei der Rückgabe von Immobilien in den neuen Bundesländern, Bundesanzeiger Nr. 12a vom 20. Januar 1993, S. 17, 31 f., 35 f.);

13 – Abzug nachweislich erbrachter Tilgungsleistungen des Grundstückseigentümers nach § 16 Abs. 5 Satz 2 VermG (Beispiel bei *Rühl*, aaO, S. 18);

14 – Keine Durchführung der Kreditaufnahme entsprechender Baumaßnah-

men für Rechnung des Grundstückseigentümers nach § 16 Abs. 5 Satz 4 VermG (Beispiel bei *Rühl,* aaO, S. 21);
— Grundpfandrechte zur Sicherung diskriminierender oder sonst benachteiligender Verpflichtungen nach § 16 Abs. 7 Halbsatz 2 VermG (Beispiel bei *Rühl,* aaO, S. 21; die Gesetzesbegründung BR-Drucks. 515/93, S. 77 nennt die Begründung von Verpflichtungen ohne sachliche Veranlassung mit dem Ziel, eine Überschuldung herbeizuführen); 15
— Forderungen nach § 16 Abs. 2 Satz 2, Abs. 9 Satz 2, Abs. 5 und 7 VermG. 16
Rechtfertigung des Ausschlusses des Aufwendungsersatzanspruchs, der gegenüber dem Regierungsentwurf einen Systemwechsel darstellt, ist die Überlegung, wonach kein Grund ersichtlich ist, den Gläubiger des Aufwendungsersatzanspruchs besser zu stellen als nach den allgemeinen Vorschriften des VermG, nur weil er Berechtigter der Sachenrechtsbereinigung ist (BT-Drucks. 12/7425, S. 71). 17

Eine zur Absicherung eines unter Abs. 2 Satz 2 fallenden Aufwendungsersatzanspruchs eingetragene Hypothek macht somit das Grundbuch unrichtig, Abs. 2 Satz 3. In Ansehung der Hypothek ist jedoch ab dem 1. 1. 1997 die Grundbuchpublizität wiederherstellt (Abs. 2 Satz 4), so daß die Einrede nach Abs. 2 Satz 2 dem Zessionar der Hypothek nur bei dessen Kenntnis entgegengesetzt werden kann. 18

cc) Als Ausgleich für den Verlust des Aufwendungsersatzanspruchs des Nutzers verweist Abs. 3 auf die entsprechende Regelung in § 16 Abs. 9 Satz 3 VermG, so daß der Nutzer dann angemessen zu entschädigen ist, wenn für seine Forderung keine staatlichen Mittel eingesetzt wurden. Insoweit erhält der Nutzer einen öffentlich-rechtlichen Anspruch auf Erstattung seiner Aufwendungen gegen den Entschädigungsfonds (hierzu BMF vom 29. 7. 1991 – VI A 01319 E – 10/91, abgedruckt in *Fieberg/Reichenbach/Messerschmidt/ Schmidt-Räntsch,* VermG, Anh. II 10 – nicht in BStBl. I aufgenommen). 19

Der Entschädigungsfonds ist an Vereinbarungen zwischen Grundstückseigentümer und Nutzer jedoch nicht gebunden (unzulässiger Vertrag zu Lasten Dritter). Der Anspruch des Grundstückseigentümers gegen den Entschädigungsfonds ist daher begrenzt auf den Betrag nach § 16 Abs. 9 Satz 3 VermG. Die Voraussetzungen nach § 16 Abs. 2 Satz 2, Abs. 5 mit 7 VermG sind im öffentlich-rechtlichen Erstattungsverfahren selbständig zu prüfen. Rechtsweg: § 40 Abs. 1 Satz 1 VwGO. 20

c) Rückforderung bei Hinterlegung, Abs. 4

Der Anwendungsbereich der Vorschrift dürfte begrenzt sein, da in der DDR-Rechtspraxis wohl nur ausnahmsweise vom Überlassungsnehmer die Hinterlegung einer Kaution o. ä. zugunsten des Grundstückseigentümers verlangt wurde. 21

Vom Nutzer aufgrund des Überlassungsvertrags hinterlegte Beträge werden, soweit noch vorhanden, nach Maßgabe des Abs. 4 verteilt. Der Nutzer erhält nach Abs. 4 Satz 1 die Hauptsachebeträge, die aufgelaufenen Zinsen gebühren nach Abs. 4 Satz 2 dem Grundstückseigentümer. Dem Grundstückseigentümer stehen die Zinsen nach dieser Vorschrift für die gesamte Hinterlegungszeit zu. Soweit der Nutzer hiernach zu hinterlegende Beträge 22 nicht hinterlegt hat, hat der Grundstückseigentümer einen Anspruch auf die Zinsen, die zu erzielen gewesen wären, aus dem Überlassungsvertrag bzw. nach §§ 826, 252 BGB.

3. Beweislast

23   Der Gläubiger der jeweils in den einzelnen Absätzen bestimmten Ansprüche trägt die Beweislast für ihre Entstehung, der Schuldner die Beweislast für ihr Erlöschen (insbesondere der Grundstückseigentümer für die Einrede nach Abs. 2 Sätze 2 und 3).

Unterabschnitt 4. Besondere Gestaltungen

Vorbemerkung vor §§ 39, 40

Übersicht

	Rdz.
1. Allgemeines	1
2. Weitere Fälle	4
3. Einzelfragen	7

1. Allgemeines

1   Die §§ 39, 40 knüpfen an die Bestimmungen der §§ 21–27 über die erfaßte Fläche an und enthalten Sonderregelungen für die Bestellung von Erbbaurechten an diesen Flächen.

2   Zweck der §§ 39, 40 ist u. a. auch, in zahlreichen Fällen eine Vermessung zunächst überflüssig zu machen. Insoweit gehen die Vorschriften auch den §§ 85, 86 vor.

3   Der Normalfall, d. h. die Bestellung eines Erbbaurechts an einem Grundstück im Sinne des § 21 Satz 1, wird hierbei vorausgesetzt. Folgende Sonderformen des Erbbaurechts sind vorgesehen:
– gleichrangige Erbbaurechte an nicht vermessenen Teilflächen eines Grundstücks, § 39 Abs. 1;
– Gesamterbbaurecht, § 39 Abs. 2;
– Nachbarerbbaurecht, § 39 Abs. 3;
– als nachrangige Regelung Wohnungs- und Teilerbbaurecht, § 40.

2. Weitere Fälle

4   Nicht geregelt ist der Fall, daß mehrere Nutzer oder Nutzer und Grundstückseigentümer voneinander nicht abgeschlossene Teile eines einheitlichen Gebäudes nutzen. In diesem Fall kann von keiner der genannten Möglichkeiten Gebrauch gemacht werden.

§ 39. Mehrere Erbbaurechte auf einem Grundstück § 39

Hier besteht analog §§ 40 Abs. 4, 67 Abs. 4 jeweils ein Anspruch des Inhabers des Anspruchs gegen die anderen Beteiligten (Grundstückseigentümer und Mitnutzer) auf Duldung der (baulichen) Maßnahmen, die zur Herstellung der Abgeschlossenheit erforderlich sind. Ein Anspruch auf Ersatz hierdurch eingetretener Werterhöhungen besteht jedoch nicht. 5

Ist auch die Herstellung der Abgeschlossenheit (derzeit) nicht möglich, so kommt ein Anspruch mehrerer Nutzer auf Einräumung eines Erbbaurechts zu Bruchteilen oder auf Herstellung einer Bruchteilsgemeinschaft mit dem Grundstückseigentümer in Betracht, verbunden mit einer Benutzungsregelung nach § 1010 BGB und dem Ausschluß der Aufhebung der Gemeinschaft außer aus wichtigem Grund nach § 749 Abs. 2 BGB. Dieser Ausschluß der Aufhebung der Gemeinschaft wirkt jedoch nicht gegenüber Pfändungsgläubigern, § 751 Satz 2 BGB. Grundlage dieses Anspruchs ist eine Analogie der §§ 40, 67 (Erst-recht-Schluß). Weiter aufzunehmen ist ein durch wechselseitige Vormerkungen gesichertes Verbot der Belastung (wegen § 751 Satz 2 BGB). 6

3. Einzelfragen

Zur Kombination der Gestaltungen nach §§ 39, 40 siehe § 39 Rdz. 71. 7
Zur Mehrheit von Nutzern und Grundstückseigentümern siehe § 40 Rdz. 10–21 und Vorbem. vor §§ 28ff., Rdz. 13–24. 8

§ 39 Mehrere Erbbaurechte auf einem Grundstück, Gesamterbbaurechte, Nachbarerbbaurechte

(1) **An einem Grundstück können mehrere Erbbaurechte bestellt werden,** wenn jedes von ihnen nach seinem Inhalt nur an einer jeweils anderen Grundstücksteilfläche ausgeübt werden kann. In den Erbbaurechtsverträgen muß jeweils in einem Lageplan bestimmt sein, auf welche Teilfläche des Grundstücks sich die Nutzungsbefugnis des Erbbauberechtigten erstreckt. Der Lageplan hat den in § 8 Abs. 2 Satz 1 bis 3 des Bodensonderungsgesetzes genannten Anforderungen für eine nach jenem Gesetz aufzustellende Grundstückskarte zu entsprechen. Der Vertrag muß die Verpflichtung für die jeweiligen Erbbauberechtigten und Grundstückseigentümer enthalten, die Teilfläche nach Vermessung vom belasteten Grundstück abzuschreiben und der Eintragung als selbständiges Grundstück in das Grundbuch zuzustimmen. Mehrere nach Satz 1 bestellte Erbbaurechte haben untereinander Gleichrang, auch wenn sie zu unterschiedlichen Zeiten in das Grundbuch eingetragen werden. Der gleiche Rang ist im Grundbuch zu vermerken; einer Zustimmung der Inhaber der anderen Erbbaurechte wie der Inhaber dinglicher Rechte an diesen bedarf es nicht. Wird eines dieser Erbbaurechte zwangsweise versteigert, so sind die anderen im Gleichrang an erster Rangstelle bestellten Erbbaurechte wie Rechte an einem anderen Grundstück zu behandeln.

(2) **Das Erbbaurecht kann sich auf mehrere Grundstücke erstrecken (Gesamterbbaurecht).** Die Belastung durch das Gesamterbbaurecht kann ein Grundstück einbeziehen, das nicht bebaut worden ist, wenn der Anspruch des Nutzers auf Erbbaurechtsbestellung sich nach den §§ 21 bis 27 auch auf dieses Grundstück erstreckt.

§ 39 1, 2   Kapitel 2. Nutzung fremder Grundstücke

(3) Erstreckt sich die Bebauung auf ein benachbartes Grundstück, so kann zu deren Absicherung ein Erbbaurecht bestellt werden (Nachbarerbbaurecht), wenn
1. der Nutzer Eigentümer des herrschenden Grundstücks und Inhaber eines auf dem benachbarten Grundstück bestellten Nachbarerbbaurechts wird,
2. die grundpfandrechtlichen Belastungen und die Reallast zur Absicherung des Erbbauzinses auf dem Grundstückseigentum und dem Erbbaurecht als Gesamtbelastung mit gleichem Rang eingetragen werden und
3. die Erbbaurechtsverträge keinen Anspruch auf den Erwerb des Erbbaurechts (Heimfall) enthalten oder das Heimfallrecht nur dann ausgeübt werden kann, wenn das Grundstückseigentum und die sich auf das Gebäude beziehenden Erbbaurechte in einer Hand bleiben.
Über das Erbbaurecht kann nur zusammen mit dem Eigentum am herrschenden Grundstück verfügt werden. Das Erbbaurecht ist im Grundbuch als Nachbarerbbaurecht zu bezeichnen, im Grundbuch des belasteten Grundstücks als Belastung und im Grundbuch des herrschenden Grundstücks als Bestandteil einzutragen.

Übersicht

	Rdz.		Rdz.
I. Allgemeines	1	2. Gesamterbbaurecht	30
II. Konventionelle Lösungen	4	a) Begriff	30
1. Gleichrangige Erbbaurechtsvormerkungen	4	b) Bestellung	31
2. Überbau	6	c) Weitere Fragen	43
3. Wohnungs- und Teilerbbaurecht	9	d) Einwendungen und Einreden	47
4. Grenzen konventioneller Lösungen	10	3. Nachbarerbbaurecht	48
		a) Begriff und Anwendungsbereich	48
III. Inhalt der Regelung	12	b) Bestellung, Probleme	51
1. Gleichrangige Erbbaurechte	12	c) Einwendungen und Einreden	66
a) Voraussetzungen	12	d) Grundbuchverfahren	67
b) Eintragungsverfahren	24	4. Kombinationen	71
c) Zwangsversteigerung	29		

I. Allgemeines

1   Die Vorschrift, ein zentrales Stück der Sachenrechtsbereinigung, schafft einen Ausgleich für die noch bestehenden Engpässe in der Vermessungsverwaltung des Beitrittsgebiets. Sie geht von der Tatsache aus, daß in der Rechtswirklichkeit der DDR Überbauungen und Bebauungen über die Grundstücksgrenzen hinweg an der Tagesordnung waren (näher dazu Begr. BR-Drucks. 515/93, S. 136).

2   Hieraus ergeben sich Schwierigkeiten für die Sachenrechtsbereinigung. Soweit die Grenzen der erfaßten Fläche (§§ 21 ff.) und des Grundstücks nicht übereinstimmen, ist zwar nach allgemeinen Grundsätzen die Eintragung eines Erbbaurechts in der Weise möglich, daß als Inhalt des Erbbaurechts

dessen Ausübungsfläche auf einen realen Grundstücksteil beschränkt wird. Im Hinblick auf den zwingenden Erstrang des Erbbaurechts (§ 10 Erbbau-VO) wäre jedoch dann die Bestellung weiterer Erbbaurechte auf den nicht erfaßten Grundstücksteilen ausgeschlossen (str., wie hier OLG Frankfurt a. M., DNotZ 1967, 688/689; *Palandt-Bassenge*, § 10 ErbbauVO Rdz. 1; *Oefele/Winkler*, Handbuch, Rdz. 2.104; *Staudinger-Ring*, § 1 ErbbauVO Rdz. 24; weitere Nachweise gibt die Gesetzesbegründung, BR-Drucks. 515/93, S. 136). Zur Durchführung der Sachenrechtsbereinigung wäre demnach die Abschreibung nicht erfaßter und die Zuschreibung erfaßter Teilflächen aufgrund einer durchgeführten Vermessung in aller Regel notwendig.

§ 39 begründet keine Ansprüche der Beteiligten, sondern gibt dem Notar bzw. Richter ein Mittel zur interessengerechten Rechtsgestaltung (notardispositives Recht, siehe § 42 Rdz. 13–36). Zur Berücksichtigung des Willens der Beteiligten siehe § 42 Rdz. 24–26.

II. Konventionelle Lösungen

1. Gleichrangige Erbbaurechtsvormerkungen

Anstelle der unzulässigen Bestellung mehrerer gleichrangiger Erbbaurechte an einem Grundstück kommt die Eintragung mehrerer gleichrangiger Vormerkungen in Betracht, jeweils gerichtet auf die Eintragung von Erbbaurechten.

Die Gesetzesbegründung (Begr. BR-Drucks. 515/93, S. 136) hält diese Lösung im Hinblick auf Beleihungsprobleme für nicht ausreichend. Dieser Einwand ist berechtigt. Die Belastung des ganzen Grundstücks mit gleichrangigen Grundpfandrechten im Rang vor den Vormerkungen zugunsten der Gläubiger der jeweiligen Vormerkungsberechtigten unter gleichzeitiger Eintragung von Freigabevormerkungen für die jeweils nicht erfaßten Flächen schafft komplexe Probleme bei der Verwertung des Grundpfandrechts in der Zwangsversteigerung. Die versteigerungsrechtlichen Risiken solcher Gestaltungen für den Grundpfandgläubiger sind schon deshalb erheblich, weil der rechtsunsichere Zustand mangels kurzfristiger Vermessung über längere Zeiträume bestehen wird. Die Sachenrechtsbereinigung bezweckt jedoch die rasche Herstellung verkehrsfähiger Objekte und schützt daher auch das Beleihungsinteresse des Nutzers, was im Hinblick auf den Renovierungsbedarf der betroffenen baulichen Anlagen von besonderer Bedeutung ist.

2. Überbau

Geringfügige Überbauungen können mit der sachgerechten Regelung des Überbaus in §§ 912–916 BGB bewältigt werden.

Größere Überbauungen eines Nachbargrundstücks lassen sich in der Weise absichern, daß die Nutzungsbefugnis des Überbauenden durch Grunddienstbarkeit (§§ 1018 ff. BGB) am überbauten Nachbargrundstück gesichert und dies im Bestandsverzeichnis des herrschenden Grundstücks vermerkt wird (durch sog. Herrschvermerk nach §§ 9 GBO, 876 BGB). Korrespondierende Verpflichtungen des Eigentümers des Grundstücks, von dem aus überbaut wird, können durch andere dingliche Rechte (Grundpfandrechte, Reallasten) gesichert werden, soweit sie über den Kreis der bereits nach §§ 1021, 1022 BGB als Inhalt der Dienstbarkeit sicherbaren Pflichten hinausreichen.

8 Konventionelle Lösungen erweisen sich jedoch dann als problematisch, soweit nicht feststellbar ist, von welchem Grundstück aus auf welches überbaut worden ist. Dies trifft insbesondere auf die in der Rechtspraxis der DDR typischen Bebauungen ohne jede Rücksicht auf bestehende Grundstücksgrenzen zu.

3. Wohnungs- und Teilerbbaurecht

9 Ein weiterer Teil der problematischen Fälle kann durch Begründung von Wohnungs- und Teilerbbaurechten nach § 40 gelöst werden (zur Abgrenzung der Sachverhaltstypen des § 40 und des § 39 Abs. 1 siehe § 40 Rdz. 2–3). Die Realisierung dieser Rechtsinstitute setzt allerdings ein hohes Maß an Einigungsbereitschaft unter den betroffenen Grundstückseigentümern und Nutzern voraus. Streitigkeiten unter verschiedenen Beteiligten könnten die Durchführung der Sachenrechtsbereinigung im Verhältnis des einzelnen Nutzers zum Grundstückseigentümer erheblich verzögern, wenn nicht verhindern.

4. Grenzen konventioneller Lösungen

10 In zahlreichen Fällen kann somit dem Sicherungsinteresse des Nutzers mit den allgemeinen kautelarjuristischen Rechtsinstituten nicht ausreichend Rechnung getragen werden. Aus dieser praktischen Notwendigkeit heraus beschreitet der Gesetzgeber des SachenRBerG neue Wege, indem er in der Literatur bereits diskutierte, von der herrschenden Meinung aber bislang abgelehnte Formen des Erbbaurechts für den Bereich der Sachenrechtsbereinigung ausdrücklich zuläßt. Besonderer Innovationsdrang im Bereich des Sachenrechts liegt dem nicht zugrunde, eine Novellierung der ErbbauVO ist gleichfalls nicht beabsichtigt (Begr. BR-Drucks. 515/93, S. 78). Dennoch erscheint nicht ausgeschlossen, daß die durch § 39 geschaffenen neuen Sachenrechtsinstitute weitere gesetzliche Anerkennung finden, sollten sie ihre Bewährungsprobe im Labormaßstab bestehen. Allerdings wird erst nach Jahren bis Jahrzehnten der praktischen Erfahrung eine zuverlässige Beurteilung möglich sein.

11 Insbesondere die Institute des Gesamterbbaurechts und des Nachbarerbbaurechts (Abs. 2 und 3) werfen bei Erlöschen des Erbbaurechts erhebliche Probleme auf, was die sachenrechtliche Zuordnung des Gebäudes zum jeweiligen Grundstückseigentum betrifft. Eine verantwortungsbewußte Kautelarpraxis hat schon jetzt Vorkehrungen dagegen zu treffen, daß die Durchführung der Sachenrechtsbereinigung zu einer bloßen zeitlichen Verlagerung

der problematischen Hinterlassenschaft der DDR führt und kommende Generationen belastet.

III. Inhalt der Regelung

1. Gleichrangige Erbbaurechte, Abs. 1

a) Voraussetzungen:

Voraussetzungen für die Bestellung und Eintragung mehrerer gleichrangiger Erbbaurechte nach § 39 Abs. 1 sind: 12
(1) Beschränkung der Ausübbarkeit des Erbbaurechts auf eine Grundstücksteilfläche unter Ausschluß der anderen Erbbaurechte (Abs. 1 Satz 1); 13
(2) Vereinbarung wie oben (1) als Inhalt des Erbbaurechts nach § 1 Abs. 1 und 3 ErbbauVO (dazu *Oefele/Winkler,* Handbuch, Rdz. 2.91). Eine bloß schuldrechtliche Ausübungsbeschränkung genügt nicht (Abs. 1 Satz 1): 14
Beispiel (Vertragsklausel im dinglichen Teil des Vertrags):

„Die Ausübung des Erbbaurechts ist beschränkt auf diejenige Teilfläche des Erbbaugrundstücks, die in dem dieser Urkunde beigefügten Lageplan, auf den Bezug genommen ist und der den Beteiligten zur Durchsicht vorgelegt und von ihnen genehmigt wurde, schraffiert (bzw. mit roter Farbe) dargestellt ist. Ausdrücklich festgestellt wird, daß auf dieser Fläche keine anderen Erbbaurechte ausgeübt werden dürfen. Die Teilfläche beschreibt sich in der Natur wie folgt: (folgt nähere Beschreibung zur Verdeutlichung der Planeinzeichnung)" 15

(3) Bestimmung der Ausübungsfläche durch Lageplan nach § 8 Abs. 2 Satz 1–3 BoSoG vom 20.12.1993, BGBl. I, 2215 (vgl. § 39 Abs. 1 Sätze 2–3), d.h.: 16
– Maßstab nicht kleiner als 1:1000,
– Verwendung vorhandenen (amtlichen) Kartenmaterials oder etwa angefertigter oder sonst vorhandener Luftbildaufnahmen,
– Angabe der Ausübungsflächen der Nutzungstatbestände, d.h. der jeweils erfaßten Flächen nach §§ 21 ff. und der Grenzen des betroffenen Grundstücks. Soweit die für das Erbbaurecht vorgesehene Ausübungsfläche von der des Nutzungsrechts abweicht, genügt die Angabe ersterer.
Zusätzlich muß der Lageplan die Lage der Nachbargrundstücke und die Nordrichtung ausweisen (BGH MittBayNot 1981, 233 ff.; BayObLG MittBayNot 1981, 71 f.; BayObLG MittBayNot 1981, 243 ff.; BayObLG MittBayNot 1981, 245 ff.; BayObLG 1982, 132 f.; BayObLG MittBayNot 1983, 119 f.; *Wirner,* MittBayNot 1981, 221 ff.). 17
Schon zur Vermeidung von Unklarheiten sollte der Notar die Beurkundung ohne Zugrundelegung eines amtlichen Lageplans, der den Vorgaben des § 8 Abs. 2 Satz 2 BoSoG entspricht, erst dann vornehmen, wenn er selbst durch Nachfrage bei der zuständigen Vermes- 18

sungsbehörde festgestellt hat, daß ein § 8 Abs. 2 Satz 1–3 BoSoG genügender, den aktuellen Stand der Bebauung ausweisender amtlicher Lageplan nicht vorhanden ist.

19 Ohne amtlichen Plan sollte der Notar in jedem Fall nur beurkunden, wenn er sich über die Sachkunde des Fertigers des Plans nach § 8 Abs. 2 Sätze 1–3 BoSoG vergewissert hat (entsprechende planerische Vorbildung, z. B. Architekt, Ingenieur und dergl.).

20 (4) Vertragliche Verpflichtung der Beteiligten zur lastenfreien Abschreibung der Teilfläche hinsichtlich der anderen Erbbaurechte nach Vermessung, d. h. insoweit auch zur Vermessung selbst und zur (eventuell aus grundbuchverfahrensrechtlichen Gründen nötigen) (Teil-)Aufhebung des Erbbaurechts (§ 26 ErbbauVO) an den nicht erfaßten Restflächen (Abs. 1 Satz 4).

21 Beispiel (Vertragsklausel im schuldrechtlichen Teil des Vertrags):

„Die Beteiligten sind verpflichtet, die Ausübungsfläche des Erbbaurechts unverzüglich vermessen zu lassen, das Messungsergebnis anzuerkennen und die vermessene Teilfläche unter Aufhebung des Erbbaurechts an den Restflächen lastenfrei von den übrigen Erbbaurechten als selbständiges Erbbaugrundstück im Grundbuch einzutragen."

22 Die lastenfreie Abschreibung der Grundstücksteilfläche hinsichtlich der übrigen auf dem Grundstück lastenden Erbbaurechte entsprechend § 1026 BGB kann nach § 22 GBO unter Bezugnahme auf die Erbbaurechtsbestellungsurkunden erfolgen. Eine Aufhebung der übrigen Erbbaurechte nach § 26 ErbbauVO an der abzuschreibenden Teilfläche ist nur dann erforderlich, wenn der Lageplan nach Abs. 1 Satz 2 und das amtliche Messungsergebnis nicht zweifelsfrei übereinstimmen.

23 (5) Erteilung der erforderlichen Teilungsgenehmigung nach § 120 Abs. 2 i. V. m. § 19 BauGB (andernfalls: Begründung von Wohnungs- und Teilerbbaurechten nach § 40).

b) Eintragungsverfahren

24 Nach Abs. 1 Sätze 5 und 6 erhalten mehrere nach Satz 1 bestellte Erbbaurechte Gleichrang, auch wenn sie zu unterschiedlichen Zeiten in das Grundbuch eingetragen werden. Dies wird der Regelfall sein, denn die Sachenrechtsbereinigung wird sich zwischen dem Grundstückseigentümer und den Nutzern in der Regel nicht synchron vollziehen. Die Herstellung des Gleichrangs erfolgt von Amts wegen nach Abs. 1 Satz 7 auf Antrag und Bewilligung des Grundstückseigentümers und des Inhabers des zur Eintragung gelangenden Erbbaurechts. Entgegen § 880 Abs. 2 und 3 bedarf es einer auf Rangänderung hin gerichteten Erklärung des Inhabers des bereits eingetragenen Erbbaurechts und der dinglich Berechtigten an diesem nicht. Diese wissen bereits aufgrund der besonderen Inhaltsbestimmungen nach Abs. 1 Sätze 1–3, daß mit der Eintragung weiterer Erbbaurechte gerechnet werden muß.

25 **Beispiel:** Im Grundbuch des Erbbaugrundstücks wird zunächst ein Erbbaurecht in Abteilung II unter lfde. Nr. 1 u. a. mit folgendem Vermerk eingetragen:
„Ausübung nach § 39 Abs. 1 Sachenrechtsbereinigungsgesetz auf Teilfläche beschränkt, gemäß Erbbaurechtsvertrag vom ... (Notar ... in ...) eingetragen am ...".

§ 39. Mehrere Erbbaurechte auf einem Grundstück 26–33 § 39

Wird sodann ein weiteres Erbbaurecht unter lfd. Nr. 2 eingetragen, so wird bei der Eintragung in Abt. II des Grundbuchs des Erbbaugrundstücks folgendes vermerkt: **26**

„Ausübung nach § 39 Abs. 1 Sachenrechtsbereinigungsgesetz auf Teilfläche beschränkt, Gleichrang mit Abt. II/1, gemäß Erbbaurechtsvertrag vom... (Notar... in...), hinsichtlich des Gleichrangs von Amts wegen eingetragen am...".

In der Veränderungsspalte von Abt. II/1 wird vermerkt: **27**

„Gleichrang nach § 39 Abs. 1 Sachenrechtsbereinigungsgesetz mit Abt. II/2, von Amts wegen eingetragen am...".

In den Erbbaugrundbüchern wird in entsprechender Weise der Gleichrang im Bestandsverzeichnis vermerkt, und zwar bei der Angabe der Band- und Blattstelle des Erbbaugrundstücks: **28**

„Erbbaurecht..... an Flst. Nr. (Grundbuch für... Band... Blatt...),... Gleichrang nach § 39 Abs. 1 Sachenrechtsbereinigungsgesetz mit Erbbaurecht in Band... Blatt..., von Amts wegen eingetragen am..."

c) Zwangsversteigerung

In der Zwangsversteigerung des Erbbaugrundstücks aus einem Erbbaurecht (z. B. wegen der Forderung nach § 28 ErbbauVO) oder des Erbbaurechts werden nach Abs. 1 gleichrangige Erbbaurechte nicht im Rahmen des geringsten Gebots berücksichtigt. Daher ordnet im Interesse der Beleihbarkeit dieser Erbbaurechte Abs. 1 Satz 7 an, daß Erbbaurechte nach Abs. 1 in der Zwangsversteigerung des Erbbaugrundstücks wie Rechte an verschiedenen Grundstücken behandelt werden (Begr. BR-Drucks. 515/93, S. 136). Dies ergibt sich an sich schon aus § 25 ErbbauVO. **29**

2. Gesamterbbaurecht, Abs. 2

a) Begriff

Im Unterschied zu den in Abs. 1 und 3 behandelten Fällen wird das Gesamterbbaurecht, d. h. das Erbbaurecht an mehreren rechtlich selbständigen Grundstücken (Abs. 2 Satz 1), nach ganz herrschender Meinung auch außerhalb des SachenRBerG für zulässig gehalten (siehe die Nachweise bei *Oefele/Winkler*, Handbuch, Rdz. 3.39). Abs. 2 Satz 2 geht jedoch insoweit über eine Klarstellung hinaus, als die Einbeziehung unbebauter Flächen sich nicht nach § 1 Abs. 2 ErbbauVO (vgl. dazu *Oefele/Winkler*, Handbuch, Rdz. 3.44), sondern nach §§ 21–27 SachenRBerG richtet, Abs. 2 Satz 2. **30**

b) Bestellung

Für den Bestellungsvertrag gilt: **31**

(1) Unter den Voraussetzungen des § 39 Abs. 2 ist das Gesamterbbaurecht eintragungsfähig nach § 6a GBO. **32**

(2) Die dingliche Einigung über die Entstehung des Gesamterbbaurechts muß zwischen dem Nutzer und den Grundstückseigentümern in einem **33**

einheitlichen Vollzugsgeschäft erklärt sein. Vorausgehen können allerdings sukzessive schuldrechtliche Geschäfte, zur Vereinfachung u. U. unter Erteilung von Vollmachten zur Erklärung der Einigung an einen Vertragsteil (*Oefele/Winkler*, Handbuch, Rdz. 3.46–47).

34 (3) Der Inhalt des Erbbaurechts folgt den allgemeinen Vorschriften mit der Maßgabe, daß die Begründung unterschiedlicher Rechtsinhalte je nach belastetem Erbbaugrundstück ausgeschlossen ist (*Oefele/Winkler*, Handbuch, Rdz. 3.48).

35 Vertraglich geregelt werden sollte jedenfalls die gemeinschaftliche Berechtigung der Grundstückseigentümer an einzelnen aus dem Erbbaurecht fließenden Rechten, wie z. B. dem Anspruch auf Nutzungsentschädigung/Erbbauzins einschließlich Erhöhungsrechten (§§ 43 ff.), dem Zustimmungsrecht nach § 49, dem Recht auf Unterhaltung, Versicherung und Heimfall nach § 56, dem Kaufpreisanspruch bei Ausübung des Ankaufsrecht nach § 57 und der Freistellung von öffentlichen Lasten nach § 58 und den Berechtigungsverhältnissen am Gebäude nach Erlöschen des Erbbaurechts bzw. der Verpflichtung zur Zahlung der Entschädigung.

36 (4) Hinsichtlich der Frage nach dem Berechtigungsverhältnis ist zu folgen der Differenzierung von *Oefele/Winkler*, Handbuch, Rdz. 3.49–54 nach der Art der Leistung (Formulierungsvorschlag in Münchner Vertragshandbuch-*Winkler*, Band IV/2, Form. VIII.3):

37 Erbbauzins, Erbbauzinserhöhung: entweder getrennte gleichrangige Erbbauzinsreallasten mit gesondertem Erhöhungsrecht oder einheitliche Reallast und einheitliches Erhöhungsrecht mit Gesamtberechtigung nach § 428 oder § 432 BGB.

38 Zustimmungsvorbehalt nach § 5 ErbbauVO: Vereinbarung, wonach die Zustimmung aller Grundstückseigentümer erforderlich ist.

39 Unterhaltung, Versicherung, öffentliche Lasten: §§ 428, 432 BGB oder Teilanspruch nur hinsichtlich der Gebäude, die auf dem Grundstück des nach § 56 berechtigten Grundstückseigentümers belegen sind.

40 Heimfall: §§ 513, 1098 BGB, soweit ein Heimfallrecht nicht ohnehin nur einem nach § 56 berechtigten Grundstückseigentümer und nicht allen zusteht. Letzterenfalls empfiehlt es sich, den Heimfallanspruch auf die Übertragung eines entsprechenden Bruchteils am Erbbaurecht zu richten.

41 Möglich zur Vermeidung von Problemen der Aktiv- und Passivlegitimation der Grundstückseigentümer ist auch deren Zusammenschluß zu einer Gesellschaft bürgerlichen Rechts mit dem Zweck der Verwaltung des Gesamterbbaurechts mit oder ohne Einbringung der Erbbaugrundstücke.

42 Rechtsverhältnisse nach Erlöschen: Bruchteilsberechtigung im Verhältnis der Grundstückswerte am Gebäude mit Gesamtschuld hinsichtlich der Entschädigung (zum weiteren Schicksal des Gebäudes *Oefele/Winkler*, Handbuch, Rdz. 3.68 f.: Verpflichtung der Grundstückseigentümer zur wertentsprechenden Aufteilung nach § 3 WEG in Wohnungs- und Teileigentum, Umbaupflicht etc.).

§ 39. Mehrere Erbbaurechte auf einem Grundstück 43–49 § 39

c) Weitere Fragen

Ohne klare Vereinbarungen zu o. g. Punkten kann das Gesamterbbaurecht 43 nur eine Scheinlösung sein. Empfehlenswert ist daher, umgehend im Wege einer privaten Grundstücksumlegung (§ 24 Rdz. 4–6), gegebenenfalls auch unter Antrag auf Sonderung, die Herstellung übereinstimmender Grenzen von Erbbaurecht und Erbbaugrundstück entsprechend Abs. 1 Satz 4 anzustreben. Sinnvoll erscheint hier, bei mehreren Gebäuden für jedes mit Umgriff einzelne Grundstücke zu bilden, diese den beteiligten Grundstückseigentümern als Ausgleichsflächen (Ersatzgrundstücke) zuzuteilen und sodann das Gesamterbbaurecht in auf den Ersatzgrundstücken lastende Einzelerbbaurechte aufzuteilen (vgl. Münchner Vertragshandbuch-*Winkler*, Band IV/2, Form. VIII. 8–10).

Derartige Vereinbarungen sind nur schuldrechtlich möglich. Insbesondere 44 eröffnet § 27 Abs. 1 Satz 2 ErbbauVO keinen Spielraum, anstelle eines Entschädigungsanspruchs einen Anspruch auf Begründung und Übertragung von Wohnungs- und Teileigentum oder auf Umbau zu vereinbaren. § 27 ErbbauVO setzt in insoweit zwingender Weise voraus, daß die Entschädigung in Geld zu leisten ist (arg. § 27 Abs. 1 Satz 2: „Art ihrer Zahlung"; so wohl auch *Oefele/Winkler*, Handbuch, Rdz. 5.214 und 218; OLG Hamm, NJW 1974, 863/865). Ein Rückgriff auf § 2 Nr. 7 ErbbauVO nach Erlöschen des Erbbaurechts kommt gleichfalls nicht in Betracht (OLG Hamm, aaO).

Schuldrechtliche Vereinbarungen können daher nur durch eine Weitergabeverpflichtung und einen Vorbehalt der Veräußerungszustimmung über 45 § 49 hinaus gesichert werden. Die Verpflichtung zur Aufteilung nach dem WEG kann mittels Vormerkung nach § 883 BGB im Grundbuch verlautbart werden, nicht jedoch eine Umbaupflicht. Auch die Vormerkung ist bei längeren Laufzeiten nachteilig, da eintretende Rechtsnachfolge (Veräußerung, Erbfall) immer wieder gesondert vermerkt werden muß (aufgrund der unsicheren Rechtslage letztlich unbefriedigend der Vorschlag in Münchner Vertragshandbuch-*Winkler*, Band IV/2, Form. VIII.4. Ziff. 2.4 und Anm. 2).

Die Bestellung des Gesamterbbaurechts bedarf der Genehmigung nach 46 § 120 Abs. 2 i. V. m. § 19 BauGB, wenn sich die Ausübungsfläche des Erbbaurechts nicht mit den Grenzen der belasteten Grundstücke deckt.

d) Einwendungen und Einreden

Zu Einwendungen und Einreden siehe Vorbem. vor §§ 28 ff., Rdz. 13–24. 47

3. Nachbarerbbaurecht, Abs. 3

a) Begriff und Anwendungsbereich

Im Unterschied zum Gesamterbbaurecht ist das Nachbarerbbaurecht ein 48 selbständiges Einzelerbbaurecht mit dem Inhalt, auf dem Erbbaugrundstück den darauf befindlichen unselbständigen Teil eines einheitlichen Gebäudes zu haben, das sich auf weitere Grundstücke erstreckt (Abs. 3 Satz 1 Halbsatz 1, vgl. *Oefele/Winkler*, Handbuch, Rdz. 3.70).

Während die herrschende Meinung das Nachbarerbbaurecht außerhalb des 49

SachenRBerG als mit § 1 Abs. 3 ErbbauVO unvereinbar ablehnt (Nachweise bei *Oefele/Winkler,* Handbuch, Rdz. 3.71–79; BGH NJW 1985, 789/790 läßt die Frage offen; differenziert *Palandt-Bassenge,* § 1 ErbbauVO Rdz. 4), läßt das SachenRBerG aufgrund der Besonderheiten der Bebauungssituation im Beitrittsgebiet das Nachbarerbbaurecht nunmehr ausdrücklich zu (Begr. BR-Drucks. 515/93, S. 137).

50   Der Gesetzesbegründung ist zuzugeben, daß zahlreiche Bebauungen mit den Mitteln des Überbaus nicht lösbar sind, da die Anwendung der §§ 912 ff. BGB die eindeutige Feststellung voraussetzt, von wo aus wohin überbaut wurde (*Palandt-Bassenge,* § 912 Rdz. 14 m. weit. Nachw.). Zudem ging die DDR-Praxis nicht vom Grundstück, sondern von der zur Nutzung zugewiesenen Fläche aus; in diesen Fällen sind die §§ 912 ff. unpassend (Begr. BR-Drucks. 515/93, S. 137). Die Bestellung von Gesamterbbaurechten in diesen Fällen ist zumindest dann umständlich, wenn der Nutzer des einen Grundstücks Eigentümer eines anderen Grundstücks ist, auf dem sich ebenfalls ein Teil des betroffenen Gebäudes befindet.

b) Bestellung, Probleme

51   Das Nachbarerbbaurecht wirft jedoch im Fall der nur in ein Grundstück oder nur in das Erbbaurecht betriebenen Zwangsvollstreckung oder eines nur von einem Grundstückseigentümer geltend gemachten Heimfallanspruchs unlösbare Probleme in bezug auf die Eigentumsverhältnisse am Gebäude auf. Dem trägt das Gesetz durch die Einschränkungen in Abs. 3 Satz 1 Halbsatz 2 Nr. 1 mit 3 und Satz 2 Rechnung:

52   (1) Grundstückseigentum und Inhaberschaft am Nachbarerbbaurecht müssen bei Entstehung des Rechts in einer Hand sein (Abs. 3 Satz 1 Nr. 1) und für die Dauer des Erbbaurechts bleiben (Abs. 3 Satz 2).

53   (2) Gleichfalls ausgeschlossen ist auch die anfänglich unterschiedliche Belastung von Grundstück und Nachbarerbbaurecht mit Grundpfandrechten und der Erbbauzinsreallast (Abs. 3 Satz 1 Nr. 2) sowie nachträgliche unterschiedliche Verfügungen aller Art (Abs. 3 Satz 2). Möglich bleibt somit nur die anfänglich unterschiedliche Belastung mit Dienstbarkeiten und Nießbrauchsrechten. Der Erbbauzins wird am herrschenden Grundstück und am Nachbarerbbaurecht eingetragen.

54   (3) Die Ausübung eines Heimfallanspruchs (z. B. nach § 56) setzt voraus, daß Grundstückseigentum und Inhaberschaft am Nachbarerbbaurecht in einer Hand bleiben (Sicherstellung durch bedingte und durch erstrangige Vormerkung gesicherte Übertragungsverpflichtung am Nachbargrundstück).

55   Abs. 3 Satz 2 schließt abweichende Verfügungen (Veräußerung, Belastung, Inhaltsänderung, Aufgabe) über Grundstück und Erbbaurecht sowohl unter Lebenden als auch von Todes wegen aus.

56   Das absolute Verfügungsverbot nach Abs. 3 Satz 2 ist aber dann nicht ausreichend, wenn das Grundstück aufgrund bereits bestehender Rechte Dritter ein anderes Schicksal nehmen wird. Z. B. kann hinsichtlich des Grundstücks Nacherbfolge angeordnet sein. Erstreckte sich die Nacherbfolge nicht zugleich auf den Nutzungstatbestand (dann wäre das Erbbaurecht

§ 39. Mehrere Erbbaurechte auf einem Grundstück

Surrogat des nach § 59 wegfallenden Nutzungstatbestands, § 2111 BGB), so würde das Nachbarerbbaurecht schon aufgrund gesetzlicher Erbfolge nach dem Vorerben nicht zwingend in die Hand des Nacherben gelangen. Weiterhin kann Nacherbfall durchaus auch ein anderes Ereignis als der Tod des Vorerben sein. Zur Lösung dieses Problems gibt es drei Möglichkeiten:

(1) Der Vorerbe verlangt vom Grundstückseigentümer und vom Nacherben die Bestellung eines Gesamterbbaurechts nach § 39 Abs. 2 am Nachbargrundstück und am Nachlaßgrundstück. Folge: § 39 Abs. 3 ist bei Verfügungsbeschränkungen am Grundstück des Nutzers unanwendbar. 57

(2) Das Nachbargrundstück wird als Surrogat analog § 2111 BGB behandelt. Für das Gebäude auf dem Nachlaßgrundstück gelten ohnehin §§ 93, 94 BGB. Das Problem dieser Lösung liegt in der Überspannung des Surrogationsgedankens; der Surrogationsgedanke trägt mangels entsprechender Vorschrift nicht in anderen Fällen (z. B. fortgesetzte Gütergemeinschaft hinsichtlich des Grundstücks, bestehende schuldrechtliche Übertragungsverpflichtungen – insbesondere aufgrund eines Nachvermächtnisses – hinsichtlich des Grundstücks). 58

(3) Wie der Gebäudeteil auf dem Nachbargrundstück, so gilt auch das Nachbarerbbaurecht bis zu seinem Erlöschen als wesentlicher Bestandteil des herrschenden Grundstücks, §§ 93, 96 BGB. 59

Zu folgen ist der Lösung zu (3). Nur sie entspricht dem Zweck des Gesetzes, das den rechtlichen Gleichlauf von Grundstück und Erbbaurecht in jeder Hinsicht sicherstellen will. In die Rechte des Nutzers wird zugleich am wenigsten eingegriffen. 60

Hieraus folgt: am Erbbaurecht lastende Rechte Dritter (z. B. nach §§ 34ff. einzutragende dingliche Rechte) erstrecken sich kraft Gesetzes auf das herrschende Grundstück. Rechte Dritter am herrschenden Grundstück strecken sich kraft Gesetzes nachrangig auf das Erbbaurecht. Schuldrechtliche Ansprüche in bezug auf das Nachbarerbbaurecht können für die Dauer des Erbbaurechts nur bezogen auf die Einheit von herrschendem Grundstück und Nachbarerbbaurecht geltend gemacht werden. Verfügungsbeschränkungen (Nacherben-, Konkurs-, Testamentsvollstrecker und Zwangsversteigerungsvermerk etc.) erfassen ebenfalls nur die Einheit von herrschendem Grundstück und Nachbarerbbaurecht. 61

Da für den Rang erstreckter dinglicher Rechte neben § 1131 BGB das Prioritätsprinzip maßgebend ist, ist im Hinblick auf die Eigenschaft des Gebäudes als wesentlicher Bestandteil zwingend die Herstellung einheitlicher Rangverhältnisse bei Grundstück und Nachbarerbbaurecht erforderlich. 62

Nicht nur abweichende Verfügungen unter Lebenden, sondern auch abweichende zwangsweise Verfügungen oder ein divergierendes Schicksal im Erbfall ist ausgeschlossen. Im Fall der Nacherbfolge steht dem Rechtsnachfolger des Vorerben (bzw. diesem) ein Anspruch nach §§ 951, 818 BGB gegen den Nacherben zu. 63

Regelungsbedürftig im Erbbaurechtsvertrag ist nach der hier vertretenen Ansicht (Lösung zu 3) nurmehr das Schicksal des Gebäudes im Fall des Erlöschens des Erbbaurechts und die Verteilung einer Entschädigung nach §§ 27, 32 ErbbauVO. Insoweit gelten die Ausführungen zum Gesamterb- 64

§ 39 65–71   Kapitel 2. Nutzung fremder Grundstücke

baurecht entsprechend (oben Rdz. 42, 44). Auch bei Nachbarerbbaurechten empfiehlt sich die Aufnahme einer Verpflichtung zur Herausmessung der Ausübungsfläche entsprechend Abs. 1 Satz 4 (oben Rdz. 21), welche gegebenenfalls an den Eigentümer des herrschenden Grundstücks verkauft oder gegen andere Flächen vertauscht werden kann.

65   Die Bestellung des Nachbarerbbaurechts bedarf der Genehmigung nach § 120 Abs. 2 i. V. m. § 19 BauGB.

c) Einwendungen und Einreden

66   Zu Einwendungen und Einreden siehe Vorbem. vor §§ 28ff., Rdz. 13–24.

d) Grundbuchverfahren

67   Im Interesse des Verkehrsschutzes ist die Eigenschaft des Nachbarerbbaurechts nach Abs. 3 Satz 3 im Grundbuch des Erbbaugrundstücks zu verlautbaren (durch Bezeichnung als *„Nachbarerbbaurecht"* anstelle von *„Erbbaurecht"*). Weiter ist das Nachbarerbbaurecht im Bestandsverzeichnis des herrschenden Grundstücks als dessen Bestandteil einzutragen.

68   **Beispiel:** Eintragung im Bestandsverzeichnis des herrschenden Grundstücks:
„Flst. 100 Ernst-Thälmann-Straße 25–27, Wohnhaus, Hofraum zu 0,2300 ha, hierzu Nachbarerbbaurecht nach § 39 Abs. 3 Sachenrechtsbereinigungsgesetz bis zum... an Flst. 100/1 (Band... Blatt...), auszuüben an realer Teilfläche von ca.... qm, gemäß Erbbauvertrag vom... (Notar... in...), eingetragen am..."

69   Am dienenden Grundstück (im Beispielsfall Flst. 100/1) wird die Eintragung nach Abs. 3 Satz 3 in Abteilung II vorgenommen.

70   Nach der Gesetzesbegründung (BR-Drucks. 515/93, S. 137) soll offenbar dennoch ein zusätzliches Erbbaugrundbuch für das Nachbarerbbaurecht angelegt werden. Dies erscheint überflüssig, da ohnehin gleiche Belastungsverhältnisse hergestellt und gewahrt bleiben sollen und eine gesonderte Verfügung über das Erbbaurecht nicht in Betracht kommt. § 39 Abs. 3 Satz 3 spricht nur vom Grundbuch des belasteten und des herrschenden Grundstücks, welches insoweit zugleich Erbbaugrundbuch im Sinne des § 14 ErbbauVO ist. Die hier vertretene Ansicht ist zudem verfahrensökonomisch.

4. Kombinationen

71   § 39 läßt mangels anderweitiger Aussage die Verbindung der in seinen einzelnen Absätzen enthaltenen Erbbaurechtstypen zu. So ist es denkbar, ein Grundstück mit mehreren Erbbaurechten nach § 39 Abs. 1 zu belasten, von denen eines ein Nachbarerbbaurecht nach Abs. 3, ein anderes ein zugleich an weiteren Grundstücken lastendes Gesamterbbaurecht nach Abs. 2 ist. Im Fall des Nachbarerbbaurechts wäre sodann der Gleichrangvermerk nach § 39 Abs. 1 sowohl in Abteilung II des Grundbuchs des belasteten Grundstücks als auch im Bestandsverzeichnis des herrschenden Grundstücks (nach der hier vertretenen Auffassung zugleich Erbbaugrundbuch) einzutragen.

§ 40 Wohnungserbbaurecht

(1) Der Anspruch ist auf die Erbbaurechtsbestellung und Begründung von Erbbaurechten nach § 30 des Wohnungseigentumsgesetzes zu richten, wenn
1. natürliche Personen Gebäude (Mehrfamilien- und zusammenhängende Siedlungshäuser) als Miteigentümer erworben oder gemeinsam errichtet haben und abgeschlossene Teile eines Gebäudes unter Ausschluß der anderen nutzen,
2. staatliche Stellen, Gemeinden oder Genossenschaften Gebäude gemeinsam errichtet haben und abgeschlossene Teile des Gebäudes unter Ausschluß der anderen nutzen.

Ein Wohnungserbbaurecht ist auch dann zu bestellen, wenn die Genehmigung zu einer Teilung durch Abschreibung der mit den Erbbaurechten belasteten Grundstücke nach § 120 Abs. 1 versagt wird.

(2) Jeder Nutzer kann von den anderen Nutzern und von dem Grundstückseigentümer den Abschluß der für die Begründung eines Erbbaurechts und die Bestellung von Wohnungserbbaurechten erforderlichen Verträge auch dann verlangen, wenn eine Teilung des Grundstücks wegen gemeinschaftlicher Erschließungsanlagen oder gemeinschaftlich genutzter Anbauten unzweckmäßig ist. Eine Realteilung ist in der Regel unzweckmäßig, wenn zur Sicherung der Nutzung der Gebäude mehrere Dienstbarkeiten auf verschiedenen Grundstücken zu bestellen sind und Verträge über die Unterhaltung gemeinschaftlicher Anlagen und Anbauten zu schließen sind, die auch für Rechtsnachfolger verbindlich sein müssen.

(3) Jeder Nutzer kann von den anderen Beteiligten den Abschluß einer Vereinbarung über den Erbbauzins verlangen, nach der die Nutzer nach der Größe ihrer Erbbaurechtsanteile dem Grundstückseigentümer allein zur Zahlung des bezeichneten Erbbauzinses verpflichtet sind. Einer Zustimmung der Grundpfandrechtsgläubiger bedarf es nicht.

(4) Nutzer und Grundstückseigentümer sind verpflichtet, an der Aufteilung und der Erlangung der in § 7 Abs. 4 des Wohnungseigentumsgesetzes bezeichneten Unterlagen mitzuwirken. Die dadurch entstehenden Kosten haben die künftigen Inhaber der Wohnungserbbaurechte nach dem Verhältnis ihrer Anteile zu tragen.

Übersicht

	Rdz.		Rdz.
I. Allgemeines	1	III. Voraussetzungen	22
1. Einzelerbbaurechte	2	IV. Begründung von Wohnungs- und Teileigentum	47
2. Begriff der Erschließungsanlage	4	V. Erbbauzinsverteilung	52
3. Wohnungs- und Teilerbbaurechte	6	1. Teilschuldnerschaft	52
II. Aktiv- und Passivlegitimation	10	2. Maßstab	53
1. Nutzer – Eigentümer	10	VI. Einzelfragen	56
2. Nutzer – Nutzer	11		

I. Allgemeines

1 § 40 regelt einen mit § 39 Abs. 1 verwandten Sachverhaltstypus. Während in den Fällen des § 39 Abs. 2 und 3 ein Nutzer sich mehreren Grundstückseigentümern gegenübersieht, liegt hier der umgekehrte Fall vor: mindestens ein Grundstück wird durch mehrere Personen in Ausübung von Nutzungstatbeständen genutzt.

1. Einzelerbbaurechte

2 Die Bestellung selbständiger Einzelerbbaurechte nach § 39 Abs. 1 kommt in Betracht, wenn die Nutzung der einzelnen erfaßten Flächen im wesentlichen unabhängig von einander erfolgen kann. Idealfall ist die Einfamilienhaussiedlung. Voraussetzung für die Bestellung gleichrangiger Einzelerbbaurechte ist nach § 120 Abs. 1 oder 2 (im Fall des § 39 Abs. 1) die Erteilung der erforderlichen Teilungsgenehmigung.

3 In Fällen, in denen für mehrere Gebäude gemeinsame Erschließungsanlagen geschaffen wurden und eine Realteilung des Grundstücks zahlreiche Dienstbarkeiten, Reallasten und schuldrechtliche Verträge über die Erschließungsanlagen erforderlich machen würde (z. B. Vereinbarungen über ihre Erstherstellung und Versicherung), können sich Einzelerbbaurechte als unzweckmäßig erweisen (Begr. BR-Drucks. 515/93, S. 138).

2. Begriff der Erschließungsanlage

4 Erschließungsanlagen im Sinne des § 40 sind zum einen die in § 127 Abs. 2 BauGB genannten Anlagen, d. h. im wesentlichen Zufahrtsstraßen und -wege, Parkflächen und Grünanlagen sowie Lärmschutzwälle. Erschließungsanlagen im Sinne des § 40 Abs. 2 sind weiterhin Kinderspielplätze und Anlagen zur Versorgung und Entsorgung mit Elektrizität, Wasser, Abwasser, Strom, Gas sowie Fernmeldeverbindungen.

5 In Betracht kommen als Vereinbarungen i. S. d. Abs. 2 Satz 2 hier Zufahrts- und Zugangsrechte, Rechte für Versorgungsleitungen für Wasser, Abwasser, Strom, Gas, Telekommunikation und Heizenergie, Grenzanbau-, Gerüstaufstellungs-, Werbeanlagen-, Lichtschachtrechte sowie insbesondere Regelungen bezüglich Garagen, Parkflächen, Kinderspielplätze, Heizzentralen und anderer Gemeinschaftseinrichtungen.

3. Wohnungs- und Teilerbbaurechte

6 Zwar läßt sich der Gesichtspunkt des großen Regelungsaufwands (§ 40 Abs. 2 Satz 2) auch der Teilung des Grundstücks in Ausübung eines Ankaufsrechts entgegenhalten, doch steht dem gleichen Regelungsaufwand im Fall des Kaufs die Tatsache der dauernden und nicht bloß zeitweiligen Klärung der Grundstücksverhältnisse gegenüber. In den einschlägigen Fällen wird zudem oft die nach § 120 Abs. 2 i. V. m. § 19 BauGB erforderliche Teilungsgenehmigung nicht zu erhalten sein.

Zur Vermeidung unverhältnismäßigen Regelungsaufwands für die Fixierung nachbarschaftlicher Belange verweist das Gesetz in § 40 die Beteiligten zu Recht auf das Modell des Wohnungseigentumsgesetzes, das hierfür ein fertiges Instrumentarium bereithält (Begr. BR-Drucks. 515/93, S. 138). 7

Auch § 40 enthält notardispositives Recht, d. h. die Vorschrift gibt dem Notar bzw. Richter ein Mittel zur interessengerechten Rechtsgestaltung (hierzu § 42 Rdz. 13–36). Das Gestaltungsermessen des Notars wird im Fall des § 40 Abs. 1 Satz 1 und Satz 2 allerdings oft stark reduziert sein. Ansprüche der Beteiligten gegeneinander bestehen auch im Fall des § 40 Abs. 2 nur eingeschränkt. Notardispositiv, nicht parteidispositiv sind die Voraussetzung „mehrere" und „unzweckmäßig" in der Vorschrift (hierzu unten Rdz. 34–40). 8

Zur Berücksichtigung des Willens der Beteiligten siehe § 42 Rdz. 13–36. 9

II. Aktiv- und Passivlegitimation

1. Nutzer – Eigentümer

Der Anspruch nach § 40 steht in den Fällen des Abs. 1 den Nutzern als Gesamtgläubigern nach § 432 BGB gegen den Grundstückseigentümer bzw. dem Grundstückseigentümer gegen die Nutzer als Gesamtschuldner nach § 426 BGB zu (anders bei Erbbauzins: Teilschuldnerschaft der Nutzer nach Abs. 3, unten Rdz. 52). Dies folgt unmittelbar aus der Ausgestaltung des Anspruchs in §§ 14 ff (§ 14 Rdz. 15–16). 10

2. Nutzer – Nutzer

a) Abs. 2 ergänzt diese Polarität durch die ausdrückliche Einräumung wechselseitiger Ansprüche der Nutzer gegeneinander in der Fallgruppe dieses Absatzes. 11

b) Der Gesetzeswortlaut ist mißverständlich, da man aus ihr Leistungsverweigerungsrechte des Grundstückseigentümers unter Berufung auf das Vorliegen oder Nichtvorliegen der Voraussetzungen des § 40 herauslesen könnte. Das Gesetz bedarf daher der Auslegung unter Berücksichtigung des Gesetzeszwecks. Denn sehen sich ein oder mehrere Grundstückseigentümer einer Mehrheit von Nutzern gegenüber, so ist das Interesse des Grundstückseigentümers daran gering, ob er seine Verbindlichkeit durch Begründung von Erbbaurechten nach § 39 Abs. 1 oder nach § 40 erfüllt. Auf der anderen Seite ist es nicht sachgerecht, den Grundstückseigentümer mit Problemen des Innenverhältnisses der Nutzer zu belasten. 12

Verlangt daher ein Nutzer die Bestellung eines Erbbaurechts nach § 39 Abs. 1, so schuldet der Grundstückseigentümer Erfüllung, ohne auf die Voraussetzungen des § 40 Abs. 1 Satz 1 oder Abs. 2 verweisen zu können. Denn ein anderer Nutzer könnte u. U. Ankauf seiner erfaßten Fläche verlangen. 13

§ 40 14–21 Kapitel 2. Nutzung fremder Grundstücke

Der Grundstückseigentümer ist nicht verpflichtet, die Zustimmung der übrigen Nutzer hierzu zu erholen.

14 Widerspricht ein anderer Nutzer diesem Verlangen unter Hinweis auf § 40, so ist der Grundstückseigentümer berechtigt, an alle an der Bestellung von Erbbaurechten interessierten Nutzer als Bruchteilsberechtigte zu leisten. Diese können dann entweder das ihnen übertragene Erbbaurecht in Einzelerbbaurechte teilen (der Grundstückseigentümer ist insoweit zur Aufteilung des Erbbauzinses nach Maßgabe der §§ 43 ff. verpflichtet) oder Wohnungs- und Teilerbbaurechte nach § 40 durch Vereinbarung nach § 3 WEG begründen.

15 Ist die Begründung von Wohnungs- und Teilerbbaurechten nach § 40 nicht mehr möglich, da ein anderer Nutzer zwischenzeitlich von seinem Ankaufsrecht Gebrauch gemacht hat (z. B. im Fall des § 40 Abs. 2), so steht den Nutzern gegen den Käufer der Anspruch auf Bestellung eines (Gesamt-)Erbbaurechts und der Aufteilung in Wohnungs- und Teilerbbaurechte zu, § 67 Abs. 2 Nr. 2. Die Durchsetzung dieses Anspruchs berührt den Grundstückseigentümer nicht mehr.

16 Die Regelung nachbarschaftlicher Verhältnisse unter einzeln berechtigten Nutzern ist ebenfalls nicht mehr Sache des Grundstückseigentümers.

17 Verlangt ein Nutzer die Bestellung von Wohnungs- und Teilerbbaurechten nach § 40 anstelle eines Erbbaurechts, so ist der Grundstückseigentümer nur zur Erfüllung verpflichtet, wenn die übrigen Nutzer mit dieser Form der Sachenrechtsbereinigung einverstanden sind. Dies gilt auch in den Fällen des § 40 Abs. 1 Satz 2.

18 Das (berechtigte) Verlangen eines Nutzers nach Bestellung von Wohnungs- und Teilerbbaurechten nach § 40 schließt Ansprüche anderer Nutzer auf Bildung und Übertragung von Wohnungs- und Teileigentum aus, § 67 Abs. 2 Nr. 2 (§ 67 Rdz. 21–22).

19 c) Ist das Wahlrecht auf den Grundstückseigentümer übergegangen, so muß er allerdings die Voraussetzungen des § 40 darlegen und beweisen, wenn er seine Verpflichtung durch Begründung und Übertragung von Wohnungs- und Teilerbbaurechten erfüllen will.

20 d) Der Grundstückseigentümer erfüllt seine Verpflichtungen nach § 40 bereits dann, wenn er den Nutzern als Berechtigten in Bruchteilsgemeinschaft ein Erbbaurecht bestellt. Eine Aufteilung dieses Erbbaurechts nach § 8 WEG schuldet er nicht. Es ist Sache der Nutzer, sich insoweit über die Bedingungen einer Aufteilung nach § 3 WEG zu einigen. Gleichfalls geraten die Nutzer in Annahmeverzug, wenn sie dem Grundstückseigentümer nicht vorgeben, in welchem Berechtigungsverhältnis sie das Erbbaurecht erwerben wollen (insbesondere also bei Streit um Miteigentumsquoten).

21 e) Zu Einwendungen und Einreden bei Personenmehrheiten siehe Vorbem. vor §§ 28 ff., Rdz. 13–24.

III. Voraussetzungen

Der Anspruch nach § 40 besteht in folgenden Fallgruppen: 22
(1) Miteigentümergemeinschaften von Privatpersonen, Abs. 1 Satz 1 Nr. 1 23
Betroffen sind hier in erster Linie Privatleute, denen nach DDR-Praxis (Ziffer 1.2.3. der internen Hinweise des Ministeriums der Finanzen der DDR für die Verleihung von Nutzungsrechten vom 31. 12. 1986, hierzu Begr. BR-Drucks. 515/93, S. 138) Miteigentum an von ihnen erworbenen oder errichteten Mehrfamilienhäusern oder zusammenhängenden Siedlungshäusern eingeräumt wurde. Vergleichbare Nutzungstatbestände (etwa Nutzung in schuldrechtlicher Mitberechtigung in sog. hängenden Fällen) stehen dem Miteigentum gleich.

Werden von den einzelnen Nutzern (wobei Nutzer und ihre Angehö- 24
rige eine Einheit bilden, § 9 Abs. 4) jeweils abgeschlossene Teile eines Gebäudes genutzt, dann kann auch die zur Begründung von Wohnungs- und Teilerbbaurechten erforderliche Abgeschlossenheitsbescheinigung nach § 7 Abs. 4 WEG erteilt werden.

Den Nutzern steht es frei, die Voraussetzung der Nutzung abge- 25
schlossener Gebäudeteile im Zuge der Sachenrechtsbereinigung durch schuldrechtliche Vereinbarungen untereinander nach Gemeinschaftsrecht erst herbeizuführen (Umzugs- und Umbauverpflichtungen).

(2) Gemeinschaften von Genossenschaften, Gemeinden und staatlichen Stel- 26
len, Abs. 1 Nr. 2
Im komplexen Wohnungsbau wurden in einigen Fällen Wohnbauten von volkseigenen Betrieben der Wohnungswirtschaft und Wohnungsbaugenossenschaften nach Fertigstellung gemeinsam genutzt. Dies führt zu einem Auseinanderfallen der Vermieterposition innerhalb desselben Gebäudes, ohne das dem eine entsprechende sachenrechtliche Rechtsposition zur Seite stünde (Begr. BR-Drucks. 515/93, S. 138).

Auch hier ist die Nutzung abgeschlossener Gebäudeteile durch die 27
jeweilige Gemeinde, Genossenschaft oder staatliche Stelle erforderlich. Wie im Fall der Nr. 1 kann diese durch schuldrechtliche Vereinbarungen (Benutzungs- und Gebrauchsregelungen entsprechend dem Gemeinschaftsrecht, evtl. Umbauverpflichtungen) im Zuge der Sachenrechtsbereinigung geschaffen werden.

(3) Nicht genehmigte Teilung, Abs. 1 Satz 2 28
In den Fällen, in denen die Begründung selbständiger Einzelerbbaurechte für selbständige Gebäude nach § 39 Abs. 1 deshalb scheitert, weil die nach § 120 Abs. 1 oder 2 i. V. m. § 19 BauGB erforderliche Teilungsgenehmigung versagt wird, läßt Abs. 1 Satz 2 ebenfalls die Begründung von Wohnungs- und Teilerbbaurechten zu.

Versagt ist die Genehmigung erst dann, wenn dies bestandskräftig 29
aufgrund unanfechtbaren Bescheids feststeht. Der Grundstückseigentümer schuldet den Nutzern keine Durchführung eines Widerspruchsverfahrens oder eines Verwaltungsprozesses.

30 Solange die Genehmigung nicht bestandskräftig versagt oder erteilt ist, kann der Grundstückseigentümer an alle an der Bestellung eines Einzelerbbaurechts interessierten Nutzer gemeinschaftlich zu Bruchteilen leisten.

31 Bei der Aufteilung in Fällen versagter Teilungsgenehmigung trotz freistehender Gebäude oder Doppelhaushälften bietet sich die Begründung sog. unechten Wohnungseigentums an. Hierbei werden die Grundstückseigentümer zum einen über Sondernutzungsrechte an „ihren" Gartenflächen und ihren Gebäuden, soweit diese zwingend Gemeinschaftseigentum sind, zum anderen über eine entsprechende Verteilung von Kosten und Lasten und eine eingeschränkte Wiederaufbauverpflichtung im Ergebnis so gestellt, daß sie wirtschaftlich dem Grundstückseigentümer eines vermessenen Grundstücks möglichst gleichstehen (vgl. etwa Münchner Vertragshandbuch-*Schmidt,* Band IV/2, Form IX.3 §§ 4, 5 und Form. IX.5. § 4).

32 (4) Unübersichtliche nachbarschaftliche Belange, Abs. 2

Nach Abs. 2 besteht nicht nur ein Anspruch auf Begründung von Wohnungs- und Teilerbbaurechten im Verhältnis zwischen Grundstückseigentümer und Nutzer, sondern auch unter den beteiligten Nutzern. Voraussetzung ist nach Satz 1, daß die Teilung des Grundstücks wegen gemeinschaftlich genutzter Erschließungsanlagen oder gemeinschaftlich genutzter Anbauten unzweckmäßig ist.

33 Zum Begriff der Erschließungsanlage siehe oben Rdz. 4–5.

34 Der unscharfe Begriff „unzweckmäßig" wird in Abs. 2 Satz 2 durch Regelbeispiele näher definiert. Hiernach ist eine Grundstücksteilung „in der Regel" unzweckmäßig, wenn entweder

(a) zur Nutzung der Gebäude „mehrere" Dienstbarkeiten auf verschiedenen Grundstücken zu bestellen sind oder

(b) für Rechtsnachfolger verbindliche Verträge über die Unterhaltung gemeinschaftlicher Anlagen und Anbauten zu schließen sind.

35 Der Wortlaut ist zu weitgehend und bedarf einer am Sinn und Zweck der Bestimmung orientierten restriktiven Auslegung.

36 a) mehrere Dienstbarkeiten

„Mehrere" Dienstbarkeiten sind nach dem Wortlaut der Bestimmung mindestens zwei, wobei offen bleibt, ob es hierbei auf die Anzahl der Dienstbarkeiten auf einem oder allen zu belastenden Grundstücken ankommt. Grundstück ist nicht nur das bestehende Grundstück des Grundstückseigentümers, sondern das durch Teilung in Einzelerbbaurechte entstehende fiktive Grundstück. Auch die verschiedenen Ausübungsflächen von Erbbaurechten nach § 39 Abs. 1 können „verschiedene Grundstücke" im Sinne des § 40 Abs. 2 Satz 2 sein, da die Dienstbarkeiten an den Einzelerbbaurechten zu bestellen sind, nicht notwendigerweise auch an den Grundstücken.

37 Dienstbarkeiten im Sinne des § 40 Abs. 2 Satz 2 sind insbesondere auch Reallasten, letztlich alle dinglichen Sicherungsmittel zur Sicherung von Erschließungsanlagen und öffentlichen Belangen; d. h. auch Baulasten nach der jeweiligen Landesbauordnung.

Nach dem Sinn und Zweck der Bestimmung sind „mehrere" Dienstbarkeiten erst dann gegeben, wenn hierdurch unübersichtliche Belastungsverhältnisse eintreten. Insoweit kann der Rechtsgedanke der Verwirrung nach §§ 5–7 GBO herangezogen werden. Die Entscheidung hierüber obliegt letztlich nicht den Beteiligten. Vielmehr steht insoweit dem Notar bzw. dem Gericht ein unüberprüfbarer Beurteilungsspielraum zu. Der Anspruch nach § 40 richtet sich somit allenfalls auf Vertragsgestaltung nach den anerkannten kautelarjuristischen Standards, also auf beurteilungsfehlerfreie Entscheidung. 38

Maßgebend für die Entscheidung zwischen §§ 39 und 40 ist u. a. die Anzahl der zu bildenden Einzelgrundstücke, die Anzahl der durch Dienstbarkeit zu regelnden Sachverhalte und die Komplexität der Abhängigkeit der Grundstücke voneinander (wieviel herrschende und wieviel dienende Grundstücke bestehen jeweils), aber auch die Bereitschaft aller Beteiligten zur Mitwirkung an der einen oder anderen Lösung. Zu berücksichtigen ist weiter, daß die Sicherung von Erschließungsanlagen und sonstigen nachbarschaftlichen Belangen durch Dienstbarkeiten und Reallasten auch in komplexeren Fällen in der notariellen Praxis Alltag ist und problemlos bewältigt wird. 39

Denkbar sind auch Kompromisse in der Weise, daß nur eine Grundstücksteilung in relativ große Parzellen stattfindet, diese wiederum nach § 40 aufgeteilt werden und verbleibende nachbarschaftliche Belange durch Dienstbarkeiten und Reallasten geregelt werden. Auf diese Weise läßt sich eine für Gemeinschaften nach dem WEG optimale Betriebsgröße von 50–100 Einheiten erreichen. 40

b) Unterhaltungsverträge 41
Verträge in diesem Sinne sind schuldrechtliche, nicht dinglich sicherbare Verträge über die Unterhaltung gemeinschaftlicher Anlagen. Regelungsgegenstand dieser Verträge ist somit nicht die Pflicht zur Unterhaltung dieser Anlagen im engeren Sinne, da diese Verpflichtung einschließlich der Verkehrssicherungspflicht (BayObLG MittBayNot 1990, 172) über Reallasten bzw. nach §§ 1021, 1022 BGB sicherbar wäre. Betroffen können nur dinglich nicht sicherbare (*Palandt-Bassenge,* § 1021 Rdz. 2 a. E.) Nebenpflichten wie die Pflicht zur Versicherung sein; die Weitergabe einer Ersterstellungspflicht an Rechtsnachfolger wird hingegen kaum je in Betracht kommen.

Eine Pflicht zur Begründung von Wohnungs- und Teilerbbaurechten aufgrund dieser Fallgruppe wird nur in wenigen Fällen bestehen. 42

(5) Unmöglichkeit der Bestellung von Einzelerbbaurechten 43
Ein Anspruch auf Begründung von Wohnungs- und Teilerbbaurechten entsprechend § 40, insbesondere in Analogie zu § 40 Abs. 1 Satz 2, kommt dann in Betracht, wenn die Begründung von Erbbaurechten nach § 39 aus anderen als den in § 40 genannten Gründen nicht möglich oder wirtschaftlich unzumutbar ist.

Diese Analogie betrifft in erster Linie Fälle, in denen einer von mehreren beteiligten Grundstückseigentümern aufgrund erfolgreicher Erhebung einer Einwendung oder Einrede nicht mehr zur Durchführung der 44

Sachenrechtsbereinigung verpflichtet ist (vgl. Vorbem. vor §§ 28 ff., Rdz. 13–24). Ist die Sachenrechtsbereinigung nicht durch die übrigen Grundstückseigentümer unter Aussparung des einredebehafteten Grundstücks durchführbar, so ist entsprechend § 40 der die Einrede erhebende Gläubiger verpflichtet, gegebenenfalls nach vorhergehender Herstellung der Abgeschlossenheit durch den Nutzer an der Begründung von Wohnungs- und Teilerbbaurechten mitzuwirken. Der auf die von der Einrede erfaßte Fläche entfallende Teil dieser Erbbaurechte ist sodann an den Eigentümer dieser Fläche zu übertragen.

45 Eine exakte Aufteilung entlang der Grundstücksgrenze ist nicht immer erforderlich, der Grundstückseigentümer ist nach § 242 BGB gehalten, einer wirtschaftlich zumutbaren Aufteilung zuzustimmen, die dem Ideal möglichst nahekommt.

46 Zu den Rechtsfolgen, wenn diese Aufteilung nicht durchführbar ist, vgl. Vorbem. vor §§ 28 ff., Rdz. 21–23.

IV. Begründung von Wohnungs- und Teilerbbaurechten

47 Die Begründung von Wohnungs- und Teilerbbaurechten erfolgt, wie der Wortlaut von Abs. 2 Satz 1 berücksichtigt, in zwei Schritten (Vertragsmuster in Münchner Vertragshandbuch-*Winkler*, Band IV/2, Form VIII.11 und 12 sowie in der Broschüre „Wohnungsprivatisierung in den neuen Bundesländern", herausgegeben von der Bundesnotarkammer, erscheint demnächst in 2. Aufl.).

48 Als erster Schritt ist ein Erbbaurecht zu bestellen, was im zweiten Schritt in Wohnungs- und Teilerbbaurechte aufgeteilt wird.

49 Möglich ist zum einen die Bestellung eines Eigentümererbbaurechts mit anschließender Aufteilung nach § 8 WEG und Übertragung der entstandenen Wohnungs- und Teilerbbaurechte auf die jeweiligen Nutzer. Zum anderen kommt die Bestellung eines Erbbaurechts für die Nutzer als Berechtigte zu ideellen Bruchteilen in Betracht, welche sodann die Aufteilung ohne Mitwirkung des Grundstückseigentümers nach § 3 WEG vornehmen.

50 Die Kosten des zweiten Lösungswegs sind im Regelfall geringer, es sei denn, der Grundstückseigentümer behält infolge teilweise erfolgreicher Einreden einen Teil der gebildeten Einheiten als Eigentümer-Wohnungserbbaurechte zurück.

51 Abs. 4 stellt insoweit die Mitwirkungspflicht der Nutzer und Grundstückseigentümer an der Aufteilung und der Erlangung der in § 7 Abs. 4 bezeichneten Unterlagen klar. Die Kosten hierfür fallen in Abweichung von § 60 nur den künftigen Wohnungserbbauberechtigten im Verhältnis ihrer Anteile (= Anteile am gemeinschaftlichen Erbbaurecht) zur Last. Nach Abs. 4 ist der Grundstückseigentümer grundsätzlich auch zur Duldung von Umbaumaßnahmen zur Herstellung der Abgeschlossenheit verpflichtet (vgl. Vorbem. vor §§ 28 ff., Rdz. 22).

V. Erbbauzinsverteilung nach Abs. 3

1. Teilschuldnerschaft

Wesentliches Augenmerk bei der Begründung von Wohnungs- und Teilerbbaurechten gebührt der Verteilung des Erbbauzinses auf die jeweils gebildeten Einheiten. Gesamtbelastungen sind zu vermeiden und nach Abs. 3 vom Nutzer auch im Verhältnis zum Grundstückseigentümer nicht geschuldet. Statt dessen haften die Erbbauberechtigten dem Grundstückseigentümer nur nach § 420 BGB als Teilschuldner (zur Verteilung des Erbbauzinses *Oefele/Winkler,* Handbuch, Rdz. 3.119f.; Muster in Münchner Vertragshandbuch-*Winkler,* Band IV/2, Form. VIII.13). Dem Grundstückseigentümer ist dies schon deshalb zumutbar, da auch bei Teilschuldnerschaft die Chance der Einbringlichkeit seiner Forderung mit der Zahl der Schuldner steigt. Zudem läßt sich in eine einzelne Wohnungs-/Teilerbbaurechtseinheit leichter vollstrecken. 52

2. Maßstab

a) Abs. 3 erleichtert den Nutzern die Durchsetzung einer entsprechenden Verteilung des Erbbauzinses (einschließlich der Verteilung einer etwa bestellten Erbbauzinsreallast) auf die gebildeten Einheiten. Nach dem Wortlaut der Bestimmung sind die übrigen Nutzer und der Grundstückseigentümer dem Anspruchsteller zur Aufteilung entsprechend der Größe der Erbbaurechtsanteile verpflichtet, ohne daß es der sonst erforderlichen Zustimmung nachrangiger Grundpfandgläubiger (wohl aber sonstiger nachrangiger Berechtigter in Abt. II des Grundbuchs) aufgrund der möglichen Rangverschlechterung bedürfte, Abs. 4 Satz 2. 53

b) Das Gesetz setzt hierbei davon aus, daß Erbbaurechtsanteile nicht willkürlich gebildet werden dürfen. Aus der Sicht des Grundstückseigentümers wie der Grundpfandgläubiger sind die Anteile im Verhältnis der Verkehrswerte der einzelnen Einheiten festzusetzen. Entsprechend der üblichen Praxis und zur Herstellung des Gleichlaufs mit der Verteilung der Betriebskosten der Anlage nach der Gemeinschaftsordnung ist als Wertmaßstab die Wohnfläche nach der II. Berechnungsverordnung zulässig. 54

c) Im Grundbuchverfahren ist die Rechtmäßigkeit gebildeter Anteile jedoch nicht mit den Mitteln des § 29 GBO nachzuweisen, insoweit gilt der Wortlaut des Abs. 3. Nach Abs. 3 haben jedoch die zur Aufteilung des Erbbauzinses Verpflichteten ein Leistungsverweigerungsrecht, falls der Maßstab den obenstehenden Grundsätzen nicht entspricht. Grundpfandgläubiger können sich gegen eine Aufteilung zu ihren Lasten mit dem Mittel des Widerspruchs nach § 899 BGB wehren. 55

VI. Einzelfragen

56 Zu den übrigen regelungsbedürftigen Fragen, insbesondere zum Inhalt der Gemeinschaftsordnung vgl. die oben Rdz. 31 und 47 genannten Vertragsmuster. Regelungsbedürftig ist der Aufteilungsmaßstab für die bei Beendigung oder Heimfall des Erbbaurechts zu leistende Entschädigung (§ 42 Rdz. 37–41) für das Bauwerk.

§ 41 Bestimmung des Bauwerks

Ein Erbbaurechtsvertrag nach diesem Kapitel kann mit dem Inhalt abgeschlossen werden, daß der Erbbauberechtigte jede baurechtlich zulässige Zahl und Art von Gebäuden oder Bauwerken errichten darf.

Übersicht

	Rdz.
1. Allgemeines	1
2. Regelungsziel	2
3. Fragen der Vertragsgestaltung	4

1. Allgemeines

1 Nach § 1 Abs. 1 ErbbauVO muß sich das Erbbaurecht auf ein „Bauwerk" beziehen. Dies ist unproblematisch, soweit sich auf dem Grundstück bereits ein Bauwerk befindet und nur dieses Gegenstand des Erbbaurechts sein soll. Soweit sich ein Erbbaurecht auf ein zu errichtendes Bauwerk bezieht, verlangt die hM unter Berufung auf den Bestimmtheitsgrundsatz des Sachenrechts wenigstens die Angabe der Anzahl der zulässigen Bauwerke und deren ungefähre Beschaffenheit, zumindest deren Grundart (*Oefele/Winkler*, Handbuch, Rdz. 2.22; BGHZ 47, 190/193 f.; BGH DNotZ 1969, 487/489 f.; *Palandt-Bassenge*, § 1 ErbbauVO Rdz. 7). So genügt zur Inhaltsbestimmung die Angabe, „Gebäude aller Art in Übereinstimmung mit dem zu erstellenden Bebauungsplan" errichten zu dürfen (BGHZ 101, 143/146 f.; im Anschluß hieran und unter ausdrücklichem Hinweis auf § 41 SachenRBerG BGH vom 22. 4. 94 – V ZR 183/93, zur Veröffentlichung in MittBayNot 1994 vorgesehen), und zwar auch dann, wenn sich die Bebaubarkeitserwartung zerschlägt.

2. Regelungsziel

2 Der Gesetzgeber glaubte, aufgrund der besonderen baulichen Situation im Beitrittsgebiet über die geltende Rechtslage hinaus gehen zu müssen, obwohl diese ohnehin durch eine sehr großzügige Auslegung des Bestimmtheitserfordernisses gekennzeichnet ist. Insbesondere wird die künftige bauliche Nutzbarkeit mangels entsprechender Bauleitplanung in vielen Fällen noch

§ 41. Bestimmung des Bauwerks

nicht vorhersehbar sein (Begr. BR-Drucks. 515/93, S. 139). Nach der Intention des Gesetzes sollen damit „flexible Erbbaurechtsverträge" ausdrücklich zugelassen werden.

Auch ohne Vereinbarung nach § 41 kann sich die Zulässigkeit eines zusätzlichen Neubaus aus § 54 Abs. 4 ergeben. 3

3. Fragen der Vertragsgestaltung

§ 41 ist nach seinem Wortlaut („kann abgeschlossen werden", nicht „der 4 Beteiligte kann verlangen"), seiner systematischen Stellung und aufgrund der Nichtnennung in § 42 Abs. 2 kein selbständiger Anspruch des Nutzers oder Grundstückseigentümers, sondern ein eigenständiges Gestaltungsinstrument in der Hand des Notars bzw. Richters (notardispositives Recht, § 42 Rdz. 13–36).

Bei der Anwendung des Gestaltungsmittels ist folgendes zu berücksichtigen: 5
a) Nach dem Inhalt des Nutzungsrechts kann nur eine bestimmte Art und 6 Anzahl von Gebäuden und baulichen Anlagen (§ 12) zulässig sein. Insoweit die Rechtsposition des Nutzers zu erweitern, verstieße gegen den Grundsatz der Sachenrechtsbereinigung, wonach der Nutzer durch das SachenRBerG mehr erhalten soll, als ihm nach dem Inhalt seiner bisherigen Rechtsposition zustand (Einl. Rdz. 44).
b) Eine Erweiterung der Rechtsposition des Nutzers ist in der Weise auszu- 7 gleichen, als sich der Erbbauzins nach dem Maß der durchgeführten Bebauung bestimmt. Dies ergibt sich schon aus §§ 46–48, die in den Fällen des § 41 wie folgt anzuwenden sind:
  aa) Soweit Gebäude und bauliche Anlagen nach Nutzungsart und -umfang 8 entsprechend dem Inhalt des Nutzungstatbestands genutzt werden, ist der Erbbauzins nach §§ 43–46, 48–52 geschuldet. Es verbleibt somit grundsätzlich bei der Halbteilung der Bodenwerte.
  bb) Soweit die Nutzungsart sich ändert, findet unter den Voraussetzun- 9 gen des § 47 eine Anpassung des Erbbauzinses statt.
  cc) Erhöht sich das Maß der baulichen Nutzung, so gilt dies ebenfalls als 10 Nutzungsänderung im Sinne des § 47 mit der Folge, daß insgesamt eine Erbbauzinserhöhung stattfindet.
  dd) Minderungen des Maßes der baulichen Nutzung führen unter den 11 Voraussetzungen des § 47 Abs. 1 Satz 2 Nr. 2 zu einer Herabsetzung des Erbbauzinses.
  ee) Der Grundstückseigentümer hat auch im Fall des § 41 einen Anspruch 12 entsprechend § 47 Abs. 2.
c) Bei Aufnahme einer Klausel nach § 41 empfiehlt sich jedenfalls eine Ver- 13 einbarung über die bei Beendigung des Erbbaurechts zu leistende Entschädigung (§ 42 Rdz. 37–41).

Unterabschnitt 5. Gesetzmäßiger und vertragsmäßiger Inhalt des Erbbaurechts

§ 42 Bestimmungen zum Inhalt des Erbbaurechts

(1) **Zum Inhalt eines nach diesem Kapitel begründeten Erbbaurechts gehören die Vereinbarungen im Erbbaurechtsvertrag über**
1. die Dauer des Erbbaurechts (§ 53),
2. die vertraglich zulässige bauliche Nutzung (§ 54) und
3. die Nutzungsbefugnis des Erbbauberechtigten an den nicht überbauten Flächen (§ 55).

(2) Jeder Beteiligte kann verlangen, daß
1. die Vereinbarungen zur Errichtung und Unterhaltung von Gebäuden und zum Heimfallanspruch (§ 56),
2. die Abreden über ein Ankaufsrecht des Erbbauberechtigten (§ 57)
3. die Abreden darüber, wer die öffentlichen Lasten zu tragen hat (§ 58),
4. die Vereinbarung über eine Zustimmung des Grundstückseigentümers zur Veräußerung (§ 49) und
5. die Vereinbarungen über die Sicherung künftig fällig werdender Erbbauzinsen (§ 52)
als Inhalt des Erbbaurechts bestimmt werden.

Übersicht

	Rdz.		Rdz.
I. Allgemeines	1	3. Ansprüche auf schuldrechtliche Vereinbarungen	8
II. Regelungstechnik	2	4. Notardispositives Recht	13
III. Regelungsinhalt	4		
1. Zwingender Inhalt	5	IV. Entschädigung des Erbbauberechtigten	37
2. Ansprüche auf bestimmten Inhalt des Erbbaurechts	6	V. Belehrungspflicht des Notars	42

I. Allgemeines

1   Die ErbbauVO unterscheidet zwischen Vereinbarungen, die zum Inhalt des dinglichen Rechts gehören (§§ 1, 2, 3, 5, 27 Abs. 1 Satz 2, 31, 32 Abs. 1 Satz 2 ErbbauVO) und schuldrechtlichen Vereinbarungen (z. B. §§ 9, 9a ErbbauVO). Zum zwingenden Inhalt des Erbbaurechts gehört nach der ErbbauVO nur die Bezeichnung des zu belastenden Grundstücks, die Bestimmung des Bauwerks (§ 41 Rdz. 1) und die Bezeichnung als Erbbaurecht. Die übrigen Bestimmungen des SachenRBerG können, müssen aber nicht vereinbart sein.

II. Regelungstechnik

Vermieden wird die unmittelbare Bestimmung des Inhalts des Erbbaurechts oder schuldrechtlicher Nebenabreden durch Gesetz. Solches würde das Grundbuch und die in der Eintragung enthaltene Bezugnahme auf die Einigung entwerten und die Kennzeichnung der besonderen Natur des Erbbaurechts erfordern (etwa durch Eintragung als „*Erbbaurecht nach dem SachenRBerG*").

Statt dessen begründet das Gesetz nur ein System von Ansprüchen und Einreden, welche auf Aufnahme entsprechender Vereinbarungen in den dinglichen oder schuldrechtlichen Teil des Erbbaurechtsvertrags gerichtet sind.

III. Regelungsinhalt

§ 42 bestimmt den zwingenden und den dispositiven Inhalt des Erbbaurechts im Anschluß an die und unter Ergänzung der allgemeinen Regeln wie folgt:

1. Zwingender Inhalt

Der zwingende Mindestinhalt des Erbbaurechts wird in Abs. 1 gegenüber § 1 Abs. 1 ErbbauVO erweitert. Ein Erbbaurechtsvertrag nach dem SachenRBerG hat demnach zu enthalten:
– Bezeichnung des zu belastenden Grundstücks (d. i. der erfaßten Fläche i. S. d. §§ 21 ff.),
– Bezeichnung des zu bestellenden Rechts als Erbbaurecht,
– Bestimmung des Bauwerks (siehe § 41) und der vertraglich zulässigen baulichen Nutzung (Abs. 1 Nr. 2, § 54),
– Befristung (Abs. 1 Nr. 1, § 53),
– Nutzungsbefugnis des Erbbauberechtigten an den nicht überbauten Flächen (Abs. 1 Nr. 3, § 55).

2. Ansprüche auf bestimmten Inhalt des Erbbaurechts

Der dispositive Inhalt des Erbbaurechts nach der ErbbauVO wird insoweit eingeschränkt, als zwar alle nach der ErbbauVO zulässigen Bestimmungen auch im Rahmen eines Erbbaurechtsvertrags nach dem SachenRBerG aufgenommen werden können, nicht jedoch auf jede dieser Bestimmungen ein Anspruch der Beteiligten besteht. Ansprüche der Beteiligten bestehen nach Maßgabe des Abs. 2 nur in Ansehung der §§ 49, 56, 57, 58.

Zur Entschädigungspflicht bei Beendigung bzw. Heimfall siehe unten Rdz. 37–41.

3. Ansprüche auf schuldrechtliche Vereinbarungen

8   Weiter geregelt sind schuldrechtliche Ansprüche der Beteiligten auf eine bestimmte Begründung des Erbbaurechts bzw. auf Aufnahme zusätzlicher schuldrechtlicher Abreden in den Erbbaurechtsvertrag.

9   Der 2. Abschnitt des 2. Kapitels des SachenRBerG enthält hierzu folgende schuldrechtliche Ansprüche der Beteiligten (Grundstückseigentümer, Nutzer, dinglich Berechtigte):
– Rangrücktritt nach § 33,
– Grundstücksteilung nach § 34 Abs. 2 Satz 1 und Abs. 3,
– entsprechende Belastung nach § 35 Satz 1,
– Ablösungsrecht nach § 36 Abs. 2,
– Freistellung und Sicherheitsleistung nach § 37,
– Verzicht auf Werterhöhungsansprüche, § 38 Abs. 1,
– Erstattungsanspruch, § 38 Abs. 2,
– Auszahlung hinterlegter Beträge, § 38 Abs. 3,
– Verteilung des Erbbauzinses, § 40 Abs. 3,
– Mitwirkung bei der Aufteilung, § 40 Abs. 4,
– abweichender Erbbauzins nach § 43 Abs. 2 Satz 2,
– Nutzungsentgelt nach § 44 Abs. 2 Sätze 2–3,
– Verzinsung des Gebäuderestwerts nach § 45,
– Erbbauzinsanpassung bei Nutzungsänderung nach § 47,
– Erbbauzinserhöhung bei Veräußerung nach § 48,
– Erbbauzinsanpassung nach Vermessung nach § 50,
– Zinsermäßigung in der Eingangsphase nach § 51,
– Absicherung einer Reallast und Vereinbarung nach § 9 Abs. 3 ErbbauVO nach § 52,
– Lastentragung ab Besitzübergang nach § 58.

10 Trotz des Wortlauts nicht zwingend, sondern ebenfalls nur auf die Geltendmachung eines entsprechenden Anspruchs hin in den Erbbauvertrag aufzunehmen ist die Vereinbarung über Zinsanpassung nach § 46, sofern ein Erbbauzins geschuldet ist (letzteres setzt das Gesetz voraus), näher § 46 Rdz. 1–2.

11 An Leistungsverweigerungsrechten enthält der 2. Abschnitt des 2. Kapitels:
– Grundstücksteilung nach § 34 Abs. 2 Satz 2,
– eingeschränkte Zwangsvollstreckung nach § 35 Satz 2,
– Verweigerung des Rangrücktritts nach § 36 Abs. 1,
– neues Gebäude, § 45 Abs. 3.

12 Die genannten Ansprüche und Einreden können sich im Einzelfall als ungeeignet oder unzureichend erweisen. Insoweit unterliegen sie ebenfalls dem Beurteilungsspielraum des Notars bzw. Richters nach nachstehenden Grundsätzen.

4. Notardispositives Recht

a) Weiter enthält der 2. Abschnitt des 2. Kapitels des SachenRBerG eine Reihe von Bestimmungen, die weder unmittelbar dinglicher oder schuldrechtlicher Inhalt des Erbbauvertrags werden noch Ansprüche der Beteiligten begründen. Diese Bestimmungen richten sich an den Notar bzw. Richter und eröffnen ihm einen Spielraum für die interessengerechte Rechtsgestaltung (notardispositives Recht).

Im einzelnen handelt es sich insbesondere um die Gestaltungsvorgaben der §§ 39 Abs. 1–3, 40 Abs. 1–2 und 41.

b) Die Kategorie notardispositiven Rechts erklärt und rechtfertigt sich durch die strukturellen Unterschiede zwischen der am Anspruch *(actio)* orientierten Dezisionsjurisprudenz und der am Rechtsverhältnis in seiner Gesamtheit orientierten Kautelarjurisprudenz (zum ganzen *Langenfeld,* Vertragsgestaltung, Rdz. 1–7.). Der Inhalt künftiger Rechtsverhältnisse kann nicht deduktiv anhand eines Anspruchssystems bestimmt werden; erforderlich ist eine wertende Gesamtschau. Der Kaulelarjurist folgt hier keiner deduktiven Logik, sondern argumentiert topisch (*Langenfeld,* Vertragsgestaltung, Rdz. 15–22) und orientiert sich hierbei an Lösungen, die für bestimmte Sachverhaltstypen im Diskurs der Kautelarjuristen entwickelt werden (*Langenfeld,* Vertragsgestaltung, Rdz. 31 ff., bes. 48–52, 53–78 und 80).

Hieraus folgt, daß zur sachgerechten Vertragsgestaltung ein Mindestmaß an Gestaltungsfreiheit (Beurteilungsspielraum) zwingend erforderlich ist (zum Beurteilungsspielraum des Notars vgl. auch BGH DNotZ 1970, 444/446; BayObLG DNotZ 1984, 250/251 f.; *Seybold/Hornig,* § 15 Rdz. 85; *Bohrer,* Berufsrecht, Rdz. 205 bei Fußnote 8 und Rdz. 397 bei Fußnote 13; LG Wuppertal, MittBayNot 1994, 273). Das Recht gewährleistet diesen durch die Unabhängigkeit des Notars, § 1 BNotO, § 2 Abs. 1 NotVO). Dem Notar müssen Gestaltungsmittel zur Verfügung stehen, die der Disposition der Beteiligten entzogen sind (notardispositives anstelle von parteidispositivem Recht).

Entsprechende Überlegungen gelten für den Richter, der privatrechtsgestaltend im Verfahren nach §§ 103 ff. tätig wird.

c) Dem Notar bzw. Richter steht nach diesen Grundsätzen nicht nur die Entscheidung über die Anwendung der Gestaltungsmittel der §§ 39–41 frei, sondern weiter der Rückgriff offen auf diejenigen möglichen Inhalte nach der ErbbauVO, die nicht nach Abs. 1 und 2 zwingend geregelt werden müssen bzw. von einem Beteiligten beansprucht werden können.

Im einzelnen handelt es sich hierbei um:
– Errichtungs- und Unterhaltungspflicht über § 56 Abs. 1–3 hinaus nach § 2 Nr. 1 ErbbauVO,
– Versicherungs- und Wiederaufbaupflicht über § 56 Abs. 5 hinaus nach § 2 Nr. 2 ErbbauVO,
– Heimfallrecht über § 56 Abs. 4 hinaus nach §§ 2 Nr. 4, 3–4, 32–33 ErbbauVO (vgl. auch § 7 ErholNutzG),
– Vertragsstrafeverpflichtung nach § 2 Nr. 5 ErbbauVO,
– Vorrecht auf Erneuerung nach §§ 2 Nr. 6, 31 ErbbauVO,

§ 42 20–28   Kapitel 2. Nutzung fremder Grundstücke

– Verkaufsverpflichtung nach Ablauf nach § 2 Nr. 7 ErbbauVO,
– Veräußerungs- und Belastungszustimmung nach §§ 5–8 ErbbauVO.

20 Die Vereinbarungen weiterer Bestimmungen als Inhalt des Erbbaurechts nach der ErbbauVO über den Inhalt des SachenRBerG hinaus ist zulässig; § 42 ist insofern nicht abschließend. Dies ergibt sich aus §§ 3 Abs. 1 Satz 2, 60 Abs. 1 SachenRBerG.

21 Hieraus folgt, daß in dem nach der ErbbauVO zulässigen Umfang insbesondere Heimfallklauseln, Veräußerungs- und Belastungsbeschränkungen, Entschädigungsregelungen (unten Rdz. 37–41) und Wiederaufbau-, Instandhaltungs- und Versicherungspflichten auch über §§ 49, 56 hinaus zulässig sind. Denkbar sind auch gegenseitige Vorkaufsrechte an Grundstück und Erbbaurecht sowie abweichende Verpflichtungen zur Anpassung des Erbbauzinses.

22 Zulässig sind auch Vereinbarungen nach § 9 Abs. 3 ErbbauVO über § 52 Abs. 1 hinaus sowie diesbezügliche Vormerkungen zur Sicherung von Erbbauzinserhöhungsansprüchen aufgrund von Vereinbarungen nach §§ 47, 48 einschließlich der Bewilligung von Vormerkungen für weitere Erbbauzinsreallasten (§ 47 Rdz. 43).

23 Zulässig und im Regelfall zu empfehlen ist weiter die Aufnahme einer Unterwerfung des Erbbauberechtigten unter die sofortige Zwangsvollstreckung hinsichtlich des schuldrechtlichen Anspruchs auf den Erbbauzins nach § 794 Abs. 1 Ziff. 5 ZPO nebst Verpflichtung zur Unterwerfung unter Erhöhungsbeträge und Weitergabe an Rechtsnachfolger (§ 44 Rdz. 24–27).

24 d) Der Notar kann im Rahmen seiner Vorschläge solche Vereinbarungen den Beteiligten unterbreiten, § 93 Abs. 3 Sätze 1–2. An einen diesbezüglich geäußerten Willen einzelner oder aller Beteiligter ist der Notar hierbei nicht gebunden. Wollen die Beteiligten übereinstimmend eine derartige Regelung, so sollte sich der Notar diesem Wunsch grundsätzlich nicht versagen. Zur Ablehnung eines übereinstimmenden Ansinnens ist er im Rahmen des § 14 Abs. 2 BNotO bzw. § 8 Abs. 3 Satz 2 NotVO befugt. Ist das Ansinnen zwar nicht unzulässig, aber nicht sachgerecht, so kann er auch entsprechend § 17 Abs. 1 und Abs. 2 BeurkG verfahren.

25 Will nur ein Beteiligter eine solche Regelung, äußern die Beteiligten einen derartigen Willen nicht oder wenden sich alle dagegen, so ist der Notar nach § 93 Abs. 3 Satz 2 im Grundsatz dennoch zur Unterbreitung entsprechender Vorschläge und damit zu deren Aufnahme in den Vermittlungsvorschlag befugt. Im Abschlußprotokoll nach § 99 sollte er die Willensbekundungen der Beteiligten wiedergeben und seinen Vorschlag begründen.

26 Die Anwendung notardispositiven Rechts gegen den Willen aller Beteiligten wird allerdings nur selten in Betracht kommen.

27 e) Ansonsten sind für die Anwendung notardispositiven Rechts u. a. folgende Gesichtspunkte maßgebend:

28 aa) sachgerechte Regelung im Einzelfall: Das SachenRBerG ist notwendigerweise lückenhaft. Z. B. legt die Anwendung des § 41 sowohl eine Vereinbarung über die Entschädigung nahe (etwa Ausschluß der Entschädigung insoweit, als stärkere bauliche Nutzung als nach dem Inhalt des Nutzungsrechts oder nach dem jetzigen, vertraglich zu fixierendem Stand, erfolgt). Im Fall des § 45 Abs. 1 und 2 liegt ebenfalls ein Ausschluß der Entschädigung

nahe, soweit dies im Rahmen der §§ 27 Abs. 2, 32 Abs. 2 ErbbauVO zulässig ist. Ein Heimfallanspruch (etwa nach § 56 Abs. 4 oder § 7 Abs. 2 ErholNutzG) bedingt wegen § 33 ErbbauVO die Notwendigkeit einer Belastungszustimmung (*Oefele/Winkler,* Handbuch, Rdz. 4.220).

Heimfallrechte und/oder Veräußerungsbeschränkungen empfehlen sich **29** umso mehr, je mehr schuldrechtliche Vereinbarungen in den Erbbaurechtsvertrag aufgenommen werden mit der Verpflichtung zur Weitergabe an Rechtsnachfolger. Insbesondere im Fall des § 48 ist eine Veräußerungsbeschränkung nach § 5 Abs. 1 ErbbauVO ratsam.

Fast durchweg empfehlenswert ist jedenfalls die Unterwerfung des Erb- **30** bauberechtigten unter die sofortige Zwangsvollstreckung (siehe oben Rdz. 23).

bb) Streitverhütung. Der Notar kann derartige Regelungen als Kompro- **31** mißvorschläge anbieten, um langwierige Streitigkeiten der Beteiligten über Bestehen und Umfang ihrer Ansprüche und Verpflichtungen nach dem SachenRBerG zu vermeiden. Ist das Bestehen einer Billigung staatlicher Stellen in einem hängenden Fall, die Frage des redlichen Erwerbs oder die Höhe des Bodenwerts zwischen den Beteiligten streitig, so können riskante Prozesse hierüber durch Begünstigung einer Seite in den Bedingungen des Erbbaurechtsvertrags vermieden werden.

Gerade das Vorkaufsrecht kann ein Mittel des Interessenausgleichs sein. **32**

In Fällen, in denen die Voraussetzungen des § 53 Abs. 3 oder gar des § 31 **33** streitig sind, kommt die Vereinbarungen von Vorrechten auf Erneuerung des Erbbaurechts oder Verlängerungsoptionen in Betracht.

Der Notar kann im Hinblick auf seine Unparteilichkeit (§ 14 Abs. 1 **34** BNotO, § 8 Abs. 3 Satz 1 NotVO) streitige Tatfragen offen lassen. Er ist jedoch nicht gehindert, zu streitigen Rechtsfragen seine Auffassung zu äußern und auf die Risiken eines Prozesses zu verweisen, insbesondere wenn sein Ergebnis von einer Beweisaufnahme abhängt. Hierzu gehört auch die Belehrung über Kostenaufwand und Zeitverlust und die Vorteile, die für beide Seiten mit einer schnellen Einigung verbunden sind.

cc) Praktikabilität. Ein gewichtiger Gesichtspunkt für die Ausübung des **35** Gestaltungsermessens des Notars ist die Praktikabilität der von ihm vorgeschlagenen Regelung.

Unter diesem Aspekt zulässig sind von der gesetzlichen Regel des § 46 **36** abweichende Vorschläge für Anpassungsverpflichtungen, um eine sowohl durch Reallast sicherbare (§ 52 Rdz. 34–40) als auch nach § 3 WährungsG genehmigungsfähige Vereinbarung (§ 46 Rdz. 3–10, 15, 19, 21, 24) herbeizuführen.

IV. Entschädigung des Erbbauberechtigten

Das SachenRBerG geht davon aus, daß beim Erlöschen des Erbbaurechts **37** durch Zeitablauf oder Heimfall der Grundstückseigentümer dem Erbbauberechtigten eine Entschädigung in Höhe des seinerzeitigen Werts des Bauwerks schuldet, §§ 27 ff., 32 f. ErbbauVO, vgl. § 60 Abs. 1.

§ 42 38–42 Kapitel 2. Nutzung fremder Grundstücke

38 Vereinbarungen über die Höhe der Entschädigung, die Art ihrer Zahlung sowie ihre Ausschließung sind zwar nach §§ 27 Abs. 1 Satz 2, 32 Abs. 1 Satz 2 ErbbauVO zulässig. Bei der Anwendung des SachenRBerG sind derartige Vereinbarungen in der Regel in folgenden Fällen indiziert (vgl. oben Rdz. 13–36):
- § 39 Abs. 2 (Gesamterbbaurecht, § 39 Rdz. 42, 44),
- § 39 Abs. 3 (Nachbarerbbaurecht, § 39 Rdz. 64),
- § 40 (Wohnungs- und Teilerbbaurecht, § 40 Rdz. 56),
- § 41 (§ 41 Rdz. 13),
- § 45 (Restwert des überlassenen Gebäudes, § 45 Rdz. 19).

39 Nach § 60 Abs. 1 unberührt bleibt jedoch das Recht des Grundstückseigentümers, zur Abwendung der Entschädigungspflicht bei Erlöschen des Erbbaurechts durch Zeitablauf dem Erbbauberechtigten die (auch wiederholte) Verlängerung des Erbbaurecht auf die voraussichtliche Standdauer des Gebäudes anzubieten, § 27 Abs. 3 ErbbauVO.

40 Formulierungsvorschlag (Fall des § 45):

„(1) Im Fall des Erlöschens des Erbbaurechts durch Zeitablauf oder bei Übertragung des Erbbaurechts auf den Grundstückseigentümer aufgrund Heimfalls schuldet dieser dem Erbbauberechtigten eine Entschädigung für den Wert des Bauwerks nach folgenden Grundsätzen.

(2) Die Entschädigung bemißt sich nach dem Verkehrswert der Bauwerke, die der Erbbauberechtigte in Ausübung des Erbbaurechts auf dem Grundstück im o. g. Zeitpunkt hat, zuzüglich der vom Erbbauberechtigten für die Bauwerke aufgewendeten Erschließungskosten und Anliegerbeiträge, abzüglich des im o. g. Zeitpunkt vorhandenen Restwerts der Bauwerke und Erschließungsanlagen, die der Erbbauberechtigte aufgrund Überlassungsvertrags vom Grundstückseigentümer bzw. dessen Rechtsvorgänger zur Nutzung erhalten hat.

(3) Einigen sich die Beteiligten nicht über die Höhe der Entschädigung, so wird diese auf Antrag einer Seite durch einen von der örtlich zuständigen Industrie- und Handelskammer oder einer Nachfolgebehörde bestimmten öffentlich vereidigten Sachverständigen für beide Seiten verbindlich festgesetzt.

(4) § 27 Abs. 3 ErbbauVO bleibt unberührt."

41 Anstelle von Abs. 2 der vorstehenden Klausel kann auch ein bestimmter Vom-Hundert-Satz des Verkehrswerts vereinbart werden (vgl. § 45 Rdz. 19). Zweckmäßig ist dies auch bei einem Nachbarerbbaurecht (z. B. Wert des Überbaus, höchstens ... % des Gesamtwerts). Bei Gesamterbbaurechten ist anzugeben, zu welchen Quoten die Grundstückseigentümer haften.

V. Belehrungspflicht des Notars

42 Der Notar ist nach § 17 Abs. 1 BeurkG zunächst zur Willenserforschung und Sachverhaltsaufklärung verpflichtet. Grundsätzlich ist er nicht gehalten, die Beteiligten auf Ansprüche nach dem SachenRBerG hinzuweisen, es sei denn, das Ergebnis der Willenserforschung und Sachverhaltsaufklärung legt dies nahe.

Weiter geht die Hinweispflicht in den Fällen des § 17 Abs. 1 Satz 2 BeurkG. Hierbei sollen an die Unerfahrenheit und Ungewandtheit keine zu hohen Maßstäbe angelegt werden. Zu berücksichtigen ist, daß – auch im Gegensatz zu gewöhnlichen Immobiliengeschäften – die meisten Beteiligten mit den Fragen des Erbbaurechts im allgemeinen und nach dem SachenRBerG im besonderen kaum Erfahrung haben werden. Einschlägige Rechtskenntnisse kann der Notar allenfalls bei größeren Wohnungsbaugesellschaften unterstellen. 43

Anders verhält es sich, soweit Beteiligte anwaltlich beraten werden. Hier wird die Anwendung von § 17 Abs. 1 Satz 2 BeurkG nur in Extremfällen in Betracht kommen. 44

Unterabschnitt 6. Bestimmungen zum Vertragsinhalt

Vorbemerkung vor §§ 43 ff.

Kernstück der Bestimmungen des 6. Unterabschnitts sind die Bestimmungen zur Ermittlung des geschuldeten Erbbauzinses. Das Gesetz schreibt die Aufnahme der vorgesehenen Bestimmungen über den Erbbauzins durchweg nicht zwingend vor, sondern bedient sich vielmehr der Technik eines Systems von Ansprüchen und Einreden, die zumeist die Aufnahme bestimmter vertraglicher Vereinbarungen betreffen. Das Gesetz ist wie folgt aufgebaut: 1

(1) Grundnorm für die Festlegung des Erbbauzinses ist § 43. Die Höhe des Erbbauzinses bestimmt sich nach der bei Bestellung des Erbbaurechts ausgeübten Nutzung. 2

(2) Die Festsetzung eines niedrigeren Erbbauzinses aufgrund der bei Bestellung des Erbbaurechts ausgeübten Nutzung erfolgt in den Fällen des § 43 Abs. 2 Satz 2 (niedrigerer üblicher Zinssatz). 3

(3) Die Festsetzung eines höheren Erbbauzinses aufgrund der bei Bestellung des Erbbaurechts ausgeübten Nutzung findet in folgenden Fällen statt: 4
– § 43 Abs. 2 Satz 2 (höherer üblicher Zinssatz)
– § 45 (Verzinsung des Gebäuderestwerts bei Überlassungsverträgen).

(4) Eine Verpflichtung zur Anpassung des Erbbauzinses an veränderte Verhältnisse sieht § 46 vor. 5

(5) Eine Herabsetzung des Erbbauzinses aufgrund einer nach Bestellung geänderten Nutzung ist vorgegeben nach: 6
– § 47 Abs. 1 Satz 2 Nr. 2,
– § 47 Abs. 1 Satz 4.

(6) Aufgrund einer nach Bestellung geänderten Nutzung erhöht sich der Erbbauzins: 7
 a) unabhängig von einer Veräußerung:
 – § 47 Abs. 1 Satz 2 Nr. 1,
 – § 47 Abs. 1 Satz 4 (u. U. § 47 Rdz. 20),
 b) abhängig von einer Veräußerung:
 – § 48 Abs. 1 i. V. m. § 71 Abs. 1 Nr. 1 und 3,
 – § 48 Abs. 5 i. V. m. § 70,

§ 43   Kapitel 2. Nutzung fremder Grundstücke

- § 48 Abs. 3,
- § 48 Abs. 4.

8 (7) Der Erbbauzins wird schließlich nach dem Ergebnis einer noch durchzuführenden Vermessung angepaßt, § 50.

9 (8) Für jeden Erbbauzins, gleich in welcher Höhe er besteht, gilt die Ermäßigung in der Eingangsphase nach § 51 (zum Entfallen der Ermäßigung bei Veräußerung siehe § 48 Rdz. 34).

10 Wesentlicher Grundgedanke der gesetzlichen Regelung ist, dem Nutzer die Rechtswohltat des Halbteilungsgrundsatzes nur bei entsprechender Schutzbedürftigkeit zu erhalten. Seine Schutzbedürftigkeit ist entfallen bzw. gemindert, wenn er seine Rechtsposition zu Zwecken gebraucht, die außerhalb des durch das DDR-Nutzungsrecht gezogenen Rahmens liegen. Dies gilt insbesondere für Fälle der Nutzungsänderung und der spekulativen Veräußerung.

11 Die Schutzbedürftigkeit des Nutzers kann bereits vor Durchführung der Sachenrechtsbereinigung gemindert sein, sei es durch Änderung der Nutzung entgegen dem Inhalt des Nutzungsrechts oder durch Veräußerung des Nutzungsrechts. Dem trägt das Gesetz wie folgt Rechnung:

12 (1) Maßgebend für die Festsetzung des regelmäßigen Zinses ist die bei Bestellung des Erbbaurechts ausgeübte Nutzung im Verhältnis zu der nach dem Inhalt des Nutzungstatbestands zulässigen Nutzung.

13 (2) § 48 Abs. 3 erfaßt bestimmte Veräußerungsfälle vor Inkrafttreten des SachenRBerG.

§ 43 Regelmäßiger Zins

(1) **Der regelmäßige Zins beträgt die Hälfte des für die entsprechenden Nutzung üblichen Zinses.**

(2) **Als Zinssatz ist in Ansatz zu bringen**
1. **für Eigenheime**
    a) **zwei vom Hundert jährlich des Bodenwerts,**
    b) **vier vom Hundert jährlich des Bodenwerts,** soweit die Größe des belasteten Grundstücks die gesetzliche Regelgröße von 500 Quadratmetern übersteigt und die darüber hinausgehende Fläche abtrennbar und selbständig baulich nutzbar ist oder soweit die Größe des belasteten Grundstücks 1000 Quadratmeter übersteigt und die darüber hinausgehende Fläche abtrennbar und angemessen wirtschaftlich nutzbar ist,
2. **für im staatlichen oder genossenschaftlichen Wohnungsbau errichtete Gebäude zwei vom Hundert jährlich des Bodenwerts,**
3. **für öffentlichen Zwecken dienende oder land-, forstwirtschaftlich oder gewerblich genutzte Gebäude dreieinhalb vom Hundert jährlich des Bodenwerts.**

In den Fällen des Satzes 1 Nr. 3 kann jeder Beteiligte verlangen, daß ein anderer Zinssatz der Erbbauzinsberechnung zugrundegelegt wird, wenn der für diese Nutzung übliche Zinssatz mehr oder weniger als sieben vom Hundert jährlich beträgt.

§ 43. Regelmäßiger Zins   1–7   § 43

Übersicht

	Rdz.		Rdz.
1. Allgemeines	1	bb) Wohnungsbau	13
2. Bodenwertermittlung	7	cc) Übrige Nutzungsarten	14
3. Inhalt der Regelung	8		
a) Grundsatz	8	c) Abweichung	18
b) Sonderregeln	10	4. Sicherung	26
aa) Eigenheime	11		

1. Allgemeines

§ 43 bringt die Halbteilung der Bodenwerte zum Ausdruck, ein Grund- **1** prinzip des SachenRBerG (vgl. Einl. Rdz. 45–48). Die Reduzierung des Erbbauzinses wird gerechtfertigt durch die Beteiligung des Nutzers am Bodenwert infolge Verleihung/Zuweisung des Nutzungsrechts oder gleichzustellende Bebauung mit Billigung staatlicher Stellen (Begr. BR-Drucks. 515/93, S. 140).

Maßgeblicher Zeitpunkt für die Beurteilung der Sach- und Rechtslage ist **2** die ausgeübte Nutzung bei Bestellung des Erbbaurechts. Zum Begriff der Nutzung § 54 Rdz. 5–14.

Hat der Nutzer vor der Bestellung des Erbbaurechts die Nutzung in einer **3** Weise geändert, die während der Laufzeit des Erbbaurechts zur Anpassung des Erbbauzinses nach § 47 führen würde, so ist der Erbbauzins nach § 43 für die jetzt ausgeübte Nutzung festzusetzen.

Wurde das Nutzungsrecht vom jetzigen Nutzer durch ein Veräuße- **4** rungsgeschäft erworben so kommt eine Erbbauzinserhöhung nach § 47 Abs. 3 in Betracht.

Die Berufung des Erbbauberechtigten auf § 43 setzt voraus, daß die **5** Erbbauzinsberechnung zugrundegelegte Nutzung am 2. 10. 1990 nach den einschlägigen Bestimmungen der DDR zulässig war. Dies entspricht dem Sinn und Zweck des SachenRBerG, das den Nutzer nicht besser stellen will als er nach dem Recht der DDR stand (Einl. Rdz. 44).

Der Grundstückseigentümer kann sich ohne Rücksicht auf die Zulässigkeit **6** einer Nutzung hinsichtlich der Höhe des Erbbauzinses auf diese berufen. Da in der zugrundeliegenden rechtswidrigen Nutzungsänderung zugleich eine Nutzungsänderung nach § 47 liegt, kommt es z. B. bei vorhandener, rechtswidriger gewerblicher Nutzung von Wohnräumen zur Anwendung von § 47 Abs. 1 Satz 2 Nr. 1 b), sofern kein Fall des § 54 Abs. 2 und 3 vorliegt.

2. Bodenwertermittlung

Für die Ermittlung der Bodenwerte gelten die allgemeinen Vorschriften **7** der §§ 19, 20.

3. Inhalt der Regelung

a) Grundsatz, Abs. 1

8   Abs. 1 enthält eine Auffangvorschrift für diejenigen Gebäude und baulichen Anlagen, die nicht von Abs. 2 erfaßt werden. Ausgangsgröße für die Halbteilung ist nach Abs. 1 der „für die entsprechenden Nutzungen übliche Zins". Dieser ist nach allgemeinen Grundsätzen der Grundstücksbewertung zu bestimmen und beträgt zwischen 4 und 4,5% p. a. des Grundstückswerts bei Nutzung im Wohnungsbau und zwischen 6 und 10% p. a. des Grundstückswerts bei gewerblichen Nutzungen (Begr. BR-Drucks. 515/93, S. 78). Abs. 1 erfaßt insbesondere Nutzungen zu Zwecken des Gemeingebrauchs (Grünflächen, Verkehrsflächen, Parkplätze etc.) im Rahmen des § 2 Abs. 1 Nr. 4 2. Satzteil.

9   Auch nach Entfallen der entsprechenden Regelung im Regierungsentwurf ist bei der Anwendung des Halbteilungsgrundsatzes ein Betrag von 4% p. a. des 1,3-fachen Einheitswerts 1935 bei Wohnnutzung und 7% p. a. dieses Werts bei Nutzung zu anderen Zwecken die untere Schranke des Erbbauzinses. Denn es soll der der Sachenrechtsbereinigung unterliegende Grundstückseigentümer nicht schlechter behandelt werden als der Grundstückseigentümer, dessen Grundstück nach den Enteignungsgesetzen der DDR (insbesondere dem Aufbaugesetz vom 6. 9. 1950, GBl. S. 965 i. V. m. dem Entschädigungsgesetz vom 25. 4. 1960, GBl. I, S. 257; zum ganzen *Heuer,* Grundzüge, Rdz. 79–100) enteignet wurde bzw. der nach dem Entschädigungsgesetz des Bundes entschädigt werden soll. Die angegebenen Prozentsätze stellen hierbei die entsprechende Verzinsung der Entschädigung dar.

b) Sonderregeln, Abs. 2

10   Abs. 2 legt für die übrigen Fälle der Sachenrechtsbereinigung die Höhe des Erbbauzinses in Satz 1 Nr. 1 bis 3 grundsätzlich fest. Damit wird das Verfahren von weiteren gutachterlichen Feststellungen über die Höhe des Bodenwerts hinaus entlastet.

11   aa) Eigenheime. Nr. 1 gilt für Eigenheime im Sinne des § 5 Abs. 2 (§ 5 Rdz. 2–10), darüber hinaus für den Siedlungsbau im Sinne des § 11 Abs. 2. Wohnnutzung im Rahmen des § 54 Abs. 2 und 3 ist erforderlich, sonst fällt auch das Eigenheim unter Nr. 3. Die Nutzung als Aussiedler- oder Asylbewerberheim ist behördliche Nutzung im Sinne der Nr. 3.

12   Im Hinblick auf die verkehrsübliche Verzinsung des Grundstückswerts wird ein Zinssatz von 2% nach Nr. 1 Buchstabe a) zugrundegelegt. Nach Nr. 1 Buchstabe b) erhöht sich in den Fällen der Erbbauzins auf das Normalmaß, in denen der Erbbauberechtigte Flächen nutzt, zu deren Herausgabe er nach § 26 Abs. 1 verpflichtet wäre. Zu den Voraussetzungen insoweit § 26 Rdz. 7–19. Neben den Fällen privatautonomer Bestellung des Erbbaurechts an diesen Flächen betrifft die Regelung insbesondere die Fälle des § 26 Abs. 3.

13   bb) Wohnungsbau. Nr. 2 betrifft den staatlichen und genossenschaftlichen Wohnungsbau im Sinne des § 6 (§ 6 Rdz. 2–4). Komplexer Wohnungsbau

§ 43. Regelmäßiger Zins

im Sinne des § 11 Abs. 1 ist in Abweichung vom Regierungsentwurf nicht mehr erforderlich.

cc) Übrige Nutzungsarten. Für die übrigen Nutzungsarten (Nr. 3) hält die Gesetzesbegründung im Hinblick auf die unterschiedlichen Nutzungsarten keine gesetzliche Fixierung des Erbbauzinses für möglich und begründet dies mit der Seltenheit von Erbbaurechten in diesem Bereich (Begr. BR-Drucks. 515/93, S. 140). Demzufolge können die Beteiligten nach Abs. 2 Satz 2 einen anderen Erbbauzins verlangen, wenn der im konkreten Fall übliche Zinssatz vom Regelzins von 7% abweicht.

Nutzung für öffentliche Zwecke ist nicht nur die Nutzung zu hoheitlichen Zwecken (z. B. Polizeistation, Gerichtsgebäude, Landratsamt), sondern darüber hinaus auch die Nutzung zu Zwecken der Daseinsvorsorge im Rahmen des öffentlichen Rechts (Schulen, Kindertagesstätten, Museen) durch eine juristische Person des öffentlichen Rechts. Der Sprachgebrauch knüpft an §§ 2 Abs. 1 Nr. 4 2. Satzteil und § 7 Abs. 2 Nr. 7 an.

Nicht öffentlichen Zwecken dienend, sondern gewerblich ist hingegen die Nutzung im Rahmen kommunaler Eigen- oder Regiebetriebe oder durch eine Kapitalgesellschaft im Anteilsbesitz der öffentlichen Hand (z. B. etwa Straßenbahndepot, Verwaltungsgebäude der Stadtwerke, zoologischer Garten).

Gewerbliche Nutzung ist auch die freiberufliche Nutzung (Arztpraxis, Anwaltskanzlei, Atelier usw.).

c) Abweichung, Abs. 2 Satz 2

Für die Abweichung vom Regelerbbauzins ist derjenige beweispflichtig, der sich auf die Vorschrift beruft.

Der Beweis kann grundsätzlich nur durch Sachverständigengutachten geführt werden. Als Vergleichsmaßstab sind nicht nur vergleichbare Erbbauzinsen geeignet. In weiten Bereichen gewerblicher oder behördlicher Nutzung ist eine dem Erbbaurecht wirtschaftlich entsprechende langfristige Vermietung oder Verpachtung üblich.

Insoweit können auch Mietzinsen als Vergleichsmaßstab herangezogen werden, wobei wie folgt vorzugehen ist.

In den Fällen, in denen ein vom Grundstückseigentümer errichtetes Gebäude langfristig vermietet wird, setzt sich der Mietzins aus folgenden Komponenten zusammen:
– Abschreibung auf das Gebäude,
– Gebäudeinstandhaltung einschl. Rückstellung,
– Verzinsung des Kapitals, das auf das Gebäude entfällt,
– Verzinsung des Kapitals, das auf das Grundstück entfällt.

Bei Kenntnis der Grundstücksanschaffungs- und Gebäudeherstellungskosten und des üblichen Instandhaltungsaufwands ist die hier interessierende Kapitalverzinsung der Grundstücksanschaffungskosten ermittelbar. Gegebenenfalls erfolgt nochmals ein Sicherheitsabschlag, da das Erbbaurecht dem Grundstückseigentümer wegen seiner Langfristigkeit und der Befriedigungsmöglichkeiten größere Sicherheit bietet als der Mietvertrag.

Maßgeblich für den üblichen Zinssatz nach Abs. 2 Satz 2 sind vergleichbare Entgelte

§ 44   Kapitel 2. Nutzung fremder Grundstücke

– in der Ortsgemeinde,
– in der Region der Regionalplanung / in der nach Grundsätzen der Raumordnung und Landesplanung einheitlich zu behandelnden Region,
– in nach Einwohnerzahl, geographischer Lage und Wirtschaftsstruktur vergleichbaren Gemeinden und Regionen,
und zwar in dieser Reihenfolge (vgl. auch § 46 Abs. 2 Satz 2).

24   Eine Berufung auf Abs. 2 Satz 2 wird in folgenden Fällen indiziert sein:
(1) durch den Nutzer bei behördlicher Nutzung, da jedenfalls bei reinen Bürogebäuden zumeist der übliche Zinssatz dem bei Wohnnutzung üblichen angenähert sein wird;
(2) durch den Grundstückseigentümer bei einer intensiven gewerblichen Nutzung mit einem hohen Abschreibungssatz auf das Gebäude (z. B. Supermarkt, Lagerhalle).

25   Abs. 2 Satz 2 gilt analog in den Fällen des § 47 Abs. 1 Satz 2 Nr. 1, und zwar über die Sonderregelung in § 47 Abs. 1 Sätze 3–4 hinaus (§ 47 Rdz. 20, 24f.).

4. Sicherung

26   Der Erbbauzins wird durch eine Reallast und eine Vereinbarung nach § 9 Abs. 3 ErbbauVO gesichert (§ 52 Rdz. 43, 67).

§ 44 Fälligkeit des Anspruchs auf den Erbbauzins

(1) **Der Erbbauzins ist vierteljährlich nachträglich am 31. März, 30 Juni, 30. September und 31. Dezember eines Jahres zu zahlen.**

(2) **Die Zahlungspflicht beginnt mit**
1. **der Ladung des Nutzers zum Termin im notariellen Vermittlungsverfahren auf Abschluß eines Erbbaurechtsvertrages, wenn der Grundstückseigentümer den Antrag gestellt hat oder sich auf eine Verhandlung über den Inhalt des Erbbaurechts einläßt, oder**
2. **einem § 32 entsprechenden Verlangen des Grundstückseigentümers zur Bestellung eines Erbbaurechts oder der Annahme eines entsprechenden Angebots des Nutzers.**
Der Nutzer hat auch dann ein Entgelt zu zahlen, wenn das Angebot von dem Inhalt des abzuschließenden Vertrages verhältnismäßig geringfügig abweicht. Bis zur Eintragung des Erbbaurechts in das Grundbuch hat der Nutzer an den Grundstückseigentümer ein Nutzungsentgelt in Höhe des Erbbauzinses zu zahlen.

Übersicht

	Rdz.		Rdz.
1. Allgemeines	1	a) Zulässigkeit	24
2. Fälligkeit	2	b) Formulierungsvorschlag	25
3. Beginn der Zahlungspflicht	4	5. Vertragliche Vereinbarungen	28
4. Zwangsvollstreckungsunterwerfung	24		

1. Allgemeines

§ 44 regelt die Fälligkeit des Erbbauzinses und den Beginn der Zahlungspflicht. Die Vorschrift steht im Zusammenhang mit den Bestimmungen des Moratoriums in Art. 233 § 2a Abs. 1 und 3 Satz 1 EGBGB. 1

2. Fälligkeit, Abs. 1

Entsprechende der üblichen Handhabung sieht Abs. 1 vierteljährliche nachträgliche Zahlungen vor. 2

Auch der Erbbauzins ist, wie jede Geldschuld, Schickschuld im Sinne des § 270 Abs. 1 BGB, soweit nichts anderes bestimmt ist. Der Nutzer gerät somit trotz § 284 Abs. 2 BGB dann nicht in Verzug, wenn er den geschuldeten Erbbauzins spätestens am Fälligkeitstag an den Gläubiger absendet. Im Fall der Banküberweisung ist ausreichend, wenn er an diesem Tag sein Kreditinstitut mit der Überweisung an den Gläubiger beauftragt, sofern mit der Ausführung des Auftrags gerechnet werden kann, sei es weil sein Konto gedeckt oder sein Kreditrahmen nicht ausgeschöpft ist (*Palandt-Heinrichs*, § 270 Rdz. 7). 3

3. Beginn der Zahlungspflicht, Abs. 2

Abs. 2 ist anderweitige Regelung im Sinne von Art. 233 § 2a Abs. 1 Satz 5 und 8 Satz 1 EGBGB (hierzu Einl. Rdz. 68) und legt den Zeitpunkt fest, zu dem die Freistellung von Nutzungsentschädigungen durch das Moratorium (Art. 233 § 2a Abs. 3 Satz 1 EGBGB) entfällt. Nach dem Wortlaut der Vorschrift beginnt die Zahlungspflicht zum frühesten folgender Zeitpunkte: 4

a) Beurkundung des schuldrechtlichen Vertrags über Erbbaurechtsbestellung (zunächst als schuldrechtliches Nutzungsentgelt in Höhe des mit Grundbucheintragung entstehenden dinglichen Erbbauzinses), Abs. 2 Satz 3. 5

b) Ladung des Nutzers zum Termin im notariellen Vermittlungsverfahren auf Abschluß eines Erbbaurechtsvertrags, wenn der Grundstückseigentümer den Antrag gestellt hat, Abs. 2 Satz 1 Nr. 1 Fall 1. 6

Die Antragstellung nach § 90 durch den Grundstückseigentümer setzt voraus, daß der Grundstückseigentümer antragsberechtigt im Sinne des § 87 Abs. 2 ist. Antragsberechtigt ist der Grundstückseigentümer dann, wenn der Nutzer nach § 16 Abs. 1 eine entsprechende Wahl getroffen, das Wahlrecht nach § 16 Abs. 3 Satz 3 auf den Grundstückseigentümer übergegangen ist oder der Antragsteller schlüssig behauptet, dem Nutzer stehe wegen § 16 Abs. 3 Satz 1 kein Wahlrecht zu. 7

Für die Ladung gilt § 92. 8

Dieser Fall steht der Rechtshängigkeit im Sinne der allgemeinen Regeln über das Eigentümer-Besitzer-Verhältnis gleich. 9

Nicht erforderlich ist, daß der Grundstückseigentümer sich mit der Bestellung eines Erbbaurechts unter Verzicht auf Einreden und Einwendun- 10 gen einverstanden erklärt. Eine andere Auslegung, wie sie die Gesetzesbegründung nahelegt (Begr. BR-Drucks. 515/93, S. 141), wird dem Charakter des Vermittlungsverfahrens als Sachurteilsvoraussetzung für das gerichtliche Verfahren nach §§ 103 ff. (§ 104) nicht gerecht. Es ist nicht sinnvoll, den Grundstückseigentümer hier auf das Verfahren nach § 108 zu verweisen, das zum einen die Sachenrechtsbereinigung verzögert und zum anderen eine Entscheidung liefert, durch welche nur eine bestimmte Vorfrage und nicht das Rechtsverhältnis insgesamt in Rechtskraft erwächst. Ausreichend und erforderlich ist vielmehr, daß das Vermittlungsverfahren jedenfalls nicht zum Zwecke des Abschlusses eines Kaufvertrags über die vom Nutzungsrecht erfaßte Fläche durchgeführt werden soll.

11 Die Zinszahlungspflicht beginnt somit auch dann, wenn der Grundstückseigentümer z. B. die Einrede nach § 30 oder § 31 nicht im gesonderten Verfahren nach § 108 durchsetzen will, sondern das Vermittlungsverfahren als Vorschaltverfahren benutzt, um im anschließenden gerichtlichen Verfahren inzidenter die Einrede prüfen zu lassen. Für dieses Vorgehen werden in vielen Fällen prozeßökonomische Gründe sprechen, insbesondere dann, wenn die Begründetheit einer Einrede oder Einwendung zweifelhaft ist.

12 c) Ladung des Nutzers zum Termin im notariellen Vermittlungsverfahren auf Abschluß eines Erbbaurechtsvertrags, wenn der Grundstückseigentümer sich auf eine Verhandlung über den Inhalt des Erbbaurechts einläßt, Abs. 2 Satz 1 Nr. 1 Fall 2.

13 Die Begründung hält diesen Fall erst dann für gegeben, wenn der Grundstückseigentümer den Anspruch nach dem SachenRBerG dem Grunde nach nicht bestreitet (Begr. BR-Drucks. 515/93, S. 141). Dieser Ansicht, die an ein Bestreiten dem Grunde und der Höhe nach unterschiedliche Rechtsfolgen knüpft, kann nicht gefolgt werden.

14 Das Verfahrensrecht differenziert nur zwischen dem Bestreiten der Einlassungspflicht in ein rechtsförmiges Verfahrens als solcher (Rüge der Zulässigkeit) und dem des materiellen Anspruchs (Rüge der Begründetheit), nicht hingegen weiter innerhalb der Rügen der Begründetheit. Eine Einlassung auf ein Vermittlungsverfahren über den Inhalt eines Erbbaurechts liegt somit bereits dann vor, wenn der Grundstückseigentümer den Vermittlungsantrag des Nutzers im Termin nach § 93 nicht oder nicht nur als unzulässig rügt. Jedes zulässige Vermittlungsverfahren auf Antrag des Nutzers führt somit den Zinsbeginn herbei, wenn der Nutzer im Antrag gemäß § 90 Abs. 1 Nr. 4 die Bestellung eines Erbbaurechts begehrt.

15 d) Verlangen des Grundstückseigentümers nach § 32 (hierzu und zur problematischen dogmatischen Konstruktion der Vorschrift § 32 Rdz. 4–14), Abs. 2 Satz 1 Nr. 2 Fall 1.

Das Verlangen ist nur unter den Voraussetzungen des § 32 Satz 2 geeignet, den Zinsbeginn herbeizuführen (d. h. entsprechende Wahl durch den Wahlberechtigten nach § 16 Abs. 1 oder 3 Satz 3).

16 Die Erwägungen zur teleologischen Auslegung des § 32 gelten hier nicht entsprechend, da sonst die Fallgruppe in Nr. 1 leerliefe. Auch

§ 44. Fälligkeit des Anspruchs auf den Erbbauzins 7–21 § 44

Abs. 2 Satz 2 legt den Gegenschluß nahe. Der Grundstückseigentümer muß somit dem Nutzer ein unter den Voraussetzungen des Abs. 2 Satz 2 annahmefähiges Angebot auf Bestellung eines Erbbaurechts machen. Diese Fallgruppe dürfte nur selten praktisch werden. Zudem ist die Frage, was als geringfügige Abweichung im Sinne des Abs. 2 Satz 2 anzusehen ist, schwer zu beantworten. Geringfügig dürften jedenfalls wirtschaftlich unbedeutende Änderungen der erfaßten Fläche oder Erbbauzinses sein. Jedenfalls aber ist es zulässig und empfehlenswert, hinsichtlich des Erbbauzinses auf den Bodenwert nach einzuholendem Gutachten bezug zu nehmen. 17

e) Annahme eines Angebots des Nutzers nach § 32 durch den Grundstückseigentümer, Abs. 2 Satz 1 Nr. 2 Fall 2. Dieser Fall entspricht regelmäßig der oben stehenden Fallgruppe 1. Weicht das Angebot des Nutzers nach Abs. 2 Satz 2 nur geringfügig vom geschuldeten Erbbaurecht ab. so steht dem Grundstückseigentümer dessen Annahme unter Vorbehalt offen. Einer förmlichen Annahme unter Vorbehalt (= neuer Antrag, § 150 Abs. 2 BGB) bedarf es nicht, das Einlassen auf Verhandlungen über den Inhalt eines formgerechten Angebots des Nutzers nach § 32 reicht aus. 18

f) Entsprechend der hier vertretenen Auslegung des § 32 (§ 32 Rdz. 6–10) ist der Eintritt in Verhandlungen über eine Erbbaurechtsbestellung in der Weise statthaft, daß der Wahlberechtigte den anderen Teil mittels Aufforderung zum Vertragsschluß unter Übersendung eines Vertragsentwurfs oder einer Punktuation wesentlicher Eckwerte in Verzug setzt. Zulässig ist auch ein Vertragsentwurf, der hinsichtlich einzelner Punkte noch unbestimmt ist, wenn der Wahlberechtigte hierzu die ihm zugänglichen Angaben offenbart (entsprechend der Klage mit unbestimmtem Antrag; hierzu *Thomas-Putzo*, § 253 Rdz. 12). Denn auch bei Zuvielforderung begründet die Mahnung Verzug, wenn der Schuldner die Erklärung des Gläubigers nach den Umständen des Falles als Aufforderung zum Bewirken der tatsächlich geschuldeten Leistung verstehen muß und der Gläubiger zur Annahme der gegenüber seinen Vorstellungen geringeren Leistungen bereit ist (*Palandt-Heinrichs*, § 284 Rdz. 19). In diesem Fall würde der Erbbauzins unter dem Gesichtspunkt des Verzugsschadens geschuldet (Einl. Rdz. 68, 72, 78). 19

Verzug tritt allerdings dann nicht ein, wenn der Gläubiger das Bestehen eines Anspruchs nach dem SachenRBerG schlechthin bestreitet. Dann wäre die Berufung auf Verzugsfolgen eine unzulässige *protestatio facto contraria*. 20

Diese Vorgehensweise ist der vom Gesetz in Abs. 2 Nr. 1 nahegelegten (oben Rdz. 6–14) vorzuziehen. Die Einleitung eines Vermittlungsverfahrens kann wegen Überlastung der damit betrauten Notare bis zum Eintritt des Zeitpunkts nach Nr. 1 lange dauern. Schon aus prozeßökonomischen Gründen sollte das Vermittlungsverfahren nicht das einzige Nadelöhr sein, um die Unentgeltlichkeit des Moratoriums zu entgehen. Die Alternative eines Angebots nach § 32 (Abs. 2 Nr. 2, oben Rdz. 15–18) ist aus den zu § 32 dargelegten Gründen (§ 32 Rdz. 9) nicht praktikabel. Ein Angebot des Grundstückseigentümers kann zudem durch Verweigerung des Besichtigungs- und Betretungsrechts weiter verzögert werden. 21

227

§ 44 22–26   Kapitel 2. Nutzung fremder Grundstücke

22   Taktischen Manövern einer Seite kann vielmehr flexibel über das Instrument des Verzugs begegnet werden.

23   Die Möglichkeit, eine Nutzungsentschädigung unter dem Gesichtspunkt des Verzugsschadens zu verlangen, besteht auch dann, wenn der Nutzer als Schuldner des Anspruchs auf Ankauf diesen verzögert. Zumeist wird dann jedoch der entgangene Zinsgewinn des Grundstückseigentümers (Verkäufers) nach § 252 BGB höher sein.

4. Zwangsvollstreckungsunterwerfung

a) Zulässigkeit

24   Zulässig und regelmäßig zu empfehlen ist die Unterwerfung des Erbbauberechtigten unter die sofortige Zwangsvollstreckung hinsichtlich des Erbbauzinses, § 794 Abs. 1 Ziff. 5 ZPO. Der Unterwerfung zugänglich ist nur der schuldrechtliche Anspruch (nicht die Reallast, insoweit ist ein Duldungstitel erforderlich: *Oefele/Winkler*, Handbuch, Rdz. 6.214), und auch nur insoweit, als dieser „bestimmt" ist (zum Meinungsstreit bei Bestimmbarkeit *Oefele/Winkler*, Handbuch, Rdz. 6.217–221). Notwendig ist jedenfalls die zusätzliche Verpflichtung des Erbbauberechtigten, sich wegen künftiger Erhöhungsbeträge gesondert der sofortigen Zwangsvollstreckung zu unterwerfen und auch seinen Rechtsnachfolger zur Abgabe der Unterwerfung zu verpflichten.

b) Formulierungsvorschlag

25   aa) Erbbauzins (Einarbeitung von § 51):

„Der Erbbauzins beträgt jährlich
a) in der Zeit vom ... bis zum ... DM ...
   m. W. Deutsche Mark ...,
b) in der Zeit vom ... bis zum ... DM ...
   m. W. Deutsche Mark
c) in der Zeit vom ... bis zum ... DM ...
   m. W. Deutsche Mark
d) ab dem .... DM
   m. W. Deutsche Mark.
Der Erbbauzins ist in vier gleichen Raten nachträglich am 31. März, 30 Juni, 30. September und 31. Dezember zu zahlen, erstmals zum ...."

26   bb) Zwangsvollstreckungsunterwerfung (nach *Oefele/Winkler*, Handbuch, Rdz. 6.222):

„(1) Der Erbbauberechtigte – mehrere als Gesamtschuldner – unterwirft sich wegen aller in dieser Urkunde eingegangenen Zahlungsverpflichtungen zur Leistung bestimmter Geldbeträge der sofortigen Zwangsvollstreckung aus diesen Urkunde in sein gesamtes Vermögen.

(2) Im Fall einer Erbbauzinserhöhung nach diesem Vertrag ist der Erbbauberechtigte zur Unterwerfung unter die sofortige Zwangsvollstreckung wegen des Erhöhungsbetrags verpflichtet."

(3) Dem Grundstückseigentümer ist auf Antrag ohne Fälligkeitsnachweis vollstreckbare Ausfertigung zu erteilen. Eine Umkehr der Beweislast ist damit jedoch nicht verbunden.

(4) Der Erbbauberechtigte wird seine Rechtsnachfolger im Erbbaurecht mit Weitergabeverpflichtung zur Abgabe der nach vorstehenden Absätzen geschuldeten Erklärungen verpflichten."

Möglich ist weiter, die Nichterfüllung der Verpflichtung nach Abs. 4 vorstehender Klausel als Grund für die Versagung einer Veräußerungszustimmung nach § 7 Abs. 1 ErbbauVO vorzusehen (hierzu § 49 Rdz. 15). 27

5. Vertragliche Vereinbarungen

Vertragliche Vereinbarungen über das Nutzungsentgelt nach Art. 233 § 2a Abs. 3 Satz 2, Abs. 8 Satz 1 EGBGB bleiben grundsätzlich bis zum Abschluß des schuldrechtlichen Erbbaurechtsvertrags gültig. Verzögerungen bis dahin können über den Gesichtspunkt treuwidrigen Verhaltens bzw. des Verzugs zu einer Herabsetzung bzw. Erhöhung auf das nach dem SachenRBerG geschuldete Maß führen. 28

§ 45 Verzinsung bei Überlassungsverträgen

(1) **Ist dem Nutzer aufgrund eines mit dem staatlichen Verwalter geschlossenen Vertrages ein Grundstück mit aufstehendem Gebäude überlassen worden, so ist auf Verlangen des Grundstückseigentümers über den Erbbauzins hinaus der Restwert des überlassenen Gebäudes und der überlassenen Grundstückseinrichtungen für die Zeit der üblichen Restnutzungsdauer zu verzinsen. Der Restwert bestimmt sich nach dem Sachwert des Gebäudes zum Zeitpunkt der Überlassung abzüglich der Wertminderung, die bis zu dem Zeitpunkt der Abgabe eines Angebots auf Abschluß eines Erbbaurechtsvertrages gewöhnlich eingetreten wäre. Er ist mit vier vom Hundert jährlich zu verzinsen.**

(2) **§ 51 Abs. 1 ist auf die Verzinsung des Gebäuderestwerts entsprechend anzuwenden.**

(3) **Eine Zahlungspflicht nach Absatz 1 entfällt, wenn der Nutzer auf dem Grundstück anstelle des bisherigen ein neues Gebäude errichtet hat.**

Übersicht

	Rdz.		Rdz.
1. Allgemeines	1	6. Formulierungsvorschlag	18
2. Voraussetzungen	3	a) im schuldrechtlichen Teil des Erbbaurechtsvertrags	18
3. Rechtsfolgen	7		
4. Entschädigungspflicht	12	b) im dinglichen Teil des Erbbaurechtsvertrags	19
5. Sicherung	17		

§ 45 1–9   Kapitel 2. Nutzung fremder Grundstücke

1. Allgemeines

1   § 45 trägt den Besonderheiten der Nutzung aufgrund eines Überlassungsvertrags Rechnung. In diesen Fällen war der Nutzer oft nicht nur zur Nutzung eines Grundstücks, sondern auch eines darauf aufstehenden Gebäudes befugt.
2   Diese Gebäudenutzung ist, soweit sie überhaupt dem SachenRBerG unterliegt (vgl. § 12 Abs. 2), nicht insgesamt als bauliche Investition zu privilegieren. Vielmehr ist die vom Grundstückseigentümer und seinem Rechtsvorgänger erbrachte bauliche Investition angemessen, d. h. ohne Anwendung des Halbteilungsgrundsatzes, zu vergüten.

2. Voraussetzungen, Abs. 1 Satz 1 und Abs. 3

3   a) Nutzung aufgrund eines Überlassungsvertrags mit dem staatlichen Verwalter (zum Begriff § 1 Rdz. 34–37), Abs. 1 Satz 1.
4   b) Überlassung eines Grundstücks mit aufstehendem Gebäude. Mindestens ein Gebäude ist erforderlich, eine bauliche Anlage nach § 12 Abs. 3 reicht für sich genommen nicht aus. Im Fall der Überlassung eines Gebäudes werden aber sonstige mit überlassene Grundstückseinrichtungen (z. B. Zufahrten, befestigte Hofräume) bei der Bemessung des Restwerts mit angesetzt, Abs. 1 Satz 1–2.
5   c) Nutzung dieses Gebäudes durch den Nutzer, Abs. 1 Satz 1 i. V. m. Abs. 3. Der Vorgang unterliegt nur der Sachenrechtsbereinigung, wenn das Gebäude zwar nicht abgerissen wurde, aber in das Gebäude bauliche Investitionen mindestens in dem in § 12 Abs. 2 bestimmten Umfang erbracht wurden. Abs. 3 stellt dies ausdrücklich klar.
6   d) Diesbezügliches Verlangen des Grundstückseigentümers, Abs. 1 Satz 1.

3. Rechtsfolgen, Abs. 1 und 2

7   Der Erbbauberechtigte schuldet neben dem Erbbauzins in der sich nach §§ 43, 46–48, 51 ergebenden Höhe zusätzlich einen Zins in Höhe von 4% p. a. (Abs. 1 Satz 3) des Restwerts für die übliche Restnutzungsdauer.
8   Der Restwert ist zu ermitteln als Differenz zwischen dem Sachwert des Gebäudes und der Grundstückseinrichtungen bei Überlassung des Grundstücks und der seit diesem Zeitpunkt bis zur Abgabe eines Angebots auf Abschluß eines Erbbaurechtsvertrags eingetretenen gewöhnlichen Wertminderung, Abs. 1 Satz 2.
9   Die Begründung will den Sachwert des Gebäudes nach den Vorschriften in den Mustern für Überlassungsverträge (§ 1 Rdz. 34–37, § 38 Rdz. 2–3; zumeist § 4 der Vertragsmuster) ermitteln (Begr. BR-Drucks. 515/93, S. 142). Die gewöhnliche Wertminderung und die übliche Restnutzungsdauer ergibt sich dann aus den Aufstellungen in den Anlagen 5 und 6 der WertR vom 11. 6. 1991, BAnz. Nr. 182a vom 27. 9. 1991 (abgedruckt bei *Simon/Cors/Troll*, Handbuch, S. 238 ff.). Besondere Erhaltungsmaßnahmen oder erhöh-

ter Reparaturbedarf bleiben unberücksichtigt (Begr. BR-Drucks. 515/93, S. 142).

Die Bestimmung des Stichtags für die Bemessung der Wertminderung ist auslegungsbedürftig. Nach dem Sinn und Zweck der Bestimmung kann der Hinweis auf die Abgabe eines Angebots nach § 32 nur beispielhaften Charakter sein. Einer einheitlichen Handhabung des SachenRBerG entspricht es, mit den in § 44 bestimmten Zeitpunkten für die Entstehung des Erbbauzinses bzw. der Nutzungsentschädigung (§ 44 Rdz. 4–23) auch den Anspruch nach § 45 entstehen zu lassen.

Für den auf den Restwert zu leistenden Zins von 4% p. a. (Abs. 1 Satz 3) gilt über die Verweisung in Abs. 2 ebenfalls die Ermäßigungsvorschrift des § 51 Abs. 1. Eine Ermäßigung nach § 51 Abs. 2 findet jedoch nicht statt. Vertragliche Vereinbarungen der Beteiligten hierüber sind jedoch vorrangig.

4. Entschädigungspflicht

a) § 45 gibt dem Grundstückseigentümer nur eine Anspruch auf Verzinsung seines Restwerts, nicht jedoch auf dessen Tilgung. Bei Erlöschen des Erbbaurechts durch Zeitablauf würde daher der Entschädigungsanspruch des Erbbauberechtigten nach § 27 Abs. 1 den dann noch vorhandenen Restwert des überlassenen Gebäudes miteinschließen. Hierbei ist die mit der Überlassung in Gang gesetzte Abschreibungsreihe der Anlage 6 der WertR zunächst fortzusetzen.

Nach empirischen Modellen (insbesondere den Erfahrungen der Finanzverwaltung) verbleibt nach Beendigung der Abschreibungsreihe ein Restwert von 20–30% des Ausgangswerts, d. i. des Werts bei Überlassung (*Simon/Cors/Troll*, Handbuch, Abschn. B 4. Rdz. 41). Endet das Erbbaurecht jedoch vor dem Ende der mit der Überlassung in Gang gesetzten 100-jährigen Abschreibungsreihe der Anlage 6 der WertR (zumeist in Fällen des § 53 Abs. 3), kann dieser Restwert noch höher sein.

Somit empfiehlt sich eine vertraglich vereinbarte Minderung der Entschädigung nach § 27 Abs. 1 ErbbauVO. Das Ausmaß der Minderung bemißt sich nach dem Verhältnis zwischen Restwert und Gesamtwert des Gebäudes bei Beginn der Verzinsungspflicht zuzüglich der vom Erbbauberechtigten während der Laufzeit des Erbbaurechts vorgenommenen Werterhöhungen abzüglich der vorzunehmenden Abschreibungen nach WertR Anlage 6. Da die Ausgangsdaten unbekannt sind, kann das Maß der Minderung nur durch Schätzung ermittelt werden. Vertretbar wird eine Minderung zwischen 5 und 10% sein, in Fällen des § 53 Abs. 3 u. U. auch höher.

b) Beispiel: Der Gesamtwert beträgt 100, der Wert bei Überlassung betrug 30. Die Abschreibung des Restwerts ist bei Erlöschen des Erbbaurechts beendet. Vertretbar erscheint dann eine Minderung der Entschädigung um 8% des Gesamtwerts der in Ausübung des Erbbaurechts errichteten Bauwerke bei Erlöschen des Erbbaurechts oder Heimfall (bei Erlöschen noch vorhandener Restwert: 6–9).

Auf die Aufnahme einer Minderung des Entschädigungsanspruchs hat in

§ 46 Kapitel 2. Nutzung fremder Grundstücke

Fällen des § 45 der Grundstückseigentümer einen Anspruch nach den Grundsätzen des allgemeinen Bereicherungsverbots (§ 812 BGB).

5. Sicherung

17 Der Anspruch auf Verzinsung des Gebäuderestwerts wird durch eine Reallast entsprechend § 52 gesichert (§ 52 Rdz. 33). Eine Wertsicherung nach § 46 findet nicht statt (§ 46 Rdz. 11).

6. Formulierungsvorschlag

18 **a) im schuldrechtlichen Teil des Erbbaurechtsvertrags**

„Für die Zeit bis zum (Ende der Gebäuderestnutzungsdauer) erhöht sich der Erbbauzins um die Verzinsung des Restwerts zu jährlich... auf insgesamt jährlich DM..., m. W. Deutsche Mark...

Dieser Erhöhungsbetrag nimmt an Erbbauzinserhöhungen- oder -ermäßigungen aufgrund dieses Vertrages nicht teil."

19 **b) im dinglichen Teil des Erbbaurechtsvertrags**

„Im Fall des Erlöschens des Erbbaurechts durch Zeitablauf oder Heimfall mindert sich die zu leistende Entschädigung um den noch vorhandenen Restwert des Gebäudes (folgt nähere Bezeichnung), mindestens jedoch um ...%."

§ 46 Zinsanpassung an veränderte Verhältnisse

(1) Nutzer und Grundstückseigentümer sind verpflichtet, in den Erbbaurechtsvertrag eine Bestimmung aufzunehmen, die eine Anpassung des Erbbauzinses an veränderte Verhältnisse vorsieht. Die Anpassung kann erstmals nach Ablauf von zehn Jahren seit Bestellung des Erbbaurechts verlangt werden. Bei einer zu Wohnzwecken dienenden Nutzung bestimmt sich die Anpassung nach dem in § 9a der Verordnung über das Erbbaurecht bestimmten Maßstab. Bei anderen Nutzungen ist die Anpassung nach
1. den Erzeugerpreisen für gewerbliche Güter bei gewerblicher oder industrieller Nutzung des Grundstücks,
2. den Erzeugerpreisen für landwirtschaftliche Produkte bei land- und forstwirtschaftlicher Bewirtschaftung des Grundstücks oder
3. den Preisen für die allgemeine Lebenshaltung in allen übrigen Fällen
vorzunehmen. Die Vereinbarung über die Anpassung des Erbbauzinses ist nur wirksam, wenn die Genehmigung nach § 3 des Währungsgesetzes oder entsprechenden währungsrechtlichen Vorschriften erteilt wird. Weitere Anpassungen des Erbbauzinses können frühestens nach Ablauf von drei Jahren seit der jeweils letzten Anpassung des Erbbauzinses geltend gemacht werden.

(2) Die Anpassung nach Absatz 1 Satz 3 und 4 ist auf den Betrag zu begrenzen, der sich aus der Entwicklung der Grundstückspreise ergibt. Die Begrenzung ist auf der Grundlage der Bodenrichtwerte nach § 196 des Baugesetzbuchs, soweit diese vorliegen, andernfalls in folgender Reihenfolge nach der allgemeinen Entwicklung der Grundstückspreise in dem Land, in dem das Grundstück ganz oder zum größten Teil belegen ist, dem in § 1 bezeichneten

§ 46. Zinsanpassung an veränderte Verhältnisse 1–5 § 46

Gebiet oder im gesamten Bundesgebiet zu bestimmen. Abweichende Vereinbarungen und Zinsanpassungen sind gegenüber den Inhabern dinglicher Rechte am Erbbaurecht, die einen Anspruch auf Zahlung oder Befriedigung gewähren, unwirksam, es sei denn, daß der Erbbauzins nur als schuldrechtliche Verpflichtung zwischen dem Grundstückseigentümer und dem Nutzer vereinbart wird.

Übersicht

	Rdz.
I. Vorbemerkung	1
1. Allgemeines	1
2. Verhältnis zu § 3 WährungsG	3
II. Inhalt der Regelung	11
1. Allgemeines	11
2. Wohnnutzung	16
3. Gewerbliche oder industrielle Nutzung	23
4. Land- und Forstwirtschaft	32
5. Sonstige Nutzungen	35
III. Einzelfragen	37
1. Relative Unwirksamkeit	37
2. Nutzungsänderung	46
3. Von § 46 abweichende Vereinbarungen	49
4. Sicherung	54

I. Vorbemerkung

1. Allgemeines

Wegen der langen Laufzeit des Erbbaurechts (§ 53) ist die Anpassung des Erbbauzinses an Veränderungen der allgemeinen wirtschaftlichen Verhältnisse (Wertsicherung) sachgerecht. Der Entwurf gewährt daher Ansprüche auf Aufnahme entsprechender Vereinbarungen in den schuldrechtlichen Teil des Erbbaurechtsvertrags (Begr. BR-Drucks. 515/93, S. 80). 1

§ 46 enthält, abgesehen von Abs. 2 Satz 3, dispositives Recht. Die Beteiligten sind bei der Abfassung der Vereinbarungen nicht an die Vorgaben der Vorschrift gebunden und könnten daher auf die Aufnahme einer Wertsicherungsklausel auch ganz verzichten. 2

2. Verhältnis zu § 3 WährungsG, Abs. 1 Satz 5

a) Nach § 3 WährungsG i. V. m. § 49 Abs. 2 AWG bedarf die Eingehung von Geldschulden, deren Betrag im Deutscher Mark durch den Preis von andren Gütern und Leistungen bestimmt werden soll, der Genehmigung der Deutschen Bundesbank. Funktionell zuständig für das Genehmigungsverfahren ist die jeweilige Landeszentralbank. 3

b) Genehmigungsbedürftig sind nur Vereinbarungen, die die Höhe der Geldschuld an einen außerhalb des Schuldverhältnisses liegenden Maßstab binden und bei Änderung der Bezugsgröße eine automatische Anpassung vorsehen (sog. Gleitklauseln, hierzu *Palandt-Heinrichs*, § 245 Rdz. 18; Beispiel bei *Oefele/Winkler*, Handbuch, Rdz. 6.114). 4

Die Deutsche Bundesbank hat sich in ihrem Genehmigungsermessen 5

§ 46 6–10 Kapitel 2. Nutzung fremder Grundstücke

durch die Genehmigungsgrundsätze in der Fassung vom 9. 6. 1978, BAnz. Nr. 109 vom 15. 6. 1978 = NJW 1978, 2381 = DNotZ 78, 449 = *Brambring/ Jerschke* (Hrsg.), Beck'sches Notarhandbuch, 1992, S. 1034) gebunden.

6   c) Nicht genehmigungsfähig sind hiernach insbesondere Klauseln, die auf die Lebenshaltungskosten im Beitrittsgebiet abstellen (*Wiedemann=Lang*, DtZ 1992, 273/274 unter Hinweis auf Bekanntmachung der Deutschen Bundesbank vom 6. 4. 1992, BAnz. 1992, S. 3219 = DtZ 1992, 278) und (derzeit) Mischklauseln (vgl. Mitteilung in DNotZ 1983, 201/202 zur sog. Mittelwertklausel von BGHZ 75, 279/283; 77, 180/190; 87/198/199 im Rahmen des § 9a ErbbauVO; ebenso *Oefele/Winkler*, Handbuch, Rdz. 6.119).

7   Eine Mischklausel ist daher nach derzeitiger Rechtslage so zu fassen, daß zunächst die Anpassung nach einem genehmigungsfähigen Maßstab vereinbart wird, um den begründeten Anspruch sodann durch den nicht genehmigungsfähigen Maßstab nach oben hin zu kappen (*Oefele/Winkler*, Handbuch, Rdz. 6.120 und S. 380 Ziff. IV des Musters 2; Münchner Vertragshandbuch-*Winkler*, Band IV/2, Form. VIII.2 Ziff. IV). Inwieweit die gesetzliche Vorgabe in § 46 Abs. 1 Satz 3 bzw. Satz 4 das Genehmigungsermessen der Deutschen Bundesbank einschränken, bleibt trotz gewichtiger Gründe hierfür abzuwarten.

8   d) Genehmigungsfrei sind zum einen sog. Spannungsklauseln, die die Höhe der Geldschuld vom künftigen Preis oder Wert im wesentlichen gleichartiger oder vergleichbarer Leistungen anhängig machen (BGH NJW-RR 1986, 877; *Palandt-Heinrichs*, § 245 Rdz. 24, 25; *Oefele/Winkler*, Handbuch, Rdz. 6.129-132 mit Formulierungsvorschlag). Keiner Genehmigung bedarf hiernach die Koppelung von Erbbauzinsen an den Grundstücksertrag oder den Ertragswert des Erbbaurechts (BGH NJW 1976, 422; NJW 1979, 1545/ 1546). Bei Anknüpfung an die allgemeinen Grundstücksverhältnisse liegt jedoch eine Gleitklausel vor.

9   e) Ebenfalls genehmigungsfrei ist ein sog. Leistungsvorbehalt, der den Vertragspartnern hinsichtlich der Anpassung der Leistung einen wenn auch beschränkten Ermessens- und Verhandlungsspielraum einräumt, innerhalb dessen die geschuldete Leistung erst aufgrund getroffener Vereinbarung konkretisiert wird. Eine automatische Änderung wie im Fall der Gleitklausel findet demgemäß nicht statt (*Palandt-Heinrichs*, § 245 Rdz. 26–28; *Oefele/ Winkler*, Handbuch, Rd. 6.134ff.). Allein die Anknüpfung der Änderung an die Geltendmachung eines entsprechenden Anspruchs reicht hierfür nicht aus (*Oefele/Winkler*, Handbuch, Rdz. 6.138 unter Hinweis auf BGH NJW 1979, 1545). Erforderlich ist vielmehr ein Spielraum etwa in dem Sinne, daß bei Änderung der Bezugsgröße eine „angemessene" Anpassung des Erbbauzinses vorgenommen werden soll.

10   f) Die Genehmigungspflicht nach § 3 WährungsG wird in Abs. 1 Satz 5 weder erweitert noch eingeschränkt. In die Unabhängigkeit der Deutschen Bundesbank (Art. 88 GG) wird nicht eingegriffen. Für die Genehmigungsfähigkeit von Vereinbarungen nach § 46 gelten daher die bisherigen Grundsätze (Begr. BT-Drucks. 12/5992, S. 213; zu Mischklauseln aber oben Rdz. 7).

II. Inhalt der Regelung

1. Allgemeines

Anzupassen ist der Erbbauzins, d. h. ein Zins nach §§ 43, 47 und 48. Nicht anzupassen ist der nach § 45 verzinste Gebäuderestwert, da insoweit eine bloße Kapitalverzinsung nach darlehensrechtlichen Grundsätzen erfolgt (kein Grundrentencharakter). 11

Abs. 1 gibt einen nach Art der Nutzung differenzierenden Anpassungsmaßstab vor. 12

Gemeinsam ist neben dem wechselseitigen Anspruch auf Aufnahme einer Anpassungsvereinbarung (vgl. oben Rdz. 1–2) nach Abs. 1 Satz 1 die Regelung in Satz 2, wonach die Anpassung erstmals nach Ablauf von 10 Jahren seit Bestellung des Erbbaurechts verlangt werden kann. Die Begründung verweist hierfür auf § 51 (Begr. BR-Drucks. 515/93, S. 142). Dennoch ist der Zeitpunkt der Bestellung des Erbbaurechts und nicht der 1. 1. 1995 (Beginn der Eingangsphase) maßgebend. 13

Bestellung des Erbbaurechts ist hier der Zeitpunkt des Abschlusses des schuldrechtlichen Vertrags. Befand sich der Nutzer zu diesem Zeitpunkt in Verzug, so kann der Grundstückseigentümer den ihm aufgrund der Verzögerung entstehenden Schaden (durch verzögerte Erbbauzinserhöhung) nach § 286 BGB gesondert geltend machen. 14

Die in § 46 Abs. 1 Sätze 3–4 vorgesehenen Klauseln sind allesamt Gleitklauseln und bedürfen der Genehmigung nach § 3 WährungsG, Abs. 1 Satz 5. Ein Ermessens- und Verhandlungsspielraum ist nicht eingeräumt, als Bezugsgröße ist auch nicht der Wert vergleichbarer Leistungen vorgesehen. 15

2. Wohnnutzung, Abs. 1 Satz 3

a) Wohnnutzung ist nur die Nutzung zu Wohnzwecken. Eine berufliche Nutzung ist allenfalls in untergeordnetem Rahmen zulässig (etwa: häusliches Arbeitszimmer oder Raum für Heimarbeit). 16

Zum Wechsel der Nutzung vgl. unten Rdz. 46–48. 17

b) Abs. 1 Satz 3 verweist für die Wohnnutzung auf den Maßstab des § 9a ErbbauVO und übernimmt damit die Rechtsprechung des BGH, der den Begriff der „allgemeinen wirtschaftlichen Verhältnisse" in § 9a Abs. 1 Satz 2 im Sinne eines Durchschnittswerts aus den prozentualen Veränderungen der Lebenshaltungskosten eines 4-Personen-Haushalts von Arbeitern und Angestellten mit mittlerem Einkommen und dem Mittelwert aus den Bruttoverdiensten der Arbeiter in der Industrie und denen der Angestellten in Industrie und Handel versteht (*Palandt-Bassenge*, § 9a ErbbauVO Rdz. 7; *Oefele/Winkler*, Handbuch, Rdz. 6.166f.). 18

§ 9a Abs. 1 Sätze 3–4 sind hingegen nicht in Bezug genommen (arg. Wortlaut des Abs. 1 Satz 3 – „Maßstab" – und die andernfalls obsolete Regelung in Abs. 2). Allerdings bildet insoweit § 46 Abs. 2 Satz 1–2 eine Obergrenze. 19

Eine § 9a ErbbauVO entsprechende Mischklausel ist derzeit nicht geneh- 20 migungsfähig nach § 3 WährungsG (oben Rdz. 6–7). Sie muß daher wie folgt gefaßt werden (nach *Oefele/Winkler,* Handbuch, S. 380 Muster 2 Ziff. IV):

„(1) Der Erbbauzins ist wertgesichert auf der Grundlage der Lebenshaltungskosten. Ändert sich künftig der vom Statistischen Bundesamt herausgegebene Preisindex für die Lebenshaltung aller 4-Personen-Haushalte von Arbeitern und Angestellten mit mittlerem Einkommen auf der Basis 1985=100, so ändert sich im gleichen Verhältnis die Höhe des zu zahlenden Erbbauzinses.

(2) Eine Erhöhung kann frühestens nach Ablauf von zehn Jahren ab heute und darauf frühestens wieder jeweils nach Ablauf von 3 Jahren nach der jeweils letzten Änderung verlangt werden.

(3) Eine Änderung des Erbbauzinses nach Abs. 1 kann jedoch höchstens um den Prozentsatz verlangt werden, der dem Mittelwert der Veränderung des genannten Lebenshaltungskostenindexes einerseits und dem Mittelwert aus der im gleichen Zeitraum eingetretenen Veränderung der Indizes der Bruttomonatsverdienste der Angestellten in Industrie und Handel sowie der Arbeiter in der Industrie entspricht.

(4) Eine Änderung des Erbbauzinses kann jedoch nur um den Prozentsatz verlangt werden, der sich aus der Entwicklung der Grundstückspreise ergibt. Die Begrenzung ist auf der Grundlage der Bodenrichtwerte nach § 196 des Baugesetzbuchs, soweit diese vorliegen, andernfalls in folgender Reihenfolge nach der allgemeinen Entwicklung der Grundstückspreise in dem Land, in dem das Grundstück ganz oder zum größten Teil belegen ist, dem Beitrittsgebiet oder im gesamten Bundesgebiet zu bestimmen.

(5) Die Beteiligten beantragen die zur Wirksamkeit der Vereinbarung in Abs. 1 erforderliche Genehmigung nach § 3 Währungsgesetz.

21   c) Im Hinblick auf die mangelnde Bestimmtheit des Abs. 4 des Formulierungsvorschlags (zur allgemeinen Grundstückswertentwicklung vgl. auch *Staudinger-Amann,* § 1105 Rdz. 14 m. w. Nachw. sowie § 52 Rdz. 34–40) kann insoweit keine Reallast eingetragen werden. Möglich sein dürfte die Sicherung durch Erbbauzinserhöhungsvormerkung (*Staudinger-Gursky,* § 883 Rdz. 94; *Oefele/Winkler,* Handbuch, Rdz. 6.184; siehe § 53 Rdz. 41, § 48 Rz. 43).

22   Dennoch erscheint angesichts der „Streitträchtigkeit" dieses über Abs. 1 und 3 der Klausel hinausgehenden, schwer begründbaren und beweisbaren Erhöhungsverlangens daher ein Verzicht auf die Vereinbarungen in Abs. 4 der Klausel gut vertretbar.

3. Gewerbliche oder industrielle Nutzung, Abs. 1 Satz 4 Nr. 1

23   a) Das Gesetz will bei gewerblicher oder industrieller Nutzung die Erbbauzinsänderung an die Änderung der Erzeugerpreise für gewerbliche Güter knüpfen.

24   In dieser Allgemeinheit wäre eine Gleitklausel nicht genehmigungsfähig nach § 3 Satz 2 Währungsgesetz, vgl. Ziff. 3. c) der Grundsätze bei der Entscheidung über Genehmigungsanträge nach § 3 des Währungsgesetzes der Deutschen Bundesbank i. d. F. vom 9. 6. 1978 (Fundstelle oben Rdz. 5). Es ist nicht ersichtlich, daß einer dort in den Buchstaben aa) und bb) genannten Ausnahmefälle vorliegt.

§ 46. Zinsanpassung an veränderte Verhältnisse 25–31 § 46

b) Die Anpassung des Erbbauzinses hiernach kann daher nur im Wege 25
eines Leistungsvorbehalts vereinbart werden:

„(1) Ändert sich der vom Statistischen Bundesamt herausgegebene Index der Erzeugerpreise für gewerbliche Güter, so können der Grundstückseigentümer und der Erbbauberechtigte eine angemessene Anpassung des Erbbauzinses verlangen.
(2) Wie oben Abs. 2 (Rdz. 20).
(3) Wie oben Abs. 4 (Rdz. 20)."

c) Die Einräumung eines Ermessens- und Verhandlungsspielraums durch 26
den Leistungsvorbehalt hat den weiteren Vorteil, daß innerhalb des Spielraums besonderen Umständen in der Person des Erbbauberechtigten Rechnung getragen werden kann (z. B. über- oder unterproportionale Preisindexveränderung der im konkreten Betrieb erzeugten oder veräußerten Güter).

Die Vereinbarung eines Leistungsvorbehalts hat auf der anderen Seite den 27
Nachteil, daß die Anpassungsverpflichtung mangels hinreichender Bestimmtheit nicht Inhalt der Erbbauzinsreallast nach § 9 Abs. 2 Satz 2 Erbbau-VO sein kann (§ 52 Rdz. 34–40). In Betracht kommt allenfalls die Sicherung durch Erbbauzinserhöhungsvormerkung (zu den Anforderungen § 52 Rdz. 41).

Noch nicht höchstrichterlich geklärt ist, ob folgender Satz 2 zu Abs. 1 des 28
obenstehenden Formulierungsvorschlags diese Bedenken ausräumt (hierzu § 52 Rdz. 39–40):

„Eine über die Änderung dieses Indexes hinausgehende Anpassung erfolgt jedoch nicht."

Für die Zulässigkeit der Eintragung einer Reallast mit diesem Zusatz dürf- 29
ten die Überlegungen des BayObLG, MittBayNot 1993, 290/291 sprechen, da durch den Zusatz das höchstmögliche Ausmaß der Änderung für nachrangige Berechtigte berechenbar wird. Allerdings wirkt dieser gekappte Leistungsvorbehalt tendenziell zugunsten des Erbbauberechtigten.

d) Als sichere Möglichkeit verbleibt daher nur, die Anpassung auch im 30
Rahmen des § 46 Abs. 1 Satz 4 Nr. 1 an eine genehmigungsfähige Indexveränderung zu koppeln und nach oben hin zu begrenzen:

„(1) Der Erbbauzins ist wertgesichert auf der Grundlage der Lebenshaltungskosten. Ändert sich künftig der vom Statistischen Bundesamt herausgegebene Preisindex für die Lebenshaltung aller privaten Haushalte auf der Basis 1985 = 100, so ändert sich im gleichen Verhältnis die Höhe des zu zahlenden Erbbauzinses.
(2) Eine Erhöhung kann frühestens nach Ablauf von zehn Jahren ab heute und darauf frühestens wieder jeweils nach Ablauf von 3 Jahren nach der jeweils letzten Änderung verlangt werden.
(3) Eine Änderung des Erbbauzinses nach Abs. 1 kann jedoch höchstens um den Prozentsatz verlangt werden, der der Veränderung des vom Statistischen Bundesamt herausgegebenen Index der Erzeugerpreise für gewerbliche Güter in gleichen Zeitraum entspricht.
(4) Wie oben Abs. 4 (Rdz. 20)."

Der Notar darf idR (§ 42 Rdz. 24–26) derartige vom gesetzlichen An- 31
spruch des § 46 abweichende Gestaltungen auch ohne oder gegen den Willen

237

der bzw. eines Beteiligten zum Gegenstand des Vermittlungsvorschlags machen.

4. Land- und Forstwirtschaft, Abs. 1 Satz 4 Nr. 2

32 a) Maßgebend soll hier die Veränderung der Erzeugerpreise für landwirtschaftliche Produkte sein. Auch diese allgemeine Bezugnahme ist als Gleitklausel nicht genehmigungsfähig nach § 3 Satz 2 WährungsG (vgl. oben Rdz. 4–5). Zulässig ist ein Leistungsvorbehalt, etwa wie folgt:

„(1) Ändert sich der vom Statistischen Bundesamt herausgegebene Index der Erzeugerpreise für landwirtschaftliche Produkte, so können der Grundstückseigentümer und der Erbbauberechtigte eine angemessene Anpassung des Erbbauzinses verlangen.

(2) Wie oben Abs. 2 (Rdz. 20).

(3) Wie oben Abs. 4 (Rdz. 20)."

33 b) Zu weiteren Vorteilen des Leistungsvorbehalts s. o. Rdz. 26-27.

34 c) Zu Alternativen im Hinblick auf die zur Sicherung durch Reallast erforderliche Bestimmtheit vgl. oben Rdz. 21.

5. Sonstige Nutzungen, Abs. 1 Satz 4 Nr. 3

35 a) In den übrigen Fällen, insbesondere also bei behördlicher oder freiberuflicher Nutzung (§ 43 Rdz. 11, 14–17) ist die Änderung nach den Preisen für die „allgemeine Lebenshaltung" vorzunehmen. Gemeint ist hiermit der Preisindex für die Lebenshaltung aller privaten Haushalte. Eine hieran ausgerichtete Anpassungsvereinbarung ist genehmigungsfähig nach § 3 Satz 2 WährungsG i. V. m. Ziff. 3 a) aa) 4. Spiegelstrich und Ziff. 4. der Genehmigungsgrundsätze der Deutschen Bundesbank (oben Rdz. 5).

36 b) Formulierungsvorschlag:

„(1) Der Erbbauzins ist wertgesichert auf der Grundlage der Lebenshaltungskosten. Ändert sich künftig der vom Statistischen Bundesamt herausgegebene Preisindex für die Lebenshaltung aller privaten Haushalte auf der Basis 1985=100, so ändert sich im gleichen Verhältnis die Höhe des zu zahlenden Erbbauzinses.

(2) Wie oben Abs. 2 (Rdz 20).

(3) Wie oben Abs. 4 (Rdz. 20).

(4) Wie oben Abs. 5 (Rdz. 20)."

III. Einzelfragen

1. Relative Unwirksamkeit, Abs. 2 Satz 3

37 a) Abs. 2 Satz 3 bezieht sich auf abweichende Vereinbarungen und Zinsanpassungen sowohl nach Abs. 1 als auch nach Abs. 2 Sätze 1–2 (Begr., BT-Drucks. 12/5992, S. 193). Denn die Zinsanpassung kann, sofern das Bestehenbleiben der Reallast in der Zwangsversteigerung als dinglicher Inhalt der

§ 46. Zinsanpassung an veränderte Verhältnisse   38–45 § 46

Reallast vereinbart wurde, die Verwertungschancen der Gläubiger von Grundpfandrechten und Reallasten schmälern (Begr. BR-Drucks. 515/93, S. 193). Abs. 2 Satz 3 schränkt daher die Wirksamkeit derartiger Vereinbarungen ein.

b) Die Vorschrift bedarf einer am Schutzzweck orientierten restriktiven Auslegung: 38

(1) Abs. 2 Satz 3 setzt voraus, daß das Bestehenbleiben des künftigen Erbbauzinses in der Zwangsversteigerung zum Inhalt der Reallast vereinbart wurde, § 9 Abs. 3 ErbbauVO. Ist das nicht der Fall, bedarf die nachträgliche Inhaltsänderung der Reallast der Zustimmung der nachrangigen Berechtigten nach allgemeinen Grundsätzen des Rangs dinglicher Rechte. 39

(2) Auch dann sind abweichende Vereinbarungen (z. B. der Verzicht auf die Begrenzung der Anpassung, andere Indexierung) nicht nach § 134 BGB verboten, sondern nur den Berechtigten von Grundpfandrechten und Reallasten am Erbbaurecht (einschließlich Vormerkungsberechtigten, nicht jedoch Gläubigern von Pfandrechten an Grundpfandrechten) gegenüber unwirksam, sog. relative Unwirksamkeit (zum Begriff *Palandt-Bassenge,* § 883 Rdz. 22). 40

(3) Die relative Unwirksamkeit entfällt mit der Genehmigung der abweichenden Vereinbarung durch die genannten dinglich Berechtigten. Ist das Bestehenbleiben des Erbbauzinses einschließlich des Erhöhungsanspruchs in der Zwangsversteigerung nicht nach § 9 Abs. 2 Sätze 2–3 i. V. m. Abs. 3 ErbbauVO als Inhalt der Reallast vereinbart, ist nur die Zustimmung der dinglich Berechtigten im Rang nach der Reallast erforderlich, andernfalls die aller dinglich Berechtigten am Erbbaurecht. 41

(4) Keine relative Unwirksamkeit tritt ein, wenn die Abweichung von der Begrenzung nach Abs. 2 Sätze 1–2 nicht als dinglicher Inhalt der Reallast, sondern schuldrechtlich (z. B. Verzicht auf die Geltendmachung der Begrenzung im Wege eines *pactum de non petendo*) vereinbart wurde, Abs. 2 Satz 3 Halbsatz 2. 42

(5) Die Zustimmung sonstiger dinglich Berechtigter (z. B. Nießbraucher, Berechtigter einer Dienstbarkeit) ist nur nach allgemeinen Regeln erforderlich (z. B. nachrangiger Nießbrauch bei Abweichung von Abs. 2 durch Inhaltsänderung der vorrangigen Erbbauzinsreallast). 43

(6) Abs. 2 Satz 3 ist mangels schützenswerten Interesses dinglich Berechtigter dann nicht anzuwenden, wenn ihr Recht zeitlich nach Eintragung der Vereinbarung über das Bestehenbleiben der Reallast in der Zwangsversteigerung nach § 9 Abs. 3 ErbbauVO eingetragen wird. 44

(7) Keine abweichende Zinsanpassung liegt vor, wenn in den Fällen des Abs. 1 Satz 4 Nr. 1 und 2 im Hinblick auf § 3 WährungsG keine Gleitklausel, sondern ein Leistungsvorbehalt nach obigem (vgl. Rdz. 25 und 32) Muster vereinbart wird. 45

239

§ 46   46–54   Kapitel 2. Nutzung fremder Grundstücke

2. Nutzungsänderung

46 a) Ändert sich die Nutzung des Erbbaurechts, so können Grundstückseigentümer und Erbbauberechtigter die Anpassung der Erhöhungsvereinbarung hinsichtlich des Erbbauzinses verlangen (z. B. Übergang von Anpassung nach Abs. 1 Satz 3 auf Abs. 1 Satz 4 Nr. 1 beim Wechsel von Wohnnutzung zu gewerblicher Nutzung). Der Anspruch ergibt sich unmittelbar aus § 46.

47 b) Eine Nutzungsänderung führt auch dann zum Entstehen des Anspruchs auf Abschluß einer abweichenden Anpassungsvereinbarung, wenn die geänderte Nutzung selbst nach § 54 Abs. 2 und 3 zulässig wäre. Dies ergibt der Gegenschluß aus § 47.

48 c) Zur Erfüllung des Anspruchs erforderlich ist die Inhaltsänderung der Reallast (§§ 873, 877 BGB), welche der Zustimmung der gleich- und nachrangigen und im Fall des § 9 Abs. 2 und 3 ErbbauVO auch der vorrangigen dinglich Berechtigten bedarf.

3. Von § 46 abweichende Vereinbarungen

49 Abweichungen von § 46 Abs. 1 und 2 sind zulässig, gegebenenfalls unter Zustimmung der Berechtigten nach Abs. 2 Satz 3. In Betracht kommen:

50 a) Spannungsklausel: Anknüpfung an den Ertragswert des Grundstücks, vor allem in den Fällen des Abs. 1 Satz 4 Nr. 1 mit 3, bei Wohnnutzung (z. B. Ertragswert i. S. d. erzielbaren Mietreinertrages) nach oben hin begrenzt durch Abs. 1 Satz 3 i. V. m. § 9a ErbbauVO.
Eine Genehmigung nach § 3 WährungsG ist nicht erforderlich.

51 b) Gleitklausel durch Bezugnahme auf einen Preisindex für die Lebenshaltung über Abs. 1 Satz 4 Nr. 3 hinaus.
Die Klausel ist grundsätzlich genehmigungsfähig nach § 3 WährungsG.

52 c) Gleitklausel durch Bezugnahme auf einen Preisindex für Güter und Leistungen, die *im Betrieb* des Erbbauberechtigten hergestellt, veräußert oder erbracht werden.
Die Klausel ist grundsätzlich genehmigungsfähig nach § 3 WährungsG.

53 d) Gleitklausel durch Bezugnahme auf einen Preisindex für die Lebenshaltung, wobei die Zahlungspflicht ähnlich § 9a ErbbauVO auf die sich nach § 47 Abs. 1 Nr. 1 oder 2 ergebenden Werte beschränkt ist (analog dem Formulierungsvorschlag zu Abs. 1 Satz 3 oben Rdz. 20).
Diese Klausel ist grundsätzlich genehmigungsfähig nach § 3 WährungsG.

4. Sicherung

54 Die Anpassungsverpflichtung ist durch Reallast unter den Voraussetzungen des § 9 Abs. 2 Satz 2 ErbbauVO sicherbar (§ 52 Rdz. 32–40), dort insbesondere auch zur Bestimmbarkeit der Anpassungsverpflichtung aufgrund Leistungsvorbehalts). Ansonsten ist allenfalls Sicherung durch Erbbauzinserhöhungsvormerkung möglich (Formulierung § 47 Rdz. 43).

§ 47 Zinsanpassung an Nutzungsänderungen

(1) Nutzungsänderungen, zu denen der Erbbauberechtigte nach § 54 Abs. 2 und 3 berechtigt ist, rechtfertigen keine Anpassung des Erbbauzinses. Für Nutzungsänderungen nach § 54 Abs. 1 und 4 kann die Aufnahme der folgenden Zinsanpassungen im Erbbaurechtsvertrag verlangt werden:
1. Der Zinssatz ist heraufzusetzen,
    a) von zwei auf sieben vom Hundert jährlich des Bodenwerts, wenn ein zu Wohnzwecken errichtetes Gebäude zu gewerblichen, land-, forstwirtschaftlichen oder zu öffentlichen Zwecken genutzt wird,
    b) von dreieinhalb auf sieben vom Hundert jährlich des Bodenwerts, wenn land- oder forstwirtschaftlich genutzte Gebäude gewerblich genutzt werden oder wenn ein anderer Wechsel in der bisherigen Art der Nutzung erfolgt;
2. der Zinssatz ist von dreieinhalb auf zwei vom Hundert jährlich des Bodenwerts herabzusetzen, wenn eine am 2. Oktober 1990 ausgeübte, gewerbliche Nutzung nicht mehr ausgeübt werden kann und das Gebäude zu Wohnzwecken genutzt wird.

In den Fällen des Satzes 2 Nr. 1 kann jeder Beteiligte verlangen, daß ein anderer Zinssatz zugrunde gelegt wird, wenn der für diese Nutzung übliche Zins mehr oder weniger als sieben vom Hundert jährlich beträgt. Wird in den Fällen des Satzes 2 Nr. 2 das Gebäude nunmehr zu land- und forstwirtschaftlichen Zwecken genutzt, kann der Nutzer eine Anpassung des regelmäßigen Zinses verlangen, wenn der für diese Nutzung übliche Zins weniger als sieben vom Hundert jährlich beträgt.

(2) Der Grundstückseigentümer kann vom Erbbauberechtigten verlangen, daß sich dieser ihm gegenüber verpflichtet, in einem Vertrag über die Veräußerung des Erbbaurechts die in den Absätzen 1 und 2 bestimmten Pflichten zur Zinsanpassung seinem Rechtsnachfolger aufzuerlegen.

(3) Der Erbbauzins ist nach den in Absatz 1 Satz 2 Nr. 1 Buchstabe a und b genannten Zinssätzen zu bemessen, wenn der Nutzer das Gebäude oder die bauliche Anlage nach dem Ablauf des 20. Juli 1993 erworben hat und zum Zeitpunkt des der Veräußerung zugrunde liegenden Rechtsgeschäfts die in § 29 Abs. 3 Satz 1 bezeichneten Voraussetzungen vorlagen. Satz 1 ist nicht anzuwenden, wenn das Gebäude oder die bauliche Anlage als Teil eines Unternehmens veräußert wird und der Nutzer das Geschäft seines Rechtsvorgängers fortführt.

Übersicht

	Rdz.
I. Allgemeines	1
1. Durchbrechung des Halbteilungsgrundsatzes	1
2. Inhalt der Regelung	2
II. Änderungstatbestände	7
1. Aufgabe einer zinsbegünstigten Nutzung	7
2. Nutzungsänderung unter Wahrung der Nutzungsart	8
3. Wechsel der Nutzungsart	18
a) Erbbauzinsherabsetzung	18
b) Erbbauzinserhöhung	22
4. Vorherige Veräußerung	28
III. Einzelfragen	30
1. Mehrfacher Wechsel der Nutzungsart	30
2. Weitergabe an Rechtsnachfolger	32
3. Verhältnis zu § 51	34
4. Sicherung	35

§ 47 1–6 Kapitel 2. Nutzung fremder Grundstücke

IV. Formulierungsvorschlag 39	3. Weitergabeverpflichtung nach Abs. 2 42
1. Erbbauzinserhöhung 39	
2. Erbbauzinsherabsetzung 41	4. Sicherung durch Erhöhungsvormerkung.............. 43

I. Allgemeines

1. Durchbrechung des Halbteilungsgrundsatzes

1   Das SachenRBerG will mit dem Grundsatz der Halbteilung der Verkehrswerte (Einl. Rdz. 45–48) nur die Nutzung gewährleisten, die nach dem Recht der DDR zulässig war. Wird diese nach § 43 zinsbegünstige Nutzung aufgegeben, unter Wahrung des Gesamtbildes der Nutzung innerhalb derselben Nutzungsart geändert oder die Nutzungsart selbst gewechselt (vgl. zu dieser Unterscheidung Begr. BR-Drucks. 515/93, S. 80 f.), entfällt u. U. die Grundlage für die im Erbbauzins nach § 43 zum Ausdruck kommende Halbteilung.

2. Inhalt der Regelung

2   a) § 47 gilt nicht unmittelbar, sondern begründet nur einen Anspruch auf Aufnahme bestimmter Regelungen in den Erbbauvertrag (arg. Abs. 1 Satz 2 Halbsatz 1, Abs. 3).

3   b) § 47 ist anzuwenden, wenn die Nutzungsänderung bzw. -aufgabe nach Bestellung des Erbbaurechts erfolgt.

4   c) Auf Nutzungsänderungen vor Bestellung des Erbbaurechts ist § 47 nicht unmittelbar anwendbar. Diesen Nutzungsänderungen wird zum einen dadurch Rechnung getragen, daß sie bei der Bemessung des regelmäßigen Erbbauzinses nach § 43 berücksichtigt werden, soweit sie vor dem 3. 10. 1990 (dazu sogleich Rdz. 5) vorgenommen wurden (§ 43 Rdz. 2). Im Fall der Veräußerung können Nutzungsänderungen vor Bestellung des Erbbaurechts zum anderen zu einer Erbbauzinserhöhung nach § 47 Abs. 3 führen.

5   Nutzungsänderungen zwischen dem 3. 10. 1990 und dem Tag der Bestellung des Erbbaurechts begründen einen Erbbauzinsanspruch analog § 47 (siehe auch § 48 Rdz. 4–5). Gleiches gilt für eine vor dem 3. 10. 1990 bzw. 30. 6. 1990 (§ 8) geänderte Nutzung im Sinne des § 47, sofern diese ohne Billigung staatlicher Stellen der DDR erfolgte.

6   d) Maßgebende Berechnungsgrundlage für die Erhöhung bzw. Ermäßigung des Erbbauzinses ist der Bodenwert im Sinne der §§ 19, 20, d. h. der Verkehrswert bei Bestellung des Erbbaurechts. Zwischenzeitliche Zinsanpassungen, z. B. nach § 46 oder nach § 50, nehmen an der Erhöhung teil.

II. Änderungstatbestände

1. Aufgabe einer zinsbegünstigten Nutzung

Die Aufgabe einer zinsbegünstigten Nutzung führt für sich allein genommen noch nicht zu einem Anspruch auf Änderung des Erbbauzinses. 7

2. Nutzungsänderung unter Wahrung der Nutzungsart

a) Der Erbbauzins bleibt unverändert, wenn eine Nutzungsänderung erfolgt, die nach § 54 Abs. 2 und 3 (siehe § 54 Rdz. 17–23) zulässig wäre, Abs. 1 Satz 1. Wichtigster Fall ist die Ausübung einer freiberuflichen oder gewerblichen Tätigkeit in einem Eigenheim. Eine Wohnnutzung muß daneben aber bestehen bleiben in dem Sinne, daß das Gebäude dauernder Lebensmittelpunkt des Nutzers bleibt. 8

Unschädlich ist auch der Übergang von der Eigen- zur Fremdwohnnutzung oder ein Verschieben des landwirtschaftlich genutzten Teils einer Hofstelle, z. B. durch Verkleinerung des Wohntrakts zugunsten des Stalls. 9

b) Maßgebliches Abgrenzungskriterium zwischen Abs. 1 Satz 1 und Abs. 1 Satz 2 Nr. 1 ist die Wahrung des Gesamtbildes der Nutzung nach außen. Entscheidend sind hierbei folgende Gesichtspunkte: 10

aa) Nach dem Zweck des SachenRBerG sollen Veränderungen in der Nutzung mit spekulativem Charakter nicht privilegiert werden (Begr. BR-Drucks. 515/93, S. 80). D. h., daß unbeachtliche Nutzungsänderungen nach Abs. 1 Satz 1 desto eher vorliegen können, je kleiner das betreffende Gebäude ist, insbesondere also dann, wenn es sich um ein Eigenheim handelt. 11

bb) Nicht erforderlich ist eine konkrete Nutzungsänderung im Sinne des öffentlichen Baurechts. Ausreichend ist das Verlassen des Spielraums, den das Recht der DDR dem Nutzer einräumte. 12

cc) Zu prüfen ist, ob das Grundstück infolge der geänderten Nutzung stärker in Anspruch genommen wird (Begr. BR-Drucks. 515/93, S. 143). 13

c) Kein Wechsel der Nutzungsart ist. z.B. in folgenden Fällen gegeben: 14

bisherige Nutzung	künftige Nutzung
Arztpraxis	Steuerberaterkanzlei
Lehrwerkstatt	Firmenverwaltung
Kundendienstzentrum	Bürogebäude
Lebensmittelgeschäft	Drogeriemarkt

(vgl. Begr. BR-Drucks. 515/93, S. 153).).

Kein Wechsel der Nutzungsart liegt in der Regel auch dann vor, wenn infolge des technischen Fortschritts oder der Konjunktur das Gesamtbild der Nutzung sich ändert, die Branche des Betriebs aber gleichbleibt (z. B. Bullenmast statt Getreideanbau, Übergang zur Produktion mit CIM-Technik). 15

§ 47 16–26 Kapitel 2. Nutzung fremder Grundstücke

16   Unschädlich ist auch der Übergang von der eigenen gewerblichen Nutzung zur Vermietung für Gewerbezwecke, sofern nicht durch den Mieter ein Wechsel der Nutzungsart herbeigeführt wird.

17   d) Umfaßt die Befugnis des Nutzers mehrere Gebäude, so ist die Abgrenzung zwischen § 47 Abs. 1 Satz 1 und Satz 2 nicht für jedes Gebäude gesondert vorzunehmen. Vielmehr bedarf es einer Gesamtbetrachtung der vom Nutzungstatbestand erfaßten Fläche (§§ 21 ff.) unter Berücksichtigung des Nutzungszwecks. Unschädlich ist somit die Verlagerung von Verwaltungsbüros und Produktionsstätten innerhalb eines gewerblichen Betriebs, sofern nur der Gesamtcharakter der Anlage gewahrt bleibt.

3. Wechsel der Nutzungsart

a) Erbbauzinsherabsetzung

18   Der Wechsel der Nutzungsart führt im Fall des Abs. 1 Satz 2 Nr. 2 zu einer eventuellen Herabsetzung des Erbbauzinses.

19   Wird eine am 2. 10. 1990 ausgeübte gewerbliche (oder freiberufliche) Nutzung zugunsten einer Wohnnutzung aufgegeben, so ist der Erbbauzins nach Abs. 1 Satz 2 Nr. 2 von dreieinhalb auf zwei vom Hundert herabzusetzen. Eine Festsetzung auf zwei vom Hundert findet auch dann statt, falls infolge § 43 Abs. 2 Satz 2 ein Erbbauzins abweichend von 2% p. a. festzusetzen war; lag dieser unter 2%, führt Nr. 2 zu einer Erbbauzinserhöhung.

20   Wird eine am 2. 10. 1990 ausgeübte gewerbliche Nutzung zugunsten einer land- und forstwirtschaftlichen Nutzung aufgegeben, so erfolgt eine Herabsetzung des Erbbauzinses nach Abs. 1 Satz 4. Die Anpassung erfolgt entsprechend § 43 Abs. 2 Satz 2 (§ 43 Rdz. 18–25), jedoch ohne die Möglichkeit der Festsetzung eines höheren Zinssatzes als 3%.

21   Nr. 2 ist entsprechend anwendbar auf die Aufgabe von land-, forstwirtschaftlicher oder behördlicher Nutzung zugunsten von Wohnnutzung.

b) Erbbauzinserhöhung

22   Ein Wechsel der Nutzungsart in den Fällen des Abs. 1 Satz 2 Nr. 1 führt zu einer Erbbauzinserhöhung. Hierbei kann der Rechtsgedanke des § 73 Abs. 2 Satz 4 nicht herangezogen werden.

23   „Gewerblich" im Sinne des Abs. 1 Satz 2 Nr. 1 ist auch die freiberufliche Nutzung.

24   Die Zinsfestlegung auf 7% in Abs. 1 Satz 2 Nr. 1 wird entsprechend § 43 Abs. 2 Satz 2 durch Satz 3 gelockert (§ 43 Rdz. 18–25).

25   Nr. 1 b) setzt eine Erbbauzinserhöhung auf grundsätzlich 7% für Fälle fest, die zum einen durch ein Regelbeispiel (von land- oder forstwirtschaftlicher zu gewerblicher Nutzung), zum anderen durch eine Generalklausel („ein anderer Wechsel in der bisherigen Art der Nutzung") umschrieben werden.

26   Die Generalklausel läßt sich in Abgrenzung zu Abs. 1 Satz 1 mittels des Kriteriums „Wechsel der Nutzungsart" konkretisieren. Hierzu siehe oben Rdz. 14–16.

§ 47. Zinsanpassung an Nutzungsänderungen

Ein Wechsel der Nutzungsart ist z. B. in folgenden Fällen gegeben: 27

bisherige Nutzung	künftige Nutzung
Handwerksbetrieb	landwirtschaftlicher Betrieb
Verwaltungsgebäude VEB	Außenstelle des Landratsamts
Kindertagesstätte	Supermarkt
Lehrlingsheim	Asylbewerberheim
Bürogebäude	Produktionsstätte
interne Verwaltung	Kundendienstzentrum.

4. Vorherige Veräußerung

Abs. 3 ergänzt die Einrede nach § 29 Abs. 3 Satz 1 für den Fall, daß der 28
Erwerber des Nutzungstatbestands die erfaßte Fläche in Ausübung eines
Nutzungsrechts bebaut oder ein verfallenes Gebäude wiederhergestellt hat.
In diesem Fall tritt der Halbteilungsgrundsatz zurück (BT-Drucks. 12/7425,
S. 74).

Voraussetzungen des Erhöhungsanspruchs nach Abs. 3 sind: 29
– Erwerb (d. h. Übergang des Rechts am Nutzungstatbestand) nach dem
  20. Juli 1993 (Tag des Beschlusses im Bundeskabinett über das Sachen-
  RBerG).
– Bei Abschluß des der Veräußerung zugrundeliegenden Geschäfts, d. h. in
  der Regel des obligatorischen Vertrags, müssen die Voraussetzungen des
  § 29 Abs. 3 Satz 1 (hierzu § 29 Rdz. 10–14) vorgelegen haben. Ausnahme:
  Abs. 3 Satz 2 (entspricht § 29 Abs. 4; § 29 Abs. 4 Satz 2 gilt auch im Rahmen des § 48 Abs. 3 Satz 2.

III. Einzelfragen

1. Mehrfacher Wechsel der Nutzungsart

a) § 47 erfaßt nur den erstmaligen Wechsel der Nutzungsart oder die erst- 30
malige Nutzungsänderung. Wird die Nutzung danach weiter geändert, insbesondere durch Neubauten über § 54 hinaus, oder entgegen Vereinbarungen im Erbbaurechtsvertrag weiter intensiviert, so ist die Neufestsetzung des
Erbbauzinses Verhandlungssache zwischen Erbbauberechtigten und Grundstückseigentümer.

b) Die „Rückkehr" des Erbbauberechtigten zu einer zinsbegünstigten Nut- 31
zung nach Vornahme einer nach § 47 relevanten Nutzungsänderung führt
hingegen nicht zum Wiederaufleben des Anspruchs auf Zinsbegünstigung
nach § 43.

2. Weitergabe an Rechtsnachfolger

a) Abs. 2 sieht einen Anspruch auf Aufnahme einer Weitergabeverpflich- 32
tung der Pflicht des Erbbauberechtigten zur Zinsanpassung in den Erbbau-

rechtsvertrag vor. Dies ist konsequent, da nach Abs. 1 Satz 2 Halbsatz 1 die Anpassungsverpflichtung den Erbbauberechtigten und den Grundstückseigentümer nicht kraft Gesetzes unmittelbar trifft, sondern erst kraft Aufnahme in den Erbbauvertrag entsteht. Eine gesonderte Pflicht zur Weitergabe an Rechtsnachfolger ist mit der Begründung (BR-Drucks. 515/93, S. 143) deshalb notwendig, weil die vertragliche Verpflichtung zur Erbbauzinsanpassung nur schuldrechtlicher Natur sind. Die rekursive Verweisung auf Absatz 2 betrifft die Weitergabe oder Weitergabeverpflichtung.

33 b) In diesem Fall sollte zur Sicherung der Weitergabe eine Veräußerungsbeschränkung nach § 5 Abs. 1 ErbbauVO vorgesehen werden. Die fehlende Verweisung auf § 48 Abs. 2 in § 49 ist ein Redaktionsversehen.

3. Verhältnis zu § 51

34 Die Zinsermäßigung nach § 51 bleibt von einer Zinserhöhung nach § 47 unberührt. Zu zahlen ist der nach § 47 erhöhte und sodann nach § 51 ermäßigte Erbbauzins.

4. Sicherung

35 Der Anspruch auf Erbbauzinserhöhung aufgrund einer Vereinbarung nach § 47 ist wie folgt zu sichern:

36 a) Erbbauzinserhöhungsansprüche nach Abs. 1 Satz 2 Nr. 1 sind wegen Abs. 1 Satz 3 („mehr oder weniger") nicht bestimmbar im Sinne des § 9 Abs. 2 Satz 2 ErbbauVO. Eine Sicherung kann daher nur durch Erbbauzinserhöhungsvormerkung erfolgen (Formulierungsvorschlag unten Rdz. 43). Gleiches gilt für Erbbauzinserhöhungsansprüche nach Abs. 1 Satz 2 Nr. 2 dann, wenn ein Anspruch nach Abs. 1 Satz 4 („mehr oder weniger") eingeräumt ist.

37 b) Erbbauzinserhöhungsansprüche nach Abs. 1 Satz 2 Nr. 2 sind dann, wenn kein Anspruch nach Abs. 1 Satz 4 eingeräumt ist, hinreichend bestimmt im Sinne des § 9 Abs. 2 ErbbauVO. Eine Absicherung über die allgemeine Erbbauzinsreallast reicht aus.

38 c) Ansprüche auf Erbbauzinsherabsetzung bedürfen in der Regel keiner Sicherung. In Betracht kommt allenfalls eine Löschungsvormerkung bei der Erbbauzinsreallast wegen des künftigen bzw. bedingten Herabsetzungsanspruchs.

IV. Formulierungsvorschlag

1. Erbbauzinserhöhung

39 „Der Erbbauzins ist erhöht sich auf (je nachdem, ob die Voraussetzungen von Abs. 1 Satz 1 Buchstabe a) oder b) vorliegen: 350% oder 200%) des seinerzeit ge-

§ 48. Zinserhöhung nach Veräußerung § 48

schuldeten Betrags, wenn... (folgt Wortlaut der Voraussetzungen von Abs. 1 Satz 2 Nr. 1 Buchstabe a) oder b) sowie des Satzes 3)".

Falls hinsichtlich Erbbauzins ebenfalls Vereinbarung nach § 9 Abs. 3 Erb- 40
bauVO getroffen wurde (hierzu siehe § 52 Rdz. 43):

„Hinsichtlich der Erhöhungsreallast hat der Erbbauberechtigte ebenfalls eine Vereinbarung nach § 9 Abs. 3 ErbbauVO mit dem Grundstückseigentümer zu treffen."

2. Erbbauzinsherabsetzung

Der Erbbauzins ist herabzusetzen, wenn... (folgt Wortlaut von Abs. 1 Satz 2 Nr. 2 41
oder von Abs. 1 Satz 4). Jede Seite kann verlangen, daß ein anderer Zinssatz zugrundegelegt wird, wenn der für diese Nutzungen übliche Satz mehr oder weniger als sieben vom Hundert jährlich beträgt."

3. Weitergabeverpflichtung nach Abs. 2

„Der Erbbauberechtigte hat im Fall der Veräußerung vorstehende Verpflichtungen 42
seinem Rechtsnachfolger mit Weitergabeverpflichtung aufzuerlegen."

4. Sicherung durch Erhöhungsvormerkung

„Soweit die in dieser Urkunde begründeten Ansprüche auf Erbbauzinserhöhung 43
nicht als Inhalt der Erbbauzinsreallast vereinbart werden können, verpflichtet sich der Erbbauberechtigte zur Bestellung entsprechender Reallasten einschließlich einer Vereinbarung nach § 9 Abs. 3 ErbbauVO. Er bewilligt und beantragt die Eintragung einer entsprechenden
Erbbauzinserhöhungsvormerkung nach § 883 BGB
für den Grundstückseigentümer (evtl. Berechtigungsverhältnis) im Gleichrang mit dem Erbbauzins."

§ 48 Zinserhöhung nach Veräußerung

(1) **Der Grundstückseigentümer kann verlangen, daß in den Erbbaurechtsvertrag eine Bestimmung aufgenommen wird, in der sich der Erbbauberechtigte im Falle einer Veräußerung des Erbbaurechts in den ersten drei Jahren nach dessen Bestellung verpflichtet, einen Vertrag über die Veräußerung des Erbbaurechts in der Weise abzuschließen, daß der Erwerber des Erbbaurechts gegenüber dem Grundstückseigentümer zu einer Zinsanpassung nach Absatz 2 verpflichtet ist, wenn die in § 71 Abs. 1 Satz 1 Nr. 1 und 3 bezeichneten Voraussetzungen vorliegen.**

(2) **Der Zins erhöht sich von**
1. **zwei auf vier vom Hundert jährlich des Bodenwerts, wenn das Erbbaurecht für eine Nutzung des Gebäudes zu Wohnzwecken bestellt wurde, oder**
2. **dreieinhalb auf sieben vom Hundert jährlich bei land-, forstwirtschaftlicher oder gewerblicher Nutzung oder einer Nutzung des Erbbaurechts für öffentliche Zwecke.**

(3) Im Fall einer Veräußerung in den folgenden drei Jahren kann der Grundstückseigentümer eine Absatz 1 entsprechende Verpflichtung des Erbbauberechtigten zur Anpassung des Erbbauzinses bis auf drei vom Hundert jährlich des Bodenwerts bei einer Nutzung zu Wohnzwecken und bis auf fünf und ein Viertel vom Hundert jährlich des Bodenwerts bei allen anderen Nutzungen verlangen.

(4) Im Falle einer land-, forstwirtschaftlichen oder gewerblichen Nutzung oder einer Nutzung für öffentliche Zwecke kann der Nutzer eine Bemessung des Zinssatzes nach dem für die Nutzung üblichen Zins verlangen, wenn dieser mehr oder weniger als sieben vom Hundert beträgt. Maßgebender Zeitpunkt für die in den Absätzen 2 und 3 bestimmten Fristen ist der Zeitpunkt des Abschlusses des die Verpflichtung zur Übertragung des Erbbaurechts begründenden schuldrechtlichen Geschäfts.

(5) Der Grundstückseigentümer kann verlangen, daß der Nutzer sich im Erbbaurechtsvertrag ihm gegenüber verpflichtet, einen Vertrag über die Veräußerung des Erbbaurechts so abzuschließen, daß der Erwerber die Pflichten zur Zinsanpassung wegen der in § 70 Abs. 1 bezeichneten Nutzungsänderungen übernimmt.

Übersicht

	Rdz.		Rdz.
I. Allgemeines	1	III. Einzelfragen	28
1. Regelungsziel	1	1. Verhältnis zu § 47	28
2. Verhältnis zu §§ 29, 47	4	2. Sonstige Nutzungsänderungen durch Erwerber	30
3. Begriff der Veräußerung	6	3. Weiterveräußerung	32
II. Inhalt der Regelung	14	4. Verhältnis zu § 51	34
1. Allgemeines	14	5. Sicherung	35
2. Veräußerung in den ersten drei Jahren	19	IV. Formulierungsvorschlag	38
3. Veräußerung in den folgenden drei Jahren	26		

I. Allgemeines

1. Regelungsziel

1 § 48 regelt einen Zielkonflikt der Sachenrechtsbereinigung. Diese bezweckt einerseits die Überführung der Nutzungstatbestände der DDR-Rechtsrealität in Rechtsformen, die an marktwirtschaftliche Verhältnisse angepaßt sind. Erforderlich ist hierzu neben der Beleihbarkeit auch die Übertragbarkeit der Rechtsposition. Andererseits sollen die Inhaber von Nutzungsrechtspositionen durch die Sachenrechtsbereinigung nicht besser gestellt werden, als sie nach dem Recht der DDR stünden (Begr. BR-Drucks. 515/93, S. 81).

2 Zur Lösung dieser Konflikts lockert § 48 für bestimmte Fälle den Grundsatz der Halbteilung der Verkehrswerte zugunsten des Grundstückseigentümers auf. Die den Erwerber treffende Erbbauzinserhöhung erfaßt den Bodenwertanteil des Nutzers und entzieht ihm insoweit wirtschaftlich den Kaufpreis (Begr. BT-Drucks. 12/(5992, S. 215). Hierdurch ist Vorsorge da-

gegen getroffen, daß der Erbbauberechtigte, der die Nutzung gar nicht fortsetzen will, seine aufgrund der Sachenrechtsbereinigung günstige Rechtsposition zu spekulativen Geschäften mißbraucht (Begr. BR-Drucks. 515/93, S. 81). Zum Auskunfts- und Vorlageanspruch insoweit § 71 Rdz. 19.

Damit verhindert das Gesetz zugleich Umgehungskonstruktionen, die auf 3 das Vereiteln der Einrede aufgegebener Nutzung nach § 29 abzielen. Die Einrede ginge ins Leere, wenn der Nutzer die Nutzung bis zur Bestellung des Erbbaurechts fortsetzt und erst danach aufgibt (Begr. BR-Drucks. 515/93, S. 81; § 29 Rdz. 26).

2. Verhältnis zu §§ 29, 47

§ 48 betrifft nur Veräußerungsfälle nach Bestellung des Erbbaurechts nach 4 §§ 32 ff. Für Veräußerungen vor diesem Zeitpunkt gelten die allgemeinen Vorschriften (siehe aber § 47 Rdz. 5).

Im Rahmen des § 9 Abs. 2 ist der Erwerber aufgrund einer vorher vorge- 5 nommenen Veräußerung Beteiligter der Sachenrechtsbereinigung. Er ist allenfalls der Einrede nach § 29 Abs. 3 oder dem Erbbauzinserhöhungsanspruch nach § 47 Abs. 3 ausgesetzt.

3. Begriff der Veräußerung

a) § 48 setzt die Veräußerung des Erbbaurechts voraus. Hierunter faßt das 6 Gesetz nicht nur die rechtsgeschäftliche Übertragung des Erbbaurechts unter Lebenden, sondern auch das zugrundeliegende Verpflichtungsgeschäft (arg. Abs. 4 Satz 2). Verpflichtungsgeschäft ist auch ein Vorvertrag, sofern der Vertragsgegenstand individualisierbar und der Verkäufer in der Weise gebunden ist, daß er zumindest auf Abschluß des Kaufvertrags in Anspruch genommen werden kann. Ebenfalls erfaßt ist ein bindendes Verkäuferangebot oder ein Ankaufsrecht.

b) Veräußerung ist auch der Erwerb einer Mitberechtigung am Erbbau- 7 recht (Bruchteilsübertragung) oder die Veräußerung von Teilen des Erbbaurechts.

c) Unter den Begriff der Veräußerung fällt weiter die Übertragung des 8 Rechts durch Hoheitsakt in der Zwangsvollstreckung oder der Teilungsversteigerung zum Zwecke der Auseinandersetzung (letztere nur, soweit die rechtsgeschäftliche Auseinandersetzung ein Verkehrsgeschäft darstellen würde, dazu unten Rdz. 12–13).

d) Nicht unter § 48 fällt der Erwerb des Erbbaurechts von Todes wegen. 9

e) Im Hinblick auf den Schutzzweck der Vorschrift bedarf das Merkmal 10 der Veräußerung sowohl der erweiternden als auch der einschränkenden Auslegung.

aa) § 48 erfaßt in erweiternder Auslegung auch die Umgehung des Tatbe- 11 standsmerkmals der Veräußerung durch
– Veräußerung von Mitgliedschaftsrechten am Erbbauberechtigten,
– Nutzung des Erbbaurechts über Innengesellschaften, Unterbeteiligung,
– Nutzung des Erbbaurechts über Treuhandverträge und dergleichen,

§ 48 12–18   Kapitel 2. Nutzung fremder Grundstücke

– Umgehungsgeschäfte entsprechend § 71 Abs. 4 (siehe auch § 71 Rdz. 17–18).

12   bb) Zugleich bedarf § 48 aber sowohl bei unmittelbarer als auch bei entsprechender Anwendung der teleologischen Reduktion. „Veräußerung" im Sinne des § 48 ist nur ein Rechtsgeschäft, das auf Realisierung des dem Nutzer über den Halbteilungsgrundsatz zugewandten Bodenwertanteils gerichtet ist, d. h. ein Verkehrsgeschäft (zum Begriff *Palandt-Bassenge,* § 892 Rdz 9–11).

13   Nicht erfaßt werden somit Vorgänge, die sich wirtschaftlich als Interna darstellen, wie z. B.

– eherechtliche Vorgänge (unbenannte Zuwendung, Begründung der Gütergemeinschaft),
– Übertragung auf ein Besitzunternehmen zur Begründung einer Betriebsaufspaltung,
– Ausgliederung auf 100%ige Tochtergesellschaft (dann aber u. U. Anteilsveräußerung erfaßt),
– Übertragung auf Muttergesellschaft (u. U. aber anschließender Verkauf von Anteilen an Tochtergesellschaft erfaßt),
– Übernahme durch Miterben bei Auseinandersetzung einer Erbengemeinschaft,
– Übernahme durch Ehegatten im Zuge der Ehescheidung (sofern kein Umgehungsgeschäft).

II. Inhalt der Regelung

1. Allgemeines

14   a) Das Gesetz differenziert zunächst zwischen Veräußerungen in den ersten drei Jahren nach Bestellung des Erbbaurechts (d. h. Abschluß des schuldrechtlichen Erbbaurechtsbestellungsvertrags), Abs. 1, und einer Veräußerung in den folgenden drei Jahren, Abs. 3.

15   b) Weiter sieht § 48 nach Art der ausgeübten Nutzung differenzierte Rechtsfolgen vor.

16   c) Das Gesetz gewährt, wie im Fall des § 47, keinen unmittelbaren Anspruch auf Erbbauzinserhöhung, sondern nur einen Anspruch auf Aufnahme entsprechender Verpflichtungen in den Erbbaurechtsvertrag.

17   d) Ein nach § 48 zu erhöhender Erbbauzins ist geschuldet ab dem schuldrechtlichen Veräußerungsvertrag, Abs. 4 Satz 2. Zum Begriff siehe oben Rdz. 6–13.

18   e) Maßgebende Berechnungsgrundlage für die Erhöhung des Erbbauzinses ist der Bodenwert im Sinne der §§ 19, 20, d. h. der Verkehrswert bei Bestellung des Erbbaurechts. Zwischenzeitliche Erbbauzinsanpassungen, z. B. nach § 50, nehmen an der Erhöhung teil.

2. Veräußerung in den ersten drei Jahren, Abs. 1

Geschuldet ist nach Abs. 1 die Verpflichtung zur Zinsanpassung unter den tatbestandlichen Voraussetzungen des § 71 Abs. 1 Nr. 1 und 3. **19**

a) § 71 Abs. 1 Nr. 1 erfaßt Veräußerungen unbebauter oder mit abbruchreifen Gebäuden bebauter Erbbaurechte. Die Vorschrift knüpft an die Fälle der §§ 8, 29 an. Insbesondere in Fällen verliehener Nutzungsrechte braucht ein Gebäude noch nicht errichtet zu sein, vgl. auch § 29 Abs. 2. Die Vereitelung der Einrede des § 29 wird somit bestraft. **20**

b) § 71 Abs. 1 Nr. 3 erfaßt Fälle der Veräußerung eines land-, forstwirtschaftlich oder gewerblich oder für öffentliche (d. h. behördliche) Zwecke genutzten Erbbaurechts, es sei denn, daß das Erbbaurecht als Teil eines vom Erwerber fortgeführten Unternehmens veräußert wird. Auf § 71 Abs. 1 Satz 2 ist nach dem Wortlaut (Verweisung auf Abs. 1, nicht auf Abs. 1 Satz 1) und dem Sinn und Zweck des § 48 Abs. 1 ebenfalls verwiesen. **21**

c) Die Veräußerung von Wohngebäuden ist freigestellt, da schon nach der DDR-Rechtspraxis Nutzungsrechte bei Wechsel des Arbeitsplatzes u. ä. veräußert werden konnten. **22**

d) Die Rechtsfolgen ergeben sich aus Abs. 2 und 4. Das Gesetz knüpft insoweit an eine Zweckbestimmung im Erbbaurechtsvertrag nach § 2 Nr. 1 ErbbauVO an, welche als vertragliche zulässige bauliche Nutzung zwingender Inhalt einer Erbbaurechts nach dem SachenRBerG ist, §§ 42 Abs. 1 Nr. 2, 54. **23**

Zum Begriff der Wohnnutzung siehe § 43 Rdz. 11–13. Auch freiberufliche Nutzung ist gewerblich im Sinne des § 48, so daß Abs. 2 Nr. 2 die Auffangvorschrift für alle übrigen Nutzungsarten ist (vgl. auch Wortlaut des Abs. 3 a. E.). **24**

Für die Fälle des Abs. 2 Nr. 2 sieht Abs. 4 Satz 1 eine § 43 Abs. 2 Satz 2 entsprechende Flexibilisierung des Erbbauzinssatzes vor (§ 43 Rdz. 18–25; Begr. BR-Drucks. 515/93, S. 143). Entgegen dem Wortlaut steht auch dem Grundstückseigentümer ein diesbezüglicher Anspruch zu, soweit der übliche Zins mehr als sieben % beträgt. **25**

3. Veräußerung in den folgenden drei Jahren, Abs. 3

Auch nach Ablauf von drei Jahren seit Bestellung des Erbbaurechts ist der Erbbauberechtigte nicht völlig frei. Entsprechend § 71 Abs. 2 führt die Veräußerung in den Jahren 4–6 nach Bestellung des Erbbaurechts nach Abs. 3 unter den Voraussetzungen des Abs. 1 i. V. m. § 71 Abs. 1 Nr. 1 und 3 zu einer Erbbauzinserhöhung auf 75% des üblichen Erbbauzinses. **26**

Für die Nutzungen außer Wohnnutzung ist kein starrer Prozentsatz vorgegeben, Abs. 4 Satz 1. **27**

III. Einzelfragen

1. Verhältnis zu § 47

28 Auch der Erwerber des Erbbaurechts unterliegt unter den Voraussetzungen des § 47 Abs. 2 Ansprüchen auf Erhöhung des Erbbauzinses nach § 47 Abs. 1.
29 Ansprüche auf Herabsetzung des Erbbauzinses hat er hingegen nicht mehr. Insoweit ist er nicht im gleichen Maße wie der ursprüngliche Nutzer schutzbedürftig.

2. Sonstige Nutzungsänderungen durch Erwerber, Abs. 5

30 Darüber hinaus können auch Nutzungsänderungen durch den Erwerber, die nicht nach Abs. 1–4 zu einer Anpassung des Erbbauzinses führen, nach Abs. 5 i. V. m. § 47 den Anspruch des Grundstückseigentümers auf Erbbauzinserhöhung begründen. Insoweit enthält die Vorschrift eine bloße Klarstellung, die Rechtsfolge ergibt sich bereits aus dem Zweck des § 47 Abs. 2 (Begr. BR-Drucks. 515/93, S. 143).
31 Bedeutsam ist das zusätzliche Erhöhungsrecht nach § 47 zum einen im Hinblick auf den nach § 48 Abs. 3 im Vergleich zu § 47 verbleibenden Spielraum, zum anderen im Hinblick auf Nutzungsänderungen nach Ablauf der in § 48 Abs. 1 und 3 bestimmten Fristen.

3. Weiterveräußerung

32 § 48 ist nicht nur auf die erstmalige Veräußerung durch den vormaligen Nutzer anwendbar, sondern auch auf eine Weiterveräußerung durch den Erwerber. Praktisch wird dies dann, wenn erst der Rechtsnachfolger des Erwerbers einen der in Abs. 1 i. V. m. § 71 Abs. 1 Nr. 1 und 3 bzw. in Abs. 5 i. V. m. § 70 Abs. 1 genannten Tatbestände verwirklicht, also z. B. auf gewerbliche Nutzung i. S. v. § 70 Abs. 1 Nr. 1 übergeht.
33 Die in Abs. 1 und 3 bestimmten Fristen laufen weiterhin vom Tage der Bestellung des Erbbaurechts an.

4. Verhältnis zu § 51

34 § 51 gilt nicht zugunsten des Erwerbers eines Erbbaurechts, sondern nur zugunsten des ursprünglichen Nutzers i. S. des § 9. Dem Erwerber nach § 48 steht somit der Anspruch nach § 51 auf Ermäßigung des Erbbauzinses in der Eingangsphase nicht zu.

5. Sicherung

a) Eine Erhöhungsvormerkung ist aufgrund der Neufassung des § 9 Abs. 2 ErbbauVO durch das SachenRÄndG in der Regel nicht mehr erforderlich. Da § 48 nur bestimmbare Rechtsbegriffe zur Voraussetzung hat, ist der Erhöhungsanspruch bestimmbar und als und bedingter Anspruch durch Reallast sicherbar. Das Gesetz selbst trägt die Fiktion der hinreichenden Bestimmtheit bzw. Bestimmbarkeit in sich.

b) Der Anspruch auf eine Erbbauzinserhöhung aufgrund einer Vereinbarung nach § 48 kann dann nur durch Erbbauzinserhöhungsvormerkung gesichert werden (Formulierung § 47 Rdz. 43), wenn eine Vereinbarung nach Abs. 4 getroffen ist. Denn diese ist (arg.: „mehr oder weniger") nicht hinreichend bestimmt.

c) Die Sicherung durch Erhöhungsvormerkung erfolgt zweckmäßigerweise zusammen mit dem Anspruch nach § 47.

IV. Formulierungsvorschlag

Zustimmungspflicht

„Veräußert der Erbbauberechtigte das Erbbaurecht in den ersten drei Jahren, gerechnet ab heute, so hat er
a) einer Erhöhung des Erbbauzinses um 100% zuzustimmen, soweit die Voraussetzungen des § 70 Abs. 1 des Sachenrechtsbereinigungsgesetzes vorliegen, und,
b) den Erwerber des Erbbaurechts durch Vertrag zugunsten des Grundstückseigentümers zu verpflichten, einer Erhöhung des Erbbauzinses um 100% zuzustimmen, wenn die Voraussetzungen des § 71 Abs. 1 des Sachenrechtsbereinigungsgesetzes vorliegen.
Im Fall einer Veräußerung in den darauf folgenden drei Jahren erhöht sich der Erbbauzins bei Eintritt der oben a) oder b) genannten Voraussetzungen um 50%."

Nur erforderlich, soweit keine Wohnnutzung erfolgt:

„Soweit das Gebäude oder die bauliche Anlage des Nutzers zu land-, forstwirtschaftlichen, gewerblichen oder öffentlichen Zwecken genutzt wird, können beide Seiten eine Bemessung des Erbbauzinses nach dem für die Nutzung üblichen Zins verlangen, wenn dieser mehr oder weniger als sieben vom Hundert des heutigen Verkehrswerts beträgt."

In allen Fällen notwendig:

„Bei teilweiser Veräußerung erfolgt eine entsprechende Zinsanpassung.
Als Veräußerung gilt jedes Rechtsgeschäft unter Lebenden, durch das einem Dritter das Eigentum oder eigentümerähnliche Nutzungsbefugnisse unmittelbar oder mittelbar verschafft werden.
Der Erbbauberechtigte wird jeden Veräußerungsfall in diesem Sinne dem Grundstückseigentümer unverzüglich mitteilen.
Der Erbbauberechtigte hat im Fall der Veräußerung in diesem Sinne vorstehende Verpflichtungen seinem Rechtsnachfolger mit Weitergabeverpflichtung aufzuerlegen."

§ 49 Zustimmungsvorbehalt

Der Grundstückseigentümer kann verlangen, daß die Veräußerung nach § 5 Abs. 1 der Verordnung über das Erbbaurecht seiner Zustimmung bedarf. Der Grundstückseigentümer hat diese zu erteilen, wenn die in § 47 Abs. 1, § 48 Abs. 1 bis 3 und Abs. 5 bezeichneten Voraussetzungen erfüllt sind.

Übersicht

	Rdz.		Rdz.
1. Allgemeines	1	4. Veräußerung	12
2. Erforderlichkeit von Veräußerungsbeschränkungen	3	5. Wirkung der Veräußerungsbeschränkung	14
3. Belastungsbeschränkung	9		

1. Allgemeines

1 § 49 sichert den Übergang der nur schuldrechtlich wirkenden Vereinbarungen des Erbbaurechtsvertrags auf Sonderrechtsnachfolger des Erbbauberechtigten durch Begründung eines schuldrechtlichen Anspruchs auf Vereinbarung einer Veräußerungsbeschränkung nach § 5 Abs. 1 ErbbauVO in den Erbbaurechtsvertrag. Ausdrücklich als Voraussetzung genannt ist die Weitergabe der Vereinbarungen in §§ 47 Abs. 1, 48 Abs. 1 bis 3 und 5.

2 Soweit eine Vereinbarung zum Inhalt des Erbbaurechts gemacht werden kann (z. B. § 41), ist eine gesonderte Weitergabe an Rechtsnachfolger nicht erforderlich.

2. Erforderlichkeit von Veräußerungsbeschränkungen

3 a) Erforderlich ist die Sicherung schuldrechtlicher Verpflichtungen des Erbbauberechtigten einschließlich der Verpflichtung zur Weitergabe an Rechtsnachfolger über §§ 47 Abs. 1, 48 Abs. 1–3, 5 noch zur Sicherung folgender weiterer Ansprüche:
- schuldrechtlicher Anspruch auf Erbbauzins nach §§ 43 ff.,
- Anspruch auf Erbbauzinserhöhung nach § 46,
- Weitergabeverpflichtung nach § 47 Abs. 2,
- Zinsanpassung nach § 50.

4 b) Darüber hinaus besteht bei jeder weiteren schuldrechtlichen Vereinbarung im Erbbaurechtsvertrag das Bedürfnis nach Sicherung der Weitergabe (insbesondere: Zwangsvollstreckungsunterwerfung wegen Erbbauzins).

5 c) Generell ist daher die Aufnahme einer Veräußerungsbeschränkung über § 49 hinaus ratsam, gegebenenfalls unter entsprechender Pflicht zur Erteilung der Zustimmung (§ 7 Abs. 1 Satz 2 ErbbauVO; zulässig, vgl. *Oefele/Winkler*, Handbuch, Rdz. 4.218):

„Die Veräußerung des Erbbaurechts bedarf der öffentlich beglaubigten Zustimmung des Grundstückseigentümers. Die Zustimmung ist zu erteilen, wenn der Erwerber des Erbbaurechts sämtliche Verpflichtungen aus diesem Erbbaurechtsvertrag einschließlich der Pflicht zur Weitergabe an Rechtsnachfolger übernimmt."

d) Die Zustimmung ist an sich formfrei (*Oefele/Winkler,* Handbuch, Rdz. 4.182). Das im Hinblick auf § 29 Abs. 1 GBO vereinbarte Formerfordernis bezweckt auch den Schutz des Grundstückseigentümers vor Übereilung. **6**

Eine Befreiung vom Zustimmungserfordernis für Fälle zwangsweiser Veräußerung entgegen § 8 ErbbauVO ist nicht ratsam, da der Ersteher dann frei von den schuldrechtlichen Verpflichtungen erwerben könnte. Diesbezügliche Nachteile bei der Beleihung des Erbbaurechts nimmt das Gesetz in Kauf. **7**

e) Zur Bindung des Notars an den Willen der Beteiligten insoweit siehe § 42 Rdz. 24–26. **8**

3. Belastungsbeschränkung

Das SachenRBerG enthält keinen Anspruch auf Vereinbarung einer Belastungsbeschränkung nach § 5 Abs. 2 ErbbauVO im Erbbaurechtsvertrag (hierzu näher *Oefele/Winkler,* Handbuch, Rdz. 4.220-237). **9**

Dennoch ist die Belastungsbeschränkung dann veranlaßt, wenn ein Heimfallrecht begründet wurde (§ 42 Rdz. 28). **10**

Gerade in Fällen des § 56 Abs. 4 sind bei der Frage des Anspruchs auf Erteilung der Belastungszustimmung die Schutzzwecke des SachenRBerG zu berücksichtigen. Auf Zustimmung zu einer Belastung, die der Erfüllung der Verpflichtung nach § 56 Abs. 1–3 dient, besteht regelmäßig ein Anspruch. Kein Anspruch auf Zustimmung besteht hingegen bei einer Belastung, die der Realisierung einer Nutzungsänderung dient, auf die der Erbbauberechtigte keinen Anspruch nach § 54 Abs. 2 und 3 hat. **11**

4. Veräußerung

Der Begriff der Veräußerung folgt hier nicht den oben (§ 48 Rdz. 6–13) entwickelten Grundsätzen. Veräußerung im Sinne des § 49 ist vielmehr jede Übertragung des Erbbaurechts durch Rechtsgeschäft unter Lebenden, d. h. auch die Erbauseinandersetzung, nicht jedoch die Aufteilung nach §§ 3 oder 8 WEG. Auch zwangsweise Verfügungen sind über § 8 ErbbauVO erfaßt (*Oefele/Winkler,* Handbuch, Rdz. 4.185-187). **12**

Diese von § 48 abweichende Auslegung ist Folge des unterschiedlichen Schutzzwecks. § 49 hat formale Kontrollfunktion und kann daher als Sicherungsmittel auch Veräußerungen erfassen, die mangels Verkehrsgeschäftscharakters nicht zur Erbbauzinserhöhung nach § 48 führen. Andererseits kann das Instrument der Verfügungsbeschränkung nicht die in § 48 genannten Umgehungsgeschäfte (vgl. § 48 Rdz. 11) abdecken. **13**

§ 50 1 Kapitel 2. Nutzung fremder Grundstücke

5. Wirkung der Veräußerungsbeschränkung

14 a) Nach § 7 Abs. 3 Satz 1 ErbbauVO kann die Zustimmung nur mit „ausreichendem Grund" verweigert werden, widrigenfalls ihre Ersetzung durch das Amtsgericht des belegenen Grundstücks beantragt werden kann (näher hierzu Oefele/Winkler, Handbuch, Rdz. 4.197-217).

15 Das Erfordernis des ausreichenden Grundes in § 7 Abs. 3 Satz 1 ErbbauVO ist in § 7 Abs. 1 weiter konkretisiert. In der Praxis besteht Streit, ob die Weitergabe der Pflicht zur Zahlung des Erbbauzinses einschließlich der Anpassungsverpflichtung vom Schutzzweck des § 5 Abs. 1 ErbbauVO gedeckt ist (vgl. KG OLGZ 1984, 171/173 ff. (ablehnend); Hamm OLGZ 1986, 385/390 ff. (bejahend); BGHZ 100, 107/114 (ablehnend bei Zwangsversteigerung aus der Reallast vorgehendem Grundpfandrecht); zum ganzen Oefele/Winkler, Handbuch, Rdz. 4.210-207).

16 b) § 49 Satz 2 modifiziert § 7 Abs. 1 ErbbauVO dergestalt, daß die streitige Frage, ob spekulative Absichten bei der Veräußerung die Versagung der Zustimmung rechtfertigen können (hierzu Oefele/Winkler, Handbuch, Rdz. 4.208-209), für die genannten Fälle der §§ 47 Abs. 1, 48 Abs. 1 bis 3 und 5 bejaht wird (Begr. BR-Drucks. 515/93, S. 144).

17 Ein Umkehrschluß darf hieraus nicht gezogen werden. Vielmehr geht der Zweck des SachenRBerG dahin, die Rechtsposition des Grundstückseigentümers als rechtliches Minimum auch gegenüber Rechtsnachfolgern des Erbbauberechtigten zu erhalten. Auch die Nichtübernahme anderer schuldrechtlicher Verpflichtungen im Erbbaurechtsvertrag rechtfertigt die Versagung der Veräußerungszustimmung jedenfalls dann, wenn die nicht übernommene Verpflichtung aufgrund eines Anspruchs nach dem SachenRBerG in den Erbbaurechtsvertrag aufgenommen wurde.

§ 50 Zinsanpassung wegen abweichender Grundstücksgröße

Jeder Beteiligte kann verlangen, daß sich der andere Teil zu einer Zinsanpassung verpflichtet, wenn sich nach dem Ergebnis einer noch durchzuführenden Vermessung herausstellt, daß die tatsächliche Grundstücksgröße von der im Vertrag zugrunde gelegten mehr als geringfügig abweicht. § 72 Abs. 2 und 3 ist entsprechend anzuwenden.

Übersicht

	Rdz.		Rdz.
1. Allgemeines	1	4. Erfüllung des Anspruchs	11
2. Keine Pflicht zur Vermessung	3	5. Verjährung	13
3. Inhalt der Regelung	6	6. Sicherung des Anspruchs	14

1. Allgemeines

1 Im Zuge der Sachenrechtsbereinigung werden Erbbaurechte oft auch über § 39 Abs. 1 hinaus nur auf nicht oder nur unzureichend vermessenen Grund-

§ 50. Zinsanpassung wegen abw. Grundstücksgröße   2–10 § 50

stücksflächen bestellt werden können (z. B. an ungetrennten Hofräumen, § 1 Rdz. 16–19; hierzu Begr. BR-Drucks. 515/93, S. 144).

§ 50 trägt diesem Gesichtspunkt dadurch Rechnung, daß ein Anspruch auf 2 eine Neufestsetzung des Erbbauzinses aufgrund Neuvermessung des Erbbaurechts eingeräumt wird.

2. Keine Pflicht zur Vermessung

Eine Pflicht zur Neuvermessung sieht das SachenRBerG nur in § 39 Abs. 1 3 Satz 4 vor. Auch § 50 setzt die Neuvermessung nur als Tatsache voraus.

Eine vertraglich vorgesehene Pflicht zur (Neu-)Vermessung des Erbbau- 4 rechts ist jedoch über § 39 Abs. 1 Satz 4 hinaus zweckmäßig (§ 39 Rdz. 20).

Die Kosten der Vermessung können vertraglich jedem Teil auferlegt wer- 5 den. Billig erscheint in der Regel eine an Kostenteilung entsprechend § 55 Abs. 2 Satz 2 (§ 55 Rdz. 11–12) ausgerichtete Aufteilung.

3. Inhalt der Regelung

a) § 50 gewährt einen Anspruch auf Aufnahme einer Pflicht zur Anpassung 6 des Erbbauzinses in den schuldrechtlichen Teil des Erbbaurechtsvertrags. Der Anspruch auf Zinsanpassung besteht jedoch nur, wenn die tatsächliche Grundstücksgröße von der im Vertrag vorausgesetzten mehr als geringfügig abweicht.

Vertraglich vorausgesetzte Grundstücksgröße ist die – auch geschätzte oder 7 als ungefähr angegebene – Größe („ca.") der erfaßten Fläche nach §§ 21 ff. Auf welchen Erkenntnisquellen die Angabe beruht, ist unerheblich. Insbesondere kann sich auch eine Größenangabe im Grundbuch aufgrund einer mit modernen technischen Methoden durchgeführten Vermessung als unzutreffend herausstellen. Zweckmäßigerweise sollte also der Erbbaurechtsvertrag eine Größenangabe der erfaßten Fläche des Erbbaurechts enthalten, wobei diese Angabe idR keine gewährleistungsrechtliche Bedeutung haben wird.

Formulierungsvorschlag: 8

„Die Ausübungsfläche des Erbbaurechts beträgt.... Rechte aus dieser Angabe können die Beteiligten jedoch nur im Rahmen des § 50 des Sachenrechtsbereinigungsgesetzes herleiten."

b) Für die Geringfügigkeit der Abweichung gilt die wertabhängige Skala in 9 § 72 Abs. 2, wonach der Anpassungsanspruch bei einer Abweichung von mehr als zwischen 3 und 5% je nach Bodenwert des Grundstücks (§§ 19, 20) entsteht.

Formulierungsvorschlag: 10

„Weicht nach dem Ergebnis einer noch durchzuführenden Vermessung die tatsächliche Größe der vom Erbbaurecht erfaßten Fläche von der in diesem Vertrag angegebenen Größe um mehr als ... (zwischen 3 und 5%, je nach Bodenwert) nach oben oder unten ab, so sind der Erbbauzins und die Anpassungsverpflichtungen entsprechend zu ändern. Eine Gewähr für die angegebene und die festgestellte Flächengröße leistet der Grundstückseigentümer nicht."

§ 51 Kapitel 2. Nutzung fremder Grundstücke

4. Erfüllung des Anspruchs

11 Der schuldrechtliche Anspruch auf Erbbauzinserhöhung im Erbbauvertrag wird erfüllt durch Herabsetzung der bestehenden Reallast oder durch Eintragung einer weiteren Erbbauzinsreallast ranggleich zur bestehenden und mit auch ansonsten gleichen Bedingungen (§ 9 ErbbauVO) wie die bestehende Reallast einschließlich deren Unterstellung unter Verpflichtungen zur Erbbauzinserhöhung nach §§ 46–48. Der Erbbauberechtigte schuldet im Fall der Erhöhung die Verschaffung der erforderlichen Rangbeschaffungserklärungen der Berechtigten von Zwischenrechten.

12 Der neue Erbbauzins ist ab dem Tag der Herabsetzung bzw. Erhöhung der Reallast geschuldet, wobei der Tag der Vornahme des schuldrechtlichen Geschäfts (i. d. R. Abgabe der Eintragungsbewilligung) maßgebend ist, § 44 Abs. 2 Satz 3 analog. Vor diesem Zeitpunkt können Ansprüche auf Erhöhung und Herabsetzung nach Grundsätzen des Verzugs (§ 286 BGB) geschuldet sein.

5. Verjährung

13 Der Anspruch auf Eintragung der Erhöhungsreallast verjährt nach §§ 50 Satz 2, 72 Abs. 3 in einem Jahr nach der Vermessung, d. h. nach Zugang des amtlichen Messungsergebnisses (Veränderungsnachweis) beim Anspruchsberechtigten (Grundstückseigentümer oder Erbbauberechtigter), § 72 Rdz. 11–12. Der Tag der Vornahme der tatsächlichen Vermessungsarbeiten ist nicht entscheidend.

6. Sicherung des Anspruchs

14 Die schuldrechtliche Verpflichtung im Erbbaurechtsvertrag aufgrund § 50 ist zweckmäßigerweise durch eine Veräußerungsbeschränkung entsprechend § 49 zu sichern. Für eine Erbbauzinserhöhungsvormerkung fehlt es in der Regel an der erforderlichen Bestimmbarkeit des Ausmaßes der Erhöhung.

§ 51 Eingangsphase

(1) **Der Erbbauberechtigte kann vom Grundstückseigentümer eine Ermäßigung des Erbbauzinses in den ersten Jahren verlangen (Eingangsphase). Der ermäßigte Zins beträgt**
1. ein Viertel in den ersten drei Jahren,
2. die Hälfte in den folgenden drei Jahren und
3. drei Viertel in den darauf folgenden drei Jahren
des sich aus den vorstehenden Bestimmungen ergebenden Erbbauzinses. Die Eingangsphase beginnt mit dem Eintritt der Zahlungspflicht nach § 44, spätestens am 1. Januar 1995.

(2) **Ist ein Erbbaurecht für ein Eigenheim (§ 5 Abs. 2) zu bestellen und beträgt der zu verzinsende Bodenwert mehr als 250 000 Deutsche Mark, so verlängert sich der für die Stufen der Zinsanhebung in Absatz 1 Satz 2 genannte**

§ 51. Eingangsphase 1–3 § 51

Zeitraum von jeweils drei auf vier Jahre. Der vom Nutzer zu zahlende Erbbauzins beträgt in diesem Falle mindestens
1. 104 Deutsche Mark monatlich in den ersten drei Jahren,
2. 209 Deutsche Mark monatlich in den folgenden drei Jahren,
3. 313 Deutsche Mark monatlich in den darauf folgenden drei Jahren und
4. 418 Deutsche Mark monatlich in den darauf folgenden drei Jahren.

(3) Haben die Parteien ein vertragliches Nutzungsentgelt vereinbart, kann der Nutzer eine Ermäßigung nur bis zur Höhe des vereinbarten Entgelts verlangen. Übersteigt das vertraglich vereinbarte Entgelt den nach diesem Kapitel zu zahlenden Erbbauzins, kann der Nutzer eine Anpassung des Erbbauzinses auf den nach Ablauf der Eingangsphase zu zahlenden Betrag verlangen.

Übersicht

	Rdz.		Rdz.
1. Allgemeines	1	3. Ausnahme	11
a) Zweck der Vorschrift	1	4. Verhältnis zu § 48	14
b) Beispiel	3	5. Formulierungsvorschlag	15
2. Inhalt der Regelung	6		

5

1. Allgemeines

a) Zweck der Vorschrift

Durch das allmähliche Heranführen des Erbbauzinses an den regelmäßigen Zins nach § 43 will das SachenRBerG zum einen Sprünge bei den finanziellen Belastungen abfedern, die bei vormals unentgeltlicher Nutzung entstehen. Zum anderen soll allgemein den wirtschaftlichen Verhältnissen im Beitrittsgebiet Rechnung getragen werden (Begr. BR-Drucks. 515/93, S. 81, 144). 1

Die sozialpolitisch motivierte Vorschrift provoziert Mitnahmeeffekte (Einl. Rdz. 48). Dem Nutzer, der eigentlich kaufen will und keine allzugroße Steigerung der Grundstückspreise im Beitrittsgebiet bzw. Veränderungen des Zinsniveaus am Ende der Eingangsphase erwartet, kann nur geraten werden, sich zunächst ein Erbbaurecht mit Ankaufsrecht nach § 57 bestellen zu lassen und das Ankaufsrecht gegen Ende der Eingangsphase auszuüben. Die Vorteile dieses Verfahrens zeigt das folgende Beispiel. 2

b) Beispiel

Der Nutzer eines 500 qm-Eigenheimgrundstück mit dem Bodenwert von 100 steht vor der Alternative Kauf oder Erbbaurecht. Er kann den Kaufpreis mit 7% Festzins für die nächsten 9 Jahre finanzieren. Folgende Vergleichsrechnung (ohne Berücksichtigung von Ab- und Aufzinsungseffekten sowie von Vertragskosten und Sonderfaktoren wie z. B. § 68 Abs. 2) für die ersten 9 Jahre ist aufzustellen: 3

§ 51 4–11　　　　　　　　　　Kapitel 2. Nutzung fremder Grundstücke

4　Aufwand für Erbbaurecht und An-　Aufwand für Ankauf nach § 61
　kauf nach § 57

Erbbauzins über 9 Jahre:	9mal 7% Zinsen aus 50:
9,00	31,5
dann Ankauf nach § 57 zum halben seinerzeitigen Verkehrswert.	

5　Hieraus folgt, daß die Kombination von Erbbaurecht und Ankauf nach 9 Jahren bei einer Wertsteigerung des Grundstücks um bis zu

$$2 * (31{,}5 - 9) = 45$$

d. i. 45% des Verkehrswerts bei Erbbaurechtsbestellung zu einer wirtschaftlich günstigeren Lösung führt. Der Vorteil erhöht sich, wenn der Erbbauberechtigte die Differenz zwischen Erbbauzins und Aufwand der Kaufpreisfinanzierung zur Bildung von Eigenkapital nutzt.

2. Inhalt der Regelung, Abs. 1 und 2

6　a) Das Gesetz staffelt den Erbbauzins während dreier Perioden von jeweils drei Jahren Dauer, Abs. 1 Satz 1–2.

7　Als einheitlichen spätesten Termin für den Beginn der Eingangsphase nach Abs. 1 Satz 2 legt Abs. 1 Satz 3 den Tag nach dem Auslaufen des Moratoriums nach Art. 233 § 2a Abs. 1 Satz 2 EGBGB fest (1. 1. 1995). Im Einzelfall beginnt die Eingangsphase vor diesem Termin, soweit die Zinszahlungspflicht nach § 44 Abs. 2 vor dem 1. 1. 1995 beginnt (zu den hiernach maßgeblichen Zeitpunkten § 44 Rdz. 4–23).

8　b) Beginnt die Zahlungspflicht erst nach dem 1. 1. 1995, so wird der bereits verstrichene Zeitraum auf die Zeitspanne für die jeweils höchste Ermäßigung angerechnet.

9　c) Gerät der Nutzer mit seinen Verpflichtungen zur Bestellung eines Erbbaurechts vor dem 1. 1. 1995 in Verzug, so wird er ab diesem Zeitpunkt nach § 286 BGB so behandelt, als ob die Eingangsphase begonnen hätte.

10　d) Zur Entlastung der Nutzer von Eigenheimen im Sinne des § 5 Abs. 2 (§ 5 Rdz. 2–10) sieht Abs. 2 eine noch weitergehende Entlastung vor. Betroffen sind vor allem Grundstücke in den Randlagen der Ballungsgebiete (BT-Drucks. 12/7425, S. 74). Die Mindestverzinsung in Satz 2 stellt sicher, daß die Belastung bei geringfügiger Überschreitung eines Bodenwerts von 250 000 DM nicht niedriger ist als nach Abs. 1 bei einem Bodenwert von 250 000 DM.

3. Ausnahme, Abs. 3

11　a) Abs. 3 Satz 1 respektiert im Grundsatz vertragliche Vereinbarungen zwischen Grundstückseigentümer und Nutzer über ein vertragliches Nutzungsentgelt (Art. 233 § 2a Abs. 3 Satz 1, Abs. 8 Satz 1 EGBGB). Die Beteiligten müssen sich nach Abs. 3 Satz 1 am selbstgewählten Maßstab festhalten lassen, § 51 führt nicht zu einer Ermäßigung unter den Betrag dieses Entgelts.

§ 52. Sicherung des Erbbauzinses §52

b) Hiervon macht Abs. 3 Satz 2 eine Ausnahme für den Fall, daß das 12
vertraglich geschuldete Entgelt den zu zahlenden Erbbauzins nach §§ 43 ff.
übersteigt. In diesem Fall schuldet der Nutzer von Anfang an den nach
Ablauf der Eingangsphase anzusetzenden Erbbauzins.

Abs. 3 Satz 2 trägt dem Umstand Rechnung, daß in vielen Fällen Nutzer 13
sich aus Not, Unerfahrenheit oder Angst vor Herausgabeansprüchen vor
Inkrafttreten des Moratoriums sich auf ein relativ hohes Nutzungsentgelt
eingelassen haben (Begr. BR-Drucks. 515/93, S. f.). Durch die Worte „kann
nur verlangen" bleibt das Recht des Nutzers unberührt, gegen eine getroffene Vereinbarung nach allgemeinen Grundsätzen (§§ 123, 138 BGB) vorzugehen. Ein bloßer Irrtum über die Rechtslage wird jedoch die Anfechtung einer
getroffenen Vereinbarung nicht tragen.

4. Verhältnis zu § 48

§ 51 ist nicht zugunsten des Erwerbers eines Erbbaurechts oder eines Nut- 14
zungsrechtsverhältnisses anwendbar (§ 48 Rdz. 34). Dies folgt aus dem
Zweck der Vorschrift, die nur die auf den unentgeltlichen Nutzer zukommenden Belastungen abfedern will. Der Erwerber nutzt jedoch nicht aufgrund des Vertrauenstatbestands der Nutzungsberechtigung gegenüber dem
Grundstückseigentümer, sondern aufgrund eines zumeist entgeltlichen
Rechtsverhältnisses mit dem Nutzer.

5. Formulierungsvorschlag

Formulierungsvorschlag für nach Abs. 1 ermäßigten Erbbauzins siehe § 44 15
Rdz. 25.

§ 52 Sicherung des Erbbauzinses

(1) **Der Grundstückseigentümer kann die Absicherung des regelmäßigen
Erbbauzinses durch Eintragung einer Reallast an rangbereiter Stelle sowie
eine Vereinbarung über die Sicherung der Reallast nach § 9 Abs. 3 der Verordnung über das Erbbaurecht verlangen.**

(2) **Auf Verlangen des Nutzers ist in den Erbbaurechtsvertrag eine Bestimmung aufzunehmen, nach der sich der Grundstückseigentümer zu einem
Rangrücktritt der Reallast zugunsten eines für Baumaßnahmen des Nutzers
innerhalb des in den §§ 11 und 12 des Hypothekenbankgesetzes und § 21 der
Verordnung über das Erbbaurecht bezeichneten Finanzierungsraums verpflichtet, wenn nach § 9 Abs. 3 der Verordnung über das Erbbaurecht das
Bestehenbleiben des Erbbauzinses als Inhalt der Reallast vereinbart wird.**

Übersicht

	Rdz.		Rdz.
I. Allgemeines	1	2. Sicherung der Ansprüche nach §§ 47, 48	45
1. Vorrangige Erbbauzinsreallast	2	3. Anspruch auf Rangrücktritt	49
2. Nachrangige Erbbauzinsreallast	6	a) Voraussetzungen	51
		b) Rechtsfolgen	54
3. Kautelarjuristische Lösungen	8	c) Sicherung des Grundstückseigentümers	58
4. Bestimmtheit und Bestimmbarkeit der Erbbauzinsreallast	14	IV. Formulierungsvorschlag	67
		1. Bestellung der Reallast	67
II. Neuregelung durch das SachenRÄndG	15	2. Erbbauzinserhöhungsvormerkung	68
1. Entstehung des Gesetzes	15	3. Rangrücktrittsverpflichtung	69
2. Konzeption des Gesetzes	15	4. Besonderheiten bei Grundschulden	71
III. Inhalt der Regelung	32	V. Beweislast	75
1. Anspruch des Grundstückseigentümers	32		

I. Allgemeines

1 Der Einfluß der Erbbauzinsreallast auf die Beleihungsfähigkeit des Erbbaurechts ist seit jeher ein zentrales Thema sowohl der kautelarjuristischen als auch der rechtspolitischen Diskussion über das Institut des Erbbaurechts selbst. Folgende Sachprobleme bestanden bis zum Inkrafttreten des SachenRÄndG.

1. Vorrangige Erbbauzinsreallast

2 Soweit die Erbbauzinsreallast anderen Rechten am Erbbaurecht, insbesondere Grundpfandrechten, im Rang vorgeht, ist bei Beleihung dieses Grundstücks mit einer Hypothek der vorgehende Erbbauzins zu kapitalisieren und vom Beleihungsrahmen in Abzug zu bringen, § 19 Abs. 1 und 2 Satz 1 ErbbauVO. In der Zwangsversteigerung aus einem nachrangigen Grundpfandrecht fällt der kapitalisierte Erbbauzins in das geringste Gebot, §§ 44 ff., 92 ZVG.

3 Feste Berechnungsmaßstäbe für die Kapitalisierung im Rahmen des geringsten Gebots gibt das ZVG nicht vor (*Zeller/Stöber*, ZVG, § 51 Anm. 4.6–4.7 und § 92 Anm. 6.4; *Stöber*, Zwangsvollstreckung in das unbewegliche Vermögen, 5. Aufl. 1988, Rdz. 268, 500). Anhaltspunkte liefern insoweit jedoch Anlage 9a zu § 13 Bewertungsgesetz (BewG) i. V. m. § 16 BewG und die in *Zeller/Stöber*, ZVG, Anh. Tab 3 abgedruckten Diskontierungstabellen. Hiernach ergeben sich in Abhängigkeit von der Dauer des Erbbaurechts und dem angenommenen Kapitalzinsfuß folgende Kapitalisierungsfaktoren, mit denen der jährliche Erbbauzins zu multiplizieren ist, um den in das geringste Gebot aufzunehmenden Betrag zu erhalten:

Dauer i. J.	4% p. a.	5% p. a.	5,5% p. a.	4
90	24,267	19,752	18,531	
80	23,915	19,596	18,424	
50	21,482	18,256	17,397	

Die nach § 19 Abs. 2 Satz 1 ErbbauVO vorgesehene Kapitalisierung schränkt somit die Beleihungsmöglichkeiten für den Erbbauberechtigten erheblich ein. — 5

2. Nachrangige Erbbauzinsreallast

Im Fall der Zwangsversteigerung des Erbbaurechts aus einem der Erbbauzinsreallast vor- oder gleichrangigen Recht erlischt die Reallast mit dem Zuschlag, §§ 91 Abs. 1, 52 Abs. 1, 44 Abs. 1 ZVG. Der Ersteher erwirbt ein erbbauzinsloses Erbbaurecht (BGHZ 81, 358/361 f.; *Oefele/Winkler*, Handbuch, Rdz. 6.225). — 6

Der Grundstückseigentümer sollte daher einen Rangrücktritt der Erbbauzinsreallast tunlichst vermeiden. — 7

3. Kautelarjuristische Lösungen

Zur Lösung des Konflikts zwischen den Interessen des Grundstückseigentümers an der Sicherung des Erbbauzinses und des Erbbauberechtigten an der Beleihung des Erbbaurechts hat die Praxis bislang folgende Wege beschritten: — 8
- Vereinbarung nach § 59 ZVG über eine abweichende Feststellung des geringsten Gebots (sog. „Stillhalteerklärung", dazu *Oefele/Winkler*, Handbuch, Rdz. 6.229–234; Münchner Vertragshandbuch-*Winkler*, Band IV/2, Form. VIII. 20 und 21); — 9
- Vereinbarung des Bestehenbleibens der Erbbauzinsreallast nach dem Zuschlag nach § 91 Abs. 2 ZVG (*Oefele/Winkler*, Handbuch, Rdz. 6.235); — 10
- Veräußerungsbeschränkung nach § 5 Abs. 1 ErbbauVO (*Oefele/Winkler*, Handbuch, Rdz. 6.236–240; hierzu § 49 Rdz. 1). — 11

Diese Lösungen haben folgende Nachteile: Vereinbarungen nach § 59 ZVG wirken nicht gegenüber Sonderrechtsnachfolgern und auch im Zwangsversteigerungsverfahren nur *inter partes*, § 59 Abs. 1 Satz 2 ZVG. Auf eine Vereinbarung nach § 91 Abs. 2 zwischen Grundstückseigentümer und Ersteher besteht kein Rechtsanspruch. Inwieweit der drohende Verlust des Sicherungsmittels für den Erbbauzins ein ausreichender Grund für die Verweigerung der Zustimmung zur Veräußerung nach §§ 5 Abs. 1, 7 ErbbauVO ist, ist streitig (§ 49 Rdz. 15). — 12

Winkler (DNotZ 1970, 390/396 ff.; ihm folgend *Staudinger-Ring*, § 9 ErbbauVO Rdz. 8) hat zur Behebung dieser mißlichen Situation die entsprechende Anwendung des § 52 Abs. 2 ZVG auf die Erbbauzinsreallast vorgeschlagen. Die Rechtsprechung ist diesem Vorschlag jedoch nicht gefolgt. — 13

4. Bestimmtheit und Bestimmbarkeit der Erbbauzinsreallast

14   Im Gegensatz zu den allgemeinen Vorschriften über Reallasten, wonach die Bestimmbarkeit der Höhe der Einzelleistungen genügt (*Palandt-Bassenge*, § 1105 Rdz. 6), mußte der Erbbauzins nach § 9 Abs. 2 Satz 1 nach Zeit und Höhe für die ganze Erbbauzeit im voraus bestimmt sein. Anpassungsverpflichtungen konnten allenfalls durch Eintragung einer Vormerkung auf Eintragung weiterer Reallasten gesichert werden (zum ganzen *Oefele/Winkler*, Handbuch, Rdz. 6.55–63, 6.179-192).

II. Neuregelung durch das SachenRÄndG

1. Entstehung des Gesetzes

15   Noch der Regierungsentwurf des SachenRÄndG sah eine Lösung des Interessenkonflikts zwischen dem Erbbauberechtigten, seinen Grundpfandgläubigern und dem Grundstückseigentümer in der Weise vor, daß die Verpflichtung zur Zahlung des Erbbauzinses zum Inhalt des Erbbaurechts selbst gemacht werden können sollte (§ 2 Nr. 8 ErbbauVO-neu; hierzu BR-Drucks. 515/93, S. 47, 92, 183 f.).

16   Dieser Lösungsansatz wurde zum einen wegen grundsätzlicher dogmatischer Einwände, zum anderen wegen der Nichtberücksichtigung von Erhöhungsansprüchen und wegen hierdurch aufgeworfener vollstreckungsrechtlicher Zweifelsfragen überwiegend abgelehnt.

17   Der Bundesrat griff daher auf Antrag des Freistaats Bayern in seiner Sitzung am 24. 9. 1993 auf die ursprünglich von *Winkler* (DNotZ 1970, 390) entwickelte Lösung einer Gleichstellung von Erbbauzins und Überbaurente analog § 52 Abs. 2 ZVG zurück.

2. Konzeption des Gesetzes

18   Verwirklicht wurde der Ansatz in folgender Konzeption:

19   a) Nach § 9 Abs. 3 Satz 1 ErbbauVO i. d. F. des SachenRÄndG kann zum Inhalt der Erbbauzinsreallast bestimmt werden, daß der Hauptanspruch der Erbbauzinsreallast, d. h. der Anspruch auf die nach dem rechtswirksamen Zuschlag fällig werdenden, wiederkehrenden Zinsleistungen nach § 52 Abs. 2 Satz 2 ZVG i. d. F. des SachenRÄndG bestehen bleibt, auch wenn aus einem der Reallast vor- oder gleichrangigen Recht die Zwangsversteigerung des Erbbaurechts betrieben wird.

20   b) Ist eine solche Vereinbarung getroffen, findet keine Kapitalisierung des (künftigen) Erbbauzinses mehr statt, § 19 Abs. 2 Satz 2 ErbbauVO.

21   c) Eine Vereinbarung nach § 9 Abs. 3 Satz 1 ErbbauVO kann zwischen Grundstückseigentümer und Erbbauberechtigtem auch bei bestehenden Erbbaurechten (auch in den Altbundesländern) im Wege der Inhaltsänderung nachträglich getroffen werden. Zur Eintragung in das Grundbuch ist

§ 52. Sicherung des Erbbauzinses

jedoch die Zustimmung der Berechtigten der Rechte erforderlich, die der Reallast vorgehen oder gleichstehen, § 9 Abs. 3 Satz 2 ErbbauVO.

d) Ist eine Vereinbarung nach § 9 Abs. 3 Satz 1 ErbbauVO wirksam getroffen, so gilt im Fall der Zwangsversteigerung des Erbbaurechts:

= Der Rang der Reallast ist nur noch maßgeblich dafür, ob der Anspruch des Grundstückseigentümers auf rückständigen und laufenden Erbbauzins innerhalb der zeitlichen Grenzen nach § 10 Abs. 1 Nr. 4 ZVG (Rückstände maximal aus 2 Jahren vor der Beschlagnahme nach § 20 Abs. 1 ZVG) im Verfahren auf Anmeldung berücksichtigt werden kann.

= Geht die Reallast im Rang vor, so fällt nur noch der Anspruch auf rückständige Erbbauzinsen in das geringste Gebot (§§ 19 Abs. 2 Satz 2 ErbbauVO i. V. m. 45 Abs. 1 und 2 Alt. 2 ZVG).

= Geht die Reallast im Rang nach, so hat der Grundstückseigentümer hinsichtlich rückständiger Erbbauzinsen einen Anspruch nach § 92 Abs. 1 ZVG, § 92 Abs. 2 ZVG ist unanwendbar.

= Der Ersteher übernimmt mit der Reallast die dingliche Haftung für die nach dem Zuschlag fällig werdenden Erbbauzinsen.

= Eine Kapitalisierung des künftigen Erbbauzinses entfällt mit der Folge einer erheblichen Erhöhung des Finanzierungsrahmens bei nachrangiger Beleihung.

e) Daneben hat das SachenRÄndG durch die Neufassung des § 9 Abs. 2 ErbbauVO die Erbbauzinsreallast auch zur Sicherung nur bestimmbarer Erbbauzinsansprüche zugelassen. Die Erbbauzinserhöhungsvormerkung ist in vielen Fällen nicht mehr erforderlich, was für das Erbbaurecht eine erhebliche Vereinfachung (und Kostenersparnis) im Grundbuchverfahren mit sich bringt.

f) Eine nach bisherigem Recht durch Vormerkung gesicherte und nach Zeit und Wertmaßstab bestimmbare Anpassungsverpflichtung kann durch entsprechende Vereinbarung nach § 9 Abs. 2 Satz 2 ErbbauVO zum Inhalt der Reallast bestimmt werden.

Die Zustimmung der Inhaber dinglicher Rechte am Erbbaurecht ist nur zur entsprechenden Inhaltsänderung der Erbbauzinsreallast erforderlich, § 9 Abs. 2 Satz 3 ErbbauVO i. V. m. § 880 Abs. 2 Satz 3 BGB. Erforderlich ist nach dem Zweck der Vorschrift (vgl. auch Umkehrschluß aus § 9 Abs. 3 Satz 2 ErbbauVO) nur die Zustimmung der Betroffenen, d. h. der gleich- und nachrangigen Berechtigten. Nicht erforderlich ist die Zustimmung der dinglich Berechtigten zur Ausübung des Rechts aus der Anpassungsvereinbarung.

g) Eine getroffene Vereinbarung nach § 9 Abs. 3 ErbbauVO ist im Interesse der dinglich Berechtigten im Erbbaugrundbuch bei der Erbbauzinsreallast zu vermerken; die Bezugnahme auf die Eintragungsbewilligung genügt hier nicht. Ausreichend erscheint folgender Hinweis:

„Der Erbbauzins unterliegt § 9 Abs. 3 ErbbauVO."

III. Inhalt der Regelung

1. Anspruch des Grundstückseigentümers, Abs. 1

32 a) § 52 begründet einen Anspruch des Grundstückseigentümers auf Sicherung des regelmäßigen Erbbauzinses durch Reallast und den Abschluß einer Vereinbarung nach § 9 Abs. 3 ErbbauVO.

33 Zu sichern ist der „regelmäßige Erbbauzins", d. h. jedenfalls der Erbbauzins nach § 43. Aus der gemeinsamen Entstehungsgeschichte von § 52 und § 9 Abs. 2 ErbbauVO i. d. F. des SachenRÄndG ergibt sich, daß der Anspruch die Verzinsung nach § 45 einschließt und auch auf Sicherung der Anpassungsverpflichtung nach § 46 gerichtet ist.

34 b) Gegenstand des Anspruchs ist eine Reallast nach §§ 9 ErbbauVO, 1105 ff. BGB. Die anfängliche Höhe der Reallast ist nach § 43 zu bestimmen. Minderungen des Erbbauzinses nach § 51 wirken sich in diesem Zusammenhang nicht aus, da hierdurch nicht automatisch die Höhe des Anspruchs gemindert wird, sondern nur Leistungsverweigerungsrechte auf entsprechende Einrede des Erbbauberechtigten begründen werden (die Reallast ist forderungsunabhängig, vgl. *Haegele/Schöner/Stöber*, Grundbuchrecht, Rdz. 1288).

35 Inhalt des Erbbauzinses kann auch eine Anpassungsverpflichtung sein, die nach Zeit und Wertmaßstab bestimmbar ist. Insoweit knüpft das Gesetz sowohl an § 46 als auch an die allgemeinen Grundsätze der Bestimmbarkeit der Einzelleistung einer Reallast an (hierzu *Palandt-Bassenge*, § 1105 Rdz. 6; *Staudinger-Amann*, § 1105 Rdz. 11–15; *Haegele/Schöner/Stöber*, Grundbuchrecht, Rdz. 1297, insbes. Fußnote 23–24a).

36 c) Die Formulierung „nach Zeit und Wertmaßstab bestimmbar" ist zu lesen als „nach Zeit und Wertmaßstab hinreichend bestimmt". Die Bestimmbarkeit der Höhe der Einzelleistung setzt die Bestimmtheit des Anpassungsmaßstabs voraus. Die Anpassungsverpflichtung muß sowohl regeln, wann sie entsteht, als auch, nach welchem Wertmaßstab sich die geschuldete Anpassung richtet. Das SachenRBerG will das Bestimmtheitsgebot des Sachenrechts, das ohnedies bei der Reallast großzügig gehandhabt wird (so BayObLG, MittBayNot 1993, 290/291 und 370/371), nicht noch weiter lockern.

37 d) Der Zweck des § 9 Abs. 2 Satz 2 liegt insbesondere in der Absicherung der Anpassungsverpflichtung nach § 46 (Begr. BT-Drucks. 12/5992, S. 193 f.). Dieser Zweck wird jedoch nur teilweise erreicht, da die nach § 46 geschuldeten Anpassungsverpflichtungen großenteils nicht genehmigungsfähig nach § 3 Satz 2 WährungsG sind (§ 46 Rdz. 20, 24, 32). Somit muß im Rahmen des § 46 vielfach auf Leistungsvorbehalte ausgewichen werden, solange die Deutsche Bundesbank ihre Genehmigungspraxis nicht am Wortlaut des § 46 ausrichtet.

38 Leistungsvorbehalte sind jedoch im Gegensatz zu Gleitklauseln und Spannungsklauseln (hierzu § 46 Rdz. 21) in der Regel nicht hinreichend bestimmt für die Sicherung durch Reallast (*Staudinger-Amann*, § 1105 Rdz. 14; *Haegele/Schöner/Stöber*, Grundbuchrecht, Rdz. 1305, 3245, 3259).

§ 52. Sicherung des Erbbauzinses

Dem Bestimmtheitserfordernis dürfte ein Leistungsvorbehalt genügen, der bei Veränderung eines hinreichend bestimmten Maßstabs (z. B. amtlich veröffentlichter Index, Beispiele bei *Staudinger-Amann,* § 1105 Rdz. 14) einen Anspruch auf angemessene Erbbauzinsänderung einräumt, jedoch nicht über das Maß der Indexveränderung hinaus (Formulierung § 46 Rdz. 28). Dem Interesse der nachrangigen Berechtigten an der Berechenbarkeit der Rangverschlechterung dürfte hierdurch genügt sein (BayObLG MittBayNot 1993, 290/291 m. w. Nachw.; BayObLG MittBayNot 1993, 370/371). 39

Alternativ kann der Erbbauzins an die Veränderung eines hinreichend bestimmten und genehmigungsfähigen Indexes geknüpft, der Höhe nach aber durch einen anderen bestimmbaren Maßstab in nicht genehmigungsbedürftiger Weise begrenzt werden (Beispiel § 46 Rdz. 30). 40

e) Soweit eine Sicherung durch Reallast mangels Bestimmbarkeit der Anpassungsverpflichtung nicht erfolgen kann, ist u. U. die Eintragung einer Vormerkung auf Eintragung einer weiteren Reallast mit dem Inhalt nach § 9 Abs. 3 ErbbauVO möglich. Auch die Vormerkung setzt ein Mindestmaß an Bestimmbarkeit voraus, dies folgt schon aus allgemeinen Regeln für Schuldverhältnisse (*Staudinger-Gursky,* § 883 Rdz. 41–43, 94; *Oefele/Winkler,* Handbuch, Rdz. 6. 183ff.). Die Verpflichtung zur angemessenen Änderung, soweit dies nicht im Einzelfall unbillig ist, reicht aus: KG OLGZ 1976, 276/279f.. Nicht ausreichend dagegen ist die bloße Bezugnahme auf § 323 ZPO, so OLG Hamm, RPfleger 1988, S. 57 und 404). An fehlender Bestimmtheit scheitert in der Regel eine Erhöhungsvormerkung für Ansprüche nach § 50 (§ 50 Rdz. 14). 41

Die Eintragung der Reallast hat an „rangbereiter" Stelle zu erfolgen, d. h. im Rang nach den Rechten, die nach §§ 34 Abs. 1 Satz 2, 35 Satz 1, 36 Abs. 1 Satz 1 am Erbbaurecht zur Eintragung gelangten. Weiteren Rechten, insbesondere Grundpfandrechten zugunsten des Erbbauberechtigten braucht der Grundstückseigentümer den Vorrang allenfalls nach § 53 Abs. 2 einzuräumen (dazu unten Rdz. 49–66). 42

f) Daneben ist der Anspruch auf Abschluß einer Vereinbarung nach § 9 Abs. 3 ErbbauVO gerichtet. Diese ist bei der Bestellung der Reallast im schuldrechtlichen Teil des Erbbauvertrags aufzunehmen: 43

„Als Inhalt des Erbbauzinses wird weiter vereinbart, daß die nachstehend bestellte Erbbauzinsreallast mit ihrem Hauptanspruch bestehen bleibt, falls aus ihr oder aus einem ihr vor- oder gleichrangigen Recht die Zwangsversteigerung des Erbbaurechts betrieben wird."

Zum einzutragenden Vermerk im Bestandsverzeichnis des Erbbaugrundbuchs siehe oben Rdz. 31. 44

2. Sicherung der Ansprüche nach §§ 47, 48

a) Eine Sicherung der Erbbauzinserhöhungsansprüche nach §§ 47 und 48 sieht das Gesetz ausdrücklich nicht vor. Insoweit reicht die Veräußerungsbeschränkung nach § 49 nicht aus, da die Erhöhungsreallast Rang nach Grundpfandrechten erhält und eine Vereinbarung nach § 9 Abs. 3 ErbbauVO der Zustimmung der vorrangigen Berechtigten bedürfte. 45

§ 52 46–53 Kapitel 2. Nutzung fremder Grundstücke

46 Diese Lücke ist planwidrig und daher durch entsprechende Anwendung des § 52 zu schließen. In Analogie zu § 52 hat der Grundstückseigentümer einen Anspruch auf Absicherung durch Reallast bzw. auf Eintragung einer Vormerkung zur Sicherung der Erbbauzinserhöhungsansprüche nach §§ 47 und 48 einschließlich einer Vereinbarung nach § 9 Abs. 3 ErbbauVO.

47 b) Im Fall des Eintritts der Voraussetzungen nach §§ 47, 48 ist eine ranggleiche Umschreibung der Vormerkung in die Erhöhungsreallast jedoch meist nicht möglich, da dem Grundbuchamt die vorgenommene Nutzungsänderung nach §§ 47, 48 i. V. m. §§ 54, 71, 70 zumeist nicht in der Form des § 29 Abs. 1 GBO nachgewiesen werden kann. Erforderlich für den Grundbuchvollzug ist die Zustimmung der (im Hinblick auf § 9 Abs. 3 Satz 2 ErbbauVO: aller) dinglich Berechtigten. Auf die Zustimmung von Berechtigten dinglicher Rechte im Rang nach der Vormerkung besteht jedoch ein Anspruch entsprechend §§ 883 Abs. 2, 888 BGB).

48 Zum Bestimmtheitserfordernis bei Vormerkungen siehe oben Rdz. 41.

3. Anspruch auf Rangrücktritt, Abs. 2

49 Im Gegenzug zum Anspruch des Grundstückseigentümers nach Abs. 1 räumt das Gesetz in Abs. 2 dem Nutzer einen Anspruch gegen den Grundstückseigentümer/Reallastberechtigten auf Rangrücktritt mit der Erbbauzinsreallast hinter Grundpfandrechte zugunsten von Gläubigern des Nutzers/Erbbauberechtigten ein.

50 Die wirtschaftliche Bedeutung dieses Anspruchs ist aufgrund § 9 Abs. 3 ErbbauVO gering. Aufgrund der vorrangigen Erbbauzinsreallast gehen Grundpfandrechten nur noch Erbbauzinsrückstände vor. In aller Regel wird daher ein Rangrücktritt seitens des Kreditinstituts gar nicht verlangt werden müssen.

a) Voraussetzungen

51 Voraussetzungen dieses Anspruchs sind:
Bei dem zur Eintragung kommenden Recht muß es sich um ein Grundpfandrecht handeln, das Darlehen für Baumaßnahmen des Nutzers sichert. Begünstigte Baumaßnahmen sind nur nach dem Erbbaurechtsvertrag zulässige Renovierungen oder Erweiterungen am fraglichen Objekt auf der erfaßten Fläche.

52 Keine Baumaßnahmen sind die vor der Sachenrechtsbereinigung vollständig durchgeführten Arbeiten, die nunmehr durch einen grundpfandrechtlich gesicherten Kredit finanziert werden sollen. Denn diese Maßnahme ist bereits finanziert, ihre Umfinanzierung darf nicht zu Lasten des Grundstückseigentümers gehen. Der Anspruch nach § 52 Abs. 2 besteht nur insoweit, als nach der Geltendmachung der Ansprüche nach dem SachenRBerG solche Maßnahmen durchgeführt werden.

53 Der Anspruch auf Rangrücktritt besteht nur, soweit bezüglich der Reallast eine Vereinbarung nach § 9 Abs. 3 getroffen ist und bezüglich von Erhöhungsvormerkungen eine entsprechende Verpflichtung hierzu besteht.

b) Rechtsfolgen

§ 52 Abs. 2 gewährt dem Erbbauberechtigten einen Anspruch auf Aufnahme einer entsprechenden Verpflichtung in den Erbbaurechtsvertrag. Wegen ihrer nur schuldrechtlichen Wirkung empfiehlt sich die Absicherung mit Wirkung gegen Sonderrechtsnachfolger im Eigentum des Erbbaugrundstücks. 54

Als Sicherungsmittel kommt die Eintragung einer Vormerkung wegen des Anspruchs auf Rangrücktritt in Betracht. Grundsätzlich ungeeignet ist hingegen die Vereinbarung eines Rangvorbehalts, der bei Bestellung eines entsprechenden Grundpfandrechts ausgenutzt wird. Denn der Nachweis, daß das einzutragende Grundpfandrecht tatsächlich nur der Finanzierung von Baumaßnahmen dient, wird im allgemeinen in der Form des § 29 Abs. 1 GBO nicht zu führen sein. 55

In entsprechender Anwendung gilt § 52 Abs. 2 auch für eine eingetragene Erbbauzinserhöhungsvormerkung, sofern diese zugleich einen Anspruch auf Inhaltsänderung der Erbbauzinsreallast nach § 9 Abs. 3 ErbbauVO für den Fall der Bestellung von Erhöhungsreallasten sichert. 56

Nach § 21 Abs. 1 ErbbauVO hat die Tilgung der durch das Grundpfandrecht gesicherten Darlehen nach § 20 Abs. 1 Nr. 3 und 4 ErbbauVO zu erfolgen. 57

c) Sicherung des Grundstückseigentümers

Der Grundstückseigentümer ist zum Rangrücktritt nur jedoch insoweit verpflichtet, als das Grundpfandrecht mit Hauptsache, Zinsen und Nebenleistungen den Finanzierungsrahmen nach §§ 11 und 12 des Hypothekenbankgesetzes i. d. F. vom 19. 12. 1990 – HypBkG – (BGBl. I, 2898) nicht übersteigt. 58

Der Finanzierungsrahmen nach diesen Vorschriften ist auf 60 v. H. des Werts des Erbbaurechts begrenzt (§§ 11, 12 Abs. 1 HypBkG). 59

Die Bewertung des Erbbaurechts selbst erfolgt nach allgemeinen Vorschriften (hierzu *Oefele/Winkler,* Handbuch, Rdz. 5.122–128; weitere Nachweise § 36 Rdz. 22–24), d. h. nach der Formel: 60

Beleihungswert = ½ * (Bauwert + kapitalisierter Mietreinertrag)

Obere Grenze für den Beleihungswert ist der Verkehrswert des Erbbaurechts. Der gesonderte Ansatz eines Bodenwertanteils erfolgt nicht, da er im Rahmen der Ertragskomponente bereits berücksichtigt ist. 61

Als Mietreinertrag ist beim selbstgenutzten Erbbaurecht der fiktive Ertrag anzusetzen, der aufgrund der Marktverhältnisse nachhaltig zu erzielen wäre. Anhaltspunkte hierfür liefert die ortsübliche Vergleichsmiete, hilfsweise die Grundmiete nach den Grundmietenverordnungen. 62

Die von der Bankenaufsicht genehmigten Anweisungen von Hypothekenbanken zur Wertermittlung nach § 13 HypBkG liefern insoweit weitere Anhaltspunkte. 63

Maßgebender Zeitpunkt für die Berechnung des Beleihungswerts ist der Zeitpunkt der Geltendmachung des Anspruchs auf Rangrücktritt. 64

In diesen Rahmen sind dingliche Zinsen und Kosten mit einzubeziehen, soweit sie nach § 10 Abs. 1 Nr. 4 ZVG in der Rangklasse der Hauptsache 65

§ 52　66–69　　　　Kapitel 2. Nutzung fremder Grundstücke

geltend gemacht werden können. Im Hinblick darauf ist bei einem Zinssatz von 15% der Finanzierungsrahmen etwa im Verhältnis 5:3 unter Hauptsache und Zinsen aufzuteilen.

66 **Beispiel:** Ein Beleihungswert des Erbbaurechts von 100000,– und ein Grundschuldzinssatz zu 15% p. a. ergibt einen Finanzierungsrahmen von 60000,– DM. 2 Jahre Zinsrückstände ergeben 30% der Hauptsache, die laufenden Zinsen bei 2 Jahren voraussichtlicher Verfahrensdauer nochmals 30%, zusammen 60% der Hauptsache. Der Finanzierungsrahmen ist demnach im Verhältnis 100:60, d. h. 5:3 aufzuteilen. Der Hauptsachebetrag des Rechts lautet daher maximal auf 37500,–.

IV. Formulierungsvorschlag

1. Bestellung der Reallast

67 Formulierungsvorschlag für eine Vereinbarung nach § 9 Abs. 3 ErbbauVO siehe oben Rdz. 43.

„Zur Sicherung des Erbbauzinses nach Ziff. . . . (Bezugnahme auf die Abschnitte, in denen bestimmte oder nach § 9 Abs. 2 ErbbauVO bestimmbare Beträge vereinbart sind) bestellt der Erbbauberechtigte dem jeweiligen Eigentümer des Erbbaugrundstücks eine entsprechende
　　　　　　　　　　　　　　　Reallast
und bewilligt und beantragt deren Eintragung in das Erbbaugrundbuch zu folgender, vorerst jedoch nächstoffener, Rangstelle . . . (folgt Angabe der Rangstelle, also insbesondere im Rang nach Rechten gemäß §§ 34–36, vgl. § 34 Rdz. 12, § 35 Rdz. 12, § 36 Rdz. 6)."

2. Erbbauzinserhöhungsvormerkung

68 Siehe § 47 Rdz. 43.

3. Rangrücktrittsverpflichtung

69 „Der Grundstückseigentümer verpflichtet sich, mit vorbestellter Erbbauzinsreallast samt Erhöhungsvormerkung im Rang hinter Grundpfandrechte zurückzutreten, die der Erbbauberechtigte zur Sicherung der Finanzierung von nach diesem Vertrag zulässigen Baumaßnahmen auf dem Erbbaugrundstück am Erbbaurecht zur Eintragung bringt. Hauptsache, Zinsen und Kosten dieser Grundpfandrechte dürfen ⅗ des Beleihungswerts des Erbbaurechts nicht überschreiten, die gesicherte Verbindlichkeit muß aufgrund der vereinbarten Tilgung spätestens 10 Jahre vor Ablauf des Erbbaurechts zurückgezahlt sein. Die planmäßige Tilgung darf nicht länger dauern, als zur buchmäßigen Abschreibung des Bauwerks nach wirtschaftlichen Grundsätzen erforderlich ist.
Zur Sicherung dieses Anspruchs auf Rangrücktritt wird die Eintragung einer entsprechenden
　　　　　　　　　　　　Vormerkung nach § 883 BGB
bei vorbestellter Erbbauzinsreallast und Erhöhungsvormerkung bewilligt und beantragt."

§ 52. Sicherung des Erbbauzinses

70 Im Interesse der Streitvermeidung empfiehlt sich, sich zugleich über einen bestimmten Betrag (Summe von Hauptsache, dinglichen Zinsen in derselben Rangklasse, Nebenleistungen und Kosten) zu einigen, der als innerhalb des Finanzierungsrahmens liegend angesehen wird.

4. Besonderheiten bei Grundschulden

71 a) Aus der eingeschränkten Zweckbindung der einzutragenden Grundpfandrechte folgt, daß der Grundstückseigentümer die Neuvalutierung des eingetragenen Grundpfandrechts im Rang vor der Erbbauzinsreallast für andere Zwecke als nach dem Erbbauvertrag zulässige Baumaßnahmen (d. h. Renovierung sowie zulässige Um-, An- und Neubauten einschließlich etwaiger Erschließungskosten und Anliegerbeiträge) auf dem Erbbaurecht nicht zu dulden braucht. Zu seiner Absicherung bedarf es im Zuge des Rangrücktritts folgender Vereinbarungen (das Druckmittel einer Belastungsbeschränkung steht dem Grundstückseigentümer in aller Regel nach dem SachenRBerG nicht zu):

Hypothek	Grundschuld
Rangrücktrittsvormerkung für Reallastberechtigten oder Löschungsvormerkung nach § 1179 BGB.	Beschränkung des Sicherungszwecks auf konkreten Baufinanzierungskredit, Verpflichtung der Bank zur Kontrolle der Mittelverwendung, Anspruch des Reallastberechtigten auf Rangrücktritt bei Wegfall/Änderung des Sicherungszwecks mit Vormerkung. Sicherungsabrede als Vertrag zugunsten des Grundstückseigenümers.

72

73 Zur vergleichbaren Problematik bei Einheimischenmodellen von Gemeinden siehe *Grziwotz*, Baulanderschließung, 1993, S. 216–218.

74 b) Formulierungsvorschlag (in Grundschuldurkunde)

„Zugunsten des Grundstückseigentümers wird vereinbart:
Vorbestellte Grundschuld sichert ausschließlich den dem Erbbauberechtigten gewährten Kredit Nr. . . . zur Finanzierung der Renovierung des auf dem Pfandbesitz aufstehenden Gebäudes und zur Bezahlung von Erschließungskosten und Anliegerbeiträgen. Die Gläubigerin wird die bestimmungsgemäße Verwendung der Kreditmittel überprüfen.
Bei Wegfall oder Änderung des vorstehenden Sicherungszwecks ist die Bank verpflichtet, mit ihrem Recht im Rang hinter die Erbbauzinsreallast samt Erhöhungsvormerkung zurückzutreten. Der Erbbauberechtigte wird die hierzu erforderliche Zustimmung erteilen. Zur Sicherung dieses Anspruchs wird die Eintragung einer entsprechenden
    Vormerkung nach § 883 BGB
bei vorbestellter Grundschuld bewilligt und beantragt."

V. Beweislast

75 Die Beweislast für die Voraussetzungen des Abs. 2 bei Geltendmachung des Anspruchs auf Rangrücktritt liegt in vollem Umfang beim Erbbauberechtigtem.

§ 53 Dauer des Erbbaurechts

(1) **Die regelmäßige Dauer des Erbbaurechts ist entsprechend der nach dem Inhalt des Nutzungsrechts zulässigen Bebauung zu bestimmen.** Ist ein Nutzungsrecht nicht bestellt worden, so ist von der tatsächlichen Bebauung auszugehen, wenn sie nach den Rechtsvorschriften zulässig gewesen oder mit Billigung staatlicher Stellen erfolgt ist.

(2) **Die regelmäßige Dauer des Erbbaurechts beträgt vom Vertragsschluß an**
1. 90 Jahre
   a) für Ein- und Zweifamilienhäuser oder
   b) für die sozialen Zwecken dienenden Gebäude (insbesondere Schulen, Krankenhäuser, Kindergärten),
2. 80 Jahre für die im staatlichen oder genossenschaftlichen Wohnungsbau errichteten Gebäude sowie für Büro- und andere Dienstgebäude,
3. 50 Jahre für die land-, forstwirtschaftlichen oder gewerblichen Zwecken dienenden Gebäude und alle anderen baulichen Anlagen.

(3) **Auf Verlangen des Grundstückseigentümers ist eine verkürzte Laufzeit nach der Restnutzungsdauer des Gebäudes zu vereinbaren,** wenn diese weniger als 50, jedoch mehr als 25 Jahre beträgt, das Grundstück mit einem land-, forstwirtschaftlich, gewerblich genutzten oder einem öffentlichen Zwecken dienenden Gebäude oder einer baulichen Anlage bebaut worden ist und für die Bebauung ein dingliches Nutzungsrecht nicht bestellt oder ein unbefristeter Nutzungsvertrag, der nur aus besonderen Gründen gekündigt werden konnte, nicht geschlossen wurde. Ist ein Vertrag mit einer über die Restnutzungsdauer des Gebäudes hinausgehenden Laufzeit abgeschlossen worden, kann der Nutzer die Bestellung eines Erbbaurechts für den Zeitraum verlangen, der wenigstens der Restlaufzeit des Vertrages entspricht, jedoch nicht über den in Absatz 2 bestimmten Zeitraum hinaus. Beträgt die Restnutzungsdauer weniger als 25 Jahre, so ist § 31 Abs. 2 bis 5 anzuwenden.

Übersicht

	Rdz.		Rdz.
1. Allgemeines	1	b) Grundregel	16
2. Aufbau der Regelung	4	c) Ausnahme	24
a) Vermutung	5	3. Beweislast	33

1. Allgemeines

1 Maßgebend für die Bemessung der Erbbauzeit in § 53 sind drei Aspekte (zum ganzen Begr. BR-Drucks. 515/93, S. 81 f.):

§ 53. Dauer des Erbbaurechts

- Schutz der vom Nutzer erbrachten baulichen Investitionen (Einl. Rdz. 43);
- Anerkennung des durch den Nutzungstatbestand geschaffenen *status quo* (Einl. Rdz. 43);
- Gleichbehandlung aller Berechtigten von Nutzungstatbeständen (Einl. Rdz. 44).

§ 53 verknüpft daher die Erbbauzeit mit dem Inhalt des Nutzungsrechts bzw. der staatlich gebilligten baulichen Inanspruchnahme des Grundstücks.

Wirtschaftlich sinnvoll für beide Seiten ist die Koppelung der Erbbauzeit an die voraussichtliche Restnutzungsdauer des Gebäudes. Wird so verfahren, so bleibt die Entschädigungspflicht für den Grundstückseigentümer kalkulierbar. Der Erbbauberechtigte erhält einerseits ein beleihbares Erbbaurecht (vgl. § 20 ErbbauVO), andererseits läuft er nicht Gefahr, als Inhaber eines wertlosen Erbbaurechts zur Zahlung des Erbbauzinses verpflichtet zu sein. Ungeachtet der in § 53 niedergelegte Regel-Ausnahme-Verhältnisse sollten daher beide Seiten an einer realistischen Einschätzung der Restnutzungsdauer ein Interesse haben.

2. Aufbau der Regelung

Das Gesetz stellt in Abs. 1 die Grundregel auf, welche in Abs. 2 pauschalierend konkretisiert und in Abs. 3 durchbrochen wird.

a) Vermutung, Abs. 2

aa) In aller Regel bestimmt sich die Erbbauzeit nach der schematischen Regelung des Abs. 2, die die Erbbauzeit unabhängig vom Alter des Gebäudes und der Art des Nutzungsrechts mit dem Vertragsschluß beginnen läßt. Vertragsschluß in diesem Sinne ist grundsätzlich der Abschluß des Erbbaurechtsvertrags, der Zeitpunkt nach § 96 Abs. 5 Satz 2 oder die Rechtskraft eines entsprechenden Urteils nach § 106 Abs. 2.

Im Interesse eines Gleichlaufs mit § 44 Abs. 2 ist jedoch Vertragsschluß im Sinne des § 53 Abs. 2 auch der Zeitpunkt, zu dem die Pflicht zur Zahlung des Erbbauzinses beginnt. Schuldnerverzug des Nutzers steht dem Vertragsschluß gleich (§ 44 Rdz. 19–23), da andernfalls der Grundstückseigentümer die Verkürzung der um die Verzugszeit verlängerte Erbbauzeit vom Erbbauberechtigten nach § 286 BGB verlangen könnte.

Auch wenn noch kein Gebäude errichtet ist (§ 8 Rdz. 5–6), beginnt die Erbbauzeit mit dem genannten Zeitpunkt (Begr. BR-Drucks. 515/93, S. 145).

bb) Die in Abs. 2 bestimmte regelmäßige Dauer des Erbbaurechts knüpft an die Gesamtnutzungsdauer des Gebäudes an und geht somit in der Regel über die Restnutzungsdauer hinaus. Damit wird die geleistete bauliche Investition auf jeden Fall geschützt (Begr. BR-Drucks. 515/93, S. 145).

cc) Problematisch ist die Zuordnung der verschiedenen Bürogebäude zu den einzelnen Nrn. des Abs. 2.

Büro- und andere Dienstgebäude sind in Nr. 2 genannt, gewerblichen Zwecken dienende Gebäude und andere Bauwerke in Nr. 3, sozialen Zwecken dienende Gebäude (näher dazu unten Rdz. 14) in Nr. 1b). Behördenbauten (einschließlich des Sozialamts) fallen unter Nr. 2, ebenso Verwaltungsgebäude von Unternehmen. Ob Parteiverkehr herrscht oder nicht, ist unerheblich. Wesentlich ist die Nutzung für Führungs-, Verwaltungs- und Schreibtätigkeiten. Untergeordnete andere Zwecke (Lehrwerkstatt, kleines Lager) schaden jedoch nicht.

12 Unter Nr. 3 fallen gewerbliche Gebäude zur Produktion oder Lagerhaltung, die nur teilweise als Bürogebäude genutzt werden: das Büro des Meisters in einer Werkhalle macht diese noch nicht zu einem Bürogebäude. Ebenfalls kein Bürogebäude ist das Pförtnerhaus eines Betriebs.

13 Gebäude für freiberufliche Zwecke fallen je nach Art der Nutzung unter Nr. 2 oder Nr. 3.

14 Kantinen, Betriebskindertagesstätten oder andere Sozialgebäude fallen unter Nr. 3, da sie der Mitverwirklichung gewerblicher Zwecke dienen. Betriebliche Sozialeinrichtung sind nicht von Nr. 1 b) erfaßt. Sozialen Zwecken in diesem Sinne dienen nur Gebäude, die zur öffentlichen Daseinsvorsorge aufgrund des Sozialstaatsprinzips errichtet und genutzt werden. Keinen sozialen Zwecken dienen daher Schulen und andere Bildungseinrichtungen (Dienstgebäude nach Nr. 2, auch bei Privatschulen).

15 Abgrenzungsprobleme im Rahmen des Abs. 2 lassen sich zumeist im Hinblick auf die Grundregel des Abs. 1 nicht nur unter Berücksichtigung ihrer Nutzungsart lösen, sondern auch unter Rückgriff auf die bauartbedingte Nutzungsdauer.

b) Grundregel, Abs. 1

16 aa) Abs. 2 ist nur dann anwendbar, wenn sich aus dem Inhalt des Nutzungsrechts oder aus der Art der zulässigen bzw. durch staatliche Stellen gebilligten Nutzung nichts anderes ergibt, Abs. 1.

17 Abs. 2 stellt keine Fiktion, sondern nur eine Vermutung auf, die den Nachweis der Restnutzungsdauer durch Sachverständigengutachten in den meisten Fällen überflüssig macht. Diese Vermutung kann unter Rückgriff auf die Grundregel des Abs. 1 und die Ausnahme in Abs. 3 widerlegt werden.

18 bb) Nach Abs. 1 ist im Grundsatz die Nutzungsdauer der nach dem Inhalt des Nutzungsrechts zulässige baulichen Nutzung maßgebend.

19 Ist kein Nutzungsrecht bestellt worden, so kommt es auf die Nutzungsdauer der tatsächlichen Bebauung an, sofern diese baurechtlich zulässig war oder mit Billigung staatlicher Stellen (§ 10 Rdz. 2–13) erfolgte.

20 Nicht entscheidend ist die Befristung des Nutzungsrechts. Auch bei unbefristeten Nutzungsrechten knüpft die Erbbauzeit an die zulässige Erstbebauung an. Unbefristete Nutzungsrechte führen somit in der Regel zu einer Erbbauzeit nach Abs. 2.

21 Unter Abs. 1 können Gebäude fallen, die bauartbedingt eine kürzere Lebensdauer haben als in Abs. 2 vorausgesetzt, z. B. Wohnhäuser oder Kindergärten in Platten- oder Leichtbauweise. Auch Gebäude im Sinne des Abs. 2 Nr. 3 können ebenfalls eine kürzere Lebensdauer haben. Schließlich kommt Abs. 1 vor allem dann in Betracht, wenn das Gebäude aufgrund des Nutzungstatbestands schon längere Zeit vor dem 3. 10. 1990 errichtet wurde.

§ 53. Dauer des Erbbaurechts

cc) Die Anwendung des Abs. 1 kann jedenfalls zu kürzeren Erbbauzeiten führen als sich nach Abs. 2 ergeben würden. Längere Erbbauzeiten nach Abs. 1 als nach Abs. 2 sind jedoch nicht möglich. Der notwendige Schutz der baulichen Investition, der gerade bei Wohnbauten nach Abs. 2 Nr. 1 a) weit über die statistische Lebenserwartung des Nutzers hinausgeht, gebietet solches nicht. Auch ein Schluß aus Abs. 3 Satz 2 führt zu diesem Ergebnis.

Eine Sonderregelung für kürzere Nutzungszeiten enthält Abs. 3.

c) Ausnahme, Abs. 3

aa) Abs. 3 Satz 1 durchbricht die regelmäßige Dauer nach Abs. 1, Abs. 2 Nr. 3 für
- land-, forstwirtschaftlichen, gewerblichen oder öffentlichen Zwecken dienende Gebäude oder baulichen Anlagen,
- sofern dingliche Nutzungsrechte nicht bestellt wurden (§ 1 Rdz. 23–26, 39, 49, 50) oder
- unbefristete und nur aus besonderen Gründen kündbare Nutzungsverträge nicht abgeschlossen wurden (§ 1 Rdz. 39),
- die Restnutzungsdauer des Gebäudes bzw. der baulichen Anlage mehr als 25, aber weniger als 50 Jahre beträgt
- und der Grundstückseigentümer sich auf die Vorschrift beruft.

bb) Unter diesen Voraussetzungen bestimmt sich die Laufzeit des Erbbaurechts nach der tatsächlichen Restnutzungsdauer. Gleiches gilt für eine Restnutzungsdauer von genau 25 Jahren (§ 31 greift erst unter diesem Zeitpunkt ein: Redaktionsversehen bei Abs. 3 Satz 1).

cc) Bei teilweiser Wohnnutzung (entweder bezogen auf Gebäudeteile oder auf separate Gebäude) gilt:

Wohnnutzung von ganz untergeordneter Bedeutung schließt die Anwendung des § 53 Abs. 3 auf das Objekt insgesamt nicht aus (z. B. Hausmeister- oder Pförtnerwohnung in gewerblichem oder öffentlichen Zwecken dienenden Gebäude). Ebenso unschädlich und nicht zu berücksichtigen ist eine nach § 54 Abs. 2 und 3 zulässige Nutzung.

Ansonsten ist zu prüfen, ob die Bestellung von mehreren Erbbaurechten (Einzelerbbaurechte oder Wohnungs- und Teilerbbaurechte) mit verschiedenen Laufzeiten in Betracht kommt. Verneinendenfalls ist ein einheitliches Erbbaurecht mit einer Laufzeit zwischen den Werten nach § 53 Abs. 1 und 2 einerseits und Abs. 3 andererseits zu bestellen. Die Differenz zwischen den sich hiernach ergebenden Laufzeiten ist hierzu im Verhältnis der Verkehrswerte der zu Wohnzwecken oder anderweitig genutzten Gebäude(-teile) zu bestellen.

Beispiel: Gebäude nach § 53 Abs. 2 Nr. 2.
  Wert des wohngenutzten Teils: 20.
  Wert des anderweitig genutzten Teils: 50.
  Restnutzungszeit: 38 Jahre.
Die Laufzeitdifferenz von 42 Jahren ist im Verhältnis 2:5 aufzuteilen; zu bestellen ist ein Erbbaurecht über 50 Jahre.

dd) Ist ein Nutzungsvertrag mit einer über die Restnutzungsdauer des Gebäudes hinausgehenden Laufzeit vereinbart worden, so kann der Nutzer

§ 54   Kapitel 2. Nutzung fremder Grundstücke

die Bestellung eines Erbbaurechts für die Vertragslaufzeit verlangen, sofern die Zeiten nach Abs. 2 nicht überschritten werden, Abs. 3 Satz 2. Die Vorschrift ist Replik auf den Einwand des Grundstückseigentümers nach Abs. 1 gegen den Anspruch des Nutzers nach Abs. 2.

31   Abs. 3 Satz 3 stellt die Anwendbarkeit von § 31 bei einer Restnutzungsdauer von unter 25 Jahren klar (§ 31 Rdz. 7–17).

32   Trotz des systematischen Zusammenhangs mit Abs. 3 Satz 1 gelten Abs. 3 Sätze 2–3 für alle Gebäude und baulichen Anlagen, Abs. 3 Satz 2 auch dann, wenn die Restnutzungsdauer 50 Jahre überschreitet.

3. Beweislast

33   Die Vermutung des Abs. 2 wirkt zugunsten dessen, der sich auf sie beruft (zumeist der Nutzer). Die Beweislast für eine abweichende (kürzere) Festsetzung der Erbbauzeit nach Abs. 1 oder Abs. 3 Satz 1 liegt beim Grundstückseigentümer. Die Beweislast für eine Erbbauzeit nach Abs. 3 Satz 2 obliegt dem Nutzer.

§ 54 Vertraglich zulässige bauliche Nutzung

(1) **Die vertraglich zulässige bauliche Nutzung ist nach dem Inhalt des Nutzungsrechts oder, falls ein solches Recht nicht bestellt wurde, nach der Nutzung zu bestimmen, die auf genossenschaftlich genutzten Flächen am 30. Juni 1990, auf anderen Flächen am 2. Oktober 1990, ausgeübt wurde. Befand sich das Gebäude zu dem nach Satz 1 maßgebenden Zeitpunkt noch im Bau, so ist die vorgesehene Nutzung des im Bau befindlichen Gebäudes zugrunde zu legen.**

(2) Ist ein Nutzungsrecht für den Bau eines Eigenheimes bestellt oder das Grundstück mit einem Eigenheim bebaut worden, so ist auf Verlangen des Nutzers zu vereinbaren, daß das Gebäude auch zur Ausübung freiberuflicher Tätigkeit, eines Handwerks-, Gewerbe- oder Pensionsbetriebes genutzt werden kann.

(3) Für land-, forstwirtschaftlich oder gewerblich genutzte oder öffentlichen Zwecken dienende Gebäude oder bauliche Anlagen kann der Nutzer, der diese bereits bis zum Ablauf des 2. Oktober 1990 genutzt hat, die Bestellung eines Erbbaurechts unter Anpassung an veränderte Umstände verlangen, wenn sich die bauliche Nutzung des Grundstücks hierdurch nicht oder nur unwesentlich verändert hat. Unwesentliche Veränderungen der baulichen Nutzung des Grundstücks sind insbesondere kleine Aus- oder Anbauten an bestehenden Gebäuden.

(4) Der Nutzer kann eine Vereinbarung beanspruchen, nach der Änderungen zulässig sein sollen, die über den in den Absätzen 2 und 3 benannten Umfang hinausgehen. Zulässig ist auch ein Wechsel der Nutzungsart nach § 70 Abs. 1, wenn dies für eine wirtschaftlich sinnvolle Nutzung der errichteten Gebäude erforderlich ist. Der Grundstückseigentümer kann dem widersprechen, wenn der Nutzer nicht bereit ist, die in § 47 bezeichneten Verpflichtungen in den Vertrag aufzunehmen.

Übersicht

	Rdz.		Rdz.
I. Allgemeines	1	d) Wechsel der Nutzungsart	12
1. Zweck der Regelung	1	e) Sonderfälle	13
2. Nutzung und Nutzungsänderung	5	II. Inhalt der Regelung	15
a) Allgemeines	5	1. Zulässiger *status quo*	16
b) Prüfungsschema	8	2. Zulässige Erweiterung des *status quo*	17
c) Nutzungsänderung	11	3. Öffnungsklausel	24
		III. Beweislast	31

I. Allgemeines

1. Zweck der Regelung

§ 54 löst den Konflikt zwischen dem Ziel der Beibehaltung des *status quo* **1** der Rechtsausübung einerseits und der Überführung der Nutzungstatbestände in marktwirtschaftliche Strukturen andererseits.

Nach DDR-Rechtslage (hierzu auch *Heuer*, Grundzüge, Rdz. 53) war die **2** zulässige bauliche Nutzung eines Grundstücks für den Inhaber eines Nutzungsrechts genau festgelegt, z. B. in § 3 Abs. 1 Satz 1 des Gesetzes über die Verleihung von Nutzungsrechten an volkseigenen Grundstücken vom 14. 12. 1970 (GBl. I, S. 372). Die Beschränkungen knüpften an die Vorgaben der sozialistischen Zentralverwaltungswirtschaft an und bedürfen im Zuge der Anpassung der Nutzungstatbestände an marktwirtschaftliche Verhältnisse im Interesse des Nutzers der Korrektur (Begr. BR-Drucks. 515/93, S. 146).

Andererseits greift das Gesetz sowohl bei der Bestimmung des geschuldeten **3** Erbbauzinses (vgl. §§ 43, 47) als auch bei der festzulegenden Erbbauzeit (§ 53) auf die ausgeübte und zulässige Nutzung zurück. Den Interessen des Grundstückseigentümers entspricht daher das Festhalten des Nutzers an der bisher zulässigen Nutzung.

Die Angaben zur vertraglich zulässigen Nutzung sind über § 2 Nr. 1 Erb- **4** bauVO hinaus nicht nur fakultativ, sondern zwingender Inhalt eines Erbbaurechts nach dem SachenRBerG, § 42 Abs. 1 Nr. 2.

2. Nutzung und Nutzungsänderung

a) Allgemeines

Das SachenRBerG definiert die Begriffe der „zulässigen baulichen Nut- **5** zung", der Änderung der Nutzung bzw. baulichen Nutzung oder des Wechsels der Nutzungsart nicht.

Die jeweiligen Begriffsinhalte sind aus dem Zweck der Bestimmungen zu **6** entnehmen, in denen sie verwendet werden, d. h. in erster Linie die Bestimmungen über Erbbauzins und Erbbauzeit.

§ 54 7–11　　　　　　　　Kapitel 2. Nutzung fremder Grundstücke

7　Hierbei kann auf die Bedeutung der Begriffe der baulichen Nutzung und der Nutzungsänderung im öffentlichen Baurecht zurückgegriffen werden. Dabei ist allerdings zu berücksichtigen, daß im öffentlichen Baurecht Nutzung und Nutzungsänderung im Sinne des § 29 Satz 1 BauGB i. V. m. der BaunutzungsVO nur planungsrechtlich erhebliche Vorgänge (§ 1 BauGB) sind (*Battis/Krautzberger/Löhr,* BauGB, § 29 Rdz. 20). Nutzung und Nutzungsänderung im Sinne des SachenRBerG dienen hingegen nicht öffentlichrechtlichen Zielen, sondern einem privatrechtlichen Interessenausgleich. Maßgebend ist somit in erster Linie nicht planungsrechtliche Erheblichkeit, sondern Intensität der Nutzung für das Grundstück und wirtschaftliche Bedeutung der Nutzung für den Nutzer.

b) Prüfungsschema

8　Aus dem SachenRBerG selbst läßt sich folgende Bedeutung der genannten Begriffe ermitteln:
9　Ein Grobraster für unterschiedliche bauliche Nutzungen geben §§ 4 ff., 43, 53 vor. Hiernach ist zu unterscheiden zwischen:
– Nutzung als Eigenheim,
– sonstige Nutzung zu Wohnzwecken,
– gewerbliche (freiberufliche) Nutzung,
　– Bürogebäude,
– sonstige Nutzung (Werkhalle, Lehrwerkstatt, betriebliche Sozialeinrichtung),
– landwirtschaftliche Nutzung,
– forstwirtschaftliche Nutzung,
– Nutzung für öffentliche Zwecke,
　– Bürogebäude,
　– Dienstgebäude,
　– Gebäude/bauliche Anlage für soziale Zwecke,
– sonstige Nutzung.

10　Diese Aufstellung läßt sich u. a. noch nach folgenden Gesichtspunkten weiter untergliedern (Feinraster):
– Eigennutzung, Vermietung, Verpachtung, Nutzungsüberlassung,
– Vermietung nach GrundmietenVO oder frei,
– Intensität der Nutzung nach Anzahl der Beschäftigten, Art der Maschinen und sonstigen Gerätschaften, Grad des ausgelösten Personen- und Fahrzeugverkehrs, Immissionsträchtigkeit (siehe auch die Beispiele § 47 Rdz. 10–17, 27).

c) Nutzungsänderung

11　Nutzungsänderung im Sinne des SachenRBerG ist der Übergang von einer Nutzung in obenstehendem Sinn zur anderen. Das SachenRBerG unterscheidet zwischen der Nutzungsänderung im weiteren Sinn und dem Wechsel der Nutzungsart (§ 54 Abs. 4 Satz 2 i. V. m. § 70 Abs. 1).

§ 54. Vertraglich zulässige bauliche Nutzung

d) Wechsel der Nutzungsart

Ein Wechsel der Nutzungsart ist nur
- der Übergang von Wohnnutzung am 2. 10. 1990 auf land-, forstwirtschaftliche, gewerbliche (einschließlich freiberufliche) oder öffentlichen Zwecken dienende Nutzung (§ 70 Abs. 1 Nr. 1),
- der Übergang von land- oder forstwirtschaftlicher Nutzung dem Nutzungsrecht der LPG unterliegender Flächen am 30. 6. 1990 auf gewerbliche (einschließlich freiberufliche) Nutzung (§ 70 Abs. 1 Nr. 2),
- vom Inhalt des Nutzungsrechts oder der am 2. 10. 1990 ausgeübten Nutzung abweichende Nutzung (§ 70 Abs. 1 Nr. 3, zur Abgrenzung dieser Auffangbestimmung von § 54 Abs. 2 und 3 siehe unten Rdz. 17–23).

12

e) Sonderfälle

Alle übrigen Übergänge zwischen ausgeübten Nutzungen sind Nutzungsänderungen im weiteren Sinne.

13

Bauliche Veränderungen können Nutzungsänderungen in diesem Sinne sein, müssen es aber nicht.

14

II. Inhalt der Regelung

§ 54 legt in Abs. 1 zunächst den im Vertrag zu fixierenden *status quo* fest. Die Anknüpfung des geschuldeten Vertragsinhalts an den Inhalt des Nutzungsrechts wird im marktwirtschaftlichen Sinne erweitert durch Abs. 2 und Abs. 3. Abs. 4 eröffnet den Vertragsparteien einen Spielraum für Veränderungen.

15

1. Zulässiger *status quo*, Abs. 1

Abs. 1 gibt dem Nutzer einen Anspruch auf Zulassung der Nutzung als Inhalt des Erbbaurechts (§ 42 Abs. 1 Nr. 2), die dem letzten Stand nach dem Recht der DDR entspricht. Maßgeblich hierfür sind die tatsächlichen Verhältnisse aufgrund des Inhalts des Nutzungsrechts oder (bei Fehlen eines Nutzungsrechts) der tatsächlich ausgeübten Nutzung am 2. 10. 1990, in Fällen des gesetzlichen Bodennutzungsrechts der landwirtschaftlichen Produktionsgenossenschaften am 30. 6. 1990. Abs. 1 Satz 2 ergänzt dies um einen maßgeblichen Zeitpunkt für im Bau befindliche Gebäude (einschließlich baulicher Anlagen) durch Verweis auf die zum damaligen Stichtag vorgesehene Nutzung.

16

2. Zulässige Erweiterung des *status quo*, Abs. 2 und 3

a) Abs. 2 und 3 tragen typischerweise zwischen den Stichtagen des Abs. 1 und dem Tag der Bestellung des Erbbaurechts vorgenommenen Nutzungsänderungen Rechnung. Die genannten Änderungen dienen der Anpassung

17

§ 54 18–24   Kapitel 2. Nutzung fremder Grundstücke

der Nutzung an marktwirtschaftliche Verhältnisse (Begr. BR-Drucks. 515/93, S. 147).

18 b) Abs. 2 gilt nur für Eigenheime (§ 5). Nach Abs. 2 zulässige Nutzungen sind nur neben der Wohnnutzung zulässig („auch"). Aufgrund der Wohnnutzung muß das Gebäude weiterhin Lebensmittelpunkt des Nutzers bleiben.

19 c) Abs. 3 gestattet im Interesse der notwendigen Strukturanpassung von Landwirtschaft und Gewerbe des Beitrittsgebiets Nutzungsänderungen
– zur „Anpassung an veränderte Umstände", d. h. als Reaktion auf objektive wirtschaftliche (vgl. Begr. BR-Drucks. 515/93, S. 147) Zwänge im Interesse einer Erhaltung des Betriebs und der Arbeitsplätze im weitestmöglichen Umfang (Gewinnmaximierung durch reine Vermietung reicht nicht aus),
– wenn sich die bauliche Nutzung hierdurch nicht oder nur unwesentlich ändert, d. h. (vgl. Abs. 3 Satz 2) allenfalls kleinere Aus- und Anbauten an bestehende Gebäude vorzunehmen sind (z. B. Dachausbau, kleinere Vorbauten, jedoch keine Neubauten oder große Erweiterungen wie z. B. Aufstockung um Geschosse, durch welche das äußere Bild des Gebäudes nachhaltig verändert wird).

20 d) Nach Abs. 2 und 3 hat der Nutzer einen Anspruch auf Berücksichtigung der bei Begründung des Erbbaurechts bereits veränderten Nutzung im Erbbauvertrag nach § 42 Abs. 1 Nr. 2.

21 Dies gilt jedoch nur, wenn entweder ein Nutzungsrecht bestellt oder das Grundstück vor dem 3. 10. 1990 mit Billigung staatlicher Stellen baulich in Anspruch genommen wurde.

22 Im Wege eines Erst-Recht-Schlusses und aus § 47 Abs. 1 Satz 1 folgt aber weiter, daß der Erbbauberechtigte im Rahmen der Abs. 2 und 3 zu Nutzungsänderungen nach Bestellung des Erbbaurechts berechtigt ist. In diesem Fall steht ihm in entsprechender Anwendung des § 54 Abs. 2 und 3 ein Anspruch auf Mitwirkung des Grundstückseigentümers bei der Änderung des Inhalts des Erbbaurechts zu, ohne daß es der Begründung des Erbbaurechts der Aufnahme einer entsprechenden schuldrechtlichen Verpflichtung in den Erbbaurechtsvertrag bedarf.

23 Ist die Nutzungsänderung bei Begründung des Erbbaurechts bereits absehbar, empfiehlt sich die Berücksichtigung bei der Fassung des Erbbauvertrags von Anfang an, wie z. B.:

„Der Erbbauberechtigte ist berechtigt, auf dem Erbbaugrundstück ein Einfamilienhaus zu Wohnzwecken zu haben. Er ist weiter berechtigt, jederzeit das Erdgeschoß dieses Gebäudes als Friseurgeschäft zu nutzen."

3. Öffnungsklausel, Abs. 4

24 a) Abs. 4 gibt dem Nutzer einen Anspruch auf Nutzungsänderungen über Abs. 2 und 3 hinaus. Damit ist auch die Möglichkeit geschaffen, das Gebäude an einen Investor zu veräußern oder zu vermieten (Begr. BR-Drucks. 515/93, S. 147). Nach Satz 2 ausdrücklich zulässig sind neben Intensivierungen der Nutzungsart (z. B. Produktion statt Buchhaltung) auch ein Wechsel der Nutzungsart nach § 70 Abs. 1 (dazu oben Rdz. 12).

b) Abs. 4 steht in engem Zusammenhang mit § 41 einerseits und §§ 47, 48 anderseits. Der Erbbauberechtigte ist zwar zu Strukturanpassungen berechtigt, verliert aber u. U. die Rechtswohltat des Halbteilungsgrundsatzes. Nicht jeder Wechsel der Nutzungsart fällt jedoch unter Abs. 4. Aus dem systematischen Vorrang des Abs. 3 ergibt sich, daß ein Wechsel der Nutzungsart, der den Grundstückseigentümer nur unwesentlich stärker belastet, bereits nach Abs. 3 zulässig ist. 25 26

Auch Abs. 4 läßt nicht schrankenlos jede Nutzungsänderung zu. Abs. 4 Satz 2 enthält insoweit einen allgemeinen Rechtsgedanken, wonach der Wechsel der Nutzungsart nur zur Strukturanpassung, also nur insoweit zulässig ist, als es für eine wirtschaftlich sinnvolle Nutzung der errichteten Gebäude erforderlich ist. Nutzungsänderungen unter Abriß und Neubau von Gebäuden sind somit ausgeschlossen. Nach Abs. 4 möglich sind aber größere Umbauten, eventuell auch zusätzliche Neubauten (vgl. auch § 41 Rdz. 2–3). Dies ergibt sich aus Abs. 3 Satz 2. 27

c) Ist bei Bestellung des Erbbaurechts noch keine Nutzungsänderung im Sinne des Abs. 4 absehbar, so steht einer Vereinbarung nach Abs. 4 Satz 1 oder einer entsprechenden Verpflichtung des Grundstückseigentümers im Erbbaurechtsvertrag „ins Blaue hinein" bereits der Bestimmtheitsgrundsatz entgegen. Ist eine Nutzungsänderung absehbar, so bedarf es einer entsprechenden Vereinbarung zum Inhalt des Erbbaurechts. In der Vereinbarung nach Abs. 4 ist die beabsichtigte Nutzung in dem nach § 2 Nr. 1 ErbbauVO gebotenen Ausmaß zu beschreiben. 28

Abs. 4 gibt dem Erbbauberechtigten, ohne daß es einer entsprechenden schuldrechtlichen Vereinbarung im Erbbauvertrag bedarf, einen Anspruch gegen den (jeweiligen) Grundstückseigentümer auf Mitwirkung bei einer Inhaltsänderung unmittelbar kraft Gesetzes. 29

d) Der Grundstückseigentümer hat nach Abs. 4 Satz 3 ein Leistungsverweigerungsrecht, falls nicht eine Vereinbarung nach § 47 zugleich getroffen wird oder (Abs. 4 Satz 3 entsprechend) der Erbbauzins nach § 47, u. U. auch nach § 48, entsprechend angepaßt wird. 30

III. Beweislast

Die Beweislast für die im Erbbaurechtsvertrag zuzulassende Nutzung trägt der Nutzer bzw. Erbbauberechtigte. Dem Grundstückseigentümer obliegt der Beweis dann, wenn er sich im Interesse eines günstigeren Zinses oder einer kürzeren Laufzeit auf eine andere Nutzung beruft. 31

§ 55 Nutzungsbefugnis des Erbbauberechtigten, Grundstücksteilung

(1) **Die Befugnis des Erbbauberechtigten, über die Grundfläche des Gebäudes hinausgehende Teile des Grundstücks zu nutzen, ist nach den §§ 21 bis 27 zu bestimmen. Der Erbbauberechtigte ist berechtigt, auch die nicht bebauten Flächen des belasteten Grundstücks zu nutzen.**

§ 55 1–6 Kapitel 2. Nutzung fremder Grundstücke

(2) **Grundstückseigentümer und Nutzer können eine Abschreibung des mit dem Erbbaurecht belasteten Grundstücks verlangen, wenn die Nutzungsbefugnis sich nicht auf das Grundstück insgesamt erstreckt, das Restgrundstück selbständig baulich nutzbar ist, eine Teilungsgenehmigung nach § 120 erteilt wird und eine Vermessung durchgeführt werden kann. Die Kosten der Vermessung sind zu teilen.**

Übersicht

	Rdz.
1. Allgemeines	1
2. Ausübungsfälle	4
3. Grundstücksteilung	7

1. Allgemeines

1 Nach § 1 Abs. 2 ErbbauVO kann das Erbbaurecht auf einen nicht bebauten Teil des Grundstücks (Hofraum, Garten, Zufahrtsfläche und dergleichen) erstreckt werden, sofern das Bauwerk wirtschaftlich die Hauptsache bleibt.

2 Diese Vorschrift könnte zu Divergenzen zu den Bestimmungen der §§ 21 ff. über die erfaßte Fläche führen. Das SachenRBerG schafft daher in § 55 eine speziellere Regelung.

3 § 55 gilt nicht unmittelbar kraft Gesetzes, sondern erst aufgrund entsprechender Konkretisierung im Erbbaurechtsvertrag, in dem zwingend (vgl. § 42 Abs. 1 Nr. 3) eine entsprechende Regelung zu treffen ist.

2. Ausübungsfläche, Abs. 1

4 a) In Abs. 1 Satz 1 stellt das Gesetz den Anschluß zu §§ 21 ff. her und erstreckt die Nutzungsbefugnis des Erbbauberechtigten über die Grundfläche der Gebäude (und der baulichen Anlagen) hinaus auf die nach §§ 21–27 erfaßte Grundstücksfläche. Auf die Frage der wirtschaftlichen Hauptsache (§ 1 Abs. 2 ErbbauVO) kommt es hierbei nicht an. § 39 Abs. 2 Satz 2 stellt dies für das Gesamterbbaurecht nochmals klar.

5 Abs. 1 Satz 2 soll nach der Gesetzesbegründung die Nutzungsbefugnis hinsichtlich nicht bebauter Grundstücksteile klarstellen, welche dann unklar ist, wenn im Erbbaurechtsvertrag hierzu nichts bestimmt ist (so BR-Drucks. 515/93, S. 147 unter Hinweis auf BayObLG RPfleger 1984, 313/314). Diese Fallgestaltung liegt jedoch im Hinblick auf § 42 Abs. 1 Nr. 1 regelmäßig nicht vor. Abs. 1 Satz 2 ist mithin verzichtbar.

6 b) Formulierungsvorschlag

„Der Erbbauberechtigte ist berechtigt, auf dem Erbbaugrundstück das von ihm errichtete Eigenheim zu haben und zu nutzen. Das Erbbaurecht erstreckt sich auch auf den für das Gebäude nicht erforderlichen Teil des Erbbaugrundstücks."

§ 55. Nutzungsbefugnis des Erbbauberechtigten 7–12 § 55

3. Grundstücksteilung, Abs. 2

a) § 55 Abs. 2 ergänzt die allgemeinen Vorschriften der §§ 24 Abs. 2, 26 und 27 über die Abtrennung nicht nach §§ 21 ff. erfaßter Flächen. § 55 Abs. 2 gilt für jede Art von Nutzungstatbestand und Gebäude über § 26 hinaus. **7**

Der Anspruch nach § 55 Abs. 2 kann sowohl vor als auch nach Bestellung des Erbbaurechts geltend gemacht werden (arg.: „Nutzer" in Abs. 2 Satz 1). Ein Zurückbehaltungsrecht hierwegen gegen den Anspruch nach § 32 besteht jedoch grundsätzlich nicht, arg. § 39 Abs. 1. **8**

b) Voraussetzung des Anspruchs ist, daß **9**
– die Grundstücksgröße die der Ausübungsfläche des Nutzungsrechts übersteigt, d. h. kein Fall des § 21 Satz 1 vorliegt;
– das Restgrundstück selbständig baulich nutzbar i. S. d. § 13 Abs. 2 und 3 ist (§ 13 Rdz. 3–10);
– die Teilungsgenehmigung nach § 120 erteilt ist;
– die Vermessung durchgeführt werden kann, d. h. sie nicht nur technisch möglich ist, sondern bei vernünftiger Beurteilung aufgrund zur Verfügung stehender Ressourcen mit ihrer Durchführung konkret in einem absehbaren Zeitraum (max. 2 Jahre) gerechnet werden kann (vgl. Begr. BR-Drucks. 515/93, S. 147);

c) Abs. 2 Satz 2 ergänzt § 60 Abs. 2 insoweit, als bei Geltendmachung des Anspruchs nach § 55 Abs. 2 nach Bestellung eines Erbbaurechts eine Sonderregelung der Kostentragung im Erbbaurechtsnachtragsvertrag erforderlich ist. **10**

§ 55 Abs. 2 Satz 2 bezieht sich nur auf Vermessungskosten. Für die übrigen Kosten der Grundstücksteilung und Lastenfreistellung (insbesondere Genehmigungs-, Notar-, und Grundbuchkosten) gelten die allgemeinen Regeln des Schuldrechts, welche aus einer Gesamtschau der §§ 448, 449, 2174 (hierzu *Palandt-Edenhofer*, § 2174 Rdz. 4), 242 BGB zu entnehmen sind. Angemessen erscheint im Hinblick darauf, daß es nicht darauf ankommen kann, wer den Anspruch zuerst geltend gemacht hat, die Teilung der Kosten der Teilungsgenehmigung, der pfandfreien Abschreibung der Restfläche vom Erbbaurecht und des Vollzugs der Grundstücksteilung im Grundbuch zwischen Grundstückseigentümer und Erbbauberechtigtem. Lastenfreistellungskosten wegen Rechten Dritter trägt der jeweilige Berechtigte als Veranlasser allein. **11**

Kostenteilung in diesem Sinne und im Sinne des Abs. 2 Satz 2 ist in der Regel die hälftige Teilung, es sei denn, der Vorteil für eine Seite überwiegt erheblich oder die betreffenden Vermessungsarbeiten stehen im Zusammenhang mit weiteren, einheitlich abgerechneten Maßnahmen (z. B. gleichzeitige Parzellierung der Restfläche). In diesen Fällen ist eine am anteiligen Nutzen bzw. Aufwand orientierte Quotelung vorzunehmen. **12**

§ 56 Errichtung und Unterhaltung des Gebäudes, Heimfall

(1) Der Grundstückseigentümer, der mit der Ausgabe von Erbbaurechten besondere öffentliche, soziale oder vergleichbare Zwecke in bezug auf die Bebauung des Grundstücks verfolgt, kann vom Nutzer die Zustimmung zu vertraglichen Bestimmungen verlangen, in denen sich dieser verpflichtet,
1. innerhalb von sechs Jahren nach Abschluß des Erbbaurechtsvertrages das Grundstück zu bebauen,
2. ein errichtetes Gebäude in gutem Zustand zu halten und die erforderlichen Reparaturen und Erneuerungen unverzüglich vorzunehmen.

(2) Die in Absatz 1 Nr. 1 bestimmte Frist ist vom Grundstückseigentümer auf Verlangen des Erbbauberechtigten um weitere sechs Jahre zu verlängern, wenn dieser aus wirtschaftlichen Gründen innerhalb der ersten sechs Jahre nach Abschluß des Erbbaurechtsvertrages zur Bebauung des Grundstücks nicht in der Lage oder aus besonderen persönlichen Gründen daran gehindert war. Eine Veräußerung des Erbbaurechts führt nicht zur Verlängerung der in Satz 1 bezeichneten Fristen.

(3) Sind an dem Gebäude bei Abschluß des Erbbaurechtsvertrages erhebliche Bauschäden vorhanden, so kann im Falle des Absatzes 1 Nr. 2 die Frist zur Behebung dieser Bauschäden auf Verlangen des Erbbauberechtigten bis auf sechs Jahre erstreckt werden, wenn nicht eine sofortige Behebung der Schäden aus Gründen der Bausicherheit erforderlich ist.

(4) Der Grundstückseigentümer hat das Recht, vom Nutzer zu verlangen, daß dieser sich ihm gegenüber verpflichtet, das Erbbaurecht auf ihn zu übertragen, wenn der Erbbauberechtigte den in den Absätzen 1 bis 3 bestimmten Pflichten auch nach einer vom Grundstückseigentümer zu setzenden angemessenen Nachfrist schuldhaft nicht nachgekommen ist (Heimfallklausel).

(5) Jeder Grundstückseigentümer kann verlangen, daß der Erbbauberechtigte sich zum Abschluß einer den Wert des Gebäudes deckenden Versicherung verpflichtet.

Übersicht

	Rdz.		Rdz.
1. Allgemeines	1	b) Anspruch nach Abs. 1	11
2. Bebauungs- und Instandhaltungspflicht	8	c) Anspruch nach Abs. 2	16
		d) Sanierung	20
a) Kreis der Grundstückseigentümer	8	3. Heimfall	21
		4. Versicherungspflicht	27

1. Allgemeines

1 a) Die Vorschrift faßt verschiedenartige Ansprüche in eher zufälliger Weise zusammen.

2 Die in Abs. 1–3 bestimmten Verpflichtungen und das Heimfallrecht in Abs. 4 sind Relikt der §§ 290 Abs. 1, 294 Abs. 1 ZGB, wonach bei nicht bestimmungsgemäßer Nutzung das Nutzungsrecht entzogen werden konnte. In dieser Allgemeinheit sind derartige Regelungen einer marktwirtschaftlichen Ordnung weder angemessen noch der Beleihbarkeit des Erbbaurechts

§ 56. Errichtung und Unterhaltung des Gebäudes   3–10   § 56

dienlich. Das SachenRBerG sieht entsprechende Regelungen daher nur in Ausnahmefällen vor, in denen die Zweckbestimmung des Erbbaurechts der des DDR-Nutzungsrechts vergleichbar ist (Begr. BR-Drucks. 515/93, S. 83).

Abs. 5 gilt hingegen für „jeden" Grundstückseigentümer.   3

b) Die grundsätzliche Wertentscheidung des SachenRBerG gegen eine Be-   4
bauungs-, Unterhaltungs- und Instandhaltungspflicht des Erbbauberechtigten samt entsprechender Heimfallklausel ist nicht unproblematisch.

Zum einen geht sie an der kautelarjuristischen Realität des Erbbaurechts   5
vorbei: derartige Pflichten sind weithin üblich, insbesondere die Begründung eines Heimfallrechts auch für den Fall, daß der Erbbauberechtigte mit der Zahlung des Erbbauzinses mehr als zwei Jahre in Rückstand geraten ist (§ 9 Abs. 3 ErbbauVO).

Zum anderen dient das Gebäude jedem Grundstückseigentümer als Si-   6
cherheit für den Erbbauzins. Gerade dann, wenn sich dessen Interesse auf Zinseinnahmen reduziert, läßt sich mit den Erwägungen der Gesetzesbegründung (Begr. BR-Drucks. 515/93, S. 83) zur Versicherungspflicht auch eine durch Heimfall sanktionierte Pflicht nach § 2 Nr. 1 ErbbauVO rechtfertigen.

c) Das SachenRBerG sieht in keinem Fall jedoch eine Pflicht nach § 2 Nr. 2   7
ErbbauVO zum Wiederaufbau vor.

2. Bebauungs- und Instandhaltungspflicht, Abs. 1–3

a) Kreis der Grundstückseigentümer

Auf die Vereinbarung derartiger Verpflichtungen zum Inhalt des Erbbau-   8
rechts (§ 2 Nr. 1 ErbbauVO) hat nach dem SachenRBerG nur der Grundstückseigentümer Anspruch, der mit der Ausgabe von Erbbaurechten besondere öffentliche, soziale oder vergleichbare Zwecke in bezug auf die Bebauung des Grundstücks verfolgt.

Nach Auffassung der Begründung (Begr. BR-Drucks. 515/93, S. 83) sind   9
hiermit öffentliche Körperschaften und sonstige Institutionen der Wohnungspolitik gemeint (Gemeinden, Kirchen, Stiftungen, gemeinnützige Wohnungsbauunternehmen). Hierbei darf die Gewinnerzielung nicht im Vordergrund stehen. Die Verfolgung gemeinnütziger Zwecke im Sinne des Steuerrechts liefert ein starkes Indiz für die Verfolgung der genannten privilegierten Zwecke.

Nach dem Wortlaut des Abs. 1 („Ausgabe von Erbbaurechten") soll es   10
nicht ausreichen, wenn dieser Zweck nur in einem konkreten Fall verwirklicht wird. Dann aber ist der Grundstückseigentümer benachteiligt, der aus sozialen Motiven auf gerichtliche Klärung seiner Rechtsposition verzichtet und dem Nutzer ein Erbbaurecht bestellt. § 56 schließt es daher nicht aus, in geeigneten Fällen der Vorschrift vergleichbare Rechte und Verpflichtungen zu begründen auch dann, wenn ein nicht von Abs. 1 erfaßter Grundstückseigentümer Erbbaurechte bestellt (notardispositives Recht, § 42 Rdz. 13–36).

§ 56 11–17   Kapitel 2. Nutzung fremder Grundstücke

b) Anspruch nach Abs. 1

11   Abs. 1 gibt dem genannten Grundstückseigentümer einen Anspruch auf Aufnahme von Abs. 1 Nr. 1 und 2 entsprechenden Verpflichtungen in den Erbbaurechtsvertrag, und zwar auch im Wege der nachträglichen Inhaltsänderung (letzterenfalls ist die Zustimmung der dinglich Berechtigten am Erbbaurecht erforderlich).

12   Die Pflicht nach Abs. 1 Nr. 2 sollte auch auf andere bauliche Anlagen als Gebäude erstreckt werden (vgl. *Oefele/Winkler*, Handbuch, Rdz. 4.50).

13   Zur Bebauungspflicht kann im Einzelfall auch die Pflicht des Erbbauberechtigten gehören, das Erbbaugrundstück ordnungsgemäß zu erschließen. Auch dies kann Inhalt das Erbbaurechts nach § 2 Nr. 1 ErbbauVO sein (*Oefele/Winkler*, Handbuch, Rdz. 4.46).

14   Als Annex zu den genannten Ansprüchen ist auch die Begründung eines Besichtigungsrechts möglich (fällt nach hM ebenfalls unter § 2 Nr. 1 ErbbauVO und sollte jedenfalls vertraglich zum Inhalt des Erbbaurechts vereinbart werden, so *Oefele/Winkler*, Handbuch, Rdz. 4.52 mit Formulierungsvorschlag aaO, S. 377; *Palandt-Bassenge*, § 2 ErbbauVO Rdz. 2; mit ausführlicher Begründung LG Regensburg, RPfleger 1991, 363/364; aA *RGRK-Räfle*, BGB 12. Aufl., § 2 ErbbauVO, Rdz. 11).

15   Formulierungsvorschlag (sofern Gebäude bereits errichtet):

„Der Erbbauberechtigte ist verpflichtet, das bestehende Einfamilienhaus samt Nebengebäuden und anderen baulichen Anlagen in gutem Zustand zu erhalten und die erforderlichen Reparaturen und Erneuerungen unverzüglich vorzunehmen.

Der Grundstückseigentümer darf nach vorheriger Absprache das Grundstück samt Gebäude und baulichen Anlagen zweimal jährlich selbst oder durch Beauftragte besichtigen und auf ihren baulichen Zustand und ordnungsgemäße Verwendung prüfen lassen. Bei berechtigten Beanstandungen ist der Grundstückseigentümer solange zu zusätzlicher Besichtigung berechtigt, bis die Mängel behoben sind."

c) Anspruch nach Abs. 2

16   Abs. 2 begründet keinen Anspruch auf Aufnahme in den Erbbauvertrag, obgleich eine dem Wortlaut des Absatzes entsprechende Vereinbarung als Inhalt des Vertrags zulässig wäre. Abs. 2 richtet sich primär auf Mitwirkung des Grundstückseigentümer bei einer entsprechenden Inhaltsänderung des Erbbaurechts.

17   Voraussetzung des Anspruchs auf Verlängerung der Frist nach Abs. 1 Nr. 1 sind entweder wirtschaftliche oder persönliche Umstände auf Seiten des Erbbauberechtigten. Beide Umstände müssen während des gesamten Zeitraums der ersten 6-Jahres-Frist vorliegen. Nicht ausreichend wäre, wenn der Erbbauberechtigte während der ersten zwei Jahre hätte bauen können und die genannten Gründe erst dann entstanden. Mögliche wirtschaftliche Gründe sind: Arbeitslosigkeit, drohende Arbeitslosigkeit (z. B. Beschäftigung in einer von Strukturkrisen betroffenen Branchen), mangelndes Einkommen bzw. mangelnde Möglichkeiten zur Eigenkapitalbildung. Besondere persönliche Gründe sind vor allem Krankheit. Abs. 2 Satz 2 stellt klar, daß der Erwerber eines Erbbaurechts sich nicht auf Abs. 2 Satz 1 berufen kann.

§ 56. Errichtung und Unterhaltung des Gebäudes 18–25 § 56

Denkbar ist, daß die genannten Umstände erst gegen Ende der 6-Jahres- 18
Frist wegfallen, der Erbbauberechtigte aber die geschuldete Bebauung des
Grundstücks nicht fristgerecht beenden kann. In diesem Fall wäre schon
ohne Abs. 2 die Berufung des Grundstückseigentümers auf eine Pflichtverletzung nach Abs. 1 unverhältnismäßig.

Nach Abs. 2 ist die Frist „um weitere sechs Jahre" zu verlängern. Damit 19
gibt das Gesetz nur ein Maximum vor. Bei ausreichenden, aber weniger
schwer wiegenden wirtschaftlichen oder persönlichen Umständen schuldet
der Grundstückseigentümer u. U. auch die Verlängerung nur um eine kürzere neue Frist.

d) Sanierung, Abs. 3

In den Fällen des Abs. 1 Nr. 2 hat der Erbbauberechtigte dann einen An- 20
spruch auf Vereinbarung einer Frist von bis zu sechs Jahren anstelle der
Pflicht der „unverzüglichen" Vornahme, wenn ein erheblicher Sanierungsbedarf besteht und der Erbbauberechtigte die notwendigen Maßnahmen
nicht sogleich durchführen kann. Die Pflicht zur unverzüglichen Reparatur
bleibt jedoch bestehen, wenn andernfalls die Standsicherheit des Gebäudes
gefährdet wäre. Hier gebietet schon das öffentliche Bauordnungsrecht die
rasche Beseitigung des sicherheitsgefährdenden Zustands durch den Störer
(= Erbbauberechtigten).

3. Heimfall, Abs. 4

a) Zur Sanktionierung der Pflichten in Abs. 1 bis 3 kann auf Verlangen des 21
Grundstückseigentümers ein Heimfallrecht vereinbart werden. Voraussetzung ist eine „schuldhafte" Pflichtverletzung des Erbbauberechtigten innerhalb einer ihm gesetzten angemessenen Nachfrist.

Bei größeren Reparaturen wird zumeist erst eine Frist von mehreren Mo- 22
naten angemessen sein. Jahreszeitlich bedingte Unmöglichkeit von Reparaturen ist zu berücksichtigen.

Schuldhaftes Verhalten des Erbbauberechtigten wird vermutet, der Erb- 23
bauberechtigte hat einen Entlastungsbeweis zu führen. Wie im allgemeinen
Schuldrecht indiziert die objektive Pflichtverletzung zugleich Vorsatz oder
Fahrlässigkeit.

b) Formulierungsvorschlag: 24

„Der Grundstückseigentümer kann die Übertragung des Erbbaurechts auf sich verlangen, wenn der Erbbauberechtigte den vorbestimmten Pflichten innerhalb einer ihm gesetzten angemessenen Nachfrist schuldhaft nicht nachgekommen ist (Heimfall)."

c) Im übrigen empfiehlt sich die Begründung eines Heimfallanspruchs für 25
folgende weitere Fälle:

„Der Grundstückseigentümer steht ein Heimfallanspruch weiter dann zu, wenn
a) der Erbbauberechtigte mit dem geschuldeten Erbbauzins in Höhe von mindestens
  zwei Jahresbeträgen im Rückstand ist,
b) der Rechtsnachfolger in das Erbbaurecht die schuldrechtlichen Verpflichtungen aus
  dem Erbbaurechtsvertrag nicht mit der Verpflichtung zur Weitergabe übernimmt,

c) die Zwangsversteigerung des Erbbaurechts angeordnet wird,
d) über das Vermögen des Erbbauberechtigten ein insolvenzrechtliches Verfahren eröffnet oder die Eröffnung eines solchen Verfahrens mangels Masse abgelehnt wird."

26 Zur Entschädigungspflicht bei Heimfall siehe § 42 Rdz. 40.

4. Versicherungspflicht, Abs. 5

27 a) Abs. 5 gibt jedem Grundstückseigentümer, also auch den nicht von Abs. 1 erfaßten, einen Anspruch auf Vereinbarung einer Versicherungspflicht zum Inhalt des Erbbaurechts nach § 2 Nr. 2 ErbbauVO. Eine „den Wert des Gebäudes deckende Versicherung" ist die Gebäudeversicherung gegen Brand-, Sturm-, Heizöl und Leitungswasserschäden als Neuwertversicherung zum vollen Wert.

28 b) Formulierungsvorschlag (nach *Oefele/Winkler*, Handbuch, S. 377):

„Der Erbbauberechtigte hat die auf dem Erbbaugrundstück befindlichen Bauwerke während der gesamten Laufzeit des Erbbaurechts mit dem vollen Wert gegen Brand-, Sturm-, Heizöl- und Leitungswasserschäden in Form der Neuwertversicherung auf seine Kosten zu versichern und dem Grundstückseigentümer dies auf Verlangen nachzuweisen.

Kommt der Erbbauberechtigte dieser Pflicht trotz schriftlicher Mahnung binnen angemessener Frist nicht nach, so kann der Grundstückseigentümer auf Kosten des Erbbauberechtigten selbst für die geschuldete Versicherung sorgen."

§ 57 Ankaufsrecht

(1) **Der Nutzer kann verlangen, daß in den Erbbaurechtsvertrag eine Verpflichtung des Grundstückseigentümers aufgenommen wird, das Grundstück an den jeweiligen Erbbauberechtigten zu verkaufen. Die Frist für das Ankaufsrecht ist auf zwölf Jahre von der Bestellung des Erbbaurechts an zu beschränken, wenn der Grundstückseigentümer eine Befristung verlangt.**

(2) **Der Preis ist entsprechend den Vorschriften in Abschnitt 3 über das Ankaufsrecht zu vereinbaren. Der Bodenwert ist auf den Zeitpunkt festzustellen, in dem ein den Vereinbarungen im Erbbaurechtsvertrag entsprechendes Angebot zum Ankauf des Grundstücks abgegeben wird. Die Grundlagen der Bemessung des Preises sind in den Vertrag aufzunehmen.**

(3) **Im Fall einer Weiterveräußerung des Grundstücks nach dem Ankauf ist § 71 entsprechend anzuwenden.**

Übersicht

	Rdz.
1. Allgemeines	1
2. Inhalt der Vorschrift	3
3. Formulierungsvorschlag	17

1. Allgemeines

Die zusätzliche Möglichkeit eines Ankaufsrechts trägt den zum jetzigen Zeitpunkt oft eingeschränkten finanziellen Verhältnissen des Nutzers Rechnung. Der Nutzer soll davor geschützt werden, daß der Grundstückseigentümer den Nutzer unter Ausnutzung seines geringen finanziellen Spielraums nach § 16 Abs. 2 und 3 zur Entscheidung für ein Erbbaurecht zwingt. Der Nutzer somit eine weitere Chance zum Ankauf des Grundstücks erhalten (Begr. BR-Drucks. 515/93, S. 83f.).

Rechtspolitisch ist die Einräumung eines Ankaufsrechts nicht unproblematisch (§ 51 Rdz. 2–5).

2. Inhalt der Vorschrift

a) Abs. 1 Satz 1 gewährt dem Nutzer einen Anspruch auf Aufnahme einer Verpflichtung des Grundstückseigentümers in den Erbbaurechtsvertrag, das Erbbaugrundstück an den jeweiligen Erbbauberechtigten zu verkaufen. Diese Verpflichtung ist als Inhalt des Erbbaurechts nach § 2 Nr. 7 ErbbauVO zu vereinbaren.

Die allgemeinen Anforderungen des § 2 Nr. 7 ErbbauVO gelten auch für das Ankaufsrecht nach § 57. Das Ankaufsrecht kann somit nur während der Erbbauzeit durch formfreie einseitige empfangsbedürftige Willenserklärung des Erbbauberechtigten ausgeübt werden (kein Gestaltungsrecht; aA aber *Oefele/Winkler,* Handbuch, Rdz. 4.157).

b) Das Ankaufsrecht begründet keine relative Unwirksamkeit von Verfügungsbeschränkungen des Grundstückseigentümers oder Belastungen des Erbbaugrundstücks im Rang nach dem Erbbaurecht; mit Ausübung des Ankaufsrechts empfiehlt sich daher die Absicherung des Käufers durch Auflassungsvormerkung (*Oefele/Winkler,* Handbuch, Rdz. 4.161; *Palandt-Bassenge,* § 2 ErbbauVO Rdz. 5).

Eine Verpflichtung des Erbbauberechtigten zur Ausübung oder Nichtausübung des Ankaufsrechts sieht § 57 nicht vor, sie kann allenfalls Gegenstand weiterer schuldrechtlicher Abreden sein (*Oefele/Winkler,* Handbuch, Rdz. 4.164ff.; *Palandt-Bassenge,* § 2 ErbbauVO Rdz. 6).

c) Das Ankaufsrecht belastet den Grundstückseigentümer zusätzlich, da er sich in seinen wirtschaftlichen Dispositionen nicht auf langfristige Zinseinnahmen einstellen kann. Die wirtschaftlichen Vorteile liegen beim Erbbauberechtigten, der Phasen günstiger Zinsen und Grundstückspreise abwarten kann (Begr. BR-Drucks. 515/93, S. 84). Daher gibt Abs. 1 Satz 2 dem Grundstückseigentümer eine Replik mit dem Ziel der Befristung des Ankaufsrechts auf die ersten zwölf Jahre ab Bestellung des Erbbaurechts (= Abschluß des dinglichen Erbbaurechtsvertrags, nicht Entstehung des Erbbaurechts durch Eintragung in das Grundbuch). Verzugsfolgen bleiben unberührt (§ 44 Rdz. 19–23).

Zur Fristdauer beruft sich die Gesetzesbegründung (Begr. BR-Drucks. 515/93, S. 84) auf die erfahrungsgemäß erforderliche Zeit zur Ansparung zuteilungsreifer Bausparverträge.

9 d) Im Erbbauvertrag muß der Inhalt des bei Ausübung des Ankaufsrechts zustandekommenden Kaufvertrags in bestimmbarer Weise festgelegt sein (*Palandt-Bassenge*, § 2 ErbbauVO Rdz. 5). Ausdrücklich schreibt das Gesetz dies für die Grundlagen der Preisbemessung vor (Abs. 2 Satz 3). Hierbei sollte ein Höchstmaß an Eingrenzung der unterschiedlichen Fallgruppen erreicht werden; vor allem hinsichtlich der Art der Nutzung, der seinerzeitigen Restnutzungsdauer (§ 69) und der Besonderheiten bei komplexem Wohnungsbau und bei Überlassungsverträgen (§§ 73, 74).

10 Regelungsbedürftig sind weiter: Übergang von Besitz am Erbbaugrundstück, Nutzen und Lasten, Sach- und Rechtsmängelhaftung, Kaufpreisfälligkeit und Zahlungsweise, Vertragskosten. Soweit der übrige Inhalt des Kaufvertrags nicht bestimmt wird, muß er nach objektiven Maßstäben bestimmbar sein, etwa durch Regelung entsprechend §§ 315 ff. BGB (*Oefele/Winkler*, Handbuch, Rdz. 4.157 f.).

11 Für die Bemessung des Kaufpreises gelten nach Abs. 2 Satz 1 die §§ 68–74 entsprechend mit der Maßgabe, daß Zeitpunkt der Wertermittlung nach Abs. 2 Satz 2 die Abgabe eines „den Vereinbarungen im Erbbaurechtsvertrag entsprechenden Angebots zum Ankauf" ist, d. h. die Ausübung des Rechts (unten Rdz. 16).

12 Soweit der Kaufpreis an die Art der Nutzung anknüpft, kommt es auf die Nutzung im Zeitpunkt der Preisbemessung an. Zwischenzeitliche Nutzungsänderungen nach § 70 führen somit zum Ansatz des Kaufpreises nach dem vollen Verkehrswert.

13 Abs. 3 ordnet im Interesse eines Gleichlaufs des Ankaufsrechts nach § 57 und nach §§ 61 ff. die entsprechende Geltung von § 71 an.

14 Für die Rechtsmängelhaftung gelten wegen ansonsten bestehender Wertungswidersprüche die Vorschriften der §§ 62 mit 64 entsprechend; §§ 434 ff. BGB sind nicht anwendbar.

15 Nicht entsprechend anwendbar ist § 77, da der Grundstückseigentümer das seinerseits erforderliche bereits mit der Beteiligung an den Kosten der Bestellung des Erbbaurechts getan hat. Insoweit verbleibt es bei der gesetzlichen Regelung (§§ 435, 448, 449 BGB).

16 e) Angebot im Sinne des Abs. 2 Satz 2 ist auch die formlose Ausübungserklärung. Der Kaufvertrag kommt bereits mit der Ausübungserklärung zustande (*Oefele/Winkler*, Handbuch, Rdz. 4.160ff.; *Palandt-Bassenge*, § 2 ErbbauVO Rdz. 5). Eines förmlichen Angebots mit Annahme bedarf es nicht mehr. Nach Ausübung des Ankaufsrechts kann der Erbbauberechtigte bei Nichtleistung des Grundstückseigentümers auf Erfüllung (Auflassung Zug um Zug gegen Zahlung) klagen; eine Klage auf Annahme wäre mangels Rechtsschutzbedürfnisses unzulässig.

3. Formulierungsvorschlag

17 „Der Grundstückseigentümer ist verpflichtet, das Erbbaugrundstück auf Verlangen des jeweiligen Erbbauberechtigten an diesen zu folgenden Bedingungen zu verkaufen:
1. Der Erbbauberechtigte kann das Ankaufsrecht nur innerhalb von 12 Jahren, ge-

§ 58. Öffentliche Lasten 1, 2 § 58

rechnet ab heute, durch Erklärung gegenüber dem Grundstückseigentümer geltend machen.
2. Der Kaufpreis ist nach den Vorschriften der §§ 68, 70–72 Sachenrechtsbereinigungsgesetz für ... (z. B. Eigenheime) auf den Zeitpunkt der Ausübung des Ankaufsrechts festzustellen.
Einigen sich die Beteiligten hierüber nicht, so stellt ein von der zuständigen Industrie- und Handelskammer benannter öffentlich vereidigter Sachverständiger den geschuldeten Kaufpreis in für beide Seiten verbindlicher Weise fest.
3. Besitz, Nutzen, Lasten und Gefahr gehen mit vollständiger Kaufpreiszahlung über.
4. Für die Haftung des Verkäufers für Rechtsmängel gelten die Vorschriften der §§ 62 mit 64 des Sachenrechtsbereinigungsgesetzes entsprechend. Eine weitere Gewähr für Rechts- und Sachmängel wird nicht geleistet.
5. Der Kaufpreis ist nach Eintragung der zu bewilligenden Auflassungsvormerkung, Sicherung der Lastenfreistellung, Vorliegen erforderlicher Genehmigungen und Vorkaufsrechtsäußerungen zur Zahlung fällig. Nicht übernommene Belastungen sind aus dem Kaufpreis wegzufertigen. Die Eintragung des Eigentumswechsels (Auflassung) erfolgt nach Kaufpreiszahlung."

§ 58 Öffentliche Lasten

Der Grundstückseigentümer kann verlangen, daß der Erbbauberechtigte vom Tage der Bestellung des Erbbaurechts an die auf dem Grundstück ruhenden öffentlichen Lasten zu tragen hat, soweit diese dem Gebäude und der vom Erbbauberechtigten genutzten Fläche zuzurechnen sind. Die gesetzlichen und vertraglichen Regelungen über die entsprechenden Verpflichtungen des Nutzers bleiben bis zur Bestellung des Erbbaurechts unberührt.

Übersicht

	Rdz.		Rdz.
1. Allgemeines	1	4. Besitzübergang, sonstige Lasten	7
2. Begriff der Lasten	3	5. Formulierungsvorschlag	10
3. Zurechnungsmaßstab	6		

1. Allgemeines

§ 58 begründet einen Anspruch des Grundstückseigentümers sowohl auf 1
Abschluß einer schuldrechtlichen als auch einer dinglichen Vereinbarung. Die Übernahme der öffentlichen Lasten durch den Erbbauberechtigten ist mit dinglicher Wirkung ab Entstehung des Erbbaurechts (d. h. Eintragung im Grundbuch, §§ 2 Nr. 3, 11 Abs. 1 Satz 1 ErbbauVO, 873 Abs. 1 BGB) möglich. Vor diesem Zeitpunkt sind entsprechende Abreden nur schuldrechtlich zulässig.

Satz 2 stellt klar, daß bis zur Bestellung des Erbbaurechts, d. h. Erklärung 2
der dinglichen Einigung, die Pflicht zur Tragung der Lasten nach den entsprechenden gesetzlichen Vorschriften (dazu unten Rdz. 6) bzw. vertraglichen Vereinbarungen (Art. 233 § 2a Abs. 3 EGBGB) unberührt bleibt. Soweit schon bisher der Nutzer zur Tragung von Lasten verpflichtet war (z. B. Erschließungskosten, Anliegerbeiträge), da der hiervon einen entsprechen-

291

den Vorteil hatte, hat er keinen Aufwendungsersatzanspruch gegen den Grundstückseigentümer (§ 75 Abs. 2 Satz 2 analog; § 75 Rdz. 6–7).

2. Begriff der Lasten

3   a) § 58 Satz 1 erfaßt nur „öffentliche Lasten", d. h. die auf dem Grundstück bzw. auf dem Erbbaurecht ruhenden Verpflichtungen aus dem Subordinationsverhältnis Bürger-Staat (*Oefele/Winkler,* Handbuch, Rdz. 4.71, 73). Solche Lasten sind (vgl. auch § 10 Abs. 1 Nr. 3 ZVG) die Grundsteuer, Erschließungsbeiträge nach dem BauGB oder Abgaben nach dem jeweiligen Kommunalabgabengesetz des betreffenden Bundeslandes (Anschlußbeiträge und Benutzungsgebühren für Wasser- und Abwasserleitungen usw.).

4   b) Keine öffentlich-rechtlichen Lasten sind sonstige Gebühren für Versorgungseinrichtungen im weitesten Sinne, wie z. B. Stromanschluß- und -zählerkosten, Kosten für den Anschluß an die Gas-, Fernwärmeversorgung, Fernmeldeeinrichtungen oder Müllabfuhrgebühren. Hierbei handelt es sich um personengebundene Kosten aufgrund privatrechtlicher Vereinbarungen mit dem Leistungsträger.

5   c) Ebenfalls nicht zu den öffentlichen Lasten zählen Beiträge zu Sachversicherungen (Brandversicherung, Gebäudehaftpflichtversicherung; str., wie hier wohl BGH MittBayNot 1990, 25/26; aA aber OLG Düsseldorf, NJW 1973, 146; zum ganzen Beck'sches Notarhandbuch-*Brambring,* 1992, A I Rdz. 130). Die Verpflichtung zur Zahlung der Versicherungsbeiträge trifft aber von je her den Vertragspartner der Versicherung; ein Aufwendungsersatzanspruch des Nutzers besteht insoweit ebenfalls nicht.

3. Zurechnungsmaßstab

6   § 58 Satz 1 begründet einen Übernahmeanspruch nur insoweit, als die Lasten dem Gebäude und der vom Erbbauberechtigten genutzten Fläche (= erfaßte Fläche i. S. d. §§ 21 ff.) zuzurechnen sind. Maßgeblich insoweit ist primär der durch die Rechtsgrundlagen der Lasten (Grundsteuergesetz, BauGB, Erschließungsbeitragssatzungen, Abgabensatzungen) vorgegebene Maßstab. Soweit ein solcher Maßstab fehlt, ist auf das Verhältnis der mit den Einrichtungen aktuell (nicht potentiell) verbundenen Vorteile abzustellen.

4. Besitzübergang, sonstige Lasten

7   Das SachenRBerG enthält im 2. Abschnitt keine Regelung über den Übergang der Gefahr, der Nutzungen (abgesehen von § 51 Abs. 3), der übrigen Lasten und des Besitzes zur Ausübung des Erbbaurechts. Insbesondere fehlt eine ausdrückliche Regelung der Verkehrssicherungspflicht nach §§ 823 Abs. 1, 836–838 BGB, einschließlich der Reinigungs-, Räum- und Streupflichten nach Maßgabe der jeweiligen Vorschriften des Landesrechts (Straßen- und Wegegesetze des Landes, kommunale Satzungen).

8   Diese Lücke ist nicht planwidrig, vgl. § 58 Satz 2. Vielmehr geht das

§ 59. Erlöschen des Gebäudeeigentums § 59

Gesetz davon aus, daß der Nutzer bereits vor Geltendmachung seiner Ansprüche unmittelbarer Eigenbesitzer des Gebäudes und jedenfalls unmittelbarer Fremdbesitzer der erfaßten Fläche ist (vgl. Art. 233 § 2a Abs. 1 EGBGB). Im Umkehrschluß ist aus Art. 233 § 2a Abs. 3 auch die Verpflichtung des Nutzers zur Tragung der in § 58 Satz 1 nicht genannten Lasten herzuleiten. Aus dem Besitz des Nutzers ergibt sich auch seine alleinige Tragung der Sachgefahr und die ihm allein obliegende Verkehrssicherungspflicht (§§ 837, 838 BGB; für den Ankauf ausdrücklich § 75 Abs. 1, vgl. § 75 Rdz. 2–4). Vertragliche Regelungen hierüber sind somit deklaratorisch und allenfalls dann anzuraten, wenn der Kreis der von der Sachenrechtsbereinigung betroffenen Gebäude oder die Ausmaße der erfaßten Fläche streitig war.

Ebenfalls keine Regelung enthält das Gesetz hinsichtlich der privatrechtlichen Lasten i. S. d. § 2 Nr. 3 ErbbauVO i. V. m. § 1047 BGB, d. h. vor allem Reallasten oder ähnliche Leistungen, Zinsen aus Grundpfandrechten (*Oefele/Winkler*, Handbuch, Rdz. 4.75). Insoweit verbleibt es bei der jeweiligen Haftung (vgl. auch §§ 33 ff.). 9

5. Formulierungsvorschlag

Im dinglichen Teil des Erbbaurechtsvertrags: 10

„Vom Tage der Eintragung des Erbbaurechts in das Grundbuch an trägt der Erbbauberechtigte die auf das Gebäude und das Erbbaugrundstück nach den einschlägigen Rechtsvorschriften entfallenden öffentlichen Lasten."

Im schuldrechtlichen Teil des Erbbaurechtsvertrags: 11

„Der Besitz zur Ausübung des Erbbaurechts wird heute übergeben. Klargestellt wird, daß der Erbbauberechtigte seit Entstehung seines Nutzungstatbestands zur Tragung von Gefahr, Lasten und Verkehrssicherungspflicht in bezug auf das Erbbaugrundstück und die von ihm genutzten Gebäude und baulichen Anlagen verpflichtet war. Er wird den Grundstückseigentümer von allen diesbezüglichen Ansprüchen freistellen."

Vgl. auch den Formulierungsvorschlag § 75 Rdz. 9. 12

Unterabschnitt 7. Folgen der Erbbaurechtsbestellung

§ 59 Erlöschen des Gebäudeeigentums und des Nutzungsrechts

(1) **Das Gebäude wird Bestandteil des Erbbaurechts. Das selbständige Gebäudeeigentum erlischt mit dessen Entstehung.**

(2) **Mit der Bestellung des Erbbaurechts erlöschen zugleich ein nach bisherigem Recht begründetes Nutzungsrecht und etwaige vertragliche oder gesetzliche Besitzrechte des Nutzers.**

§ 59 1–6   Kapitel 2. Nutzung fremder Grundstücke

Übersicht

	Rdz.		Rdz.
1. Allgemeines	1	4. Eheliche Vermögensgemein-	
2. Inhalt der Regelung	4	schaft	9
3. Besitzrecht	8		

1. Allgemeines

1 Schon nach § 12 Abs. 1 ErbbauVO wird das dem Nutzungsverhältnis unterliegende Gebäude mit der Eintragung des Erbbaurechts wesentlicher Bestandteil des Grundstücks. Die Sachenrechtsbereinigung hat sich somit vollzogen, der Nutzer hat ein verkehrsfähiges und beleihbares Recht erhalten (Begr. BR-Drucks. 515/93, S. 148).

2 Demgemäß trifft § 59 eine Regelung über das Schicksal des Gebäudeeigentums bzw. sonstiger Nutzungsverhältnisse in dem Sinne, daß ein Nebeneinander von Erbbaurecht und Nutzungsverhältnis mit dem Abschluß der Sachenrechtsbereinigung ausgeschlossen ist.

3 Im Fall der Rückabwicklung der Sachenrechtsbereinigung (hierzu Vorbem. vor §§ 28 ff., Rdz. 27–29) kommt es nicht mehr zu einem Wiederaufleben des Nutzungsrechts oder gar des Gebäudeeigentums, da derartige Rechtspositionen nach dem 30. 6. 1990 bzw. 2. 10. 1990 nicht mehr wirksam begründet werden können. Soweit nicht aufgrund später erhobener Einreden der Nutzer ohnehin zur Aufgabe seiner Rechtsposition gezwungen war, ist allenfalls die Wiedereinräumung der Rechtsposition geschuldet, die der früheren in rechtlich zulässiger Weise am nächsten kommt, § 3 Abs. 1 a Satz 4 VermG entsprechend.

2. Inhalt der Regelung

4 a) Nach Abs. 1 erlischt das Gebäudeeigentum mit Entstehung des Erbbaurechts, d. h. der Eintragung des Erbbaurechts in das Grundbuch und der Anlegung des Erbbaugrundbuchs, §§ 11 Abs. 1, 14 ErbbauVO, 873 Abs. 1 BGB.

5 b) Nach dem Wortlaut des Abs. 2 erlöschen sonstige Nutzungstatbestände mit Bestellung des Erbbaurechts, d. h. bei reiner Wortlautauslegung bereits mit Abschluß des dinglichen Vertrags, also bereits vor Grundbucheintragung.

6 Ein Grund für die Unterscheidung zwischen Gebäudeeigentum und sonstigen Nutzungstatbeständen ist nicht nachvollziehbar. Bisherige Rechtspositionen werden nicht mit Abschluß des schuldrechtlichen Verpflichtungsvertrags zur Erbbaurechtsbestellung noviert (§ 364 Abs. 2 BGB). Nach dem Wortlaut des Abs. 2 wäre der Nutzer in der Zeit zwischen Bestellung und Eintragung des Erbbaurechts ungesichert gegen Vertragsuntreue oder Insolvenz des Grundstückseigentümers. Auch sein Besitz wäre gegen den Grundstückseigentümer oder gegen verbotene Eigenmacht Dritter u. U. in der Übergangszeit nicht mehr geschützt. Der Wortlaut des Abs. 2 entspricht

§ 60. Anwendbarkeit der Verordnung über das Erbbaurecht § 60

mithin nicht dem Sinn und Zweck der Sachenrechtsbereinigung, die einen bruchlosen Übergang der Nutzungsverhältnisse erreichen will. Letztlich dürfte Abs. 2 in dieser Fassung auf einem Redaktionsversehen beruhen.

c) Bestellung des Erbbaurechts i. S. d. Abs. 2 ist daher nicht der Abschluß des dinglichen Erbbaurechtsvertrags, sondern wie in Abs. 1 der vollständiger Entstehungstatbestand des dinglichen Rechts. Die in Abs. 2 vorgesehenen Rechtsfolgen treten somit ebenfalls erst mit der Eintragung des Erbbaurechts in das Grundbuch ein. 7

3. Besitzrecht

Zum Besitzrecht des Erbbauberechtigten nach Bestellung und nach Entstehung des Erbbaurechts siehe § 58 Rdz. 7–8. 8

4. Eheliche Vermögensgemeinschaft

Soweit nach FGB verheiratete Nutzer in den gesetzlichen Güterstand der ehelichen Vermögensgemeinschaft zurück optiert haben (Art. 234 § 4 Abs. 2 EGBGB), erwerben sie das Erbbaurecht zum Gesamtgut der Gütergemeinschaft (Art. 234 § 4a Abs. 2 Satz 1 EGBGB), soweit sie durch Ehevertrag nichts anderes vereinbart haben (vgl. auch § 9 Rdz. 36). 9

Haben Ehegatten diese Erklärung nicht abgegeben, so steht ihnen zwar der Anspruch auf Durchführung der Sachenrechtsbereinigung weiterhin gesamthänderisch zu, § 9 Abs. 4 (siehe § 9 Rdz. 34–38). Nach Durchführung der Sachenrechtsbereinigung erfolgt aber hinsichtlich des für eine logische Sekunde erworbenen gemeinschaftlichen Eigentums am Erbbaurecht eine gesetzliche Auseinandersetzung in Bruchteilseigentum, Art. 234 § 4a Abs. 1 Satz 1 EGBGB. Die erleichterte Möglichkeit anderweitiger Anteilsbestimmung nach Art. 234 § 4a Abs. 1 Sätze 2–5 EGBGB kommt jedoch aufgrund Ablaufs der dort bestimmten Frist nicht mehr in Betracht. 10

Die Ehegatten können sich jedoch anläßlich der Beurkundung des Erbbaurechtsvertrags (oder auch des Ankaufs) auf ein anderes Anteilsverhältnis als 50:50 einigen. Für die Verpflichtung hierzu gilt § 14 Abs. 3, da in ihr die Abtretung entsprechender Teile der Ansprüche nach dem SachenRBerG liegt. Trotz § 14 Abs. 3 Satz 2 Nr. 1 ist die entsprechende Vereinbarung allein wegen ihres ehevertraglichen Charakters (§§ 1408 Abs. 1, 1410 BGB), ihrer Tragweite im Scheidungsfall (unbenannte Zuwendung) und der sich daraus ergebenden Belehrungsbedürftigkeit zu beurkunden. 11

§ 60 Anwendbarkeit der Verordnung über das Erbbaurecht, Kosten und Gewährleistung

(1) Auf die nach den Bestimmungen dieses Kapitels bestellten Erbbaurechte findet, soweit nicht Abweichendes gesetzlich angeordnet oder zugelassen ist, die Verordnung über das Erbbaurecht Anwendung.

§ 60 1–4   Kapitel 2. Nutzung fremder Grundstücke

(2) **Die Kosten des Vertrages und seiner Durchführung sind zwischen den Vertragsparteien zu teilen.**
(3) **Der Grundstückseigentümer haftet nicht für Sachmängel des Grundstücks.**

Übersicht

	Rdz.		Rdz.
1. Verweisung	1	d) Kostenteilung	12
2. Kostenteilung	4	e) Kostenschuldner	12
a) Kostenarten	4	f) Höhe der Kosten	16
b) Begriff der Kosten	5	3. Gewährleistungsausschluß	17
c) Anderweitige Regelungen	11		

1. Verweisung, Abs. 1

1 Abs. 1 enthält die Klarstellung, daß im Nachrang zum SachenRBerG die ErbbauVO anwendbar bleibt. Dies gilt insbesondere für die Vorschriften der ErbbauVO über die vom Grundstückseigentümer zu leistende Entschädigung bei Heimfall oder Ablauf der Erbbauzeit (§ 42 Rdz. 28–29, 37–41).

2 Zur Anwendbarkeit der weiteren Vorschriften der ErbbauVO siehe § 42 Rdz. 18–22).

3 Ausnahmevorschriften i. S. d. § 60 Abs. 1 enthält das SachenRBerG in §§ 39 Abs. 1 und Abs. 3, 41.

2. Kostenteilung, Abs. 2

a) Kostenarten

4 Im Zuge der Bestellung eines Erbbaurechts nach dem SachenRBerG können folgende Kosten im betriebswirtschaftlichen Sinn anfallen:
– Gutachterkosten (Bestimmung des anzusetzenden Verkehrswerts),
– Kosten für Planfertigung nach § 40 Abs. 4,
– Kosten für das Vermittlungsverfahren,
– Gerichtskosten (für ein Streitverfahren nach §§ 103 ff.)
– Vermessungskosten,
– Notarkosten für die Beurkundung des Erbbaurechtsvertrags (einschließlich Kosten für Vollmachten, Vollmachtsbestätigungen und Genehmigungen vollmachtlos Vertretener),
– Kosten für Rangbeschaffung (Beglaubigungskosten, Bearbeitungsgebühren von Kreditinstituten),
– Kosten für Belastungserstreckung nach §§ 35, 36,
– Kosten für Sicherheitsleistung nach § 37,
– Grundbuchkosten (Eintragung des Erbbaurechts, Rangrücktritte, Belastungen am Erbbaurecht),
– Genehmigungskosten (Teilungsgenehmigung, GVO),
– sonstige Kosten für behördliche Tätigkeit,

§ 60. Anwendbarkeit der Verordnung über das Erbbaurecht   5–11   § 60

– Auslagen der Beteiligten, ihrer Beauftragten, der Gerichte und Behörden (Reisekosten, interner Verwaltungsaufwand etc.),
– Steuern und Steuerberatungskosten.
– Rechtsanwaltskosten (gerichtliche/außergerichtliche Beratung und Vertretung),

b) Begriff der Kosten

Kosten im Sinne des § 60 Abs. 2 sind nur Kosten im Rechtssinne, d. h. Gebühren und Auslagen für hoheitliche Tätigkeit. Unter diesen Kostenbegriff fallen insbesondere Kosten nach den Kostengesetzen des Bundes und der Länder (Gerichtskostengesetz, Kostenordnung usw.) für Beurkundung, Grundbuchvollzug, Vermessung und erforderliche Genehmigungen nach öffentlichem Recht. 5

Kosten im Sinn des § 60 Abs. 2 sind auch anfallende Grunderwerbsteuer, nicht jedoch auf Seiten des Nutzers oder des Grundstückseigentümers ausgelöste Umsatz- oder Ertragsteuer und dergl. Solche Steuern sind nicht Kosten des Vertrags als solchem. 6

Keine Kosten im Sinne des § 60 Abs. 2 sind auf privatrechtlicher Grundlage bezahlte Vergütungen, mag ihre Höhe auch durch Gesetz festgelegt sein. Hierunter fallen insbesondere Rechtsanwalts- und Steuerberatungskosten sowie Bankbearbeitungsgebühren. 7

Derartige Kosten können aber nach anderweitigen Rechtsgrundlagen ersatzfähig sein (z. B. Kosten für Fertigung der Aufteilungspläne nach § 40 Abs. 4). In Betracht kommt auch die Ersatzfähigkeit dieser Kosten nach § 286 BGB oder auf vertraglicher, deliktischer oder bereicherungsrechtlicher Grundlage. Eine Berücksichtigung dieser zivilrechtlichen Ersatzmöglichkeiten ist jedoch im Verfahren der Kostenfestsetzung nach dem SachenRBerG nicht möglich. 8

Bei Fehlen einer entsprechenden Regelung trägt jeder Beteiligte die nicht vom SachenRBerG erfaßten Kosten selbst. Dies gilt insbesondere auch für ein eingeholtes Gutachten zum Wert des Grundstücks, soweit kein Vermittlungsverfahren durchgeführt wurde. Ratsam ist daher in derartigen Fällen eine gesonderte Vereinbarung über Gutachterkosten. 9

Bankbearbeitungsgebühren für Rangrücktritte nach § 33 sind nicht ersatzfähig, da der schon kraft Gesetzes zum Rangrücktritt verpflichtete Gläubiger zu ihrer Erhebung aufgrund Allgemeiner Geschäftsbedingungen nicht berechtigt ist (BGH MittBayNot 1991, 161 ff.); eine anders lautende individualvertragliche Vereinbarung eines Beteiligten kann nicht zu Lasten Dritter gehen. Hinsichtlich der Notar- und Grundbuchkosten für Rangrücktritte steht dem dinglich Berechtigten jedoch ein Rückgriffsanspruch gegen den dinglich Verpflichteten (Grundstückseigentümer, persönlicher Schuldner) zu, § 670 BGB. 10

c) Anderweitige Regelungen

Der Vorschrift des § 60 Abs. 2 gehen folgende Regelungen des SachenR-BerG als speziellere Normen vor: 11
– § 34 Abs. 3 Satz 2 und 3 (Kosten für Grundstücksteilung bei Rangrücktritt),

297

- § 40 Abs. 4 Satz 2 (Kosten der Aufteilung in Wohnungs- und Teilerbbaurechte),
- § 55 Abs. 2 Satz 2 (Kosten für Grundstücksteilung bei erbbaurechtsfreier Restfläche),
- § 90 Abs. 5 Satz 2 (kostenpflichtige Zurückweisung des Antrags auf Vermittlungsverfahren),
- § 101 Abs. 1 Satz 2 und Abs. 2 (Kosten des Vermittlungsverfahrens,
- § 107 (Kosten des gerichtlichen Verfahrens).

d) Kostenteilung

12 Normalfall der Kostenteilung i. S. d. § 60 Abs. 2 ist die Halbteilung der Kosten der Beurkundung und Eintragung des Erbbaurechts.

13 Eine Abweichung von der Halbteilungsregel ist in der Regel dann geboten, wenn eine Seite von der Maßnahme Vorteile für außerhalb des Verfahrens liegende Zwecke ziehen kann: z. B. der Gutachter trifft zugleich eine Aussage über Wert der nicht betroffenen Restfläche, die Vermessung bezieht noch weitere Fragen ein (Gebäudeeinmessung für Nutzer und dergleichen).

14 Mehrkosten infolge Nachgenehmigung oder Vollmacht wegen Abwesenheit eines Beteiligten werden wie die „normalen" Beurkundungskosten behandelt, sofern es dem Beteiligten nicht zuzumuten war, den zuständigen Notar (§ 88) aufzusuchen. An der Zumutbarkeit fehlt es bei Gehbehinderung, schlechten Verkehrsverhältnissen oder erforderlicher Anreise von außerhalb des Amtsbezirks (§ 11 Abs. 1 VONot) bzw. des Amtsbereichs (§ 10a Abs. 1 BNotO).

e) Kostenschuldner

15 Das SachenRBerG läßt die allgemeinen Bestimmungen über Kostenschuldnerschaft (vgl. z. B. §§ 49ff. GKG, 2ff. KostO) unberührt. Gericht und Notar gegenüber verbleibt es also bei der gesamtschuldnerischen Haftung.

f) Höhe der Kosten

16 Zu den Notarkosten für die Bestellung eines Erbbaurechts und Rangrücktritte siehe *Notarkasse A. d. ö. R.*, Streifzug durch die Kostenordnung, 3. Aufl. 1989, Rdz. 155–158, 458–466 und *Oefele/Winkler*, Handbuch, Kapitel 8. Zum Geschäftswert siehe § 101 Rdz. 27–32.

3. Gewährleistungsausschluß, Abs. 3

17 a) Der Gewährleistungsausschluß in Abs. 3 entspricht den üblichen Gepflogenheiten der Vertragspraxis (vgl. Münchner Vertragshandbuch-*Winkler*, Band IV/2, Form. VIII.1 Ziff. VI und Anm. 41). Nach im Ansatz zutreffender Ansicht der Gesetzesbegründung (BT-Drucks. 12/5992, S. 217) wäre eine Gewährleistung des Grundstückseigentümers für Sachmängel im Rahmen der Sachenrechtsbereinigung nicht mit den Grundlagen des Gewährleistungsrechts zu vereinbaren, da diese Mängel infolge der Inbesitznahme und Bebauung durch den Nutzer diesem zuzurechnen sind.

Die Regelung des Abs. 3 verdrängt somit für den Anwendungsbereich des 18
SachenRBerG die ansonsten anwendbaren § 459 ff. BGB; der Erbbaurechtsvertrag ist kaufähnlicher Vertrag im Sinne des § 493 BGB (Münchner Vertragshandbuch-*Winkler,* Band IV/2, Form VIII.1 Anm. 41 mit weit. Nachw.; Begr., BT-Drucks. 12/5992, S. 217 unter Hinweis auf BGHZ 96, 385/387). Einer gesonderten vertraglichen Vereinbarung über den Auschluß der Sachmängelhaftung bedarf es somit nicht mehr.

b) Der Wortlaut des Abs. 3 geht jedoch insofern über den Gesetzeszweck 19
hinaus, als der Grundstückseigentümer auch für solche Sachmängel nicht haften müßte, die seiner Sphäre zuzurechnen sind (z. B. aus seiner Besitzzeit herrührende Altlasten, aufgrund derer das vom Nutzer errichtete Gebäude nicht mehr genutzt werden kann). In derartigen Fällen schließt Abs. 3 jedoch die Anwendung der Grundsätze über Äquivalenzstörungen (Wegfall der Geschäftsgrundlage) nicht aus (Begr., BT-Drucks. 12/5992, S. 217).

Insofern können vertragliche Regelungen der Gewährleistung in Einzelfäl- 20
len angezeigt sein (z. B. bei Nutzung zu gewerblichen Zwecken durch den Grundstückseigentümer vor Inbesitznahme durch den Nutzer).

c) Abs. 3 umfaßt nur die Sachmängelgewährleistung im engeren Sinne. 21
Ansprüche auf positiver Vertragsverletzung wegen schuldhaft herbeigeführter Schäden an Rechtsgütern des Nutzers unter Einschluß dessen Vermögens (Mangelfolgeschäden) sind hierdurch nicht ausgeschlossen.

d) Abs. 3 betrifft nur Sachmängel. Für Rechtsmängel hat der Grundstücks- 22
eigentümer dem Nutzer nach allgemeinen Vorschriften einzustehen (§§ 434 ff. BGB), modifiziert durch die §§ 33 ff. hinsichtlich der Beschaffung der ersten Rangstelle für das Erbbaurecht. Eine Einstandspflicht trifft den Grundstückseigentümer jedoch dann nicht, wenn auch der Nutzer vor Bestellung des Erbbaurechts zur Duldung der Belastung in gleicher Weise verpflichtet war (z. B. nicht eingetragenes Leitungsrecht und dergl.). Insoweit liegt kein Mangel im Sinne des Gewährleistungsrechts vor.

Abschnitt 3. Gesetzliches Ankaufsrecht

Unterabschnitt 1. Gesetzliche Ansprüche auf Vertragsschluß

Vorbemerkung vor §§ 61 ff.

Übersicht

	Rdz.
1. Allgemeines 1	3. Vertragsschluß und Grundbuchvollzug 12
2. Gestaltungsspielraum des Notars 10	4. Aufbau des Kaufvertrags 30

1. Allgemeines

a) Der 3. Abschnitt des SachenRBerG knüpft an §§ 15 ff. an und enthält 1
Vorschriften zum Ankauf der erfaßten Fläche und zum Inhalt des abzuschließenden Kaufvertrags.

2 Die Vorschriften dieses Abschnitts ergänzen die Regelungen des BGB über den Grundstückskauf. Sie sind, soweit nicht in Rechte Dritter eingegriffen wird, in vollem Umfang dispositiv (§ 3 Abs. 1 Satz 2).

3 b) Der 3. Abschnitt des SachenRBerG ist wie folgt aufgebaut:
§ 61 begründet den grundsätzlichen Anspruch auf Ankauf.

4 §§ 62–64 regeln Fragen der Lastenfreistellung der vom Ankaufsrecht erfaßten Fläche.

5 §§ 65–67 enthalten Sondervorschriften zu den §§ 21 ff., betreffend den Kaufgegenstand.

6 Der Kaufpreis wird durch die Grundregel des § 68 und die Sondervorschriften der §§ 69 (kurze Gebäuderestnutzungsdauer), 70 (Nutzungsänderung), 71 (Veräußerung), 72 (Flächenabweichung), 73 (Wohnungsbau) und 74 (Überlassungsverträge) bestimmt.

7 Weitere Bestimmungen zum Vertragsinhalt enthalten §§ 75–77.

8 Die Rechtsfolgen des Kaufs regeln §§ 78–80, wobei § 78 das Schicksal des Gebäudeeigentums und anderer Nutzungsrechte im Fall ordnungsgemäßer Erfüllung des Kaufvertrags betrifft, während §§ 79, 80 Sonderregelungen zu den §§ 320 ff. BGB für Leistungsstörungsfälle enthalten.

9 §§ 81–84 enthalten Sonderregelungen für den Ankauf des Gebäudes durch den Grundstückseigentümer.

2. Gestaltungsspielraum des Notars

10 Für den Inhalt des Kaufvertrags macht das SachenRBerG im übrigen keine Vorgaben. Auch Ansprüche der Beteiligten auf Aufnahme bestimmter Regelungen über das SachenRBerG hinaus bestehen nicht. Insoweit gilt das allgemeine Zivilrecht als notardispositives Recht (hierzu § 42 Rdz. 13–36) mit der Maßgabe, daß der Notar den Vertrag unter Beachtung anerkannter kautelarjuristischer Grundsätze und unter Ausnutzung eines nicht überprüfbaren Beurteilungsspielraums gestaltet, § 93 Abs. 3 Satz 2.

11 Von Bedeutung ist dieser Gestaltungsspielraum insbesondere im Zusammenhang mit Vereinbarungen über
– Fälligkeit, Finanzierung und Zahlung des Kaufpreises,
– Zwangsvollstreckungsunterwerfung des Käufers,
– Sicherheitsleistung bei § 71 und § 73,
– Vereinbarung über Erschließungskosten,
– Besitzübergang.

3. Vertragsschluß und Grundbuchvollzug

12 Soweit kein Vermittlungsverfahren durchgeführt wird, empfiehlt sich bei der Begründung eines Erbbaurechts nach dem SachenRBerG folgendes Vorgehen:

13 a) Grundstückseigentümer und Nutzer einigen sich (unter erstmaliger Information des Notars und aufgrund dessen Beratung) über die wesentlichen Vertragsgrundlagen, insbesondere über die erfaßte Fläche und den Kaufpreis. Zweckmäßig ist die Fertigung eines Vertragsentwurfs durch den Notar als Grundlage der weiteren Schritte.

b) Mit dinglich Berechtigten, die an den Lastenfreistellung mitwirken müs- 14
sen, werden Vorgespräche über die wechselseitigen Rechte und Ansprüche nach §§ 62–64 geführt.
c) Sodann wird der Kaufvertrag beurkundet. 15
d) Aufgrund des erteilten Vollzugsauftrags holt der Urkundsnotar die erfor- 16
derlichen Erklärungen zur Lastenfreistellung ein. Er beantragt die Eintragung einer Auflassungsvormerkung zur Sicherung der Ansprüche des Nutzens aus dem Vertrag. Art. 233 § 2c Abs. 2 EGBGB und § 92 Abs. 5 sichern nur den Anspruch auf den Vertrag.
e) Weiter beantragt der Notar für die Beteiligten die etwa erforderlichen 17
Genehmigungen, z.B. nach § 120 Abs. 1 SachenRBerG und § 2 Abs. 1 Satz 1 Nr. 1 GVO.
f) Vorkaufsrechte 18
Der Ankauf eines Grundstücks nach dem SachenRBerG ist kein Vorkaufsfall. Er erfolgt zwar im Gewande eines Kaufs, jedoch in Erfüllung eines zwischen den Beteiligten bereits bestehenden gesetzlichen Schuldverhältnisses. Zudem wäre der Vorkaufsberechtigte nach Ausübung des Vorkaufsrechts wiederum den Ansprüchen des Nutzers nach dem SachenRBerG ausgesetzt. Ohne dieses Ergebnis wäre zudem § 64 Abs. 1 Satz 2 Nr. 1 hinfällig.
Im Fall gesetzlicher Vorkaufsrechte (§§ 24 BauGB, 3 BauGB-Maßnah- 19
menG) bedarf es somit allenfalls eines Negativzeugnisses zum Grundbuchvollzug. In anderen Fällen (z.B. §§ 570b BGB, 17 WaldG-Thüringen) ist auch das nicht notwendig.
g) Im Fall des Verkaufs vermieteter Gebäude nach §§ 81 ff. gilt jedoch wegen 20
der Rechtsähnlichkeit dieses Vorgangs und im Hinblick auf den Zweck des Mieterschutzes § 571 BGB entsprechend.
h) Bei Bodenreformgrundstücken überwacht der Notar die Durchführung 21
des Verfahrens nach Art. 233 §§ 11 ff. EGBGB i.d.F. des RegVBG vom 20.12.1993 (BGBl. I, 2214f.); hierzu Einl. Rdz. 141–144.
i) Steuerfragen: 22
aa) Verkehrsteuern:
Grunderwerbsteuer:
Der Ankauf des Grundstücks unterliegt nach § 1 Abs. 1 Nr. 1 GrEStG der Grunderwerbsteuer. Die Steuerpflicht entfällt nur unter den allgemeinen Voraussetzungen der §§ 3ff. GrEStG. Auf den Ankauf des Grundstücks durch den Nutzer findet jedoch § 1 Abs. 7 GrEStG entsprechende Anwendung (vgl. näher und zur Begründung Vorbem. vor §§ 32ff., Rdz. 19).
Zum Grundbuchvollzug ist die Unbedenklichkeitsbescheinigung der zu- 23
ständigen Grunderwerbsteuerstelle erforderlich, § 22 GrEStG.
Bemessungsgrundlage für die Grunderwerbsteuer ist die Gegenleistung, 24
§ 9 Abs. 1 Nr. 1 GrEStG. Diese besteht aus der Summe von Kaufpreis (§§ 68ff.) und sonstigen Leistungen. Bedingt geschuldete Gegenleistungen (§§ 71, 73 Abs. 2–3) führen zu einer vorläufigen Steuerfestsetzung (§ 165 AO) in Höhe von 2% aus dem unbedingt geschuldeten Teil und einer Nacherhebung bei Eintritt der Bedingung (*Boruttau/Egly/Sigloch*, GrESt, § 9 Rdz. 71–72, 75 und § 14 Rdz. 46). Zum Verwaltungsvollzug

siehe den koordinierten Ländererlaß des FM Schleswig-Holstein vom 25. 10. 1984 – IV 330a – S 4521–72, DNotZ 1985, 257f.

25 Umsatzsteuer:
Zur Umsatzsteuerpflicht siehe §§ 4 Nr. 9a, 9 Abs. 1 UStG.

26 bb) Ertragsteuern:
Auf Seiten des Grundstückseigentümers ist der Verkauf der vom Nutzungstatbestand erfaßten Fläche keine Entnahme (Vorbem. vor §§ 32ff., Rdz. 23: Erfüllung einer betrieblichen Verbindlichkeit in Höhe des anzusetzenden Kaufpreises, Bilanzverkürzung). Gegenleistungen des Käufers über die Passivposition hinaus können Betriebseinnahmen sein.

27 Der vom Nutzer bezahlte Kaufpreis, die Grunderwerbsteuer und die von ihm zu übernehmenden Teile der Vertragskosten (§ 77) sind Anschaffungskosten des Grundstücks (Ausnahme: Gebäudeteil im Fall des § 74). Zu § 10e siehe Vorbem. vor §§ 32ff., Rdz. 29.

28 j) Nach auflagenfreien Vorliegen aller erforderlichen Erklärungen zur Lastenfreistellung, Eingang aller notwendigen öffentlichrechtlichen Genehmigungen und der steuerlichen Unbedenklichkeitsbescheinigung kann der Kaufvertrag samt Vollzugsunterlagen dem Grundbuchamt vorgelegt werden. Mit Eintragung des Eigentumsübergangs ist die Sachenrechtsbereinigung vorbehaltlich weiterer Nebenansprüche in der Hauptsache vollzogen.

29 k) Gegebenenfalls ist die Konsolidation des Gebäude- und des Grundstückseigentums nach § 78 herbeizuführen.

4. Aufbau des Kaufvertrags

30 Empfehlenswert ist folgender Aufbau der Kaufurkunde (bei den Formulierungsvorschlägen siehe bei den angegebenen Rdz.):

Urkundeneingang

Teil A: Sachstand
§ 1 Grundbuchstand
§ 2 Angaben zum Nutzungstatbestand
§ 3 Angaben zur zulässigen bzw. ausgeübten Nutzung (§ 70 Rdz. 3)

Teil B: Kauf
§ 4 Verkaufsverpflichtung
§ 5 erfaßte Fläche
§ 6 Übergang von Besitz, Nutzen, Lasten (§ 75 Rdz. 9)
§ 7 Rechtsmängelhaftung (§ 76 Rdz. 3)
§ 8 Sachmängelhaftung (§ 76 Rdz. 3)
§ 9 Erschließungskosten (§ 75 Rdz. 9)
§ 10 Kaufpreishöhe, -fälligkeit, Zahlungsweise, §§ 68–70, 74 (§§ 68 Rdz. 30, § 72 Rdz. 14–15, § 74 Rdz. 21)
§ 11 Zwangsvollstreckungsunterwerfung
§ 12 Kaufpreiserhöhungen, §§ 71, 72, 74 (§§ 71 Rdz. 25, § 72 Rdz. 14–15, § 73 Rdz. 38, 39)

§ 61. Grundsatz

Teil C: Verfahrenserklärungen
§ 13 Grundbucherklärungen wie Auflassung, Auflassungsvormerkung, Sicherung von Kaufpreiserhöhungen, Löschungszustimmung, Erklärungen nach § 78 (§ 71 Rdz. 27–28, 34, 36, 37, § 73 Rdz. 40–42, vgl. auch Vorbem. vor §§ 81 ff., Rdz. 4, 8, 11, 13)
§ 14 Vorlagehaftung
§ 15 Finanzierungsmitwirkung und -vollmacht
§ 16 Kosten, Steuern
§ 17 Abschriften
§ 18 Vollzugsermächtigung
§ 19 Belehrungen
Schlußvermerk
Anlagen: (Pläne und dergl.)

§ 61 Grundsatz

(1) **Der Nutzer kann vom Grundstückseigentümer die Annahme eines Angebots für einen Grundstückskaufvertrag verlangen, wenn der Inhalt des Angebots den Bestimmungen der §§ 65 bis 74 entspricht.**

(2) **Der Grundstückseigentümer kann vom Nutzer den Ankauf des Grundstücks verlangen, wenn**
1. der in Ansatz zu bringende Bodenwert nicht mehr als 100 000 Deutsche Mark, im Fall der Bebauung mit einem Eigenheim nicht mehr als 30 000 Deutsche Mark, beträgt,
2. der Nutzer eine entsprechende Wahl getroffen hat oder
3. das Wahlrecht auf den Grundstückseigentümer übergegangen ist.

Übersicht

	Rdz.		Rdz.
1. Allgemeines	1	4. Anspruchsinhalt, Tenorierungsfragen	4
2. Verhältnis zum Wahlrecht	2		
3. Anspruch des Grundstückseigentümers	3		

1. Allgemeines

§ 61 enthält die Grundnorm für den 3. Abschnitt des Besonderen Teils des materiellen Sachenrechtsbereinigungsrechts (vgl. zur Systematik Vorbem. vor §§ 1 ff., Rdz. 2–9) und regelt den gesetzlichen Anspruch des Nutzers gegen den Grundstückseigentümer (Abs. 1) bzw. des Grundstückseigentümers gegen den Nutzer (Abs. 2).

2. Verhältnis zum Wahlrecht

Siehe § 32 Rdz. 2.

3. Anspruch des Grundstückseigentümers, Abs. 2

3 Siehe zunächst § 32 Rdz. 3. Komplementär zu § 32 Satz 2 besteht der Anspruch aufgrund § 15 Abs. 2 (siehe § 15 Rdz. 8–14 und Begr. BR-Druck. 515/93, S. 148) auch unter den Voraussetzungen des Abs. 2 Nr. 1.

4. Anspruchsinhalt, Tenorierungsfragen

4 a) Inhalt des Anspruchs ist der Abschluß eines Kaufvertrags mit näher zu bezeichnendem Inhalt, nicht notwendigerweise die Annahme eines Angebots auf Abschluß eines Kaufvertrags. Näher und zu den hiermit verbundenen Fragen des Klageantrags und Urteilstenors § 32 Rdz. 4–14.

5 Klageantrag und dementsprechend auch der Tenor des stattgebenden Urteils sind mithin wie folgt zu fassen:

„1. Der Beklagte wird verurteilt, das im Vermittlungsvorschlag und Abschlußprotokoll des Notars... in... vom... UR.Nr.... bezeichnete Grundstück an die Kläger zu Miteigentum zu je ½ zu verkaufen und aufzulassen zu den Bedingungen dieses Vermittlungsvorschlags sowie nach folgenden weiteren Maßgaben:...
2. Kosten.
3. Vollstreckbarkeit."

6 Einer Klage auf Leistung Zug um Zug bedarf es nicht, da die Erbringung der Gegenleistung zu den Bedingungen des Vermittlungsvorschlags gehört.

7 b) Aus § 61 folgt auch eine Verpflichtung des Verkäufers, im Rahmen des Zumutbaren bei der Kaufpreisfinanzierung mitzuwirken. D. h. in der Regel ist der Verkäufer zur Bestellung von Finanzierungsgrundschulden am verkauften ganzen Grundstück mit den üblichen Sicherungen (eingeschränkte Zweckbestimmung bis zur vollständigen Zahlung von Kaufpreis und Grunderwerbsteuer) verpflichtet.

8 Zweifelhaft ist aber, ob Verkäufer beim Verkauf einer wegzumessenden Teilfläche zur Belastung des ganzen Grundstücks mit Freigabevormerkung für die nicht verkaufte Restfläche verpflichtet ist, da diese Belastung die Beleihungsfähigkeit seines Grundstücks faktisch beschränkt. Eine derartige Pflicht besteht wohl nur, wenn Bebaubarkeit der Restfläche und damit Finanzierungs- oder Lastenfreistellungsbedarf des Verkäufers/Grundstückseigentümers erst nach Vermessung des Grundstücks und Abtrennung der Restfläche zu erwarten ist.

9 Bei Eintragung von Finanzierungsgrundpfandrechten sollten Rangvorbehalte für Rechte am Gebäudeeigentum vorgesehen oder entsprechende Rangbeschaffungserklärungen für die Rechte eingeholt werden, die nach § 78 Abs. 2 mit Vorrang vor Finanzierungsgrundpfandrechten am Grundstück eingetragen werden müssen.

§ 62. Dienstbarkeit, Nießbrauch, Wohnungsrecht

Unterabschnitt 2. Gesetzliche Ansprüche wegen dinglicher Rechte

Vorbemerkung vor §§ 62 ff.

a) Die §§ 62 ff. betreffen im Gegensatz zu den §§ 34 ff. nur am Grundstück **1** lastende Rechte. Für Rechte am Nutzungstatbestand gilt § 78 Abs. 1 und 2; einer Regelung insoweit bedarf es nur, soweit es zur Aufgabe des Gebäudeeigentums nach § 875 BGB kommt.

b) Das Gesetz unterscheidet zum einen nach der Art des Rechts (vgl. § 62 **2** einerseits und § 63 andererseits), zum anderen danach, ob das Recht vor oder nach Inkrafttreten des Moratoriums nach Art. 233 § 2a EGBGB zur Eintragung beantragt wurde (§§ 62 Abs. 2, 63 Abs. 1 und 2). Hiernach gilt:

aa) Ist das Recht nach dem 21. 7. 1992 zur Eintragung beantragt, so besteht **3** ein Löschungsanspruch des Nutzers gegen den dinglich Berechtigten zusätzlich zu § 62 Abs. 1 unter den Voraussetzungen der §§ 63 Abs. 1 und 2, 62 Abs. 2. Komplementär hierzu erwirbt der Inhaber eines Rechts nach § 63 Abs. 1 und 2 bezeichneten Rechts ein Pfandrecht am Kaufpreis, § 64 Abs. 3.

bb) Ist das Recht vor dem 22. 7. 1992 zur Eintragung beantragt oder liegen **4** die in § 63 Abs. 1 bzw. 2 bezeichneten Voraussetzungen nicht vor, so bestehen Ansprüche des Nutzers gegen den dinglich Berechtigten nur nach Maßgabe der §§ 62 Abs. 1 bzw. 63 Abs. 3.

c) Davon unabhängig ist der Anspruch des Nutzers gegen den Grund- **5** stückseigentümer auf Durchführung der Lastenfreistellung nach § 64 Abs. 1 bzw. Befreiung/Sicherheitsleistung nach § 64 Abs. 2.

Differenzierungen nach Art des Nutzungstatbestands sehen die §§ 62–64 **6** (im Gegensatz zu §§ 34 ff.) nicht vor.

§ 62 Dienstbarkeit, Nießbrauch, Wohnungsrecht

(1) **Dingliche Rechte am Grundstück, die einen Anspruch auf Zahlung oder Befriedigung aus dem Grundstück nicht gewähren, erlöschen auf den nach § 66 abzuschreibenden Teilflächen, die außerhalb der Ausübungsbefugnis des Inhabers des dinglichen Rechts liegen. Dasselbe gilt, wenn diese Rechte seit ihrer Bestellung nur auf einer Teilfläche ausgeübt wurden. Die Vertragsparteien können von den Inhabern dieser Rechte am Grundstück die Zustimmung zur Berichtigung des Grundbuchs verlangen.**

(2) **Für die nach dem 21. Juli 1992 beantragten Belastungen des Grundstücks ist § 63 Abs. 1 entsprechend anzuwenden.**

Übersicht

	Rdz.
1. Allgemeines	1
2. Abschreibung	3
3. Verstoß gegen Moratorium	5

§ 62 1–7 Kapitel 2. Nutzung fremder Grundstücke

1. Allgemeines

1 Zum Anwendungsbereich siehe § 35 Rdz. 3–9.
2 Die Veräußerung des Grundstücks an den Nutzer hat für diese Rechte keine Bedeutung. Dem Nutzer steht gegen den dinglich Berechtigten grundsätzlich kein Löschungsanspruch zu. Er wird auf seinen allgemeinen Lastenfreistellungsanspruch gegen den Grundstückseigentümer nach § 64 Abs. 1 Satz 1 verwiesen, der aber unter den Voraussetzungen des § 64 Abs. 1 Satz 2 Nr. 2 entfällt.

2. Abschreibung, Abs. 1

3 Für Dienstbarkeiten sieht § 1026 einen Anspruch des Grundstückseigentümers des dienenden Grundstück gegen den Berechtigten auf Löschung des Rechts auf den Grundstücken bzw. Grundstücksteilen vor, auf denen es nicht ausgeübt wird. Das Gesetz verallgemeinert in § 62 Abs. 1 diesen Gedanken (hierzu Begr. BR-Drucks. 515/93, S. 149) für alle von § 62 erfaßten Rechte. Diese Wertung entspricht der des DDR-Rechts, nach der die entsprechenden ZGB-Rechte (§§ 321, 322 ZGB) in der Zwangsvollstreckung in keinem Rangverhältnis zu Grundpfandrechten standen und demgemäß bei Anmeldung in der Versteigerung nur berücksichtigt wurden, wenn sie auf dem betreffenden Grundstück ausgeübt wurden, § 13 Abs. 2 Satz 3 Grundstücksvollstreckungsverordnung vom 6. 6. 1990, GBl. I, S. 288).
4 Inhaber des Anspruchs auf Pfandfreigabe bzw. Grundbuchberichtigung sind sowohl der Grundstückseigentümer und der Nutzer (§ 428 BGB).

3. Verstoß gegen Moratorium, Abs. 2

5 Soweit ein Recht i. S. d. Abs. 1 entgegen dem Belastungsverbot nach Art. 233 § 2a Abs. 3 Satz 2 EGBGB bestellt wurde, besteht unter den Voraussetzungen des § 63 Abs. 1 ein Löschungsanspruch des Nutzers gegen den dinglich Berechtigten. Voraussetzung des Anspruchs ist hiernach, daß der Antrag auf Eintragung des Rechts beim zuständigen Grundbuchamt nach dem 21. 7. 1992 einging und dem Inhaber des dinglichen Rechts bekannt war, daß der Grundstückseigentümer vorsätzlich gegen das schuldrechtliche Belastungsverbot des Moratoriums verstieß.
6 Auf § 64 Abs. 2 ist nicht verwiesen. Denn wenn ein Gebäude nicht zum Haftungsverband eines Rechts nach § 62 Abs. 1 gehören sollte, ergibt sich zum einen bereits hieraus die positive Kenntnis vom vorsätzlichen Verstoß im Sinne des § 63 Abs. 1.
7 Daneben bleibt § 62 Abs. 1 auch auf Rechte anwendbar, die nach dem 21. 7. 1992 dem Grundbuchamt zur Eintragung vorgelegt wurden, auch wenn sie nicht unter § 63 Abs. 1 fallen.

§ 63 Hypothek, Grundschuld, Rentenschuld, Reallast

(1) Der Nutzer kann von den Inhabern dingliche Rechte, die einen Anspruch auf Zahlung oder Befriedigung aus dem Grundstück gewähren, verlangen, auf ihr Recht zu verzichten, wenn der Antrag auf Eintragung der Belastung nach dem 21. Juli 1992 beim Grundbuchamt einging und dem Inhaber des dinglichen Rechts bekannt war, daß der Grundstückseigentümer vorsätzlich seiner Verpflichtung aus Artikel 233 § 2a Abs. 3 Satz 2 des Einführungsgesetzes zum Bürgerlichen Gesetzbuche zuwiderhandelte, das vom Nutzer bebaute Grundstück nicht zu belasten. Erwirbt der Nutzer eine Teilfläche, so beschränkt sich der Anspruch nach Satz 1 auf die Zustimmung zur lastenfreien Abschreibung.

(2) Der Nutzer kann von dem Inhaber eines in Absatz 1 bezeichneten Rechts verlangen, einer lastenfreien Um- oder Abschreibung einer von ihm zu erwerbenden Teilfläche zuzustimmen, wenn das vom Nutzer errichtete oder erworbene Gebäude oder dessen bauliche Anlage und die hierfür in Anspruch genommene Fläche nach den vertraglichen Regelungen nicht zum Haftungsverband gehören sollten oder deren Nichtzugehörigkeit zum Haftungsverband für den Inhaber des dinglichen Rechts bei Bestellung oder Erwerb erkennbar war. Ist ein Darlehen für den Betrieb des Grundstückseigentümers gewährt worden, so ist zu vermuten, daß ein vom Nutzer bewohntes Eigenheim und die ihm zuzuordnende Fläche nicht als Sicherheit für das Darlehen haften sollen.

(3) Liegen die in Absatz 2 genannten Voraussetzungen nicht vor, kann der Nutzer verlangen, daß der Inhaber des dinglichen Rechts die Mithaftung des Trennstücks auf den Betrag beschränkt, dessen Wert im Verhältnis zu dem beim Grundstückseigentümer verbleibenden Grundstück entspricht. § 1132 Abs. 2 des Bürgerlichen Gesetzbuchs findet entsprechende Anwendung.

Übersicht

	Rdz.		Rdz.
1. Allgemeines	1	4. Verteilung	11
2. Verstoß gegen Moratorium	2	5. Auskunfts- und Vorlagenanspruch	16
3. Übersicherung	8		

1. Allgemeines

Zu den erfaßten Rechten siehe § 36 Rdz. 3. **1**

Der Nutzer hat grundsätzlich gegen die dinglich Berechtigten keinen un- **2** mittelbaren Anspruch auf Lastenfreistellung, sondern ist auf den Anspruch gegen den Grundstückseigentümer nach § 64 Abs. 1 Satz 1 verwiesen. Von diesem Grundsatz macht § 63 eine Ausnahme für Fälle von Verstößen gegen das Belastungsverbot des Moratoriums (Abs. 1) oder Übersicherung des Berechtigten (Abs. 2 bzw. 3).

Die hiernach geschuldeten Erklärungen dinglich Berechtigter werden **3** zweckmäßigerweise im Zuge des Vollzugs des Kaufvertrags durch den Urkundsnotar eingeholt.

2. Verstoß gegen Moratorium, Abs. 1

4 a) Ist ein Recht vorsätzlich entgegen dem Belastungsverbot in Art. 233 § 2a Abs. 3 Satz 2 EGBGB nach dem 21. 7. 1992 zur Eintragung beantragt worden und kannte der Berechtigte den Verstoß des Grundstückseigentümers, so steht dem Nutzer gegen den dinglich Berechtigten nach Abs. 1 Satz 1 ein Anspruch auf „Verzicht" auf das Recht zu.

5 b) Zu den Tatbestandsvoraussetzungen im einzelnen siehe § 36 Rdz. 26–32.

6 c) Abs. 1 Satz 2 beschränkt bei Teilflächenkäufen den Anspruch auf Pfandfreigabe (Teilverzicht) anstelle der Löschung auf der Gesamtfläche.

7 d) Für den „Verzicht" nach Abs. 1 gelten §§ 1168, 1177, 1192 BGB nicht. Denn bei Grundpfandrechten führt der Verzicht im Sinne des BGB zur Entstehung eines Eigentümerrechts, das bis zur Löschung dem Zugriff von (u. U. gutgläubigen) Gläubigern des Grundstückseigentümers offen steht, wodurch die Lastenfreistellung vereitelt werden könnte. Das kann nicht Sinn der Regelung sein. Anspruchsziel ist somit nicht der Verzicht auf das Recht, sondern die Aufhebung (Löschung) des Rechts nach §§ 875, 1183, 1192 Abs. 1 BGB. Eine zur Löschung etwa erforderliche Zustimmung des Grundstückseigentümers (§ 1183 BGB) kann nach § 64 Abs. 1 Satz 1 durchgesetzt werden.

3. Übersicherung, Abs. 2

8 a) Zu den Tatbestandsvoraussetzungen des Abs. 2 Satz 1 und der Vermutung des Abs. 2 Satz 2 siehe § 36 Rdz. 33–34. Im Unterschied zu § 36 Abs. 1 Satz 3 setzt Abs. 2 Satz 2 ein „vom Nutzer bewohntes" Eigenheim voraus. Dies ist letztlich ein Redaktionsversehen; erforderlich und ausreichend ist wie auch im Fall des § 36 Abs. 1 Satz 3, daß das Eigenheim vom Nutzer errichtet oder erworben war. Auch der Wortlaut legt nicht nahe, daß das Eigenheim im Zeitpunkt der Durchführung der Sachenrechtsbereinigung vom Nutzer selbst bewohnt sein muß.

9 b) Ein in Abs. 1 bezeichnetes Recht ist ein Recht, das auf Zahlung oder Befriedigung aus einem Grundstück gerichtet ist (näher § 36 Rdz. 3). Nicht erforderlich ist (trotz des insoweit mißverständlichen Wortlauts), daß dieses Recht unter vorsätzlichem Verstoß gegen das Moratorium zur Eintragung gelangte. Denn ein solches Recht würde bereits von Abs. 1 Satz 2 erfaßt.

10 Der Anspruch des Nutzers setzt weiter voraus, daß die vom Nutzungstatbestand erfaßten Bauwerke und Flächen nicht zum Haftungsverband des Grundpfandrechts gehören sollten (näher hierzu § 36 Rdz. 33–34). Denkbar ist die Nichtzugehörigkeit des Gebäudes zum Haftungsverband nur dann, wenn die vom Ankaufsrecht erfaßte Fläche kleiner ist als das belastete Grundstück. Infolgedessen gewährt Abs. 2 Satz 1 nur einen Anspruch auf lastenfreie Abschreibung dieser Fläche; eines Anspruchs auf Löschung insgesamt bedarf es nicht.

§ 64. Ansprüche gegen den Grundstückseigentümer **§ 64**

4. Verteilung, Abs. 3

a) Abs. 3 gewährt einen Anspruch auf Verteilung (nach Abs. 3 Satz 2 **11**
i. V. m. § 1132 Abs. 2 BGB) eines Rechts im Sinne des § 63 Abs. 1 Satz 1
Halbsatz 1, d. h. eines auf Zahlung oder Befriedigung aus einem Grundstück
gerichteten Rechts (hierzu § 36 Rdz. 3), wenn die Voraussetzungen des
Abs. 2 (Nichtzugehörigkeit des Gebäudes zum Haftungsverband) nicht gegeben ist. Denn andernfalls entstünde eine Gesamtrecht mit einer entsprechend gestärkten Rechtsposition des Gläubigers, § 1132 Abs. 1 BGB (Übersicherung). Abs. 3 ist aber auch auf Rechte anwendbar, die vor dem 22. 7. 1992 zur Eintragung beantragt worden sind.

b) Die Verteilung des Rechts erfolgt im Verhältnis der Werte des verkauf- **12**
ten und nicht verkauften Trennstücks nach der Formel:
$$(B - x)/x = W/w$$
wobei B den Betrag des eingetragenen Rechts, W den Wert des ungeteilten
Grundstücks, w den Wert des Trennstücks und x den gesuchten Betrag
(positive Lösung obenstehender gemischtquadratischer Gleichung) des auf
das Trennstück entfallenden Rechts bezeichnet. Zinsen und Nebenrechte
sind anteilig mit zu verteilen.

c) Muster einer Verteilungserklärung siehe *Haegele/Schöner/Stöber,* Grund- **13**
buchrecht, Rdz. 2679.

d) Die Verteilung des Rechts verhindert jedoch die Konsolidation von **14**
Grundstückseigentum und Nutzungstatbestand nach § 78.

e) Das Schicksal der Sicherungsabrede einer Grundschuld regelt Abs. 3 **15**
nicht. Insoweit ist der Käufer primär auf seine Ansprüche nach § 64 Abs. 2
gegen den Grundstückseigentümer verwiesen. Entsprechend § 63 Abs. 3 besteht jedoch ein Anspruch des Nutzers gegen den Gläubiger des auf seiner
Teilfläche lastenden Rechts auf Änderung der Sicherungsabrede dahingehend, daß die Neuvalutierung des Rechts nur mit seiner Zustimmung vorgenommen wird und dem Nutzer Rückgewähransprüche zustehen (§ 36
Rdz. 42–44).

5. Auskunfts- und Vorlageanspruch

Siehe § 36 Rdz. 35 und 41. **16**

§ 64 Ansprüche gegen den Grundstückseigentümer

(1) **Der Grundstückseigentümer ist vorbehaltlich der nachfolgenden Bestimmungen verpflichtet, dem Nutzer das Grundstück frei von Rechten Dritter zu übertragen, die gegen den Nutzer geltend gemacht werden können.**
Satz 1 ist nicht anzuwenden auf
1. Vorkaufsrechte, die aufgrund gesetzlicher Bestimmungen oder aufgrund Überlassungsvertrags eingetragen worden sind, und
2. die in § 62 Abs. 1 bezeichneten Rechte, wenn
   a) das Grundstück bereits vor der Bestellung des Nutzungsrechts oder der Bebauung des Grundstücks belastet war,

b) die Belastung vor Ablauf des 2. Oktober 1990 auf Veranlassung staatlicher Stellen erfolgt ist,
c) der Grundstückseigentümer aufgrund gesetzlicher Bestimmungen zur Belastung seines Grundstücks mit einem solchen Recht verpflichtet gewesen ist oder
d) der Nutzer der Belastung zugestimmt hat.

(2) Übernimmt der Nutzer nach § 63 Abs. 3 eine dingliche Haftung für eine vom Grundstückseigentümer eingegangene Verpflichtung, so kann er von diesem Befreiung verlangen. Ist die gesicherte Forderung noch nicht fällig, so kann der Nutzer vom Grundstückseigentümer statt der Befreiung Sicherheit fordern.

(3) Der Inhaber eines in § 63 Abs. 1 bezeichneten dinglichen Rechts, der einer lastenfreien Um- oder Abschreibung zuzustimmen verpflichtet ist, erwirbt im Range und Umfang seines Rechts am Grundstück ein Pfandrecht am Anspruch auf den vom Nutzer zu zahlenden Kaufpreis. Ist das Recht nicht auf Leistung eines Kapitals gerichtet, sichert das Pfandrecht den Anspruch auf Wertersatz. Jeder Inhaber eines solchen Rechts kann vom Nutzer die Hinterlegung des Kaufpreises verlangen.

Übersicht

	Rdz.		Rdz.
1. Allgemeines	1	4. Pfandrecht	14
2. Anspruch auf Lastenfreistellung	2	5. Auskunfts- und Vorlageanspruch	32
3. Freistellung/Sicherheitsleistung	12		

1. Allgemeines

1 Im Unterschied zu § 33, der einen primären Anspruch des Nutzers gegen den dinglich Berechtigten am Grundstück auf Rangrücktritt begründet (notwendig wegen § 10 Abs. 1 Satz 1 ErbbauVO), begnügt sich das SachenRBerG im 3. Abschnitt grundsätzlich (Ausnahme: § 63 Abs. 1 und 2) mit einem schuldrechtlichen Anspruch des Nutzers gegen den Grundstückseigentümer auf Verschaffung lastenfreien Eigentums entsprechend § 434 BGB (Begr. BR-Drucks. 515/93, S. 149), Abs. 1. Dieser Anspruch wird in Abs. 2 ergänzt um einen Freistellungsanspruch bzw. Anspruch auf Sicherheitsleistung entsprechend § 37. Das Pfandrecht am Kaufpreisanspruch nach Abs. 3 ist im Vergleich zu den entsprechenden Vorschriften des 2. Abschnitts das Gegenstück zur Pfandunterstellung des Erbbaurechts nach §§ 34 Abs. 1, 35, 36 Abs. 1 Satz 1.

2. Anspruch auf Lastenfreistellung, Abs. 1

2 a) Der Anspruch auf Lastenfreistellung richtet sich auf Verschaffung der zum Grundbuchvollzug notwendigen Grundbuchbewilligungen des Gläubigers und auf Abgabe der hierzu erforderlichen Erklärungen des Grundstückseigentümers, d. h. in der Regel auf Verschaffung einer Löschungsbewilligung und der etwa erforderlichen Eigentümerzustimmung (§ 1183 BGB).

§ 64. Ansprüche gegen den Grundstückseigentümer

b) Im Normalfall wird die Erholung dieser Erklärungen Sache des mit dem Vollzug des Kaufvertrags beauftragten Notars sein. Oftmals werden derartige Erklärungen von den Berechtigten nicht vorbehaltlos abgegeben. Bei Erklärungen unter Auflagen schuldet der Grundstückseigentümer die Beseitigung der Auflage. Zulässig und ausreichend als Erfüllung des Anspruchs nach § 64 Abs. 1 Satz 1 ist die Abgabe der Aufgabeerklärung unter der Auflage der Zahlung von Geldbeträgen, die insgesamt den Kaufpreis nicht übersteigen, sofern im Kaufvertrag dem Käufer die Wegfertigung dieser Auflagen aus dem Kaufpreis gestattet ist.

c) Der Anspruch des Nutzers auf Lastenfreistellung nach Abs. 1 Satz 1 wird mit der Ausnahmeregelung in Abs. 1 Satz 2 durchbrochen. Grund hierfür ist, daß die betreffenden Rechte entweder den Nutzer nicht belasten oder seiner Sphäre zuzurechnen sind, seinem Anspruch auf Lastenfreistellung also bereits der Einwand unzulässiger Rechtsausübung entgegenzuhalten wäre.

Der Nutzer ist hiernach zur Übernahme folgender Rechte verpflichtet:

aa) Vorkaufsrechte nach Abs. 1 Satz 2 Nr. 1, die aufgrund gesetzlicher Bestimmungen oder aufgrund eines Überlassungsvertrags eingetragen worden sind.

Soweit aufgrund eines Überlassungsvertrags ein Vorkaufsrecht für den Nutzer selbst bestellt wurde (§ 11 des Mustervertrags, zit. nach *Fieberg/Reichenbach/Messerschmidt/Schmidt-Räntsch*, VermG, Anh II 1), ist dieses mit Vollzug des Ankaufs ohnehin entweder durch Konfusion erloschen oder wegen Wegfalls des Sicherungszwecks (Erlöschen des Überlassungsvertrags) mangels rechtlichen Grunds hinfällig.

Soweit es zur Aufgabe des Gebäudeeigentums entsprechend § 78 Abs. 2 kommt, erlischt ein etwa bestelltes dingliches Vorkaufsrecht durch Konsolidation, da es als Eigentümerrecht nicht fortbestehen kann (*Palandt-Bassenge*, Einl. vor § 854 Rdz. 7; Umkehrschluß aus § 889 BGB).

Gesetzliche Bestimmung in diesem Sinn ist auch § 20a VermG. Dieses Vorkaufsrecht ist vom Nutzer zu übernehmen, wenngleich der Grunderwerb durch den Nutzer keinen Vorkaufsfall darstellt (§ 20a Satz 4 VermG; zum ganzen *Gemmeke*, OV-spezial 1/94, S. 3/5).

Die Übernahme dieser Vorkaufsrechte ist dadurch gerechtfertigt, daß das Vorkaufsrecht selbst den Nutzer entweder nicht belastet oder dem Grundstückseigentümer die Lastenfreistellung objektiv unmöglich ist (Begr. BR-Drucks. 515/93, S. 149).

bb) Rechte i. S. d. § 62 Abs. 1 (§ 62 Rdz. 1), die der Sphäre des Nutzers zuzurechnen sind. Die einzelnen Fälle regelt das Gesetz in den Buchstaben a) mit d) der Nr. 2.

d) Soweit vom Nutzer zu übernehmende Rechte für ihn wertmindernd sind, ist dies bei der Ermittlung des für den Kaufpreis maßgebenden Bodenwerts durch entsprechenden Abzug zu berücksichtigen. Dies gilt insbesondere für Rechte im Sinne des Abs. 1 Satz 2 Nr. 2a), b) und c). Nicht als wertmindernd abzuziehen sind hingegen Rechte im Sinne der Nr. 1, Nr. 2 Buchstabe d), die letzteren jedoch nur dann, wenn der Nutzer durch freiwillige Zustimmung nicht einer gesetzlichen Zwangsmaßnahme zuvorkam.

3. Freistellung/Sicherheitsleistung, Abs. 2

12 a) Abs. 2 gilt nur in den Fällen des § 63 Abs. 3 (§ 63 Rdz. 11). Der Inhalt des Anspruchs entspricht § 37 (§ 37 Rdz. 3–8) mit der Maßgabe, daß der Anspruch auf Sicherheitsleistung nach Abs. 2 Satz 2 schon dem Wortlaut nach bei jeder Forderung besteht (nicht nur bei „Kreditschulden"). „Noch nicht fällig" ist nur die Forderung, die weder fällig ist noch durch Erklärung des Grundstückseigentümers fällig gestellt werden kann.

13 b) Der Befreiungsanspruch richtet sich auf Verschaffung der Erklärungen des Gläubigers, die zur Aufgabe der dinglichen Haftung erforderlich sind (idR. also eine Löschung des auf das angekaufte Grundstück entfallenden nach § 63 Abs. 3 verteilten Rechts).

4. Pfandrecht, Abs. 3

14 a) In den Fällen, in denen der Nutzer vom Gläubiger eines Rechts den Verzicht nach § 63 Abs. 1 wegen Verstoßes gegen das Belastungsverbot des Moratoriums verlangt hat, „erwirbt" der Gläubiger im Range und Umfang seines Rechts ein (gesetzliches) Pfandrecht am zu zahlenden Kaufpreis, d. h. zunächst am Kaufpreisanspruch, sodann an dem geleisteten Gegenstand (§ 1287 Satz 1 BGB).

15 Rechte im Sinne des § 63 Abs. 1 sind auch Rechte im Sinne des § 62 Abs. 2 oder 63 Abs. 2.

16 b) Für das gesetzliche Pfandrecht am Kaufpreis gelten §§ 1273, 1275–1279, 1281–1290 BGB. Einer Anzeige nach § 1280 BGB an den Schuldner (= Käufer/Nutzer) bedarf es nicht, da das Pfandrecht kraft Gesetzes entsteht und der Käufer ohnehin das Entstehen des Pfandrechts anhand der Grundbucheintragung des Rechts nach § 63 Abs. 1 erkennen kann.

17 c) Das Pfandrecht tritt nicht im Wege dinglicher Surrogation an die Stelle des aufzugebenden Rechts, sondern entsteht mit der Entstehung des Kaufpreisanspruchs (= Abschluß der Beurkundungsverhandlung). Bis zur Aufgabe des Rechts bestehen beide Sicherungen nebeneinander.

18 Unzutreffend knüpft die Begründung, BR-Drucks. 515/93, S. 150, die Entstehung des Pfandrechts an den „Untergang der Sicherheit". Übersehen wird hierbei, daß die Sicherheit nach § 63 Abs. 1 nicht kraft Gesetzes, sondern erst mit Erfüllung des dort bestimmten schuldrechtlichen Anspruchs untergeht und ohne ein Pfandrecht der Gläubiger seinen Rang an Pfändungsgläubiger des Verkäufers verlieren könnte.

19 Allerdings ist der Nutzer zur Zahlung an den Pfandgläubiger Zug um Zug gegen Erfüllung des Gegenanspruchs nach § 63 Abs. 1 berechtigt, § 273 BGB.

20 d) Inhalt des Pfandrechts ist nach Abs. 3 Satz 2 grundsätzlich die Zahlung der geschuldeten Kapitals in Geld, andernfalls ein Anspruch auf Ersatz des Wertes der geschuldeten Leistung. Nicht auf Zahlung eines Kapitals gerichtete Ansprüche (Rente, Lieferung vertretbarer Sachen, Nutzungs- und Duldungspflichten) sind – gegebenenfalls nach Umrechnung in Geld – nach den Grundsätzen des Zwangsversteigerungsrechts zu kapitalisieren.

§ 64. Ansprüche gegen den Grundstückseigentümer   21–28 § 64

e) Bei mehreren Rechten richtet sich der Rang der Pfandrechte am Kauf- 21
preis nach dem Rang der Rechte. Zur Vermeidung von Streitigkeiten zwischen den Prätendenten von Pfandrechten oder zwischen dem Grundstückseigentümer und Pfandrechtsprätendenten über Bestehen, Rang und Inhalt dieser Rechte kann nach Abs. 3 Satz 3 jeder „Inhaber" eines Pfandrechts vom Nutzer die Hinterlegung des Kaufpreises verlangen (Abweichung von §§ 1281, 1282, dazu Begr., BR-Drucks. 515/93, S. 150).

Inhaber in diesem Sinne ist jeder dinglich Berechtigte im Sinne des § 63 22
Abs. 1, der sich der Entstehung eines Pfandrechts nach Abs. 3 Satz 1–2 berühmt. Keinen Anspruch nach Abs. 3 Satz 3 haben der Grundstückseigentümer oder der Nutzer. Insbesondere letzterer hat jedoch ein schützenswertes Interesse daran, an den „richtigen" zu leisten.

In diesem Fall hat der Käufer (Schuldner) die Möglichkeit, von sich aus 23
den Kaufpreis zu hinterlegen, § 372 Satz 2 BGB. In diesem Fall trägt er allerdings die Verantwortung für das Vorliegen der Tatbestandsvoraussetzungen der Hinterlegung als Erfüllungssurrogat. Er sollte daher auf Erteilung einer entsprechenden Weisung durch den Pfandrechtsprätendenten hinwirken.

Wird er vom Grundstückseigentümer bzw. Grundstückseigentümer und 24
Pfandgläubiger auf Zahlung verklagt, kann er nach § 75 ZPO vorgehen. Hat sich der Käufer, wie zumeist, der sofortigen Zwangsvollstreckung nach § 794 Abs. 1 Ziff. 5 ZPO unterworfen und betreibt der Gläubiger gegen ihn die Zwangsvollstreckung, so kann er als Kläger nach §§ 767, 797 Abs. 5 ZPO (= materiell Beklagter hinsichtlich des Kaufpreisanspruchs, dessen Vollstreckbarkeit im Streit steht) nicht entsprechend § 75 ZPO vorgehen (anders für die Widerklage *Stein/Jonas-Bork,* ZPO 21. Aufl., § 75 Rdz. 4.), da die Entscheidung über die Vollstreckungsgegenklage keine Rechtskraft hinsichtlich des materiellrechtlichen Anspruchs selbst entfaltet (prozessuale Gestaltungsklage: *Thomas-Putzo,* § 767 Rdz. 1).

In Betracht kommt daher ein zusätzlicher Antrag des gegen die Vollstrek- 25
kung klagenden Nutzers auf Feststellung des Nichtbestehens eines Zahlungsanspruchs des Grundstückseigentümers infolge Bestehens eines Pfandrechts (negative Feststellungsklage, § 256 ZPO (so zutreffend *Wolfsteiner,* Die vollstreckbare Urkunde, 1978, Rdz. 54.2; nicht zu folgen *Windel,* ZZP 102, 175/223), hinsichtlich derer der Kläger dem Pfandrechtsprätendenten den Streit verkündet (§ 72 ZPO). Zuständigkeit: §§ 12 ff. ZPO.

Im Fall des Eintritts des Prätendenten in den Rechtsstreit auf Seiten des 26
Feststellungsklägers entsprechend § 64 ZPO kann dann analog § 75 ZPO verfahren werden (trotz BGH KTS 1981, 217/218; Münchner Kommentar zur ZPO-*Schilken,* 1992, § 75 Rdz. 4: diese Zitate beziehen sich auf die positive Feststellungsklage, die nicht wie die negative Feststellungsklage Gegenstück zur Leistungsklage ist).

Die Vollstreckungsgegenklage selbst ist mit Vollzug der Hinterlegung 27
gemäß § 75 ZPO in der Hauptsache erledigt, § 91 a ZPO. Der Pfandrechtsprätendent hat nunmehr auf Erteilung einer Auszahlungsweisung an die Hinterlegungsstelle zu klagen, 13 Abs. 2 HinterlegungsO.

Der Grundstückseigentümer selbst hat keinen Anspruch auf Hinterlegung 28
des Kaufpreises, sondern ist auf eine Feststellungsklage gegen die Pfand-

rechtsprätendenten verwiesen, gerichtet auf Feststellung des Nichtbestehens eines Pfandrechts.

29 Die Hinterlegung (zugunsten der Prätendenten unter Rücknahmeverzicht nach § 376 Abs. 2 Nr. 1 BGB) erfolgt nach den Vorschriften des Bürgerlichen Rechts i. V. m. der HinterlegungsO. Eine Hinterlegung auf Notaranderkonto ist keine Hinterlegung im Sinne des Abs. 3 Satz 3.

30 f) Der Notar sollte eine derartige Eskalation vermeiden, die den Vollzug des Ankaufs erheblich verzögern kann. Hierzu bestehen u. a. folgende Möglichkeiten.
(1) Hinwirken auf einvernehmlich vereinbarte Auflagebeträge;
(2) Vereinbarung, wonach der Käufer mit befreiender Wirkung an den Hauptgläubiger (sofern Kreditinstitut) als Treuhänder leisten kann (Festgeldanlage) und der Kaufvertrag unabhängig vom Prätendentenstreit vollzogen werden kann;
(3) Hinterlegung des Kaufpreises auf Notaranderkonto (z. B. als Festgeld), im übrigen wie oben (2) (vgl. hierzu auch OLG Hamm, DNotZ 1994, 120–122).

31 Die Lösungen 2 und 3 haben zumindest den Vorteil, daß ein Streit über die Zulässigkeit der Hinterlegung als Erfüllungssurrogat nicht entsteht. Bei längerem Streit werden höhere Hinterlegungskosten durch Zinsvorteile gegenüber der in § 8 HinterlegungsO bestimmten Verzinsung überkompensiert.

5. Auskunfts- und Vorlageanspruch

32 Siehe § 36 Rdz. 35 und 41.

Unterabschnitt 3. Bestimmungen zum Inhalt des Vertrages

§ 65 Kaufgegenstand

(1) **Kaufgegenstand ist das mit dem Nutzungsrecht belastete oder bebaute Grundstück oder eine abzuschreibende Teilfläche.**
(2) **Ist eine Teilung eines bebauten Grundstücks nicht möglich oder unzweckmäßig (§ 66 Abs. 2), ist als Kaufgegenstand ein Miteigentumsanteil am Grundstück in Verbindung mit dem Sondereigentum an Wohnungen oder dem Teileigentum an nicht zu Wohnzwecken dienenden Räumen eines Gebäudes zu bestimmen.**

Übersicht

	Rdz.
1. Allgemeines	1
2. Einzelfragen	7

1. Allgemeines

Die Vorschrift stellt einen allgemeinen Grundsatz zur Bestimmung des Kaufgegenstands auf, der in §§ 66 und 67 weiter konkretisiert wird. 1

Kaufgegenstand ist kann hiernach sein 2
– ein ganzes, vermessenes, mit dem Nutzungsrecht belastetes Grundstück i. S. d. § 21 Satz 1, § 65 Abs. 1 Fall 1;
– eine mit dem Nutzungsrecht belastete abzuschreibende Teilfläche i. S. d. 3
§ 66 Abs. 1 i. V. m. §§ 22 bis 27, §§ 85, 86, § 65 Abs. 1 Fall 2;
– ein Miteigentumsanteil an einem mit dem Nutzungsrecht belastetem 4
Grundstück (bzw. einer Grundstücksteilfläche) in Verbindung mit Wohnungs- oder Teileigentum, wenn eine Grundstücksteilung nicht möglich oder unzweckmäßig ist, § 65 Abs. 2.

Zwischen diesen Möglichkeiten besteht ein Rangverhältnis; insbesondere 5
hat kein Beteiligter ein Wahlrecht zwischen der Übertragung einer Teilfläche oder von Wohnungs- und Teileigentum.

Zur weiteren Möglichkeit des Erwerbs von Bruchteilseigentum siehe § 66 6
Rdz. 11–12.

2. Einzelfragen

a) „Mit dem Nutzungsrecht belastet" im Sinne des Abs. 1 ist nicht im 7
technischen Sinne gemeint, d. h. auf ein dingliches Recht (z. B. Nutzungsrecht nach dem ZGB) bezogen. Vielmehr ist unter Belastung mit dem Nutzungsrecht hier das dingliche, obligatorische oder faktische Unterworfensein unter die Herrschaftsrechtsposition des Nutzers zu verstehen, d. h. das Bestehen eines Nutzungstatbestands.

b) Grundstück im Sinne des Abs. 2 ist auch eine Grundstücksteilfläche, 8
soweit eine solche zulässigerweise gebildet werden kann, um dann weiter in Wohnungs- und Teileigentum aufgeteilt zu werden.

c) Mit „zu bestimmen" in Abs. 2 ist nicht etwa eine Leistungsbestimmung 9
durch Partei, Notar oder Richter gemeint. Vielmehr ist Bestimmung im Sinne dieser Vorschrift die Erfüllung des Anspruch des Berechtigten (§ 67) auf Begründung von Sondereigentum, im Rahmen dessen dem gestaltenden Notar allerdings ein nicht überprüfbarer Beurteilungsspielraum zukommt (§ 40 Rdz. 8, § 42 Rdz. 16).

§ 66 Teilflächen

(1) **Die Bestimmung abzuschreibender Teilflächen ist nach den §§ 22 bis 27 vorzunehmen. Die Grenzen dieser Flächen sind in dem Vertrag zu bezeichnen nach**
1. **einem Sonderungsplan, wenn die Grenzen der Nutzungsrechte in einem Sonderungsbescheid festgestellt worden sind,**
2. **einem Lageplan oder**
3. **festen Merkmalen in der Natur.**

(2) **Eine Abschreibung von Teilflächen ist nicht möglich, wenn mehrere**

§ 66 1–5   Kapitel 2. Nutzung fremder Grundstücke

Nutzer oder der Nutzer und der Grundstückseigentümer abgeschlossene Teile eines Gebäudes unter Ausschluß des anderen nutzen oder wenn die Teilungsgenehmigung nach § 120 zu einer Teilung des Grundstücks versagt wird. Eine Teilung ist unzweckmäßig, wenn gemeinschaftliche Erschließungsanlagen oder gemeinsame Anlagen und Anbauten genutzt werden und die Regelungen für den Gebrauch, die Unterhaltung der Anlagen sowie die Verpflichtung von Rechtsnachfolgern der Vertragsparteien einen außerordentlichen Aufwand verursachen würden. § 40 Abs. 2 ist entsprechend anzuwenden.

Übersicht

	Rdz.		Rdz.
1. Allgemeines	1	4. Nicht abgeschlossene Gebäudeteile	11
2. Bestimmung	3		
3. Keine Grundstücksteilung	6	5. Verfahrensrecht	13

1. Allgemeines

1   § 66 enthält in Abs. 1 nähere Regelungen für die Bestimmung einer zu verkaufenden Teilfläche im Vertrag, sofern sich der Anspruch auf eine Teilfläche richtet (§ 65 Abs. 1 Fall 2, §§ 21 Satz 2 i. V. m. 22–27).

2   In Abs. 2 werden die Tatbestandsvoraussetzungen des § 67 normiert. Das Anspruchsziel selbst enthält § 67.

2. Bestimmung, Abs. 1

3   a) Mit der Verweisung auf §§ 22–27 in Abs. 1 Satz 1 ist klargestellt, daß nachfolgender Abs. 1 Satz 1 insoweit keine anderweitigen Regelungen trifft. Abs. 1 Satz 2 konkretisiert unter Berufung auf BGHZ 74, 116/120 (die Entscheidung behandelt allerdings den anders gelagerten Fall der *falsa demonstratio*) nur die zur hinreichenden Bestimmtheit von Teilflächen im Rahmen des § 313 BGB und des allgemeinen schuldrechtlichen Bestimmtheitsgebots entwickelten Grundsätze (Begr. BR-Drucks. 515/93, S. 150). Zu den Anforderungen an einen Sonderungs- oder anderen Lageplan siehe § 39 Rdz. 16–19. Ein Zurückgehen hinter die allgemein gestellten Anforderungen an die Bestimmtheit verkaufter Teilflächen im Rahmen des § 313 BGB ist jedoch nicht beabsichtigt.

4   b) Von der Möglichkeit des Abs. 1 Satz 2 Nr. 3 sollte nur mit äußerster Zurückhaltung Gebrauch gemacht werden. „Feste Merkmale" in der Natur können sich als nicht von Dauer oder als verrückbar erweisen. Der Notar sollte in aller Regel auf der Vorlage eines hinreichend bestimmten Lageplans bestehen.

5   Hinreichende Grundlage für die Eintragung einer Auflassung in das Grundbuch bietet, soweit die Teilfläche nicht anderweitig bereits vermessen ist und hierüber ein geprüfter Auszug aus dem Messungsverzeichnis (Veränderungsnachweis) vorliegt, nur ein Sonderungsplan im Sinne von Abs. 1 Satz 2 Nr. 1. Andere Lagepläne und anderweitige Bezeichnungen nach Abs. 1 Satz 2 Nr. 1 und 2 genügen jedenfalls § 28 GBO nicht (Begr. BR-

Drucks. 515/93, S. 151 unter Hinweis auf BGH NJW 1986, 1867/1868; hierzu auch *Horber/Demharter,* § 28 Rdz 14).

3. Keine Grundstücksteilung, Abs. 2

Abs. 2 enthält Regelungen für die nicht mögliche (Satz 1) oder unzweckmä- 6
ßige (Sätze 2 und 3) Teilung des Grundstücks.
a) Abs. 2 Satz 1 entspricht § 40 Abs. 1 Hiernach ist die Grundstücksteilung 7
dann ausgeschlossen, wenn der Nutzer und der Grundstückseigentümer oder mehrere Nutzer abgeschlossene Teile eines (einheitlichen) Gebäudes unter Ausschluß der anderen nutzen (§ 40 Rdz. 23–27) oder wenn die Teilungsgenehmigung nach § 120 versagt wird (§ 40 Rdz. 28–31).
Zum Anspruch auf Duldung der Herstellung der Abgeschlossenheit Vor- 8
bem. vor §§ 39ff., Rdz. 5.
b) Abs. 2 Satz 2 entspricht § 40 Abs. 2 auf den in Abs. 2 Satz 3 verwiesen 9
wird. Zur Unzweckmäßigkeit der Teilung § 40 Rdz. 32–46).
Satz 2 enthält wie § 40 Abs. 2 hinsichtlich des Tatbestandsmerkmals „un- 10
zweckmäßig" notardispositives Recht (§ 40 Rdz. 8).

4. Nicht abgeschlossene Gebäudeteile

Nutzen mehrere Nutzer nicht abgeschlossene Teile eines einheitlichen Ge- 11
bäudes, so steht ihnen entsprechend §§ 66 Abs. 2, 67 das Recht zum Ankaufs des Grundstücks als Berechtigte zu Bruchteilen zu (Vorbem. vor §§ 39ff., Rdz. 6).
§§ 66 Abs. 2, 67 geben jedoch keinen Anspruch auf Begründung einer 12
Bruchteilsgemeinschaft zwischen Nutzer und Grundstückseigentümer. Der Erst-recht-Schluß versagt hier aufgrund des § 751 Satz 2 BGB, der zu einer vom Zweck des SachenRBerG nicht gedeckten Entziehung des Eigentums am Grundstück für den Grundstückseigentümer führen kann. Hier ist nur die Begründung eines Erbbaurechts für den Grundstückseigentümer selbst und den Nutzer als Bruchteilsberechtigte möglich (hierzu und zu den Bedingungen des Erbbaurechtsvertrags im einzelnen Vorbem. vor §§ 39, 40, Rdz. 6).

5. Verfahrensrecht

Für das Verfahren zur Bestimmung der abzuschreibenden Teilfläche gelten 13
die §§ 85, 86. Von besonderer Bedeutung ist § 85 Abs. 2. Die hiernach zulässige privatrechtliche Einigung wird zumeist dazu führen, daß bis zu einer durchzuführenden Vermessung zunächst nur eine Auflassungsvormerkung für den Nutzer zur Eintragung gelangt. Eine Kaufpreisfinanzierung des Nutzers kann dann entweder durch Verpfändung seiner Übereignungsansprüche oder durch Belastung des Gesamtgrundstücks mit Freigabevormerkung für die nicht verkaufte Restfläche gesichert werden (hierzu § 61 Rdz. 7–9).
Denkbar ist auch die Auflassung des ganzen Grundstücks mit Rückübertra- 14
gungsvormerkung für den Eigentümer.

§ 67 Begründung von Wohnungs- oder Teileigentum

(1) In den Fällen des § 66 Abs. 2 kann jeder Beteiligte verlangen, daß anstelle einer Grundstücksteilung und Veräußerung einer Teilfläche Wohnungs- oder Teileigentum begründet und veräußert wird. Die Verträge sollen folgende Bestimmungen enthalten:
1. Sofern selbständiges Gebäudeeigentum besteht, ist Wohnungs- oder Teileigentum durch den Abschluß eines Vertrages nach § 3 des Wohnungseigentumsgesetzes über das Gebäude und eine Teilung des Grundstücks nach § 8 des Wohnungseigentumsgesetzes zu begründen und auf die Nutzer zu übertragen.
2. In anderen Fällen hat der Grundstückseigentümer eine Teilung entsprechend § 8 des Wohnungseigentumsgesetzes vorzunehmen und Sondereigentum und Miteigentumsanteile an die Nutzer zu veräußern.

(2) Der Anspruch nach Absatz 1 besteht nicht, wenn
1. der von einem Nutzer zu zahlende Kaufpreis bei der Begründung von Wohnungseigentum nach § 1 Abs. 2 des Wohnungseigentumsgesetzes mehr als 30 000 Deutsche Mark oder von Teileigentum nach § 1 Abs. 3 jenes Gesetzes mehr als 100 000 Deutsche Mark betragen würde und
2. der betreffende Nutzer die Begründung von Wohnungserbbaurechten verlangt.

(3) Wird Wohnungs- oder Teileigentum begründet, so können die Nutzer eine Kaufpreisbestimmung verlangen, nach der sie dem Grundstückseigentümer gegenüber anteilig nach der Größe ihrer Miteigentumsanteile zur Zahlung des Kaufpreises verpflichtet sind.

(4) Die Beteiligten sind verpflichtet, an der Erlangung der für die Aufteilung erforderlichen Unterlagen mitzuwirken. § 40 Abs. 4 ist entsprechend anzuwenden.

Übersicht

	Rdz.		Rdz.
1. Allgemeines	1	c) Einzelfragen der Aufteilung	14
2. Aufteilung	3	3. Ausschluß des Anspruchs	20
a) Aufteilung bei Gebäudeeigentum	6	4. Einzelfragen des Kaufvertrags	23
b) Aufteilung in anderen Fällen	12		

1. Allgemeines

1 a) Während die Voraussetzungen für den Anspruch auf Ankauf von zu bildendem Sondereigentum sich nach §§ 65 Abs. 2, 66 Abs. 2 bestimmen, legt § 67 den Inhalt des Anspruchs selbst fest. Die Vorschrift entspricht somit § 40 Abs. 3 und 4.

2 b) Zu Fragen der Aktiv- und Passivlegitimation bei der Geltendmachung des Anspruchs § 40 Rdz. 10–21. Zu Einwendungen und Einreden bei Personenmehrheiten vgl. Vorbem. vor §§ 28ff., Rdz. 13–24.

§ 67. Begründung von Wohnungs- oder Teileigentum 3–11 § 67

2. Aufteilung, Abs. 1

Nach allgemeinen Vorschriften wäre der Erwerb zu begründenden Wohnungs- und Teileigentums wie folgt möglich: 3
(1) Mehrere Nutzer erwerben die vom Nutzungsrecht erfaßte Fläche zu Bruchteilen und teilen sie sodann nach § 3 WEG auf. 4
(2) Der Grundstückseigentümer teilt das Grundstück selbst nach § 8 WEG auf und veräußert Sondereigentumseinheiten an den Nutzer. 5

a) Aufteilung bei Gebäudeeigentum, Abs. 1 Nr. 1

aa) Die Begründung von Wohnungs- und Teileigentum nach allgemeinen Regeln scheitert in den Fällen der Sachenrechtsbereinigung dann, wenn Gebäudeeigentum gegeben ist. Dann nämlich ist das Gebäude selbständig und nicht Bestandteil des Grundstücks. In diesen Fällen ist die Begründung von Wohnungs- und Teileigentum nur dann möglich, wenn das Gebäudeeigentum aufgegeben wird. 6
bb) Daher sieht Abs. 1 Nr. 1 folgenden Weg der Begründung von Wohnungs- und Teileigentum vor, wenn Gebäudeeigentum besteht (§ 1 Rdz. 21 ff.): 7
(1) Die Nutzer (eventuell unter Einschluß des abgeschlossene Gebäudeteile nutzenden Grundstückseigentümers), die Miteigentümer nach § 34 Abs. 2 ZGB, Art. 233 § 9 EGBGB, § 1008 BGB sind (Begr. BR-Drucks. 515/93, S. 151), teilen das Gebäude nach § 3 WEG in Wohnungs- und Teileigentum auf. 8
(2) Parallel dazu (zweckmäßigerweise in derselben Urkunde) teilt der Grundstückseigentümer das Grundstück nach § 8 WEG auf und überträgt die hiernach gebildeten Einheiten kaufweise auf den Nutzer. 9
(3) Da die Aufteilung des Grundstücks nach § 8 WEG mangels eines Gebäudes, welches wesentlicher Bestandteil des Grundstücks ist, noch nicht wirksam ist (vgl. *Palandt-Bassenge*, § 1 WEG Rdz. 7–8), bedarf es zwingend der Aufgabe des Gebäudeeigentums nach § 78 Abs. 1 Satz 3, damit vollwirksames Wohnungseigentum entsteht. Bis dahin ist die Gemeinschaft der Nutzer hinsichtlich des Grundstücks eine werdende Gemeinschaft (hierzu *Palandt-Bassenge*, Überbl vor § 1 WEG Rdz. 6). 10
cc) Zweckmäßig erscheint demnach folgender Urkundenaufbau: 11
Teil A: Sachstand
Teil B: Begründung von Wohnungs- und Teileigentum
   I. Aufteilung des Gebäudes nach § 3 WEG
   II. Aufteilung des Grundstücks nach § 8 WEG
   III. Aufgabe des Gebäudeeigentums
Teil C: Kaufverträge
Anlagen: Aufteilungstabelle zu B I. und II.
   Aufteilungspläne zu B I. und II.
   Gemeinschaftsordnung zu B I. und II.
   Kaufpreistabelle zu C.

b) Aufteilung in anderen Fällen, Abs. 1 Nr. 2

12   aa) In anderen Fällen, d. h. wenn kein Gebäudeeigentum besteht, nimmt der Grundstückseigentümer nach Abs. 1 Nr. 2 eine Aufteilung des Grundstücks (und Gebäudes) nach § 8 WEG vor und überträgt die gebildeten Einheiten auf die jeweiligen Nutzer.

13   bb) Zweckmäßig erscheint folgender Urkundenaufbau:
Teil A: Sachstand
Teil B: Aufteilung nach § 8 WEG
Teil C: Kaufverträge
Anlagen: Aufteilungstabelle zu B
Aufteilungspläne zu B
Gemeinschaftsordnung zu B
Kaufpreistabelle zu C.

c) Einzelfragen der Aufteilung

14   Muster von Aufteilungen nach §§ 3 und 8 WEG in Münchner Vertragshandbuch-*Schmidt,* Band IV/2, Form. IX. 1–4.

15   Vorgaben für den Inhalt der Gemeinschaftsordnung enthält das SachenR-BerG nicht. Insofern gilt das WEG als notardispositives Recht (§ 40 Rdz. 8, § 42 Rdz. 13–36). Zur Bildung der Miteigentumsanteile der Nutzer und der Verteilung von Kosten und Lasten des Gemeinschaftseigentums siehe § 40 Rdz. 53–55.

16   Bei der Bildung von Wohnungs- und Teileigentum kann auch vor Durchführung einer Vermessung die Abtrennung der nicht vom Nutzungsrecht erfaßten Fläche erforderlich sein (Kombination von §§ 66 Abs. 1 Satz 2 und 67). In diesem Fall ist der Anspruch des Grundstückseigentümers/Verkäufers auf Rückübertragung der nicht erfaßten Flächen durch die Wohnungs- und Teileigentümer wie folgt zu sichern:

17   (1) Bewilligung einer erstrangigen Rückübertragungsvormerkung in den Kaufverträgen.
(2) Vereinbarung in der Teilungserklärung, daß diese mit Vollzug der Rückübertragung geändert ist.
(3) Vollmacht für den Vollzug der Rückübertragung mit Weitergabeverpflichtung (hierfür evtl. Verwalterzustimmung vorsehen).

18   Sofern auf der zurückzuübertragenden Teilfläche Gebäude aufstehen, müssen diese zunächst in die Aufteilung mit einbezogen werden. Insoweit empfiehlt sich die Begründung unechten Wohnungseigentums entsprechend Münchner Vertragshandbuch-*Schmidt,* Band IV/2, Form. IX.3.

19   Abs. 4 enthält eine § 40 Abs. 4 entsprechende Mitwirkungspflicht der Beteiligten an der Erlangung der Aufteilungspläne und der Abgeschlossenheitsbescheinigung auf. Gleiches gilt für zur Aufteilung erforderliche behördliche Genehmigungen (etwa nach § 22 BauGB). Zu weiteren Fragen, insbesondere Kosten siehe § 40 Rdz. 55–56.

3. Ausschluß des Anspruchs, Abs. 2

Entsprechend § 15 Abs. 2 ist der Anspruch in den Fällen des Abs. 2 Nr. 1 20
ausgeschlossen (Begr. BR-Drucks. 515/93, S. 151).

Darüberhinaus besteht der Anspruch auch dann nicht, wenn auch nur 21
einer von mehreren Nutzern die Begründung von Wohnungserbbaurechten
nach § 40 verlangt, Abs. 2 Nr. 2. Dadurch ist die mögliche Konkurrenz von
Ansprüchen nach § 40 und § 67 zugunsten § 40 entschieden. Verlangt der
Nutzer die Bildung von Teilerbbaurechten, gilt entsprechendes.

Das Verlangen eines Nutzers nach § 40 schließt den Anspruch nach § 67 22
jedoch nur dann aus, wenn und soweit diesem Nutzer das Wahlrecht nach
§ 15 Abs. 1 (noch) zusteht.

4. Einzelfragen des Kaufvertrags, Abs. 3

Entsprechend § 40 Abs. 3 (§ 40 Rdz. 52–55) stellt Abs. 3 klar, daß für den 23
Kaufpreis mehrere Nutzer nur anteilig im Verhältnis ihrer Miteigentumsanteile haften (Teilschuldnerschaft, § 420 BGB: Begr. BR-Drucks. 515/93,
S. 151). Die Beteiligten sind einander jedoch zur wertentsprechenden Bemessung der Miteigentumsanteile verpflichtet (§ 40 Rdz. 54).

Vorbemerkung vor §§ 68 ff.

Wesentlicher Inhalt des aufgrund Ausübung des Ankaufsrechts zu schlie- 1
ßenden Kaufvertrags ist neben der Bestimmung des Kaufobjekts die Bestimmung des Kaufpreises. Entsprechend §§ 43 ff. macht das Gesetz insoweit
detaillierte Vorgaben zur Leistungsbestimmung.

§ 68 Abs. 1 verweist insoweit auf den Halbteilungsgrundsatz und das Ver- 2
kehrswertprinzip. In Sonderfällen kommt es aufgrund der nachfolgenden
Vorschriften zu einer Korrektur dieses Ergebnisses nach oben oder unten.

Zu einer Ermäßigung führen: 3
– § 68 Abs. 2 (Kaufpreiskonto entsprechend § 51),
– § 73 Abs. 1 (Vergünstigungen für komplexen Wohnungsbau).

Zu einer Erhöhung führen: 4
– § 69 (kurze Gebäuderestnutzungsdauer),
– § 70 (voller Verkehrswert bei Nutzungsänderung entsprechend § 47 oder
  bei Mehrfläche),
– § 71 (Nachzahlung bei spekulativen Geschäften entsprechend § 48),
– § 73 Abs. 2–3, 5 (Nachzahlung bei Verlust der Vergünstigung nach § 73),
– § 74 (Zuschlag für Gebäude bei Überlassungsverträgen entsprechend
  § 38).

Sowohl Erhöhungen als auch Ermäßigungen sind nach § 72 möglich. 5

§ 68 Regelmäßiger Preis

(1) Der Kaufpreis beträgt die Hälfte des Bodenwerts, soweit nicht im folgenden etwas anderes bestimmt ist.

(2) Macht der Nutzer dem Grundstückseigentümer im ersten Jahr nach dem 1. Oktober 1994 ein Angebot für einen Grundstückskaufvertrag oder beantragt er innerhalb dieser Zeit das notarielle Vermittlungsverfahren zum Abschluß eines solchen Vertrages, so kann er eine Ermäßigung des nach Absatz 1 ermittelten Kaufpreises um fünf vom Hundert für den Fall verlangen, daß der ermäßigte Kaufpreis innerhalb eines Monats gezahlt wird, nachdem der Notar dem Käufer mitgeteilt hat, daß alle zur Umschreibung erforderlichen Voraussetzungen vorliegen. Wird das Angebot im zweiten Jahr nach dem 1. Oktober 1994 gemacht oder innerhalb dieser Zeit das notarielle Vermittlungsverfahren beantragt, so beträgt die Ermäßigung zweieinhalb vom Hundert. Die Ermäßigung ist ausgeschlossen, wenn zuvor ein Erbbauzins an den Grundstückseigentümer zu zahlen war. Die Ermäßigung fällt weg, wenn der Käufer den Vertragsschluß wider Treu und Glauben erheblich verzögert.

Übersicht

	Rdz.		Rdz.
1. Grundregel	1	b) Ausschluß des Kaufpreiskontos	18
2. Kaufpreiskonto	3	3. Rechtsfolgen	27
a) Voraussetzungen des Kaufpreiskontos	5	4. Beweislast	31

1. Grundregel, Abs. 1

1 a) Abs. 1 sieht als regelmäßigen Kaufpreis entsprechend den Bestimmungen des § 43 den halben Bodenwert vor, zu ermitteln nach den allgemeinen Vorschriften der §§ 19, 20. Untergrenze des Kaufpreises ist zur Vermeidung von Wertungswidersprüchen zum Vermögensgesetz in Anknüpfung an die Vorschriften des Entschädigungsrechts der DDR (vgl. hierzu *Fieberg/Reichenbach/Messerschmidt/Schmidt-Räntsch*, VermG, Einf. VermG Rdz. 17–18) der 1,3-fache Einheitswert 1935 (§ 43 Rdz. 9).

2 b) Maßgeblicher Zeitpunkt für die Bodenwertermittlung ist die Geltendmachung des Anspruchs nach § 61 (nicht die Abgabe eines formgerechten Kaufangebots, § 32 Rdz. 4–14).

2. Kaufpreiskonto, Abs. 2

3 Entsprechend § 51 will das SachenRBerG die schnelle Einigung zwischen Nutzer und Grundstückseigentümer fördern. Zudem dient der Ankauf der Sachenrechtsbereinigung eher als die Erbbaurechtslösung (Entlastung der Grundbücher, übersichtlichere Eigentumsverhältnisse). Prämiert wird daher der raschen Kaufentschluß des Nutzers. Das Anliegen der Vorschrift wird jedoch durch die sie überwiegenden Vorteile der Kumulierung von §§ 51 und 57 konterkariert (§ 51 Rdz. 2–5). Der Grundstückseigentümer hat schon aus Gründen des früheren Liquiditätszuflusses ein Interesse am alsbaldigem Vertragsschluß (Begr. BR-Drucks. 515/93, S. 152).

Die Vorschrift ist rechtspolitisch nicht unbedenklich, da sie den Nutzer zu der möglicherweise unüberlegten Entscheidung drängt, den Ankauf der vom Nutzungstatbestand erfaßten Fläche zu verlangen. Die Auswirkungen einer Verschuldung des Nutzers infolge der Kaufpreisfinanzierung sollten nicht vorschnell außer acht gelassen werden. 4

a) Voraussetzungen des Kaufpreiskontos

Voraussetzungen der Inanspruchnahme des Kaufpreiskontos sind: 5

(1) Angebot des Nutzers auf Abschluß eines Kaufvertrags oder Antrag auf notarielles Vermittlungsverfahren zum Abschluß eines Kaufs, Abs. 2 Sätze 1–2. 6

Nach dem Gesetzeswortlaut ist ein beurkundetes Angebot erforderlich. Diese Regelung beruht auf dem Wortlaut des § 62 Abs. 1 und erscheint aus den dort (§ 62 Rdz. 4–5) genannten Gründen nicht sachgerecht. Ausreichend ist die (formfreie) Erklärung des Nutzers, das Ankaufsrecht ausüben zu wollen, sofern in dieser Erklärung, insbesondere hinsichtlich erfaßter Fläche und Kaufpreis, annahmefähige Bedingungen unterbreitet werden. Bei geringfügigen Abweichungen zwischen der (formfreien) Ausübungserklärung und dem endgültigen Vertrag besteht nach dem Rechtsgedanken des § 44 Abs. 2 Satz 2 das Recht auf den Kaufpreiskonto fort. 7

Dem Risiko, ein annahmefähiges Angebot unterbreiten zu müssen, kann der Nutzer entgehen, wenn er die Durchführung eines Vermittlungsverfahrens nach §§ 87 ff. mit dem Ziel des Ankaufs beantragt. Der Antrag muß jedenfalls innerhalb der in § 68 Abs. 2 Sätze 1 bzw. 2 bestimmten Fristen den Vorgaben des § 90 entsprechen. 8

Auch bei Ausübung des Ankaufsrechts durch den Grundstückseigentümer nach § 16 Abs. 3 oder § 61 Abs. 2 kann der Nutzer in den Genuß des Skontos kommen, wenn er fristgerecht (aber formfrei) annahmefähige Bedingungen unterbreitet, mag es auch an der Antragsberechtigung des Nutzers nach § 87 Abs. 2 in diesem Fall fehlen. 9

Falls der Grundstückseigentümer am Zinsvorteil durch frühere Zahlung des Kaufpreises nicht interessiert ist, kann er seinen Anspruch nach §§ 16 Abs. 2, 61 Abs. 2 erst geltend machen, wenn die Fristen nach § 68 Abs. 2 abgelaufen sind. Erforderlich ist dann auf Seite des Grundstückseigentümers die Verwahrung gegen den Verwirkungseinwand bei Übergang des Wahlrechts nach § 16 Abs. 3. Der Nutzer kann durch (formfreie) Unterbreitung annahmefähiger Bedingungen auch hier in den Genuß des Skontos gelangen. 10

(2) Zugang des Angebots bzw. der annahmefähigen Ausübungserklärung bzw. Stellung eines §§ 87, 90 entsprechenden Antrags bei einem nach § 88 zuständigen Notar bis zum 30. 9. 1995 bzw. bis zum 30. 9. 1996, Abs. 2 Sätze 1 bzw. 2. 11

(3) Vorbehaltlose und auflagenfreie Zahlung des gesamten Kaufpreises an 12

den Verkäufer bzw. ablöseberechtigte Gläubiger/Pfandgläubiger nach § 64 Abs. 3 innerhalb eines Monats nach Bestätigung des Notars, daß alle zur Umschreibung erforderlichen Voraussetzungen vorliegen, Abs. 2 Satz 1.

13 Diese nur in Abs. 2 Satz 1 enthaltene Voraussetzung gilt auch im Fall des Abs. 2 Satz 2.

14 Die Zahlung des Kaufpreises muß vorbehaltlos und auflagenfrei erfolgen. Ein Verzicht auf Bereicherungsansprüche nach §§ 812ff. ist jedoch nicht notwendig. Anstelle der Erfüllung (Zahlung) sind auch Erfüllungssurrogate zulässig und ausreichend, wenn ihre Voraussetzungen im Einzelfall gegeben sind (Aufrechnung, Leistung an Erfüllungs statt, Hinterlegung, z. B. nach §§ 64 Abs. 3 Satz 3 SachenRBerG, 372 Satz 2 BGB, 75 ZPO. Hierzu § 64 Rdz. 23–24, 29–31).

15 Die zur Umschreibung (des Eigentums) erforderlichen Voraussetzungen sind nach dem Sinn und Zweck der Regelung nur die nach allgemeinen kautelarjuristischen Grundsätzen zu vereinbarenden Voraussetzungen der Kaufpreisfälligkeit, d. h. die Eintragung der Auflassungsvormerkung, Sicherung der Lastenfreistellung, Nichtbestehen oder Nichtausübung von Vorkaufsrechten, Erteilung erforderlicher Genehmigungen. Nicht erforderlich, da im Belieben des Käufers stehend, ist die Erteilung der nach § 22 GrEStG erforderlichen steuerlichen Unbedenklichkeitsbescheinigung.

16 Einen festen Endtermin für die Zahlung des Kaufpreises gibt das Gesetz nicht vor.

17 Verzögert jedoch der Käufer die Herstellung der „zur Umschreibung erforderlichen Voraussetzungen", so kann dies zum Wegfall des Kaufpreisskontos in analoger Anwendung von Abs. 2 Satz 4 führen (Rechtsgedanke des § 242 BGB).

b) Ausschluß des Kaufpreisskontos

18 In folgenden Fällen ist der Anspruch auf Gewährung des Kaufpreisskontos ausgeschlossen:

19 (1) Hat sich der Nutzer zunächst für die Bestellung eines Erbbaurechts entschieden und hierfür bereits Erbbauzins oder Nutzungsentschädigung nach § 44 Abs. 2 Satz 3 geleistet, so ist der Anspruch auf Kaufpreiskonto ausgeschlossen, Abs. 2 Satz 3.

20 Hierdurch soll eine Kumulation der Vorteile von § 51 und § 68 Abs. 2 ausgeschlossen werden (Begr. BR-Drucks. 515/93, S. 152).

21 Zum letztmöglichen Zeitpunkt für die Änderung der getroffenen Wahl nach § 15 Abs. 1 bzw. den Vorbehalt des Wahlrechts bei Geltendmachung von Ansprüchen siehe § 15 Rdz. 5. Denkbar ist ein Ausschluß nach Abs. 2 Satz 3 somit nur dann, wenn der Nutzer sich sein Wahlrecht trotz Verlangen nach einem Erbbaurecht vorbehalten hatte und der Grundstückseigentümer nicht nach § 16 Abs. 2 und 3 vorgegangen ist oder die Ausübungserklärung nach § 15 Abs. 1 unwirksam ist (z. B. infolge erfolgreicher Anfechtung).

22 (2) Erhebliche Verzögerung des Vertragsschlusses durch den Käufer wider Treu und Glauben, Abs. 2 Satz 4.

In der Fassung des Regierungsentwurfs sollte bereits die vom Käufer zu 23
vertretende Verzögerung des Vertragsschlusses oder der Zahlung zum
Wegfall des Kaufpreiskontos führen (hierzu Begr. BR-Drucks. 515/93,
S. 152). Diese weite Fassung hat der Bundesrat als in besonderem Maße
streitträchtig beanstandet (BT-Drucks. 12/5992, S. 196). Die jetzige Fassung folgt dem Vorbild des § 162 BGB und setzt in Anbetracht der
gravierenden und schematischen Sanktion eine erhebliche und auf Käuferseite treuwidrige Verzögerung voraus.

Feste Maßstäbe für die Erheblichkeit der Verzögerung bestehen nicht. 24
Abzustellen ist einerseits auf die Dauer der Verzögerung, andererseits auf
die Höhe des Kaufpreises. Im Normalfall (Eigenheim) wird die Verzögerung den Zeitraum weniger Wochen übersteigen müssen. Bei wirtschaftlich bedeutenderen Vorhaben (z. B. komplexer Wohnungsbau) können
jedoch auch kürzere Zeiträume bereits „erheblich" sein.

Treuwidrig ist nicht schon jedes fahrlässige Verhalten, aber jedenfalls ein 25
solches, das in besonderem Maße den Willen zur rücksichtslosen Durchsetzung eigener Interessen offenbart.

Die Verzögerung muß sich auf den Vertragsschluß beziehen. Eine Verzö- 26
gerung bei der Herstellung der zur Umschreibung erforderlichen Voraussetzungen im Sinne des Abs. 2 Satz 1 kann jedoch dazu führen, daß
dem Anspruch auf Skonto nach allgemeinen Grundsätzen (§ 242 BGB)
der Einwand unzulässiger Rechtsausübung entgegensteht.

3. Rechtsfolgen

a) Abs. 2 führt nicht zu einer automatischen Kaufpreisminderung infolge 27
teilweisen Erlöschens des Zahlungsanspruchs, sondern gibt dem Käufer nur
eine Einrede gegen den Anspruch des Verkäufers bzw. einen Anspruch auf
Rückgewähr etwa bereits zuviel gezahlter Beträge.

Bemessungsgrundlage für die Skonti von 5 bzw. 2,5% ist nicht der nach 28
§§ 68 Abs. 1, 69–70 im Vertrag zu vereinbarende Kaufpreis, sondern nur der
Kaufpreis nach § 68 Abs. 1. Dies folgt aus dem Wortlaut des § 68 Abs. 2
Satz 1 („nach Absatz 1 ermittelten Kaufpreises").

Vertragliche Vereinbarungen hierüber sind nur zur Vermeidung von Strei- 29
tigkeiten über das Vorliegen der Tatbestandsvoraussetzungen des § 68
Abs. 2 zweckmäßig. Ansonsten besteht der Anspruch auf das Kaufpreisskonto kraft Gesetzes.

b) Formulierungsvorschlag: 30

„Der vorgenannte Kaufpreis mindert sich um ... vom Hundert, wenn der Käufer
seine Zahlungspflicht innerhalb eines Monats nach Zugang der Fälligkeitsmitteilung
des Notars vertragsgemäß erfüllt."

4. Beweislast

Für die Höhe des Kaufpreises nach Abs. 1 beweispflichtig ist derjenige, der 31
sich auf einen bestimmten Grundstückswert beruft.

32 Für die Voraussetzungen des Kaufpreiskontos nach Abs. 2 Sätze 1–2 trägt der Käufer die Beweislast, für den Ausschluß des Skontos nach Abs. 2 Sätze 3 oder 4 der Verkäufer.

§ 69 Preisanhebung bei kurzer Restnutzungsdauer des Gebäudes

(1) Der nach § 68 zu bestimmende Kaufpreis ist auf Verlangen des Grundstückseigentümers wegen kurzer Restnutzungsdauer des Gebäudes zu erhöhen, wenn
1. das Gebäude zu anderen als zu Wohnzwecken genutzt wird,
2. dem Nutzer ein Nutzungsrecht nicht verliehen oder nicht zugewiesen worden ist oder die Restlaufzeit eines Nutzungs- oder Überlassungsvertrages kürzer ist als die regelmäßige Dauer des Erbbaurechts und
3. die Restnutzungsdauer des Gebäudes zum Zeitpunkt des Ankaufsverlangens kürzer ist als die regelmäßige Dauer eines Erbbaurechts.

(2) Zur Bestimmung der Preisanhebung sind die Bodenwertanteile eines Erbbaurechts mit der Restnutzungsdauer des Gebäudes und eines Erbbaurechts mit der regelmäßigen Laufzeit nach § 53 zu errechnen. Der Bodenwertanteil des Nutzers ist nach dem Verhältnis der Bodenwertanteile der in Satz 1 bezeichneten Erbbaurechte zu ermitteln. Der angehobene Preis errechnet sich durch Abzug des Anteils des Nutzers vom Bodenwert.

Übersicht

	Rdz.		Rdz.
1. Allgemeines	1	b) Bodenwertanteil	9
2. Voraussetzungen	3	c) Rechenbeispiel	11
3. Rechtsfolgen	7	4. Beweislast	12
a) Kaufpreisformel	7		

1. Allgemeines

1 a) Die Vorschrift ist das Spiegelbild zu § 53 Abs. 3 (Begr. BR-Drucks. 515/93, S. 152) und bezweckt die Vermeidung von Wertungswidersprüchen zwischen den nach § 15 zur Wahl gestellten Ansprüchen nach §§ 32 und 61. Dem mit der Verkürzung der Erbbauzeit verbundene Nachteil für den Nutzer entspricht eine Anhebung des Kaufpreises.
2 b) Unberührt bleibt die Einrede nach § 31, die auch dem Ankaufsverlangen entgegengesetzt werden kann.

2. Voraussetzungen, Abs. 1

3 Bezugsgröße für die Kaufpreisanhebung ist der Kaufpreis nach § 68 Abs. 1, d. h. gegebenenfalls unter Berücksichtigung des Skontos nach § 68 Abs. 2.
4 Die Anhebung setzt nach Abs. 1 voraus, daß kumulativ die Voraussetzungen der Nrn. 1 mit 3 erfüllt sind.
5 Nr. 1 entspricht dem Ausschluß von Wohngebäuden nach § 53 Abs. 3. Bei

§ 69. Preisanhebung bei kurzer Restnutzungsdauer   6–10   § 69

zu berücksichtigender Mischnutzung (§ 53 Rdz. 26–29) erfolgt die Kaufpreisanhebung nur insoweit, als das betreffende Gebäudeteil anderweitig genutzt wird (Aufteilung im Verhältnis der Verkehrswerte der Gebäude). Entscheidend ist in jedem Fall die tatsächlich ausgeübte Nutzung ohne Rücksicht auf ihre Zulässigkeit.

Nr. 2 und Nr. 3 entsprechen den Voraussetzungen des § 53 Abs. 3, wobei im Rahmen des § 69 das Gesetz auch Restnutzungszeiten über 50 Jahre berücksichtigt. Zum Zeitpunkt des Ankaufsverlangens in Nr. 3 siehe zunächst § 68 Rdz. 2. Ausreichend ist auch hier die bloße (formfreie) Geltendmachung des Ankaufsrechts, die Abgabe eines annahmefähigen Angebots ist nicht erforderlich. **6**

3. Rechtsfolgen, Abs. 2

a) Kaufpreisformel

Die Kaufpreiserhöhung nach Abs. 2 errechnet sich nach folgender Formel (Begr. BR-Drucks. 515/93, S. 152 f.): **7**

$$\text{Preis} = \text{Verkehrswert} - \frac{\text{Preis nach § 68} * \text{Bodenwertanteil 1}}{\text{Bodenwertanteil 2}}$$

wobei Bodenwertanteil 1 den Bodenwertanteil eines (fiktiven) Erbbaurechts über die Restnutzungsdauer des Gebäudes, Bodenwertanteil 2 den Bodenwertanteil eines Erbbaurechts mit der regelmäßigen Laufzeit nach § 54 Abs. 1 und 2 bezeichnet.

Der regelmäßige Kaufpreis nach § 68 Abs. 1 (evtl. unter Berücksichtigung des Skontos nach § 68 Abs. 2) darf infolge der hiernach vorzunehmenden Subtraktion nicht unterschritten werden. **8**

b) Bodenwertanteil

Für die Ermittlung der Bodenwertanteile gelten Ziff. 5.2.2.3.2 und die Tabelle Anlage 4 (abgedruckt bei *Simon/Cors/Troll*, Handbuch, Abschn. B Anh. 2 und 3) der WertR 91 entsprechend (Begr., BR-Drucks. 515/93, S. 152 f.). Bodenwertanteil ist hiernach die kapitalisierte Differenz zwischen dem erzielten und dem erzielbaren Grundstücksertrag, d. h. der „Gewinn" des Erbbauberechtigten, der in der Nutzungsmöglichkeit liegt. Hiernach gilt:
Bodenwertanteil = (üblicher Erbbauzins – gesetzlicher Erbbauzins) * Wertfaktor * Vervielfältiger. **9**

Üblicher Erbbauzins ist der am Markt erzielbare jährliche Zins, gesetzlicher Erbbauzins ist der im Fall einer Erbbaurechtsbestellung nach dem SachenRBerG geschuldete jährliche Erbbauzins nach §§ 43 ff. Als Wertfaktor ist infolge der starken Belastung des Grundstücks durch die Ausübung des Ankaufsrechts der Faktor 1,0 (maximale Einschränkung des Eigentumsrechts des jetzigen Grundstückseigentümers) anzusetzen (Begr. BR-Drucks. 515/93, S. 153). Der Vervielfältiger ist von der Nutzungsart und dem üblichen Erbbauzinssatz abhängig (laufzeitabhängiger Kapitalisierungsfaktor für den Prozentsatz des üblichen Erbbauzinses). **10**

§ 70 Kapitel 2. Nutzung fremder Grundstücke

c) Rechenbeispiel

11
Verkehrswert des Grundstücks:	100 000,– DM
regelmäßiger Kaufpreis (§ 68 Abs. 1)	50 000,– DM
regelmäßige Erbbauzeit:	80 Jahre
Restnutzungsdauer	40 Jahre
üblicher Zins:	7,0%
regelmäßiger Zins (§ 43 Abs. 2 Nr. 3):	3,5%
Zinsdifferenz p. a.:	3500,– DM
Vervielfältiger (80 J., 7%)	14,22
Vervielfältiger (40 J., 7%)	13,33
ergibt:	
Bodenwertanteil 1:	46 270,– DM
Bodenwertanteil 2:	49 770,– DM
Differenz (= Anhebungsbetrag):	3500,– DM
Gesamtkaufpreis (§§ 68 Abs. 1, 69)	53 500,– DM

4. Beweislast

12 Die Beweislast für die Voraussetzungen der Kaufpreisanhebung liegt beim Grundstückseigentümer. Hinsichtlich der negativen Tatsache in Abs. 1 Nr. 1 (keine Wohnnutzung) helfen Regeln des Anscheinsbeweises (z. B. Firmen- oder Behördenschilder). Beruft sich der Nutzer gegen einen solchen Anschein auf (teilweise) Wohnnutzung, so trifft ihn die Beweislast.

§ 70 Preisbemessung nach dem ungeteilten Bodenwert

(1) Der Kaufpreis ist nach dem ungeteilten Bodenwert zu bemessen, wenn die Nutzung des Grundstücks geändert wird. Eine Nutzungsänderung im Sinne des Satzes 1 liegt vor, wenn
1. ein Gebäude zu land-, forstwirtschaftlichen, gewerblichen oder öffentlichen Zwecken genutzt wird, obwohl das Nutzungsrecht zu Wohnzwecken bestellt oder das Gebäude am 2. Oktober 1990 zu Wohnzwecken genutzt wurde,
2. ein Gebäude oder eine bauliche Anlage gewerblichen Zwecken dient und das Gebäude auf den dem gesetzlichen Nutzungsrecht der landwirtschaftlichen Produktionsgenossenschaften unterliegenden Flächen errichtet und am 30. Juni 1990 land- oder forstwirtschaftlich genutzt wurde oder
3. ein Gebäude oder eine bauliche Anlage abweichend von der nach dem Inhalt des Nutzungsrechts vorgesehenen oder der am Ablauf des 2. Oktober 1990 ausgeübten Nutzungsart genutzt wird.

(2) Die Nutzung eines Eigenheimes für die Ausübung freiberuflicher Tätigkeit, eines Handwerks-, Gewerbe- oder Pensionsbetriebes sowie die Änderung der Art der Nutzung ohne verstärkte bauliche Ausnutzung des Grundstücks durch einen Nutzer, der das Grundstück bereits vor dem 3. Oktober 1990 in Anspruch genommen hatte (§ 54 Abs. 2 und 3), sind keine Nutzungsänderungen im Sinne des Absatzes 1.

(3) Ist ein Nutzungsrecht für den Bau eines Eigenheimes bestellt oder das Grundstück mit einem Eigenheim bebaut worden, ist der ungeteilte Boden-

wert für den Teil des Grundstücks in Ansatz zu bringen, der die Regelgröße übersteigt, wenn dieser abtrennbar und selbständig baulich nutzbar ist. Gleiches gilt hinsichtlich einer über 1000 Quadratmeter hinausgehenden Fläche, wenn diese abtrennbar und angemessen wirtschaftlich nutzbar ist.

(4) Der Kaufpreis ist auch dann nach dem ungeteilten Bodenwert zu bemessen, wenn der Nutzer das Gebäude oder die bauliche Anlage nach dem Ablauf des 20. Juli 1993 erworben hat und zum Zeitpunkt des der Veräußerung zugrunde liegenden Rechtsgeschäfts die in § 29 Abs. 3 bezeichneten Voraussetzungen vorlagen. Satz 1 ist nicht anzuwenden, wenn das Gebäude oder die bauliche Anlage als Teil eines Unternehmens veräußert wird und der Nutzer das Geschäft seines Rechtsvorgängers fortführt.

Übersicht

	Rdz.		Rdz.
1. Allgemeines	1	c) Überschreitung der Regelgröße	12
2. Voraussetzungen	4	d) vorherige Veräußerung	13
a) Unschädliche Nutzungsänderungen	4	3. Rechtsfolgen	15
b) Schädliche Nutzungsänderungen	6	4. Verhältnis zu anderen Kaufpreisvorschriften	16
		5. Beweislast	19

1. Allgemeines

a) Die Vorschrift des § 70 Abs. 1 und 2 entspricht der des § 47 i. V. m. § 54. § 70 Abs. 1 entspricht § 43 Abs. 2 Nr. 1b). Maßgeblicher Zeitpunkt für die Preisbemessung nach § 70 Abs. 1 und 2 ist die Nutzungsänderung in der Zeit zwischen den angegebenen Zeitpunkten und dem Abschluß des Kaufvertrags. Nutzungsänderungen nach Vertragsschluß unterliegen § 71, welcher § 48 entspricht. **1**

§ 70 begründet nicht nur einen Anspruch auf Vereinbarung eines bestimmten Kaufpreises, sondern gewähren auch einen Anspruch auf entsprechende Nachzahlung zum geleisteten Kaufpreis, wenn der Verkäufer die Nutzungsänderung nicht kannte (Gedanke des § 814 BGB). Zur Streitvermeidung sollte daher im Vertrag festlegt werden, welche Nutzung ausgeübt wird. **2**

b) Formulierungsvorschlag **3**

„Das Grundstück wurde mit Überlassungsvertrag vom ... dem Käufer zu Wohnzwecken überlassen. Derzeit bewohnt er das 1. Obergeschoß des Gebäudes und betreibt im Erdgeschoß sein Büro als Versicherungsvermittler."

2. Voraussetzungen

a) Unschädliche Nutzungsänderungen, Abs. 2

Abs. 2 verweist insoweit auf § 54 Abs. 2 und 3. Nutzungsänderungen unter den dort bestimmten Voraussetzungen sind von Abs. 1 ausgenommen **4** und führen nicht zur Kaufpreisbemessung nach dem vollen Bodenwert. Wegen der Einzelheiten § 54 Rdz. 16–22.

5   Wie in den Fällen des § 54 Abs. 2 und 3 sind nur diejenigen Nutzer begünstigt, die entweder Inhaber eines Nutzungsrechts sind oder das Grundstück mit Billigung staatlicher Stellen bis zum Ablauf des 2. 10. 1990 baulich in Anspruch genommen haben (Begr. BR-Drucks. 515/93, S. 153).

b) Schädliche Nutzungsänderungen, Abs. 1

6   Folgende Nutzungsänderungen führen entgegen § 68 zu einer Kaufpreisbemessung nach dem vollen Bodenwert:

7   – Übergang von Wohnnutzung eines Gebäudes am 2. 10. 1990 zu anderer Nutzung, Abs. 1 Satz 2 Nr. 1.

8   – Übergang von land- oder forstwirtschaftlicher Nutzung eines Gebäudes oder einer baulichen Anlage (§ 12 Abs. 3) am 30. 6. 1990 zu gewerblicher Nutzung, Abs. 1 Satz 2 Nr. 2.
Gewerbliche Nutzung in diesem Sinne ist auch die freiberufliche.

9   – Von der nach dem Inhalt des Nutzungsrechts vorgesehenen oder der am 2. 10. 1990 ausgeübten Nutzungsart abweichende Nutzung eines Gebäudes oder einer baulichen Anlage (§ 12 Abs. 3), Abs. 1 Satz 2 Nr. 3. Zu Nutzungsänderungen vor den Stichtagen des § 8 siehe § 47 Rdz. 5.

10 Diese Auffangbestimmung setzt die Unterscheidung zwischen (allgemeiner) Nutzungsart und (konkreter) Nutzung voraus. Nicht unter diese Generalklausel fallen:
Nutzungsänderungen nach Abs. 2 (§ 54 Rdz. 17–22.);
Nutzungsänderungen, die ein rechtliches Minus begründen, z. B. der Übergang von der Nutzungsart „Gewerbe" zu „Wohnnutzung" (§ 47 Rdz. 20–23).

11 Siehe im übrigen zur Abgrenzung § 47 Rdz. 22–27.

c) Überschreitung der Regelgröße, Abs. 3

12 Entsprechend § 43 Abs. 2 Nr. 1 b) unterliegen nach Abs. 3 Satz 1 abtrennbare und selbständig baulich nutzbare Teilflächen (§ 13) über der Regelgröße eines Eigenheimgrundstücks (500 qm, § 26 Abs. 1 Satz 1) sowie nach Abs. 3 Satz 2 abtrennbare und angemessen wirtschaftlich nutzbare Flächen über 1000 qm (§ 26 Abs. 1 Satz 2) der vollen Kaufpreisbemessung. Auf Art und Ausmaß der Nutzung kommt es hierbei nicht an. Zu den Voraussetzungen im einzelnen siehe § 13 Rdz. 2–10 und § 26 Rdz. 7–8.

d) Vorherige Veräußerung, Abs. 4

13 Absatz 4 ergänzt die Einrede nach § 29 Abs. 3 Satz 1 für den Fall, daß der Erwerber des Nutzungstatbestands die erfaßte Fläche in Ausübung eines Nutzungsrechts bebaut oder ein verfallenes Gebäude wiederhergestellt hat. In diesem Fall tritt der Halbteilungsgrundsatz zurück (BT-Drucks. 12/7425, S. 74, 76).

14 Voraussetzungen des Kaufpreisanspruchs nach Abs. 4 sind:
– Erwerb (d. h. Übergang der Rechte am Nutzungstatbestand) nach dem

§ 71. Nachzahlungsverpflichtungen §71

20. Juli 1993 (Tag des Beschlusses im Bundeskabinett über das Sachen-RBerG).
– Bei Abschluß des der Veräußerung zugrundeliegenden Geschäfts, d. h. in der Regel des obligatorischen Vertrags, müssen die Voraussetzungen des § 29 Abs. 3 Satz 1 (hierzu § 29 Rdz. 10–13) vorgelegen haben. Ausnahme: Abs. 4 Satz 2 (entspricht § 29 Abs. 4; § 29 Abs. 4 Satz 2 gilt auch im Rahmen des § 70 Abs. 4 Satz 2.

3. Rechtsfolgen

Abs. 1 oder Abs. 3 führen zur Kaufpreisbemessung nach dem vollen Bodenwert entsprechend § 68 Abs. 1 i. V. m. §§ 19, 20. 15

4. Verhältnis zu anderen Kaufpreisvorschriften

a) Unberührt bleibt § 68 Abs. 2. Das Recht auf den Kaufpreiskonto besteht auch dann, wenn der Kaufpreis nach § 69 zu ermitteln ist, beschränkt sich jedoch nach § 68 Abs. 2 Satz 1 auf den nach § 68 Abs. 1 ermittelten Preis als Bemessungsgrundlage für den anzuwendenden Prozentsatz. 16

b) Die Anwendung der §§ 69 und 70 ist nebeneinander zulässig, der sich nach § 69 oder § 70 ergebende Kaufpreis darf jedoch nicht überschritten werden. In den meisten Fällen wird daher die Anwendung des § 70 allein ausreichend sein. 17

c) § 70 und § 71 sowie § 70 und § 73 schließen sich gegenseitig aus. 18

d) §§ 72 und 74 werden kumulativ neben § 70 angewandt, wobei § 72 den sich aus § 68 oder 70 ergebenden Bemessungsmaßstab übernimmt. U. U. kann eine Mehrfläche nicht nur nach § 72, sondern auch nach § 70 Abs. 3 von Bedeutung sein. 19

5. Beweislast

Der Grundstückseigentümer ist beweispflichtig für die Voraussetzungen der Kaufpreiserhöhung. Eine bei Begründung der Nutzung staatlich gebilligte Nutzung begründet jedoch einen Beweis des ersten Anscheins dafür, daß sie der am 30. 6. 1990 bzw. 2. 10. 1990 ausgeübten Nutzung entsprach. 20

§ 71 Nachzahlungsverpflichtungen

(1) **Der Grundstückseigentümer kann im Falle des Verkaufs zum regelmäßigen Preis (§ 68) verlangen, daß sich der Nutzer ihm gegenüber verpflichtet, die Differenz zu dem ungeteilten Bodenwert (§ 70) zu zahlen, wenn innerhalb einer Frist von drei Jahren nach dem Erwerb**
1. das Grundstück unbebaut oder mit einem nicht mehr nutzbaren, abbruchreifen Gebäude veräußert wird,
2. eine Nutzungsänderung nach § 70 erfolgt oder
3. der Nutzer das erworbene land-, forstwirtschaftlich oder gewerblich ge-

§ 71 1–3　　　　　　　　　　Kapitel 2. Nutzung fremder Grundstücke

nutzte oder öffentlichen Zwecken dienende Grundstück an einen Dritten veräußert. Dies gilt nicht, wenn das Grundstück als Teil eines Unternehmens veräußert wird und der Erwerber das Geschäft des Veräußerers fortführt.

(2) Für Nutzungsänderungen oder Veräußerungen nach Absatz 1 in den folgenden drei Jahren kann der Grundstückseigentümer vom Nutzer die Begründung einer Verpflichtung in Höhe der Hälfte des in Absatz 1 bestimmten Differenzbetrags verlangen.

(3) Maßgebender Zeitpunkt für die in den Absätzen 1 und 2 bezeichneten Fristen ist der jeweilige Zeitpunkt des Abschlusses des die Verpflichtung zum Erwerb und zur Veräußerung begründenden schuldrechtlichen Geschäfts.

(4) Vermietungen, Verpachtungen sowie die Begründung von Wohnungs- und Nießbrauchsrechten oder ähnliche Rechtsgeschäfte, durch die einem Dritten eigentümerähnliche Nutzungsbefugnisse übertragen werden oder werden sollen, stehen einer Veräußerung nach den Absätzen 1 und 2 gleich.

Übersicht

	Rdz.		Rdz.
1. Allgemeines	1	3. Rechtsfolgen	19
2. Voraussetzungen	3	4. Formulierungsvorschlag	25
a) Allgemeines	3	a) Erhöhungsklausel	25
b) Veräußerung	13	b) Sicherung	26
c) Auskunftsanspruch	18	5. Beweislast	39

1. Allgemeines

1　a) Die Vorschrift schließt ab dem Zeitpunkt des Vertragsschlusses aufgrund Ausübung des Ankaufsrechts die Anwendung des § 70 aus. Sie entspricht § 40. Im Gegensatz zu §§ 47, 48 Abs. 5 unterliegen jedoch auch bloße Nutzungsänderungen durch den Erwerber nur befristet der Nachzahlungspflicht.

2　b) Die Nachzahlungsverpflichtung und ihre Befristung rechtfertigen sich aus der Zweckbindung des Nutzungsrechts. Dessen Sinn liegt nicht darin, durch spekulative Verkäufe Gewinne in Höhe der Differenz zwischen dem Verkehrswert (Marktpreis) und dem Ankaufspreis zu erzielen (Begr. BR-Drucks. 515/93, S. 154). Im Gegensatz zum Dauerschuldverhältnis des Erbbaurechts rechtfertigt der Kauf keine unbefristete Erhöhungsklausel entsprechend §§ 47, 48 Abs. 5.

2. Voraussetzungen, Abs. 1, 2 und 4

a) Allgemeines

3　Erforderlich ist nach dem Wortlaut des Abs. 1 Satz 1 ein Ankauf zum regelmäßigen Preis nach § 68. Zur Vermeidung von Wertungswidersprüchen gilt § 71 jedoch auch im Fall der Kaufpreisanhebung nach § 69 bzw. der Kaufpreisermäßigung nach § 73 mit der Folge, daß sich der nachzuzahlende

Differenzbetrag zwischen Kaufpreis und Verkehrswert entsprechend vermindert.

Ein nach § 74 geschuldeter Kaufpreis für den Gebäuderestwert mindert die nachzuentrichtende Differenz nicht.

Bodenwert ist der nach §§ 68 Abs. 1, 19, 20 zu ermittelnde Verkehrswert.

aa) Empfehlenswert ist, die Prüfung der Tatbestandsvoraussetzungen mit Abs. 1 Satz 1 Nr. 3 zu beginnen. Von Nr. 3 erfaßt ist jede Veräußerung (zum Begriff siehe unten) eines land-, forstwirtschaftlich, gewerblich oder für öffentliche Zwecke genutzten Grundstücks. Auf das Schicksal des Gebäudes oder der baulichen Anlagen bzw. deren Nutzung kommt es nicht an.

bb) Abs. 1 Satz 1 Nr. 1 schließt an die Einrede des § 29 an und will Konstruktionen zur Umgehung der Einrede ausschließen. Von Nr. 1 erfaßt sind dem Wortlaut nach Grundstücke jeglicher Nutzungsart, im Hinblick auf Nr. 3 jedoch in erster Linie zu Wohnzwecken genutzte Grundstücke. Unter Nr. 1 fällt
– der Verkauf in unbebautem Zustand, gleich, ob nach § 8 Nr. 1 kein Gebäude errichtet wurde oder ein errichtetes Gebäude abgebrochen wurde;
– der Verkauf mit einem nicht mehr nutzbaren, abbruchreifen Gebäude, gleich ob das Gebäude tatsächlich nicht mehr oder dennoch (u. U. bauordnungswidrig) genutzt wird.

Nicht von Abs. 1 Satz 1 Nr. 1 erfaßt ist der Verkauf mit einem im Bau befindlichen Gebäude (§ 8 Nr. 3) oder einem nutzbaren Gebäude, das jedoch abgebrochen wird (u. U. aber Fall des Abs. 1 Satz 1 Nr. 2 bei schädlicher Nutzungsänderung des Neubaus oder nach Abs. 1 Satz 1 Nr. 3). Für Abbruchreife bzw. Wegfall der Nutzbarkeit besteht jedoch ein Beweis des ersten Anscheins, wenn der Erwerber das Gebäude nicht mehr nutzt bzw. alsbald abbricht.

cc) Abs. 1 Satz 1 Nr. 2 verweist auf Nutzungsänderungen nach § 70 Abs. 1 und 2, die nach Abschluß des Kaufvertrags vorgenommen werden (§ 70 Rdz. 6–11). Eine Veräußerung ist nicht erforderlich. Im übrigen gilt Nr. 2 für Grundstücks jeglicher Nutzungsart.

dd) Grundstück im Sinne der Abs. 1 und 2 ist auch das Sondereigentum sowie eine Teilfläche des Grundstücks.

ee) Abs. 2 schließt mit den Worten „Nutzungsänderungen und Veräußerungen" unmittelbar an Abs. 1 an. Eine sachliche Erweiterung der Tatbestandsvoraussetzungen ist nicht bezweckt.

b) Veräußerung

Zum Begriff der Veräußerung siehe § 48 Rdz. 6–13. Die dort entwickelten Auslegungsgrundsätze gelten entsprechend.

aa) Zusätzlich ist Abs. 1 Satz 2 zu beachten. Eine Grundstücksveräußerung im Rahmen eines Unternehmensverkaufs (gleich ob *share-deal* oder *asset-deal*) führt dann nicht zur Nachzahlungspflicht, wenn der Erwerber das Unternehmen fortführt, da dann der spekulative Charakter des Geschäfts entfällt (Begr. BR-Drucks. 515/93, S. 154 f.). Die Fortführung muß jedoch über eine nennenswerte Zeitspanne andauern (idR fünf Jahre) bzw. auf eine solche angelegt sein, § 5 Abs. 3 UmwStG (neu) analog. Voraussetzung ist jedoch,

§ 71 16–22 Kapitel 2. Nutzung fremder Grundstücke

daß der Gegenstand des übernommenen Unternehmens unter Berücksichtigung des technischen Fortschritts und der wirtschaftlichen Zwänge des Markts gleich bleibt. Die Wandlung eines Produktionsunternehmen zur Grundstücks- oder Bauträgergesellschaft, z. B. entsprechend der Concordia Chemie AG, wäre schädlich.

16 bb) Auch Abtretungen zugunsten öffentlicher Zwecke (Straßenbau, Bürgersteig) oder zur Vermeidung der Enteignung oder der Eigentumsentzug im Wege der Enteignung führen zu einer – evtl. anteiligen – Aufzahlungspflicht, da eine zu leistende Entschädigung nach dem Verkehrswert bemessen wird.

17 cc) Weiter gelten als Veräußerung die in Abs. 4 genannten Umgehungsgeschäfte. Ihnen allen gemein ist das Ziel der Übertragung eigentümerähnlicher Nutzungsbefugnisse. D. h. die genannten Geschäfte gelten nicht schlechthin als Umgehungsgeschäfte, wenn durch sie der Grundstückseigentümer auf Dauer mit seinen Befugnissen ausgeschlossen oder in ihnen erheblich eingeschränkt wird. Derartiges wird sich in der Regel aufgrund der Dauer des Rechtsgeschäfts ergeben (Vertragslaufzeit einschließlich Verlängerungsmöglichkeiten), wenn diese die Restnutzungsdauer des Gebäudes im wesentlichen ausschöpft. Indiziert ist die Umgehung auch bei Verkaufsangeboten, Vorkaufs- und Ankaufsrechten.

18 Schließlich ist der Schluß von umfänglichen Investitionsmaßnahmen des Mieters/Pächters auf eigentümerähnliche Nutzungsbefugnisse zulässig (z. B. wenn dem Verkäufer ein ordentlich kündbarer Mietvertrag vorgelegt und eine Zusatzvereinbarung über Ausschluß des Kündigungsrechts und dergl. verschwiegen wird).

c) Auskunftsanspruch

19 Zum Nachweis der Veräußerung bzw. des Tatbestands des Abs. 4 steht dem Verkäufer oder seinem Rechtsnachfolger ein entsprechendes Auskunftsrecht in erweiterter Auslegung des § 72 i. V. m. § 242 BGB zu.

3. Rechtsfolgen, Abs. 1 mit 3

20 § 71 begründet keinen unmittelbaren Anspruch, sondern nur einen Anspruch auf Aufnahme einer entsprechenden Kaufpreiserhöhungsklausel in den Kaufvertrag. In dieser sollte die Differenz betragsmäßig bestimmt sein.

21 a) Ein nach Abs. 1 schädlicher Vorgang innerhalb der ersten 3-Jahresfrist nach Abs. 1 Satz 1 führt zur Pflicht zur Nachzahlung der Differenz zwischen dem gezahlten Kaufpreis und dem ungeteilten Bodenwert nach §§ 68 Abs. 1, 19, 20. Ist kein fester Differenzbetrag im Kaufvertrag bestimmt, so spricht jedenfalls der erste Anschein dafür, daß der seinerzeit erzielte Kaufpreis unter Berücksichtigung der allgemeinen Entwicklung der Bodenpreise dem jetzigen Verkehrswert entspricht (vgl. zum Pflichtteilsrecht BGH NJW-RR 1993, 131 im Anschluß an BGH NJW-RR 1991, 900 = WM 1991, 1352).

22 b) Ein schädlicher Vorgang innerhalb der zweiten 3-Jahresfrist nach Abs. 2 löst die Nachzahlungspflicht nur noch hinsichtlich der Hälfte des Differenzbetrages nach Abs. 1 aus. Ab dem Beginn des siebten Jahres gebührt ein spekulativer Gewinn voll dem Käufer.

§ 71. Nachzahlungsverpflichtungen

c) Die Fristen beginnen nach Abs. 3 mit dem Abschluß des schuldrechtlichen Geschäfts, in der Regel also mit dem Kaufvertrag. U. U. kann auch ein formgerechter Vorvertrag oder ein o. g. Umgehungsgeschäft die entsprechende Veräußerungs- oder Erwerbsverpflichtung begründen. Den Verpflichtungen oder dem Vertrag beigelegte Bedingungen oder Befristungen schieben den Beginn der Frist nicht hinaus.

Unerheblich ist der Zeitpunkt der Erfüllung (Eintragung in das Grundbuch).

U. U. kann die 3-Jahresfrist auch mit der Geltendmachung des Ankaufsanspruchs zu laufen beginnen, nämlich dann, wenn der Grundstückseigentümer/Verkäufer den Abschluß des Kaufvertrags nach §§ 61 ff. schuldhaft verzögert. Dann wäre es unbillig, ihn durch ein Hinausschieben der Fristen des § 71 zu begünstigen (Einrede der *protestatio facto contraria*, § 242 BGB).

4. Formulierungsvorschlag

a) Erhöhungsklausel

„Treten innerhalb von drei Jahren, gerechnet ab dem heutigen Tage, die Voraussetzungen des § 71 des Sachenrechtsbereinigungsgesetzes ein, so hat der Käufer an den Verkäufer eine Kaufpreisnachzahlung von
DM . . . , i. W. Deutsche Mark . . .
zu leisten.

Treten diese Voraussetzungen innerhalb der darauf folgenden drei Jahre ein, so hat der Käufer an den Verkäufer eine Kaufpreisnachzahlung in Höhe der Hälfte des oben bestimmten Betrags zu leisten."

b) Sicherung

Als notardispositives Recht (§ 42 Rdz. 19–36) kann der Notar entweder einen Verzicht auf Sicherstellung dieser Zahlungspflicht aufnehmen oder diese wie folgt sichern:

aa) Zwangsvollstreckungsunterwerfung mit Verzicht auf Nachweis der Voraussetzungen des § 71:

„Wegen vorstehender Zahlungsverpflichtung unterwirft sich der Käufer der sofortigen Zwangsvollstreckung aus dieser Urkunde mit der Maßgabe, daß der Verkäufer unbeschadet der bestehenden Beweislast ohne Nachweis der Voraussetzungen und der Fälligkeit vollstreckbare Ausfertigung der Urkunde verlangen kann."

bb) Sicherung durch Sicherungshypothek, wobei für die Rangstelle im Verhältnis zu Grundpfandrechten zur Finanzierung des Kaufpreises bzw. von Baumaßnahmen auf dem Kaufgrundstück §§ 52 Abs. 2, 73 Abs. 5 entsprechend gelten (§ 52 Rdz. 49–66, insbesondere zum Finanzierungsrahmen).

„Zur Sicherung vorstehender Zahlungsverpflichtungen bestellt der Käufer dem Verkäufer (mehreren als . . .) am Kaufobjekt eine entsprechende
Sicherungshypothek ohne Brief,
unterwirft den Pfandbesitz der sofortigen Zwangsvollstreckung nach § 800 ZPO und bewilligt und beantragt die Eintragung der vollstreckbaren Hypothek im Grundbuch im Rang nur nach den vom Käufer nach diesem Vertrag übernommenen Rechten."

29 cc) Möglich ist auch eine Höchstbetragshypothek, welche allerdings nicht in vollstreckbarer Weise bestellt werden kann.

30 dd) Sicherung durch eine Buchgrundschuld mit Abtretungsbeschränkung und eingeschränkter Sicherungsabrede: Formulierung siehe § 73 Rdz. 40.

31 Rangstelle der Grundschuld: wie für die Sicherungshypothek dargestellt.

32 ee) Sicherung durch (selbstschuldnerische oder gar auf erstes Anfordern zahlbare) Bürgschaft eines der deutschen Bankenaufsicht unterliegenden Kreditinstituts.

33 ff) bedingte und durch Vormerkung gesicherte Rückübertragungsverpflichtung (in Sonderfällen).

34 gg) Rangbeschaffung für den Käufer

„Der Verkäufer wird mit vorbestellter Hypothek unter den Voraussetzungen des § 52 Abs. 2 des Sachenrechtsbereinigungsgesetzes im Rang hinter Grundpfandrechte am Kaufobjekt zurücktreten, sofern deren Sicherungszweck zugunsten des Gläubigers der Sicherungshypothek auf die Finanzierung des Kaufpreises, von Baumaßnahmen am Gebäude, von Erschließungskosten und Anliegerbeiträgen beschränkt wird."

35 Zur Sicherungsabrede siehe § 52 Rdz. 71–74.

36 Falls schon jetzt abschließend beurteilt werden kann, daß ein Finanzierungsgrundpfandrecht den Voraussetzungen der §§ 52 Abs. 2, 73 Abs. 5 entspricht, ist zu formulieren:

„Vorbestellte Hypothek erhält Rang nach der einzutragenden Grundschuld zu DM... nebst..% Jahreszinsen für...."

37 Aus den § 52 Rdz. 55 genannten Gründen wird ein Rangvorbehalt nur in seltenen Fällen in Betracht kommen:

„Der Käufer als künftiger Grundstückseigentümer behält sich jedoch die einmal auszuübende Befugnis vor, im Rang vor vorbestellter Sicherungshypothek Grundpfandrechte für beliebige Gläubiger bis zum Gesamtbetrag von DM... nebst Zinsen bis zu 18% jährlich ab dem Tag der Bestellung und einmaligen Nebenleistungen bis zu 10% des Hauptsachebetrags eintragen zu lassen.
Der Rangvorbehalt kann nur unter der Bedingung ausgenutzt werden, daß die in den Rangvorbehalt einzuweisenden Rechte auch Rang vor oder Gleichrang mit allen anderen Belastungen erhalten, die der vorbestellten Sicherungshypothek im Zeitpunkt der Eintragung des einzuweisenden Rechts im Rang nachfolgen oder gleichstehen.
Die Eintragung des Rangvorbehalts bei vorbestellter Sicherungshypothek wird bewilligt und beantragt."

38 hh) Zur Sicherung bei erneutem Auseinanderfallen von Grundstücks- und Gebäudeeigentum nach § 78 Abs. 1 Satz 2 siehe § 78 Abs. 3 Satz 3 (§ 78 Rdz. 29–37). Gerade hier zeigen sich die Vorteile dinglicher Sicherung.

5. Beweislast

39 Im Grundsatz ist der Verkäufer beweispflichtig für die Voraussetzungen des § 71, mit Ausnahme des Abs. 1 Satz 2. Hier hat der Käufer den Nachweis der Fortführung des Unternehmens zu erbringen. Dem Verkäufer hilft jedoch in den o. g. Fällen der Beweis des ersten Anscheins.

§ 72 Ausgleich wegen abweichender Grundstücksgröße

(1) Jeder Beteiligte kann verlangen, daß sich der andere Teil ihm gegenüber verpflichtet, eine Ausgleichszahlung zu leisten, wenn der Kaufpreis nach der Quadratmeterzahl des Grundstücks bemessen wird und die Größe des Grundstücks von der im Vertrag zugrunde gelegten nach dem Ergebnis einer Vermessung mehr als geringfügig abweicht. Ansprüche nach den §§ 459 und 468 des Bürgerlichen Gesetzbuchs sind ausgeschlossen, es sei denn, daß eine Gewährleistung wegen abweichender Grundstücksgröße im Vertrag ausdrücklich vereinbart wird.

(2) Größenunterschiede sind als geringfügig anzusehen, wenn sie bei einem Bodenwert je Quadratmeter
1. unter 100 Deutsche Mark fünf vom Hundert,
2. unter 200 Deutsche Mark vier vom Hundert oder
3. ab 200 Deutsche Mark drei vom Hundert
nicht überschreiten.

(3) Ansprüche nach Absatz 1 verjähren in einem Jahr nach der Vermessung.

Übersicht

	Rdz.		Rdz.
1. Allgemeines	1	c) Verjährung	11
2. Regelungsinhalt	5	d) Besonderheiten bei Teilflächen	13
a) Zu- oder Rückzahlungspflicht	6	3. Formulierungsvorschlag	14
b) Keine Pflicht zur Vermessung	9	a) ganzes Grundstück	14
		b) Teilflächenverkauf	15

1. Allgemeines

§ 72 ist die Parallelvorschrift zu § 50. Sie verteilt die Risiken einer Abweichung der tatsächlichen von der vertraglich vorausgesetzten Flächengröße zwischen Käufer und Verkäufer. 1

Nach dem Gesetz beinhaltet die Angabe einer Flächengröße im Kaufvertrag regelmäßig die Angabe einer Eigenschaft nach § 459 Abs. 1 BGB, u. U. sogar deren Zusicherung nach §§ 459 Abs. 2, 468 BGB (hierzu BGH NJW 1991, 912), und zwar auch dann, wenn die Angabe durch Beifügung von „ca." oder „etwa" relativiert wird (BGH WM 1984, 941/942 im Anschluß an BGH WM 1978, 1291; vgl. auch Begr. BR-Drucks. 515/93, S. 155). 2

Abweichungen der tatsächlichen Fläche nach unten wirken sich nach dem Kaufrecht des BGB zwar nicht unmittelbar auf den Kaufpreis aus, begründen aber Gewährleistungsansprüche auf Wandelung, Minderung, u. U. sogar Schadensersatz. Abweichungen nach oben sind nach Vollzug des Kaufs in der Regel nur unter den Voraussetzungen der Lehre vom Wegfall der Geschäftsgrundlage von Belang. 3

Angaben zur Flächengröße im Vertrag sind im Rahmen der Sachenrechtsbereinigung wegen ihres Einflusses auf die Bodenwertermittlung und Preisbestimmung nahezu immer erforderlich, können aber auch vom Grund- 4

§ 72 5–12 Kapitel 2. Nutzung fremder Grundstücke

stückseigentümer nicht immer mit hinreichender Genauigkeit beigebracht werden. Dies gilt erst recht bei Abweichungen der erfaßten Fläche nach §§ 22 ff. vom Grundstück im Rechtssinne. Aus diesem Grund verteilt § 72 die Risiken mittels einer Sonderregelung.

2. Regelungsinhalt

5   § 72 trägt der Überlegung Rechnung, daß der Nutzer seine erfaßte Fläche kennt und ihm daher zugemutet werden kann, Auswirkungen auf die Höhe des Kaufpreises auch dann hinzunehmen, wenn diese erst nach Durchführung des Kaufvertrags festgestellt werden. Gewährleistungsansprüche auf Wandelung, Minderung oder Schadensersatz stehen ihm nicht zu (Abs. 1 Satz 2), wobei vertraglich in besonders gelagerten Einzelfällen etwas anderes vereinbart werden kann, Abs. 1 Satz 2 Halbsatz 2.

a) Zu- oder Rückzahlungspflicht

6   Abs. 1 gewährt den Beteiligten statt der gesetzlichen Gewährleistungsrechte und anstelle eines gesetzlichen Anspruchs einen Anspruch auf Begründung vertraglicher Zu- oder Rückzahlungspflichten.

7   Die Staffelung nach Abs. 2 läßt jedoch derartige Nachzahlungs- bzw. Rückgewähransprüche nur dann, wenn die Flächenabweichung im Verhältnis zum Bodenwert des Grundstücks (§§ 68 Abs. 1, 19, 20) von gewisser Erheblichkeit ist.

8   Im Ergebnis hat der Käufer, wenn eine Vereinbarung nach § 72 getroffen ist, anstelle von Gewährleistungsrechten den Anspruch auf anteilige Kaufpreisrückgewähr ohne neue Bemessung des Bodenwerts der tatsächlichen Fläche entsprechend § 472 BGB.

b) Keine Pflicht zur Vermessung

9   Wie nach § 50 besteht auch im Fall des Ankaufs keine gesetzliche Pflicht zur Vermessung des Kaufobjekts, vgl. Abs. 3. Vertragliche Vereinbarungen hierüber sind zweckmäßig (§ 50 Rdz. 3–5).

10   Die Kosten der Vermessung sind entsprechend § 55 Abs. 2 Satz 2 zu teilen (§ 55 Rdz. 11–12). In der Regel ist Halbteilung angemessen, sofern nicht ein Teil durch die Vermessung und im Zusammenhang mit ihr durchgeführte Arbeiten anderweitige Zusatzvorteile erlangt.

c) Verjährung, Abs. 3

11   aa) Der Anspruch auf Zu- oder Rückzahlung aus dem Kaufvertrag unterliegt der regelmäßigen Verjährung nach § 195 BGB, solange keine Vermessung erfolgt ist. Abkürzungen dieser Frist sind zulässig (§ 225 Satz 2 BGB) und vor allem dann zweckmäßig, wenn sie mit einer Pflicht zur Einmessung verbunden sind. Andernfalls treten Probleme bei der Rechtsnachfolge in das Grundstückseigentum auf.

12   bb) Nach Vorliegen eines amtlichen, geprüften Auszugs aus dem Messungsverzeichnis (= Veränderungsnachweis) gilt die kurze Verjährungsfrist

§ 72. Ausgleich wegen abweichender Grundstücksgröße 13–15 § 72

von einem Jahr nach Abs. 3. Sie beginnt nicht schon mit der Vermessung im Sinne der Beendigung der tatsächlichen Arbeiten am Grundstück, sondern erst mit Zugang eines zum Grundbuchvollzug geeigneten Veränderungsnachweises (in Bayern: rotes Exemplar) beim Anspruchsberechtigten bzw. mit Zugang der Vollzugsmitteilung nach § 55 GBO über die Berichtigung des Bestandsverzeichnisses des Grundbuchs. Da der Verkäufer hiervon normalerweise nicht mehr erfährt, sollte er als Beteiligter im Vermessungsverfahren auftreten.

d) Besonderheiten bei Teilflächen

Bei Teilflächen wird ohnehin zunächst ein Kaufpreis aufgrund der angenommenen Fläche bezahlt und der endgültige Kaufpreis nach Vorliegen des amtlichen Messungsergebnisses durch Zu- oder Rückzahlungen unter den Beteiligten dargestellt. Da dann eine aktuelle Vermessung vorliegt, bedarf es einer Vereinbarung nach § 72 nicht mehr. 13

3. Formulierungsvorschlag

a) ganzes Grundstück

„Der Kaufpreis beträgt pro qm DM . . . 14
m. W. Deutsche Mark . . .,
bei einer mit . . . qm angenommenen Flächengröße somit DM . . .
m. W. Deutsche Mark . . .
Weicht die tatsächliche Flächengröße von der angenommenen um mehr als (3, 4 oder 5% je nach Bodenwert) nach oben oder unten ab, so ist die Mehr- oder Minderfläche unter den Vertragsteilen unverzüglich nach Vorliegen des amtlichen, geprüften Messungsergebnisses (Veränderungsnachweis) zinslos durch Zu- oder Rückzahlungen auf der Basis des vereinbarten qm-Preises auszugleichen.
Die Beteiligten werden unverzüglich für die Vermessung des Kaufobjekts Sorge tragen. Die Messungskosten tragen sie je zur Hälfte. Ohne Rücksicht auf das Vorliegen des einschlägigen Veränderungsnachweises verjähren Ansprüche auf Zu- oder Rückzahlungen in 10 Jahren ab heute."

b) Teilflächenverkauf

„Der Kaufpreis beträgt pro qm DM . . ., 15
m. W. Deutsche Mark . . .,
somit vorläufig insgesamt . . .,
m. W. Deutsche Mark . . .
Mehr- oder Minderflächen sind unter den Vertragsteilen unverzüglich nach Vorliegen des amtlichen, geprüften Messungsergebnisses (Veränderungsnachweis) zinslos durch Zu- oder Rückzahlungen auf der Basis des vereinbarten qm-Preises auszugleichen."

§ 73 Preisbemessung im Wohnungsbau

(1) Für die im staatlichen oder genossenschaftlichen Wohnungsbau verwendeten Grundstücke ist der Kaufpreis unter Zugrundelegung des sich aus § 20 Abs. 1 und 2 ergebenden Bodenwerts zu bestimmen. Der Grundstückseigentümer kann vom Nutzer eines im staatlichen oder genossenschaftlichen Wohnungsbau verwendeten Grundstücks verlangen, daß der Nutzer sich im Vertrag ihm gegenüber zu einer Nachzahlung verpflichtet, wenn
1. das Grundstück innerhalb von 20 Jahren nach dem Vertragsschluß nicht mehr zu Wohnzwecken genutzt wird (Absatz 2) oder
2. das Grundstück innerhalb von zehn Jahren nach dem Vertragsschluß weiterveräußert wird (Absatz 3).

Der Nutzer kann die Vereinbarung von Nachzahlungspflichten verweigern und verlangen, daß im Grundstückskaufvertrag der Kaufpreis nach dem sich aus 19 Abs. 2 ergebenden Bodenwert bestimmt wird.

(2) Eine Nutzungsänderung nach Absatz 1 Satz 2 Nr. 1 tritt ein, wenn das Gebäude nicht mehr zu Wohnzwecken genutzt oder abgebrochen wird. Satz 1 ist nicht anzuwenden, wenn nur einzelne Räume des Gebäudes zu anderen Zwecken, aber mehr als 50 vom Hundert der gesamten Nutzfläche zu Wohnzwecken genutzt werden. Die Höhe des Nachzahlungsanspruchs bestimmt sich nach
1. der Differenz zwischen dem gezahlten und dem regelmäßigen Kaufpreis auf der Basis des Werts eines unbebauten Grundstücks nach § 19 Abs. 2, wenn die Veränderung innerhalb von zehn Jahren nach Vertragsschluß eintritt,
2. der Hälfte dieses Betrages in den folgenden zehn Jahren.

Der Bodenwert ist auf den Zeitpunkt festzustellen, in dem der Nachzahlungsanspruch entstanden ist.

(3) Veräußerungen nach Absatz 1 Satz 2 Nr. 2 sind auch die Begründung und Veräußerung von Wohnungseigentum oder Wohnungserbbaurechten sowie ähnliche Rechtsgeschäfte, durch die einem Dritten eigentümerähnliche Rechte übertragen werden. Die Nachzahlungspflicht bemißt sich nach dem bei der Veräußerung erzielten Mehrerlös für den Bodenanteil. Der Mehrerlös ist die Differenz zwischen dem auf den Boden entfallenden Teil des bei der Weiterveräußerung erzielten Kaufpreises und dem bei der Veräußerung zwischen dem Grundstückseigentümer und dem Nutzer vereinbarten Kaufpreis. Der Nutzer ist verpflichtet, in dem Vertrag mit dem Dritten den auf Grund und Boden entfallenden Teil des Kaufpreises gesondert auszuweisen und die Weiterveräußerung dem früheren Grundstückseigentümer anzuzeigen. Die Höhe des Nachzahlungsanspruchs bestimmt sich nach
1. der Hälfte des Mehrerlöses, wenn die Veräußerung in den ersten fünf Jahren nach dem Erwerb des Grundstücks nach diesem Gesetz erfolgt,
2. einem Viertel des Mehrerlöses im Falle einer Veräußerung in den folgenden fünf Jahren.

(4) Der vom Nutzer an den Grundstückseigentümer nach Absatz 1 zu zahlende Kaufpreis sowie eine nach den Absätzen 2 und 3 zu leistende Nachzahlung sind von dem Erlös abzuziehen, der nach § 5 Abs. 2 des Altschuldenhilfe-Gesetzes der Ermittlung der an den Erblastentilgungsfonds abzuführenden Erlösanteile zugrunde zu legen ist.

(5) Der Grundstückseigentümer kann eine Sicherung des Anspruchs nach Absatz 1 Satz 2 Nr. 1 durch ein Grundpfandrecht innerhalb des in § 11 des

§ 73. Preisbemessung im Wohnungsbau

Hypothekenbankgesetzes bezeichneten Finanzierungsraums nicht beanspruchen.

(6) Der Anspruch aus § 71 bleibt unberührt.

Übersicht

	Rdz.
I. Vorbemerkung	1
1. Allgemeines	1
2. Verhältnis zum Kaufpreisskonto	4
II. Regelungsinhalt	5
1. Allgemeines Voraussetzungen	5
2. Nutzungsänderung	6
3. Veräußerung	13
4. Abwendungsrecht des Nutzers	25
5. Verhältnis zum Altschuldenhilfegesetz	26
6. Sicherung der Nachzahlungsansprüche	27

	Rdz.
III. Beweislast	37
IV. Formulierungsvorschläge	38
1. Nachzahlung bei Nutzungsänderung	38
2. Nachzahlung bei Veräußerung	39
3. Grundschuld mit Abtretungsbeschränkung und eingeschränkter Zweckbestimmung	40
4. Höchstbetragshypothek	41
5. Sicherungsabrede bei vorrangigen Grundschulden	42

I. Vorbemerkung

1. Allgemeines

a) § 73 begünstigt die Nutzer im staatlichen oder genossenschaftlichen **1** Wohnungsbau durch Preisbestimmung nach § 20 Abs. 1 und 2 unter Berücksichtigung der bestehenden, nicht der möglichen Bebauung.

b) § 73 gewährt in Abs. 1 Satz 1 dem Nutzer nur einen Anspruch auf **2** Kaufpreisbestimmung nach § 20 Abs. 1 und 2. Auf eine automatische Kaufpreisminderung wird verzichtet, um dem Nutzer die Möglichkeit zu geben, die streitträchtigen (BT-Drucks. 12/7425, S. 77) Gegenrechte (Abs. 1 Satz 2) des Grundstückseigentümers nach Abs. 1 Satz 3 durch Zahlung des Kaufpreises auf der Basis des Bodenwerts nach § 19 Abs. 2 abzuwenden (Replik gegen die Ansprüche auf Nachzahlungsverpflichtung).

Ein weiterer Grund für die Abwendungsbefugnis des Nutzers nach Abs. 1 **3** Satz 3 liegt in Abs. 2 Satz 4, der einen anderen Zeitpunkt für die Bodenwertermittlung als den regelmäßigen Zeitpunkt (§§ 61, 68 Abs. 1) vorsieht.

2. Verhältnis zum Kaufpreiskonto

§ 68 Abs. 2 ist neben § 73 Abs. 1 nur insoweit anwendbar, als durch § 73 **4** Abs. 1 der sich nach § 68 Abs. 2 ergebende Betrag nicht unterschritten wird. Führt § 73 Abs. 1 zu einem niedrigeren Kaufpreis als § 68 Abs. 2, so hat es damit sein Bewenden.

II. Regelungsinhalt

1. Allgemeine Voraussetzungen, Abs. 1

5   Allgemein ist Tatbestandsvoraussetzung nach § 73 Abs. 1, daß das vom Nutzungstatbestand erfaßte Grundstück im staatlichen oder genossenschaftlichen Wohnungsbau (§ 6 Rdz. 4–6) verwendet wurde. Komplexer Wohnungsbau (§ 11) ist nicht erforderlich.

2. Nutzungsänderung, Abs. 1 Satz 2 Nr. 1, Abs. 2

6   a) Der Nutzer ist nur insoweit schutzbedürftig, als die Voraussetzungen des Abs. 1 Satz 1 nicht wegfallen (Begr. BR-Drucks. 515/93, S. 88). Unter den Voraussetzungen des Abs. 1 Satz 2 Nr. 1, Abs. 2 gewährt daher das Gesetz dem Verkäufer im Wege der Einrede einen Anspruch auf Zahlung der Differenz (Abs. 2 Satz 3 Nr. 1, erste Dekade nach Vertragsschluß) bzw. der Hälfte der Differenz (Abs. 2 Satz 3 Nr. 2, zweite Dekade nach Vertragsschluß) zwischen dem gezahlten Kaufpreis nach Abs. 1 und dem Kaufpreis, der sich nach § 68 ergäbe, wenn im Zeitpunkt des Wegfalls der Voraussetzungen nach Abs. 1 der Bodenwert festgestellt worden wäre, Abs. 2 Satz 4.

7   b) Voraussetzungen der Nachzahlungspflicht sind (Abs. 1 Satz 2 Nr. 1, Abs. 2 Sätze 1–2):
   – Aufnahme einer entsprechenden Vereinbarung in den Kaufvertrag;
   – das Grundstück wird innerhalb des genannten Zeitraums nicht mehr zu Wohnzwecken genutzt (d. h. Leerstand oder anderweitige Nutzung) oder
   – das Wohngebäude wird innerhalb des genannten Zeitraums abgebrochen.

8   c) Treten diese Voraussetzungen nur teilweise (z. B. Umwidmung nur eines von mehreren Gebäuden) ein, so ist die Änderung (im Gegensatz zu §§ 70, 47) nur unter den Voraussetzungen des Abs. 2 Satz 2 beachtlich. Die Nutzungsänderung (bzw. der Abbruch oder die Nutzungsaufgabe) hat nur dann die in Abs. 2 Satz 1 bestimmte Folge, wenn sie dazu führt, daß nur noch 50 vom Hundert oder weniger der Gesamtnutzfläche zu Wohnzwecken genutzt werden, Abs. 2 Satz 2.

9   Nutzfläche ist hierbei die nach den Vorschriften der 2. BerechnungsVO i. d. F. der Bekanntmachung vom 12. 10. 1990 (BGBl. I, S. 2178), zuletzt geändert durch Art. 1 Vierte VO zur Änderung wohnungsrechtlicher Vorschriften vom 13. 7. 1992 (BGBl. I, S. 1250) bzw. entsprechend dieser Vorschrift ermittelte Fläche.

10   Als Nutzfläche im Sinne des Abs. 2 Satz 2 ist jedoch nur die Fläche anzusetzen, die bei Geltendmachung des Anspruchs nach Abs. 1 Satz 1 berücksichtigungsfähig war.

11   e) Abs. 6 stellt klar, daß neben dem Anspruch nach Abs. 2 ein Nachzahlungsanspruch nach § 71, insbesondere also nach § 71 Abs. 1 Nr. 2, Abs. 2 i. V. m. mit § 70 Abs. 1 Nr. 1 oder 3 (z. B. Nutzung eines Plattenbaus als Asylbewerberheim statt als Wohnraum), unberührt bleibt. Diesem Ansprüchen steht auch Abs. 2 Satz 2 nicht entgegen.

§ 73. Preisbemessung im Wohnungsbau

Die Geltendmachung beider Ansprüche nebeneinander führt zur Kaufpreisbemessung nach dem höheren der beiden sich ergebenden Beträge. Für die Höhe der Nachzahlungspflicht bei Nutzungsänderung gilt Abs. 2 Satz 3. **12**

3. Veräußerung, Abs. 1 Satz 2 Nr. 2, Abs. 3

a) Entsprechend §§ 48, 71 SachenRBerG und 3 Abs. 4 Wohnungsbaugenossenschafts-Vermögensgesetz (Begr. BR-Drucks. 515/93, S. 156) kann der Verkäufer vom Käufer die Aufnahme einer Mehrerlösabführungsverpflichtung in den Kaufvertrag verlangen, Abs. 1 Satz 2 Nr. 2. **13**

b) Voraussetzungen der Mehrerlösabführungspflicht sind **14**
– Veräußerung, Abs. 3 Satz 1. Die zu §§ 48 und 71 (§ 48 Rdz. 6–13 und § 71 Rdz. 15–17) entwickelten Auslegungsgrundsätze gelten entsprechend.
– des Kaufgrundstücks bzw. einer Teilfläche,
– innerhalb von 5 (Abs. 3 Satz 5 Nr. 1) bzw. 10 (Abs. 3 Satz 5 Nr. 2) Jahren, gerechnet ab dem „Erwerb des Grundstücks nach diesem Gesetz".

Unter „Erwerb nach diesem Gesetz" ist hier nicht der Vollzug der Auflassung im Grundbuch (§§ 873, 925 BGB) zu verstehen; die Erwerber zu vermessender Teilflächen würden sonst zum einen benachteiligt, zum anderen wäre der Fristbeginn von den schwankenden Vollzugszeiten der Vermessungs-, Grundbuchämter und Genehmigungsbehörden abhängig. Maßgebend für den Fristbeginn ist, wie in vergleichbaren anderen Fällen auch, der Abschluß des schuldrechtlichen Verpflichtungsvertrags aufgrund des Ankaufsrechts (§ 71 Abs. 3, § 48 Abs. 1, vgl. auch § 71 Rdz. 25). **15**

c) Rechtsfolge ist die Pflicht des Käufers zur Herausgabe eines Teils des Mehrerlöses aus dem Vertrag mit dem Dritten an den Verkäufer (50% bei Veräußerung innerhalb der ersten, 25% bei Veräußerung innerhalb der folgenden fünf Jahre), Abs. 3 Satz 5 Nr. 1 und 2. **16**

Wann der Anspruch fällig ist, bestimmt sich nach den allgemeinen Vorschriften (§ 271 Abs. 1 BGB): hiernach ist der geschuldete Differenzbetrag sofort mit Wirksamkeit der Verpflichtung des Käufers zur Weiterveräußerung zur Zahlung fällig (d. h. bindendes Angebot des Käufers reicht aus). **17**

d) Mehrerlös ist in Abs. 3 Sätze 2 und 3 legal definiert als Differenz zwischen dem Kaufpreis im Vertrag zwischen Grundstückseigentümer und Nutzer (§§ 73 Abs. 1, 68) und dem bei Weiterveräußerungspreis, soweit dieser auf Grund und Boden entfällt. Im Fall der Weiterveräußerung ist vom Gesamtkaufpreis demnach der Gebäudewert in Abzug zu bringen. **18**

Beispiel: **19**
Kaufpreis bei Ankauf: 100
Kaufpreis bei Weiterverkauf: 400, davon 150 Gebäuderestwert.
ergibt: Mehrerlös von 150 (zu erstatten also 75 bzw. 37,5).

e) Ist kein Preis oder eine Gegenleistung nicht in Geld vereinbart, so tritt an die Stelle des Preises der Bodenwert. Ohne Bedeutung ist, ob die Gegenleistung des Dritterwerbers erbracht wird oder ob die Weiterveräußerung mit Wirkung *ex nunc* unwirksam wird (anders jedoch bei Unwirksamkeit *ex tunc*, z. B. infolge erklärter Anfechtung). **20**

f) Zur Beweiserleichterung für den Verkäufer sieht Abs. 3 Satz 4 eine Do- **21**

§ 73 22–28   Kapitel 2. Nutzung fremder Grundstücke

kumentations- und Anzeigepflicht vor. Zudem trifft den Käufer die Beweislast für die Richtigkeit der angegebenen Höhe des Grundstücksanteils. Bei Verletzung der Pflichten in Abs. 3 Satz 4 wird vermutet, daß der Gebäuderestwert Null beträgt.

22 Soweit aufgrund seiner Ertragssituation das Grundstücks bei Weiterveräußerung noch unter § 73 Abs. 1 fallen würde, kann der Mehrerlös überschlagsmäßig wie folgt geschätzt werden:
Mehrerlös = ursprüngl. Kaufpreis × 2 × allgemeine Preissteigerung bei Grundstücken ./. ursprüngl. Kaufpreis.

23 Wird das Grundstück nicht mehr in einer nach § 73 Abs. 1 privilegierten Weise genutzt, tritt im Rahmen der Überschlagrechnung an die Stelle des ersten „ursprüngl. Kaufpreises" der regelmäßige Kaufpreis nach § 68 Abs. 1 ohne Rücksicht auf die Mindestuntergrenze.

24 g) Unberührt bleibt eine Nachzahlungsverpflichtung nach § 71 (§ 73 Abs. 6), wobei nur der jeweils höhere der sich nach beiden Vorschriften ergebenden Beträge geschuldet ist.

4. Abwendungsrecht des Nutzers, Abs. 1 Satz 3

25 Zum Abwendungsrecht des Nutzers siehe oben Rdz. 2–3.

5. Verhältnis zum Altschuldenhilfegesetz, Abs. 4

26 Abs. 4 bringt die Mehrerlösabführung nach Abs. 1 Satz 2, Abs. 2–3 in Übereinstimmung mit der Pflicht zur Abführung von Erlösanteilen aus der Wohnungsprivatisierung an den Erblastenfonds nach dem Altschuldenhilfegesetz i. d. F. des Gesetzes vom 6. Juni 1994, BGBl. I, S. 1193. Nach der Regelung sind der ursprüngliche Grundstückskaufpreis und der auszukehrende Mehrerlös bei der Ermittlung der abzuführenden Erlösanteile nach § 5 Abs. 2 Altschuldenhilfegesetz vorweg in Abzug zu bringen. Eine Doppelbelastung des Unternehmens der Wohnungswirtschaft wird so vermieden.

6. Sicherung der Nachzahlungsansprüche, Abs. 5

27 a) Abs. 5 setzt voraus, daß neben der Begründung entsprechender Verpflichtungen nach Abs. 1 Satz 2, Abs. 2 und 3 im Vertrag zumindest eine Sicherung der Nachzahlungspflicht nach Abs. 1 Satz 2 Nr. 1 durch ein Grundpfandrecht vorgenommen wird. Entsprechendes gilt aufgrund notardispositiven Rechts (§ 42 Rdz. 13–36) auch für die Nachzahlungspflicht nach Abs. 1 Satz 2 Nr. 2. Abs. 4 schließt eine Sicherung des Nachzahlungsanspruchs bei Veräußerung im übrigen auch nicht aus, der Wortlaut spräche hinsichtlich des Rangs der Sicherheit eher für einen Umkehrschluß, der jedoch nicht sachgerecht wäre.

28 Im Unterschied zu § 71 (§ 71 Rdz. 20–21) steht der geschuldete Betrag im Fall des § 73 bei Vertragsschluß aufgrund Ankaufs noch nicht fest. Als Sicherung kommt daher neben einer Grundschuld (mit der Abtretungsbeschrän-

§ 73. Preisbemessung im Wohnungsbau

kung, dazu unten Rdz. 40) nur die Bestellung einer Höchstbetragshypothek (unten Rdz. 41) in Betracht. Letztere hat den Nachteil, daß sie der dinglichen Zwangsvollstreckungsunterwerfung nach §§ 794 Abs. 1 Ziff. 5, 800 ZPO nicht zugänglich ist.

b) Die dingliche Titulierung der Ansprüche des Verkäufers (verbunden 29 mit einem Nachweisverzicht) erscheint geboten, um dem Verkäufer die notwendigen Druckmittel an die Hand zu geben, den Käufer zur Erfüllung seiner Pflichten anzuhalten. Im Hinblick auf die erhebliche Begünstigung des Nutzers durch § 73 Abs. 1 Satz 1 liegt eine starke Absicherung des Verkäufers auch im Interesse des Rechtsfriedens.

Zur Sicherung bei erneutem Auseinanderfallen von Grundstücks- und Ge- 30 bäudeeigentum nach § 78 Abs. 1 Satz 2 siehe § 78 Abs. 3 Satz 4–5 (§ 78 Rdz. 29–37). Gerade hier zeigen sich die Vorteile dinglicher Sicherung.

c) Für die Ermittlung des Betrags von Grundschuld bzw. Höchstbetrags- 31 hypothek sind folgende Überlegungen anzustellen.

Der Anspruch nach Abs. 2 hängt von der jährlichen Steigerung der Bo- 32 denpreise ab. Die Zunahme des Werts in Abhängigkeit vom Steigerungssatz kann wie folgt ermittelt werden (berechnet nach der Hoffmannschen Methode, hierzu *Zeller-Stöber,* ZVG, § 111 Anm. 2.12 und Anhang Tab 3 a):
Formel: $N = K + Z * J/100$
N: gesuchtes aufgezinstes Kapital
K: Ausgangskapital
Z: Zinssatz in %
J: Anzahl von Jahren
Bei K = 1 ergeben sich folgende Werte:

Zinssatz	3%	4%	5%	6%	7%	8%
Steigerungssatz nach 20 Jahren	1,6	1,8	2,0	2,2	2,4	2,6

Der Betrag der Sicherheit ist wie folgt zu ermitteln: 33
Betrag = Kaufpreis nach § 68★ Steigerungssatz
./. Kaufpreis nach § 73 Abs. 1.
Realistisch dürfte ein Steigerungssatz von 4–5% p. a. sein. 34
In diesem Betrag können auch die Ansprüche nach Abs. 3 problemlos abgesichert werden.

Für den Rang der Sicherheit gelten die Ausführungen § 71 Rdz. 34–37 35 entsprechend. Das Gesetz geht, wie sich aus Abs. 4 ergibt, für den Fall des Abs. 1 Satz 2 Nr. 1 von einer Sicherung durch ein Grundpfandrecht im Rang nach dem Finanzierungsraum nach § 11 Hypothekenbankgesetz aus (§ 52 Rdz. 58–66). Entsprechendes gilt auch für Ansprüche nach Abs. 3.

Der Sicherungszweck im Rang hiernach vorgehender Grundschulden ist 36 zugunsten des Verkäufers auf die Sicherung der zur Finanzierung des Kaufpreises und evtl. Baumaßnahmen auf dem Kaufobjekt einschließlich Erschließungskosten und Anliegerbeiträge zu beschränken (§ 52 Rdz. 71–74).

III. Beweislast

37 Die Beweislast für die Ansprüche nach Abs. 1–3 hat der jeweilige Gläubiger, für die Höhe des Finanzierungsraums nach Abs. 4 und für die Richtigkeit der Kaufpreisaufteilung nach Abs. 3 Satz 4 der Käufer. Dieser ist hinsichtlich der Voraussetzungen der Abs. 2 und 3 dem Verkäufer zu Auskunft und Rechnungslegung verpflichtet.

IV. Formulierungsvorschläge

1. Nachzahlung bei Nutzungsänderung

38 „Wird das Kaufobjekt innerhalb von zehn Jahren ab heute nicht mehr zu mehr als 50 vom Hundert der für die dem Käufer gewährte Kaufpreisermäßigung ursächlichen Nutzfläche zu Wohnzwecken genutzt oder das betreffende Gebäude abgebrochen, so hat der Käufer nach Eintritt dieser Voraussetzungen an den Verkäufer einen Betrag in Höhe der Differenz zwischen dem heutigen Kaufpreis und dem seinerzeitigen Bodenwert nach dem Sachenrechtsbereinigungsgesetz zu bezahlen. Entsprechendes gilt, wenn nur ein Teil des Kaufobjekts abgebrochen wird. Treten diese Voraussetzungen nach Ablauf von zehn, aber vor Ablauf von zwanzig Jahren ab heute ein, so ermäßigt sich der Nachzahlungsbetrag um 50 vom Hundert."

2. Nachzahlung bei Veräußerung

39 „Veräußert der Käufer das Kaufobjekt ganz oder teilweise an einen Dritten, so hat er mit Wirksamkeit seiner Verpflichtung zur Weiterveräußerung folgende Teilbeträge des Unterschieds zwischen dem (anteiligen) heutigen Kaufpreis und dem auf das Grundstück entfallenden Teil des (anteiligen) seinerzeitigen Kaufpreises an den Verkäufer abzuführen:
a) bei einer Veräußerung innerhalb der ersten fünf Jahre ab heute 50 vom Hundert;
b) bei einer Veräußerung innerhalb der folgenden fünf Jahre 25 vom Hundert.
Veräußerung ist auch ein Rechtsgeschäft nach §§ 71, 73 Abs. 3 Satz 1 des Sachenrechtsbereinigungsgesetzes. Ist kein Preis bestimmt, so ist der Bodenwert nach diesem Gesetz maßgebend."

3. Grundschuld mit Abtretungsbeschränkung und Zweckbestimmung

40 „Der Verkäufer bestellt am Kaufobjekt für sich selbst (mehreren als . . .) eine Grundschuld ohne Brief zu . . . nebst 15% jährlich nachträglich fälliger Jahreszinsen mit der Maßgabe, daß die Abtretung der Grundschuld der Zustimmung des Grundstückseigentümers bedarf, unterwirft wegen der Grundschuld das Kaufobjekt der sofortigen Zwangsvollstreckung nach § 800 ZPO und bewilligt und beantragt deren Eintragung in das Grundbuch im Rang nach den bestehenden und nach dem SachenRBerG zu Eintragung gelangenden Belastungen sowie nach der aufgrund nachfolgender Urkunde zur Eintragung gelangenden Grundschuld zu . . . für . . ., jedoch im Rang vor der Auflassungsvormerkung für den Käufer.

§ 74. Preisbemessung bei Überlassungsverträgen § 74

Diese Grundschuld sichert die Ansprüche des Verkäufers auf Nachzahlung und Mehrerlösabführung (evtl.: *sowie seine Ansprüche auf Kaufpreiserhöhung nach Ziff. ... (= § 71 SachenRBerG). Der Grundstückseigentümer ist verpflichtet, einer Abtretung der Grundschuld dann zuzustimmen, wenn der Abtretungsempfänger in diese Sicherungsabrede eintritt."*

Rangstelle: § 71 Rdz. 34, 36, 37.

4. Höchstbetragshypothek

„Zur Sicherung vorstehender Zahlungsverpflichtungen bestellt der Käufer dem 41
Verkäufer (mehreren als ...) am Kaufobjekt eine entsprechende
Sicherungshypothek bis zum Höchstbetrag von ...
und bewilligt und beantragt die Eintragung der Hypothek im Grundbuch im Rang nur
nach..."

Rangstelle: § 71 Rdz. 34, 36, 37.

5. Sicherungsabrede bei Grundschulden

Zur Sicherungsabrede bei vorgehenden Grundschulden siehe § 52 42
Rdz. 71–74.

§ 74 Preisbemessung bei Überlassungsverträgen

(1) Der Grundstückseigentümer kann eine Anhebung des Kaufpreises durch Anrechnung des Restwerts des überlassenen Gebäudes und der Grundstückseinrichtungen verlangen. Die Erhöhung des Preises ist pauschal nach dem Sachwert des Gebäudes und der Grundstückseinrichtungen zum Zeitpunkt der Überlassung abzüglich der Wertminderungen, die bis zum Zeitpunkt der Abgabe eines Angebots zum Vertragsschluß eingetreten wären, zu bestimmen. Die Wertminderung ist nach der Nutzungsdauer von Gebäuden und Einrichtungen der entsprechenden Art und den üblichen Wertminderungen wegen Alters und Abnutzung zu berechnen. Eine andere Berechnung kann verlangt werden, wenn dies wegen besonderer Umstände, insbesondere erheblicher Bauschäden zum Zeitpunkt der Überlassung, geboten ist.

(2) Zahlungen des Überlassungsnehmers, die zur Ablösung von Verbindlichkeiten des Grundstückseigentümers und von Grundpfandrechten verwandt wurden, sind auf Verlangen des Nutzers auf den Kaufpreis anzurechnen. § 38 Abs. 2 und 3 gilt entsprechend.

(3) Die vom Überlassungsnehmer gezahlten und hinterlegten Geldbeträge sind auf den Kaufpreis anzurechnen, wenn sie bereits an den Grundstückseigentümer ausgezahlt wurden oder zur Zahlung an ihn verfügbar sind. Eine Verfügbarkeit der Beträge liegt vor, wenn diese binnen eines Monats nach Vertragsschluß an den verkaufenden Grundstückseigentümer gezahlt werden oder auf einem Treuhandkonto des beurkundenden Notars zur Verfügung bereitstehen.

(4) Ist eine Anrechnung nach Absatz 3 nicht möglich, so ist der Grundstückseigentümer verpflichtet, insoweit seine Ersatzansprüche gegen den staatlichen Verwalter auf den Nutzer zu übertragen und dies dem Verwalter anzuzeigen.

§ 74 1–5 Kapitel 2. Nutzung fremder Grundstücke

Übersicht

	Rdz.		Rdz.
1. Allgemeines	1	5. Nicht anrechenbare Beträge	15
2. Preiserhöhung	2	6. Folgerungen für Vollzug des Kaufvertrags	19
3. Anrechnung von Ablösebeträgen	6	7. Formulierungsvorschlag	20
4. Anrechnung anderer Beträge	10		

1. Allgemeines

1 Die Vorschrift ist das Gegenstück zu § 38 und § 45. Sie gilt nur bei Nutzungstatbeständen aufgrund eines Überlassungsvertrags (§ 1 Rdz. 34–37) und trägt der Tatsache Rechnung, daß aufgrund eines Überlassungsvertrags oft nicht nur ein unbebautes Grundstück, sondern vielfach auch bauliche Investitionen des Grundstückseigentümers dem Nutzer zugewiesen worden sind. Um deren Restwert wäre der Nutzer im Fall des Ankaufs des Grundstücks bereichert, da er nach § 68 nur für den Wert von Grund und Boden bezahlt.

2. Preiserhöhung, Abs. 1

2 a) Zu den Voraussetzungen § 45 Rdz. 3–6.

3 b) Der Kaufpreis erhöht sich um den Restwert des überlassenen Gebäudes und der sonstigen Grundstückseinrichtungen (z. B. befestigte Zufahrtsflächen, Terrassen, Gartenanlagen und dergl.), Abs. 1 Satz 1. Einer konkreten Wertfeststellung bedarf es insoweit nicht, wenn der Sachwert des Gebäudes zum Zeitpunkt der Überlassung bekannt ist. Dann genügt die pauschalierte Restwertermittlung nach Abs. 1 Satz 2–3 nach den jeweils einschlägigen Abschreibungstabellen (Anlagen 5 und 6 zu den WertR). Näher hierzu § 45 Rdz. 9. Anhaltspunkte für die Berechnung des Sachwerts bei Überlassung liefert u. U. der Überlassungsvertrag (vgl. § 4 des Musterüberlassungsvertrags, zit. nach *Fieberg/Reichenbach/Messerschmidt/Jesch-Räntsch,* VermG, Anh. II 1).

4 c) Maßgeblicher Zeitpunkt für die Ermittlung des Restwerts ist hier neben der Abgabe eines formgerechten Angebots auf Ankauf auch die (formfreie) Geltendmachung des Ankaufsrechts (§ 61 Rdz. 4–5).

5 d) Eine Abweichung von der pauschalierten Wertermittlungsmethode läßt Abs. 1 Satz 4 ausdrücklich zu (im Gegensatz zu § 45, vgl. § 45 Rdz. 9 und Begr. BR-Drucks. 515/93, S. 142). Die Initiative hierzu kann sowohl vom Nutzer (z. B. bei Vorhandensein schwerer Bauschäden im Zeitpunkt der Überlassung) oder vom Grundstückseigentümer (z. B. bei Beteiligung an Rekonstruktions- oder anderen Baumaßnahmen des Nutzers) ausgehen (Begr. BR-Drucks. 515/93, S. 157). Unbeachtlich für Abs. 1 Satz 4 ist der jetzige Zustand des Gebäudes; ein Brandschaden und dergleichen führt nicht zur Minderung des pauschalen Restwerts.

3. Anrechnung von Ablösebeträgen, Abs. 2

a) Entsprechend den Mustern für Überlassungsverträge (vgl. *Fieberg/Reichenbach/Messerschmidt/Schmidt-Räntsch*, VermG, Anh. II 1 § 14 Abs. 3 des Musters) begründen Zahlungen des Nutzers zur Ablösung von Verbindlichkeiten des Grundstückseigentümers im Zusammenhang mit der Überlassung einen Aufwendungsersatzanspruch, § 670 BGB. Mit diesem Anspruch kann der Nutzer gegen die Kaufpreisforderung aufrechnen (Begr. BR-Drucks. 515/93, S. 157), Abs. 2 Satz 1. Der Wortlaut von Abs. 2 Satz 1 scheint einen Aufrechnungvertrag nahezulegen, schließt aber eine Aufrechnung durch rechtsgestaltende Erklärung (§ 388 BGB) nicht aus.

b) Abs. 2 gilt nur für geleistete Ablösebeträge, das heißt auf die Tilgung der gesicherten Verbindlichkeiten verrechnete Zahlungen (keine Zinszahlungen). Die Anrechnung anderer Zahlungen des Nutzers, soweit diese hinterlegt und daher noch vorhanden sind, bestimmt sich nach Abs. 3.

c) Die Verweisung in Abs. 2 Satz 2 auf § 38 Abs. 2 und 3 ist nicht nur im Hinblick auf § 38 Abs. 2 Sätze 2 mit 4, Abs. 3 von Bedeutung. Denn § 38 Abs. 2 Satz 1 ist aufgrund § 74 Abs. 1 Satz 1 nur teilweise obsolet. Beim Kauf bedarf es einer Erstattung der Ablösebeträge zwar nicht, da die Verrechnung möglich ist. Andererseits können höhere Zahlungen als der Kaufpreis im Fall des Ankaufs zu einer Erstattungspflicht des Grundstückseigentümers führen. Auch im Fall des Ankaufs ist das Restitutionsrecht des VermG damit ohne Einfluß auf das privatrechtliche Rechtsverhältnis der Sachenrechtsbereinigung (Einl. Rdz. 52–53, 129).

d) Hätte der Grundstückseigentümer die abgelöste Verbindlichkeit bzw. das abgelöste Grundpfandrecht nicht nach § 16 Abs. 2 Satz 2, Abs. 5–7 VermG zu übernehmen gehabt, so ist die Anrechnung nicht zulässig. Denn im Gegenzug erwirbt der Nutzer in Höhe der Anrechnungsbeträge bis zur Obergrenze des nach dem VermG nicht zu übernehmenden Betrags einen Erstattungsanspruch gegen den Entschädigungsfonds, Abs. 2 Satz 2 i. V. m. § 38 Abs. 3 (näher dazu § 38 Rdz. 10–20).

4. Anrechnung anderer Beträge, Abs. 3

a) Nach Abs. 3 Satz 1 können andere vom Nutzer im Zusammenhang mit der Überlassung gezahlte und hinterlegte (also noch vorhandene) Beträge nur dann auf den Kaufpreis angerechnet werden, wenn diese entweder an den Grundstückseigentümer bereits (vom staatlichen Verwalter oder seinem Rechtsnachfolger) ausbezahlt wurden oder zur Zahlung verfügbar sind (hierzu §§ 5 Abs. 2, 6, 13 Abs. 3 des Musterüberlassungsvertrags, abgedruckt bei *Fieberg/Reichenbach/Messerschmidt/Schmidt-Räntsch*, VermG, Anh. II 1).

Abs. 3 bezieht sich auf Beträge, die einerseits nicht zur Ablösung von Grundpfandrechten verwandt wurden, deren Erstattungspflicht andererseits unbestritten bzw. anerkannt ist.

b) Die Verfügbarkeit zur Zahlung wird in Abs. 3 Satz 2 näher umschrieben.

aa) Die Vorgaben des Abs. 3 Satz 2 sind jedenfalls hinsichtlich Alternative

1 (Zahlung innerhalb eines Monats nach Vertragsschluß) nicht praktikabel. Innerhalb dieses Zeitraums wird der Kaufpreis in den meisten Fällen noch nicht fällig sein. Zudem werden die auszuzahlenden Beträge oft für Zwecke der Lastenfreistellung benötigt. Verfrühte Zahlungen liegen daher meist nicht im Interesse des Käufers, so daß es unbillig wäre, diesen mit der Anrechnungsfolge des Abs. 3 Satz 1 zu belasten.

14 bb) Neben der Hinterlegung auf Notaranderkonto mit der Anweisung, diese bei Kaufpreisfälligkeit entsprechend den Bestimmungen des Kaufvertrags zur Auszahlung zu bringen (Abs. 3 Satz 2 Alternative 2) sind daher zur Zahlung an den Grundstückseigentümer verfügbar auch die Beträge, die der erstattungspflichtige Rechtsnachfolger des staatlichen Verwalters auf Fälligkeitsmitteilung des Notars hin zu leisten bereit ist. Die genannte Monatsfrist läuft ab Zugang der Fälligkeitsmitteilung (entsprechende Anwendung von Abs. 3 Satz 2). Bei Nichtleistung des Verwalters hat der Käufer die entsprechenden Beträge nachzuzahlen, Zug um Zug gegen Abtretung nach Abs. 4.

5. Nichtanrechenbare Beträge, Abs. 4

15 a) Bestehen und Höhe des Erstattungsanspruchs des Rechtsnachfolgers des staatlichen Verwalters kann streitig sein. In diesem Fall ist eine Verrechnung mit dem Kaufpreis nicht möglich. Nach Abs. 4 schuldet der Nutzer dann zwar den vollen Kaufpreis, jedoch nur Zug um Zug gegen Abtretung der Erstattungsansprüche des Grundstückseigentümers gegen den staatlichen Verwalter unter der Bedingung vollständiger Kaufpreiszahlung. Es ist nicht zweckmäßig, die Zahlung der den Käufer treffenden Kosten und Steuern ebenfalls zur Bedingung zu machen (Überwachungsproblem). Insoweit verbleibt es bei schuldrechtlichen Leistungsstörungsrechten des Verkäufers.

16 b) Der Nutzer ist hierbei hinsichtlich Verität und Bonität der abgetretenen Erstattungsansprüche ungesichert. Er trägt das Risiko vorheriger Verfügungen des Grundstückseigentümers über diese Forderungen, der Ungewißheit über deren Höhe sowie über Zahlungswilligkeit und -fähigkeit des Schuldners. Allerdings ist der Verwalter im Rahmen seiner Auskunfts- und Rechnungslegungspflicht gegenüber Grundstückseigentümer und Nutzer (§ 666 BGB) auch verpflichtet, entsprechendes zu offenbaren (z. B. Zustellung einer Pfändung nach § 829 BGB).

17 c) Der Nutzer kann die Zahlung insoweit verweigern, als er beweist, daß die Abtretung nicht wirksam ist. Die fehlende Bonität oder nicht ausreichende Höhe der abgetretenen Forderung gibt ihm kein Leistungsverweigerungsrecht.

18 Verschweigt der Grundstückseigentümer vorherige Verfügungen über den Erstattungsanspruch, so macht er sich wegen Vertragsverletzung schadensersatzpflichtig.

6. Folgerungen für Vollzug des Kaufvertrags

Der Notar sollte entweder bei der Vorbereitung der Beurkundung bzw. 19
im Rahmen des Vermittlungsverfahrens oder aufgrund seiner Vollzugsvollmacht (die übliche Vollzugsvollmacht schließt dies ein, da die Durchführung von § 74 zum normalen Vollzug gehört) auch den Rechtsnachfolger des staatlichen Verwalters um Auskunft und Rechnungslegung bitten, falls die Voraussetzungen des § 74 vorliegen. Der Notar kann ihn auffordern, unstreitige Erstattungsbeträge zu beziffern und im Rahmen der Kaufpreiszahlung zur Auszahlung zu bringen. Muß aus Kaufpreisbeträgen die Lastenfreistellung betrieben werden, so sollte der Verwalter, sofern keine Hinterlegung auf Notaranderkonto erfolgt, erst dann zur Zahlung aufgefordert werden, wenn die auf den Käufer entfallenden Kaufpreisbeträge geflossen sind.

7. Formulierungsvorschlag

a) Schreiben an den Rechtsnachfolger des staatl. Verwalters 20

„(Anrede)
Nutzer und Grundstückseigentümer des Gebäudes ... (Bezeichnung) auf dem Grundstück ... (Bezeichnung) haben mich mit der Sachenrechtsbereinigung beauftragt. Nach Angabe des Nutzers hat dieser das fragliche Objekt von Ihrem Rechtsvorgänger durch Überlassungsvertrag zur Nutzung erhalten. Im Auftrag der Beteiligten bitte ich um Auskunft und Rechnungslegung über Höhe und Verwendung der vom Nutzer im Zusammenhang mit dem Überlassungsvertrag geleisteten Zahlungen sowie darüber, welche Erstattungen an den Grundstückseigentümer von Ihrer Seite bereits erfolgt bzw. beabsichtigt sind und ob der Erstattung an den Grundstückseigentümer sonst etwas im Wege steht.
Ich bitte Sie, im Interesse der Beteiligten Erstattungen an den Grundstückseigentümer nur nach Maßgabe meiner Mitteilungen bei Eintritt der Kaufpreisfälligkeit vorzunehmen (§ 74 Sachenrechtsbereinigungsgesetz).
(Schlußformel)".

b) Abtretung der Ansprüche nach Abs. 4 im Kaufvertrag 21

„Aufschiebend bedingt mit der vollständigen Zahlung des Kaufpreises, tritt der Verkäufer seine sämtlichen Ansprüche gegen den Rechtsnachfolger des vormaligen staatlichen Verwalters ... (Bezeichnung) an den Käufer ab, der diese Abtretung annimmt. Der Notar wird beauftragt, diese Abtretung und den Bedingungseintritt dem Schuldner anzuzeigen."

Unterabschnitt 4. Folgen des Ankaufs

Vorbemerkung vor §§ 75 ff.

a) Das SachenRBerG regelt im Dritten Abschnitt im Detail die Fragen des 1
Kaufgegenstandes (§§ 65–67), der Lastenfreistellung (§§ 62–64) und des Kaufpreises (§§ 68–74). Der weitere Inhalt des Kaufvertrags wird nur in wenigen Bestimmungen (§§ 75–77) umschrieben.

2 b) Regelungsbedürftig sind im Kaufvertrag außerdem:
- Behandlung ausstehender Erschließungskosten und Anliegerbeiträge;
- Kaufpreisfälligkeit und Zahlungsweise;
- Zwangsvollstreckungsunterwerfung;
- Belastung des Kaufobjekts mit Finanzierungsgrundpfandrechten;
- Auflassungsvormerkung, Vorlagehaftung bei erklärter Auflassung;
- Vollzugstätigkeit des Notars.

3 Diese Fragen überläßt das Gesetz den Beteiligten bzw. dem Notar als notardispositives Recht (Vorbem. vor §§ 61 ff., Rdz. 10–11).

§ 75 Gefahr, Lasten

(1) **Der Nutzer trägt die Gefahr für ein von ihm errichtetes Gebäude. Er hat vom Kaufvertragsschluß an die auf dem Grundstück ruhenden Lasten zu tragen.**

(2) **Gesetzliche oder vertragliche Regelungen, nach denen der Nutzer die Lasten schon vorher zu tragen hat, bleiben bis zum Vertragsschluß unberührt. Ansprüche des Nutzers auf Aufwendungsersatz bestehen nicht.**

Übersicht

	Rdz.		Rdz.
1. Allgemeines	1	b) Lastentragung	5
2. Regelungsinhalt	2	3. Vertragliche Regelung	9
a) Sachgefahr	2		

1. Allgemeines

1 Das Gesetz setzt voraus, daß Besitz und Nutzen an der erfaßten Grundstücksfläche bereits dem Nutzer aufgrund des Nutzungstatbestands gebühren. Infolgedessen bedarf es nur einer vertraglichen Regelung der Gefahr- und Lastentragung.

2. Regelungsinhalt

a) Sachgefahr

2 Abs. 1 Satz 1 weist die Sachgefahr ohne Bestimmung eines Anfangszeitpunkts dem Nutzer zu. Die Gefahrtragung bezieht sich sowohl auf das Gebäude als auch auf die nach §§ 21 ff. vom Nutzungstatbestand erfaßte Grundstücksfläche (z. B. Gefahr durch Erdrutsch und dergl.)

3 Damit stellt das Gesetz die Fälle echten Gebäudeeigentums, in denen der Nutzer die Sachgefahr aufgrund seiner eigentümerähnlichen Stellung trägt, anderen Nutzungstatbeständen gleich. Im Hinblick auf die Gleichstellung dieser Nutzungstatbestände in der Sachenrechtsbereinigung ist dies konsequent, zumal stets der Nutzer allein Vorsorge für den Schutz des Gebäudes treffen kann (Begr. BR-Drucks. 515/93, S. 157).

§ 75 enthält für die Verkehrssicherungspflicht keine ausdrückliche Regelung. Insoweit gilt aber nichts anderes als für die Sachgefahr; der Nutzer trug die Verkehrssicherungspflicht bereits aufgrund seiner eigentümerähnlichen Rechtsstellung. Eine ausdrückliche Regelung ist im Hinblick auf BGH Mitt-BayNot 1990, 25/26 empfehlenswert (hierzu Beck'sches Notarhandbuch-*Brambring,* 1992, A I Rdz. 130).

b) Lastentragung

Auf dem Grundstück ruhende Lasten (Grundsteuer, Erschließungskosten, Anliegerbeiträge, andere öffentliche Lasten; zum Begriff § 58 Rdz. 3–5) trägt der Nutzer vom Kaufvertragsschluß an, Abs. 1 Satz 2. Da mit dem Vertragsschluß klargestellt ist, daß der Nutzer das Grundstück auf Dauer behalten darf, wird der nach allgemeinem Kaufrecht geltende Zeitpunkt (§ 446 BGB) vorverlegt (Begr. BR-Drucks. 515/93, S. 157).

aa) Abs. 2 Satz 1 läßt anderweitige gesetzliche oder vertragliche Regelungen unberührt (z.B aufgrund des Nutzungs- oder Überlassungsvertrags). In der Regel ist der Nutzer zur Tragung von Erschließungskosten und Anliegerbeiträgen jedenfalls im Innenverhältnis zum Grundstückseigentümer insoweit verpflichtet, als sie dem von ihm genutzten Gebäude und Grundstücksteil zum Vorteil gereichen; die Zahlung des Grundstückseigentümers begründet einen gesetzlichen Aufwendungsersatzanspruch nach den Grundsätzen der Geschäftsführung ohne Auftrag (§§ 683, 670 BGB).

bb) Abs. 2 Satz 2 enthält eine Klarstellung, daß der Nutzer solche Aufwendungen, zu deren Tragung er nach Abs. 1 Satz 1 verpflichtet war, nicht vom Grundstückseigentümer ersetzt verlangen kann (Begr. BR-Drucks. 515/93, S. 157). Ansprüche aus anderem Rechtsgrund (insbesondere aufgrund unerlaubter Handlungen des Grundstückseigentümers) bleiben unberührt.

Keine Last in diesem Sinne ist die Verpflichtung zur Zahlung von Sachversicherungsbeiträgen (Brandversicherung, Gebäudehaftpflichtversicherung; § 58 Rdz. 5). Diese trägt der Nutzer. Soweit die Beiträge der Grundstückseigentümer geleistet hat, hat ihm der Nutzer Ersatz zu leisten.

3. Vertragliche Regelung

Einer ausdrücklichen vertraglichen Regelung der Gefahr- und Lastentragung bedarf es nicht. Im Hinblick auf mögliche Aufwendungsersatzansprüche des Grundstückseigentümers für von ihm verauslagte, nach Abs. 2 Satz 1 den Nutzer treffende Kosten empfiehlt sich eine entsprechende Klarstellung im Vertrag. Erwägenswert erscheint daher allenfalls eine Vereinbarung wie folgt:

„Der Käufer trägt ab Beginn der Nutzung die Gefahr für das Kaufobjekt samt aufstehenden Gebäuden und anderen baulichen Anlagen und die Verkehrssicherungspflicht. Ab Vertragsschluß trägt er auch sämtliche das Kaufobjekt betreffende Lasten und Versicherungsbeiträge. Soweit er hierzu schon vor diesem Zeitpunkt verpflichtet war, hat es damit sein Bewenden. Der Verkäufer erklärt, daß er selbst ab Begründung des Nutzungstatbestandes keine Zahlungen auf Lasten oder Versicherungsbeiträge geleistet hat."

§ 76 Gewährleistung

Der Verkäufer haftet nicht für Sachmängel des Grundstücks.

Übersicht

	Rdz.
1. Allgemeines	1
2. Regelungsinhalt	2
3. Formulierungsvorschlag	3

1. Allgemeines

1 Die Vorschrift trägt der weit überwiegenden Vertragspraxis beim Kauf von Grundstücken Rechnung.

2. Regelungsinhalt

2 Zur Reichweite des Gewährleistungsausschlusses siehe § 60 Rdz. 17–22. Unberührt und vorbehalten sind Ansprüche aus positiver Forderungsverletzung (z. B. wegen vom Verkäufer zu vertretender Kontamination des Kaufgrundstücks mit umweltgefährdenden Stoffen für den Mangelfolgeschaden) und Ansprüche wegen Rechtsmängeln (§§ 440 Abs. 1, 325 BGB). Die Garantiehaftung für Rechtsmängel gilt aber insoweit nicht, als der Käufer schon als Nutzer zur Duldung einer nicht ausdrücklich im Vertrag aufgeführten Belastung verpflichtet war (z. B. nicht eingetragenes Mitbenutzungsrecht und dergleichen).

3. Formulierungsvorschlag

3 „Der Verkäufer haftet für ungehinderten Eigentumsübergang und Freiheit von im Grundbuch eingetragenen Belastungen mit Ausnahme derer, die der Käufer ausdrücklich übernimmt oder schon als Nutzer geduldet hat. Eine weitere Gewährleistung leistet der Verkäufer nicht."

4 Bei besonderen Umständen, z. B. Vorhandensein von Altlasten, ist eine hierauf zugeschnittene Regelung der Gewährleistung im Kaufvertrag erforderlich.

§ 77 Kosten

Die Kosten des Vertrages und seiner Durchführung sind zwischen den Vertragsparteien zu teilen.

1 Der Vorschrift gehen als spezieller nur die Kostentragungsvorschriften in § 67 Abs. 4 (§ 67 Rdz. 19) sowie bei Vermessung nach § 72 (§ 72 Rdz. 10) vor. Im übrigen gelten die Ausführungen § 60 Rdz. 4–10, 12–16 entsprechend.

§ 78 Rechtsfolgen des Erwerbs des Grundstückseigentums durch den Nutzer

(1) Vereinigen sich Grundstücks- und Gebäudeeigentum in einer Person, so ist eine Veräußerung oder Belastung allein des Gebäudes oder des Grundstücks ohne das Gebäude nicht mehr zulässig. Die Befugnis zur Veräußerung im Wege der Zwangsversteigerung oder zu deren Abwendung bleibt unberührt. Der Erwerber ist verpflichtet, das Eigentum am Gebäude nach § 875 des Bürgerlichen Gesetzbuchs aufzugeben, sobald dieses unbelastet ist oder sich die dinglichen Rechte mit dem Gebäude am Eigentum am Gebäude in seiner Person vereinigt haben. Der Eigentümer des Gebäudes und der Inhaber einer Grundschuld sind verpflichtet, das Recht aufzugeben, wenn die Forderung, zu deren Sicherung die Grundschuld bestellt worden ist, nicht entstanden oder erloschen ist. Das Grundbuchamt hat den Eigentümer zur Erfüllung der in den Sätzen 3 und 4 bestimmten Pflichten anzuhalten. Die Vorschriften über den Grundbuchberichtigungszwang im Fünften Abschnitt der Grundbuchordnung finden entsprechende Anwendung.

(2) Der Eigentümer kann von den Inhabern dinglicher Rechte am Gebäude verlangen, die nach § 876 des Bürgerlichen Gesetzbuchs erforderliche Zustimmung zur Aufhebung zu erteilen, wenn sie Rechte am Grundstück an der gleichen Rangstelle und im gleichen Wert erhalten und das Gebäude Bestandteil des Grundstücks wird.

(3) Im Falle einer Veräußerung nach Absatz 1 Satz 2 kann der Erwerber vom Eigentümer auch den Ankauf des Grundstücks oder des Gebäudes oder der baulichen Anlage nach diesem Abschnitt verlangen. Der Preis ist nach dem vollen Verkehrswert (§ 70) zu bestimmen. Im Falle der Veräußerung des Grundstücks ist § 71 anzuwenden. Eine Preisermäßigung nach § 73 kann der Erwerber vom Eigentümer nur verlangen, wenn
1. die in § 73 Abs. 1 bezeichneten Voraussetzungen vorliegen und
2. er sich gegenüber dem Eigentümer wie in § 73 Abs. 1 Satz 2 verpflichtet.
Der frühere Grundstückseigentümer erwirbt beim Entstehen einer Nachzahlungsverpflichtung des Eigentümers aus § 73 Abs. 1 ein vorrangiges Pfandrecht an den Ansprüchen des Eigentümers gegen den Erwerber aus einer Nutzungsänderung.

Übersicht

	Rdz.		Rdz.
1. Allgemeines	1	4. Zustimmungsanspruch	26
2. Vorläufige Sicherung	7	5. Zusammenführung nach Versteigerung	29
3. Aufgabepflicht	20		

1. Allgemeines

a) Ziel der Sachenrechtsbereinigung ist die Überführung des Gebäudeeigentums und ihm vergleichbarer Nutzungstatbestände in die Rechtsformen des Bürgerlichen Rechts. Dies gelingt bei der Bestellung eines Erbbaurechts leichter, da es in diesem Fall beim Auseinanderfallen von Grundstückseigentum und dinglichem Recht am Gebäude bleibt (Begr. BR-Drucks. 515/93, S. 89). 1

§ 78 2–8   Kapitel 2. Nutzung fremder Grundstücke

2   b) Soweit das Recht des Nutzers auf einer schuldrechtlichen Rechtsposition oder bloßer Faktizität beruht, die für Zwecke der Sachenrechtsbereinigung dem Gebäudeeigentum gleichgestellt wurde, ist die Überführung in den Ordnungsrahmen des BGB ebenfalls ohne weiteres möglich. Im Grundsatz sind schuldrechtliche Rechtspositionen (Nutzungsvertrag, Überlassungsvertrag) mit Durchführung der Sachenrechtsbereinigung auch beim Ankauf infolge Zweckerreichung bzw. durch Konfusion kraft Gesetzes erloschen (§ 59 Abs. 2 analog), ohne daß es einer gesonderten Aufhebung des schuldrechtlichen Vertrags bedürfte.

3   Bestehen Pfandrechte an Überlassungs- oder Nutzungsverträgen, so sie überhaupt zulässig sind, so gelten für die Leistung an den Nutzer §§ 1281, 1282 BGB nicht entsprechend. Denn insoweit konkretisiert der Anspruch nach dem SachenRBerG nicht den vertraglichen Anspruch und unterliegt damit nicht dem Pfandrecht (zum Erbbaurecht siehe Vorbem. vor §§ 33ff., Rdz. 2). § 1287 Satz 2 BGB ist nicht anwendbar. Allerdings gilt der Anspruch aus dem Überlassungs- oder Nutzungsvertrag zugunsten der Pfandgläubiger als fortbestehend (*Palandt-Heinrichs*, Überbl. vor § 362 Rdz. 4), so daß diesen ein Recht auf die Gebäudenutzungen weiter zusteht.

4   c) Hat eine Erbengemeinschaft (oder eheliche Vermögensgemeinschaft; Art. 234 § 4a EGBGB ist insoweit unanwendbar) eine Nutzungsrechtsposition inne, die kein Gebäudeeigentum ist, so hat sie die Wahl zwischen Surrogationserwerb des Grundstücks (§ 2041 BGB) oder Erwerb zu Bruchteilen mit der Folge einer konkludent erklärten Auseinandersetzung der Erbengemeinschaft. Bei Ehegatten, die nicht in der Güterstand der ehelichen Vermögensgemeinschaft zurückkoptiert haben, ist kein Surrogationserwerb möglich, Art. 234 § 4a EGBGB.

5   d) Regelungsbedarf besteht somit nur noch für Fälle echten Gebäudeeigentums (§ 1 Rdz. 21 ff.). Nur diese Fallgruppe wird von § 78 erfaßt. § 78 gilt hierbei unabhängig davon, ob das Gebäudeeigentum bereits im Grundbuch eingetragen oder noch nicht gebucht ist (z. B. Gebäudeeigentum der ehemaligen landwirtschaftlichen Produktionsgenossenschaften).

6   Im Fall von Verfügungen über das Gebäudeeigentum ist aber dessen grundbuchmäßige Buchung i. d. R. erforderlich.

2. Vorläufige Sicherung, Abs. 1 Sätze 1–2

7   a) Bei Vereinigung von Grundstücks- und Gebäudeeigentum kommt es nicht zur Konsolidation, § 889 BGB (aA zu Unrecht LG Schwerin DNotZ 1993, 512f. mit zutr. Anm. *Faßbender*, aaO, S. 513–515). Die Konsolidation wäre schon im Hinblick auf das unklare Schicksal möglicher Rechte Dritter (Rangfragen der Pfänderstreckung und dergleichen) ein ungeeigneter Weg.

8   b) Demgemäß begnügt sich das SachenRBerG mit einer bloßen Ordnungsvorschrift, Abs. 1 Satz 1. Entgegen der Begründung handelt es sich nicht um ein absolutes Verfügungsverbot (so aber BR-Drucks. 515/93, S. 158). Dies wird für den Rechtsverkehr unerträglich. Ohnehin ausgeschlossen ist die Inhaltsänderung des Gebäudeeigentums. Nicht berührt

vom *arrestatorium* bleibt die Befugnis zur Übertragung eines dinglichen Rechts (z. B. Abtretung eines Grundpfandrechts am Gebäudeeigentum).

Zulässig ist ansonsten nur noch die parallele Veräußerung und Belastung von Grundstücks- und Gebäudeeigentum. Diese Parallelität bezieht sich bei Belastungen nicht nur auf den Inhalt, sondern auch auf den Rang des Rechts. Es müssen also identische Rechte am Grundstücks- und Gebäudeeigentum dem einzutragenden Recht vorgehen oder gleichstehen. Gleiches gilt auch für Verfügungen aufgrund Hoheitsakts, insbesondere für Vollstreckungsmaßnahmen, die auf die Eintragung von Belastungen (Zwangssicherungshypothek) gerichtet sind. Zulässig ist jedoch die Anordnung getrennter Zwangsverwaltung (arg. *a maiore ad minus* aus Abs. 1 Satz 2). 9

c) Abs. 1 Satz 1 wird zugunsten der Beleihungsfähigkeit des Grundstücks und des Gebäudes in Abs. 1 Satz 2 durchbrochen. Zulässig bleibt die getrennte Veräußerung von Grundstück oder Gebäude sowohl im Wege der Zwangsversteigerung (§ 90 ZVG) als auch „zu deren Abwendung". Hierunter fällt der Vertragstypus des Verkaufs zum Zwecke der Aufhebung eines anhängigen Zwangsversteigerungsverfahrens. 10

aa) Die Teilungsversteigerung zum Zwecke der Auseinandersetzung einer Gemeinschaft (z. B. Miteigentümer- oder Erbengemeinschaft) ist jedoch nur sowohl hinsichtlich des Grundstücks als auch hinsichtlich des Gebäudeeigentums zulässig. 11

bb) Die Voraussetzungen des Abs. 1 Satz 2 sind dann im Grundbuchverfahren nachgewiesen, wenn mit dem Eintragungsantrag bezüglich der Auflassung zugleich die Löschung eines eingetragenen Zwangsversteigerungsvermerks durchgeführt werden kann. 12

cc) Nicht zulässig sind getrennte Belastungen zum Zwecke der Umfinanzierung, auch wenn diese der Abwendung der Zwangsversteigerung dienen können. Die Verletzung der Ordnungsvorschrift kann aber vom Grundbuchamt nicht beanstandet werden. 13

dd) Keine Verfügung ist die Bewilligung einer Vormerkung. 14

d) Abs. 1 betrifft seinem Wortlaut nach nur Verfügungen durch Rechtsgeschäft unter Lebenden. Mittelbar ist jedoch auch die Testierfreiheit durch Abs. 1 Satz 1 eingeschränkt. Abs. 1 Satz 1 führt jedoch nicht zur (Teil-)Unwirksamkeit entsprechender Verfügungen von Todes wegen (z. B. Teilungsanordnung, Vermächtnis, Nacherbfolge mit Vorausvermächtnis). 15

e) Durch Erwerb von Todes wegen könnte es weiter dann zu einem neuerlichen Auseinanderfallen von Grundstücks- und Gebäudeeigentum kommen, wenn hinsichtlich des Gebäudes oder Grundstücks die Anordnung einer Nacherbfolge bereits wirksam geworden ist. Dieser Fall kann nicht so wie die ähnliche Konstellation beim Nachbarerbbaurecht nach § 39 Abs. 3 gelöst werden (§ 39 Rdz. 59–64). 16

Eine Nacherbfolge am Grundstück allein steht der Aufgabe des Gebäudeeigentums nicht entgegen; die hierin liegende Werterhöhung des Grundstücks durch den Vorerben hat der Nacherbe bei Eintritt der Nacherbfolge nach §§ 2124, 2125 BGB zu ersetzen. 17

Ist die Nacherbfolge hinsichtlich des Gebäudeeigentums angeordnet, hilft eine analoge Anwendung von Abs. 2 durch Unterstellung des Grundstücks unter die Nacherbfolge ohne Rücksicht auf den Rang des Nacherbenver- 18 merks (dieser ist nicht rangfähig). Bei Eintritt der Nacherbfolge unterliegt der Wertzuwachs des Gebäudeeigentums durch Zusammenfallen mit dem Grundstück der Ersatzpflicht nach §§ 2124, 2125 BGB.

19 Entsprechendes gilt bei Testamentsvollstreckung.

3. Aufgabepflicht, Abs. 1 Sätze 3–5

20 a) Im Interesse einer Durchsetzung der Zwecke der Sachenrechtsbereinigung (dazu oben Rdz. 1) verpflichtet Abs. 1 Sätze 3 und 4 den Erwerber zur Aufgabe des Gebäudeeigentums nach § 875 BGB (vgl. auch Art. 233 § 2 b Abs. 4, § 4 Abs. 6 EGBGB). Abs. 1 Satz 3 Halbsatz 2 und Satz 4 erweitert die Pflicht des Gebäudeeigentümers zur Aufgabe des Gebäudeeigentums auch die Fälle der Inhaberschaft formaler Buchpositionen (Abs. 3 Satz 3 Halbsatz 2) bzw. von Rückgewähransprüchen in Ansehung von Grundschulden (Abs. 3 Satz 4).

21 Diese Verpflichtung kann durch das Grundbuchamt mit den Mitteln des Grundbuchberichtigungszwangs (Abs. 1 Sätze 5 und 6 i. V. m. §§ 82–84 GBO, 33 FGG) durchgesetzt werden (Begr. BR-Drucks. 515/93, S. 158). In Betracht kommt dies jedoch nur, soweit Gebäudeeigentum bereits gebucht ist. Mangels entsprechender Prüfungsmöglichkeit scheidet eine Pflicht des Grundbuchamts in den Fällen des Abs. 1 Satz 3 Halbsatz 2 und Satz 4 ohnehin aus, ebenso bei Verletzung von Abs. 1 Satz 1.

22 Unter den Voraussetzungen des Abs. 1 Sätze 5 und 6 umfaßt die Zwangsbefugnis des Grundbuchamts auch das Recht, den Erwerber zur Geltendmachung der in Abs. 1 Satz 4, Abs. 2 bestimmten Ansprüche anzuhalten, sofern deren Erfüllbarkeit ohne Mitwirkung bereits eingetragener dinglicher Gläubiger aus dem Grundbuch ersichtlich ist.

23 Andernfalls genügt die Einreichung der Aufgabeerklärung zu den Grundakten, Art. 233 § 4 Abs. 5 Satz 2 EGBGB. Dies ist jedoch nur dann möglich, soweit das Nutzungsrecht unbelastet ist oder Zug um Zug mit der Aufgabe des Rechts Erklärungen der dinglich Berechtigten nach Abs. 2 vorgelegt werden und der Grundstückseigentümer entsprechende Eintragungen bewilligt und beantragt (vgl. auch LG Magdeburg, WM 1994, 165 f.).

24 b) Der Aufgabe des Gebäudeeigentums durch mehrere Nutzer steht nicht entgegen, daß diese das Grundstückseigentum in einem anderen Berechtigungsverhältnis erworben haben. Hat eine Erbengemeinschaft hinsichtlich des Gebäudes ein Grundstück zu Bruchteilen erworben wird, so führt die Aufgabe des Gebäudeeigentums zu einer gesetzlichen Auseinandersetzung der Erbengemeinschaft zu Bruchteilen wie beim Grundstück. Im Fall abweichender Quoten entstehen schuldrechtliche Bereicherungsansprüche (§ 812 Abs. 1 Satz 1 Fall 1 BGB) der Bruchteilseigentümer gegeneinander.

25 c) Bei ehelicher Vermögensgemeinschaft über echtes Gebäudeeigentum ist diese bereits nach Art. 234 § 4a EGBGB kraft Gesetzes zu Bruchteilen auseinandergesetzt. Ist das Grundstück nicht zu entsprechenden Bruchteilen erworben, so führt die Aufgabe des Gebäudeeigentums ebenfalls zu bereicherungsrechtlichen Ausgleichsansprüchen.

4. Zustimmungsanspruch, Abs. 2

a) Zur Durchsetzung der Zusammenführung gibt Abs. 2 dem Erwerber einen Anspruch gegen die dinglich Berechtigten am „Gebäude" (eigentlich: Gebäudeeigentum) auf Erteilung der nach § 876 (i. V. m. Art. 233 § 4 Abs. 6 Satz 1 EGBGB) erforderlichen Zustimmung Zug um Zug gegen Eintragung inhalts- und ranggleicher Rechte am Grundstück, sofern das Gebäude Bestandteil des Grundstücks wird (ausgeschlossen bei gleichzeitiger Bestellung eines Erbbaurechts).

b) Soweit das Grundstück belastet ist, hat der Erwerber somit zur Durchsetzung dieses Anspruchs einen Rangrücktritt dinglich Berechtigter herbeizuführen.

Eines solchen Rangrücktritts bedarf es jedoch dann nicht, wenn das eingetragene Recht bereits den Wert des dinglichen Rechts am Gebäudeeigentum minderte, z. B. weil der Gebäudeeigentümer jedenfalls faktisch zur Duldung der Rechtsausübung verpflichtet war. Dies trifft vor allem auf Wege-, Fahr- und Leitungsrechte zu. Insoweit kann dem Rangrücktrittsverlangen des nach Abs. 2 Verpflichteten die Replik unzulässiger Rechtsausübung entgegenstehen.

5. Zusammenführung trotz Versteigerung, Abs. 3

a) Abs. 3 betrifft einen zwar seltenen, dafür aber regelungsbedürftigen Fall. Bei isolierter Veräußerung des Grundstücks oder des Gebäudeeigentums nach Abs. 1 Satz 2 entsteht ein Gebäudeeigentum, dessen Inhaber die gesetzlichen Ansprüche nach dem SachenRBerG nicht mehr zustehen. Der Zweck des Gesetzes wäre somit nicht mehr erfüllbar.

Hierbei unterscheidet das Gesetz den früheren Grundstückseigentümer (Verkäufer), den Nutzer (Käufer) und jetzigen Eigentümer von Grundstück und Gebäude und den Ersteher/Erwerber des Grundstücks oder des Gebäudes.

b) Abs. 3 Satz 1 begründet einen originären Ankaufsanspruch des Erstehers (bzw. des Erwerbers beim Abwendungsverkauf nach Abs. 1 Satz 2) gegen den Grundstücks- bzw. Gebäudeeigentümer auf Ankauf des Grundstücks bzw. Gebäudes.

aa) Maßgebend ist der volle Verkehrswert des Grundstücks bzw. des Gebäudes (Abs. 3 Satz 2 mit Verweisung auf § 70) im Zeitpunkt der Ausübung des Ankaufsrechts.

bb) Abs. 3 Satz 3 erklärt gegenüber dem früheren Grundstückseigentümer § 71 für entsprechend anwendbar, damit der Nutzer nicht durch eine provozierte Zwangsversteigerung des Gebäudes die Bestimmungen über Weiterveräußerung dadurch umgehen kann, daß er dem Ersteher aufgrund des Ankaufsrechts nach Abs. 3 Satz 1 das Grundstück überträgt. Diese Veräußerung steht der Weiterveräußerung in § 71 gleich (Begr. BR-Drucks. 515/93, S. 158).

cc) Nach Abs. 3 Satz 4 ist die Veräußerung eines nach § 73 Abs. 1 privilegierten Gebäudes an ein anderes Wohnungsunternehmen ebenfalls privilegiert; dieses kann vom Eigentümer des Grundstücks (= Vollstreckungsschuldner hins. des Gebäudes) den Erwerb des zugehörigen Grundstücks ebenfalls zum Preis nach § 73 Abs. 1 verlangen, wenn es sich gegenüber dem Eigentümer des Grundstücks (früheren Nutzer) nach § 73 Abs. 1 Satz 2 verpflichtet.

35 dd) Ansprüche des früheren Grundstückseigentümers auf Nachzahlung wegen geänderter Nutzung nach § 73 Abs. 2 gegen den Nutzer sind zumeist wegen dessen Insolvenz nicht werthaltig. Dies eröffnet Möglichkeiten, die Nachzahlung durch einen Erwerb des Gebäudes mit Ankauf nach Abs. 1 Satz 2 zu vermeiden (Begr. BR-Drucks. 515/93, S. 158). Dies will das Gesetz durch Begründung eines vorrangigen gesetzlichen Pfandrechts an den Ansprüchen des Nutzers/jetzigen Grundstückseigentümers „aus einer Nutzungsänderung" nach Abs. 3 Satz 5 vermeiden.

36 ee) Umgehungsmöglichkeiten sind damit jedoch nicht ausgeschlossen. Soweit unter Verzicht auf die Privilegierung nach § 73 Abs. 1 keine Ansprüche des Grundstückseigentümers gegen den Erwerber auf Nachzahlung wegen Nutzungsänderung nach § 73 Abs. 2 begründet wurden, entsteht kein Pfandrecht.

37 Letztlich hilft dem früheren Grundstückseigentümer nur eine titulierte, werthaltige dingliche Sicherheit für seine Ansprüche nach § 71 und § 73 Abs. 2 und 3 (vgl. § 73 Rdz. 27–36, 40, insbesondere zur Grundschuld mit Abtretungsbeschränkung).

Unterabschnitt 5. Leistungsstörungen

Vorbemerkung vor §§ 79, 80

Übersicht

	Rdz.
1. Regelung des BGB	1
2. Besonderheiten aufgrund der Sachenrechtsbereinigung	7

1. Regelung des BGB

1 Das allgemeine Schuldrecht des Bürgerlichen Gesetzbuchs enthält Regelungen für den Fall von Leistungsstörungen im Schuldverhältnis. Leistungsstörungen sind:
– Schuldnerverzug, §§ 284 ff., 326 BGB;
– Gläubigerverzug, §§ 293 ff., 324 BGB;
– Unmöglichkeit der Leistung, §§ 275 ff., 306 f., 325 BGB;
– positive Forderungsverletzung;
– *culpa in contrahendo*.

2 Von Bedeutung für die Sachenrechtsbereinigung sind vor allem die Fälle des Schuldnerverzugs und der objektiven bzw. subjektiven Unmöglichkeit. Von praktischer Bedeutung ist insbesondere eine Leistungsstörung auf Sei-

§ 79. Durchsetzung des Erfüllungsanspruchs § 79

ten des Verkäufers bei mangelnder Erfüllung seiner Pflicht zur Lastenfreistellung (§§ 62 ff.), auf Seiten des Käufers bei Nichtzahlung des geschuldeten Kaufpreises.

b) Das Bürgerliche Gesetzbuch (vgl. hierzu Einl. Rdz. 65–79) sieht hier 3 differenzierte Rechtsfolgen vor. Hervorzuheben sind:
– der Anspruch auf Ersatz des Verzugsschadens, § 286 BGB. 4
– der Rücktritt vom Vertrag nach §§ 326, 347 ff. BGB mit der Folge der 5 Pflicht zur Rückgewähr bereits erbrachter Leistungen;
– die Abstandnahme von der Erfüllung des Vertrags mit der Folge der Um- 6 wandlung des primären Erfüllungsanspruchs in einen Anspruch auf Schadensersatz, darauf gerichtet, so gestellt zu werden, wie der Gläubiger stünde, wenn der Vertrag ordnungsgemäß erfüllt worden wäre (positives Interesse), §§ 326, 249 ff. BGB (näher hierzu *Palandt-Heinrichs,* § 325 Rdz. 9–23 und § 326 Rdz. 26).

2. Besonderheiten aufgrund der Sachenrechtsbereinigung

a) Diese Rechtsfolgen laufen den Zwecken der Sachenrechtsbereinigung in 7 zahlreichen Fällen zuwider. Im Fall eines Rücktritts vom Vertrag bleibt alles beim alten. Es bleiben nur die bisher angefallenen Vertragskosten (Begr. BR-Drucks. 515/93, S. 89). Der Schadensersatzanspruch des Grundstückseigentümers bei Abstandnahme vom Vertrag wegen Nichtzahlung des Kaufpreises trotz Fristsetzung mit Ablehnungsandrohung nach § 326 BGB beläuft sich auf den Unterschied zwischen dem Wert des Grundstücks und der Gegenleistung (Erfüllungsinteresse), beträgt somit Null (Begr. BR-Drucks. 515/93, S. 160). Insoweit bedarf das gesetzliche System der Leistungsstörungsrechte des BGB der Modifikation (§ 80).

b) Im Fall der Titulierung des Kaufpreisanspruchs kann der Grundstücks- 8 eigentümer in den Nutzungstatbestand vollstrecken. Bei echtem Gebäudeeigentum erfolgt die Befriedigung nach den Regeln der Zwangsvollstreckung in das unbewegliche Vermögen (§§ 864 ff. ZPO, 1 ff. ZVG), bei schuldrechtlichen Rechtspositionen nach den Regeln der Zwangsvollstreckung in andere Vermögensrechte (§§ 829 ff., 857 ZPO). Beides führt dazu, daß der Anlaß der Sachenrechtsbereinigung bestehenbleibt, da das Grundstückseigentum und die Inhaberschaft des Nutzungstatbestands weiter auseinanderfällt, die Ansprüche nach dem Sachenrechtsbereinigungsgesetz jedoch bei erfolgreicher Vollstreckung durch Erfüllung erloschen sind. Dies sucht § 79 zu verhindern.

§ 79 Durchsetzung des Erfüllungsanspruchs

(1) **Der Grundstückseigentümer kann wegen seiner Ansprüche aus dem Kaufvertrag die Zwangsversteigerung des Gebäudes oder der baulichen Anlage des Nutzers nur unter gleichzeitiger Versteigerung des nach dem Vertrag zu veräußernden Grundstücks betreiben. Der Grundstückseigentümer darf einen Antrag auf Versteigerung des Gebäudes und des Grundstücks erst stellen, wenn er dem Nutzer die Versteigerung des verkauften Grundstücks zuvor**

§ 79 1–4   Kapitel 2. Nutzung fremder Grundstücke

angedroht, dem Nutzer eine Nachfrist zur Zahlung von mindestens zwei Wochen gesetzt hat und diese Frist fruchtlos verstrichen ist.

(2) Für die Vollstreckung in das Grundstück ist ein vollstreckbarer Titel gegen den Nutzer ausreichend. Die Zwangsversteigerung darf nur angeordnet werden, wenn
1. der Antragsteller als Eigentümer des Grundstücks im Grundbuch eingetragen oder als Rechtsvorgänger des Nutzers eingetragen gewesen ist oder Erbe des eingetragenen Grundstückseigentümers ist und
2. das Grundstück frei von Rechten ist, die Ansprüche auf Zahlung oder Befriedigung aus dem Grundstück gewähren.

(3) Der Zuschlag für das Gebäude und das Grundstück muß an dieselbe Person erteilt werden. Mit dem Zuschlag erlöschen die Rechte des Nutzers zum Besitz aus dem Moratorium nach Artikel 233 § 2a des Einführungsgesetzes zum Bürgerlichen Gesetzbuche, aus diesem Gesetz und aus dem Grundstückskaufvertrag.

(4) An die Stelle des Anspruchs des Nutzers auf Übereignung tritt der Anspruch auf Auskehr des nach Berichtigung der Kosten und Befriedigung des Grundstückseigentümers verbleibenden Resterlöses.

Übersicht

	Rdz.		Rdz.
1. Allgemeines	1		
2. Vollstreckungsbeschränkung	5		9
3. Vollstreckungsvoraussetzungen		4. Versteigerungsverfahren	15
		5. Gesetzliche Surrogation	20

1. Allgemeines

1   a) § 79 setzt den Fall voraus, daß infolge Nichtleistung des Käufers der Verkäufer den Kaufpreisanspruch tituliert und in das Gebäude vollstreckt. In der Praxis wird dies durch Antrag auf Erteilung einer vollstreckbaren Ausfertigung des Kaufvertrags eingeleitet, in dem sich der Käufer der sofortigen Zwangsvollstreckung unterworfen hat.

2   b) Bei Gebäudeeigentum erfolgt die Zwangsvollstreckung (nach vorheriger Anlegung eines Gebäudegrundbuchs) im Wege der Zwangsversteigerung.

3   Schuldrechtliche Nutzungstatbestände unterliegen der Pfändung und Verwertung nach §§ 857 Abs. 1, Abs. 4 Satz 2, 835 ZPO. Die Überweisung zur Einziehung oder an Zahlungs statt zum Nennwert führt zum Entzug der Nutzungsbefugnis des Nutzers so lange, bis die gezogenen Nutzungen Hauptsache, Zinsen und Kosten der Vollstreckung decken.

4   Bei nur auf Faktizität beruhenden Nutzungstatbeständen fehlt es in der Regel an einem pfändbaren Vermögensrecht. In Betracht kommt allenfalls die Pfändung eines Anspruchs nach §§ 951, 812 ff. BGB.

§ 79. Durchsetzung des Erfüllungsanspruchs 5–13 § 79

2. Vollstreckungsbeschränkung, Abs. 1 Satz 1

a) § 79 Abs. 1 Satz 1 untersagt bei jeglicher Art von Nutzungstatbestand die isolierte Versteigerung des Gebäudes. Dies trifft unmittelbar das echte Gebäudeeigentum, bei dem solches rechtstechnisch vorstellbar ist.

An die Stelle der Versteigerung des Gebäudes tritt die gleichzeitige Versteigerung des „nach dem Vertrag zu veräußernden Grundstücks" und der darauf befindlichen Gebäude und baulichen Anlagen (Satz 1).

Nach dem Vertrag zu veräußerndes Grundstück ist der Kaufgegenstand nach §§ 65–67, 21 ff. Durchführbar ist dies nur bei Grundstücken im Rechtssinne. Teilflächen sind der Versteigerung nicht zugänglich, §§ 1, 15 ZVG, 3 Abs. 1 GBO. Die Versteigerung eines Grundstücksteils nach Abs. 1 Satz 1 ist nur nach vorhergehender Vermessung und Vollzug der Grundstücksteilung im Grundbuch statthaft. Im Fall des § 67 bedarf es der vorhergehenden Bildung von Wohnungs- und Teileigentum nach § 8 WEG.

b) Abs. 1 Satz 1 beschränkt jedoch nicht nur die Versteigerung echten Gebäudeeigentums, sondern gestattet dem Grundstückseigentümer bei anderen Nutzungstatbeständen, das Grundstück zu versteigern mit der Folge, daß das darauf befindliche Gebäude jedenfalls in der juristischen Sekunde des Zuschlags (Abs. 3 Satz 2) wesentlicher Bestandteil des Grundstücks wird und somit ebenfalls in das Eigentum des Erstehers übergeht. Für dingliche Rechte am Gebäude gelten dann §§ 91 Abs. 1, 92 ZVG.

3. Vollstreckungsvoraussetzungen, Abs. 1 Satz 2, Abs. 2

a) Die Zwangsversteigerung erfordert einen mit Vollstreckungsklausel versehenen Titel (vollstreckbare Ausfertigung, §§ 704 Abs. 1, 794 Abs. 1, 724 ZPO), der dem Schuldner zuzustellen ist, §§ 750 Abs. 1, 794, 797 ZPO.

b) Besondere Vorschriften für den Titel enthält Abs. 2. Die in der Versteigerung nach Abs. 1 Satz 1 liegende Zwangsvollstreckung des Verkäufers gegen sich selbst bedarf keines Titels, Abs. 2 Satz 1, wenn die Eigentümerstellung des Verkäufers aus dem Grundbuch oder einem Erbschein/öffentlichen Testament mit Eröffnungsniederschrift/Zeugnis über fortgesetzte Gütergemeinschaft (§ 35 GBO) offenkundig ist, Abs. 2 Satz 2 Nr. 1 (Begr. BR-Drucks. 515/93, S. 159). Die Nennung des Rechtsvorgängers des Nutzers betrifft den (hoffentlich sehr seltenen) Fall, in dem der Grundstückseigentümer das Grundeigentum bereits auf den Nutzer übertragen hat, ohne die Gegenleistung erhalten zu haben.

c) Bei vollstreckbaren Urkunden ist vor Vollstreckung die Wartefrist nach § 798 ZPO abzuwarten.

d) Die Anordnung der Zwangsversteigerung erfolgt auf Antrag (§ 15 ZVG) an das zuständige Amtsgericht des belegenen Grundstücks als Vollstreckungsgericht (§ 1 ZVG).

Nach Abs. 1 Satz 2 ist ein Antrag auf Versteigerung nach Satz 1 erst zulässig, wenn dem Nutzer unter Androhung der Versteigerung eine Nachfrist zur Zahlung von mindestens zwei Wochen gesetzt und diese Frist fruchtlos verstrichen ist. Im Hinblick auf den Formalisierungsgrundsatz der Zwangsvollstreckung sollte die hierauf gerichtete Erklärung dem Schuldner ebenfalls förmlich zustellt werden. Die Verletzung dieser Vorschrift kann mittels der Erinnerung nach § 766 ZPO gerügt werden mit der Folge der Einstellung des Verfahrens.

14 e) Nach Abs. 2 Satz 2 Nr. 2 darf die Zwangsversteigerung weiter nur angeordnet werden, wenn in diesem Zeitpunkt das Grundstück frei von Rechten auf Zahlung oder Befriedigung aus dem Grundstücks ist. Erfaßt sind Grundpfandrechte, Reallasten und auf solche Rechte gerichtete Vormerkungen/wegen solcher Rechte eingetragene Widersprüche (§ 48 ZVG), vgl. § 35 Rdz. 5 und § 36 Rdz. 3. Beim Deckungsverkauf des Grundstücks durch Zwangsversteigerung gilt nichts anderes als im Fall des normalen Verkaufs, § 64 Abs. 1 Satz 1. Grund hierfür ist, daß der Grundstückseigentümer den auf diese Rechte entfallenden Teil des Versteigerungserlöses hier auch dann nicht behalten dürfen soll, wenn diese Rechte als Teil des geringsten Gebots bestehen geblieben sind (Begr. BR-Drucks. 515/93, S. 159).

4. Versteigerungsverfahren, Abs. 3

15 Für das Versteigerungsverfahren gelten die Vorschriften des ZVG mit der weiteren Maßgabe des Abs. 3.

16 a) Die Festsetzung des Verkehrswerts (§ 74a Abs. 5 ZVG) hat für das Grundstück einerseits und das Gebäude/die bauliche Anlage andererseits gesondert zu erfolgen, um den Maßstab für die Verteilung des Erlöses zu gewinnen (dazu unten Rdz. 23 f.).

17 b) Die Versteigerung von Grundstück und Gebäude erfolgt in einem (entgegen §§ 63, 112 ZVG) zwingend alleinigen Gesamtausgebot; demgemäß ist die Erteilung des Zuschlags für das Grundstück und das Gebäude nur an dieselbe Person zulässig, Abs. 3 Satz 1.

18 Eine Verletzung dieser Vorschrift führt infolge eines wesentlichen Rechtsverstoßes zur Nichtigkeit des Zuschlags mit der Folge, daß kein Eigentum übergeht und das entsprechende Eintragungersuchen nicht vollziehbar ist. Nimmt das Grundbuchamt dennoch eine Eintragung vor, so kann sich jedoch an diese gutgläubiger Erwerb nach § 892 BGB anschließen, falls kein Amtswiderspruch eingetragen wurde (§ 53 Abs. 1 Satz 1 GBO). Im Interesse der Zusammenführung von Grundstücks- und Gebäudeeigentum gilt § 78 Abs. 3 entsprechend.

19 c) Über § 91 Abs. 1 ZVG hinaus (Begr. BR-Drucks. 515/93, S. 159) erlischt nach Abs. 3 Satz 2 auch das Recht des Nutzers zum Besitz des Gebäudes und der baulichen Anlagen nach allen denkbaren Rechtsgründen. Besitzrecht aus „diesem Gesetz" ist auch das Besitzrecht aus dem vom SachenRBerG betroffenen Nutzungstatbestand. Insoweit liefert der Zuschlagsbeschluß einen vollstreckbaren Räumungstitel gegen den Nutzer, § 93 Abs. 1 ZVG.

§ 80. Rechte aus § 326 des Bürgerlichen Gesetzbuchs

5. Gesetzliche Surrogation, Abs. 4

a) Mit der Versteigerung des Grundstücks wäre dem Grundstückseigentümer seinerseits die Erfüllung des Kaufvertrags unmöglich mit der Folge entsprechender Leistungsstörungsrechte des Nutzers, dem nur in engen Grenzen die eigene Vertragsuntreue entgegengehalten werden kann (hierzu *Palandt-Heinrichs,* § 326 Rdz. 10–12). Dieses Ergebnis wird durch Abs. 4 vermieden (vgl. Begr. BR-Drucks. 515/93, S. 159f.). 20

b) Abs. 4 ordnet eine gesetzliche Surrogation an, wonach sich der Übereignungsanspruch des Nutzers in einen Anspruch auf Auskehrung des nach Berichtigung der Kosten (§ 109 ZVG), der Ansprüche des Grundstückseigentümers und Befriedigung etwaiger dinglich Berechtigter am Gebäude (§§ 92 Abs. 1, 114 ZVG) in dieser Rangfolge verbleibenden Resterlöses verwandelt. 21

c) Die Ansprüche des Grundstückseigentümers entsprechen in der Regel der Summe von Verzugsschaden und Kaufpreis nach §§ 68 ff.. Bei der Kaufpreisberechnung steht die Zwangsversteigerung des Grundstücks der Veräußerung durch den Nutzer gleich (§§ 71 Abs. 1, 73 Abs. 3). Für für Ansprüche wegen Nutzungsänderung (§§ 71 Abs. 1, 73 Abs. 2) ist Sicherheit durch Hinterlegung zu leisten (§ 120 ZVG). Für die in §§ 71, 73 bestimmten Fristen gilt die Veräußerung mit Eintritt des Zahlungsverzugs des Nutzers als erfolgt. 22

d) Die Befriedigung aus der Teilungsmasse erfolgt wie folgt: vorweg werden die Verfahrenskosten entnommen (§ 109 ZVG). Im zweiten Schritt wird die verbleibende Teilungsmasse in dem vom Wertgutachter (§ 74a Abs. 5 ZVG) ermittelten Verhältnis in einen Grundstücks- und Gebäudeanteil aufgeteilt. Vom Grundstücksanteil werden die Ansprüche des Grundstückseigentümers befriedigt, vom Gebäudeanteil die Ansprüche dinglich Berechtigter. 23

Ein etwa verbleibender Restbetrag vom Grundstücksanteil dient der Befriedigung verbleibender Ansprüche dinglich Berechtigter am Gebäude (§ 92 Abs. 1 ZVG) und wird ansonsten an den Nutzer ausgekehrt. Ein etwa verbleibender Restbetrag vom Gebäudeanteil dient der Befriedigung etwa verbleibender Ansprüche des Grundstückseigentümers (Abs. 4) und wird ansonsten an den Nutzer ausgekehrt. 24

e) Zugleich schließt Abs. 4 weitergehende Sekundäransprüche des Nutzers aus dem Kaufvertrag aus. Vorbehalten bleiben jedoch Ansprüche nach anderen Rechtsgrundlagen, insbesondere aus Delikt (§§ 823, 826 BGB). 25

§ 80 Rechte aus § 326 des Bürgerlichen Gesetzbuchs

Dem Grundstückseigentümer stehen nach fruchtlosem Ablauf einer nach § 326 Abs. 1 Satz 1 des Bürgerlichen Gesetzbuchs bestimmten Nachfrist statt der in § 326 Abs. 1 Satz 2 bezeichneten Ansprüche folgende Rechte zu. Der Grundstückseigentümer kann
1. vom Nutzer den Abschluß eines Erbbaurechtsvertrages nach Maßgabe des Abschnitts 2 verlangen oder

2. das Gebäude oder die bauliche Anlage nach Maßgabe des nachfolgenden Unterabschnitts ankaufen.

Der Grundstückseigentümer kann über die in Satz 1 bezeichneten Ansprüche hinaus vom Nutzer Ersatz der ihm durch den Vertragsschluß entstandenen Vermögensnachteile sowie vom Ablauf der Nachfrist an ein Nutzungsentgelt in Höhe des nach dem Abschnitt 2 zu zahlenden Erbbauzinses verlangen. Die Regelungen über eine Zinsermäßigung in § 51 sind nicht anzuwenden, auch wenn nach Satz 1 Nr. 1 auf Verlangen des Grundstückseigentümers ein Erbbaurechtsvertrag geschlossen wird.

Übersicht

	Rdz.
1. Allgemeines	1
2. Kein Anspruch auf Aufgabe des Nutzungstatbestands	3
3. Regelungsinhalt	6

1. Allgemeines

1 a) § 80 trägt dem Leerlaufen der Leistungsstörungsrechte des Grundstückseigentümers bei Zahlungsverzug des Nutzers durch Modifikation des in § 326 Abs. 1 Satz 2 BGB bestimmten Wahlrechts zwischen Schadensersatz wegen Nichterfüllung und Rücktritt vom Vertrag Rechnung (Vorbem vor §§ 79, 80, Rdz. 7).

2 b) § 80 ist eine Sonderregelung für den Fall der Nichtzahlung des Kaufpreises, die in ihrem Anwendungsbereich nur § 326 BGB verdrängt. Andere Ansprüche, insbesondere aus §§ 284 ff., Delikt, Geschäftsführung ohne Auftrag oder ungerechtfertigter Bereicherung bleiben daneben unberührt.

2. Kein Anspruch auf Aufgabe des Nutzungstatbestands

3 a) Ein Anspruch des Grundstückseigentümers gegen den Nutzer auf Aufgabe des Nutzungstatbestands bzw. Verzicht auf diesen besteht neben § 80 nicht. Auch das Wahlrecht einer der beiden Seiten nach §§ 15, 16 lebt nicht mehr auf, da die Ansprüche aus der Sachenrechtsbereinigung nach § 326 BGB durch Abstandnahme vom Vertrag erloschen sind.

4 b) Dies gilt auch dann, wenn der Grund für die Leistungsstörung später wegfallen sollte (z. B. Nutzer kommt durch Erbschaft zu Geld). Für ein *ius variandi* des Nutzers (durch Übergang auf den Anspruch auf Erbbaurechtsbestellung) fehlt die Rechtsgrundlage, da der Nutzer selbst das Entfallen seiner Ansprüche zu vertreten hat und somit der Grundstückseigentümer keine weitere Belastung mehr dulden muß.

5 c) Auch eine spätere (Sonder-)Rechtsnachfolge in das Eigentum oder den Nutzungstatbestand ändert hieran nichts. Eine Sachenrechtsbereinigung kann – bei Besserung der finanziellen Verhältnisse – allenfalls auf freiwilliger Basis erfolgen. Dem Nutzer ist daher dringend anzuraten, vor Ausübung seines Wahlrechts auf Ankauf seine finanziellen Verhältnisse genau zu prüfen. Dieser Prüfung dient die großzügig bemessene Frist in § 16 Abs. 2.

§ 80. Rechte aus § 326 des Bürgerlichen Gesetzbuchs   6–13   § 80

3. Regelungsinhalt

a) Einen Ausweg aus der infolge Verzugs eintretenden Pattsituation bietet § 80. Hierzu ist nach Satz 1 erforderlich:
– Eintritt des Zahlungsverzugs des Nutzers, §§ 284 ff., 326 Abs. 1 Satz 1 BGB (*Palandt-Heinrichs,* § 326 Rdz. 7);
– Fristsetzung mit Ablehnungsandrohung seitens des Grundstückseigentümers, Satz 1 i. V. m. § 326 Abs. 1 Satz 1 BGB. Das Verbinden dieser Erklärung mit der Mahnung ist zulässig (*Palandt-Heinrichs,* § 326 Rdz. 14 m. weit. Nachw.). Die gesetzte Nachfrist muß angemessen sein (idR mindestens 2 Wochen). Eine zu kurze Nachfrist setzt die angemessene Frist in Lauf (*Palandt-Heinrichs,* § 326 Rdz. 17 m. weit. Nachw.).

b) Nach fruchtlosem Ablauf der Nachfrist (= bei Nichtzahlung des Kaufpreises innerhalb der Frist) hat der Grundstückseigentümer nach Satz 2 ein Wahlrecht (§§ 262–265 BGB) zwischen einem Anspruch auf Bestellung eines Erbbaurechts nach §§ 32 ff. (Nr. 1) oder dem Ankauf des Gebäudes/der baulichen Anlage nach §§ 81–84 (Nr. 2).

c) Satz 3 gewährt ihm darüber hinaus einen Anspruch auf „Ersatz der ihm durch den Vertragsschluß entstandenen Vermögensnachteile" und ab dem Ablauf der Nachfrist Anspruch auf ein Nutzungsentgelt in Höhe des Erbbauzinses nach Abschnitt 2.

aa) Die zu ersetzenden Vermögensnachteile umfassen den Nichterfüllungsschaden, kompensiert um den Vermögensvorteil aufgrund des nach getroffener Wahl Erlangten. Neben Kosten zur Rechtsverfolgung (Kostenanteil für Wertgutachten über das Grundstück und dergleichen) fällt hierunter auch der entgangene Gewinn (§ 252 BGB) infolge des Verlusts der Möglichkeit, den Kaufpreis auf dem Kapitalmarkt anzulegen, nach den Grundsätzen der Vorteilsausgleichung gemindert um den Erbbauzins bzw. den Nutzungswert des angekauften Gebäudes. Zu ersetzen sind die Vermögensnachteile ab Eintritt des Verzugs, schon aus dem Gesichtspunkt des § 286 BGB (§ 44 Rdz. 19–23).

bb) In jedem Fall trifft den Nutzer weiter vom Ablauf der Nachfrist an die Pflicht zur Zahlung eines Nutzungsentgelts in Höhe des nach §§ 43 ff. zu zahlenden Erbbauzinses, unabhängig davon, ob der Nutzer mit der Erfüllung des Anspruchs nach Satz 2 Nr. 1 in Verzug gerät oder nicht. Der Anspruch erlischt mit der Erfüllung eines der in Satz 2 Nr. 1 oder 2 bestimmten Ansprüche.

d) Satz 4 schließt den vertragsuntreuen Nutzer darüber hinaus von der Vergünstigung des § 51 aus, falls der Grundstückseigentümer sich nach Satz 2 Nr. 1 für ein Erbbaurecht entscheidet. Die Differenz zwischen dem Erbbauzins nach § 51 und dem nach §§ 43 ff. gebührt dem Grundstückseigentümer vorweg als pönaler Schadensersatz; eine Vorteilsausgleichung mit anderen Positionen findet insoweit nicht statt (in diese Richtung geht die Begr. BR-Drucks. 515/93, S. 160).

Unterabschnitt 6. Besondere Bestimmungen für den Hinzuerwerb des Gebäudes durch den Grundstückseigentümer

Vorbemerkung vor §§ 81 ff.

Übersicht

	Rdz.		Rdz.
1. Allgemeines	1	b) Vollzug des Ankaufs	14
2. Erfüllungsgeschäft	2	3. Übertragung des Ankaufsrechts	18
a) rechtsgeschäftlicher Erwerbstatbestand	2		

1. Allgemeines

1 Die §§ 81 bis 84 regeln den Sonderfall, in dem entgegen dem Grundsatz des Gesetzes der Grundstückseigentümer das Gebäude erwirbt. Regelungsgegenstand dieser Vorschriften ist nur das schuldrechtliche Grundgeschäft (Kauf).

2. Erfüllungsgeschäft

a) rechtsgeschäftlicher Erwerbstatbestand

2 Die §§ 81 bis 84 enthalten hingegen nichts dazu, in welcher Weise das schuldrechtliche Verpflichtungsgeschäft erfüllt wird. Insoweit ist nach den einzelnen Nutzungstatbeständen zu differenzieren.

3 (1) eingetragenes Gebäudeeigentum:
Die Übertragung gebuchten Gebäudeeigentums erfolgt durch Auflassung und Eintragung, Art. 233 § 4 Abs. 1 EGBGB, §§ 873 Abs. 1, 925 BGB (hierzu *Hügel*, MittBayNot, S. 196; *Böhringer*, Besonderheiten, Rdz. 607–610). Für die Konsolidation mit dem Grundstückseigentum gilt nach § 81 Abs. 5 die Regelung in § 78 entsprechend.

4 Formulierungsvorschlag:
„Die Beteiligten sind sich über den Eigentumsübergang am Kaufobjekt auf den Käufer zum ... einig. Sie bewilligen und beantragen die Eintragung der Rechtsänderung in das Gebäudegrundbuch.
Der Käufer erklärt zugleich die Aufgabe des erworbenen Gebäudeeigentums und bewilligt und beantragt seine Löschung unter Schließung des Gebäudegrundbuchblatts."

5 (2) nicht eingetragenes Gebäudeeigentum:
Betroffen sind hier im wesentlichen Nutzungstatbestände nach Art. 233 § 2b und § 4 Abs. 2 EGBGB. Die Übertragung setzt grundsätzlich die Anlegung eines Gebäudegrundbuchblatts voraus (*Böhringer*, Besonderheiten, Rdz. 607–610 und im einzelnen Rdz. 486–488, 509–524, 643–645; *Hügel*, MittBayNot 1993, 196/198 f.; *ders.*, DtZ 1994, 144 f.). Das Nut-

zungsrecht als solches (Art. 233 § 4 Abs. 2 EGBGB) ist gesondert nicht übertragbar, Art. 231 § 5 Abs. 1 EGBGB.

Die Anlegung von Gebäudegrundbüchern ist zum Teil nur mit erheblichen praktischen Schwierigkeiten durchsetzbar. Im Fall des Erwerbs mit nachfolgender Konsolidation erscheint zudem die Anlegung eines Gebäudegrundbuchblatts wenig sinnvoll.

Jedenfalls dann ist der Erwerb in der Weise möglich, daß der Nutzer Zug um Zug mit der Zahlung des Kaufpreises die Aufgabe entsprechend Art. 233 § 2b Abs. 4, § 4 Abs. 6 Satz 2 EGBGB erklärt. Für diese Möglichkeit spricht auch § 81 Abs. 3 Satz 3. Allerdings ist gutgläubiger Erwerb des Gebäudeeigentums so nicht möglich (vgl. *Hügel*, MittBayNot 1993, 196/199; *Vossius*, MittBayNot 1994, 10/12).

Formulierungsvorschlag:
„Die Beteiligten sind sich über den Eigentumsübergang am Kaufobjekt auf den Käufer zum... einig. Sie bewilligen und beantragen die Eintragung der Rechtsänderung in das Gebäudegrundbuchs.

Der Käufer erklärt zugleich die Aufgabe des erworbenen Gebäudeeigentums und bewilligt und beantragt vorsorglich seine Löschung unter *Schließung des Gebäudegrundbuchblatts, dessen Anlegung ebenfalls vorsorglich beantragt wird. Hierzu versichert der Verkäufer, daß das Gebäudeeigentum ihm zusteht und nicht mit Rechten Dritter belastet ist.*"

(3) schuldrechtliche Nutzungstatbestände (Überlassungsvertrag, Nutzungsvertrag), z. B. nach §§ 5 Abs. 1 Nr. 3c), d), e), 6 Nr. 1, 7 Abs. 2 Nr. 4: Der schuldrechtliche Nutzungstatbestand ist kein Bestandteil des Gebäudes im Sinne des Art. 231 § 5 EGBGB; dieser bezieht sich auf Nutzungsrechte im Sinne der §§ 284 ff. ZGB (Art. 233 § 4 Abs. 2 EGBGB).

Die Erfüllung des Kaufvertrags erfolgt hier durch Aufhebung des schuldrechtlichen Nutzungstatbestands unter Verzicht auf über den Kaufpreis hinausgehende Ersatzansprüche (§ 397 Abs. 1 BGB), vgl. § 81 Abs. 1 Satz 1 Halbsatz 1: „aus der baulichen Investition begründeten Rechte abzulösen". Jedenfalls mit diesem Zeitpunkt wird das Bauwerk (Gebäude/bauliche Anlage) wesentlicher Bestandteil des Grundstücks (§§ 93, 94 BGB).

Formulierungsvorschlag:
„Mit vollständiger Bezahlung des Kaufpreises erlöschen sämtliche Rechte und Pflichten aus dem zwischen den Beteiligten bestehenden Überlassungsvertrag einschließlich aller Ansprüche des Verkäufers wegen Verwendungen auf den Kaufgegenstand."

(4) faktische Nutzungstatbestände, z. B. nach §§ 5 Abs. 1 Nr. 3f), 6 Nr. 2, 7 Abs. 2 Nr. 6, 7: Im Fall rein faktischer Nutzungstatbestände fehlt es an einem Schuldverhältnis, das der Aufhebung bedürfte. In Betracht kommt nur der Verzicht auf Ersatzansprüche mit vollständiger Zahlung des Kaufpreises mit der Folge, daß das Bauwerk (Gebäude/bauliche Anlage) wesentlicher Bestandteil des Grundstücks wird.

Formulierungsvorschlag:
„Mit vollständiger Bezahlung des Kaufpreises erlöschen sämtliche Ansprüche des Verkäufers wegen Verwendungen auf den Kaufgegenstand."

§ 81 Kapitel 2. Nutzung fremder Grundstücke

b) Vollzug des Ankaufs

14 Vgl. Vorbem. vor §§ 61 ff, Rdz. 12–29. Es gelten folgende Besonderheiten:
15 Zur Grunderwerbsteuer siehe Vorbem. vor §§ 61 ff., Rdz. 22–24. Der Ankauf von Gebäuden auf fremden Grund ist grunderwerbsteuerpflichtig, §§ 1 Abs. 1 Nr. 1, 2 Abs. 2 Nr. 2 GrEStG. Gerade bei gewerblichen Gebäuden und baulichen Anlagen ist die Frage der Umsatzsteuerpflicht zu klären.
16 Bei vermieteten Gebäuden gilt § 571 BGB, ein Vorkaufsrecht nach § 570 b besteht jedoch nicht (Vorbem. vor §§ 61 ff., Rdz. 18–19).
17 Einer Genehmigung nach der GVO bedarf es nur dann, wenn selbständiges – im Grundbuch gebuchtes oder buchungsfähiges – Gebäudeeigentum besteht, §§ 2 Abs. 1 Satz 1 Nr. 1, 3 Satz 1 GVO.

3. Übertragung des Ankaufsrechts

18 Für die Übertragung des Ankaufsrechts gelten die allgemeinen Vorschriften der § 14 Abs. 2 und 3. (§ 14 Rdz. 23–33).

§ 81 Voraussetzungen, Kaufgegenstand, Preisbestimmung

(1) Der Grundstückseigentümer ist berechtigt, ein vom Nutzer errichtetes oder erworbenes Wirtschaftsgebäude oder dessen bauliche Anlage anzukaufen oder, wenn kein selbständiges Gebäudeeigentum entstanden ist, die aus der baulichen Investition begründeten Rechte abzulösen, wenn
1. die Rechtsverhältnisse an land- und forstwirtschaftlich genutzten Grundstücken, Gebäuden oder baulichen Anlagen neu geregelt werden sollen und der Erwerb des Gebäudes oder der baulichen Anlage in einer vom Grundstückseigentümer von der Flurneuordnungsbehörde einzuholenden Stellungnahme befürwortet wird,
2. der Grundstückseigentümer die Bestellung eines Erbbaurechts oder den Ankauf des Grundstücks nach § 29 verweigert hat,
3. der Anspruch des Nutzers auf Bestellung eines Erbbaurechts oder auf Ankauf des Grundstücks nach § 31 wegen geringer Restnutzungsdauer des Gebäudes oder der baulichen Anlage ausgeschlossen ist und der Grundstückseigentümer für Wohn- oder betriebliche Zwecke auf eine eigene Nutzung des Grundstücks angewiesen ist oder
4. der Grundstückseigentümer Inhaber eines Unternehmens ist und
    a) das Gebäude oder die bauliche Anlage auf dem Betriebsgrundstück steht und die betriebliche Nutzung des Grundstücks erheblich beeinträchtigt oder
    b) das Gebäude, die bauliche Anlage oder die Funktionsfläche für betriebliche Erweiterungen in Anspruch genommen werden soll und der Grundstückseigentümer die in § 3 Abs. 1 Nr. 1 des Investitionsvorranggesetzes bezeichneten Zwecke verfolgt oder der Nutzer keine Gewähr für eine Fortsetzung der betrieblichen Nutzung des Wirtschaftsgebäudes bietet.
Satz 1 Nr. 4 Buchstabe b ist nicht anzuwenden, wenn den betrieblichen Be-

§ 81. Voraussetzungen, Kaufgegenstand, Preisbestimmung

langen des Nutzers eine höhere Bedeutung zukommt als den investiven Interessen des Grundstückseigentümers.

(2) Der vom Grundstückseigentümer zu zahlende Kaufpreis ist nach dem Wert des Gebäudes oder der baulichen Anlage zu dem Zeitpunkt zu bemessen, in dem ein Beteiligter ein Angebot zum Ankauf macht. In den Fällen des Absatzes 1 Nr. 1 und 4 hat der Grundstückseigentümer auch den durch Nutzungsrecht oder bauliche Investition begründeten Bodenwertanteil abzulösen. Der Bodenwertanteil des Nutzers wird dadurch bestimmt, daß vom Verkehrswert der Betrag abgezogen wird, den der Nutzer im Falle des Hinzuerwerbs des Grundstücks zu zahlen hätte. In den Fällen des Absatzes 1 Nr. 3 kann der Nutzer eine Entschädigung verlangen, soweit ihm dadurch ein Vermögensnachteil entsteht, daß ein Mietvertrag mit einer nach der Restnutzungsdauer des Gebäudes bemessenen Laufzeit (§ 31 Abs. 2) nicht abgeschlossen wird.

(3) Ist das vom Nutzer errichtete oder erworbene Gebäude oder die bauliche Anlage nicht mehr nutzbar oder das Grundstück nicht bebaut, so kann der Nutzer vom Grundstückseigentümer eine Zahlung nach Absatz 2 Satz 2 nur verlangen, wenn ein Nutzungsrecht bestellt wurde. Der Anspruch entfällt, wenn die in § 29 Abs. 2 bestimmten Voraussetzungen vorliegen. In diesem Fall kann der Grundstückseigentümer vom Nutzer die Aufhebung des Nutzungsrechts verlangen.

(4) Ist das Gebäude noch nutzbar, mit einem Gebrauch durch den Nutzer aber nicht mehr zu rechnen (§ 29 Abs. 1), ist der Kaufpreis auch dann nur nach dem Wert des Gebäudes zu bemessen, wenn dem Nutzer ein Nutzungsrecht bestellt wurde.

(5) Erwirbt der Grundstückseigentümer selbständiges Gebäudeeigentum, ist § 78 entsprechend anzuwenden.

Übersicht

	Rdz.		Rdz.
1. Allgemeines	1	dd) Unzumutbare Beeinträchtigung	17
2. Voraussetzungen	2	3. Kaufpreis	27
a) Art des Gebäudes	2	a) Fallgruppen	27
b) Einzelne Fallgruppen	5	b) Berechnung der Kaufpreisbestandteile	33
aa) Bodenneuordnung	5	4. Rechtsfolgen	40
bb) Nicht mehr genutztes Gebäude	14	5. Verfahrensrechtliches	43
cc) Geringe Restnutzungsdauer	15	6. Beweislast	46

1. Allgemeines

Die Vorschrift konkretisiert und ergänzt § 15 Abs. 4, der unter den Voraussetzungen des § 81 Abs. 1 Ansprüche des Nutzers nach § 15 Abs. 1 mit 3 ausschließt.

2. Voraussetzungen, Abs. 1

a) Art des Gebäudes, Abs. 1 Satz 1 Halbsatz 1

2   Soweit Gebäudeeigentum (§ 1 Rdz. 21 ff.) entstanden ist, gleich ob im Grundbuch gebucht oder nicht, besteht der Anspruch des Grundstückseigentümers nur bei einem „Wirtschaftsgebäude" samt diesem Zweck dienenden baulichen Anlagen. Wirtschaftsgebäude ist jedes Gebäude, das nicht Wohnzwecken dient (also auch das öffentliche Zwecken dienende oder leerstehende Gebäude, so wohl auch Begr. BR-Drucks. 515/93, S. 160).

3   Bei gemischt genutzten Gebäuden richtet sich der Ankaufsanspruch entsprechend § 67 auf die Bildung und Übertragung von Teileigentum oder Teilerbbaurechten, während das Wohnungseigentum/Wohnungserbbaurecht beim Nutzer verbleibt.

4   Soweit kein Gebäudeeigentum gegeben ist, richtet sich der Anspruch auf Ablösung der aus der baulichen Investition entstandenen Rechte, umfaßt aber ebenfalls nur Wirtschaftsgebäude und bauliche Anlagen.

b) Einzelne Fallgruppen, Abs. 1 Satz 1 Nr. 1-4

5   aa) Bodenneuordnung, Abs. 1 Satz 1 Nr. 1. Zulässig ist der Ankauf dann, wenn an sich ein Verfahren nach §§ 53 ff. LwAnpG eingeleitet werden könnte, aber nicht eingeleitet wird. Möglich ist hiernach
– freiwilliger Landtausch, §§ 54, 55, 63 LwAnpG;
– Bodenneuordnungsverfahren, §§ 56–63 LwAnpG;
– Zusammenführungsverfahren, § 64 LwAnpG.

6   Soweit derartige Verfahren eingeleitet sind, können sie die Durchführung der Sachenrechtsbereinigung hindern, §§ 28 Nr. 2, 95 Abs. 1 Nr. 2.

7   Abs. 1 Satz 1 Nr. 1 will die Durchführung der Sachenrechtsbereinigung ermöglichen, ohne daß der Grundstückseigentümer ein Verfahren nach § 64 einleiten muß, um seine ansonsten mit den Mitteln des SachenRBerG nicht statthaften Ziele zu erreichen. Daher gestattet ihm Abs. 1 Satz 1 Nr. 1 den Ankauf dann, wenn ein Verfahren nach § 64 LwAnpG zum gleichen Ergebnis führen würde.

8   An die Stelle dieses Verfahrens tritt eine einem Vorbescheid ähnliche Stellungnahme der Flurneuordnungsbehörde nach § 53 Abs. 3 LwAnpG. Diese entscheidet nach den Grundsätzen des § 53 Abs. 1 LwAnpG.

9   Ein Anwendungsbereich für Abs. 1 Satz 1 Nr. 1 ist also entweder dann eröffnet, wenn die Grundstückseigentümer oder Nutzer aus der LPG (bzw. ihrer Rechtsnachfolgerin) ausgeschieden sind oder der Grundstückseigentümer eine einzelbäuerliche Wirtschaft gebildet hat oder bilden will (Wiedereinrichter, BT-Drucks. 12/7425, S. 78) oder der Ankauf zum Zwecke der Zusammenführung von Grundstücks- und Gebäudeeigentum erfolgt.

10   Die Flurneuordungsbehörde prüft im Rahmen ihrer Stellungnahme nach pflichtgemäßem Ermessen, ob bei Vorliegen der Voraussetzungen des § 53 Abs. 1 LwAnpG dessen Ziele durch den Ankauf des Gebäudes erreichbar sind. Hierbei ist eine umfassende Abwägung der Interessen der Beteiligten vorzunehmen.

§ 81. Voraussetzungen, Kaufgegenstand, Preisbestimmung 11–19 § 81

Zugunsten des Grundstückseigentümers dürfte z. B. dann zu entscheiden 11 sein, wenn das Wirtschaftsgebäude des Nutzers auf der Hofstelle eines Wiedereinrichters steht oder in anderer Weise die Nutzung seiner Flächen erheblich stört (Begr. BR-Drucks. 515/93, S. 161).

Die Stellungnahme der Flurneuordnungsbehörde hat Regelungscharakter 12 (§ 35 Satz 1 VwVfG) und bindet nach ihrer Bestandskraft im Verfahren nach dem SachenRBerG.

Einwendungen gegen Bescheid der Flurneuordnungsbehörde haben die 13 Beteiligten im Verfahren nach dem LwAnpG vorzubringen (Beschwerde zum Landwirtschaftsgericht nach § 65 LwAnpG). Grund hierfür ist die Zweckmäßigkeit der Entscheidung dieser Fragen durch das hierzu berufene Spezialgericht (Landwirtschaftsgericht), nicht durch die Sachenrechtsbereinigungskammer nach § 103. Wird ein diesbezügliches Verfahren geführt, kann der Notar über den nicht abschließenden § 95 hinaus das Vermittlungsverfahren analog § 148 ZPO aussetzen. Für das Gerichtsverfahren nach §§ 103ff. gilt § 148 ZPO ohnehin unmittelbar.

bb) *Nicht mehr genutztes Gebäude, Abs. 1 Satz 1 Nr. 2.* Das Ankaufsrecht 14 nach Abs. 1 Satz 1 Nr. 2 setzt voraus, daß den Ansprüchen des Nutzers die Einrede des § 29 entgegenstand (§ 29 Rdz. 1 ff.). Verfahrensrechtliches siehe unten Rdz. 43–45.

cc) *Geringe Restnutzungsdauer, Abs. 1 Satz 1 Nr. 3.* Voraussetzung des 15 Ankaufsrechts nach Abs. 1 Satz 1 Nr. 3 ist, daß
– die Einrede des § 31 begründet ist (§ 31 Rdz. 1 ff.; zu verfahrensrechtlichen Fragen siehe unten Rdz. 43–45) und
– der Grundstückseigentümer für Wohn- oder betriebliche Zwecke auf eine eigene Nutzung des Grundstücks angewiesen ist, d. h. ihm der Abschluß eines Mietvertrags nach § 31 Abs. 2 mit 5 nicht zugemutet werden kann.

Erforderlich ist somit das Bedürfnis nach Eigennutzung. Die Absicht der 16 Nutzung durch Vermietung an Dritte reicht nicht aus.

dd) *Unzumutbare Beeinträchtigung, Abs. 1 Satz 1 Nr. 4:* Nr. 4 regelt ei- 17 nen Nr. 1 verwandten Fall im gewerblichen Bereich. Betrieb im Sinne des Abs. 1 Nr. 4 ist hierbei nicht nur der gewerbliche Betrieb, sondern auch das freiberufliche Unternehmen. Betriebe der Land- und Forstwirtschaft, die unter das LwAnpG fallen, werden jedoch ausschließlich von Nr. 1 erfaßt. Nicht unter Nr. 4 fällt die Wohnnutzung und die Nutzung für öffentliche Zwecke.

aaa) *Erhebliche Beeinträchtigung, Abs. 1 Satz 1 Nr. 4a):* Wie im landwirt- 18 schaftlichen Bereich ist erforderlich, daß das Gebäude auf dem Betriebsgrundstück des Grundstückseigentümers steht. Teilweises „Stehen" reicht dann aus, wenn der Schwerpunkt des Gebäudes auf dem Grundstück des Grundstückseigentümers liegt.

Eine erhebliche Beeinträchtigung im Sinne des Abs. 1 Satz 1 Nr. 4a) setzt 19 weniger als eine unzumutbare Beeinträchtigung voraus. Erforderlich sind aber spürbare Nachteile nicht für den konkreten Betrieb, sondern für die betriebliche Nutzung allgemein. Eine Beeinträchtigung liegt auch dann vor, wenn die Zufahrt erheblich kompliziert wird oder zusammengehörige Anlagen (z. B. Abstell- und Lagerflächen) mit der Folge erheblichen Mehraufwands durch das Bauwerk des Nutzers getrennt werden.

§ 81 20–30 Kapitel 2. Nutzung fremder Grundstücke

20 bbb) Überwiegendes Interesse des Grundstückseigentümers, Abs. 1 Satz 1 Nr. 4 b) i. V. m. Satz 2: Das Ankaufsrecht besteht nach Abs. 1 Nr. 4 b) i. V. m. Satz 2 dann, wenn die Abwägung der betrieblichen Interessen des Grundstückseigentümers gegen die des Nutzers einen Vorrang der ersteren ergibt. Hierfür stellt das Gesetz zwei Fallgruppen auf.

21 Gemeinsam ist beiden Fallgruppen, daß das Bauwerk des Nutzers oder seine Funktionsfläche (§ 12 Abs. 3 Satz 2 Nr. 2) für die Erweiterung des Betriebs des Grundstückseigentümers in Anspruch genommen werden soll. Aus dem Wort „soll" folgt: die Erweiterung muß kurz- oder mittelfristig betriebswirtschaftlich plausibel erscheinen. Maßstab hierbei ist die Beurteilung eines ordentlichen Kaufmanns. Die theoretische Möglichkeit der Erweiterung ohne konkreten Hintergrund in der wirtschaftlichen Entwicklung des Betriebs reicht nicht aus.

22 Die gemeinsame Voraussetzung ist z. B. auch dann erfüllt, wenn ansonsten vorhandenes Baurecht bei weitem nicht ausgenutzt werden kann, aber aus betrieblichen Gründen ausgenutzt werden müßte.

23 Zusätzlich müssen alternativ folgende Voraussetzungen erfüllt sein:

24 (1) Der Grundstückseigentümer verwirklicht mit der Erweiterung investive Zwecke im Sinne von § 3 Abs. 1 Nr. 1 InVorG (Sicherung oder Schaffung von Arbeitsplätzen) und dem Nutzer gelingt die Darlegung des Vorrangs seiner betrieblichen Interessen nach Abs. 1 Satz 2 nicht.

25 Analog § 8 Abs. 2 InVorG kann der Nutzer im Kaufvertrag Vereinbarungen nach §§ 8 Abs. 2, 13 Abs. 1 Satz 2, 14 InVorG verlangen. Insoweit gelten die Grundsätze über investive Verträge entsprechend.

26 (2) Der Nutzer bietet keine Gewähr für die betriebliche Nutzung des Wirtschaftsgebäudes. Dies ist z. B. bei einer Nutzung weit unter den Möglichkeiten des Gebäudes der Fall, sofern Nutzer nicht konkrete Expansionschancen dartut.

3. Kaufpreis, Abs. 2–4

a) Fallgruppen

27 § 81 sieht keinen einheitlichen Kaufpreis vor, sondern unterscheidet folgende Fallgruppen:

28 (1) Das Gebäude bzw. die bauliche Anlage ist noch nutzbar, mit einem Gebrauch durch den Nutzer ist jedoch nicht mehr zu rechnen (Abs. 1 Satz 1 Nr. 2, § 29 Abs. 1):
Kaufpreis ist nur der Verkehrswert, Abs. 2 Satz 1, Abs. 4.

29 (2) Das Gebäude bzw. die bauliche Anlage ist nicht mehr nutzbar oder genutzt (Abs. 1 Satz 1 Nr. 2), ein Nutzungsrecht wurde verliehen/zugewiesen, ein Fall des § 29 Abs. 2 ist nicht gegeben:
Kaufpreis ist die Summe des Verkehrswerts des Bauwerks nach Abs. 2 Satz 1 und des Bodenwertanteils nach Abs. 2 Satz 2, Abs. 3 Satz 1. Evtl. Minderung des Kaufpreises nach § 82.

30 (3) Das Gebäude oder die bauliche Anlage ist nicht mehr nutzbar oder genutzt (Abs. 1 Satz 1 Nr. 2), ein Nutzungsrecht wurde nicht verliehen/zugewiesen oder ein Fall des § 29 Abs. 2 ist gegeben:

§ 81. Voraussetzungen, Kaufgegenstand, Preisbestimmung 31–39 § 81

Kaufpreis ist nur der Verkehrswert des Bauwerks, Abs. 2 Satz 1, Abs. 3 Satz 1–2. Evtl. Minderung des Kaufpreises nach § 82.
(4) Geringe Restnutzungsdauer des Gebäudes bzw. der baulichen Anlage, **31** Abs. 1 Satz 1 Nr. 3:
Kaufpreis ist der Verkehrswert des Bauwerks nach Abs. 1 Satz 1 zuzüglich einer Entschädigung nach Abs. 2 Satz 3 dafür, daß ein Mietvertrag nicht abgeschlossen worden ist. Evtl. Minderung der Entschädigung im Fall des § 83 Abs. 2.
(5) Übrige Fälle, Abs. 1 Satz 1 Nr. 1 und 4: **32**
Kaufpreis ist der Verkehrswert des Bauwerks nach Abs. 2 Satz 1 zuzüglich des Bodenwertanteils nach Abs. 2 Satz 2.

b) Berechnung der Kaufpreisbestandteile

(1) Verkehrswert des Gebäudes (der baulichen Anlage) nach Abs. 2 Satz 1: **33** Anzusetzen ist bei Wirtschaftsgebäuden in der Regel der Ertragswert (hierzu *Simon/Cors/Troll*, Handbuch, Abschnitt B. 5, bes. Rdz. 33ff. zum Vervielfältiger und Rdz. 45ff. zu den neuen Bundesländern), ausnahmsweise der Sachwert (*Simon/Cors/Troll*, Handbuch, Abschnitt B. 4, bes. Rdz. 61. Bodenwerte, insbesondere Bodenertragsanteile (hierzu *Simon/Cors/Troll*, Handbuch, Abschnitt B. 5 Rdz. 29–32) bleiben hier außer Betracht.
Ist das Gebäude dem Nutzer aufgrund eines Vertrags mit dem staatlichen **34** Verwalter überlassen worden, so ist vom Gebäudewert der Restwert des überlassenen Gebäudes in Abzug zu bringen, §§ 45, 74.
(2) Bodenwertanteil nach Abs. 2 Satz 2 **35**
Zur Berechnung des Bodenwertanteils siehe § 69 Rdz. 9–11.
(3) Entschädigung nach Abs. 2 Satz 3 **36**
Ausgangspunkt für die Berechnung der Höhe der Entschädigung ist § 31 Abs. 3. Zunächst ist der anzusetzende Mietzins zu errechnet, welcher dem nach §§ 43, 47, 51 und 54 anzusetzenden Erbbauzins entspricht. Die Entschädigung ist die Differenz zwischen diesem Betrag und der ortsüblichen Miete für ein vergleichbares Objekt, und zwar der Gegenwartswert dieser Differenz nach Anlage 9a zu § 13 BewG.

Beispiel: Jahresmiete nach § 31 Abs. 3:	12 000 DM (ohne § 51)	**37**
vergleichbare Miete:	20 000 DM	
Restlaufzeit	15 Jahre	
ergibt Kapitalisierungsfaktor	10,314	
★ Differenz	8 000 DM	
Gegenwartswert	82 512 DM	

Die Ermäßigung des § 51 ist durch entsprechende Aufschläge zu berück- **38** sichtigen. Macht der Nutzer von seinem Recht nach § 83 Abs. 1 und 2 Gebrauch, so mindert dies seinen Entschädigungsanspruch.
Hinzu kommt weiter eine Umzugskostenpauschale für die Kosten eines **39** Umzugs innerhalb der gleichen Gemeinde. Diese mindert sich bei kurzer Restlaufzeit (unter 10 Jahren) um einen Eigenanteil des Nutzers, der um so höher ist, je kürzer die Restlaufzeit eines Mietvertrags gewesen wäre (etwa für jedes Jahr unter 10 J. 10% Abzug).

4. Rechtsfolgen

40 § 81 gibt dem Grundstückseigentümer den Anspruch auf Abschluß eines Kaufvertrags nach §§ 81 ff. Die notarielle Beurkundung des Kaufvertrags ist bei grundstücksgleichem Nutzungstatbestand (Gebäudeeigentum) erforderlich (§ 313 BGB), ansonsten ratsam. Im Kaufvertrag sollte eine Vereinbarung über die Wegfertigung etwaiger Belastungen (auch aufgrund von Sicherungsübereignung des Gebäudes) aus dem Kaufpreis getroffen werden.

41 Zur Erfüllung des Kaufvertrags siehe Vorbem. vor §§ 81 ff., Rdz. 2–17.

42 Die Rechtsfolgen des Gebäudeerwerbs durch den Grundstückseigentümer sind ansonsten nur in Abs. 3 Satz 3 und Abs. 5 i. V. m. § 78 angesprochen.

5. Verfahrensrechtliches

43 Das Ankaufsrecht nach Abs. 1 Satz 1 Nr. 2 und 3 setzt die Begründetheit der Einreden nach §§ 29 bzw. 31 voraus.

44 Macht der Nutzer Ansprüche nach §§ 32, 61 ff. geltend und kommt es inzidenter über die Berechtigung der Einrede zu einem Verfahren, so sollte der Grundstückseigentümer nicht nur gegen die Klage des Nutzers auf Abschluß des Kauf- oder Erbbaurechtsvertrags die Einrede des § 29 entgegensetzen, sondern zugleich Widerklage auf Ankauf des Gebäudes erheben. Bei Abweisung der Klage des Nutzers erwachsen die Gründe nicht in Rechtskraft, somit steht auch nicht *inter partes* fest, daß die Einrede des § 29 begründet ist.

45 Die Widerklage setzt voraus, daß über das Begehren des Grundstückseigentümers nach §§ 81 ff. ein Vermittlungsverfahren durchgeführt worden ist, § 104. Daher sollte auch der Grundstückseigentümer ein Vermittlungsverfahren nach §§ 87 ff. einleiten, das mit dem vom Nutzer beantragten in der Regel zu verbinden ist.

6. Beweislast

46 Die Beweislast für die Voraussetzungen des Abs. 1 Satz 1 obliegt dem Grundstückseigentümer, die für Abs. 1 Satz 2 den Nutzer. Der Nutzer hat die Höhe des nach Abs. 2 zu zahlenden Entgelts zu beweisen, der Grundstückseigentümer die Voraussetzungen der Einreden nach Abs. 3 und 4.

§ 82 Übernahmeverlangen des Grundstückseigentümers

(1) **Ist das vom Nutzer errichtete oder erworbene Gebäude oder die bauliche Anlage nicht mehr nutzbar und beruht die Erforderlichkeit alsbaldigen Abbruchs auf unterlassener Instandhaltung durch den Nutzer, kann der Grundstückseigentümer vom Nutzer**
1. **Ersatz seiner Aufwendungen für die Beseitigung der vorhandenen Bausubstanz oder**
2. **den Erwerb der Fläche, auf das Gebäude oder die bauliche Anlage errichtet wurde,**
verlangen.

§ 82. Übernahmeverlangen des Grundstückseigentümers

(2) Ist die Nutzung des vom Nutzer errichteten oder erworbenen Gebäudes oder der baulichen Anlage aus anderen als den in Absatz 1 genannten Gründen, insbesondere infolge der durch den Beitritt nach dem Einigungsvertrag eingetretenen Veränderungen, aufgegeben worden und der alsbaldige Abbruch des Gebäudes oder der baulichen Anlage zur ordnungsgemäßen Bewirtschaftung des Grundstücks erforderlich, kann der Grundstückseigentümer vom Nutzer
1. den hälftigen Ausgleich des Betrages verlagen, um den die Kosten des Abbruchs der vorhandenen Bausubstanz den Bodenwert des unbebauten Grundstücks im Zeitpunkt des Inkrafttretens dieses Gesetzes übersteigen, oder
2. den Erwerb der Fläche gegen Zahlung des nach Abs. 5 zu berechnenden Entschädigungswerts verlangen, auf der das Gebäude oder die bauliche Anlage errichtet wurde.

(3) Der Grundstückseigentümer kann die in den Absätzen 1 und 2 bestimmten Ansprüche erst geltend machen, nachdem er dem Nutzer Gelegenheit gegeben hat, das Gebäude oder die bauliche Anlage zu beseitigen. Der Grundstückseigentümer hat dem Nutzer hierzu eine angemessene Frist zu setzen. Die Ansprüche verjähren in drei Jahren.

(4) Der Nutzer kann den Anspruch des Grundstückseigentümers aus Absatz 2 Nr. 1 durch Erwerb der Fläche, auf der das abzureißende Gebäude steht, gegen Zahlung des nach Absatz 5 zu berechnenden Entschädigungswerts abwenden.

(5) Der Entschädigungswert bestimmt sich nach der Höhe der Entschädigung für Grundvermögen in dem nach § 9 Abs. 3 des Vermögensgesetzes zu erlassenden Gesetz.

(6) Abweichende vertragliche Vereinbarungen bleiben unberührt.

Übersicht

	Rdz.		Rdz.
1. Allgemeines	1	4. Beitrittsbedingte Aufgabe der Nutzung	10
2. Obliegenheit des Nutzers zur Beseitigung	4	5. Kosten der Übernahme	19
3. Unterlassene Instandhaltung	5	6. Verjährung	20
		7. Beweislast	22

1. Allgemeines

Die Geltendmachung des Ankaufsrechts nach §§ 81 ff. kann insbesondere in den Fällen von § 81 Abs. 1 Nr. 1, 2 und 3 zu wirtschaftlich unsinnigen Ergebnissen führen. Die Aufwendungen für den Abbruch der gekauften Gebäude und die Herstellung eines verwertbaren Grundstücks können erheblich sein. Dies gilt insbesondere bei Altlastenproblemen (Begr. BR-Drucks. 515/93, S. 162). Der dem Grundstückseigentümer entstehende Aufwand kann sowohl den Kaufpreis für die Gebäude als auch den Verkehrswert seines Grundstücks durchaus übersteigen. 1

§ 82 enthält zunächst implizit den Grundsatz, daß entsprechend der Regelung nach § 27 ErbbauVO der Grundstückseigentümer das Bauwerk in dem 2

Zustand übernimmt, in dem es sich befindet. Eine Beseitigungspflicht des Nutzers könnte sich allenfalls aus hier nicht anwendbaren Grundsätzen des Pachtrechts (BGHZ 104, 6/11) oder des Eigentümer-Besitzer-Verhältnisses beim bösgläubigen oder „nicht-so-berechtigten" Besitzer ergeben (*Palandt-Bassenge*, § 993 Rdz. 1).

3 Von diesem Grundsatz macht § 82 in zwei Fällen Ausnahmen (Abs. 1 und 2), sofern der Nutzer seiner Beseitigungsobliegenheit nach Abs. 3 nicht nachgekommen ist. Unberührt bleiben vom Grundsatz abweichende vertragliche Vereinbarungen; diese haben Vorrang (Abs. 6).

2. Obliegenheit des Nutzers zur Beseitigung, Abs. 3 Sätze 1–2

4 Der Grundstückseigentümer kann von seinen in Abs. 1 und 2 bestimmten Rechten erst dann Gebrauch machen, wenn er dem Nutzer nach Abs. 3 Satz 1 binnen angemessener Frist (Abs. 3 Satz 2, in der Regel mehrere Monate (Berücksichtigung der Verfahrensdauer für Erlangung einer Abbruchgenehmigung, u. U. unter Hinzurechnung der Frostperioden)) Gelegenheit zur Beseitigung gegeben hat. Der Nutzer ist hierzu nicht verpflichtet (bloße Obliegenheit), ein Nichtbefolgen der Aufforderung löst aber die in Abs. 1 und 2 bestimmten Ansprüche des Grundstückseigentümers aus.

3. Unterlassene Instandhaltung, Abs. 1

5 a) Voraussetzungen der Ausnahme nach Abs. 1 sind:
– ein(e) vom Nutzer errichtete(s) oder erworbene(s) Gebäude bzw. bauliche Anlage
– ist nicht mehr nutzbar (z. B. wegen Baufälligkeit; darauf, ob Nutzung ausgeübt wird (vgl. § 29 Abs. 1 Satz 1 Nr. 2) kommt es nicht an);
– ein alsbaldiger Abbruch ist erforderlich;
– dies beruht auf unterlassener Instandhaltung durch den Nutzer.

6 Schuldhaftes Handeln des Nutzers ist nicht erforderlich, Zurechenbarkeit der Unterlassung genügt. Ist der Bauzustand schlechter, als dies nach Bauart des Gebäudes und dessen Alter zu erwarten wäre, so ist zu vermuten, daß dies auf unterlassener Instandhaltung durch den Nutzer beruht. Der Nutzer kann sich jedoch auch unter Hinweis auf unterlassene Instandhaltung durch seine Rechtsvorgänger (staatlicher Verwalter, früherer Grundstückseigentümer) entlasten.

7 Weitere Voraussetzung: Abs. 3 (oben Rdz. 4).

8 b) Rechtsfolge des Abs. 1 ist ein Wahlrecht des Grundstückseigentümers (§§ 262 ff. BGB) zwischen
– dem Ersatz der Aufwendungen für die Beseitigung der vorhandenen Bausubstanz, d. h. Ersatz der Abbruchkosten (Abs. 1 Nr. 1) oder
– dem Erwerb der Fläche, auf der das Gebäude oder die bauliche Anlage errichtet wurde (Abs. 1 Nr. 2, d. h. der Funktionsfläche nach § 12 Abs. 3 Satz 2 Nr. 2, welche so zu bilden ist, daß eine eventuell erforderliche Teilung des Grundstücks nach § 120 genehmigungsfähig ist).

9 Der Grundstückseigentümer kann im Fall des Abs. 1 Nr. 1 gegen die An-

sprüche des Nutzers nach § 81 Abs. 2–3 aufrechnen. Im Fall des Abs. 1 Nr. 2 schuldet der Nutzer entsprechend Abs. 2 Nr. 2 einen Kaufpreis in Höhe des Entschädigungswerts nach dem Entschädigungsgesetz, Abs. 5. Ein Grund, den Erwerb nach Abs. 1 und Abs. 2 unterschiedlich zu behandeln, ist nicht ersichtlich. Dies ist insbesondere dann von Bedeutung, wenn der Grundstückseigentümer die ihn sonst treffende Verkehrssicherungspflicht und Zustandsstörerhaftung (für Altlasten) abwälzen will.

4. Beitrittsbedingte Aufgabe der Nutzung, Abs. 2 und 4

a) Voraussetzungen der Ausnahme nach Abs. 2 sind: 10
– ein(e) vom Nutzer errichtete(s) oder erworbene(s) Gebäude/bauliche Anlage;
– die Nutzung ist aufgegeben (Nutzbarkeit kann aber gegeben sein)
– aus anderen Gründen als nach Abs. 1, insbesondere „infolge der durch den Beitritt eingetretenen Veränderungen";
– der alsbaldige Abbruch ist zur ordnungsgemäßen Bewirtschaftung des Grundstücks erforderlich.
Weitere Voraussetzung: Abs. 3 (oben Rdz. 4). 11
Ebenso wie bei Abs. 1 ist schuldhaftes Handeln des Nutzers nicht erforder- 12 lich (oben Rdz. 6).
Das Merkmal „infolge der durch den Beitritt eingetretenen Veränderun- 13 gen" ist weit auszulegen.
Zum einen ist eine Veränderung nach dem 3. 10. 1990 0.00 Uhr nicht 14 erforderlich. Veränderungen in der Zeit der Anbahnung des Beitritts reichen aus. Dies betrifft insbesondere die Veränderungen der wirtschaftlichen Rahmenbedingungen in der DDR aufgrund des Ersten Staatsvertrags über die Schaffung einer Wirtschafts-, Währungs- und Sozialunion. Die wirtschaftlich nicht vertretbare Aufwertung der DDR-Mark infolge dieses Vertrags hat für die Wettbewerbsfähigkeit der Land- und Forstwirtschaft und der gewerblichen Wirtschaft der DDR erhebliche Konsequenzen gehabt, die sich in einer Vielzahl von Betriebszusammenbrüchen niedergeschlagen haben.
Zum anderen ist ein voller Nachweis der Kausalität zwischen der Nut- 15 zungsaufgabe und den beitrittsbedingten Veränderungen nicht erforderlich. Bereits ein zeitlicher Zusammenhang zwischen dem Beitritt (oder dem Stichtag 31. 12. 1992 für das Landwirtschaftsanpassungsgesetz) und der Nutzungsaufgabe schafft einen Anschein der Kausalität.
b) Rechtsfolge des Abs. 2 ist ein Wahlrecht (§§ 262 ff. BGB) des Grund- 16 stückseigentümers zwischen:
– Dem hälftigen Ausgleich des Betrags, um den die Beseitigungskosten den Bodenwert des unbebauten Grundstücks am 1. 10. 1994 übersteigen (Abs. 2 Nr. 1). Der Bodenwert ist nach §§ 19, 20 zu bestimmten, d. h. u. U. ist hier bereits ein Abzug der Abbruchkosten vorzunehmen.
– Dem Erwerb der Funktionsfläche (§ 12 Abs. 3 Satz 2 Nr. 2) gegen Zahlung des Entschädigungswerts nach dem Entschädigungsgesetz (Abs. 5). Die Verweisung auf das Entschädigungsgesetz ist erst durch den Rechtsausschuß des Bundestags eingefügt worden mit dem Argument, mangels

§ 82 17–21　　　　　　　　　　　Kapitel 2. Nutzung fremder Grundstücke

eines Verkehrswerts der betroffenen Grundstücke sei ein Bodenwert nach den §§ 19, 20 fiktiv und daher ungeeignet (BT-Drucks. 12/7425, S. 79). Wie im Fall des Abs. 1 Nr. 2 ist die Funktionsfläche mindestens so zu bemessen, daß eine eventuell erforderliche Teilung nach § 120 möglich ist (oben Rdz. 8).

17　Die Erwerbspflicht kann zur Abwälzung der den Grundstückseigentümer sonst treffenden Verkehrssicherungspflicht und Zustandsstörerhaftung (für Altlasten) von Interesse sein.

18　Entscheidet sich der Grundstückseigentümer für den Anspruch auf hälftigen Ausgleich nach Abs. 2 Nr. 1, so steht dem Nutzer nach Abs. 4 die Befugnis zu, seine Zahlungspflicht durch den Erwerb der entsprechenden Funktionsfläche Zug um Zug gegen Zahlung des Entschädigungswerts nach Abs. 5 zu ersetzen (Ersetzungsbefugnis nach dem Vorbild der römischen Noxalhaftung). Möglich ist dies bis zur Rechtskraft eines den Nutzer verurteilenden Zahlungsurteils.

5. Kosten der Übernahme

19　Die Vertragskosten aufgrund einer Übernahme nach Abs. 1 Nr. 2, Abs. 2 Nr. 2 und Abs. 4 zahlt der Nutzer (allerdings nur die notwendigen Kosten für Notar, Grundbuch und Vermessung). Kosten der Lastenfreistellung trägt der Grundstückseigentümer. Anwaltskosten des Grundstückseigentümers schuldet der Nutzer allenfalls aus dem Gesichtspunkt des Verzugs, § 286 BGB.

6. Verjährung, Abs. 3 Satz 3

20　Abs. 3 Satz 3 bezieht sich auf die Ansprüche nach Abs. 1, 2 und 3 Sätze 1–2 (insoweit irreführend Begr. BR-Drucks. 515/93, S. 163). Die Frist beginnt mit dem Entstehen der Ansprüche auf Ankauf nach § 81, d. h. frühestens mit dem Inkrafttreten des Sachenrechtsbereinigungsgesetzes, in aller Regel erst mit dem Zeitpunkt, zu dem der Grundstückseigentümer die ihm zustehenden Wahlrechte ausüben kann. Dies setzt im Hinblick auf Abs. 1 Nr. 1 und Abs. 2 Nr. 1 voraus, daß der Grundstückseigentümer rechtlich und tatsächlich zur Beseitigung in der Lage ist, also Besitzer des Gebäudes ist und eine eventuell erforderliche Abbruchgenehmigung erteilt ist. Verzögert der Grundstückseigentümer den Antrag auf eine erforderliche Abbruchgenehmigung, kann seinen Ansprüchen der Verwirkungseinwand entgegenstehen; meist wird es dann schon am Erfordernis „alsbaldigen" Abbruchs im Sinne der Abs. 1 Nr. 1 und 2 fehlen.

21　Hemmung und Unterbrechung richtet sich nach allgemeinen Vorschriften. Insbesondere ist die Verjährung gehemmt, bis rechtskräftig ein Verfahren nach §§ 32 ff., 61 ff. zugunsten des Grundstückseigentümers beendet ist.

7. Beweislast

Der Grundstückseigentümer ist beweispflichtig für die Voraussetzungen nach Abs. 1 mit 3 (zur Beweiserleichterung bei Abs. 1 und 2 siehe oben Rdz. 6 und 15). 22

§ 83 Ende des Besitzrechts, Härteklausel

(1) Der Nutzer gilt gegenüber dem Grundstückseigentümer bis zum Ablauf eines Jahres nach dem Abschluß des Kaufvertrages als zum Besitz berechtigt. Der Grundstückseigentümer kann für die Nutzung des Gebäudes ein Entgelt in Höhe des ortsüblichen Mietzinses verlangen.

(2) Ist das Gebäude für den Betrieb des Nutzers unentbehrlich und ein anderes Gebäude zu angemessenen Bedingungen nicht zu beschaffen, ist der Nutzer berechtigt, vom Grundstückseigentümer den Abschluß eines Mietvertrages für längstens fünf Jahre nach dem Kauf des Gebäudes durch den Grundstückseigentümer zu verlangen.

Übersicht

	Rdz.		Rdz.
1. Allgemeines	1	c) Verhältnis zu §§ 535 ff. BGB	17
2. Inhalt der Vorschrift	6	d) Vermietetes Gebäude	20
a) Besitzrecht	6	3. Beweislast	22
b) Mietvertrag	10		

1. Allgemeines

Grundsätzlich kann der Übergang von Besitz, Nutzen und Lasten am Gebäude im Kaufvertrag frei vereinbart werden. Hiervon macht § 83 eine Ausnahme. 1

Zahlt der Grundstückseigentümer den Kaufpreis vor Besitzübergang, so leistet er insofern ungesichert vor. Er muß nach Ablauf der in § 83 bestimmten Fristen den Nutzer auf Räumung und Herausgabe verklagen und läuft Gefahr, bei Insolvenz des Nutzers auf den Kosten dieses Rechtsstreits und der Vollstreckung des Räumungsurteils sitzenzubleiben. Dieses Risiko läuft dem Zweck der Vorschrift zuwider, die einer zu langen Fortsetzung eines strukturell unerwünschten Zustands entgegenwirken will, wodurch auch das Ankaufsrecht des Grundstückseigentümers entwerten würde (Begr. BR-Drucks. 515/93, S. 163). 2

Demnach ist auch im Fall des § 83 der Grundstückseigentümer berechtigt, jedenfalls einen Teil des Kaufpreises zurückzuhalten, der die Kosten eines Räumungsrechtsstreits einschließlich der Vollstreckung des obsiegenden Urteils und des Verzugsschadens des Grundstückseigentümers deckt. Die Höhe des Betrags hängt von den Umständen des Einzelfalls ab, sollte jedoch nicht unter 20000 – 30000 DM liegen. 3

Statt dessen kann der Nutzer insoweit den Grundstückseigentümer auch 4 anderweitig sichern (z. B. durch Bürgschaft über den voraussichtlich erforderlichen Betrag).

5 Zweckmäßig ist weiterhin, den Nutzer hinsichtlich seiner Pflicht zur Zahlung des Entgelts der sofortigen Zwangsvollstreckung zu unterwerfen, § 794 Abs. 1 Ziff. 5 ZPO.

2. Inhalt der Vorschrift

a) Besitzrecht, Abs. 1

6 Abs. 1 Satz 1 gibt dem Nutzer ein auf ein Jahr ab Abschluß des Kaufvertrags befristetes Besitzrecht (§ 986 BGB) gegen Zahlung eines Nutzungsentgelts in Höhe des ortsüblichen Mietzinses (Abs. 1 Satz 2).

7 Abs. 1 gilt für alle Arten von Gebäuden und baulichen Anlagen, gleich wie sie genutzt werden.

8 Nicht nur die Höhe, sondern auch die Fälligkeit des Nutzungsentgelts richtet sich nach dem Ortsüblichen (in der Regel monatlich im voraus).

9 Die in Abs. 1 Satz 1 bestimmte Jahresfrist beginnt mit dem Abschluß des Kaufvertrags. Sofern dieser durch den Nutzer verzögert wurde, kann sowohl das Entgelt als auch die vorzeitige Räumung vom Grundstückseigentümer unter dem Gesichtspunkt des Verzugsschadens (§§ 286, 249 BGB) verlangt werden.

b) Mietvertrag, Abs. 2

10 Unter den Voraussetzungen des Abs. 2 kann der Nutzer den Abschluß eines Mietvertrags von bis zu fünf Jahren über das Gebäude verlangen.

11 aa) Abs. 2 gilt („Betrieb") nur für gewerblich, freiberuflich oder land- und forstwirtschaftlich genutzte Gebäude (nicht für bauliche Anlagen). Das Gebäude muß sowohl für den Betrieb des Nutzers unentbehrlich als auch ein anderes Gebäude zu angemessenen Bedingungen nicht zu beschaffen sein.

12 Unentbehrlich ist das Gebäude dann, wenn bei Einstellung der Nutzung auch nach Ablauf des Jahres nach Abs. 1 der Betrieb eingestellt werden müßte.

13 bb) Angemessen ist in der Regel der Marktpreis, in Gebieten mit hohen Immobilienpreisen kann jedoch auch der Marktpreis in Anbetracht der vorgesehenen Nutzung unangemessen sein (z. B. Bäckerei in der Leipziger Innenstadt). Zur Angemessenheit gehört auch eine räumliche Nähe zur bisherigen Betriebsstätte, die den Erhalt des Kundenkreises gewährleistet. Betriebsverlagerungen in die Peripherie einer Großstadt oder in eine andere Gemeinde werden nur dann angemessen sein, wenn die Betriebsstätte nicht auf Publikumsverkehr angewiesen ist. Angemessen ist grundsätzlich sowohl der Ankauf als auch das Anmieten für hinreichende Zeit.

14 cc) Erforderlich ist weiter, daß trotz zumutbarer Anstrengungen ein anderes Gebäude innerhalb einer hierfür normalerweise anzusetzenden Frist nicht zu beschaffen war. Dies ist durch Vorlage von Inseraten, Berichte von Maklern etc. nachzuweisen.

15 Die Berufung auf Abs. 2 ist ausgeschlossen, wenn der Nutzer ein vom

§ 83. Ende des Besitzrechts, Härteklausel

Grundstückseigentümer nachgewiesenes Angebot eines Ersatzgebäudes zu angemessenen Bedingungen nicht angenommen hat.
Zum Inhalt des Mietvertrags § 31 Rdz. 13–17. Der Mietvertrag ist zu 16 ortsüblichen Bedingungen abzuschließen auf die Dauer von längstens fünf Jahren ab dem Abschluß des Kaufvertrags (zur Fristverkürzung über § 286 BGB siehe oben Rdz. 9). Der Nutzer hat dazutun, warum welche Befristung erforderlich ist. Die Dauer ist insbesondere von der Breite des Angebots auf dem Immobilienmarkt der betreffenden Region abhängig.

c) **Verhältnis zu §§ 535ff. BGB**

Das Rechtsverhältnis zwischen Grundstückseigentümer und Nutzer nach 17 § 83 Abs. 1 ist eine Rechtsbeziehung eigener Art (befristetes entgeltliches Recht zum Besitz nach § 986 BGB). Für das Rechtsverhältnis zwischen Grundstückseigentümer und Nutzer gelten die §§ 987ff. BGB erst nach Entstehen des Räumungsanspruchs. In der Zeit vorher kann Mietrecht entsprechend anwendbar sein, insbesondere hinsichtlich der Pflichten des Nutzers.

So besteht ein Kündigungsrecht des Grundstückseigentümers, wenn der 18 Nutzer mit zwei Monatsnutzungsentgelten in Verzug ist, § 554 Abs. 1 BGB. Ebenso besteht allgemein ein Recht zur Kündigung aus wichtigem Grund. Nicht anwendbar sind hingegen die Bestimmungen über Gewährleistungen (§§ 537ff. BGB) und Kündigungsschutz.

Abs. 2 verweist schon seinem Wortlaut nach in vollem Umfang auf die 19 Bestimmungen des BGB über die Miete von Räumen (keine Wohnraummiete).

d) **Vermietetes Gebäude**

Sind die Räume vom Nutzer selbst vermietet, so gilt im Fall des Ankaufs 20 nach §§ 81ff. der Grundsatz „Kauf bricht nicht Miete", § 571 BGB. Der Grundstückseigentümer setzt das Mietverhältnis u. U. auch für einen längeren Zeitraum als nach § 83 fort.

Dies kann das Ankaufsrecht erheblich entwerten. § 571 BGB bedarf da- 21 her jedenfalls in den Fällen der Korrektur, in denen der Mieter nicht schutzwürdig ist. Dies ist etwa der Fall, wenn Indizien dafür sprechen, daß der Mietvertrag zur Erschwerung der Rechtsverfolgung des Grundstückseigentümers geschlossen wurde (*poison pill*, z. B. ungewöhnlich lange Laufzeit oder ungewöhnlich niedriger Mietzins, wissentlich oder grob fahrlässig unredlicher Mieter). In diesen Fällen steht dem Grundstückseigentümer jedenfalls das Recht zu, im Wege der Änderungskündigung zu einem Nutzungsverhältnis entsprechend § 83 Abs. 1 und 2 zu kommen.

3. Beweislast

Die Beweislast für das Vorliegen der Voraussetzungen des § 83 Abs. 2 22 liegt beim Nutzer, und zwar einschließlich der Ortsüblichkeit der Bedingungen eines nach Abs. 2 verlangten Mietvertrags.

§ 84 1–4 Kapitel 2. Nutzung fremder Grundstücke

23   Die Beweislast für die Höhe des geschuldeten ortsüblichen Entgelts nach Abs. 1 Satz 2 trägt der Grundstückseigentümer.

§ 84 Rechte des Nutzers bei Zahlungsverzug

(1) **Der Nutzer darf wegen seiner Ansprüche aus dem Kaufvertrag die Zwangsversteigerung in das Grundstück nur unter gleichzeitiger Versteigerung seines Gebäudes oder seiner baulichen Anlage, sofern daran selbständiges Eigentum besteht, sowie mit der Bedingung des Erlöschens seines Rechts zum Besitz aus Artikel 233 § 2a des Einführungsgesetzes zum Bürgerlichen Gesetzbuche betreiben.** § 79 Abs. 2 und 3 ist entsprechend anzuwenden.

(2) Nach fruchtlosem Ablauf einer nach § 326 Abs. 1 Satz 1 des Bürgerlichen Gesetzbuchs gesetzten Nachfrist kann der Nutzer vom Grundstückseigentümer
1. den Abschluß eines Erbbaurechtsvertrages nach Abschnitt 2 oder, wenn ein Nutzungsrecht nicht bestellt wurde und die Restnutzungsdauer des Gebäudes weniger als 25 Jahre beträgt, den Abschluß eines Mietvertrages nach § 31 oder
2. den Abschluß eines Grundstückskaufvertrages nach Abschnitt 3
verlangen. Dem Nutzer stehen weiter die in § 80 Satz 2 bezeichneten Ansprüche zu.

Übersicht

	Rdz.
1. Allgemeines	1
2. Zwangsversteigerung	2
3. Zahlungsverzug	6

1. Allgemeines

1   Im Fall des Ankaufs des Gebäudes nach §§ 81 ff. besteht eine der in §§ 79, 80 geregelten entsprechende Rechtslage dann, wenn der Grundstückseigentümer das nach §§ 81, 82 geschuldete Entgelt nicht rechtzeitig (Abs. 1) oder nicht innerhalb einer gesetzten Nachfrist (Abs. 2) leistet (vgl. Vorbem. vor §§ 79, 80, Rdz. 1–8).

2. Zwangsversteigerung, Abs. 1

2   a) Entsprechend § 79 Abs. 1 ist die Zwangsversteigerung des Grundstücks nur unter der Bedingung gleichzeitiger Versteigerung des aufstehenden Gebäudes bzw. der baulichen Anlage und der Bedingung des Erlöschens des Besitzrechts des Nutzers aus dem Moratorium zulässig, Abs. 1 Satz 1.

3   b) Satz 2 verweist auf § 79 Abs. 2 und 3, nicht auf Abs. 1. Dennoch sind auch die formalen Voraussetzungen des § 79 Abs. 1 zu wahren (Androhung der Versteigerung, fruchtloser Ablauf einer gesetzten Nachfrist von mindestens zwei Wochen).

4   § 79 Abs. 2 ist aufgrund der Verweisung wie folgt zu lesen: ausreichend

und erforderlich ist ein Titel des Nutzers gegen den Grundstückseigentümer, sofern etwa bestehendes Gebäudeeigentum lastenfrei ist und der Antragsteller als Gebäudeeigentümer in einem angelegten Gebäudegrundbuchblatt eingetragen ist. Bei Gebäudeeigentum ohne Nutzungsrecht (Art. 233 § 2 b EGBGB) ist die Anlegung eines Gebäudegrundbuchblatts (§ 79 Rdz. 2) erforderlich.

Bei anderen Nutzungstatbeständen ist kein Gebäudegrundbuch erforderlich, für den Nachweis der Lastenfreiheit reicht die Versicherung an Eides statt. 5

3. Zahlungsverzug, Abs. 2

Die Rechte des Nutzers bei Zahlungsverzug bestimmen sich nach Abs. 2 entsprechend § 80 Satz 1 und Satz 2. 6

Nach Abs. 2 Satz 1 hat der Nutzer das Wahlrecht zwischen einem Erbbaurechtsvertrag nach §§ 32 ff. bzw. einem Mietvertrag nach § 31 oder dem Ankauf des Grundstücks nach §§ 61–80. 7

Zu den Voraussetzungen dieser Rechte und weiteren Fragen, insbesondere zu Abs. 2 Satz 2 i. V. m. § 80 Satz 2 vgl. § 80 Rdz. 9. 8

Abschnitt 4. Verfahrensvorschriften

Unterabschnitt 1. Feststellung von Nutzungs- und Grundstücksgrenzen

§ 85 Unvermessene Flächen

(1) Sind die Grenzen der Flächen, auf die sich das Nutzungsrecht erstreckt, nicht im Liegenschaftskataster nachgewiesen (unvermessene Flächen) oder wurde eine Bebauung nach den §§ 4 bis 7 und 12 ohne Bestellung eines Nutzungsrechts vorgenommen, erfolgt die Bestimmung des Teils des Grundstücks, auf den sich die Nutzungsbefugnis des Erbbauberechtigten erstreckt oder der vom Stammgrundstück abgeschrieben werden soll, nach den Vorschriften des Bodensonderungsgesetzes.

(2) Einigungen der Beteiligten über den Verlauf der Nutzungsrechtsgrenzen und des Grundstücks sind zulässig.

Übersicht

	Rdz.		Rdz.
1. Allgemeines	1	3. Bodensonderung	14
2. Privatrechtliche Einigung	4	4. Verfahrensrecht	17

§ 85 1–10   Kapitel 2. Nutzung fremder Grundstücke

1. Allgemeines

1 §§ 85 und 86 enthalten die verfahrensrechtlichen Vorschriften zu den materiellrechtlichen Bestimmungen über die erfaßte Fläche in §§ 21–27, 39, 40, 65–67.
2 Zwischen den einzelnen Regelungen besteht folgendes Rangverhältnis (vgl. auch Vorbem. vor §§ 21 ff., Rdz. 7–8):
(1) Öffentlichrechtliche Bodenordnung nach § 86;
(2) Privatrechtliche Einigung nach § 85 Abs. 2;
(3) Bodensonderung nach § 85 Abs. 1.
3 Zu den voraussichtlichen Engpässen bei öffentlichrechtlichen Bodenordnungsverfahren oder einer Bodensonderung nach §§ 85 Abs. 1, 97 Abs. 1 Nr. 2 siehe Vorbem. vor §§ 21 ff., Rdz. 9–12.

2. Privatrechtliche Einigung, Abs. 2

4 a) Wegen voraussichtlicher Kapazitätsengpässe bei der Bodensonderung und im Interesse der Verfahrensbeschleunigung sollte mit besonderem Nachdruck auf eine privatrechtliche Einigung der Beteiligten über die durchzuführenden Vermessungsarbeiten hingewirkt werden.
5 Zweckmäßig ist hierzu die vertragliche Verpflichtung der Beteiligten, alsbald eine Vermessung bzw. eine Abmarkung in der Natur vorzunehmen und etwaige Abweichungen von den geschätzten Ausübungsflächen durch entsprechende Grundabtretungen zum jetzigen qm-Kaufpreis bzw. dann geltenden qm-Erbbauzins oder durch Änderungen des Kaufpreises bzw. Erbbauzinses nach §§ 73, 51 vorzunehmen.
6 Die privatrechtliche Einigung bedarf der Genehmigung nach § 120.
7 Wird eine entsprechende Vereinbarung nicht getroffen, sind auch bei ganzen Grundstücken §§ 919, 920 BGB anwendbar.
8 Eine privatrechtliche Einigung wirkt im Gegensatz zu einem öffentlichrechtlichen Verfahren (Abs. 1, § 86) nur *inter partes*. Erforderlich ist daher neben der Einbeziehung der dinglich Berechtigten oft auch die der Nachbarn, wenn deren Grundstücke mit betroffen sind (Begr. BR-Drucks. 515/93, S. 164). Zum Verfahren der privatrechtlichen Umlegung siehe § 24 Rdz. 4–6.
9 b) Zur Sicherung der Beteiligten und zur Vereinfachung des Verfahrens in der Zeit vom Vertragsschluß bis zur Durchführung der Vermessung sind folgende Möglichkeiten denkbar:
10 (1) Beim Erbbaurecht:
a) schuldrechtlicher Erbbaurechtsvertrag mit Verpflichtung zur Vermessung und Erklärung der Einigung. Sicherung des Nutzers durch Erbbaurechtsbestellungsvormerkung.
b) Belastung des Gesamtgrundstücks mit einem Erbbaurecht, Beschränkung dessen Ausübungsbereichs, Freigabevormerkung für die Restfläche.
c) Erbbaurecht nach § 39 Abs. 1, 2 oder 3.
d) Erweiterung der erfaßten Fläche (Folge: keine Halbteilung beim Erb-

§ 85. Unvermessene Flächen 11–16 § 85

bauzins hinsichtlich der Mehrfläche) sowie Rückübertragungspflicht mit Vormerkung wie oben b).
e) Begründung von Wohnungs- und Teilerbbaurechten nach § 40.
(2) Beim Ankaufsrecht: 11
 a) schuldrechtlicher Kaufvertrag mit Verpflichtung zur Vermessung und Auflassung. Sicherung des Nutzers/Käufers durch Auflassungsvormerkung.
 b) Verkauf der Teilfläche, Auflassung des Gesamtgrundstücks, Sicherung des Grundstückseigentümers durch Eintragung einer erstrangigen Rückauflassungsvormerkung hinsichtlich der Mehrfläche.
 c) Erweiterung der erfaßten Fläche (Folge: keine Halbteilung beim Kaufpreis hinsichtlich der Mehrfläche) sowie Rückauflassungsvormerkung wie oben b).
 d) Begründung von Wohnungs- und Teileigentum nach § 67.
(3) Bei der Belastung (insbesondere mit Grundpfandrechten zugunsten von 12 Gläubigern des Nutzers):
 a) Verpfändung der schuldrechtlichen Ansprüche des Nutzers aus dem Erbbaurechtsvertrag bzw. Kaufvertrag.
 b) Belastung des Gesamtgrundstücks mit einem Kaufpreisfinanzierungsgrundpfandrecht und einer Vormerkung zugunsten des Grundstückseigentümers (=Verkäufers) auf Freigabe der nichtverkauften Restfläche.
(4) Im Rahmen des Grundbuchvollzugs: 13
 a) Vollmacht für den Verkäufer bzw. Grundstückseigentümer, nach Vorliegen des amtlichen Messungsergebnisses (Veränderungsnachweis) die Auflassung der vermessenen Teilfläche bzw. die Einigung über die Erbbaurechtsbestellung an der vermessenen Teilfläche entgegenzunehmen.
 b) Vollmacht für den Nutzer (Käufer), nach Vorliegen des amtlichen Messungsergebnisses (Veränderungsnachweis) die Auflassung der vermessenen Teilfläche bzw. die Einigung über die Erbbaurechtsbestellung an der vermessenen Teilfläche zu erklären, wobei der beurkundende Notar Vollzugsantrag nur bei Nachweis vollständiger Kaufpreiszahlung etc. stellen darf.
 c) Vollmacht an den beurkundenden Notar, in einem Nachtrag zur Urkunde die Identität des vermessenen und zu belastenden bzw. freizugebenden Grundbesitzes durch Eigenurkunde festzustellen.

3. Bodensonderung, Abs 1

Die Bodensonderung nach Abs. 1 kommt nur zum Tragen, wenn 14
a) die vom Nutzungstatbestand erfaßte Fläche nicht im Liegenschaftskata- 15 ster nachgewiesen ist (unvermessene Fläche). Bei ungetrennten Hofräumen (§ 1 Rdz. 16–19) wird dies zwar zumeist der Fall sein, insoweit aber sind Liegenschaftskatasim Sinne des § 86 Abs. 1 auch die in der HofV genannten Urkunden und Verzeichnisse.
b) eine Bebauung nach §§ 4–7, 12 (Eigenheimbau, (komplexer) Wohnungs- 16

bau oder andere bauliche Nutzung) ohne Bestellung eines Nutzungsrechts vorgenommen wurde. Betroffen sind zumeist Trabantenstädte ohne entsprechende Vermessung und Nutzungsrechtsbegründung.

4. Verfahrensrecht

17 Zum Verfahren nach dem BoSoG vgl. Einl. Rdz. 125–127.
18 Ein Bodensonderungsverfahren führt in der Regel („soll") zur Aussetzung des Vermittlungsverfahrens nach § 94 Abs. 2 Nr. 1.
19 Eine privatrechtliche Einigung der Beteiligten ist aber hierdurch nicht gehindert, sondern kann vielmehr unter Eintritt in das Bodensonderungsverfahren ohne weiteres abgeschlossen werden.

§ 86 Bodenordnungsverfahren

Die Neuregelung der Grundstücksgrenzen in Verfahren zur Flurbereinigung nach dem Flurbereinigungsgesetz, zur Feststellung und Neuordnung der Eigentumsverhältnisse nach den §§ 53 bis 64b des Landwirtschaftsanpassungsgesetzes, zur Umlegung und Grenzregelung nach den §§ 45 bis 84 des Baugesetzbuchs sowie der Bodenneuordnung nach § 5 des Bodensonderungsgesetzes bleibt unberührt.

Übersicht

	Rdz.
1. Allgemeines	1
2. Verhältnis zur Sachenrechtsbereinigung	2
3. Verfahrensrecht	9

1. Allgemeines

1 Die in der Vorschrift genannten öffentlichrechtlichen Verfahren der Bodenordnung dienen anderen Zwecken, insbesondere denen der Strukturverbesserung in der Landwirtschaft und der Bauplanung. Die Feststellung von Besitzständen ist hingegen nicht das primäre Ziel dieser Verfahren (Begr. BR-Drucks. 515/93, S. 164). Sie gehen jedoch der Sachenrechtsbereinigung vor (vgl. § 95).

2. Verhältnis zur Sachenrechtsbereinigung

2 § 86 enthält drei Regelungen:
3 a) Die genannten Verfahren gehen schon aufgrund des Vorrangs des öffentlichen Rechts vor dem Privatrecht der Sachenrechtsbereinigung (§§ 21–27) vor. D.h.: auch eine Einigung nach § 85 Abs. 2 kann die Ergebnisse öffentlichrechtlicher Bodenordnung nicht rückgängig machen (vgl. § 120).

Vorbemerkung vor §§ 87 ff. **Vor § 87**

b) Die Bestimmung der erfaßten Fläche nach dem SachenRBerG (§§ 21– 4
27) knüpft an die Ergebnisse der vorrangigen öffentlichrechtlichen Verfahren
an.
c) Eine parallele Durchführung von privatrechtlicher Sachenrechtsbereini- 5
gung und öffentlichrechtlicher Bodenordnung ist möglich. Die erforderliche
öffentlichrechtliche Kontrolle der privatrechtlichen Einigung wird durch
§ 120 gewahrt. Im Vollzug der Sachenrechtsbereinigung ist aber folgendes
zu beachten:
Erklärungen der Beteiligten, die vor dem behördlichen Vollzugsantrag 6
liegen (d. h. vor Eingang der Ausführungsanordnung nach dem FlurBG, des
Umlegungsbeschlusses beim Grundbuchamt etc.), müssen sich auf die
Grundstücke im alten Rechtszustand beziehen (Einlagegrundstücke).
Erklärungen der Beteiligten, die erst nach diesem Zeitpunkt beim Grund- 7
buchamt eingehen, können sich nur auf die Grundstücke im neuen Rechtszustand (Ersatzgrundstücke) beziehen.
Zweckmäßig ist daher, in den zur Durchführung der Sachenrechtsbereini- 8
gung abzuschließenden Verträgen sowohl das Einlage- als auch das Ersatzgrundstück aufzuführen oder einen Vertragsteil bzw. den Notar zur entsprechenden Identitätsfeststellung zu ermächtigen.

3. Verfahrensrecht

Der grundsätzliche Vorrang der Verfahren nach § 86 führt im Vermitt- 9
lungsverfahren zu dessen Einstellung nach § 95 Abs. 1 bzw. Abs. 2.
Die privatrechtliche Einigung der Beteiligten ohne Durchführung eines 10
Vermittlungsverfahrens bleibt jedoch möglich (und wünschenswert). Sie erfolgt in der Weise, daß der Nutzer in das laufende Bodenordnungsverfahren
eintritt und evtl. dessen bisherige Ergebnisse für sich übernimmt. Möglich
ist auch, ein bestimmtes Verfahrensergebnis zur Geschäftsgrundlage der privatrechtlichen Einigung zu machen.

Unterabschnitt 2. Notarielles Vermittlungsverfahren

Vorbemerkung vor §§ 87 ff.

Übersicht

	Rdz.		Rdz.
I. Allgemeines	1	3. Verfahrensgrundsätze	33
1. Ausgangslage	1	a) Verhältnis zum FGG und zur ZPO	33
2. Gesetzestechnisches Mittel	8	b) Rechtliches Gehör	34
3. Alternativen	21	c) Befangenheit	44
II. Grundsätze des Vermittlungsver- fahrens	26	d) Folgen der Verletzung von Verfahrensrecht	48
1. Ablauf des Vermittlungsver- fahrens	26	4. Verhältnis zum Berufsrecht des Notars	52
2. Verfahrensgegenstand	28		

Vor § 87 1–7 Kapitel 2. Nutzung fremder Grundstücke

	Rdz.		Rdz.
a) Grundsatz	52	5. Vermittlungsverfahren und DONot	60
b) Haftung	56		
c) Standesrecht	58	6. Beurkundungsverfahren	65

I. Allgemeines

1. Ausgangslage

1 a) Das Verfahren der Sachenrechtsbereinigung würde die Gerichte der neuen Länder vor enorme Belastungen stellen, da aufgrund der Vielzahl der betroffenen Einzelfälle (dazu Begr. BR-Drucks. 515/93, S. 95–97) mit einer Flut von Streitverfahren zu rechnen wäre. Jedes dieser potentiellen Verfahren beträfe hochkomplexe Rechtsverhältnisse, die aufgeworfenen Rechtsfragen ließen sich mit der am Aktionensystem orientierten Dezisionsjurisprudenz des abendländischen Zivilprozesses kaum in den Griff bekommen (dazu auch § 42 Rdz. 15–17).

2 b) Die streitige Gerichtsbarkeit bedarf daher im Rahmen der Sachenrechtsbereinigung im besonderen Maße der Unterstützung durch die vorsorgende Rechtspflege, und zwar

3 – im Rahmen der streitschlichtenden und streitvermeidenden Tätigkeit derselben (hierzu jüngst *Keim*, MittBayNot 1994, 2ff.);

4 – im Rahmen der verfahrensvorbereitenden Maßnahmen, insbesondere bei der Sachverhaltsermittlung und Reduktion des Streitstoffs auf die Fragen, die sich mittels des klassischen Aktionensystems prozeßökonomisch bewältigen lassen.

5 c) Diese Probleme werden verschärft durch die in den neuen Bundesländern besonders knappen Ressourcen der eben erst unter demokratischen Vorzeichen neu aufgebauten Gerichtsbarkeit.

6 d) Der Gesetzgeber hat hier konsequenterweise zur Entlastung der Gerichte auf den Notarstand zurückgegriffen. Dieser Beruf erfüllt die notwendigen Voraussetzungen zur erforderlichen Streitvermeidung, Streitschlichtung und Streitstoffreduktion (hierzu unten Rdz. 8–9) durch:

7 – Unabhängigkeit (§ 1 BNotO, § 2 Abs. 1 NotVO),
– Unparteilichkeit (§ 14 Abs. 1 BNotO, § 2 Abs. 1 NotVO),
– Erfahrung in der ausgewogenen Gestaltung komplexer Rechtsverhältnisse mit kautelarjuristischen Mitteln, insbesondere auf den Gebieten des Sachenrechts,
– vergleichsweise weit fortgeschrittener quantitativer und qualitativer Aufbau des hauptberuflich tätigen Berufsstands in den neuen Ländern,
– institutionelle Garantie für ein justizförmiges, rechtsstaatliches Verfahren durch Zugehörigkeit zur öffentlichen (rechtsprechenden) Gewalt (§ 1 BNotO, §§ 1, 2 Abs. 1 NotVO), Aufsicht durch Landesjustizverwaltung und Notarkammern sowie Vorhandensein eines in Geltung befindlichen Standesrechts,
– angemessenes Preis-Leistungs-Verhältnis.

Vorbemerkung vor §§ 87ff.　　　　　　　　　　8–17 **Vor § 87**

2. Gesetzestechnisches Mittel

a) Der Gesetzgeber hat zur Entlastung der Gerichte deren Anrufung von **8**
der vorhergehenden Durchführung eines Vermittlungsverfahrens nach
§§ 87ff. abhängig gemacht (Sachurteilsvoraussetzung, § 104). Zweck dieses
Verfahrens ist die Entlastung der streitigen Gerichtsbarkeit durch
– Streitvermeidung, **9**
– Streitschlichtung,
– Vorklärung und Reduktion des Streitstoffs auf wenige Fragen, die in prozeßökonomisch sinnvoller Weise gerichtlich entschieden werden können (Streitstoffreduktion).

b) In seiner Ausgestaltung orientiert sich das Vermittlungsverfahren nach **10**
§§ 87 bis 102 am Verfahren der Vermittlung der Nachlaßauseinandersetzung
bzw. Auseinandersetzung einer Gütergemeinschaft nach §§ 86–98 FGG.
Dieses Verfahren kann nach § 194 FGG durch Landesgesetz den Notaren zur
Erledigung übertragen werden. Davon haben der Freistaat Bayern (Art. 38
BayAGGVG; hierzu *Bracker*, MittBayNot 1984, 114–118) und die Länder
Hessen (§§ 24 ff. HessFGG) und Niedersachsen (§§ 14ff. NdsFGG) Gebrauch gemacht (vgl. Begr. BR-Drucks. 515/93, S. 164).

c) Die Erledigung des Verfahrens durch Notare hat sich jedenfalls in Bay- **11**
ern bewährt, vgl. § 3 Abs. 1 BNotO. Die Erledigungszeiten und -kosten
liegen weit unter denen der streitigen Gerichtsbarkeit. Die geringe Anzahl
der durchgeführten Verfahren (nur diese werden nach § 23 Abs. 2 Nr. 3
DONot in der Urkundsstatistik der Notare gesondert erfaßt) ist auf folgende
Faktoren zurückzuführen:

(1) In zahlreichen Fällen gelingt es dem Notar, noch vor Antragstellung ein **12**
 potentielles Vermittlungsverfahren zugunsten der Beurkundung einer
 Auseinandersetzungsvereinbarung zu vermeiden.

(2) Eine nicht bekannte Anzahl von Vermittlungsverfahren wird vor Ab- **13**
 schluß in das normale Beurkundungsverfahren übergeleitet, da der Notar
 bereits in der Anfangsphase die Einigung der Beteiligten erzielen konnte.

(3) Für das Verfahren besteht kein Einlassungszwang, so daß die (leider **14**
 zahlreichen) Fälle, in denen grundsätzliche Differenzen zwischen den Beteiligten bestehen, von vornherein im regulären Streitverfahren von den
 ordentlichen Gerichten entschieden werden müssen.

d) Mit der Ausgestaltung des Vermittlungsverfahrens als Sachurteilsvor- **15**
aussetzung eines Streitverfahrens (§ 104) und der gegenüber § 91 Abs. 3 FGG
erheblich erweiterten Möglichkeit von Säumnisentscheidungen durch § 96
wird das Vermittlungsverfahren nach dem SachenRBerG gegenüber dem
Vermittlungsverfahren nach §§ 86ff. FGG zum einen erheblich aufgewertet,
zum anderen in die Nähe eines kontradiktorischen Verfahrens wie dem Zivilprozeß gerückt (§ 89 Rdz. 4, 6–9).

Das Vermittlungsverfahren gleicht insofern den Verfahren der richterli- **16**
chen Vertragshilfe nach dem Gesetz vom 26. 03. 1952 (BGBl. I, 198; näher
hierzu *Habscheid*, FG, § 61).

e) Für den Bereich des derzeit geltenden Rechts ist damit zwar Neuland **17**
betreten. Doch ist die Übertragung dieses Verfahrens auf den Notar als

391

Träger eines öffentlichen Amtes auf dem Gebiete der vorsorgenden Rechtspflege (und nur auf diesen) nicht nur kein Systembruch, sondern entspricht dessen historisch gewachsener Funktion.

18 Der heutige Notarberuf wird dominiert von Aufgaben der Beurkundung von Rechtsvorgängen, insbesondere der Schaffung subjektiver Rechte und Rechtsverhältnisse bei Bestehen eines sog. Formzwangs. Daß dem Notar auch „andere Aufgaben auf dem Gebiete der vorsorgenden Rechtspflege" (§ 1 BNotO) übertragen sind, rückt erst in jüngster Zeit wieder in das Bewußtsein der juristischen Öffentlichkeit (vgl. nur *Schippel*, FS für Lerche, 1993, S. 499–511; *Geimer*, DNotZ 1991, 266–288; *Olzen*, DNotZ 1993, 211–222; *Bohrer*, Berufsrecht, Rdz. 438–448). Diskutiert wurden diese weiteren Aufgaben bislang vor allem im Hinblick auf die Aufgaben des Notars im Vollstreckungsrecht und beim (bedeutungslos gebliebenen) vollstreckbaren Anwaltsvergleich (für das Vermittlungsverfahren nach FGG jedoch *Bracker*, MittBayNot 1984, 114–118).

19 Feststellbar ist, daß im Rahmen dieser Aufgaben (aber auch bei der Vertragsgestaltung, vgl. § 42 Rdz. 13–36) der Notar den Beteiligten nicht nur als unabhängiger und unparteilicher Berater zur Seite steht, sondern ihnen auch als Entscheider gegenübertritt.

20 Nicht übersehen werden sollte, daß diese der streitigen Gerichtsbarkeit sehr viel nähere Rolle des Notars auch historisch überkommen ist. Neben dem Ursprung des modernen Notars als einer mit öffentlichem Glauben beliehenen Person, deren Urkunden im Gerichtsverfahren besonderen Beweiswert genießen, sind dessen Aufgaben im Rahmen des gemeinrechtlichen Prozesses zu nennen (vgl. Reichsnotariatsordnung Maximilians I. von 1512, Abschnitte III. und IV.).

3. Alternativen

21 a) Das Konzept eines notariellen Vermittlungsverfahren lag bereits dem Diskussionsentwurf zugrunde. Nach Verabschiedung des Regierungsentwurfs wurden im Zuge des Gesetzgebungsverfahrens folgende alternative Lösungen vorgeschlagen:

22 (1) Übertragung des Vermittlungsverfahrens an „weitere erfahrene Berufsgruppen... wie Rechtsanwälte, Steuerberater, Wirtschaftsprüfer, Grundstückssachverständige" (Antrag des Landes Sachsen-Anhalt, BT-Drucks. 12/5992, S. 199–200).

23 (2) Ersetzung des Vermittlungsverfahrens durch einen „beurkundeten vollstreckbaren Anwaltsvergleich" (Stellungnahme des Deutschen Anwaltvereins an den Rechtsausschuß des Deutschen Bundestags vom Januar 1994; ähnlich auch die Vorschläge des DAV vom 25. 4. 1994 zum „anwaltlichen Vertragshilfeverfahren", hierzu Einl. Rdz. 39).

24 b) Beiden Vorschlägen wurde zu Recht nicht entsprochen.
Zum einen können Verfahren mit der Möglichkeit der Säumnisentscheidung und der zwingenden Übernahme der Verfahrensergebnisse in ein nachfolgendes gerichtliches Verfahren (§§ 96, 97 Abs. 3, 106 Abs. 1 Satz 3 Nr. 3) nur durch Personen durchgeführt werden, die ein öffentliches Amt im Be-

reich der rechtsprechenden Gewalt ausüben (Stellungnahme der Bundesregierung zum Antrag Sachsen-Anhalts, BT-Drucks. 12/5992, S. 218; BT-Drucks. 12/7425, S. 79).

Zum anderen war der Vorschlag des DAV infolge der hierdurch bezweckten Maximierung von Anwalts- und Notargebühren (bei Gewährung von Prozeßkostenhilfe zu Lasten der Justizhaushalte) allenfalls im lobbyistischen Bereich diskussionswürdig. Allein die Anwaltskosten eines vollstreckbaren Anwaltsvergleichs (dazu *Zöller-Geimer*, § 1044b Rdz. 39) stehen zu den Notarkosten des Vermittlungsverfahrens im Verhältnis 9:1 (in diesem Sinne auch BT-Drucks. 12/7425, S. 79). 25

II. Grundsätze des Vermittlungsverfahrens

1. Ablauf des Vermittlungsverfahrens

Das Vermittlungsverfahren läßt sich seinem zeitlichen Ablauf nach in folgende Phasen gliedern (Formulierungsvorschläge siehe angegeben Rdz.): 26
(1) Antrag (§ 90 Rdz. 57).
   (2) Vorabprüfung durch den Notar: 27
      Vollständigkeitsprüfung (§ 90 Abs. 5; § 90 Rdz. 40, 49),
      evtl. Vorlage eines Antrags auf Prozeßkostenhilfe nach § 102,
      Ladung zum bzw. Benachrichtigung vom Termin (§ 88 Rdz. 46–47, § 92 Rdz. 25, 47–50),
      Eintragung des Eröffnungsvermerks (§ 92 Rdz. 33, 35, 49, 50),
      Vorermittlungen (§ 91),
   (3) Erörterungstermin mit Eingangsprotokoll (§ 93),
      evtl. Aussetzung, Einstellung (§ 94 Rdz. 22, § 95 Rdz. 11),
      evtl. Säumnisentscheidung (§ 96 Rdz. 24, 38, 43–44),
      evtl. Beweiserhebung (§ 97 Rdz. 14, 20–21, 37–40),
   (4) Vermittlungsvorschlag (§ 98 Rdz. 27),
      aufgrund dessen entweder Beurkundung der Einigung (§ 98 Abs. 2) oder Abschlußprotokoll nach § 99,
   (5) Kostenberechnung (§ 100).

2. Verfahrensgegenstand

Die Rechtsnatur des Vermittlungsverfahrens als Sachurteilsvoraussetzung für ein nachfolgendes Streitverfahren hat Konsequenzen für die Bestimmung des Gegenstands des Verfahrens. 28

a) Gegenstand des Vermittlungsverfahrens wie des Streitverfahrens sind grundsätzlich die auf einen Lebenssachverhalt bezogenen gestellten Anträge, insbesondere der Antrag nach § 90 Abs. 1 Nr. 4, nicht das Rechtsverhältnis zwischen den Beteiligten in seiner Totalität, das im Vermittlungsvorschlag in eine bestimmte Richtung hin konkretisiert wird (näher hierzu *Thomas-Putzo*, Einl. II Rdz. 1–33; *Zöller-Vollkommer*, Einl. Rdz. 60–91). 29

b) Dieser für das Streitverfahren nach der ZPO entwickelte Begriff des 30

Verfahrensgegenstands bedarf im Hinblick auf § 93 Abs. 3 Satz 2 bzw. § 106 Abs. 1 der Erweiterung. Als Antrag in diesem Sinne gilt der Antrag, der gestellt worden wäre, wenn die von Notar oder Gericht vorgenommene Bewertung nicht erst im Verfahren vorgenommen worden wäre, sondern bereits dem Antrag zugrundegelegen hätte.

31   Diese Definition des Verfahrensgegenstands folgt auch aus dem Zweck des Vermittlungsverfahrens. Das Ziel der Streitstoffreduktion wäre nicht erreicht, wenn aufgrund des Abschlußprotokolls eines Vermittlungsverfahrens mit dem Ziel eines Ankaufs nunmehr in zulässiger Weise auf Bestellung (vgl. § 32 Rdz. 11–14) eines Erbbaurechts geklagt werden könnte.

32   Folge dieser Auffassung ist, daß eine Änderung des gewünschten Vertrags im Klageverfahren zur Klageabweisung führt, wenn das Vermittlungsverfahren nicht ebenfalls auf das neue Rechtsschutzziel gerichtet war.

3. Verfahrensgrundsätze

a) Verhältnis zum FGG und zur ZPO

33   Zur Anwendung des FGG und der ZPO im einzelnen siehe zunächst § 89 Rdz. 6–60.

b) Rechtliches Gehör

34   aa) Im Vermittlungsverfahren gilt (wie auch im Beurkundungsverfahren) der Anspruch der Beteiligten auf rechtliches Gehör (Art. 103 Abs. 1 GG), welcher über das Rechtsstaatsprinzip (Art. 20 Abs. 3 GG) auch auf vor dem Notar geführte Verfahren ausstrahlt. Dieser Grundsatz hat in § 17 BeurkG seine besondere Ausprägung im notariellen Verfahrensrecht gefunden.

35   bb) Inhalt des Anspruchs auf rechtliches Gehör ist
(1) das Recht auf Äußerung zu den im Verfahren zugrundegelegten Tatsachen (Mitwirkung bei der Sachverhaltsermittlung),
(2) das Recht auf Äußerung zur rechtlichen Würdigung dieses Sachverhalts (BVerfGE 7, 275/280 f.; 10, 177/182 f.; 19, 49/51; 60, 175/210; BVerfG NJW 1988, 1963 f.; *Bumiller/Winkler*, FGG 5. Aufl. 1992, § 12 Anm. 9; *Keidel/Kuntze/Winkler-Amelung*, § 12 Rdz. 104 ff.; *Dürig/Herzog-Schmidt-Aßmann*, GG, Art. 103 Rdz 28 ff., 57; *Isensee/Kirchhof-Knemeyer*, Handbuch des Staatsrechts Band 6, 1989, § 155 Rdz. 54 f.; *H. Keidel*, Der Grundsatz des rechtlichen Gehörs im Verfahren der Freiwilligen Gerichtsbarkeit, Diss. 1965, S. 22, 25, 39 ff., 69 ff.).

36   cc) Verwirklicht wird der Anspruch in der Regel durch persönliche Anhörung der Beteiligten (*Keidel/Kuntze/Winkler-Amelung*, § 12 Rdz. 85–88; *H. Keidel*, aaO, S. 50–55).

37   Das Vermittlungsverfahren soll darüber hinaus auch noch gewährleisten, daß die Beteiligen aufgrund geführter Verhandlungen zu einer Einigung gelangen.

38   Unter dem Aspekt der Verletzung des rechtlichen Gehörs und der Ermittlungspflicht sind daher folgende Gestaltungen des Vermittlungsverfahrens (und auch eines entsprechenden Beurkundungsverfahrens) bedenklich:

(1) Systematische Beurkundung durch vollmachtlose Vertreter vorbehaltlich **39** Genehmigung.
(2) Systematische Aufspaltung einheitlicher Verträge in Angebot und Annahme.
(3) Führung des Verfahrens durch Bevollmächtigte, die nicht das Vertrauen der Vollmachtgeber genießen (z. B. Makler, Notarangestellte).
(4) Systematische Auslagerung geschäftswesentlicher Vereinbarungen in Bezugsurkunden (§ 13a BeurkG).
(5) Beurkundung durch Angestellte des Notars als vollmachtlose Vertreter vorbehaltlich Genehmigung.
(6) Beurkundung von (u. U. wesentlichen) Folgegeschäften durch in der Urkunde Bevollmächtigte, insbesondere Notarangestellte.
(7) Vergabe von Terminen „ins Blaue hinein", um einem Teil das Ausnutzen einer Überrumpelungssituation zu ermöglichen.

Diese Gestaltungen sind auch unter berufsrechtlichen Aspekten bedenklich **40** (vgl. nur Rundschreiben der Bundesnotarkammer vom 13. 02. 1973 und vom 29. 06. 1984, Bundesnotarkammer, DNotZ 1971, 3–7 und DNotZ 1976, 326–330; BayObLG DNotZ 1984, 519ff.; OLG München, DNotZ 1984, 250ff.; Rundschreiben der Landesnotarkammer Bayern vom 24. 03. 1994).

dd) Derartige Gestaltungen mögen im Einzelfall den Bedürfnissen und dem **41** Willen der Beteiligten entsprechen, insbesondere wenn diese aufgrund ihrer Erfahrung und Sachkunde auf unmittelbare Beteiligung am Verfahren verzichten. In beträchtlichem Ausmaße und insbesondere im Gebiet nach § 3 Abs. 2 BNotO werden in der Praxis derartige mißbräuchliche Gestaltungen des Verfahrens vor dem Notar zumeist aus zwei Gründen verwendet:
– Untergraben des Übereilungsschutzes und der Warnfunktion der Form für **42** den wirtschaftlich unterlegenen Beteiligten;
– Aushöhlen der Zwecke des Beurkundungsverfahrens, insbesondere des § 17 BeurkG.
– Konzentration erteilter Mandate in den Händen einer (insbesondere überörtlichen) Sozietät.

ee) Verletzt der Notar auf Betreiben eines Vertragsteils oder mit dessen **43** Duldung im eigennützigen Interesse diese Grundsätze gegenüber dem anderen Teil, so kann dieser im Wege der Drittwirkung des Grundrechts nach Art. 103 Abs. 1 GG dem Erfüllungsanspruch des einen Teils die Einrede unzulässiger Rechtsausübung (§§ 138, 242, 826 BGB) entgegensetzen, soweit er nicht auf das Recht auf rechtliches Gehör und Anhörung wirksam verzichtet hat. Im Unterzeichnen einer Genehmigungserklärung, der Annahme eines Vertragsangebots und dergleichen liegt regelmäßig kein Verzicht auf die institutionellen Garantien des fairen Verfahrens vor dem Notar.

c) Befangenheit

Aufgrund der Ähnlichkeit des Vermittlungsverfahrens mit dem streitigen **44** Gerichtsverfahren gelten für die Befangenheit des Notars neben § 16 Abs. 2 BNotO bzw. § 8 Abs. 5 NotVO die allgemeinen Vorschriften der §§ 6 FGG, 41 f. ZPO (dazu *Habscheid*, aaO, § 12). Anhaltspunkte für die Befangenheit des Notars liefert auch § 3 BeurkG.

45 Daher ist der Notar auch dann an der Durchführung des Vermittlungsverfahrens gehindert, wenn er oder eine ihm in Sozietät/Bürogemeinschaft verbundene oder verbunden gewesene Person in derselben Angelegenheit im einseitigen Interesse eines Beteiligten tätig ist oder war, § 41 Nr. 4 ZPO. Dies gilt im besonderen Maße für überörtliche Berufsverbindungen.

46 Für das Beurkundungsverfahren gilt jedenfalls in Angelegenheiten der Sachenrechtsbereinigung nach §§ 16 Abs. 2 BNotO, 8 Abs. 3 NotVO entsprechendes.

47 Verletzungen der §§ 6 und 7 BeurkG führen darüberhinaus jedenfalls zur Nichtigkeit der Beurkundung nach § 98 Abs. 2 Satz 1.

d) Folgen der Verletzung von Verfahrensrecht

48 Die Verletzung von Verfahrensrecht kann wie folgt gerügt werden:

49 aa) Liegt die Verletzung in einer „Verfügung" (zum Begriff § 89 Rdz. 51–56), so steht den Beteiligten (§ 92) die Beschwerde zum Landgericht der belegenen Sache offen, § 89 Abs. 2 (§ 89 Rdz. 50). Funktionell zuständig ist die Sachenrechtsbereinigungskammer nach § 103 Abs. 2.

50 bb) Daneben kann die Verletzung von Verfahrensrecht auf inzident im Rahmen eines Streitverfahrens nach §§ 104 ff. gerügt werden, wenn sie von Einfluß auf dessen Streitstoff ist (z. B. fehlerhafte Beweisaufnahme mit der Wirkung nach § 97 Abs. 3 oder fehlerhaftes Abschlußprotokoll mit der Folge des § 99 Satz 2–3). Mißbräuchliche Verfahrensgestaltungen (dazu oben Rdz. 39) begründen eine Vermutung dahingehend, daß sie von Einfluß auf den Streitstoff waren.

51 cc) Eine Sondervorschrift für Rechtsbehelfe enthält § 96 Abs. 6. Zu § 181 GVG siehe § 89 Rdz. 47.

4. Verhältnis zum Berufsrecht des Notars

a) Grundsatz

52 Die Regelungen des SachenRBerG lassen das Berufsrecht der Notare mit folgenden Ausnahmen unberührt.

53 (1) Die freie Notarwahl ist durch § 88 Abs. 1 Satz 2, Abs. 2 modifiziert. Die Wahl eines nach § 88 Abs. 1 Satz 1 unzuständigen Notars bedarf einer hierauf gerichteten Vereinbarung des Grundstückseigentümers und des Nutzers (§ 88 Rdz. 6–10).

54 (2) Der Notar ist nicht nur Berater und Betreuer der Beteiligten (vgl. § 24 Abs. 1 Satz 1 BNotO, § 8 Abs. 3 Satz 1 NotVO), sondern in viel stärkerem Maße Träger hoheitlicher Entscheidungsgewalt, vgl. §§ 90 Abs. 5, 92 Abs. 4–6, 93 Abs. 3 Satz 2, 96.

55 (3) Der Notar ist zu eigenen Ermittlungen und zur Erhebung von Beweisen berechtigt, §§ 91, 97.

b) Haftung

Hieraus folgt, daß der Haftungsmaßstab des Notars für kontradiktorische **56** Entscheidungen im Vermittlungsverfahren sich nach § 19 BNotO i. V. m. § 839 Abs. 2 BGB bestimmt (so für den vollstreckbaren Anwaltsvergleich bereits *Geimer*, DNotZ 1991, 266/288).

Ansonsten verbleibt es jedoch insbesondere bei dem Grundsatz, daß die **57** Pflicht zur Unparteilichkeit den Notar in der Regel daran hindert, sich in die wirtschaftlichen Erwartungen der Beteiligten einzuschalten. Der Notar ist z. B. daher, von Fällen des § 17 Abs. 1 Satz 2 BeurkG abgesehen, daran gehindert, einen von den Beteiligten als unstreitig in das Vermittlungsverfahren eingeführten Grundstückswert in Zweifel zu ziehen.

c) Standesrecht

Es gelten weiter im Vermittlungsverfahren die allgemeinen Grundsätze **58** des Standesrechts, insbesondere im Hinblick auf mißbräuchliche Gestaltungen des Beurkundungsverfahrens. Diese sind geltendes Recht.

Die hierzu vereinzelt vertretene gegenteilige Auffassung (*Bohrer*, Berufs- **59** recht, Rdz. 188 ff.) trifft nicht zu. Zum einen steht ihr schon der Wortlaut des § 78 Satz 2 Nr. 5 BNotO entgegen, wonach die Bundesnotarkammer im Gegensatz zur zeitgleich entstandenen Formulierung in § 177 BRAO-alt die Richtlinien für die Berufsausübung der Notare aufstellt. Eine weitere Rechtsetzungskompetenz der Notarkammern enthalten die Generalklauseln in § 67 Abs. 1 BNotO bzw. § 29 Abs. 1 NotVO. Zum anderen übersieht sie, daß das Berufsrecht der Notare als Träger eines öffentlichen Amts auf dem Gebiet der vorsorgenden Rechtspflege nicht Abwehrrecht des Berufsträgers gegenüber dem Staat nach Art. 12 und 14 GG ist, sondern als Teil des notariellen Verfahrensrecht ähnlich wie das Dienstrecht der Richter der Verwirklichung des materiellen Rechts dient. Dies gilt insbesondere für die Verwirklichung der dem materiellen Recht immanenten Formzwecke (Beweisfunktion, Übereilungsschutz, Warnfunktion, Belehrungsfunktion; vgl. zum ganzen BayObLG DNotZ 1984, 519 ff.; OLG München, DNotZ 1984, 250; *Seybold/Hornig*, § 67 Rdz. 17; § 78 Rdz. 10–15).

5. Vermittlungsverfahren und DONot

Für die aktenmäßige Behandlung des Vermittlungsverfahrens durch den **60** Notar gelten neben § 88 Abs. 3 die allgemeinen Vorschriften des Beurkundungsgesetzes und der Dienstordnung. Dies bedeutet im einzelnen:

a) Antragsschrift, -erwiderung sowie weitere Schriftsätze im Vermitt- **61** lungsverfahren werden zu Nebenakten des Notars, § 21 Abs. 1 DONot. Die Aufbewahrungsfrist nach § 21 Abs. 3 DONot beginnt jedoch, falls sich an das Vermittlungsverfahren ein Rechtsstreit anschloß, mit dessen Beendigung (§ 106 Abs. 4).

b) Beschlüsse nach §§ 96 Abs. 5 Sätze 3–4, 97, prozeßleitende Verfügun- **62** gen des Notars oder Verhandlungsprotokolle nach § 93 Abs. 2 und Vermittlungsvorschläge nach §§ 96 Abs. 1, 98 Abs. 1 sind in der Regel keine einfa-

§ 87   Kapitel 2. Nutzung fremder Grundstücke

chen Zeugnisse im Sinne des § 39 BeurkG, sondern allgemeiner Schriftverkehr. Einer Eintragung in die Urkundenrolle bedarf es daher nicht. Sie werden ebenfalls Bestandteil der Nebenakten. Gleiches gilt für Beschlüsse über die Einstellung oder die Aussetzung des Verfahrens (§§ 94, 95 oder aus anderen Gründen) sowie die Verfahrensbeendigung ohne Sachentscheidung aus anderen Gründen.

63   c) Anderes gilt für die Entscheidung, mit der das Verfahren unter Herstellung der Sachurteilsvoraussetzung nach § 104 abgeschlossen wird. Diese hat Zeugnischarakter, da sie die Erfüllung oder Nichterfüllung der Sachurteilsvoraussetzung des § 104 beweist. Bestätigungsbeschlüsse nach § 96 Abs. 5 Satz 2 und das Abschlußprotokoll nach § 99 fallen daher unter § 39 BeurkG und sind daher mit einer Urkundenrollennummer zu versehen, in die Urkundenrolle einzutragen und zur Urkundensammlung zu nehmen.

64   d) Beurkundungen nach §§ 96 Abs. 3 und § 98 Abs. 2 sind ebenfalls wie reguläre Urkunden nach §§ 8 ff. BeurkG zu behandeln. Der Bestätigungsbeschluß nach § 96 Abs. 5 Satz 2 ist Urkunde nach § 39 BeurkG und mit dem beurkundeten Vertrag nach § 19 Abs. 2 und 3 DONot zu verbinden (Hinweis in der Bemerkungsspalte der Urkundenrolle).

6. Beurkundungsverfahren

65   Die meisten Fälle der Sachenrechtsbereinigung werden schon aufgrund der erzielbaren privatrechtlichen Einigung unter den Beteiligten im Verfahren nach dem Beurkundungsgesetz abgewickelt. Insoweit gelten die allgemeinen Vorschriften des Beurkundungsverfahrens- und des Berufsrechts (siehe oben Rdz. 34–43, 58–59 zu mißbräuchlichen Verfahrensgestaltungen).

66   Zur Überleitung des Vermittlungsverfahrens in ein reguläres Beurkundungsverfahren nach § 98 Abs. 2 siehe § 98 Rdz. 13.

§ 87 Antragsgrundsatz

(1) **Auf Antrag ist der Abschluß von Verträgen zur Bestellung von Erbbaurechten oder zum Kauf des Grundstücks oder des Gebäudes oder, wenn kein selbständiges Gebäudeeigentum entstanden ist, zur Ablösung der aus der baulichen Investition begründeten Rechte, nach diesem Gesetz durch den Notar zu vermitteln.**

(2) **Antragsberechtigt ist der Nutzer oder der Grundstückseigentümer, der den Abschluß eines in Absatz 1 bezeichneten Vertrages geltend machen kann.**

Übersicht

	Rdz.		Rdz.
1. Allgemeines	1	3. Antragsberechtigung	8
2. Statthaftigkeit..............	3	4. Partei- und Verfahrensfähigkeit ..	11

1. Allgemeines

Das Vermittlungsverfahren (allgemein hierzu Vorbem. vor §§ 87ff., Rdz. 8–16) wird nur auf Antrag (Abs. 1) eines Antragsberechtigten (Abs. 2) eingeleitet, zählt somit zu den Antragsverfahren der freiwilligen Gerichtsbarkeit (allgemein hierzu *Habscheid*, FG, § 6 II sowie § 89 Rdz. 4). Statthaft ist es in den Fällen des Abs. 1.

Dem Vermittlungsverfahren vorrangig ist die Einigung der Beteiligten (§ 92) im Beurkundungsverfahren nach §§ 9ff. BeurkG. Daher soll der Notar in jeder Lage des Vermittlungsverfahrens darauf hinwirken, daß dieses in ein Verfahren nach §§ 9ff. BeurkG übergeleitet wird. Der Rücknahme des Antrags oder der Erledigterklärung bedarf es hierbei nicht, die entsprechende Änderung des Antrags genügt zum Wechsel der Verfahrensart.

2. Statthaftigkeit, Abs. 1

a) Nach § 87 Abs. 1 ist das Vermittlungsverfahren statthaft
– zum Abschluß von Verträgen nach §§ 32ff.;
– zum Abschluß von Verträgen nach §§ 61ff.;
– zum Abschluß von Verträgen nach §§ 81ff.

Entsprechend anwendbar sind die §§ 87ff. auch in Verfahren nach §§ 109, 110, 122 (§ 109 Rdz. 33–35, § 110 Rdz. 2, § 122 Rdz. 7).

In Verfahren über die Bestellung von Erbbaurechten nach dem Entwurf eines Erholungsnutzungsrechtsgesetzes finden ebenfalls die §§ 87ff. Anwendung (Vorbem. vor §§ 32ff., Rdz. 31–37).

b) Ziel des Vermittlungsverfahrens ist die Vermittlung des Abschlusses von Verträgen. Voraussetzung ist somit die Behauptung von Ansprüchen im Verhältnis Grundstückseigentümer – Nutzer.

c) Ein isoliertes Vermittlungsverfahren zwischen dem Grundstückseigentümer bzw. dem Nutzer einerseits und dem Inhaber dinglicher Rechte an Grundstück oder Gebäude andererseits zum Zwecke der Durchsetzung der jeweiligen Rechte nach §§ 33–36, 62–63, 64 Abs. 3 ist hingegen nicht statthaft. Soweit diese Fragen nicht im Wege des Adhäsionsverfahrens nach §§ 92 Abs. 2, 93 Abs. 4 behandelt werden können, sind die Beteiligten insoweit unmittelbar auf den Klageweg nach §§ 103ff. verwiesen, § 94 Abs. 2 Nr. 3 (Begr. BR-Drucks. 515/93, S. 167).

3. Antragsberechtigung, Abs. 2

a) Die prozessuale Antragsberechtigung nach Abs. 2 knüpft an die materiellrechtliche Aktivlegitimation nach §§ 15, 16 an. Antragsberechtigt ist hiernach der anspruchsberechtigte Teil.

Im Rahmen der Zulässigkeit des Antrags auf Vermittlung ist die Innehabung der Ansprüche nach §§ 32ff., 61ff., 81ff. SachenRBerG jedoch nicht erschöpfend zu prüfen. Für die Zulässigkeit des Antrags reicht vielmehr aus, daß die Innehabung des Anspruchs nach dem SachenRBerG nach dem Vortrag des Antragstellers zumindest als möglich erscheint.

§ 88 1   Kapitel 2. Nutzung fremder Grundstücke

10   b) **Dinglich Berechtigte** sind nicht antragsberechtigt. Dies gilt auch für den Sicherungseigentümer eines Gebäudes.

4. Partei- und Verfahrensfähigkeit

11   a) Von der Antragsberechtigung nach Abs. 2 zu trennen ist die nach allgemeinem Recht erforderliche **Partei- und Verfahrensfähigkeit** der Beteiligten sowie ihre ordnungsgemäße Vertretung, §§ 50 ff., 78 ff. ZPO, 13 FGG, 17 SachenRBerG.

12   b) Die **Antragstellung durch Bevollmächtigte** ist selbstverständlich zulässig, wenn die Vollmacht nachgewiesen ist. Schon im Hinblick auf § 29 Abs. 1 GBO ist der Vollmachtnachweis regelmäßig nach § 13 Satz 3 FGG mindestens durch Vorlage einer öffentlich-beglaubigten Vollmacht zu führen, es sei denn, daß im Einzelfall eine strengere Form (beurkundete Vollmacht oder beurkundeter Auftrag nebst Vollmacht) erforderlich ist.

§ 88 Sachliche und örtliche Zuständigkeit

(1) **Für die Vermittlung ist jeder Notar zuständig, dessen Amtsbezirk sich in dem Land befindet, in dem das zu belastende oder zu veräußernde Grundstück oder Gebäude ganz oder zum größten Teil belegen ist. Die Beteiligten können auch die Zuständigkeit eines nach Satz 1 nicht zuständigen Notars für das Vermittlungsverfahren vereinbaren.**

(2) **Können sich Grundstückseigentümer und Nutzer nicht auf einen Notar verständigen, so wird der zuständige Notar durch das Landgericht bestimmt, in dessen Bezirk das Grundstück oder Gebäude ganz oder zum größten Teil belegen ist. Die Entscheidung ist unanfechtbar.**

(3) **Bei den nach den Vorschriften der Zivilprozeßordnung erfolgenden Zustellungen obliegen dem Notar auch die Aufgaben des Urkundsbeamten der Geschäftsstelle.**

Übersicht

	Rdz.		Rdz.
1. Allgemeines	1	e) Verfahren bei Unzuständigkeit	18
2. Örtliche Zuständigkeit	4		
a) Grundsatz	4	3. Geschäftsstellenaufgaben	20
b) Prorogation	6	4. Verfahren der Zustellung	27
c) Zuständigkeitsbestimmung	11	5. Formulierungsvorschläge	46
d) Verhältnis zu §§ 10a, 11 BNotO, 10, 11 NotVO	13		

1. Allgemeines

1   Die Komplexität des Vermittlungsverfahrens wie auch des Beurkundungsverfahrens nach dem SachenRBerG sprechen grundsätzlich für die Führung des Verfahrens durch den ortsnahen, mit den Verhältnissen vertrauten Notar.

§ 88. Sachliche und örtliche Zuständigkeit

Demgegenüber sind nach allgemeinen Regeln die Beteiligten in der Wahl des Notars frei; nur die Notare selbst unterliegen hinsichtlich des Orts ihrer Amtstätigkeit Beschränkungen, §§ 10a, 11 BNotO, 10, 11 NotVO. 2

Für das Vermittlungsverfahren modifiziert § 88 Abs. 1 und 2 die freie Notarwahl zum einen im Hinblick auf die Sachnähe, zum anderen wegen der Ähnlichkeit des Vermittlungsverfahrens zum streitigen Verfahren der ordentlichen Gerichtsbarkeit (§ 89 Rdz. 4, 6–9). 3

2. Örtliche Zuständigkeit

a) Grundsatz, Abs. 1 Satz 1

aa) Grundsätzlich zuständig ist jeder Notar, in dessen Amtsbezirk (§ 11 Abs. 1 BNotO, 11 Abs. 1 NotVO) und Bundesland das betreffende Grundstück oder der größte Teil desselben liegt. Zur Vermeidung von Versorgungsengpässen beschränkt die Vorschrift die Zuständigkeit nicht auf die Notare des betreffenden Amtsbereichs (Begr. BR-Drucks. 515/93, S. 164f.). 4

bb) Grundstück im Sinne dieser Vorschrift können auch mehrere Grundstücke sein, die vom Gebäude des Nutzers überbaut wurden. In diesem Fall können die Grundstücke in verschiedenen Amtsbezirken zu liegen kommen. In solchen Fällen entscheidet, wo der größere Teil der erfaßten Fläche (§§ 21 ff.) belegen ist. Ausschlaggebend ist allein das Flächenmaß, nicht der Wert. 5

b) Prorogation, Abs. 1 Satz 2

aa) Abs. 1 Satz 2 modifiziert den Grundsatz der freien Notarwahl in Anlehnung an §§ 38 ff. ZPO. Im Gegensatz zur Prorogation nach der ZPO reicht jedoch eine „Vereinbarung" aus. Erforderlich ist somit eine ausdrückliche (wenn auch formfreie) Einigung der Beteiligten, die dem Notar gegenüber zu erklären ist. 6

bb) Rügelose Einlassung in das Vermittlungsverfahrens entsprechend § 39 ZPO heilt den Mangel der Vereinbarung nicht. Eines Rückgriffs auf § 504 ZPO bedarf es daher insoweit nicht. 7

cc) Das Vorhandensein einer Vereinbarung ist zur Vermeidung der Rechtsfolgen des § 90 Abs. 5 im Antrag zu erklären. Soweit nicht die Vereinbarung der Beteiligten zu den Akten gereicht wird, ist sie spätestens im Erörterungstermin zu Protokoll zu nehmen. 8

dd) Ein Verstoß gegen Abs. 1 Satz 2 ist ein Verfahrensmangel, der z. B. jedenfalls zur Nichtigkeit einer Säumnisentscheidung nach § 96 oder zur Nichtverwertbarkeit von Beweisen nach § 97 Abs. 3 bzw. zum Wegfall der Bindung nach § 99 Satz 3 im Streitverfahren führt. Rügelose Einlassung in die Klage nach § 103 führt jedoch entsprechend § 39 ZPO dazu, daß das Vermittlungsverfahren nach § 104 wenngleich nicht als ordnungsgemäß, so doch als durchgeführt angesehen werden kann. 9

ee) Von der Vereinbarung nach Abs. 1 Satz 2 ist die Verständigung auf einen von mehreren nach Abs. 1 Satz 1 zuständigen Notar zu unterscheiden (d. h. in einem Amtsbereich amtieren mehrere nach Abs. 1 Satz 1 zuständige 10

Notare). Diese ist formfrei und kann bei rügeloser Einlassung in das Vermittlungsverfahren als bewiesen angenommen werden (§ 504 ZPO gilt insoweit nicht). Im Rahmen des Verfahrens nach § 96 bedarf es insoweit keiner Mitwirkung des Antragsgegners, sofern der Notar nach Abs. 1 Satz 1 zuständig ist.

c) Zuständigkeitsbestimmung, Abs. 2

11   aa) Nach Abs. 1 Satz 1 wird zumeist die Zuständigkeit mehrerer Notare in Betracht kommen. In diesem Fall ist möglich, daß die insoweit erforderliche Verständigung (oben Rdz. 10) nicht gelingt. Abs. 2 sieht für diesen Fall entsprechend § 37 ZPO eine Zuständigkeitsbestimmung durch das Landgericht des belegenen Grundstücks vor. Für dessen funktionelle Zuständigkeit gilt § 103 Abs. 2. Für den Antrag gilt § 92 Abs. 1 Satz 4.

12   bb) Ist unklar, welches Landgericht bei mehreren betroffenen Grundstücken in verschiedenen LG-Bezirken zuständig ist, so wird das nach Abs. 2 zuständige Gericht nach §§ 36 Nr. 2, 37 ZPO bestimmt.

d) Verhältnis zu §§ 10a, 11 BNotO, 10, 11 NotVO

13   aa) Unberührt bleiben die Vorschriften des Berufsrechts der Notare über Zulässigkeit und Genehmigungsbedürftigkeit von Amtshandlungen außerhalb des Amtsbereichs bzw. des Amtsbezirks nach §§ 10a, 11 BNotO, 10, 11 NotVO. Auch wenn die Zuständigkeit eines anderen Notars als des Notars nach Abs. 1 Satz 1 durch Vereinbarung begründet wird, ist dieser berufsrechtlich u. U. an der Vornahme von Amtshandlungen außerhalb seines Amtsbereichs und Amtsbezirks gehindert.

14   Dies gilt auch für Notars im Beitrittsgebiet (insoweit sind die Grundsätze des BVerfG DNotZ 1993, 748 f. übertragbar).

15   bb) Die Vorschläge des Bundesrats (BT-Drucks. 12/5992, S. 200 f.), für das Vermittlungsverfahrens die §§ 10a Abs. 2 BNotO, 10 Abs. 2 NotVO für unanwendbar zu erklären und dem betreffenden Notar einen Anspruch auf Genehmigung einer Amtshandlung außerhalb seines Amtsbezirks über §§ 11 Abs. 2 BNotO, 11 Abs. 2 Satz 1 NotVO hinaus zu gewähren, wurden zu Recht nicht aufgegriffen.

16   Zum einen besteht für eine Durchführung des Vermittlungsverfahrens außerhalb des Amtssitzes des Notars regelmäßig kein Bedürfnis. Haben sich die Beteiligten nach Abs. 1 Satz 2 auf einen anderen Notar verständigt, so ist ihnen die Anreise regelmäßig zumutbar.

17   Zum anderen ist die Landesjustizverwaltung bereits nach geltendem Recht nicht gehindert, im Wege der Allgemeinverfügung entsprechende Genehmigungen zu erlassen. Im Interesse des Schutzes des wirtschaftlich Unterlegenen vor übereilten Entschlüssen sollte hiervon jedoch nur mit äußerster Zurückhaltung Gebrauch gemacht werden (gegen Begr., BT-Drucks 12/5992, S. 165 und S. 218). Die schlechten Erfahrungen mit der weitgehenden Monopolisierung der Umwandlung der landwirtschaftlichen Produktionsgenossenschaften nach dem LwAnpG durch einzelne Berufsträger aus den Altbundesländern in enger Zusammenarbeit mit interessierten Kreisen aus den betreffenden landwirtschaftlichen Produktionsgenossenschaften können hier herangezogen werden.

e) Verfahren bei Unzuständigkeit

Ein beim unzuständigen Notar eingereichter Antrag führt zur Zurückweisung als unzulässig, wenn nicht der Antrag nach § 90 Abs. 5 vervollständigt oder ein Verweisungsantrag (gegebenenfalls nach Antrag auf Zuständigkeitsbestimmung nach Abs. 2) gestellt wird. Der Notar entscheidet durch Beschluß. 18

Kosten bei Zurückweisung: §§ 90 Abs. 5 Satz 2, 100 Abs. 1 Nr. 2. Kosten bei Verweisung: Auslagen. 19

3. Geschäftsstellenaufgaben, Abs. 3

a) Im Vermittlungsverfahren handelt der Notar nicht nur als Richter, sondern bei den nach §§ 166–213a ZPO zu bewirkenden Zustellungen zugleich als Urkundsbeamter der Geschäftsstelle (§§ 209, 210, 211, 212a, 212b, 213, 213a ZPO). Diese Regelung entspricht z. B. Art. 38 Abs. 4 Satz 2 BayAGGVG. 20

b) Nach den Vorschriften der ZPO zu bewirkende Zustellungen sind im Amtsbetrieb (§§ 208ff. ZPO) vorzunehmen. Eine förmliche Zustellung ist insbesondere dann geboten, wenn erst die Tatsache der Bekanntgabe Rechte begründet, wenn an die Bekanntgabe einer Entscheidung oder eines Schriftstücks prozessuale Wirkungen geknüpft sind, wenn die Bekanntgabe der Verwirklichung des Grundrechts auf rechtliches Gehör dient oder wenn eine Frist in Lauf zu setzen ist (*Zöller-Stöber*, Vor § 166 Rdz. 1). 21

Ausdrücklich sieht die ZPO die Zustellung in den Fällen der Ladung (§ 214), der Klageerhebung und ähnlicher bestimmender Schriftsätze (§§ 253 Abs. 1, 270), des Urteils (§ 317 Abs. 1) und verkündeter oder qualifizierter Beschlüsse (§ 329) vor. 22

c) Auf das Vermittlungsverfahren übertragen heißt dies, daß in folgenden Fällen Schriftstücke bzw. Entscheidungen oder Verfügungen förmlich zuzustellen sind: 23

– Fristsetzung nach § 90 Abs. 5 Satz 1; 24
– Zurückweisung nach § 90 Abs 5 Satz 2;
– Antrag nach § 90;
– weitere bestimmende Schriftsätze, d. h. solcher Schriftsätze, die einen Sachantrag oder eine Rücknahme des Antrags enthalten;
– Ladung nach § 92 Abs. 1 Sätze 1–2;
– Ladung nach § 92 Abs. 2 Satz 2;
– Aussetzungsbeschluß nach § 94;
– Einstellungsbeschluß nach § 95;
– Vermittlungsvorschlag nach § 96 Abs. 2;
– Vertragsausfertigung nach § 96 Abs. 4;
– Bestätigungsbeschluß nach § 96 Abs. 5 Satz 2;
– Wiedereinsetzung nach § 96 Abs. 5 Satz 3;
– Beweisbeschlüsse nach § 97 nur in den Fällen des § 329 Abs. 2 Satz 2 und Abs. 3, 450 Abs. 1 ZPO;
– Abschlußprotokoll nach § 99.

Förmliche Zustellungen sind demnach insbesondere dann angebracht, 25 wenn die ordnungsgemäße Ladung und Zustellung Grundlage eines Säumnisverfahrens nach § 96 sein soll.

26 In den übrigen Fällen, insbesondere bei nicht bestimmenden Schriftsätzen, Aufklärungsverfügungen, einfachen Beweisbeschlüssen, dem Vermittlungsvorschlag nach § 98 Abs. 1, der Einigung nach § 98 Abs. 2 oder der Kostenrechnung nach §§ 100 f. reicht formlose Zustellung (Übersendung durch Brief) aus.

4. Verfahren der Zustellung

27 Bei mehreren möglichen Zustellungsarten steht die Wahl im pflichtgemäßen Ermessen des Notars als Urkundsbeamten der Geschäftsstelle.

28 Gemeinsam ist allen Zustellungsverfahren, daß eine vom Notar als Urkundsbeamten zu fertigende beglaubigte Abschrift des zuzustellenden Schriftstücks (§§ 170, 210 ZPO; Ausnahme: nach § 96 Abs. 4 ist eine Ausfertigung zuzustellen) dem Empfänger übermittelt wird. Der Unterschrift des Notars müssen bei beglaubigten Abschriften die Worte „als Urkundsbeamter der Geschäftsstelle" nicht beigefügt werden. Dieses ergibt sich bereits aus den Angaben nach § 39 BeurkG und § 88 Abs. 3.

29 Der Beifügung der Urschrift oder einer Ausfertigung des Schriftstücks, mit welcher die Zustellungsurkunde verbunden wird, bedarf es bei Zustellungen im Amtsbetrieb nur bei Auslandszustellung nach §§ 199–202 ZPO.

30 Die förmliche Zustellung kann in folgender Weise vorgenommen werden:
31 a) Zustellung durch die Post (§§ 193–196, 208, 211–212 ZPO) oder durch den Gerichtswachtmeister. Der Vermittlung durch den Gerichtsvollzieher bedarf es im Amtsbetrieb nicht, sie ist aber unschädlich.

32 Verfahrensschritte:
(1) Anfertigung der beglaubigten Abschrift bzw. Ausfertigung.
(2) Übergabe der zu übergebenden beglaubigten Abschrift (im Fall des § 96 Abs. 4: der Ausfertigung) an die Post (bzw. an den Gerichtswachtmeister) nach § 211 ZPO im hierfür vorgesehenen Umschlag („blauer Brief") samt – soweit möglich – bereits ausgefüllter Zustellungsurkunde.
(3) Vermerk in den Akten: „*Zur Post am ....., Unterschrift des Notars*" (*Zöller-Stöber*, § 211 Rdz. 5).
(4) Wiedervorlage.
(5) Die Post nimmt die Zustellungsurkunde auf und leitet sie an den Absender zurück, § 212 ZPO.

33 Der Notar sollte zweckmäßigerweise die erforderlichen Formulare für Zustellungsurkunden und blaue Umschläge vorhalten. Die Unterlagen können in der Regel bei der Druckerei der Landesjustizverwaltung bezogen werden.

34 b) Zustellung durch Aufgabe zur Post im Fall der §§ 175, 208, 213 ZPO. Möglich ist dies insbesondere bei im Ausland ansässigen Personen nach Bestellung eines inländischen Zustellungsbevollmächtigten nach §§ 174, 175 ZPO – sog. fiktive Inlandszustellung (kritisch insoweit *Zöller-Geimer*, § 199 Rdz. 19–30).

§ 88. Sachliche und örtliche Zuständigkeit 35–44 § 88

Zweckmäßig ist es, die Zustellungsvollmacht eines Pflegers nach § 17   35
bzw. eines Pflegers für den unbekannten Nutzer in der Bestallung klarzustellen.
Verfahrensschritte: 36
(1) Übergabe der zu übermittelnden beglaubigten Abschrift an die Post.
(2) Aktenvermerk nach § 213 ZPO (Wirksamkeitserfordernis, Muster bei *Zöller-Stöber*, § 213 Rdz. 3).
(3) Wiedervorlage.

c) Zustellung gegen Empfangsbekenntnis an (vom Empfänger wirksam be-   37
vollmächtigten) Rechtsanwalt, Notar, Behörde oder Körperschaft des öffentlichen Rechts nach § 212a ZPO.
Verfahrensschritte: 38
(1) Übermittlung der beglaubigten Abschrift/Ausfertigung des zuzustellenden Schriftstücks über Schrankfach, durch Boten oder über die Post an den in § 212a ZPO genannten Empfänger nebst dem Empfangsbekenntnis.
(2) Aktenvermerk über Absendung (Muster bei *Zöller-Stöber*, § 212a Rdz. 7.
(3) Wiedervorlage zur Überwachung des Rücklaufs des rechtsverbindlich unterzeichneten Empfangsbekenntnisses.

d) Zustellung durch Aushändigung an der Amtsstelle nach § 212b ZPO.   39
Verfahrensschritte: 40
(1) Vermerk über Übergabe auf der beglaubigten Abschrift/Ausfertigung des zuzustellenden Schriftstücks.
(2) Übergabe der beglaubigten Abschrift/Ausfertigung des zuzustellenden Schriftstücks an den Empfänger an der Amtsstelle.
(3) Aktenvermerk nach § 212b Satz 2 ZPO.

e) Öffentliche Zustellung nach §§ 203–207, 208 ZPO (nicht im Fall des § 92   41
Abs. 1 Satz 2).
Verfahrensschritte: 42
(1) Antrag einer Partei auf öffentliche Zustellung unter den Voraussetzungen der §§ 203, 204 Abs. 1 ZPO.
(2) Bewilligung der öffentlichen Zustellung durch den Notar als Prozeßgericht im Sinne des § 204 Abs. 1 ZPO.
(3) Weiterleitung an das nach § 104 zuständige Gericht mit dem Antrag auf Bekanntmachung durch zweiwöchiges Anheften an der Gerichtstafel nach §§ 204 Abs. 2, 206 Abs. 2 und 3 ZPO.
(4) Wiedervorlage.

f) Zustellung im Ausland nach §§ 199–202, 208 ZPO (zur fiktiven Inlands-   43
zustellung siehe oben Rdz. 34–36).
Beachte hierzu auch das Haager Übereinkommen über die Zustellung gerichtlicher und außergerichtlicher Schriftstücke im Ausland in Zivil- und Handelssachen vom 15. 11. 1965.
Verfahrensschritte: 44
(1) Antrag auf Zustellung nach § 199, 200, 202 ZPO
(2) Ersuchen des Notars als Vorsitzendem des Prozeßgerichts nach § 202 Abs. 1 ZPO an
 – im Fall des § 200 ZPO den Bundeskanzler der Bundesrepublik Deutschland;

§ 88 45–47 Kapitel 2. Nutzung fremder Grundstücke

- im Fall des § 199 ZPO die zuständige Behörde des ausländischen Staates oder den in diesem Staate residierenden Konsul oder Gesandten des Bundes (Einzelfragen siehe *Zöller/Geimer*, § 199 Rdz. 42–48, 51–52).

(3) Als Anlagen sind neben der Urschrift bzw. der Ausfertigung des zuzustellenden Schriftstücks die zu übergebende beglaubigte Abschrift bzw. Ausfertigung (§ 169 Abs. 1 ZPO) sowie sicherheitshalber noch eine weitere beglaubigte Abschrift bzw. Ausfertigung einzureichen (*Thomas-Putzo*, § 199 Rdz. 3). Im Einzelfall kann eine beglaubigte Übersetzung erforderlich sein (*Zöller-Geimer*, § 199 Rdz. 38a).

(4) Wiedervorlage zur Überwachung des Rücklaufs nach § 202 Abs. 2 ZPO.

45 g) Einzelfragen der Zustellung
Problematisch ist die Wirksamkeit der Ersatzzustellung nach § 181 ZPO an den nichtehelichen Lebenspartner oder an mit dem Empfänger in Wohngemeinschaft lebende Personen (*Zöller-Stöber*, § 181 Rdz. 10). Hier empfiehlt sich, im Zustellungsauftrag diese Form der Ersatzzustellung auszuschließen.

5. Formulierungsvorschläge

46 a) Zustellung durch die Post
Für eine Zustellung durch die Post (oben Rdz. 31–33) benötigt der Notar folgende Formulare:
– Umschlag (Postzustellungsauftrag)
– Umschlag – Vereinfachte Zustellung
– Postzustellungsurkunde

47 b) Empfangsbekenntnis nach § 212a ZPO

„Aktenzeichen ... zu Blatt ... d. A.
  EMPFANGSBEKENNTNIS
  – Zustellung gemäß § 212a ZPO –
In Sachen ...
bin ich zur Entgegennahme der Zustellung legitimiert und haben heute erhalten:
  Zustellungsempfänger –   Antragsschrift vom ...
                              Antragserwiderung vom ...
                              Verfügung/Antrag vom ...
                              Beschlußausfertigung vom ...
                              Ladung zum Termin vom ...
                              Vermittlungsvorschlag vom ...
                              Vertragsausfertigung vom ...
                              Schriftsatz vom ...
  (Ort, Datum)   (Stempel und Unterschrift)"

Für die Rücksendung des Empfangsbekenntnisses ist die Beifügung eines Freiumschlags empfehlenswert.

§ 89 Verfahrensart

(1) Soweit dieses Gesetz nichts anderes bestimmt, sind auf das notarielle Vermittlungsverfahren die Vorschriften des Gesetzes über die Angelegenheiten der freiwilligen Gerichtsbarkeit sinngemäß anzuwenden.

(2) Über Beschwerden gegen die Amtstätigkeit des Notars entscheidet das Landgericht, in dessen Bezirk das Grundstück oder das Gebäude ganz oder zum größten Teil belegen ist.

Übersicht

	Rdz.		Rdz.
1. Allgemeines	1	g) Verfahrensverbindung, -trennung	21
2. Einzelfragen des verfahrens	6	h) Schriftliches Vorverfahren	25
a) Verhandlungsgrundsatz	6	i) Verspätetes Vorbringen	26
b) Beweislast	10	j) Beendigung des Verfahrens	30
c) Beweisverfahren	11	k) Sitzungspolizei	46
d) Geständnis, Anerkenntnis, Verzicht	12	l) Parteiwechsel	49
e) Wahrheits- und Hinweispflicht, §§ 138, 139 ZPO	14	3. Beschwerde	50
f) Vereidigung	19	4. Weitere Beschwerde	61

1. Allgemeines

a) Das Gesetz erklärt subsidiär hinter §§ 87 ff. die Vorschriften des FGG auf das Vermittlungsverfahren für anwendbar. Diese grundsätzliche Einordnung des Vermittlungsverfahrens in die Verfahren der freiwilligen Gerichtsbarkeit ist sachgerecht. Die Wahl der Verfahrensart entspricht der Stellung des Notars als Träger eines öffentlichen Amtes auf dem Gebiet der vorsorgenden Rechtspflege (§§ 1 BNotO, 2 Abs. 1 NotVO) und dem Vorbild des Vermittlungsverfahrens nach §§ 86 ff. FGG. **1**

b) Das Gesetz sieht hier den Notar in der Funktion des Amtsgerichts, folgerichtig ordnet Abs. 2 die Zuständigkeit des Landgerichts des belegenen Grundstücks als Beschwerdeinstanz an. Das Gesetz geht hier nicht nur insoweit über § 15 Abs. 1 Satz 2 BNotO hinaus, als die örtliche Zuständigkeit abweichend geregelt wird (Begr. BR-Drucks. 515/93, S. 165). Vielmehr stellt das Gesetz in Abs. 2 für ein besonderes Verfahren vor dem Notar ein spezielleres Rechtsmittel zur Verfügung (vergleichbar etwa § 54 BeurkG für das Klauselerteilungsverfahren). **2**

c) Die grundsätzliche Anwendbarkeit des FGG bedeutet nur, daß aufgrund des Zwecks des Vermittlungsverfahrens die Frage des Verhältnisses zwischen den Vorschriften des FGG und denen der ZPO zu klären ist. Insoweit ist von Bedeutung, daß das Vermittlungsverfahren nach dem SachenRBerG nicht nur – wie das Vermittlungsverfahren nach §§ 86 ff. FGG – auf gütliche Einigung abzielt (hierzu *Keidel/Kuntze/Winkler-Winkler*, FGG Teil A, 13. Aufl. 1992, § 86 Rdz. 4), sondern zugleich Sachurteilsvoraussetzung für ein nachfolgendes Streitverfahren nach der ZPO ist (§ 104), dessen Streitstoff es mittels des Abschlußprotokolls (§ 99) konkretisiert. **3**

§ 89 4–10 Kapitel 2. Nutzung fremder Grundstücke

4   Daher ist das Vermittlungsverfahren kein „klassisches" Verfahren der Rechtsfürsorge auf Antrag (hierzu *Habscheid, FG*, § 6) wie das Erbscheins- oder Registerverfahren, sondern privatrechtliche Streitsache der freiwilligen Gerichtsbarkeit ähnlich den Verfahren nach § 43 WEG, nach dem VertragshilfeG, nach §§ 1382, 1383 BGB, nach der HausratVO oder nach §§ 1587–1587p BGB (näher hierzu *Habscheid, FG*, § 9; *Pawlowski/Smid*, Freiwillige Gerichtsbarkeit, 1993, Rdz. 40–47; *Keidel/Kuntze/Winkler-Amelung*, § 12 Rdz. 195–199). Dies hat Konsequenzen für die entsprechende Anwendbarkeit von Vorschriften der ZPO.

5   Soweit Vorschriften der Zivilprozeßordnung anwendbar sind, gelten auch die Vorschriften der §§ 495–499, 510–510a ZPO. Zu § 504 ZPO siehe § 88 Rdz. 7 (keine Zuständigkeitsbegründung nach § 88 Abs. 1 Satz 2 durch rügelose Einlassung).

2. Einzelfragen des Verfahrens

a) Verhandlungsgrundsatz

6   aa) Als echtes Streitverfahren beherrschen die Beteiligen (§ 92 Abs. 1) das Verfahren insoweit, als sie es durch Zurücknahme des Antrags, Anerkenntnis, Verzicht, Vergleich und übereinstimmende Erklärung der Erledigung in der Hauptsache beenden und beschränken können (Dispositionsmaxime; hierzu *Keidel/Kuntze/Winkler-Amelung*, § 12 Rdz. 197). Über die Regelungen der anderen echten Streitverfahren der freiwilligen Gerichtsbarkeit hinaus sieht das Vermittlungsverfahren sogar eine Säumnisentscheidung vor (§ 96), die mit dem Bestätigungsbeschluß des Notars (§ 96 Abs. 5 Satz 2) die Bindungswirkung eines Vertrags hat (§ 96 Abs. 5 Satz 5, Abs. 6 i. V. m. § 96 FGG). Diese Bindungswirkung entspricht im Ergebnis materieller Rechtskraft.

7   bb) Hieraus folgt, daß von § 91 abgesehen (was im wesentlichen die Voraussetzungen der §§ 94, 95 betrifft), eine Ermittlung des Sachverhalts durch den Notar von Amts wegen im Vermittlungsverfahren nicht vorgesehen ist (vgl. § 97 Abs. 1 Satz 1 und Abs. 2: „auf Antrag").

8   cc) Die Pflichten des Notars im Vermittlungsverfahren bestimmen sich somit nicht nach §§ 12 FGG (Amtsermittlung), sondern nach § 139 ZPO. Er kann grundsätzlich davon ausgehen, daß die Beteiligten die ihnen vorteilhaften Tatsachen selbst vorbringen und bei streitigem Sachvortrag zweckentsprechende Anträge stellen (Verhandlungsgrundsatz).

9   dd) Eine Amtsermittlungspflicht entsprechend § 12 FGG würde im übrigen Wertungswidersprüche zwischen dem Vermittlungsverfahren nach §§ 87ff. und dem nachfolgenden Streitverfahren nach §§ 103ff. aufwerfen, da letzteres unstreitig dem Verhandlungsgrundsatz unterliegt.

b) Beweislast

10   Aus dem grundsätzlichen Fehlen einer Amtsermittlungspflicht folgt weiter, daß das Vermittlungsverfahren im Gegensatz zu den sonstigen Streitverfahren der freiwilligen Gerichtsbarkeit eine formelle und eine materielle Be-

weislast nach zivilprozessualen Grundsätzen kennt (vgl. für die übrigen Verfahren *Keidel/Kuntze/Winkler-Amelung*, § 12 Rdz. 197).

c) Beweisverfahren

Siehe § 97 Rdz. 1 ff.   **11**

d) Geständnis, Anerkenntnis, Verzicht

Aus dem Zweck des Verfahrens folgt, daß die Vorschriften der ZPO über **12** das Geständnis (§§ 288–290 ZPO) und das Anerkenntnis (§ 307) bzw. den Verzicht (§ 306) entsprechend anwendbar sind (zu § 306 vgl. *Keidel/Kuntze/ Winkler-Kahl*, Vorbem. 4 vor §§ 8–18).

Ebenfalls gelten die Beweisregeln nach §§ 286, 287, 291–294 (letztere vor **13** allem im Rahmen des § 96 Abs. 5 Satz 3, § 92 FGG), 415–419, 446, 453 ZPO (*Keidel/Kuntze/Winkler-Kahl*, aaO).

e) Wahrheits- und Hinweispflicht, §§ 138, 139 ZPO

Zur grundsätzlichen Anwendbarkeit dieser Vorschriften im FGG-Verfahren **14** *Keidel/Kuntze/Winkler-Kahl*, Vorbem. 4 vor §§ 8–18.

aa) Im Vermittlungsverfahren sind die Beteiligten nach § 138 Abs. 1 ZPO **15** zur Vollständigkeit und Wahrheit verpflichtet. Das Bestreiten muß substantiiert sein (§ 138 Abs. 2 und 3), Bestreiten mit Nichtwissen ist nur eingeschränkt zulässig (§ 138 Abs. 4).

bb) Von Amts wegen hat der Notar auf Zulässigkeitsvoraussetzungen (ne- **16** ben Aussetzungs- und Einstellungsgründen auch die Antragsberechtigung oder anderweitige Anhängigkeit desselben Vermittlungsverfahrens) hinzuweisen sowie diese und die Art des Nutzungstatbestands zu erörtern (§ 93 Abs. 1 Satz 2 SachenRBerG, § 139 Abs. 2 ZPO).

cc) Der Notar hat auf substantiierten und schlüssigen (*Thomas-Putzo*, § 139 **17** Rdz. 5) Sachvortrag und sachdienliche Anträge hinzuwirken, § 139 Abs. 1 Satz 1 ZPO. Zu Hinweisen und Nachfragen ist er unter § 17 Abs. 1 Satz 2 BeurkG entsprechenden Voraussetzungen verpflichtet (§ 139 Abs. 1 Satz 2 ZPO: „soweit erforderlich").

Soweit die Beteiligten anwaltlich vertreten sind, ist ein Hinweis entbehr- **18** lich, wenn bereits die Gegenpartei entsprechende Rügen erhoben hat (*Thomas-Putzo*, § 139 Rdz. 13).

f) Vereidigung

Zulässig ist auch die Vereidigung von Zeugen und Beteiligten im Verfah- **19** ren der Beweisaufnahme nach § 97 i. V. m. §§ 373 ff., 445 ff. ZPO, 15 FGG (zur Vereidigung von Zeugen und Beteiligten *Keidel/Kuntze/Winkler-Amelung*, § 15 Rdz. 35, 48 f.).

Im Gegensatz zur Pflicht des Zeugen zum Erscheinen zur Aussage und zur **20** Eidesleistung (§§ 380, 381, 390 ZPO; *Keidel/Kuntze/Winkler-Amelung*, § 15 Rdz. 22) kann beim Beteiligten nur das Erscheinen nach § 33 FGG erzwungen werden, vgl. §§ 446, 453, 454 ZPO (*Keidel/Kuntze/Winkler-Amelung*, § 15 Rdz. 49).

g) Verfahrensverbindung, -trennung

21 Zulässig sind auch die Verfahrensverbindung und -trennung entsprechend §§ 145, 147 ZPO (*Keidel/Kuntze/Winkler-Kahl,* Vorbem. 4 vor §§ 8–18). Die Entscheidung hierüber steht im Ermessen des Notars. Maßstab hierfür ist primär die Verfahrensökonomie, Fragen der Amtsverschwiegenheit nach § 18 BNotO spielen hier nur im Zuge der Abwägung zwischen den verschiedenen Interessen eine Rolle.

22 aa) Die Verfahrensverbindung ist ratsam bei Verfahren, die aufgrund Beteiligtenidentität oder aus wirtschaftlichen Gründen in Zusammenhang stehen: z. B. mehrere Nutzer auf einem Grundstück oder benachbarten Grundstücken eines Eigentümers begehren die Bestellung von Erbbaurechten nach § 39 Abs. 1. Überbauung mehrerer Grundstücke im (evtl. komplexen) Wohnungs- und Siedlungsbau trotz mehrerer Nutzer und Eigentümer, wenn das Vorhaben aufgrund einer planerischen Gesamtkonzeption errichtet wurde.

23 bb) Die Verfahrenstrennung bzw. -abtrennung ist sinnvoll, wenn in einem Verfahren im wesentlichen Rechtsfragen berührt werden, deren Beantwortung für die übrigen Verfahren von keiner oder geringer Bedeutung ist. Z. B.: 3 Nutzer des Flst. 1 des Grundstückseigentümers verlangen ein Erbbaurecht nach § 39 Abs 1, wohingegen der Nutzer des Flst. 2 dieses Grundstückseigentümers sein Ankaufsrecht ausüben will.

24 Die Verschwiegenheitspflicht dürfte in der Regel die Verfahrenstrennung gebieten, wenn der Grundstückseigentümer gegen einen von mehreren Nutzern den Einwand mangelnder Redlichkeit im Sinne des § 30 erhebt.

h) Schriftliches Vorverfahren

25 Der Notar ist befugt, zur Vorbereitung des Erörterungstermins nach § 93, der dem Haupttermin nach § 277 ZPO entspricht, ein schriftliches Vorverfahren entsprechend § 276 ZPO durchzuführen. Eines frühen ersten Termins nach § 275 ZPO bedarf es in der Regel nicht, doch kann eine persönliche Anhörung der Beteiligten dem Ziel der Vervollständigung des Antrags und der Antragserwiderung entsprechend § 275 ZPO vor allem dann dienlich sein, wenn die Beteiligten ungewandt oder nicht anwaltlich vertreten sind.

i) Verspätetes Vorbringen

26 aa) Der Notar ist befugt, den Beteiligten für das Vorbringen von Angriffs- und Verteidigungsmitteln Fristen zu setzen, § 273 Abs. 2 Nr. 1, 275 Abs. 1 Satz 1, 276 Abs. 1 Satz 2, Abs, 3, 277 ZPO. Insbesondere dann, wenn die Beteiligten anwaltlich nicht vertreten sind, ist jedoch großzügige Fristbemessung ratsam.

27 bb) Die Entscheidung, mit der die Frist gesetzt wird, ist förmlich zuzustellen (vgl. § 88 Rdz. 21).

28 cc) Die Versäumung einer wirksam gesetzten Frist hat die in § 295 ZPO bestimmten Rechtsfolgen. Soweit hierdurch Rechtsfolgen nach § 99 Sätze 2–3 eintreten, gelten im nachfolgenden Verfahren nach §§ 103 ff. die Bestimmungen über die Zurückweisung verspäteten Vorbringens in der Berufungsinstanz (§ 528 ZPO) entsprechend.

dd) Die Setzung von Fristen mit dem Ziel der möglichen Zurückweisung 29
verspäteten Vorbringens sollte der Notar nur mit großer Zurückhaltung
anwenden. Die diesbezüglichen Vorschriften der ZPO sind auf den Anwalts-
prozeß zugeschnitten, die Beteiligten im Vermittlungsverfahren werden aber
zumeist anwaltlich nicht vertreten sein. Zudem ist der Charakter des SachenRBerG als Spezialmaterie zu berücksichtigen, die mit der sonstigen anwaltlichen Praxis wenig Berührungspunkte aufweist.

j) Beendigung des Verfahrens

    aa) §§ 87 ff. sehen folgende Wege der Beendigung des Verfahrens vor: 30
– Zurückweisung als unzulässig, § 90 Abs. 5;   31
– Aussetzung nach § 94;
– Einstellung nach § 95;
– Säumnisentscheidung nach § 96;
– Beurkundung des Vermittlungsvorschlags, § 98 Abs. 2;
– Abschlußprotokoll, § 99.

    bb) Nach den insoweit entsprechend anwendbaren Bestimmungen der   32
ZPO kommen noch folgende weitere Wege der Verfahrensbeendigung in
Betracht:
– Zurücknahme des Antrags analog § 269 ZPO (*Keidel/Kuntze/Winkler-*   33
Kahl, Vorbem. 4 vor §§ 8–18). Nicht anwendbar ist allerdings § 269
Abs. 4 ZPO (Erst-recht-Schluß aus § 90 Abs. 5 Satz 3).
– Erledigung des Verfahrens durch Anerkenntnis nach § 307 ZPO (oben   34
Rdz. 12; führt zur Beurkundung nach § 98 Abs. 2).
– Verzicht nach § 306 ZPO (oben Rdz. 12; führt zur Zurückweisung des   35
Antrags nach § 87 als unbegründet, § 90 Rdz. 44–49).
– Erledigung durch Vergleich nach § 779 BGB (führt zur Beurkundung des   36
Vergleichs entsprechend § 98 Abs. 2).
– Erledigung durch Erklärung nach § 91 a ZPO (hier jedenfalls zulässig,   37
ansonsten zur Zulässigkeit differenziert *Keidel/Kuntze/Winkler-Kahl*, Vor-
bem. 4 vor §§ 8–18).
– Feststellung der einseitig erklärten Erledigung durch Beschluß des Notars   38
entsprechend § 256 ZPO (hierzu *Keidel/Kuntze/Winkler-Amelung*, § 12
Rdz. 198).
– Zurückweisung des Antrags als unzulässig, z.B. wegen fehlendem   39
Rechtsschutzbedürfnis (etwa bei anderweitiger Anhängigkeit eines Ver-
mittlungsverfahrens).
– Aussetzung des Verfahrens aus anderen als den in § 94 genannten Grün-   40
den, §§ 148, 149, 246–250 ZPO; z.B. auch bei Verwaltungsrechtsstreit
über Genehmigung nach § 120, Zuordnung nach dem VZOG (Einl.
Rdz. 138) oder Streit über eine Stellungnahme der Flurneuordnungsbehör-
de nach § 81 Abs. 1 Satz 1 Nr. 1.
– Unterbrechung des Verfahrens, §§ 239–243 ZPO (nicht nach § 244 ZPO,   41
auch nicht im Fall des § 102 Abs. 1 Satz 2.
– Ruhen des Verfahrens, § 250 ZPO.   42
– Entscheidung nach Lage der Akten, § 251 a ZPO; jedenfalls insoweit, als   43
der Notar auch bei Säumnis beider Parteien an der Unterbreitung eines

Vermittlungsvorschlags nach § 98 Abs. 1 oder an der Fertigung eines Abschlußprotokolls nicht gehindert ist. Die Beteiligten können dann gegebenenfalls die Wiedereröffnung der mündlichen Verhandlung entsprechend § 250 ZPO beantragen.

44   – Zurückweisung als unbegründet, insbesondere wegen Unschlüssigkeit des Antrags (§ 90 Rdz. 44–49).

45   cc) Hiernach zu treffende Entscheidungen des Notars erwachsen jedoch nicht in materielle Rechtskraft, da sie nicht mit einer befristeten Beschwerde angreifbar sind. Ausdrücklich regelt dies auch § 90 Abs. 5 Satz 3 (anders: Bestätigungsbeschluß nach § 96 Abs. 5 Satz 2, Abs. 6).

k) Sitzungspolizei

46   aa) Wie im Beurkundungsverfahren nach dem Beurkundungsgesetz, so gelten auch im Vermittlungsverfahren neben den Grundsätzen des Hausrechts des Notars (§ 123 StGB) über die Verweisung des § 8 FGG die Vorschriften der §§ 176–183 GVG (Einzelfragen und Besonderheiten bei *Keidel/Kuntze/Winkler-Kahl*, § 8 Rdz. 2ff.).

47   bb) Gegen Ordnungsmittel des Notars ist nicht die Beschwerde nach Abs. 2 i. V. m. § 19 FGG gegeben, sondern (keine Amtshandlung bzw. Verfügung) die Beschwerde nach § 181 GVG zum für den Amtssitz des Notars zuständigen Oberlandesgericht.

48   cc) Anstelle § 184 GVG gilt § 9 FGG. Das Recht der Sorben auf Gebrauch ihrer Sprache bei Gericht (Einigungsvertrag vom 31. 8. 1990 Anlage I Kapitel III Sachgebiet A Abschnitt III Nr. 1r), BGBl. II, 889/925) gilt auch im Vermittlungsverfahren vor dem Notar. Die Beurkundung nach § 98 Abs. 2 kann ebenfalls in einer Fremdsprache aufgenommen werden, § 16 Abs. 1 BeurkG.

l) Parteiwechsel

49   Siehe § 14 Rdz. 22.

3. Beschwerde, Abs. 2

50   a) Abs. 2 regelt die örtliche und sachliche Zuständigkeit für Beschwerden nach § 19 FGG. Ausschließlich dieses Rechtsmittel ist im Vermittlungsverfahren aufgrund der Verweisung in Abs. 1 auf das FGG statthaft (Ausnahme nur: § 181 GVG; oben Rdz. 47). Eine Konkurrenz zwischen der Beschwerde nach § 19 FGG und nach § 15 BNotO ist während des Vermittlungsverfahrens ausgeschlossen. Eine Verfahrensverschleppung durch die in weiterem Umfang zulässige Beschwerde nach § 15 BNotO ist im Vermittlungsverfahren somit nicht möglich.

51   b) Die Beschwerde nach § 19 FGG richtet sich nur gegen „Verfügungen", d. h. sachliche Entscheidungen (Anordnungen, Beschlüsse) mit Außenwirkung, die ein Verfahren oder einen Abschnitt innerhalb einer anhängigen Angelegenheit abschließen (*Keidel/Kuntze/WinklerKahl*, § 19 Rdz. 2), soweit der Beschwerdeführer hierdurch beschwert ist (§ 20 FGG, hierzu näher *Keidel/Kuntze/Winkler-Kahl*, § 20 Rdz. 12ff.).

aa) Derartige Entscheidungen können sein: 52
– Beschlüsse über die Aussetzung oder Einstellung,
– Zurückweisung des Antrags als unzulässig oder unbegründet,
– Bestätigungsbeschluß nach § 96 Abs. 5 Satz 2 i. V. m. Abs. 6,
– Ablehnung von Beweisanträgen nach § 97.

bb) Zulässig und mit Beschwerde angreifbar ist auch ein Vorbescheid, 53
durch den der Erlaß einer den Antrag zurückweisenden Entscheidung angekündigt wird, falls hiergegen nicht binnen einer bestimmten Frist Beschwerde eingelegt wird (so zum Erbscheinsverfahren *Keidel/Kuntze/Winkler-Kahl*, § 19 Rdz. 15). Die Zulässigkeit des Vorbescheids folgt aus der Folge der Zurückweisung nach § 92 Abs. 5 und 6 (Möglichkeit gutgläubig sachenrechtsbereinigungsfreien Erwerbs infolge Löschung des Eröffnungsvermerks nach Ablauf der Fristen für die Wiederherstellung der Registerpublizität, Einl. Rdz. 112–116).

Kein Vorbescheid in diesem Sinne ist die Verfügung nach § 90 Abs. 5. 54

cc) Nicht selbständig mit der Beschwerde anfechtbar sind verfahrensleitende 55
Maßnahmen (Verbindung, Trennung, Terminsbestimmung, Beweisbeschlüsse), die Vornahme von Beurkundungen nach §§ 96 Abs. 3 Satz 1, 98 Abs. 2 Satz 1 und die Vollzugstätigkeit des Notars (*Keidel/Kuntze/Winkler-Kahl*, § 19 Rdz. 5).

dd) Nicht der Beschwerde unterliegt auch der Vermittlungsvorschlag des 56
Notars (vgl. hierzu auch § 93 Abs. 3 Satz 2, durch den die Zulässigkeit der Beschwerde gegen die kautelarjuristische Beurteilung beschränkt wird). Insoweit sind die Beteiligten auf die Inzidentanfechtung im Streitverfahren nach §§ 103 ff. verwiesen.

ee) Die Beschwerde nach §§ 19 ff. FGG setzt eine subjektive Betroffenheit 57
des Beschwerdeführers in eigenen Rechten voraus. Dies ist dann gegeben, wenn die Sachentscheidung hinter dem Antrag zurückbleibt (*Keidel/Kuntze/Winkler-Kahl*, § 19 Rdz. 79 und § 20 Rdz. 7–20).

ff) Die Beschwerde nach § 19 FGG ist unbefristet. Befristet sind jedoch 58
Beschwerden nach § 181 GVG und die sofortige Beschwerde nach § 96 Abs. 6.

gg) Für die Einlegung der Beschwerde und das Beschwerdeverfahren gel- 59
ten (vgl. auch § 15 Abs. 1 Satz 3 BNotO) §§ 21, 23–25 FGG. Zur Zulässigkeit neuen Vorbringens vgl. oben Rdz. 26–29.

hh) Gegen die Entscheidung des Landgerichts ist die (einfache) weitere 60
Beschwerde nach §§ 27–29 FGG statthaft.

4. Weitere Rechtsmittel

a) Beschwerde wegen Amtsverweigerung des Notars nach § 15 BNotO, 61
(zur zulässigen und gebotenen analogen Anwendung von § 15 BNotO im Geltungsbereich der neuen Länder *Bohrer*, Berufsrecht, Rdz. 396 f.). Die Beschwerde nach § 15 Abs. 1 BNotO ist über ihren Wortlaut hinaus nicht nur bei Urkundstätigkeit, sondern bei jedem Tun oder Unterlassen des Notars in seiner amtlichen Funktion statthaft (vgl. aber LG Frankfurt a. M., DNotZ 1989, 650 zur Unzulässigkeit einer Beschwerde nach § 15 BNotO mit dem Ziel, den Notar an der Vornahme einer Amtshandlung zu hindern).

§ 90 Kapitel 2. Nutzung fremder Grundstücke

62 Die Beschwerde nach § 15 BNotO ist nur statthaft, wenn die begehrte Tätigkeit des Notars mit einer Urkundstätigkeit (z. B. nach § 98 Abs. 2) in Zusammenhang steht, insbesondere wenn es sich um eine Vollzugstätigkeit (§ 53 BeurkG) handelt, (*Seybold-Hornig*, § 15 Rdz. 27). Insoweit ist das Vermittlungsverfahren mit Abschluß der Beurkundung beendet (§ 98 Rdz. 13).

63 Weiter folgt aus dem Sinn und Zweck des § 15 BNotO, daß auch das Verlangen auf Vornahme von Amtshandlungen eines Notars, der eine Tätigkeit nach den §§ 23, 24 BNotO übernommen hat, im Wege der Beschwerde nach § 15 Abs. 1 Satz 2 BNotO verfolgt werden kann (BGH, DNotZ 1980, 496/498f. mit weiteren Nachweisen; OLG Hamm, DNotZ 1985, 56/57f.).

64 Bis zum Abschluß des Vermittlungsverfahrens (§ 98 Rdz. 13) steht jedoch den Beteiligten die Beschwerde nach § 15 BNotO gegen Verfahrenshandlungen des Notars nicht zu. Insoweit gewährt Abs. 1 i. V. m. Abs. 2 nur die allgemeine Beschwerde nach § 19 FGG (dazu oben Rdz. 50).

65 Die Zuständigkeitsnorm des § 89 Abs. 2 gilt nicht für Beschwerden gegen die Amtstätigkeit des Notars in anderen vor ihm geführten Verfahren als dem Vermittlungsverfahren, mögen sie auch die Sachenrechtsbereinigung zum Gegenstand haben (z. B. Vollzug einer Einigung nach § 98 Abs. 2, Beurkundung eines Erbbaurechtsvertrags ohne Vermittlungsverfahren). Insoweit verbleibt es auch bei der Zuständigkeit des Beschwerdegerichts für den Amtssitz des Notars, § 15 BNotO. §§ 103ff. gelten hier nicht.

66 b) (befristete) Beschwerde gegen den Notar bei Ausübung der Sitzungspolizei nach § 181 GVG (hierzu siehe oben Rdz. 47).

§ 90 Inhalt des Antrags

(1) **In dem Antrag sind anzugeben**
1. **der Nutzer und der Grundstückseigentümer,**
2. **das betroffene Grundstück unter Angabe seiner Bezeichnung im Grundbuch und das Gebäude, soweit selbständiges Eigentum besteht,**
3. **die Inhaber dinglicher Rechte am Grundstück und am Gebäude und**
4. **die Bezeichnung des gewünschten Vertrages.**

(2) **Wird die Bestellung eines Erbbaurechts begehrt, soll der Antrag auch Angaben über**
1. **den Erbbauzins,**
2. **die Dauer des Erbbaurechts,**
3. **die Art der nach dem Erbbaurechtsvertrag zulässigen baulichen Nutzung,**
4. **die Konditionen des Ankaufsrechts sowie**
5. **die Fläche, auf die sich die Nutzungsbefugnis des Erbbauberechtigten erstrecken soll,**

enthalten. Wird der Ankauf des Grundstücks oder des Gebäudes begehrt, soll der Antrag auch Angaben über
1. **das Grundstück oder die davon abzutrennende Teilfläche oder das Gebäude und**
2. **den Kaufpreis**

enthalten. Satz 2 ist entsprechend anzuwenden, wenn der Antragsteller nach § 81 Abs. 1 Satz 1 die Ablösung der aus der baulichen Investition des Nutzers begründeten Rechte begehrt.

§ 90. Inhalt des Antrages 1 § 90

(3) Der Antragsteller soll außerdem erklären, ob
1. ein Anspruch auf Rückübertragung des Grundstücks nach den Vorschriften des Vermögensgesetzes angemeldet,
2. die Aufhebung eines Nutzungsrechts nach § 16 Abs. 3 des Vermögensgesetzes beantragt oder eine Klage auf Aufhebung des Nutzungsrechts erhoben,
3. die Durchführung eines Bodensonderungsverfahrens beantragt oder ein Bodenneuordnungsverfahren eingeleitet oder
4. die Zusammenführung von Grundstücks- und Gebäudeeigentum nach § 64 des Landwirtschaftsanpassungsgesetzes beantragt

worden ist. Der Antrag soll weiter Angaben darüber enthalten, wie das Grundstück, das Gebäude oder die bauliche Anlage am Ablauf des 2. Oktober 1990 genutzt wurde und zum Zeitpunkt der Antragstellung genutzt wird.

(4) Beantragt der Nutzer die Durchführung eines Vermittlungsverfahrens, so soll er in dem Antrag auch erklären, wie das Grundstück in den in § 8 genannten Zeitpunkten genutzt worden ist.

(5) Fehlt es an den in Absatz 1 bezeichneten Erklärungen, hat der Notar dem Antragsteller eine angemessene Frist zur Ergänzung des Antrags zu bestimmen. Verstreicht die Frist fruchtlos, so weist der Notar den Antrag auf Kosten des Antragstellers als unzulässig zurück. Der Antragsteller kann ein neues Verfahren beantragen, wenn er seinen Antrag vervollständigt hat.

Übersicht

	Rdz.
I. Allgemeines	1
II. Einzelfragen des Antrags	6
1. Form des Antrags	6
2. Inhalt des Antrags	7
a) Notwendiger Inhalt	7
b) Fakultativer Inhalt	12
c) Verfahrenshindernisse	13
d) Angaben zur Nutzung	14
e) Angaben je nach dem Antragsziel	20
aa) Erbbaurecht	20
bb) Ankauf des Grundstücks	27
cc) Ankauf des Gebäudes	31
III. Verfahrensrechtliche Behandlung des Antrags	32
1. Zustellung	32
2. Unvollständiger Antrag	35
3. Weitere Fälle der Zurückweisung als unzulässig	41
a) Zwingende Zurückweisung des Antrags	41
b) Verweisung auf Antrag	42
c) Rechtsmittel	43
IV. Begründetheit des Antrags	44
1. Schlüssigkeit und Sachbefugnis	45
a) Erfordernis	45
b) Fehlen	47
c) Formulierungsvorschlag	49
2. Rechtsbehelfe	50
a) Reaktionsmöglichkeiten	50
b) Auswahlkriterien	54
V. Formulierungsvorschlag	57

I. Allgemeines

§ 90 konkretisiert § 87 Abs. 1 und stellt einen Katalog von Mindestanforderungen an den Inhalt des Antrags (Zulässigkeitsvoraussetzungen, Abs. 1 und 5) und zweckmäßigen weiteren Angaben im Antrag (Abs. 2, 3 und 4) auf. 1

2　Die Vorschrift bürdet dem Antragsteller ein hohes Maß an Darlegungslast auf. Zweck des § 90 ist die Beschleunigung des Verfahrens. Der Notar soll nicht mit allzuviel Nachforschungen belastet sein.

3　Auf anwaltlich nicht vertretene Beteiligte ist aber im Rahmen des § 90 besonders Rücksicht zu nehmen. Auch sonst ist die meist mangelnde Vertrautheit von Allgemeinjuristen mit dem Sachenrecht zu berücksichtigen.

4　Bei allen Erklärungen unterliegen die Beteiligten der prozessualen Wahrheitspflicht, § 138 ZPO (§ 89 Rdz. 14–15). Wenn Angaben gemacht werden, müssen sie richtig sein.

5　Falsche Angaben können den Verdacht versuchten Prozeßbetruges begründen. In entsprechenden Extremfällen sollte ein entsprechender Hinweis ergehen, § 139 ZPO. Ist der andere Beteiligte ersichtlich unerfahren, kommt rechtlicher Hinweis auf einen Antrag auf Abgabe an die Strafverfolgungsbehörden in Betracht. Bei entsprechendem Antrag steht § 18 BNotO der Abgabe durch den Notar aus dem Verfahren heraus nicht entgegen. Gleiches gilt, wenn eine Seite in erkennbar strafrechtlich relevanter Weise auf die andere Druck ausüben will. Der Notar ist kein Instrument im „Häuserkampf" West gegen Ost. In derartigen Fällen ist die Aussetzung nach § 149 ZPO bis zur Erledigung des Strafverfahrens zu prüfen.

II. Einzelfragen des Antrags

1. Form des Antrags

6　Nach § 89 Abs. 1 SachenRBerG i. V. m. § 11 FGG kann der Antrag schriftlich oder zur Niederschrift des Notars gestellt werden. In letzterem Fall sollte der Notar im Rahmen seiner durch sonstige Arbeitsbelastung bedingten Möglichkeiten mit Grundbuch- und Nachlaßgerichtsrecherchen bei der sachgerechten Antragstellung behilflich sein, § 139 ZPO.

2. Inhalt des Antrags, Abs. 1–4

a) Notwendiger Inhalt, Abs. 1

7　Nicht ausdrücklich geregelt, sondern von § 90 vorausgesetzt, ist, daß sich aus der Antragsschrift ergeben muß, daß der Antragsteller die Durchführung eines Vermittlungsverfahrens nach §§ 87 ff. begehrt.

8　Abs. 1 enthält die (weiteren) notwendigen Angaben, von denen die Zulässigkeit des Antrags abhängt (vgl. Abs. 5).

9　aa) Abs. 1 Nr. 1 und 3: erforderlich und ausreichend ist die Angabe des vollen Namens samt ladungsfähiger Anschrift des Beteiligten. Dinglich Berechtigte können auch Sicherungseigentümer von Gebäuden sein. Zur Klarstellung ratsam ist daher gegebenenfalls eine Erklärung dahingehend, daß das Gebäude nicht sicherungsübereignet ist.

10　bb) Abs. 1 Nr. 2: Erforderlich ist in der Regel die Bezeichnung des Grundstücks und des selbständigen Gebäudeeigentums nach § 28 Satz 1 GBO, d. h.

§ 90. Inhalt des Antrages 11–18 § 90

unter Angabe von Flst.Nr., Gemarkung, Band- und Blattstelle sowie des Amtsgerichts. Ausreichend ist aber auch eine Bezeichnung, die unschwer die Feststellung der nach § 28 Satz 1 GBO erforderlichen (übrigen) Angaben ermöglicht. Die Angabe der von der Sachenrechtsbereinigung erfaßten Fläche (§§ 21 ff.) gehört nicht zum zwingenden Inhalt (Abs. 2 Satz 1 Nr. 5, Abs. 2 Satz 2 Nr. 1).

cc) Abs. 1 Nr. 4: die schlagwortartige Bezeichnung des gewünschten Vertrags genügt („Erbbaurecht", „Grundstückskaufvertrag", „Gebäudekaufvertrag"). **11**

b) Fakultativer Inhalt, Abs. 2–4

Die Angaben nach Abs. 2–4 sind nicht zwingend, aber in der Regel allein im Interesse der Verfahrensbeschleunigung wünschenswert. Im Einzelfall kann eine zu weitgehende Festlegung seitens des Antragstellers jedoch aus verfahrenstaktischen Gründen nicht ratsam sein. Z. B. falls der Antragsteller nicht wichtige Punkte unstreitig stellen will, sollte er zweckmäßigerweise vermerken, ob er die Erholung eines Gutachtens zur Verkehrswertbestimmung wünscht oder seine Angaben als Mindest- oder Höchstbeträge gemeint sind (entsprechend der Klage mit unbestimmtem Antrag nach ZPO; zu deren Zulässigkeit im einzelnen *Thomas-Putzo*, § 253 Rdz. 12). **12**

c) Verfahrenshindernisse, Abs. 3 Satz 1

Im Hinblick auf §§ 94 Abs. 1, 95 Abs. 1 hat der Antrag Angaben zu Aussetzungs- und Einstellungsgründen zu enthalten. **13**

d) Angaben zur Nutzung, Abs. 3 Satz 2, Abs. 4

Folgende Angaben zur Nutzung sind im Hinblick auf die §§ 8, 47, 54 und 70 zweckmäßig: **14**
(1) Nutzung des Grundstücks, des Gebäudes oder der baulichen Anlage zum 2. Oktober 1990 24:00 Uhr, Abs. 3 Satz 2. **15**
 Bei landwirtschaftlichen Produktionsgenossenschaften tritt an die Stelle dieser Daten der 30. Juni 1990 24:00 Uhr, da sonst die Vorschrift des Abs. 3 Satz 2 leerliefe (vgl. §§ 8 Nr. 3, 54 Abs. 1 Satz 1, 70 Abs. 1 Nr. 2).
(2) Nutzung des Grundstücks, des Gebäudes oder der baulichen Anlage im Zeitpunkt der Antragstellung nach § 87, Abs. 3 Satz 2. **16**
 Soweit schon vor Antragstellung Ansprüche nach §§ 32, 61 und 81 wirksam (hierzu § 32 Rdz. 4–14, § 61 Rdz. 3–5) geltend gemacht wurden, tritt der Zeitpunkt der Geltendmachung des Anspruchs an die Stelle der Antragstellung.
(3) Soweit der Nutzer Antragsteller ist, soll er sich in jedem Fall auch zur Nutzung in den Zeitpunkten nach § 8 äußern, Abs. 4. **17**
 Abs. 4 erscheint überflüssig im Hinblick auf die oben Rdz. 15 vertretene Auslegung zu Abs. 3 Satz 2.
(4) Das Gesetz sieht keine Angabe zu der nach dem Inhalt des Nutzungstatbestandes zulässigen Nutzung vor. Solches kann aber erforderlich sein, da **18**

auch eine vor dem Beitritt bzw. dem 30. 6. 1990 geänderte Nutzung einen Kaufpreis- bzw. Erbbauzinserhöhungsanspruch begründen kann (§ 47 Rdz. 5, § 70 Rdz. 9).

19 Jedenfalls der Nutzer ist aber zu entsprechendem Sachvortrag verpflichtet, da diese Angaben bereits zur Schlüssigkeit seines Antrags gehören. Die Pflicht zur substantiierten und schlüssigen Behauptung eines nach §§ 1 ff. einschlägigen Nutzungstatbestands umfaßt auch die Beschreibung seines Inhalts (vgl. unten Rdz. 46).

e) Angaben je nach dem Antragsziel nach Abs. 1 Nr. 4

20 aa) Erbbaurecht. Nach Abs. 2 Satz 1 sind im Antrag mit dem Ziel der Bestellung eines Erbbaurechts folgende weitere Angaben zweckmäßig:

21 Abs. 2 Satz 1 Nr. 1: hier ist nicht nur der Erbbauzins nach § 43 gemeint, sondern auch der Beginn der Zahlungspflicht (§ 44 Rdz. 4–23) sowie alle geltendgemachten Zinsermäßigungs- bzw. Zinserhöhungsrechte.

22 Abs. 2 Satz 1 Nr. 2: Siehe § 53.
23 Abs. 2 Satz 1 Nr. 3: Siehe § 54.
24 Abs. 2 Satz 1 Nr. 4: Siehe § 57 (§ 57 Rdz. 9–15).
25 Abs. 2 Satz 1 Nr. 5: Siehe §§ 21 ff., 39 f. Zweckmäßig ist die Vorlage eines amtlichen Lageplans.

26 Darüber hinaus empfiehlt es sich, auch weitere geltendgemachte Ansprüche auf einen bestimmten dinglichen oder schuldrechtlichen Inhalt des Erbbauvertrags nach §§ 32 ff. in den Antrag aufzunehmen (vgl. § 42 Rdz. 6–12).

27 bb) Ankauf des Grundstücks. Nach Abs. 2 Satz 2 sind beim Ankauf des Grundstücks folgende Angaben zweckmäßig:

28 Abs. 2 Satz 2 Nr. 1: Siehe §§ 21 ff., §§ 65–67. Zweckmäßig ist die Vorlage eines amtlichen Lageplans.

29 Abs. 2 Satz 2 Nr. 2: Siehe §§ 68–74.

30 Darüber hinaus empfiehlt es sich, auch weitere geltendgemachte Ansprüche auf einen bestimmten Inhalt des Kaufvertrags nach §§ 61 ff. in den Antrag aufzunehmen (vgl. Vorbem vor § 61, Rdz. 10–11, 30).

31 cc) Ankauf des Gebäudes. Nach Abs. 2 Satz 3 gelten für den auf einen Vertrag nach §§ 81–84 gerichteten Antrag die Bestimmungen des Abs. 2 Satz 2 (oben Rdz. 27–30) entsprechend.

III. Verfahrensrechtliche Behandlung des Antrags

1. Zustellung

32 a) Der Antrag, auch wenn er nicht vollständig ist, ist dem Verfahrensgegner nach § 92 zuzustellen, sofern
– aus dem Antrag heraus das Begehren nach Rechtsschutz im Vermittlungsverfahren erkennbar wird (keine bloße Anfrage) und
– eine ladungsfähige Anschrift des Antragsgegners angegeben ist.

33 b) In diesem Fall sollte der Notar auch die Verfügung nach Abs. 5 dem Antragsgegner mit zustellen; möglicherweise wird dann dieser die Angaben

§ 90. Inhalt des Antrages

selbst ergänzen, wenn er ebenfalls an der Durchführung des Vermittlungsverfahrens ein Interesse hat.

c) Zugleich mit der Zustellung des Antrags kann zum Erörterungstermin (§ 93) geladen werden. In diesem Fall ist schon wegen § 106 Abs. 1 Satz 2 Nr. 1 darauf zu achten, daß die nach Abs. 5 Satz 1 gesetzte Frist so rechtzeitig vor dem bestimmten Termin abläuft, daß die Vervollständigung des Antrags dem Antragsgegner noch rechtzeitig zugehen bzw. zugestellt werden kann. 34

2. Unvollständiger Antrag, Abs. 5

Fehlen notwendige Angaben nach Abs. 1, so muß („hat") der Notar dem Antragsteller eine angemessene Frist zur Ergänzung des Antrags zu bestimmen, Abs. 5 Satz 1. 35

a) In der entsprechenden prozeßleitenden Verfügung sind die ergänzungsbedürftigen Punkte nach Abs. 1 zu bezeichnen. Die Frist sollte wegen der im Aufbau befindlichen Verwaltung in den neuen Bundesländern großzügiger bemessen sein als die Regelfristen im ZPO-Verfahren (vgl. §§ 276 Abs. 1 Sätze 1–2, 277 Abs. 3 ZPO). Insbesondere bei komplexen Erbfolgen auf Seiten eines Beteiligten oder Beteiligten mit Wohnsitz oder gewöhnlichem Aufenthalt im Ausland wird oft eine Frist von mehreren Monaten angemessen sein. 36

b) Eine Fristverlängerung ist auf Antrag möglich, wenn die hierfür vorgebrachten Gründe glaubhaft sind und der Antrag vor Fristablauf gestellt und begründet wurde. Die Entscheidung über Fristverlängerung steht im Ermessen des Notars. Gesuchen um Fristverlängerung ist dann nicht zu entsprechen, wenn erkennbar Verfahrensverzögerung betrieben werden soll (z. B. durch Stellung eines Antrags auf Vermittlungsverfahren durch den Nutzer, um einem Verfahren nach Abs. 3 Satz 1 Nr. 2 zu entgehen). 37

c) Verstreicht die Frist, ohne daß dem Ersuchen nach Abs. 5 Satz 1 in vollem Umfang nachgekommen wurde, weist der Notar den Antrag durch Beschluß auf Kosten des Antragstellers (vgl. § 100 Abs. 1 Nr. 2) als unzulässig zurück, Abs. 5 Satz 2. 38

Die Zurückweisung führt nicht zum Verbrauch des Antragsrechts, Abs. 5 Satz 3. 39

d) Formulierungsvorschlag

Einer Kostenentscheidung bedarf es nicht, da sich die Kostenfolge aus dem Gesetz ergibt. 40

„In dem Vermittlungsverfahren
... (Bezeichnung der Beteiligten)
ergeht am ... folgender Beschluß:
Der Antrag des Beteiligten ... wird verworfen.
                              Gründe:
... (Tatbestand und Entscheidungsgründe)
(Notar)   Siegel"

3. Weitere Fälle der Zurückweisung als unzulässig

a) Zwingende Zurückweisung des Antrags

41 – Fehlende Antragsberechtigung des Antragstellers (§ 87 Rdz. 8–10);
– fehlendes Rechtsschutzbedürfnis (z. B. ein Vermittlungs- oder Beurkundungsverfahren mit gleichem Verfahrensgegenstand (Vor §§ 87 ff. Rdz. 28–32) ist vor einem anderen zuständigen Notar bereits anhängig).

b) Verweisung auf Antrag

42 Bei Anhängigkeit verschiedener Vermittlungsverfahren mit verschiedenem Verfahrensgegenstand vor demselben oder einem anderen Notar, aber bestehendem rechtlichem oder wirtschaftlichem Zusammenhang sollte die Verweisung an den verfahrensführenden Notar bzw. die Verfahrensverbindung angeregt werden (entsprechend §§ 147, 281 ZPO). In Betracht kommt dies bei (teilweiser) Beteiligtenidentität oder (teilweiser) Identität der betroffenen Grundstücks.

c) Rechtsmittel

43 Rechtsmittel gegen Zurückweisung: Beschwerde nach § 19 FGG zum Landgericht nach § 89 Abs. 2 (§ 89 Rdz. 52).

IV. Begründetheit des Antrags

44 § 90 normiert in Abs. 1 nur Mindestanforderungen und in Abs. 2–4 einen Katalog wünschenswerter Angaben zum Antrag. Darüber hinaus kann nur ein begründeter (schlüssiger) Antrag zu einem Vermittlungsvorschlag des Notars führen. Dies gilt insbesondere im Säumnisverfahren, § 96 Abs. 1 i. V. m. § 98 Abs. 1 SachenRBerG und § 331 Abs. 1 und 2 ZPO.

1. Schlüssigkeit und Sachbefugnis

a) Erfordernis

45 Erste Voraussetzung der Begründetheit des Antrags ist das aus der im Vermittlungsverfahren geltenden (§ 89 Rdz. 4, 6–9) Dispositionsmaxime sich ergebende Erfordernis der Schlüssigkeit und der Sachlegitimation (*Thomas-Putzo*, Rdz. 38 f. vor § 253). Insoweit ist im Antrag zumindest folgendes substantiiert und schlüssig zu behaupten und gegebenenfalls unter Beweis zu stellen (vgl. Vorbem. vor §§ 1 ff., Rdz. 2–4, 6):

46 – Nutzungstatbestand nach §§ 1–2, 4–7;
– erfaßte Grundstücksfläche: §§ 21 ff.;
– persönlicher Anwendungsbereich: § 9 (Rechtsstellung als Nutzer bzw. Eigentümer);
– zeitlicher Anwendungsbereich: §§ 8, 5 Abs. 3, 12 Abs. 2;

§ 90. Inhalt des Antrages   47–56   § 90

– Innehabung des Anspruchs, §§ 14–16, 61 Abs. 2, 81 Abs. 1;
– Angaben zum Inhalt des geschuldeten Erbbau- bzw. Kaufvertrags.

b) Fehlen

Fehlende Schlüssigkeit bzw. Sachbefugnis führt, wenn entsprechende 47
Mängel trotz eines evtl. Hinweises nach § 139 ZPO nicht behoben werden,
zur Abweisung des Antrags als unbegründet. Gleiches gilt, wenn der Anspruchsteller für die sein Recht begründenden Tatsachen beweisfällig geblieben ist.

Für die Kosten der Abweisung gilt § 90 Abs. 5 Satz 2 entsprechend.   48

c) Formulierungsvorschlag

Siehe oben Rdz. 40 mit der Maßgabe, daß anstelle einer Verwerfung des 49
Antrags (als unzulässig) die Zurückweisung (als unbegründet) erfolgt.

2. Rechtsbehelfe

a) Reaktionsmöglichkeiten

Auf die Abweisung des Antrags als unbegründet oder auf einen dies an- 50
kündigenden Vorbescheid (§ 89 Rdz. 53) kann wie folgt reagiert werden:
(1) Beschwerde nach §§ 19 FGG, 89 Abs. 2 SachenRberG (§ 89 Rdz. 52).   51
(2) Zwischenfeststellungsklage nach § 108, Aussetzung des Vermittlungs- 52
     verfahrens nach § 94 Abs. 2 Nr. 2.
(3) Höchstvorsorglicher Antrag auf einen Vermittlungsvorschlag, der samt 53
     Abschlußprotokoll im Verfahren nach §§ 103 ff. zur Grundlage eines
     Hilfsantrags gemacht werden kann.

b) Auswahlkriterien

Bestreitet der Antragsgegner die Anspruchsberechtigung, so ist eine Fest- 54
stellungsklage nach § 108 mit Aussetzung des Vermittlungsverfahrens nach
§ 94 Abs. 2 Nr. 2 möglich. Auf die Auffassung des Notars hierzu kommt es
nicht an.

Statt dessen kann es zweckmäßig sein, wenn der Notar auf die Stellung 55
geeigneter Hilfsanträge hinwirkt, damit die ansonsten nach § 108 zu klärende Frage *incidenter* im Rechtsstreit über den Vermittlungsvorschlag
nach §§ 103 ff. behandelt werden kann. Insbesondere, wenn die Anspruchsberechtigung wahrscheinlich ist, dient dieses Verfahren der Prozeßökonomie.

Da die Abweisungsentscheidung des Notars als Entscheidung im Verfah- 56
ren der freiwilligen Gerichtsbarkeit mangels Anfechtbarkeit mit sofortiger
Beschwerde nicht in Rechtskraft erwächst, ist trotz Abweisung des Antrags
als unbegründet ein neuerlicher Antrag auf Vermittlung zulässig, § 90 Abs. 5
Satz 3 entsprechend.

§ 90 57   Kapitel 2. Nutzung fremder Grundstücke

V. Formulierungsvorschlag

57   „(Name und Anschrift des Antragstellers   Ort, Datum)
An
Notar...
...
...

                     Antrag auf Durchführung des Vermittlungsverfahrens
In Sachen
... (Name und ladungsfähige Anschrift des Antragstellers)
                                               – Antragsteller und Nutzer –
                             gegen
... (Name und ladungsfähige Anschrift des Antragsgegners)
                         – Antragsgegner und Grundstückseigentümer –
                             wegen
Durchführung des Vermittlungsverfahrens
                           wird beantragt:
     Zwischen Antragsteller und Antragsgegner wird ein notarielles Vermittlungsverfahren nach §§ 87 ff. SachenRBerG durchgeführt mit dem Ziel einer Einigung über den Ankauf des nachbezeichneten Grundstücks.
                               Begründung:
1. Der Antragsteller ist Inhaber eines Nutzungsrechts vom..., verliehen durch Bescheid des..., durch das ihm die Errichtung eines Eigenheims mit Nebengebäude (Schuppen) gestattet worden ist.
Beweis: Nutzungsrechtsurkunde (Anlage K 1)
2. In Ausübung des Nutzungsrechts hat er auf dem Grundstück des Antragsgegners Flst.... der Gemarkung..., eingetragen im Grundbuch des Amtsgerichts... für... Band... Blatt... in den Jahren 1982 bis 1984 ein Eigenheim mit Garage und Schuppen errichtet. Die Belastungen des Grundstücks und die dinglich Berechtigten ergeben sich aus dem beigefügten Grundbuchauszug
Beweis: a) unbeglaubigter Grundbuchauszug (Anlage K 2),
            b) Baugenehmigung des... vom... (Anlage K 3),
            c) Augenschein.
3. Das Nutzungsrecht erstreckt sich auf die Teilfläche von ca. 500 qm, die in dem diesem Antrag beigefügten amtlichen Lageplan des Vermessungsamts... vom... schraffiert eingezeichnet ist.
Beweis: a) Nutzungsrechtsurkunde (Anlage K 1),
            b) Lageplan (Anlage K 4).
4. Das errichtete Gebäude wird seit Bezugsfertigkeit ohne Unterbrechung als Eigenheim genutzt. Im Erdgeschoß betreibt der Antragsteller seit August 1990 in zwei Räumen ein Gewerbe als Versicherungsvertreter.
Beweis: N. N. als Zeuge (im Bestreitensfall)
5. Nach Auskunft des zuständigen Gutachterausschusses betragen die Grundstückspreise in vergleichbaren Lagen der Gemarkung... ca. DM.../qm, so daß ein Kaufpreis von DM... angemessen erscheint.
Beweis: a) amtliche Auskunft des Gutachterausschusses (Anlage K 5),
            b) vorsorglich: Sachverständigengutachten.
6. Ansprüche auf Rückübertragung des Grundstücks nach den Vorschriften des Vermögensgesetzes sind nicht angemeldet. Die Aufhebung des Nutzungsrechts ist weder nach § 16 Abs. 3 VermG beantragt noch ist diesbezügliche Klage erhoben.

§ 91. Notar. Akteneinsicht u. Anforderung v. Abschriften 1–3 § 91

Beweis: Auskunft des zuständigen Amtes und Landesamtes für offene Vermögensfragen.
7. Ein Bodensonderungsverfahren oder ein Verfahren nach § 64 LwAnpG ist nicht beantragt, ein Bodenneuordnungsverfahren ist nicht eingeleitet.
Beweis: Auskunft der zuständigen Gemeinde bzw. Flurneuordnungsbehörde.
8. Weiter beantragt wird die Eintragung eines Vermerks über die Eröffnung des Vermittlungsverfahrens an dem unter 2. genannten Grundstück. Hierzu wird die Richtigkeit und Vollständigkeit vorstehender Angaben zu 1. mit 7. gegenüber dem zuständigen Notar an Eides statt versichert.
(Antragsteller)"

§ 91 Akteneinsicht und Anforderung von Abschriften durch den Notar

Der Notar ist berechtigt, die Akten der betroffenen Grundstücke und Gebäude bei allen Gerichten und Behörden einzusehen und Abschriften hieraus anzufordern. Er hat beim Amt zur Regelung offener Vermögensfragen, oder, falls das Grundstück zu einem Unternehmen gehört, auch beim Landesamt zur Regelung offener Vermögensfragen, in deren Bezirk das Grundstück belegen ist, nachzufragen, ob ein Anspruch auf Rückübertragung des Grundstücks oder des Gebäudes angemeldet oder ein Antrag auf Aufhebung des Nutzungsrechts gestellt worden ist. Für Auskünfte und Abschriften werden keine Gebühren erhoben.

Übersicht

	Rdz.		Rdz.
1. Allgemeines, Amtsermittlung ...	1	3. Gebührenfreiheit	6
2. Einsichts- und Auskunftsrecht ...	3	4. Weitere Nachforschungen	7

1. Allgemeines, Amtsermittlung, Satz 2

§ 91 stellt eine Ausnahme vom ansonsten im Vermittlungsverfahren geltenden Verhandlungsgrundsatz dar (§ 89 Rdz. 6–9) und sieht in Satz 2 Pflichten zur amtswegigen Sachverhaltsermittlung vor. 1

Die in Satz 2 normierte Verpflichtung, beim zuständigen Amt für offene Vermögensfragen nachzufragen, dient der von Amts wegen zur prüfenden Voraussetzung der Aussetzung nach § 94 Abs. 1. Zu einer Anfrage beim zuständigen Landesamt für offene Vermögensfragen ist der Notar nur gehalten, wenn Anhaltspunkte für die betriebliche Nutzung des Grundstücks oder Gebäudes gegeben sind. 2

2. Einsichts- und Auskunftsrecht, Satz 1

a) Satz 1 der Vorschrift enthält zum einen eine Klarstellung, denn als Amtsträger ist der hauptberufliche Notar ohnehin berechtigt, Amtshilfe im Sinne des Art. 35 Abs. 1 GG in Anspruch zu nehmen, da er hier als Organ der vorsorgenden Rechtspflege nach § 1 BNotO bzw. § 2 Abs. 2 NotVO (= Behörde im Sinne des Art. 35 Abs. 1 GG; hierzu *Dürig/Herzog-Maunz*, GG, 3

§ 92   Kapitel 2. Nutzung fremder Grundstücke

Art. 35 Rdz. 3) tätig wird. Darüber hinaus geht § 91 als Spezialgesetz auch Vorschriften des Datenschutzes vor.

4   b) Besondere Geheimhaltungspflichten im Interesse des Staates schließen auch dieses Einsichtsrecht aus. Das Steuergeheimnis (§§ 30 ff. AO) ist aber nur insofern zu wahren, als die Finanzbehörden nur die das Grundstück selbst betreffenden Angaben, z. B. Angaben zur grundsteuerlichen Erfassung ungetrennter Hofräume (hierzu § 1 Rdz. 16–19) oder zum Einheitswert zu übermitteln haben.

5   c) Die Befugnis des Notars erstreckt sich nicht nur auf die Einsicht in Grundbuch und Grundakten, sondern z. b. auch auf:
– Nachlaßakten, soweit Grundstück oder Gebäude hiervon betroffen ist;
– sonstige Akten von Gerichten;
– Akten von Bau- und sonstigen Genehmigungsbehörden einschließlich Landwirtschaftsbehörden;
– Steuerakten des Grundstücks.

3. Gebührenfreiheit, Satz 3

6   Satz 3 geht den Kostengesetzen des Bundes und der Länder vor. Normiert ist aber nur die Gebührenfreiheit. Auslagenersatz ist vom Notar geschuldet, der diese u. U. den Verfahrenskosten zurechnen darf.

4. Weitere Nachforschungen

7   Über die Beweisaufnahme nach § 97 hinaus darf der Notar im Einvernehmen mit den Beteiligten weitere Ermittlungen anstellen bzw. anregen.

8   a) So ist der Notar nicht zwar verpflichtet, von sich aus einen amtlichen Lageplan des betroffenen Grundstücks anzufordern. Dennoch sollte er darauf hinwirken, daß entsprechende Pläne vorgelegt oder Anträge auf Einholung eines Plans gestellt werden. Exakte Grundlagen sind für die Feststellung von Überbauten oder betroffenen Grundstücken und für die Festlegung der erfaßten Fläche nach §§ 21 ff. wesentlich.

9   b) Den Notar trifft auch über § 97 hinaus keine Pflicht zum Augenschein oder zur Vornahme gutachterlicher Feststellungen (z. B. zur Restnutzungsdauer oder zum ortsüblichen Nutzungsentgelt) oder zur Ermittlung der ladungsfähigen Anschrift von Beteiligten. Insoweit darf er auf die Stellung sachdienlicher Anträge nach § 97 hinwirken.

10   c) Im Rahmen der allgemeinen Betreuungstätigkeit nach §§ 24 BNotO, 2 Abs. 6 NotVO darf der Notar jedoch auch Lagepläne anfordern oder Meldeauskünfte einholen. Satz 3 gilt auch insoweit.

§ 92 Ladung zum Termin

(1) Der Notar hat den Nutzer und den Grundstückseigentümer unter Mitteilung des Antrages für den anderen Teil zu einem Verhandlungstermin zu laden. Die Ladung durch öffentliche Zustellung ist unzulässig. Die Frist zwischen der Ladung und dem ersten Termin muß mindestens zwei Wochen

§ 92. Ladung zum Termin   § 92

betragen. Anträge nach § 88 Abs. 2 sind von den Beteiligten vor dem Verhandlungstermin bei dem zuständigen Landgericht zu stellen und dem Notar mitzuteilen.

(2) Ist die Bestellung eines Erbbaurechts oder der Verkauf des Grundstücks oder einer abzuschreibenden Teilfläche beantragt, so sind die Inhaber dinglicher Rechte am Grundstück und am Gebäude von dem Termin zu unterrichten. Die Inhaber dinglicher Rechte am Grundstück sind zu laden, wenn
1. die für die erstrangige Bestellung des Erbbaurechts erforderlichen Zustimmungen zu einem Rangrücktritt nicht in der in § 29 der Grundbuchordnung vorgesehenen Form vorgelegt worden sind oder dies einer der in § 90 Abs. 1 bezeichneten Beteiligten beantragt,
2. von dem Nutzer oder dem Grundstückseigentümer Ansprüche nach § 33 oder § 63 geltend gemacht werden.

Einer Ladung der Inhaber dinglicher Rechte bedarf es nicht, wenn das Verfahren aus den in den §§ 94 und 95 genannten Gründen auszusetzen oder einzustellen ist.

(3) Sind für das Grundstück oder das vom Nutzer errichtete oder erworbene Gebäude Rückübertragungsansprüche nach dem Vermögensgesetz angemeldet worden, hat der Notar auch den Anmelder von dem Termin zu unterrichten.

(4) Ladung und Unterrichtung vom Termin sind mit dem Hinweis zu versehen, daß, falls der Termin vertagt oder ein weiterer Termin anberaumt werden sollte, eine Ladung und Unterrichtung zu dem neuen Termin unterbleiben kann. Sind vom Antragsteller Unterlagen zu den Akten gereicht worden, ist in der Ladung zu bemerken, daß die Unterlagen nach Anmeldung am Amtssitz oder der Geschäftsstelle des Notars eingesehen werden können.

(5) Der Notar hat das Grundbuchamt um Eintragung eines Vermerks über die Eröffnung eines Vermittlungsverfahrens nach dem Sachenrechtsbereinigungsgesetz in das Grundbuch des Grundstücks zu ersuchen, das mit einem Erbbaurecht belastet oder vom Nutzer gekauft werden soll. Das Grundbuchamt hat dem Ersuchen zu entsprechen. Ist ein Gebäudegrundbuch angelegt, sind die Sätze 1 und 2 entsprechend anzuwenden. Für die Eintragung des Vermerks werden Gebühren nicht erhoben.

(6) Der Vermerk hat die Wirkung einer Vormerkung zur Sicherung der nach diesem Gesetz begründeten Ansprüche auf Erbbaurechtsbestellung und Ankauf des Grundstücks oder des Gebäudes oder der baulichen Anlage und des Vollzugs. Art. 233 § 2c Abs. 2 des Einführungsgesetzes zum Bürgerlichen Gesetzbuche ist entsprechend anzuwenden. Ist bereits eine Eintragung nach jener Bestimmung erfolgt, ist bei dieser die Eröffnung des notariellen Vermittlungsverfahrens zu vermerken.

Übersicht

	Rdz.		Rdz.
1. Behandlung des Antrags	1	a) Eintragungsverfahren	28
2. Ladung von Nutzer und Eigentümer	3	b) Weiterer Eröffnungsvermerk	35
		c) Wirkung des Vermerks	36
3. Unterrichtung	11	d) Löschung des Vermerks	38
4. Ladung dinglich Berechtigter	17	6. Verfahrensfehler	43
5. Eröffnungsvermerk	26	7. Formulierungsvorschläge	47

§ 92 1–8   Kapitel 2. Nutzung fremder Grundstücke

1. Behandlung des Antrags

1   Der Notar stellt nach Eingang des Antrags folgende Prüfungen an:
– Zuständigkeit, §§ 88 Abs. 1 und 2 i. V. m. § 92 Abs. 1 Satz 4;
– Zulässigkeit, § 90 Abs. 1 und 5;
– Schlüssigkeit und Vollständigkeit: hier evtl. verfahrensleitende Verfügung, u. U. unter Setzung von Präklusionsfristen (§ 89 Rdz. 26–29);
– Terminsbestimmung (unter Einrechnung der gesetzten Fristen);
– Ladung.

2   Die Entscheidung über den Zeitpunkt des Termins, den Inhalt verfahrensleitender Verfügungen und die Länge gesetzter Fristen steht im Ermessen des Notars.

2. Ladung von Nutzer und Eigentümer, Abs. 1 und 4

3   a) Nutzer und Grundstückseigentümer sind zum Termin zu laden. Zweckmäßig ist in der Regel die Ladung des Antragsgegners zusammen mit der Zustellung der Antragsschrift (§ 274 Abs. 2 ZPO).

4   b) Die Ladung erfordert eine ladungsfähige Anschrift des Antragstellers und des Antragsgegners, deren Angabe zur Zulässigkeit des Antrags gehört, § 90 Abs. 1 Nr. 1.

5   c) Entsprechend § 274 Abs. 3 ZPO sieht Abs. 1 Satz 3 eine Mindesteinlassungsfrist von zwei Wochen zwischen dem Tag der Zustellung der Ladung (idR § 191 Nr. 1 ZPO) und dem Termin zur mündlichen Verhandlung vor. In Anbetracht der Komplexität der Rechtsmaterie und der Unerfahrenheit der Beteiligten wird in der Regel eine erheblich längere Frist (min. 1–2 Monate) sinnvoll sein.

6   d) Die Ladung ist förmlich zuzustellen (§ 88 Rdz. 21–24). Abs. 1 Satz 2 schließt jedoch im Hinblick auf die Säumnisfolgen nach § 96 eine Ladung durch öffentliche Zustellung aus (Begr. BR-Drucks. 515/93, S. 166). Ist der Antragsgegner nicht ermittelbar, bleibt nur die Möglichkeit der Bestellung eines Pflegers nach § 17 bzw. nach den Vorschriften des BGB für den Grundstückseigentümer (§ 17 Rdz. 1–2).

7   Der Ausschluß der öffentlichen Zustellung ist insbesondere dann unpraktikabel, wenn ein Beteiligter sich dem Verfahren entziehen will. Für das Streitverfahren nach §§ 103 ff. gilt § 92 Abs. 1 Satz 2 nicht. In Extremfällen ist daher entgegen § 104 wegen Art. 19 Abs. 4 GG eine unmittelbare gerichtliche Klage mit dem Vortrag zulässig, auf die Sachurteilsvoraussetzung des Vermittlungsverfahrens im Hinblick auf die sonst eintretende Rechtsverweigerung zu verzichten (§ 104 Rdz. 12–13). Bestellt sich dann ein Antragsgegner, ist das Streitverfahren auszusetzen und das Vermittlungsverfahren nachzuholen.

8   e) Für die Ladung gilt weiter die Hinweispflicht nach Abs. 4, der § 89 Satz 3 und 4 FGG entspricht und der Entlastung des Notars vom durch wiederholte Ladungen entstehenden Aufwand dient. Gleiches gilt für die Übersendung von Akten, welche nach Anmeldung am Amtssitz (= in den Büroräumen) oder der Geschäftsstelle (§§ 10 Abs. 2 und 4 BNotO, 10 Abs. 1 Satz 1 NotVO) eingesehen werden dürfen.

§ 92. Ladung zum Termin

Die Einsicht in Akten ist rechtzeitig anzumelden und hat während der üblichen Geschäftsstunden zu erfolgen. Der Notar hat die erforderlichen organisatorischen Vorkehrungen zur Wahrung der Amtsverschwiegenheit und zur Vermeidung von Urkundenunterdrückung (§§ 18 BNotO, 12 NotVO) zu treffen (z. B. Einsicht nur unter Aufsicht des Notars oder seiner Bediensteten).

Zulässig ist die Übersendung von Akten an das für den Wohnsitz des Anmelders zuständige Amtsgericht mit der Maßgabe, daß ihm dort unter Aufsicht Einsicht zu gewähren ist.

3. Unterrichtung, Abs. 2–4

a) Die in Abs. 2 und 3 genannten Personen werden in der Regel nicht geladen, sondern nur vom Termin unterrichtet. Ihnen gegenüber kann keine Präklusion eintreten, eine Säumnisentscheidung ist nicht statthaft (§ 96 Abs. 1).

b) Die Unterrichtungspflicht besteht
– nach Abs. 2 Satz 1 für dinglich Berechtigte im Fall der Erbbaurechtsbestellung nach §§ 32 ff. oder eines Grundstücksverkaufs nach §§ 61 ff.
– nach Abs. 3 für den Anmelder nach § 30 VermG.

Die Unterrichtspflicht besteht nur gegenüber aus dem Grundbuch ersichtlichen Berechtigten bzw. namentlich bekannten Anmeldern. Insoweit darf sich der Notar grundsätzlich auf die Richtigkeit und Vollständigkeit des Grundbuchs und die Angaben der Beteiligten (z. B. zu nicht eingetragenen Mitbenutzungsrechten nach §§ 321, 322 ZGB oder Rechten nach § 116 SachenRBerG) verlassen.

c) Sinn der Unterrichtungspflicht des Anmelders trotz der Aussetzungspflicht nach § 94 Abs. 1 ist die Herbeiführung einer gütlichen Einigung unter den Beteiligten. So könnte im allseitigen Einvernehmen ein Verkauf des Verfügungsberechtigten an den Nutzer durchgeführt werden, wobei der Kaufpreis für den Anmelder hinterlegt wird (Begr. BR-Drucks. 515/93, S. 167). Der Vorteil für den Anmelder läge darin, daß er über den Kaufpreis mehr erhält als nach § 9 VermG. Das Prozeßrisiko der Einrede nach § 30 SachenRBerG wäre so vermieden.

Weiter ist der Anmelder durch die Unterrichtung instandgesetzt, etwaigen Rechtsgeschäften des Verfügungsberechtigten im Zuge der Sachenrechtsbereinigung auf dem Zivilrechtsweg entgegenzutreten (zur Rechtswegzuständigkeit BGH vom 18. 11. 1993 – V ZB 43/92).

Für die Unterrichtung gilt Abs. 4 entsprechend (oben Rdz. 8).

4. Ladung dinglich Berechtigter, Abs. 2 Satz 2

a) In den Fällen des Abs. 2 Satz 2 bedarf es jedoch der förmlichen Ladung des dinglich Berechtigten (Zustellung), sofern kein Aussetzungs- oder Einstellungsgrund gegeben ist, Abs. 2 Satz 3.

Eine Ladung ist nach dem Gesetzeswortlaut in folgenden Fällen erforderlich:

(1) Rangrücktritte nach § 33 liegen nicht in der Form des § 29 GBO vor, Abs. 2 Satz 2 Nr. 1 Fall 1;
(2) Antrag eines Beteiligten (Nutzer oder Grundstückseigentümer) auf förmliche Ladung, Abs. 2 Satz 2 Nr. 1 Fall 2;
(3) Nutzer oder Grundstückseigentümer machen Ansprüche nach § 33 oder § 63 geltend.

19 b) Die Ladungspflicht ist so nicht praktikabel. Denn ein Rangrücktritt (§ 33) hinter ein zu bestellendes Erbbaurecht ist erst möglich, wenn dessen Inhalt hinreichend bestimmt ist. Gleiches gilt für die Pfandfreigabe oder die Verteilung des Rechts bei einem Teilflächenverkauf nach § 63 Abs. 2 und 3. Hinreichende Bestimmtheit setzt aber die Beurkundung des Erbbaurechts- bzw. Kaufvertrags (gegebenenfalls auch die Vermessung der erfaßten Fläche) voraus.

20 Der Gesetzeswortlaut bedarf daher der am Normzweck orientierten Auslegung. Abs. 2 Satz 2 will sicherstellen, daß Nutzer, Grundstückseigentümer und dinglich Berechtigte die Möglichkeit der Einigung im Vermittlungsverfahren erhalten, widrigenfalls nach Aussetzung des Vermittlungsverfahrens die Beteiligten auf den Klageweg verwiesen werden sollen, § 94 Abs. 2 Satz 1 Nr. 3 und Satz 2 (Begr. BR-Drucks. 515/93, S. 166 f.).

21 Nach dem Sinn und Zweck der Vorschrift ist mithin die förmliche Ladung nur dann erforderlich, wenn keine Anhaltspunkte für eine gütliche Einigung gegeben sind. Die Ladung ist hingegen verzichtbar, wenn der dinglich Berechtigte sich bereits zum Rangrücktritt oder zu Freigabe bzw. Verteilung des Rechts verpflichtet hat oder wenn er auf seine Beteiligung verzichtet.

22 c) Für die Praxis empfiehlt sich also, dinglich Berechtigten zunächst anläßlich der Unterrichtung freizustellen, ob sie sich beteiligen oder ob die zur Lastenfreistellung/Rangbeschaffung erforderlichen Erklärungen im schriftlichen Verfahren, evtl. unter Treuhandauflagen, erholt werden sollen (Verfahren wie im normalen Vertragsvollzug). Im Interesse eines schnellen Verfahrens sollten dinglich Berechtigte zumeist letzteren Weg wählen.

23 Eine förmliche Ladung ist nur noch dann erforderlich, wenn dinglich Berechtigte sich nicht oder ablehnend äußern. In diesem Fall wird oft jedoch keine Einigung erzielbar sein (zu den Aussetzungsfolgen oben Rdz. 14).

24 Für die Ladung dinglich Berechtigter gelten Abs. 1 Sätze 2–3 nicht, hingegen Abs. 4 (oben Rdz. 8, 16). Auch die Ladung nach Abs. 2 Satz 2 ist förmlich zuzustellen (§ 88 Rdz. 21, 22, 24).

d) Formulierungsvorschlag

25 Ladung siehe unten Rdz. 47.

An . . .

„Betreff: Ihr (Bezeichnung des Rechts und der Grundbuchstelle, evtl. Aktenzeichen, Darlehensnummer).

Sehr geehrte Damen und Herren,
über das o. g. Grundstück ist bei mir die Durchführung eines Vermittlungsverfahrens nach dem SachenRBerG beantragt worden. Eine Kopie der Antragsschrift ist zu Ihrer Kenntnisnahme beigefügt.
Ich bitte um Äußerung binnen vier Wochen, ob sie sich
a) am Verfahren beteiligen wollen oder
b) die zur Lastenfreistellung/Rangbeschaffung erforderlichen Erklärungen von Ihnen

im schriftlichen Verfahren – gegebenenfalls unter Zahlungsauflagen – erholt werden sollen.
Sollten sie sich nicht oder ablehnend äußern, ist eine förmliche Ladung zum Verfahren möglich.
Mit freundlichen Grüßen
(Notar)"

5. Eröffnungsvermerk, Abs. 5–6

Mit der Stellung eines zulässigen (§ 90 Abs. 1, 5) Antrags auf Vermittlung ist das Vermittlungsverfahren anhängig und vom Notar eröffnet. Eines gesonderten Beschlusses bedarf es nicht, die Eröffnung ist in der Zustellung des Antrags samt Ladung enthalten.

Die Eröffnung des Vermittlungsverfahrens ist nach Abs. 5 im Grundbuch durch Eintragung eines entsprechenden Vermerks (Eröffnungsvermerk) zu verlautbaren.

a) Eintragungsverfahren

Über einen Antrag auf Eintragung des Eröffnungsvermerks entscheidet der Notar durch Beschluß (zu den Voraussetzungen eines stattgebenden Beschlusses siehe unten Rdz. 30–32, Formulierung unten Rdz. 49). Der Beschluß unterliegt der Beschwerde nach § 89 Abs. 2 (§ 89 Rdz. 50–52). Zur Eintragung des Eröffnungsvermerks selbst bedarf es in Vollzug eines entsprechenden Beschlusses des Eintragungsersuchens des Notars nach § 38 GBO, d.h. eines vom Notar unterzeichneten und gesiegelten Antrags, Abs. 5 Satz 1 (Formulierung unten Rdz. 50).

aa) Im Antrag ist das betroffene Grundstück bzw. Gebäudegrundbuch nach § 28 GBO zu bezeichnen, Abs. 5 Sätze 1, 3. Weiter ist im Antrag der Berechtigte des Vermerks zu bezeichnen, d.h. der andere Beteiligte nach § 90 Abs. 1 Nr. 1, Abs. 6 Satz 1 i. V. m. § 883 Abs. 1 Satz 1 BGB, § 44 GBO (*Horber/Demharter*, Anhang zu § 44 Rdz. 38–46).

bb) Das Eintragungsersuchen des Notars ist nur dann zu stellen, wenn
– ein Besitzrecht des Nutzers nach dem Moratorium (Art. 233 § 2a EGBGB)
– zumindest glaubhaft gemacht ist (Abs. 6 Satz 2 i. v. m. Art. 233 § 2c Abs. 2 Satz 1 und 3 EGBGB).
Wertungswidersprüche zum Vermerk nach Art. 233 § 2c Abs. 2 sind damit vermieden (Rechtsgrundverweisung).

cc) Stimmt der Betroffene der Eintragung nicht zu, so hat der Begünstigte des begehrten Eröffnungsvermerks somit
– entweder sein schlüssig dargelegtes Besitzrecht nach dem Moratorium dem Notar dadurch glaubhaft zu machen, daß er präsente Beweismittel vorlegt (z. B. Urkunde über das ihm verliehene Nutzungsrecht) oder die Richtigkeit und Vollständigkeit der im Antrag enthaltenen Angaben an Eides statt versichert, § 294 ZPO;
– oder einen Vermerk nach Art. 233 § 2c Abs. 2 EGBGB im Verfahren des einstweiligen Rechtsschutzes zur Eintragung bringt mit der Folge des Abs. 6 Satz 3 (unten Rdz. 35, 42).

32 Zur Glaubhaftmachung reicht die Versicherung an Eides statt aus, sofern keine Unterlagen über den Nutzungstatbestand vorgelegt werden können. Bei objektiv falschen Angaben (Verschulden ist nicht erforderlich) haftet der Antragsteller auf Schadensersatz entsprechend § 945 ZPO.

33 dd) Das Grundbuchamt hat dem Eintragungsersuchen des Notars nach § 38 GBO zu entsprechen, ein Recht auf Prüfung seiner Begründetheit besteht nicht, Abs. 5 Satz 2. Im Grundbuch ist einzutragen:

„Das Vermittlungsverfahren nach dem Sachenrechtsbereinigungsgesetz mit ... (Bezeichnung des Berechtigten) ist eröffnet, aufgrund Ersuchens des Notars ... in ... vom ... eingetragen am ..."

34 Die Eintragung erfolgt in allen Fällen (§§ 32 ff., §§ 61 ff., §§ 81 ff.) sowohl jeweils in Abteilung II des Grundbuchblatts des Grundstücks als auch des möglicherweise angelegten Gebäudegrundbuchblatts.

b) Weiterer Eröffnungsvermerk

35 Ist bereits ein Vermerk nach Art. 233 § 2c Abs. 2 EGBGB eingetragen, so ist auf das Ersuchen des Notars hin die Eröffnung des Vermittlungsverfahrens durch Eintragung in der Veränderungsspalte beim Vermerk nach Art. 233 § 2c Abs. 2 EGBGB zu vermerken, z. B. wie folgt:

„Das Vermittlungsverfahren nach dem Sachenrechtsbereinigungsgesetz mit dem Berechtigten des Vermerks ist eröffnet."

c) Wirkung des Vermerks

36 Der Vermerk wirkt zugunsten des Berechtigten wie eine Vormerkung, §§ 883 Abs. 2, 3, 884, 886–888 BGB. Verfügungen des Verpflichteten über das Grundstück bzw. das Gebäude sind dem Berechtigten gegenüber unwirksam. Auf Seiten des Verpflichteten ist eine Rechtsnachfolge in das Vermittlungsverfahren somit nur mit Zustimmung des Berechtigten möglich. Der Vermerk ersetzt jedoch keine Auflassungs- oder Erbbaurechtsbestellungsvormerkung, da er nur die Ansprüche auf den, nicht aus dem Vertrag sichert.

37 Der Vermerk sichert somit entsprechend Art. 233 § 2c Abs. 2 EGBGB die Ansprüche nach dem SachenRBerG trotz der Wiederherstellung der Grundbuchpublizität mit Wirkung ab dem 1. Januar 1997 (§ 111, Begr. BR-Drucks. 515/93, S. 167 f.; hierzu *Vossius*, MittBayNot 1994, 10/13).

d) Löschung des Vermerks

38 aa) Der Vermerk ist zu löschen auf Ersuchen des Notars nach § 38 GBO bei Abschluß des Verfahrens durch Einigung, § 98 Abs. 2 Sätze 2–3 oder nach rechtskräftiger gerichtlicher Entscheidung, §§ 106 Abs. 4 Satz 2 i. V. m. 98 Abs. 2 Sätze 2–3.

39 bb) Keine Löschung ist vorgesehen bei einer Aussetzung des Verfahrens nach § 94 oder aus anderen Gründen. Gleiches gilt für die Unterbrechung des Verfahrens (gegebenenfalls Berichtigung des Grundbuchs bei Wiederaufnahme des Verfahrens durch den Rechtsnachfolger des Berechtigten).

cc) Eine Löschung erfolgt aber bei Zurückweisung des Antrags als unzulässig oder unbegründet (z. B. nach § 90 Abs. 5) oder im Fall einer Einstellung des Verfahrens nach § 95, da beide Ereignisse zu einer endgültigen Verfahrensbeendigung führen (Löschung nach § 38 GBO: *aches contrarius*). 40

dd) Zulässig bleibt die Löschung des Vermerks aufgrund einer Bewilligung des Berechtigten, § 19 GBO oder aufgrund Nachweises der Unrichtigkeit (z. B. durch Vorlage des rechtskräftigen Urteils, durch das Ansprüche nach dem SachenRBerG verneint werden). 41

ee) Ist ein Vermerk nach Art. 233 § 2c EGBGB eingetragen, so bedarf es zu dessen Löschung dann nicht der Bewilligung des Berechtigten, wenn bei diesem Vermerk die Eröffnung des Vermittlungsverfahrens vermerkt war und die Beteiligten identisch sind. Zur Sicherheit empfiehlt sich die Aufnahme einer Löschungsbewilligung in den Erbbaurechts- oder Kaufvertrag. 42

6. Verfahrensfehler

a) Fehler bei der Ladung oder Unterrichtung werden durch Erscheinen im Termin geheilt. Allerdings scheidet bei fehlerhafter Ladung des Grundstückseigentümers bzw. Nutzers eine Säumnisentscheidung aus, § 96 Abs. 1. 43

b) Die unterbliebene Unterrichtung oder Ladung eines dinglich Berechtigten berührt die Gültigkeit des Vermittlungsverfahrens ebenfalls nicht. Eine Säumnisentscheidung bleibt möglich. 44

Die unterbliebene Beteiligung dinglich Berechtigter kann aber beim Vollzug des aufgrund des Vermittlungsvorschlags nach § 98 Abs. 2 abgeschlossenen Vertrages oder einer gerichtlichen Entscheidung nach § 106 zu Schwierigkeiten führen. Jedoch ist auch hier noch die Erholung von Erklärungen zur Rangbeschaffung/Lastenfreistellung im Prinzip möglich. 45

c) Gleiches gilt auch für dingliche Rechte, die dem Notar mangels Eintragung nicht bekannt waren. Der Notar kann ohne Pflicht zur Nachfrage davon ausgehen, daß weitere als die eingetragenen dingliche Rechte nicht bestehen, § 891 BGB. 46

7. Formulierungsvorschläge

a) Ladung zum Termin 47

„Briefkopf des Notars Ort, Datum
Mit PZU
Herrn/Frau/Firma
...
In dem Vermittlungsverfahren
...
wird Erörterungstermin bestimmt auf
(Wochentag und Datum, Uhrzeit, Örtlichkeit).
Beide Parteien bzw. deren Verfahrensbevollmächtigte werden hiermit zu diesem Termin geladen.
Evtl.:
Das persönliche Erscheinen der Parteien wird angeordnet.

Evtl.:
Der Antragsgegner wird aufgefordert, auf den Antrag innerhalb von
... Wochen
ab Zustellung dieser Verfügung schriftlich zu erwidern und etwa vorzubringende Verteidigungsmittel unverzüglich schriftlich oder zu meinem Protokoll mitzuteilen.

Evtl:
Der Antragsteller wird aufgefordert, folgende Angaben zu seinem Antrag binnen
... Wochen
ab Zustellung dieser Verfügung zu ergänzen: ...

Hinweise:
Nur, wenn Präklusionsfristen gesetzt werden sollten:
Obenstehende Frist ist nur gewahrt, wenn die abzugebende Äußerung vor Ablauf der Frist bei mir eingeht. Mit verspätet eingegangenen Behauptungen wird die betreffende Partei im Vermittlungsverfahren nur noch gehört, wenn sich dadurch das Vermittlungsverfahren nicht verzögert oder wenn die betreffende Partei die Verspätung genügend entschuldigt.

In jedem Fall ist folgender Hinweis veranlaßt:
Schriftliche Erklärungen entbinden nicht von der Pflicht zum Erscheinen im Termin. Sind Sie nicht erschienen oder nicht oder unzureichend vertreten, kann im Vermittlungsverfahren auf Antrag eine Säumnisentscheidung nach § 96 Sachenrechtsbereinigungsgesetz ergehen.

Wird der angesetzte Termin vertagt oder ein weiterer Termin anberaumt, so kann die Ladung zu dem neuen Termin unterbleiben. Sie werden zu dem neuen Termin nicht mehr gesondert geladen und müssen dann auch ohne Ladung erschienen bzw. vertreten sein.

Vom Antragsteller zu den Akten gereichte Unterlagen können nach schriftlicher oder telefonischer Anmeldung in meinen o. g. Geschäftsräumen eingesehen werden.

(Notar)   Siegel"

48 b) Unterrichtung nach Abs. 2 Satz 1 siehe oben Rdz. 25

49 c) Beschluß über Eintragung eines Eröffnungsvermerks nach Abs. 5 und 6

„In dem Vermittlungsverfahren
...
ergeht am ... folgender Beschluß:
In das Grundbuch des Amtsgerichts ... von ... Band ... Blatt ... ist am Grundstück Flst. Nr. ... des Antragsgegners zugunsten des Antragstellers ein Vermerk über die Eröffnung des Vermittlungsverfahrens nach dem Sachenrechtsbereinigungsgesetz einzutragen.

Gründe:
Der Antragsteller hat durch entsprechende Versicherung an Eides statt sowie mittels der vorgelegten Unterlagen glaubhaft gemacht, daß ihm Ansprüche nach dem Sachenrechtsbereinigungsgesetz auf Bestellung eines Erbbaurechts an bzw. Ankauf der von seinem Nutzungstatbestand erfaßten Fläche zustehen.

(Notar)   Siegel"

Ist das Bestehen von Ansprüchen nach §§ 32 ff., 61 ff. SachenRBerG nicht glaubhaft gemacht, erfolgt Zurückweisung eines entsprechenden Antrags (Formulierungsvorschlag siehe § 90 Rdz. 49).

50 d) Eintragungsersuchen zu c)

„Briefkopf des Notars   Ort, Datum
An das Grundbuchamt
...

§ 93. Erörterung

Betreff: Grundbuch von ... Band ... Blatt ... Flst. Nr. ...
Gemäß § 38 GBO ersuche ich um Eintragung eines Vermerks über die Eröffnung des Vermittlungsverfahrens nach dem Sachenrechtsbereinigungsgesetz zugunsten von ... an dem im Betreff bezeichneten Grundstück und bitte um Vollzugsnachricht.
(Notar) Siegel"

Entsprechend ist das Ersuchen um Löschung zu formulieren (anstelle von „Eintragung eines Vermerks": „Löschung des Vermerks").

§ 93 Erörterung

(1) Der Notar erörtert mit den Beteiligten den Sachverhalt in tatsächlicher und rechtlicher Hinsicht. Er hat vor einer Verhandlung über den Inhalt des abzuschließenden Vertrages mit den Beteiligten zu erörtern, ob Gründe für eine Aussetzung oder Einstellung des Vermittlungsverfahrens vorliegen oder geltend gemacht werden und auf welchen rechtlichen oder tatsächlichen Gründen die bauliche Nutzung beruht.

(2) Liegt ein Grund für eine Aussetzung oder Einstellung des Verfahrens nicht vor, fertigt der Notar ein Protokoll an, in dem er alle für die Bestellung des Erbbaurechts oder den Ankauf eines Grundstücks oder Gebäudes unstreitigen und streitigen Punkte feststellt (Eingangsprotokoll).

(3) Der Notar soll dem Grundstückseigentümer und dem Nutzer Vorschläge unterbreiten. Er ist dabei an die von diesen Beteiligten geäußerten Vorstellungen über den Inhalt des abzuschließenden Vertrages nicht gebunden. Ermittlungen nach § 97 darf der Notar jedoch nur innerhalb der gestellten Anträge erheben.

(4) Mit den Inhabern dinglicher Rechte ist zu erörtern
1. im Falle der Bestellung von Erbbaurechten,
   a) welche Hindernisse einem Rangrücktritt entgegenstehen,
   b) ob und welche anderweitige Sicherheit für eine vom Nutzer nach § 36 Abs. 1 Satz 1 zu übernehmende Sicherheit in Betracht kommt,
2. im Falle des Ankaufs des Grundstücks,
   a) welche Hindernisse einer lastenfreien Abschreibung entgegenstehen,
   b) ob und welche andere Sicherheit für eine vom Nutzer nach § 63 übernommene Sicherheit gestellt werden kann.

Übersicht

	Rdz.		Rdz.
1. Allgemeines	1	d) Vollziehbarkeitsprüfung	12
2. Ablauf des Erörterungstermins	3	e) Antragstellung	13
a) Prüfung der Zulässigkeit	4	f) Rangbeschaffung/Lastenfreistellung	14
b) Sachverhaltsermittlung	7		
c) Vorschläge	8	3. Eingangsprotokoll	15

1. Allgemeines

Der Sache nach entspricht der Erörterungstermin nach § 93 dem Hauptter- 1
min nach § 278 ZPO. Wie im Verfahren der ZPO führt der Notar unter – in der Regel persönlicher – Anhörung der Beteiligten in den Sach- und Streitstand ein.

433

§ 93 2–12   Kapitel 2. Nutzung fremder Grundstücke

2   Kernaussage der Vorschrift ist Abs. 3 Satz 2, der die kautelarjuristische Gestaltungsfreiheit des Notars normiert (dazu unten Rdz. 9–10 und § 42 Rdz. 13–36).

2. Ablauf des Erörterungstermins

3   § 93 gliedert den Termin in folgende Phasen:

a) Prüfung der Zulässigkeit, Abs. 1

4   Im Erörterungstermin (Abs. 1 Satz 1) überprüft der Notar seine Zuständigkeit nach §§ 88, 92 Abs. 1 Satz 4 sowie vorlegte Prozeßvollmachten von Rechtsanwälten und sonstigen Vertretern (§ 87 Rdz. 12) und fragt, ob weitere Unterlagen zu den Akten gebracht werden sollen.

5   Vorab (Abs. 1 Satz 2) erörtert der Notar gegebenenfalls neben den Voraussetzungen des Verfahrens (§§ 87–88, 90 Abs. 1 und 4) auch das Bestehen möglicher Aussetzungs- und Einstellungsgründe nach §§ 94, 95.

6   Gegebenenfalls erläßt er in dieser Lage des Verfahrens einen Zurückweisungs-, Aussetzungs- oder Einstellungsbeschluß. Zu den Kosten § 94 Rdz. 14–20 und § 100 Rdz. 14–16.

b) Sachverhaltsermittlung, Abs. 2

7   In dieser Phase stellt der Notar die Vorstellungen des Nutzers und des Grundstückseigentümers über den Inhalt des abzuschließenden Vertrags fest und nimmt diese, gegliedert nach unstreitigem und streitigem Sachverhalt in ein Eingangsprotokoll auf (Begr. BR-Drucks. 515/93, S. 168).

c) Vorschläge, Abs. 3

8   Nach Abs. 3 Satz 1 „soll" der Notar dem Grundstückseigentümer und dem Nutzer Vorschläge für den abzuschließenden Vertrag unterbreiten.

9   In Ansehung der Vorschläge unterliegt er nicht der Dispositionsmaxime (§ 89 Rdz. 6–9), sondern ist nach Abs. 3 Satz 2 nur den Prinzipien der kautelarjuristischen Methode verpflichtet (§ 42 Rdz. 15–16). Gegenstand des Vermittlungsverfahrens ist somit nicht ein prozessualer Anspruch auf Leistung des Antragsgegners, sondern ein prozessualer Anspruch auf Rechtsgestaltung nach pflichtgemäßem Ermessen unter Einhaltung kautelarjuristischer Standards, wobei dem Notar ein nicht nachvollziehbarer unüberprüfbarer Beurteilungsspielraum zukommt (Vor §§ 88ff. Rdz. 28–32).

10   Abs. 3 Satz 3 grenzt die Gestaltungsfreiheit des Notars insoweit ein, als er an das tatsächliche Vorbringen und die Beweisangebote der Parteien gebunden ist (*da mihi factum, dabo tibi ius*).

11   In den Fällen, in denen mit einem Vertragsschluß zu rechnen ist, fertigt der Notar zweckmäßigerweise schon vor dem Termin einen Rohentwurf, den er zum Termin übersendet und im Erörterungstermin mit den Beteiligten bespricht.

d) Vollziehbarkeitsprüfung, Abs. 4

12   Nach Abs. 4 hat der Notar mit den Inhabern dinglicher Rechte die Durchführbarkeit seiner Vorschläge zu erörtern Abs. 4 nennt in Nr. 1b) und

§ 93. Erörterung   13–18   § 93

Nr. 2b) eigens die Möglichkeit der anderweitigen Absicherung von Darlehen, da so ein Regreß gegen den Schuldner in den Fällen der §§ 36 Abs. 1 Satz 1, 63 Abs. 3 über §§ 37, 64 Abs. 2 vermieden werden kann.

e) Antragstellung

Aus dem Charakter eines streitigen Verfahrens der freiwilligen Gerichtsbarkeit ergibt sich die entsprechende Geltung des § 297 ZPO. Der Zeitpunkt, zu dem zur Antragstellung aufgefordert wird, steht im Ermessen des Notars. Meist wird die Antragstellung erst am Schluß des Termins sinnvoll sein, da das Ergebnis der Verhandlungen hierauf nicht ohne Einfluß bleibt.   13

f) Rangbeschaffung/Lastenfreistellung

Der Notar ist nicht an die Einhaltung dieser Reihenfolge gezwungen. Er kann, was vielfach zweckmäßig sein dürfte, vorab mit den Inhabern dinglicher Rechte Wege zur Rangbeschaffung/Lastenfreistellung erörtern, da die Ergebnisse dieser Anhörungen Einfluß auf die von ihm nach Abs. 3 unterbreiteten Vorschläge haben.   14

3. Eingangsprotokoll

Von besonderer Bedeutung für ein nachfolgendes Gerichtsverfahren ist das Eingangsprotokoll, da es die Vorstellungen der Parteien dokumentiert (Begr. BR-Drucks. 515/93, S. 168).   15

a) Das Eingangsprotokoll ist ein Protokoll im Sinne der §§ 159–165 ZPO, keine Niederschrift über tatsächliche Wahrnehmungen nach §§ 36, 37 BeurkG. Als gerichtliches Protokoll ist es öffentliche Urkunde nach § 415 ZPO.   16

b) Das Eingangsprotokoll muß enthalten (§ 160 ZPO):   17
– den Namen des Notars,
– den Namen des Grundstückseigentümers und des Nutzers,
– die Namen der dinglich Berechtigten,
– die Bezeichnung des Vermittlungsverfahrens einschließlich des betroffenen Grundstücks bzw. Gebäudes,
– die Angabe, wer von den Beteiligten erschienen ist,
– die Erklärungen und Hinweise nach Abs. 1,
– die unstreitigen und streitigen Tatsachenbehauptungen der Beteiligten nach Abs. 2,
– die Vorschläge des Notars nach Abs. 3,
– das Ergebnis der Erörterungen nach Abs. 4,
– sonstige für das Verfahren wesentliche Vorgänge (Verfahrenshandlungen, insbesondere Anträge und Beschlüsse),
– verkündete Entscheidungen,
– neue Terminsbestimmungen,
– Ergebnisse einer evtl. durchgeführten Beweisaufnahme nach § 97 (§ 97 Rdz. 22).

c) Für die Aufnahme von Vorgängen und Äußerungen in das Protokoll gilt § 160 Abs. 4 ZPO entsprechend (keine isolierte Protokollrüge durch Beschwerde nach § 19 FGG).   18

19 d) Zweckmäßigerweise ist das Sitzungsprotokoll in der Weise zu führen, daß der Notar entweder den Protokollinhalt einer Mitarbeiterin ins Stenogramm diktiert oder selbst das Protokoll mittels eines Tonbandgeräts aufnimmt. Das ins Reine geschriebene, vom Notar unterschriebene und gesiegelte Protokoll wird den geladenen bzw. unterrichteten Beteiligten (Nutzer, Grundstückseigentümer, dinglich Berechtigte) idR formlos übersandt, auch wenn sie nicht anwesend waren.

20 Als Anlage zum Sitzungsprotokoll ist zweckmäßigerweise der mit den Beteiligten erörterte Vertragsentwurf unter Einarbeitung des Ergebnisses des Erörterungstermins zu nehmen und ebenfalls zu übersenden.

§ 94 Aussetzung des Verfahrens

(1) Der Notar hat die Vermittlung auszusetzen, wenn
1. eine Anmeldung auf Rückübertragung des Grundstücks oder des Gebäudes oder der baulichen Anlage nach § 3 Abs. 1 des Vermögensgesetzes vorliegt oder
2. ein Antrag auf Aufhebung des Nutzungsrechts nach § 16 Abs. 3 des Vermögensgesetzes gestellt worden ist und noch keine bestandskräftige Entscheidung des Amtes zur Regelung offener Vermögensfragen vorliegt.

(2) Der Notar soll die Vermittlung aussetzen, wenn
1. ein Antrag auf Feststellung der Eigentums- oder Nutzungsrechtsgrenzen in einem Bodensonderungsverfahren gestellt und das Verfahren noch nicht abgeschlossen worden ist,
2. der Grundstückseigentümer oder der Nutzer die Anspruchsberechtigung bestreitet oder
3. ein Inhaber eines dinglichen Rechts am Grundstück dem Anspruch auf Rangrücktritt für ein an erster Rangstelle einzutragendes Erbbaurecht oder einer lastenfreien Um- oder Abschreibung des Grundstücks auf den Nutzer widerspricht.

In den Fällen des Satzes 1 Nr. 2 und 3 sind die Beteiligten auf den Klageweg zu verweisen, wenn in der Erörterung mit den Beteiligten keine Einigung erzielt werden kann.

(3) Der Notar kann die in § 100 Abs. 1 Satz 2 Nr. 2 bestimmte Gebühr bei einer Aussetzung in Ansatz bringen. Die Gebühr ist nach Aufnahme des ausgesetzten Vermittlungsverfahrens auf die danach entstehenden Gebühren anzurechnen.

Übersicht

	Rdz.		Rdz.
1. Allgemeines	1	d) Verhältnis zu anderen Aussetzungsgründen	12
2. Aussetzungsgründe	5	3. Kosten	14
a) Zwingende Aussetzung	5	4. Privatrechtliche Einigung	21
b) Regelaussetzung	7	5. Formulierungsvorschlag	22
c) Verweisung auf den Klageweg	11		

1. Allgemeines

Die Aussetzung des Vermittlungsverfahrens führt nicht zu dessen endgültiger Beendigung, sondern nur zu einem zeitweiligen Stillstand (vgl. § 249 ZPO). Sie erfolgt durch Beschluß des Notars. Hiergegen ist die Beschwerde nach § 19 FGG zum nach § 89 Abs. 2 zuständigen Landgericht statthaft (§ 89 Rdz. 52).

Nach Wegfall des Aussetzungsgrundes wird die Aussetzung durch Einreichung und Zustellung des Antrags auf Wiedereröffnung des Verfahrens beendet. Über den Antrag wird durch Beschluß im anberaumten Verhandlungstermin oder vorab schriftlich entschieden, § 250 ZPO. Weiter kann die Aussetzung auch durch den Notar selbst durch Aufhebung des Aussetzungsbeschlusses beendet werden (vgl. *Thomas- Putzo,* § 150 Rdz. 2–3).

Das Verfahren bleibt während der Aussetzung anhängig. Daher wird der Eröffnungsvermerk im Grundbuch nach § 92 Abs. 5 trotz Aussetzung nicht gelöscht.

2. Aussetzungsgründe, Abs. 1 und 2

a) Zwingende Aussetzung, Abs. 1

Die Aussetzung ist nach Abs. 1 zwingend geboten, wenn ein der Sachenrechtsbereinigung vorrangiges anhängiges Verfahren nach dem VermG noch nicht bestandskräftig entschieden ist. Dieser Klärung dient die Regelanfrage des Notars beim zuständigen Amt bzw. Landesamt für offene Vermögensfragen nach § 91 Satz 2.

Die Wiedereröffnung des Vermittlungsverfahrens ist erst nach Bestandskraft der Entscheidung des Amtes zur Regelung offener Vermögensfragen statthaft.

b) Regelaussetzung, Abs. 2

Die Aussetzung ist nach Abs. 2 in der Regel („soll") geboten.

aa) Eine Aussetzung wird in den Fällen des Abs. 2 Satz 1 Nr. 1 fast immer erforderlich sein, es sei denn, das Ergebnis des Bodensonderungsverfahrens ist bereits absehbar. Andere Bodenneuordnungsverfahren im Sinne des § 86 führen sogar zur Einstellung des Verfahrens nach § 95 Abs. 1 Nr. 1.

bb) Sorgfältig zu prüfen ist die Aussetzung in den Fällen des Abs. 2 Satz 1 Nr. 2. Denn wenn z.B. der Grundstückseigentümer eine Einrede nach §§ 29 ff. erhebt, hat das für die Entscheidung nach § 108 zuständige Gericht im Fall der Unbegründetheit der Einrede keine Grundlage für die Entscheidung über den Anspruch in Gestalt des Vermittlungsvorschlags. Das Vermittlungsverfahren wäre erst nach Rechtskraft der Entscheidung nach § 108 wiederaufzunehmen. Im Fall der Nr. 2 wird daher u. U. zum Zwecke der Gerichtsentlastung das Verfahren weiterzuführen sein, um möglichst rasch nach Rechtskraft der Entscheidung nach § 108 einen Vermittlungsvorschlag erzielt zu haben. Dies gilt jedenfalls dann, wenn nach summarischer Prüfung durch den Notar die für die Anspruchsberechtigung sprechenden Gründe überwiegen. Eine Aussetzung kommt auch dann nicht in Betracht, wenn die Beteiligen diese nicht wünschen, weil sie höchstvorsorglich eine Grundlage für die Einigung erzielen wollen.

10 cc) In den Fällen des Abs. 2 Satz 1 Nr. 3 ist jedenfalls dann die Aussetzung geboten, wenn damit zu rechnen ist, daß nach Abschluß eines Gerichtsverfahrens mit dem dinglich Berechtigten eine Einigung zwischen den Beteiligten auf anderer Basis als zum jetzigen Zeitpunkt erfolgen wird. Keine Aussetzung muß hingegen erfolgen, wenn der Nutzer und der Grundstückseigentümer die Einigung „*hic et nunc*" wünschen und Ergebnis des Prozesses mit den dinglich Berechtigten in Ruhe abwarten wollen.

c) **Verweisung auf den Klageweg, Abs. 2 Satz 2**

11 Erfolgt eine Aussetzung nach Abs. 2 Satz 1 Nr. 2 und 3, so sind die Beteiligten (Nutzer, Grundstückseigentümer, dinglich Berechtigte) zugleich nach Abs. 2 Satz 2 „auf den Klageweg zu verweisen." Dies ist keine Verweisung im technischen Sinn (z. B. nach § 281 ZPO). Vielmehr bringt das Gesetz darin die Befugnis des Notars zum Ausdruck (vgl. auch § 150 ZPO), den Aussetzungsbeschluß u. U. auch dann aufzuheben und das Vermittlungsverfahren fortzusetzen, wenn die Beteiligten innerhalb einer gesetzten Frist die Rechtshängigkeit der einzureichenden Klage nicht nachgewiesen haben.

d) **Verhältnis zu anderen Aussetzungsgründen**

12 Vgl. zunächst § 89 Rdz. 40, sowie § 89 Rdz. 37, 41–43 zur Unterbrechung, zum Ruhen des Verfahrens und zur Erledigung in der Hauptsache.

13 § 94 regelt die Aussetzungsgründe nicht abschließend. Insbesondere erscheint die Aussetzung möglich wegen Verdacht von Straftaten (§ 149 ZPO entsprechend) oder wegen Vorgreiflichkeit einer anderen Entscheidung (z. B. Anfechtung der Stellungnahme der Flurneuordnungsbehörde im Fall des § 81 Abs. 1 Nr. 1 bzw. Verpflichtungsklage nach § 42 Abs. 1 VwGO auf Erteilung der Genehmigung nach § 120).

3. Kosten, Abs. 3

14 a) Die Aussetzung vor Beginn des Erörterungstermins nach § 92 (= Aufruf der Sache durch den Notar; der Zeitpunkt der Antragstellung ist unerheblich) führt zum Anfall einer 5/10-Gebühr nach Abs. 3 i. V. m. § 100 Abs. 1 Satz 2 Nr. 2. Nach Abs. 3 ist die 5/10-Gebühr auch im Fall der Aussetzung nach Beginn des Erörterungstermins in Ansatz zu bringen, § 100 Abs. 1 Satz 2 Nr. 1 ist im Fall der Aussetzung unanwendbar, da keine Verfahrensbeendigung eintritt (oben Rdz. 3–4).

15 Auswärtsgebühren, Auslagen und Schreibgebühren nach §§ 58, 136, 152f. KostO können zusätzlich anfallen.

16 b) Das Wort „kann" in Abs. 3 Satz 1 verweist nur auf die tatsächliche Rechtslage. Ein in Kostensachen nicht bestehendes Ermessen des Notars (§ 140 KostO) wird auch durch Abs. 3 nicht eröffnet.

17 c) Zum Geschäftswert und zur Kostenermäßigung nach dem Einigungsvertrag sowie nach § 144a vgl. § 100 Rdz. 27, 35.

§ 95. Einstellung des Verfahrens § 95

d) Die erhobenen Kosten sind (wie im Fall des § 145 Abs. 1 Satz 3 KostO) 18
nach Abs. 3 Satz 2 auf die Kosten des wiederaufgenommenen Vermittlungsverfahrens (§ 100) anzurechnen.
e) Keine Kostenfolgen hat die Unterbrechung oder das Ruhen des Verfah- 19
rens.
f) Für die Kostenhaftung gilt § 101 Abs. 1 Satz 2 nicht. Es verbleibt bei den 20
allgemeinen Regeln der §§ 2ff. KostO. In der Regel trägt die Kosten somit
der Veranlasser.

4. Privatrechtliche Einigung

§ 94 gilt nur im Vermittlungsverfahren. Wünschen die Beteiligten trotz 21
Vorliegen von Aussetzungsgründen außerhalb des Vermittlungsverfahrens
die Beurkundung ihrer Einigung, so steht § 94 dem nicht entgegen. Allerdings sollte dann im Vertrag geregelt werden, welches Ergebnis der in § 94
Abs. 1 und 2 genannten Verfahren von den Beteiligten vorausgesetzt wird
und welche Folgen der Nichteintritt dieses Ergebnisses hat (weitere Erfordernisse bei Bodensonderung siehe § 86 Rdz. 5–8).

5. Formulierungsvorschlag

„In dem Vermittlungsverfahren 22
...
ergeht am... folgender Beschluß
Das Vermittlungsverfahren wird ausgesetzt.

Gründe:
...
(Notar) Siegel"

§ 95 Einstellung des Verfahrens

(1) **Der Notar hat die Vermittlung einzustellen, wenn**
1. **ein Bodenneuordnungsverfahren eingeleitet worden ist, in das das Grundstück einbezogen ist, oder**
2. **ein Antrag auf Zusammenführung von Grundstücks- und Gebäudeeigentum nach § 64 des Landwirtschaftsanpassungsgesetzes vor Einleitung des Vermittlungsverfahrens gestellt worden ist.**

(2) **Wird ein Antrag nach Absatz 1 Nr. 2 während des notariellen Vermittlungsverfahrens gestellt, so hat der Notar die Beteiligten aufzufordern, mitzuteilen, ob sie das Bodenordnungsverfahren fortsetzen wollen. Wird das von einem Beteiligten erklärt, so ist nach Absatz 1 zu verfahren.**

Übersicht

	Rdz.		Rdz.
1. Allgemeines	1	4. Privatrechtliche Einigung	8
2. Einstellungsgründe	3	5. Kosten	9
3. Maßgeblicher Zeitpunkt	6	6. Formulierungsvorschlag	11

§ 95 1–8   Kapitel 2. Nutzung fremder Grundstücke

1. Allgemeines

1 Im Gegensatz zur Aussetzung führt die Einstellung des Vermittlungsverfahrens nach § 95 zu dessen endgültiger Beendigung. Ein etwa eingetragener Eröffnungsvermerk nach § 92 Abs. 5 und 6 ist somit zu löschen, § 38 GBO. Das Antragsrecht nach § 87 ist infolge der Einstellung jedoch nicht verbraucht. Nach Wegfall des Einstellungsgrundes kann ein neues Vermittlungsverfahren eingeleitet werden.

2 Die Einstellung erfolgt durch Beschluß des Notars, der mit Beschwerde nach §§ 89 Abs. 2 SachenRBerG, 19 FGG angefochten werden kann.

2. Einstellungsgründe, Abs. 1

3 Das Verfahren ist einzustellen, wenn die Sachenrechtsbereinigung in einem dem privatrechtlichen Ausgleich nach dem SachenRBerG vorgehenden öffentlichrechtlichen Verfahren durchgeführt wird (Begr. BR-Drucks. 515/93, S. 169).

4 Derartige Verfahren sind
a) nach Abs. 1 Nr. 1 die Verfahren nach § 86 (§ 86 Rdz. 1) mit Ausnahme der Bodensonderung, welche bereits nach § 94 Abs. 2 Satz 1 Nr. 1 nur zur Regelaussetzung führt (§ 94 Rdz. 8);

5 b) nach Abs. 1 Nr. 2 ein bereits anhängiges Verfahren der Zusammenführung von Grundstücks- und Gebäudeeigentum nach § 64 LwAnpG. Dieses Verfahren fällt als Bodenordnungsverfahren an sich bereits unter Abs. 1 Nr. 1 i. V. m. § 86, wird jedoch im Hinblick auf Abs. 2 als eigene Nr. geregelt.

3. Maßgeblicher Zeitpunkt, Abs. 2

6 Nach Abs. 1 Nr. 1 ist für die Einstellung unerheblich, ob das dort genannte Verfahren vor oder nach Eröffnung des Vermittlungsverfahrens (§ 92 Abs. 5) eingeleitet wurde. Der gesetzliche Vorrang des öffentlichrechtlichen Verfahrens besteht ohne Rücksicht auf den Zeitpunkt seiner Anhängigkeit.

7 Anders ist es im Fall des Verfahrens nach § 64 LwAnpG, Abs. 1 Nr. 2. Hier räumt bei nachträglicher Antragstellung das Gesetz in Abs. 2 den Beteiligten ein Wahlrecht zwischen dem Vermittlungsverfahren und dem landwirtschaftsrechtlichen Verfahren ein.

4. Privatrechtliche Einigung

8 Das Vorliegen von Einstellungsgründen läßt die Zulässigkeit einer privatrechtlichen Einigung zwischen den Beteiligten unberührt (vgl. § 94 Rdz. 21). Klarzustellen ist allerdings, auf welche Einlage- und auf welche Ersatzgrundstücke sich die privatrechtlichen Erklärungen beziehen, wobei die Beteiligten die Anerkennung der bisherigen Verfahrensergebnisse erklären sollten (§ 86 Rdz. 5–8).

5. Kosten

Die Einstellung des Vermittlungsverfahrens hat die in § 100 Abs. 1 Satz 2 Nr. 1 bzw. Nr. 2 (je nach Zeitpunkt) bestimmten Kostenfolgen. Der Erörterungstermin (§§ 100 Abs. 1 Satz 2 Nr. 2, 93) beginnt mit dem Aufruf der Sache durch den Notar am festgesetzten Verhandlungstermin.

Zur Kostenhaftung siehe § 94 Rdz. 20. Als Kostenschuldner bei einer Einstellung nach Abs. 2 ist in der Regel zuerst derjenige in Anspruch zu nehmen, der das Verfahren nach § 64 LwAnpG veranlaßt hat.

9

10

6. Formulierungsvorschlag

„In dem Vermittlungsverfahren
...
ergeht am... folgender Beschluß
Das Vermittlungsverfahren wird eingestellt.

Gründe:
...
(Notar)

Siegel"

11

§ 96 Verfahren bei Säumnis eines Beteiligten

(1) Erscheint ein Beteiligter (Grundstückseigentümer oder Nutzer) nicht, hat der Notar auf Antrag des anderen Beteiligten einen Vermittlungsvorschlag nach § 98 anzufertigen.

(2) Der Vermittlungsvorschlag ist beiden Beteiligten mit einer Ladung zu einem neuen Termin zuzustellen. Die Ladung hat den Hinweis zu enthalten, daß das Einverständnis eines Beteiligten mit dem Vermittlungsvorschlag angenommen wird, wenn dieser zu dem neuen Termin nicht erscheint, und daß auf Antrag des anderen Beteiligten ein dem Vermittlungsvorschlag entsprechender Vertrag beurkundet wird.

(3) Ist in diesem Termin nur ein Beteiligter erschienen, so hat der Notar, wenn der erschienene Beteiligte es beantragt, den Vorschlag als vertragliche Vereinbarung zu beurkunden. In der Urkunde ist anzugeben, daß das Einverständnis des anderen Beteiligten wegen Nichterscheinens angenommen worden ist. Stellt der nicht erschienene Beteiligte keinen Antrag, ist das Vermittlungsverfahren beendet. Die Beteiligten sind unter Zusendung des Abschlußprotokolls und des Vermittlungsvorschlags auf den Klageweg zu verweisen.

(4) Eine Ausfertigung des Vertrages ist dem nicht erschienenen Beteiligten mit dem Hinweis zuzustellen, daß der Notar den Vertrag bestätigen werde, wenn der Beteiligte nicht in einer Notfrist von zwei Wochen nach Zustellung der Ausfertigung einen neuen Termin beantragt oder in dem Termin nicht erscheint.

(5) Beantragt der nicht erschienene Beteiligte rechtzeitig einen neuen Termin und erscheint er in diesem Termin, so ist das Vermittlungsverfahren fortzusetzen. Andernfalls hat der Notar den Vertrag zu bestätigen. War der Beteiligte ohne sein Verschulden verhindert, die Anberaumung eines neuen Termins zu beantragen oder im neuen Termin zu erscheinen, so ist ihm auf

Antrag durch den Notar Wiedereinsetzung in den vorigen Stand zu erteilen. § 92 des Gesetzes über die Angelegenheiten der freiwilligen Gerichtsbarkeit ist entsprechend anzuwenden. Die Wirkungen eines bestätigten Vertrages bestimmen sich nach § 97 Abs. 1 des Gesetzes über die Angelegenheiten der freiwilligen Gerichtsbarkeit.

(6) Gegen den Bestätigungsbeschluß und den Beschluß über den Antrag auf Wiedereinsetzung ist die sofortige Beschwerde zulässig. Zuständig ist das Landgericht, in dessen Bezirk das Grundstück ganz oder zum größten Teil belegen ist. § 96 des Gesetzes über die Angelegenheiten der freiwilligen Gerichtsbarkeit ist entsprechend anzuwenden.

Übersicht

	Rdz.		Rdz.
1. Allgemeines	1	b) Ablauf des Säumnisverfahrens	18
2. Inhalt der Regelung	5	3. Aktenmäßige Behandlung	52
a) Voraussetzungen des Säumnisverfahrens	5		

1. Allgemeines

1   Vorbild für die Vorschrift ist die Säumnisentscheidung nach § 91 Abs. 3 FGG für das Verfahren der amtlichen Vermittlung der Auseinandersetzung (hierzu *Bracker,* MittBayNot 1984, 114/117 f.).

2   a) Durch § 96 wird das Säumnisverfahren weiter formalisiert im Hinblick darauf, daß das Vermittlungsverfahren nach dem SachenRBerG zu den streitigen FGG-Sachen gehört (§ 89 Rdz. 4, 6–9). Daher und im Hinblick darauf, daß der Inhalt des abzuschließenden Vertrags in ungleich größerem Ausmaß vom Gesetz vorgegeben wird als im Fall der Nachlaßauseinandersetzung (Begr. BR-Drucks. 515/93, S. 169) lehnt sich § 96 deutlicher an die §§ 330 ff. ZPO an.

3   b) § 96 stellt sehr strenge Anforderungen an den Erlaß einer Säumnisentscheidung, was im Hinblick auf das relativ einfache Verfahren nach §§ 330 ff. ZPO erstaunt. Zudem ist der Anwendungsbereich der Vorschrift schon durch § 92 Abs. 1 Satz 2 erheblich beschränkt. Daher dürfte das Säumnisverfahren in der Praxis eher geringe Bedeutung haben und sich auf Fälle beschränken, in denen einer von mehreren nicht notwendig Beteiligten auf einer Seite säumig ist.

4   c) Mit dem Säumnisverfahren werden zwei Ziele verfolgt (und erreicht): zum einen wird ein heilsamer Zwang auf die Beteiligten ausgeübt, in sachliche Verhandlungen einzutreten. Zum anderen liegt ein eingehender notarieller Vertragsvorschlag als Grundlage einer gerichtlichen Entscheidung auch dann vor, wenn die Vermittlung scheitert oder gar das Vermittlungsverfahren boykottiert wird (Stellungnahme des *Deutschen Notarvereins* gegenüber den Berichterstattern im Rechtsausschuß des Deutschen Bundestages vom 1. 3. 1994).

2. Inhalt der Regelung

a) Voraussetzungen des Säumnisverfahrens

5   Voraussetzungen des Verfahrens nach § 96 sind entsprechend §§ 330 ff. ZPO:

§ 96. Verfahren bei Säumnis eines Beteiligten

(1) Antrag des erschienenen Beteiligten, § 96 Abs. 1. Im Unterschied zu **6** §§ 330, 331 ZPO kommt es nicht darauf an, ob der nach § 87 berechtigte Antragsteller oder der Antragsgegner säumig ist. Eine sachliche Entscheidung kann auch bei Säumnis des Antragsberechtigten ergehen.

(2) Zulässigkeit des Antrags auf Durchführung des Vermittlungsverfahrens, **7** §§ 88, 90 Abs. 1 und 5. Zur Zulässigkeit gehört auch das Fehlen von (zwingenden) Aussetzungs- oder Einstellungsgründen nach §§ 94 Abs. 1, 95. Liegen die Voraussetzungen des § 94 Abs. 2 vor, so ergeht eine sachliche Säumnisentscheidung nur, wenn der Notar eine Aussetzung ausnahmsweise für nicht angezeigt hält.

(3) Schlüssigkeit des Antrags auf Durchführung des Vermittlungsverfahrens **8** entsprechend § 331 Abs. 1 (vgl. zum Säumnisverfahren der ZPO *Thomas-Putzo*, § 331 Rdz. 5–8). Mangelnde Schlüssigkeit des Antrags auf Durchführung des Vermittlungsverfahrens führt nicht nur zur Abweisung des Antrags nach § 96 Abs. 1, sondern zur Zurückweisung des Antrags auf Vermittlungsverfahren als unbegründet (§ 90 Rdz. 44–49).

(4) Säumnis eines Beteiligten. Voraussetzungen der Säumnis sind (siehe *Tho-* **9** *mas-Putzo*, Vorbem vor § 330 Rdz. 1–9):

– ein Termin zur mündlichen Verhandlung muß bestimmt sein. Termin **10** ist nicht nur der Erörterungstermin, sondern jeder Verhandlungstermin (§ 332 ZPO), auch der Termin zur Beweisaufnahme nach § 97 nach Beendigung der Beweisaufnahme (§ 370 ZPO) oder der Termin zur Verhandlung über den Vermittlungsvorschlag nach §§ 98, 99. Die wirksame Terminsbestimmung setzt aber voraus, daß der Termin zumindest auch als Termin zur Fortsetzung mündlichen Verhandlung bestimmt wurde.

– Ordnungsgemäße Verkündung der Terminsbestimmung (§ 218 ZPO, **11** § 92 Abs. 4 SachenRBerG) oder wirksame (§ 92 Abs. 1 Sätze 2–3) Ladung (§ 88 Rdz. 21–25, § 92 Rdz. 3–7) des nichterschienenen Beteiligten.

– Rechtzeitige (§ 92 Abs. 1 Satz 3) Mitteilung des tatsächlichen Vorbringens und der Sachanträge an den säumige Beteiligten, § 335 Abs. 1 **12** Nr. 3 ZPO entsprechend.

– Kein Vertagungsgrund entsprechend § 337 ZPO. **13**

– Bei schriftlichem Verfahren: eine Verteidigungsanzeige des Antrags- **14** gegners darf bis zur Unterzeichnung des Bestätigungsbeschlusses (§ 96 Abs. 5 Satz 2) nicht eingegangen sein, §§ 331 Abs. 3, 335 Abs. 1 Nr. 4 ZPO entsprechend.

– Aufruf der Sache am richtigen Ort zur bestimmten Zeit, §§ 219, 220 **15** ZPO entsprechend.

– Nichterscheinen eines Beteiligten bis zum Schluß dieses Termins (*Tho-* **16** *mas-Putzo*, § 220 Rdz. 4). Als Nichterscheinen gilt entsprechend § 333 ZPO auch, wenn ein Beteiligter zwar anwesend ist, aber sich am Verfahren nicht beteiligt. Nicht erschienen ist auch der wegen Ungebühr nach § 177 GVG entfernte Beteiligte.

Das Erscheinen und Verhandeln eines anderen notwendig Beteiligten **17** (§ 62 ZPO entsprechend, vgl. § 14 Rdz. 19) schließt Säumnis aus. Die Wirkung einer beurkundeten Einigung für den nicht erschienenen notwendig Beteiligten ist im Grundbuchverkehr durch das Sitzungsprotokoll nachzuweisen.

b) Ablauf des Säumnisverfahrens

18 Das Säumnisverfahren nach § 96 durchläuft folgende Stufen:
19 (1) Vermittlungsvorschlag, Abs. 1
Liegen die Voraussetzungen für eine Säumnisentscheidung vor, fertigt der Notar auf Antrag des Erschienenen nach Durchführung einer § 93 entsprechenden Verhandlung bzw. Befragung einen Vermittlungsvorschlag. Dieser Vorschlag muß im Hinblick auf Abs. 2 und 3 Satz 1 vollständig sein, also vor allem auch einen bestimmten Kaufpreis/Erbbauzins und die genaue Bestimmung der erfaßten Fläche enthalten.
20 Auch im Säumnisverfahren gilt § 93 Abs. 3 Satz 2. Weiter hat der Notar ein eigenes Prüfungsrecht nach §§ 14 Abs. 2 BNotO, 8 Abs. 3 Satz 2 NotVO, 4 BeurkG.
21 (2) Zustellung des Vermittlungsvorschlags, Abs. 2
Der Notar stellt den Vermittlungsvorschlag sodann beiden Beteiligten mit einer Ladung zu einem neuen Termin zu, Abs. 2 Satz 1. Die Ladung hat (Wirksamkeitserfordernis für Bestätigungsbeschluß nach Abs. 5 Satz 2) den Hinweis nach Abs. 2 Satz 2 zu enthalten. § 92 Abs. 1 Sätze 2–3 gelten nicht.
22 (3) Beurkundung des Vermittlungsvorschlags, Abs. 3
Abs. 3 gilt nur für den Fall, daß in dem nach Abs. 2 bestimmten Termin wiederum mindestens ein Beteiligter säumig ist. Dies muß nicht notwendig der im Termin nach Abs. 1 säumige Beteiligte sein. Erforderlich ist nur, daß überhaupt ein Beteiligter erschienen ist; erscheint kein Beteiligter, kann entsprechend § 251a ZPO verfahren werden (§ 89 Rdz. 43).
23 Ist mindestens ein Beteiligter erschienen, beurkundet der Notar in diesem Termin auf Antrag eines erschienenen Beteiligten den Vermittlungsvorschlag „als vertragliche Vereinbarung" (=Vertrag i. S. d. Abs. 4). Hierfür gelten §§ 9ff. BeurkG. Hierbei handelt der erschienene Beteiligte für den nichterschienenen aufgrund der Säumnis, jedoch vorbehaltlich der Bestätigung nach Abs. 5 Satz 2 (Abs. 3 Satz 2).
24 Formulierungsvorschlag:

„Heute, den...
erschien vor mir, Notar... in..., an der Amtsstelle in...
Bezeichnung des Beteiligten,
hier handelnd eigenen Namens sowie für
Bezeichnung des Säumigen
mit dessen aufgrund Säumnis angenommenen Einverständnisses.
Hierzu stelle ich, Notar, fest:
Die Antragsschrift vom... wurde dem nicht erschienenen Beteiligten unter gleichzeitiger Ladung für den Erörterungstermin im Vermittlungsverfahren vom... am... zugestellt. In diesem Termin hat der Erschienene die Anfertigung eines Vermittlungsvorschlags beantragt, welcher dem nicht erschienenen Beteiligten mit Ladung zum heutigen Termin am... zugestellt wurde. Im heutigen Termin ist dieser Beteiligte wiederum nicht erschienen.
Nachweise über die Ladungen einschließlich des Hinweises nach § 96 Abs. 2 Satz 2

§ 96. Verfahren bei Säumnis eines Beteiligten   25–33 § 96

SachenRBerG und die erfolgten Zustellungen an den nicht erschienenen Beteiligten sind dieser Urkunde beigefügt."
Die Erklärung der Auflassung nach § 925 BGB oder der Einigung nach 25
§ 11 Abs. 1 ErbbauVO ist hierbei trotz Abs. 3 Satz 2 zulässig. Der Bestätigungsbeschluß nach Abs. 5 Satz 2 stellt die Urkunde nicht unter eine Bedingung, sondern nur unter einen Vorbehalt (schwebende Unwirksamkeit bis zur Bestätigung).
Abweichungen vom Vermittlungsvorschlag sind bei dessen Beurkun- 26
dung grundsätzlich nicht zulässig. Ausnahmen gelten nur entsprechend §§ 319–321 ZPO für die Berichtigung von offenbaren Irrtümern, falschen Angaben zur Person etc.
Stellt der erschienene Beteiligte keinen Antrag, so gibt er zu Protokoll, in 27
welchen Punkten er tatsächliche Angaben und rechtliche Würdigung des Vermittlungsvorschlags bestreitet. Nach Abs. 3 Sätze 3–4 sind dann beide Seiten unter Übersendung des Abschlußprotokolls (§ 99 Rdz. 6–10) auf den Klageweg zu verweisen. Dieses Verfahren ist jedoch nur dann zweckmäßig, wenn ohnehin mit einer gerichtlichen Auseinandersetzung zu rechnen ist.
Alternativ ist ein Vertagungsantrag möglich, nicht jedoch ein Antrag auf 28
Entscheidung nach Lage der Akten. Antrag auf Ruhen des Verfahrens ist nur dann statthaft, wenn der nicht erschienene Beteiligter in einem früheren Termin oder schriftlich einen entsprechenden Antrag gestellt hat.

(4) Zustellung des Vertrags, Abs. 4   29

Falls der Vermittlungsvorschlag nach Abs. 3 Satz 1 als vertragliche Vereinbarung beurkundet wird, hat der Notar eine (auf den nichterschienenen Beteiligten lautende) Ausfertigung (§ 47 BeurkG) diesem (förmlich, § 88 Rdz. 21–25) zuzustellen. Für die Zustellung gelten §§ 170 Abs. 1, 208, 210 ZPO: es ist eine Ausfertigung zu übergeben, die Übergabe einer beglaubigten Abschrift reicht nicht aus.
Nicht ausreichend ist weiter die Übergabe einer Ausfertigung im Auszug, 30
z. B. nicht enthaltend die Auflassung, welche erst nach Kaufpreiszahlung vorgelegt werden soll. In diesen Fällen empfiehlt sich, anstelle der Auflassung in der vertraglichen Vereinbarung nur die Auflassungsverpflichtung der Beteiligten und eine Auflassungsvollmacht an den Verkäufer aufzunehmen.
Mit der Ausfertigung ist der nach Abs. 4 Halbsatz 2 zu erteilende Hin- 31
weis zuzustellen. Der Hinweis ist Voraussetzung für die Säumnis im Folgetermin nach Abs. 5 Satz 1–2.
Das Recht des Beteiligten nach Abs. 4 Halbsatz 2 i. V. m. Abs. 5 Satz 1 32
auf Beantragung eines neuen Termins ist dem Einspruch nach § 339 Abs. 1 ZPO nachgebildet. Für die Notfrist von zwei Wochen gelten §§ 223 Abs. 2, 3, 224 Abs. 1 ZPO. Wiedereinsetzung ist nach Abs. 5 Satz 3 entsprechend § 233 ZPO möglich.

(5) Fortsetzungstermin, Abs. 5 Satz 1   33

Nach Abs. 5 Satz 1 führt der rechtzeitige (Abs. 4) Antrag auf einen neuen Termin nicht zur Zurückversetzung des Vermittlungsverfahrens in die Lage vor Eintritt der Säumnis nach Abs. 1 (wie im Rahmen des § 342 ZPO). Vielmehr erfolgt nur Rückversetzung in die Lage vor Beurkundung des Vermittlungsvorschlags als vertragliche Vereinbarung nach Abs. 3 Satz 1. Das Verfahren wird somit mit weiteren Verhandlungen über den Vermittlungsvorschlag fortgesetzt. Dies gilt jedoch nur, wenn der nicht erschienene Beteiligte im Termin erscheint und zur Sache verhandelt (§ 333 ZPO).

34 (6) Bestätigungsbeschluß, Abs. 5 Sätze 2 und 5
Wird kein Termin nach Abs. 4 beantragt oder erscheint bzw. verhandelt der nach Abs. 3 Satz 1 säumige Beteiligte in diesem Termin nicht, ist die beurkundete vertragliche Vereinbarung (Abs. 3 Satz 1) nach Abs. 5 Satz 2 durch den Notar zu bestätigen. Die Bestätigung erfolgt durch deklaratorischen Beschluß (entspricht § 93 Abs. 1 Satz 3 FGG).

35 Der Beschluß ist wegen Abs. 6 förmlich zuzustellen. Durch den Beschluß wird in grundbuchmäßiger Form (§ 29 Abs. 1 GBO) die Tatsache der Säumnis festgestellt und die Urkunde nach Abs. 3 vollziehbar gemacht. Der durch Beschluß bestätigte Vertrag hat die Wirkungen nach Satz 5 i. V. m. § 97 Abs. 1 FGG (nicht § 98 FGG!).

36 Der Bestätigungsbeschluß kommt in seinen Wirkungen der materiellen Rechtskraft des Urteils gleich. Er wirkt auch gegen Rechtsnachfolger, § 92 Abs. 5 Satz 5, Abs. 6 i. V. m. §§ 265, 325 ZPO.

37 Der Bestätigungsbeschluß ist Formalakt. Auch wenn der Notar zwischenzeitlich der Auffassung ist, sein Vermittlungsvorschlag bzw. Vertrag sei unzweckmäßig, darf er die Bestätigung des Vertrags nicht verweigern. Anderes gilt nur im Fall der §§ 14 Abs. 2 BNotO, 8 Abs. 3 Satz 2 NotVO. Gegen die Verweigerung des Bestätigungsbeschlusses steht dem Antragsteller die einfache Beschwerde nach §§ 89 Abs. 2 SachenRBerG, 19 FGG zu.

38 Formulierungsvorschlag:

„In dem Vermittlungsverfahren
...
ergeht am... folgender Beschluß
Der zu diesamtlicher Urkunde vom..., UR.Nr.... geschlossene Vertrag wird gemäß § 96 Abs. 5 Satz 2 SachenRBerG bestätigt.

Gründe:
...
(Notar)   Siegel"

39 (7) Wiedereinsetzung, Abs. 5 Sätze 3–4
Nach Abs. 5 Sätze 3–4 ist bei Versäumung der Notfrist nach Abs. 4 Halbsatz 2 (entsprechend § 233 ZPO) oder bei Verhinderung am Erscheinen im rechtzeitig beantragten neuen Termin Wiedereinsetzung in den vorigen Stand möglich.

40 Die Voraussetzungen eines begründeten Wiedereinsetzungsantrags bestimmen sich weiter nach Satz 4 i. V. m. mit § 92 FGG: die Glaubhaftmachung des Wiedereinsetzungsgrunds nach Abs. 5 Satz 3 (in der Regel durch Versicherung an Eides statt) ist erforderlich.

41 Ein Verschulden des Rechtsanwalts begründet keine Wiedereinsetzung, wohl aber Verschulden von Angestellten des Anwalts oder des Beteiligten, wenn dem Anwalt bzw. Beteiligen kein Organisations- oder Überwachungsverschulden vorzuwerfen ist (zu den Wiedereinsetzungsgründen im einzelnen *Thomas-Putzo*, § 233 Rdz. 10–51).

§ 96. Verfahren bei Säumnis eines Beteiligten 42–53 § 96

Vor der Entscheidung des Notars über die Gewährung von Wiedereinsetzung ist die Übermittlung des Antrags (förmliche Zustellung in der Regel nicht nötig) an die Gegenseite zur Stellungnahme nahezu immer zweckmäßig (empfehlenswert: Fristsetzung von min. 14 Tagen). 42
Formulierungsvorschlag: 43

„In dem Vermittlungsverfahren
...
ergeht am ... folgender Beschluß
Dem Antragsteller/Antragsgegner wird hinsichtlich der ihm mit Verfügung vom ..., zugestellt am ... gesetzten Frist zum ... Wiedereinsetzung in den vorigen Stand gewährt.
Gründe:
...
(Notar) Siegel"

Zurückweisung des Antrags auf Wiedereinsetzung: siehe § 90 Rdz. 49. 44
(8) Rechtsmittel, Abs. 6 45
Gegen den Bestätigungsbeschluß und den Beschluß über den Antrag auf Wiedereinsetzung (d. h. entgegen § 238 Abs. 3 sowohl gegen den Wiedereinsetzung ablehnenden als auch gewährenden Beschluß, vgl. Abs. 6 Satz 3 i. V. m. § 93 FGG) ist die Beschwerde nach §§ 19 ff. FGG als sofortige Beschwerde (§ 22 FGG) statthaft, Abs. 6 Satz 1.
Die Ausgestaltung des Rechtsmittels als sofortige Beschwerde verdeutlicht die rechtskraftgleiche Wirkung des Bestätigungsbeschlusses. 46
Örtlich und sachlich zuständiges Beschwerdegericht ist nach Abs. 6 Satz 2 das Landgericht des belegenen Grundstücks entsprechend § 89 Abs. 2, § 103 Abs. 1 Satz 2. Für die funktionelle Zuständigkeit gilt § 103 Abs. 2. Abs. 2. 47
Gegen die Entscheidung des Beschwerdegerichts ist nach §§ 27 ff. FGG die weitere sofortige Beschwerde zum zuständigen Oberlandesgericht (bzw. Kammergericht) statthaft. 48
Beschwerdebefugt ist nur der betroffene Teil (§ 20 FGG), d. h. der säumige bzw. vom Wiedereinsetzungsbeschluß betroffene Beteiligte. 49
Für die Beschwerde gegen den Bestätigungsbeschluß gilt ansonsten nach Abs. 6 Satz 3 die Beschränkung des § 96 Satz 2 FGG. Einwendungen gegen den Inhalt oder die Gültigkeit der beurkundeten Vereinbarung selbst sind ausgeschlossen *(Keidel/Kuntze/Winkler-Winkler,* § 96 Rdz. 6). In Betracht kommen als Beschwerdegründe Verfahrensverstöße wie z. B. *(Keidel/Kuntze/Winkler Winkler,* § 96 Rdz. 7): 50
– Fehlerhafte Ladung und Zustellung nach §§ 92, 96 Abs. 1–4; 51
– Fortsetzung des Verfahrens trotz §§ 94, 95;
– Unzuständigkeit des Notars;
– Vertretungsmängel (insbesondere bei Minderjährigen).

3. Aktenmäßige Behandlung

a) Siehe zunächst Vorbem. vor §§ 87 ff. Rdz. 60–64. 52
b) Der Vermittlungsvorschlag nach § 96 Abs. 1 ist nicht mit Urkundenrollennummer zu versehen und in die Urkundenrolle einzutragen. Anderes gilt 53

§ 97   Kapitel 2. Nutzung fremder Grundstücke

für die vertragliche Vereinbarung nach Abs. 3 Satz 1 oder das Abschlußprotokoll nach Abs. 3 Satz 4 (§ 99 Rdz. 8).

54   Zweckmäßig sollten die Nachweise über Ladung und Zustellung des Vermittlungsvorschlags nach Abs. 2 zur Urschrift der vertraglichen Vereinbarung nach Abs. 3 Satz 1 genommen werden.

55   c) Der Bestätigungsbeschluß nach Abs. 5 Satz 2 ist als das Verfahren abschließende Handlung ebenfalls Zeugnis im Sinne des § 39. Der gesonderten Eintragung in die Urkundenrolle bedarf es dann nicht, § 8 Abs. 1 Buchstabe d) DONot, wenn der Bestätigungsbeschluß (und die Nachweise über die Zustellung nach Abs. 4) mit der Urschrift der beurkundeten Vereinbarung nach Abs. 3 verbunden werden. Solches ist in aller Regel zweckmäßig.

56   d) Nicht mit Urkundenrollennummer zu versehen und in die Urkundenrolle einzutragen ist der Beschluß über den Antrag auf Wiedereinsetzung.

§ 97 Ermittlungen des Notars

(1) **Der Notar kann auf Antrag eines Beteiligten Ermittlungen durchführen. Er kann insbesondere**
1. **Auskünfte aus der Kaufpreissammlung und über Bodenrichtwerte (§ 195 Abs. 3 und § 196 Abs. 3 des Baugesetzbuchs) einholen,**
2. **ein Verfahren zur Bodensonderung beantragen,**
3. **die das Liegenschaftskataster führende Stelle oder eine Person, die nach Landesrecht zu Katastervermessungen befugt ist, mit der Vermessung der zu belastenden oder abzuschreibenden Flächen beauftragen und den Antrag auf Erteilung einer Teilungsgenehmigung nach § 120 stellen.**

(2) **Der Notar kann nach Erörterung auf Antrag eines Beteiligten auch schriftliche Gutachten eines Sachverständigen oder des zuständigen Gutachterausschusses für die Grundstückswerte nach § 192 des Baugesetzbuchs über**
1. **den Verkehrswert des zu belastenden Grundstücks,**
2. **das in § 36 Abs. 1 und § 63 Abs. 3 bestimmte Verhältnis des Werts der mit dem Erbbaurecht belasteten oder zu veräußernden Fläche zu dem des Gesamtgrundstücks und**
3. **den Umfang und den Wert baulicher Maßnahmen im Sinne des § 12 einholen und diese seinem Vorschlag nach § 98 zugrunde legen.**

(3) **Eine Beweiserhebung im Vermittlungsverfahren nach Absatz 2 steht in einem anschließenden Rechtsstreit einer Beweisaufnahme vor dem Prozeßgericht gleich. § 493 der Zivilprozeßordnung ist entsprechend anzuwenden.**

(4) **Werden Zeugen und Sachverständige von dem Notar nach Absatz 2 zu Beweiszwecken herangezogen, so werden sie in entsprechender Anwendung des Gesetzes über die Entschädigung von Zeugen und Sachverständigen entschädigt.**

Übersicht

	Rdz.		Rdz.
I. Vorbemerkung	1	6. Beweislast	23
1. Allgemeines	1	II. Inhalt der Regelung	24
2. Beweismittel	6	1. Allgemeines	24
3. Beweisantrag	11	2. Häufige Beweisthemen und	
4. Beweisbeschluß	15	zweckmäßige Beweismittel	28
5. Form der Beweiserhebung	22		

§ 97. Ermittlungen des Notars   1–8 § 97

	Rdz.		Rdz.
3. Wirkungen der Beweisaufnahme	29	b) Gutachtenauftrag	38
4. Kosten der Beweisaufnahme	31	c) Ladung als Zeuge/Sachverständiger/Dolmetscher	39
5. Formulierungsvorschläge	37	d) Verdienstausfallbescheinigung für Zeugen	40
a) Beweisbeschluß	37		

I. Vorbemerkung

1. Allgemeines

§ 97 ergänzt und präzisiert § 15 FGG im Hinblick auf die Besonderheiten 1
des Vermittlungsverfahrens als Streitverfahren der freiwilligen Gerichtsbarkeit.

Die allgemeinen Grundsätze der Beweiserhebung läßt § 97 unberührt. Daher 2
erfolgt die Beweisaufnahme, soweit § 97 nichts anderes bestimmt, nach
Grundsätzen des FGG-Verfahrens. Trotz der Geltung der Dispositionsmaxime
(§ 89 Rdz. 4, 6–9) kann mit Einverständnis der Beteiligten (§ 92) der
Beweis als Freibeweis erhoben werden (hierzu *Keidel/Kuntze/Winkler-Amelung*,
§ 15 Rdz. 3–4).

Soweit Freibeweis zulässig ist, gilt: die Unmittelbarkeit der Beweisaufnahme 3
(z. B. Zeugeneinvernahme oder Augenschein in mündlicher Verhandlung)
ist nicht zwingend wie im ZPO-Verfahren erforderlich, wohl aber
besteht ein Recht der Beteiligten auf Teilnahme an der Beweisaufnahme
(*Keidel/Kuntze/Winkler-Amelung*, § 15 Rdz. 7–9). Schriftliche Äußerungen
von Zeugen oder Stellungnahmen von Behörden sind verwertbar. Ein Urkundenbeweis
kann entsprechend §§ 415 ff. ZPO geführt werde.

Die Versicherung an Eides statt ist jedoch nur zur Glaubhaftmachung 4
zugelassen (§§ 15 Abs. 2, 92 Satz 1 FGG (§ 90 Rdz. 37), 96 Abs. 5 Satz 4
SachenRBerG), nicht als Beweismittel (vgl. auch § 92 Rdz. 30–31).

Gegenstand der Beweisaufnahme sind nur Tatsachen, nicht Rechtssätze 5
(Ausnahme: § 292 ZPO).

2. Beweismittel

a) Als Beweismittel sind im Verfahren der freiwilligen Gerichtsbarkeit 6
statthaft (näher *Keidel/Kuntze/Winkler-Amelung*, § 15 Rdz. 12–52:
– Beweis durch Augenschein;   7
– Zeugenbeweis;
– Beweis durch Sachverständige;
– Beteiligtenvernehmung bzw. -anhörung;
– Urkundenbeweis;
– amtliche Auskunft einer Behörde.

b) Dem Notar stehen alle Beweismittel des Verfahrens der freiwilligen 8
Gerichtsbarkeit offen, Abs. 1 Satz 1, Abs. 1 Satz 2 („insbesondere") und
Abs. 4. Die entgegenstehende Ansicht der Begründung des Regierungsentwurfs
(Begr. BR-Drucks. 515/93, S. 170) ist durch den auf Anregung des

449

Bundesrats eingefügten Abs. 4 (hierzu BT-Drucks. 12/5992, S. 202) überholt.

9   Die grundsätzliche Zulässigkeit auch des Zeugen- und des Urkundenbeweises entspricht dem streitvermeidenden und streitschlichtenden Zweck des Vermittlungsverfahrens. Dennoch sollte der Notar gerade bei der Vernehmung von Zeugen Zurückhaltung üben und statt dessen auf gütliche Einigung der Beteiligten hinwirken.

10 Die Vereidigung von Zeugen und Sachverständigen ist grundsätzlich möglich (§ 89 Rdz. 19–20), §§ 81 i. V. m. 15 Abs. 1 Satz 2 FGG. Verfahren: i. d. R. §§ 478 ff. ZPO. Die Erzwingung des Erscheinens, des Zeugnisses und der Eidesleistung erfolgt über §§ 380, 381, 390 ZPO (*Keidel/Kuntze/Winkler-Amelung*, § 15 Rdz. 25, 34–36).

3. Beweisantrag, Abs. 1 Satz 1, Abs. 2

11 § 97 knüpft im Hinblick auf die das Vermittlungsverfahren beherrschende Dispositionsmaxime entgegen § 12 FGG die Beweiserhebung an einen Beweisantrag, Abs. 1 Satz 1.

12 Ein Beweisantrag ist nur zulässig, wenn der Antragsteller mit ihm
– eine bestimmte Behauptung aufstellt,
– die für das Verfahren erheblich (beweisbedürftig) ist,
– hierfür ein zulässiges Beweismittel benennt,
– welches nicht auf längere Zeit unerreichbar oder völlig ungeeignet ist (*Thomas-Putzo*, Vorbem. vor § 284 Rdz. 1–2, § 284 Rdz. 4–9).

13 Sind diese Voraussetzungen nicht erfüllt, ergeht Zurückweisungsbeschluß, gegen den die Beschwerde nach § 89 Abs. 2 statthaft ist (§ 89 Rdz. 52).

14 Beispiel (Formulierungsvorschlag):

„In dem Vermittlungsverfahren
...
ergeht am ... folgender Beschluß:
Der Antrag des Antragstellers gemäß Schriftsatz vom ... Blatt ... wird zurückgewiesen.

Gründe:

Der Antrag ist kein statthafter Beweisantrag, da er keine bestimmte Beweisbehauptung aufstellt, sondern nur Anregungen für durchzuführende Beweiserhebungen gibt (Beweisermittlungsantrag).
Notar   Siegel"

4. Beweisbeschluß

15 a) Aufgrund eines zulässigen Beweisantrags wird die Beweisaufnahme entweder formlos oder durch Beweisbeschluß (entsprechend § 358, 450 Abs. 1 Satz 1 ZPO) angeordnet. Sodann wird der Beweis erhoben und vom Notar gewürdigt (§§ 286 ff. ZPO).

16 b) Eine Bindung des Notars an Beweisregeln besteht nur beim Urkundenbeweis, §§ 415 ff. ZPO und bei Vermutungen § 292 (z. B. nach §§ 9 Abs. 4, 10 Abs. 2, 29 Abs. 1 Satz 2, 36 Abs. 1 Satz 3, § 63 Abs. 2 Satz 2).

Die Grundsätze der Beweisvereitelung (hierzu *Thomas-Putzo*. § 286 Rdz. 12–19) gelten ebenfalls.

c) Stets empfehlenswert ist, die Durchführung der Beweisaufnahme von der Einzahlung eines Kostenvorschusses abhängig zu machen (außer im Fall des § 102 Abs. 1). Allgemein zum Kostenvorschuß BGH DNotZ 1990, 313; *Weingärtner/Schöttler*, DONot 6. Aufl. 1993, Rdz. 551 b.

Der eingezahlte Kostenvorschuß unterliegt nicht den Regelungen des § 23 BNotO i. V. m. §§ 11 ff. DONot. Der Geldbetrag ist ihm nicht zur Aufbewahrung oder Ablieferung an Dritte übergeben, sondern zur Bezahlung der Verfahrenskosten. Einer Eintragung in das Massen- und Verwahrungsbuch bedarf es daher nicht. Es empfiehlt sich aber, vereinnahmte Vorschüsse und ihre Verwendung in einem Einnahme-/Ausgabekontenblatt zu buchen, das als Bestandteil der Akten des Vermittlungsverfahrens geführt wird.

Muster eines Einnahme-/Ausgabekontenblatts

Einnahmen			Ausgaben		
Datum	Betrag	Einzahler	Datum	Betrag	Empfänger

d) Formulierungsvorschlag

In dem Vermittlungsverfahren
...
ergeht am ... folgender Beschluß.
1. Es ist Beweis zu erheben über die Behauptung des Antragsgegners, der Verkehrswert der Teilfläche aus Grundstück Flst. Nr. ... der Gemarkung ... (Grundbuch des Amtsgerichts ... für ... Band ... Blatt ...) erfaßten Fläche, die in dem diesem Beschluß als Anlage beigefügten Lageplan schraffiert dargestellt ist, betrage mindestens 75 000 DM, durch Gutachten eines Sachverständigen nach Auswahl des Notars.
2. Die Durchführung der Beweisaufnahme wird von der Einzahlung eines Kostenvorschusses von DM 2000 durch den Antragsgegner abhängig gemacht.
Notar   Siegel"

5. Form der Beweiserhebung

Die zwingenden Formvorschriften der ZPO (§§ 159 ff. ZPO) gelten nicht. Dennoch müssen Feststellungen über Zeugenaussagen, Bekundungen der Beteiligten und Ergebnisse eines Augenscheins in geeigneter Weise zu den Akten gebracht werden (näher *Keidel/Kuntze/Winkler-Amelung*, § 15 Rdz. 10). Zweckmäßig ist die Form des Protokolls (§ 93 Rdz. 17).

6. Beweislast

Siehe § 89 Rdz. 10.

II. Inhalt der Regelung

1. Allgemeines

a) Abs. 1 Satz 2 Nr. 1 enthält eine Vereinfachung gegenüber dem nach ZPO-Regeln erforderlichen Gutachten nach Abs. 2 Nr. 1 und 2.

25 b) Abs. 1 Satz 2 Nr. 2 und 3 sind in § 97 systemwidrig eingeordnet. Sie betreffen die Vollzugstätigkeit des Notars, nicht seine Tätigkeit im Verfahren der Beweisaufnahme.

26 c) Die Beweisaufnahme nach Abs. 2 bedarf im Hinblick auf ihre Kosten und Wirkung nach Abs. 3 der vorherigen Gewährung rechtlichen Gehörs für den Gegner und ist daher erst nach Erörterung (§ 93) zulässig.

27 Auch sonst ist ratsam, eine kostspielige Beweiserhebung erst nach dem Erörterungstermin (§ 93) anzuordnen.

2. Häufige Beweisthemen und zweckmäßige Beweismittel

28 Ein Bedürfnis für Ermittlungen durch Notar besteht nach folgender, nicht abschließender Tabelle:

Vorschrift	Beweisthema	mögliches Beweismittel
§§ 1 Abs. 1, 3 Abs. 3	Art des Nutzungsrechts	U, Z, S
§ 1 Abs. 2	Nichtanwendung	U, Z, S
§ 2	Nichtanwendung	S, U, Z
§§ 4 ff., 12	Bebauung	A, S (§ 97 Abs. 2 Nr. 3), Z
§ 9	Nutzer	U, Z
§ 10	Billigung	U, Z
§ 12 Abs. 2	Verwendungen	S, U, Z
§§ 19, 20	Verkehrswert	S, U, Z
§§ 21 ff.	erfaßte Flächen	A, S. U, Z
§ 29	Nutzbarkeit	S
§ 30	Unredlichkeit	U, Z
§ 31	Restnutzungsdauer, Mietzins	S
§§ 43 ff.	Erbbauzins	S
§§ 45, 74	Gebäudeüberlassung	S, U, Z
§§ 45, 74	Verzinsung	S
§ 47	Nutzungsänderung	S, U, Z
§ 53	Nutzungsdauer	S, U, Z
§ 69	geringe Restnutzungszeit	S, U, Z
§ 70	Nutzungsänderung	S, U, Z
§ 73	eingeschr. Ertragsfähigkeit	S
§ 81 Abs. 1 Nr. 2, 3	Voraussetzungen Gebäudeankauf	A, S, Z

Legende der Beweismittel:
Zeuge (Z), Augenschein (A), Urkunde (U), Sachverständiger bzw. amtliche Auskunft (S).

3. Wirkungen der Beweisaufnahme, Abs. 3

29 a) Nach Ansicht der Gesetzesbegründung bestehen gegen die Verwertung der in einem Verfahren nach § 15 FGG gewonnenen Beweise in einem ge-

richtlichen Verfahren (insbesondere nach §§ 103 ff.) keine Bedenken (Begr. BR-Drucks. 515/93, S. 170). Abs. 3 stellt mit der Verweisung auf § 493 ZPO daher die Beweisaufnahme nach § 97 in ihrer Wirkung dem selbständigen Beweisverfahren nach §§ 485–494a ZPO gleich.

b) Diese Wirkung bleibt auch dann erhalten, wenn das Vermittlungsverfahren scheitert oder nach Beweisaufnahme aus anderen Gründen beendet wird (Begr., aaO). 30

4. Kosten der Beweisaufnahme, Abs. 4

a) Die Kosten der Beweisaufnahme nach § 97 zählen zu den Kosten des Vermittlungsverfahrens, § 100 Abs. 1 Satz 3. Abs. 4 verweist hinsichtlich ihres Ansatzes auf das Gesetz über die Entschädigung von Zeugen und Sachverständigen (ZSEG). Hiernach haben Zeugen und Sachverständige folgende Ansprüche: 31

aa) Zeugen 32
– Verdienstausfallentschädigung bzw. Zeugengeld, §§ 2, 4, 6, 7 ZSEG,
– Fahrtkosten, §§ 9–11 ZSEG.

bb) Sachverständige (vgl. aber § 1 Abs. 3 ZSEG) 33
– Honorar, §§ 3, 4, 5, 6, 7 ZSEG,
– Aufwendungsersatz, § 8 ZSEG,
– Fahrtkosten, §§ 9–11 ZSEG.

b) Schuldner der Entschädigung nach dem ZSEG ist im Verhältnis zum Zeugen bzw. Sachverständigen der Notar. Daher sollte stets die Durchführung der Beweisaufnahme von der Einzahlung eines entsprechenden Kostenvorschusses abhängig gemacht werden (§ 8 KostO; vgl. oben Rdz. 18–20; zu Besonderheiten bei Prozeßkostenhilfe siehe § 102 Rdz. 12, 14–15). 34

c) Bei Gutachterkosten ist in Rechnung zu stellen, daß oftmals die nach § 3 geschuldete Entschädigung keinen Anreiz für qualifizierte Sachverständige bietet, einen Gutachterauftrag zu übernehmen. In diesen Fällen empfiehlt es sich, von § 7 ZSEG Gebrauch zu machen. 35

d) Abs. 4 trifft keine ausdrückliche Regelung für Dolmetscherkosten. Hieraus ist jedoch nicht der Schluß zu ziehen, daß diese von den jeweiligen des Deutschen nicht hinreichend mächtigen Beteiligten selbst zu tragen wären. §§ 97 Abs. 4, 101 Abs. 1 Satz 2 sind insoweit im Lichte des Rechts auf rechtliches Gehör dahingehend auszulegen, daß § 97 Abs. 4 eine Rechtsgrundverweisung auf das ZSEG einschließlich dessen § 17 enthält. Solches ergibt sich auch bereits aus § 89 Abs. 1. Somit zählen auch Dolmetscherkosten zu den Kosten des Vermittlungsverfahrens im Sinne des § 100 Abs. 1 und sind von den Beteiligten nach § 101 Abs. 1 Satz 2 zu teilen. 36

5. Formulierungsvorschläge

a) Beweisbeschluß 37
Siehe oben Rdz. 21.

b) Gutachtenauftrag

38 „Briefkopf des Notars   Ort, Datum
An
...

Betreff: Vermittlungsverfahren ..../....
hier: Erstattung eines Gutachtens gemäß Beweisbeschluß vom ... (Blatt ... d. A.)
Sehr geehrte(r) ...
anbei übersende ich Ihnen die Akten des Vermittlungsverfahrens und bitte Sie um Erstattung eines schriftlichen Gutachtens in ... facher Fertigung.
Evtl.:
Auf unser Telefongespräch vom ... nehme ich Bezug.
nach § 407a ZPO darf ich Sie auf folgendes hinweisen:
(1) Bitte prüfen Sie, ob der Auftrag in ihr Fachgebiet fällt und ohne Zuziehung weiterer Sachverständiger erledigt werden kann. Sollte dies nicht der Fall sein, bitte ich um unverzügliche Nachricht.
(2) Die Weitergabe dieses Auftrags an einen anderen Sachverständigen ist unzulässig. Wenn Sie sich unter Ihrer Verantwortung für den Inhalt des Gutachtens eines Mitarbeiters bedienen, geben Sie mir dessen Namen und den Umfang seiner Tätigkeit bekannt, falls es sich nicht um Hilfsdienste von untergeordneter Bedeutung handelt (z. B. Schreibarbeiten).
(3) Bei Zweifeln über Inhalt und Umfang Ihres Auftrags bitte ich um unverzügliche Rücksprache. Gleiches gilt, wenn voraussichtlich Kosten erwachsen, die erkennbar außer Verhältnis zum Wert des Verfahrensgegenstands stehen oder den angeforderten Kostenvorschuß von DM ... erheblich übersteigen.
(4) Auf mein Verlangen hin sind Sie verpflichtet, die Akten, sonstige für die Begutachtung beigezogenen Unterlagen unverzüglich herauszugeben oder mitzuteilen. Zwangsweise Durchsetzung dieser Pflicht ist möglich.
(5) Auf die beigefügten Merkblätter A und B weise ich hin.
(6) Bitte geben Sie allen Beteiligten und ihren Verfahrensbevollmächtigten Gelegenheit, an einer von Ihnen etwa vorgenommenen Ortsbesichtigung teilzunehmen. Ich selbst bin nur dann zu benachrichtigen, wenn Sie meine Teilnahme aus besonderen Gründen für erforderlich werden.
(7) Die Aufnahme einer Zusammenfassung des Akteninhalts in das Gutachten ist nicht erforderlich.
(8) Sie werden nach dem Gesetz über die Entschädigung von Zeugen und Sachverständigen entschädigt. Bitte geben Sie in Ihrer Kostenrechnung an, zu welchem Prozentsatz Sie Ihre Berufseinkünfte als gerichtlicher oder außergerichtlicher Sachverständiger erzielen und welchen durchschnittlichen Stundensatz Sie im letzten Jahr aus reiner Sachverständigentätigkeit erzielt haben.
Ich danke für Ihre Mithilfe und bitte Sie um Ausführung des Auftrags möglichst bis ... Ich bitte weiter um Annahme des Auftrags durch Unterschrift des beigefügten Doppels dieses Schreibens sowie um Angabe, bis wann das Gutachten voraussichtlich vorliegen wird.
Mit freundlichen Grüßen
(Notar)

Bei Durchschrift:
Auftrag angenommen, Ausführung erfolgt voraussichtlich bis ...
(Ort, Datum, Unterschrift)"

Merkblätter A und B können über die zuständige Justizverwaltung bezogen werden.

§ 97. Ermittlungen des Notars   39, 40 § 97

c) Ladung als Zeuge/Sachverständiger/Dolmetscher

„Briefkopf   Ort, Datum   39
Anrede
In dem Vermittlungsverfahren . . . ./. . . .
werden Sie
zur Vernehmung als Zeuge/
als Sachverständiger/
als Dolmetscher für die . . . . Sprache
geladen auf
(Wochentag, Datum, Urzeit, Örtlichkeit).
Bei Zeugen:
Gegenstand der Vernehmung: siehe Anlage (Beweisbeschluß in Kopie beifügen)
Bitte bringen Sie etwa vorhandene schriftliche Unterlagen hierzu mit.
Bei Sachverständigen:
Gegenstand des Gutachtens: . . .
Bei Zeugen/Sachverständigen/Dolmetschern:
Bitte geben Sie mir sofort Nachricht, wenn Sie die Anreise zum Termin von einem anderen Ort als Ihrer obigen Anschrift antreten wollen, da Ihnen sonst Nachteile bei der Festsetzung Ihrer Entschädigung entstehen können. Bitte teilen Sie mir auch jede Änderung Ihrer Anschrift mit.
Bei Zeugen:
Bitte bringen Sie auch die beigefügte Bestätigung Ihres Arbeitgebers über Ihren Verdienstausfall ausgefüllt mit.
Bei Zeugen und Sachverständigen:
Wenn Sie ohne genügende Entschuldigung im Termin nicht erscheinen, werden Ihnen die durch Ihr Ausbleiben entstandenen Kosten auferlegt. Zugleich können gegen Sie Ordnungsmittel verhängt werden.
Bei Dolmetschern:
Sie werden nach dem Gesetz über die Entschädigung von Zeugen und Sachverständigen entschädigt. Bitte geben Sie in Ihrem Entschädigungsantrag an, zu welchem Prozentsatz Sie Ihre Berufseinkünfte als gerichtlicher oder außergerichtlicher Dolmetscher erzielen und welchen durchschnittlichen Stundensatz Sie im letzten Jahr aus privater Dolmetschertätigkeit erzielt haben.
Mit freundlichen Grüßen
(Notar)   Siegel"

d) Verdienstausfallbescheinigung für Zeugen

„Herr/Frau . . .   40
ist hier als . . . beschäftigt und hat durch Wahrnehmung des Termins einen Verdienstausfall.
Begründung:
Arbeitszeit am Tag des Termins: . . . Stunden (ohne unbezahlte Arbeitspausen).
Das Gehalt wird je Stunde der Abwesenheit brutto gekürzt um . . . DM.
Der Stundenlohn/Schichtlohn beträgt einschließlich Prämien und Auslösungen DM . . ./Stunde.
Eine Teilbeschäftigung ist möglich:
a) vor dem Termin . . . Stunden
b) nach dem Termin . . . Stunden
c) Teilbeschäftigung ist aus folgenden Gründen nicht möglich: . . .
(Ort, Datum, Firmenstempel, Unterschrift)"

§ 98 Vermittlungsvorschlag des Notars

(1) Nach Durchführung der Erhebungen macht der Notar einen Vorschlag in Form eines Vertragsentwurfs, der den gesetzlichen Bestimmungen zu entsprechen und alle für einen Vertragsschluß erforderlichen Punkte und, wenn dies von einem Beteiligten beantragt worden ist, auch die für dessen Erfüllung notwendigen Erklärungen zu umfassen hat.

(2) Sobald sich eine Einigung im Sinne des Absatzes 1 zwischen den Beteiligten ergibt, hat der Notar den Inhalt dieser Vereinbarung zu beurkunden. Der Notar hat mit dem Antrag auf Eintragung des Erbbaurechts oder des Nutzers als Erwerber, spätestens jedoch sechs Monate nach der Beurkundung, die Löschung des Vermerks nach § 92 Abs. 5 zu beantragen. Der Ablauf der in Satz 2 bestimmten Frist ist gehemmt, solange ein für den Vollzug der Vereinbarung erforderliches behördliches oder gerichtliches Verfahren beantragt worden, aber noch keine Entscheidung ergangen ist.

Übersicht

	Rdz.		Rdz.
1. Allgemeines	1	4. Löschung des Eröffnungsvermerks	14
2. Vermittlungsvorschlag	3	5. Aktenmäßige Behandlung	22
3. Einigung	10	6. Formulierungsvorschlag	27

1. Allgemeines

1 Den vorletzten Akt des Vermittlungsverfahrens bildet der Vermittlungsvorschlag, § 98 Abs. 1. Der Notar unterbreitet diesen nach Erörterung (§ 93 bzw. § 96 Abs. 1).

2 Der Vermittlungsvorschlag bildet die Basis für weitere Verhandlungen der Beteiligten. Einigen sich diese, so verfährt der Notar nach Abs. 2. Scheitern die Einigungsbemühungen, so verfährt der Notar nach § 99.

2. Vermittlungsvorschlag, Abs. 1

3 a) Der Vermittlungsvorschlag hat in Form eines Vertragsentwurfs zu erfolgen, Abs. 1 Halbsatz 1. Notarielle Beurkundung ist nicht erforderlich. Zu den formalen Fragen des Vertragsschlusses nach §§ 103ff. siehe § 105 Rdz. 1–5.

4 Die Entwurfsform soll das weitere Verfahren beschleunigen und im Fall des § 99 dem Streitgericht nach §§ 103ff. die Tenorierung seiner Entscheidung erleichtern. Der Streit wird sich in der Regel auf die Höhe des Kaufpreises/Erbbauzinses oder den Umfang der erfaßten Fläche beschränken. Im übrigen hat der Vermittlungsvorschlag als Grundlage richterlicher Entscheidung so vorrecherchiert zu sein, daß das Gerichtsurteil vollzugsfähig ist (Stellungnahme des *Deutschen Notarvereins* gegenüber den Berichterstattern im Rechtsausschuß des Deutschen Bundestags vom 1. 3. 1994).

5 b) Der Vertragsentwurf hat „den gesetzlichen Bestimmungen zu entsprechen". D. h.: zwingendes Recht hat der Notar stets zu beachten, §§ 14 Abs. 2

BNotO, 8 Abs. 3 Satz 2 NotVO. An Regelungen dispositiven Rechts (insbesondere an notardispositives Recht) ist er bereits nach § 93 Abs. 3 Satz 2 nicht gebunden (§ 93 Rdz. 8–11, § 42 Rdz. 13–36). Eine Abweichung hiervon ist möglich, aber ohne Anhörung der Beteiligten (Art. 103 Abs. 1 GG, Vorbem. vor §§ 87ff., Rdz. 34–43) in der Regel nicht veranlaßt.

c) Auch im Vermittlungsvorschlag können noch einzelne Punkte offen bleiben („Vertragsentwurf" und Abs. 2 Satz 1). Insgesamt muß er jedoch den Charakter eines in sich geschlossen konzipierten Rechtsgeschäfts aufweisen („Vertragsentwurf"). Eine nicht aus ihrem Sinnzusammenhang heraus ergänzbare bloße Punktuation einzelner Vereinbarungen reicht nicht. **6**

d) Auf Antrag eines Beteiligten (bei einfacher Streitgenossenschaft: kein übereinstimmender Antrag notwendig) hat der Notar in den Vertragsentwurf die notwendigen Erklärungen für die Vertragserfüllung aufzunehmen, Abs. 1 Halbsatz 2. Hierzu ist stets zu raten. In der Regel wird der Notar nach § 139 ZPO (§ 89 Rdz. 16–18) auf eine entsprechende Antragstellung hinwirken. **7**

D. h.: bei einem Erbbaurechtsvertragsentwurf ist die Einigung und die Bewilligung der Erbbaurechtsbestellungsvormerkung (siehe unten Rdz. 20), beim Entwurf eines Grundstückskaufvertrags die Auflassung und die Bewilligung der Auflassungsvormerkung, beim Entwurf eines Gebäudekaufvertrags sind die hierzu erforderlichen Erfüllungsgeschäfte (Auflassung, (durch Kaufpreiszahlung bedingte) Generalquittung hins. Verwendungsersatzansprüche; hierzu Vorbem. vor §§ 81ff., Rdz. 2–13) in den Vermittlungsvorschlag aufzunehmen. **8**

In aller Regel sind außerdem Vollzugserklärungen wie die Zustimmungen zu Löschungen und Rangänderungen (§§ 1183, 880 Abs. 2 Satz 2 BGB) und die entsprechenden Grundbuchanträge einschließlich der Vollzugsvollmacht für den Notar erforderlich. **9**

3. Einigung, Abs. 2 Satz 1

a) Nach Übersendung des Vermittlungsvorschlags an die Beteiligten (formlose Zustellung reicht, soweit kein Fall des § 96 Abs. 2 vorliegt) haben diese Gelegenheit, sich über diesen bzw. über in ihm noch offen gebliebene Punkte zu einigen. Ein gesonderter Notartermin (in der Regel zugleich als Beurkundungsverhandlung) ist hierfür zweckmäßig. Einigung im Sinne des Abs. 2 Satz 1 ist nur die formlose Willensübereinstimmung der Beteiligten und daher bis zum Abschluß ihrer Beurkundung nicht bindend. **10**

b) Wird eine Einigung über den Vermittlungsvorschlag erzielt, erfolgt die Beurkundung des Inhalts des Vermittlungsvorschlags (Abs. 1 Satz 1) nach §§ 8ff. BeurkG. **11**

Eine Bestätigung der beurkundeten Vereinbarung entsprechend § 93 Abs. 1 Satz 2 FGG mit der Folge des § 98 FGG ist grundsätzlich nicht vorgesehen. Einen zusätzlichen Bestätigungsbeschluß kennt das Gesetz nur im Fall des § 96 Abs. 5 Satz 2. **12**

c) Nach Ansicht der Gesetzesbegründung ist mit der Beurkundung der Einigung das Vermittlungsverfahren beendet (Begr. BR-Drucks. 515/93, S. 170). Die nachfolgende Vollzugstätigkeit ist Amtstätigkeit des Notars nach §§ 2 Abs. 6 NotVO, 23, 24 BNotO. Ab diesem Zeitpunkt gelten die **13**

§ 98 14–22   Kapitel 2. Nutzung fremder Grundstücke

Regeln des regulären Beurkundungsverfahrens, insbesondere auch § 15 BNotO (§ 89 Rdz. 62).

4. Löschung des Eröffnungsvermerks, Abs. 2 Sätze 2–3

14 a) Mit dem Antrag auf Eintragung des Erbbaurechts oder des Nutzers als Erwerber, spätestens sechs Monate nach Beurkundung nach Abs. 2 Satz 1 hat der Notar die Löschung des Eröffnungsvermerks nach § 92 Abs. 5 und 6 zu beantragen, Abs. 2 Satz 2. Satz 2 ist sinngemäß auch in den Fällen des § 81 anwendbar, soweit es infolge Bestehens eines Gebäudegrundbuchblatts dort zur Eintragung eines solchen Vermerks gekommen ist (§ 92 Abs. 5 Satz 3).

15 Die Löschung erfolgt auf Antrag des Notars in Form des Eintragungsersuchens nach § 38 GBO.

16 b) Die Löschung braucht jedoch nicht zu erfolgen, wenn zwischenzeitlich den Nutzer beeinträchtigende Eintragungen vorgenommen wurden. Empfehlenswert ist daher ein entsprechender Vorbehalt beim Löschungsersuchen.

17 c) Die 6-Monatsfrist des Satzes 2 ist unter den Voraussetzungen des Abs. 2 Satz 3 gehemmt (§ 205 BGB). Behördliches Verfahren in diesem Sinne ist z. B. das Verfahren nach § 120 oder die Erholung einer vormundschaftsgerichtlichen Genehmigung (Begr. BR-Drucks. 515/93, S. 171) oder eines Ausschließungsurteils im Aufgebotsverfahren. Das Verfahren muß mit einer „Entscheidung" abschließen, d. h. einem Rechtsakt mit Bestands- oder Rechtskraft.

18 d) Keine Entscheidung in diesem Sinne liegt vor bei einer Vermessung oder der Erteilung einer reinen Tatsachenbescheinigung, wie z. B. der Abgeschlossenheitsbescheinigung nach § 7 Abs. 4 Nr. 1 und Nr. 2 WEG. Abs. 2 Satz 3 erfaßt auch nicht die Erholung von Rangrücktritten oder Löschungen/Pfandfreigaben bei Gläubigern, wenn etwa Fragen der Rechtsnachfolge zu klären sind oder sich die Abgabe der geschuldeten Erklärung aus anderen Gründen verzögert (z. B. Streitigkeiten wegen §§ 36 Abs. 1, 63 Abs. 1 und 2).

19 Verzögerungen außerhalb des Abs. 2 Satz 3 können daher Probleme bereiten, wenn einerseits der den Nutzer schützende Eröffnungsvermerk (§ 92 Abs. 6 Satz 1) gelöscht ist, andererseits die beurkundete Einigung noch nicht vollzogen ist.

20 e) Schon aus diesem Grund ist generell anzuraten, eine Erbbaurechtsbestellungs- bzw. Auflassungsvormerkung zu bewilligen, wobei der Notar ermächtigt wird, deren Eintragung zugleich mit der Löschung des Eröffnungsvermerks (soweit keine Zwischenrechte eingetragen wurden oder einzutragen sind) zu beantragen.

21 f) Zur Löschung eines Vermerks nach Art. 233 § 2c EGBGB siehe § 92 Rdz. 42.

5. Aktenmäßige Behandlung

22 a) Der Vermittlungsvorschlag ergeht in Form des Vertragsentwurfs, ist aber kein solcher. Im Hinblick auf seine Bedeutung für ein nachfolgendes

§ 99. Abschlußprotokoll über Streitpunkte 1–3 § 99

Streitverfahren (§§ 103 ff.) sollte er daher zwar als Vertragsentwurf abgefaßt sein, jedoch mit Schnur und Siegel verbunden mit einem Vorblatt, auf dem der Notar den Entwurf in der Anlage zum Vermittlungsvorschlag erklärt.
Diese Erklärung bedarf keiner Urkundenrollennummer und ist nicht in die Urkundenrolle einzutragen. 23
Die Änderung des Vermittlungsvorschlags ist möglich, solange noch keine Abschrift herausgegeben wurde. Die Beteiligten erhalten je eine Ausfertigung oder beglaubigte Abschrift. 24
b) Zur Verbindung des Vermittlungsvorschlags mit dem Abschlußprotokoll siehe § 99 Rdz. 7. 25
c) Die beurkundete Einigung nach Abs. 2 ist als Beurkundung nach §§ 8 ff. BeurkG i. V. m. der DONot zu behandeln. 26

6. Formulierungsvorschlag

„In dem Vermittlungsverfahren 27
...
wird der in der Anlage beigefügte Vertragsentwurf zum Vermittlungsvorschlag erklärt.
(Ort, Datum)
Notar   Siegel"

§ 99 Abschlußprotokoll über Streitpunkte

Kommt es nicht zu einer Einigung, so hält der Notar das Ergebnis des Verfahrens unter Protokollierung der unstreitigen und der streitig gebliebenen Punkte fest (Abschlußprotokoll). Sind wesentliche Teile des abzuschließenden Vertrages unstreitig, so können die Beteiligten verlangen, daß diese Punkte im Protokoll als vereinbart festgehalten werden. Die Verständigung über diese Punkte ist in einem nachfolgenden Rechtsstreit bindend.

Übersicht

	Rdz.		Rdz.
1. Allgemeines	1	3. Verbindlichkeit des Abschlußprotokolls	11
2. Abschlußprotokoll	6		

1. Allgemeines

§ 99 regelt die Beendigung des Vermittlungsverfahrens für den Fall, daß keine Einigung zwischen den Beteiligten erzielt werden kann. 1
a) Ergibt sich dies während des Verfahrens, so kann nach § 94 Abs. 2 Nr. 2 vorgegangen werden. Die hiernach bestehende Möglichkeit der Aussetzung des Vermittlungsverfahrens bis zur Klärung der vorgreiflichen Rechtsfrage wird zumeist dann erforderlich sein, wenn die Anwendbarkeit des SachenRBerG schlechthin bestritten wird (z. B. Bestreiten eines Nutzungstatbestands oder Geltendmachung von Einreden nach §§ 29 ff.). 2
b) Demgegenüber enthält § 99 eine Verfahrens- und Entscheidungsalternative für den Fall, daß die Anwendbarkeit des SachenRBerG im Grundsatz 3

§ 99 4–11 Kapitel 2. Nutzung fremder Grundstücke

feststeht, aber Einzelfragen streitig und klärungsbedürftig sind (z. B. Umfang der erfaßten Fläche, Verkehrswert, zulässige Nutzung).

4   Hiervon kann auch in der Weise Gebrauch gemacht werden, daß ein Vermittlungsvorschlag nur vorsorglich ausgearbeitet und evtl. für verbindlich erklärt wird (dazu unten Rdz. 11–16) für den Fall, daß eine Seite im Streitverfahren nach §§ 103 ff. mit ihrer Rechtsauffassung in der Hauptsache nicht durchdringt.

5   c) Zu weiteren denkbaren Entscheidungen des Notars im Vermittlungsverfahren siehe § 89 Rdz. 30–45, § 90 Rdz. 35–56.

2. Abschlußprotokoll, Satz 1

6   a) Ist keine Einigung über den Vermittlungsvorschlag erzielbar, so hat der Notar eine Punktuation der unstreitigen und der streitigen Fragen zu erstellen (Abschlußprotokoll). Das Abschlußprotokoll in Verbindung mit dem Vermittlungsvorschlag bildet die Grundlage der nachfolgend zu beantragenden gerichtlichen Entscheidung (§§ 103 ff.)

7   b) Bei der Erstellung des Abschlußprotokolls ist es zweckmäßig, den Vertragsentwurf nach § 98 Abs. 1 um die Ausführungen der Beteiligten in der Weise zu ergänzen, daß deren Erklärungen während der mündlichen Verhandlung über den Vermittlungsvorschlag zu Protokoll genommen werden, dem als Anlage der Vermittlungsvorschlag beigefügt wird. Aktenmäßig erfolgt dies in der Weise, daß der Vermittlungsvorschlag und das in Form des § 39 BeurkG erstellte Protokoll mit Schnur und Siegel verbunden werden; die Beteiligten erhalten entsprechende Ausfertigungen bzw. beglaubigte Abschriften.

8   Das Abschlußprotokoll erhält eine UR.Nr. und wird in die Urkunderolle eingetragen.

c) Erstellung des Abschlußprotokolls

9   Falls keine Beweisaufnahme beantragt ist, wird ein Abschlußprotokoll bereits aufgrund des Erörterungstermins nach § 93 möglich sein; eines Folgetermins bedarf es dann nicht mehr. Der für den Erörterungstermin erarbeitete Vorschlag nach § 92 Abs. 3 gilt dann als Vermittlungsvorschlag, wenn er den Voraussetzungen des § 98 Abs. 1 entspricht (näher § 98 Rdz. 5–9).

10 Bei Durchführung einer Beweisaufnahme ist es zweckmäßig, nach Beweiserhebung Termin zur Fortsetzung der mündlichen Verhandlung zu bestimmen. Erfolgt die Beweisaufnahme in einem solchen Termin, kann dieser zugleich als Termin zur Fortsetzung der mündlichen Verhandlung bestimmt werden (vgl. § 92 Abs. 4).

3. Verbindlichkeit des Abschlußprotokolls, Sätze 2–3

11 a) Sind wesentliche Teile des Vertrages unstreitig (Satz 2), können die Beteiligten verlangen, daß diese als verbindlich im Protokoll festgehalten werden.

Erforderlich ist hierzu zum einen ein übereinstimmender Antrag aller Beteiligten (arg. Wortlaut). Der Antrag einer Seite reicht nicht aus. 12

Das weitere Erfordernis der Unstreitigkeit „wesentlicher Teile" wird fast immer gegeben sein. 13

b) Satz 2 ist auch dann anwendbar, wenn z. B. Tatsachen nur hilfsweise für verbindlich erklärt werden sollen z. B. für den Fall, daß der Grundstückseigentümer mit seiner Rechtsauffassung, wonach kein Nutzungsrecht bestünde, nicht durchdringt. 14

Das als verbindlich Festgehaltene wirkt entgegen § 154 Abs. 1 Satz 2 BGB (Begr. BR-Drucks. 515/93, S. 171) nach § 99 Satz 3 wie ein gerichtliches Geständnis, § 288 ZPO. Hiergegen ist nur der Einwand für die Protokollierung kausaler Verfahrensfehler oder der Protokollfälschung möglich (§ 415 ZPO). 15

An eine Verständigung im Sinne des § 99 Sätze 2 und 3 ist auch das Gericht gebunden, § 106 Abs. 1 Satz 3 Nr. 2 (§ 106 Rdz. 10). 16

§ 100 Kosten

(1) Für das notarielle Vermittlungsverfahren erhält der Notar das Vierfache der vollen Gebühr nach § 32 der Kostenordnung. Die Gebühr ermäßigt sich auf
1. das Doppelte der vollen Gebühr, wenn das Verfahren vor Ausarbeitung eines Vermittlungsvorschlags beendet wird,
2. die Hälfte einer vollen Gebühr, wenn sich das Verfahren vor dem Erörterungstermin erledigt.

Als Auslagen des Verfahrens erhebt der Notar auch die durch Ermittlungen nach § 97 Abs. 1 entstandenen Kosten.

(2) Die Gebühren nach Absatz 1 bestimmen sich nach dem Geschäftswert, der sich aus den folgenden Vorschriften ergibt. Maßgebend ist das Fünfundzwanzigfache des Jahreswertes des Erbbauzinses ohne Rücksicht auf die Zinsermäßigung in der Eingangsphase oder der Kaufpreis, in jedem Fall jedoch mindestens die Hälfte des nach den §§ 19 und 20 Abs. 1 und 6 ermittelten Wertes. Endet das Verfahren ohne eine Vermittlung, bestimmt sich die Gebühr nach dem in Satz 2 genannten Mindestwert.

(3) Wird mit einem Dritten eine Vereinbarung über die Bestellung oder den Verzicht auf dingliche Rechte geschlossen, erhält der Notar für deren Vermittlung die Hälfte der vollen Gebühr. Der Wert richtet sich nach den Bestimmungen über den Geschäftswert in der Kostenordnung, in den Fällen der §§ 36 und 63 jedoch nicht über den Anteil hinaus, für den der Nutzer nach Maßgabe dieser Vorschriften mithaftet.

Übersicht

	Rdz.		Rdz.
I. Vorbemerkung	1	1. Gebührensatz	11
1. Allgemeines	1	2. Auslagen	17
2. Verhältnis zur Kostenordnung	3	3. Vollzugs- und Nebengebühren	19
II. Inhalt der Regelung	11	4. Geschäftswert	27

§ 100 1–7 Kapitel 2. Nutzung fremder Grundstücke

Rdz.		Rdz.
a) Erbbaurechtsbestellung ... 28	III. Sonstiges 42	
b) Ankauf 33	1. Beurkundungen ohne Vermittlungsverfahren 42	
c) Abschluß ohne Vertragsschluß 35	2. Grundbuchkosten 43	
5. Vermittlung einer Vereinbarung mit Dritten 36		

I. Vorbemerkung

1. Allgemeines

1   a) Die Vorschrift lehnt sich an die Regelung der Kosten des Vermittlungsverfahrens nach §§ 86 ff. FGG in § 116 KostO an. Durch den gegenüber der Beurkundungsgebühr nach § 36 Abs. 2 KostO verdoppelten Gebührensatz soll der beim Notar entstehende erhebliche organisatorische und zeitliche Mehraufwand des Vermittlungsverfahrens abgedeckt werden. Mittelbar wird die Bereitschaft der Beteiligten gefördert, eine Einigung außerhalb des Vermittlungsverfahrens im regulären Beurkundungsverfahren zu suchen.

2   b) Trotz des Gebührensatzes sind die Kosten des Vermittlungsverfahrens für die Betroffenen vergleichsweise niedrig. So stehen sie zu den Kosten einer Einigung durch vollstreckbaren Anwaltsvergleich nach § 1044b ZPO im Verhältnis von über 9:1. Die Gebühren entsprechen somit dem sozialstaatlichen Gedanken, daß als Ausfluß der staatlichen Pflicht zur Justizgewährung (Art. 19 Abs. 4 GG) zumindest mit dem Notariat dem Bürger ein Berater und Betreuer in allen Angelegenheiten der vorsorgenden Rechtspflege zur Verfügung stehen muß, dessen Gebühren sich an der Leistungsfähigkeit der Beteiligten orientieren.

2. Verhältnis zur Kostenordnung

3   a) Die Spezialvorschrift des § 100 verdrängt die allgemeinen kostenrechtlichen Vorschriften nur im Regelungsumfang, das heißt hinsichtlich
– des Gebührensatzes (Abs. 1),
– der Bestimmung des Geschäftswerts (Abs. 2),
– der Bestimmungen über gebührenpflichtige Nebengeschäfte (Abs. 3).

4   b) Die weiteren Vorschriften der Kostenordnung bleiben unberührt, insbesondere:

5   – die übrigen allgemeinen Vorschriften der §§ 1–35, insbesondere § 8 KostO (zu §§ 2, 3 KostO vgl. aber § 101 Abs. 1 Satz 1).

6   Vor allem im Hinblick auf die Kosten der Beweisaufnahme nach § 97 sollte von der Möglichkeit des Vorschusses nach § 8 KostO deutlich stärker Gebrauch gemacht werden, insbesondere die Vornahme der Amtshandlung (Beweiserhebung etc.) von der Einzahlung des Vorschusses abhängig gemacht werden (§ 97 Rdz. 18–20).

7   Bedeutung im Vermittlungsverfahren hat auch das Zurückbehaltungsrecht nach § 10 KostO (Zurückbehaltungsrecht z. B. an der Ausfertigung

des Vermittlungsvorschlags nach § 98 Abs. 1, des Abschlußprotokolls nach § 99 oder des Bestätigungsbeschlusses nach § 96 Abs. 5 Satz 2 bis zur Kostenzahlung),
- Die Vorschriften über die Kostenbeitreibung nach §§ 154–155 KostO,   8
- Die Ermäßigungsvorschriften aufgrund der Maßgaben des Einigungsvertrags (BGBl. II, S. 889/935, 940) zu § 32 KostO sowie die Ermäßigungsvorschriften nach § 144 KostO und § 144a KostO in der Fassung des Föderalen Konsolidierungsprogramms.   9
- Das Verbot von Gebührenvereinbarungen nach § 140 KostO sowie § 13 der Allgemeinen Richtlinien für die Berufsausübung der Notare.   10

II. Inhalt der Regelung

1. Gebührensatz, Abs. 1

a) Abs. 1 unterscheidet drei Fälle: 11
- bis zur Ausarbeitung des Vermittlungsvorschlags (§ 98 Abs. 1, dort Rdz. 10) durchgeführtes Vermittlungsverfahren, Abs. 1 Satz 1: 40/10-Gebühr aus dem Wert nach Abs. 2 Satz 2.   12
- vor Ausarbeitung eines Vermittlungsvorschlags beendetes Vermittlungsverfahren, Abs. 1 Satz 2 Nr. 1: 20/10-Gebühr aus dem Wert nach Abs. 2 Satz 2 Halbsatz 2 i. V. m. Satz 3.   13
- vor dem Erörterungstermin (zum Zeitpunkt des Beginns § 96 Rdz. 15) erledigtes Vermittlungsverfahren, Abs. 1 Satz 2 Nr. 2: 5/10-Gebühr aus dem Wert nach Abs. 2 Satz 2 Halbsatz 2 i. V. m. Satz 3.   14

b) Die Erledigung vor dem Erörterungstermin kann eintreten z. B. durch Antragsrücknahme, Erledigung in der Hauptsache, Einstellung (§ 95) oder Zurückweisung des Antrags. „Vor dem Erörterungstermin" liegt die Erledigung nur dann, wenn sie vor dem Aufruf der Sache erfolgt.   15

c) Die Beendigung nach dem Erörterungstermin, aber vor Ausarbeitung eines Vermittlungsvorschlags kann aus ähnlichen Gründen eintreten. Keine Beendigung des Verfahrens tritt ein durch Unterbrechung, Ruhen des Verfahrens oder Aussetzung nach § 94 (vgl. aber § 94 Abs. 3).   16

2. Auslagen

Zu den Kosten des Vermittlungsverfahrens gehören auch Schreib- und sonstige Auslagen nach §§ 136, 137, 152 KostO, Reisekosten und Auswärts- und Unzeitgebühren nach §§ 58, 153 KostO sowie Gebühren für Beurkundungen nach §§ 96 Abs. 3 Satz 1, 98 Abs. 2 Satz 1 in fremder Sprache, § 59 KostO.   17
Abs. 1 Satz 3 stellt dies für die Kosten der Beweisaufnahme nach § 97 ausdrücklich klar.   18

3. Vollzugs- und Nebengebühren

Der Vollzug einer beurkundeten Vereinbarung nach § 98 Abs. 2 gehört nicht mehr zum Vermittlungsverfahren (§ 98 Rdz. 11, 13). Ist der Notar mit   19 dem Vollzug einer solchen vertraglichen Vereinbarung beauftragt, so hat er insoweit geschuldete Nebengebühren in Ansatz zu bringen. Solche können z. B. sein:

20 – Vollzugsgebühr nach § 146 Abs. 1 Satz 1 Halbsatz 1 bzw. 2 KostO (z. B. Einholung der Genehmigung nach der GVO, nach § 120, der Abgeschlossenheitsbescheinigung nach § 7 Abs. 4 WEG im Fall der §§ 40, 67 oder Vorkaufsrechtsanfrage nach § 24 BauGB).

21 – Gebühr für die Überwachung der Kaufpreisfälligkeit nach § 147 Abs. 2 KostO aus einem nach § 30 Abs. 1 KostO zu schätzenden Teil des zu überwachenden Kaufpreises.

22 – Gebühr für die Überwachung der Vorlagesperre bei der Auflassung nach § 147 Abs. 2 KostO aus einem nach § 30 Abs. 1 KostO zu schätzenden Teil des Grundstückswerts nach Abs. 2 Satz 2.

23 – Gebühren nach § 147 Abs. 2 bzw. §§ 145 Abs. 1 Satz 1, 38 Abs. 2 Nr. 5a) KostO für die Erholung von Löschungs-, Freigabe- oder Rangrücktrittserklärungen der Inhaber dinglicher Rechte am Grundstück bzw. am Gebäude. Geschäftswert: §§ 22–24 KostO; Vergleichswert des Erbbaurechts bzw. des Grundstücks ist hierbei der Wert nach § 100 Abs. 2.

24 – Gebühren nach § 147 Abs. 2 für die Inanspruchnahme der amtlichen Haftung des Notars für das Gebrauchen ihm übermittelter Erklärungen zur Lastenfreistellung/Rangbeschaffung aus einem nach § 30 Abs. 1 KostO zu schätzenden Teil des Haftungsbetrags.

25 – Hebegebühr nach § 149 KostO.

26 Ein entsprechender Auftrag kann dem Notar schon vor Beendigung des Vermittlungsverfahrens erteilt werden und löst dann ebenfalls die entsprechenden Gebühren aus, da dieser Auftrag kein Teil des Vermittlungsverfahrens ist, sondern ein zusätzliches Betreuungsgeschäft nach §§ 23, 24 BNotO bzw. § 2 Abs. 6 NotVO.

4. Geschäftswert, Abs. 2

27 In Abs. 2 wird der Halbteilungsgrundsatz (Einl. Rdz. 45–48) konsequent fortgeführt. Dies entspricht der bisherigen Auffassung der Prüfungsabteilungen der Ländernotarkasse A. d. ö. R., Leipzig, und der Notarkasse A. d. ö. R., München bei der Bewertung von nutzungsrechtsbelasteten Grundstücken in sog. Komplettierungsfällen. Denn schon nach allgemeinen Grundsätzen (§§ 19, 20 KostO) kann der Geschäftswert gar nicht höher sein, da der Wert des Grundstücks infolge der Belastung mit dem Nutzungsrecht eben nur 50% des „normalen" Verkehrswerts beträgt (Begr. BR-Drucks. 515/93, S. 171 f.). Anzusetzen ist der Bodenwert nach §§ 19, 20 Abs. 1 und 6.

a) Erbbaurechtsbestellung

28 aa) Soll ein Erbbaurecht bestellt werden, so ist nach Abs. 2 Satz 2 der halbe Bodenwert nach §§ 19, 20 mit dem 25-fachen Jahreserbbauzins zu vergleichen, der sich nach §§ 43 ff. ergibt. Der Erbbauzins liefert dann den höheren Wert, wenn er über 2% p. a. liegt (z. B. nach § 43 Abs. 2 Abs. 1 Nr. 1b),

Nr. 3, Satz 2, § 47 für eine bereits ausgeübte geänderte Nutzung, siehe § 47 Rdz. 22–27).

bb) Die Zinsermäßigung nach § 51 bleibt nach Abs. 2 Satz 2 unberücksichtigt, ebenso Verpflichtungen nach den §§ 45, 46, 47 Abs. 2, § 48 und 50, es sei denn, es handelt sich um eine unter § 3 WährungsG fallende Gleitklausel (hierzu *Prüfungsabteilung der Notarkasse,* Kostenstreifzug, Rdz. 158: Schätzung nach § 30 Abs. 1 führt bei Gleitklauseln zu einem Zuschlag von idR 10%).

cc) Ebenfalls nicht zusätzlich zu bewerten ist ein Ankaufsrecht nach § 57. Anderes gilt für Vorkaufsrechte am Erbbaurecht zugunsten des Grundstückseigentümers (*Prüfungsabteilung der Notarkasse,* aaO.)

dd) Nicht gesondert zu bewerten sind weiter Vereinbarungen über den Heimfall (§ 56), Veräußerungszustimmung (§ 49), Eigentümererklärungen zur Rangbeschaffung (§ 35 KostO). Vereinbarungen über eine Nutzungsentschädigungen für die Vergangenheit (§ 44 Abs. 2) sind gegenstandsgleich mit dem Erbbauzins (§ 44 Abs. 1 KostO).

ee) Nicht gesondert zu bewerten ist eine Aufteilung in Wohnungs- und Teilerbbaurechte nach § 40 im Rahmen des Vermittlungsverfahrens. Insoweit geht Abs. 2 § 21 KostO vor.

b) Ankauf

aa) Soll das Grundstück gekauft werden, so ist der halbe Verkehrswert mit dem Kaufpreis nach § 68 Abs. 1 zu vergleichen. Mit zu berücksichtigen ist die Kaufpreiserhöhungsverpflichtung nach §§ 69, 70, 74. Zusätzlich zu bewerten (ca. 20–30% des Kaufpreises, § 30 Abs. 1 KostO) sind die Verpflichtungen nach §§ 71, 73 Abs. 2 und 3. Nicht in Abzug gebracht wird der Skonto nach § 68 Abs. 2 (Abs. 2 Satz 2 Halbsatz 1 entsprechend). Nicht gesondert bewertet wird eine Verpflichtung nach § 72.

bb) Nicht gesondert zu bewerten ist eine Aufteilung in Wohnungs- und Teileigentum nach § 67 im Rahmen des Vermittlungsverfahrens. Insoweit geht Abs. 2 § 21 KostO vor.

c) Abschluß ohne Vertragsschluß

Führt das Vermittlungsverfahren nicht zum Vertragsschluß nach § 98 Abs. 2 oder zur Bestätigung nach § 96 Abs. 5 Satz 2, so ist nach Abs. 2 Satz 3 mindestens der halbe Grundstückswert nach §§ 19, 20 Abs. 1 und 6 anzusetzen.

5. Vermittlung einer Vereinbarung mit Dritten, Abs. 3

a) Abs. 3 enthält eine Sonderregelung für den Fall, daß der Notar im Vermittlungsverfahren den Vertragsschluß zwischen dem Grundstückseigentümer und Nutzer und einem Dritten „vermittelt".

Hiervon zu unterscheiden ist der Fall, daß der Notar im Auftrag der Beteiligten die Lastenfreistellung/Rangbeschaffung oder ein Genehmigungsverfahren betreibt (zu den insoweit anzusetzenden Gebühren oben Rdz. 23).

38 Die „Vermittlungsgebühr" nach Abs. 3 ist hingegen nur anzusetzen, wenn Dritter im Vermittlungsverfahren nach § 92 Abs. 2 unterrichtet bzw. geladen und erschienen bzw. vertreten sind und nach Erörterung eine (vergleichsweise, d. h. im Wege gegenseitigen Nachgebens, § 779 BGB) Vereinbarung vor dem Notar geschlossen wird.

39 Dritte sind nach dem Wortlaut des Abs. 3 nur Inhaber dinglicher Rechte am Grundstück bzw. Gebäude.

40 Zur Abgeltung des entsprechenden Verfahrensmehraufwands enthält der Notar nach Abs. 3 Satz 1 eine 5/10-Gebühr, nach Abs. 3 Satz 2 aus dem Wert nach §§ 22–24 KostO i. V. m. 36, 63 SachenRBerG.

41 b) Vollzugsgeschäfte der Vermittlung bzw. entsprechende Entwürfe (z. B. Grundschuldbestellung gegen Rangrücktritt) sind gesondert zu bewerten.

III. Sonstiges

1. Beurkundungen ohne Vermittlungsverfahren

42 Insoweit gelten die allgemeinen kostenrechtlichen Bestimmungen. Abs. 2 liefert allerdings auch dann einen Grundsatz für die Geschäftswertbestimmung und einen Maßstab für den Vergleichswert nach §§ 20 Abs. 1 Satz 2, 23 KostO.

2. Grundbuchkosten

43 Insoweit gelten die allgemeinen Regelungen der Kostenordnung. Bei der Bestimmung des Geschäftswertes ist der Rechtsgedanke des Abs. 2 ebenfalls zu beachten, soweit die Anwendung dieser Vorschriften für den Kostenschuldner günstiger ist.

§ 101 Kostenpflicht

(1) **Für die Kosten des Vermittlungsverfahrens haften Grundstückseigentümer und Nutzer als Gesamtschuldner. Sie haben die Kosten zu teilen. Eine Erstattung der den Beteiligten entstandenen Auslagen findet nicht statt.**

(2) **Die für das notarielle Vermittlungsverfahren im Falle einer Einstellung nach § 95 entstandenen Kosten sind**
1. in den Fällen des § 95 Abs. 1 Nr. 1 zwischen Eigentümer und Nutzer zu teilen,
2. in den Fällen des § 95 Abs. 1 Nr. 2 von dem Antragsteller zu tragen,
3. in den Fällen des § 95 Abs. 2 von dem Beteiligten zu tragen, der das Verfahren nach § 64 des Landwirtschaftsanpassungsgesetzes beantragt hat.

Übersicht

	Rdz.		Rdz.
1. Kostenhaftung	1	3. Kostenentscheidung bei Einstellung	7
2. Kostenhaftung nach § 100 Abs. 3	6		

§ 101. Kostenpflicht   1–10   § 101

1. Kostenhaftung, Abs. 1

a) Abs. 1 Satz 1 wiederholt nur den Grundsatz der gesamtschuldnerischen Kostenhaftung der Beteiligten im Außenverhältnis gegenüber dem Notar, § 5 Abs. 1 Satz 1 KostO. Im übrigen bleiben die Vorschriften der §§ 2–6 KostO unberührt.   **1**

Für das Innenverhältnis zwischen den Beteiligten führt Abs. 1 Satz 2 die in §§ 60 Abs. 2, 77 niedergelegten Grundsätze fort. Der Umfang der Kostenteilung nach Abs. 1 Satz 2 entspricht dem der genannten Vorschriften (§ 60 Rdz. 12–14).   **2**

Auslagen (insbesondere Rechtsanwaltskosten) werden jedoch nicht geteilt, Abs. 1 Satz 3.   **3**

b) Eine hälftige Kostenteilung nach Abs. 1 Satz 2 kann insbesondere im Rahmen des § 97 zu einer Mithaft für Kosten einer Beweisaufnahme in erheblichem Umfang führen. Dies ist dann unbillig, wenn auf diese Weise die schwächere finanzielle Position einer Seite ausgenutzt werden soll. In einem solchen Fall darf vom Prinzip der hälftigen Kostenteilung entsprechend § 107 (vgl. § 107 Rdz. 2–7) sowie nach den Grundsätzen der §§ 5 Abs. 2 KostO, 226, 242 BGB abgewichen werden. Finanzierungskosten treffen stets den Veranlasser allein.   **4**

Mißbräuchliche Beweisanträge lassen sich jedoch auch dadurch vermeiden, daß die Durchführung der Beweisaufnahme von der Einzahlung eines Kostenvorschusses abhängig gemacht wird (§ 97 Rdz. 18–20).   **5**

2. Kostenhaftung nach § 100 Abs. 3

Für die Kostenhaftung nach § 100 Abs. 3 trifft § 101 Abs. 1 keine Regelung. Insoweit verbleibt es bei den allgemeinen Vorschriften der §§ 2–6 KostO.   **6**

3. Kostenentscheidung bei Einstellung, Abs. 2

Abs. 2 enthält eine Sonderregelung für die Kostenteilung im Fall der Einstellung des Verfahrens nach § 90. Abweichend vom Grundsatz des Abs. 1 Satz 2 soll hier der Beteiligte die Kosten tragen, der für die Einstellung Veranlassung gegeben hat (Begr. BR-Drucks. 515/93, S. 172).   **7**

a) Demgemäß bleibt es nach Abs. 2 Nr. 1 im Fall eines Bodenneuordnungsverfahrens (§ 95 Abs. 1 Nr. 1, dort Rdz. 4) bei der Kostenteilung.   **8**

b) War hingegen ein Antrag auf ein bodenrechtliches Verfahren nach § 95 Abs. 1 Nr. 2 gestellt, so hat allein der Antragsteller nach § 87 für die Kosten des Vermittlungsverfahrens Veranlassung gegeben und hat demgemäß diese allein zu tragen, Abs. 2 Nr. 2.   **9**

c) Gleiches gilt in den Fällen des § 95 Abs. 2 für den Beteiligten, der dem Vermittlungsverfahren durch einen Antrag nach § 64 LwAnpG die Grundlage entzogen hat, Abs. 2 Nr. 3.   **10**

467

§ 102 Prozeßkostenhilfe

(1) **Für das notarielle Vermittlungsverfahren finden die Vorschriften der Zivilprozeßordnung über die Prozeßkostenhilfe mit Ausnahme des § 121 Abs. 1 bis 3 entsprechende Anwendung.** Einem Beteiligten ist auf Antrag ein Rechtsanwalt beizuordnen, wenn der andere Beteiligte durch einen Rechtsanwalt vertreten ist und die Beiordnung zur zweckentsprechenden Rechtsverfolgung erforderlich ist.

(2) **Für die Entscheidung nach Absatz 1 ist das Gericht zuständig, das nach § 103 Abs. 1 über eine Klage auf Feststellung des Erbbaurechts oder des Ankaufsrechts zu entscheiden hat.**

(3) **Der Notar hat dem Gericht die Antragsunterlagen zu übermitteln.**

Übersicht

	Rdz.		Rdz.
1. Allgemeines	1	b) Kostenzahlung	14
2. Voraussetzungen der PKH	8	c) Beiordnung eines Rechtsanwalts	16
a) Antrag	9	4. Zuständigkeit für Bewilligung von PKH	19
b) Bedürftigkeit	10		
c) Erfolgsaussicht	11	5. Aufhebung der Bewilligung von PKH	24
3. Wirkung der Bewilligung von PKH	13		
a) Allgemeines	13		

1. Allgemeines

1   a) Aus der Stellung des Notars als Träger eines öffentlichen Amtes auf dem Gebiet der vorsorgenden Rechtspflege (§ 1 BNotO, § 2 Abs. 1 NotVO) ergibt sich, daß auch für notarielle Leistungen demjenigen, der nach seinen persönlichen und wirtschaftlichen Verhältnissen die Kosten nicht, nur zum Teil oder nur in Raten aufbringen kann, auf Antrag Prozeßkostenhilfe (PKH) zu gewähren ist, § 114 ZPO.

2   Für die Amtstätigkeit des Notars im allgemeinen stellen dies §§ 17 Abs. 2 BNotO, 26 Abs. 2 NotVO ausdrücklich klar. Diese Vorschriften gelten auch in (Beurkundungs-)Verfahren nach dem SachenRBerG.

3   b) § 102 modifiziert diese Bestimmungen im Hinblick auf das Vermittlungsverfahren.

4   aa) Nach § 17 Abs. 2 BNotO geht die Gewährung von PKH zu Lasten des Gebührenanspruchs des Notars. Eine Rückgriffsmöglichkeit des Notars gegen die Staatskasse für seine Gebühren (beim Rechtsanwalt nach §§ 121 ff. BRAGO) besteht nicht. Dies ist zwingende Folge des öffentlichen Amts des Notars. Eine Rückgriffsmöglichkeit hinsichtlich der Gebühren des Notars besteht unabhängig davon nicht, ob der Notar sein Amt innerhalb der Justizverwaltung (wie im Amtsnotariat Württembergs oder im badischen Richternotariat) oder selbständig ausübt (aA zu Unrecht offenbar Begr. BR-Drucks. 515/93, S. 96).

bb) Eine Rückgriffsmöglichkeit des Notars besteht nur hinsichtlich seiner 5
Auslagen, §§ 136, 137, 152 KostO, § 100 Abs. 1 Satz 3 SachenRBerG. Dies
betrifft insbesondere die Kosten einer Beweisaufnahme nach § 97, deren
Ergebnisse der staatlichen Justiz über § 97 Abs. 3 unmittelbar zugute kommen.
Anspruchsgrundlage insoweit ist öffentlich-rechtliches Auftragsrecht,
§ 670 BGB entsprechend.

cc) Demgemäß wird in Abweichung von §§ 17 Abs. 2 BNotO, 26 Abs. 2 6
NotVO PKH für das Vermittlungsverfahren nicht durch den Notar, sondern
nach Abs. 2 durch das nach § 103 Abs. 1 zuständige Gericht bewilligt.

c) Unberührt bleibt die Pflicht des Notars zur Gewährung von PKH für 7
Amtshandlungen, die nicht Teil des Vermittlungsverfahrens sind, z. B. für
den Vollzug einer Vereinbarung nach § 98 Abs. 2 Satz 1 (§ 100 Rdz. 19–26),
für Erbscheinsanträge und die Berichtigung des Grundbuchs durch Eintragung
der Erbfolge (oben Rdz. 2).

2. Voraussetzungen der PKH

Abs. 1 Satz 1 ordnet hierzu die entsprechende Anwendung der §§ 114–127 8
ZPO i. V. m. der der ZPO als Anlage 1 beigefügten Tabelle nach § 114 Satz 2
ZPO an.
Erforderlich sind hiernach:

a) Antrag

PKH wird nur auf Antrag gewährt, §§ 114, 117 ZPO. Der Antrag ist 9
entweder beim für das Vermittlungsverfahren zuständigen Notar (siehe
Abs. 3) oder unmittelbar bei dem nach Abs. 2 für die Bewilligung von PKH
zuständigen Gericht zu stellen.

b) Bedürftigkeit

Der Antragsteller muß zur Zahlung der Verfahrenskosten nach den per- 10
sönlichen und wirtschaftlichen Verhältnissen außerstande sein, §§ 114 Satz 1,
115 ZPO.
Insoweit gelten die in der Tabelle Anlage 1 zur ZPO enthaltenen Einkommensgrenzen.

c) Erfolgsaussicht

Es muß hinreichende Erfolgsaussicht bestehen, daß mit dem Antrag auf 11
Durchführung des Vermittlungsverfahrens der gewünschte Vertrag (§ 90
Abs. 1 Nr. 4) mit seinem gewünschten Inhalt erreicht wird, §§ 114 Satz 1,
118 ZPO.

Erfolgsaussicht heißt nicht Erfolgsgewißheit (*Thomas-Putzo*, § 114 12
Rdz. 8). Ausreichend ist, daß der Rechtsstandpunkt des Antragstellers zumindest
vertretbar ist. Die Rechtsverfolgung darf nicht als mutwillig erscheinen
(*Thomas-Putzo*, § 114 Rdz. 12).

3. Wirkung der Bewilligung von PKH

a) Allgemeines

13   Die Wirkungen der Bewilligung von PKH bestimmen sich nach §§ 120, 121 Abs. 4, 122, 123 ZPO. § 125 ZPO gilt mit der Maßgabe, daß die Beitreibung der Gerichtskosten mit der Beendigung bzw. Aussetzung des Vermittlungsverfahrens erfolgen kann. § 126 ZPO ist nicht einschlägig.

b) Kostenzahlung

14   In der Regel wird Prozeßkostenhilfe in Anbetracht des vorhandenen Vermögens (Grundstück bzw. Nutzungsrecht) unter entsprechender Ratenzahlung gewährt werden können.

15   Ist mindestens einer Seite Prozeßkostenhilfe gewährt, so hat der Notar entsprechend § 101 Abs. 1 Satz 2 mehrere Kostenrechnungen zu erstellen. Der Prozeßkostenhilfeberechtigte hat den ihn treffenden Teil nach Maßgabe der Entscheidung des Gerichts nach Abs. 2 (§ 121 Abs. 1 Nr. 1 ZPO) nur teilweise, in Raten oder gar nicht zu zahlen.

c) Beiordnung eines Rechtsanwalts, Abs. 1 Satz 2

16   Nicht anwendbar sind nach Abs. 1 Satz 1 die allgemeinen Bestimmungen nach § 121 Abs. 1 mit 3 ZPO, wohl aber § 121 Abs. 4 ZPO. An ihre Stelle tritt Abs. 1 Satz 2.

17   Die Beiordnung eines Rechtsanwalts ist hiernach in der Regel wegen der Unabhängigkeit, Unparteilichkeit und Sachkunde des Notars nicht geboten (Begr. BR-Drucks. 515/93, S. 172). Insoweit sind auch die rechtstatsächlichen Untersuchungen über die erheblich geringere außergerichtliche Schlichtungsquote bei beiderseitiger anwaltlicher Vertretung zu berücksichtigen (*Wasilewski et. al.*, Streitverhütung durch Rechtsanwälte, 1990, S. 36 und 72).

18   Ausschlaggebend für die ausnahmsweise Beiordnung eines Rechtsanwalts ist neben dem Gebot der prozessualen Waffengleichheit ein entsprechender Antrag und die Erforderlichkeit der Beiordnung zur zweckentsprechenden Rechtsverfolgung (Abs. 1 Satz 2). Diese ist dann gegeben, wenn der Sachverhalt nicht einfach gelagert ist (z. B. komplizierte Grundstücksverhältnisse, dinglich Berechtigte, die an der erforderlichen Lastenfreistellung/Rangbeschaffung nicht mitwirken).

4. Zuständigkeit für Bewilligung von PKH, Abs. 2 und 3

19   a) Abs. 2 stellt in Abweichung von §§ 17 Abs. 2 BNotO, 26 Abs. 2 NotVO klar, daß über die Gewährung der PKH für das Vermittlungsverfahrens (einschließlich deren Abänderung bzw. des Widerrufs) nicht der Notar, sondern das Amtsgericht des Belegenheitsorts entscheidet (Entscheidung im Sinne von §§ 119, 127 ZPO).

Vorbemerkung 1–3 **Vor §§ 103 ff**

Gleiches gilt für die Entscheidung über die Beiordnung eines Rechtsanwalts. 20

b) Anträge auf PKH nimmt, wie sich aus Abs. 3 ergibt, in Abweichung von § 117 ZPO der Notar entgegen und leitet ihn weiter. Das Gericht verfährt sodann nach § 118 ZPO. 21

Die gerichtsüblichen Antragsformulare hinsichtlich der persönlichen Antragsvoraussetzungen sind zu verwenden, § 117 Abs. 3 und 4 ZPO i. V. m. der Verordnung vom 24. 11. 1980, BGBl. I, 2163. 22

c) Für die Entscheidung des Gerichts gilt § 127 ZPO. 23

5. Aufhebung der Bewilligung von PKH

a) Für die Aufhebung der Bewilligung von PKH gilt § 124 ZPO. Insbesondere ist die Bewilligung auch dann aufzuheben, wenn der PKH-Berechtigte trotz des zwischenzeitlichen Verfahrensergebnisses an einer nicht vertretbaren Rechtsansicht festhält. 24

Die Aufhebung der Bewilligung erfolgt gleichfalls durch das nach § 102 Abs. 2 i. V. m. § 103 Abs. 1 zuständige Gericht. 25

b) Entsprechend § 102 Abs. 3 ist der Notar ohne Bindung an die Verschwiegenheitspflicht (§§ 18 BNotO, 12 NotVO) berechtigt und verpflichtet, sowohl bei Antragstellung ihm bekannte als auch später bekannt werdende Tatsachen nach § 124 ZPO dem zuständigen Amtsgericht zu melden. Abs. 3 i. V. m. § 124 ZPO ist hier im Sinne einer Anzeigepflicht auszulegen, da andernfalls § 124 ZPO sinnentleert wäre. 26

Unterabschnitt 3. Gerichtliches Verfahren

Vorbemerkung vor §§ 103 ff.

Das gerichtliche Verfahren über die Ansprüche nach dem SachenRBerG ist ein Streitverfahren nach ZPO (Begr. BR-Drucks. 515/93, S. 173). Die Gesetzesbegründung hält ein Verfahren der freiwilligen Gerichtsbarkeit nicht für sachgerecht, da sich Parteien mit entgegengesetzten Interessen gegenüberstehen (Begr. BR-Drucks. 515/93, S. 91). 1

Für dieses Verfahren gelten in vollem Umfang die Vorschriften der ZPO, die jedoch durch §§ 103 bis 108 modifiziert werden. Die Modifikationen betreffen: 2
– die Zuständigkeit, § 103;
– die Sachurteilsvoraussetzungen und den Klageantrag, §§ 104, 105;
– die gerichtliche Entscheidung und ihre Vollstreckung, § 106;
– die Kostenentscheidung, § 107.

Einen Sonderfall der Feststellungsklage regelt § 108, der an § 94 Abs. 2 Nr. 2 anschließt. 3

§ 103 Allgemeine Vorschriften

(1) Die gerichtlichen Verfahren, die die Bestellung von Erbbaurechten oder den Ankauf des Grundstücks oder des Gebäudes oder der baulichen Anlage betreffen, sind nach den Vorschriften der Zivilprozeßordnung zu erledigen. Ausschließlich zuständig ist das Gericht, in dessen Bezirk das Grundstück ganz oder zum größten Teil belegen ist.

(2) Bei den Landgerichten können Kammern für die Verfahren zur Sachenrechtsbereinigung gebildet werden.

Übersicht

	Rdz.		Rdz.
1. Erfaßte Fälle	1	c) Örtliche Zuständigkeit	11
2. Zuständigkeit	7	d) Funktionelle Zuständigkeit	14
a) Sachliche Zuständigkeit	7	3. Rechtsmittel	15
b) Streitwert	8		

1. Erfaßte Fälle

1 a) Die Sondervorschriften der §§ 103 ff. betreffen Streitigkeiten über:
– die Bestellung von Erbbaurechten nach §§ 32 ff.;
– den Ankauf des Grundstücks nach §§ 61 ff.;
– den Ankauf des Gebäudes nach §§ 81 ff.

2 Die Vorschriften der §§ 103 ff. gelten entsprechend in Verfahren nach §§ 109, 110, 122 (§ 109 Rdz. 33–35, § 110 Rdz. 3, § 122 Rdz. 7).

3 In Verfahren über die Bestellung von Erbbaurechten nach Erholungsnutzungsrechtsgesetz sind ebenfalls die §§ 103 ff. anwendbar (Vorbem. vor §§ 32 ff., Rdz. 31–37).

4 b) Nicht erforderlich ist das Vorliegen einer Streitigkeit zwischen dem Nutzer auf der einen und dem Grundstückseigentümer auf der anderen Seite. Dies zeigt schon § 108 Abs. 3 (Streit unter Nutzungsprätendenten). Denkbar im Verfahren nach §§ 103 ff. ist somit auch ein Streit zwischen mehreren Nutzern über die Bestellung von Wohnungs- und Teilerbbaurechten bzw. Wohnungs- und Teileigentum nach §§ 40, 67 ohne Beteiligung des erfüllungsbereiten Grundstückseigentümers.

5 c) Ebenfalls erfaßt sind Streitigkeiten zwischen dem Nutzer oder dem Grundstückseigentümer auf der einen Seite und dem dinglich Berechtigten an Grundstück bzw. Gebäudeeigentum auf der anderen Seite über Rechte und Ansprüche nach §§ 33 ff., 62 ff. Dies zeigt § 94 Abs. 2 Nr. 3.

6 d) Nicht erfaßt sind Klagen aus sonstigen Rechtsgründen, insbesondere wegen Nutzungsentschädigung und Schadensersatz (zur Prozeßverbindung unten Rdz. 13). Nicht erfaßt ist auch eine Klage, die den Abschluß eines Miet- oder Nutzungsvertrags nach §§ 31 Abs. 2, 83 Abs. 2, 123 zum Gegenstand hat. Die Erhebung einer solchen Klage ist allenfalls als (Eventual-) Widerklage im Gerichtsstand nach § 103 denkbar.

2. Zuständigkeit, Abs. 1

a) Sachliche Zuständigkeit

Die genannten Streitigkeiten sind als bürgerliche Rechtsstreitigkeiten (§ 13 GVG) vor den Gerichten der ordentlichen Gerichtsbarkeit zu führen (Amts- oder Landgerichte). Die sachliche Zuständigkeit richtet sich hierbei nach den allgemeinen Vorschriften (§ 23 Nr. 1 GVG), d. h. nach dem Streitwert.

b) Streitwert

aa) Für die Ermittlung des Streitwerts gelten hierbei die Vorschriften der §§ 2ff. ZPO. Ist hiernach der Erbbauzins zu kapitalisieren, so sind nicht die Vorschriften der KostO bzw § 100 Abs. 2 für die Streitwert- und Kostenfestsetzung, sondern die der ZPO (insbesondere § 9 ZPO) einschlägig. Hiernach maßgebend ist der 3,5-fache Jahreswert.

bb) § 100 Abs. 2 findet unmittelbar im Rahmen der §§ 2ff. ZPO zwar keine Anwendung. Allerdings fließt auch in die Streitwertfestsetzung nach der ZPO die Überlegung ein, daß der Wert eines Grundstücks in der Regel 50% des Verkehrswerts ohne Bestehen eines Nutzungsrechts beträgt.

cc) Allerdings kommt der Ansatz des Erbbaurechts oder Ankaufsrechts mit dem halben Verkehrswert nach §§ 19, 20 Abs. 1 und 6 nur dann in Betracht, wenn z. B. über das Bestehen oder den redlichen Erwerb eines Nutzungsrechts gestritten wird. Bei Fragen des Inhalts des Erbbaurechts oder des Ankaufsrechts wird Streitwert im allgemeinen nur ein Teil dieses Wertes sein.

c) Örtliche Zuständigkeit

Für die örtliche Zuständigkeit enthält Abs. 1 im Anschluß an § 24 Abs. 1 ZPO den ausschließlichen Gerichtsstand des belegenen Grundstücks bzw. des (flächen-, nicht wertmäßig) größten Teils, Abs. 1 Satz 2. Die Ausschließlichkeit des Gerichtsstands ist auch durch die erforderliche Ortsnähe und Sachkunde des Gerichts gerechtfertigt.

Prorogation oder rügelose Einlassung nach §§ 38ff. sind daher ausgeschlossen.

Mit der Klage nach dem SachenRBerG verbunden werden können im Gerichtsstand nach § 103 Klagen aus anderen Rechtsgründen, die aber im Rechtsverhältnis zwischen Eigentümer und Nutzer wurzeln. Beispiele: Klage auf eine oder aus einer Nutzungsvereinbarung (§§ 31 Abs. 2, 83 Abs. 2, 123) oder auf Nutzungsentschädigung aus Verzugsgesichtspunkten (§ 286 BGB; hierzu § 44 Rdz. 19–23).

d) Funktionelle Zuständigkeit, Abs. 2

Abs. 2 sieht als Möglichkeit die Bildung von Spezialkammern bei den Landgerichten (Sachenrechtsbereinigungskammern) vor. Von dieser Möglichkeit sollte Gebrauch gemacht werden; die Konzentration des erforderlichen Sachverstands liegt im Interesse einer einheitlichen Rechtsprechung im LG-Bezirk und der Ausnutzung des durch die Streitfälle erworbenen know-hows.

3. Rechtsmittel

15 Insoweit gelten die allgemeinen Vorschriften der ZPO.

16 a) Rechtsmittel gegen Urteile des Amtsgerichts ist nach Maßgabe der ZPO (§§ 511a Abs. 1, 513 Abs. 2 ZPO) die Berufung zum Landgericht (evtl. ebenfalls zu einer Spezialkammer nach § 103 Abs. 2).

17 b) Gegen Urteile des Landgerichts ist nach Maßgabe der ZPO (§§ 511a, 513 Abs. 2 ZPO) die Berufung zum Oberlandesgericht möglich. Auch ohne eine Abs. 2 entsprechende gesetzliche Regelung ist die Konzentration der Streitigkeiten bei einem (Sachenrechtsbereinigungs-)Senat mittels des Geschäftsverteilungsplans ratsam.

18 c) Gegen Urteile des OLG steht nach Maßgabe der ZPO (§§ 546, 547 ZPO) die Revision zum BGH offen. Gerade in der ersten Phase der Anwendung dieses neuen Gesetzes wäre im Interesse der Klärung bedeutsamer Fragen eine großzügige Handhabung der Zulassungsrevision nach § 546 Abs. 1 Satz 2 ZPO angebracht.

19 d) Soweit noch Kreis- und Bezirksgerichte bestehen, gilt: Zuständig sind als erstinstanzliches Gericht die Kreisgerichte, die Bezirksgerichte haben die Aufgabe der Berufungsinstanz (Einigungsvertrag vom 23. 09. 1990, Anlage I Kapitel III Sachgebiet A Abschnitt III Nr. 1e) und h), BGBl. II, 885/922f.).

§ 104 Verfahrensvoraussetzungen

Der Kläger hat für eine Klage auf Feststellung über den Inhalt eines Erbbaurechts oder eines Ankaufsrechts nach Maßgabe der §§ 32, 61, 81 und 82 den notariellen Vermittlungsvorschlag und das Abschlußprotokoll vorzulegen. Fehlt es an dem in Satz 1 bezeichneten Erfordernis, hat das Gericht den Kläger unter Fristsetzung zur Vorlage aufzufordern. Verstreicht die Frist fruchtlos, ist die Klage als unzulässig abzuweisen. Die Entscheidung kann ohne mündliche Verhandlung durch Beschluß ergehen.

Übersicht

	Rdz.		Rdz.
1. Allgemeines	1	c) Klageänderung	10
2. Sachurteilsvoraussetzungen	3	d) Ausnahmsweise entbehrliches Vermittlungsverfahren	12
a) Durchführung des Vermittlungsverfahrens	4	3. Klageart	14
b) Von § 90 Abs. 1 Nr. 4 abweichender Klageantrag	7	4. Streitgegenstand	22

1. Allgemeines

1 § 104 regelt trotz seiner Überschrift nicht nur die besonderen Sachurteilsvoraussetzungen einer Klage nach §§ 103 ff., sondern ist (in Verbindung mit §§ 105, 106) eine Vorschrift von darüber hinausgehender, zentraler Bedeutung.

Denn aus dem Sinnzusammenhang der §§ 104–106 läßt sich die Einordnung der Klage nach §§ 103 ff. in das System der Klagearten und der Streitgegenstand dieser Verfahren ermitteln. **2**

2. Sachurteilsvoraussetzungen

In Ergänzung der allgemeinen Sachurteilsvoraussetzungen des Prozeßrechts besteht im Verfahren nach §§ 103 ff. folgende weitere Sachurteilsvoraussetzung: **3**

a) Durchführung des Vermittlungsverfahrens

Nach Satz 1 hat der Kläger zusammen mit der Klageschrift (§ 253 Abs. 1 ZPO) auch den Vermittlungsvorschlag und das Abschlußprotokoll nach §§ 98 Abs. 1, 99 vorzulegen. **4**

Wie sich aus Satz 2 ergibt, ist dies keine bloße Ordnungsvorschrift. Vielmehr ist die Durchführung des Vermittlungsverfahrens bis zur Erstellung eines Vermittlungsvorschlags und des Abschlußprotokolls echte Sachurteilsvoraussetzung. Sie ist von Amts wegen und nicht bloß auf Prozeßeinrede des Beklagten zu berücksichtigen. Dies entspricht dem Sinne des Vermittlungsverfahrens, das den Streitstoff vorklären und das Gericht in den ungewohnten Problemkreisen der Vertragsgestaltung entlasten soll (Begr. BR-Drucks. 515/93, S. 173). **5**

Die Frist nach Satz 2 sollte in der Regel kurz bemessen sein (z. B. 4 Wochen). Sinn des Satz 2 ist nur, den Mangel der versehentlichen Nichtbeifügung des Vermittlungsvorschlags und des Abschlußprotokolls zur Klageschrift zu beheben. Eine Klageerhebung zur Herbeiführung der Rechtshängigkeit ohne vorherige Durchführung des Vermittlungsverfahrens ist nicht Zweck der Norm (vgl. aber unten Rdz. 12–13). **6**

b) Von § 90 Abs. 1 Nr. 4 abweichender Klageantrag

Ein abweichender Klageantrag kann notwendig werden, wenn z. B. der Kläger statt des nach § 90 geltendgemachten Anspruchs auf Bestellung eines Erbbaurechts seine Klage auf Ankauf richtet. Der Grund hierfür kann darin bestehen, daß erst jetzt erkennbar wurde, daß ein Erbbaurecht wegen Unterschreitung der Wertgrenze in §§ 15 Abs. 2, 61 Abs. 2 Nr. 1 nicht beansprucht werden kann. **7**

Das Gesetz verlangt nicht, daß der Verfahrensgegenstand des Vermittlungsverfahrens und der Streitgegenstand der Klage identisch sein müssen. Der Übergang auf einen neuen Antrag führt demgemäß nicht zur Abweisung der Klage als unzulässig mangels durchgeführtem Vermittlungsverfahren. Andernfalls stünde im Fall des § 15 Abs. 2 die Zulässigkeit der Klage zur Disposition des Wertgutachtens. **8**

In diesem Fall wird das Gericht den Rechtsstreit analog § 148 ZPO zum Zwecke der Wiedereröffnung des Vermittlungsverfahrens aussetzen. Vor dem Notar findet sodann ein weiterer Termin zur Verhandlung über den Vermittlungsvorschlag statt. Der Notar ist nicht gehindert, einen neuen **9**

Vermittlungsvorschlag zu machen. Denn der Vermittlungsvorschlag erwächst nicht in Rechtskraft; das Vermittlungsverfahren wird demgemäß nur fortgesetzt, nicht wiederaufgenommen.

c) Klageänderung

10 Der Übergang zwischen den Ansprüchen auf Erbbaurecht und Ankauf kann auch nach Rechtshängigkeit durch Klageänderung (§ 263 ZPO) erfolgen. Erachtet das Gericht die Klageänderung für sachdienlich oder willigt der Beklagte ein, so verfährt es gleichfalls nach § 148 ZPO (oben Rdz. 9).

11 Erachtet das Gericht eine Klageänderung nicht für sachdienlich oder willigt der Beklagten nicht ein, so entscheidet es über den zunächst gestellten Antrag in der Sache. Die Rechtskraft dieses Urteils hindert die Parteien nicht, nach eventueller Wiedereröffnung des Vermittlungsverfahrens eine Klage mit anderem Streitgegenstand (dazu unten Rdz. 22–23) anhängig zu machen.

d) Ausnahmsweise entbehrliches Vermittlungsverfahren

12 Die Durchführung eines Vermittlungsverfahrens kann daran scheitern, daß der Antragsgegner unbekannten Aufenthalts ist (z. B. sich dem Verfahren entzieht). Die im gerichtlichen Verfahren nach §§ 203 ff., 208 ZPO, 132 Abs. 1 Satz 2 BGB im Grundsatz mögliche öffentliche Zustellung ist im Vermittlungsverfahren durch § 92 Abs. 1 Satz 2 ausgeschlossen. Dies kann im Verhältnis zum Antragsteller zur Rechtsverweigerung führen und den Schutzbereich des Art. 19 Abs. 4 GG berühren.

13 Im Hinblick auf die staatliche Pflicht zur Justizgewährung muß in solchen Fällen die vorgängige Durchführung eines Vermittlungsverfahrens entbehrlich sein (verfassungskonforme Auslegung des § 104). Der Kläger sollte vor Erhebung der Klage von einem Notar einen Vertragsentwurf entsprechend § 98 Abs. 1 fertigen lassen und sich in seiner Klage entsprechend § 105 auf diesen beziehen.

3. Klageart

14 a) Nach allgemeinen Regeln wäre eine Klage nach §§ 32, 61, 81 in aller Regel als allgemeine Leistungsklage auf Abgabe einer Willenserklärung statthaft. Das Gesetz folgt der allgemeinen Regel nicht in vollem Umfang, da ein derart komplexes Rechtsschutzziel wie die Begründung eines Rechtsverhältnisses (Erbbaurechts- oder Kaufvertrag) mit den Mitteln der vom aktionenrechtlichen Denken geprägten Leistungsklage kaum erreichbar ist. Letztere ist primär auf die Erfüllung bestehender Ansprüche hin konzipiert.

15 Im Verfahren nach dem SachenRBerG geht es jedoch nicht um das verletzte subjektive Recht auf Tun, Dulden oder Unterlassen (Anspruch), sondern um die Begründung und nähere Ausgestaltung eines vom Gesetz typisiert vorgegebenen Rechtsverhältnisses als Bündel von Rechten und Pflichten.

b) Nach dem Wortlaut des § 104 stehen als Klagearten im Grundsatz zur 16
Verfügung:
– Klage auf Feststellung über den Inhalt eines Erbbaurechts, Satz 1 Fall 1;
– Klage auf Feststellung über den Inhalt eines Ankaufsrechts, Satz 1 Fall 2;

c) Im Gegensatz zur Klage nach § 108, einer Feststellungsklage im Sinne 17
von § 256 ZPO, ist die Klage nach § 104 Satz 1 trotz des insoweit irreführenden Wortlauts nicht nur auf Feststellung gerichtet. Dies folgt aus der gelockerten Bindung des Gerichts an den Antrag (§ 106 Abs. 1), der Reichweite des Urteilstenors (§ 106 Abs. 2) und der Übertragung des Vollzugs an den Notar als Bevollmächtigten des Gerichts (Gerichtskommissär nach österreichischem Vorbild). Damit folgt der Gesetzgeber nicht so sehr dem Vorbild der Feststellungsklage nach § 256 ZPO, sondern dem Vorbild der *actio finium regundorum* und der *actio communi dividundo* nach klassischem römischen Recht.

d) Trotz des Wortlauts des § 104 ähnelt die Klage nach §§ 103 ff., wie sich 18
aus § 106 ergibt, der Leistungsklage, hat aber Züge einer materiellrechtlichen Gestaltungsklage, gerichtet auf die Begründung eines zwischen den Beteiligten bestehenden schuldrechtlichen Rechtsverhältnisses.

Die Ausgestaltung als Leistungsklage mit Elementen der Gestaltungsklage 19
ist zur zweckgemäßen Justizgewährung wegen der mit ihr verbundenen Rechtsverwirklichung sowohl ausreichend als auch wegen der Komplexität des durch den Urteilstenor bestimmten Rechtsverhältnisses erforderlich.

Für eine allgemeine Leistungsklage auf Abgabe einer Willenserklärung ist 20
daneben kein Raum, da der Kläger sein Rechtsschutzziel einfacher und schneller im Verfahren nach § 103 ff. erreichen kann.

e) Die Vollstreckung des Urteilstenors erfolgt über § 894 ZPO und § 106 21
Abs. 3.

4. Streitgegenstand

Die hier vertretene Auffassung hat Konsequenzen für die Bestimmung des 22
Streitgegenstands des Verfahrens. Der Streitgegenstand wird wegen § 106 Abs. 1 nicht allein durch den Antrag und den ihm zugrundeliegenden Lebenssachverhalt bestimmt (vgl. hierzu nur *Thomas-Putzo,* Einl. II Rdz. 1 ff.). Denn der Begriff des Streitgegenstands im Zivilprozeß geht von der Bindung des Gerichts an den Antrag aus, § 308 ZPO. Infolge der gelockerten Bindung an den Antrag (§ 106 Abs. 1) ist der Begriff hier zu modifizieren. Streitgegenstand der Klage nach §§ 103 ff. ist der Lebenssachverhalt und der Antrag, der im Fall einer über den Antrag hinausgehenden Tenorierung aus dem Urteilstenor rückschließend zu fingieren ist (zum Gegenstand des Vermittlungsverfahrens siehe Vorbem. vor §§ 87 ff., Rdz. 28–32).

Der Streitgegenstand wird somit von der getroffenen Wahl nach §§ 14 ff. 23
bestimmt. Er ist nicht das Rechtsverhältnis nach dem SachenRBerG in seiner Totalität, sondern durch das Rechtsschutzziel (Erbbaurecht oder Ankauf des Grundstücks oder Gebäudes) beschränkt.

§ 105 Inhalt der Klageschrift

In der Klageschrift hat sich der Kläger auf den notariellen Vermittlungsvorschlag zu beziehen und darzulegen, ob und in welchen Punkten er eine hiervon abweichende Entscheidung begehrt.

Übersicht

	Rdz.
1. Allgemeines	1
2. Inhalt der Vorschrift	6

1. Allgemeines

1   Die Vorschrift ergänzt §§ 253 Abs. 1 mit 4, 130, 131 ZPO.

2   Nach Auffassung der Gesetzesbegründung führt § 105 zu einer Erleichterung der Rechtsverfolgung für den Kläger, da er nach geltendem Recht „genau das notariell beurkundete Angebot vorzulegen habe, zu dessen Annahme der Beklagte verpflichtet ist" (Begr. BR-Drucks. 515/93, S. 173). Weicht sein Angebot nach Auffassung des Gerichts vom Gesetz ab. so soll er ein neues Angebot beurkunden lassen müssen und unter Änderung des Klageantrags dieses zur Grundlage des Prozesses machen müssen.

3   Diese Auffassung ruht auf der vom Wortlaut her problematischen Konstruktion der Ansprüche nach §§ 32, 61 (§ 32 Rdz. 4–14).

4   Nach der hier vertretenen Auffassung ist jedoch die Klage nicht auf Annahme eines Vertragsangebots, sondern unmittelbar auf den Abschluß eines Vertrags mit einem bestimmten Inhalt zu richten. Nicht der Klageantrag ist das Vertragsangebot, sondern das Urteil, das vom Kläger nach Rechtskraft und Eintritt der Fiktionswirkung des § 894 Abs. 1 Satz 1 ZPO in der gehörigen Form (§§ 11 Abs. 2 ErbbauVO, 313 Satz 1 BGB) alsbald (§ 147 BGB) angenommen werden muß (*Zöller-Stöber*, § 894 Rdz. 2, 7; BGHZ 90, 323; *Hagen/Brambring*, Der Grundstückskauf, 5. Aufl. 1992, Rdz. 349).

5   Aus diesem Grunde bedarf es der Beurkundung des Vermittlungsvorschlags in Form eines notariellen Vertragsangebots nicht. Nicht der Kläger erklärt das Angebot, sondern der Beklagte gibt es durch das rechtskräftige Urteil ab. Zur Erklärung der Auflassung und zum Prozeßvergleich siehe § 106 Rdz. 17, 45.

2. Inhalt der Vorschrift

6   a) Im Hinblick auf die Einordnung der Klage nach § 104 als der Gestaltungsklage verwandte Leistungsklage und vorstehende Erwägungen (oben Rdz. 2–5) empfiehlt sich folgende Fassung des Klageantrags (und dementsprechend auch des Urteilstenors):

§ 106. Entscheidung § 106

„1. Der Beklagte wird verurteilt, mit dem Kläger einen Erbbaurechtsbestellungsvertrag/einen Kaufvertrag mit dem Inhalt des Vermittlungsvorschlags dieses Notars ... in ... vom ... in der Fassung des Abschlußprotokoll dieses Notars vom ..., UR.Nr. ... sowie nach folgenden Maßgaben abzuschließen: (Abweichungen bzw. Ergänzungen vom Vermittlungsvorschlag und Abschlußprotokoll).
2. Der Beklagte trägt die Kosten des Rechtsstreits.
3. (evtl. Vollstreckbarkeit)
4. (evtl. Auftrag nach § 106 Abs. 3, siehe § 106 Rdz. 21–44)". 7

Anträge zur vorläufigen Vollstreckbarkeit sind in der Regel nicht angebracht, § 894 Abs. 1 ZPO. 8

b) Falls keine Abweichung vom Vermittlungsvorschlag (und eventuellen Vereinbarungen gemäß Abschlußprotokoll) begehrt wird, erübrigt sich ein klarstellender Zusatz. 9

Falls in mehreren Punkten eine vom Vermittlungsvorschlag abweichende Entscheidung begehrt wird, empfiehlt es sich, eine bereinigte Fassung des Vertragsentwurfs der Klageschrift beizufügen bzw. eine solche zur Grundlage des Urteilstenors zu machen. In einem solchen Fall muß das Gericht im Urteilstenor nur auf die dessen Bestandteil bildende Anlage Bezug nehmen, etwa wie folgt: 10

„Der Beklagte wird verurteilt, mit dem Kläger einen Kaufvertrag mit dem Inhalt gemäß Anlage abzuschließen."

Die Anlage ist als Bestandteil des Tenors auch zur vollstreckbaren Ausfertigung zu nehmen. 11

§ 106 Entscheidung

(1) **Das Gericht kann bei einer Entscheidung über eine Klage nach § 104 im Urteil auch vom Klageantrag abweichende Rechte und Pflichten der Parteien feststellen. Vor dem Ausspruch sind die Parteien zu hören. Das Gericht darf ohne Zustimmung der Parteien keine Feststellung treffen, die**
1. **einem von beiden Parteien beantragten Grundstücksgeschäft,**
2. **einer Verständigung der Parteien über einzelne Punkte oder**
3. **einer im Vermittlungsvorschlag vorgeschlagenen Regelung, die von den Parteien nicht in den Rechtsstreit einbezogen worden ist,**
widerspricht.

(2) **Im Urteil sind die Rechte und Pflichten der Parteien festzustellen. Die rechtskräftige Feststellung ist für die Parteien in gleicher Weise verbindlich wie eine vertragsmäßige Vereinbarung.**

(3) **Das Gericht kann auf Antrag einer Partei im Urteil einen Notar und eine andere geeignete Person im Namen der Parteien beauftragen, die zur Erfüllung notwendigen Rechtshandlungen vorzunehmen, sobald die hierfür erforderlichen Voraussetzungen vorliegen. Die Beauftragten sind für beide Parteien vertretungsberechtigt.**

(4) **Der Urkundsbeamte der Geschäftsstelle teilt dem Notar, der das Vermittlungsverfahren durchgeführt hat, nach Eintritt der Rechtskraft den Inhalt der Entscheidung mit. Der Notar hat entsprechend § 98 Abs. 2 Satz 2 zu verfahren.**

Übersicht

	Rdz.		Rdz.
1. Allgemeines	1	c) Andere geeignete Person	32
2. Bindung an den Antrag	2	d) Umfang des Auftrags	38
3. Wirkung des Urteils	13	e) Ablehnung des Auftrags	43
4. Vollzug	21	f) Abänderung des Auftrags	44
a) Allgemeines	21	5. Vergleich	45
b) Notarauftrag	27	6. Mitteilung	46

1. Allgemeines

1 § 106 ergänzt die in §§ 104, 105 niedergelegten Grundsätze des Streitverfahrens nach §§ 103 ff. Während sich §§ 104, 105 an die Parteien wenden, richtet sich § 106 an das Gericht. Die Vorschrift enthält Sonderregeln für den Urteilstenor (Abs. 1), seine Wirkungen (Abs. 2) und seine Vollstreckung (Abs. 3–4).

2. Bindung an den Antrag, Abs. 1

2 a) Im Interesse einer prozeßökonomisch sinnvollen Handhabung weicht Abs. 1 von dem aus der Dispositionsmaxime fließenden Grundsatz des § 308 ZPO ab. Vorbild für diese Regelung ist neben § 308 a ZPO (hierzu Begr. BR-Drucks. 515/93, S. 174) auch das Verfahren nach der HausratVO.

3 Der Maßstab des Gerichts bei einer Abweichung von gestellten Anträgen nach Abs. 1 Satz 1 entspricht § 93 Abs. 3 Satz 2 in Verbindung mit den Grundsätzen über die Anwendung notardispositiven Rechts (§ 93 Rdz. 8–11, § 42 Rdz 13–36).

4 Die in Abs. 1 Satz 1 allgemein eingeräumte Befugnis zur Abweichung von gestellten Anträgen wird formal durch die Anhörungspflicht nach Abs. 1 Satz 2 (entsprechend § 308 a Abs. 1 Satz 2 ZPO), materiell durch Abs. 1 Satz 3 beschränkt.

5 Die erforderliche Anhörung der Parteien hat (von § 128 Abs. 3 ZPO abgesehen) in mündlicher Verhandlung zu erfolgen.

6 b) Ohne Zustimmung der Parteien (Kläger und Beklagter) ist das Gericht nach Abs. 1 Satz 3 an folgendes gebunden:

7 (1) Abs. 1 Satz 3 Nr. 1: beantragtes Grundstücksgeschäft.

D. h. ist ein Antrag auf Bestellung eines Erbbaurechts gerichtet und liegen die Voraussetzungen des § 15 Abs. 2 vor, so kann nur Klageabweisung erfolgen.

8 Der Anwendungsbereich der Nr. 1 dürfte begrenzt sein. Denn in der Regel wird der Kläger nach entsprechendem Hinweis des Gerichts (§ 139 ZPO) seinen Klageantrag umstellen. Die hierin liegende Klageänderung wird zumeist sachdienlich sein, § 263 ZPO (vgl. zum Streitgegenstand oben § 104 Rdz. 22–23).

9 Ein Anwendungsbereich besteht für Abs. 1 Satz 3 Nr. 1 nur in den Fällen, in denen der Kläger nach Auffassung des Gerichts zu Unrecht dem gegebenen richterlichen Hinweis nicht folgt und auf seinem Antrag beharrt.

(2) Abs. 1 Satz 3 Nr. 2: Verständigung der Parteien über einzelne Punkte. **10**
Gemeint ist hier eine Verständigung nach § 99 Sätze 2 und 3 (§ 99 Rdz. 11–16), deren Bindungswirkung nicht nur im Verhältnis zwischen den Parteien, sondern auch gegenüber dem Gericht eintritt.

(3) Abs. 1 Satz 3 Nr. 3: Unstreitig gestellte Regelung. **11**
Was der Notar den Beteiligten unwidersprochen vorgeschlagen hat, das soll der Richter nicht in Frage stellen. Dieser Grundsatz dient der Streitvermeidung, Denn in der Regel, d. h. sofern die akzeptierte Regelung mit einer im Streit befindlichen nicht in Zusammenhang steht, besteht kein Anlaß, auch insoweit den Streit zu eröffnen.

Unberührt bleibt die Möglichkeit, im Urteilstenor hinter dem gestellten **12**
Antrag zurückzubleiben (z. B. Verurteilung des Grundstückseigentümers zum Verkauf, aber zu einem höheren als dem beantragten Kaufpreis). Ein „minus" ist bereits von § 308 Abs. 1 ZPO gedeckt, § 106 Abs. 1 betrifft nur ein „maius" oder ein „aliud" (z. B. Änderung der erfaßten Fläche).

3. Wirkung des Urteils, Abs. 2

Abs. 2 regelt den Umfang der Rechtskraft des Urteils im Klageverfahren **13**
nach §§ 103 ff.

a) Abs. 2 Satz 1 ordnet zunächst eine der Feststellungsklage entsprechende **14**
Rechtskraftwirkung an, die jedoch auch der Leistungsklage eigen ist (Feststellungswirkung, hierzu *Zöller-Vollkommer*, Vor § 322 Rdz. 35).

b) Abs. 2 Satz 2 knüpft an § 97 Abs. 1 FGG an (Begr. BR-Drucks. 515/93, **15**
S. 174) und geht über Satz 1 hinaus. Denn ein bloßes Feststellungsurteil würde nur die rechtskräftige Grundlage für eine nachfolgende Leistungklage auf Erfüllung liefern. Dieser zweite Prozeß wird dadurch erspart, daß der Urteilstenor das zwischen Erbbauberechtigten und Eigentümer bzw. zwischen Verkäufer und Käufer bestehende Rechtsverhältnis *ex nunc* schafft („in gleicher Weise verbindlich"). Damit wirkt das Urteil im Verfahren nach §§ 103 ff. ähnlich einem Gestaltungsurteil, wenngleich nicht *inter omnes*, sondern nur *inter partes* (*Zöller/Vollkommer*, § 322 Rdz. 3–5).

c) Die rechtsgestaltende Wirkung des Urteils nach Abs. 2 bezieht sich nicht **16**
nur auf die schuldrechtlichen Erklärungen für den Vertragsschluß nach §§ 32, 61, 81. Mit vom Urteilstenor umfaßt sind auch die zur Erfüllung erforderlichen dinglichen Erklärungen, insbesondere die nach § 11 ErbbauVO bzw. §§ 873, 925 BGB erforderliche Einigung bzw. Auflassung einschließlich der zur Rangbeschaffung und Lastenfreistellung erforderlichen Rechtsgeschäfte, soweit diese von Eigentümer bzw. Nutzer vorzunehmen sind (z. B. Zustimmung zu Löschung oder Rangrücktritt, Einigung über Pfanderstreckung), sofern solches vom Kläger beantragt war.

Entsprechend § 98 Abs. 1 Halbsatz 2 kann die Klage demnach nicht nur **17**
auf Abschluß eines schuldrechtlichen Erbbaurechts- oder Kaufvertrags gerichtet werden, sondern zugleich auch auf Erklärung der Auflassung. Denkbar ist auch, die Einigung nach §§ 925, 873 BGB ohne entsprechende Eintragungsbewilligung zu erklären; diese erklärt der Notar kraft seines Auftrags nach Abs. 3 (unten Rdz. 38). Kann das dingliche Vollzugsgeschäft nicht vor-

18 d) Mit Rechtskraft des Urteils können die Ansprüche auf Aufnahme bestimmter Vereinbarungen in den Erbbaurechtsbestellungs- bzw. Kaufvertrag nicht mehr geltend gemacht werden. Dies betrifft zum Beispiel die Ansprüche nach §§ 52 Abs. 2, 56, 57 oder § 71, und zwar selbst dann, wenn eine derartige Vereinbarung nicht Verfahrensgegenstand des Vermittlungs- oder Streitverfahrens war. Dies folgt aus der Identität des zur Entscheidung gestellten Streitgegenstands (Lebenssachverhalts). Einer derartigen Klage stünde bereits vor Grundbucheintragung des ersten Urteils der Einwand der Rechtskraft entgegen; die genannten Ansprüche sind mit Rechtskraft konsumiert (*Zöller-Vollkommer*, Vor § 322 Rdz. 19).

Nach oben verschoben: genommen werden (z. B. wegen einer noch durchzuführenden Vermessung), so ist entsprechend Abs. 3 Satz 1 ein Antrag auf Erteilung einer entsprechenden Vollmacht des Beklagten an den Kläger möglich, verbunden mit der Ermächtigung des Vollzugsnotars zur Identitätsfeststellung (unten Rdz. 35 und 39).

19 e) Wegen der Wirkung der Rechtskraft nur *inter partes* kann ein Urteil nach § 106 dann nicht vollstreckbar sein, wenn zu seinem Vollzug erforderliche Erklärungen Dritter zur Rangbeschaffung oder Lastenfreistellung nicht beigebracht werden können (Fall der Unmöglichkeit der Leistung bzw. des Verzugs hinsichtlich einer Alternative der Wahlschuld, vgl. Einl. Rdz. 65 und § 15 Rdz. 17–33). In diesem Fall steht die Rechtskraft des Urteils der Ausübung eines *ius variandi* nicht entgegen (anderer Antrag), allenfalls mit ihrer präjudiziellen Wirkung (*Zöller-Vollkommer*, Vor § 322 Rdz. 19, 22–29).

20 f) Denkbar ist auch, zur Erreichung der entsprechenden Erklärungen die erfaßte Fläche im Sinne der §§ 21 ff. anders zu bestimmen. Eine neue Klage beträfe dann einen anderen Lebenssachverhalt, die Rechtskraft weder in ihrer positiven (präjudiziellen Fiktion der Wahrheit) noch in ihrer negativen Funktion *(ne bis in idem)* stünde ihr nicht entgegen. Allerdings wäre die Wiedereröffnung des Vermittlungsverfahrens hierfür Voraussetzung (§ 104 Rdz. 9).

4. Vollzug, Abs. 3

a) Allgemeines

21 Die Vollstreckung des Urteils nach Abs. 2 bestimmt sich nach § 894 ZPO in Verbindung mit Abs. 3. Soweit entsprechend der hier vertretenen Auffassung die Klageschrift kein Angebot darstellt (§ 105 Rdz. 1–5), enthält das rechtskräftige Urteil das Angebot des Beklagten an den Kläger auf Abschluß des im Tenor enthaltenen Vertrags, § 894 Abs. 1 Satz 1 ZPO.

22 Dieses Angebot hat der Kläger sodann in der gebotenen Form (§§ 313 Satz 1 BGB, 11 ErbbauVO) anzunehmen.

23 Enthält der Urteilstenor die Auflassung nach § 925 BGB, so nimmt der Kläger mit der Annahme diese entgegen. Die Fiktionswirkung des § 894 Abs. 1 Satz 1 ZPO umfaßt auch die erforderliche gleichzeitige Anwesenheit des Beklagten, die durch die Vorlage der vollstreckbaren Ausfertigung des rechtskräftigen Urteils beim Notar ersetzt wird.

Nach § 894 Abs. 1 Satz 2 ZPO wäre die Auflassung, die gewöhnlich nur **24** Zug um Zug mit der Kaufpreiszahlung geschuldet ist, erst dann zu erklären, wenn die Kaufpreiszahlung in Form des § 726 ZPO nachgewiesen wäre.

Diese Regelungen werden durch Abs. 3 modifiziert, aber nur hinsichtlich **25** der Klagen nach §§ 103 ff.

Ist mit der Klage nach dem SachenRBerG eine andere Klage verbunden **26** (z. B. auf Nutzungsentschädigung) so richtet sich die Vollstreckung insoweit nach den allgemeinen Vorschriften der Zivilprozeßordnung.

b) Notarauftrag, Satz 1

Auf Antrag jeder Partei kann das Gericht nach Abs. 3 Satz 1 einen beson- **27** deren Beauftragten für die Erfüllung bestimmen.

Möglich ist insbesondere die Beauftragung des Notars im Urteilstenor, **28** etwa wie folgt:

„1. Hauptsache
2. Kosten
3. Vollstreckbarkeit
4. Notar ... in ... , oder sein Vertreter im Amt wird nach § 106 Abs. 3 Sachen-RBerG beauftragt, die zur Erfüllung des Vertrags nach Ziff. 1 erforderlichen Rechtshandlungen vorzunehmen, sobald die hierfür erforderlichen Voraussetzungen vorliegen."

Als Beauftragter erfüllt der Notar die Vollzugsaufgaben, die er nach Beur- **29** kundung eines Kauf- oder Erbbaurechtsbestellungsvertrags wahrnehmen würde. Der Notar nimmt die Auflassung nach den Vertragsbedingungen entgegen, d. h. in der Regel unter Vorlagehaftung, so daß es insoweit eines Vorgehens nach §§ 894 Abs. 1 Satz 2, 726 Abs. 2, 730 ZPO nicht bedarf.

Rechtstechnisch erinnert die Vorschrift an die Stellung des Notars als Ge- **30** richtskommissär nach österreichischem Vorbild (im Verlassenschaftsverfahren; § 104 Rdz. 17).

In der Regel sollte der Notar beauftragt werden, der das Vermittlungsver- **31** fahren durchgeführt hat.

c) Andere geeignete Person

aa) Die Gesetzesbegründung sieht für Abs. 3 in erster Linie Bedarf bei der **32** Erklärung der Auflassung (Begr. BR-Drucks. 515/93, S. 174). Nach Ansicht des Gesetzgebers sei aus diesem Grunde auch die Beauftragung des Notars (so noch § 98 Abs. 3 des Referentenentwurfs) nicht ausreichend, da er an der Beurkundung der Auflassung nach § 6 Abs. 1 Nr. 1, Abs. 2 BeurkG gehindert sei. Daher müsse eine weitere Person beauftragt werden, vorzugsweise ein Notarangestellter (Begr., aaO).

bb) Die Auffassung der Gesetzesbegründung trifft nicht zu. **33**

Schon das Handeln von Notarangestellten als Beauftragte der Beteiligten **34** wäre im Hinblick auf die hiermit verbundene Gefährdung der Unparteilichkeit des Notars, die Verletzung der Fürsorgepflicht des Notars gegenüber dem Arbeitnehmer, die Umgehung der Haftung des Notars nach § 19 BNotO und den aus § 26 Abs. 2 Nr. 1 BeurkG zu ziehenden Erst-recht-Schluß vom Zeugen auf den Beteiligten unzulässig.

35 Darüberhinaus bedarf es eines zusätzlichen Beauftragten schon deshalb nicht, weil der Kläger die Auflassung selbst mit dem nach § 894 Abs. 1 ZPO als anwesend fingierten Beklagten erklären bzw. entgegennehmen kann. Die Überwachung der Erbringung der Gegenleistung obliegt dem Notar, der die Auflassung zunächst treuhänderisch verwahrt (Vorlagehaftung). Entsprechendes gilt, wenn der Urteilstenor eine Auflassungsvollmacht des Beklagten an den Kläger vorsieht (in der Regel ebenfalls unter Vorlagehaftung).

36 Schließlich sind die Vollzugsaufgaben des Notars nicht auf die Auflassung beschränkt, sondern umfassen Lastenfreistellung, Rangbeschaffung, Einholung von Genehmigungen und Bescheinigungen, das Grundbuchverfahren, die Überwachung der Kaufpreisfälligkeit und der Vorlage zum Vollzug der Eigentumsumschreibung.

37 Der Beauftragung einer weiteren Person neben dem Notar bedarf es daher in aller Regel nicht.

d) Umfang des Auftrags

38 aa) Der Umfang des richterlichen Auftrags („zur Erfüllung notwendigen Rechtshandlungen") geht über die gesetzlichen Vollmachten des Notars (§ 15 GBO) hinaus. Die in Abs. 3 Satz 2 enthaltene Vertretungsmacht des Notars kraft richterlichen Auftrags ähnelt dogmatisch der Vertretungsmacht eines Betreuers nach § 1902 BGB und ermächtigt ihn gegebenenfalls auch zur Änderung und Zurücknahme von Anträgen im Grundbuchverfahren, zur Erklärung der Eintragungsbewilligung zu der im Urteil enthaltenen Auflassung (oben Rdz. 16–17), zur Einholung von Genehmigungen und Bescheinigungen sowie zum Betreiben der Lastenfreistellung.

39 bb) Die richterlich angeordnete Vertretungsmacht beinhaltet auch die Empfangsvollmacht für Genehmigungen, Lastenfreistellungserklärungen, Zwischenverfügungen und dergleichen. Ist noch eine Vermessung durchzuführen, so ermächtigt sie den Notar auch zu Identitätsfeststellungen durch Eigenurkunde.

40 cc) Der einschränkende Satz „sobald die hierfür notwendigen Voraussetzungen" vorliegen, meint objektive Umstände wie die ausstehende Durchführung der Vermessung oder das Vorliegen eines Veränderungsnachweises und bindet den Beauftragten nur im Innenverhältnis. Nicht erforderlich ist ein Nachweis der Erfüllung dieser Voraussetzungen in Form des § 29 GBO.

41 dd) Für seine Tätigkeit nach Abs. 3 erhält der Notar Gebühren nach §§ 145–147 KostO, gegebenenfalls Schreibgebühren, Auslagen und Beglaubigungsgebühren (hierzu § 100 Rdz. 17–26).

42 ee) Zur aktenmäßigen Behandlung des Urteils durch den Notar siehe unten Rdz. 49.

e) Ablehnung des Auftrags

43 Der Notar kann die Übernahme des Auftrags nach Abs. 3 nur mit ausreichendem Grund verweigern, § 15 Abs. 1 BNotO. Zur entsprechenden Anwendung von § 15 BNotO im Geltungsbereich der NotVO § 89 Rdz. 61. Ein ausreichender Grund ist insbesondere dann gegeben, wenn der Urteilstenor nicht oder nur mit Risiken für eine oder beide Seite(n) vollziehbar ist.

f) Abänderung des Auftrags

Die Bestellung eines Erfüllungsbeauftragten ist zwar formal Teil der Urteilsformel, nimmt jedoch nicht an der Rechtskraft teil. Spätere Abänderungen sind möglich, z. B. wegen Todes oder Amtsverlust bzw. Amtssitzverlegung des Notars oder sonst aus wichtigem Grund. Insoweit gilt § 1908 b BGB entsprechend. Die Abänderung der Entscheidung kommt insbesondere dann in Betracht, wenn der Notar die Übernahme des Auftrags verweigert (siehe oben Rdz. 43). Die Abänderung erfolgt durch das Gericht; Erklärungen der Beteiligten binden den Notar nicht.

5. Vergleich

Prozeßökonomisch sinnvoll ist jedoch, wenn das Gericht gegenüber den Beteiligten seine Rechtsauffassung äußert und eine vergleichsweise Einigung vorschlägt. Eine solche Einigung ersetzt die notarielle Beurkundung, § 127 a BGB. In diesem Fall empfiehlt es sich, daß die Parteien im Vergleich einen Notar mit dem Vollzug des Vergleichs beauftragen.

6. Mitteilung, Abs. 4

a) Abs. 4 dient einmal dem Zweck, den Notar von einem Auftrag nach Abs. 3 zu unterrichten, zum anderen zur Herbeiführung der Löschung des Eröffnungsvermerks nach §§ 98 Abs. 2 Sätze 2–3 (§ 98 Rdz. 14–21), 92 Abs. 5–6, zum dritten der Vervollständigung seiner Akten. Zu ersterem ist der Notar nach Abs. 4 Satz 2 verpflichtet (zum Sinn einer Auflassungsvormerkung, die ebenfalls im Urteil bewilligt sein kann, siehe § 98 Rdz. 20).

b) Die Unterrichtungspflicht erfolgt durch Übersendung einer Ausfertigung des Urteils im Auszug, enthaltend Rubrum, Tenor und Rechtskraftvermerk.

c) Im Fall des Abs. 3 benötigt der Notar, um tätig werden zu können, zusätzlich die vollstreckbare Ausfertigung des Urteils. Der Urkundsbeamte kann ihm diese dann unmittelbar übersenden, wenn der Vollstreckungsgläubiger einverstanden ist. Das Einverständnis sollte zweckmäßigerweise anläßlich des Antrags auf Erteilung der Vollstreckungsklausel erklärt werden.

d) Der Notar nimmt die ihm übersandte Ausfertigung zu den Akten. Von der vollstreckbaren Ausfertigung fertigt er beglaubigte Abschriften in benötigter Stückzahl und betreibt mit diesen den Vollzug. Das Grundbuchamt erhält die vollstreckbare Ausfertigung zusammen mit einer beglaubigten Abschrift zum Endvollzug. Erstere wird über den Notar an den Gläubiger, nach vollständiger Erfüllung des gesamten Urteilstenors an den Schuldner zurückgeleitet, letztere verbleibt im Grundakt. Eine weitere beglaubigte Abschrift verbindet der Notar mit dem Abschlußprotokoll. Für die Genehmigung eines Verkaufs nach der GVO reicht die Einreichung einer beglaubigten Abschrift des Urteils an die Genehmigungsbehörde aus.

§ 107 Kosten

Über die Kosten entscheidet das Gericht unter Berücksichtigung des Sach- und Streitstands nach billigem Ermessen. Es kann hierbei berücksichtigen, inwieweit der Inhalt der richterlichen Feststellung von den im Rechtsstreit gestellten Anträgen abweicht und eine Partei zur Erhebung im Rechtsstreit zusätzlich entstandener Kosten Veranlassung gegeben hat.

Übersicht

	Rdz.		Rdz.
1. Allgemeines	1	3. Verhältnis zu den allgemeinen Vorschriften	8
2. Regelungsinhalt	2		

1. Allgemeines

1 Aus der gelockerten Bindung an den Antrag nach § 106 Abs. 1 sowie aus der allgemeinen Überlegung, daß bei der bloßen Modifikation eines Rechtsverhältnisses im Urteil gegenüber dem Klageantrag kaum exakt feststellbar ist, in welchem Maße der Antragsteller obsiegt hat bzw. unterlegen ist, folgt, daß ein Abstellen auf die allgemeine Vorschrift des § 91 Abs. 1 Satz 1 ZPO unpraktikabel wäre. Das Maß des Obsiegens bzw. Unterliegens ist hier kaum quantifizierbar (Begr. BR-Drucks. 515/93, S. 174).

2. Regelungsinhalt

2 a) Daher stellt Satz 1 die Kostenentscheidung in das „billige Ermessen" des Gerichts.

3 Eine Kostenentscheidung nach „billigem Ermessen" gibt dem Gericht Spielraum bis zur Grenze des Willkürverbots.

4 b) Vorzunehmen ist im Rahmen des Satzes 1 eine wertende Abwägung zwischen dem Begehren des Antragstellers einerseits und dem Bestreiten des Antragsgegners andererseits. Satz 2 konkretisiert diesen Abwägungsspielraum in zweierlei Hinsicht. Einmal ist auf das Ausmaß der Abweichung zwischen Antrag und Urteil abzustellen, zum anderen auf die Verursachung zusätzlicher Kosten.

5 c) Ein Abwägungsspielraum ist vor allem dann eröffnet, wenn der Rechtsstreit um Einzelfragen des Inhalts der abzuschließenden Erbbaurechts- oder Kaufverträge geführt wird und keine Frage von bestimmtem Geldwert betroffen ist (Erbbauzins, Kaufpreis, Größe des Ausübungsbereichs).

6 Wird hingegen nur über die Höhe des Preises bzw. Erbbauzinses oder über das Bestehen des Nutzungsrechts schlechthin gestritten, so ist das Abwägungsermessen in der Regel auf Null reduziert. Ersterenfalls ist das Maß des Teilobsiegens bzw. Teilunterliegens leicht berechenbar. Letzterenfalls steht die Vorfrage des Bestehens eines Nutzungsrechts gegenüber den inhaltlichen Fragen so sehr im Vordergrund, daß im Fall des Unterliegens des Eigentümers in der Vorfrage die Überbürdung der Kostenlast auf diesen angebracht ist, selbst wenn hinsichtlich des Inhalts der abzuschließenden Verträge das Gericht geringfügig hinter einem nicht abwegig erscheinenden Antrag des Nutzers zurückbleibt.

d) Für eine Kostenquotelung nach billigem Ermessen sind weiter Kosten einer Beweisaufnahme von Bedeutung, vor allem dann, wenn die Beweisaufnahme sich als wenig sinnvoll herausstellt (Satz 2 letzter Halbsatz der Vorschrift). Dies ist z. B. der Fall, wenn bei Streit über den Verkehrswert zusätzlich zur Auskunft des Gutachterausschusses noch ein Gutachtenbeweis beantragt wird, dieser aber nicht zu einem gravierend anderen Ergebnis führt. **7**

3. Verhältnis zu den allgemeinen Vorschriften

Subsidiär gelten die §§ 91 ff. ZPO (d. h. grundsätzlich besteht grundsätzlich die Möglichkeit des Anerkenntnisses unter Verwahrung gegen die Kostenlast nach § 93 ZPO). **8**

Bei Beteiligung mehrerer Nutzer und Eigentümer (z. B. Überbauungsfälle) gilt ebenfalls § 107. Eines Rückgriffs auf die zu § 100 ZPO entwickelten Grundsätze (hierzu *Thomas-Putzo*, § 100 Rdz. 15–19) bedarf es nur im Rahmen der Ermessensausübung. **9**

§ 108 Feststellung der Anspruchsberechtigung

(1) **Nutzer und Grundstückseigentümer können Klage auf Feststellung des Bestehens oder Nichtbestehens der Anspruchsberechtigung nach diesem Gesetz erheben, wenn der Kläger ein rechtliches Interesse an alsbaldiger Feststellung hat.**

(2) **Ein Interesse an alsbaldiger Feststellung besteht nicht, wenn wegen der Anmeldung eines Rückübertragungsanspruchs aus § 3 des Vermögensgesetzes über das Grundstück, das Gebäude oder die bauliche Anlage noch nicht verfügt werden kann.**

(3) **Nehmen mehrere Personen die Rechte als Nutzer für sich in Anspruch und ist in einem Rechtsstreit zwischen ihnen die Anspruchsberechtigung festzustellen, können beide Parteien dem Grundstückseigentümer den Streit verkünden.**

(4) **§ 106 Abs. 4 ist entsprechend anzuwenden.**

Übersicht

	Rdz.		Rdz.
1. Allgemeines	1	c) Rechtliches Interesse	12
2. Anwendungsbereich	5	d) Prätendentenstreit	15
3. Regelungsinhalt	7	4. Sonstige Sachurteilsvoraussetzungen	20
a) Feststellungsklage	7		
b) Verhältnis zu § 256 ZPO	10	5. Streitwert	21
		6. Unterrichtung des Notars	22

1. Allgemeines

1 § 108 Abs. 1 stellt die Zulässigkeit sowohl einer isolierten Feststellungsklage nach § 256 Abs. 1 ZPO als auch einer Zwischenfeststellungsklage nach § 256 Abs. 2 ZPO klar (Begr. BR-Drucks. 515/93, S. 175).

2 Die Klarstellung ist im Hinblick auf die praktische Bedeutung dieser Klage geboten. In vielen Fällen wird bereits das Bestehen des Nutzungstatbestands an sich oder die Größe der erfaßten Fläche streitig sein. Es wäre nicht prozeßökonomisch, wenn über diese Vorfragen nur im Hauptsacheprozeß nach Durchführung eines Vermittlungsverfahrens entschieden werden könnte.

3 § 108 Abs. 3 stellt im Fall des Streit von Nutzungsrechtsprätendenten (hierzu § 14 Rdz. 10–12) die Zulässigkeit einer Streitverkündung an den Grundstückseigentümer sicher.

4 Die Durchführung eines Vermittlungsverfahrens ist nicht Sachurteilsvoraussetzung der Klage nach § 108 Abs. 1 und 3.

2. Anwendungsbereich

5 Die Klage nach § 108 Abs. 1 kann schon vor Einleitung des Vermittlungsverfahrens erhoben werden. Ist das Bestehen eines Nutzungstatbestands wahrscheinlich, so sollte im Hinblick auf die Schutzwirkung des Eröffnungsvermerks nach § 92 Abs. 5 und 6 erst das Vermittlungsverfahren eingeleitet und sodann dessen Aussetzung nach § 94 Abs. 2 Nr. 2 beantragt werden.

6 Die Streitverkündung nach Abs. 3 empfiehlt sich in allen Rechtsstreitigkeiten von Nutzungsrechtsprätendenten mit dem Ziel der Herbeiführung der Interventionswirkung nach § 68 ZPO.

3. Regelungsinhalt

a) Feststellungsklage, Abs. 1

7 Im Gegensatz zur Klage nach § 103 ist die Klage nach Abs. 1 echte Feststellungsklage nach § 256 ZPO.

8 Rechtsschutzziel ist nur die Feststellung im Verhältnis zwischen Nutzer und Grundstückseigentümer, ob Ansprüche nach dem SachenRBerG bestehen. Verlangt werden kann hiernach die Feststellung, ob ein Beteiligter
– ein Wahlrecht nach §§ 15f.
– einen Anspruch nach §§ 32, 61, 81 hat oder
– auf welche Fläche sich dieser Anspruch bezieht.

9 Nicht mit der Klage begehrt werden kann eine Feststellung des Inhalts des abzuschließenden Erbbaurechtsbestellungs- oder Kaufvertrags.

b) Verhältnis zu § 256 ZPO

10 § 108 schließt § 256 ZPO nur insoweit aus, wie der Anwendungsbereich der Vorschrift reicht. § 108 ist im Zusammenspiel mit § 103 auszulegen.

Auch für eine Feststellungsklage über den Inhalt eines Kaufvertrags nach §§ 61 ff. wird das nach § 256 ZPO erforderliche Feststellungsinteresse daher fehlen.

Ein Anwendungsbereich für § 256 ZPO ist jedoch insoweit eröffnet, als **11**
– Ansprüche nach dem SachenRBerG nicht im Verfahren nach §§ 103 ff. geltend gemacht werden können (z. B. Miet- und Nutzungsvertrag nach §§ 31 Abs. 2 und 83 Abs. 2, 123, hierzu § 103 Rdz. 6, 13) oder
– Ansprüche aus anderen Grundlagen geltendgemacht werden (z. B. aus § 286 BGB, hierzu § 44 Rdz. 19–23).
– ein Rechtsstreit zwischen Nutzer und Restitutionsberechtigtem geführt wird (sofern hierfür der Zivilrechtsweg eröffnet ist und ein Feststellungsinteresse besteht).

c) Rechtliches Interesse, Abs. 1 und 2

In der Regel kann den Beteiligten zugemutet werden, die inzidente Klä- **12**
rung dieser Frage durch den Vermittlungsvorschlag bzw. im Verfahren nach §§ 103 ff. abzuwarten.

Ein rechtliches Interesse an einer Klärung der Vorfrage vorab kann aber **13**
z. B. bestehen, wenn,
– ein Vermittlungsverfahren hierdurch entbehrlich würde,
– die Beweisaufnahme, z. B. wegen einer Vielzahl betroffener Grundstücke, umfangreich und kostspielig würde,
– auf wichtige Beweismittel für den redlichen Erwerb oder die staatliche Billigung später nicht mehr zugegriffen werden könnte,
– der Eigentümer den Nutzer auf Räumung verklagt (evtl. dann Klage nach § 108 als Feststellungswiderklage), da ein die Räumungsklage abweisendes Urteil den vormaligen Kläger u. U. nicht hindert, sich im Sachenrechtsbereinigungsrechtsstreit erneut auf das Nichtbestehen eines Nutzungsrechts zu berufen.

Ausdrücklich ausgeschlossen ist die Annahme eines Feststellungsinteresses **14**
nach Abs. 2, um Wertungswidersprüche zu § 94 Abs. 1 Nr. 1 zu vermeiden und die Gerichte von unnötigen Rechtsstreitigkeiten zu entlasten. Ein Feststellungsinteresse besteht jedoch dann, wenn alle Anmelder schon vor Bestandskraft des Bescheids über Rückübertragung über ihren Restitutionsanspruch oder das Grundstück zugunsten des eingetragenen Eigentümers (Verfügungsberechtigten) verfügt haben.

d) Prätendentenstreit, Abs. 3

Abs. 3 stellt die Zulässigkeit der Streitverkündung an den Grundstückseigen- **15**
tümer im Rechtsstreit der Nutzungsprätendenten sicher. Die Klarstellung ist im Hinblick auf § 72 Abs. 1 ZPO geboten, der nur auf einen Sekundäranspruch (Regreßanspruch, *Thomas-Putzo,* § 72 Rdz. 7) gegen den Dritten abstellt, nicht auf einen primären Erfüllungsanspruch.

aa) Die Streitverkündung selbst erfolgt nach § 73 ZPO durch Zustellung **16**
eines entsprechenden Schriftsatzes. Für die Wirkungen gelten §§ 74, 66–68 ZPO. Nach § 108 Abs. 3 darf der Beitritt des Streitverkündeten (Grundstückseigentümer) nicht nach § 71 ZPO zurückgewiesen werden.

17 bb) § 68 ZPO läßt die Einrede der Verhinderung des Streitverkündeten im Vorprozeß bzw. der schlechten Prozeßführung des Vorprozesses durch den Streitverkünder im Folgeprozeß ausdrücklich zu (hierzu *Thomas-Putzo*, § 68 Rdz. 9–12). Hierzu kann es insbesondere dann kommen, wenn die Streitverkündung erst in einem späten Stadium des Verfahrens erfolgt oder spätere Schriftsätze aufgrund eines Geschäftsstellenversehens dem Streitverkündeten nicht zugehen bzw. zugestellt werden. Eine Streitverkündung nach Abs. 3 sollte daher möglichst schon mit Klageerhebung vorgenommen werden.

18 cc) § 68 ZPO gilt weiterhin nur im Verhältnis des Streitverkünders zum Streitverkündeten, nicht jedoch im Verhältnis zur Gegenpartei. Im Fall des Abs. 3 sollten daher zweckmäßigerweise alle Nutzungsprätendenten dem Grundstückseigentümer den Streit verkünden, was Abs. 3 ausdrücklich nahelegt („alle Parteien").

19 dd) Im Gegensatz zu der zu §§ 68 i. V. m. § 72 ZPO vertretenen Auffassung (§ 72 Abs. 1 ZPO: „für den Fall des ihr ungünstigen Ausgangs") ist aus Abs. 3 zu entnehmen, daß die Interventionswirkung auch (und gerade erst recht) bei Obsiegen des Streitverkünders eintreten soll (zu § 68 ZPO insoweit *Zöller-Vollkommer*, § 68 Rdz. 4 und § 74 Rdz. 6; wie hier für § 68 ZPO *Thomas-Putzo*, § 68 Rdz. 4 und § 74 Rdz. 2; BGHZ 65, 127/131; BGHZ 70, 187/189). Typischerweise wird der Streitverkünder die Interventionswirkung gerade im Fall des Obsiegens über den Nutzungsprätendenten in Anspruch nehmen wollen, um dann vom Grundstückseigentümer Erfüllung der Ansprüche nach dem SachenRBerG zu verlangen.

4. Sonstige Sachurteilsvoraussetzungen

20 Für die Klage nach § 108 gilt § 103, d. h. Zulässigkeit nur im dinglichen Gerichtsstand (siehe § 103 Rdz. 11).

5. Streitwert

21 Streitwert der (positiven) Feststellungsklage ist nur ein Teilwert von ca. 80% des Streitwerts der entsprechenden Leistungsklage nach §§ 103 ff. (*Thomas-Putzo*, § 3 Rdz. 65; zum Streitwert § 103 Rdz. 8–10).

6. Unterrichtung des Notars, Abs. 4

22 Nach Abs. 4 ist der das Vermittlungsverfahren führende Notar durch Übersendung einer Ausfertigung des Urteils im Auszug entsprechend § 106 Abs. 4 zu unterrichten. Dies gilt jedoch nur dann, wenn die Klage nach § 108 während eines laufenden Vermittlungsverfahrens erhoben sein sollte. Zweckmäßigerweise sollte hierzu schriftsätzlich Stellung genommen werden. Ist dies nicht geschehen, so ist eine Information des Notars durch die Beteiligten empfehlenswert, um gegebenenfalls den Eröffnungsvermerk nach § 92 Abs. 5, 6 entsprechend §§ 106 Abs. 4 Satz 2, 98 Abs. 2 Satz 2 zur Löschung zu bringen.

23 Zum Verfahren der Unterrichtung und zur aktenmäßigen Behandlung siehe § 106 Rdz. 46–49.

Abschnitt 5. Nutzungstausch

§ 109 Tauschvertrag über Grundstücke

(1) Jeder Grundstückseigentümer, dessen Grundstück von einem nach § 20 des LPG-Gesetzes vom 2. Juli 1982 sowie nach § 12 des LPG-Gesetzes vom 3. Juni 1959 durchgeführten Nutzungstausch betroffen ist, kann von dem anderen Grundstückseigentümer verlangen, daß das Eigentum an den Grundstücken entsprechend dem Nutzungstausch übertragen wird, wenn
1. eine oder beide der getauschten Flächen bebaut worden sind und
2. der Tausch in einer von der Flurneuordnungsbehörde einzuholenden Stellungnahme befürwortet wird.

(2) Der andere Grundstückseigentümer kann die Erfüllung des Anspruchs aus Absatz 1 verweigern, wenn das an ihn zu übereignende Grundstück von einem Dritten bebaut worden ist.

(3) Soweit sich die Werte von Grund und Boden der getauschten Grundstücke unterscheiden, kann der Eigentümer des Grundstücks mit dem höheren Wert von dem anderen einen Ausgleich in Höhe der Hälfte des Wertunterschieds verlangen.

(4) Im übrigen finden auf den Tauschvertrag die Vorschriften über den Ankauf in den §§ 65 bis 74 entsprechende Anwendung.

Übersicht

	Rdz.		Rdz.
1. Allgemeines, Begriff des Nutzungstausches	1	4. Verhältnis zu §§ 32, 61, 81 ff.	21
2. Tausch	5	5. Durchführung des Tausches	25
3. Wertausgleich	10	6. Rechtsfolgen des Tausches	32
		7. Verfahrensrecht	33

1. Allgemeines, Begriff des Nutzungstausches

Mit dem Instrument des Nutzungstausches konnte eine LPG zur Schaffung günstigerer Wirtschaftsbedingungen vom Grundstückseigentümer bzw. Rechtsträger einer Fläche, die nicht ihrem gesetzlichen Bodennutzungsrecht unterlag, ein Nutzungsrecht an dieser Fläche im Tausch gegen ein Nutzungsrecht an einer LPG-Fläche für den Grundstückseigentümer erlangen (Begr. BR-Drucks. 515/93, S. 175). 1

Nach § 20 Satz 2 LPG-Gesetz 1982 bedurfte der Nutzungstausch der Schriftform und war in die Bodennutzungsdokumentation einzutragen. 2

Durch § 109 soll die durch einen Nutzungstausch nach § 20 LPG-Gesetz 1982 bzw. § 12 LPG-Gesetz 1959 entstandene besondere Gemengelage im Verhältnis zwischen Grundstückseigentümer und Nutzer bereinigt werden. Hierbei sieht das Gesetz wechselseitige Ansprüche der betroffenen Grundstückseigentümer auf Tausch der vom Nutzungstatbestand des jeweils anderen erfaßten Flächen vor. 3

Das Verfahren nach § 109 ist ein Verfahren der Sachenrechtsbereinigung, für das insbesondere auch die Vorschriften der §§ 3 mit 31 gelten (näher unter Rdz. 33–35). 4

2. Tausch, Abs. 1

5 a) Anspruchsberechtigt ist jeder Grundstückseigentümer, dessen Grundstück von einem Nutzungstausch nach § 20 LPG-Gesetz 1982 bzw. § 12 LPG-Gesetz 1959 betroffen ist. Betroffenheit bezüglich einer Teilfläche reicht aus.

6 b) Nicht erforderlich ist, daß die Voraussetzungen eines wirksamen Nutzungstausches nach § 20 LPG-Gesetz 1982 bzw. § 12 LPG-Gesetz 1959 seinerzeit gegeben waren. Auch ein faktischer Nutzungstausch (z. B. ohne Einhaltung von § 20 Satz 2 LPG-Gesetz 1982) reicht aus.

7 c) Weitere Voraussetzung des Tauschanspruchs nach Abs. 1 ist, daß zumindest eine der getauschten Flächen bebaut wurde, Abs. 1 Nr. 1. Die Bebauung muß in Ausübung des Nutzungsrechts aufgrund Nutzungstausches erfolgt sein. Die Errichtung eines Gebäudes ist nicht erforderlich, eine bauliche Anlage (z. B. Silo) reicht aus.

8 d) Schließlich steht der Tauschanspruch unter dem Vorbehalt einer befürwortenden Stellungnahme der Flurneuordnungsbehörde (vgl. § 81 Abs. 1 Nr. 1), Abs. 1 Nr. 2. Antragsbefugt und an diesem Verfahren beteiligt sind alle beteiligten Grundstückseigentümer bzw. Nutzer. Der Inhalt der Stellungnahme steht im pflichtgemäßen Ermessen der zuständigen Behörde. Die Stellungnahme wäre z. B. zu verweigern, wenn hierdurch die Bewirtschaftung des Grundbesitzes eines beteiligten Eigentümers durch ihn oder Pächter erschwert würde (Begr. BR-Drucks. 515/93, S. 175). Die Stellungnahme ist ein Verwaltungsakt und kann auf dem Rechtsweg nach § 65 LwAnpG erzwungen bzw. angefochten werden (näher § 81 Rdz. 8–13).

9 e) Inhalt des Anspruchs ist die Übertragung von Eigentum „entsprechend dem Nutzungstausch". Maßgebend ist somit die tatsächliche Nutzungsausübung. Jedoch ist bei Eigenheimgrundstücken gleichwohl die Regelgröße nach § 26 zu beachten.

3. Wertausgleich, Abs. 3

10 a) Nach heutigen Gegebenheiten können die zu tauschenden Grundstücke erhebliche Wertunterschiede aufweisen. Diese Unterschiede sind nach Abs. 3 entsprechend den allgemeinen Grundsätzen der Sachenrechtsbereinigung (Einl. Rdz. 45–48) in Höhe von 50% des Differenzbetrags durch zusätzliche Zahlung auszugleichen.

11 Der Gebäudewert bleibt nach dem Wortlaut des Abs. 3 außer Ansatz.

12 Die Verweisung nach Abs. 4 auf §§ 68 ff. beinhaltet keine Rechtsgrundverweisung auf die Bewertungsvorschriften in dem Sinne, daß der Bodenwert vor Einstellung in die Differenzrechnung des Abs. 3 halbiert werden müßte. Denn sonst erhielte der Eigentümer des wertvolleren Grundstücks nur ¼ der Wertdifferenz. Dies folgt aus dem systematischen Vorrang von Abs. 3 gegenüber Abs. 4: „die Werte".

13 b) Diese Auslegung kann jedoch im Rahmen der §§ 69–73 zu Wertungswidersprüchen führen. Der unter §§ 69, 70 fallende Nutzer könnte z. B. der

§ 109. Tauschvertrag über Grundstücke 14–20 § 109

Pflicht zur Zahlung des vollen Kaufpreises durch Geltendmachung des Anspruchs nach § 109 entgehen. Abs. 3 in Verbindung mit Abs. 4 sind daher so zu lesen, daß neben der hälftigen Ausgleichspflicht Änderungen dieses Ausgleichs nach §§ 68 Abs. 2, 69ff. eintreten können. Greift § 73 ein, so kann u. U. über § 109 ein dem vom Wohnungsbau betroffenen Grundstückseigentümer günstigeres Ergebnis eintreten.

c) Beispiel

aa) Wert des Grundstücks des A (genutzt von B): 100   14
Wert des Grundstücks des B (genutzt von A): 200
Beim Grundstück des B (Nutzer: A) sollen die Voraussetzungen des § 70   15
vorliegen (Kaufpreis = voller Verkehrswert).
bb) Nur nach dem Wortlaut des Abs. 3 ergäbe sich ein von A an B zu   16
zahlender Betrag von 50 und folgender Vermögensstatus nach Durchführung des Tausches:

A		B	
Grundstück B:	200	Grundstück A:	100
./. Grundstück A:	100	./. Grundstück B:	200
./. Wertausgl.:	50	zzgl. Wertausgl.	50
ergibt	50		./. 50

D. h.: Saldo von 100 zugunsten des A.
cc) Würden beide Nutzer das Ankaufsrecht geltend machen, könne B von   17
A dessen Grundstück für 50 und A von B dessen Grundstück für 200 erwerben. Es ergäbe sich folgender Vermögensstatus nach Durchführung des beiderseitigen Ankaufs:

A		B	
Grundstück B:	200	Grundstück A:	100
zzgl. Geld für A:	50	zzgl. Geld für B:	200
./. Grundstück A:	100	./. Grundstück B:	200
./. Kaufpreis B:	200	./. Kaufpreis A:	50
ergibt	./. 50		50

D. h.: Saldo von 100 zugunsten des B.
dd) Eine nur am Wortlaut orientierte Auslegung des Abs. 3 führt daher zu   18
unterschiedlichen Ergebnissen der Sachenrechtsbereinigung nach §§ 32, 61, 81 einerseits und nach § 109 andererseits. A würde sich daher im Beispielsfall für den Tauschanspruch nach § 109 entscheiden.
Ein derartiger Gestaltungsspielraum entspricht nicht dem Sinn und Zweck   19
des Gesetzes. Der im Ergebnis geschuldete Ausgleich bemißt sich somit nach dem Saldo der Kaufpreise, die geschuldet wären, falls anstelle des Tauschanspruchs vom Ankaufsrecht Gebrauch gemacht würde.
Im Beispielsfall hat somit A an B insgesamt 150 zu zahlen (200 ./. 50). Es   20
ergibt sich folgender Vermögensstatus nach Durchführung des Tausches:

493

A		B	
Grundstück B:	200	Grundstück A:	100
./. Grundstück A:	100	./. Grundstück B:	200
./. Wertausgl.:	150	zzgl. Wertausgl.	150
ergibt	./. 50		50

D. h.: Saldo von 100 zugunsten des B, wie beim Ankauf.

4. Verhältnis zu §§ 32, 61, 81 ff., Abs. 2

21 a) § 109 geht den allgemeinen Vorschriften des ersten und zweiten Abschnitts nur dann vor, soweit die beteiligten Grundstückseigentümer zugleich auch Nutzer sind. Voraussetzung ist aber die Geltendmachung des Anspruchs nach § 109, der dem Anspruch nach §§ 32 ff., 61 ff., 81 ff. im Wege der Einrede entgegengesetzt werden kann (Vorbem. vor §§ 28 ff., Rdz. 6).

22 b) Die Durchführung der Sachenrechtsbereinigung nach den allgemeinen Vorschriften ist jedoch dann vorrangig, soweit ein von einem Nutzungstausch betroffenes Grundstück zumindest auch von einem Dritten bebaut worden ist (Begr. BR-Drucks. 515/93, S. 176).

23 c) In einem solchen Fall ist unabhängig von § 109 die Sachenrechtsbereinigung im Verhältnis zu diesem Dritten durchzuführen. Ein Tauschvertrag nach § 109 kommt allenfalls bezüglich einer vom Nutzungstatbestand des Dritten nicht erfaßten, abtrennbaren und selbständig nutzbaren (§ 13) Teilfläche in Betracht.

24 Abs. 2 gibt dem potentiellen Erwerber einer solchen Fläche daher ein Recht, den Abschluß eines Tauschvertrags nach § 109 zu verweigern. Die Einigung mit dem Dritten bleibt somit Sache des Anspruchstellers nach § 109 Abs. 1.

5. Durchführung des Tausches, Abs. 4

25 a) Nach § 109 Abs. 1 ist ein Tauschvertrag abzuschließen, gegebenenfalls mit einer Aufzahlungsverpflichtung nach Abs. 3. Abs. 4 verweist wegen des Inhalts dieses Vertrags auf die §§ 65 mit 74 im 3. Abschnitt.

26 Zur Verweisung auf die Wertvorschriften (§§ 68–74) siehe oben Rdz. 10–20.

27 Ebenfalls in den Tauschvertrag aufzunehmen sind die Verpflichtungen nach §§ 71–73.

28 b) Nicht in Bezug genommen sind die Vorschriften der §§ 62–64 über die Lastenfreistellung. Insoweit gelten §§ 434, 435 BGB, wonach lastenfreies Eigentum zu verschaffen ist. In der Regel werden dinglich Berechtigte am Grundstück die Lastenfreistellung nur Zug um Zug gegen Bestellung eines entsprechenden Rechts am zu erwerbenden Tauschgrundstück bewilligen.

29 Vor Abschluß eines Tauschvertrags sollte daher mit den dinglich Berechtigten verhandelt werden, damit im Tauschvertrag zugleich die wechselseitige Pfandunterstellung der zu erwerbenden Grundstücke unter die Belastun-

gen der zu veräußernden Grundstücke im bisherigen Rangverhältnis vorgenommen werden kann.

Schwierigkeiten können dann entstehen, wenn das Tauschgrundstück erheblich weniger wert ist und der nach Abs. 3 geschuldete Betrag den dinglich Berechtigten keine ausreichende Sicherheit verschafft. In diesem Fall hat die Aufzahlung als zusätzliche Sicherheit zu dienen. 30

c) Nicht in Bezug genommen sind weiter §§ 75–77, welche jedoch entsprechend gelten (zu den Einschränkungen des Gewährleistungsausschlusses § 76 Rdz. 2). 31

6. Rechtsfolgen des Tausches

Der Tausch führt zu einer Vereinigung von Grundstückseigentum und Nutzungstatbestand. Deren Rechtsfolgen regelt § 109 nicht. Insoweit ist aber § 78 anwendbar, der einen allgemeinen Rechtsgedanken enthält, wonach mit der Herstellung verkehrs- und beleihungsfähiger Grundstücke die auf ihnen lastenden Nutzungstatbestände nach DDR-Recht im Interesse der Rechtssicherheit und des Verkehrsschutzes möglichst beseitigt werden sollen. 32

7. Verfahrensrecht

a) Ein Vermittlungsverfahren mit dem Ziel eines Tauschvertrags nach § 109 wäre nach dem Wortlaut und der systematischen Stellung des § 87 an sich nicht statthaft (§ 87 Rdz. 3–4). 33

b) Dem Sinn des Vermittlungsverfahrens und der §§ 103 ff. liefe dies jedoch zuwider. Für die Anwendbarkeit der §§ 87 ff., 103 ff. spricht auch die systematische Stellung des § 109 im 2. Kapitel und der Erst-recht-Schluß aus § 110 im 6. Abschnitt. Somit ist, falls nicht der freiwillige Landtausch nach § 54 LwAnpG gewählt wird (Folge: § 95 Abs. 1 Nr. 1), die Durchführung eines Vermittlungsverfahrens vor einem gerichtlichen Verfahren geboten und im übrigen auch zweckmäßig. Der Ausschluß des Landtausches von der Anwendung der Bestimmungen der §§ 87–108 wäre wenig zweckmäßig und der Entlastung der Gerichte nicht dienlich. 34

c) Ist bereits ein Vermittlungsverfahren hinsichtlich eines Grundstücks anhängig, so kann die Geltendmachung des Anspruchs nach § 109 zu dessen Aussetzung führen, § 94 Abs. 2 Nr. 2. Anderes gilt, wenn mit denselben Beteiligten die Fortsetzung des Vermittlungsverfahrens mit anderem Gegenstand (nunmehr Tausch nach § 109) beantragt wird. 35

Abschnitt 6. Nutzungsrechte für ausländische Staaten

§ 110 Vorrang völkerrechtlicher Abreden

Die von der Deutschen Demokratischen Republik an andere Staaten verliehenen Nutzungsrechte sind nach den Regelungen in diesem Kapitel anzupassen, soweit dem nicht völkerrechtliche Vereinbarungen entgegenstehen. Art. 12 des Einigungsvertrages bleibt unberührt.

§ 110 1–8   Kapitel 2. Nutzung fremder Grundstücke

Übersicht

	Rdz.
1. Allgemeines, Verweisung	1
2. Vorbehalte	5

1. Allgemeines, Verweisung

1   In der DDR wurden auch Gebäude fremder Staaten für diplomatische Missionen und deren Mitarbeiter in Ausübung von Nutzungstatbeständen errichtet (*Böhringer,* Besonderheiten, Rdz. 535). Die Verordnung der DDR vom 26. 9. 1974 (GBl. I, S. 555) sah in diesen Fällen die Verleihung von Nutzungsrechten an unbebauten volkseigenen Grundstücken oder den Verkauf volkseigener Gebäude unter gleichzeitiger Verleihung eines Nutzungsrechts vor. Der Drittstaat hatte ein Nutzungsentgelt zu entrichten und den anteiligen Erschließungsaufwand zu erstatten (*Böhringer,* Besonderheiten, aaO).

2   § 110 erklärt das gesamte Zweite Kapitel des SachenRBerG (§§ 3 bis 110) auf Nutzungsrechte für ausländische Staaten für grundsätzlich anwendbar. In Fällen der Verleihung von Nutzungsrechten an bestehenden Gebäuden sind daher insbesondere die §§ 45, 74 von Bedeutung.

3   Diese Verweisung umfaßt auch die Vorschriften über das Vermittlungs- und das gerichtliche Verfahren (§§ 87 ff., §§ 103 ff.).

4   Damit unterstellt das SachenRBerG im Grundsatz auch ausländische Staaten der inländischen Judikative durch Notare und Gerichte.

2. Vorbehalte

5   a) Nach § 110 Satz 1 2. Halbsatz bleiben völkerrechtliche Vereinbarungen der DDR mit Drittstaaten unberührt. Im Verhältnis zur Bundesrepublik Deutschland dürften solche Vereinbarungen, falls sie überhaupt den Rechtscharakter eines völkerrechtlichen Vertrags erlangt haben sollten, durch Konfusion erloschen sein.

6   b) Völkerrechtliche Vereinbarungen im Sinne des § 110 sind möglicherweise die die Gebäude diplomatischer Vertretungen betreffenden Regierungsabkommen zwischen der DDR und Ländern des ehemaligen Ostblocks (hierzu Begr. BR-Drucks. 515/93, S. 176). Inwieweit diese Abkommen noch gelten oder inwieweit hier auch internationale Verträge, wie z. B. das Wiener Übereinkommen, zu beachten sind, ist offen.

7   Insoweit geht aufgrund des Satzes 2 Art. 12 des Einigungsvertrags vor, wonach mit Vorrang vor der Sachenrechtsbereinigung in Verhandlungen über die Fortgeltung, Anpassung oder das Erlöschen völkerrechtlicher Verträge der DDR einzutreten ist.

8   Ein Vermittlungsverfahren soll somit in einem solchen Fall nach § 94 Abs. 2 Nr. 2 ausgesetzt werden.

Abschnitt 7. Rechtsfolgen nach Wiederherstellung des öffentlichen Glaubens des Grundbuchs

§ 111 Gutgläubiger lastenfreier Erwerb

(1) Ansprüche nach Maßgabe dieses Kapitels können gegenüber demjenigen, der durch ein nach Ablauf des 31. Dezember 1996 abgeschlossenes Rechtsgeschäft das Eigentum am Grundstück, ein Recht am Grundstück oder ein Recht an einem solchen Recht erworben hat, nicht geltend gemacht werden, es sei denn, daß im Zeitpunkt des Antrags auf Eintragung des Erwerbs in das Grundbuch
1. selbständiges Eigentum am Gebäude oder ein Nutzungsrecht nach Artikel 233 § 4 des Einführungsgesetzes zum Bürgerlichen Gesetzbuche, ein Vermerk nach Artikel 233 § 2c Abs. 2 des Einführungsgesetzes zum Bürgerlichen Gesetzbuche oder ein Vermerk nach § 92 Abs. 5 im Grundbuch des Grundstücks eingetragen oder deren Eintragung beantragt worden ist,
2. ein Zustimmungsvorbehalt zu Verfügungen über das Grundstück in einem Verfahren zur Bodensonderung oder zur Neuordnung der Eigentumsverhältnisse nach dem Achten Abschnitt des Landwirtschaftsanpassungsgesetzes eingetragen oder dessen Eintragung beantragt worden ist oder
3. dem Erwerber bekannt war, daß
   a) ein im Grundbuch nicht eingetragenes selbständiges Eigentum am Gebäude oder dinglichen Nutzungsrecht besteht oder
   b) ein anderer als der Eigentümer des Grundstücks mit Billigung staatlicher Stellen ein Gebäude oder eine bauliche Anlage errichtet hatte und Ansprüche auf Erbbaurechtsbestellung oder Ankauf des Grundstücks nach diesem Kapitel bestanden.

(2) Mit dem Erwerb des Eigentums am Grundstück erlöschen die in diesem Kapitel begründeten Ansprüche. Der Nutzer kann vom Veräußerer Wertersatz für den Rechtsverlust verlangen. Artikel 231 § 5 Abs. 3 Satz 2 des Einführungsgesetzes zum Bürgerlichen Gesetzbuche ist entsprechend anzuwenden.

Übersicht

	Rdz.		Rdz.
1. Allgemeines	1	3. Zerstörung des guten Glaubens	4
2. Sachenrechtsbereinigungsfreier Erwerb	2	4. Folgen gutgläubigen Erwerbs	8

1. Allgemeines

Die Vorschrift überträgt die mit dem RegVBG wiederhergestellte Registerpublizität (§ 9a EGZVG, Art. 231 § 5 Abs. 3 EGBGB; hierzu auch Einl. Rdz. 112–116) des Grundbuchs auf das gesetzliche Schuldverhältnis der Sachenrechtsbereinigung (§ 14 Rdz. 1 f.). Wenn im Grundbuch nicht eingetragene dingliche Rechte (z. B. Gebäudeeigentum und Nutzungsrecht) im Fall des gutgläubig lastenfreien Erwerbs erlöschen, so muß dies erst recht für die aus diesen Rechten fließenden gesetzlichen Ansprüche des Nutzers auf Durchführung der Sachenrechtsbereinigung dienen. 1

2. Sachenrechtsbereinigungsfreier Erwerb, Abs. 1 Halbsatz 1

2   Demgemäß schließt Abs. 1 Halbsatz 1 die Geltendmachung der Rechte gegenüber denjenigen aus, die nach dem 31. 12. 1996 das Eigentum, Rechte am Grundstück oder Rechte an solchen Rechten erworben haben. Erwerb eines Rechts ist auch die Änderung des Inhalts eines solchen Rechts, soweit sie ein rechtliches Mehr in sich schließt (z. B. Erweiterung eines Geh- und Fahrtrechts). Maßgeblicher Zeitpunkt für den sachenrechtsbereinigungsfreien Erwerb ist der Eingang des Antrags auf Eintragung des Rechts.

3   Recht an einem Grundstück in diesem Sinne ist auch eine Vormerkung, die auf die Eintragung, Übertragung oder Inhaltsänderung eines solchen Rechts gerichtet ist. Dies ergibt sich aus einer Analogie zu §§ 883 Abs. 2, 893 BGB.

3. Zerstörung des guten Glaubens, Abs. 1 Halbsatz 2

4   Abs. 1 Halbsatz 2 Nr. 1 mit 3 zählen abschließend die Voraussetzungen auf, unter denen kein gutgläubig sachenrechtsbereinigungsfreier Erwerb stattfindet.

5   Nr. 1 ergibt sich unmittelbar aus den Regelungen des RegVBG.

6   Nr. 2 folgt daraus, daß während der Dauer der genannten Verfahren Ansprüche nach dem SachenRBerG nach § 28 nicht geltend gemacht werden können und demgemäß eine Sicherung nach § 92 Abs. 5 nicht erfolgen kann. Aus diesem Grund muß der Zustimmungsvorbehalt, der infolge des Bodensonderungs- oder Zusammenführungsverfahrens zur Eintragung gelangt, auch den guten Glauben in Ansehung der Sachenrechtsbereinigung zerstören.

7   Nr. 3 entspricht allgemeinen Grundsätzen (§ 892 Abs. 1 Satz 2 BGB), wonach positive Kenntnis des Erwerbers vom Bestehen eines vom SachenRBerG erfaßten Nutzungstatbestands seinen guten Glauben zerstört. Für die Anforderungen an die Kenntnis gelten die zu § 36 Abs. 1 Sätze 2 und 3 entwickelten Grundsätze (§ 36 Rdz. 26–32) entsprechend.

4. Folgen gutgläubigen Erwerbs

8   a) Nach Abs. 2 Satz 1 erlöschen im Fall gutgläubigen Erwerbs des Eigentums am Grundstück nach Absatz 1 auch die Ansprüche des Nutzers auf Durchführung der Sachenrechtsbereinigung. Das Erlöschen des Gebäudeeigentums bzw. des Nutzungsrechts folgt aus den allgemeinen Vorschriften (Art. 231 § 5 Abs. 3 Satz 1 EGBGB, Art. 233 § 4 Abs. 2 Satz 1 EGBGB i. V. m. §§ 891, 892 BGB).

9   Nutzungstatbestände auf schuldrechtlicher Grundlage bleiben bestehen; ihr rechtliches Schicksal richtet sich nach den allgemeinen Vorschriften über Unmöglichkeit der Leistung.

10   b) Wird nicht das Eigentum, sondern nur ein dingliches Recht oder Recht an einem solchen Recht am Grundstück erworben, erlöschen die Ansprüche

§ 111. Gutgläubiger lastenfreier Erwerb

des Nutzers nach dem SachenRBerG nicht. Insoweit gelten die allgemeinen Bestimmungen (BT-Drucks 12/7425, S. 81), d. h. im Fall der Bestellung oder Übertragung eines Grundpfandrechts auch die Bestimmungen über dessen Haftungsverband nach § 1120 BGB.

Die Erfüllung des Anspruchs des Nutzers auf Durchführung der Sachenrechtsbereinigung kann dem Eigentümer jedoch infolge des gutgläubigen Rechtserwerbs subjektiv unmöglich sein. Die Haftung des Erwerbers, der diese Unmöglichkeit zumeist nicht zu vertreten haben wird, richtet sich nach den allgemeinen Vorschriften (§§ 275 ff. BGB). 11

c) Nach Abs. 2 Satz 2 hat der Nutzer gegen den Veräußerer einen Anspruch auf Wertersatz. Für diesen Anspruch gelten nach Abs. 2 Satz 3 die in Art. 231 § 5 Abs. 3 Satz 2 EGBGB bestimmten Grundsätze. 12

d) Daneben haftet der Veräußerer nach den allgemeinen Vorschriften (§§ 687 Absatz 2 i. V. m. 681, 667, 823 Abs. 1, 826 i. V. m. 249–252, 816 i. V. m 818 BGB). Diese Ansprüche werden durch Abs. 2 Sätze 2–3 nicht ausgeschlossen (Anspruchskonkurrenz). 13

Kapitel 3. Alte Erbbaurechte

§ 112 Umwandlung alter Erbbaurechte

(1) War das Grundstück am 1. Januar 1976 mit einem Erbbaurecht belastet, so endet das Erbbaurecht zu dem im Erbbaurechtsvertrag bestimmten Zeitpunkt, frühestens jedoch am 31. Dezember 1995, wenn sich nicht aus dem folgenden etwas anderes ergibt. Das Erbbaurecht verlängert sich bis zum 31. Dezember 2005, wenn ein Wohngebäude aufgrund des Erbbaurechts errichtet worden ist, es sei denn, daß der Grundstückseigentümer ein berechtigtes Interesse an der Beendigung des Erbbaurechts entsprechend § 564b Abs. 2 Nr. 2 und 3 des Bürgerlichen Gesetzbuchs geltend machen kann.

(2) Hat der Erbbauberechtigte nach dem 31. Dezember 1975 das Grundstück bebaut oder bauliche Maßnahmen nach § 12 Abs. 1 vorgenommen, so endet das Erbbaurecht mit dem Ablauf von
1. 90 Jahren, wenn
   a) ein Ein- oder Zweifamilienhaus errichtet wurde oder
   b) ein sozialen Zwecken dienendes Gebäude gebaut wurde,
2. 80 Jahren, wenn das Grundstück im staatlichen oder genossenschaftlichen Wohnungsbau bebaut wurde oder
3. 50 Jahren in allen übrigen Fällen

nach dem Inkrafttreten dieses Gesetzes. Ein Heimfallanspruch kann nur aus den in § 56 genannten Gründen ausgeübt werden. Die Verlängerung der Laufzeit des Erbbaurechts ist in das Grundbuch einzutragen. Der Grundstückseigentümer ist berechtigt, eine Anpassung des Erbbauzinses bis zu der sich aus den §§ 43, 45 bis 48 und 51 ergebenden Höhe zu verlangen.

(3) Vorstehende Bestimmungen finden keine Anwendung, wenn das Erbbaurecht auf einem vormals volkseigenen Grundstück bestellt worden ist und bei Ablauf des 2. Oktober 1990 noch bestand. Auf diese Erbbaurechte finden die Bestimmungen dieses Gesetzes für verliehene Nutzungsrechte entsprechende Anwendung.

(4) § 5 Abs. 2 des Einführungsgesetzes zum Zivilgesetzbuch der Deutschen Demokratischen Republik ist vom Inkrafttreten dieses Gesetzes an nicht mehr anzuwenden.

Übersicht

	Rdz.		Rdz.
1. Allgemeines	1	c) Erbbaurecht auf volkseigenen Grundstücken	16
2. Regelungsinhalt	5	d) Kein Vorkaufsrecht	18
a) Grundregel	5		
b) Investitionsschutz	9		

1. Allgemeines

1 a) Nach § 5 Abs. 2 Satz 1 EGZGB sollten ab dem Inkrafttreten des ZGB (1. 1. 1976) bestehende Erbbaurechte mit bestimmter Dauer auf unbestimmte Zeit weiter bestehen. Der Verkauf des Grundstücks sowohl an den (vor-)kaufsberechtigten, § 5 Abs. 2 Satz 4 EGZGB) Erbbauberechtigten als auch an Dritte sollte zur Konsolidation führen, § 5 Abs. 2 Satz 2 EGZGB. Heimfallrechte des Grundstückseigentümers waren ausgeschlossen (§ 5 Abs. 2

§ 112. Umwandlung alter Erbbaurechte

Satz 3 EGZGB). Hatte der Erbbauberechtigte in Ausübung seines Rechts ein Eigenheim auf volkseigenem Grund errichtet, so stellte ihm § 5 Abs. 2 Satz 5 EGZGB die Verleihung eines Nutzungsrechts nach §§ 287 ff. ZGB (mit der Folge des Erlöschens des Erbbaurechts, § 5 Abs. 2 Satz 6 EGZGB) in Aussicht.

b) Soweit Erbbaurechte hiernach erloschen sind, so hat es hiermit sein Bewenden. In diesem Fall kommt allenfalls ein Restitutionsanspruch nach dem VermG in Betracht. Soweit Nutzungsrechte verliehen wurden, unterliegen diese der Sachenrechtsbereinigung nach den Vorschriften des 2. Abschnitts.

§ 112 betrifft daher nur die Fälle, in denen Erbbaurechte nach § 5 Abs. 2 Satz 1 EGZGB als unbefristet fortbestehen. Die Verlängerung auf ewige Zeit erfolgte gegen den seinerzeitigen Vertragswillen und bedarf daher im Interesse der Verkehrsfähigkeit der Erbbaugrundstücke der Korrektur (Begr. BR-Drucks. 515/93, S. 176).

c) Von der Vorschrift betroffen sind in erster Linie die von Kirchen und anderen Organisationen (Gebietskörperschaften) ausgegebenen Erbbaurechte.

2. Regelungsinhalt

a) Grundregel, Abs. 1

aa) Grundsätzlich stellt § 112 den ursprünglichen Befristungszeitpunkt des Erbbaurechtsbestellungsvertrags wieder her, Abs. 1 Satz 1.

Zum Schutze des Erbbauberechtigten sieht Abs. 1 Satz 1 eine Mindestübergangsfrist bis zum 31. 12. 1995 vor.

bb) Abs. 1 Satz 2 enthält für Wohngebäude eine Verlängerung dieser Übergangsfrist bis zum 31. 12. 2005. Dem Grundstückseigentümer steht jedoch die Einrede des berechtigten Interesses wegen Eigenbedarfs (§ 564 b Abs. 2 Nr. 2 BGB) oder wegen Behinderung der angemessenen wirtschaftlichen Verwertung (§ 564 b Abs. 2 Nr. 3 BGB) zu. Für die Voraussetzungen der Einrede gelten die zum Mietrecht entwickelten Grundsätze. Daher dürfte insbesondere die Einrede nach § 564 Abs. 2 Nr. 3 BGB in der Praxis bedeutungslos sein.

cc) Für den Erbbauzins verbleibt es bei den Vereinbarungen im Erbbaurechtsbestellungsvertrag, Abs. 2 Satz 4 gilt im Rahmen des Abs. 1 nicht. Fehlt in der Urkunde eine Anpassungsklausel oder ist sie ersichtlich unzureichend, jedoch kann sich ein Erbbauzinserhöhungsanspruch aus den Vorschriften über den Wegfall bzw. die grundlegende Änderung der Geschäftsgrundlage ergeben, § 242 BGB (*Oefele/Winkler*, Handbuch, Rdz. 6.200-212). Nach diesen Grundsätzen sollte zur Vermeidung von Wertungswidersprüchen eine Erhöhung regelmäßig entsprechend §§ 43 ff. erfolgen, Abs. 2 Satz 4.

b) Investitionsschutz, Abs. 2

aa) Hat der Erbbauberechtigte im Vertrauen auf die durch § 5 Abs. 2 Satz 1 EGZGB geschaffene Rechtslage Investitionen in einem Umfang vorgenommen, die im Fall des § 5 Abs. 2 Sätze 5–6 EGZGB Ansprüche nach dem 2. Abschnitt des SachenRBerG begründen würden (Abs. 2 Satz 1 Halbsatz 1), so bedarf er des Schutzes durch eine § 53 entsprechende Erbbauzeit, Abs. 2 Satz 1.

10   bb) Der Vertrauensschutz gebietet nicht die Wiederherstellung der vor dem 1. 1. 1976 bestehenden Heimfallrechte. Vielmehr ist kraft Gesetzes nach Abs. 2 Satz 2 ein Heimfallrecht entsprechend § 56 als Inhalt des Erbbaurechts begründet (Rechtsfolgeverweisung).

11   cc) Im Interesse der Grundbuchpublizität ist nach Abs. 2 Satz 3 die Verlängerung der Laufzeit in das Grundbuch einzutragen. Zwar handelt es sich nur um eine Grundbuchberichtigung, doch wird in der Regel mangels urkundlich nachweisbarer Unrichtigkeit eine Bewilligung des Grundstückseigentümers erforderlich sein.

12   Bei der Eintragung sollte verlautbart werden, daß es sich um ein Erbbaurecht nach § 112 Abs. 2 SachenRBerG handelt, etwa wie folgt:

> „Das Erbbaurecht endet nach § 112 Abs. 2 Sachenrechtsbereinigungsgesetz am ..., gemäß Bewilligung vom ... eingetragen am ..."

13   dd) Der Grundstückseigentümer hat nach Abs. 2 Satz 4 Anspruch auf Anpassung des vereinbarten Erbbauzinses bis zur Höhe des sich nach §§ 43, 45 bis 48, 51 ergebenden Betrags. Einer Verweisung auf § 50 bedarf es nicht, da die Ausübungsfläche des Erbbaurechts feststehen dürfte. Bei Flächendifferenzen kann sich ein Zinsanpassungsanspruch u. U. aus dem Erbbaurechtsbestellungsvertrag selbst ergeben.

14   ee) Abs. 2 Satz 4 schließt eine weitergehende Anpassung aufgrund des Erbbaurechtsbestellungsvertrags nicht aus.

15   ff) Eine dingliche Sicherung des Erbbauzinses findet nur insoweit statt, als nach dem ursprünglichen Bestellungsvertrag hierauf ein Anspruch bestand.

c) Erbbaurecht auf volkseigenem Grundstück, Abs. 3

16   aa) Abs. 3 Satz 1 betrifft eine Fallkonstellation, die infolge Nichtanwendung des § 5 Abs. 2 Satz 6 EGZGB entstand. Trotz Verleihung von Nutzungsrechten wurden Erbbaurechte auf zwischenzeitlich volkseigenen Grundstücken oftmals nicht im Grundbuch gelöscht (Begr. BR-Drucks. 515/93, S. 177). In diesen Fällen ist infolge des gesetzlich angeordneten Erlöschens des Erbbaurechts außerhalb des Grundbuch letzteres unrichtig. Zur Klarstellung ordnet daher Abs. 3 Satz 2 die Anwendung der Bestimmungen über verliehene Nutzungsrechte im 2. Abschnitt des SachenRBerG an.

17   bb) Soweit die Restitution des Grundstücks beantragt ist, geht allerdings § 4 Abs. 2 Satz 1 VermG vor.

d) Kein Vorkaufsrecht, Abs. 4

18   Zur Klarstellung ordnet Abs. 4 an, daß § 5 Abs. 2 EGZGB mit Inkrafttreten des SachenRBerG nicht mehr anwendbar ist. Dies betrifft insbesondere das gesetzliche Vorkaufsrecht des Erbbauberechtigten nach § 5 Abs. 2 Satz 4 EGZGB, dessen es dank der Bestandssicherung des Erbbaurechts nicht mehr bedarf (Begr. BR-Drucks. 515/93, S. 177). Abs. 4 ist allerdings insofern obsolet, als § 5 Abs. 2 EGZGB bereits mit Ablauf des 2. 10. 1990 außer Kraft getreten ist (Art. 8, 9 i. V. m. Anlage II Einigungsvertrag; dort ist die Vorschrift nicht aufgeführt).

Kapitel 4. Rechte aus Miteigentum nach § 459 des Zivilgesetzbuchs der Deutschen Demokratischen Republik

§ 113 Berichtigungsanspruch

(1) Haben vormals volkseigene Betriebe, staatliche Organe und Einrichtungen oder Genossenschaften auf vertraglich genutzten, vormals nichtvolkseigenen Grundstücken nach dem 31. Dezember 1975 und bis zum Ablauf des 30. Juni 1990 bedeutende Werterhöhungen durch Erweiterungs- und Erhaltungsmaßnahmen am Grundstück vorgenommen, so können beide Vertragsteile verlangen, daß der kraft Gesetzes nach § 459 Abs. 1 Satz 2 und Abs. 4 Satz 1 des Zivilgesetzbuchs der Deutschen Demokratischen Republik entstandene Miteigentumsanteil in das Grundbuch eingetragen wird.

(2) Eine bedeutende Werterhöhung liegt in der Regel vor, wenn der Wert des Grundstücks durch Aufwendungen des Besitzers um mindestens 30 000 Mark der Deutschen Demokratischen Republik erhöht wurde. Im Streitfall ist die durch Erweiterungs- und Erhaltungsmaßnahmen eingetretene Werterhöhung durch ein Gutachten zu ermitteln. Die Kosten des Gutachtens hat der zu tragen, zu dessen Gunsten der Miteigentumsanteil in das Grundbuch eingetragen werden soll.

(3) Der Anspruch aus Absatz 1 kann gegenüber denjenigen nicht geltend gemacht werden, die durch ein nach Ablauf des 31. Dezember 1996 abgeschlossenes Rechtsgeschäft das Eigentum am Grundstück, ein Recht am Grundstück oder ein Recht an einem solchen Recht erworben haben, es sei denn, daß im Zeitpunkt des Antrags auf Eintragung des Erwerbs in das Grundbuch
1. die Berichtigung des Grundbuchs nach Absatz 1 beantragt worden ist,
2. ein Widerspruch zugunsten des aus Absatz 1 berechtigten Miteigentümers eingetragen oder dessen Eintragung beantragt worden ist oder
3. dem Erwerber bekannt war, daß das Grundbuch in Ansehung eines nach § 459 Abs. 1 Satz 2 oder Abs. 4 Satz 1 des Zivilgesetzbuchs der Deutschen Demokratischen Republik entstandenen Miteigentumsanteils unrichtig gewesen ist.

Ist ein Rechtsstreit um die Eintragung des Miteigentumsanteils anhängig, so hat das Prozeßgericht auf Antrag einer Partei das Grundbuchamt über die Eröffnung und das Ende des Rechtsstreits zu unterrichten und das Grundbuchamt auf Ersuchen des Prozeßgerichts einen Vermerk über den anhängigen Berichtigungsanspruch einzutragen. Der Vermerk hat die Wirkung eines Widerspruchs.

(4) § 111 Abs. 2 ist entsprechend anzuwenden.

Übersicht

	Rdz.
1. Allgemeines	1
2. Verhältnis zum 2. Kapitel	3
3. Voraussetzungen	7
4. Rechtsfolgen	16
a) Grundbuchberichtigung	16
b) Höhe des Miteigentumsanteils	17
c) Folgen für den Nutzungsvertrag	25
5. Gutgläubig lastenfreier Erwerb	26

§ 113 1–6 Kap. 4. Rechte aus Miteigentum n. § 459 des ZGB der DDR

1. Allgemeines

1 a) § 459 Abs. 1 Satz 2, Abs. 4 Satz 1 ZGB sah vor, daß bei Investitionen v. a. volkseigener Betriebe auf privaten Grundstücken am errichteten Gebäude kraft Gesetzes Gebäudeeigentum oder ein Miteigentumsanteil des Nutzers entstand (hierzu *Kassebohm,* VIZ 1993, 425/426 f.). § 459 ZGB war schon im System des ZGB eine Ausnahme zugunsten der volkseigenen Wirtschaft; der Grundsatz *„superficies solo cedit"* (§§ 946, 94 BGB bzw. § 295 Abs. 1 ZGB) unter Verweisung des Rechtsträgers auf einen bereicherungsrechtlichen Ausgleichsanspruch gegen den privaten Grundstückseigentümer (§§ 951, 818 BGB) erschien hier aus ideologischen Gründen nicht hinnehmbar (Begr. BR-Drucks. 515/93, S. 177).

2 b) Aufgrund des staatlichen Preisrechts waren die Grundstückswerte zudem bewußt niedrig gehalten, so daß im Ergebnis § 459 Abs. 1 Satz 2 und Abs. 4 Satz 1 für die Nutzer zu einer außerordentlich günstigen Situation (Kumulierung von Vorteilen) führte. § 459 ZGB war ein Instrument einer der kalten Enteignung des privaten Grundeigentümers dienenden sozialistischen Bodenpolitik.

2. Verhältnis zum 2. Kapitel

3 a) Die Errichtung von Gebäuden und (baulichen Anlagen) auf vertraglich genutzten Grundstücken führte schon nach § 459 Abs. 1 Satz 1 ZGB zur Entstehung von Volkseigentum am Bauwerk (vgl. auch § 3 Abs. 1 der Verordnung über die Sicherung des Volkseigentums bei Baumaßnahmen auf vertraglich genutzten nichtvolkseigenen Grundstücken vom 7. 4. 1983, GBl. I, S. 129, welche die Ausführungsbestimmungen zu § 459 ZGB lieferte). Dieses Gebäudeeigentum fällt bereits unter §§ 1 Abs. 1 Buchst. b), 7 Abs. 2 Nr. 4 und Nr. 7 des Gesetzes.

4 b) Soweit nur „bedeutende Erweiterungs- und Erhaltungsmaßnahmen an vertraglich genutzten Grundstücken" von volkseigenen Betrieben, staatlichen Organen, Einrichtungen oder Genossenschaften durchgeführt worden sind, entstand kein selbständiges Gebäudeeigentum, sondern „entsprechend der Werterhöhung" ein volkseigener bzw. genossenschaftseigener Miteigentumsanteil, § 459 Abs. 1 Satz 2 und Abs. 4 Satz 1 ZGB.

5 In diesem Fall ist die Sachenrechtsbereinigung nicht nach dem 2. Abschnitt des 2. Kapitels, sondern nach §§ 113 ff. durchzuführen.

6 Insoweit bestehen erhebliche Vollzugsdefizite, da die nach § 459 ZGB i. V. m. der genannten VO vom 7. 4. 1983 erforderliche Grundbuchberichtigung oft ausblieb. Nach Art. 233 § 8 Satz 1 EGBGB bestehen die kraft Gesetzes entstandenen Miteigentumsanteile auch nach Ablauf des 2. 10. 1990 fort, jedoch ist in der Zukunft gutgläubiger Erwerb durch Dritte nach § 892 BGB möglich (Begr. BR-Drucks. 515/93, S. 179 m. w. Nachw.), sofern nicht ein Vermerk nach Art. 233 § 8 Satz 2 i. V. m. Art. 233 § 2c Abs. 2 EGBGB i. d. F. des RegVBG eingetragen ist.

3. Voraussetzungen

a) Persönlich begünstigt sind nur vormals volkseigene Betriebe, staatliche 7
Organe und Einrichtungen oder Genossenschaften, Abs. 1 (HO, PGH,
LPG, vgl. § 459 Abs. 5).

b) Sachlich muß es sich entsprechend § 459 Abs. 1 Satz 2, Abs. 4 Satz 1 8
ZGB um bedeutende Werterhöhungen durch Erweiterungs- und (= oder)
Erhaltungsmaßnahmen am Grundstück handeln, Abs. 1.

aa) Das Ausmaß der Werterhöhung ist in Abs. 2 Satz 1 entsprechend § 9
Abs. 1 der VO vom 7. 4. 1983 auf mindestens 30 000 Mark der DDR festgelegt.

bb) Die Werterhöhung wurde nach § 6 der genannten Verordnung durch 10
einen staatlich zugelassenen Sachverständigen ermittelt.

Gegen das Wertgutachten nach § 6 der VO vom 7. 4. 1983 oder bei Fehlen 11
eines Wertgutachtens ist nach Abs. 2 Satz 2 der Gegenbeweis durch ein Gegengutachten zulässig. Unabhängig davon, wer das Gegengutachten beantragt hat, trägt dessen Kosten derjenige, zu dessen Gunsten der entstandene Miteigentumsanteil eingetragen werden soll, Abs. 2 Satz 3.

Damit ist klargestellt, daß das Gesetz das Gutachten nach § 6 der VO vom 12
7. 4. 1983 nicht unbedingt als objektiv ansieht.

Eine Beschränkung der zulässigen Beweismittel ist damit nicht verbunden. 13
Der Urkunden- und Zeugenbeweis sowie der Beweis durch amtliche
Auskunft bleibt zulässig. Allerdings gilt Abs. 2 Satz 3 insoweit nicht.

cc) Maßgeblicher Zeitpunkt ist die Vornahme der Werterhöhung. In jedem 14
Fall sind nur Maßnahmen zu berücksichtigen, die in der Zeit zwischen
dem 1. Januar 1976 und dem 30. Juni 1990 durchgeführt wurden. Durch
Gesetz vom 22. 7. 1990 (GBl. I, S. 903) trat § 459 ZGB ohnedies außer Kraft.

c) Begünstigte Maßnahmen im Sinne des Abs. 1 können sich auf Gebäude 15
oder bauliche Anlagen am Grundstück beziehen, müssen es aber nicht. Erhaltungsmaßnahmen am Grundstück können auch Befestigungen oder eine
Altlastensanierung sein.

4. Rechtsfolgen

a) Grundbuchberichtigung

Der Rechtsnachfolger des in Abs. 1 genannten Berechtigten und der 16
Grundstückseigentümer („beide Vertragsteile") haben nach Abs. 1 einen Anspruch auf Abgabe einer Grundbuchberichtigungsbewilligung mit dem Ziel
der Eintragung des nach §§ 459 Abs. 1 Satz 2 und Abs. 4 Satz 1 entstandenen
Miteigentumsanteils.

b) Höhe des Miteigentumsanteils

aa) Das Verhältnis des gesuchten Miteigentumsanteils x zum verbleibenden 17
Miteigentumsanteil y ist entsprechend § 7 der Verordnung vom 7. 4.
1983 durch folgende Rechnung zu ermitteln, wobei anstelle des seinerzeiti-

§ 113 18–27   Kap. 4. Rechte aus Miteigentum n. § 459 des ZGB der DDR

gen vom DDR-Preisrecht bestimmten Grundstückswerts der heutige Wert mit der seinerzeitigen Werterhöhung ins Verhältnis zu setzen ist:

$$\frac{x}{y} = \frac{\text{(jetziger Grundstückswert ./. Werterhöhung)}}{\text{Werterhöhung}}$$

wobei gilt: $x + y = 1/1$

18   **Beispiel:**
jetziger Wert (einschließlich Werterhöhung): 100 DM;
damaliger Wert der Baumaßnahme: 100 M (umzustellen im Verhältnis 2:1), ergeben:
$x/y = 1:1$, d. h. Miteigentumsanteile von je ½.

19   bb) Würde man zur Ermittlung der Miteigentumsquote des Nutzers auf den damaligen Grundstückswert abstellen, so würde das auf eine Anerkennung des DDR-Preisrechts hinauslaufen und den Grundstückseigentümer in erheblichem Maße benachteiligen.

20   cc) Der Gebäudewert ist bei der Ermittlung des jetzigen Grundstückswerts in Ansatz zu bringen. Dies gilt für alle Gebäude, auch für solche, die von anderen Nutzers im Sinne des § 459 ZGB errichtet wurden, soweit dies nicht bereits bekannt ist.

21   **Beispiel:**
Grundstückswert: 100
Wert Baumaßnahme 1:   50
Wert Baumaßnahme 2:   50

22   Haben beide Maßnahmeträger Ansprüche nach § 113 gestellt, so ist der Gesamtwert von 200 im Verhältnis der Werte 100:50:50 aufzuteilen. Es ergeben sich Miteigentumsanteile von ½, ¼ und ¼.

23   Hat erst ein Maßnahmeträger Ansprüche gestellt, so ist der Gesamtwert von 200 im Verhältnis 150:50 aufzuteilen (¾, ¼). Macht später der zweite Maßnahmeträger Ansprüche geltend, so erhält dieser ebenfalls einen Anteil zu ¼ vom ursprünglich eingetragenen Eigentümer.

24   dd) Die Unsicherheit für den ursprünglich eingetragenen Eigentümer kann dieser durch das Aufgebotsverfahren nach § 114 beseitigen.

c) Folgen für den Nutzungsvertrag

25   Der Inhalt des Nutzungsvertrags selbst wird durch § 113 nicht berührt. Insoweit gilt jedoch § 115.

5. Gutgläubig lastenfreier Erwerb, Abs. 3 und 4

26   Abs. 3 und 4 stellen die Registerpublizität entsprechend dem RegVBG und § 111 (vgl. § 111 Rdz. 1 ff.) auch für die §§ 113 ff. wieder her.

27   Abs. 3 Satz 1 Halbsatz 2 Nr. 1 bis 3 regelt die Voraussetzungen, unter denen der gute Glaube des Erwerbers zerstört wird (§ 111 Rdz. 4–7). Abs. 3 Satz 2 ergänzt diesen Katalog klarstellend um den Rechtshängigkeitsvermerk nach §§ 265, 266, 325 ZPO. Das Recht des Berechtigten nach § 459 ZGB zur Eintragung eines Widerspruchs gegen die Richtigkeit des Grundbuchs nach

894, 899 BGB (insbesondere auch im Wege einstweiligen Rechtsschutzes) bleibt hiervon unberührt.

Nach Abs. 4 gelten wegen der Vergleichbarkeit der Sachlage die in § 111 **28** Abs. 2 bestimmten Rechtsfolgen (§ 111 Rdz. 8–13) entsprechend.

§ 114 Aufgebotsverfahren

(1) Der Eigentümer eines nach § 459 des Zivilgesetzbuchs der Deutschen Demokratischen Republik entstandenen Miteigentumsanteils kann von den anderen Miteigentümern im Wege eines Aufgebotsverfahrens mit seinem Recht ausgeschlossen werden, wenn der Miteigentumsanteil weder im Grundbuch eingetragen noch in einer Frist von fünf Jahren nach dem Inkrafttreten dieses Gesetzes die Berichtigung des Grundbuchs nach § 113 beantragt worden ist.

(2) Für das Verfahren gelten, soweit nicht im folgenden etwas anderes bestimmt ist, die §§ 977 bis 981 der Zivilprozeßordnung entsprechend. Meldet der Miteigentümer sein Recht im Aufgebotstermin an, so tritt die Ausschließung nur dann nicht ein, wenn der Berichtigungsanspruch bis zum Termin rechtshängig gemacht oder anerkannt worden ist. Im Aufgebot ist auf diese Rechtsfolge hinzuweisen.

(3) Mit dem Ausschlußurteil erwirbt der andere Miteigentümer den nach § 459 des Zivilgesetzbuchs der Deutschen Demokratischen Republik entstandenen Anteil. Der ausgeschlossene Miteigentümer kann entsprechend der Regelung in § 818 des Bürgerlichen Gesetzbuchs Ausgleich für den Eigentumsverlust verlangen.

Übersicht

	Rdz.
1. Allgemeines	1
2. Verfahrensvoraussetzungen	2
3. Ablauf des Aufgebotsverfahrens	10

1. Allgemeines

Die Vorschrift ist das Gegenstück zu § 113 und hat Bedeutung für den **1** eingetragenen Grundstücksmiteigentümer. Dieser soll die Einschränkung, die § 113 für die Verkehrs- und Beleihungsfähigkeit seines Grundstücks mit sich bringt, durch ein Aufgebotsverfahren mit Ausschlußurteil beenden können (Begr. BR-Drucks. 515/93, S. 178).

2. Verfahrensvoraussetzungen, Abs. 1 und Abs. 2 Satz 1

Das Aufgebotsverfahren wird unter folgenden Voraussetzungen eingeleitet: **2**

a) Antrag eines Miteigentümers auf Aufgebot und Ausschlußurteil (zu **3** letzterem siehe unten Rdz. 15). Eigenbesitz nach Abs. 2 Satz 1 i. V. m. § 979 ZPO ist nicht erforderlich, insoweit geht Abs. 1 vor. Der Miteigentümer

§ 114 4–15   Kap. 4. Rechte aus Miteigentum n. § 459 des ZGB der DDR

muß auch nicht in das Grundbuch eingetragen sein. Da der Miteigentumsanteil nach § 459 Abs. 1 Satz 2, Abs. 4 Satz 1 ZGB kraft Gesetzes außerhalb des Grundbuchs entstanden ist, kann auch der Miteigentümer, der seinen Anspruch nach § 113 geltend macht, ein Aufgebotsverfahren nach § 114 einleiten.

4   Beweismittel: beglaubigter Grundbuchauszug bzw. Glaubhaftmachung nach § 980 ZPO.

5   Der Antrag bedarf der Schriftform, kann aber auch zu Protokoll der Geschäftsstelle gestellt werden, § 947 Abs. 1 Satz 2 ZPO.

6   b) Der andere Miteigentumsanteil ist weder im Grundbuch eingetragen noch ist innerhalb von fünf Jahren nach Inkrafttreten des SachenRBerG die Grundbuchberichtigung nach § 113 beantragt worden, Abs. 1. Die Geltendmachung von Ansprüchen nach § 113 reicht nicht aus, vgl. Abs. 2 Satz 2 und 3 (Rechtshängigkeit nach §§ 253 Abs. 1, 261 Abs. 1, 270 Abs. 3 ZPO oder Anerkennung des Berichtigungsanspruchs nach § 113 ist erforderlich).

7   Beweismittel: beglaubigter Grundbuchauszug bzw. Glaubhaftmachung nach § 980 ZPO.

8   c) Inhalt des Antrags muß (auch) die Aufforderung an den (unbekannten) Miteigentümer sein, seinen Berichtigungsanspruch spätestens bis zum Aufgebotstermin rechtshängig zu machen, falls dieser nicht zwischenzeitlich anerkannt worden ist, Abs. 2 i. V. m. § 981 ZPO.

9   d) Sachlich und örtlich zuständig ist (ausschließlich, § 946 Abs. 2 ZPO) das Amtsgericht, in dessen Bezirk das Grundstück belegen ist, §§ 23 Nr. 2h) GVG, 978 ZPO.

3. Ablauf des Aufgebotsverfahrens, Abs. 3

10   Für das Aufgebotsverfahren gilt:

11   a) Mündliche Verhandlung ist nicht erforderlich, § 947 Abs. 1 Satz 2 ZPO.

12   b) Auf den zulässigen Antrag hin (siehe oben Rdz. 3–9) erläßt das Gericht nach § 947 Abs. 2 Satz 1 ZPO das Aufgebot mit dem Inhalt des § 947 Abs. 2 Satz 2 ZPO i. V. m. § 114 Abs. 2 Sätze 2 und 3 SachenRBerG, das öffentlich nach §§ 948, 949 ZPO bekannt gemacht wird.

13   c) Für den Aufgebotstermin gelten §§ 947 Abs. 2 Satz 2 Nr. 4, 950 ZPO (Frist mindestens 6 Wochen seit dem ersten Tag der öffentlichen Bekanntmachung).

14   d) Für die Anmeldung von Rechten gilt ausschließlich Abs. 2 Satz 2, der § 981 ZPO ausschließt. Ausreichend ist jedoch auch die Anmeldung nach § 951 ZPO, sofern die Voraussetzungen des Abs. 2 Satz 2 gegeben sind (§ 981 ZPO ist gegenüber § 951 ZPO nicht *lex specialis*).

e) Entscheidung des Gerichts

15   Das Gericht kann
– einen unzulässigen Antrag auf Aufgebot oder Ausschlußurteil zurückweisen (§§ 947 Abs. 2 Satz 1, 952 Abs. 4 ZPO);

§ 115. Auskunftsrecht bei Auflösung der Gemeinschaft § 115

- ein uneingeschränktes Ausschlußurteil erlassen, § 952 Abs. 1 und 2 ZPO;
- ein Ausschlußurteil unter Vorbehalt eines angemeldeten Rechts erlassen, § 953 Fall 2 ZPO;
- das Verfahren bis zur endgültigen Entscheidung über das angemeldete Recht aussetzen, § 953 Fall 1 ZPO;
- neuen Termin nach § 954 ZPO bestimmen, falls der Antragsteller nicht im Termin oder schon vorher (zweckmäßig daher: bei Antragstellung) zugleich den Erlaß eines Ausschlußurteils beantragt hatte und nunmehr innerhalb der Frist des § 954 Satz 2 ZPO einen neuen Aufgebotstermin beantragt. Tut er dies nicht, ist das Verfahren erledigt, es bedarf eines neuen Antrags.

Das Ausschlußurteil ist u. U. öffentlich bekanntzumachen, § 956 ZPO. 16
Rechtsmittel und Anfechtungsklage, § 957 ZPO. 17

f) Wirkung des Ausschlußurteils, Abs. 3.

Der andere Miteigentümer erwirbt den Anteil des ausgeschlossenen, 18 Abs. 3 Satz 1. D. h. im Ergebnis verbleibt dieser dem ursprünglich eingetragenen Grundstückseigentümer, vgl. oben § 113 Rdz. 23–24. Ein weiterer Inhaber eines Miteigentumsanteils nach § 459 Abs. 1 Satz 2, Abs. 4 Satz 1 ZGB erwirbt nichts dazu.

Der Ausgeschlossene hat nach Abs. 3 Satz 2 Ansprüche auf Wertersatz 19 nach § 818 Abs. 2 BGB. Der Entreicherungseinwand nach § 818 Abs. 3 BGB ist statthaft, sofern kein Fall verschärfter Haftung gegeben ist, § 818 Abs. 4 BGB. § 819 ist nicht anwendbar. Ansprüche nach § 818 Abs. 1 BGB sind ausgeschlossen, da Abs. 3 Satz 2 selbst nur einen „Ausgleich für den Eigentumsverlust" gewährt (Begr. BR-Drucks. 515/93, S. 178).

Verjährung: § 195 BGB, beginnend mit Rechtskraft des Ausschlußurteils. 20
Die lange Dauer der Verjährung hemmt die Verkehrsfähigkeit des Grund- 21 stücks, da sie die persönliche Kreditfähigkeit des Eigentümers stark einschränkt. Die Analogie zum Fund (§ 977 Satz 2 BGB) hätte sich angeboten.

§ 115 Ankaufsrecht bei Auflösung der Gemeinschaft

Das Rechtsverhältnis der Miteigentümer bestimmt sich nach den Vorschriften über das Miteigentum und über die Gemeinschaft im Bürgerlichen Gesetzbuch. Im Falle der Auflösung der Gemeinschaft kann der bisher durch Vertrag zum Besitz berechtigte Miteigentümer den Ankauf des Miteigentumsanteils des anderen zum Verkehrswert verlangen, wenn hierfür ein dringendes öffentliches oder betriebliches Bedürfnis besteht.

Übersicht

	Rdz.
1. Novation	1
2. Ankaufsrecht	6

§ 115 1–8 Kap. 4. Rechte aus Miteigentum n. § 459 des ZGB der DDR

1. Novation, Satz 1

1   a) Gleich ob eine Grundbuchberichtigung nach § 113 durchgeführt wurde oder der Miteigentümer nach § 459 Abs. 1 Satz 2, Abs. 4 Satz 1 ZGB in das Grundbuch bereits eingetragen war, bedarf der schuldrechtliche Nutzungsvertrag im Sinne des § 459 ZGB der Anpassung an das Zivilrechtssystem des BGB (Begr. BR-Drucks. 515/93, S. 178).

2   Satz 1 löst diesen Konflikt im Sinne einer Gleichstellung der Miteigentümergemeinschaft nach § 459 ZGB mit der Bruchteilsgemeinschaft nach §§ 1008 bis 1011, 741 bis 758 BGB.

3   Der bisherige schuldrechtliche Nutzungsvertrag ist damit mit Inkrafttreten des SachenRBerG durch gesetzliche Schuldumschaffung (Novation) entgegen § 364 Abs. 2 BGB erloschen. Es gelten nur noch die Regeln nach § 115 Satz 1.

4   b) Die Auseinandersetzung der Gemeinschaft kann daher nur im Wege der Teilungsversteigerung erfolgen. Die Nutzung aufstehender Gebäude kann nicht mehr über den Vertrag nach § 459 ZGB, sondern nur im Wege der Verwaltungs- und Benutzungsregelung nach § 1010 BGB geregelt werden. Insoweit aber führt die Novation dazu, daß entsprechende Benutzungsregelungen des schuldrechtlichen Nutzungsvertrags als schuldrechtliche Regelungen nach § 1010 Abs. 1 BGB gelten, die zur Geltung gegenüber Rechtsnachfolgern jedoch der Eintragung in das Grundbuch bedürfen.

5   Ein Ausschluß der Aufhebung der Gemeinschaft ist jedoch ohne ausdrückliche Vereinbarung nach § 1010 BGB nicht als erfolgt anzunehmen.

2. Ankaufsrecht, Satz 2

6   a) Die Anwendung des § 753 BGB für die Auseinandersetzung der nunmehrigen Bruchteilsgemeinschaft wird oft unpassend, die Teilung in Natur nach § 752 (etwa nach § 3 WEG) oft nicht möglich sein (Begr. BR-Drucks. 515/93, S. 178).

7   b) Dies kann zu gravierenden Nachteilen für den Miteigentümer nach § 459 ZGB führen (etwa in Gestalt des Verlusts seiner baulichen Investitionen). Satz 2 gewährt ihm daher im Fall der Auflösung der Gemeinschaft ein Recht auf Ankauf des anderen Miteigentumsanteils zum Verkehrswert, wenn hierfür ein dringendes öffentliches oder betriebliches Bedürfnis besteht. Dies ist dann gegeben, wenn aufgrund der Teilungsversteigerung ein unwiederbringlicher Verlust eines für behördliche oder betriebliche Zwecke erforderlichen und nur schwer ersetzbaren Gebäudes besteht oder immaterielle Schäden aufgrund der Zweckbestimmung des Gebäudes im konkreten Betrieb bzw. für die konkrete Behörde drohen (z. B. allgemein bekannte Adresse für Laufkundschaft, auf die Betrieb angewiesen ist; Verlagerung der Behörde würde zu erheblichen Nachteilen für Bürger wegen Anfahrtswegen führen).

8   Für den Ankauf gelten die gesetzlichen Bestimmungen der §§ 433 ff. BGB sowie der §§ 75 und 76 SachenRBerG.

Kapitel 5. Ansprüche auf Bestellung von Dienstbarkeiten

§ 116 Bestellung einer Dienstbarkeit

(1) Derjenige, der ein Grundstück in einzelnen Beziehungen nutzt oder auf diesem Grundstück eine Anlage unterhält (Mitbenutzer), kann von dem Eigentümer die Bestellung einer Grunddienstbarkeit oder einer beschränkten persönlichen Dienstbarkeit verlangen, wenn
1. die Nutzung vor Ablauf des 2. Oktober 1990 begründet wurde,
2. die Nutzung des Grundstücks für die Erschließung oder Entsorgung eines eigenen Grundstücks oder Bauwerks erforderlich ist und
3. ein Mitbenutzungsrecht nach den §§ 321 und 322 des Zivilgesetzbuchs der Deutschen Demokratischen Republik nicht begründet wurde.

(2) Zugunsten derjenigen, die durch ein nach Ablauf des 31. Dezember 1996 abgeschlossenes Rechtsgeschäft gutgläubig Rechte an Grundstücken erwerben, ist § 122 entsprechend anzuwenden. Die Eintragung eines Vermerks über die Klageerhebung erfolgt entsprechend § 113 Abs. 3.

Übersicht

	Rdz.		Rdz.
1. Allgemeines	1	b) Rechtsfolgen	15
2. Regelungsinhalt	4	3. Verfahrensrecht	22
a) Voraussetzungen	5	4. Gutgläubig lastenfreier Erwerb	24

1. Allgemeines

Mit den §§ 116 bis 119 trägt das SachenRBerG Vollzugsdefiziten in der 1 Erschließungspraxis der DDR Rechnung. Vor allem in ländlichen Gebieten wurden vielfach Wege, Versorgungs- und Entsorgungsleitungen über andere Grundstücke verlegt, ohne daß die Mitbenutzung nach §§ 321, 322 ZGB gesichert wurde oder durch andere Rechtsvorschriften (vgl. § 119) gestattet war (Begr. BR-Drucks. 515/93, S. 179).

Teilweise konnten derartige Mitbenutzungen auf das umfassende Boden- 2 nutzungsrecht der landwirtschaftlichen Produktionsgenossenschaften gestützt werden und erfolgten zum Teil ohne oder gegen den Willen des Grundstückseigentümers. Diese Rechtsgrundlage ist zwischenzeitlich entfallen (Begr., aaO).

Die Benutzung fremder Grundstücks in den genannten Fällen ist daher 3 derzeit nicht gesichert (Begr., aaO). Insoweit hat der Gesetzgeber zu handeln, um die vom Mitbenutzer getätigten Investitionen zu schützen.

2. Regelungsinhalt

§ 116 gewährt dem Mitbenutzer einen Anspruch auf Bestellung einer 4 Dienstbarkeit.

§ 116 5–18 Kapitel 5. Ansprüche auf Bestellung von Dienstbarkeiten

a) Voraussetzungen

5   (1) Anspruchsinhaber ist derjenige, der ein Grundstück in einzelnen Beziehungen nutzt oder auf diesem Grundstück eine Anlage unterhält (z. B. Weg, Zufahrt, Anlagen zur Ver- und Entsorgung), Abs. 1 Halbsatz 1.

6   Nicht mehr in den Kreis der Anspruchsinhaber aufgenommen sind öffentliche Versorgungsunternehmen (z. B. kommunale Stromversorgung, Wasserwerke, öffentliche Betriebe zur Abwasserbereinigung, Gaswerke), insoweit gilt § 9 GBBerG (BT-Drucks. 12/7425, S. 82).

7   Keine öffentlichen Versorgungsunternehmen in diesem Sinne sind die Deutsche Bundespost – Telekom und die Deutsche Bundesbahn AG.

8   (2) Erforderlich ist eine Mitbenutzung durch positives Tun oder durch Unterhalten einer Anlage.

9   Nicht erfaßt sind Verbote, gewisse Handlungen vorzunehmen, Unterlassungsgebote und Duldungspflichten (Gewerbebetriebsbeschränkungen, Immissionsduldungsverpflichtungen, Abstandsflächenübernahmen, Nutzungsbeschränkungen). Derartige Beschränkungen sind nicht Gegenstand der Sachenrechtsbereinigung. Hier helfen allerdings die Grundsätze der Verwirkung, nicht jedoch bei Rechtsnachfolge in das Eigentum des betroffenen Grundstücks.

10 (3) Die Nutzung muß vor dem 2. Oktober 1990 begründet worden sein.

11 (4) Die Nutzung des Grundstücks muß für die Erschließung oder Entsorgung eines eigenen Grundstücks oder Bauwerks erforderlich sein, Abs. 1 Halbsatz 2 Nr. 2.

12 Trotz der möglichen Einrede nach § 117 hat der Mitbenutzer nach Abs. 1 die Erforderlichkeit der Mitbenutzung schlüssig zu behaupten und in vollem Umfang zu beweisen.

13 (5) Ein Mitbenutzungsrecht nach §§ 321 und 322 ZGB wurde nicht begründet, Abs. 1 Halbsatz 2 Nr. 3.

14 Bei Mitbenutzungsrechten nach §§ 321 und 322 ZGB bedarf es der Anwendung der §§ 116ff. bereits im Hinblick auf ihr Fortbestehen nach Art. 233 § 5 EGBGB nicht.

b) Rechtsfolgen

15 Abs. 1 gibt unter den genannten Voraussetzungen dem Mitbenutzer wahlweise (§§ 262ff. BGB) oder auch kumulativ einen Anspruch auf Bestellung einer Grunddienstbarkeit oder einer beschränkten persönlichen Dienstbarkeit.

16 aa) Eine Grunddienstbarkeit kommt dann in Betracht, wenn die Nutzung einen Vorteil für ein Grundstück unabhängig von der Person des Grundstückseigentümers bietet (z. B. Zufahrt oder Zuleitung von der öffentlichen Leitung).

17 Eine beschränkte persönliche Dienstbarkeit bietet sich an bei einem Vorteil für eine natürliche oder juristische Person (z. B. öffentliche Versorgungsleitung).

18 Zur Sicherung baurechtlicher Anforderungen an eine ordnungsgemäße Erschließung kommt eine kumulative Bestellung beider Dienstbarkeiten in

Betracht, letztere zugunsten des jeweiligen Trägers der Baubehörde (Land oder kreisfreie Gemeinde).

bb) Maßgebend für den Inhalt der geschuldeten Dienstbarkeit(en) ist zunächst der bisherige Inhalt der Nutzungsbefugnis, sodann die Art und Weise der bisherigen geduldeten Rechtsausübung (schlüssiges Verhalten), schließlich das billige Ermessen des Richters im Prozeß um die Dienstbarkeitsbestellung. 19

Inhalt der Dienstbarkeit ist jedenfalls zum einen das Recht auf Nutzung bzw. Unterhaltung der Anlage. Als Annex hierzu ergibt sich das Recht bzw. die Pflicht, für die Unterhaltung der Anlage zu sorgen und die Verkehrssicherungspflicht zu tragen (auch dies kann Inhalt einer Dienstbarkeit sein, BayObLG MittBayNot 1990, 172f.). 20

Denkbar ist auch ein Recht des Eigentümers des dienenden Grundstücks auf Mitbenutzung einer Anlage des Mitbenutzers mit entsprechender Regelung der Unterhaltungspflicht, §§ 1021, 1022 BGB. 21

3. Verfahrensrecht

Der Anspruch nach § 113 wird mit der allgemeinen Leistungsklage durchgesetzt. Diese ist gerichtet auf Bestellung des Rechts mit schuldrechtlichem und dinglichem Inhalt und unterliegt den allgemeinen Vorschriften der ZPO. Die §§ 87ff., 103ff. sind nicht anwendbar. Für die örtliche Zuständigkeit gelten §§ 12, 13, 26, 38, 39 ZPO. 22

Die Vollstreckung des stattgebenden Urteils richtet sich nach § 894 ZPO. 23

4. Gutgläubig lastenfreier Erwerb, Abs. 2

Absatz 2 überträgt die Wiederherstellung der Registerpublizität ab dem 1. 1. 1997 auf §§ 116ff. Insoweit gelten über § 122 die Grundsätze des § 111 (§ 111 Rdz. 8ff.) und nach § 113 Abs. 3 Satz 2 (§ 113 Rdz. 27). 24

§ 117 Einwendungen des Grundstückseigentümers

(1) **Der Grundstückseigentümer kann die Bestellung einer Dienstbarkeit verweigern, wenn**
1. die weitere Mitbenutzung oder der weitere Fortbestand der Anlage die Nutzung des belasteten Grundstücks erheblich beeinträchtigen würde, der Mitbenutzer der Inanspruchnahme des Grundstücks nicht bedarf oder eine Verlegung der Ausübung möglich ist und keinen unverhältnismäßigen Aufwand verursachen würde oder
2. die Nachteile für das zu belastende Grundstück die Vorteile für das herrschende Grundstück überwiegen und eine anderweitige Erschließung oder Entsorgung mit einem im Verhältnis zu den Nachteilen geringen Aufwand hergestellt werden kann.

Die Kosten einer Verlegung haben die Beteiligten zu teilen.

(2) Sind Erschließungs- oder Entsorgungsanlagen zu verlegen, so besteht ein Recht zur Mitbenutzung des Grundstücks im bisherigen Umfange für die

§ 117 1–7   Kapitel 5. Ansprüche auf Bestellung von Dienstbarkeiten

Zeit, die für eine solche Verlegung erforderlich ist. Der Grundstückseigentümer hat dem Nutzer eine angemessene Frist einzuräumen. Können sich die Parteien über die Dauer, für die das Recht nach Satz 1 fortbesteht, nicht einigen, so kann die Frist durch gerichtliche Entscheidung bestimmt werden. Eine richterliche Fristbestimmung wirkt auch gegenüber den Rechtsnachfolgern der Parteien.

Übersicht

	Rdz.		Rdz.
1. Allgemeines	1	4. Weiterbenutzung während Verlegung	11
2. Voraussetzungen der Einrede	3		
3. Rechtsfolgen	8		

1. Allgemeines

1 Mit der Einrede nach § 117 nimmt das Gesetz eine Abwägung zwischen den Interessen des Mitbenutzers (§ 116) und des Eigentümers vor. Denn die Belastung des Grundstücks mit einer Dienstbarkeit kann dessen Nutzbarkeit wesentlich einschränken (Begr. BR-Drucks. 515/93, S. 179).

2 Das Gesetz folgt hierbei dem Vorbild der §§ 1020 und 1023 BGB. Über deren Regelungsinhalt hinausgehende Regelungen sind schon deshalb erforderlich, da der Mitbenutzung keine vertragliche Vereinbarung zwischen Grundstückseigentümer und Mitbenutzer zugrundeliegt.

2. Voraussetzungen der Einrede, Abs. 1 Satz 1

3 a) Das Gesetz zieht ähnlich wie bei § 12 Abs. 2 einen leichter nachweisbaren Fall als Abs. 1 Satz 1 Nr. 1 vor.

4 aa) Voraussetzung hiernach ist zu einen eine „erhebliche" Beeinträchtigung, z. B. infolge „Zerschneidens" des Grundstücks durch eine Versorgungsleitung (z. B. oberirdische Fernwärmeleitung, Begr. BR-Drucks. 515/93, S. 179).

5 bb) Zum anderen (alternativ) besteht ein Leistungsverweigerungsrecht dann, wenn der Mitbenutzer des Rechts nicht bedarf, d. h. insbesondere wenn es an der Erforderlichkeit im Sinne von § 116 Satz 1 Nr. 2 fehlt.

6 cc) In beiden Fällen verlangt das Gesetz jedoch zusätzlich, daß die Verlegung der Ausübung möglich ist und keinen (gemessen am Wert der Investitionen des Mitbenutzers, seinem Nutzen und dem Nachteil des Eigentümers) unverhältnismäßigen Aufwand verursacht.

7 b) Unterhalb der Schwelle des Abs. 1 Satz 1 Nr. 1 bedarf es einer Interessenabwägung, Abs. 1 Satz 1 Nr. 2 (Begr. BR-Drucks. 515/93, S. 179). Die Nachteile des Grundstückseigentümers müssen hierbei die Vorteile des Mitbenutzers überwiegen. Zusätzlich muß eine anderweitige Erschließung oder Entsorgung mit im Verhältnis zu den Nachteilen geringem Aufwand herstellbar sein. Der erforderliche Aufwand muß somit erheblich niedriger sein als im Fall des Abs. 1 Satz 1 Nr. 1.

3. Rechtsfolgen, Abs. 1 Satz 1 und 2

a) Abs. 1 gewährt dem Grundstückseigentümer zum einen ein Leistungs- 8
verweigerungsrecht (Einrede, keine Einwendung) gegen den Anspruch nach
§ 116, zum anderen (mittelbar in Verbindung mit § 1023 BGB) einen Anspruch gegen den Mitbenutzer auf Aufgabe der Mitbenutzung bzw. auf Verlegung der Ausübung.

b) Abs. 1 Satz 2 sichert hierbei den Mitbenutzer vor voreiliger Erhebung 9
der Einrede nach Abs. 1 Satz 1 durch Anordnung einer Kostenteilung, und zwar im Fall des Abs. 1 Satz 1 Nr. 1 und Nr. 2.

Die Kostenteilung erfolgt in der Regel im Verhältnis 50:50. Eine andere 10
Aufteilung ist z. B. jedoch dann veranlaßt, wenn bei gemeinsamer Benutzung durch Mitbenutzer und Grundstückseigentümer sich durch die Verlegung das Verhältnis der Vorteile zwischen den Beteiligten ändert. Dann ist es angemessen, den hierdurch Begünstigten stärker mit den Verlegungskosten zu belasten.

4. Weiterbenutzung während Verlegung, Abs. 2

Die Übergangsregelung in Abs. 2 enthält in Satz 1 und 2 zunächst nur eine 11
Klarstellung. Denn schon nach allgemeinen Grundsätzen würden sich die Regelungen nach Satz 1 und 2 aus dem allgemeinen Verbot unzulässiger Rechtsausübung (§§ 223, 242 BGB) ergeben.

Von Bedeutung und eigenständigem Regelungsgehalt ist Abs. 2 Satz 3 und 12
4, der die Bestimmung der angemessenen Frist zur Durchführung der Verlegung in das richterliche Ermessen stellt (Gestaltungsurteil), welches über §§ 265, 325 ZPO hinaus gegenüber Rechtsnachfolgern der Parteien wirkt.

§ 118 Entgelt

(1) Der Eigentümer des belasteten Grundstücks kann die Zustimmung zur Bestellung einer Dienstbarkeit von der Zahlung eines einmaligen oder eines in wiederkehrenden Leistungen zu zahlenden Entgelts (Rente) abhängig machen. Es kann ein Entgelt gefordert werden,
1. bis zur Hälfte der Höhe, wie sie für die Begründung solcher Belastungen üblich ist, wenn die Inanspruchnahme des Grundstücks auf den von landwirtschaftlichen Produktionsgenossenschaften bewirtschafteten Flächen bis zum Ablauf des 30. Juni 1990, in allen anderen Fällen bis zum Anlauf des 2. Oktober 1990 begründet wurde und das Mitbenutzungsrecht in der bisherigen Weise ausgeübt wird, oder
2. in Höhe des üblichen Entgelts, wenn die Nutzung des herrschenden Grundstücks und die Mitbenutzung des belasteten Grundstücks nach den in Nummer 1 genannten Zeitpunkten geändert wurde.

(2) Das in Absatz 1 bestimmte Entgelt steht dem Eigentümer nicht zu, wenn
1. nach dem 2. Oktober 1990 ein Mitbenutzungsrecht bestand und dieses nicht erloschen ist, oder
2. der Eigentümer sich mit der Mitbenutzung einverstanden erklärt hat.

Kapitel 5. Ansprüche auf Bestellung von Dienstbarkeiten

Übersicht

	Rdz.
1. Allgemeines	1
2. Leistungsverweigerungsrecht	3
3. Replik	9

1. Allgemeines

1   Die weitere Duldung der Mitbenutzung bringt einen Nachteil für das dienende und einen Vorteil für das herrschende Grundstück bzw. den Mitbenutzer mit sich. Die Duldung des Nachteils und die Einräumung dieses Vorteils erfolgen üblicherweise gegen Entgelt (Begr. BR-Drucks. 515/93, S. 180).

2   Demgemäß gibt das Gesetz dem Grundstückseigentümer in Abs. 1 ein Leistungsverweigerungsrecht (Einrede), dem aber die Replik des vorherigen Einverständnisses mit unentgeltlicher Benutzung entgegensteht.

2. Leistungsverweigerungsrecht, Abs. 1

3   a) Mit „abhängig machen" in Abs. 1 Satz 1 meint das Gesetz, daß der Eigentümer zur Abgabe der Bewilligung der bzw. Erklärung der Einigung über die Dienstbarkeitsbestellung nur Zug um Zug gegen Begründung einer entsprechenden Zahlungsverpflichtung verpflichtet ist. Zugleich kann der Eigentümer die Einigung und Eintragungsbewilligung auflösend bedingt durch die Nichterfüllung der Zahlungspflicht erklären (auflösend bedingte Dienstbarkeitsbestellung). Dies folgt aus dem Wort „Zustimmung", womit das Gesetz eine über den Zeitpunkt der Eintragung der dinglichen Einigung hinaus andauernde Willenseinigung meint.

4   b) Das Entgelt kann wahlweise (§§ 262 ff. BGB) als einmalige oder als wiederkehrende Zahlung verlangt werden.

5   Die Höhe des Entgelts ergibt sich aus Abs. 1 Satz 2, wonach zwei Fallgruppen zu unterscheiden sind (Nr. 1 und Nr. 2).

6   aa) Abs. 1 Satz 2 Nr. 1 verwirklicht den Grundsatz der Halbteilung, soweit die Inanspruchnahme des Grundstücks vor dem Stichtagen des § 8 begründet wurde und das Mitbenutzungsrecht in der bisherigen Weise ausgeübt wird.

7   bb) Entsprechend §§ 47, 70, 71 wird der Halbteilungsgrundsatz in den Fällen des Abs. 2 Satz 2 Nr. 2 bereits bei nur geringfügiger Nutzungsänderung bzw. -erweiterung durchbrochen. Eine Ermäßigung der Nutzung fällt nicht unter Abs. 1 Satz 2 Nr. 2.

8   cc) Das Kriterium des „üblichen Entgelts" in Abs. 1 Satz 2 Nr. 1 und 2 ist nur schwer handhabbar. Gerade bei Dienstbarkeiten ist die Üblichkeit der Entgeltshöhe nicht ohne weiteres feststellbar. Abzustellen ist in der Regel auf die mit der Mitbenutzung verbundene Minderung des Ertragswerts, welche durch den Mitbenutzer entsprechend § 43 zu verzinsen ist.

3. Replik, Abs. 2

Nach Abs. 2 steht dem Mitbenutzer gegen die Einrede nach Abs. 1 die   9
Replik des Einverständnisses mit unentgeltlicher Mitbenutzung zu, wenn
und soweit der Grundstückseigentümer sich mit der Mitbenutzung einverstanden erklärt hat, Abs. 2 Nr. 2.

Das Einverständnis kann auch durch schlüssiges Verhalten erklärt worden   10
sein.

Das Einverständnis muß sich aber auch auf die Unentgeltlichkeit der Mit-   11
benutzung beziehen. Bezieht sich das Einverständnis auf unentgeltliche Mitbenutzung im Umfang vor den jeweiligen Stichtagen nach Abs. 1 Nr. 1, so
schließt es eine Nutzungsänderung jedoch nicht ein. Ein Entgelt ist dann
aber nur in Höhe der Differenz zwischen dem Entgelt nach Abs. 1 Satz 2
Nr. 2 und Nr. 1 geschuldet.

b) Bestand zur Sicherung der Mitbenutzung noch nach dem 2. Oktober   12
1990 ein Mitbenutzungsrecht nach §§ 321, 322 ZGB und ist dieses nicht
erloschen, so ist die Mitbenutzung gleichfalls unentgeltlich möglich, soweit
sich nicht aus anderen Rechtsgründen ein Entgeltanspruch ergibt (z. B. Bestellungsvertrag), Abs. 2 Nr. 1.

Abs. 2 Nr. 1 ist im übrigen obsolet, denn im Fall des Bestehens eines   13
Mitbenutzungsrechts nach §§ 321, 322 ZGB ist bereits nach § 116 Satz 1
Nr. 3 ein Anspruch auf Bestellung einer Dienstbarkeit ausgeschlossen (Begr.
BR-Drucks. 515/93, S. 180).

§ 119 Fortbestehende Rechte, andere Ansprüche

Die Vorschriften dieses Kapitels finden keine Anwendung, wenn die Mitbenutzung des Grundstücks
1. aufgrund nach dem Einigungsvertrag fortgeltender Rechtsvorschriften der Deutschen Demokratischen Republik oder
2. durch andere Rechtsvorschriften
gestattet ist.

Außer im Fall der nach Art. 233 § 5 EGBGB fortbestehenden Mitbenut-   1
zungsrechte nach §§ 321, 322 ZGB ist die Anwendung der §§ 116 ff. auch
dann ausgeschlossen, wenn die Mitbenutzung durch andere (zumeist öffentlich-rechtliche) Rechtsvorschriften gesichert ist.

a) Unter die Fallgruppe nach dem Einigungsvertrag fortbestehender   2
Rechtsvorschriften (Nr. 1) fallen in erster Linie die §§ 29 Abs. 1 bis 3, 30, 31,
48 und 69 Abs. 4 der Energieverordnung der DDR vom 1. Juni 1988 (GBl. I,
S. 89), zuletzt geändert durch Verordnung vom 25. Juli 1990 (GBl. I, 812)
nebst der Fünften Durchführungsbestimmung zur Energieverordnung vom
27. August 1990 (GBl. I, 1423).

3 Diese Rechtsgrundlagen gelten bis zum 31. 12. 2010 nach Anlage II Kapitel V Sachgebiet D Abschnitt III Nr. 4b) des Einigungsvertrags vom 23. 9. 1990 fort (BGBl. II, S. 885/1202). Ab dem 1. Januar 2011 sind jedoch die §§ 116 ff. anwendbar.

4 b) Nach Nr. 2 ist auch die Sicherung der Mitbenutzung durch Rechtsvorschriften des öffentlichen und privaten Nachbarrechts (z. B. Leiterrechte) oder des öffentlichen Straßen- und Wegerechts denkbar: eine entsprechende Widmung schließt die Anwendung der §§ 116 ff. ebenfalls aus.

Kapitel 6. Schlußvorschriften

Abschnitt 1. Behördliche Prüfung der Teilung

§ 120 Genehmigungen nach dem Baugesetzbuch

(1) Die Teilung eines Grundstücks nach diesem Gesetz bedarf der Teilungsgenehmigung nach den Vorschriften des Baugesetzbuchs. Dabei ist § 20 des Baugesetzbuchs mit folgenden Maßgaben anzuwenden:
1. die Teilungsgenehmigung ist zu erteilen, wenn die beabsichtigte Grundstücksteilung den Nutzungsgrenzen in der ehemaligen Liegenschaftsdokumentation oder dem Inhalt einer Nutzungsurkunde entspricht, in der die Grenzen des Nutzungsrechts in einer grafischen Darstellung (Karte) ausgewiesen sind,
2. für die Teilungsgenehmigung ist ein Vermögenszuordnungsbescheid zugrunde zu legen, soweit dieser über die Grenzen der betroffenen Grundstücke Aufschluß gibt,
3. in anderen als den in den Nummern 1 und 2 bezeichneten Fällen ist die Teilungsgenehmigung nach dem Bestand zu erteilen,
4. ist eine Teilung zum Zwecke der Vorbereitung einer Nutzungsänderung oder baulichen Erweiterung beantragt, die nach § 20 des Baugesetzbuchs nicht genehmigungsfähig wäre, kann eine Teilungsgenehmigung nach dem Bestand erteilt werden.

Wird die Teilungsgenehmigung nach Satz 2 erteilt, findet § 21 des Baugesetzbuchs keine Anwendung. Die Maßgaben nach Satz 2 gelten entsprechend für die Erteilung einer Teilungsgenehmigung nach § 144 Abs. 1 Nr. 2 und § 145 des Baugesetzbuchs im förmlich festgelegten Sanierungsgebiet sowie nach § 169 Abs. 1 Nr. 1 in Verbindung mit § 144 Abs. 1 Nr. 2 und § 145 des Baugesetzbuchs im städtebaulichen Entwicklungsbereich.

(2) Die Bestellung eines Erbbaurechts nach diesem Gesetz bedarf einer Genehmigung entsprechend Absatz 1, wenn nach dem Erbbaurechtsvertrag die Nutzungsbefugnis des Erbbauberechtigten sich nicht auf das Grundstück insgesamt erstreckt.

(3) Ist die Genehmigung für die Bestellung eines Erbbaurechts nach Absatz 2 erteilt worden, gilt § 21 des Baugesetzbuchs entsprechend für den Antrag auf Erteilung einer Teilungsgenehmigung, der innerhalb von sieben Jahren seit der Erteilung der Genehmigung nach Absatz 2 gestellt wurde.

(4) Der Ankauf von Grundstücken sowie die Bestellung eines Erbbaurechts nach diesem Gesetz bedürfen innerhalb eines förmlich festgelegten Sanierungsgebiets nicht der Genehmigung nach § 144 Abs. 2 Nr. 1 und 2 des Baugesetzbuchs und innerhalb eines förmlich festgelegten Entwicklungsbereichs nicht der Genehmigung nach § 169 Abs. 1 Nr. 1 des Baugesetzbuchs.

(5) Im übrigen bleiben die Vorschriften des Baugesetzbuchs unberührt.

§ 120 1–6 Kapitel 6. Schlußvorschriften

Übersicht

	Rdz.		Rdz.
1. Allgemeines	1	b) Rechtswirkungen der Teilungsgenehmigung	13
2. Verhältnis zu weiteren baurechtlichen Vorschriften	5	c) Sanierungs- und Entwicklungsgebiet	14
3. Inhalt der Regelung	7	d) Bestellung eines Erbbaurechts	17
a) Maßgaben zu § 20 BauGB	8		

1. Allgemeines

1 Führt die Sachenrechtsbereinigung zu einer Grundstücksteilung, so bedarf diese nach allgemeinen Vorschriften (§§ 19 ff. BauGB und der jeweiligen Landesbauordnung) der Genehmigung.

2 Das Erfordernis der Teilungsgenehmigung im Rahmen des SachenRBerG ist jedoch nicht unproblematisch. Zum einen geht es in der Sachenrechtsbereinigung nur um die Überführung des baulichen *status quo* in die Rechtsfiguren des Bürgerlichen Gesetzbuchs und seiner Nebengesetze. Zum anderen kann sich das nach § 120 erforderliche Verwaltungsverfahren als weiterer Engpaß im Vollzug des SachenRBerG erweisen.

3 Dennoch hat der Gesetzgeber nicht auf eine Teilungsgenehmigung verzichtet mit dem Argument, die Nutzungsrechtsgrenzen seien oft weder in einer Liegenschaftsdokumentation ausgewiesen noch in der Natur feststellbar (Begr. BR-Drucks. 515/93, S. 181). Die Kriterien des Art. 233 § 4 Abs. 3 Satz 3 EGBGB und der §§ 21 ff. SachenRBerG seien für die Sicherung der Zwecke des Bauplanungs- und Bauordnungsrechts nicht hinreichend bestimmt (Begr., aaO).

4 Die Sachenrechtsbereinigung kann aufgrund privatrechtlicher Einigung zu Grundstücksteilungen führen, die den Zwecken des öffentlichen Baurechts zuwiderlaufen können. Insoweit sprechen zumindest gute Gründe für die Anwendbarkeit der §§ 19 ff. BauGB. Nicht unbedingt von diesen Zwecken gedeckt erscheint hingegen die Genehmigungspflicht der Bestellung von Erbbaurechten mit einer auf eine reale Teilfläche beschränkten Ausübungsbefugnis (Abs. 2).

2. Verhältnis zu weiteren baurechtlichen Vorschriften

5 Unberührt bleiben landesgesetzliche Bestimmungen des Bauordnungsrechts über die Grundstücksteilung nach den jeweiligen Landesbauordnungen. Unberührt bleiben nach Abs. 5 insbesondere die Vorschriften über das gesetzliche Vorkaufsrecht nach dem Baugesetzbuch und dem Wohnungsbauerleichterungsgesetz; zu deren Nichtgeltung im Fall des Ankaufs nach dem Sachenrechtsbereinigungsgesetz siehe jedoch Vorbem. vor §§ 61 ff., Rdz. 18–19.

6 Unberührt und somit anwendbar bleiben vor allem die Bestimmungen über Fristen und Genehmigungsfiktionen nach § 19 Abs. 3 BauGB (Begr. BR-Drucks. 515/93, S. 182).

3. Inhalt der Regelung

Abs. 1 Satz 1 stellt zunächst klar, daß auch im Rahmen der Sachenrechtsbereinigung eine Grundstücksteilung (im Sinne des § 19 Abs. 2 BauGB) der Genehmigung nach § 19 BauGB bedarf. 7

a) Maßgaben zu § 20 BauGB, Abs. 1 Satz 2

Die Versagungsgründe des § 20 BauGB werden durch die Maßgaben des Abs. 1 Satz 2 Nr. 1 mit 3 ergänzt. 8

aa) Stimmen die Grenzen der erfaßten Fläche (§§ 21 ff.) mit den Grenzen des Nutzungsrechts in der ehemaligen Liegenschaftsdokumentation oder einer mit der Nutzungsrechtsurkunde verbundenen Karte überein, so kann der bauplanungsrechtliche *status quo* übernommen werden, Abs. 1 Satz 2 Nr. 1. Die Fortschreibung der bisherigen Rechtslage entspricht dem rechtsstaatlich gebotenen Vertrauensschutz. 9

bb) Aus einem entsprechenden Gesichtspunkt des Vertrauensschutzes heraus wird auch eine Übereinstimmung der erfaßten Fläche mit den Grenzen eines Vermögenszuordnungsbescheids (§ 2 Abs. 2–3 VZOG) in das Bauplanungsrecht übernommen, Abs. 1 Satz 2 Nr. 2. 10

cc) Lassen sich nach Nr. 1 und 2 die Grenzen der erfaßten Fläche nicht feststellen, so ist die Teilungsgenehmigung „nach dem Bestand" zu erteilen, Abs. 1 Satz 2 Nr. 3. Dies dürfte der häufigste Fall sein. Maßgebend ist hierbei die tatsächliche bauliche Inanspruchnahme (Begr. BR-Drucks. 515/93, S. 181) unter Berücksichtigung der mit § 20 BauGB verfolgten planerischen Zwecke. Bestimmend für Art und Ausmaß des Umgriffs um das Gebäude sind neben §§ 21 ff. SachenRBerG vor allem die bauliche Nutzung in der Umgebung des Objekts. 11

dd) Abs. 1 Satz 2 Nr. 4 regelt den Sonderfall, daß zugleich mit dem Teilungsantrag eine Nutzungsänderung bzw. -erweiterung beantragt wird, die nach § 20 BauGB nicht genehmigungsfähig wäre. In diesen Fällen steht die Erteilung oder Versagung der Teilungsgenehmigung nach dem Bestand (hierzu oben Rdz. 11) im Ermessen der Behörde („kann"). 12

b) Rechtswirkungen der Teilungsgenehmigung, Abs. 1 Satz 3

Da die Teilungsgenehmigung aus Gründen des Vertrauensschutzes erteilt wird und nicht deshalb, weil keine Versagungsgründe nach § 20 BauGB vorliegen, kann sich aus ihr keine Bindung hinsichtlich eines künftigen Baugenehmigungsverfahrens entsprechend § 21 ergeben. Abs. 1 Satz 3 stellt dies ausdrücklich klar. 13

c) Sanierungs- und Entwicklungsgebiet, Abs. 1 Satz 4 und Abs. 4

aa) Die Maßgaben des Abs. 1 Satz 2 gelten entsprechend für die besondere Teilungsgenehmigung nach § 144 Abs. 1 Nr. 2 und § 145 BauGB im förmlich festgelegten Sanierungsgebiet und nach §§ 169 Abs. 1 Nr. 1, 144 Abs. 1 Nr. 2, 145 BauGB im städtebaulichen Entwicklungsbereich, Abs. 1 Satz 4. 14

§ 121   Kapitel 6. Schlußvorschriften

15   Da das Grundbuchamt jedoch bei nicht eingetragenen Nutzungstatbeständen nicht erkennt, ob ein Rechtsgeschäft nach dem SachenRBerG vorliegt, wird in der Regel die Vorlage eines Negativzeugnisses in Form des § 29 Abs. 1 GBO unvermeidlich sein.

16   bb) Die Veräußerung des Gebäudes (§§ 81ff.) bedarf schon nach dem Wortlaut des BauGB keiner Genehmigung, auch wenn ein Gebäudegrundbuchblatt angelegt ist. § 144 Abs. 2 Nr. 1 BauGB gilt nicht für jedes grundstücksgleiche Recht, da es sonst der ausdrücklichen Erwähnung des Erbbaurechts nicht bedurft hätte.

d) Bestellung eines Erbbaurechts, Abs. 2 und 3

17   aa) Über §§ 19ff. BauGB hinaus ist auch die Bestellung eines Erbbaurechts genehmigungspflichtig, dessen Ausübungsbereich „sich nicht auf das Grundstück insgesamt erstreckt", Abs. 2. Gemeint ist die Beschränkung der Ausübung auf eine Teilfläche eines Grundstücks oder auf Teile anderer Grundstücke (insbesondere: Erbbaurecht nach § 39 Abs. 1).

18   bb) Nicht genehmigungspflichtig ist jedoch ein Gesamterbbaurecht an mehreren ganzen Flurstücken oder ein Erbbaurecht an mehreren vereinigten ganzen Flurstücken, sofern dessen Ausübungsbereich sich mit den Grenzen aller belasteten Flurstücke deckt.

19   cc) Grund für die Erweiterung gegenüber § 19 BauGB ist die gewollte bauplanungsrechtliche Kontrolle auch der auf gewisse Zeit verfestigten Nutzungsverhältnisse (Begr. BR-Drucks. 515/93, S. 182).

20   dd) Die Genehmigung nach Abs. 2 gewährt nach Abs. 3 für eine spätere Teilung des Erbbaugrundstücks einen Bestandsschutz von sieben Jahren. Die Frist ist mit Stellung des Antrags auf Grundstücksteilung (z. B. entsprechend § 39 Abs. 1 Satz 4 SachenRBerG) gewährt, die Vermessung innerhalb der 7-Jahres-Frist ist nicht erforderlich.

21   Keinen Bestandsschutz gewährt Abs. 3 aber hinsichtlich einer etwa erforderlichen Teilungsgenehmigung nach jeweiligen Landesbauordnung.

Abschnitt 2. Rückübertragung von Grundstücken und dinglichen Rechten

§ 121 Ansprüche nach Abschluß eines Kaufvertrags

(1) **Dem Nutzer, der bis zum Ablauf des 18. Oktober 1989 mit einer staatlichen Stelle der Deutschen Demokratischen Republik einen wirksamen, beurkundeten Kaufvertrag über ein Grundstück, ein Gebäude oder eine bauliche Anlage abgeschlossen und aufgrund dieses Vertrages oder eines Miet- oder sonstigen Nutzungsvertrages Besitz erlangt oder den Besitz ausgeübt hat, stehen die Ansprüche nach Kapitel 2 gegenüber dem jeweiligen Grundstückseigentümer auch dann zu, wenn das Grundstück, das Gebäude oder die bauliche Anlage nach dem Vermögensgesetz zurückübertragen worden ist. Satz 1 findet keine Anwendung, wenn der Vertrag aus den in § 3 Abs. 3 Satz 2 Nr. 1 und 2 genannten Gründen nicht erfüllt worden ist. Die Ansprüche aus Satz 1 stehen**

§ 121. Ansprüche nach Abschluß eines Kaufvertrags

dem Nutzer auch dann zu, wenn der Kaufvertrag nach dem 18. Oktober 1989 abgeschlossen worden ist und
a) der Kaufvertrag vor dem 19. Oktober 1989 schriftlich beantragt oder sonst aktenkundig angebahnt worden ist,
b) der Vertragsschluß auf der Grundlage des § 1 des Gesetzes über den Verkauf volkseigener Gebäude vom 7. März 1990 (GBl. I Nr. 18 S. 157) erfolgte oder
c) der Nutzer vor dem 19. Oktober 1989 in einem wesentlichen Umfang werterhöhende oder substanzerhaltende Investitionen vorgenommen hat.

(2) Die in Absatz 1 bezeichneten Ansprüche stehen auch dem Nutzer zu,
a) der aufgrund eines bis zum Ablauf des 18. Oktober 1989 abgeschlossenen Miet-, Pacht- oder sonstigen Nutzungsvertrages ein Eigenheim am 18. Oktober 1989 genutzt hat,
b) bis zum Ablauf des 14. Juni 1990 einen wirksamen, beurkundeten Kaufvertrag mit einer staatlichen Stelle der Deutschen Demokratischen Republik über dieses Eigenheim geschlossen hat und
c) dieses Eigenheim am 1. Oktober 1994 zu eigenen Wohnzwecken nutzt.

(3) Entgegenstehende rechtskräftige Entscheidungen und abweichende rechtsgeschäftliche Vereinbarungen zwischen dem Grundstückseigentümer und dem Nutzer bleiben unberührt.

(4) Bei der Bemessung von Erbbauzins und Ankaufspreis ist auch der Restwert eines vom Grundstückseigentümer errichteten oder erworbenen Gebäudes, einer baulichen Anlage und der Grundstückseinrichtungen in Ansatz zu bringen. Für die Bestimmung des Restwerts ist § 74 Abs. 1 Satz 2 bis 4 entsprechend anzuwenden.

(5) Der Nutzer hat auf Verlangen des Grundstückseigentümers innerhalb der in § 16 Abs. 2 bestimmten Frist zu erklären, ob er von den Ansprüchen auf Erbbaurechtsbestellung oder Ankauf des Grundstücks Gebrauch machen will und die Wahl auszuüben. Erklärt der Nutzer, daß er die in Satz 1 bestimmten Ansprüche nicht geltend machen will, ist § 17 Satz 5 des Vermögensgesetzes entsprechend anzuwenden.

(6) Der Nutzer kann von der Gemeinde oder der Gebietskörperschaft, die den Kaufpreis erhalten hat, nach § 323 Abs. 3 und § 818 des Bürgerlichen Gesetzbuchs die Herausgabe des Geleisteten verlangen, soweit diese durch seine Zahlung bereichert ist. Ansprüche auf Schadensersatz wegen Nichterfüllung sind ausgeschlossen.

Übersicht

	Rdz.		Rdz.
1. Allgemeines	1	d) Kaufpreis- und Erbbauzinsbestimmung	16
2. Inhalt der Regelung	4	e) Erweitertes Wahlrecht	20
a) Besitzerlangung durch Kauf	4	f) Kaufpreiserstattung	22
b) Besitzerlangung vor Kauf	9	3. Beweislast	29
c) Duplik	14		

1. Allgemeines

§ 121 wurde aufgrund der Gegenäußerung der Bundesregierung zur Stellungnahme des Bundesrats (BT-Drucks. 12/5992, S. 188 und 204 ff.) nach langwieriger Diskussion im Vermittlungsausschuß in das Gesetz aufgenommen. Die Vorschrift schließt an § 3 Abs. 3 SachenRBerG an und regelt die Durchführung der Sachenrechtsbereinigung im Verhältnis zwischen Nutzer und Restitutionsberechtigtem im Fall hängender Kaufverträge (dazu § 3 Rdz. 10–31).

2 Die Einbeziehung der hängenden Kaufverträge in die Sachenrechtsbereinigung war rechtspolitisch umstritten. Nach den Vorstellungen der Länder Brandenburg und Sachsen-Anhalt sollte der Stichtag nach § 4 Abs. 2 VermG weiter in die Vergangenheit verlegt werden (sog. Remmers-Modell). Dies hätte dazu geführt, daß zahlreiche Personen in den Genuß eines Grunderwerbs zu außerordentlich günstigen Konditionen (Kaufpreises zu etwa 10% des Verkehrswerts) gekommen wären. Der offenkundige und verfassungswidrige Widerspruch zu den Prinzipien der Behandlung offener Vermögensfragen hätte sich zudem zu Lasten des insoweit entschädigungspflichtigen Steuerzahlers ausgewirkt. Das Gesetz löst das Problem nunmehr im Sinne der Bundesregierung durch Einbeziehung weiterer Fallgruppen in die Sachenrechtsbereinigung mit der Folge einer privatrechtlichen Lösung unter Anwendung des Halbteilungsgrundsatzes.

3 Nach ihrer systematischen Stellung und ihrem Wortlaut (Abs. 1) kommt § 121 nur nach erfolgter Restitution zur Anwendung. Die Durchführung der Sachenrechtsbereinigung ist aber auch im Verhältnis zwischen Nutzer und Verfügungsberechtigten möglich (vgl. § 14 Rdz. 4–9). In diesem Fall gilt § 121 entsprechend.

2. Inhalt der Regelung

a) Besitzerlangung durch Kauf, Abs. 1

4 Abs. 1 setzt im Grundsatz wie § 14 (vgl. § 14 Rdz. 4–9) voraus, daß ein Grundstück auch infolge der Restitution nicht „bereinigungsfrei" erworben werden kann. Betroffen sind die Fälle, in denen nach § 3 Abs. 3 Nr. 3 die Sachenrechtsbereinigung durchzuführen ist (§ 3 Rdz. 27–30). Abs. 1 geht jedoch, wie Satz 2 ausdrücklich klarstellt, nicht über § 3 Abs. 3 Satz 1 Nr. 1 und 2 hinaus (§ 3 Rdz. 22–26).

5 Abs. 1 Satz 1 erweitert den Anwendungsbereich des SachenRBerG auf folgende Fälle:
– wirksamer, beurkundeter Kaufvertrag,
– Vertragsschluß vor dem 19. 10. 1989,
– mit einer staatlichen Stelle der Deutschen Demokratischen Republik (§ 10 Abs. 1, d. h. auch staatlicher Verwalter),
– über ein Grundstück, ein Gebäude oder eine bauliche Anlage,
– Besitzerlangung oder -ausübung aufgrund dieses Vertrags oder eines Miet- oder sonstigen Nutzungsvertrags.

6 Voraussetzung ist ein wirksamer, d. h. formwirksamer Kaufvertrag unter Erteilung aller rechtsgeschäftlichen Genehmigungen (z. B. des vollmachtlos Vertretenen). Die Erteilung der Genehmigung nach Kommunalrecht (z. B. nach § 49 Kommunalverfassung) ist nicht erforderlich. Zur GVVO (bzw. GVO) siehe Abs. 1 Satz 2 und § 3 Rdz. 24–26.

Abs. 1 Satz 3 erweitert den Anwendungsbereich der Sachenrechtsbereinigung unter Einbeziehung der Fallgruppen des § 4 Abs. 2 VermG nochmals. Für den Umfang der Investitionen nach Buchstabe c) kann auch insoweit der Rechtsgedanke des § 12 Abs. 2 herangezogen werden (Gleichbehandlung mit rechtsähnlichen Fällen der Überlassungsverträge). Auf die in Abs. 1 Satz 3 genannte Fallgruppe findet Abs. 1 Satz 2 dem Wortlaut nach keine Anwendung, seine Anwendbarkeit ergibt sich aber aus Grundsätzen des allgemeinen Schuldrechts.

Rechtsfolge des Abs. 1 ist die Durchführung der Sachenrechtsbereinigung im Verhältnis Nutzer – Restitutionsberechtigter nach erfolgter Restitution nach Maßgabe der Abs. 3 mit 6 in Verbindung mit dem 2. Kapitel des Gesetzes (§§ 3–111).

b) Besitzerlangung vor Kauf, Abs. 2

Der Sachenrechtsbereinigung nach Abs. 2 unterliegen auch die Nutzer, die ein Eigenheim aufgrund eines vor dem 19. 10. 1989 geschlossenen Miet-, Pacht- oder sonstigen Nutzungsvertrags nutzten, bis zum Ablauf des 14. 6. 1990 (Tag vor Verkündung der Gemeinsamen Erklärung der Bundesregierung und der DDR-Regierung über offene Vermögensfragen) hierüber, d. h. über das Eigenheim, einen wirksamen, beurkundeten Kaufvertrag geschlossen haben und dieses Eigenheim am 1. 10. 1994 zu eigenen Wohnzwecken nutzen.

Erforderlich ist neben einem wirksamen, beurkundeten Kaufvertrag (dazu oben Rdz. 6) weiter die Nutzung zu eigenen Wohnzwecken. Gewerbliche Nutzung ist nur im Umfang des § 54 Abs. 2 statthaft. Eine Gebrauchsüberlassung an Dritte (z. B. Abkömmlinge) ist nur insoweit statthaft, als diese zum Hausstand gehören (entsprechend § 1093 Abs. 2 BGB) und eine nennenswerte Eigennutzung des gesamten Hauses durch den Nutzer stattfindet. Sonderrechtsnachfolger des Nutzers sind aufgrund des ausdrücklichen Wortlauts des § 121 Abs. 2 nicht privilegiert, insoweit geht § 121 dem § 9 vor.

Von Bedeutung ist Abs. 2 im Hinblick auf Abs. 1 Satz 1 und 3 nur in Fällen des Vertragsschlusses zwischen dem 19. 10. 1989 und dem 7. 3. 1990, wenn keine Investitionen im Sinne des Abs. 1 Satz 3 c) erbracht wurden. Insoweit aber ist kaum ein Fall denkbar, der nicht von § 30 erfaßt würde.

Abs. 2 dürfte verfassungswidrig sein (Art. 3 Abs. 1 i. V. m. 14 Abs. 1 GG), da die Vorschrift mit der anderen Hand die Hälfte dessen nimmt, was dem Restitutionsberechtigten das Vermögensgesetz mit der einen Hand in Übereinstimmung mit der Gemeinsamen Erklärung der BRD und DDR zu offenen Vermögensfragen gegeben hat (Abs. 1 Satz 3 dürfte daher noch verfassungskonform sein). Hierin wird eine Verletzung des Willkürverbots nach Art. 3 Abs. 1 GG und des Eigentumsrechts nach Art. 14 Abs. 1 GG liegen. Allenfalls erscheint denkbar, in verfassungskonformer Auslegung zusätzlich die Voraussetzung schutzwürdiger baulicher Investitionen vor dem 19. 10. 1989 (Abs. 1 Satz 3 Buchst. c) analog) in Abs. 2 hineinzulesen (Art. 14 Abs. 2 GG).

Rechtsfolge: siehe Abs. 1 (oben Rdz. 8).

c) Duplik, Abs. 3

14 Gegen die Replik nach § 121 Abs. 1 und 2 steht dem Eigentümer die Duplik des § 121 Abs. 3 zu. Privatrechtliche Vereinbarungen zwischen den Beteiligten sollten durch das Gesetz nicht in Frage gestellt werden.

15 Gerade in den Fällen der Abs. 1 Satz 3 und Abs. 2 wird jedoch auch die Einrede des § 30 häufig durchgreifen.

d) Kaufpreis- und Erbbauzinsbestimmung, Abs. 4

16 Für die nach Abs. 1 und 2 in die Sachenrechtsbereinigung einbezogenen Fälle bedarf es einer abweichenden Festlegung des Ankaufspreises bzw. Erbbauzinses.

17 Zum einen kommt der Eintritt des Restitutionsberechtigten in den zwischen Nutzer und staatlicher Stelle geschlossen Kaufvertrag nicht in Betracht, da andernfalls dem Restitutionsberechtigten das genommen würde, was ihm die Restitution nach § 1 Abs. 1c) VermG gewährt (Begr., BT-Drucks. 12/5992 S. 206 f.).

18 Zum anderen reicht die Teilung des Bodenwerts dann nicht aus, wenn das erworbene Gebäude oder die erworbene Anlage vom Restitutionsberechtigten oder seinem Rechtsvorgänger errichtet oder erworben war. Auch dieser Gebäudewert ist nach Abs. 4 Satz 1 zu teilen, wobei Abs. 4 Satz 2 wegen der Rechtsähnlichkeit auf die Vorschriften für die Preisbemessung beim Überlassungsvertrag (§ 74 Abs. 1 Satz 2 bis 4) Bezug nimmt. Im Fall der Bestellung eines Erbbaurechts bedarf es somit eines ausdrücklichen hierauf gerichteten Verlangens im Sinne des § 45 nicht.

19 Der bezahlte Kaufpreis wird hier nicht berücksichtigt (vgl. aber Abs. 6 und unten Rdz. 22 ff.).

e) Erweitertes Wahlrecht, Abs. 5

20 Für die Rechte des Nutzers gelten nach Abs. 1 Satz 1, Satz 1 und Abs. 2 im Grundsatz auch die Bestimmungen der §§ 14 ff. über das Wahlrecht und seine Ausübung. Das Wahlrecht des Nutzers wird jedoch in Abs. 5 erweitert. Zur Vermeidung von Wertungswidersprüchen steht dem Nutzer auch im Fall der Sachenrechtsbereinigung entsprechend § 17 Satz 5 VermG das Recht zu, die Durchführung der Sachenrechtsbereinigung abzulehnen und das Gebäude auf schuldrechtlicher Grundlage zu nutzen, wenn er vor dem Kauf des Gebäudes Nutzer aufgrund eines redlich erworbenen Miet- oder Nutzungsverhältnisses war. Dieses Rechtsverhältnis lebt dann wieder auf, möglicherweise unter den Modifikationen durch die Schuldrechtsanpassung.

21 Bei der Entscheidung hat der Nutzer die Aspekte der Nutzungsdauer (Kündigungsmöglichkeit, Art. 232 §§ 2 und 3 EGBGB), des Nutzungsentgelts (Mietzins aufgrund der Grundmietenverordnungen und der Betriebskostenumlageverordnung, Erbbauzins nach §§ 43 ff., Kosten der Kaufpreisfinanzierung) und eine Entschädigung für das Gebäude bzw. für Verwendungen (nach § 27 ErbbauVO bzw. auf Grundlage des schuldrechtlichen Nutzungsvertrags) abzuwägen (vgl. zu den mietrechtlichen Fragen des § 17

§ 121. Ansprüche nach Abschluß eines Kaufvertrags   22–26 § 121

VermG auch Merkblatt 5 des Bundesamts für offene Vermögensfragen, August 1993).

f) Kaufpreiserstattung, Abs. 6

aa) Abs. 6 gibt dem Nutzer einen Anspruch auf Herausgabe des bezahlten 22 Kaufpreises nach den Grundsätzen des Bereicherungsrechts, soweit Empfänger eine Gemeinde oder Gebietskörperschaft ist. Hat der staatliche Verwalter den Kaufpreis erhalten, so steht dieser einer Gemeinde gleich, da der VEB kommunale Wohnungsverwaltung als kommunaler Eigenbetrieb nach dem 3. 10. 1990 fortbesteht (Art. 22 Abs. 4 Einigungsvertrag, § 6 Abs. 1 4. Spiegelstrich Kommunalvermögensgesetz vom 6. 7. 1990 (GBl. I, 660) i. d. F. des Gesetzes vom 13. 9. 1990 (GBl. I, 1537) und des Einigungsvertrags (Anlage II Kapitel IV Abschnitt III Nr. 2b)) sowie § 9 VZOG i. V. m. § 2 Abs. 2 des Gesetzes über die Umwandlung volkseigener Betriebe der Wohnungswirtschaft vom 22. 7. 1990 (GBl. I, S. 901)).

Die Umwandlung oder Einbringung dieses Betriebs in eine (Kapital-)Ge- 23 sellschaft ändern infolge eintretender Gesamtrechtsnachfolge hieran nichts. Gleiches gilt für eine vor dem 3. 10. 1990 vorgenommene Umwandlung, sei es auf Grundlage der UmwandlungsVO vom 1. 3. 1990 (GBl. I, 107) oder des Gesetzes vom 22. 7. 1990.

bb) Der Anspruch entsteht erst, wenn verbindlich feststeht, von welchem 24 Recht der Nutzer Gebrauch macht oder machen muß (Abs. 3 i. V. m. §§ 14–16).

cc) Abs. 6 verweist für den Umfang der Erstattungspflicht auf §§ 323 25 Abs. 3 und 818 BGB. Die Gesetzesbegründung sieht den Haftungsgrund nicht in einer Rechts- oder Funktionsnachfolge (so auch OLG Rostock, OLG-NL 1994, 8 für den Landkreis, anders aber OLG Rostock, OLG-NL 1994, 12/15 für das Land im Bereich des Kfz-Zulassungswesens), sondern im rechtsgrundlosen Erwerb der Gegenleistung (BT-Drucks. 12/5992, S. 207). Im Hinblick auf die oben zitierten Bestimmungen, insbesondere das Kommunalvermögensgesetz, das nach Anlage II des Einigungsvertrags im Grundsatz fortgilt, erscheint die Auffassung der Begründung nicht unzweifelhaft. Im Ergebnis aber ist die Anwendung der Grundsätze des Bereicherungsrechts damit zu rechtfertigen, daß die Erfüllung des Kaufvertrags aus einem vom Verkäufer nicht zu vertretenden Grund unmöglich geworden ist.

aaa) Abs. 6 Satz 1 enthält eine Rechtsfolgeverweisung (vgl. zu § 323 *Pa-* 26 *landt-Heinrichs*, § 323 Rdz. 8). Die Anwendbarkeit von § 818 Abs. 3 BGB ist in Abs. 6 Satz 1 ausdrücklich klargestellt. Es gelten die allgemeinen Grundsätze (näher insoweit *Palandt-Thomas*, § 818 Rdz. 34–45). Der Einwand nach § 818 Abs. 3 ist dann ausgeschlossen, wenn der Kaufpreis zur Tilgung eigener Schulden des Empfängers verwendet wurde, d. h. insbesondere bei der Einstellung der Mittel in einen laufenden Haushalt. In der Regel wird sich die Gemeinde oder sonstige Gebietskörperschaft daher nicht mit Erfolg auf Entreicherung berufen können (vgl. auch § 5 Abs. 3 der Durchführungsbestimmung zum Gesetz über den Verkauf volkseigener Eigenheime, Miteigentumsanteile und Gebäude für Erholungszwecke vom 19. 12. 1973, GBl. I, S. 590). Ebenso scheitert die Berufung auf Entreicherung im Fall der Ausgliederung des ehemaligen VEB Kommunale Wohnungswirtschaft, da dann die Gemeinde jedenfalls ein Surrogat (Gesellschaftsanteile) erhalten hat und nach § 818 Abs. 2 BGB zum Wertersatz verpflichtet ist.

27 bbb) Im Hinblick darauf, daß die Nichterfüllung des Kaufvertrags vom Verkäufer nicht zu vertreten ist, schließt Abs. 6 Satz 2 Ansprüche auf Schadensersatz wegen Nichterfüllung aus. Der Ausschluß betrifft jedoch nur solche Ansprüche, deren Schuldner eine Gemeinde oder ein sonstige Gebietskörperschaft ist. Sekundäransprüche gegen Dritte bleiben von Abs. 6 unberührt. Der Ausschluß erfaßt weiterhin auch nicht die Fälle, in denen eine Gemeinde Rechtsnachfolger hinsichtlich der Rechte und Verbindlichkeiten aus dem Kaufvertrag geworden ist; insoweit ist die Vorschrift im Hinblick auf ihren Sinn und Zweck eng auszulegen (teleologische Reduktion). Rechtsnachfolger kann die Gemeinde außer nach den genannten Vorschriften des Kommunalvermögensgesetzes und des Einigungsvertrags insbesondere auch nach § 419 BGB durch Übernahme des Vermögens des Rechtsträgers des seinerzeitigen Verkäufers geworden sein.

28 ccc) Weiter gilt der Ausschluß nur für Ansprüche nach §§ 325, 326 BGB sowie einen nach den Grundsätzen der positiven Forderungsverletzung geltend gemachten Schadensersatzanspruch wegen Nichterfüllung. Dem Käufer (Nutzer) verbleiben Gewährleistungsansprüche (§§ 148–160 ZGB), Ansprüche aus positiver Forderungsverletzung wegen Schlechtleistung (§§ 82–93 ZGB) oder aus Verschulden bei Vertragsverhandlungen (§ 92 Abs. 2 ZGB).

3. Beweislast

29 Die Beweislast für die Voraussetzungen in Abs. 1 Satz 1 und 3 und Abs. 2 trägt der Nutzer. Die Beweislast für Abs. 1 Satz 2 und Abs. 3 trägt der Eigentümer. Für Abs. 4 mit 6 gelten die allgemeinen Grundsätze.

§ 122 Entsprechende Anwendung des Sachenrechtsbereinigungsgesetzes

Hat das Amt zur Regelung offener Vermögensfragen nach dem 2. Oktober 1990 für ein entzogenes Nutzungsrecht nach § 287 Abs. 1 und § 291 des Zivilgesetzbuchs der Deutschen Demokratischen Republik ein Erbbaurecht oder ein anderes beschränktes dingliches Recht begründet, so sind die Bestimmungen in Kapitel 2 entsprechend anzuwenden.

Übersicht

	Rdz.
1. Allgemeines	1
2. Regelungsinhalt	4

1. Allgemeines

Nach § 3 Abs. 1a Satz 1 und 4 VermG hat das Amt für offene Vermögens- 1
fragen anstelle der Restitution eines in nach § 1 VermG beachtlicher Weise
entzogenen Nutzungsrechts ein nach dem deutschen Sachenrecht zulässiges
Recht zu begründen, das seinem Inhalt nach dem entzogenen am nächsten
kommt.

In solchen Fällen sind bislang auch unbefristete, zinslose Erbbaurechte 2
begründet worden (Begr. BR-Drucks. 515/93, S. 182).

§ 122 will die restitutionsberechtigten Inhaber entzogener Nutzungsrechte 3
nicht besser und nicht schlechter stellen, als Inhaber von Nutzungsrechten
nach diesem Gesetz stünden.

2. Regelungsinhalt

a) § 122 unterstellt sowohl bereits nach § 3 Abs. 1 Satz 1 und 4 VermG für 4
entzogene Nutzungsrechte bestellte als auch noch zu bestellende Erbbaurechte oder andere beschränkt dingliche Rechte (z. B. Dienstbarkeiten) den
Vorschriften des Kapitels 2 (§§ 3–111).

Somit hat der Erbbauberechtigte (= Nutzer) das Wahlrecht nach § 15 5
zwischen (hier) Anpassung des bestellten dinglichen Rechts an die §§ 32ff.
oder auf Ankauf nach §§ 61 ff. Unter den Voraussetzungen der §§ 81 ff. hat
ein Restitutionsberechtigter/Grundstückseigentümer Anspruch auf Ankauf
des Gebäudes.

b) Steht dem Erbbauberechtigten ein Wahlrecht nicht mehr zu, so kann 6
nach § 122 der Grundstückseigentümer vom Erbbauberechtigten statt des
Ankaufs des Grundstücks auch die Anpassung des Erbbaurechts an die Bestimmungen des SachenRBerG und die Begründung und Sicherung der Verpflichtung zur Zahlung des Erbbauzinses verlangen (Begr. BR-Drucks. 515/
93, S. 182).

c) Die Verweisung auf das Kapitel 2 umfaßt auch die verfahrensrechtlichen 7
Bestimmungen. Die Durchsetzung der Ansprüche des Grundstückseigentümers erfolgt daher ebenfalls im Vermittlungsverfahren nach §§ 87ff. und
nach den Regeln des gerichtlichen Verfahrens (§§ 103ff.).

Abschnitt 3. Übergangsregelung

§ 123 Härteklausel bei niedrigen Grundstückswerten

(1) **Der Nutzer eines Grundstücks, dessen Verkehrswert die in § 15 Abs. 2
bezeichneten Beträge nicht übersteigt, kann einem Ankaufsverlangen des
Grundstückseigentümers widersprechen und den Abschluß eines längstens auf
sechs Jahre nach dem Inkrafttreten dieses Gesetzes befristeten Nutzungsvertrages verlangen, wenn er die für den Ankauf erforderlichen Mittel zum ge-**

§ 123 1–6 Kapitel 6. Schlußvorschriften

genwärtigen Zeitpunkt aus besonderen persönlichen oder wirtschaftlichen Gründen nicht aufzubringen vermag.

(2) **Das Entgelt für die Nutzung bestimmt sich nach dem Betrag, der nach diesem Gesetz als Erbbauzins zu zahlen wäre.** Im übrigen bleiben die Rechte und Pflichten der Beteiligten für die Vertragsdauer unberührt.

Übersicht

	Rdz.		Rdz.
1. Allgemeines	1	aa) Voraussetzungen	4
2. Regelungsinhalt	3	bb) Rechtsfolgen	8
a) Widerspruchsrecht des Nutzers	3	b) Nutzungsentgelt	19
		3. Beweislast	22

1. Allgemeines

1 Entsprechend dem Grundsatz des allgemeinen Schuldrechts steht jeder Beteiligte für seine finanzielle Leistungsfähigkeit unbeschränkt ein („Geld hat man zu haben", vgl. Begr. BR-Drucks. 515/93, S. 182 mit weiteren Nachweisen). Im Unterschied zum allgemeinen Zivilrecht ist die finanzielle Verpflichtung im Rahmen der Sachenrechtsbereinigung nicht durch Rechtsgeschäft, sondern durch Gesetz begründet. Hieraus folgt die Statthaftigkeit eines Leistungsverweigerungsrechts in Härtefällen.

2 § 123 stellt eine derartige Härteregelung zugunsten des Nutzers dar. Dem Nutzer soll eine „Atempause" verschafft werden, um die für den Grunderwerb erforderlichen finanziellen Mittel zu erlangen. Die Regelung verlängert in Härtefällen faktisch das Moratorium nach Art. 233 § 2a EGBGB unter Begründung der Pflicht zur Zahlung einer Nutzungsentschädigung.

2. Regelungsinhalt

a) Widerspruchsrecht des Nutzers, Abs. 1

3 Trotz des Wortlauts („widersprechen", „verlangen") ist das in Abs. 1 eingeräumte Recht keine Ersetzungsbefugnis des Schuldners, sondern eine bloße rechtshemmende Einrede („Leistungsverzögerungsrecht", arg. Abs. 2 Satz 2).

4 aa) Voraussetzungen. Die Einrede besteht zum einen unter den Voraussetzungen der §§ 15 Abs. 2, 61 Abs. 2 (Ankaufsverlangen des Grundstückseigentümers).

5 Weiter setzt die Einrede auf Seiten des Nutzers besondere persönliche und wirtschaftliche Gründe voraus. Solche Gründe können in der Person des Nutzers (Gesundheit) oder in seinen finanziellen Verhältnissen (unverschuldete Arbeitslosigkeit, finanzielle Belastungen durch Investitionen in neue berufliche Zukunft) liegen.

6 Stets müssen die Gründe „besondere" sein, d. h. auch die durchschnittliche Notlage eines Nutzers übersteigen. Die Gründe müssen hierzu auch aus dem Blickwinkel eines vernünftig und gerecht Denkenden nachvollziehbar sein,

d. h. insbesondere nicht durch den Nutzer verschuldet. Finanzieller Ruin des Nutzers durch exzessiven Konsum oder Arbeitsunwillen sind als besonderer Grund nicht anzuerkennen.

Mit dem Zweck des Gesetzes nicht vereinbar ist die Erhebung der Einrede durch jemanden, der den Nutzungstatbestand durch Rechtsgeschäft unter Lebenden nach dem 20. Juli 1993 (Beschluß der Bundesregierung über den Entwurf des SachenRBerG) erworben hat (§ 29 Abs. 2 Satz 2 Nr. 2 entsprechend). Dieser Personenkreis ist nicht mehr schutzbedürftig.

bb) Rechtsfolgen. Das Gesetz gibt dem Nutzer neben dem Leistungsverzögerungsrecht den Anspruch auf einen längstens auf sechs Jahre nach dem Inkrafttreten des Gesetzes befristeten, entgeltlichen (dazu unten Rdz. 19–21) Nutzungsvertrag.

Die Einräumung eines Nutzungsvertrags auf kürzere Frist ist möglich („längstens"). Die letztlich vom Richter festzulegende Fristdauer ist abhängig vom Gewicht der die Härte begründenden Umstände, vergleichbar der „sozialen Auslauffrist" bei außerordentlichen Kündigungen nach § 626 BGB (hierzu *Palandt-Putzo*, § 626 Rdz. 33).

Der Nutzungsvertrag ist ein Vertrag über Gebrauchsüberlassung eigener Art. Die Vorschriften des BGB zu Miete und Pacht geltend sinngemäß nur, soweit sie mit den Zwecken des § 123 vereinbar sind.

Das bedeutet im Einzelnen:

(1) Der Eigentümer schuldet ungehinderten Besitz und ungehinderte Nutzung während der Vertragsdauer. Eine Pflicht des Eigentümers zur Gewähr für Freiheit von Sachmängeln besteht nicht, insoweit haftet er nur bei Verschulden nach den Grundsätzen der positiven Forderungsverletzung.

(2) Die außerordentliche Kündigung des Vertrags vor Ablauf der Nutzungszeit ist für beide Seiten nach allgemeinen Grundsätzen möglich, insbesondere bei Zahlungsverzug des Nutzers mit mehr als einer Quartalsrate (analog § 557 BGB i. V. m. § 44 SachenRBerG). Möglich ist die außerdentlicher Kündigung auch bei Wegfall der besonderen Gründe.

(3) Die ordentliche Kündigung ist infolge der Befristung ausgeschlossen.

(4) Der Nutzer trägt alle Kosten und Lasten des Grundstücks und des Gebäudes mit Ausnahme derjenigen außerordentlichen öffentlichen Lasten, die nach dem Gesetz der Eigentümer zu tragen hat.

(5) Bei Sonderrechtsnachfolge in das Grundstückseigentum gilt § 571 BGB entsprechend, bei Zwangsversteigerung des Grundstücks besteht kein Kündigungsrecht nach § 57a ZVG. Bei Gesamtrechtsnachfolge in das Eigentum gelten die allgemeinen Grundsätze.

(6) Sonderrechtsnachfolger des Nutzers (insbesondere Erwerber des Nutzungsrechts) treten nicht in den Nutzungsvertrag ein, die rechtshemmende Einrede ist ein höchstpersönliches Recht. Insoweit ist die Rechtsposition des Nutzers aus dem Vertrag ohne Zustimmung des Eigentümers nicht übertragbar, § 399 Alt. 1 BGB. Eine Fortsetzung des Nutzungsvertrags kommt nur mit dem Gesamtrechtsnachfolger des Nutzers in Betracht, wenn die Voraussetzungen der Einrede in seiner Person vorliegen.

(7) Nach Ablauf des Nutzungsvertrags kann der Nutzer dem Ankaufsverlangen nicht mehr widersprechen. Maßgebend für den Kaufpreis sind die

seinerzeitigen Verhältnisse (§§ 68–74), mindestens jedoch dasjenige, das der Nutzer im Fall der Nichterhebung der Einrede gegen den Ankaufsberechtigten zu zahlen gehabt hätte.

18 Der Nutzer trägt somit das Risiko zwischenzeitlicher Wertsteigerungen, während der Grundstückseigentümer infolge des bloßen Leistungsverzögerungsrechts über Zinsverluste hinaus keinen Nachteil erleidet.

b) Nutzungsentgelt, Abs. 2

19 Nach Abs. 2 Satz 1 ist das Nutzungsentgelt geschuldet, das nach §§ 43 ff. zu berechnen ist. Somit gilt auch § 51 (Begr. BR-Drucks. 515/93, S. 183).

20 Die Zahlung des Nutzungsentgelts erfolgt entsprechend § 44 Abs. 1 ab dem Zeitpunkt der Erhebung der Einrede (Abs. 2 Satz 1).

21 Nach Abs. 2 Satz 2 bleibt die Rechtsposition des Grundstückseigentümers und des Nutzers unberührt. Die wechselseitigen Rechte und Ansprüche nach dem SachenRBerG bleiben so erhalten, wie sie sich bei Eintritt der Hemmungswirkung durch die Einrede nach Abs. 1 befanden. Zur Auswirkung der Einrede auf die Kaufpreisbestimmung siehe jedoch oben Rdz. 17–18.

3. Beweislast

22 Der Nutzer hat alle Tatsachen schlüssig darzulegen, aus denen sich die geltendgemachten besonderen Gründe ergeben. Er ist für ihr Vorliegen beweispflichtig. Dem Grundstückseigentümer steht jedoch der Gegenbeweis offen, insbesondere der Beweis des Eigenverschuldens.

Sachverzeichnis

Fette Zahlen = Paragraphen. Magere Zahlen = Randnummer

Abbruchkosten 19 11–13, 16–17
Ablösungsrecht 36 36–41, **37** 1, **38** 9–20, **42** 9
Abschlußprotokoll 42 25, **Vor §§ 87ff.** 27, 31, 63, **88** 24, **96** 27, 99
Abtretung von Ansprüchen nach dem SachenRBerG **14** 24–33, **Vor §§ 81ff.** 18; – von Ansprüchen gegen den staatl. Verwalten **74** 15–18, 21
Akteneinsicht durch den Notar **91**; – durch Beteiligte beim Notar **92** 8–10
Altlasten 19 13, 17
Altschuldenhilfe-G Einl. 30, **73** 26
Amtsbereich 88 2, 13–17
Amtsermittlung s. Vermittlungsverfahren – Verfahrensgrundsätze **91** 1, 10
Amtshilfe s. Akteneinsicht durch den Notar
Anerkenntnis 89 11, 34
Angebot s. SachenRBerG – Anspruchinhalt
Ankauf des Grundstücks **15** 8–14, **61ff.**, **90** 27–30, **100** 33–34, **109** 10–20, **122** 5–6; – des Gebäudes **15** 16; **28** 5, **29** 15–19, **31** 18, **Vor § 61** 9, **Vor §§ 81ff.**, 81–84, **90** 31, **120** 16, **122** 5
Ankaufsrecht (beim Erbbaurecht) Vor §§ 32ff. 31, 38, **51** 2–5, **57**, **100** 30
Ankaufsrecht (bei Miteigentum nach § 459 ZGB) 115 6–8
Antrag (auf Vermittlungsverfahren) Vor §§ 87ff. 27, 61, **87** 3–7 (Statthaftigkeit), **88** 24, **90**, **96** 6–8; Inhalt des – s **90** 7–31, 35–39; 44–49; Zurückweisung des – s **90** 35–49; Schlüssigkeit des – s. Schlüssigkeit
Antragsberechtigung 87 8–10, **90** 41
Aufgebot gegen den Nutzer **18**; – gegen den Miteigentümer **114**
Auflassung Vor §§ 75ff. 2, **98** 8
Aufrechnung 68 14, **74** 6
Auskunftsanspruch 36 35, 41, **63** 16, **64** 32, **71** 19

Aussetzung Einl. 138, **Vor §§ 28ff.** 26, **Vor §§ 87ff.** 27, 62, **88** 24, **90** 5, 13, **92** 14, 17, 20, **93** 38, **93** 6, **94**, **96** 7, **109** 35, **110** 8

Baubeginn 8 7–8
Baugenehmigung s. a. Überbauung **10** 5, 15–17
Bauverpflichtung Vor §§ 32ff. 38, 39 39; **42** 19, **56** 2, 4–20
Bauwerk 12 4–9, **41**, **42** 5
Beeinträchtigung 81 17–26
Befangenheit Vor §§ 87ff. 44–47
Belastungszustimmung Vor §§ 32ff. 38, **39** 38, **42** 19, 21, **49** 9–11
Beschwerde nach § **19** FGG **89** 50–60, **90** 43, 51, **94** 2, **96** 37; sofortige – **89** 58, **96** 45–51; nach § **15** BNotO **89** 61–65, **98** 13, **106** 43; nach § 181 GVG **89** 58, 66
Beseitigung 82 3–4, 16
Besichtigungsrecht s. Bauverpflichtung
Besitzübergang Vor §§ 32ff. 38, **57** 10, 17, **58** 7, 11; **59** 8, **Vor §§ 61ff.** 11, 30, **75** 1, **83** 1–9; s. a. Lasten
Bestätigungsbeschluß Vor §§ 87ff. 63–64, **88** 24, **96** 34–38, 55
Beurkundung Vor §§ 87ff. 27, 38–43, 64–66, **90** 41, **96** 22–26, **98** 11–13, **100** 42, **106** 45; s. a. Dienstordnung für Notare (DONot)
Beweislast 1 69, **2** 21, **5** 7–8, 20–22, 25, **7** 19, **8** 9, **10** 6–7, 14–17, **13** 11–12, **19** 23–25, **20** 18, **29** 22–25, **30** 18, 20, 27, 35, 39, 62–64, **36** 45, **38** 23, **52** 75, **53** 33, **54** 31, **68** 31–32, **69** 12, **70** 20, **71** 39, **73** 37, **81** 46, **82** 22, **83** 22–23, **89** 10, **121** 29, **123** 22
Beweisverfahren Vor §§ 87ff. 27; **91** 7–10, **97**, **99** 9–10; Beweisantrag **97** 11–14; Beweisbeschluß **88** 24, 26, **97** 15–21, 38; Beweiserhebung **93** 17, **96**

533

Sachverzeichnis

fette Zahlen = Paragraphen

10, **97** 2–3, 22, 29–30, 39; s. a. Beweislast; Beweiswürdigung **89** 13; Beweismittel **97** 6–10, 24–28; Kosten **97** 18–20, 31–36, **101** 4–5
Billigung **1** 32, **5** 10, 24, **7** 14, **9** 11, **10**
Bodenbenutzungsschein **1** 41, **5** 23
Bodenordnung s. Bodensonderung, Flurbereinigung, LandwirtschaftsanpassungsG **95** 4–5, **101** 8–9
Bodenreform Einl. 141–144, Vor §§ **61 ff.** 21
Bodensonderung Einl 125–127 **7** 16; Vor §§ **21 ff.** 7–8, 10, **28** 3, **39** 16–19, **66** 5, **85, 94** 8; Wertermittlung bei – **20** 8–16
Bodenwert **15** 26, **19, 20, 24** 12, **43** 7
Bürogebäude **53** 11–13

Datschen – unechte **1** 44, **2** 2–4, **5** 6–10, 19–22, 25, **22** 3
Dienstbarkeit **12** 7–9, **13** 8, Vor §§ **21 ff.** 13–14, **24** 6, **27** 5–10, **34** 8, 35, 40 34–40, **62,** 116–119
Dienstordung für Notare (DONot) Vor §§ **87 ff.** 60–64, **96** 52–56, **98** 22–26, **106** 42, 49, **108** 22–23
Dispositionsmaxime s. Vermittlungsverfahren – Verfahrensgrundsätze
Dolmetscher **97** 36, 39
Drainage 2/10

Eigenheim **4** 2, **5** 1–25, **15** 8–9, **22** 1–2, **25** 1, **26, 43** 11–12 **68** 24
Eigentümer-Besitzer-Verhältnis Einl. 76–77 **8** 1, **26** 13–16; s. a. Moratorium Nutzungsentgeld Verwendung
Eigentumsverhältnisse s. Überlassung Baugenehmigung Wohnungsbau
Eingangsphase Einl **48, 30** 61, Vor §§ **32 ff. 34, 42** 9, **44** 25, **47** 34, **48** 34, **51, 100** 29
Eingangsprotokoll Vor §§ **87 ff.** 27, 62, **93** 15–20
Einigung (der Beteiligten) Vor §§ **87 ff.** 24 **88** 26 **98** 10–13 **99** 1
Einigung (über dingl. Rechtsänderung) s. Auflassung
Einkommensteuer Vor §§ **32 ff.** 23–29
Einstellung (des Vermittlungsverfahrens) Vor §§ **28 ff.** 16, **28** 2, 6, Vor §§ **87** 27, 62, **88** 24, **92** 17, 40, **93** 6, **95, 96** 7, **101** 7–10
Einwendungen und Einreden Vor

§§ **28 ff.** Vor §§ **32 ff.** 37, **39** 47, 66, **94** 9, **99** 2, **117, 118** 3–13, **123**
Entschädigung (Erbbaurecht) Vor §§ **32 ff.** 38, **39** 42, 64, **40** 56, **42** 7, 21, 37–41, **45** 12–16, **56** 26
Entschädigungsfonds **38** 19–20, **74** 9
Entschädigungsgesetz **82** 16
Erbbaugrundbuch Vor §§ **32 ff.** 30, **39** 28, 67–70
Erbbaurecht §§ **32 ff.**, **90** 20–26; s. a. Ankaufsrecht, Erbbaurechtsbestellung, Erbbauzeit, Erbbauzins, erfaßte Fläche, Heimfall, Bauverpflichtung, Entschädigung, Versicherung, Lasten, Belastungszustimmung, Rechtsnachfolger, Veräußerungszustimmung, Nachbarerbbaurecht, Gesamterbbaurecht, Wohnungseigenbau, -erbbauG, Gleichrang von –en
Erbbaurecht, altes **1** 51–52, **112**
Erbbaurechtsbestellung **15** 15, Vor §§ **32 ff. 90** 20–26, **100** 28–32, **120** 17–21, **122** 5–6
Erbbauzeit Vor §§ **32 ff.** 35, 38 **42** 5, **39** 53
Erbbauzins **15** 8, Vor §§ **32 ff.** 32, 38, **39** 35, 37, **42** 36, Vor §§ **43 ff.** 1–13, **43–48, 50–52, 112** 13–15; -erhöhung **29** 26; Vor §§ **32 ff.** 33, **41** 9–10, § **42** 9, **46, 47** 22–27, 39–40, **48** 17–27, 38–40, **50** 6–10, **100** 29; -herabsetzung Vor §§ **32 ff. 34, 41** 11, **42** 9, **46, 47** 18–21, 41, **50** 6–10; -verteilung **40** 52–55
Erbbauzinsreallast **42** 9, **46** 21, 28–29, **47** 37, **48** 35–37, **52**
erfaßte Fläche Einl **132, 3** 9, **12** 8, Vor §§ **21 ff., 21–27,** Vor §§ **32 ff.** 37, 38, **39** 2, **42** 5, **55** 2, 4–6, Vor §§ **61 ff.** 30, **65** 1–9, **72** 5, **120** 9–12
Erholungsnutzungsrecht s. Schuldrechtsänderung
Erörterungstermin (im Vermittlungsverfahren) Vor §§ **87 ff.** 27, 90 34, **92** 1, **93, 96** 8, **99** 9
Eröffnungsvermerk s. Vermerk nach § **92** Abs. 5
Erschließung **1** 54, **19** 8–10, 14–17, **27** 5–13, Vor §§ **32 ff.** 25, 27, **40** 4–5, 32–33, Vor §§ **61 ff. 11,** 30, Vor §§ **75 ff.** 2, **116** 1 s. a. Dienstbarkeit
Ersetzungsbefugnis **15** 4, **26** 20–21, **82** 18

magere Zahlen = Randnummern

Sachverzeichnis

Feststellungsklage 90 52, 54, **Vor §§ 103 ff.** 3, **104** 16–17, **108**
Flurbereinigung 81 10–13, **86**, **95** 4, 8, **109** 8
Fortsetzungstermin 96 33
Freistellung 37 3–5, **42** 9
Fristsetzung 88 24, **89** 26–29, **90** 34–38, **92** 1, **96** 42
Funktionsfläche s. erfaßte Fläche **12** 8, **22** 8, **23** 4, **82** 16, 18

Gebäudeeigentum s. a. Konsolisation **Einl** 6, 20, **1** 21–30, **6** 6, **7** 3, **8** 4, **9** 7, 9, **12** 10, **14** 28, 34 1, **35** 5, **59** 2–4, **Vor §§ 61** 29, **67** 6–11, **78**, **79** 2, 5–7, **Vor §§ 81 ff.** 3–8, **109** 32; Kauf von –, **9** 21–27; Belastungen am –, **34** 12
Gebäudegrundbuch Einl 27, **6** 3, **14** 22, **78** 6, **79** 2, **Vor §§ 81 ff.** 4–8, **92** 34
Gefahrübergang 59 7, 11, **75** 2–4
Gemeinbedarfsfläche 2 11–14, **7** 15–18
Genossenschaften s. a. Wohungsbau –; Bebauung durch – **1** 26, **50** 7 3–7, **9** 31 **Vor §§ 21 ff.** 4
Gerichtliches Verfahren Vor §§ 32 ff. 37, **Vor §§ 87 ff.** 15, 61, **99** 4, **103 ff.**, **109** 34, **110**/3, **116** 22, **122** 7; s. a. Verweisung auf den Klageweg, Zuständigkeit, Sachurteilsvoraussetzungen, Feststellungsklage, Vermittlungsverfahren, Verfahrensgegenstand, Klageschrift, Anwendungsbereich **103** 1–6; Rechtsmittel **103** 15–19; Klageart **104** 14–21
Gesamterbbaurecht Vor §§ 39, 40 3, **39** 30–47, 71, **42** 38
Gesamtvollstreckung s. Konkurs
Gestaltungsklage 104 18–19, **117** 12
Geständnis 89 12–13, **97** 29–30, **99** 11–16
Gewährleistung Vor §§ 32 ff. 38, **57** 10, 14, 17, **60** 17–22, **Vor §§ 61** 30, **76**
Glaubhaftmachung 92 30–32, **97** 4, **114** 4
Gleichrang von Erbbaurechten **39** 4–5, 12–29, 71
Gleitklausel 46 4, 8, 15, 24, 32, 35–36, 45, 51–53, **52**/38, **100**/29
Grundbuchkosten 100 43
Grunderwerbsteuer bei Erbbaurechtsbestellung **Vor §§ 32 ff.** 18–21, 30; – bei Ankauf des Grundstücks **Vor §§ 61 ff.** 22–24; – bei Ankauf des Gebäudes **Vor §§ 81 ff.** 15
Grundschuld 36 3–19, 42–44, **38** 5–7, **39** 53, **52** 71–74, **63**, **71** 30–35, **73** 36, 40, **74** 9
Grundstückseigentümer 9 4; Mehrteil von –n **14** 13–21, **16** 8, **Vor §§ 28** 15–26, **Vor §§ 39, 40** 8, **40** 10–21, **96** 17, **107** 9
Grundstücksverkehrs(ver)ordnung Einl. 5, 145, 3 23–26, **14** 6, **Vor §§ 32 ff.** 16, **Vor §§ 61 ff.** 17, **Vor §§ 81 ff.** 17, **106** 38–39, 49, **121** 6

hängende Fälle 1 45–47, **2** 9, **3** 7, **5** 24, **22** 3
hängende Kaufverträge 1 48, **3** 10–31, **9** 12–13, **30** 55, **121**
Haftungsverband 36 33–34, **63** 8–10
Heimfall Vor §§ 32 ff. 36, 38, **39** 40, 54, 64, **42** 7, 3, 19, 21, 29, 37, **56** 2, 21–26, **100** 31, **112** 10,
Heimstätte 1 52
Hinterlegung 38 21–22, **64** 21–31, **68** 14, **74** 10–14
Hofräume, ungetrennte 1 16–19
Hypothek 36 3–19, **38** 5, 7, **39** 53, **52** 58–66, **63**, **71** 28–34, **73** 35, 41, **74** 9

Instandhaltung 82 5–9
Interventionswirkung s. Streitverkündung
Investitionsvorrang 14 6, 9

Kaufpreis 24 12, **57** 11–13, **Vor §§ 61 ff.** 30 68–74, **109** 10–20; – beim Gebäudeankauf **81** 27–39; -erhöhung **29** 26, **Vor §§ 61** 30, **69–74**, **100** 33; -senkung **30** 16, **100** 33 -fälligkeit **57** 10, 17, **Vor §§ 61 ff.** 11, 30, **68** 12–17, **74** 19–20, **Vor §§ 75 ff.** 2; -finanzierung **Vor §§ 61 ff.** 11, 30, **61** 7–9, **66** 13–14, **71** 34–37, **Vor §§ 75 ff.** 2, **101** 4
Kaufvertrag s. Ankauf
Klageänderung 104 10–11
Klageantrag nach dem SachenRBerG **32** 4–14, **61** 5, **98** 4, **104** 14–21, **105** 1–11; Bindung an den – **106** 1–12
Klageschrift 105
Kleingärten Einl. 104 f.

Sachverzeichnis

fette Zahlen = Paragraphen

Ko-Ko-Vermögen 2 18–19, **10** 13
Konkurs 14 34
Konsolisation Vor §§ 61 ff. 29, 64 7, 71 38, **73** 30, **78, Vor §§ 81 ff.** 3, 6, **109** 32
Kostentragung 34 9–10 **55** 11–12 **57** 15 **60** 4–16, **Vor §§ 61** 27, **82** 19 **94** 20, **95** 10, **101, 107, 117** 9–10; s. a. Notarkosten

Ladung Vor §§ 87 ff. 27, **88** 24, **90** 34, **92** 1–10, 17–24, 43–47, **96** 11, **97** 39–40
Lageplan 39 16–19, **90** 25 **91** 8
Landwirtschaft LPG **Einl** 4, **1** 23–25, 32–33, 38 **2** 10, **5** 16, 24, **7** 1, 12–13 **8** 7, **9** 9, 32, **10** 12, **12** 10 **22** 1, 7, **109** 1–6; LwAnpG **2** 20, **Vor §§ 21 ff.** 7–8, **28** 4, **81** 5–13, **82** 15, **95** 5, 8–10, **101** 10; s. a. Gebäudeeigentum, Gebäudegrundbuch
Lasten beim Erblasrecht **Vor §§ 32 ff.** 38, **39** 39, **57** 10, 17, **58**; – beim Kauf **Vor §§ 61** 30, **75** 5–9, **83** 1
Lastenfreistellung 57 10, 14, **Vor §§ 61 ff.** 4, 16, 30, **62, 63, 64** 2–11, **92** 22, 25, **100** 23–24, **106** 38–39; s. a. Gewährleistung
Leistung mit befreiender Wirkung **9** 17, **14** 42–47
Leistungsstörung 15 17–33, **Einl.** 65–79, **Vor §§ 28** 20, 23, **30** 57, **Vor §§ 79, 80, 79, 80, 111** 11–13
Leistungsvorbehalt 46 9, 25–29, 32–34, 45, **52** 37–39

Mietvertrag 31 7–17 **83** 10–21 **103** 6; Mietrecht **Vor §§ 61 ff.** 20, **83** 17–21, **112** 7, **121** 20–21, **123** 8–21; s. a. Nutzungsvertrag, Nutzungsentgelt
Mitbenutzungsrecht 1 54–60, **2** 15, **12** 9, **92** 13, **116** 1–4, 15–21, **119;** Entgelt **118**
Miteigentum nach § 459 ZGB **1** 53, **6** 6, **9** 9, **33** 10, **35** 6, **113–115;** – nach Bruchteilen **14** 15 **39** 42, **40** 23–27, 53–55 **66** 11–12, **67** 4, 15
Moratorium Einl 25, 68, 72, 79, **8** 1, **14** 28, **36** 26–32, **Vor §§ 62 ff.** 2–4, **62** 5–7, **63** 4–7, **92** 30–31, **123** 2
Musterstatut Einl 12, **1** 32 **5** 15

Nachbarerbbaurecht Vor §§ 32 ff. 30, **Vor §§ 39, 40** 3, **39** 48–71, **42** 38
Nacherbfolge 14 37–41, **33** 8, **35** 7, 13, **78** 17–18; – beim Nachbarerbbaurecht **39** 56–64
Nachfrist 15 25, 31, **16** 14–16
Nachlaßverwaltung 14 36
Nießbrauch 35 5, 62
Notar notardispositives Recht **Einl** 59, 3 6, **Vor §§ 32 ff** 9–10, **39** 3, **40** 8–9, **41** 4, 42 13–36, **46** 31, **Vor §§ 61 ff.** 10–11, **66** 10, **67** 15, **71** 26, **Vor §§ 75 ff.** 3, **93** 2, 8–11, **96** 20, **98** 5, **106** 3; – Prüfungs- und Belehrungspflicht **19** 26–27, **28** 1; **42** 42–44, **89** 14–18, **90** 5–6, 47, **96**/20; § **98**/7; – Aufgaben im Vermittlungsverfahren **Vor §§ 87 ff.** 2–9, 52–66 – Haftung **Vor §§ 87 ff.** 56–57; – Amtsverschwiegenheit **90** 5, **102** 26
Notarkosten 60 4, 5, 10, 16, **88** 19, **94** 14–20, **95** 9, **97** 31–36, **100, 101, 106** 41; –Vorschuß auf Notarkosten **97** 18–20, 34, **101** 5
Notaranderkonto 64 29–31, **74** 14, **100** 25
Notweg 27 11–13
Nutzbarkeit selbständig bauliche – **13** 3–10, **24** 8–10; selbständig wirtschaftliche – **24** 7–10; keine – **29, 81** 14
Nutzer 9; Rechtsnachfolge **9** 14–30; Prätendenten **9** 18, **14** 11; Mehrheit von – **14** 10–17, **16** 6–8, **Vor §§ 28 ff.** 15–26, **Vor §§ 39, 40** 8, **40** 10–21, **67** 21–22, 23, **96** 17, **107** 9
Nutzung Vor §§ 32 ff. 38, **54, 55, 70** 1–3, **90** 14–19
Nutzungsänderung 42 9, **46** 46–48, **47, 48** 30–31, **54** 5–14, 17–30, **Vor §§ 61 ff.** 6, **70** 4–11, **71** 11–13, **73** 6–12, 38, **118** 7,11
Nutzungsart 43 14–17, **46** 16–36, **47** 8–17; Wechsel der – **47** 14, 18–27, 30–31 **54** 12; s. a. Nutzungsänderung
Nutzungsdauer s. a. Nutzbarkeit; **31, 53** 24–32, **Vor §§ 61 ff.** 6, **69, 81** 15–16
Nutzungsentgelt Einl 68, 72, 78 f., **30** 57, **42** 9, **44** 4–23, **51** 11–13, **123** 19–21; s. a. Mietrecht, Mietvertrag
Nutzungsrecht Einl. 20, **1** 21, 27–30, **7** 2–3, 5, 7, **8** 5–6, **9** 8, **§ 10** 1, 8, **Vor §§ 21** 3, **21, 22, 23, 24** 4, **29** 3–14
Nutzungstausch 87 4, **103** 2, **109**
Nutzungsvertrag Einl 106, **1** 38–40, **2** 6–9, **5** 18, **6** 6–7, **7** 11, 14, **22, 24** 4, **78** 2–3, **Vor §§ 81 ff.** 9, **113** 25, **115** 1–8, **123** 8–21; s. a. Mietrecht, Mietvertrag

magere Zahlen = Randnummern

Sachverzeichnis

Parteifähigkeit 87 11
Parteivermögen 2 16–17, **7** 8
Parteiwechsel 14 5, 22, **89** 49
Pfandfreigabe 62 3–4, **63** 6–7, **92** 19, 21–22, 25, **100** 23–24
Pfandrecht am Kaufpreis **64** 14–31, am Nutzungstatbestand **78** 3
Pfleger Einl 124, **17**, **18** 1–6, **92** 6
Präklusion 89 26–29, **92** 11, **106** 20
Prätendentenstreit 64 24–27, **103** 4, **108** 3, 6, 15–19
Prorogation 88 6–10, **103** 12
Protokoll s. Abschlußprotokoll, Eingangsprotokoll
Prozeßfähigkeit s. Verfahrensfähigkeit
Prozeßkostenhilfe nach dem SachenRBerG **97** 37 **102**; – nach § 17 BNotO **102** 1–7; – Voraussetzungen der – **102** 8–12; – Wirkung **102** 13–18; – Verfahren **102** 1–7, 19–23; Aufhebung **102** 24–26

Rangrücktritt hinter Erbbaurecht: **Vor** §§ **32 ff.** 5, 13, 15, 38, §§ **33–36**, **42** 9, **92** 19, 21, 25, **100** 23–24, 31; – des Erbbauzinses **52** 49–66, 69, 71–74; – wegen Kaufpreisfinanzierung **71** 34 – bei Konsolitation **78** 27–28
Rangstelle für Erbbaurecht **33** 1–10, 14–15
Rangverlust bei Erbbaurechtsbestellung **34** 3–12, **35** 1, 12, 14–16, **36** 1, **42** 11
Rangvorbehalt 52 55, **61** 9, **71** 37
Reallast s. a. Erbbauzinsreallast; **36** 3, **45** 17, **52** 34–40
Rechtliches Gehör (im Vermittlungsverfahren) **Vor** §§ **87 ff.** 34–43
Rechtsanwalt (im Vermittlungsverfahren) **60** 4, 7–9, **Vor** §§ **87 ff.** 21–25, **87** 11–12, **88** 37, **89** 18, 29, **90** 3, **93**
Rechtskraft 106 13–20
Rechtsnachfolger Vor §§ **32 ff.** 38, **39** 45, **47** 32–33, 42, **48** 40, **49** 3, **121** 10, 22–28
Rechtsschutzbedürfnis 90 41, **104** 20
Rechtsträgerschaft Einl 11, **1** 26, **7** 4–7
Regelgröße s. übergroße Fläche
Registerpublizität Einl. 112–116, **111**, **112** 11, **113** 6, 26–28, **116** 24; s. a. Vermerk
Registerverfahrensbeschleunigungsgesetz Einl 32, 107–127; s. a. Bodensonderung, Registerpublizität

Rekonstruktion 11 18, **12** 10–12
Restflächen 24 11–13, **27**

SachenRBerG, Anwendungsbereich 1 1–69; s. a. unentdeckte Fälle, Gebäudeeigentum, Nutzungsvertrag, Überlassungsvertrag, Datschen, hängende Fälle, Bodenbenutzungsschein, Nutzungsrecht, Rechtsträgerschaft, Überbauung, Musterstatut, Billigung, hängende Kaufverträge, Genossenschaften, Wohnungsbaugenossenschaften, Erbbaurecht, alles, Miteigentum, Mitbenutzungsrecht, Treuhandgesetz, Drainage, Gemeinbedarfsfläche, Parteivermögen, Ko-Ko-Vermögen, Landwirtschaft, Vereinigung, Anspruchgegenstand **32** 4–14, **44** 15–18, **61** 4–9, **68** 6–11
SachenRBerG – Prinzipien; Bestandsschutz **Einl** 43; Anerkennung **Einl** 44; Halbteilung **Einl** 45–48, **2** 20, **9** 40, **19** 8, **30** 61, **100** 27; Gleichwertigkeit **Einl** 49–50; Härteausgleich **Einl** 51, **15** 2, **26** 17–19; Verhältnis zum VermG s. Vermögensgesetz, s. a. Schuldverhältnis nach dem SachenRBerG; Anspruchslösung: **Einl** 54–64, **3** 1–4
Sachurteilsvoraussetzung Vor §§ **87 ff.** 15, **92** 7, **104** 3–13, **108** 4
Sachverständiger s. Beweisverfahren
Sachwalterschaft Einl 121–124; s. a. Pfleger, Vertreter
Säumnisentscheidung Vor §§ **87 ff.** 15, 24, 27, 62–64 **88** 25 **90** 44 **92** 11, 43 **96**
Sanierung 20 17 **120** 14–16
Sicherheitsleistung 37 6–8, **42** 9 **Vor** §§ **61 ff.** 11 **Vor** §§ **62 ff.** 5 **64** 12–13 **73** 27–36
Sicherungsabrede 36 42–44, **63** 15, **52** 72–75, **73** 42; s. Grundschuld
Siedlungsbau s. Wohnungsbau, komplexer
Sitzungspolizei 89 46–48, **96** 16
Spannungsklausel 46 8, 50, **52** 38
Schlüssigkeit des Antrags auf Vermittlung **90** 44–49, **92** 31, **96** 8
Schuldrechtsänderung Einl 80 ff.; Schuldrechtsanpassung **Einl** 87–98; ErholNutzG **Einl** 87, 99, **Vor** §§ **32 ff.** 31–37, **87** 5; **103** 3; AnpfleigG **Einl** 87, 100–101; MeAnlG **Einl** 87,

537

Sachverzeichnis

fette Zahlen = Paragraphen

102–103, **2** 10, **12** 7; s. a. Nutzungsvertrag, Überlassungsvertrag, Datsche
Schuldverhältnis nach dem SachenRBerG Einl 65–79, **14** 1–2, 9, 23, 42–47; s. a. Verfügungsbeschränkung
Standesrecht des Notars Vor §§ 87 ff. 58–59; s. a. Rechtliches Gehör
Standort 11 5–6, **20** 4
Streitgegenstand s. Vermittlungsverfahren–Verfahrensgegenstand
Streitgenossenschaft s. Nutzer–Mehrheit, Grundstückseigentümer–Mehrheit; **14** 18–21, **96** 17, **98** 7
Streitverkündung 9 18, **14** 11, **108** 3, 6, 15–19
Streitwert 103 8–10, **108** 21

Teilfläche s. a. erfaßte Fläche, übergroße Fläche, Restfläche Gleichrang von Erbbaurechten; **13, 26** 7–16, **66, 72** 13, 15
Teilung Anspruch auf – **34** 4–10, **42** 9, 11, **55** 7–12, **120** 1, 20
Teilungsgenehmigung Vor §§ 21 ff. 9, **34** 7, **39** 23, 46, 65, **40** 6, 28–31, **55** 9, **Vor §§ 61 ff.** 17, **66** 7, **85** 6, **106** 38–39, 49, **120**
Testamentsvollstreckung 14 35, **33** 8, **35** 7, 13, **78** 17–19
Treuhandgesetz 1 50, 63

Überbau 35 8, **39** 6–8, 50, **42** 41
Überbauung 1 49, **6** 8, **7** 18, **10** 7, **15** 3, **Vor §§ 21 ff.** 4, 24, **Vor §§ 28 ff.** 14
Übergroße Flächen 21 3, **23** 4, **26, 43, 70** 12
Überlassungsvertrag 1 34–37, **5** 18, **8** 1, **9** 10, **12** 13–23, **26** 4; – beim Erbbaurecht **38, 45, 42** 9, 11, 38, **45**; – beim Ankauf **Vor §§ 61 ff.** 6, **64** 5–6, **74, 78** 2–3 **Vor §§ 81 ff.** 9–11
Übernahmeverlangen 82
Umlegung 14 26, 30, **Vor §§ 21 ff.** 11, 24 4–6, **39** 43 f., **85** 8
Umsatzsteuer Vor §§ 32 ff. 22, **Vor §§ 61 ff.** 25
unentdeckte Fälle Einl 33, **1** 8–13, **3** 8, **5** 13
Unmöglichkeit s. Leistungsstörung
Unredlichkeit Einl 130, **3** 8 , 13, **30, 121,** 15

Unterhaltung(sverpflichtung) s. Bauverpflichtung, Instandhaltung; – von Erschließungsanlagen **40** 41–42
Unterrichtung 92 11–15, 43–46
Urteilstenor nach dem SachenRBerG; s. Klageantrag

Veräußerung 42 9, **47** 28–29, **48** 1–13, 32–33, **49** 12–13, **51** 14, **Vor §§ 61** 6, **70** 13, 14, **71** 3–17, **73** 13–24, 39
Veräußerungszustimmung Vor §§ 32 ff. 38, **39** 38, 45, **42** 6, 19, 21, 29, 44 27, **49, 50** 14, **52** 45, **100** 31
Vereidigung 89 19–20, **97** 10
Vereinigung (Verein) 7 8–10, **9** 31
Verfahrensfähigkeit 87 11
Verfahrensverbindung, -trennung 14 20–21, **Vor §§ 28 ff.** 14, 25 **89** 21–24, **90** 42, **103** 6, 13
Verfügung (i. S. von § 19 FGG) **89** 51–56
Verfügungsbeschränkung 14 34–41, **33** 8, 13, **35** 7, 13, **78** 8–19; s. a. Konkurs, Nacherbfolge, Nachlaßverwaltung, Testamentsvollstreckung
Vergleich 106 45
Verhandlungsgrundsache s. Vermittlungsverfahren – Verfahrensgrundsätze
Verjährung 51 13, **72** 11–12, **82** 20–21, **114,** 20–21
Verkaufsverpflichtung (beim Erbbaurecht) 42 19, **57** 6
Verkehrssicherungspflicht 59 7–8, 11, **75** 4, 9, **82** 17
Vermerk nach Art 233 § 2c Abs 2 EGBGB **Einl** 114–116; **14** 22, **33** 92 35, 42, **98** 21; **113** 6; nach § 92 Abs 5 **14** 22, 32 **Vor §§ 87 ff.** 27, **92** 26–46, 49–50, **94** 4, **98** 14–20
Vermessung 39 20–22, **49** 3, **50, 55** 11–12, **72, 85** 5, **106** 39–40
Vermittlungsgebühr 100 36–41, **101** 6
Vermittlungsverfahren Vor §§ 32 ff. 37, 44 6–14, **Vor §§ 87 ff., 87**–103, **104** 3–13, **108** 4–5, 13, **109** 33–35, **110** 3 **116** 22, **122** 7 – Verfahrensgrundsätze **Vor §§ 87 ff.** 33–51, **89** 1–9, 25–29, **90** 45, **93** 10, 13, **97** 1–5; – Verfahrensgegenstand **Vor §§ 87 ff.** 28–32, **104** 7–11, 22–23; Verfahrensbeendigung **89** 30–45; Kosten **88** 19, **94** 14–20, **100, 101**

magere Zahlen = Randnummern

Sachverzeichnis

Vermittlungsvorschlag 42 25, **Vor §§ 87ff.** 27, **88** 24, **96** 10, 19–26, 29–32, 37, 53, **98**
Vermögensgemeinschaft, eheliche Einl 119f., **9** 33–39, **14** 12, 15, 17, **Vor §§ 28ff.** 24, **59** 9–11, **78** 4, 25
Vermögensgesetz Einl 52–53, 61–64, 128–136, **3** 8–9, **6** 7, **7** 6–7, **14** 4–9, **30** 2–10, **92** 14–15, **94** 5–6, **108** 11, **112** 2, 17, **121** 2–3, 7, 9, 12, 17–18, **122**; s. a. Unredlichkeit, hängende Kaufverträge
Vermögenszuordnung VZOG **Einl.** 22, 137–140, **1** 64, **120** 10; Verfügungsberechtigter **Einl** 138–140, **9** 4; Zuordnungsplan **Einl.** 24; s. a. Vertreter
Versicherung Vor §§ 32ff. 38, **39** 39, **42** 19, **56** 3, 27–28 **58** 5, **75** 8–9
Verspätetes Vorbringen 89 26–29; s. a. Präklusion
Verteilung (von Grundpfandrechten) 63 11–15, **36** 7–19
Vertragsentwurf 93 11, 20, **98** 3–9, 27; s. a. Vermittlungsvorschlag
Vertragsstrafe 42 19
Vertreter Einl 122; im Vermittlungsverfahren **87** 12
Verwalter, staatlicher s. Überlassungsvertrag
Verweisung an einen zust. Notar **88** 18–19, **90** 42; – auf den Klageweg **94** 11, **96** 27
Verwendungen Einl. 68, 70, 76 f., **12** 14–16, **30** 59
Verzicht 89 12, 35
Verzug s. a. Leistungsstörung; **44** 19–23, **Vor §§ 79,** 80 1–4, **79** 22, **80** 2, 6–7, **83** 3, 9, **84** 6–8
Völkerrechtliche Verträge als Grundlage eines Nutzungsrechts **87** 4, **103** 3, 110
Vollmacht (im Vermittlungsverfahren) 87 12, **93** 4; – für Vollzug des Vertrags/Urteils **98** 7–9, **104** 17, **106** 21–44, 46–49, **108** 22–23
Vorbescheid 89 53, **90** 50
Vorkaufsrecht Einl 135, **35** 5, **42** 21, 32, **Vor §§ 61ff.** 18–19, **64** 5–9, **112** 18
Vorrecht (auf Erneuerung des Erbbaurechts) 42 19, 33
Vormerkung, Allgemein **92** 36–37; – beim Erbbaurecht **Vor §§ 21ff.** 11, **39** 4–5, **98** 20; – beim Ankauf **Vor**

§§ 61ff, 16, 30, **98** 20, **106** 46; Erbbauzinserhöhung **Vor §§ 32ff.** 38, **42** 22, **46** 21, **47** 36, 38, 43, **51** 14, **52** 41, 46–48, 56, 68; sonstige – **35** 5, **36** 3, 9, **39** 45, 54; **52** 55, **78** 14
Vorverfahren 89 25

Währungsgesetz 42 36, **46** 3–10, 15, 20, 24, 32, 35, 45, 51–53, **52** 37 **100** 29
Wahlrecht s. Wahlschuld
Wahlschuld 15 4–7, **16, 32** 2–3, **108** 8, **122** 5–6
Wahrheitspflicht 89 14–15, **90** 4–5
Wertermittlung s. Bodenwert, **19, 20, 36** 20–24
Wertsicherung s. a. Währungsgesetz, Gleitklausel, Leistungsvorbehalt, Spannungsklausel; **45** 17, **46**
Widerklage 81 43–45, **103** 6
Widerspruch (im Grundbuchverfahren) 35 7
Wiedereinsetzung 88 24, **96** 32, 39–44, 56
Wohnungsbau s. a. Wohnungsgenossenschaften; **Einl** 38, 48, **6** 1–8; **9** 28–30, **20** 2–4, **43** 13, **Vor §§ 61ff.** 6, **73, 109** 13; Komplexer – **6** 4, **7** 15, **9** 28, **11, 19** 4, **20** 5–7, **Vor §§ 21ff.** 4, **24** 1, **30** 60–61, **68** 24
Wohnungsbaugenossenschaften 6 2–3, **9** 28–30, **17** 8; Wohnungsgenossenschafts – Vermögensgesetz **Einl** 30 f., **1** 62, 65–68, **6** 1, 5
Wohnungseigentum, Wohnungserbbaurecht 14 15–16, **Vor §§ 21ff.** 11, **Vor §§ 28ff.** 19, 22, **31** 3, **34** 11, **Vor §§ 39, 40** 3–6, **39** 9, **40, 42** 38, **66** 6–12, **67, 81** 3, **100** 32, 34, **103** 4

Zeitpunkt, maßgeblicher für Bebauliche Investition **8, 12** 12, 14; s. a. Baubeginn; – für Wertermittlung **12** 18–23, **19** 19–22; – für Einwendungen und Einreden **Vor §§ 28ff.** 27–29
Zeuge s. Beweisverfahren
Zurückbehaltungsrecht 83 3
Zurückweisung 88 24, **90** 38–40, 41, 43, 47–49, **92** 40, **93** 6
Zuständigkeit – im Vermittlungsverfahren **88**; s. a. Prorogation; – im gerichtlichen Verfahren **Vor §§ 103ff.** 2, **103** 7–14; – für Aufgebot nach § 114 **114** 9

539

Sachverzeichnis

fette Zahlen = Paragraphen

Zustellung s. a. Zustellungsbevollmächtigter; **88** 20–47, **90** 32–34, **92** 6–7, 24, **96** 11, 21, 29, 35, 42
Zustellungsbevollmächtigter 17 4, **88** 34–36
Zwangsversteigerung Einl 28, 113, 117, **48** 8, **78** 10–11, 29–37, **Vor §§ 79, 80** 8, **79, 84** 2–5; Erbbauzins in der – **Vor §§ 32 ff.** 38, **35** 12, **46** 37, 39, **52** 1–31; durch Erbbauberechtigten **35** 14–16, **39** 29, **42** 11; Teilungsversteigerung **115** 4
Zwangsvollstreckungsunterwerfung Vor §§ 32 ff. 38, **42** 23, 30, **44** 24–26, **49** 3, **Vor §§ 61 ff.** 11, 30, **71** 27, **Vor §§ 75 ff.** 2, **83** 5
Zwischenfeststellungsklage s. Feststellungsklage

Buchanzeigen

Demharter
Grundbuchordnung

mit dem Text des Grundbuchbereinigungsgesetzes, der Grundbuchverfügung und weiterer Vorschriften

Von Johann Demharter, Richter am Bayer. Obersten Landesgericht

21., neubearbeitete Auflage. 1995
des von Fritz Henke und Gerhard Mönch begründeten und von der 3. bis zur 16. Auflage von Ernst Horber bearbeiteten Werks
XX, 1317 Seiten. In Leinen DM 128,–
ISBN 3-406-38769-1
(Beck'sche Kurz-Kommentare, Band 8)

Das Registerverfahrenbeschleunigungsgesetz
bringt den größten Einschnitt in das Grundbuchrecht seit 1935. In den neuen Bundesländern soll es wieder geordnete Rechtsverhältnisse im Grundstückswesen herstellen. Im Vordergrund dieses wichtigen Gesetzes steht die Einführung des maschinell geführten Grundbuchs.

Die Neuauflage des Kommentars
zur Grundbuchordnung berücksichtigt alle Änderungen mit Stand 15. 10. 1994 sowie neues Schrifttum und aktuelle Rechtsprechung.
Das Registerverfahrenbeschleunigungsgesetz enthält u. a. ● das Grundbuchbereinigungsgesetz ● das Bodensonderungsgesetz ● die Neufassung der Grundstücksverkehrsordnung ● Änderungen der Art. 231, 233 und 234 EGBGB. Alles eingearbeitet in der Neuauflage.

Außerdem erfaßt die 21. Auflage die Auswirkungen
- des Sachenrechtsänderungsgesetzes vom 21. 9. 1994 mit dem Sachenrechtsbereinigungsgesetz und Änderungen u. a. der Erbbaurechtsverordnung und des Grundbuchbereinigungsgesetzes
- der Verordnung über Gebäudegrundbücher und andere Fragen des Grundbuchrechts vom 15. 7. 1994
- der Hypothekenablöseverordnung vom 10. 6. 1994 mit Änderung der Grundbuchverfügung
- der Grundbuchvorrangverordnung vom 3. 10. 1994
- des Kostenrechtsänderungsgesetzes vom 24. 6. 1994

Zuverlässig
stellt der Kommentar das komplette Grundbuchrecht dar und bezieht dabei auch das Grundstücks-, Wohnungseigentums- und Erbbaurecht ein. Wichtige Fragen beantwortet die Kommentierung in Anhängen zu einzelnen Vorschriften der GBO, beispielsweise zum Eintragungsverfahren, zur Grundbucheintragung, zur Grundbuchbereinigung und zur Pfändung. Darüber hinaus findet man zahlreiche Vorschriften im Wortlaut, die in herkömmlichen Gesetzessammlungen nur selten abgedruckt sind.

Verlag C. H. Beck · 80791 München

Neu: Kommentierung zum InvestitionsvorrangG

Rechtshandbuch Vermögen und Investitionen in der ehemaligen DDR

Loseblattausgabe. Herausgegeben von Dr. Hermann Clemm, Wirtschaftsprüfer, Rechtsanwalt und Steuerberater, Dr. Ernst Etzbach, Notar, Dr. Hermann Josef Faßbender, Notar, Dr. Burkhard Messerschmidt, Rechtsanwalt, Wolfgang Pfister, Vors. Richter am Landgericht und Dr. Jürgen Schmidt-Räntsch, Regierungsdirektor

2. Auflage. Stand: August 1994. Rund 5820 Seiten. In 3 Plastikordnern DM 198.–
ISBN 3-406-37740-8

Benutzer
- Jeder, der investieren will
- Jeder, der Vermögensansprüche durchsetzen oder abwehren will
- Rechtsanwälte und Unternehmensberater
- Gerichte und Behörden

Das Handbuch
erscheint als Loseblattwerk. So kann es sich der rasch wechselnden Rechtslage anpassen.
Das Handbuch ist nicht nur **Kommentar,** sondern auch Ratgeber. Gesetzessammlung, Entscheidungssammlung und Formularbuch in einem. Das Werk wird ständig aktualisiert und weiter komplettiert.

Aufbau
Systematische Darstellungen zum Recht in den neuen Ländern:
- Vermögens- und Investitionsrecht *(Kiethe)*
- Unternehmensrecht und Unternehmenskauf *(Messerschmidt)*
- Arbeitsrecht *(Oetker)*
- Rehabilitierungsrecht *(Pfister)*
- Grundstücks- und Immobilienrecht *(Erzbach)*
- Landwirtschaftsrecht *(Faßbender)*
- Rechtsfragen der Altlastensanierung *(Schink)*

Texte der geltenden Bestimmungen. Die Texte sind jetzt auf Stand Mitte August 1994. Neu aufgenommen sind jetzt u. a. die neue HypothekenablöseVO, die Gebäudegrundbuchverfügung, das Verwaltungsrechtliche und das Berufliche RehabilitierungsG sowie die Neufassung des D-Markbilanzgesetzes. Weiterhin sind jetzt berücksichtigt die Länderausführungs- und Zuständigkeitsregelungen zum Vermögensgesetz.

Kommentierungen
- EinigungsV Art. 21 und 22 *(Schmidt/Leitschuh)*
- VermG (nun fast komplett, jetzt auch mit §§ 26–28) *(Flotho/Kiethe/Wasmuth/Wellhöfer/Windthorst)*
- UnternehmensrückgabeVO *(Wellhöfer)*
- HypothekenablöseAO *(Flotho)*
- §§ 1–7 InvestitionsvorrangG *(Uechtritz)*
- AnmeldeVO *(Wasmuth)*
- §§ 24a und 24b ParteienG-DDR *(Berger/Volkens)*
- TreuhandG *(Busche)*
- SpTrUG *(Haritz)*
- GesamtvollstreckungsO *(Burghart)*
- GrundstücksverkehrsVO *(Schmidt-Räntsch)*
- LandwirtschaftsanpassungsG *(Nies)*

Rechtsprechung: Wichtige Entscheidungen der Bundesgerichte und der Gerichte der neuen Länder, einschließlich der unteren Instanzen.

Arbeitshilfen: Hinweise und Empfehlungen zu den wichtigsten gesetzlichen Regelungen.

Gesetzesmaterialien: Erläuterungen der Bundesregierung zu wichtigen Gesetzen, Begründungen zu Gesetzesentwürfen u. a. zum VermG, VZOG, BoSoG, EntschG

Altfassungen u. a. des VermG, des RehaG und der StPO-DDR

Dokumente I (NS-, SBZ- und DDR-Bestimmungen zu Enteignungen, Vermögensentziehungen und Zwangsverwaltungen)

Dokumente II (Frühere DDR-Bestimmungen zum Wirtschafts-, Zivil- und Landwirtschaftsrecht). Neu: Verordnung über die Schuldbuchordnung für die DDR. Anordnung über die Führung der Teilschuldbücher.

Verlag C. H. Beck · 80791 München